MOLDEN
TASCHENBUCH
VERLAG

Das Buch

Das Verlangen der Amerikaner nach einer bodenständigen Historie, die Suche nach den eigenen Wurzeln haben diesen Roman entstehen lassen. Michener wählt als Schauplatz das rauhe Land um den Platte River im heutigen Bundesstaat Colorado. Er beginnt mit der Geschichte der Arapaho Indianer und den Heldentaten des Lahmen Biber. Die Nachkommen dieses tapferen Kriegers verbinden sich in der nachfolgenden Generation mit den Einwanderern und verkörpern die Gegensätze im jahrzehntelangen Kampf der Ureinwohner mit dem weißen Mann. Der Leidensweg der Indianer, die Einengung ihrer Gebiete bis hin zur letzten Zuflucht der Reservate, das alles läuft parallel mit dem langsamen Aufstieg der Händler und Farmer. Viele Weiße versuchen ein friedliches Zusammenleben, aber selbst die Regierung ist außerstande, die Indianerfrage zu lösen. So endet der Kampf mit einem grausamen Massaker; damit ist das Land frei für eine neue Gesellschaft und eine neue Kultur. Die kleine bescheidene Farm des deutschen Einwanderers Levi Zendt wird zum Grundstein der späteren Stadt Centennial.

Der Autor

James A. Michener, geboren 1907 in New York, lehrte am Colorado State Teachers College, war Assistent an der Havard Universität, diente während des Zweiten Weltkrieges auf den Salomon-Inseln im Pazifik. Sein erster großer Roman, „South Pacific“, erhielt 1948 den Pulitzer-Preis. Von seinen vielen Romanen sind die berühmtesten „Die Brücke von Toko-Ri“, „Sayonara“, „Die Quelle“ und „Die Kinder von Torremolinos“ (Molden-Verlag 1973).

James A. Michener

Colorado Saga

Roman in 2 Teilen

BAND II
Centennial

MTV · MOLDEN-TASCHENBUCH-VERLAG
WIEN–MÜNCHEN

1. Auflage 1.–20. Tausend

MTV · MOLDEN-TASCHENBUCH-VERLAG
EROICA Verlagsgesellschaft mbH., Wien–München
Lizenzausgabe mit freundlicher Genehmigung
des Verlages Fritz Molden, Wien–München–Zürich–Innsbruck
Aus dem Englischen übertragen von
HANS E. HAUSNER, HANNELORE NEVES und GISELA STEGE
Titel der englischen Originalausgabe:
CENTENNIAL

Ungekürzte Ausgabe

Umschlagentwurf: Hans Schaumberger
Gesamtherstellung: Ebner, Ulm
MTV Band 82/II, September 1977
ISBN 3-217-05082-7

Inhalt

2. Teil

Centennial

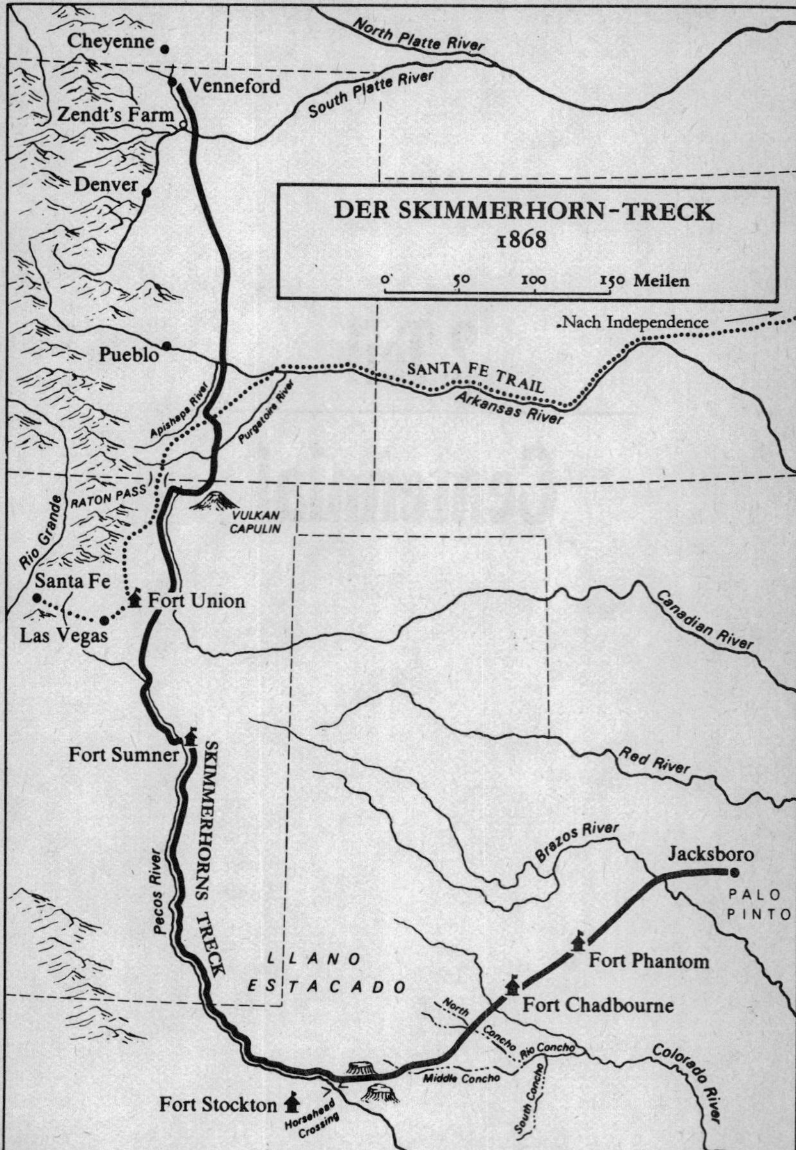
DER SKIMMERHORN-TRECK
1868
0 50 100 150 Meilen
Cheyenne
Venneford
Zendt's Farm
Denver
Pueblo
North Platte River
South Platte River
Nach Independence
SANTA FE TRAIL
Arkansas River
Apishapa River
Purgatoire River
RATON PASS
VULKAN CAPULIN
Rio Grande
Santa Fe
Fort Union
Las Vegas
Canadian River
Red River
Fort Sumner
SKIMMERHORNS TRECK
Pecos River
Brazos River
Jacksboro
PALO PINTO
LLANO ESTACADO
Fort Phantom
Fort Chadbourne
North Concho
Rio Concho
Middle Concho
South Concho
Colorado River
Fort Stockton
Horsehead Crossing

Die Cowboys

Ein Tag im Spätherbst 1867. Levi Zendt und seine Frau arbeiteten in ihrem neuen Laden. Nach den Indianerüberfällen hatten sie ihr altes Haus am Zusammenfluß von Beaver Creek und Platte River aufgegeben und waren weiter nach Norden gezogen, höher hinauf in die Berge. Nicht ohne zuvor ein beachtliches Stück Land zu verkaufen, auf dem sich jetzt die Stadt Zendt's Farm auszubreiten begann.

Levi blickte von der Arbeit auf und sah einen Fremden näherkommen, der ihm von seiner Art zu gehen bekannt vorkam. Lucinda erkannte den Besucher zuerst – das war doch ihr Tanzpartner in Fort John vom Sommer 1844!

„Mein Gott, Oliver Seccombe! Wie lang haben wir ihn nicht gesehen!“ rief sie, und sie wollte ihm schon entgegenlaufen, aber da fiel ihr plötzlich ein, was Levi einmal erzählt hatte: „Als wir damals allein in der Prärie waren und der Conestoga auseinanderbrach, da ließ er mich einfach sitzen, und der Kerl, der uns führte, stahl mein Fordney-Gewehr und ging mit ihm.“

Tatsächlich, es war Seccombe, zurück von Oregon, wo er die letzten dreiundzwanzig Jahre verbracht hatte, abgerechnet zwei Reisen nach England. Auf der zweiten Reise hatte er plötzlich jenen Geistesblitz gehabt, durch den er reich werden sollte.

„Levi“, begann er aufgeregt, als sie in der Küche saßen, „in England gibt es schwerreiche Leute. Sie scheffeln Geld in Indien, in Australien, und jetzt wollen sie investieren und wissen nicht, wo. Als ich in Bristol war, fielen mir immer wieder diese weiten und leeren Landstriche ein, die wir beide miteinander durchquerten, dieser Ozean von dunkelbraunem Gras, von dem sich die Büffelherden nährten . . . erinnern Sie sich?“

Levi erinnerte sich – er hatte weder Seccombes auftrumpfende Art damals in Missouri vergessen noch seine Leichtfertigkeit. Mit diesem Mann wollte er nichts mehr zu tun haben. Andererseits – als Elly im Big Blue beinahe ertrunken wäre, da war Seccombe ihr ins Wasser nachgesprungen und hatte sie gerettet. Daher hörte er aufmerksam zu, als Seccombe fortfuhr:

„Und auf einmal hatte ich eine Eingebung. Wenn die Büffel dieses Gras gefressen haben und dabei gediehen, dann sind diese Ebenen doch keine Wüste, wie es immer heißt, sondern das beste Weideland, das man sich vorstellen kann!“

Lucinda fragte: „Was haben Sie vor?“

„Ich habe gehört“, antwortete er, „daß man in Texas, wo seit dem Krieg alles in Unordnung geraten ist, Langhornrinder zu fünfundzwanzig Cents das Stück kaufen kann. Ich möchte eine große Herde über die Prärie nach Norden bringen. Wenn sie hier sind, werde ich sie mästen und eine Zucht aufmachen, und bald habe ich eine Herde von hunderttausend Stück, die auf dem fetten Gras weiden kann, und die Ochsen verkaufe ich jedes Jahr an die Armee, für fünf und sechs Dollar das Stück.“ Er hielt inne, um seine Zuhörer auf die Folter zu spannen. Dann setzte er fort: „So, jetzt wissen Sie, was auf uns beide zukommt, Levi. Sie helfen mir Land beschaffen, ich kümmere mich um das Vieh. Und beide verwenden wir das Geld dieser Engländer, die in Bristol auf ihren geputzten Ärschen sitzen.“

Bei der zweiten Tasse Tee wich langsam die Spannung von ihm. „Vom Earl Venneford of Wye haben Sie wohl noch nie gehört? Der hat was zu reden in Bristol und in London, und auf den Kopf gefallen ist er auch nicht. Ich legte ihm den Plan vor, und er begriff sofort, daß da was zu holen sei. ‚Venneford Ranch‘ soll das Unternehmen heißen. Lord Venneford denkt genau wie ich in großen Zusammenhängen. Wir wollen die ganze Gegend von den Rockies im Westen bis nach Nebraska kontrollieren, und nördlich des Platte so weit, wie wir kommen.“

„Hat der so viel Geld, daß er das alles kaufen kann?“ fragte Zendt.

„Das ist der Moment, wo Sie ins Spiel kommen.“

„Lucinda und ich haben zwar einiges Erspartes – in St. Louis – aber nicht . . .“

Seccombe sah zur Tür hin, um sich zu vergewissern, daß kein Kunde kam. „Kosten wird es Sie überhaupt nichts“, flüsterte er und zog aus seiner rechten Hosentasche eine ungelenke Skizze des Nordostens von Colorado, auf der der Platte River sehr deutlich eingezeichnet war. Von Norden her mündeten viele kleine Bäche in ihn ein. „Nach dem neuen Heimstättengesetz . . .“, begann er.

„Ich weiß“, unterbrach ihn Levi. „Ich habe den Anspruch auf mein Land zum Teil nach diesem Gesetz erworben.“

Ohne darauf einzugehen, fuhr Seccombe fort: „Unter diesem Gesetz besteht der Trick darin, daß man einen Anspruch nur auf solche Stücke Land erwirbt, die Zugang zum Wasser haben. Beschaff dir hundertsechzig Morgen davon, und du kontrollierst zehntausend Morgen Weideland ohne Wasser.“ Und Seccombe deutete auf bestimmte Markierungen auf seiner Karte. „Ich habe mir ausgerechnet, daß es uns auf siebzehn Stellen ganz besonders ankommt. Dieses Ufer da, dieser

Zusammenfluß hier, diese Quelle oben in den Bergen. Wenn wir das haben, diese wenigen Punkte, dann gehört uns auch das restliche Weideland, ohne daß wir einen Cent dafür blechen müssen."

„Ich verstehe nicht ganz", sagte Levi.

„Sehen Sie her! Nehmen Sie diese Stelle hier, wo der Skunk Hollow in den Beaver Creek mündet. Geben Sie sie mir, und ich gebe Ihnen dafür die hunderttausend Morgen, die sich im Norden daran anschließen, denn ohne mein Wasser nützt keinem Menschen dieses Riesengebiet auch nur das geringste. Diese hunderttausend Morgen gehören zwar nicht mir, aber wenn ich das Wasser habe, kann außer mir niemand etwas damit anfangen."

Also beugten sich die Zendts mit ihm über die Karte und studierten die kritischen Punkte: „Die zwei Stellen am Platte River hat Otto Kraenzel, der wird kaum verkaufen. Hier die beiden an dem kleinen Bach hat ein Mann namens Troxell, die könnte man billig bekommen. Wo Sie jetzt hinsehen, das ist Brumbauchs Farm, der verkauft ganz sicher nicht. Um dieses Areal hier hat sich meines Wissens noch keiner beworben."

„Lucinda soll morgen hingehen", sagte Seccombe hastig. „Und was ist mit diesem Stück am Skunk Hollow? Das haben Sie übersehen, was?"

„Ich bin nie dort gewesen."

„Darum bewerbe ich mich", rief Seccombe, „und kontrolliere damit hunderttausend Morgen Weideland!"

Sie planten, wie sie vorgehen würden. Ein Farmarbeiter sollte sich um den einen Abschnitt bewerben, sein Mädchen um den nächsten; ein Arbeitsloser um die Stelle, wo der Bach aus dem Canyon floß. Diese letztere Stelle war äußerst wichtig, denn wer den Ausgang des Canyons blockieren konnte, der kontrollierte den ganzen Canyon, vierzigtausend Morgen insgesamt. Durch diese ausgeklügelte Taktik brauchten Oliver Seccombe und seine Londoner Hintermänner nur eine relativ kleine Summe auszugeben, um dafür ein Gebiet zu erwerben, das größer war als manches Land in Europa.

Möglich geworden war eine derartige Manipulation erst durch eines der besten Gesetze, das der amerikanische Kongreß je verabschiedet hatte: das Heimstättengesetz – Homestead Act – von 1862, wonach jene Landstriche im Westen, die aus dem Besitz der Indianer in den Besitz der amerikanischen Regierung übergegangen waren, in Parzellen von je hundertsechzig Morgen an jeden abgegeben wurden, der ernsthaft beabsichtigte, auf dem Land zu leben und es zu kultivieren. Den Beweis für diese Absicht zu erbringen war einfach: der Bewerber mußte eine Behausung auf seinem Land errichten, jedes Jahr mehrere Monate dort verbringen und vierzig Morgen fünf Jahre lang bebauen. Dann ging das Land für immer auf ihn über. In den Jahren nach dem Bürgerkrieg, als die vielen entwurzelten Familien die Gesellschaft aus dem Gleichgewicht zu bringen drohten, gelang es mit Hilfe des Heimstättengesetzes, den Entwurzelten ihre Selbstachtung zurückzugeben und sie wieder zu wertvollen Mitgliedern der Gemeinschaft zu machen. Staaten wie Kansas, Minnesota und Colorado hatten ihren Wohlstand allein diesem weisen Gesetz zu verdanken.

Das Land, das nicht von Homesteadern beansprucht wurde – weite Gebiete waren für die Kultivierung gar nicht geeignet –, verblieb im Besitz der Regierung; wer wollte, konnte es benutzen. Wenn es Oliver Seccombe also gelang, sich den Anspruch auf die siebzehn entscheidenden Parzellen zu sichern, um dadurch mehrere Millionen Morgen benutzen zu können, so hatte er dabei den Segen der Regierung. Am Morgen nach seiner Ankunft in Zendt's Farm bewarb sich Seccombe sogleich um das allerwichtigste Stück, die Stelle am Skunk Hollow, Lucinda bewarb sich um ein anderes wichtiges Wassergebiet, dann machte Seccombe sich daran, jene Wasserparzellen aufzukaufen, die bereits in privaten Besitz übergegangen waren. Sieben Bekannte suchten unter seiner Anleitung um verschiedene Landparzellen an, wobei man übereingekommen war, daß diese an Seccombe verkauft werden sollten, sobald der Rechtsanspruch einmal erworben war.

In einer hektischen Woche scharrte Seccombe einen Landbesitz zusammen, der zwar kaum dreitausend Morgen umfaßte, dafür aber eine Fläche von 5,760.000 Morgen kontrollierte, ein Gebiet größer als Massachusetts. Von den Besitzern, den Herren aus Bristol, würden nur wenige ihr Eigentum jemals zu Gesicht bekommen.

Jetzt kam das Problem, wie man die Rinder herauf nach Norden schaffen sollte. Seccombe hatte auch hier wieder einen Plan. „Levi", sagte er eines Tages nach dem Abendessen, „ich weiß, was wir machen. Sie gehen hinunter nach Texas und führen das Vieh herauf."

„Ich habe vom Viehtreiben keine Ahnung", protestierte Zendt.

„Das ist auch nicht notwendig. Sie gehen hinunter, suchen sich einen erfahrenen Mann und lassen ihn seine Leute anwerben. Sie gehen nur mit, um unser Eigentum zu schützen."

„Ich bin siebenundvierzig", sagte Zendt. „Ich bleibe hier." Lucinda war derselben Meinung.

„Wenn Sie nicht gehen, wen könnten wir sonst schicken?"

„Es fällt mir zwar etwas spät ein", sagte Zendt, „aber verstehen Sie denn überhaupt etwas von Viehzucht?"

„Wer lange genug in Oregon gelebt hat, kann alles", antwortete Seccombe mit einem selbstzufriedenen Lächeln.

„Weil wir von Oregon reden – was geschah mit Sam Purchas?"

„Sam!" rief der Engländer und dachte an die Schwierigkeiten, die er mit diesem draufgängerischen Westerner gehabt hatte. „Nachdem er mich sicher in Willamette abgeliefert hatte, wozu er vertraglich verpflichtet war, tat er mir noch am selben Abend das gleiche an wie Ihnen – er verschwand mitsamt dem Großteil meiner Ausrüstung."

„Und was war weiter mit ihm?"
„Zwei Monate später wurde er gehängt. Wegen Pferdediebstahl."
„Und wo kam mein Gewehr hin?" fragte Levi.
„Das schöne, das er Ihnen gestohlen hat?"
„Ja, das mit dem Schaft aus gemasertem Ahorn."
„Er hat es einem Bären über den Schädel geschlagen. Das Gewehr zerbrach in zwanzig Stücke."
Trauer überwältigte Levi Zendt. Er dachte selten an die Vergangenheit, sie barg zu viel Schmerz, zu viel Tod. Aber jetzt erinnerte er sich an dieses Gewehr, und er dachte an Sam Purchas, der versucht hatte, Elly in den Dünen zu vergewaltigen, an die sechs herrlichen grauen Pferde, die er in Missouri hatte zurücklassen müssen, an die Male, die die Zähne der Klapperschlange in Ellys Hals hinterlassen hatten, und an jene furchtbare Episode, als er die Gräber für die Pasquinels hatte ausheben müssen. Er stützte die Ellbogen auf den Küchentisch und legte den Kopf in seine Hände, und lange Zeit sprach keiner ein Wort.
Endlich sagte Levi: „Der Mann, den Sie brauchen, ist John Skimmerhorn. Er wohnt in dem Haus am Fluß."
„Skimmerhorn? Ist das der, der die Indianer abgeschlachtet hat?"
„Sein Sohn."
„Der Skimmerhorn, den ich meine, ist nach den Unruhen hier nach Kalifornien ausgewandert, aber wo immer er hinging war ihm auch schon eine Zeitung auf den Fersen, die jedesmal wieder die Aussagen aufwärmte, die damals in den Verhören der Armee gemacht wurden. Er verließ Kalifornien bald wieder. Kann man sich auf den jungen Skimmerhorn verlassen?"
„Unbedingt", antwortete Levi, und sie machten sich auf den Weg hinunter zum Fluß zu dem kleinen Haus, in dem Skimmerhorn lebte. Levi erklärte: „Die ganze Stadt nahm Partei für Colonel Skimmerhorn, in den Augen der Leute hier war er ein großer Held. Jedenfalls bis zu dem Augenblick, da er Mike Pasquinel von hinten erschoß. Keiner hielt ihm vor, daß er die indianischen Frauen und Kinder abgeschlachtet hatte, aber als er einem unbewaffneten Mann, der eine weiße Fahne in der Hand trug, in den Rücken schoß . . ." Levi hielt inne, als bemühte er sich, diese gegensätzlichen Haltungen zu begreifen. „Wahrscheinlich lehnten die Leute Skimmerhorn von da an ab, weil er das wichtigste Gesetz des Westens gebrochen hatte. Du darfst einem Mann nicht in den Rücken schießen – nicht einmal einem Pasquinel."
„Das müssen arge Zeiten gewesen sein."
„Wir haben es überlebt."
„Habt ihr immer hier gelebt?"
„Hier ist meine Heimat."
Eine Weile gingen sie schweigend nebeneinander her, dann fragte Seccombe ungläubig: „Und Sie würden unsern gesamten Besitz dem Sohn dieses Colonel Skimmerhorn anvertrauen?"

„Mein Leben, wenn es sein muß."

Skimmerhorn, ein kräftig gebauter, zurückhaltender Mann von neunundzwanzig Jahren, war zu Hause.

„Wir brauchen jemand, der nächsten Monat nach Texas geht, dort eine Mannschaft anheuert und zwei- oder dreitausend Langhornrinder für uns heraufbringt. Was würden Sie davon halten?"

„Allerhand", antwortete Skimmerhorn.

„Wir riskieren dabei einen Haufen Geld", sagte Seccombe, „und wir brauchen einen Mann, auf den wir uns verlassen können."

„John ist euer Mann", sagte Mrs. Skimmerhorn.

„Ich bezahle das Vieh und die Mannschaft und gebe Ihnen für jedes Stück Vieh, das Sie hier abliefern, fünfunddreißig Cents."

„Mache ich", stimmte Skimmerhorn sofort zu. „Hier ist nicht viel los."

„Wie lange wird er fort sein?" fragte Mrs. Skimmerhorn.

„Hin und zurück sieben bis acht Monate."

„Mrs. Weaver soll bei mir bleiben, wenn das Kind kommt", sagte sie darauf.

Und so ritt drei Monate später an einem schönen, warmen Tag im Februar des Jahres 1868 John Skimmerhorn mit zwei Ersatzpferden ins Rinderparadies im südlichen Texas und fing an, nach einem erfahrenen Trailboss herumzufragen, der ihm eine gemischte Herde zusammenstellen und sie nordwärts durch Oklahoma und Kansas und dann nach Westen treiben würde, bis dorthin, wo Seccombe an seiner Ranch baute.

Die Aufnahme, die sein Angebot fand, war nicht gerade herzlich. Ein graubärtiger Trailboss sagte: „Ich führe deine Rindviecher bis Abilene, aber der Teufel soll mich holen, wenn ich sie dir bis hinauf nach Colorado treibe."

„Und warum?"

„Voriges Jahr haben uns die Comanchen im westlichen Oklahoma bis aufs Blut sekkiert, und in Kansas stehlen einem die Pettis-Brüder das Weiße aus den Augen."

„Gerade durch diese Gegend bin ich heruntergeritten. Nichts ist mir passiert."

„Du hast auch kein Vieh geführt."

„Und wenn ich mich auf das Risiko einlasse?"

„Mir egal. Bis Abilene gehe ich, keinen Schritt weiter."

Es gelang Skimmerhorn einfach nicht, auch nur einen erfahrenen Cowboy dazu zu bewegen, den gefährlichen Treck durch den Westen von Oklahoma und Kansas zu wagen. Einer erklärte ihm: „Es sind nicht nur die Indianer und die Gangster. In Kansas sind es auch die Farmer. Die bilden sich nämlich ein, daß Rinder aus Texas Krankheiten einschleppen! Schau dir doch unsere Langhörner an! So was Gesundes siehst du in deinem ganzen Leben nicht wieder!"

Skimmerhorn kam einfach nicht weiter. Rund um ihn drängte sich Rindvieh, genau von der Sorte, wie er es sich vorgestellt hatte: lange, schmale Kühe, bestens zur Zucht geeignet, schlanke Ochsen, die schon Fett ansetzen würden, wenn sie einmal seßhaft wurden, mächtige, schwere Stiere, die jahrelang beim Aufbau einer Herde von Nutzen sein würden. Jeden Morgen sah er wenigstens tausend Stück Vieh, das er vom Fleck weg gekauft hätte, und jeden Abend schlüpfte er enttäuscht in seinen Schlafsack, denn er fand keinen mit genügend Mumm in den Knochen, der ihm diese robusten Rinder durch das gefährliche Gebiet nach Norden getrieben hätte.

Eines Abends, als Skimmerhorn gerade seinem Pferd die Vorderbeine gefesselt hatte und sich auf sein freudloses Lager werfen wollte, stieg ihm ein himmlischer Geruch in die Nase, der ihn an seine Kindheit in Minnesota vor dem Sioux-Aufstand erinnerte: gebratenes Fleisch mit Zwiebeln! Das hatte seine Mutter immer zum Abendessen gemacht. Er konnte nicht anders, er mußte seiner Nase nachgehen. Zuerst sah er nichts, dann stieß er hinter einem Hügel plötzlich auf einen einzelnen Mexikaner, der vor sich ein Feuer hatte und in der Hand eine Bratpfanne. „Ah, Señor!“ schrie er auf, als er Skimmerhorn bemerkte. „Ich nicht stehlen!“

„Reg dich nicht auf“, beruhigte ihn Skimmerhorn. „Was kochst du da?“

„Sie kosten, Señor?“

Das Essen war einfach himmlisch.

„Du . . .“

„Ignacio Gómez. Meine Freunde nennen mich Nacho.“

„Nacho – ich weiß nicht, wie ich meine Rindviecher nach Norden schaffen werde, aber eines weiß ich: Du wirst der Koch.“

Damit war das erste Mitglied der Mannschaft angeheuert.

Und dann sagte plötzlich eines Tages am Ufer des Pedernales ein Trailboss zu ihm: „In Palo Pinto soll es übrigens einen Mann geben, der weiß, wie man den Comanchen und den Pettis-Brüdern aus dem Weg gehen kann. Heißt R. J. Poteet.“

Skimmerhorn zog Erkundigungen über Poteet ein. Von den Ranchern am Pedernales hatte kaum einer von ihm gehört. Aber eines Tages kam Nacho mit einer guten Nachricht. „Poteet? Guter Mann. Kennt sich aus mit Vieh und Viehtreiben.“

„Wie viele Tagesritte nach Norden?“

„Sieben, acht, wenn wir scharf reiten.“

Obwohl es schon fast Abend war, sattelte Skimmerhorn sein Pferd, Nacho führte die Ersatzpferde am Zügel, und sie machten sich auf den Weg nach Palo Pinto. Gegen Abend des sechsten Tages hielten sie vor dem Wohngebäude eines Ranchers, einem Haus mit niedrigem Schindeldach. Ohne abzusteigen, rief Skimmerhorn: „R. J. Poteet? Sind Sie da?“

Keine Antwort. Skimmerhorn wiederholte seinen Ruf. Darauf erschien in der offenen Tür ein magerer, sehniger Mann von etwa vierzig Jahren. Ein rotblonder Haarschopf stand ungekämmt von seinem Kopf ab. Mit zusammengepreßten Lippen und schmalen, stechenden Augen musterte er die Besucher. Er hielt ein Gewehr in der Hand. Die Beine steckten in hautengen Hosen aus gestreiftem mexikanischem Stoff, die Füße in reichverzierten Stiefeln mit hohen Absätzen. Die Daumen hatte er so in den breiten, mit Silber beschlagenen Gürteln geschoben, daß die Ellbogen in einem merkwürdigen Winkel von seinem Körper abstanden.

„Ich bin Poteet“, sagte er.

„Ich bin Skimmerhorn. Droben von Colorado. Ich möchte, daß Sie mir eine gemischte Herde zusammenstellen.“

„Warum gemischt? Ochsen lassen sich besser führen, wenn ihr Rindfleisch verkaufen wollt.“

„Wir wollen nicht nur Fleisch verkaufen, wir wollen eine Ranch aufmachen.“

„Wieviel haben Sie sich vorgestellt?“

„Zwei-, dreitausend.“

„Können wir bekommen.“

„Können Sie sie nach Norden schaffen?“

Poteet dachte nach. „Wissen Sie, wenn wir die Herde durchs westliche Kansas treiben, können wir froh sein, wenn wir die Hälfte heimbringen. Das habe ich schon probiert.“

„Was sollen wir sonst tun?“

Poteet blickte den Nordstaatler prüfend an und fragte sich, wieviel Courage er wohl hätte. „Das hängt von Ihnen ab“, antwortete er dann.

„Was soll das heißen?“

„Es gibt eine andere Möglichkeit, aber ich will sie Ihnen nicht aufdrängen.“

„Und zwar?“ fragte Skimmerhorn lässig.

„Vor zwei Jahren hat ein Mann namens Goodnight sich ein ganz schönes Stück geleistet. Hat zweitausend Rinder weit hinunter nach Südwesten getrieben, mitten durch die Wüste, und sie dann erst nach Norden geführt, nach Colorado und Wyoming.“

Skimmerhorn sah verblüfft drein. Poteet fuhr fort: „Auf diese Weise droht die größte Gefahr von der Natur, nicht von Indianern oder Räubern, und das Schlimmste kommt gleich zu Anfang.“

„Könnten wir den gleichen Weg gehen?“

„Ohne weiteres.“

„Was sind Ihre Bedingungen?“ fragte Skimmerhorn.

„Achtzig Cents für jedes Stück Vieh. Ich zahle die Mannschaft, Sie stellen die Pferde.“

„Wann kann es losgehen?“
„In acht bis zehn Tagen, je nachdem, wie das Wetter ist.“
Beide waren sie noch immer in derselben Haltung wie am Beginn der Unterredung, Skimmerhorn auf seinem Pferd, Poteet im Türrahmen.
Skimmerhorn sagte: „Poteet, Sie sind mein Mann. Morgen fangen wir an, die Herde zusammenzustellen. Dann heuern Sie Ihre Mannschaft, und auf geht's nach Norden.“
„Wir können schon heute abend anfangen“, versetzte Poteet.
„Dann los.“
„Wer ist der Mexikaner?“
„Das ist Nacho. Er ist der Koch.“
„Nicht bei meinem Trail“, erwiderte Poteet fest, ging auf den Mexikaner zu und überschüttete ihn mit einem spanischen Wortschwall, den ihm Nacho in gleicher Münze heimzahlte, so daß Skimmerhorn schon Angst hatte, sie würden zu raufen anfangen. Aber nach einem langen Wortgefecht kam Poteet zur Tür zurück und sagte: „Gut, soll er Koch sein. Der weiß, was er tut.“
Dann führte er Nacho ins Haus und gab ihm auf spanisch Anweisungen, seiner Frau bei der Bereitung des Abendessens zu helfen, während er und Skimmerhorn auf die benachbarten Ranches ritten. Lange nach Einbruch der Dunkelheit kamen sie wieder heim. Mit ihnen kamen fünf magere, von Armut gezeichnete Männer, die froh waren, umsonst eine Mahlzeit zu bekommen.
Er stellte die Männer einen nach dem anderen seiner Frau vor, dann brachte er eine Flasche Whisky.
„Ich biete vier Dollar das Stück, Kuh oder Ochse, aber ich behalte mir das Recht vor, zehn Prozent zurückzuweisen. Und ein paar gute Stiere könnte ich auch brauchen.“ Mit den Knöcheln seiner Faust auf den Tisch klopfend, fügte er hinzu: „Ich muß wohl nicht dazu sagen, daß trächtige Kühe nicht in Frage kommen. Auf dem Trail, den wir nehmen werden, können wir uns nicht damit abgeben.“
„Was für ein Trail ist das?“
„Der Trail, den Goodnight gegangen ist.“
Die Männer sahen einander an, und einer fragte: „Llano Estacado?“
„Genau.“
Betretene Stille. Dann fragte ein Mann namens Lem Frater ruhig: „Du willst es ohne Wasser bis Horsehead Crossing riskieren?“
„Wir schaffen es bis Horsehead Crossing“, antwortete Poteet fest.
Einer der Cowboys wandte sich an Skimmerhorn und fragte: „Fremder, hast du eine Vorstellung vom Llano Estacado?“
„Mr. Poteet sagt, daß man auf diesem Trail die Comanchen und die Kansas-Banditen umgehen kann.“
„Das ist richtig“, gab der Mann zu, „aber es gibt da eine Strecke von siebzig Meilen ...“
„Achtzig, neunzig“, unterbrach ihn Poteet, und alle wandten sich zu

ihm und sahen ihm zu, wie er das Whiskyglas schwenkte, einen tiefen Zug tat und sagte: „Der Trail, den wir nehmen, ist die Hölle. Zuerst einmal machen wir einen Umweg von zweihundert Meilen, ins südliche New Mexico. Und um dort hinzukommen, treiben wir das Vieh über eine Strecke von achtzig, neunzig Meilen ohne einen Tropfen Wasser."

Skimmerhorn fielen ein Dutzend Fragen ein, aber er schluckte sie alle hinunter. Er mußte das Vieh nach Norden bringen, und der einzige Mann, der eine Vorstellung davon hatte, wie sich das bewerkstelligen ließ, war R. J. Poteet. Wenn er sagte, daß die texanischen Rinder achtzig, neunzig Meilen weit ohne Wasser gehen konnten, dann sagte er das nicht ohne Grund.

„Zahlen Sie bar?" fragte Lem Frater.

„Ihr sagt mir heute, wieviel ihr morgen bringt, und ihr kriegt sofort zehn Prozent. Den Rest dann, wenn ich das Vieh gesehen habe."

Die Männer wollten jeder zuerst Poteet ihre Zahlen mitteilen, denn bares Geld hatten sie seit Jahren nicht mehr gesehen. Aber in diesem Augenblick trat Mrs. Poteet herein, dünn, mit einem harten Gesicht, und stellte eine große Platte mit Steaks auf den Tisch, gefolgt von Nacho Gómez, der die Sauce, Kartoffeln und einen frisch gebackenen Laib Brot brachte.

„Der kann kochen", sagte sie anerkennend.

Es gab nur acht Stühle, so daß Nacho keinen Platz zum Sitzen hatte. Er nahm also an, daß er in der Küche essen sollte, aber Poteet zog eine Kiste heraus und sagte auf spanisch: „Du sitzt hier", worauf Lem Frater einwandte: „Ein Mexikaner am selben Tisch mit uns?", und Poteet erwiderte: „An meinem Tisch schon."

Die Steaks waren auf texanisch zubereitet, das heißt, sie waren so gut wie ungenießbar. Zwar hatten sie die schönsten Rinder vor der Haustür und genehmigten sich die besten Stücke, aber es fiel den Texanern nicht ein, das Fleisch etwa abliegen zu lassen. Sie schnitten sich einfach vom frisch geschlagenen Rind ein Steak ab, warfen es in die heiße Pfanne und ließen es stundenlang auf Kohlen bruzzeln, getreu der alten texanischen Regel: „Solange es braun ist, braten lassen, erst wenn es schwarz wird, ist es bald fertig."

„Großartige Steaks", lobte Frater, während er an dem harten Fleisch nagte.

„Danke, Lem", erwiderte Mrs. Poteet. „Das Brot hat er gebacken", fuhr sie fort und deutete auf Nacho.

„Wenn der so gut kochen kann", sagte Frater darauf, „dann wäre ich auch gern mit von der Partie."

„Du sollst auch mitkommen", erwiderte Poteet. „Morgen früh reitest du nach Jacksboro und fängst mir fünfzehnhundert Stück zusammen."

„Morgen bleibe ich lieber hier", protestierte Frater. „Ich muß meine eigenen Tiere zählen."

„Ich zähle sie für dich“, schlug Poteet vor, und keiner der Anwesenden fand etwas dabei, daß ein und derselbe Mann als Käufer und Verkäufer zugleich auftreten sollte, denn wenn man Mr. Poteet nicht trauen konnte, dann konnte man niemand mehr trauen.

Am nächsten Tag im Morgengrauen machte sich Lem Frater nordwärts nach Jacksboro auf den Weg, während Poteet und Skimmerhorn von einer Ranch zur anderen ritten, die Rinder inspizierten und ihre Auswahl trafen. Bis zum frühen Nachmittag hatten sie dreizehnhundert Stück Vieh und achtzig Pferde ausgesucht und bezahlt. Auf dem Heimweg erklärte Poteet: „Ich habe vor, zweitausendachthundert Stück nach Norden zu führen, dafür brauche ich zwölf Cowboys, Sie und mich und den Mexikaner mit eingerechnet. Für jeden Mann brauche ich zwölf Pferde.“

„So viele?“

„Der Trail, den wir nehmen, ist der gefährlichste auf der ganzen Welt“, antwortete Poteet. „Wir können nicht bei den Pferden knausern, denn dieser Ritt wird schwieriger als alles, was Sie bisher erlebt haben.“

Am nächsten Morgen fing er mit der Auswahl der Mannschaft an. Er brauchte noch neun Männer, die bereit waren, jede Verantwortung auf sich zu nehmen, aber er kannte nur zwei, Nate Person und einen Mann namens Mule Canby. Ein Ersatzpferd am Zügel führend, ritt er mit Skimmerhorn zu einem schäbigen Blockhaus am Ufer des Pinto Creek, in dem ein Mann mit Frau und drei Kindern lebte. Sie waren Schwarze, ehemalige Sklaven aus dem südlichen Texas. Schlecht und recht schlugen sie sich durchs Leben. Außer einer verlassenen Hütte und Squatteranrecht auf einen schäbigen Flecken Land, auf dem gerade so viel Gemüse gedieh, daß sie davon leben konnten, hatte ihnen die Freiheit wenig oder nichts gebracht.

Einem der Kinder ein Päckchen zuwerfend, rief Poteet: „Die Missus hat so viele Steaks gebraten, daß wir nicht mit ihnen fertig wurden, Dora Mae. Wo ist dein Papa?“

Das Kind fing das Paket auf, roch daran und lachte über beide Ohren. „Mom!“ rief es. „Fleisch!“

In der Tür der Hütte erschien jetzt eine sehr magere Negerin mit blitzenden weißen Zähnen. „Ich danke Ihnen, Mr. Poteet“, rief sie strahlend, dabei nichts von ihrer Würde einbüßend. „Die Kinder werden sich freuen.“

„Für Sie ist auch noch genug da“, antwortete Poteet. „Wo ist Nate?“

„Umstechen, für Mr. Goodly.“

„Dora Mae soll ihn holen.“

Während Dora Mae loslief, fragte Poteet, wie es ihnen gehe.

„Nicht so schlecht“, erwiderte sie munter. „Die Kinder haben etwas zum Anziehen, und Nate hat bald da, bald dort einmal Arbeit. Wann werden Sie und Mrs. Poteet mir Ihre Wäsche bringen?“

„In den nächsten Tagen“, antwortete Poteet.

Außer Atem kam Nate Person angelaufen. „Entschuldigen Sie, daß ich nicht zu Haus war, Mr. Poteet.“

„Jetzt sind Sie da“, antwortete Poteet kurz. „Wir gehen nach Colorado.“

„Wann?“

„Jetzt.“

„Ich habe kein Pferd, Mr. Poteet.“

„Leg deinen Sattel auf Baldy.“

Nate besah sich das Pferd und sagte dann: „Sieht kräftig aus.“ Und Poteet erwiderte: „Ist auch kräftig. Hol deinen Schlafsack.“

Innerhalb von Minuten hatte Nate seinen Schlafsack, seine Pistole und seinen Sattel geholt. Dann hob er Dora Mae zu sich empor, umarmte seine Frau zum Abschied, sagte: „Ich lasse die Buben schön grüßen“, und fort war er.

Die drei Männer ritten den Pinto Creek entlang, bis sie zu einem Gehöft kamen, das einigermaßen wohlhabend aussah. Der Besitzer verstand offensichtlich etwas von der Landwirtschaft.

„Canby!“ rief Poteet laut.

Person sagte: „Dort drüben ist er!“ Und schon sahen sie einen Cowboy auf einem ansehnlichen Grauen auf sie zureiten.

„Hallo, Poteet“, sagte eine rauhe Stimme. „Ich höre, du kaufst Rinder wie verrückt.“

„Wir gehen nach Colorado.“

„Wirst mich dabei brauchen. Wann?“

„Jetzt.“

„Mir recht.“

„Hab ich mir gedacht.“

Canby sprang vom Pferd. Er war ein gewandter, drahtiger Mann mit gebräuntem Gesicht und starken Kinnbacken. Linkisch laufend, wie fast alle Cowboys, rief er: „Emmy, ich gehe nach Colorado“, aber bevor sie noch erschien, drehte er sich um und fragte Poteet: „Willst du nicht meine Koppel kaufen?“

„Wenn sie was wert ist.“

„Sieh sie dir an, während ich packe.“

Poteet und Person gingen zum Pferch, wo Canby elf kräftige Reittiere stehen hatte.

„Kommen Sie hier herüber, Skimmerhorn!“ rief Poteet, und als der Nordstaatler bei ihm war, fuhr er fort: „Canby ist aus dem südlichen Texas, direkt vom Rio Grande, wundern Sie sich daher nicht über seine Art, sich anzuziehen. Er ist dickschädelig wie ein Maultier, aber mit Pferden kennt er sich aus. Hier hat er ein paar Prachtstücke. Ich würde sagen, wir nehmen sie alle.“

„Umsonst bekommt ihr sie nicht“, warnte Person. „Er hängt sehr an seinen Tieren.“

„Solche Pferde werden wir in ganz Jacksboro nicht auftreiben", antwortete Poteet, und bevor Skimmerhorn den Mund aufmachen konnte, fügte er hinzu: „Ich möchte, daß Canby Point reitet, zusammen mit Nate. Wenn wir seinen Preis akzeptieren, haben wir einen Stein im Brett bei ihm."

„Was heißt Point?"

„Sobald die Rinder auf den Trail gebracht sind, müssen die zwei besten Männer voranreiten, links und rechts vom Leitochsen und noch etwas vor ihm. Wenn etwas passiert, dann ist keine Zeit für Erklärungen. Die Points müssen selber wissen, was zu tun ist. Nate hier ist der Beste, den ich überhaupt kenne. Und auf Canby kann man sich auch verlassen."

„Gut, dann kaufen wir seine Pferde, wenn die Preise nicht unverschämt sind."

„Das sind sie sicher", sagte Nate im voraus.

Canby kam aus dem Haus, in einem erstaunlichen Aufzug. Von seiner Lehrzeit am Rio Grande her, wo die Dornen des Mesquitestrauchs einen Mann in Fetzen reißen, wenn sein Pferd ihn da hineinträgt, war ihm der Grundsatz geblieben, daß ein Cowboy gegen diese Gefahr jederzeit gewappnet sein müsse. Daher trug er schwere Chaparajos und riesige Tapaderos, diese Lederdecken für die Steigbügel, die Füße und Knöchel vor kratzenden Dornbüschen schützen. Eine solche Lederrüstung hatte schon manchem Cowboy aus dem südlichen Texas ein Bein gerettet. Aber wenn ein Mann mit Krummbeinen in schweren Chaps daherkam, so sah das einfach komisch aus, und Skimmerhorn mußte sich auf die Lippen beißen, um nicht zu lachen, als Canby auf sie zukam.

„Was hältst du von meinen Rössern?" fragte er.

„Das sind die besten", antwortete Poteet ehrlich. „Wieviel?"

„Zehn Dollar das Stück."

Skimmerhorn war überrascht, daß er so wenig verlangte, denn in Colorado hätten solche Pferde mindestens dreißig Dollar gebracht. Aber Poteet erwiderte: „Du bist hart im Nehmen", und Canby darauf: „Meine Pferde auch." Worauf Poteet murrend sagte: „Fünfundachtzig alle zusammen." Und Canby versetzte mit zufriedenem Lächeln: „Das ist ein Wort." Dann ging er zu Nate Person und schüttelte ihm die Hand. „Wir zwei reiten Point?"

„Yes, Sir", erwiderte Nate.

„Gut." Und die vier machten sich auf den Rückweg zu Poteets Ranch. Sie waren noch nicht weit gekommen, da sagte Canby: „Brauchst du noch einen guten Mann?" Poteet: „Noch sieben." Darauf schlug Canby vor: „Vergiß nicht auf Mike Lasater." Poteet: „Lasater hat Pferde gestohlen, mit ihm will ich nichts zu tun haben." Aber Canby gab nicht nach: „Das ist weiß Gott wie lang her, Mr. Poteet. Einen besseren Cowboy als ihn findet man in ganz Palo Pinto nicht."

„Ich suche mir den Rest in Jacksboro", sagte Poteet trocken.

Als sie die Ranch erreichten, kam ihnen ein schlaksiger Mensch mit einem säuerlichen Gesicht, zwei Pistolen, einem Schlafsack und einem gedrungenen Pony entgegen. „Morgen, Mr. Poteet. Ich bin Mike Lasater."

„Ich weiß, wer du bist", knurrte Poteet, ärgerlich darüber, daß dieser Mann von zweifelhaftem Ruf sich derart aufdrängte.

„Ich möchte mit Ihnen reiten."

„Ich brauche niemand mehr."

„Doch, Mr. Poteet, Sie brauchen ein gutes Dutzend, aber Sie haben erst vier."

„Fünf", fuhr Poteet ihn an, auf Nacho deutend, der in der Tür stand, und bereute sofort, daß er sich mit diesem Rowdy auf eine Unterhaltung eingelassen hatte.

„Sie brauchen mich, Mr. Poteet", drang Lasater weiter in ihn. Er war ein hagerer, noch jüngerer Mann. Zu Pferd machte er eine gute Figur. Bevor Poteet ihn noch einmal abweisen konnte, sagte er: „Ich reite Drag. Sie brauchen einen guten Mann da hinten im Staub."

„Nimm ihn", sagte Canby.

„Meinetwegen", gab Poteet nach, aber ihm war nicht wohl dabei. Schon auf dem Weg zum Wohnhaus wendete er sein Pferd noch einmal und rief Lasater zu: „Bei uns wird nicht gespielt und nicht getrunken."

Lasater brauste auf: „Zum Teufel, Poteet, wenn ein Mann einen neuen Anfang macht, muß er irgendwo anfangen. Nehmen Sie mich, wie ich bin, denn ich bin der beste Reiter, den Sie auf Ihrem Trail haben."

Poteet lächelte. „Wenn Sie ein so guter Reiter sind, Lasater", gab er schnell zurück, „dann werde ich stolz darauf sein, daß Sie bei uns sind." Und er streckte dem Jüngeren die Hand hin.

Noch am selben Nachmittag ritten sie nach Norden, sechs Männer, die sich im Sattel wohler fühlten als zu Fuß, mit dreizehnhundert Langhornrindern und einundneunzig Pferden in der *remuda de caballos,* die vorläufig von Nacho betreut wurde. In Jacksboro sollte ein erfahrener Wrangler geheuert werden, dessen Aufgabe es dann sein würde, in den nächsten vier Monaten die Pferde zu übernehmen. Außerdem fehlten noch sechs Cowboys. Da die bereits vorhandenen Mitglieder der Mannschaft Veteranen des Geschäfts waren, genügten für die restlichen Plätze junge Farmburschen, Sechzehn- und Siebzehnjährige, die auf Trail-Erfahrung scharf waren. Wenn er Glück hatte, hatte Poteet dann mit diesem Dutzend eine brauchbare Mannschaft, die bereit war, achtzehn Stunden am Tag zu arbeiten und von knappen Rationen zu leben. Wenn sie gut aufeinander eingespielt waren, genügten wenige Worte, wenige Anordnungen. Das Ziel war klar: sie mußten zweitausendachthundert störrische Langhornrinder sicher über eintausenddreihundert Meilen durch den härtesten Westen führen.

Um das Jahr 1868 war Jacksboro eine respektable Pionierstadt, rund um einen geräumigen Platz erbaut. Hier kamen die Straßen des nördlichen Texas zusammen, hierher kamen die Rinderhirten aus den abgelegensten Gegenden, um zu kaufen, was sie brauchten, und zu verkaufen, was ihre Frauen gesät und geerntet hatten. Und hier verkauften sie auch Rindfleisch an die Soldaten vom nahen Fort Richardson.

Jacksboro war eine wilde Stadt, mit nicht weniger als sechsundzwanzig Bars mit Alkoholausschank, und ihre Einwohner waren neuen Ideen und Erfindungen gegenüber durchaus aufgeschlossen. Als R. J. Poteet zum Beispiel die Werkstatt eines Wagners betrat und sagte: „Was ich brauche, Sanderson, ist ein ganz besonderer Wagen", da jammerte Sanderson nicht etwa und sagte: „Also, ich weiß nicht recht . . ." Und als Poteet fortfuhr und sagte: „Hinten stelle ich mir so etwas wie einen Schreibtisch vor, mit vielen Schubladen, in denen allerhand Platz hat, dazu einen Tisch, den man herausklappen kann, wenn wir haltmachen", da studierte Sanderson den Vorschlag und sagte dann: „Klingt vernünftig."

„Fang an damit", sagte Poteet.

„Die Laden muß man herausziehen können, so etwa?"

„Große Laden."

„Wer hat von kleinen Laden geredet? Ich mache keine Schatullen."

„Ich lasse dir den Mexikaner da."

„Ich brauche keine Hilfe."

„Er ist mein Koch, das hier wird sein Wagen."

„Aha, ein Küchenwagen! Warum hast du das nicht gleich gesagt? Wir könnten . . ." Er hielt inne, studierte den imaginären Wagen, hob ihn in die Luft und sagte begeistert: „Wir machen überall Haken fest. Dann bringst du . . . Teufel, dann bringst du so viel unter . . ." Er griff nach einem Stück Papier und zeichnete einen Wagen auf. „Wir brauchen zwei Behälter", sagte Nacho, „einen für Mehl, einen für Bohnen", worauf Sanderson erwiderte: „Ohne Bohnen könnt ihr Mexikaner wohl nicht leben, was?"

Das restliche Rindvieh aufzutreiben war bei weitem leichter als die sechs Cowboys auszuwählen, denn jeder einzelne Farmbursche aus der Gegend wollte mit ihnen reiten. Allesamt waren sie aber recht traurige Gestalten, junge Buben mit Pickeln und zottigem blondem Haar, die sich nur auf ihren Pferden wohl fühlten, schüchtern waren, kaum eine Ahnung von Lesen und Schreiben hatten und unter ihren großen Hüten fast verschwanden.

Skimmerhorn sah sich ein paar Dutzend an, die auf dem Platz auf sie warteten, und sagte zu Nate Person: „Mit solchen Gestalten gehe ich nicht gern auf den Trail", worauf Nate erwiderte: „Mit sechzehn haben wir alle so ausgesehen." Skimmerhorn darauf: „Kann schon sein, aber wir haben keine Rinder geführt." Und Nate: „Ich schon." Später fügte er hinzu: „Wir müssen sie eben als Kälber nehmen und in tüchtige junge Stiere verwandeln."

Poteet wählte aus. Er nahm vier schmächtige Bürschchen, Calendar, Gompert, Ragland und Savage. Skimmerhorn konnte sie nicht auseinanderhalten, sie waren gleich angezogen: Stiefeln mit hohen Absätzen, damit der Fuß nicht durch den Steigbügel schlüpfte, enge Hosen, Ledergürtel mit Pistolenhalftern, weiße Hemden, Jacken, um den Hals die sogenannten Bandannas – blaue oder graue Tücher, die auf mehrere Arten verwendet werden konnten: vor dem Gesicht als Staubmaske, als Schweißtuch, zum Fesseln der Pferde oder als Signallappen – und außerdem noch einen breitkrempigen Hut, der Augen und Lippen vor der brennenden Sonne schützte. Jeder hatte natürlich sein eigenes Pferd.

Die zehn Cowboys, die bis jetzt beisammen waren, waren alle unverkennbar von ihrem Handwerk geprägt: Wenn sie zu Fuß durch die Stadt gingen, machten sie eine recht merkwürdige Figur; mit ihren hochhackigen Stiefeln, ihren krummen Beinen und den von den Hüften baumelnden Pistolenhalftern sahen sie geradezu komisch aus. Sobald sie im Sattel saßen, änderte sich das Bild: Dann paßten die schlanken Gestalten mit den breiten Hüten großartig in die beinahe geheimnisvolle Landschaft, durch die sie ritten.

Cowboys sind schweigsame Leute, die sich auf dem Trail nur durch Signale miteinander verständigen, wenn der Trailboss oder einer der Points seinen Hut in einer bestimmten Weise schwenkt. Bei der Arbeit reden sie mehr mit ihren Hüten als mit den Lippen, und zu ihren Pferden, die mit der Zeit zu einem Teil ihres eigenen Körpers werden, reden sie mit den Knien, oder gar nicht, denn in einer brenzligen Situation ist es oft genug das Pferd, das die Führung übernimmt durch die Art, wie es sich bewegt und die Gefahr im voraus erkennt. In solchen Fällen richtet sich der kluge Cowboy weder nach dem Trailboss noch nach den Points, noch nach seinem Nebenmann, sondern nur nach seinem Pferd. Und manch ein Cowboy kehrte nur deshalb lebend wieder ins Camp zurück, weil er im Augenblick der Gefahr seinem Pferd die Führung überlassen hatte.

Jeder Cowboy brachte daher drei Dinge mit sich, die immer in seinem Besitz und unter seiner Verantwortung blieben: sein Gewehr, seinen Schlafsack und sein eigenes Pferd. Aus der Remuda, die der Besitzer der Herde stellte, wählte er dann die anderen elf Pferde aus.

Für die Remuda suchte Poteet einen erfahrenen Wrangler. Unter den Bewerbern war einer, der ihm geeignet erschien. Poteet ging also wieder zu Sanderson, der täglich sechzehn Stunden an dem Küchenwagen arbeitete, und erhielt die Auskunft: „Der beste Mann für eine Remuda ist Buck – wenn du seinen Gestank aushalten kannst."

Als Poteet bis auf drei Meter an Buck herangekommen war, verstand er, was Sanderson gemeint hatte, denn dieser wenig anziehende Mann hatte so viel mit Pferden gearbeitet und hatte eine derartige Abneigung gegen Wasser, daß er ärger stank als eine rossige Stute.

„Ein unerhörtes Erlebnis", erzählte Poteet später Skimmerhorn. „Wenn wir ihn anstellen, dann genügt sein Gestank, um eine Klapperschlange hundert Meter vor dem Wind zu vergiften."

Buck war ein älterer Mann, der den Kansas-Trail zweimal gemacht hatte. Der ungeheuerliche Gestank kam nicht nur davon, daß er es längst aufgegeben hatte, sich zu waschen, sondern auch noch von einer Drüsenstörung. Er war ein schwieriger Einzelgänger, den nur eines interessierte: Pferde. „Ich würde es nicht wagen, ihn zu nehmen", sagte Poteet, „wenn seine Arbeit ihn nicht ohnehin von den anderen fernhielte. Die Remuda geht ja immer auf einer Seite der Herde."

„Wenn er mit Pferden umgehen kann, dann nehmen Sie ihn, mitsamt seinem Gestank", antwortete Skimmerhorn.

Elf Mann waren jetzt beisammen. Dem zwölften mußte man nicht lange nachlaufen, der kam von selber. Eines Abends schlenderte ein äußerst magerer junger Mann von etwa einundzwanzig Jahren auf den Lagerplatz. Er steckte in einer Uniform der Konföderierten, trug einen LeMat-Revolver und einen Texashut. In der linken Hand schleppte er einen McClellan-Sattel. Diese Sattelart war eine Erfindung der Nordstaatler, vom Texassattel so verschieden wie die Nacht vom Tag. General Grants Kavallerie verwendete ihn gern, aber die Südstaatler hatten dafür nur Verachtung übrig. Wie ein Veteran der konföderierten Armee in den Besitz dieses Dings kam, war rätselhaft.

„Ich bin Coker", sagte der junge Mann. „Wer ist hier der Boss?"

„Ich", antwortete Poteet. „Wo bist du her?"

„South Carolina."

„Dein Pferd?"

„Habe keines."

„Kannst du reiten?"

„Hätte ich sonst einen Sattel?"

„Mr. Person wird dir ein Pferd geben."

Aber als Coker sich ein Pferd aussuchen sollte, wurde sofort klar, daß er von Pferden nicht die geringste Ahnung hatte.

„Du bist ja noch nie auf einem Pferd gesessen!" rief der Schwarze.

„Sag's ihm nicht", bat Coker.

„Du wirst dich umbringen", warnte ihn Nate.

„Such mir ein gutes Pferd aus, und ich werde darauf reiten!"

„Sohn, du spielst mit dem Feuer."

Die nächsten zwei Tage, während Mr. Poteet und Nacho Vorräte einkauften, ritt Bufe Coker über die Felder rund um Jacksboro, fiel vom Pferd, stieg in den Sattel, fiel wieder herunter, bis er am Abend seine schmerzenden Knochen völlig erschöpft ins Bett schleppte. Am Nachmittag des zweiten Tages ging er zu Person und sagte: „Jetzt kann ich reiten. Gib mir ein schwieriges Roß."

„Du bist noch nicht soweit, Sohn."

„Einmal muß ich's ja lernen."

Person fing also mit dem Lasso einen helläugigen Schecken ein, eine Sorte, die die Cowboys nicht ausstehen können. In der ersten halben Stunde gelang es Coker nicht einmal, ihn zu satteln. Als er endlich oben war, warf der Schecke ihn sofort wieder ab, aber Coker ließ sich nicht entmutigen. „Gib's auf für heute", riet Person, aber Coker sagte: „Entweder er oder ich." Endlich blieb er oben im Sattel, und nach den schweren texanischen Sätteln empfand der Schecke den leichten McClellan-Sattel offenbar als sehr angenehm, denn er bewegte sich plötzlich mit neuer Geschmeidigkeit. Und zum ersten Mal im Leben begriff Coker, was ein Pferd sein konnte.

Er lenkte den Schecken hin zu Person, saß ab und rief mit leuchtenden Augen: „Den will ich!" Aber Nate dämpfte seine Begeisterung: „Sohn, die Pferde werden hier reihum ausgesucht, du mußt dich auf den Zufall verlassen, wie alle anderen."

„Aber so ein Pferd wird keiner haben wollen?"

„Das ist genau das Feuer, das der Cowboy bei einem Pferd gern hat", antwortete Person. Aber am Abend ging er von einem zum andern und sagte jedem: „Laßt morgen beim Auswählen den helläugigen Schecken in Ruhe. Der Soldat glaubt, daß er mit ihm fertig wird."

Bei Tagesanbruch holten sich die Cowboys ihre Pferde von der Remuda; es war Sitte, daß alle reihum sich zuerst eines aussuchten, dann das zweite, dann das dritte, und so weiter, bis jeder seine elf Tiere beisammen hatte.

Der Konföderierte sah unruhig zu, wie Poteet und Person zuerst auswählten, und dann die anderen. Ragland tat so, als würde er den Schecken nehmen, und wählte dann im letzten Moment doch ein anderes Pferd. Also blieb der Schecke über, und als Coker zum ersten Mal an der Reihe war, brüllte er: „Den nehme ich!" Und damit begann eine dicke Freundschaft zwischen Pferd und Reiter.

Jetzt kam die erste Gelegenheit für die Cowboys, sich als Team zu bewähren. Bevor man die Herde auf den Trail loslassen konnte, mußte jedes Tier ein Brandzeichen bekommen, Rinder wie Pferde, nicht nur als Beweis dafür, wem sie gehörten, sondern auch, damit man sie von anderen Tieren unterscheiden konnte, sollte sich auf den nördlichen Abschnitten des Trails oder bei einem Flußübergang die Herde einmal mit einer anderen vermischen.

Poteet sagte: „Der Schmied soll ein paar Brandeisen für uns machen, aber mit welchem Zeichen?"

Zu diesem heiklen Punkt hatte Skimmerhorn keine Anweisungen bekommen. „Nehmen wir ein V", sagte er, aber Poteet antwortete: „Geht nicht, das hat schon eine andere Herde auf dem Trail."

„Ich weiß nicht genau, welchen Titel Venneford hat, Graf oder Baron, aber eine Krone wird er doch wohl haben?"

„Eine Krone! Crown Vee!“ rief Poteet und lief sofort in die Schmiede. Am nächsten Tag schon brachte er die Eisen für das Brandzeichen, das bald im ganzen Westen berühmt werden sollte: Crown Vee.

So wurde das Zeichen der Herde eingebrannt; es waren eintausendachthundertzehn Kühe und Färsen, einhundertzweiundvierzig gute Bullen und achthundertundsechsundzwanzig Ochsen, im ganzen eine Herde von zweitausendsiebenhundertachtundsiebzig Stück, die ein Brandzeichen an der linken Flanke hatten, dazu noch die einhundertzweiunddreißig Pferde der Remuda und sechs Maultiere, die Nacho und der Wrangler vorsichtig an der linken Schulter gebrannt hatten. Auf diesen Tieren ruhte Oliver Seccombes Traum vom großen Reichtum.

Am 15. März 1868 gab Mr. Poteet mit einem Schwenken seines Hutes das Zeichen zum Aufbruch, und die ganze Masse von Männern, Pferden und Rindern setzte sich nach Westen in Bewegung. Vorn an der Spitze ritt Mr. Poteet, und Mr. Skimmerhorn, wenigstens vorläufig, neben ihm. Hinter ihnen kamen acht Cowboys. Der Abstand zwischen ihnen war so bemessen, daß sie eine Art von beweglichem Rahmen rund um die Herde bildeten. Zuerst kamen die beiden Points, Person links, Canby rechts. Dann, etwa ein Drittel der Herdenlänge dahinter, die beiden Swinger. Ein weiteres Drittel dahinter die beiden Flankenmänner, deren Aufgabe darin bestand, darauf zu achten, daß die Hauptmasse der Herde sich nicht zu eng zusammenschloß und dadurch überhitzt wurde, denn Rinder, die zu eng nebeneinander gingen, erzeugten eine unvorstellbare Hitze, die sogar Fett zum Schmelzen bringen konnte. In der Nachhut, wo der Staub am ärgsten und die Tiere am schwierigsten zu behandeln waren, denn immer wieder mußten Nachzügler angetrieben werden, ritten die beiden Drags. Links, in der bescheidensten Position von allen, ritt Bufe Coker, so steif, daß er sich kaum im Sattel halten konnte, das Halstuch übers Gesicht gezogen, um den unvorstellbar dichten Staub abzuwehren. Rechts, nicht ganz so arg vom Staub gequält, ritt Mike Lasater.

Ziemlich weit seitlich und sogar noch um eine Nasenlänge vor Mr. Poteet fuhr Nacho Gómez in seinem Küchenwagen, und ein gutes Stück hinter ihm, wo der Staub der Herde sie nicht mehr erreichen konnte, kam Buck mit seinen hundertzweiunddreißig Pferden. In dieser Formation würden sich Tiere und Menschen vier Monate lang fortbewegen.

Unter normalen Bedingungen schafften sie im Durchschnitt jeden Tag fünfzehn Meilen, eingerechnet einen Aufenthalt von zwei Stunden in der heißen Mittagszeit. Während der ersten Ruhepause, die Tiere grasten friedlich und Nacho machte Kaffee, hielt Mr. Poteet der ganzen Gruppe eine Rede:

„Die Points und die Drags bleiben auf dem ganzen Trail dieselben.

Die Swinger und die Flankenmänner werden jeden Tag morgens und nachmittags wechseln, und zwar im Uhrzeigersinn. Gespielt wird nicht, denn daraus entsteht Unfrieden, und ich will einen friedlichen Trail. Getrunken wird ebenfalls nicht, und wenn ich einen mit der Flasche erwische, wird er sofort ausbezahlt, abzüglich der Kosten eines Pferdes, das er zusätzlich zu seinem eigenen mit nach Haus nehmen kann. Ich kenne Trailbosse, die sogar das Fluchen verbieten, aber ich kann mir nicht vorstellen, wie wir ohne Fluchen mit zweitausendachthundert Rindviechern fertig werden. Aber haltet euch zurück. So, das wäre also die Vorschrift, leicht zu begreifen, leicht zu befolgen. Noch zwei Dinge: Laßt die Pistolen im Gürtel, ich will keine Schießereien, auch nicht bei einer Stampede. Mit Hutschwenken lassen sich Ochsen viel besser abdrängen. Wenn einmal etwas geschieht, wo die Gewehre notwendig sind, dann werdet ihr das schon selber merken. Und beschimpft mir den Koch nicht! Mit drei Dingen läßt sich ein vernünftiger Mann nicht ein: mit einer Klapperschlange, mit einem Skunk und am allerwenigsten mit einem Koch."

Der Mexikaner deutete auf den Kaffee, der jetzt fertig war, gebraut nach dem bekannten texanischen Rezept: „Nimm zwei Pfund von Arbuckles Bestem, gib etwas Wasser dazu, koche zwei Stunden lang, und prüfe dann, ob der Kaffee fertig ist, indem du ein sauberes Hufeisen hineinschmeißt. Sinkt das Hufeisen ein, dann ist er noch nicht soweit." Zur allgemeinen Überraschung zog Nacho plötzlich auch noch ein Röstblech mit weichen Brötchen heraus.

Die Rinder fingen jetzt an, sich niederzulegen, was hieß, daß sie genug gegrast hatten. Daher machte sich Mr. Poteet bereit weiterzuziehen, aber vorher richtete er noch einmal das Wort an die Männer: „Wir haben dieses Mal eine Menge junger Burschen bei uns, ich will daher einem jeden noch einmal klarmachen, was ein Cowboy ist. Ein Cowboy muß manchmal mit Indianern kämpfen, manchmal muß er reiten wie ein Kunstreiter, manchmal Kunststücke mit dem Lasso aufführen, und ich bin sicher, daß ihr alle das könnt. Manchmal, besonders in Kansas, muß er seine Herde vor Gangstern beschützen. Und wenn wir in eine Stadt kommen – nicht auf diesem Trail –, dann wird von ihm erwartet, daß er sein Gewicht in Schnaps säuft und sein Geld bei den Mädchen läßt. Das ist die eine Seite, notwendig, aber nicht wichtig. Für mich ist ein Cowboy vor allem ein Mann, der mit Rindern zu tun hat, Tag für Tag, vom Morgen bis zum Abend. Diese Rinder hier vor euch sind der Grund dafür, daß Ihr da seid. Und eure einzige Aufgabe besteht darin, sie unbeschädigt nach Norden hinauf zu bringen. Auf also, treibt die Rinder weiter!"

Mit Umsicht und Geschick brachten die Cowboys die Rinder auf die Beine, trieben sie auf den Trail zurück und achteten drauf, daß sie im richtigen Abstand gingen. Und so zog die Herde den ganzen Nachmittag weiter.

An diesem Tag machten sie weniger als neun Meilen. Sie waren nicht nur spät aufgebrochen, lange nach Sonnenaufgang, Mr. Poteet bestand auch darauf, daß das Lager für diese Nacht besonders sorgfältig ausgewählt würde. „Wenn wir sie sicher über die ersten Tage und Nächte bringen", sagte er den Männern, „dann wird es uns wahrscheinlich gelingen, eine Stampede zu vermeiden." Er wußte, daß ein starker Instinkt die Rinder drängte, nach Hause zurückzukehren. Er fand schließlich einen Bach, über den er sie führte. Auf der anderen Seite trieb er sie auf einer Wiese zusammen, die durch einen Hügel vom Bach getrennt war, so daß jedes Langhornrind, das etwa Sehnsucht nach Hause verspürte, zuerst diesen Hügel erklettern mußte. Seine Männer umrundeten darauf leise die Wiese, die Pferde in gebührendem Abstand von den Rindern, so daß jede Kuh und jeder Ochse, die sich von der Herde entfernen wollten, sofort von einem der Reiter sanft zurückgedrängt werden konnten.

In dieser ersten, entscheidenden Nacht war völlige Stille unerläßlich. Aus dem Camp durfte kein Geräusch dringen, nicht einmal das Fallen eines Löffels auf einen Blechteller, nicht einmal ein lautes Niesen. Auch die Remuda mußte sich in entsprechender Entfernung aufhalten, damit kein Pferdegetrappel die zappeligen Rinder aufscheuchte. Poteet sah zum Himmel auf und war dankbar, daß kein Gewitter sich ankündigte; und so weit nach Süden würde sich kein Comanche verirren, um die Herde absichtlich in eine Stampede zu treiben und in der allgemeinen Verwirrung zwei- oder dreihundert Rinder mitgehen zu lassen.

Poteet blieb die ganze Nacht auf, genauso Nate Person. Den anderen wurden je zwei Stunden Wache zugeteilt. Zwei Männer umrundeten jeweils in entgegengesetzter Richtung die Herde und sangen dabei leise vor sich hin. Bei jeder Runde trafen sie zweimal aufeinander, dunkle, schweigsame Gestalten, die vor dem nächtlichen Himmel aufragten, und nickten einander zu, während die Pferde gleichmäßig im Schritt gingen. In einer wirklich guten Mannschaft spuckte ein Nachtreiter nicht einmal aus, ohne sich vorher hundert Meter von der Herde zu entfernen, und das Anzünden einer Zigarette oder ein Hüsteln war ohnehin undenkbar.

Schon innerhalb einer Sekunde nach einem ungewöhnlichen Geräusch konnte eine ganze Langhornherde auf den Beinen sein, in jede beliebige Richtung stürzen und alles niedertrampeln, was sich ihr in den Weg stellte. Ohne auf Flüsse oder Abgründe, Pferde oder Menschen zu achten, rannten sie manchmal nicht weiter als dreihundert Meter und sanken dann ohne besonderen Grund zu Boden und schliefen die ganze Nacht durch, manchmal hetzten sie aber auch dreißig Meilen weit durch die Nacht, bis sie vor Erschöpfung fast umkamen. Es galt daher, eine Stampede um jeden Preis zu verhindern, denn kein Mensch konnte voraussagen, was daraus wurde. Für mehr als einen Cowboy, den eine rasende Herde niedergetrampelt oder mitsamt seinem Pferd in eine Schlucht geworfen hatte, war so eine Stampede das Ende des Trails gewesen.

Die erste Nacht verging friedlich, und Mr. Poteet verschlief den Vormittag im Wagen und überließ sein Lager am Nachmittag Nate Person.

In der zweiten Nacht gab es einen Schreck, als eine Nachtschwalbe über die unruhige Herde schoß und ihren düsteren Ruf ausstieß. Ein paar Ochsen sprangen auf die Beine, und weit und breit war kein Reiter zu sehen.

„Schnell!“ rief Poteet gedämpft zu Lasater hinüber, der gerade Wache hatte, und der hagere Texaner spornte sein Pferd in Richtung des Unruheherds, aber er wurde nicht mehr gebraucht, denn ein zottiger alter Ochse mit einer Hörnerweite von fast eineinhalb Meter, den Poteet Stonewall getauft hatte, hatte sich schon unter die Aufgeregten geschoben, die seine Gegenwart zu beruhigen schien.

„So ein Ochse ist drei Cowboys wert“, sagte Poteet.

„Wo haben Sie ihn her?“ fragte der Cowboy.

„Der war schon zweimal mit mir mit“, antwortete Poteet. „Auf ihn kann man sich verlassen wie auf einen General.“

„Der versteht sein Geschäft“, sagte Lasater. Der Rest der Nacht verlief ohne Zwischenfall.

Auf dem Weg übernahm Stonewall ganz einfach die Führung. Der Ochse war schlau, kannte sich aus auf dem Trail. Gleichgültig, wo er gerade graste, wenn Mr. Poteet seinen Hut schwenkte, trottete er ohne zu zögern an die Spitze des Zuges, um den Schritt anzugeben. Am vierten Tag ging schon alles seinen gewohnheitsmäßigen Gang.

Da geschah etwas Unvorhergesehenes. An diesem Morgen erschien plötzlich ein ganz junger Bursche, ein Kind noch, der der Staubwolke, die die Herde aufwarf, einfach gefolgt war, im Camp und fragte nach Mr. Poteet. Lasater führte ihn zum Trailboss und hörte, wie der junge Reiter sagte: „Mr. Poteet, meine Mutter sagt, Sie möchten bitte zu ihr hinüberreiten.“

„Und wer ist deine Mutter?“

„Emma Lloyd.“

„Tom Lloyd ist dein Vater?“

„Ja, Sir.“

„Wie geht's ihm?“

„Er ist tot. Vom Krieg nicht zurückgekommen.“

Poteet blickte über die Prärie. Wieder bedrängte ihn der Schrecken des Bürgerkriegs. Aber er blickte noch weiter zurück, in jene glücklicheren, friedvollen Tage, als er und Tom Lloyd Emma Staller umworben hatten, mit halbem Herzen nur, wie üblich unter Cowboys, und als Tom eines Tages zu ihm sagte: „R. J., ich heirate Emma“, und er antwortete: „Du bekommst ein großartiges Mädchen.“ Die Lloyds waren seßhaft geworden, hatten ein Stück Land mit gutem Wasser unter dem Heimstättengesetz erworben. Dann der Krieg.

„Wie weit ist die Ranch?“ fragte Poteet, aber bevor der Junge zu einer Antwort kam, fragte er wieder: „Wie heißt du, Sohn?“

„Jim.“

„Führ die Herde weiter, Person“, sagte Poteet und ritt mit dem Sohn seines alten Freundes davon.

Als sie über den Hügel ritten, bot sich Poteet ein Anblick, der ihm nur allzu vertraut war: eine Texas-Ranch mit guten Möglichkeiten, aber heruntergekommen, weil kein Mann da war. Es schmerzte ihn, Emma Lloyd in solchen Umständen wiederzusehen, aber er schüttelte den Staub von seinem Hut und ritt auf das Haus zu. „Hi, Emma!“ rief er.

„R. J.! Gott segne dich, du siehst großartig aus!“ sagte sie und wischte die Hände an ihrer Schürze ab.

„Was kann ich für dich tun?“ fragte Poteet.

„Kauf mir mein Vieh ab.“

„Ich habe alles beisammen, was ich brauche, Emma.“

„Das sagte mir Jim schon, als er von Jacksboro zurückkam. Ich habe ihn hingeschickt, damit er unser Vieh anbietet.“

„Ich habe ihn nicht gesehen.“

„Er kam zu spät hin“, sagte sie. Poteet mußte sich umdrehen und auf die niedrige Hügelkette im Süden starren. Er sah den Jungen vor sich, wie er die ganze Nacht durchritt und erschöpft und übernächtig Jacksboro erst erreichte, nachdem er, Poteet, es schon wieder verlassen hatte.

„Gut, ich nehme deine Rinder, Emma. Wie viele sind es?“

„Zweihundertzehn.“

„Aber ich kann sie nur in Kommission nehmen. Ich gebe dir jetzt zwei Dollar das Stück, später bekommst du den Rest, je nachdem, wieviel ich in Fort Sumner dafür bekomme.“

„Gott sei gedankt“, sagte Mrs. Lloyd.

Als er ihr die vierhundertzwanzig Dollar gegeben hatte, aus seiner eigenen, nicht aus Skimmerhorns Tasche, fragte sie leise: „Könntest du Jim mitnehmen?“

„Wie alt bist du, Jim?“

„Siebzehn“, sagte der Junge forsch.

Jesus! dachte Poteet. Vor siebzehn Jahren hatte Tom Emma noch nicht einmal gekannt, ich sie auch nicht. Der Junge ist höchstens vierzehn.

„Er muß fort“, sagte Emma beschwörend, „muß sich sein eigenes Geld verdienen.“

„Kannst du mit dem Seil umgehen?“ fragte Poteet. Als Antwort sprang der Junge auf sein Pferd und raste auf einen Ochsen mit riesigen Hörnern zu. Geschickt warf er das Lasso, so daß die Mittellinie der

Seilschlinge sehr schön waagrecht über den Hörnern hing. Aber er war noch nicht kräftig genug, um den Ochsen heranzuziehen, so daß R. J. ihm beispringen und die Hinterbeine des Ochsen mit dem Seil einfangen mußte.

„Aus uns wird noch ein schönes Paar", sagte Poteet. „Du kommst mit mir, aber am Ende des Trails kriegst du keinen Lohn."

Jims Gesicht zog sich enttäuscht in die Länge, bis Poteet hinzufügte: „Denn ich gebe das Geld deiner Mutter, und zwar jetzt gleich."

Auf diese Weise stieß Jim zu ihnen. Seine Ankunft verursachte einige Aufregung, denn drei Cowboys, nämlich Gompert, Calendar und Savage, wollten nicht in einer Mannschaft arbeiten, die aus dreizehn Männern bestand. „Das bringt Unglück", murmelte Gompert, und andere stimmten ihm schon zu, bis Mr. Poteet ihnen erklärte, daß Skimmerhorn eigentlich nicht zur Mannschaft gehöre, da er ja nur der Käufer sei, so daß die Zahl der Mannschaftsmitglieder ohnehin nicht dreizehn sei, sondern eben nur zwölf, und diese Erklärung stellte alle zufrieden.

Aber in der Nacht, als sie Wache ritten, sagte Gompert zu Savage: „Mir kommt vor, er hat uns hineingelegt."

„Wieso?"

„Er hat doch gesagt, Skimmerhorn gehört nicht zu uns und wir sind nur zwölf. Aber paß auf, wenn noch einer zu uns kommt, dann wird er Skimmerhorn wieder dazuzählen und sagen: ‚Schaut, wir sind nicht dreizehn, wir sind ja vierzehn.' Der ist gerieben."

„Deshalb ist er der Boss", antwortete Savage, und sie ritten weiter.

Jetzt kamen die Tage der Ruhe, die Tage voll Gras und Wasser vor der wasserlosen Wüste. Die Langhornrinder hatten sich eingewöhnt. Von zu Hause waren sie schon zu weit entfernt, als daß sie noch hätten heimkehren wollen, und sie waren es zufrieden, jeden Tag neues Weideland vor sich zu haben. Stonewall trottete jeden Morgen mit der gleichen Abenteuerlust auf den Trail wie die Männer, die ihn hüteten, und die Gefahr einer nächtlichen Stampede wurde immer geringer. Die Tiere nahmen sogar zu, denn das Gras war hier so kräftig, daß sie den regelmäßigen Wechsel von Marschieren, Ruhen und Marschieren bereits in völliger Zufriedenheit auf sich nahmen.

Auch die dreizehn Männer hatte sich gut aufeinander eingespielt. Als Jim Lloyd zu ihnen stieß, wurden Veränderungen notwendig. Ihm wurde die Stelle des linken Drags zugewiesen, die schlechteste von allen. Da der Wind meist von Nordwesten kam, blies dem Mann an dieser Stelle fast die ganze Zeit der Staub ins Gesicht. Aber Jim war jung, und er brauchte die Stelle. Coker stieg auf zum rechten Drag, wo der Staub etwas weniger arg war, und er freute sich über die Beförderung. Mit einigen Pferden tat er sich noch immer recht schwer, aber auf seinem Schecken machte er sich wie ein richtiger Cowboy.

Bei den Swingern und Flankenmännern hatte eine Beförderung nicht viel zu bedeuten, bei den Points allerdings schon. Nate Person wurde Scout, er ritt der Herde jetzt weit voraus, immer auf der Suche nach neuen Zugängen zu Wasser. An manchen Tagen sah man ihn kaum, und er verpaßte des öfteren eine Mahlzeit. Die wirkliche Kontrolle über eine Herde lag immer beim linken Point, denn wenn die Rinder in eine Stampede ausbrechen, dann drehen sie sich, in der nördlichen Hemisphäre wenigstens, fast immer in der Richtung des Uhrzeigers. Rechter Point zu sein war ein gefährlicher Posten, denn der Mann konnte leicht niedergetrampelt werden. Aber der linke Point war entscheidend. Der Mann, der hier ritt, mußte schnell genug sein, um die Rinder, falls notwendig, nach innen zu treiben, so daß sie in ein ermüdendes Durcheinander gerieten, bei dem sie bald erschöpft aufgaben. Als Person zum Scout befördert wurde, war die wichtige Stelle des linken Point frei, und Canby wurde dahin bestellt. In seiner wortkargen Art sagte er zu Poteet: „Verlaß dich auf mich."

Dadurch wurde wieder der rechte Point frei, und Poteet überraschte alle, als er Mike Lasater dorthin stellte. Lasater war ein guter Reiter, er war tapfer, aber er war auch ein überführter Dieb, und keiner hatte erwartet, daß Poteet ihn für einen so wichtigen Posten auswählen würde. „Ich werde damit fertig", sagte Lasater, und er hatte nicht geprahlt. Er war gewissenhaft und konnte die Absichten der Rinder im voraus erraten. Nach einigen Tagen sagte Skimmerhorn zu Poteet: „Sie haben eine gute Wahl getroffen."

An den Abenden nach dem Essen fingen die Männer jetzt an, Geschichten zu erzählen, und Jim lauschte verwundert den Berichten, die die jungen Cowboys, kaum älter als er, über ihre Abenteuer zum besten gaben. Erst als mehrere Abende auf diese Weise vergangen waren, tauchte in seinem Kopf die Vermutung auf, daß dabei manchmal vielleicht die Phantasie eine größere Rolle spielte als die Wahrheit.

Aber er hatte das Pech, sich mit dem falschen Mann anzulegen. Lasater war es, der gerade eine Geschichte erzählte. „Ich denke noch, wie O. D. Cleaver am Abend heimkommt, nachdem er eine Milchkuh gekauft hat, und wenn es auf dieser Welt ein Vieh gibt, das Klapperschlangen nicht ausstehen kann, dann ist es die Milchkuh, denn wie ihr wißt, säuft die Klapperschlange Milch mit Begeisterung, sie kriecht hinauf auf eine Kuh und säuft sie aus. Schlängelt sich von Zitze zu Zitze, hab' ich selber gesehen."

„Ich kann mir nicht vorstellen, daß eine Kuh sich das gefallen läßt", unterbrach ihn Jim.

Mit unverhohlener Geringschätzung starrte Lasater den Jungen an und fuhr dann fort: „Wie O. D. Cleaver die Milchkuh heimtreibt, sieht er die Klapperschlange am Straßenrand, wie sie ganz friedlich ihre neunzehn Jungen füttert. Haben ausgesehen wie kleine Bleistifte, nicht größer. Kaum hat die Kuh die Schlange gesehen, macht sie einen Satz auf sie los, und was glaubt ihr, was die Mutterschlange tut? Sie öffnet den Mund und ruft die Kleinen, oder was. O. D. kann den Ruf natürlich nicht hören, aber er denkt sich, daß sie gerufen hat, denn die kleinen Klapperschlangen schlängeln sich eine nach der anderen durch den Sand und springen in Mamas Maul und hinunter in ihren Bauch zurück, worauf Mrs. Klapperschlange sich elegant in Sicherheit bringt."

Die Geschichte gefiel den Zuhörern, sie erinnerte sie einmal mehr an die Geheimnisse der Natur, aber Jim Lloyd verdarb die Wirkung, indem er sagte: „Ich glaube nicht, daß Klapperschlangen so etwas tun können. Die Kleinen würden doch ersticken."

Lasater warf den Kopf zurück, als hätte ihm einer ins Gesicht geschlagen. „Willst du damit sagen, daß das nicht wahr ist?"

„Ich war nicht dabei", zog Jim zurück, „aber ich weiß nicht . . ."

Lasater zog seinen Colt und hieb ihn vor sich auf den Boden, daß die stahlblaue Kammer im Schein des Feuers aufleuchtete. „Nennst du O. D. Cleaver einen Lügner? Er hat's gesehen, Teufel noch mal. Er hat's gesehen, und du nennst O. D. Cleaver einen Lügner!"

„Aber nein, überhaupt nicht", sagte Jim entschuldigend, „wenn er es gesehen hat, na dann . . ., dann . . ."

„Das ist schon besser", sagte Lasater und steckte den Revolver wieder ein.

Als Jim an diesem Abend zu Bett ging, blinzelten die anderen einander zu und warteten, und siehe da, wenige Augenblicke später ertönte ein Entsetzensschrei, und Jim stürzte mit aschgrauem Gesicht wieder zum Feuer.

„Um Gottes willen, was ist denn los?" rief Buck, der Wrangler.

„In meinem Schlafsack ist eine Klapperschlange!"

„Furchtbar, was du nicht sagst!" schrie Buck, ebenfalls voll Entsetzen, obwohl er sie selber ins Bett gelegt hatte.

„Ich ziehe mir die Schuhe aus und strecke meine Füße aus . . ." Vor Schreck versagte ihm die Stimme, und Buck fragte mitfühlend: „Hat sie dich gebissen?"

„Ich glaube nicht", antwortete Jim und untersuchte im Schein des Feuers sorgfältig seine Knöchel. Dabei merkte er plötzlich, daß die anderen über ihn lachten, und erkannte instinktiv, daß seine Zukunft in dieser Mannschaft davon abhing, wie er die Frozzelei aufnahm. Sorgfältig den linken Knöchel mit beiden Händen abtastend, sagte er langsam: „Die Klapperschlange hätte es leicht mit mir gehabt. Wenn sie mich nicht gebissen hat, dann muß sie entweder geschlafen haben, oder sie war schon tot. Wahrscheinlich war sie schon tot, denn Buck hätte sicher nicht genug Mumm gehabt, eine lebendige zu fangen und in mein Bett zu legen."

Er brach in Gelächter aus, nahm eine Handvoll Erde und warf sie übers Feuer hinweg dem Wrangler ins Gesicht. Als er zurück ins Bett gegangen war, lachten die Männer und sagten zueinander: „Aus dem wird noch einmal ein tüchtiger Cowboy", und sie hänselten Buck und behaupteten, Jim hätte schon die ganze Zeit über gewußt, daß die Schlange tot war. Jim im Bett überlegte derweil, wie sorgfältig ausgeklügelt der Scherz war, den sie sich mit ihm erlaubt hatten. Am frühen Abend schon hatte es angefangen, als zum ersten Mal die Rede auf Klapperschlangen gekommen war, und er hatte jeden Köder geschluckt, den sie ihm vorgeworfen hatten, so daß er am Ende, als er die Schlange in seinem Bett spürte, vor Schreck halb tot war.

Zwei Wochen lang dauerten die Hänseleien. Aber die Cowboys hänselten Jim nicht nur, sie brachten ihm auch alles bei, was ein Cowboy auf einem Trail lernen mußte. Als er einmal verschwitzt und verstaubt zur Herde zurückkam und sich auf den Boden schmiß, den Kopf zurückgeworfen, nach sauberer Luft schnappend, riß Nate Person ihn am Arm hoch und sagte: „Jim, tu das nie wieder!"

„Was?"

„Dich gedankenlos auf die Erde schmeißen, wie eben jetzt. Immer zuerst schauen. Wenn sich ein Cowboy auf den Boden setzt, können ihm neun Dinge passieren, und acht davon sind gefährlich."

„Was redest du da?" fragte Jim verwundert.

„Er kann sich in Kaktus setzen, in heiße Asche, in jemandes Teller, auf ein Gilamonster oder einen Skorpion, auf Ochsenpisse, auf Kuhfladen, oder, und das ist das ärgste, auf eine Klapperschlange. Wenn du Glück hast, kannst du dich von neunmal einmal ausruhen. Also mach die Augen auf, bevor du dich hinsetzt."

Als er das erste Mal von einer Zwölf-bis-zwei-Uhr-Wache zum Feuer zurückkam, ging er leise zu Canbys Schlafsack und schüttelte ihn, um ihm zu sagen: „Canby, du bist dran!" Aber bevor er den Mund aufmachen konnte, war Canby schon aufgesprungen, hielt ihm einen Revolver unter die Nase und fluchte auf ihn ein. „Rühr nie wieder einen schlafenden Cowboy an!" knurrte er und weckte damit die anderen auf, genau das, was Jim hatte vermeiden wollen.

„Ich hätte ihm den Kopf wegschießen können!" brummte Canby. „Dieser gottverlassene Junge schleicht sich zu mir her und greift sich meinen Arm, als wäre er ein Indianer." Er brummte und knurrte noch auf dem ganzen Weg bis zur Herde, und Mr. Poteet warnte Jim: „Wenn du dich dem Mann näherst, der dich ablösen soll, so mußt du darauf achten, daß er dich kommen hört. Vor allem mußt du seinen Namen ein paarmal rufen. ‚Canby! Canby! Ich bin's, Jim. Du bist dran.' Auf diese Weise ist ihm klar, daß alles in Ordnung ist. Aber rühr ihn um Gottes willen nicht an. Er hätte dich umbringen können."

Sie lehrten ihn auch, während der Nachtwachen zu singen. „Tatsache!" sagte Person zu ihm, während er neben ihm ritt. „Rinder, besonders die Langhornrinder, sind ruhiger, wenn sie eine menschliche Stimme hören. Also singen wir ihnen die ganze Nacht etwas vor. Einer hat einmal gesagt: ‚Singen wirft einen Schleier des Vertrauens über die Herde.' Die sind glücklich, wenn wir singen."

Jim lernte die Cowboys immer besser kennen und erkannte, was für besondere Männer das waren, diese Wanderer der Prärie. Wohl fühlten sie sich nur, wenn sie mit Männern beisammen waren. Frauen verwirrten sie, machten ihnen Angst. Wenn sie Geschichten über sie erzählten, dann in einem vornehm gespreizten Tonfall, wie Ritter im Mittelalter, und in diesen Geschichten war immer der Mann derjenige, der unrecht hatte oder sich lächerlich machte. Frauen waren für sie Respektspersonen. Als Buck eines Abends von einer anderen Sorte Frau zu reden anfing, die er in Kansas kennengelernt hatte, starrte Poteet ihn vorwurfsvoll an und deutete mit dem Kopf zu Jim hin, Buck damit mahnend, daß ein Junge zuhörte, und Buck schloß verlegen: „Na, das war eben so eine . . .“, und die Zuhörer grinsten.

Das Gespräch wandte sich Pferden zu, und Lasater fing an, von jenem legendären Pferd zu reden, das über die Prärie von Texas jagte: der glutäugige weiße Mustang, den keiner jemals mit dem Lasso hatte einfangen können. Oft war er Leuten erschienen, die sich verirrt hatten und nahe am Verdursten waren, und hatte sie mit seiner in der Sonne leuchtenden Mähne geführt, bis sie in Sicherheit waren. Viele denkwürdige Dinge hatte der weiße Mustang vollbracht, einmal war er aus einer Vorrichtung aus drei Fallen ausgebrochen, die die Mexikaner gebaut hatten, um ihn zu fangen. Aber seine größte Tat war die Errettung einer Gruppe von Frauen aus einem Präriefeuer.

„O. D. Cleaver sah den Mustang, wie er durch das Feuer brach“, sagte Lasater. „Dieses Pferd hatte den einzigen Weg gefunden, der in die Sicherheit führte, aber am Ende stand seine Mähne in Flammen.“

„Aber ein Feuer, so groß wie . . .“ fing Jim Lloyd an, aber wieder hatte Lasater blitzschnell seinen Revolver gezogen und fragte: „Nennst du O. D. Cleaver einen Lügner?“

„Nein – wenn er es selber gesehen hat . . .“

„Du nimm dich in acht, denn er hat es gesehen, und er hat es mir erzählt, und zwar persönlich.“

In einer sternklaren Nacht, die so herrlich war, so mild, schon durchzogen von Frühlingsduft, daß die Männer rund ums Feuer liegenblieben, statt zu schlafen, sagte Savage, der sonst so wortkarg war: „Gleich hinter diesem Hügel ist Fort Phantom . . ., das heißt, was davon übrig ist.“

„Verrückter Name für ein Fort“, sagte Canby.

„Verrückt war das Fort ohnehin“, sagte Savage. „Mein Dad diente hier, als das Fort gebaut wurde, im Jahr 1852. Er sagte, es war das ärgste Fort auf der ganzen Welt, heiß, dreckig, schlechtes Essen, kein Wasser, nichts zu tun . . ., Tag für Tag immer das gleiche.“

„Worum geht's in deiner Geschichte?“ fragte Lasater.

„Warte. Im Jahr 1854 hörte die Regierung endlich auf die Klagen und Beschwerden und beschloß, das Fort vorübergehend zu schließen. Am letzten Tag, als die Männer auszogen, hörte mein Dad den Major sagen: ‚Es wäre ein Segen, wenn dieser gottverlassene Ort niederbrennte. Sonst verlegen sie bald wieder Soldaten hierher.‘ Als daher der Major und seine Leute abgezogen waren, was, glaubt ihr, tat mein Dad mit sechsen seiner Freunde!“

„Sie legten das Fort in Asche?“ fragte Jim.

„Sie schütteten überall Öl hin und streuten Sägespäne und Schießpulver in den Gebäuden aus, sechsundvierzig im ganzen, und brannten die Bude nieder . . . bis auf den Erdboden.“

„Das kann nicht wahr sein“, sagte Buck.

Sofort hatte Savage seinen Revolver gezogen. „Nennst du O. D. Cleaver einen Lügner?“ rief er und machte Lasaters Stimme so gut nach, daß sogar dieser lachen mußte.

„Reiten wir auf den Hügel hinauf und sehen wir es uns an“, schlug Savage vor, und mit Mr. Poteets Erlaubnis stiegen die jungen Cowboys auf ihre Pferde, umrundeten vorsichtig die Herde, um sie nicht zu beunruhigen, und ritten dann hinauf auf den Gipfel des Hügels und sahen hinunter auf das Wunder der unter dem Sternenhimmel hingestreckten Prärie. Zu ihren Füßen lagen die verkohlten Ruinen des einstmals mächtigen Forts. Nur die Schornsteine aus Ziegeln standen noch, wie Geister, die die Sterne bewachten.

„Dein Dad soll das alles niedergebrannt haben?“ fragte Jim respektvoll.

„Er und seine Freunde.“

„Dafür hätte man sie aufhängen können.“

„Man hat nie herausgefunden, wer es getan hat.“

„Jesus, muß das ein Feuer gewesen sein!“ flüsterte Gompert, und die jungen Cowboys ritten zurück zum Camp.

Dort war wieder von Klapperschlangen die Rede. Lasater erklärte, O. D. Cleaver habe es mit seinen eigenen Augen gesehen: „Diese Klapperschlange, ein riesiges Stück, dick wie dein Schenkel, jagt einen Präriehund in das Loch hinein. Der Hund kommt am anderen Ende heraus, und sobald er in Sicherheit ist, ruft er die anderen Hunde – und was glaubt ihr, daß sie tun?“

„Fortrennen wie die Teufel“, meinte Ragland.

Lasater überhörte das Gelächter und fuhr fort: „Die anderen Hunde hetzen alle zu ihm hin, stopfen Sand in das Loch, an beiden Enden, drücken den Sand mit den Pfoten nieder und ersticken das Vieh.“

„Kann mir nicht vorstellen, daß das klappt“, warf Jim vorsichtig ein. „Ich habe Erdlöcher von Präriehunden ausgegraben, und die haben meistens mehr als nur einen oder zwei Ausgänge . . .“

„Sohn“, unterbrach ihn Lasater, „warum eigentlich mußt du immer wieder O. D. Cleaver einen Lügner nennen?“

„Ich . . . ich . . . ich habe selber . . .“

„O. D. Cleaver hat es gesehen! Er hat es mir selber erzählt!“

Skimmerhorn, den O. D. Cleavers Stellung als höchste Autorität in allen Fragen, die die Prärie betrafen, belustigte, fragte: „Wo ist O. D. Cleaver jetzt?“

„Er ist tot“, antwortete Lasater. „Bei einem Banküberfall erschossen.“

Nun kam der Tag näher, wo die Herde die gefährliche Reise durch achtzig Meilen unfruchtbarer Wüste antreten würde, ohne Wasser und mit nur wenig Gras. Es war daher unbedingt notwendig, daß die Tiere in den nächsten zwei Wochen so viel als möglich fraßen und viel tranken, um kräftig und widerstandsfähig zu sein, wenn die Zeit der Prüfung kam. Mr. Poteet und Nate Person entfernten sich jetzt noch weiter als bisher von der Herde; sie gingen auf Suche nach guten Wasserlöchern mit viel Weideland rundherum.

Das fruchtbare Land entlang des Brazos River lag hinter ihnen, immer öfter mußten sie öde Landstriche durchqueren. Von der Kuppe einer mit saftigem Gras bewachsenen Bodenwelle konnte ein Reiter unversehens an die fünfzig Meilen brauner, vertrockneter Erde vor sich sehen, eine Warnung vor dem, was auf sie zukam. Die Arbeit wurde härter, die Männer gewöhnten sich daran, mit möglichst wenig Wasser auszukommen. Im Umgang miteinander wurden sie jetzt besonders rücksichtsvoll. Voll innerer Spannung fieberten sie alle dem Abenteuer entgegen.

Die Spannung ließ nicht nach, als sie Fort Chadbourne passierten, einst eine starke Festungsanlage mit vierhundert Soldaten und einer deutschen Musikkapelle, jetzt verlassen, eine Ansammlung leerstehender Gebäude. „Hier hat mein Dad auch gedient“, erklärte Savage, als sie an den düsteren Bauwerken vorüberritten. „Mußte aufgegeben werden . . . nicht genug Wasser.“

Hier, neben den Resten von Fort Chadbourne, standen Poteet und seine Männer nun am Rande ausgedehnter Landstriche, die erst jetzt langsam erschlossen wurden, nur zum Teil von kleinen Forts beschützt. Von den alten Siedlungen weit im Norden rund um Santa Fé abgesehen, gab es hier keine Kirchen, Farmen oder Wohnhäuser, wie die östlichen Staaten sie seit den zweiundneunzig Jahren der Unabhängigkeit kannten. Das unermeßlich weite Land wartete darauf, daß abenteuerlustige Männer kämen und es Amerika einverleibten. Zugegeben, in den unsicheren Jahren zwischen 1858 und 1861 war die Postkutsche hier durchgekommen, der legendäre Butterfield Stage, und zwar auf der gleichen Route über den Pecos River, der auch Poteet zu folgen beabsichtigte. Aber der Zug nach Westen war vom Krieg unterbrochen worden. Das einzige, was an ihn erinnerte, waren die geborstenen Wassertanks, die entlang der Route in der Wüste lagen. Für Poteet und seine Männer würde es kein Wasser geben. Wenn der Mut sie verließ, mußten sie mitsamt ihren Rindern umkommen.

Sie standen am südlichen Rand des Llano Estacado. Der Name stammte von den spanischen Eroberern, die beim Durchqueren der

Wüste Pfähle in den Boden getrieben hatten, um in dieser gleichförmigen Landschaft den Rückweg zu finden. Der Llano schien von der Natur eigens dazu geschaffen, den menschlichen Willen einer fast unlösbaren Prüfung zu unterwerfen. Die Schwierigkeiten wurden immer größer, je weiter man in ihn eindrang, so daß der Mann, der die eine Schwierigkeit überwunden hatte, versucht war, dennoch den Rückweg anzutreten, wissend, daß die nächste Schwierigkeit noch größer sein würde.

Stufe eins bestand aus den dreiundsechzig Meilen von Fort Chadbourne bis zum nördlichen Arm des Concho, einem schäbigen kleinen Wasserlauf, der immerhin noch etwas brackiges Wasser führte. Auf diesem Trail gab es auch noch ein paar versteckte Wasserlöcher, wo das Vieh trinken konnte, wenn die Scouts nur schlau genug waren, sie zu finden. Auf einem gewöhnlichen Trail wäre dieses Stück „Teufelspfad" getauft worden; hier war es noch der bessere Teil.

Stufe zwei erstreckte sich nur über dreißig Meilen, vom nördlichen Concho zum mittleren Concho, aber zwischen den Flüssen gab es überhaupt kein Wasser, hier fingen die Rinder an, bockig zu werden.

Stufe drei war eine Strecke von achtzig Meilen durch eine unfruchtbare Ebene mit alkalihaltiger Erde, vom mittleren Concho bis zu Horsehead Crossing am Pecos River. Auf diesen achtzig Meilen gab es weder Wasser noch Gras. Durchquerte man diesen Teil in der üblichen Geschwindigkeit, so brauchte man dazu fast sieben Tage. Das würden die Rinder nicht überleben. Wenn die Geschwindigkeit jedoch verdoppelt oder verdreifacht werden konnte, so bestand die Chance, daß die Langhörner mit dem letzten Rest von Kraft lebend den Pecos erreichten. Auf dieses gewagte Spiel ließen sich die Cowboys jetzt ein.

„Jim", sagte Mr. Poteet, „es gehört sich nicht, diesen Abschnitt des Trails ohne Gewehr in Angriff zu nehmen. Sieh zu, daß Canby dir eines von seinen borgt."

Jim begab sich also zum Point und sagte: „Mr. Poteet meint, Sie sollten mir ein Gewehr leihen. Ich möchte es aber kaufen."

„Womit?"

„Mit Geld. Wenn ich ausgezahlt werde."

„Du kriegst nichts ausgezahlt. Jeder weiß, daß der Alte deinen Lohn deiner Mutter gegeben hat."

„Ich werde mir irgendwie Geld beschaffen."

Canby spielte mit den Zügeln. Die Sache war ihm peinlich. Er liebte seine Schießeisen, und er hatte das Gefühl, daß seine acht Stück für das, was ihnen bevorstand, gerade reichten. Trotzdem war es nicht richtig, den Jungen ohne Waffe in dieser Gegend herumlaufen zu lassen. Es gehörte sich einfach nicht.

„Du könntest die Zweiundzwanziger haben."

„Das ist kein Gewehr", sagte Jim.

„Richtig, Sohn." Er warf die Zügel über den Hals seiner Stute, hielt sie aber zurück, als sie los wollte. „Ich sag dir was, ich habe noch einen Army-Colt, den kann ich dir leihen."

„Ich will ihn nicht geliehen. Ich will ihn kaufen."

„Womit denn, zum Teufel?" rief Canby. „All right, ich verkaufe dir den Colt. Zehn Dollar, mit den Kugeln."

„Ich werde ihn bezahlen", sagte Jim. „Ich verspreche es."

Jetzt war es soweit. Die Herde wurde in den ersten Abschnitt des Llano getrieben. Die Tage waren heiß und staubig, die Rinder wurden unruhig, weil das Gras spärlich und das Wasser knapp wurde. Poteet und Person streiften weit voraus. Sie fanden Wasserlöcher, von denen einige ausgetrocknet waren, aber in anderen stand genügend schlammiges Wasser, so daß die Tiere den ärgsten Durst löschen konnten.

Man mußte die Herde so schnell vorantreiben, daß die Tiere gar keine Zeit hatten zu bemerken, wie knapp das Futter war. Statt zehn oder zwölf Meilen am Tag machten sie jetzt fünfzehn oder sogar sechzehn. Auf diese Weise brachten sie den ersten Teil der Wüste hinter sich.

Am nördlichen Concho tranken die Tiere gierig das brackige Wasser. Mr. Poteet ließ sie einen Tag länger da und sah den Kühen zu, die bis zum Bauch in den Fluten standen, als wollten sie ihr ausgedörrtes Fell mit Wasser vollaufen lassen.

Den Männern tat dieses Wasser nicht gut. Die Hälfte von ihnen bekam Durchfall. Gompert und Savage ging es so schlecht, daß sie ihre nächtlichen Runden nicht reiten konnten, also übernahmen Poteet und Skimmerhorn ihre Wache. Nacho Gómez war wieder einmal ihre Rettung. Er braute aus Kaktuswurzeln, Tabaksaft, Essig und Rum ein ekelhaftes Gesöff, das unter Garantie die wackeligsten Gedärme wieder ins Lot brachte, und nach drei Tagen waren Gompert und Savage wieder auf dem Damm. „Lieber tot, als noch einmal dieses Zeug saufen", warnten sie die anderen.

Die dreißig Meilen zwischen den beiden Armen des Concho wurden in zwei Tagen zurückgelegt. Am Ende erwartete sie aber eine Enttäuschung, denn der mittlere Concho führte kaum genug Wasser für die Herde. Mr. Poteet legte einen zusätzlichen Rasttag ein, und das erwies sich als weise, denn am zweiten Tag zeigte sich wieder etwas Wasser am Boden des Baches. Er und Skimmerhorn ritten weit nach Süden, um besseres Trinkwasser zu finden, und kamen zurück, um das Wasserfaß zu holen, das sie füllten. Jeder Mann sorgte für seine eigene Feldflasche, während Nacho für den Kaffee so viel Wasser mitnahm, als er nur konnte. In den folgenden drei Tagen gab es für die Männer nichts außer Brötchen und Kaffee – bis das Wasser aus war.

Am Abend des 6. April 1868 versammelte Mr. Poteet seine Leute zu einem letzten warmen Abendessen. Während des Essens sagte er zu ihnen: „Wir brechen im ersten Morgengrauen auf und sehen zu, daß wir so schnell wie möglich weiterkommen. Ihr dürft die Herde nicht aus den Augen lassen. Sie werden wegen des Wassers zurückkommen wollen. Ich habe es schon erlebt, daß Langhörner fünfzig Meilen weit zurückgelaufen sind.“

„Morgen nacht?“ fragte Canby.

„Wir reiten die Nacht durch, jede Nacht, bis wir dort sind.“ Keiner der Männer sagte etwas. „Mr. Person wird vorausreiten und dafür sorgen, daß wir den Paß durchs Gebirge finden. Er kann jedes Pferd haben, das er haben will, denn er muß dauernd vor und zurück reiten, ohne Unterbrechung.“

Der Schwarze nickte. Die Entfernung zum Wasser betrug achtzig Meilen. Er würde an die zweihundert Meilen reiten müssen, immer wieder hin und zurück, damit sie den richtigen Weg fanden.

„Seht zu, daß ihr noch ein paar Stunden Schlaf bekommt“, schloß Poteet.

Bei Anbruch der Dämmerung wurden die Tiere auf den Trail gebracht. Bei der Erschaffung dieses Landstrichs hatte die Natur keine besondere Feinfühligkeit bewiesen. Entferne dich nur zwei Schritte von den Ufern des mittleren Concho, und der Boden unter deinen Füßen ist so steinhart, daß niemand daran zweifelt, daß er seit Jahren kein Wasser gesehen haben kann. Zwei Meilen weiter kam das Natron heraus, eine widerwärtige weiße Schicht, die sich über alles legte, mit einem öden, toten Geschmack, weder sauer noch süß. Wenn sich das in Wasser löste und eine Kuh davon trank, ging sie auf der Stelle ein.

Als die Sonne über den Horizont stieg, erkannten die Männer erst die wahre Natur des Llano vor ihnen. Meilenweit kein Baum, kein Busch, keine Trailmarkierung, nicht das geringste Anzeichen einer menschlichen Besiedlung. Das war das ödeste, unfruchtbarste Land, das sie jemals gesehen hatten.

Gegen neun Uhr wurde die Hitze quälend, die Rinder hielten Ausschau nach Wasser, achtzig Meilen weit würden sie jetzt nach Wasser suchen, das es nicht gab. Der abgebrühteste Cowboy ebenso wie der forscheste Bursche, der gern großspurig auftrat, fand es verdammt schwierig, den irren Blick einer durstigen Kuh zu ertragen, und es würgte ihn im Hals, wenn er sie zur Herde zurücktrieb.

Gegen Mittag rief Savage: „Dort kommt er!“ Und weit im Westen sahen sie eine Staubwolke, dann ein Pferd, dann einen Mann darauf, das Gesicht weiß vom Natron. Sie beobachteten ihn, wie er auf dem leicht über den flachen Sand galoppierenden Pferd näher kam.

Bei Nacho absteigend, bat Nate zuerst um Kaffee. Die Tasse mit beiden Händen vors Gesicht haltend, sagte er über ihren Rand hinweg: „Bis jetzt sind wir auf dem richtigen Weg.“

„Irgendwo Wasser gesehen?“

„Nichts.“ Er trank den Kaffee aus, wechselte das Pferd und verschwand schon wieder, bevor noch die Herde auf den Trail zurückgetrieben wurde.

Auf einem gewöhnlichen Trail mußte man vor allem auf die Spitze des Zuges achten, aber hier war es die Nachhut, die besonderer Aufmerksamkeit bedurfte, denn die Tiere konnten jederzeit versuchen zurückzurennen. Jim und Coker erhielten daher Verstärkung von Mr. Poteet und Skimmerhorn, der stundenlang neben Jim herritt und ihm vom Leben in Colorado erzählte.

„Aus Colorado wird einmal einer der wichtigsten Staaten Amerikas", sagte Skimmerhorn.

„Besser als Texas?"

„Schönere Landschaft. Bessere Chancen für einen jungen Mann."

„Wyoming soll auch nicht schlecht sein."

„Nichts gegen Colorado. Zu viele Indianer."

„Was ist mit Montana?"

„Nicht genug Leute."

Jim war von Skimmerhorn beeindruckt. Er war nicht so hartgesotten wie Mr. Poteet, auch nicht so gut als Cowboy, aber er, als der Eigentümer der ganzen Herde, ritt hier neben ihm Drag. Es war Jim aufgefallen, daß Skimmerhorn sich für keine Arbeit zu gut war. Wenn der Koch mehr Holz brauchte, war Skimmerhorn der erste, der seine Hilfe anbot.

Den ganzen langen Tag geschah nichts, und sie ritten meistens schweigend nebeneinander. Aber in der Nacht wurde die Herde unruhig, denn die Langhörner verstanden nicht, warum sie weitermarschieren mußten und warum es kein Wasser gab. Wieder und wieder versuchten einzelne umzukehren, so daß Jim und Skimmerhorn die ganze Nacht alle Hände voll zu tun hatten. Sie ritten, bis ihre Nachtpferde erschöpft waren und sie frische Pferde von der Remuda holen mußten. Es war eine böse Nacht, alle litten Durst, aber die Männer hatten ihren Kaffee, die Tiere dagegen hatten keinen Tropfen Wasser.

Am zweiten Tag wurde es noch schlimmer. Die Männer konnten aus nächster Nähe beobachten, wie die Tiere von diesem furchtbaren Trail zugerichtet wurden. Ein paar Kühe gebärdeten sich wie verrückt, und die Männer mußten sie mit dem Lasso einholen und sie auf den Kopf schlagen, um sie wieder zum Trail zurückzubringen.

Am späten Nachmittag fingen die Kühe zu brüllen an, und bald erhob die ganze Herde ihre Stimme in einer Welle von Klagen, die anstieg und wieder fiel und das Herz jedes Mannes erschütterte, der es hörte.

Die Hitze war kaum noch auszuhalten. Die Männer ritten scharf und brachen in Schweiß aus, aber die Luft war so trocken, daß sie dabei nicht einmal feucht wurden. Sie schüttelten sich ungeheure Mengen Kaffee in die Kehle, konnten aber nicht Wasser lassen. Wer Durchfall hatte – und das war die halbe Mannschaft –, wurde von Bauchkrämpfen gemartert, aber sie schieden keine Flüssigkeit aus. Und über allem lag der Natronstaub – auf den Wangen der Männer, den Bandannas, den Augen der Rinder.

Gewöhnliche Tiere hätten nicht durchgehalten, aber die zähen Langhörner, an Dornen gewöhnt, stolperten unbeirrt weiter, geführt von Stonewall. In diesen Tagen der Prüfung wuchs der mürrische alte Ochse, dem die Hüftknochen herausstanden wie einem Skelett, jedem einzelnen Cowboy ans Herz. Es war, als verstünde er als einziger von der ganzen Herde, warum sie diese Durststrecke auf sich nehmen mußten, und als bemühte er sich, sein Bestes zu geben, um den Trail zu einem guten Ende zu führen.

Diese folgende Nacht war besonders schwierig, vor allem für die Drags. Jim und Coker saßen jetzt seit neununddreißig Stunden im Sattel, ohne Schlaf, ohne eine warme Mahlzeit, sie waren todmüde, aber die Rinder, die vor sich kein Wasser spürten, wollten unbedingt zum Concho zurück, wo sie zum letzten Mal getrunken hatten. Jim schien es, als hätte er die ganze Nacht im Galopp verbracht, Ochsen und Kühe zur Herde treibend. Immer wieder, wenn er ins Mondlicht hineinhetzte, sah er neben oder vor sich Mr. Skimmerhorn reiten, der genauso schuftete wie er.

Im Morgengrauen, die Herde war immer noch beisammen, sank Jim zu Boden, und Skimmerhorn sagte: „Laßt ihn schlafen."

Er lag noch immer, als Nate Person geritten kam, die dunklen, von Schlaflosigkeit geröteten Augen tief eingesunken. Er brachte gute Nachricht. „Der Paß ist gerade vor uns. Und vierzehn Meilen weiter sind wir am Pecos."

„Wasser?" fragte Poteet.

„Jede Menge", antwortete Person. „Aber süß ist das Wasser nur bei Horsehead. Schon kurz weiter nördlich oder südlich steht es fast still, reines Natron. Jedes Rind, das das trinkt, geht ein."

„Ist Horsehead markiert?"

„Die Schädel sind noch an Ort und Stelle." Er meinte damit die Reihe von Pferdeschädeln auf Pfählen, die den Weg zur Furt markierten. „Ich werde bei euch sein, um zu helfen."

Der letzte Tag war kaum noch zu ertragen. Zweiunddreißig Meilen lagen noch vor ihnen, achtzehn bis zum Paß, von dort vierzehn bis zum Wasser, und das konnte man den Männern erklären, aber nicht den Tieren. Vor Durst irrsinnig, rannte eine Kuh plötzlich los, geradewegs ins Nichts. Jim, der die Kuh kannte, versuchte sie zurückzuhalten, aber sie brach an ihm vorbei, als ob er nicht existierte. Er schrie um Hilfe, und Mr. Poteet überlegte, ob er nicht Stonewall einsetzen sollte, aber der war zu weit weg, zu beschäftigt damit, die Spitze des Zugs zusammenzuhalten, so mußte man die Kuh rennen lassen. Jim sah ihr nach, wie sie mitten in die Ödnis hetzte, stolperte, wieder aufstand, in die Knie stürzte, noch einmal aufstand und zum letzten Mal stürzte, und schon waren die Geier über ihr.

„Nichts zu machen", sagte Mr. Poteet.

„Ich hab' sie aufgezogen", sagte Jim mit Tränen in den Augen. „Sie hat gute Kälber geworfen." Sie war der Stolz der Lloydschen Herde gewesen, aber er konnte nichts tun, um sie zu retten.

Da zog ein neues Ereignis die Aufmerksamkeit auf sich. Weit vorn im Westen erschien eine Staubsäule, die im Näherkommen kurz den Blick auf eine Gruppe Berittener freigab, dahinter ein Wagen. Aber schon hatte das Bild sich wieder in Staub aufgelöst.

„Was zum Teufel kann das sein?" fragte Lasater, und jeder starrte auf die Staubsäule und dachte, es müßte Nate Person sein, aber er war es nicht.

Es war eine Gruppe von Männern, sieben oder acht vielleicht, mit einem von Maultieren gezogenen Wagen.

„In der Gegend hier gibt es keine Armee-Einheit", sagte Savage.

„Kann das die Pettis-Gang sein?" fragte Skimmerhorn besorgt.

„Die treiben sich doch nicht so weit südlich herum", beruhigte ihn Poteet. Aber auch ihm war die Gruppe nicht geheuer.

„Bring die Remuda näher zu uns herein", rief er Canby zu, der zu Buck ritt, um ihn zu warnen. „Den Wagen auch." Und Nacho trieb seine Tiere näher zur Herde.

Aber die Vorsichtsmaßnahmen erwiesen sich als überflüssig. Die Gruppe, die ihnen entgegenkam, wurde von einem hageren Cowboy mit stechendem Blick angeführt. Er war zweiunddreißig Jahre alt und hieß Charles Goodnight. Er war wirklich der Christoph Columbus der Prärie. Er war überall gewesen, hatte als erster den Llano mit Rindern durchquert. Und jetzt, nachdem er seine Herde in Fort Union verkauft hatte, war er auf dem Weg nach Hause.

Er kannte Poteet. „Ihr könnt es schon schaffen", versicherte er den Cowboys. „Eure Rinder sind nicht mehr ganz auf der Höhe, aber über den Paß kommen sie noch, und auf der anderen Seite ist Wasser."

Nachdrücklich schärfte er Poteet ein, wie wichtig es sei, die nach Wasser lechzenden Tiere von den alkalihaltigen Abschnitten des Pecos fernzuhalten. „Nur bei Horsehead ist das Wasser gut. Postiere deine besten Männer nördlich und südlich des Übergangs und laß die Rinder nicht ans Salz heran."

„Was habt ihr in eurem Wagen?" fragte Poteet.

„Oliver Loving", sagte er feierlich. „Mein Partner und Freund, von den Comanchen getötet. Eines hab' ich ihm versprechen müssen. Er wollte nicht, daß seine Gebeine in fremder Erde ruhten."

Goodnights Männer hatten Petroleumdosen plattgeklopft und daraus einen Metallmantel für den Holzsarg gemacht, in dem sie die Leiche transportierten. Diesen Sarg hatten sie dann in einen noch größeren Holzsarg gelegt und den Zwischenraum mit Holzkohle ausgefüllt, um die Erschütterungen aufzufangen.

„Wir werden ihn in Weatherford in Texas begraben, so wie er es wollte“, sagte Goodnight und rief seine Männer zum Weitermarsch durch die Wüste zusammen. „Ohne Rinder geht es leichter“, meinte er.

Bevor sie aufbrachen, fragte ihn Skimmerhorn: „Sie kommen doch an Tom Lloyds Ranch vorbei?“

„Tom ist tot.“

„Das weiß ich. Das hier ist sein Junge.“

Mr. Goodnight sah sich den Jungen an und sagte: „Du mußt um die vierzehn sein. Das richtige Alter, um auf dem Trail anzufangen.“

„Mir geht es darum“, sagte Skimmerhorn, „daß Mrs. Lloyd dem Mr. Poteet ungefähr zweihundert Langhörner mitgegeben hat . . .“

„Zweihundertundachtzehn, weniger die eine, die heute morgen verendet ist“, sagte Jim.

„Und wir bringen sie nach Fort Sumner, um sie dort zu verkaufen, in Kommission sozusagen.“

„Kein Markt in Fort Sumner, damit ist es aus. John Chisum verkauft Ihnen, soviel Sie brauchen.“

Bei dieser Nachricht verzog Jim vor Schreck das Gesicht. Seine Mutter brauchte das Geld.

Aber Mr. Skimmerhorn fuhr fort: „Ich habe mir diese Rinder angesehen. Ich möchte sie alle kaufen, hier auf der Stelle. Und Ihnen das restliche Geld für Mrs. Lloyd mitgeben.“

„Ein guter Kauf, Mister – hab’ den Namen nicht verstanden.“

„Skimmerhorn.“

Mr. Goodnight zögerte. „Sie sind nicht alt genug, um die Colorado-Miliz geführt zu haben . . .“ Er hielt inne.

„Beim Massaker von Rattlesnake Buttes? Das war mein Vater.“

„Entschuldigen Sie. Wenn Sie Mrs. Lloyd das Geld durch mich schicken lassen wollen, so würde ich mich über diesen Beweis Ihres Vertrauens geehrt fühlen.“

Skimmerhorn zählte ihm das Geld für die zweihundert Langhörner auf die Hand, abzüglich des Vorschusses, den Jims Mutter von Mr. Poteet erhalten hatte, und Mr. Goodnight steckte die Scheine in seinen Gürtel. Nachdem er von den Cowboys Abschied genommen hatte, führte er seine Männer weiter nach Osten.

Vor ihnen lag das letzte Stück der öden Alkaliebene, das sie noch von den Bergen trennte. Jenseits des Passes würden die Tiere schwierig werden, denn sobald sie einmal Wasser rochen, waren sie nicht mehr zu halten. Ein Ochse brach plötzlich von der Herde aus, wie vorher die Kuh, und starb wie sie. Über ihnen am wolkenlosen Himmel hielten die Geier kreisend Wache und bemerkten jeden strauchelnden Schritt.

Gerade jetzt erwies sich Stonewall als unbezahlbar. Er war wie ein Prophet des Alten Testaments, der sein geschlagenes Volk in ein besseres Land jenseits der Berge führte. Vielleicht hatte er noch vor den anderen das ferne Wasser gerochen. Jedenfalls hielt er die Rinder auf Trab, und wer ausbrechen wollte, den puffte er streng zurück.

Oben am Paß, einer merkwürdigen Senke zwischen den Hügeln, flach und wie mit dem Lineal gezogen, spürten die Rinder das Wasser unter ihnen im fernen Tal, und sie stürmten mit neuer Hoffnung vorwärts. Die Kühe setzten sich dabei an die Spitze, nicht die Stiere und Ochsen, grob drängten sie die männlichen Rinder zur Seite und schoben und hetzten, bis sie ganz vorne waren, wo nur Stonewall sie noch zurückhalten konnte.

Unaufhaltsam drängten sie voran, verrückt nach Wasser, dem lebenserhaltenden Naß. Sie streckten ihre mageren Hälse und starrten mit staubverklebten Augen in den Mittagsdunst, während ihre Beine wie von selber vorwärtshetzten, getrieben vom letzten Rest an Kraft, der noch in ihren eingefallenen Leibern steckte.

„Haltet Schritt mit ihnen!“ rief Poteet seinen Männern zu. „Drängt sie weg vom Natron!“

Die Cowboys ritten zuerst in leichtem Galopp, wurden dann aber von der jagenden Herde mitgerissen und flogen immer schneller dahin. Staub stieg auf von der unfruchtbaren Ebene, die Geier stiegen höher hinauf, um ihm zu entgehen. Jim Lloyd, als Drag, brauchte seine Schützlinge diesmal nicht anzutreiben, im Gegenteil, sein erschöpftes Pferd hatte Mühe, mit ihnen Schritt zu halten.

Jetzt kam Nate Person vom Fluß zurückgeritten und rief ihnen zu: „Nach Süden halten!“

Er, Poteet und Skimmerhorn ritten zum rechten Point, um Lasater zu helfen, die rasenden Rinder vom schlechten Wasser abzudrängen, und durch geschickte Manöver mit ihren Pferden hatten sie auch Erfolg damit.

„Ich glaube, wir haben sie!“ rief Poteet, denn der Fluß war nur mehr eine knappe Meile entfernt, und die Rinder rannten jetzt in der gewünschten Richtung.

Doch plötzlich ereignete sich etwas Furchtbares. Stonewall, der die Herde bis hierher großartig geführt hatte, roch das Wasser und drängte auf kürzestem Wege dahin, genau nach Norden, wo das Natron besonders konzentriert im Wasser enthalten war.

„Dreht ihn um“, rief Poteet, aber er ließ sich nicht umdrehen. Noch ärger aber war, daß die Kühe sich ihm anschlossen und der Druck von hinten immer stärker wurde.

„Aufhalten!“ rief Person. „Lasater, zum Teufel! Aufhalten!“

Lasater, der dem Ochsen am nächsten war, gab ohne zu zögern seinem Pferd die Sporen und ritt Stonewall entgegen, mit der Absicht, ihn von seiner Richtung abzubringen, aber der riesige Ochse rannte einfach Mann und Pferd um, beide stürzten zu Boden. Jetzt stand nur mehr Poteet zwischen den Rindern und einer Katastrophe.

Unverzüglich ritt er hart an Stonewall heran, und wieder wollte der Ochse den Mann, seinen alten Partner Poteet, zu Boden werfen.

Als der Trailboss die Absicht des Ochsen erkannte, zog er sein Pferd am Zügel und wartete, bis Stonewall gerade vor ihm war. Dann zielte er sorgfältig und schoß. Mit einem letzten erstaunten Blick auf Poteet stolperte der Ochse vorwärts und fiel in den Staub. Sofort wendete Poteet sein Pferd, und mit Skimmerhorns Hilfe gelang es ihm, die unschlüssigen Rinder wieder in die andere Richtung zu treiben.

An den Pferdeschädeln vorbei drängten sie ins Wasser und blieben minutenlang einfach so stehen, ohne zu trinken. Anders als die Männer, die sofort in tiefen Zügen zu schlürfen anfingen, tranken die Tiere zunächst nur in kleinen Schlucken und brüllten dabei, bis der ganze schlammige Fluß von ihrer Freude wiederhallte.

Jim Lloyd und Coker fanden Lasater bewußtlos auf dem Boden liegen, aber Mr. Skimmerhorn, der auf seinen Herzschlag lauschte und ihn nach gebrochenen Knochen abtastete, sagte zu ihnen: „Der wird bald wieder in Ordnung sein.“ Jetzt rief Ragland: „Poteet ist nicht da“, und jeder dachte nach, wo er den Boss zum letzten Mal gesehen hatte.

„Er ritt wie der Teufel, als wir die Kühe wieder umdrehten“, sagte Skimmerhorn, und die Cowboys ritten nach allen Richtungen aus, um ihn zu suchen. Canby fand ihn endlich weiter hinten auf dem Trail, in Richtung des Natronwassers. Er war vom Pferd gestiegen und stand neben Stonewall, und als die jüngeren Cowboys näher kamen, scheuchte Canby sie mit einer Handbewegung fort. Also ritten sie zurück, jeder mit der Erinnerung an das herrliche Tier.

Der Pecos war kein eindrucksvoller Fluß. Die vergangenen fünf Wochen hatten die Männer von dem Augenblick geträumt, in dem sie ihre Rinder in seine Fluten treiben würden, und in den letzten drei wasserlosen Tagen hatten sie an nichts anderes mehr denken können. Und da lag er vor ihnen, nicht breiter als fünf Meter, nur an wenigen Stellen mehr als knöcheltief. Viel Wasser führte er nicht, aber immerhin, das Wasser bewegte sich. Auch wenn zweihundert Kühe an einer guten Stelle zu trinken anfingen und sich hemmungslos vollschlabberten, dann stand nach wenigen Minuten das Wasser schon wieder auf dem gleichen Stand. Jim Lloyd kostete das Wasser und fand es brackig, auch an den guten Stellen nach Natron schmeckend. Das Wasser von weiter oben konnte man nicht einmal im Mund behalten, geschweige denn schlucken.

„Teufel, da spring' ich glatt darüber“, rief Ragland, trat zurück, zog die Schultern hoch und sprang mit abgewinkelten Beinen in der Luft hin und her, daß er aussah wie eine Kolbenpumpe in diesen neuen Dampfmaschinen. Dann nahm er prustend einen Anlauf, stürzte das steile Ufer hinunter und sprang mit einem gewaltigen Brüllen in die heiße Luft, die über dem Fluß brütete.

Er hätte es auch beinahe geschafft, wenn er nur einen besseren Platz für den Absprung gefunden hätte. Aber so sprang er einen halben

Meter zu kurz, landete mit einem großen Platsch im Wasser, verlor das Gleichgewicht und fiel rücklings in den Fluß. Bis zum Ende der Reise schlugen sich die Cowboys immer wieder auf die Schenkel und sagten: „Erinnert ihr euch, wie Old Rags gesagt hat, er könnte über den Pecos springen? Teufel, er sprang eine Meile zu kurz!" Von jetzt an war er Old Rags, die größte Auszeichnung, die einem Cowboy widerfahren konnte. „Old Gompert" oder „Old Savage" oder gar „Old Buck" – das war einfach unvorstellbar.

Die Männer führten die Tiere ans westliche Ufer und blieben dort drei Tage lang liegen, bis alle sich erholt hatten. Als sie am dritten Tag am Aufbrechen waren, rief der Wrangler, der mit seinen Pferden weiter nördlich von ihnen lagerte, plötzlich: „Kavallerie!"

Es handelte sich um ein Kommando von Fort Sumner, auf den Spuren der Mescalero-Apachen, die gerade im Inneren von New Mexico ihr Unwesen trieben.

„Treibt eure Herde am östlichen Ufer weiter", rief ein Leutnant.

„Wie ist das Gras dort?" fragte Poteet.

„Nicht gut, aber auf dieser Seite stehlen sie eure Pferde. Laßt kein Auge von der Remuda."

„Wird gekämpft?"

„Nichts. Nur Überfälle. Wenn ihr schießt, schießen sie zurück."

Nachdem sie ihren Kaffee getrunken hatten, verschwanden die Reiter in Richtung Süden, und Poteet beschloß, die Remuda näher zum Camp heranzuziehen und die Wachen zu verstärken. „Ein Apache ist imstande, dir die Decke unterm Hintern wegzustehlen", warnte er. „Aber unsere Pferde kriegen sie nicht."

Mit lauten Hussarufen trieben die Cowboys die Tiere ans östliche Ufer zurück und machten sich auf nach Norden. Es war ein merkwürdiger Trail. Gleich neben dem Fluß war der Boden unfruchtbar, mit Kaktus bestanden und glühend heiß. Zum Grasen mußten die Rinder sechs Meilen weit ins Land getrieben werden, aber zum Trinken kamen sie wieder zurück zum Fluß. In diesem Zickzack zockelten sie nach Norden.

Trinkbares Wasser zu finden wurde allmählich schwierig, denn der Pecos enthielt immer mehr Natron, und die Wasserlöcher, die hier recht zahlreich waren, durften nicht benutzt werden, denn das Land, durch das sie ritten, wurde von John Chisum beansprucht, dem größten Rinderbaron des Westens. Damit kein anderer seine Tiere auf dem Land weiden ließe, das er für sich beanspruchte, hatte er ein paar Wasserlöcher für seine eigenen Rinder bestimmt und die anderen mit Salz füllen lassen.

Chisum hatte in New Mexico schon vor Jahren erreicht, was Seccombe jetzt in Colorado plante: durch den Ankauf von sechshundert strategischen Punkten, Landflecken, auf denen es Wasser gab, hatte er seine eiserne Herrschaft über weitere sechs Millionen Morgen errichtet. Dieses weite Gebiet betrachtete er nun als seinen Besitz und war bereit, jeden niederzuknallen, der etwa die Absicht hegte, sich darauf niederzulassen. Das Land, das ihm tatsächlich gehörte, hätte bestenfalls zwanzig Kühe genährt, aber er hatte an die vierzigtausend, die auf einer Weide grasten, die von Rechts wegen dem Staat zustand. Versuchte jedoch ein anderer Staatsbürger, irgendwo in dieser unendlichen Weite ein Holzhaus zu bauen oder auch nur sein Vieh zu tränken, so sah er sich dem Lauf einer Flinte gegenüber.

„Wir sind jetzt auf John-Chisum-Land", warnte Poteet seine Männer auf ihrem Zug nach Norden. Bis zu zehn Tagesritten im Umkreis gehörte die Prärie John Chisum, und das nur deshalb, weil er es so sagte. Dutzende der besten Männer unseres Landes mußten sterben, bevor diese einzigartige Theorie des Landbesitzes erschüttert werden konnte.

Nachdem die Cowboys mit allen Schwierigkeiten fertig geworden waren, die sich daraus ergaben, daß weder im Pecos noch in John Chisums Brunnen Trinkwasser zu haben war, erwartete sie nun eine neue Prüfung. Den Erfahrenen unter ihnen war seit längerem aufgefallen, daß zwei oder drei Kühe auffallend dick geworden waren. Eines Morgens beim Aufstehen entdeckten sie, daß die eine von ihnen ein Kalb geworfen hatte. Aller Augen wandten sich Jim zu.

Als Mr. Poteet davon erfuhr, sagte er: „Well, Jim. Der Drag kümmert sich um die Kälber, das ist so Sitte."

„Wie?" fragte Jim.

„Indem er sie tötet", antwortete Mr. Poteet.

„Indem er was?" fragte Jim, schneeweiß im Gesicht.

„Nate, erklär's ihm." Und Person nahm ihn und Coker zur Seite und sagte: „Das ist bei jedem Trail unvermeidlich, daß Kälber auftauchen. Aber die kommen nicht mit. Wir würden Kuh und Kalb verlieren." Er schüttelte den Kopf und sagte zu den Drags: „Eure Aufgabe ist es, sie umzubringen."

„Aber wie denn?" fragte Jim mit kläglicher Stimme.

„Manche erschießen sie, manche hauen ihnen einen Prügel über den Schädel."

„Aber ich . . ." Doch Person war schon weg und hatte Coker mitgenommen. Jim ging zu der Kuh, die das Neugeborene säugte. Ein Blick auf die weiße Schnauze und die feuchten Lippen, die gierig das Euter suchten, genügte, um Jim für seine Aufgabe vollends untauglich zu machen. Er griff an seinen Revolver, war aber nicht imstande, ihn aus dem Halfter zu ziehen. Er sah sich nach einem Prügel um und war dankbar, daß er keinen fand. Endlich hob er das Kalb hoch und nahm es der Mutter weg, die ihm fast bis ins Camp nachlief.

„Mr. Poteet, ich kann Kälber aufziehen, aber nicht umbringen."

„Stell das Vieh auf den Boden", brüllte Mr. Poteet, „und schau, daß du fertig wirst damit."Angewidert wandte er sich ab. Jim wandte sich mit flehendem Blick den anderen zu, aber keiner wollte ihm helfen. Er schämte sich der Tränen, die ihm in die Augen traten. Aber er stellte das Kalb nicht auf den Boden. Da sah er links von der Herde Nacho mit seinem Wagen dahinfahren und lief zu ihm hin.

„Ich möchte das Kalb bei dir im Wagen unterbringen, gar nicht lang. Es wird mir schon was einfallen.“ Nacho versteckte also das Kalb im Wagen. Beim nächsten Halt, die Männer waren gerade beim Essen, fing das Kalb zu wimmern an, und Mr. Poteet sagte: „Was zum Teufel . . .“, schluckte aber den Rest des Satzes. Manchmal war es auch für einen Trailboss klüger, etwas nicht gehört zu haben.

Jim fütterte das Kalb und pflegte es. Als ein zweites Kalb zur Welt kam, sollte Coker es beseitigen, aber ihm ging es nicht besser als Jim. „Teufel, ich kann doch nicht den LeMat eines Obersten der Konföderierten dazu verwenden, ein Kalb zu erschießen“, sagte er, und auch sein Kalb fand einen Platz in Nachos Wagen.

Aber als ein drittes Kalb geboren wurde und Jim es wieder nicht übers Herz brachte, das Tier zu töten, da riß Mr. Poteet die Geduld. „Diese Kälber verschwinden jetzt, und ihr beide legt sie um“ schnappte er. Aber Jim wurde unerwartete Unterstützung zuteil. Nacho sagte mit seiner singenden Stimme: „Mr. Poteet, ich glaube, ich habe eine gute Idee“, und er bat um die Erlaubnis, die Kälber bis Fort Sumner behalten zu dürfen. Knurrend gab Mr. Poteet seine Zustimmung.

Drei Tage vor Fort Sumner schlugen die Apachen zu, aber sie gingen derart schlau dabei vor, schlichen leise wie Coyoten nach Mitternacht über den Pecos, daß sie drei Pferde zurück über den Fluß geschafft hatten, bevor auch nur ein Mensch merkte, was geschehen war. Wahrscheinlich hätten die Cowboys überhaupt nichts gehört, wenn nicht ein Brauner, Gomperts Lieblingspferd, leise gewiehert hätte. Mit einem wilden Schrei sprang Gompert aus seinem Schlafsack: „Sie stehlen mein Pferd!“

Die Männer konnten es nicht fassen. Die Apachen waren mitten in das Lager gekommen, in die Remuda, wo drei Wachen sie nicht hörten, hatten sich zwischen den Schlafenden und dem Küchenwagen durchgeschlichen und drei gute Pferde einfach abgeführt.

„Wir haben nichts gesehen“, meldete der Wrangler für die Wachen, und Nacho sagte, die Kälber hätten ihn zwar wachgehalten, aber er habe trotzdem nichts gehört. Gompert wollte den Apachen mit einer Gruppe nachreiten und ihnen die Pferde wieder abjagen. Coker und Lasater waren sofort dafür, aber Skimmerhorn riet zur Vorsicht.

„Apachen stehlen Pferde seit eh und je“, sagte er.

„Die hätten uns im Schlaf abknallen können“, sagte Lasater.

„Warum zum Teufel haben sie nicht die Kälber gestohlen?“ sagte Poteet.

In den nächsten zwei Tagen achteten die Cowboys auf jedes

Geräusch, und zweimal glaubten einige von den Jungen, in den Hügeln im Westen Apachen gesehen zu haben, aber es war jedesmal falscher Alarm. Jim Lloyd, dem nichts entging, lernte dabei einen Vogel kennen, an den er später immer als Symbol dieses Trails dachte, ein kühnes, schnelles, lustiges Tier, das meistens auf der Erde stand und seinen Kopf von einer Seite auf die andere warf, während sein Schopf aus braunen und weißen Federn in der Sonne aufleuchtete.

Das war der Erdkuckuck, mit einem prachtvollen Schwanz, der auf und ab wippte, wenn der Vogel auf der Suche nach Insekten über die Prärie eilte. Die Cowboys lachten über diesen neugierigen Vogel, dessen Schopf abwechselnd aufstieg und wieder niedersank, je nachdem, welche Dinge seiner Umgebung ihn interessierten. Oft blieb er plötzlich stehen, sah zu Jim empor und stellte den Kopf schief, dabei flatterte er mit den Schwanzfedern, um das Gleichgewicht zu halten.

Jim war überrascht, daß ausgerechnet Lasater es war, der Dieb, der von allen die meiste Liebe für die Tiere aufbrachte.

„Meine Mom hat gesagt, Gott schickt uns den Erdkuckuck, um uns in schwierigen Lagen einen Ausweg zu zeigen“, sagte er, und daraus entwickelte sich am Lagerfeuer eine sehnsuchtsvolle Unterhaltung über Mütter und andere vornehme weibliche Gestalten, die die Cowboys gekannt hatten. Einer nach dem anderen erzählte eine Geschichte voll von der Tapferkeit der Pioniere, und immer stand eine tapfere Frau im Mittelpunkt des Geschehens.

„Da war diese Frau unten am Rio Grande“, sagte Canby. „Der Mann war im Krieg mit Mexiko umgekommen. Eine große Ranch war da, Tausende Rinder, und kein Mensch außer ihr und einer Bande von schmierigen Mexikanern . . .“

Nacho Gómez, der die Reste des Abendessens abräumte, hörte hingerissen zu. Geschichten von tapferen Frauen hatte er gern.

Canbys Geschichte zog sich, aber den Zuhörern wurde sie nicht zu lang. Die Sterne des Frühlings stiegen am Himmel auf, und Jim sah voller Wehmut, wie im Westen Orion sich zur Ruhe begab, aus der er erst im nächsten Winter wieder erwachen würde.

In dieser Nacht hatten er und Ragland die Zwei-bis-vier-Wache. Die Ohren gespitzt wegen der Apachen, umritten sie in monotonem Gleichmaß die Herde. Jedesmal wenn sie aneinander vorbeikamen, hörten sie zu singen auf und redeten ein paar Worte miteinander. Und zwar über Frauen.

Erste Runde: „Jim, hast du schon einmal ein Mädchen geküßt?“ – „Nein.“

Zweite Runde: „Das kann ganz angenehm sein.“

Dritte Runde: „Manchmal bringt es einen auch ganz schön durcheinander.“

Damit war die erste Lektion abgeschlossen, und Jim brütete darüber nach, bis seine Wache endete. Zwei Nächte später nahmen er und

Ragland die Unterhaltung wieder auf. Diesmal gingen sie etwas mehr ins Detail.

Erste Runde: „Jim, warst du jemals in einem Bordell?“ – „Nein.“

Zweite Runde: „Jim, weißt du, was ein Bordell ist?“ – „Nein.“

Dritte Runde: „Denk immer dran, die beste Frau in deinem Leben ist deine Mom.“ – „Klar.“

Vierte Runde: „Natürlich können andere Mädchen auch ganz nett sein.“ – „Klar.“

Fünfte Runde: „Natürlich rede ich nur von netten Mädchen.“ – „Ich auch.“

Alle fühlten sich erleichtert, als der Trail Fort Sumner erreichte, einen gottverlassenen Grenzposten am Pecos, der errichtet worden war, um die Mescalero-Apachen im Zaum zu halten. Als der Kommandant hörte, daß Poteet und seine Männer nur drei Pferde verloren hatten, lachte er. „Wir halten uns hier eine Truppe von alten Kleppern, damit die Tapferen das Stehlen üben können und nicht den Glauben an die gute alte Zeit verlieren.“ Zu Gompert sagte er: „Wenn du nur ein Pferd verloren hast, bist du glimpflich davongekommen.“ Aber Gompert wäre gern mit einer bewaffneten Gruppe ausgeritten, um zu sehen, ob er nicht doch sein Pferd wiederbekommen könnte.

„Finde dich ab damit, mein Sohn! Wenn die Comanchen nach Westen ziehen, dann habt ihr genug Sorgen.“

„Wo sind sie jetzt?“ fragte Poteet.

„Unsere Scouts haben sie weit im Osten gesehen, nördlich von Texas, in Indianerland. Aber möglicherweise ziehen sie nach Westen. Ich würde meine Tiere aufs westliche Ufer herüber holen. Laßt die Apachen Apachen sein und habt ein Auge auf das, was im Osten geschieht.“

Jetzt rückte Nacho Gómez mit seiner Überraschung bezüglich der Kälber heraus. Nachdem er um ein Pferd gebeten hatte, redete er mit einigen Soldaten und ritt dann direkt nach Westen ins Gebiet der Apachen. Ein paar Stunden später kehrte er mit einem Dutzend Mexikanern zurück, die ein mit Waren beladenes Pferd am Zügel führten. Er ging zu seinem Wagen und zog die drei Kälber heraus, und die Mexikaner stöhnten vor Begeisterung. „Ein Stier!“ schrie einer von ihnen, und Mr. Poteet sah zu, wie Nacho wie irr mit ihnen zu handeln anfing.

Die Mexikaner boten Hühner an, lange Knoblauchschnüre, Zwiebeln, Pfeffer und Büschel von Kräutern, die die Cowboys alle nicht kannten. Nacho nahm alles mit verzücktem Lächeln entgegen, dann wandte er sich zu den Cowboys und sagte: „Jetzt machen wir Fest!“ Schließlich wählten die Mexikaner aus ihrem Kreis drei aus, die der Herde auf ihrem Zug nach Norden folgen und alle etwa noch anfallenden Kälber aufsammeln sollten, und der Anführer sagte zu Mr. Poteet: „Wir beten zu Gott um Bullen! Dann können wir eine eigene Herde gründen!“

Am ersten Abend hinter Fort Sumner kochte Nacho eingemachtes Huhn mit Kartoffeln. Mr. Skimmerhorn war begeistert, aber Canby, Gompert und Savage wiesen das Essen zurück. „Wir wollen keinen mexikanischen Schlangenfraß“, beschwerten sie sich, „wir wollen ein ordentliches Essen.“ Also zog Nacho ein Bratblech heraus, schnitt sechs große Steaks ab, zwei pro Kopf, schob das Blech ins Feuer, legte Kohlen auf die Deckel, wartete, bis das Fleisch beinahe kohlrabenschwarz war, und servierte es dann den Murrenden.

„Das ist was Anständiges“, sagte Canby und begann an dem zähen Fleisch zu nagen.

Am nächsten Abend, als Nacho eine Art Chili servierte, scharf, geschmackvoll und mit viel Fleisch, geschah das gleiche. Wieder beglückwünschte Mr. Skimmerhorn den Mexikaner zu seiner Kochkunst, und wieder beschwerten sich Canby und Kollegen, daß sie nicht auf einen Trail kämen, um mexikanischen Pofel zu essen. Und wo bitte seien die Steaks? Traurig briet Nacho wieder ein halbes Dutzend Steaks, und die Cowboys waren zufrieden.

Zwei Tage darauf überquerten sie wieder den Pecos. Dabei ließ Poteet es zu, daß die Herde in zwei Hälften geteilt wurde. Die erste Partie war bereits über dem Fluß und auf dem Weg zu den niedrigen Hügeln vor ihnen, aber die zweite Hälfte hatte Schwierigkeiten, über das steile Ufer hinunter in den Fluß zu gelangen.

In diesem kritischen Augenblick sah Bufe Coker, der weit östlich von der Herde die Nachzügler zusammentrieb, am anderen Ufer des Pecos an die zwanzig Comanchen hinter einer Mesa hervorbrechen und den vorderen Teil der Herde angreifen.

Nur einen Augenblick lang saß Coker da wie erstarrt, hingerissen vom Anblick dieser halbnackten Krieger, die mit ihren Pferden wie verwachsen schienen. Dann zählte er, wie viele Gewehre sie hatten und wie viele Lanzen, und gab aus seinen LeMat einen Warnschuß ab. Aber die Indianer scherten sich nicht um ihn, sondern wandten ihre ganze Aufmerksamkeit der Herde zu.

Coker gab seinem Pferd die Sporen und ritt im Galopp zum zweiten Teil der Herde zurück, aber was er dort sah, jagte ihm einen Schrecken ein. Jim Lloyd und Ragland ritten Drag, aber als sie sahen, daß am nördlichen Ufer des Pecos ein Gefecht im Gange war, trieben sie ihre Pferde in den Fluß und brüllten: „Achtung! Wir kommen!“

Mr. Poteet, der diese Narretei vorausgesehen hatte, zog sich für einen Augenblick vom Kampf zurück und schrie sie an: „Zurück ans andere Ufer mit euch!“ Mitten im Fluß wendeten sie ihre Pferde und ritten Coker entgegen, der ihnen schon vom Ufer her entgegenfluchte. „Wir kämpfen hier!“ schrie er.

Als sie hinauf aufs Trockene stolperten, rief er: „Treibt das Vieh zusammen. Wenn eine Stampede losgeht, können wir uns alle eingraben lassen!“

Am nördlichen Ufer wurde indessen erbittert gekämpft. Die Indianer ritten eine Attacke nach der anderen, und Canby feuerte, was das Zeug hielt. Mr. Skimmerhorn und Nate Person blieben in der Point-Stellung, zogen das Feuer der Indianer weitgehend auf sich und ritten abwechselnd zur Herde zurück, um sie zusammenzuhalten. „Großer Gott!" rief Nate. „Wenn wir nur Stonewall jetzt noch hätten!"

Coker, der den Kampf gespannt verfolgte, rief Lloyd zu: „Der Nigger schlägt sich großartig." Aber Jim beobachtete Mr. Skimmerhorn und bewunderte es, wie kühl und sicher der Nordstaatler den Indianern standhielt, wenn sie auf ihn losstürmten. „Sein ganzes Hab und Gut steht auf dem Spiel", murmelte Jim.

Plötzlich ritt eine Gruppe von sieben Indianern geradewegs auf den Kern der Weißen zu. Offenbar hatten sie es auf Mr. Poteet abgesehen. Der schoß das Magazin seines Revolvers leer, nahm dann das Gewehr und feuerte mitten in den Haufen hinein, bis sie von ihm abließen.

Da machten die Indianer eine jähe Kehrtwendung nach Norden und fielen über Canby her, der mit beiden Händen zugleich feuerte. Ein Comanche hieb mit seinem Beil auf Canby ein und erwischte ihn an der rechten Schulter, Ärmel und Haut bis zum Ellbogen herunter zerfetzend. Einen gräßlichen Augenblick lang stand Canby bewegungslos aufrecht in den Bügeln, den Revolver in der rechten Hand, dann fielen Stoff, Fleisch und Blut auf die Hand, und der Revolver wurde unsichtbar. Der Texaner starrte auf seinen Arm, der nur mehr lose am Körper hing, und sagte ruhig etwas zu Savage, der neben ihm kämpfte.

Mehrere Comanchen überquerten jetzt den Fluß und spornten ihre Pferde zu einem Angriff auf die Nachhut an. „Schießt nicht zu früh", rief Coker, und die drei warteten, bis die Indianer beinahe über ihnen waren. Dann überschütteten Coker und Ragland die Comanchen mit einem Kugelhagel, und Jim hörte den Konföderierten rufen: „Feuern, Jim, feuern!" Leicht benommen begann der Junge mit dem Revolver zu schießen, den Canby ihm gegeben hatte, und dachte gleichzeitig an Canbys Arm. Noch zweimal drangen die Comanchen auf Jim ein, und sie hätten ihn wahrscheinlich niedergemacht, wäre nicht Coker noch vor dem dritten Angriff ihm zu Hilfe gekommen. Coker feuerte mehrere Schüsse auf sie ab und tötete zwei. Die anderen flohen.

Es war den Cowboys gelungen, die Herde zusammenzuhalten. Sie hatten weder Pferde noch Rinder verloren. Auf dem nördlichen Ufer lag ein toter Indianer, auf dem südlichen drei. Plötzlich begriff Jim, daß er im Mittelpunkt des Kampfes gestanden war.

„Old Jim stand da und feuerte wie ein Alter", sagten die Cowboys bewundernd, und Jim sagte zu Nate Person: „War ich froh, als ich dich über den Fluß kommen sah." Und er tat, als hörte er nicht, wie Mr. Skimmerhorn sagte: „Habt ihr gesehen, wie Old Jim es dem Häuptling gegeben hat? Teufel, der war keine drei Fuß von dir entfernt, Jim, als du ihn erschossen hast."

Diese Worte gingen Jim durch Mark und Bein. „Ich habe ihn erschossen?“ fragte er.

„Ich war’s nicht“, sagte Coker, „ich habe mit den andern alle Hände voll zu tun gehabt.“

Die jungen Cowboys drehten mit den Stiefeln die Leiche um, und Jim blickte auf das Gesicht des Häuptlings, das noch genauso aussah wie während des Angriffs: furchterregend und sehr, sehr nahe. „Ich glaube, daß Nate ihn erschossen hat“, sagte Jim. Aber er wußte, daß er selber den Schuß abgefeuert hatte – daß er einen Menschen getötet hatte.

Canbys Arm war in einem schrecklichen Zustand. Nate Person meinte, man solle ihn gleich an Ort und Stelle amputieren, aber Canby brüllte: „Jesus, doch nicht meinen Schießarm!“ Am nächsten Tag fing der Arm zu eitern an, und sogar Jim erkannte, daß da nicht mehr viel Hoffnung war. Sie legten Canby in den Wagen, und Jim ritt fast den ganzen Tag neben ihm her, brachte Wasser und zündete ihm die Zigaretten an. Und er sagte zu dem Texaner: „Laß dir den Arm doch abnehmen, Canby. Der Eiter sieht böse aus.“ Aber Canby antwortete: „Ohne meinen Schießarm kann ich gleich in die Grube fahren.“

Elf Meilen westlich von ihnen lag jetzt Las Vegas, die abenteuerliche, aufregende Pionierstadt, und die Männer drangen in Poteet, er möge ihnen einen Bummel genehmigen. Aber Poteet sagte: „Nichts ist mit Las Vegas.“ Warum nicht, fragten die Männer. Er antwortete: „Wir können die Herde nicht ohne Aufsicht lassen. Außerdem müssen wir uns beeilen, zu dem Arzt in Fort Union zu kommen.“ Er deutete zum Wagen hin, wo Canby im Fieberdelirium lag, und die Männer sagten nichts mehr.

Auf dem Trail pflegte man zu sagen: „Wenn ein Mann krank wird oder verwundet, dann hat er nur zwei Möglichkeiten: gesund werden oder sterben.“ Es sah aus, als würde Canby das letztere wählen, denn da er sich weigerte, sich den Arm abnehmen zu lassen, wurde sein ganzer Körper von dem Eiter vergiftet. Zwei Tage später hatte Poteet einen Entschluß gefaßt. Er sagte zu Nacho: „Lade dein Küchengerät auf ein paar Pferderücken. Ich fahre Canby im Wagen nach Fort Union.“ Der Militärarzt dort würde wissen, was zu tun war. Poteet und Skimmerhorn ritten davon und ließen die Herde unter Nate Persons Kommando zurück.

Am Nachmittag des übernächsten Tages kamen Poteet und Skimmerhorn mit dem Wagen zurück, aber ohne Canby. „Der Arzt warf nur einen Blick auf den Arm und sagte: ‚Weg damit‘ “, berichtete Poteet. „Canby wehrte sich wie der Teufel, drei Männer mußten ihn festhalten, bis es gelang, ihn mit Chloroform zu betäuben.“ Keiner sagte etwas, und er fügte hinzu: „Wir haben ihn ausbezahlt, er reitet nach Texas zurück.“

„Sein Pferd ist noch da“, sagte Buck.

„Haben wir gekauft", antwortete Poteet. „Mr. Skimmerhorn hat ihn gut bezahlt." Darauf wurde Canby nicht mehr erwähnt.

Es war gegen halb sechs am Abend. Nie zuvor auf diesem Trail hatten sie an einem so herrlichen Ort kampiert. Im Norden lag eine niedrige Hügelkette, dunkelblaue Pinien umstanden das Lager, von Westen blickten die hohen, schneebedeckten Gipfel von New Mexico zu ihnen herüber. Das Tal schlummerte in der Abendstille. Während Nacho Gómez sein Zeug wieder in den Wagen packte, wandte sich Mr. Poteet an Nate und fragte: „Bist du gut ausgeruht?" Ja, das sei er, antwortete der Schwarze. Und Poteet fuhr fort: „Leute, wir haben ein paar harte Tage hinter uns, und Canbys Unglück bedrückt uns alle. Mit Mr. Skimmerhorns Erlaubnis möchte ich etwas Abwechslung in den Speisezettel bringen." Und er entkorkte sechs Flaschen Whisky.

Die Männer riefen Bravo, und Poteet fügte hinzu: „Mr. Skimmerhorn übernimmt die Remuda. Mr. Person und ich werden die Herde bewachen." Die Cowboys vergaßen daraufhin sogar auf Nachos hervorragende Küche und blieben mit den Flaschen bis Mitternacht rund um das Feuer sitzen, die Geschichten wurden immer wilder und verworrener, bis sie einer nach dem anderen in Schlaf sanken.

Die ganze Nacht hindurch ritten Mr. Poteet und Nate Person Wache, und wenn sie im Dunkeln aneinander vorüberkamen, sagte der schwarze Mann unweigerlich: „Abend, Mr. Poteet", und Poteet antwortete leise: „Abend, Nate." Auf diese Weise war es zwei Uhr geworden, als Poteet sagte: „Mein Pferd ist müde, Nate, ich hole mir ein neues", und als er zurückkam, fragte Nate: „Haben sie dem Jungen denn auch Whisky gegeben?" Poteet antwortete: „Mit drei Dingen muß ein Mann umgehen können: mit dem Gewehr, mit einem Glas Whisky und mit einem Mädchen. Durch Lesen kann er's nicht lernen." Und sie ritten weiter durch die sternklare Nacht und dachten an Canby, der seinen Arm verloren hatte, an die toten Comanchen und daran, daß sie bisher verdammt viel Glück gehabt hatten. Und immer wenn sie aneinander vorüberritten, sagte Nate: „Abend, Mr. Poteet", und Poteet antwortete: „Abend, Nate."

Im Morgengrauen erwachten die Männer, benommen blinzelnd, mit dem schönsten Kater, der jemals auf diesem Trail spazierengeführt worden war, und Mr. Poteet sagte: „Auf geht's nach Norden", und Nate sagte: „Mr. Poteet, mir schmeckt ein guter Whisky genauso wie den anderen", und Old Rags sagte: „Es ist nichts mehr übrig." Mr. Poteet starrte dem schmächtigen jungen Mann ins Gesicht und erwiderte: „Tut mir leid, Nate", und ging zu Mr. Skimmerhorns Schlafsack, holte eine halbvolle Flasche heraus und drückte sie dem Schwarzen in die Hand.

Nate ließ einen tüchtigen Schluck in die Gurgel laufen, blinzelte und sagte zu Jim: „Mann, das tut gut." Noch dreimal blickte er tief in die Flasche, dann wurden seine Augen glasig, und er sah sich nach einem

Platz zum Niederlegen um. Mr. Poteet führte ihn zum Wagen, half ihm hinein, nahm die Flasche an sich, und den ganzen Vormittag schlief Nate im Wagen, mit weit offenem Mund, wie ein gestrandeter Karpfen.

Sechs Tage später kamen sie zum Raton-Paß, dem hochgelegenen, schwierigen Übergang von New Mexico nach Colorado, und hier stand Onkel Dick Wootton, einer der wildesten Pioniere des Westens, und blockierte die Straße. Dick Wootton kannte alles, war überall gewesen. Er hatte zu jenen ersten Trappern gehört, die sich beim großen Treffen im westlichen Wyoming eingefunden hatten. Und jetzt, an seinem Lebensabend, hatte er eine Idee gehabt, die er selber „eine gute Sache“ nannte.

Mit ein paar Kniffen, die so verwickelt waren, daß noch niemand ihm auf die Schliche gekommen war, hatte er die Territorialregierungen von New Mexico und Colorado dazu gebracht, ihm die Erlaubnis zum Bau einer Durchzugsstraße durch das Gebirge zu erteilen. Diese Mautstraße über den Paß Raton bewachte er jetzt mit einer Bande von Rowdies, die mit Winchester-Büchsen bewaffnet waren.

„Zehn Cents pro Kopf“, sagte er zu Nate Person, der vorausritt.

„Wir bringen einen Haufen Köpfe“, meinte Person.

„Dann werdet ihr auch einen Haufen Cents zahlen“, antwortete der alte Schurke.

Nate ritt zurück und berichtete Mr. Poteet, dessen dünne Lippen sich daraufhin zu einem Strich zusammenpreßten. Ruhig antwortete er: „Mr. Person, gestatte, daß ich mir deine zweite Flinte ausborge“, und weg war er.

Das Treffen mit dem alten Räuber verlief zeremoniell, so als verhandelten hier zwei Regierungschefs über Zölle. Poteet sagte: „Es ist dir klar, Onkel Dick, daß zehn Cents zuviel ist.“

„Das ist meine Straße“, antwortete der Alte, „und das ist mein Tarif.“

„Aber wir haben zweitausendneunhundertfünfzig Rinder.“

„Wir zählen, ihr zahlt.“

„Bei dieser Menge kannst du nicht mehr als sechs Cents das Stück verlangen.“

„Auf die Menge kommt's uns nicht an.“

„Onkel Dick, du hast wohl den Verstand verloren.“

„Im Gegenteil, im Gegenteil“, antwortete der alte Trapper. „Ich habe die Straße gebaut, ihr zahlt dafür, daß ihr sie benutzen dürft.“

„Du niederträchtiges Schwein!“ fluchte Poteet, beschimpfte ihn ausführlich in bestem Texanisch und drohte, ihn um sein Geschäft zu bringen.

„So kannst du mit Wootton nicht reden“, rief einer aus dessen Gefolge.

Poteet zog seine Pistolen und sagte: „Wenn einer von euch nur die kleinste Bewegung macht, schieße ich dieses elende, alte Mistvieh über den Haufen!“

Die Männer zogen sich zurück, Poteet hielt seine Waffen auf Wootton gerichtet und sagte: „Ich reite jetzt diesen Paß wieder hinunter und suche mir einen anderen Weg durchs Gebirge.“ Darauf fluchte er noch eine volle Minute auf Wootton ein, steckte seine Pistolen wieder in den Gürtel und ritt zur Herde zurück.

Bei seinen Männern angekommen, erklärte er ihnen: „Die Herde wird nicht über den Paß gehen. Ich lasse mich nicht veräppeln.“

Skimmerhorn wandte ein, daß die Tiere nun schon einmal hier seien und daß er sicher sei, Mr. Seccombe würde das verstehen und die zweihundertfünfundneunzig Dollar zahlen. „Nicht, solange ich Trailboss bin“, bellte Poteet, und das Gespräch war beendet.

Dann rief er Nate zu sich und sagte: „Nate und ich werden diesen ganzen Staat so lange absuchen, bis wir einen Paß nach Norden gefunden haben. Die Rinder führt ihr ostwärts hinter uns her!“

Wieder erhob Mr. Skimmerhorn Einspruch. „Warum sollen wir nicht hier bleiben, bis ihr einen Paß gefunden habt? Wenn ihr nichts findet, können wir noch immer über Woottons Paß gehen . . .“

„Mr. Skimmerhorn!“ brüllte Poteet. „Ich bin der Boss hier! Führt die Rinder nach Osten hinter den Vulkan! Und zwar sofort!“

Voll Zorn ritt er mit seinem schwarzen Führer fort. Sie ritten die Vorhügel alle ab und fanden rein gar nichts. Ohne daß sich seine Wut im mindesten gelegt hätte, befahl er Person, zurückzureiten und darauf zu sehen, daß die Rinder auch wirklich nach Osten getrieben wurden, während er einen Berg nach dem anderen abklapperte, ohne jeden Erfolg.

Nate sagte zu den Cowboys: „Der Alte ist noch immer ganz rasend. Wenn's nach ihm ginge, könnten wir ostwärts bis nach Kentucky gehen.“

„Bleib bei ihm“, sagte Skimmerhorn, „es wird ihm schon was einfallen.“

Der Schwarze ritt also wieder zu Poteet, aber er brauchte volle zwei Tage, bis er ihn fand, denn der zähe Texaner war weit nach Colorado hineingeritten, über einen felsigen Paß, den man den Rindern nicht zumuten konnte. Aber als Person ihm auf dem Rückweg nach Süden begegnete, grinste Poteet nichtsdestoweniger übers ganze Gesicht.

„Nate, wir haben es“, rief er begeistert. „Auf dem Hinweg habe ich nichts gefunden, aber auf dem Rückweg! Einen glatten, ebenen Übergang! Und das werden wir allen Cowboys von ganz Texas erzählen! Damit brechen wir dem alten Schurken das Herz!“

Sie ritten zur Herde zurück, die sich eben dem Capulin näherte, dem gewaltigen, seit neunhunderttausend Jahren erloschenen Vulkan. Poteet führte die Herde auf der Westseite des Vulkans hinauf und drehte dann gegen Norden, und als der letzte Nachzügler in Colorado war, wandte sich Poteet nach Westen in Richtung Paß Raton und rief: „Zum Teufel mit dir, Dick Wootton!“

Am Ende ihres ersten Tages in Colorado kamen sie zum Fluß Picketwire, dessen wahrer Name eigentlich lautete: El rio de las animas perdidas en purgatorio – der Fluß der verlorenen Seelen im Fegefeuer. Zu Coronados Zeiten hatten drei aufsässige, geldgierige Soldaten rebelliert und sich auf eigene Faust auf die Suche nach den goldenen Städten gemacht. Einige Zeit später wurden sie von den anderen aufgefunden, nackt, die Leiber mit Pfeilen gespickt, und einer der Priester rief feierlich: „Gott hat sie gestraft, die Indianer waren seine Werkzeuge, und für ihren Ungehorsam müssen ihre Seelen im Fegefeuer schmachten.“

Fluß der verlorenen Seelen im Fegefeuer! Französische Trapper hatten ihn zu „Purgatoire“ abgekürzt, und praktische Männer aus Indiana und Tennessee paßten das fremdartige Wort ihrer eigenen Sprache an und nannten den Fluß Picketwire. Die Überquerung war weiter nicht schwierig, und drei Tage später erreichten sie dann den Fluß, den sie gesucht hatten und dessen Name, Apishapa, einen weit weniger romantischen Ursprung hatte als der Picketwire. Apishapa war ein Wort der Ute und bedeutete „Stinkendes Wasser“. Und das war sehr passend, denn das Wasser hatte einen unangenehmen Geruch und Geschmack, aber man konnte es trinken, und es führte sie zum Ende des Trails.

Poteet hatte nichts dagegen, dem Lauf des Apishapa zu folgen, denn auf diese Weise würden sie Denver und Pueblo, wo der Teufel auf die Cowboys lauerte, im Westen liegenlassen. Sie folgten noch dieser sicheren östlichen Route, als eines Tages Nate Person ganz aufgeregt angeritten kam. „Santa-Fe-Trail!“ rief er. „Gerade vor uns!“ Und als sie auf eine Erhebung kamen, sahen sie im Norden den alten Trail vor sich liegen, auf dem ein eindrucksvoller Zug sich nach Westen bewegte. Zuerst eine Abteilung von Berittenen, dann sieben Wagen, gefolgt von Pferden und Rindern, endlich ein Wachtrupp, der die Nachhut bildete. Was sie da vor sich sahen, war eine Kurzfassung der Geschichte des Westens, eine Erinnerung an alle Wagen, die auf diesem Weg jemals westwärts gefahren waren, seit die Spanier die Straße angelegt hatten, und die jungen Texaner, die so etwas noch nie gesehen hatten, starrten dem Zug wie verzaubert nach.

Mr. Poteet ritt zu den Soldaten hin und fragte sie, warum sie den Zug eskortierten, da die Comanchen doch weit im Süden waren, und der Kommandant der Abteilung sagte herablassend: „Kansas-Rowdies.“

„Aber doch nicht so weit im Westen.“

„Aus Kansas hat man sie hinausgeworfen“, sagte der Hauptmann. „Letzten Monat sind sie in New Mexico eingefallen.“

„Die Pettis-Brüder?“

„Ja."

„Teufel noch mal", sagte Mr. Poteet wütend, „ich dachte, wir wären in Sicherheit."

„Auf diesem Trail ist man nie in Sicherheit", antwortete der Hauptmann von oben herab, als unterhielte er sich mit einem Gemeinen, und ritt weiter in Richtung Santa Fe.

Am Abend führte Poteet den Männern vor Augen, welch gefährliches Stück vor ihnen läge. „Diese Gangster sind ärger als die Comanchen, sie haben sich selbst außerhalb jedes Gesetzes gestellt."

„Was sind das für Leute?" fragte Jim Lloyd die jüngeren Cowboys.

Gompert sagte: „Konföderierte. Wie Old Coker und sein blödsinniger McClellan-Sattel."

„Das sind Männer, die einen harten Kampf ausgefochten und verloren haben", sagte Coker bissig. „Genau wie ich."

„Wie sind sie nach Kansas gekommen?" fragte Jim.

„Wie ist Old Coker nach Texas gekommen? Sie marschierten einfach so lange, bis ihnen wo ein Pferd über den Weg lief, das sie stehlen konnten."

„Aus denen sind Killer geworden", sagte Coker.

„Wenn sie uns überfallen, Coker, wirst du zu ihnen überlaufen? Du bist ein Konföderierter."

„Poteet auch. Glaubst du, daß er überläuft?"

In dieser Art hänselten die jungen Männer einander, während sie dem Revier der Gangster immer näher kamen.

Der Apishapa mündet in den Arkansas in einem Tal, das so aussieht, als wäre es gut für die Landwirtschaft. „Hier könnte man Getreide anbauen", sagte Savage beeindruckt. Die Crown-Vee-Herde stürzte sich auf das saftige Gras des Talbodens.

„Das ist das letzte gute Wasser, das die Tiere kriegen, bevor wir zum Platte kommen", warnte Skimmerhorn, und die Männer ließen die Tiere einen Tag lang in Gras und Wasser schwelgen.

Die Überquerung des Arkansas war die schwierigste Aufgabe, die sie auf dem Trail zu vollbringen hatten, denn dieser Fluß war tief und reißend und von Sandbänken durchzogen. Mr. Poteet und Nate verbrachten einen halben Tag damit, nach der besten Stelle für den Übergang zu forschen. Endlich entschieden sie sich für eine schmale Stelle des Flusses ein paar Meilen östlich von der Einmündung des Apishapa, und dort führten sie die Rinder in das kalte, schnell fließende Wasser.

Zwei Pferde verloren den Halt unter den Hufen und wurden stromabwärts getrieben, aber kaum hatte man sie eingeholt, als ein mürrischer Ochse, den sie das Rote Ekel getauft hatten, mitten im Fluß plötzlich wieder umdrehte und ein halbes Hundert junger Ochsen und Bullen mit sich riß. Auf ihrem Weg zurück gerieten sie in eine Gruppe von Rindern, die Jim und Coker gerade über den Fluß brachten, und so entstand mitten im Wasser ein fürchterlicher Tumult, schwächere Tiere gingen unter, alle brüllten sie und schlugen mit den riesigen Hörnern um sich, und Mr. Poteet am Ufer schrie: „Schlagt das Rote Ekel ins Gesicht! Dreht ihn um!“

Was eigentlich in vierzig Minuten hätte vorbei sein sollen, dauerte vier Stunden, und als die Herde endlich glücklich am anderen Ufer war, wären sich die Cowboys am liebsten gegenseitig an die Gurgel gefahren. Elf Rinder waren bei dem Tumult ersoffen.

„Daß solche Leute sich auch noch Cowboys nennen dürfen!“ zischte Poteet. „Du, Coker! Wie du gesehen hast, daß das Rote Ekel alles durcheinanderbringt, warum hast du ihn nicht erschossen?“

„Sie haben uns gesagt, daß wir die Pistolen nicht verwenden dürfen!“

Poteets Gesicht lief rot an. Offensichtlich dürstete es ihn geradezu nach einer Rauferei, und Coker kam ihm wie gewünscht. Aber Mr. Skimmerhorn trat dazwischen und sagte: „Wir haben noch Glück gehabt, daß wir nicht mehr Tiere verloren haben“, und Poteet ging hinüber zur Remuda und machte Buck runter, weil dieser sich nicht besser um die Pferde gekümmert hatte.

„Er regt sich auf wegen der Kansas-Rowdies“, sagte Lasater. „Ich mich übrigens auch.“

Poteet kam bald zurück und breitete Canbys Schlafsack auseinander. Er hatte dessen Sachen für den Fall aufgehoben, daß ihre Wege sich wieder kreuzten, aber jetzt verteilte er Canbys Schießeisen. Jim Lloyd bekam einen zweiten Revolver, einer ging an Coker, die anderen an die Swinger. Eine Winchester ging an Nate Person, die andere an Mr. Skimmerhorn. Die Zweiundzwanziger behielt er sich selber.

„Manche Leute haben gedacht, sie könnten die Pettis-Brüder bestechen, und haben ihnen einen Teil ihres Viehs abgegeben“, sagte Poteet. „Wir werden das nicht machen.“

In dieser Nacht ritten vier Mann Wache, und am nächsten Tag befahl Poteet die Remuda und den Küchenwagen an die linke Flanke. An der rechten Flanke stellte er eine zusätzliche Wache auf. Dieser Tag verging ohne Zwischenfall. Aber am zweiten Tag nach der Überquerung des Arkansas brach kurz nach der Dämmerung die Hölle los.

Hinter einem niedrigen Hügel tauchte plötzlich eine Bande von sechzehn Kansas-Gangstern unter der Führung der beiden Pettis-Brüder auf und griff die Cowboys an. Die Kansas-Leute hatten gute Pferde, und sie setzten sie richtig ein. Sie ritten direkt auf die Herde los und versuchten, sie in zwei Hälften zu trennen. Wenn sie mit dieser Taktik Erfolg hatten, dann mußte es ihnen gelingen, die Cowboys, die den hinteren Teil beaufsichtigten, abzuknallen und eine Menge Rinder und Pferde mitgehen zu lassen. Aber Bufe Coker empfing sie mit einem derartigen Kugelregen aus seinem LeMat, daß sie weit nach Süden ausweichen mußten und auf diese Weise an die linke Flanke herankamen, wo Nacho Gómez und die Remuda standen.

Als Mr. Poteet und Skimmerhorn sahen, was da geschah, ritten sie in halsbrecherischem Tempo herbei, aber ihre Hilfe war nicht vonnöten, denn Nacho hatte seinen Third Dragoon herausgeholt und stand breitbeinig vor dem Wagen, die fürchterliche Waffe im Anschlag. Er zielte nicht sehr gut: eine Salve pfiff über die Köpfe der Angreifer hinweg, die zweite bohrte sich in den Staub zu ihren Füßen. Aber sein Feuer machte ein solches Getöse, und er schwang seinen Karabiner mit solcher Wut, daß die Gangster lieber einen Bogen um ihn machten. Bevor sie noch an die Remuda herankommen konnten, tauchten Poteet und Skimmerhorn sie in einen Regen von Blei. Darauf jagten sie in einem weiten Bogen an die Spitze des Zuges, wo Lasater bereits mit Ingrimm auf sie wartete.

Etwa vierzig Minuten ging der Kampf in dieser Art weiter, ohne daß auf einer der beiden Seiten jemand getötet wurde. Zweimal gelang es Jim, einen Blick auf die Pettis-Brüder zu werfen, schäbige Gestalten, mit Schnurrbärten, Hosenträgern und steifen Filzhüten, die im Vorüberjagen ihre Pistolen schwenkten.

Schon sah es so aus, als hätten die Texaner gesiegt, denn die Gangster zogen sich nach Osten zurück, da riß der jüngere der beiden Pettis-Brüder plötzlich sein Pferd herum, stieß einen lauten Schrei aus und setzte zum letzten Angriff an, direkt auf Jim Lloyd zu, schoß dessen Pferd nieder und verwundete ihn am linken Arm.

Coker erkannte, daß Jim sich nicht mehr wehren konnte, und bevor ein neuerlicher Angriff dem Jungen gefährlich werden konnte, trieb er sein Pferd den heranreitenden Gangstern entgegen und ließ seinen LeMat mitten in ihre Gesichter hinein explodieren. Blut spritzte empor, ein Kopf flog in einzelnen Stücken durch die Luft, ein Pferd mit einem im Sattel schwankenden Reiter galoppierte wild durch die Gegend, endlich fiel unweit des Küchenwagens ein Körper zu Boden.

Jetzt hatten die Angreifer endgültig genug und machten sich davon. Erschöpft saßen die Cowboys auf der Erde und luden ihre Gewehre nach. Mr. Skimmerhorn stürzte zu Jim Lloyd, der bereits wieder seine beiden Revolver lud, während das Blut an seinem linken Arm herabsickerte.

Am Lagerfeuer unterhielt man sich über seine Tapferkeit: „Old Jim stand einfach da und ließ den Angriff über sich ergehen. Warum zum Teufel hast du nicht geschossen?“

Jim antwortete: „Ich war so erschrocken.“

Coker beteiligte sich nicht an dem Gespräch. Es erschütterte ihn, daß er den Gangster umgebracht hatte, und er sagte zu Ragland: „Ich habe meinen Bruder getötet.“

„Jesus“, sagte Ragland zu den anderen, „der Konföderierte hat seinen eigenen Bruder umgebracht.“ Und Mr. Poteet ließ seine Arbeit stehen, ging zu Coker und fragte: „Woher weißt du, daß er dein eigenes Fleisch und Blut war?“ Und Coker sagte: „Jeder Mann, der gegen die

Tyrannen aus dem Norden gekämpft hat, ist mein Bruder." Und er schaufelte ein Grab am Fuß eines kleinen Hügels und legte den Getöteten hinein. Am Kopfende stellte er ein Stück Holz auf, das er sich vom Küchenwagen geholt hatte, und schrieb darauf:

„Hier ruht ein Konföderierter – Name unbekannt – In ehrlichem Kampf getötet durch einen LeMat – Denn ihrer ist das Himmelreich."

Zwei Abende lang wollte Coker mit keinem reden, am dritten sagte er endlich: „Ich gehe nicht mehr nach Texas zurück. Ich nehme mein Geld und ziehe weiter. Australien soll ein schönes Land sein."

Solche Reden drückten die Stimmung im Camp noch weiter, und diese war ohnehin schon schlecht genug, denn je näher sie dem Ende ihrer Reise kamen, desto dringender wurde die Frage, was sie danach tun sollten. Lasater, der nicht wollte, daß diese trüben Gedanken überhand nahmen, wandte sich zu Coker und fragte: „Wie bist du zu diesem Prügel gekommen, Coker?"

Und der Soldat antwortete: „Genauso wie zu dem Sattel."

„Und wie war das?" drang Lasater in ihn.

„Das war im Shenandoah-Tal. Stonewall Jackson war tot, von allen Seiten drangen sie auf uns ein, und da war dieser Colonel der Konföderierten, hinter dem wir herzogen, mit dieser großartigen Pistole, die er die ganze Zeit putzte, und wir kannten sie alle bestens, denn mit der konnte man neun gewöhnliche Kugeln abfeuern, und dazu noch eine Schrotflinte mit abgesägtem Lauf, alles in einem." Er ließ die todbringende Waffe unter den Cowboys herumgehen, und alle bewunderten den komplizierten Mechanismus und die gewaltige Feuerkraft. Die riesige Pistole hatte zwei Kammern, eine kleinere für die Kugeln und eine sehr große, plumpe für den Schrot.

„Ich blieb dem Colonel immer auf den Fersen, früher oder später mußte es ihn ja erwischen, und jedesmal, wenn wir uns auf die Yankees stürzten, feuerte ich ihn an: ‚Los, Colonel! Näher, näher, geben Sie's ihnen!' Der Colonel spielt also den Helden, ich lasse ihn nicht aus den Augen, aber nach einer Weile bemerke ich, daß da ein Mann aus North Carolina ebenfalls hinter ihm herschleicht, und es war mir klar, daß er sich's auf den LeMat spitzte. Wenn's etwas gibt, was ich nicht vertragen kann, dann ist das ein North-Carolina-Mann, die haben keinen Charakter und keine Courage. Wie es den Colonel endlich erwischt, stürzt diese Figur sich auch gleich auf den LeMat, aber ich habe so viel Geistesgegenwart, die Pistole zunächst Pistole sein zu lassen und mich auf die Konkurrenz zu konzentrieren. Also schwinge ich den Kolben meines Gewehrs herum, daß es ihm fast den Kopf abreißt, und erst dann bücke ich mich um meinen LeMat."

„Und der McClellan-Sattel?"

„Das war so ähnlich – ein Yankee-Colonel, der nach Ruhm aus war. Also ließen wir ihn durch, und ein Mann aus Georgia erschoß ihn, dabei fiel sein Pferd mir direkt in den Schoß, da nahm ich den Sattel."

„Ein jämmerlicher Sattel“, sagte Lasater. „Mit einem blödsinnigen Loch in der Mitte.“

„Ich habe keine Schwierigkeiten damit gehabt.“

„Zugegeben“, sagte Lasater großmütig. „Du hast damit immerhin diesen Konföderierten über den Haufen geritten und ihm den Kopf weggeknallt.“

„Es schnitt mir ins Herz, daß ich es tat“, antwortete Coker.

Ragland brach in ein unpassendes Gelächter aus, und die Männer sahen ihn fragend an. Ragland drehte sich um, um zu sehen, ob Mr. Poteet zuhörte, und sagte dann: „Der alte R. J. kam sich furchtbar schlau vor, daß er uns durch die Wüste schleppte, um den Comanchen und den Gangstern zu entgehen. Dabei sind wir schließlich mit beiden zusammengekracht. Genausogut hätten wir gerade nach Norden gehen und uns den ganzen Auflauf ersparen können.“ Aber Lasater berichtigte ihn: „Auf deine Art wären wir den Indianern wie den Gangstern auf ihrem eigenen Gebiet begegnet, wo sie jederzeit Verstärkung bekommen können. Auf unsere Art bekamen wir es nur mehr mit versprengten Haufen zu tun.“ Und die anderen gaben ihm recht.

Erst jetzt wurde Jim auf den seltsamsten Mann der ganzen Truppe aufmerksam. Über tausend Meilen war Calendar schon mit den Langhörnern geritten, aber keiner wußte etwas von ihm. Der schweigsame, dünne junge Mann war zwanzig, hätte aber genausogut fünfzig sein können. Zweimal hatte Jim mit ihm Nachtwache gehabt, aber Calendar hatte kein Wort mit ihm gewechselt. Jetzt aber, in den fruchtbaren Ebenen von Colorado, mit ihrem Überfluß an Rotwild und Gabelböcken, kam Calendar erst richtig zum Zug. Sein Gewehr hatte Christian Sharps von Harper’s Ferry gefertigt, sehr schön, aus blauem Stahl, und es bugsierte eine Kugel bis zu einer Entfernung von zweihundert Meter genau ins Ziel. Sechs Cowboys konnten auf die Jagd gehen, er als einziger kam mit Beute zurück.

„Wie machst du das?“ fragte ihn Jim eines Tages.

„Ich schaue“, antwortete er, und es war klar, daß er keine weitere Unterhaltung wünschte.

Buck, der Wrangler, war ein Außenseiter wegen seines grauenhaften Gestanks, ihm blieb keine andere Wahl. Aber Calendar war freiwillig zum Außenseiter geworden, weil er lieber allein war. Er wünschte sich nichts anderes, als allein auf der Prärie zu sein, mit seinem Sharps-Gewehr und einem guten Pferd. Nicht daß er die anderen Cowboys irgendwie belästigt hätte; aber er legte auf den Umgang mit anderen Menschen einfach keinen Wert. Im Westen lebten Männer wie er zu Hunderten, schweigsame Männer, die scharf schießen und überall überleben konnten.

Eines Morgens, die Cowboys ritten nach Norden auf das große, leere Plateau zu, das zwischen dem Platte River und dem Arkansas liegt, sahen sie am Horizont eine dunkle Masse, die sich bewegte.

„Was soll das sein?“ rief Poteet Person zu, und dieser rief zurück: „Indianer können es nicht sein.“ Alle hielten ihre Gewehre bereit und beobachteten, wie der seltsame langgestreckte Fleck sich näherschob. Die Masse dehnte sich über eine immer größere Fläche aus, und endlich kam Person zurückgaloppiert und rief: „Büffel!“ Und kurz danach flutete eine riesige Herde von schwarzen Tieren den Rindern und Cowboys entgegen.

Sie kamen von Nordwesten und trieben nach Südosten; die Spitze des Zuges, wenn man das so nennen konnte, war etwa vier Meilen breit – vier Meilen weit nichts als Büffel an Büffel –, und die Länge des Zuges betrug ein paar Dutzend Meilen.

„Haltet die Rinder zusammen!“ schrie Poteet, als die großen Tiere sich auf sie zuwälzten.

Die Büffel waren jetzt keine hundert Meter mehr von ihnen entfernt. Die Langhörner starrten wie hypnotisiert auf diese sich bewegende Masse, die sich mit einem Mal langsam teilte und die Texaner samt Rindern und Pferden wie eine Insel im Wasser von beiden Seiten einschloß.

Stundenlang zogen die Büffel an ihnen vorbei. Manchmal streckte Jim seine Hand aus und strich über die Rücken der vorbeiziehenden Büffel, einen nach dem anderen, große, behaarte Geschöpfe mit schönen, bärtigen Gesichtern und dunklen, seelenvollen Augen. Es dauerte nicht lang, bis ihnen ihr Anblick vertraut, nicht lang, bis er ihnen lästig wurde. Die Büffel waren so friedlich, daß die Männer an ihren Hörnern zogen und ihnen auf die Flanken klopften. Der Zug schien endlos, und doch waren diese Büffel nur die letzten Reste einer Herde von dreißig Millionen, die einst das Land zwischen den beiden Flüssen bewohnt hatte.

Als endlich die letzten Nachzügler vorüber waren, saßen die Texaner schweigend da, als wären sie eben aus der Kirche gekommen, und Mr. Poteet sagte: „So etwas habe ich noch nie gesehen.“ Und Mr. Skimmerhorn antwortete: „Wahrscheinlich werden Sie so etwas auch nie wieder sehen.“ Ragland fragte: „Warum nicht? Gehen sie woanders hin?“ Und Skimmerhorn sagte: „Ja, in den Tod.“

Keiner wollte es glauben. „Vier Stunden lang sind sie an uns vorübergezogen“, sagte Ragland, und Savage fragte: „Woher weißt du das, du hast doch keine Uhr?“ und Ragland antwortete: „Ich spür's.“

Plötzlich spornte Calendar sein Pferd, galoppierte auf einen kleinen Hügel, stieg ab, fiel auf ein Knie, zielte mit größter Sorgfalt auf einen Büffel und jagte ihm eine Kugel genau in die Stelle zwischen Hals und Rumpf. Das getroffene Tier drehte sich nach rechts, versuchte sich auf den Beinen zu halten, und brach dann zuckend zusammen. Ein makelloser Schuß.

„Wozu hast du das getan, zum Teufel?“ wütete Poteet, als Calendar zurückgeritten kam, das tote Tier einfach liegen lassend.

„Ein Mann muß mit seinem Gewehr umgehen lernen", sagte Calendar, und mehr war aus ihm nicht herauszubekommen. Jim ritt in dieser Nacht mit ihm Wache und bemühte sich, ihn in ein Gespräch zu verwickeln, aber vergebens.

Die vielen Büffel und dann auch noch Calendars Schuß hatte die Rinder verwirrt, sie zeigten Anzeichen von Unruhe. Jim sah ihnen an, daß sie etwas im Schilde führten. Das Rote Ekel, der Ochse, der damals mitten im Fluß umgedreht hatte, wollte einmal ins offene Land hinausrennen, aber Calendar kam ihm zuvor, ritt ihm entgegen und schwenkte die Sharps solange vor seinem Gesicht, bis der Ochse kehrtmachte.

„Gut geritten", sagte Jim, als sie aneinander vorbeikamen, aber Calendar gab keine Antwort.

In dieser Nacht gelang es ihnen, ein Schlamassel zu verhindern, aber in der nächsten Nacht geschah es. Von der Zehn-bis-zwölf-Wache zurückgekehrt, stieg Mr. Skimmerhorn vom Pferd und mitten in Cokers McClellan-Sattel, dabei verfing sich sein Fuß in dem Loch in der Mitte des Sattels, er stieß mit dem anderen Fuß danach, um sich zu befreien, aber der Sattel ließ sich nicht abschütteln, er stolperte ins Feuer und warf den Kaffeetopf um, ein lautes Klappern – und die Rinder waren auf und davon.

Es heißt, daß kein Mensch jemals den Beginn einer Stampede gesehen hat. Man hört ein merkwürdiges Geräusch, sieht schemenhaft eine Bewegung, und innerhalb einer Sekunde galoppieren dreitausend Rinder, die man eben noch schlafend glaubte, durchs freie Land.

„Stampede!" rief Calendar und hetzte mit zusammengepreßten Lippen in die Nacht hinein.

„Stampede!" schallte es durch das Lager, und jeder Mann stürzte aus seinem Schlafsack, griff nach den Zügeln seines Nachtpferdes und ritt automatisch in die Richtung des größten Lärms.

„Wo ist mein Sattel?" schrie Coker in der Finsternis.

„Helft mir das Teufelszeug vom Fuß ziehen!" brüllte Skimmerhorn, und die beiden rangen ein paar Augenblicke lang, bis Skimmerhorn endlich befreit war. Dann hastete jeder zu seinem Pferd. Nur Nacho Gómez blieb im Lager zurück.

Es war eine wilde und recht merkwürdige Stampede. Gottlob war das Land eben, so daß nicht die Gefahr bestand, daß die Rinder irgendwo abstürzten und sich den Hals brachen. Aber sie wurden auch durch nichts aufgehalten, so daß die Langhörner die ganze Nacht weiterrannten, und nicht in eine einzige Richtung, sondern in hundert verschiedene.

Jeder Cowboy nahm eine andere Gruppe aufs Korn, in dem Glauben, die Hauptmasse vor sich zu haben, aber immer war es nur ein kleiner Teil. Lasater, dahinjagend wie ein Reiter der Wilden Jagd, gelang es, einen Haufen dazu zu bringen, um sich selber zu kreisen, aber plötzlich hetzte ein noch viel größerer Haufen vorbei und riß seine Schützlinge wieder mit sich fort.

Gompert schnitt dem Roten Ekel und den etwa sechshundert Tieren, die dieser im Gefolge hatte, den Weg ab, aber das nutzte gar nichts, denn das war eben auch nur ein kleiner Haufen, außerdem half ihm keiner, sie festzuhalten, und als eine andere Gruppe mit donnernden Hufen an ihnen vorbei über die harte Erde brauste, schloß sich das Rote Ekel samt Anhang ihnen an und wurde in dieser Nacht nicht mehr gesehen.

Gegen zwei Uhr am Morgen hatten sich R. J. Poteets Langhörner über ein beachtliches Gebiet des mittleren Colorado gleichmäßig verteilt. In den Bemühungen der Cowboys, sie zusammenzutreiben, ließ sich keine bestimmte Ordnung erkennen, und Poteet und Person, die erfahrenen Männer, waren genauso hilflos wie ihre Lehrlinge, die einmal dahin, dann wieder dorthin ritten und saftig dabei fluchten.

„Bring etwas Disziplin in den Sauhaufen!“ rief Poteet seinem schwarzen Gehilfen zu, und Person, der sich gerade ohne Erfolg bemühte, ein paar hundert Kühe und junge Bullen aufzuhalten, sagte nur: „Yessir!“ Mit ständig steigendem Ärger sah Poteet die ganze Nacht hindurch Gruppen von Rindern mit Männern hinterher über die Prärie jagen, und bei Tagesanbruch waren die Rinder in wenigstens vierzehn verschiedene Haufen zerstreut. Poteet überblickte die Szene in dem herrlichen fahlen Licht, das dem Sonnenaufgang vorausgeht, und konnte nichts anderes sagen als: „Jesus!“

Jetzt begann er, die weit auseinandergezogene Herde auf einen Fleck zusammentreiben zu lassen. „Person! Treib diesen Haufen dort drüben zu uns her! Coker! Treib die Streuner zusammen und bau eine Mitte auf!“

Es wurde Mittag, bevor die erschöpften Cowboys die Herde wieder beisammen hatten, und als Poteet schnell durchzählte, fand er, daß an die zweihundert Tiere fehlten. „Wo können die sein?“ fragte er die Männer, denn die Prärie war so flach, daß man bis zu einer Entfernung von fünf oder sechs Meilen jede Erhebung sehen konnte. Die Cowboys ritten in alle Richtungen aus, doch als sie zurückkamen, hieß es allgemein: „Nirgends ein Stück Rind zu sehen.“ Aber Jim Lloyd, der immer den Horizont nach Vögeln oder Antilopen absuchte, rief auf einmal „Schaut!“, und dort, auf einem Hügel weit weg in der Ferne, weideten die Vermißten, schwarze Silhouetten gegen die einfallenden Strahlen der Sonne.

„Holt sie her“, rief Poteet wütend, und Jim und Calendar ritten schweigend mindestens sieben Meilen und trieben die jetzt wieder vollkommen sanft gewordenen Rinder zur Herde. Als sie sich dem Lager näherten, fiel das Rote Ekel, der Anführer dieser Ausreißer, in einen leichten Trab, erfreut, wieder bei den anderen zu sein, und durchaus bereit zum nächsten Galopp.

„Den müssen wir loswerden", sagte Poteet, aber bevor noch jemand fragen konnte, wie, kam Nate Person von einem Erkundungsritt nach Norden zurück und brachte die unheilvolle Nachricht: „Indianer."

„Mein Gott!" sagte Poteet. „Nicht schon wieder!" Und zum ersten Mal auf diesem Trail sahen die Cowboys, wie R. J. Poteet in sich zusammensank. Einen Augenblick lang fielen seine Schultern herunter, aber nur einen Augenblick lang. „All right! All right!" rief er, „Los, aufstellen!" Und er formierte seine Männer so, wie sie am besten einem Angriff der Indianer standhalten könnten.

Aber diese Vorbereitungen erwiesen sich als unnötig. Über die Prärie im Gänsemarsch kam eine Gruppe von Indianern, in Fetzen gekleidet, auf ausgezehrten Pferden reitend. Ein alter Häuptling führte sie, eine kleine, untersetzte Gestalt, auf dem Kopf einen spitzen Hut mit einer einzigen Feder. „Das sind keine Comanchen", flüsterte Lasater.

Es waren Arapaho, ausgemergelte Männer ohne jeden Kampfesmut.

„Essen", bat der alte Häuptling.

„Wir haben selber nichts", antwortete Ragland.

„Essen. Wir hungern", bat der alte Mann ein zweites Mal.

Mr. Poteet ritt zu ihnen hin und fragte: „Was will er, Gompert?"

„Essen. Er sagt, sein Stamm ist am Verhungern."

„Man sieht's ihnen an."

Poteet ließ die Indianer stehen und ritt zu Skimmerhorn. „Die Rinder gehören Ihnen", sagte er. „Geben wir ihnen eines", sagte Skimmerhorn, und Gompert, der zugehört hatte, rief: „Gebt ihnen das Rote Ekel!" Die Cowboys quittierten das mit Beifall. Also ritt Mr. Poteet zu den Indianern zurück und sagte: „Mr. Skimmerhorn hier sagt . . ."

„Hast du Skimmerhorn gesagt?" fragte der Alte.

„Ja", antwortete Skimmerhorn.

„Ich bin Verirrter Adler."

Die beiden Männer saßen auf ihren Pferden einander gegenüber und sahen einander verlegen an, ohne ein Wort zu sagen. Nach einer Weile ritt Skimmerhorn näher, streckte dem alten Mann die Hand hin und deutete auf drei Ochsen, die sie mitnehmen sollten.

„Wir sind keine Bettler", sagte Verirrter Adler. „Aber wir hungern. Wir wissen nicht mehr, wovon wir leben sollen." Und er ritt zu den Cowboys, schüttelte jedem einzelnen die Hand und dankte ihnen für ihre Großmut.

So verließ das Rote Ekel die Herde. Die Nächte waren jetzt ruhig, und auch tagsüber war nur wenig zu tun, denn Mr. Poteet hatte es auf den letzten zweihundert Meilen gar nicht eilig.

„Mir macht er nichts vor", sagte Ragland zu den Männern am Lagerfeuer. „Er schindet Zeit, damit die Viecher noch etwas Fett ansetzen."

In diesen letzten Tagen auf dem Trail erlebte Jim zum ersten Mal die Ebenen von Colorado, und alles, was er hier sah, gefiel ihm: die goldbraune Farbe der Prärie, die sanft ansteigenden Hügel, die verborgenen Mulden, die runden Kuppen der Berge, die dunklen Ränder des endlosen Horizonts, und Tag für Tag ein wolkenloser Himmel, eine blaue Wölbung über diesem unberührten Paradies. „Wenn es jemals ein Land gab, das für die Rinder geschaffen wurde", sagte er zu Savage, „dann ist es dieses Land hier." Besonders liebte er die kristallklare Luft, dünner als die feuchte Luft in Texas und unvergleichlich angenehmer. Wenn man diese Luft hier einatmete, spürte man, wie sich die Lungen mit Gesundheit füllten.

Auch die Männer kamen einander näher. An die Stelle des früheren Höflichkeitsabstands trat in manchen Fällen jetzt enge Freundschaft. „Ich muß schon sagen, für einen Nigger versteht Nate Person allerhand von Pferden", sagte Coker, und Ragland, kein besonderer Verehrer der Mexikaner, zollte Nacho Gómez einen ähnlichen Tribut. „Der weiß, wie man knusprige Brötchen macht."

Jedesmal wenn von Mule Canby die Rede war, rührte sich Jims Gewissen, weil er ihm die zehn Dollar nicht gezahlt hatte, die er ihm für den Colt schuldete. „Wie wird er mit nur einem Arm sein Brot verdienen können?" fragte er.

„Viele müssen mit nur einem Arm durchkommen", sagte Coker. „Wenn alle Einarmigen und Einbeinigen nichts taugten, dann müßte halb South Carolina zum Teufel gehen. Wir haben einen bösen Krieg hinter uns."

„Weil ihr von Einbeinigen redet", sagte Lasater. „Da war diese saubere Kleine in San Antonio, die hatte nur ein Bein. Allen Frauen tat sie leid. ‚Was soll die arme Letitia tun, mit nur einem Bein?' Und den Männern tat sie auch allen leid, und der Erfolg war, daß sie mehr . . ."

Hier wurde er von Mr. Poteet unterbrochen, der mit dem Kopf auf Jim deutete, also endete Lasater verlegen: „. . . daß sie mehr beachtet wurde als andere Mädchen mit zwei Beinen." Jim meinte aber durchaus verstanden zu haben, worauf Lasater hatte hinauswollen.

Sie hänselten einander gern und oft. Besonders beliebt war jener Vorfall, als Old Rags über den Pecos hatte springen wollen und dabei auf dem Hintern gelandet war. Ragland wies empört darauf hin, daß er es schon geschafft hätte, hätte er nur einen guten Anlauf nehmen können – „aber ihr habt ja selbst gesehen, wie steil und glitschig das Ufer war".

„Nicht einmal am besten Tag deines Lebens hättest du den Pecos geschafft", sagte Savage.

Man schloß also eine Wette ab, Mr. Poteet und Mr. Skimmerhorn übernahmen die Aufgabe, fünf Meter auf einer flachen Ebene abzumessen, eine dicke Linie wurde in den Boden gezeichnet, und Savage sagte: „Ein Zoll vor der Linie, und du hast schon verloren!"

Ragland lief weit zurück, brüllte: „Auf geht's!" und rannte die Bahn hinunter, die Arme und Beine in alle Richtungen schwingend. Als er sich der Startlinie näherte, nahm er seine ganze Kraft zusammen, tat einen mächtigen Sprung und segelte gute zwei Handbreit über das in den Sand markierte jenseitige Ufer des Flusses hinaus.

„Bei Gott! Er hat's geschafft!" brüllte Lasater, und jetzt ging ein endloses Geschwätz los: „Schon wahr, daß Old Rags in Texas in den Pecos gefallen ist, aber hier, mit genügend Anlauf, da ist er noch weit darüber gesprungen."

Wenn Jim in diesen letzten Tagen die Cowboys bei ihrem Tun beobachtete, empfand er dabei eine Trauer, die er sich nicht erklären konnte. Vieles sah er jetzt klarer. Wenn diese Gruppe von Männern beisammenblieb, dann konnten sie sehr wohl das Leben meistern, sogar Lasater würde dann bei der Stange bleiben. Aber wenn die Gruppe sich auflöste, dann würde nicht jeder seinen Kopf über Wasser halten können. Mr. Poteet schon, auch Nate Person. Das waren erwachsene Männer, die den Boden unter ihren Füßen schon gefunden hatten. Ihnen konnte man unter allen Umständen vertrauen.

Aber was war mit Lasater, dem wilden, unbändigen Lasater, der vor nichts zurückscheute? Er war von Haus aus schwach, er würde sicher in Schwierigkeiten kommen. Jim betete, daß Mr. Poteet Lasater mit sich zurück nach Texas nehmen möge.

Und Ragland, der sich sicher in Frauengeschichten verwickeln und von einer Liebschaft zur andern taumeln würde?

Dann dachte er an die Tiere, die auf diesem Trail umgekommen waren. Seine eigene Kuh, die auf dem Alkaliboden in den Tod gestolpert war . . . Stonewall, im Augenblick des Sieges erschossen . . . die Langhörner, die beim Flußübergang ertranken . . . der tote Büffel . . .

Wie sehr wünschte er, für immer mit diesen Männern reiten zu können. Einfach immer weiterreiten, auf den fernen Horizont zu, hinter dem Comanchen und Kansas-Gangster und nicht durchquerbare Flüsse lagen. Aber das konnte nicht sein. Trails gehen zu Ende, Gemeinschaften von Männern zerfallen.

Was sollte er tun, ein vierzehnjähriger Junge, auf sich selbst gestellt in diesem weiten, unbekannten Land? Irgend etwas würde schon auftauchen. Er liebte Tiere und konnte mit ihnen umgehen. Irgend etwas würde sich schon ergeben.

Während der letzten Nachtwache vor dem Platte River, zwischen zwei und vier, ritt er mit Coker und fragte ihn: „War das wirklich dein Bruder, den du erschossen hast?" Sie ritten einmal rund um die Herde, und beim nächsten Mal sagte Coker: „Er war mein Bruder, und du bist mein Bruder." Wieder umritten sie die Herde, und Jim überlegte, was Coker gesagt hatte. Dann sagte Coker: „Wenn zwei Männer Drag nebeneinander reiten und Staub fressen vier Monate lang, dann macht sie das zu Brüdern – oder nicht?“ Jim überlegte wieder, und beim nächsten Mal sagte Coker: „Jim, wenn du jemals Hilfe brauchst . . .“ Er sprach den Satz nicht zu Ende. So verging die lange Nacht.

Am Abend des 12. Juli 1868 verkündete Mr. Skimmerhorn an ihrem letzten Lagerfeuer: „Morgen kommen wir heim.“ Die Cowboys fingen zu Jims Verblüffung daraufhin an, sich schönzumachen. Jeder Mann zog saubere Kleidung heraus, preßte mit den Händen die Falten aus seiner Bandanna, polierte den Sattel. Zum ersten Mal erkannte Jim, wie eitel diese Männer eigentlich waren. In der Morgendämmerung des letzten Tages hielt sich jeder auf seinem Pferd etwas gerader als üblich und redete deutlicher. Sie hatten eine beachtliche Leistung vollbracht, und sie waren sich dessen auch voll bewußt. Fast dreitausend Langhörner hatten sie über eine Strecke von dreizehnhundert Meilen getrieben, mit geringen Verlusten. Grund genug, um stolz zu sein.

Als die Kunde von ihrer Ankunft Zendt's Farm erreichte, gerieten die Einwohner über die Aussicht, Rinder aus Texas in ihrer Stadt zu sehen, derart in Erregung, daß kein einziger es zu Hause aushielt. Die Cowboys, die mit so vielen Zuschauern gar nicht gerechnet hatten, übertrafen sich selber in knappen Kommandorufen und kühnen Signalen. Lasater zog sogar seinen Revolver aus der Halfter, um damit die vordersten Ochsen ins Wasser zu treiben.

Der Übergang war so leicht, daß er den Cowboys wie ein Witz vorkam. „Kann sich vor dem Arkansas verstecken“, sagte Ragland verächtlich, aber Mr. Skimmerhorn deutete auf die ziemlich weit entfernte Talböschung und sagte: „Ihr könnt von Glück reden, daß der Fluß kein Hochwasser führt. Dann geht das Wasser von hier bis dorthin.“ Aber Ragland hörte nicht mehr zu. Er hatte bereits ein hübsches Mädchen entdeckt.

„Bravo, John!“ rief der Zeitungsherausgeber, als die Rinder das Nordufer des Flusses hinaufkletterten.

„Bravo, Poteet!“ rief Skimmerhorn zurück, den Dank an den Trailboss weitergebend.

Vor ihnen, auf der anderen Seite des Flusses, erwartete sie Oliver Seccombe: „Gut gemacht, Männer. Die Rinder sehen großartig aus.“

Die Menge teilte sich, um die Herde durchzulassen, und Nacho Gómez führte den Wagen an den Damen vorbei zum letzten Lagerplatz. Als Buck seine Remuda herübergebracht hatte, versammelte Mr. Poteet die Cowboys um sich, die gern noch einmal die Gelegenheit wahrnahmen, um ihr Publikum zu beeindrucken, und sagte: „Jeder soll sich ein Pferd aus der Remuda aussuchen. Geschenk von Mr. Skimmerhorn. Die anderen Pferde“, und hier hob er seine Stimme, damit alle ihn hören konnten, „werden morgen zu Mittag verkauft.“

„Wo?“ fragten die pferdegierigen Ortsbewohner.

„Wir bringen sie in die Stadt, dort könnt ihr sie ansehen."

Als hätten sie einen eigenen Willen, drängten die Rinder jetzt weiter nach Norden, nachdem der letzte Fluß überquert, die letzte Gefahr gebannt war. Die Männer folgten ihnen nach.

Jim Lloyd war mit Coker auf dem Südufer geblieben. Coker wollte unbedingt allen vorführen, was er für ein glänzender Reiter war, und trieb mit großem Aufwand die letzten Streuner zusammen. Jim benahm sich gesetzter und trieb sein Pferd einfach die Uferböschung jenseits des Flusses hinauf. Als er oben war, blickte er in die Augen eines jungen Mädchens und stellte überrascht fest, daß er ein so schönes Mädchen noch nie gesehen hatte.

Sie hatte eine dunkle Hautfarbe, schwarze Augen und ebenholzfarbenes Haar, zu Zöpfen geflochten, die mit Bändern zusammengehalten wurden. Sie war fast so groß wie er, ihr Gesicht hatte den furchtlosen Ausdruck, der Männern so gut gefällt. Als er sie anstarrte, starrte sie zurück, mit Augen wie die Teiche klaren Wassers am äußersten Rand des Llano. Groß saß er im Sattel und lächelte auf sie herunter wie ein Konquistador. Da brach sie in respektloses Gelächter aus. Als er an ihr vorüber war, fragte er Mr. Skimmerhorn: „Wer ist dieses Mädchen?" Skimmerhorn drehte sich im Sattel um und antwortete: „Das ist Levi Zendts Tochter, sie ist zum Teil indianischer Abstammung." Jim sagte darauf ruhig: „Die werde ich heiraten."

Und die Herde zog weiter.

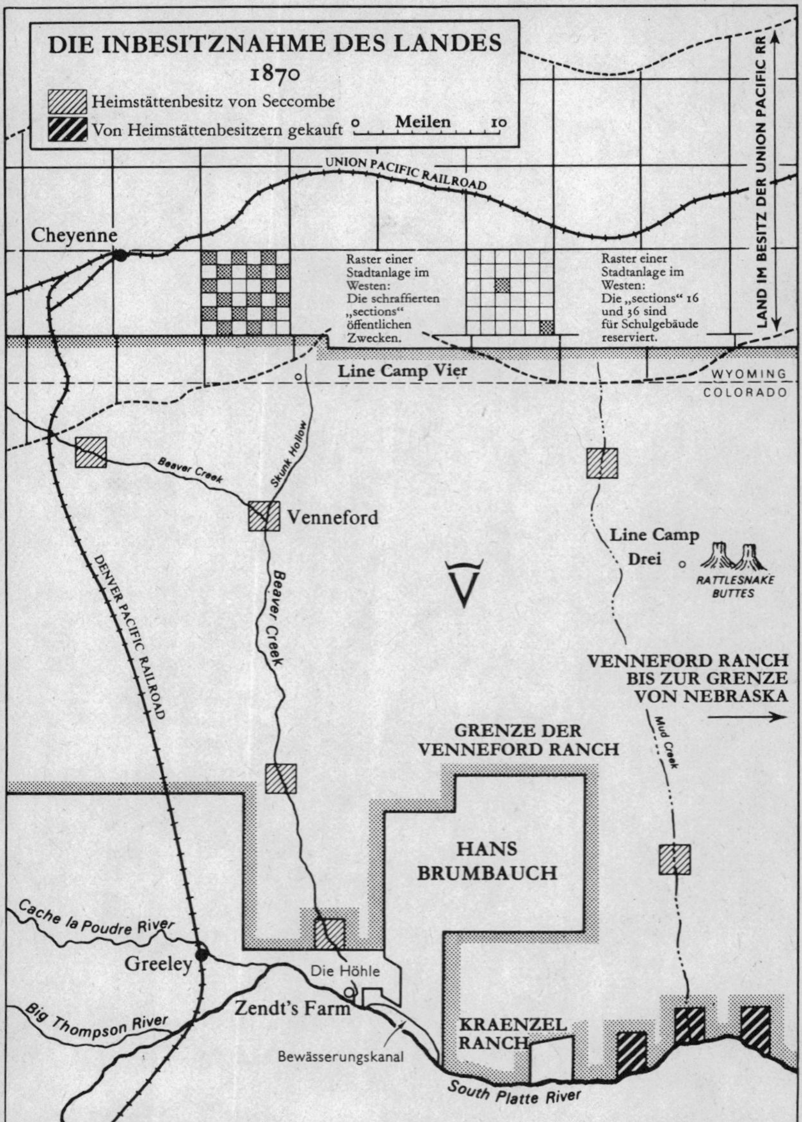

DIE INBESITZNAHME DES LANDES
1870
Heimstättenbesitz von Seccombe
Von Heimstättenbesitzern gekauft
0 Meilen 10
UNION PACIFIC RAILROAD
LAND IM BESITZ DER UNION PACIFIC RR
Cheyenne
Raster einer Stadtanlage im Westen: Die schraffierten „sections" öffentlichen Zwecken.
Raster einer Stadtanlage im Westen: Die „sections" 16 und 36 sind für Schulgebäude reserviert.
Line Camp Vier
WYOMING
COLORADO
Beaver Creek
Skunk Hollow
Venneford
Line Camp
Drei
RATTLESNAKE BUTTES
DENVER PACIFIC RAILROAD
Beaver Creek
VENNEFORD RANCH BIS ZUR GRENZE VON NEBRASKA
Mud Creek
GRENZE DER VENNEFORD RANCH
HANS BRUMBAUCH
Cache la Poudre River
Greeley
Die Höhle
Zendt's Farm
Big Thompson River
KRAENZEL RANCH
Bewässerungskanal
South Platte River

Die Jäger

Um die Mitte des neunzehnten Jahrhunderts wurde der Boden Colorados landwirtschaftlich noch kaum genutzt – bis im Jahre 1859 ein zweiunddreißigjähriger Russe, ein Goldgräber mit dem guten deutschen Namen Hans Brumbauch, zwei glänzende Ideen hatte. Russe war er, weil sein Urgroßvater, ein deutscher Bauer, im Jahre 1764 einem Aufruf Katharinas der Großen gefolgt war, einem der verlokkendsten Kolonisationsangebote der Geschichte: „Jedem deutschen Untertanen, der sich in Meinem Rußland ansiedeln möchte, biete Ich Grund und Boden an, der ihn so gut wie nichts kostet, außerdem Religionsfreiheit, Steuerfreiheit und Selbstbestimmung innerhalb der deutschen Siedlung, ferner die Erlaubnis, die Kinder in der eigenen Sprache zu unterrichten, und dauernde Befreiung vom Militärdienst."

Die Brumbauchs lasen diese großzügige Einladung, die an der Kirchentür ihres hessischen Dorfes angeschlagen war. In Hessen hatte es sechs Jahre lang nur Mißernten gegeben, und sieben Jahre lang hatte der Krieg das Land verwüstet. Also machten sie sich auf zum Hafen Lübeck, bestiegen ein Schiff, das sie nach St. Petersburg brachte, fuhren an die Wolga und diese hinunter, bis sie bei Saratow wunderbares Ackerland fanden. „Die Wolgadeutschen" hießen sie von nun an, und vierunddreißig Jahre lang erfreuten sie sich eines Wohlstands und einer Freiheit, die sie sich vorher nie hätten träumen lassen. Sie hatten zwar die üblichen Einwanderer-Schwierigkeiten – sie mußten die Landessprache und die landesüblichen Methoden der Landwirtschaft lernen und ihre Töchter davon abhalten, sich mit Russen zu verheiraten –, aber dennoch waren sie hier glücklich; kaum einer von ihnen wäre freiwillig nach Deutschland zurückgekehrt.

Aber nach Katharinas Tod im Jahre 1796 gerieten die Privilegien der Siedler in Vergessenheit, und bald mußten die Wolgadeutschen, wie alle anderen Bauern auch, in russischen Regimentern marschieren; ihre Schulen wurden verstaatlicht, und das alte Übereinkommen war nicht mehr wert als ein Fetzen Papier. Da fingen dickschädelige Bauern wie die Brumbauchs an, sich nach der Freiheit zu sehnen, die ihnen genommen worden war.

Mit siebzehn begann Hans sich mit den russischen Behörden anzulegen, so daß seine Mutter ihn warnte: „Hans, paß auf. Die Männer des Zaren werden dich noch aufhängen.“ Mit neunzehn machte er bei einer Bande mit, die einen militärischen Konvoi angriff, und noch in derselben Nacht verließ er die Wolga und ging über die Grenze zurück nach Deutschland. Mit sechsundzwanzig hatte er das Pech, in Illinois eine Farm einem Mann abzukaufen, dem sie gar nicht gehörte, und als der rechtmäßige Besitzer auftauchte und ihn vom Sheriff aus dem Haus jagen ließ, beschloß er, auch diesem Staat Lebewohl zu sagen.

Im Januar 1859 kam ihm zu Ohren, daß im Jefferson-Territorium, wie Colorado damals noch hieß, Gold entdeckt worden war. Also wanderte er zu Fuß durch Missouri und Nebraska, ein stämmiger, leicht gebückt gehender, unnachgiebiger Mann, den nichts von seinem Ziel abbringen konnte, schon gar nicht Sturm und Regen. Wie Tausende vor ihm kehrte auch er in Zendts Laden ein, um sich mit Vorräten für den letzten Teil seiner Reise zum Pikes Peak hinauf auszurüsten. Er freute sich, als er in Levi einen Landsmann kennenlernte, und die beiden unterhielten sich fast zwei Tage lang in ihrer Muttersprache; Levis Aufenthalt in Pennsylvania hatte sein Deutsch ziemlich verdorben, und auch Brumbauchs Familie hatte die Muttersprache in den langen Jahren des russischen Exils nicht unbeschädigt über die Runden gebracht. Ein Purist hätte sich geschüttelt bei dem, was die beiden *Deutsch* nannten; aber sie konnten sich bestens verständigen.

Brumbauch beschwerte sich über die hohen Preise, die Levi verlangte, aber dieser erklärte: „Was ich von St. Louis herüberhole, muß leider teuer sein. Doch was hier aus der Gegend kommt, ist billig“, und Brumbauch sah ein, daß Levi recht hatte. An seinem letzten Tag hier besichtigte er das Land am Platte-Fluß, das Levi bebaut hatte.

„Gutes Land“, sagte er.

„Jedenfalls dort, wo Wasser ist“, antwortete Levi, und Brumbauch studierte daraufhin eingehend das terrassenförmig ansteigende Flußufer. Levi fuhr fort: „Hier oben ist noch nie etwas angebaut worden, das Wasser ist zu weit weg. Aber wenn man diesen Boden bewässern könnte, würde er genauso fruchtbar sein wie der Boden unten am Fluß.“

Brumbauch ging weiter nach Pikes Peak, wurde vom Goldrausch überwältigt, fand aber kein einziges Nugget. Nach drei Monaten, als seine Vorräte zu Ende waren, sein Magen leer und seine Nerven zerrüttet, entwickelte er die erste seiner glänzenden Ideen. Er saß eben mit einer Gruppe von elf Goldgräbern beisammen, die einander mit Geschichten die Zeit vertrieben, und konstatierte, daß sie nur deshalb so fesselnd erzählten, weil sie ihre Aufmerksamkeit von ihren knurrenden Mägen abzulenken versuchten.

Es mangelte ihnen nicht an Geld noch an Energie. Aber außer Mehl zu vierundzwanzig Dollar das Faß oder Schinken zu sechs Dollar das Pfund gab es hier einfach nichts Eßbares zu kaufen. Und als einer der Männer mit großem Getue die letzte Dose Bohnen öffnete und sie unter den ausgehungerten Goldgräbern herumgehen ließ, dachte Brumbauch bei sich: „Die Leute sind verrückt! Denken mehr an Gold als ans Essen. Die echte Goldgrube ist die Landwirtschaft!"

Noch am selben Abend verließ er Pikes Peak, einen der ödesten Orte, die er je gesehen hatte, und erreichte drei Tage später die Biegung des Platte, wo damals eben die Stadt Denver aus dem Boden schoß. Am fünften Tag war er zurück in Zendt's Farm und fragte: „Wie kann ich hier Land bekommen?"

Levi sagte: „Für eine Farm?"

„Ja."

Levi erklärte ihm, wie die Dinge im Jahre 1859 standen: „Kein Mensch weiß, wem das Land wirklich gehört. McKeag und ich haben es vor weiß Gott wie vielen Jahren abgesteckt, aber dem Gesetz nach ist es noch immer Indianerland. Du kannst dich also nicht einfach irgendwo niederlassen und sagen: ‚Dieses Land gehört mir', denn es gehört nicht dir, sondern den Indianern."

„Aber du hast Land", warf Brumbauch ein.

„Zugegeben. Dieses Land habe ich von der Mutter meiner Frau, einer Arapaho. Sie gab mir eine Bestätigung, daß ich für das Land bezahlt habe, und die legte ich in St. Louis vor." Levi erinnerte sich des feierlichen Moments der Überschreibung. Tönerne Schale hatte sich darüber lustig gemacht, aber der alte Alexander McKeag – er konnte weder lesen noch schreiben – hegte wie jeder Schotte tiefen Respekt vor Dokumenten, und er bestand darauf, daß ein Vertrag aufgesetzt, von Zeugen bestätigt und in St. Louis eingereicht wurde, obwohl es damals noch gar keine Stelle gab, die dafür zuständig gewesen wäre. Er trug das Papier selber nach St. Louis, damit es ein Beamter der Regierung von Missouri beglaubige, und Cyprian Pasquinel, der Kongreßabgeordnete, trat als Zeuge auf.

„Ich erhebe also Anspruch auf etwa achthundert Morgen", schloß Levi, „und ich bin im Besitz eines ordnungsgemäßen Dokuments, das diesen Anspruch untermauert. Ob es noch gilt, wenn die Lage hier einmal geregelt ist, weiß ich nicht."

„Was soll ich tun?" fragte Brumbauch.

„Du kannst auf Indianerland siedeln und hoffen, daß einmal ein Gesetz kommt, das deinen Anspruch legalisiert, oder du kannst Land von mir kaufen und hoffen, daß der Anspruch, der von mir auf dich übergeht, einmal anerkannt werden wird."

„Wieviel pro Morgen?"

Levi überlegte: „Für gutes Land unten am Fluß, wo etwas wächst, zehn Dollar pro Morgen, für unfruchtbares Land auf den oberen Terrassen zwei Dollar."

„Ich werde“, erwiderte Brumbauch, „zwanzig Morgen gutes Land für zweihundert Dollar von dir kaufen und mir weitere vierzig Morgen von den Indianern ausborgen.“

Auf diese Weise entstand Brumbauchs Farm. Im Frühjahr 1859 pflanzte er Gemüse an, darunter eine ganze Menge Kartoffel. Er erntete sie so früh als möglich, verkaufte einen Teil an Zendt und karrte den Rest nach Denver. Dabei verdiente er mehr Geld, als wenn er sich auf den Goldfeldern abgerackert hätte. Von da an hieß er „Potato Brumbauch“.

Seine zweite glänzende Idee hatte noch viel weiterreichende Folgen. Mitte Mai in dieser ersten Saison, als er bereits erkannt hatte, wie gut Gemüse auf diesem Boden gedieh, stand er eines Nachmittags in Levis Laden und hörte den Goldgräbern zu, die sich um die Nahrungsmittel drängten. Sie redeten so viel von einem bevorstehenden Bürgerkrieg, daß Brumbauch in einer plötzlichen Vision die Zukunft zu erkennen glaubte.

„Levi“, sagte er, als die Männer fort waren, „östlich vom Mississippi wird es Krieg geben, und dann werden sie uns kaum noch viel zum Essen herschicken. Wenn du mir noch mehr von deinem Flußland verkaufst, schiebe ich eine weitere Aussaat ein. Ich baue doppelt so viel an; du verkaufst, was ich ernte, und verdienst dich dabei dumm und dämlich.“

„Ich habe kein übriges Land am Fluß mehr“, sagte Levi bedauernd.

Brumbauch, dieser stämmige, entschlossene Mann, saß über eine Schachtel gebückt da und zeichnete darauf mit seinem Finger. „Ich habe gehört“, sagte er zögernd, „daß du noch Tausende Morgen Land besitzt, von denen du nichts gesagt hast.“

„Das ist wahr“, gab Levi zu. „Dort drüben bei der Kalkklippe. So ausgedörrt, daß nicht einmal Unkraut darauf wächst.“

„Woher hast du das?“

„Von den Indianern. Der Vater meiner Frau . . .“ Er beschloß, die verwickelten Verhältnisse nicht aufzurollen. „Du kannst dieses Land dort oben sofort haben, aber du wirst nichts darauf anbauen können.“

„Aber Flußland hast du keines mehr?“

„Ich nicht. Die Indianer schon.“

„Nein, danke! Wenn ich schon so viel schuften muß, dann nur auf meinem eigenen Land. Ich will einen rechtmäßigen Anspruch darauf haben. Einmal hereingelegt werden, genügt mir.“

„Aber den Anspruch bekommst du, sobald wir ein legales Territorium der Vereinigten Staaten sind.“

Brumbauch hörte nicht mehr zu. Mit einem schmutzigen Finger hatte er die Windungen des Platte auf die Schachtel gezeichnet, dann die Umrisse seines Landes, und die sich durch den Staub schlängelnden Linien wurden lebendig, wie immer, wenn Männer, die das Land lieben, eine Karte studieren. Das war wirklich der Fluß, das hier wirklich sein Land. In der einfallenden Abenddämmerung gewann die Oberfläche dieser Schachtel plötzlich Leben. Wasser war da, Gras, Gemüse, und hier erstand vor Potato Brumbauchs Auge das Wunder, der ganze großartige Plan, der das große amerikanische Ödland in bestes Ackerland verwandeln konnte.

Am nächsten Morgen stand er noch vor Anbruch der Dämmerung auf, folgte dem Lauf des Platte, der an seinem Land vorbeifloß, und gewann die Überzeugung, daß das, was er sich vorgestellt hatte, auch zu verwirklichen war. Zur Sicherheit brachte er noch an einem Baumwollbaum am östlichen Ende seines Gebietes eine Markierung an, ging dann ans westliche Ende und hielt die Markierung, während er das Flußufer entlangschritt, ständig im Auge. Jawohl! Auf dem Weg an seinem Land vorbei verlor der Fluß ganz deutlich an Höhe. Sein kühner Plan ließ sich verwirklichen. Er rannte zu seiner Hütte, griff nach Schaufel und Hacke und machte sich an die Arbeit.

Beginnend am äußersten westlichen Zipfel fing er an, einen Kanal zu graben, der das Wasser des Platte auf die erste, völlig trockene Terrasse bringen sollte. Diesen schmalen, von Menschenhand gegrabenen Flußarm wollte er über die Mitte dieser Terrasse führen und damit den Umfang seines Ackerlands verdreifachen, und am östlichen Ende würde das ungenutzte Wasser wieder in den Platte zurückfließen.

Auf diese Weise zähmte Brumbach den Fluß und nährte das Land. Im heißen Sommer des Jahres 1860 erntete er eine ungeheure Menge Gemüse, das er zum größten Teil in Denver verkaufte. Sobald es nur einmal bewässert wurde, erwies sich das ehemals öde Land auf der Terrasse als besonders fruchtbar, und Potato Brumbauchs Farm wurde im ganzen Jefferson-Territorium berühmt. Wie er an jenem Winterabend in Pikes Peak vorausgesehen hatte, war es der Farmer, der den Wohlstand des künftigen Staates begründete, indem er bisher brachliegendes Land durch neue landwirtschaftliche Methoden nutzbar machte.

Brumbauch war der erste, der den Platte zu Bewässerungszwecken anzapfte; wahrscheinlich war ihm selber die Bedeutung seiner Handlung gar nicht klargeworden. Aber noch ein Jahrhundert später kam der Oberste Gerichtshof der Vereinigten Staaten in einem Urteilsspruch bezüglich der mit dem Fluß zusammenhängenden Wasserrechte – Rechte, die von unschätzbarem Wert sind – auf eine grundlegende Überlegung zurück:

Das Erstrecht auf die Benutzung des Wassers aus dem Platte River gebührt Hans Brumbauch, der im Jahr 1859 den ersten Bewässerungskanal errichtete. Sein Recht auf dieses Wasser und das Recht der Besitzer seines Landes auf dieses Wasser muß in alle Zukunft respektiert werden, und alle späteren Ansprüche werden hiermit als den seinen untergeordnet erklärt.

Nach der Ernte von 1860 kam Potato Brumbauch wieder ins Geschäft und knallte zweihundert Dollar auf die Theke. „Levi, kannst du das Geld für mich nach St. Louis schicken und die Bank veranlassen, es meiner Frau nach Illinois zu senden? Sie soll zu mir kommen."

Als Frau und Kind am westlichen Ende ihres Landes standen, unweit der Stelle, wo Brumbauch den Kanal gegraben hatte, da waren sie von den Ausmaßen dieser Farm einfach überwältigt. Das war ja größer als eine ganze Grafschaft in Illinois! Und es war nur gut, daß sie nicht wußten, wie sehr sie noch einmal um dieses Land würden kämpfen müssen.

An jenem Nachmittag des Jahres 1868, an dem John Skimmerhorn seine zweitausendneunhundertundsechsunddreißig Rinder an die im Entstehen begriffene Venneford Ranch ablieferte, blickte er zufällig über die wimmelnden Langhörner hin, und sein Auge fiel dabei auf Jim Lloyd. Er war jetzt schon mehr Mann als schlaksiger Junge, und Skimmerhorn kam es in den Sinn, daß er als zukünftiger Manager der Crown-Vee-Rinderzucht auch ein paar tüchtige junge Männer brauchen würde.

Er gab also seinem Pferd die Sporen und ritt zu Oliver Seccombe, der die neuen Langhörner betrachtete: „Mr. Seccombe", sagte Skimmerhorn, „wenn Sie das Land einmal haben . . ."

„Ich habe schon eine ganz beachtliche Menge. Während Sie auf dem Trail waren, habe ich auch nicht auf der faulen Haut gelegen."

„Haben Sie soviel bekommen, wie Sie vorhatten?"

„Noch viel mehr."

„Dann werden Sie ein paar vertrauenswürdige Männer brauchen. Es gibt da keinen besseren als den Jungen da drüben."

Skimmerhorn winkte Jim, er möge zu ihnen herüberkommen. Seccombe war überrascht, wie jung er war. „Du bist doch noch ein Kind!"

„Wenn Sie eine Rinderherde von Jacksboro quer durch den Llano treiben", sagte Skimmerhorn, „dann sind Sie kein Kind mehr."

Seccombe schüttelte den Kopf, aber Skimmerhorn fuhr fort: „Dieses Kind hat gegen die Kansas-Gangster gekämpft und einen Häuptling der Comanchen getötet."

„Wirklich?" sagte Seccombe ungläubig. „Teufel, der kann doch nicht älter sein als vierzehn."

„Wenn wir Ihre Rinder sicher bis hierher gebracht haben", antwortete Skimmerhorn, „dann verdanken wir das nicht zuletzt der Tapferkeit dieses Jungen."

„Gekauft", sagte Seccombe.

Als Jim Lloyd zum ersten Mal den ungeheuren Besitz abritt, mit dem er sein weiteres Leben lang verbunden sein sollte, war er tief beeindruckt. Eines Morgens ritten er und Skimmerhorn in westlicher Richtung aus, um festzusetzen, wo Line Camps – Außenposten – notwendig sein würden. Ein Falke flog vor ihnen, hoch im Himmel sein wildes „Skriiii, Skriiii“ rufend. Skimmerhorn war der Auffassung, man würde Außenposten brauchen, wenn die Ranch wirklich funktionieren sollte, jeder mit einer Holzhütte, in der sechs Männer schlafen konnten, und mit einem gemauerten Pferdestall. Er wollte sie von Osten nach Westen numerieren. Vor einer öden, verlassenen Ecke im Norden der Kreideklippe sagte er: „Hier machen wir Line Camp Fünf.“ Das Lager würde die Berge im Rücken und vor sich die unermeßliche Weite der offenen Prärie haben. Er steckte an einer geschützten Stelle die Grundfläche ab; Jim sollte später die Bauarbeiter hierherführen. „Du wirst leicht herfinden“, meinte Skimmerhorn, „wenn du dich an die kleine Felsnase am Hang dieses Berges da drüben hältst.“

Camp Vier wollte Skimmerhorn nahe an der Trasse der neuen Union-Pacific-Bahnlinie anlegen. Aus diesem Grund mußten sie hinüber ins Territorium von Wyoming. Anfangs sah es dort auch nicht anders aus als in Colorado. Doch eines Abends entdeckten sie in der Ferne ein Wäldchen von niedrigen Piniennußbäumen, die sich hier trotz Wind und Dürre angesiedelt hatten; die offene Prärie war mit dunkelgrünen Punkten übersät. Die Bäume waren vom Wind verbogen und wurden nicht sehr hoch; und da sie auch nur spärlich dastanden, konnte man von einem Wald eigentlich nicht reden.

„Ein schöner Ort für ein Camp“, nickte Jim; aber Skimmerhorn war sich noch nicht sicher, denn gerade, als die Sonne unterging, entdeckte er im Westen etwas, das seine Aufmerksamkeit erregte.

Vor Sonnenaufgang waren sie wieder im Sattel, und als die Sonne am Himmel stand, kamen sie in eine hügelige, mit Piniennußbäumen bestandene Landschaft, von zerfurchten Felsspitzen gekrönt, die wie die sieben Zwerge aus „Schneewittchen“ aussah. Auf einem windgeschützten Südhang, mit Blick über die unendliche Prärie, steckte Skimmerhorn den Ort für Line Camp Vier ab.

„Alle Cowboys werden sich um den Dienst hier oben reißen“, sagte er voraus. „Aber nicht deshalb, weil es hier so schön ist.“ Während er noch sprach, hörte man im Norden den Pfiff der Union Pacific, und Skimmerhorn lachte. „Wenn wir dieses Camp hier bauen, werden wir alle Hände voll zu tun haben, die Männer davon abzuhalten, ständig in Cheyenne zu sein“; und in der Nacht, als sie ihre Schlafsäcke ausbreiteten, sah Jim in der Ferne die Lichter dieser lockenden Stadt am Endpunkt der Eisenbahn.

Sie nahmen von den Piniennußbäumen Abschied und ritten in Richtung Rattlesnake Buttes; im Westen der Hügel sollte Line Camp Drei angelegt werden.

Aber erst im Osten, wo sie nach geeigneten Stellen für die Camps suchten, von denen aus die endlose Prärie überblickt werden konnte, geschah es, daß Jim abermals von der noch schlummernden Größe Colorados überwältigt wurde. Dieses Gefühl war an jenem Tag erstmals in ihm hochgestiegen, als sie mit den Gangstern aus Kansas gekämpft hatten. Damals war diese weite Leere für ihn völlig neu; jetzt fühlte er sich darin bereits zu Hause. Und als sie hier, in den östlichen Gebieten der Ranch, wieder diesen unendlichen Horizont vor sich hatten, ohne einen einzigen Baum, ohne einen einzigen Pfad, da wußte Jim, daß das seine Welt war, und er sagte: „Mr. Skimmerhorn, wenn Sie die Posten verteilen, dann teilen Sie mich bitte für dieses Lager ein, ich möchte hier arbeiten.“ Skimmerhorn lachte: „Das hier gefällt dir?“ Jim antwortete: „Das ist ein gutes Land.“

Line Camp Zwei wurde etwa auf halbem Weg zur Grenze von Nebraska eingerichtet, Line Camp Eins am Ausgang eines Canyons, in einer derart öden, abweisenden Gegend, daß nur ein Mann wie Jim sie zu schätzen wußte. „Hierher treiben wir unsere kräftigsten Rinder, die werden damit schon fertig“, schlug er vor, aber Skimmerhorn, der niedergekniet war, um das grobe Gras, das hier wuchs, zu untersuchen, sagte: „Im Gegenteil. Dieses Gras ist so nahrhaft, daß wir damit gerade die schwächsten Tiere aufpäppeln können. Jim, ich möchte, daß du nach Denver reitest und um Homestead-Genehmigung für diesen Flecken ansuchst. Stecke jetzt gleich den Grund ab.“

Jim häufte an den vier Ecken seiner hundertundsechzig Morgen Steinhaufen auf. Wenn es ihm gelänge, die Beamten über sein wahres Alter zu täuschen, würde er Anspruch auf diesen Flecken Land gewinnen. „Das ist mein Land!“ rief er, aber Skimmerhorn dämpfte seine Begeisterung: „Nicht ganz. Du bewirbst dich um die Homestead-Bewilligung, aber wenn dir das Land zugesprochen wird, verkaufst du es an die Ranch.“

„Ich pfeife auf das Geld!“ rief Jim. „Ich möchte diesen Canyon!“

„Abgemacht ist“, erklärte Skimmerhorn mit einigem Hüsteln, „daß unsere Cowboys sich um die wichtigsten Plätze bewerben und sie dann an die Ranch weitergeben.“

„Ich habe immer mein eigenes Land haben wollen“, sagte Jim dickköpfig.

„Ich auch“, bekannte Skimmerhorn. „In den Jahren, als mein Vater von einem Ort zum anderen zog . . .“

„Sie haben Ihr Land.“

„Einen halben Morgen“, sagte Skimmerhorn verächtlich. „Solches Land hier möchte ich“, und er deutete mit einer weit ausholenden Bewegung über den Horizont. Dann ließ er den Arm sinken. „Leute wie du und ich, Jim, verwalten statt eigenen Landbesitzes das Land der anderen.“

Den Platte entlang ritten sie nach Hause.

Eines Morgens stand Jim früh auf und blickte nach Westen auf die Berge. Der Tag war so klar, daß sie, nach Skimmerhorns Schätzung in einer Entfernung von zweihundertundfünfzig Kilometer, die Rockies sehen konnten. „Das ist das Schöne an diesem Land hier", sagte Skimmerhorn. „In St. Louis ist die Luft bei weitem nicht so klar."

Jim kehrte also nach Zendt's Farm zurück und bewarb sich um den Flecken am Eingang des Canyons, wo Camp Eins gebaut werden sollte. Als er ins Landamt kam, standen dort schon drei weitere Venneford-Cowboys, die eben die Papiere ausfüllten, um sich um Homestead-Gebiete zu bewerben, und er fragte sie: „Bewerbt ihr euch auch um Land für die Ranch?" Und die Männer flüsterten erschrocken: „Schschsch! Paß auf, daß dich niemand hört. Das ist ja ungesetzlich." Jim wußte, daß der ganze Handel ungesetzlich war, aber er brauchte den Job, wie die anderen auch.

Seit seiner Ankunft in Colorado hatte Oliver Seccombe täglich fünfzehn bis achtzehn Stunden gearbeitet und eine Ranch zusammengestellt, deren Crown-Vee-Rinder bald im ganzen Westen berühmt waren. Während der sechsmonatigen Abwesenheit Skimmerhorns hatte Seccombe sich in den Besitz aller strategisch wichtigen Punkte gesetzt und mit einer verhältnismäßig geringen Investition von britischem Kapital ein Rinderreich von ungeheuren Ausmaßen erworben.

Allerdings hatte er weit mehr wichtige Punkte besetzt als nur siebzehn, wie er am Anfang optimistisch angenommen hatte. Auch hatte er für die Überlassung von bereits besetzten Flecken mehr zahlen müssen, als ursprünglich vorgesehen war. Die besten Stellen hatten seine Cowboys für ihn erworben, und dann gelang ihm in Elmwood, Illinois, ein Zufallstreffer.

Im Jahre 1871 war er nach Illinois zurückgegangen, um ein paar gute britische Stiere zu kaufen, Shorthorns und Aberdeen Angus, und er hatte zwei Farmer überredet, die Tiere für ihn mit der Eisenbahn nach Cheyenne zu bringen. Weil sie nun schon da waren, bat er sie auch gleich, sich um zwei Homesteads für ihn zu bewerben. Dagegen hatten sie nichts einzuwenden; sie willigten auch ein, ihm ihre Gebiete anschließend zu verkaufen. Als sie unterschrieben hatten – das Land, das sie damit erwarben, bekamen sie nie zu Gesicht –, hatte Seccombe noch eine weitere glänzende Idee: Könnten die beiden nicht vielleicht sechzig bis siebzig Freunde und Verwandte aus Elmwood dazu bringen, auf seine, Seccombes, Kosten eine Reise in den Westen zu machen? Als Gegenleistung sollte sich jeder um eine Homestead für die Venneford Ranch bewerben. Die guten Leute aus Elmwood rissen sich danach, den Wilden Westen kennenzulernen, strömten in Scharen herbei, und nach ein paar Tagen strömten sie wieder nach Hause, nicht ohne vorher in Denver ihre Ansprüche angemeldet zu haben. Auf diese unorthodoxe Art gelang es Seccombe, in den Besitz von weiteren neunundsechzig strategisch wichtigen Stellen zu kommen.

Im Jahr 1872 war das Vennefordsche Imperium einigermaßen abgerundet. Zwar gab es am Platte noch ein paar kleinere Farmen, die man bekommen mußte; aber jetzt schon erstreckte sich das Gebiet über zweihundertundfünfzig Kilometer von Westen nach Osten und achtzig Kilometer von Norden nach Süden, eine Gesamtfläche von 5,760.000 Morgen. Allerdings konnte keine Rede davon sein, daß dieses riesige Gebiet der Ranch auch wirklich *gehörte;* echter Besitz war nur ein verschwindend kleiner Teil:

17 Flecken direkt erworben	3.100 Morgen
37 Flecken Cowboy-Homesteads, zur Verfügung der Ranch	5.920 Morgen
69 Homesteads für Elmwood, Illinois, zur Verfügung der Ranch	11.040 Morgen
Gesamter Besitz (tatsächlich + verfügungsberechtigt)	20.060 Morgen

Das bedeutete, daß von der offenen Prärie, von der die Cowboys als von „unserem Land“ redeten, Seccombe und seine Herren genaugenommen weniger als ein halbes Prozent wirklich ihr Eigentum nennen konnten. Die Kontrolle über diese riesige Fläche konnte in keiner Weise als dauerhaft angesehen werden. Jede neue Bahnlinie, die durch das Territorium führte, würde das Gebiet der Ranch anknabbern, jede Stadt, die hier aus dem Boden wuchs, noch mehr Gebiet verschlingen, und an den Rändern würden sich Homesteaders hineinfressen. Jedes Jahr würde die Fläche kleiner, bis sich die Ranch gegen Ende des Jahrhunderts schließlich gesundgeschrumpft hätte, auf etwa dreiviertel Millionen Morgen. Seccombe hatte recht, als er sagte: „Wir borgen uns das Land nur aus.“

Aber wem gehörte das Land wirklich? Der Regierung der Vereinigten Staaten. Solange nicht ein Homesteader Anspruch auf ein Gebiet erhob, konnte jedermann seine Tiere darauf weiden lassen. Sogar im Jahr 1873, als die Venneford Ranch auf dem Höhepunkt stand, war es durchaus möglich, daß ein Mensch aus Iowa daherkam und verkündete, er wolle zweitausend Stück Langhörner auf der offenen Prärie weiden lassen. Das stand ihm grundsätzlich völlig frei – aber Erfolg haben konnte er nur unter zwei Bedingungen:

Erste Bedingung war, daß dieser Mensch seine Rinder in einem der Bäche trinken lassen konnte – und das war unmöglich, denn alle guten Tränken waren schon im Besitz der Venneford Ranch. Zweite Bedingung war, daß er sich nicht erschießen ließ. Niemand wußte, wer da eigentlich schoß; sicherlich nicht Mr. Seccombe, und auf keinen Fall Mr. Skimmerhorn, der jedesmal, wenn so etwas vorkam, Mr. Seccombe gegenüber seiner Empörung Luft machte.

Wenn ein Zugereister seine Tiere hier weiden lassen wollte, kam plötzlich ein Venneford Cowboy herangeritten und warnte ihn, daß seine Tiere nicht befugt seien, vom Venneford-Wasser zu trinken; bestand er jedoch darauf, seine Tiere hier weiden zu lassen, wurde er eben eines schönen Tages erschossen.

Da waren zum Beispiel die beiden Ranches am Platte östlich von Zendt's Farm: die Farm von Potato Brumbauch, der dort mit Frau, zwei Söhnen und zwei Töchtern wohnte; und weiter nach Osten, also noch ungeschützter, die Ranch von Otto Kraenzel. Jede der beiden Ranches besaß ein beträchtliches Stück des Flußufers. Es brauchte nur einer der beiden einem übelwollenden Rinderbaron in die Hände zu fallen, und schon war eine Bresche in das offene Weideland geschlagen. Daher war es unerläßlich, daß die beiden Ranches in Vennefordschen Besitz übergingen.

Oliver Seccombe vermutete, daß Hans Brumbauch, schon wegen seines erfolgreichen Bewässerungsprojekts, schwerer zu überreden sein würde, daher wandte er sich zuerst an Kraenzel. Der dachte nicht daran zu verkaufen. Ihm gefiel es am Platte, und er rechnete mit einer großartigen Zukunft. Seccombe erklärte ihm, daß er mit dem Geld, das er von ihm bekäme, sich überall in Colorado neu ankaufen könne; er würde behilflich sein, einen günstig gelegenen Grund zu finden.

Aber die Kraenzels wollten nichts davon hören, sagten ihm, es hätte keinen Zweck, weiter darüber zu reden, gleich, welchen Preis man ihnen auch böte. Also verabschiedete er sich freundlich von ihnen, ritt nach Cheyenne und bestieg dort den Zug nach Chicago.

Während seiner Abwesenheit traf ein Mr. Farwell in Cheyenne ein. Zuerst ritt er zu den Kraenzels, bot ihnen einen wirklich hervorragenden Preis für die Farm an, dann ritt er auf Brumbauchs Ranch, wo Hans und seine Frau ihm versicherten, daß sie unter keinen wie immer gearteten Bedingungen daran dächten zu verkaufen.

Darauf kam Mr. Farwell mit zwei Begleitern zurück, die er Gus und Harry nannte, und das Trio tat sein Bestes, um sowohl Kraenzel als auch Brumbauch zum Verkauf zu überreden, aber keiner war interessiert. Während des letzten Gesprächs sagte Mr. Farwell, ein dunkelhaariger Mann in den Vierzigern, mit einer leisen, angenehmen Stimme: „Ich bedauere, daß die Verhandlungen zusammengebrochen sind."

„Es hat überhaupt keine Verhandlungen gegeben", sagte Brumbauch.

Mr. Farwell überhörte diese Bemerkung und meinte: „Ich werde zwei Tage bei Zendt warten. Sollten Sie es sich doch noch anders überlegen, dann kommen Sie zu mir, und wir einigen uns im Handumdrehen."

„Da gibt es nichts zu überlegen", sagte Brumbauch, und Kraenzel sagte das gleiche.

„Dann sind wir wohl miteinander fertig", sagte Mr. Farwell ruhig, deutete Gus und Harry, sie sollten vorausreiten, und schüttelte den halsstarrigen Ranchern die Hände. Zwei Tage lang wartete er noch bei Zendt, und als nichts geschah, ritt er in Richtung Cheyenne davon, Gus und Harry auf den Fersen.

Zwei Nächte später wurde Otto Kraenzel erschossen, sein Ranchhaus in Brand gesteckt. Mrs. Kraenzel und die beiden Kinder konnten entkommen, aber sie waren derart verschreckt und derart begierig darauf, die unselige Farm lozuwerden, daß sie in Denver sofort einen Rechtsanwalt damit beauftragten, alles zu verkaufen, das Vieh mit eingeschlossen, wenn ein Käufer gefunden werden konnte. Sie verließen den Westen und wurden nicht mehr gesehen. Oliver Seccombe, den seine Geschäfte noch anderswo festhielten, sandte ein Telegramm nach Denver und beauftragte einen ihm bekannten Rechtsanwalt, die Kraenzel-Farm zu erwerben. Der Kauf war in kürzester Zeit abgeschlossen, und damit erfuhr der Vennefordsche Besitz am Fluß eine willkommene Abrundung.

Als die Ermordung Kraenzels in der Gegend bekanntwurde, erwarteten alle, und vor allem die Killer, daß Brumbauch mit eingezogenem Schwanz Reißaus nehmen würde. Da unterschätzten sie aber den Russen. Er war schon mit den Kosaken fertiggeworden und hatte auch jetzt nicht die Absicht, aus Angst vor Mr. Farwell davonzulaufen, wo immer der auch sein mochte. Statt dessen sandte er seine Tochter mit einer Botschaft zu Levi Zendt: „Wenn sie mich erschießen, bist du der nächste." Levi hielt das für durchaus möglich, dennoch befand er sich in einer merkwürdigen Situation. Brumbauch beschuldigte die Venneford-Leute, ihn und seine Familie umbringen zu wollen, aber Levi hatte selber einen Anteil an der Venneford-Ranch, so daß die Beschuldigung auch auf ihn zurückfiel.

Er schickte das Brumbauch-Mädchen nach Hause und suchte Skimmerhorn auf. „John, hast du irgendwelche Leute von auswärts gedungen, damit sie Kraenzel und Brumbauch umbringen?"

„Guter Gott! Nein!"

Skimmerhorn war derart empört, daß Levi ihm Glauben schenken mußte.

„Aber vielleicht Oliver Seccombe?"

„Levi, ich bitte dich! Zugegeben, er möchte den Besitz abrunden, aber doch nicht mit Pulver und Blei."

„Dann ist klar, was wir zu tun haben. Irgend jemand in diesem Unternehmen versucht, Brumbauch von seinem Land zu vertreiben. Wir können ihn nicht allein lassen. Ich hole meine Büchsen, und ich werde ihm beistehen."

Ohne eine Antwort abzuwarten, wandte er sich zum Gehen, ein entschlossener, untersetzter Mann von dreiundfünfzig Jahren. An der Tür zögerte er, als warte er noch auf etwas, und John Skimmerhorn rief ihm nach: „Warte. Ich komme mit dir."

Der Feind, wer es auch war, schlug in derselben Nacht zu, aber aus dem Haus der Brumbauchs schlug ihm ein solcher Kugelregen entgegen – sieben Büchsen feuerten von allen Seiten –, daß sie weder ein Gebäude in Brand setzen noch jemanden töten konnten, obwohl zahlreiche Kugeln durch die Wände schlugen.

In der nächsten Nacht ging dieser häßliche, anonyme Kampf weiter, aber gegen Morgen hatte Potato Brumbauch genug. Gebückt wie ein Affe, scharte er seine Familie um sich und sagte: „Sie sind dort hinter dem Heuschober. Wir fünf gehen hinaus und fangen sie, und unsere beiden Freunde hier hüten das Haus."

„Ich gehe mit dir", sagte Levi, aber Brumbauch nahm ihn nicht mit. Die Dämmerung brach an, als sie sich hinausstahlen – der Mann, seine Frau, die wie ein Scharfschütze schoß, die dreizehnjährige Tochter und die beiden Söhne, zwölf und zehn, alle mit schweren Flinten, alle fest entschlossen, den Feind entweder zu vertreiben oder zu sterben.

In den nächsten sechs Minuten hagelte es Kugeln von allen Seiten, aber nachdem die Brumbauchs glücklich den offenen Platz zwischen Haus und Scheune überquert hatten, tat Potato etwas Überraschendes. Unter dem Feuerschutz seiner Söhne steckte er den Heuschober in Brand, und als die Flammen aufzüngelten, schrie er: „Dort drüben, verdammt! Dort hinüber!" Und seine Frau und seine Tochter rannten zu einer günstigen Stelle, von wo aus sie einen Mann erschossen, der eben versuchte, den Flammen zu entkommen. Die anderen ritten davon und kamen nicht wieder.

Levi ging zu dem Erschossenen hin, in der Erwartung, Farwell oder Gus oder Harry hier zu finden, aber der Mann, der hier lag, war noch nie in der Gegend gesehen worden.

Bei seiner Rückkehr von Chicago wurde Oliver Seccombe von Zendt und Skimmerhorn empfangen, die ihm berichteten: „Rowdies haben Otto Kraenzel getötet und seine Familie vertrieben", und Seccombe sagte salbungsvoll: „Ja, ich habe von diesem traurigen Vorfall gehört."

„In der nächsten Nacht kamen sie zu Potato Brumbauch", fuhr Skimmerhorn fort, „aber Levi und ich haben der Familie geholfen. Einen der Rowdies haben sie getötet, die anderen sind abgehauen."

Levi blickte Seccombe bei diesen Worten scharf an, aber dieser zuckte mit keiner Wimper, sondern legte Skimmerhorn einen Arm um die Schultern und sagte: „John, du hast das einzig Richtige getan. Wir müssen unsere Ranches hier vor Desperados schützen." Dann ritt er zu Brumbauch und bot ihm drei Tischler von der Ranch an, die den Schaden an seinem Haus wieder in Ordnung bringen würden, und Brumbauch sagte: „Ich bin froh, wenn Sie mir helfen", und nach kurzer Zeit war der Schaden behoben.

Nach diesem Vorfall kam Seccombe häufig zu den Brumbauchs auf Besuch, brachte den Kindern aus Cheyenne Geschenke mit, aber nach einer Weile kam es Brumbauch so vor, als verfolgte Seccombe damit nur den Zweck, sich über sein, Brumbauchs, Bewässerungssystem zu informieren. Also stellte er seine Dämme und Abflüsse um, um den Engländer zu verwirren. Als er eines Tages Seccombe überraschte, wie er die Heuschober zu zählen schien, sagte er: „Damit das Vieh was zu Fressen hat, wenn der Winter kalt wird.“ Und Seccombe erwiderte: „Letzten Winter trug ich fast nie einen Mantel“, worauf Brumbauch freundlich erwiderte: „Bei Ihrem vielen Vieh können Sie nur hoffen, daß es so bleibt.“

Später beobachtete er, wie Seccombe seine Cowboys anwies, Bewässerungskanäle zu bauen; und nun teilte er Seccombe durch die Blume mit, daß weitere Besuche auf seiner Farm nicht mehr erwünscht seien. „Ich behalte meine Ideen lieber für mich“, sagte er zu seiner Frau, „und rate Oliver Seccombe das gleiche.“

So begann der traditionelle Gegensatz der Prärien: hier der Rancher, der die Prärie offen halten, hier der Farmer, der sein Land einzäunen wollte. Dieser Gegensatz war so alt wie die Menschheit: „Und Abel war ein Hüter der Schafe, aber Kain ein Bauer . . . und es geschah, als sie im Felde waren, daß Kain sich gegen Abel, seinen Bruder, erhob und ihn tötete.“

Levi Zendt beobachtete, wie die Spannungen immer größer wurden, und er sagte zu seiner Frau: „Die Bibel hat wie immer recht: Im Kampf um das Land wird stets der Rancher vom Farmer getötet, denn der Farmer ist an das Land gebunden, und er kämpft, um es zu beschützen.“

Im Frühsommer des Jahres 1873 fanden in der Gegend drei verschiedene Jagden statt: als sie vorbei waren, hatte sich das Antlitz des Westens völlig verändert, und jede Hoffnung, die alten Lebensformen wiederherstellen zu können, war auf ewig verschwunden.

Die erste Jagd nahm von Omaha in Nebraska ihren Ausgang. Der Anführer der Gesellschaft war einer der vielen österreichischen Erzherzöge. Begleitet wurde er von einem russischen Großfürsten. In ihrem Gefolge reisten französische und englische Militärattachés und sieben Generale, die im Bürgerkrieg mit mehr oder weniger Auszeichnung in den Armeen der Union gedient hatten, darunter auch George Armstrong Custer, ein Feuerkopf, der im Krieg vorübergehend Generalsrang bekleidet hatte, jetzt aber Oberst war. Custer zugeteilt war der junge Pasquinel Mercy, ein Leutnant aus Fort Laramie, der wußte, wo der Büffel zu finden war.

Auf der zweiten Gesellschaftsebene, nach den Herzögen und Generälen, dafür aber zahlungskräftiger als diese – sonst hätte man sich den Sonderzug, die Bedienten, einen Waggon mit alkoholischen Getränken sowie die zwölf Köche für die Bankette gar nicht leisten können –, kam eine Gruppe französischer und englischer Financiers, die sich für den Westen interessierten, unter ihnen auch ein Teilhaber des Venneford-

Unternehmens, der bei dieser Gelegenheit auch gleich den Besitz des edlen Lords im amerikanischen Westen inspizieren sollte. Dieser Mann, Henry Buckland, war einundfünfzig Jahre alt und leitete von seinen Büros in Bristol aus den Seidenimport aus Indien; mit ihm reiste seine einundzwanzigjährige Tochter Charlotte.

Buckland war ein gutaussehender Mann von einigem Gewicht, körperlich nicht weniger als wirtschaftlich. Als junger Mann hatte er England den Rücken gekehrt, um auf einem Indienfahrer zu arbeiten; der Subkontinent hatte ihn so gefesselt, daß er sich in Bombay bald wohler fühlte als in Bristol. Sein Ruf in der Geschäftswelt war makellos. Seine Heirat mit der Tochter einer Kusine des Earl Venneford of Wye hatte ihn in die vorderste Reihe der Gesellschaftskreise von Bristol gestellt.

Es war nur natürlich, daß Henry Buckland eingeladen wurde, sich an Vennefords amerikanischem Abenteuer zu beteiligen, und es war nicht weniger natürlich, daß Buckland als erstes Mitglied der Gruppe auch tatsächlich in Amerika auftauchte.

Daß er an dieser höfischen Jagd teilnahm, war eher ein Zufall. Die Organisatoren hatten Lord Venneford in der Hoffnung eingeladen, die österreichischen und russischen Durchlauchten mit einem englischen Aristokraten garnieren zu können, aber der Lord wurde von seinen Pflichten in England festgehalten; an seiner Statt entsandte er Henry Buckland, seinen vertrauenswürdigen Partner.

Charlotte Bucklands Anwesenheit dagegen war kein Zufall. Dieses selbstbewußte, unberechenbare Mädchen von mehr als durchschnittlicher Schönheit hatte in den letzten Jahren ihren Eltern immer mehr aufzulösen gegeben. Als sie neunzehn war – in diesem Alter war ihre Mutter schon längst verheiratet gewesen –, versuchten ihre Eltern, eine höchst passende Verbindung mit einem jungen Mann aus der guten Gesellschaft von Bristol zu arrangieren. Aber Charlotte gefiel der junge Pollard einfach nicht; sie behandelte ihn wie den letzten Dreck und ließ in ganz Bristol verbreiten, daß sie nicht im Schlaf daran dächte, ihn zu heiraten. Nachdem sie ihn losgeworden war, fing sie an, mit einer ganzen Reihe von Männern zu flirten, darunter ein Marineoffizier und ein verheirateter Rechtsanwalt. Es hätte nicht viel gefehlt, und es wäre zu einem Skandal gekommen. Höchste Zeit also, sie aus Bristol zu entfernen! Die Einladung an ihren Vater, an der Omaha-Jagd teilzunehmen, hätte daher gar nicht gelegener kommen können.

„Papa, ich fahre mit!“ rief sie begeistert. Sie war groß und blond und lachte gern, und sie freute sich über ihre Erfolge bei Männern.

Als sie im Frühling des Jahres 1873 England verließ, war sie voll aufgeregter Erwartung, in der Neuen Welt jene Erfüllung zu finden, die ihr die Alte Welt bisher versagt hatte.

Sie war begeistert von New York und seiner plebejischen Lebensfreude, und Chicago gefiel ihr nicht weniger. Aber erst die Fahrt von

Chicago in den Westen brachte sie in Kontakt mit dem, was Charlotte „das echte Amerika“ nannte; und als sie Omaha und den Anfang der Union Pacific erreicht hatten, hatte sie sich bereits hoffnungslos in dieses weite Land verliebt, dem sie sich verwandt fühlte. Dieses Land war gleich ihr: kühn, allem Neuen zugetan, unerschrocken, voll von Überschwang, der bis zum Exzeß gehen konnte. Auch die Männer gefielen ihr, diese gutgenährten Kaufleute mit den roten Gesichtern, die sich flüsternd über die große Wirtschaftskrise unterhielten. Natürlich waren sie etwas beunruhigt, aber sie fürchteten sich nicht. Ihr gefielen die herzhaften Stimmen, das ungekünstelte Benehmen und die offene Art, in der die Männer sie bewunderten. Als ihr Zug endlich in Nebraska ankam, waren sie und ihr Vater von vier Familien eingeladen worden, einige Tage in deren Häusern zu verbringen, und sie hatte vor, alle Einladungen anzunehmen.

In Omaha tauchten sie sogleich in ein Meer wirrer Anweisungen und Gegenanweisungen, denn das Gefolge der beiden hohen Herrschaften hatte sich in der Stadt niedergelassen, und die Bediensteten stellten allseits unerhörte Forderungen: „Der Großfürst braucht einfach zweimal am Tag ein Bad, und das Wasser muß heiß sein, verstehen Sie mich, heiß!!“ Bezüglich des Essens hagelte es Sonderwünsche. Auch die sieben amerikanischen Generale hatten Probleme, doch dafür waren ja ihre Ordonnanzen zuständig; nur die französischen und englischen Finanzmagnaten mußten mit ihren Schwierigkeiten allein fertigwerden. Die Verwirrung wurde noch gesteigert durch die Anwesenheit von vier allgegenwärtigen amerikanischen Journalisten, die jeden interviewen wollten; ferner von zwei Photographen, die eifrig Bilder knipsten, die hundert Jahre später wie Schätze gehütet wurden, sowie von einem deutschen Aquarellisten, der Bilder nach dem Leben malte.

Das war der amerikanische Westen, das Land der Indianer und Büffel, der Traum von Millionen Europäern, die aus dem grauen Einerlei ihres dumpfen Stadtalltags flüchten wollten. Alles war interessant, und als Charlotte Buckland in den Straßen von Omaha einen Cowboy, einen chinesischen Eisenbahnarbeiter und einen Pawnee-Indianer erblickte, schob sie sie alle drei schnell in eine Reihe zusammen und ließ sich mit ihnen photographieren.

Auf dem Bild sehen wir sie, zwischen dem Chinesen und dem Indianer stehend: ein schönes, schlankes englisches Mädchen mit einem lausbübischen Lächeln. Sie trägt einen langen Rock, eine sommerliche Bluse mit Rüschen an den Ärmeln, um ihre schlanke Taille einen schweren Ledergürtel. Zufällig kam auch Leutnant Mercy ins Bild, etwas abseits stehend. (Die beiden hatten einander zu diesem Zeitpunkt noch nicht kennengelernt.)

„Ich bin Leutnant Mercy“, sagte der junge Mann und trat auf sie zu. „Ich habe die Aufgabe, Sie zu beschützen.“

Sie ließ den Indianer und den Chinesen stehen und trat mit ausgestreckter Hand auf Mercy zu. „Ich bin Charlotte Buckland, und dort drüben steht mein Vater und will diesem gräßlichen kleinen Mann noch einen Schrankkoffer abkaufen; ich hoffe nur, daß ihn dabei nicht der Schlag trifft."

Die beiden gesellten sich zu Buckland, und nach wenigen Augenblikken hatte Leutnant Mercy den Handel zur allgemeinen Zufriedenheit abgeschlossen. Dann führte er sie durch den Bahnhof und zeigte ihnen den Zug, den sie bald besteigen würden. In diesem Augenblick dampfte eine abgenutzte kleine Lokomotive mit einem Bienenkorbschlot in die Station, und Charlotte rief: „Sieh dir dieses süße kleine Ding an! Wird es uns bis hinauf nach Wyoming bringen?" Aber Mercy deutete stolz auf ein schwarzes Ungetüm, das auf einem anderen Gleis einfuhr: „Das ist die unsere!"

„Papa!" rief Charlotte. „Schau dir diesen Riesenkäfer an, der uns fressen will!" Darauf Mercy: „Ein Käfer muß auch Flügel haben", aber sein Vergleich hinkte etwas, und Buckland starrte ihm ins Gesicht. Charlotte verstand, was der junge Offizier meinte, und rief: „Er hat ja Flügel! Und wir werden nach Wyoming fliegen!"

Sie wirbelte durch den Bahnhof, kehrte zu ihrem Vater zurück und faßte ihn an beiden Händen: „Papa, hier bleibe ich. Ich fühle, daß es so kommen muß. Ich fliege einfach mit meinem schwarzen Käfer weg, und fort bin ich."

Es war schon fast Nacht, als die aufsehenerregende Gesellschaft endlich mit Kind und Kegel in dem Sonderzug verstaut war und die neue schwarze Lokomotive die siebzehn Waggons gen Westen entführte. Ein herrliches Dinner erwartete die Herrschaften – mit Austern als erstem Gang und Gefrorenem zum Schluß. Huldvoll nahmen die beiden Hoheiten die Hurrarufe der Menge entgegen, die den Weg säumte, oft ließen sie den Zug auch anhalten und zerrten diesen oder jenen Helden des Bürgerkriegs zu sich hinauf auf die hintere Plattform, während hier und dort die Landschaft von Fackeln erhellt wurde.

Charlotte flirtete vergnügt mit Leutnant Mercy, einem sympathischen jungen Mann, der ihr von Kämpfen mit Indianern erzählte, als sie plötzlich bemerkte, daß ein Fremder neben ihr stand und darauf wartete, mit ihr sprechen zu können. Sie gefiel sich aber darin, so zu tun, als sähe sie ihn nicht; sie fuhr noch eine Weile fort, sich mit Mercy besonders lebhaft zu unterhalten, hielt dann auf einmal inne, sah zu dem Fremden auf und sagte: „Bitte verzeihen Sie. Sie möchten wohl mit Leutnant Mercy sprechen?"

„Ich möchte mit Ihnen sprechen, Miss Buckland", sagte der Herr. „Mein Name ist Oliver Seccombe, ich bin der Manager der Venneford Ranch. Ich bin gekommen, um Sie zum Platte zu führen."

Charlotte hatte den Namen noch nie gehört. „Ist das der Ort, wo die Ranch ist?"

„Der Platte ist ein Fluß", sagte er.

„Was für ein häßlicher Name für einen Fluß. Platte! Das klingt, als hätte jemand einen Teller in eine Spülschüssel fallen lassen."

Seccombe lächelte. „Der Name ist passend gewählt, der Fluß ist auch nicht gerade der schönste, nicht wahr, Leutnant Mercy?"

„Bei Fort Laramie oben schon", sagte Mercy.

„Das Gebiet der Ranch reicht nicht bis zum Fort", erklärte Seccombe.

Charlotte, der Seccombe nicht besonders zusagte, forderte ihn nicht auf, sich zu ihnen zu gesellen. „Mein Vater ist dort drüben, beim Großfürsten", sagte sie.

„Ich habe mich mit Ihrem Vater bereits unterhalten", sagte Seccombe gelassen. Er war in diesem Sommer fünfundfünfzig, ein schlanker, tüchtiger Engländer, der in den Stürmen des amerikanischen Westens gewachsen und biegsam geworden war. Es brauchte mehr als die unerzogene Tochter eines Seidenhändlers aus Bristol, um ihn außer Fassung zu bringen. „Wenn Sie mich brauchen", sagte er ruhig, „stehe ich Ihnen jederzeit zur Verfügung. Im Augenblick sehe ich Sie in guten Händen, ich werde daher zu Bett gehen. Morgen wird ein anstrengender Tag."

Zwei Tage lang fuhren sie durch Nebraska, hielten oft an, um irgendwelche Sehenswürdigkeiten zu besuchen; einmal wurden auch die Pferde ausgeladen, und die beiden Hoheiten galoppierten über die Prärie, geführt von Pawnee-Scouts, die dabei ein Geheul ausstießen wie indianische Krieger.

Am dritten Tag, nachdem der Zug Julesburg passiert hatte und unter Umgehung der Venneford Ranch, die im Süden der Bahn lag, tief nach Wyoming gefahren war, geschah etwas völlig Unerwartetes. Planen hätte sich so etwas nie lassen; auch die sieben Generale hatten damit nicht im geringsten gerechnet, wollten sie doch ursprünglich in Cheyenne aussteigen, nordwärts bis Fort Laramie reiten und sich von dort aus auf die Büffeljagd begeben.

Als der Zug friedlich nach Westen dampfte, stolperte ein Überrest der letzten Herde, die zwischen den beiden Armen des Platte noch überlebt hatte, den Bahnkörper entlang, und der Lokomotivführer pfiff lange und laut und brachte den Zug, der sich einen Weg durch die Herde bahnte, fast zum Stehen. In den sechs Jahren, seit es diese Eisenbahnlinie gab, hatten sich die Büffel noch nicht an sie gewöhnt. Der Zug verwirrte sie, sie drängten sich aneinander und kamen schließlich so nahe an den Zug heran, daß man sie von den Fenstern aus hätte streicheln können.

Eine derartige Gelegenheit durfte man sich einfach nicht entgehen lassen! Die Hoheiten ließen sich ihre Büchsen reichen, die Generale holten ihre Winchesters hervor. Sogar Charlotte Buckland bot man eine schwere Büchse aus dem Bürgerkrieg an; doch sie lehnte ab.

Es schien beinahe unmöglich, einen Büffel zu verfehlen. Manchmal mußte man sogar darauf warten, daß das Tier etwas weiter wegtrat, damit man auf ein lebenswichtiges Organ zielen konnte. Sonst riskierte man, daß der Gewehrlauf sich im Fell verfing und man zwar ein Loch in den Bauch des Tieres riß, es aber nicht tötete.

Fast eine halbe Stunde lang wurde geschossen; die Tiere stürzten links und rechts des Zuges zu Boden, je nachdem, an welchem Fenster sich die Sportsleute drängten; auf diese Weise waren bald sechzig oder siebzig Büffel erlegt. Dann gab es eine kurze Pause, weil die Herren aufgeregt ihre Strecke miteinander verglichen. Plötzlich sah jemand einen prachtvollen Bullen neben dem Waggon herlaufen, seinen massigen Schädel tief gesenkt, mit breiten Schultern und einem schräg abfallenden Hinterteil, wie gebaut für scharfe Attacken. Wahrscheinlich hatte er seine Rolle als Damenfreund schon ausgespielt, wahrscheinlich hatte er schon längst den jüngeren Bullen das Feld räumen müssen; doch seine ganze Erscheinung war von außerordentlicher Würde, und der deutsche Aquarellist griff nach seinem Skizzenblock. „Was für ein Tier!" rief er und versuchte schnell die mächtigen Schultern und den gesenkten Kopf aufs Papier zu bringen.

Charlotte konnte sich später nicht mehr erinnern, wer da gerufen hatte, aber jedenfalls hörte sie plötzlich: „Der ist für Miss Charlotte!", und jemand wollte ihr eine schwere österreichische Büchse mit einem besonders guten Visier in die Hand drücken. Sie schüttelte den Kopf.

„Bitte!" rief der österreichische Erzherzog. „So eine Chance kommt nie wieder . . ."

„Miss Charlotte bedankt sich", sagte eine ruhige Stimme, und Charlotte sah erleichtert, daß Oliver Seccombe ihr zu Hilfe gekommen war. Er nahm die schwere Büchse und reichte sie einem der Russen.

„Ich nehme ihn!" bellte der Russe, aber der Bulle bewegte sich mit der gleichen Geschwindigkeit fort wie der Zug; über eine Minute lang trottete der Veteran neben dem Fenster, so nahe, daß man ihn zwar berühren, aber keinen sportlichen Schuß auf ihn abgeben konnte.

„Der Lokführer soll schneller fahren!" brüllte der Russe, und ein Höfling trug die Botschaft nach vorn, aber mittlerweile hatte der Bulle ohnehin abgedreht; die Männer neben dem Russen fingen zu toben an, und ein amerikanischer General schrie: „Jetzt!" Aber gerade in diesem Augenblick wurde der Russe von irgend jemandem gestoßen, so daß seine Kugel kein lebenswichtiges Organ traf; wahrscheinlich war sie überhaupt nur von seinen Hörnern abgeprallt, denn der alte Bulle schnaubte kurz auf, schlug mit den Hinterbeinen aus und galoppierte hinaus in die offene Prärie.

„Laßt ihn nicht entkommen!" schrie einer der Generale, und aus neunzehn Büchsen krachte eine Salve aus dem langsam fahrenden Zug. Der alte Bulle zitterte, bemühte sich, das Gleichgewicht zu halten, und brach dann zu Boden. Die Wucht seines Laufs war so groß, daß der schwere Körper, in eine dichte Staubsäule gehüllt, noch gute fünf Meter weiterschlitterte.

„Das war der beste Bulle von allen", sagte der Russe, „und wir haben ihn für den letzten Schuß aufgespart." Dreiundsiebzig Büffel waren erlegt worden, eine großartige Strecke, darüber waren sich alle einig. Der Zug, von keiner Herde mehr behindert, holte jetzt kräftig an Fahrt auf, etwa fünfzig Tonnen bestes Fleisch zurücklassend, das hier verfaulen würde, genauso wie die Häute, aus denen man dreiundsiebzig prächtige Büffelfelle hätte machen können.

Das Bildnis des alten Bullen wurde nicht vollendet. Als der deutsche Maler sah, wie das edle Tier im Kugelregen zusammenbrach, hatte er nicht das Herz, seinen Tod zu malen. Er knüllte das Papier zusammen. Putzfrauen in Cheyenne fanden es mit anderem Abfall auf dem Flur.

Die zweite Jagd stand durchaus in Übereinstimmung mit generellen staatspolitischen Überlegungen. Sie nahm im April dieses Jahres in der texanischen Stadt Jacksboro ihren Anfang, als auf dem schönen Hauptplatz der Stadt ein Mann namens Harker mit drei stabilen Wagen und vier Hautabziehern erschien, harten Burschen allesamt. Sobald sein Konvoi zum Stillstand kam, ließ er die Leute wissen, daß er durchaus bereit wäre, einen Büffeljäger einzustellen, wenn der Mann nur gut mit seiner Flinte umgehen könne. Jeder, mit dem er redete, sagte ihm: „Wen du brauchst, das ist Amos Calendar", und als er den Namen zum viertenmal gehört hatte, sagte er: „Ich gehe mir diesen Calendar ansehen", und machte sich auf die Suche nach ihm.

Er fand ihn am nördlichen Rand der Stadt in einer äußerst schäbigen Hütte. Calendar war jetzt fünfundzwanzig Jahre alt, ein ungewöhnlich dürrer, glattrasierter Einsiedler, der nicht einmal einen Hund zum Gefährten hatte. Er schien nichts zu besitzen als die Kleider, die er am Leib trug, und zwei hervorragende Büchsen, von Christian Sharps erfunden und jetzt in Hartford, Connecticut, fabrikmäßig erzeugt.

„Harker", sagte der Büffeljäger.

„Calendar."

„Sie sollen den Treck nach Colorado hinauf gemacht haben?"

„Zweimal."

„Büffel gesehen?"

„Haufenweise."

„Wann?"

„Vor fünf Jahren."

„Aha!" rief Harker. „Ich bin der Mann, der weiß, wo sie jetzt sind."

„So?"

„Ich höre, Sie können schießen."

„Richtig."

„Das würde ich gern selber sehen."

Calendar hatte keine besondere Lust, eine allgemein bekannte Tatsache noch einmal zu beweisen, und blieb in der Hütte; aber Harker ließ nicht locker, also nahm er seine älteste Sharps herunter, die, die er damals auf dem Colorado Trail mitgehabt hatte. Betont nachlässig holte er eine Papierpatrone heraus, wog sie in der Hand, öffnete den Verschluß des Gewehres und führte die Patrone so ein, daß hinten an der Kammer noch ein Stück Papier heraushing. Dann schloß er das Verschlußstück seines Hinterladers, und zwar so, daß eine scharfe Klinge den Papierzipf abrasierte. Jetzt erblickte man die kräftige Ladung Schwarzpulvers in der Kammer, die nur darauf zu warten schien, von einem Funken in Brand gesetzt zu werden.

„Ich sehe, Sie verwenden die altmodischen Patronen", sagte Harker mit kaum merklicher Verachtung.

„Weil ich sie schätze", antwortete Calendar kühl.

Jetzt öffnete er eine kleine Kammer und legte einen Zündbolzen aus Knallquecksilber hinein; sobald der Hammer diesen zur Explosion brachte, würde ein Blitz das Rohr hinuntersausen und das freiliegende Pulver entladen. Ein komplizierteres System hatte sich bisher noch niemand für ein Gewehr ausgedacht, und man mußte dabei viele Nachteile in Kauf nehmen. Der einzige Vorteil war, daß es funktionierte.

„Worauf werden Sie schießen?" fragte Harker.

„Suchen Sie sich's aus."

Harker sah sich nach einer Flasche um, fand eine und schritt eine beträchtliche Entfernung ab, bevor er sie vor einem Baum aufstellte. „Probieren Sie das hier", rief er.

Calendar hob seine Sharps, fühlte, wie sie sich an seine Schulter schmiegte, und zweifelte nicht im geringsten daran, daß er die Flasche treffen würde. Schließlich hatte er die Kugel am Ende der Papierpatrone selber gegossen, hatte mit einem Seidenfaden das Banknotenpapier an die Kugel gebunden, hatte die Pulvermenge sorgfältig abgewogen: er war sich seiner Büchse sicher.

„Ich werde den Hals abschießen", sagte er. Sorgfältig, mit geübten Bewegungen legte er an, zog den hinteren Abzug zurück, um den Abzugsstollen vor den Stecher zu bringen, und schob seinen Finger auf den vorderen Abzug. Als er ganz leicht auf den vorderen Abzug drückte, passierten ein paar bemerkenswerte Dinge gleichzeitig.

Weil das Pulver in der Kammer exponiert und weil kein Verschlußstück wirklich luftdicht war, schoß eine nicht ungefährliche Stichflamme zwischen den losen Verbindungsteilen empor, die den Schützen einen Augenblick lang völlig blind machte. Weil das Verschlußstück aber auch auf der anderen Seite nicht fest anschloß, wurde ihm eine beachtliche Pulvermenge ins Gesicht geblasen. Aber das wichtigste war, daß die Sharps so perfekt konstruiert war und einen derart langen Lauf hatte, daß die Kugel die Mündung mit großer

Geschwindigkeit und hervorragender Zielgenauigkeit verließ. Wenn Calendar gut zielte, dann mußte die Kugel unfehlbar treffen.

Smack! Kein Geräusch von zersplitterndem Glas, nur ein Knall, als der Hals von der Flasche geschossen wurde. „Schießen können Sie“, sagte Harker, als er zu Calendar zurückkam. „Wollen Sie für mich auf der Büffeljagd arbeiten . . . einer echten Büffeljagd?“

„Also . . .“ sagte Calendar. Er hatte es nicht notwendig zu arbeiten. In Jacksboro half er da und dort einmal aus und brachte sich auf diese Weise recht gut durch, denn er hatte wenig Bedürfnisse. Kein Alkohol, keine Frauen. Er pflügte nicht, daher brauchte er nur ein einziges Pferd. Und was er für seine Büchsen brauchte, verdiente er sich; nicht einmal Patronen mußte er kaufen, denn auch die machte er selber.

Aber Harker wußte, wie er Calendar einwickeln konnte. „Sehen Sie, was dort aus meiner Satteltasche herausschaut? Eine neue Sharps. Mit Messingpatronen.“

„Wirklich?“ fragte Calendar, unfähig, seine Überraschung zu verbergen. Er hatte von dieser mächtigen Büchse schon gehört, .50 Kaliber, 70 Pulverkörner, 475 Bleikörner in der Kugel. Ein Monstrum mußte das sein. Bis jetzt waren erst ein paar Musterexemplare davon hergestellt worden.

„Wie sind Sie zu ihr gekommen?“ fragte Calendar und studierte die Waffe durch die Satteltasche hindurch.

„Ein Freund hat sie für mich gekauft. Kommen Sie mit mir, Calendar, und sie gehört Ihnen. Los, nehmen Sie sie heraus!“

Sobald Calendar die Büchse aus schwarzem Stahl einmal in der Hand hielt und den enormen Lauf betrachtete – achtzig Zentimeter lang, fast elf Kilogramm schwer –, konnte er nicht mehr zurück. „Wenn man damit feuern will, braucht man einen Dreifuß“, sagte er zu Harker. „Ein Mann allein kann das nicht halten.“

„Haben wir“, antwortete Harker, „Patronen haben wir auch.“ Er reichte Calendar drei wunderschöne Messinggeschosse. Keine gefährlichen Papierpatronen mehr, keine Blitze aus dem lockeren Pulver mehr, keine Flammen, die einem ins Gesicht schlugen.

Mit mephistophelischer Schläue fügte Harker hinzu: „Am Abend, wenn die Jagd für den Tag vorbei ist, sitzen Sie am Feuer und füllen Ihre eigenen Messingpatronen . . . gießen die Bleikugeln . . . passen sie ein.“

Calendar studierte das improvisierte Gerät: ein Haken entfernte den Zündbolzen vom Kopf der Kugel ohne Durchschlagskraft, ein zweiter Kolben setzte den neuen Zündbolzen ein; durch eine schlaue Vorrichtung wurde die Patrone geradegedrückt; ein anderer Mechanismus faltete den Rand der Kugel leicht ein, um das Ende zu beschleunigen; am anderen Ende fand sich eine Kugelgußform, in die heißes Blei gegossen wurde; an einer Seite hin ein Pulvermeßbecher. Mit einer solchen Büchse und diesem Gerät, dazu drei oder vier Dutzend

Patronen zum Nachladen, mit einem Barren Blei zum Kugelgießen und einem Horn voll Schwarzpulver könnte man sich den Weg zur Hölle freischießen.

„Was kostet die Büchse?“ fragte Calendar mit schwimmenden Augen.

„Nichts. Sie schießen den ganzen Sommer für mich ... Meine Häuter sind die besten, die Sie jemals gesehen haben. Sie schaffen den Burschen Arbeit, und am Ende der Saison gehört die Büchse Ihnen.“

„Ich arbeite nur mit meiner eigenen Büchse“, sagte Calendar. „Wieviel?“

„Neunundvierzig Dollar, der doppelte Abzug vier Dollar dazu.“

„Ohne doppelten Abzug kannst du sie dir auf den Hut stecken“, sagte Calendar, sah die Büchse an, dann wieder Harker, der ihm äußerst widerlich war. „Hier sind dreiundfünfzig Dollar, Mister. Ich kaufe das Gewehr, und ich gehe noch heute nachmittag mit Ihnen.“

Also machten sie sich auf die Büffeljagd: Bill Harker, einer der zähesten Männer der Prärie; Amos Calendar, ein Veteran des Trails von R. J. Poteet; vier häßliche, dreckige Häuter; zwei Fuhrleute, die die Häute abtransportieren sollten, und ein Koch. In der Abenddämmerung verließen sie Jacksboro und schlugen außerhalb der Stadt ihr Lager auf. Am nächsten Tag ritten sie in nordwestlicher Richtung weiter, überquerten den Dreifaltigkeitsfluß, den Wichita, den Friedensfluß und den Roten Fluß und kamen bis ins Indianergebiet von Oklahoma, wo sie von Rechts wegen nicht das geringste zu suchen hatten.

Harker warnte sie: „Wir müssen vor den Comanchen auf der Hut sein.“ Sie stellten eine Nachtwache auf. Gott stehe dem Indianer bei, der diesem Lager in die Nähe kam, denn diese Männer waren Killer. Sie haßten Indianer, Sheriffs, Missionare, Lehrer, Büffel, Rehe, Antilopen und vieles andere, von dem sie noch gar nicht wußten, daß sie es haßten.

Harker hatte recht gehabt. Am dritten Tag in Oklahoma erreichten sie ihr Ziel. Harker besaß einen sechsten Sinn dafür, wo er den Büffel finden konnte, und er führte sein todbringendes Team genau dorthin, wo die Herde war. Von einer kleinen Erhebung blickten sie auf mindestens sechshundert Tiere hinunter.

„Wir gehen die Sache so an“, sagte er zu Calendar, „du bist wahrscheinlich der beste Schütze unter uns, du kommst von hier aus, gegen den Wind, an sie heran, ich komme von der anderen Seite. Du schießt zuerst, und zwar auf das Tier, von dem du glaubst, daß es die Herde führt, aber du darfst es nicht umbringen. Wenn ihr Leitbulle zu Boden stürzt, dann drängen sich die andern um ihn, und wir können sie gemütlich der Reihe nach abschießen.“

Harker erklärte ihm, das wichtigste sei, sich einen „Stand“ zu sichern. Das erreichte man damit, daß man das Leittier zwar fällte, aber nicht tötete. Dann konnte der Jäger auf einem Fleck stehenbleiben und gemächlich bis zu siebzig Tiere auf einmal schießen, während die Büffel auf einem Haufen standen und nicht wußten, was sie jetzt tun sollten.

Calendar kroch gegen den Wind an die Herde heran und sah den Tieren zu, die ohne jede Angst friedlich grasten. Immer nur langsam, sagte er sich und kroch näher. Jetzt war er kaum fünfzig Meter von den Nachzüglern entfernt, aber die wollte er nicht. Er mußte den Leitbullen anschießen. Dabei durfte man nicht auf das Herz zielen, denn ein Bulle konnte auch mit zwei Kugeln im Herzen noch hundert Meter rennen und die Herde in eine Panik treiben; auf die Lungen mußte man zielen, denn dann stürzte der Bulle zu Boden und verendete erst nach längerem Todeskampf, während die anderen Büffel sich rund um ihn versammelten und ihm in stiller Verwirrung zusahen.

Calendar war jetzt bereits in der Nähe der Leittiere, und er erkannte auch schon, welches Tier er zuerst treffen mußte. Er wandte sich um und gab Harker, der mit seiner eigenen Sharps schußbereit wartete, das Signal, daß er anfangen würde.

Sorgfältig spannte er das Gewehrschloß, legte die Messingpatrone ein und hörte, wie der Anschlag glatt zurückglitt. Er zog den Abzug, stellte die gewaltige Büchse auf dem Dreifuß noch einmal genau ein und zielte auf die Lungen des Bullen. Ein leichter Druck auf den vorderen Abzug – und Wummmmmm! – das war nicht der Knall einer normalen Büchse, sondern der schwere Schlag einer Kanone.

Mit ungeheurer Wucht traf die Kugel ihr Ziel. Dem Leittier in die Seite eindringend, ging sie durch beide Lungenflügel, und das Tier stürzte zu Boden. Wie vorausgesehen, drängten sich die anderen Tiere rund um den gestürzten Führer, beschnüffelten ihn, standen um ihn herum, als warteten sie auf einen Befehl. Während dieser Zeit, die bis zu vierzig Minuten dauern konnte, konnten sich die Jäger bedienen. Mit gezielten Schüssen erlegten Harker und Calendar neunzehn Büffel, luden immer wieder sorgfältig nach und stellten von Zeit zu Zeit ihren Dreifuß anders auf. Aber beim zwanzigsten Schuß hatte Harker das Pech, zu tief zu schießen und einen alten Bullen im rechten Hinterlauf zu treffen, so daß das Tier um sich schlug und, das verletzte Bein nachziehend, laut zu brüllen anfing. Dadurch wurde die ganze Herde aufgescheucht. Eine Kuh erkannte endlich die Gefahr, galoppierte davon und riß die anderen Tiere mit sich fort. Es hatte keinen Sinn, blind hinter flüchtenden Büffeln herzufeuern, man mußte Patronen sparen.

Jetzt gingen die Hautabzieher ans Werk, Männer, die ihr Fach verstanden. Zu zweit warfen sie die Tiere auf den Rücken und schlitzten die Bauchseite von der Kehle bis zum Schwanz auf. Dann brachte man an der Haut Seile an, und Pferde zogen die schweren Felle herunter. Den Kadaver ließ man in der Sonne liegen, wo das Fleisch bald verfaulte; für ein gutes Fell, das gründlich vom Fleisch gesäubert war, konnte man bis zu drei Dollar bekommen. Bereits gegerbte Felle brachten bis zu zwölf Dollar.

„Beinahe hätten wir einen Stand gehabt", sagte Harker am Abend, während Calendar Patronen für den nächsten Tag goß. „Fast waren wir soweit, aber da mußte ich diesem verdammten Vieh ins Bein schießen." Er hatte gut gezielt und gut geschossen. „Vielleicht zu wenig Pulver", überlegte er. „Teufel, bei dieser Arbeit weiß man eben vorher nie, was diesmal schiefgehen wird."

„Wir handeln im Auftrag Gottes, sozusagen", sagte er den Männern. „In Austin habe ich einmal General Phil Sheridan gehört, der kennt den Westen so gut wie sonst keiner. Und der hat gesagt, daß der ganze Westen so lange einen Dreck wert ist, als nicht der letzte Büffel hin ist. Keiner darf übrigbleiben."

„Was soll das eigentlich heißen?" fragte einer der Häuter.

„Das ist doch sonnenklar. Wenn wir die Büffel ausrotten, muß der Indianer in seine Reservation, wo er auch hingehört. Wenn sie nichts mehr zu fressen haben, müssen sie wohl gehorchen, oder?"

Das Schlachten ging weiter . . . einmal dreiundzwanzig Büffel, dann dreißig, dann sechzehn . . . und an einem denkwürdigen Tag schossen sie gar siebenundfünfzig, die eine Hälfte am Vormittag, die andere am Nachmittag.

Die Straße von Kadavern, die sie hinter sich zurückließen, sagte den Comanchen, daß Texaner in ihr Territorium eingefallen waren; daher griffen sie eines Tages an. Aber Harker und seine Männer waren bereit.

Er und Calendar, die ihre Sharps in Sekundenschnelle frisch laden konnten, saßen ungerührt hinter einem der Wagen, ihre kleinen Kanonen auf das Gestell gestützt, und holten einen Indianer nach dem anderen aus dem Sattel. Hier galt derselbe Grundsatz wie bei der Büffeljagd: Laß dir Zeit, hol dir die Führer heraus, bring den Stamm durcheinander.

Als neun Leichen verstreut im Salbei lagen, zogen sich die Comanchen zurück. In früheren Scharmützeln mit weißen Männern waren sie oft auf hartnäckigen Widerstand gestoßen, niemals jedoch auf dieses ungerührte, gleichmäßige, todbringende Feuer.

„Denen haben wir's gezeigt!" sagte Harker am Abend. „Ein paar Tage noch wie der heutige, und das Territorium ist frei von Büffeln und Indianern."

„Die sollten uns einen Orden geben", schlug einer der Häuter vor.

„Das hat General Sheridan auch gesagt", sagte Harker. „Ich hab' mich mit ihm in seinem Hotel unterhalten, und er hat gesagt: ‚Männer wie Sie sollten goldene Medaillen bekommen, auf der einen Seite ein Büffel, auf der anderen ein Indianer. Sie sind Vorkämpfer der Zivilisation.' Wie ich später erfahren habe, meinte er damit, daß sich die Siedler erst dann in der Prärie wohlfühlen werden, wenn wir mit unserer Arbeit fertig sind."

Die Männer verdauten langsam diese Erzählung. Für Zivilisation hatte keiner von ihnen besondere Verwendung. Nach einer Weile öffnete Calendar den Mund zu einer der wenigen Bemerkungen, die er während des ganzen Sommers machen sollte: „Manchmal fallen einem die Siedler noch mehr auf den Wecker als die Indianer . . . oder die Büffel."

Während er das sagte, blickte er nach Westen hinaus auf die offene Prärie. Am nächsten Tag begegnete ihm, der den Wagen weit vorausritt, die große Chance, auf die er gewartet hatte.

Sie waren jetzt im Territorium von Colorado, nördlich des Arkansas, als sein sechster Sinn ihm sagte, daß Büffel in der Nähe grasten. Er stieg ab, kroch langsam über den Kamm eines Hügels und erblickte unten mehrere hundert kräftige Tiere, eines der größten Überbleibsel der südlichen Herde. Einen Augenblick lang dachte er daran, zurückzureiten und Harker zu holen, denn um mit dieser Herde fertigzuwerden, brauchte man zwei Büchsen; aber eine Bewegung unter den Tieren ließ ihn erkennen, daß ihm dazu nicht genügend Zeit bleiben würde.

Er kroch daher wieder zurück und holte seine Büchse, den Dreifuß und vier Dutzend Patronen. Dann robbte er auf die Büffel zu und postierte sich gegen den Wind an einer Stelle, von der aus er das Leittier erwischen konnte. Nachdem er den Dreifuß aufgestellt hatte, setzte er sich dahinter, die dünnen Beine gespreizt, die Augen in Höhe des Gewehres.

Geduldig, ohne eine Spur von Aufregung, fällte er das Tier mit einem Lungenschuß und beobachtete, wie die anderen rundherum zusammendrängten. Ins Verschlußstück blasend, lud er nach und erlegte den ersten der herumstehenden Büffel. Einmal ums andere feuerte er mit kühler Berechnung, mit der Präzision einer Maschine tötend. Nach dem sechsundzwanzigsten Schuß gestattete er sich eine Bemerkung – die einzige während des ganzen Unternehmens: „Mir kommt vor, ich habe einen Stand."

Es hatte den Anschein, als könnte er von hier aus endlos auf die Tiere schießen, aber der Schein trog, und Calendar kannte seine Grenzen. Wenn er öfter schoß als einmal in vierzig Sekunden, dann bestand Gefahr, daß der Lauf seines Gewehres sich derartig erhitzte, daß er sich trotz seiner Schwere ausdehnte und kaum mehr seine frühere Form und Präzision wiedererlangen würde.

Also schoß er langsam und betastete nach jedem Schuß den Lauf. Wenn er nur eine Kanne Wasser und mehr Kugeln hier gehabt hätte! Zweiunddreißig, neununddreißig, dreiundvierzig. Eines nach dem anderen stürzten die riesigen Tiere in den Staub, und noch immer begriff die Herde nicht, was da geschah. Gibt nichts Blöderes als Büffel, dachte Calendar, geschieht ihnen recht, wenn sie hin sind.

Endlich, bei seinem sechsundvierzigsten Schuß, kam Hilfe. Harker hatte aus der Entfernung langsames, rhythmisches Schießen gehört und angenommen, daß Calendar einen Stand erreicht hatte; nun kam er über den Hügel gekrochen und brachte eine Kanne Wasser und fünf Dutzend Kugeln.

„Jesus!" flüsterte Harker. „Das ist aber ein Stand!" Er reichte Calendar das Wasser und sah zu, wie der Jäger seine Büchse kühlte. Als Calendar ihn in Zeichensprache fragte, ob er nicht zurückgehen und seine eigene Büchse holen wolle, schüttelte der Boß den Kopf. „Das ist dein Stand!" flüsterte er. „Bin neugierig, wie weit du kommst."

Noch immer saß Calendar mit gespreizten Beinen hinter seinem Dreifuß und schoß sein fünftes Dutzend, dann das sechste, dann das siebente Dutzend. „Jesus Christus, du hast schon fünfundachtzig, sechsundachtzig Büffel da unten liegen", sagte Harker.

„Vierundachtzig", antwortete Calendar, goß Wasser von außen über den Lauf, schüttete auch etwas Wasser ins Rohr hinein und ließ es am anderen Ende durch den geöffneten Lauf herausfließen.

Noch immer machten die dummen Büffel keine Bewegung. Sieben Dutzend aus ihrer Herde lagen erlegt im Staub, aber es fiel ihnen nicht auf, denn kein einziger hatte um sich geschlagen oder Laut gegeben.

„Fünfundachtzig, sechsundachtzig", zählte Harker. „Laß dir Zeit, du machst noch dein Hundert voll."

Mit so vielen Tieren konnten die Häuter gar nicht fertig werden. Was sie nicht schafften, blieb mitsamt den Häuten in der Sonne liegen und verfaulte; aber die Büchse war jetzt wieder abgekühlt, und Calendar wollte einen Rekord aufstellen. Er schoß noch zwei weitere riesige Tiere, dann eine mittelgroße Kuh, aber bei seinem neunzigsten Schuß war wohl an der Patrone etwas nicht in Ordnung, denn sie schlug weit vor der Herde in den Boden, prallte zurück und traf eine Kuh.

Die Kuh brüllte auf, schlug mit den Hinterläufen aus und galoppierte davon, und bevor Calendar noch einmal feuern konnte, war die Herde fort; neunundachtzig Büffel waren auf der Stelle geblieben.

Von der dritten Jagd ist in wenigen Worten berichtet. Im Spätsommer des Jahres 1873 hatten die wenigen Arapaho, die sich bis jetzt an die Überreste jener Reservation bei den Rattlesnake Buttes geklammert hatten, so wenig zu essen, daß sie buchstäblich vor dem Verhungern standen. Washington ließ wissen, daß man helfen wolle, sandte auch wortreiche Mitleidsbezeigungen, aber die Finanzkrise hatte auch vor der Regierung nicht haltgemacht, und es war einfach kein Geld da, um die Indianer zu füttern. Häuptling Verirrter Adler, jetzt ein alter Mann von dreiundsechzig Jahren, dem die Zähne ausfielen, bat ein letztes Mal um Hilfe und sandte eine Abordnung zu Major Mercy nach Denver, und der Major kam in die Reservation herausgeritten und war empört über das Elend, in dem die Leute hier lebten, doch er hatte weder genügend Macht noch genügend Geld, um etwas dagegen zu tun.

Daher beschlossen die jüngeren Krieger, sich noch einmal, ein letztes Mal, auf die Büffeljagd zu begeben, auch wenn sie dabei gezwungen sein sollten, die Reservation zu verlassen und sich in Gegenden zu wagen, in denen bereits weiße Siedler auftauchten. Verirrter Adler war zu alt, um seine Leute zu führen, daher setzte sich sein Sohn Roter Wolf an die Spitze, und die letzten Überlebenden der einst mächtigen Arapaho machten sich auf den Weg.

Was war das für ein erbärmlicher Haufen! Auf ihren dürren Kleppern konnten sie mit einer Büffelherde nicht einmal Schritt halten, geschweige denn sie überholen und einkesseln. Die Krieger waren noch schlechter beisammen als die Pferde – ausgemergelte, stumpfe Männer, die nicht begreifen konnten, was mit ihnen geschah. Von diesen Indianern hatte kein weißer Mann mehr etwas zu fürchten; eine einzige Gewehrsalve würde genügen, um sie in alle Winde zu zerstreuen.

Sie ritten südwärts, in das Gebiet zwischen Platte und Arkansas, und hielten nach Büffeln Ausschau. Jeden Morgen ritten ermattete Späher in alle vier Richtungen davon und starrten in die wellige, hügelige, immer wieder leere Weite. Irgendwo mußten die Büffel doch sein! Auch den Indianern waren Berichte über den Zug zu Ohren gekommen, der mitten durch eine Büffelherde gefahren war.

Zwei lange Wochen verbrachten sie im Sattel, sie jagten einer Illusion nach und fanden nichts als Leere. Vor Hunger waren sie schon so schwach, daß sie sich kaum im Sattel halten konnten, aber sie gaben nicht auf, und am Ende wären sie vielleicht noch in der Prärie verhungert. Da entdeckten sie im Norden des Arkansas eine Stelle, wo die Kadaver von neunundachtzig Büffeln in der Sonne verfaulten.

Die Männer waren so ausgehungert, daß einer von ihnen von dem stinkenden Fleisch aß; aber Roter Wolf wußte, daß das Wahnsinn war. Er trieb sein Pferd an und stellte sich zwischen die toten Büffel und seine Männer. Die rechte Hand hoch erhoben, trieb er sie zurück; aber erst, als der eine, der von dem Fleisch gegessen hatte, sich in tödlichen Krämpfen auf dem Boden wand und schließlich mit Schaum vor dem Mund starb, erkannten die Männer, daß ihr Führer recht hatte.

Roter Wolf war verzweifelt. Von seinem Pferd sah er auf das Schlachtfeld hinunter; fast hundert Büffel getötet, und nicht einmal die Zungen waren entfernt worden. Irgendein Jäger hatte so viel auf einmal geschossen, daß seine Häuter nicht mehr nachkamen, denn zwanzig Tieren war nicht einmal das Fell abgezogen worden.

„Was sind das für Männer?" schrie der Rote Wolf entsetzt, „daß sie die Tiere töten, von denen wir uns nähren, und das Fleisch dann nicht einmal essen?"

Dennoch wendete sich jetzt ihr Los zum Besseren. Über die Hügel vom Arkansas her kam ein Rinderzug den Skimmerhorn-Trail entlang nach Wyoming, und der Trailboss hatte Mitleid mit den hungernden Indianern und gab ihnen zwei alte Ochsen.

Roter Wolf erlaubte seinen Kriegern, eines der beiden Langhörner an Ort und Stelle zu schlachten; das zweite Tier mußten sie für die Frauen in der Reservation aufheben. Durch dieses unerwartete Essen neu gekräftigt, durchkämmten die Jäger von neuem die Prärie, überzeugt, daß sie die Büffel schließlich finden würden – aber ihre Bemühungen blieben erfolglos; zwischen Platte und Arkansas gab es keine Büffel mehr.

Am letzten Abend der Jagd sagte Roter Wolf, neben seinem Pferd sitzend, zu seinen Männern: „Durch Hunger hat der Große Weiße Vater uns jetzt unterworfen. Wir müssen tun, was er befiehlt, die Buttes verlassen und in eine kleinere Reservation ziehen.“

Die jungen Krieger protestierten: „Das ist unser Land. Man hat es uns gegeben, solange das Wasser fließt und der Vogel fliegt.“

„Wenn der Weiße Vater es so will, dann müssen wir gehen.“ Der Rote Wolf war von seinem Entschluß nicht mehr abzubringen, und sobald sie zu den Rattlesnake Buttes zurückgekehrt waren und das bereits ziemlich trockene Fleisch des alten texanischen Ochsen verteilten, riet er seinem Vater: „Verirrter Adler, wir müssen gehen“, und der alte Häuptling betastete seinen Buchanan und stimmte ihm zu.

Sie sandten einen Boten nach Denver zu Major Mercy, um ihm mitzuteilen, daß sie jetzt bereit wären, ihr Land für immer zu verlassen. Mercy sandte ein Telegramm nach Washington, ein Regierungskommissar kam eingereist und hielt lange Palaver mit ihnen, versicherte den Arapaho, daß sie das Richtige täten und daß sie in ihrer neuen Heimat, weit im Norden in Dakota, genügend Essen und eine sichere Unterkunft finden würden, „solange das Gras wächst und der Adler fliegt“.

Gegen Ende des Sommers zogen die letzten Arapaho ab. In zerfetzte Decken gehüllt, ritten sie auf lahmen Gäulen nach Norden. Die bunt bemalten Büffelhäute mit Szenen aus der Geschichte ihres Volkes waren verschwunden; fort war der Schmuck aus Hirschknochen und den Borsten des Stachelschweins; die jungen Krieger ritten nicht mehr aus, den Büffel zu suchen. Das freie Leben war zu Ende.

Auf dem Kamm der weißen Hügel angelangt, die ihre geschrumpfte Reservation im Norden begrenzten, wandte sich der Verirrte Adler, immer noch den spitzen Hut mit einer Truthahnfeder geschmückt, um und blickte ein letztes Mal über die Hügel, über den Platte und die Prärie, und es war keine Trauer in seinen Worten, als er sagte: „Schon oft hat unser Volk in der Vergangenheit ein neues Leben in einem neuen Land begonnen, und immer wieder haben wir uns als tapfer und tüchtig erwiesen. Hier rund um diese Hügel haben wir weniger als sechs Generationen lang gelebt, und jetzt machen wir uns in ein neues Land auf. Ich glaube daran, daß der Weiße Vater diesmal sein Versprechen hält. In Dakota werden wir wieder stark werden.“

Er trieb sein Pferd an, und die Indianer verließen für immer das Land, das sie so sehr geliebt und so gut beschützt hatten.

Oliver Seccombe sah die Indianer abziehen und erkannte, daß jetzt der geeignete Augenblick gekommen war, um in den Besitz des guten Weidelandes rund um die Rattlesnake Buttes zu gelangen; er erwarb die beiden entscheidenden Flecken und sicherte dadurch das ganze Gebiet für die Venneford Ranch. Neunundneunzig Prozent des ehemals indianischen Gebietes blieben öffentliches Eigentum; aber Seccombe und seine Männer sahen dazu, daß außer ihnen kein anderer seinen Fuß darauf setzte.

Dieser Sommer des Jahres 1873 war für Oliver Seccombe voller erregender Ereignisse. Henry Buckland erwies sich als äußerst vernünftiger und kluger Geschäftsmann, der nicht viele Erklärungen brauchte, bevor er wußte, worum es ging. Nach einem Besuch in einem der Line Camps legte er seinen Finger auf das schmerzlichste Problem aller Rancher: „Land, Seccombe! Wir brauchen unser eigenes Weideland . . . wir müssen es tatsächlich selber besitzen!"

Seccombes Methoden, mittels derer er sich die Gebiete mit Wasser gesichert hatte, billigte er rückhaltlos; dennoch war die Gesamtfläche, die sie wirklich besaßen, vergleichsweise lächerlich. Dann lächelte den Engländern plötzlich das Glück. Die Union-Pacific-Eisenbahn bot sich an, ihnen aus der Patsche zu helfen.

Im Jahr 1862, als die Regierung der Vereinigten Staaten den Bau einer Eisenbahn beschloß, um die Nation zu einen, hatte der Kongreß sich für die Finanzierung dieses Unternehmens etwas sehr Schlaues einfallen lassen. Die Vereinigten Staaten waren zu arm, um das alles aus Steuergeldern zu bezahlen, daher wurde ein anderer und genialer Weg gefunden. Die Regierung gab der Eisenbahngesellschaft einen breiten Streifen Landes ab, zehn Meilen nach beiden Seiten von der Mitte des Bahnkörpers aus. In seinem ursprünglichen verwilderten Zustand war dieses Land nicht mehr wert als zwanzig Cent pro Morgen; wenn aber einmal die Eisenbahnlinie dort verlief, konnte der Preis leicht auf vier Dollar steigen. Die Eisenbahn brauchte dieses Land nur an Siedler zu verkaufen, um mehr als die Kosten ihres Baues wieder einzubringen. Außerdem wurde damit der Westen aufgeschlossen, die Nation besaß eine Verbindung zum Pazifischen Ozean, Städte würden entlang der Bahnlinie aus dem Boden schießen – und das alles würde den Steuerzahler keinen roten Heller kosten.

Aber das war noch nicht alles. Der Kongreß beschloß, der Eisenbahngesellschaft nicht die gesamte Fläche entlang der Trasse zu überlassen, sondern die Strecke in gleich lange Abschnitte einzuteilen, von denen nur jeder zweite an die Bahn fallen würde, die Hälfte jedoch im Besitz des Staates verbleiben sollte, damit auch dieser von den steigenden Grundpreisen einen Nutzen hätte. Diese an sich schon glückliche Lösung wurde noch weiter verbessert, und zwar durch die Auflage, daß in jedem Stadtgebiet zwei Abschnitte für die Errichtung von Schulen freigestellt wurden.

Im Jahre 1873 ging die Eisenbahn nun daran, einen Teil ihrer Abschnitte zu verkaufen, und zwar an der Strecke von Omaha bis Utah, und Henry Buckland hatte während seiner Besuche in New York und Chicago vorgefühlt, wie es denn mit den Ankaufsmöglichkeiten stand. Bis Ende August mußte er sich darüber im klaren sein, ob seine Partner in Bristol dem Ankauf von sechzig Meilen an der Südseite der Eisenbahn zustimmen würden. Diese Strecke reichte vom Line Camp Zwei bis Cheyenne und war zehn Meilen breit, so daß die Gesamtfläche sechshundert Quadratmeilen betrug. Durch den Erwerb der ungeraden Abschnitte, 192.000 Morgen im ganzen, würde die Venneford Ranch auch die geraden Abschnitte kontrollieren, das machte im ganzen eine Fläche von beinahe vierhunderttausend Morgen aus. Wenn die Firma in Bristol bereit war, genügend Geld flüssigzumachen, wäre der Fortbestand der Rinderzucht auf Jahrzehnte hinaus gesichert.

Buckland hielt daher mit Seccombe und Skimmerhorn einige grundlegende Beratungen ab. „Wir brauchen nur die Hand auszustrecken, und ein Reich ist unser", sagte er. „Wollen sehen, ob wir es uns leisten können."

Die drei Männer gingen gemeinsam die Zahlen und Karten durch, bis sie alles genau im Kopf hatten, und Skimmerhorn kam immer wieder mit dem unwiderlegbaren Argument: „Wenn wir unser Wasser am Platte sicher haben, und das haben wir, und dazu dieses Gebiet im Norden erwerben, beherrschen wir alles, was dazwischen liegt. Wir müssen es kaufen, gleichgültig zu welchem Preis."

Es störte Buckland sehr, daß das zum Kauf angebotene Land nicht bis zu Line Camp Eins im Osten reichte. „An diesem Ende sind wir völlig ungeschützt", ärgerte er sich, aber Skimmerhorn klärte ihn über die Sachlage auf.

„Ungeschützt sind wir ohnehin. Dort drüben bei den Bergen genauso. ›chon bald werden Homesteader dieses Land für sich beanspruchen. Die Prärie wird nur mehr ein paar Jahre lang offen sein."

„Aber das ist doch unser Land!" protestierte Buckland.

„Nur, weil wir es behaupten", antwortete Skimmerhorn.

„Wir haben unsere Rinder darauf stehen, wir betreuen dieses Land."

„Aber die Zeit wird kommen, Mr. Buckland, wo es kein offenes Land mehr gibt. Als ich die letzten Bullen aus Indiana abholte, hat mir ein Mann namens Jacob Haish etwas gezeigt, was er erfunden hat. Einen Zaun."

„Die Rinder rennen doch jeden Zaun nieder", sagte Buckland.

„Diesen nicht", sagte Skimmerhorn und warf ein Stück groben Stacheldraht auf den Tisch, aber nicht das verfeinerte Produkt, das bald darauf den Markt überschwemmte, sondern einen primitiven Vorläufer mit todbringenden Stacheln.

„Farmer wie Potato Brumbauch werden ihr Land sehr bald mit

diesem Zeug einzäunen", sagte Skimmerhorn voraus, „und Homesteaders in Nebraska werden ihr Land ein . . ."

„Und schließlich werden auch wir unser Land einzäunen müssen", unterbrach ihn Buckland.

„Wenn wir überhaupt Land besitzen", sagte Seccombe.

„Wir müssen Land besitzen", brüllte Buckland, „und zwar so viel, als nur geht."

Und nun machten seine beiden Manager eine Entdeckung, die für die weiteren Jahre ihrer Geschäftstätigkeit entscheidend sein sollte. Die Venneford Ranch wurde nicht von Oliver Seccombe oder John Skimmerhorn geführt. Lord Venneford hatte nur wenig in der Firma zu sagen, der Einfluß reicher Männer wie Henry Buckland auf das Unternehmen war auch nicht größer. Herrscher über die Venneford Ranch war ein gesichtsloser Angestellter namens Finlay Perkin; wenn er den Landankauf nicht bewilligte, dann wurde nicht gekauft.

„Was ist das für ein Mensch?" fragte Skimmerhorn.

„Ein Schotte."

„Das hat uns noch gefehlt", sagte Seccombe. „Ein Schotte, der eine englische Ranch leitet."

Durch das neue transatlantische Kabel war England nahe an Amerika herangerückt; die drei Verschwörer wendeten beträchtliche Zeit und Mühe auf, die Depesche so abzufassen, daß ein Angestellter in Bristol dem Vorschlag keinen Widerstand leisten würde:

Perkin Venneford Bristol
Gelegenheitskauf Unionpacific zweihunderttausend Morgen mit Kontrolle über gleiche Fläche Regierungsland ein Dollar fünfundzwanzig pro Morgen Stop Seccombe Skimmerhorn einverstanden Stop Erbitte Zustimmung

Buckland

Binnen Tagesfrist war Perkins Antwort da. Er habe, stand da, Grund zu der Annahme, daß die Eisenbahn im Augenblick noch nicht verkaufen wolle, daß man jedoch eine Option für einen Kauf erwerben solle, den Morgen zu sechzig Cent.

„Wir können ihnen doch nicht weniger als den halben Preis bieten!" protestierte Seccombe; aber als er und Buckland nach Omaha fuhren und ihr Angebot vorlegten – Zahlung der Option innerhalb von zwei Tagen auf eine Bank in New York, Gesamtsumme in Wechseln auf eine Bank in Omaha –, da verkaufte die Eisenbahn zu fünfundfünfzig Cent und schien noch sehr zufrieden, das Land loszuwerden.

Auf dem Rückweg zur Ranch fragte Seccombe: „Wieso hat Perkin in Bristol wissen können, was amerikanische Eisenbahnmanager in Omaha vorhaben?" Und Buckland antwortete: „Perkin weiß alles."

Charlotte Buckland hatte ihren Vater zu den Verhandlungen nach Omaha begleitet. Jetzt rollte sie wieder im Zug nach Westen; faszinierende Gestalten füllten die Salonwagen, und sie fühlte deutlicher als je zuvor, daß sie zu diesem von Leben strotzendem Land gehörte, wo ein Mann an einem Nachmittag zweihunderttausend Morgen Land kaufte. Sie fing an, Oliver Seccombe mit größerem Interesse als bisher ins Auge zu fassen.

Seccombe war ein stattlicher Mann, etwa gleich alt wie ihr Vater, aber bei weitem vitaler. Ohne Frage brauchte er eine Frau. Zugegeben, er war viel älter als sie und würde wohl auch nicht ewig leben, aber es gab noch andere Gegenden auf dieser Welt, die sie noch nicht gesehen hatte, und sie war gern bereit, später einmal, wenn es nicht anders ging, als Witwe um die Welt zu reisen.

Der junge Pasquinel Mercy hatte ihr mit einiger Heftigkeit den Hof gemacht, er gefiel ihr auch nicht schlecht, aber er unterschied sich kaum von den vielversprechenden jungen Männern in der britischen Armee; seine Geschichten von Wyoming waren wie ihre Geschichten über Indien, und beides langweilte sie. Nicht das Leben in Kasernenhöfen begeisterte sie, sondern das pulsierende Leben einer neuen Welt: Cheyenne, Denver, Salt Lake – schon die Namen klangen so verlokkend. Als der Zug die Grenze von Wyoming erreicht hatte, war sie überzeugt, daß das Leben auf einer Ranch im Westen genau das Richtige für sie wäre. Wenn sie ihren Vater ansah, wie er da mit seinem runden Bäuchlein in der Sonne döste, dann wußte sie jedenfalls das eine mit völliger Sicherheit: Nach Bristol würde sie auf keinen Fall zurückkehren.

Daher widmete sie Oliver Seccombe ihre volle Aufmerksamkeit, und bevor dieser wußte, wie ihm geschah, hatte er bereits rettungslos sein Herz an sie verloren.

In Cheyenne stiegen sie aus, einer blühenden jungen Stadt, vom allzu rauhen Pioniergeist bereits gesäubert; dem Auszug der Huren war der Einzug der Kirchen gefolgt.

Im Bahnhotel warteten sie auf die Pferde, auf denen sie zu einer Inspektion von Line Camp Vier reiten würden, und vertrieben sich die Wartezeit damit, Cheyenne zu besichtigen, wo sie mehrere höchst anziehende Engländer kennenlernten, die in den Westen gekommen waren, um hier ihr Glück zu machen. An einem strahlenden Morgen griff sie plötzlich nach Seccombes Hand und rief: „Oh, Oliver, ich wünschte, ich könnte immer hierbleiben", und erwartete, daß er antworten würde: „Du kannst, wenn du willst." Aber er schwieg.

Es folgten herrliche Tage, an denen sie englische Rancher besuchten, die begeistert erzählten, wie leicht ihnen die Millionen in die Taschen flossen. „Es ist einfach phantastisch", rief ein junger Mann namens Tredinnick. „Wirklich, Charlotte, Sie brauchen nichts anderes zu tun, als die Rinder auf die Weide führen, und die Bullen kümmern sich um die Kühe, und die Kühe kümmern sich um die Kälber, und jedes Jahr stecken Sie den Zuwachs in einen großen Güterzug, schicken die Tiere nach Chicago und streichen das Geld ein. Es fließt einem nur so zu."

„Haben Sie schon so eine Ladung in den Osten geschickt?" fragte Buckland.

„Ich noch nicht, aber Harry hat das schon gemacht."

Sie unterhielten sich mit Harry, einem jungen Mann aus Leeds, der bereits Viehtransporte nach Osten verfrachtet hatte. „Der Profit wirft einen um. Heuer werden die Preise natürlich nicht so enorm sein, wegen der Krise. Aber trotzdem, in diesem Geschäft kann man sich vor dem Geld einfach nicht retten."

Diese jungen Draufgänger aus England hatten sich nicht etwa aufgedrängt; sie saßen hier in Colorado und Wyoming, weil die Amerikaner nicht genügend Geld hatten, um ihr eigenes Land in die Höhe zu bringen. Der Westen brauchte ausländisches Kapital, daher sah man es gern, wenn die Engländer das viele Geld, das sie durch den Handel in ihrem riesigen Empire gescheffelt hatten, hier investierten, und Charlotte war immer wieder überrascht, mit wieviel Einfallsreichtum sie dabei zu Werke gingen. Besonders stolz war sie auf Oliver Seccombe.

Vielleicht fürchtete er sich davor, ein so viel jüngeres Mädchen zur Frau zu nehmen, daher streute sie des öfteren feinsinnige, manchmal sogar auch recht offenherzige Bemerkungen ein, aus denen hervorgehen sollte, daß sie sich nichts aus dem Altersunterschied machte. Als sie einmal Freddy Tredinnicks Herde besichtigten, sagte sie: „Ich sehe, daß die guten Rancher ihre Herde mit jungen Kühen und erfahrenen Bullen besetzen." Als sie das gesagt hatte, wurde sie rot.

„Ich bin kein erfahrener Bulle", parierte Seccombe, „ich bin einfach ein alter Bulle."

Auf diese Art neckte sie ihn ein paar Tage lang, immer in dem Glauben, daß nur ihre Jugend es war, die ihn zurückhielt. Irrtümlicherweise nahm sie an, daß er fürchtete, einer so jungen Partnerin sexuell nicht gewachsen zu sein, und schloß daraus, daß sie die Lösung des Problems in die Hand nehmen mußte. Als an ihrem letzten Abend im Bahnhotel die schwarzen Diener die Tür geschlossen hatten und Henry Buckland mit vollem Magen ins Bett geplumpst war, sagte sie Seccombe gute Nacht, und beide gingen auf ihre Zimmer. Sie zog ihr Nachthemd an, wartete, bis auf den Gängen alles ruhig war, schlüpfte dann zu Seccombes Tür und klinkte sie leise auf. Ihre Silhouette hob sich dunkel vor dem Ganglicht ab. Als sie hörte, wie Seccombe im Bett nach Luft schnappte, eilte sie zu ihm hin und sagte: „Es ist nichts dabei, Oliver, wenn man verliebt ist."

Am nächsten Tag ritten beide zu Line Camp Vier, und Seccombe konnte nicht anders, er mußte sich selber zu einer solchen Eroberung beglückwünschen. Charlotte Buckland war nicht nur wohlhabend, geistreich und schön, sie hatte auch die besten Verbindungen zur Familie Venneford, und obendrein liebte sie den Westen. Als sie das Lager mit den Piniennußbäumen und den verwitterten Felsen erblickte, rief sie: „Das ist das Colorado, von dem ich immer geträumt habe!“ – worauf Seccombe trocken bemerkte: „Wir sind noch in Wyoming.“

Diese unfreundliche Antwort kam aus dem tiefen Mißtrauen, das er gegenüber einer dauernden Verbindung mit diesem reizvollen Mädchen empfand. Sie irrte sich, wenn sie glaubte, es ginge ihm um den Altersunterschied. Sie hielt ihn für achtundvierzig, aber in Wirklichkeit war er fünfundfünfzig. Er wußte, daß seine Vitalität nicht gelitten hatte. Wenn sie eine Gelegenheit fand, um in der Scheune oder unter den Piniennußbäumen mit ihm allein zu sein – und sie fand mehrere solcher Gelegenheiten –, dann zeigte sich immer wieder, wie gut sie zusammenpaßten.

„Du läßt dir Zeit, Oliver“, sagte sie an einem Nachmittag, als sie von der Scheune zurückkamen. „Ich würde gern hier leben und wissen, daß wir jeden Sommer hierherkommen können.“

„Ich bin zu alt“, sagte er, obwohl er ihr gerade das Gegenteil bewiesen hatte.

Was ihn zurückhielt, war nicht das Alter, sondern die vernünftige Überzeugung, daß eine allzu enge Verbindung mit den Bucklands für ihn ins Auge gehen konnte. Es war weniger die Tochter, die ihm Sorgen bereitete, als Henry Buckland, denn dieser mit allen Wassern gewaschene Kaufmann hatte bereits angefangen, Fragen zu stellen, die die Verwalter der Venneford Ranch nicht beantworten konnten.

Um die Investoren in Bristol bei guter Laune zu halten, hatte Seccombe bereits seit mehreren Jahren Bardividenden ausgeschüttet, ohne daß die Ranch sie erwirtschaftet hätte. Im Jahre 1872 zum Beispiel hatte er volle acht Prozent ausgezahlt; das Geld für diese Ausschüttung stammte aus einem Handel mit L. D. Kane in Wyoming, dem er 6626 ausgewachsene Langhörner abgekauft, 2493 davon jedoch sofort wieder an die Schlachthäuser in Chicago weiterverkauft hatte. Den Verkauf trug er in seine Bücher als Gewinn ein, als hätte es sich um 2493 auf der Ranch gezüchtete Kälber gehandelt. Auch der Erwerb von Land war nicht immer auf ganz saubere Weise vonstatten gegangen, und er wollte nicht, daß diese Dinge in den Büchern festgehalten wurden, wie zum Beispiel die Reisekosten für die Homesteader aus Illinois. Oliver Seccombe hatte Geld der Venneford Ranch durchaus nicht in seine eigene Tasche abgezweigt, aber vieles davon war in Kanäle geflossen, die besser nicht das Licht der Öffentlichkeit erblickten.

Buckland, der Seccombe gegenüber immer mißtrauischer wurde, fing vorsichtig an, unter den Leuten auf der Ranch Erkundigungen einzuziehen.

Zum zweiten Mal seit seiner Anstellung als Geschäftsführer der Ranch stand John Skimmerhorn vor einem moralischen Problem. Das erste Mal war gewesen, als er Potato Brumbauch die Killer von seiner Farm vertreiben half. Diesmal ging es um den Begriff der „Buchzählung".

Mr. Buckland deutete auf einen Geschäftsbericht, in dem die Rinderkäufe von L. D. Kane in Wyoming verzeichnet standen. „Elftausend Stück. Da geht es um eine ganz schöne Summe Geld. Ich nehme an, Sie haben die Tiere bei der Übernahme gezählt."

Skimmerhorn lächelte nervös. „Sehen Sie, Sir, das ist das, was wir Buchzählung nennen."

„Wenn man zählt, dann zählt man."

„Aber wenn man in solchen Mengen einkauft . . . Kane hat seine Tiere schließlich nicht in einer Pferch stehen gehabt."

„Wo waren sie?"

„Buchzählung heißt, daß es soundsoviel Stück Rinder geben soll und daß sie irgendwo sein müssen."

„Großer Gott!"

„Sie haben es mit anständigen Männern zu tun. Wenn Kane sagt, er hat . . ."

„Nicht vom angesehensten Seidenhändler in Indien würde ich eine solche Angabe ungeprüft hinnehmen. Wenn er sagt, er sendet mir dreihundert Ballen . . ."

„Rinder sind keine Seidenballen", unterbrach ihn Skimmerhorn.

„Langsam habe ich den Eindruck, sie sind überhaupt unsichtbar."

Was Skimmerhorn Buckland allerdings nicht sagte – daher das moralische Problem –, war, daß sowohl er als auch Jim Lloyd die verschiedenen Buchzählungen der Ranch immer mit größtem Mißtrauen betrachtet hatten. In Finlay Perkins Unterlagen stand, daß die Ranch über zweiundvierzigtausend Stück Vieh erworben hatte; Skimmerhorn zweifelte allerdings, daß tatsächlich mehr als fünfundzwanzigtausend existierten. An die Art und Weise, wie Seccombe Dividenden zahlte, wollte er lieber gar nicht denken.

Skimmerhorn hielt Seccombe nicht für unehrlich, wenn der Engländer auch manches tat, was besser nicht unter die Leute kam. Aber er war eben ein Mann der großen Ideen und kühnen Einfälle, der so tat, als besäße er zweiundvierzigtausend Stück Vieh, während er in Wirklichkeit nur fünfundzwanzigtausend hatte. Und Finlay Perkin zählte in seinem kleinen Büro in Bristol jedes Jahr die Kälber dazu, die nach Seccombes Schätzung geboren wurden, und die so errechnete Summe wich immer stärker von der Wirklichkeit ab.

Eines Tages mußte die Blase platzen. Und zwar nach Meinung Skimmerhorns dann, wenn die abgelegenen Gebiete der Ranch einmal aufgegeben wurden oder wenn der tatsächliche Landbesitz einmal eingezäunt werden sollte. Dann kam der Tag, an dem man das Vieh zählen konnte, und das Defizit würde alle überraschen. Was Skimmerhorn betraf, so führte er genau Buch über jede Transaktion, in die er selbst verwickelt war; sollte Finlay Perkin jemals Einsicht in seine Bücher nehmen wollen, so würde er dort alles mit größter Genauigkeit aufgezeichnet finden. Unter keinen Umständen würde Skimmerhorn Seccombe auffliegen lassen; er dachte nicht daran, Henry Buckland auf die faulen Stellen in den Venneford-Büchern aufmerksam zu machen.

Als Skimmerhorn das Camp verließ, war Henry Buckland erst recht nicht klüger als zuvor. Das Ganze schien ihm darauf hinauszulaufen, daß in diesem Rindergeschäft der Geldgeber dem Manager einfach absolutes Vertrauen schenken mußte. Er mußte sich einfach auf Seccombe verlassen, trotz seiner Zweifel an der Buchzählung. Der Bursche war jedenfalls nicht auf den Kopf gefallen, und wenn Charlotte ausgerechnet ihn haben wollte, so hätte sie auch eine schlechtere Wahl treffen können.

Die letzten Tage im Camp vergingen in gespannter Erwartung. Drei Menschen steuerten auf Entschlüsse zu, die von Zweifeln keineswegs frei waren. Bucklands Zweifel an der wirtschaftlichen Stabilität der Ranch wurden nie völlig zerstreut. Charlotte war von der lieblichen Landschaft rund um Camp Vier völlig gefangen; sie rechnete damit, daß Seccombe im Herbst um ihre Hand anhalten würde, und betrachtete dieses nördliche Gebiet der Ranch bereits mit den Augen der zukünftigen Besitzerin.

Oliver Seccombe war nach wie vor der Ansicht, daß ihm eine allzu enge Verbindung mit den Bucklands gefährlich werden könnte. Es hatte einen äußerst peinlichen Augenblick für ihn gegeben, als Henry Buckland anfing, sich in Einzelheiten zu verbohren. Wer könnte auf einer so riesigen Ranch jemals die Zahlen der Rinder mit einer Genauigkeit angeben, die einen Buchhalter befriedigte? Zugegeben, er hatte Zuchtstiere verkauft, um die Dividenden zahlen zu können, aber wenn in den nächsten Jahren so viele Kälber zur Welt kamen wie üblich, dann war der Verlust schnell wieder wettgemacht. Aber woher sollte man genaue Zahlen erfahren? Wer konnte wissen, ob jede stierische Kuh von einem Bullen besprungen wurde, und wenn, ob sie dann auch wirklich trächtig war? Wie sollte man auf einer Ranch von fünf Millionen Morgen feststellen, wie viele Kälber tot zur Welt kamen? Oder wie viele von Wölfen getötet wurden? Oder von Viehdieben gestohlen?

Irgendwo jenseits des Horizonts besaß die Venneford-Ranch zweiundvierzigtausend Stück Vieh. Übrigens konnten es auch sechzigtausend sein, oder siebzigtausend, wenn viele Kälber geworfen worden waren. Nach Skimmerhorns Schätzung gab es nicht mehr als fünfundzwanzigtausend Stück Vieh auf der Ranch. Lächerlich! Die Rinder waren draußen in der Prärie, und wenn man sie brauchte, dann würde man sie auch zu finden wissen.

Als er mit den Bucklands zum Ranchhaus zurückritt, die beiden in einem leichten Wagen, er zu Pferd, beschloß er, den Sprung zu wagen: er würde diese aufregende kleine Engländerin heiraten und ihren Vater so schnell wie möglich nach Hause verfrachten. Ich brauche nur sechs gute Jahre, sagte er sich, und das ganze Durcheinander ist wieder auf gleich gebracht.

Nachdem er die Bucklands im Haus untergebracht hatte, ritt er nach Zendt's Farm, um die Meinung des praktischen Levi und der phantasievollen Lucinda zu hören, besonders der letzteren. Auf einem Küchensessel hockend, eine Tasse heißen Kaffees in der Hand, eröffnete er ihnen: „Es sieht aus, als ob ich heiraten würde."

„Sehr gut!" rief Levi. „Ich habe mich schon oft gefragt . . ."

Lucinda sagte nichts, sondern stand auf, ging zu Seccombe und gab ihm einen Kuß, als gehörte er zur Familie. Dann nahm sie seine Hand in die ihre und sagte: „Es ist Zeit."

„Eine von den Engländerinnen in Cheyenne?" fragte Levi aufgeregt.

„Bucklands Tochter."

„Die ist doch kaum älter als Clemma", platzte Levi heraus, und Lucinda starrte ihn an.

„Einundzwanzig", sagte Seccombe. „Und ich bin . . ."

„Älter als ich", sagte Levi offen. „Du bist nicht ganz bei Trost."

„Warte", sagte Lucinda, „kein Mann ist jemals zu alt, um eine Frau zu begehren. Gott hat uns geschaffen . . ."

In diesem Augenblick kam Clemma Zendt in die Küche, ein atemberaubend schönes Mädchen von achtzehn Jahren. Wie eine sommerliche Brise zog sie durch den Raum, sagte nichts, nickte Seccombe nur zu; anscheinend hatte sie irgend etwas Wichtiges zu tun. Sie wirkte sehr jung, und Seccombe kam das besonders deutlich zum Bewußtsein.

„Sei kein alter Narr", riet Levi. „Wenn du eine Frau brauchst, dann such dir eine unter den englischen Familien in Cheyenne, eine, die so alt ist wie du."

„Liebt sie dich?" fragte Lucinda.

„Ich glaube schon."

„Und sie mag dich als Mann?"

„Ja."

„Dann heirate sie."

Lucinda blieb bei ihrer Meinung, lud die Bucklands zum Essen ein, und als alle saßen und der Schweinebraten – aus Potato Brumbauchs Zucht – auf dem Tisch stand, sagte sie, während sie Tee einschenkte: „Soviel ich höre, werden Sie und Oliver bald heiraten."

„Ja", antwortete Charlotte, obwohl die Sache noch keineswegs endgültig geregelt war.

„Sehr schön! Levi, hol eine Flasche Wein!" Und Henry Buckland trank verdutzt auf die Gesundheit seines künftigen Schwiegersohnes.

Der Hochzeitsempfang fand in Cheyenne im Haus von Claude Barker statt, einem Engländer, der eben dabei war, entlang des Horse Creek eine riesige Ranch aufzubauen. Es war ein Galaempfang mit Champagner aus Frankreich, und am Abend wurde bei Fackelbeleuchtung auf dem Rasen gesungen und Krocket gespielt.

Die Engländer wünschten den Neuvermählten von Herzen das Beste, alle freuten sich, daß noch mehr Landsleute sich in diesem Territorium ansiedelten. Nur ein ganz kleiner Schatten trübte die festliche Stimmung. Henry Buckland unterhielt sich mit Claude Barker über dessen neue Ranch und hörte Barker dabei sagen: „Einen beträchtlichen Teil meiner Rinder habe ich von L. D. Kane gekauft."

„Buchzählung?" fragte Buckland.

„Natürlich. Ein unmöglicher Mensch übrigens. Hat wahrscheinlich nicht einmal halb so viele Tiere besessen, wie er mir verkauft hat. Aber was sollte ich tun? Ich brauchte seine Wasserrechte."

„Wo stammt er her?"

„Aus London. Mehr Geld als Verstand."

Er hat immerhin genug Verstand, dachte Buckland, um Rinder zu verkaufen, die er gar nicht hat. Nach seiner Rückkehr nach Bristol besprach er die Angelegenheit mit Finlay Perkin, der daraufhin die prächtigen Zahlen in den Büchern zum ersten Mal skeptisch zu betrachten begann.

Im Jahre 1875, als die Büffel endgültig ausgerottet waren und die Jäger nichts mehr zu tun hatten, erschien Amos Calendar in Zendt's Farm. Er fuhr in einem großen, vierrädrigen Armeefuhrwerk.

Er sammelte jetzt Büffelknochen und schickte sie in den Osten, wo sie zu Düngemittel verarbeitet wurden. Er durchstöberte die Prärien und kehrte zu jenen Plätzen zurück, wo er die Tiere früher abgeschossen hatte, und sammelte ihre weißen Knochen ein. Die Eisenbahngesellschaft gestattete ihm, an einer bestimmten Stelle in der Nähe von Line Camp Vier eine Knochensammelstelle einzurichten, bis er einen Waggon voll beisammen hatte. Dann schwärmte er wieder in die Prärie aus und suchte nach Skeletten, und in verschiedenen Städten konnte man bald die Händler erzählen hören: „Ich reite gerade den Hügel hinunter, und was glaubt ihr, was ich sehe? Ein großes Fuhrwerk, vorne zwei Maultiere, auf dem Kutschbock eine knochige Figur, über den Knien eine riesige Büchse. Und das Fuhrwerk war voll beladen mit Knochen."

Allein, immer allein, wurde Calendar wieder zum Jäger, und nach und nach häufte er in seinem Depot einen gigantischen Knochenberg auf. In Abständen stellte er einen besonders großen Schädelknochen auf einer Stange auf und schrieb auf seine weiße Stirn: „Diese Knochen hier gehören mir. Calendar."

Es schien ihm nicht zu genügen, daß er die letzten Büffel abgeknallt hatte, er mußte auch noch jede sichtbare Spur dieses großen Tieres von der Erde vertilgen, so, als hätte ihm Gott befohlen: „Du hast den Mist gemacht. Jetzt räum ihn auch auf.“ Mit der Zeit arbeitete er sich westwärts bis zum Camp Fünf vor, wo sein scharfes Auge bei der Kreideklippe Hinweise darauf fand, daß von hier aus eine Büffelherde einmal in ihren Tod gestürzt war. Als Büffeljäger hatte er immer davon geträumt, einen „Stand“ auszumachen; als Knochensammler suchte er nach dem Ort eines Büffelsturzes, denn wenn er so eine Stelle gefunden hatte, konnte er tagelang wühlen und Hunderte Skelette ausgraben.

Während Calendar gerade am Fuß der Klippe herumstocherte, kam Jim Lloyd vorbei, der eben auf einem seiner Rundgänge war. Er hatte keine Ahnung gehabt, daß Calendar sich in dieser Gegend aufhielt; aber das Wiedersehen erinnerte die beiden an den Viehtrieb von 1868. Sie dachten gern daran zurück.

„Jagen?“ sagte Calendar, als Jim ihn gefragt hatte, was er seither getan hätte. „Damit ist es aus, jetzt sammle ich Knochen.“

„Lohnt es sich?“

„Man zahlt mir neun Dollar pro Tonne.“

„Die Knochen da sind aber ziemlich leicht“, sagte Jim und wog einen ausgetrockneten Schädel in der Hand.

„Es leppert sich zusammen.“

„Nimmst du die da?“

„Ich glaube, ja.“

„Laß dich nicht aufhalten.“

Aber als Jim am Abend bei den Zendts vorbeikam, um Clemma zu sehen, erzählte er ihrem Vater, was Calendar da draußen machte, und am nächsten Morgen ritt Levi neugierig zu der Kalkklippe hinaus – und das führte zu einer Entdeckung, die unter den Wissenschaftlern auf der ganzen Welt Furore machen sollte. Denn als Levi so herumstand und Calendar zusah, wie er einen Knochenhaufen freilegte, an dem er ein paar Wochen lang zu schaufeln haben würde, fiel sein Blick zufällig auf eine Reihe rötlicher Felsbrocken am Fuß des Kalkberges, weit unterhalb der Schicht, wo Calendar die Büffelknochen ausgrub, und aus diesem Gestein stand etwas heraus, das er im ersten Augenblick für einen Büffelknochen hielt.

„Das muß ein Büffel gewesen sein!“ sagte er, verblüfft von der Größe des herausstehenden Knochens.

„Büffel ist das keiner“, sagte Calendar. „Büffelknochen im Stein, das ist mir noch nie untergekommen.“ In dem Bedürfnis nach Zerstörung, das anscheinend in seinem Charakter verwurzelt war, hob er einen großen Stein auf und wollte den merkwürdigen Knochen zerschmettern. Aber Levi hielt ihn zurück.

„Das ist vielleicht was Besonderes“, sagte er.

„Was?“

„Ich bin nicht sicher, aber Lucinda hat in einer Zeitschrift gelesen . . .“ Er hielt inne. „Laß den Knochen in Ruhe“, sagte er, „ich gehe nach Hause.“

Daheim fragte er seine Frau nach dem Magazin mit der Geschichte von dem Professor aus Harvard; aufgeregt blätterte er es durch und fand endlich den Artikel, den er suchte. Hier wurde über die Arbeit von Professor Horace Wright aus Harvard in Massachusetts berichtet, der nach in England entwickelten Methoden in Lehmgruben in New Jersey herumgegraben und dabei Knochen von Tieren gefunden hatte, die seit Millionen von Jahren ausgestorben waren. Holzschnitte zeigten, wie diese ungeheuren Kreaturen vermutlich ausgesehen hatten, und Levi mußte dabei an das gigantische Elefantenskelett denken, das er mit Elly zusammen im Museum von St. Louis gesehen hatte.

Noch am selben Abend ritt Levi, ganz im Bann dieser Urweltenungeheuer, zur Telegraphenstation in Greeley und schickte eine Depesche ab, die bald Berühmtheit erlangen sollte:

Professor Horace Wright
Universität Harvard
Cambridge, Massachusetts
Auf meiner Farm Colorado wahrscheinlich Knochen von prähistorischem Elefanten gefunden kein Geld für Ausgrabung biete Ihnen Erstrecht

Levi Zendt

Professor Wright, immer auf der Suche nach Fossilien, donnerte mit dem nächsten Zug nach Cheyenne, anders kann man seine Reise nicht beschreiben. Bei seinen Zeitgenossen, vor allem bei seinen Gegnern, hieß er „Horace der Schreckliche“; der große, arrogante Mann hatte in Deutschland studiert und war mit der Tochter eines Textilmillionärs aus New England verheiratet. Fundorte besuchte er nicht, er überfiel sie, gemeinsam mit zwei Assistenten und möglichst der gleichen Anzahl Photographen und Journalisten. Auch wenn er selber zur Schaufel griff, trug er Gesellschaftskleidung; die vielen Aufnahmen, die bei aufregenden Ausgrabungen immer wieder von ihm gemacht wurden, zeigten ihn niemals ohne Zylinder.

In Cheyenne mietete er vier Fuhrwerke, zwei Zelte und einen Koch und zog wie ein König nach Süden zu der Kalkklippe, wo er von Levi Zendt und Jim Lloyd erwartet wurde. Als sie in der Ferne eine Staubwolke erblickten, sagten sie: „Vielleicht wird er von der Armee eskortiert“, aber es war nur Horace der Schreckliche, der so reiste, wie er es gewohnt war.

Er befahl dem Fuhrmann, den Wagen möglichst nahe an den Hügel heranzuführen, und stieg dann majestätisch herab, ein Mann von über 1.80 Meter plus Zylinder. Mit sicherem Instinkt schritt er zu der Stelle, wo Levi den Knochen gefunden hatte, befaßte sich jedoch nicht im geringsten damit, sondern kniete nieder und studierte gute fünfzehn oder zwanzig Minuten lang das Untergrundgestein, aus dem der Knochen herausragte, und während er stocherte und klopfte, grunzte er in tiefer Zufriedenheit auf, wie ein Ferkel, wenn es Eicheln findet.

Er rief seine Assistenten zu sich, wies sie auf die besonderen Merkmale des Gesteins hin und fragte dann sehr von oben herab: „Also, meine Herren – was ist das?"

„Morrison?" fragte einer der beiden jungen Männer unsicher.

„Natürlich Morrison! Was denn sonst?" explodierte Horace der Schreckliche.

„Ihr Schwachköpfe, schaut euch doch die rote Färbung an, die Lehmschichten, die Konsistenz."

„Wer ist Morrison?" fragte ein Reporter.

„Morrison ist eine rötliche Gesteinsschicht aus Lehm und Fels, die in einem schmalen Gürtel den Westen durchzieht. Wo ihr Morrison findet, findet ihr auch Dinosaurier. Nun zu diesem hier . . ."

Endlich wandte er seine Aufmerksamkeit dem Knochen zu, und sogleich blieb ihm der Mund offen. „Meinen Hammer", sagte er flüsternd, und als man ihn ihm reichte, klopfte er mit äußerster Vorsicht den Stein ab, der das Skelett umschloß, und stieg dann den Hügel weiter hinauf. Als er zu den Männern unten zurückkehrte, war sein Gesicht beinahe in Ehrfurcht erstarrt.

„Mein Gott!" sagte er. „Sieht so aus, als hätten wir hier einen kompletten Dinosaurier."

Die Reporter fragten: „Wäre das ein bedeutender Fund?"

„Das wäre tatsächlich denkwürdig", sagte Wright leise.

„Wie heißt es, was hat es für einen Namen?"

„Das wissen wir noch nicht", antwortete Wright.

Er arbeitete wie ein Dämon, rief nach Mehl und alten Zeitungen und machte daraus einen dicken Kleisterbrei, den er schützend um die Knochen legte. In den nächsten Tagen strömten Reporter und Photographen aus ganz Amerika herbei und sahen ihm zu.

„Das ist der Morrison", erklärte Professor Wright wieder und wieder und steckte Stangen in die Erde, um die ungeheuren Ausmaße seines Skeletts anzudeuten. „Möglicherweise an die fünfundzwanzig Meter", sagte er, da waren auch die skeptischeren unter den Besuchern beeindruckt.

Endlich kam der Tag, an dem er bereit war, ein offizielles Kommuniqué herauszugeben. Also rief er die Presse und verschiedene anwesende Wissenschaftler zusammen und hielt ihnen in schwarzem Anzug und Zylinder eine Rede: „Gentlemen, ich habe die Ehre, Ihnen bekanntzugeben, daß ich an dieser Fundstelle hier das vollständige Skelett eines Dinosauriers mit allen Gelenken gefunden habe, der an die siebenundzwanzig Meter lang war und nahezu dreißig Tonnen gewogen haben dürfte. Es fehlt kein einziger Knochen. Dieser Fund ist einer der größten aller Zeiten."

Darauf verkündete er, daß das Skelett, sobald es gänzlich ausgegraben war, einem Museum in Deutschland überreicht würde. „Aber", fragte jemand, „wenn das wirklich ein so bedeutender Fund ist, wie Sie sagen, und da es doch schließlich in Amerika gefunden wurde, warum soll das Skelett dann nach Deutschland kommen?"

„Die Welt der Wissenschaft ist international", sagte der Professor. „Außerdem haben mir deutsche Museen geholfen, als ich noch am Anfang meiner Karriere stand. Jetzt helfe ich ihnen."

Darauf entstand eine lebhafte Debatte, die jedoch damit endete, daß Levi Zendt darauf hinwies, daß das Skelett ja von Rechts wegen ihm gehörte, da es auf seinem Grund gefunden wurde; und er, Zendt, stimme Professor Wright bei. Er, Zendt, stamme selber aus Deutschland, das heißt, seine Familie wenigstens, und er hielte es für durchaus angebracht, dem Land seiner Vorfahren dieses Geschenk zu machen.

„Ich danke Ihnen, guter Mann", sagte Wright. „Ich habe mich nicht in Ihnen getäuscht."

Im nächsten Sommer entdeckte Horace der Schreckliche an den Rattlesnake Buttes eine eindrucksvolle Reihe von Titanosaurier-Knochen, außerdem vollständige Skelette von Kamelen, Mammuts und Wölfen. Aber was die Aufmerksamkeit der Rancher des Westens besonders auf sich zog, waren die netten kleinen Skelette, die er in den darauffolgenden Jahren ausgrub: Eohippus, Mesohippus, Miohippus, und den entscheidenden Meryhippus, die vier Vorfahren des Pferdes.

Als der tyrannische Professor seine Ausgrabungen abgeschlossen hatte, wußte auch der letzte Hinterwäldler, daß in grauer Vorzeit Colorado von Dinosauriern bewohnt war, Tieren von so gigantischen Körperdimensionen, daß es die Vorstellungskraft der Menschen überstieg, von Wisenten mit ungeheuren Hörnern und von anderen Tieren, die man sich gar nicht vorstellen konnte; die Erde, die die Menschen für sich allein beanspruchten, hatte einst auch ganz anderen Geschöpfen gehört.

Auf Jim Lloyd machte eine der Bemerkungen des Professors einen besonders tiefen Eindruck. Horace der Schreckliche hatte am Ende der Ausgrabungen, als er schon zum Aufbruch rüstete, noch einen kleinen Schatz gefunden, ein komplettes Eohippus-Skelett. Aus diesem zarten Geschöpf war später unser Pferd geworden. Der Professor sah sich das Skelett an und sagte: „Die müssen damals in solchen Mengen hier herumgelaufen sein wie heute die Hasen."

Jim erzählte das den Männern auf der Ranch, und wenn sie jetzt einen Eselhasen über die Prärie jagen sahen, dann dachten sie an andere Zeiten, als die winzigen Pferde hier so zahlreich gewesen waren wie jetzt die flinken Nager.

Jim Lloyds Liebe zu Clemma Zendt lief nicht besonders gut, war nie besonders gut gelaufen. Von Anfang an war von Liebe wenig die Rede. Jim war von ihr besessen, und von Jahr zu Jahr wurde es ärger.

Angefangen hatte es an jenem Julitag des Jahres 1868, an dem Mr. Seccombe Jim als Cowboy angestellt hatte. Als Jim an diesem Morgen aus Zendt's Farm hinausgeritten war, trug er schon das Bild dieses hinreißenden indianischen Mädchens in seinem Herzen, und er wußte, daß er sie haben mußte. Der anstrengende Ritt von Texas herauf in den Norden, die Kämpfe, in denen er zum Mann geworden war, die Furcht, daß er seine Mutter nie wiedersehen würde, das alles ließ ihn nach Freundschaft dürsten; sobald er also die Langhörner auf der Ranch abgeliefert hatte, ritt er zurück ins Dorf und betrat das Geschäft.

„Ich bin Jim Lloyd", sagte er mit geziemender Verlegenheit. „Ich dachte, ich . . ."

Er sprach den Satz nicht zu Ende. Er konnte doch nicht einfach sagen: „Ich möchte mit Ihrer Tochter reden." Vollends verwirrt wurde er, als Clemmas älterer Bruder durch das Geschäft auf ihn zu polterte und etwas hemdsärmelig fragte: „Was ist gefällig, Söhnchen?"

Mrs. Zendt, die die Begegnung am Morgen beobachtet hatte und sich denken konnte, was der wahre Grund für Jims Kommen war, rettete ihn aus seiner Verlegenheit, indem sie fragte: „Wollen Sie ein Konto bei uns eröffnen?"

„Genau!" rief Jim, und sie erklärte ihm, daß eine Seite in ihrem Hauptbuch von jetzt an für seine Einkäufe reserviert sein würde. An seiner ernsthaften Aufmerksamkeit erkannte sie, wie erwachsen dieser Junge in Wirklichkeit schon war. „Vierzehn bis fünfzehn", hatte Skimmerhorn ihr gesagt.

Sie wußte, daß er wegen Clemma gekommen war, deshalb sagte sie ganz nebenbei: „Möchten Sie eine Tasse Kaffee mit uns trinken . . . in der Küche . . . mit meiner Tochter?"

„Ja!" entfuhr es ihm, und zum ersten Mal durfte er jetzt mit Clemma reden.

Sie war ein überaus reizendes Kind, gerade dreizehn vorbei, mit blühenden roten Wangen und einem verschmitzten Lächeln. Als er ihr unten am Platte zugelächelt hatte, da hatte sie gewußt, daß er sie besuchen würde, und ihr Instinkt sagte ihr auch bereits, was sie tun mußte, um ihn an sich zu fesseln. Sie tat, als interessierte sie sich nicht im geringsten für ihn, setzte sich aber so, daß er nicht anders konnte, als sie immerfort anzusehen.

Mr. Skimmerhorn hatte ihm gesagt, daß sie ein Halbblut war, und jetzt sah er, wie indianisch ihre hohen Backenknochen und das breite Kinn wirkten. Ihre Augen waren sehr dunkel, sie trug ihr schwarzes Haar in Zöpfen, in die nach alter Sitte Stachelschweinborsten eingeflochten waren. Indianisch war auch die vollkommene Anmut, mit der sie sich bewegte.

Was er nicht sehen konnte, war, daß sie auch den Humor einer Indianerin hatte, eine spöttische Art, das Leben zu betrachten, die sie von ihrer Mutter geerbt hatte und mit der sie jetzt ihren ersten Verehrer aufzog.

Sooft er in den nächsten zwei Jahren in das Dorf kam, wollte er immer wieder ernst mit ihr reden, nicht immer nur Possen reißen, aber sie stieß ihn zurück. In ihren Augen war er nur ein ungeschickter Cowboy, der sich nicht zu benehmen wußte, und sie begann bereits, sich für etwas Besseres zu halten. Eingehend musterte sie die Fremden, die auf dem Weg von Omaha nach Denver vor ihrem Geschäft anhielten, und formte sich danach ein Bild, wie ein Gentleman aussehen sollte. Daneben kam ihr Jim wie ein unmündiger Knabe vor.

Als Jim sechzehn war, beschloß er, etwas zu tun, was sie von der Ernsthaftigkeit seiner Absichten überzeugen sollte. An einem Sonntag ritt er in seinen besten Kleidern zu der Einfriedung vor dem Geschäft, wartete dort, bis die Zendts aus der Kirche kamen, ging dann mutig auf Levi zu und fragte ihn: „Kann ich ein paar Worte mit Ihnen sprechen, Mr. Zendt?“, und als Levi nickte, folgte Jim ihm in die gute Stube, verschränkte die Hände auf dem Rücken und sagte: „Mr. Zendt, ich möchte Ihrer Tochter den Hof machen.“

Levi lächelte nicht. Schließlich war Elly kaum älter gewesen als Clemma, als er sie geheiratet hatte; er fand daher an der Idee, daß Jim seiner Tochter den Hof machen wollte, nichts auszusetzen. Er behandelte Jim durchaus wie einen Erwachsenen, sagte aber: „James, mir kommt es nicht so vor, als ob Clemma sehr neugierig darauf wäre, daß ihr von dir oder von irgend jemand anderem der Hof gemacht würde. Hast du mit ihr darüber gesprochen?“

„Noch nicht, aber ich werde es tun.“

„Solche Sachen regelt man am besten zuerst mit der Betroffenen.“

„Ich wollte nur aus Respekt für Sie und Mrs. Zendt . . .“

„Wir wissen dein gutes Benehmen zu schätzen, auch Clemma wird sich darüber freuen.“

Aber als Levi Jim zu ihr schickte, da lachte sie ihn aus. „Wer denkt denn schon an so was?“ neckte sie ihn und weigerte sich, ihn ernst zu nehmen, so daß er völlig verwirrt das Geschäft verließ.

Während der nächsten drei Tage kam Jim immer wieder ins Geschäft und wartete hungrig auf einen freundlichen Blick von Clemma, aber sie schenkte ihm keine Beachtung. Das dämpfte seine Leidenschaft jedoch nicht im geringsten, im Gegenteil, es steigerte sie noch; und als sie ihm eines Tages einfach aus Langeweile erlaubte, mit ihr in den Baumwollpflanzungen spazierenzugehen, und sich sogar von ihm küssen ließ, da wurde ihm schwindlig. Monatelang dachte er nur an diesen Kuß, der sich ihm in die Seele gebrannt hatte. Nichts konnte seine Überzeugung erschüttern, daß Clemma Zendt für ihn allein geschaffen war, daß nur sie die andere Hälfte seines Lebens füllen konnte.

Im Jahre 1873 war Jim neunzehn Jahre alt, und er fand es nun an der Zeit, ihr einen Heiratsantrag zu machen. Er hatte eine gute Stelle, auch einige Ersparnisse, und in seinen Räumen auf der Ranch konnte er leicht eine Familie unterbringen. Wieder wählte er einen Sonntag für die Aussprache, wieder zog er seinen besten Anzug an; aber als die Zendts diesmal aus der Kirche kamen, wich er Levi und Clemma aus und ging auf Mrs. Zendt zu.

„Ich bin davon überzeugt, daß Clemma nur dann glücklich wird, wenn sie mich heiratet", sagte er feierlich.

„Das ist schon möglich, Jim."

„Könnten Sie ihr nicht zureden, Mrs. Zendt?"

„Jim, wenn sie selber nicht . . ."

„Sehen Sie denn nicht, daß ich ein verantwortungsbewußter Mensch bin?"

„Aber natürlich, Jim. Aus dir wird ein großartiger Ehemann."

„Dann reden Sie ihr doch bitte zu!"

Mrs. Zendt war sehr verlegen, nicht nur wegen Jims merkwürdigem Antrag, sondern auch über das, was sie ihm jetzt mitteilen mußte. Es hätte sich eigentlich gehört, daß Clemma es ihm gesagt hätte, aber sie nahm Jim so wenig ernst, daß es ihr gar nicht in den Sinn gekommen war. Also blieb ihrer Mutter diese traurige Aufgabe.

„Jim, gerade jetzt ist eine Heirat ganz ausgeschlossen. Clemma geht nach St. Louis."

Jim sagte nichts. Seine Augen schienen zu verschwimmen, so als hätte ihn jemand mit dem Kolben eines Gewehres über den Kopf geschlagen. Wie aus weiter Ferne hörte er Mrs. Zendt weiterreden: „Als ich so alt war wie sie, ging ich auch nach St. Louis. Wegen der Bildung, weißt du. Damit eine Dame aus ihr wird. Aber sie wird wiederkommen, wie ich."

Und so reiste sie also ab, die achtzehnjährige Miss Clemma Zendt, einen Sonnenschirm über ihren Kopf aufgespannt, als sie in Jims Wagen nach Cheyenne fuhren, wo sie die Eisenbahn nach St. Louis bestieg. Dort wohnte sie zunächst bei ihrem Vetter, dem ältlichen, weißhaarigen Abgeordneten Cyprian Pasquinel, der sie bald darauf in der Klosterschule unterbrachte, die auch ihre Mutter besucht hatte. Nach Hause schrieb sie selten.

Zwei Monate waren seit ihrer Abreise vergangen, da erschien eines Tages Jim im Geschäft und sagte ernst: „Wenn Clemma sich jetzt in St. Louis bildet, und wenn ich eines Tages ihr Mann sein werde, soll ich dann nicht vielleicht dazu sehen, daß ich mich hier zu Hause bilde?"

Levi und Lucinda hielten das für eine hervorragende Idee und schlugen vor, er möge bei Miss Keller, der Lehrerin, Stunden nehmen. Also ritt Jim von nun an an drei Abenden in der Woche, wenn er nicht im Camp Eins oder Zwei sein mußte, hinüber auf die Stumper Ranch, wo Miss Keller zur Miete wohnte, und ließ sich unterrichten.

Jim lernte amerikanische Geschichte, Mathematik, auch etwas Literatur, vor allem aber lernte er, daß die Möglichkeiten des Menschen unbegrenzt waren. Miss Keller war Mitte der Dreißig und stammte aus New England; ihr Horizont war in keiner Weise beschränkt, sie kannte die Geschichte des alten Kontinents genauso gut wie die des neuen, und sie glaubte daran, daß jene Männer und Frauen, die sich einer großen und würdigen Sache verschrieben, mehr erreichten als die, die sich überall skeptisch zurückhielten.

Auf die Bücher, die sie ihm zu Lesen gab, wäre Jim nie von selber gekommen, aber er studierte sie alle gründlich: Darwins *Entstehung der Arten* und *Die Abstammung des Menschen;* Alfred Russel Wallaces *Natürliche Auswahl;* Matthew Arnolds *Kultur und Anarchie* und Mark Twains *Durch Dick und Dünn.*

Die Nachrichten, die ihn aus St. Louis erreichten, waren nicht erfreulich. Auf dem Rückweg nach Denver kehrten manche Reisende in Zendt's Farm ein, um zu berichten, wie Clemma Zendt die Herzen der Grenzstadt gefangennahm: „Ich glaube, sie geht jeden Abend tanzen. Die jungen Offiziere sind alle von ihr begeistert."

Eines Abends kam Jim nach seiner Lektion bei den Zendts vorbei und sagte: „Ich mache mir Sorgen. Sie beantwortet meine Briefe nicht . . ."

„Aber Jim!" sagte Lucinda, schenkte Kaffee ein und bot ihm Pfannkuchen an. „Ich war genauso! Frag Levi." Sie lachte und gab ihrem Mann einen Kuß. „Sicher hat auch er geglaubt, ich würde nie wieder in dieses Nest zurückkommen . . . nachdem ich St. Louis kennengelernt hatte."

Ein glückliches Lächeln trat in ihr Gesicht, als sie sich an diese Zeit erinnerte, und sie griff nach Levis Hand. „So viele junge Männer . . .", sagte sie verträumt. „Aber ich bin dennoch zu meinem Levi zurückgekommen."

Im Sommer 1874 kam auch Clemma wieder nach Hause. Sie war jetzt ein großes, schlankes Mädchen, das schwarze Haar trug sie hochgesteckt, nur an ihren hohen Backenknochen konnte man noch ihre indianische Abstammung erkennen. Mit ihren neunzehn Jahren war sie bereits eine junge Dame. Sie gab sich schmachtend gefühlvoll und schien sich in ihres Vaters Geschäft nicht recht wohlzufühlen. Aus verschiedenen Andeutungen ging hervor, daß sie in Chikago und auch in New York gewesen war, um die Familie eines jungen Offiziers aus einem Fort südlich von St. Louis kennenzulernen.

Jim erschien ihr lächerlich steif, mit ihm war es einfach nicht lustig; wenn er mit ihr beisammen war, machte er ihr entweder in einem fort Heiratsanträge, oder er breitete sein neuerworbenes Wissen von Dingen vor ihr aus, die sie nicht im geringsten interessierten. Einmal fragte sie ihn, ob er trinke, und er durchschaute nicht, daß sie es war, die gern einen Schluck gehabt hätte. Statt dessen sagte er mit unangebrachter Strenge: „Bufe Coker trinkt ziemlich viel, aber er ist ja auch aus dem Süden." Ihr war nicht klar, wo da der Zusammenhang sein sollte.

Als es Zeit wurde, daß sie ein letztes Jahr nach St. Louis zurückkehrte, gab sie nicht einmal vor, sich um Jims Gefühle zu kümmern, küßte ihn auch nicht zum Abschied, aber als sie die Verzweiflung in seinen Augen sah, lehnte sie sich noch einmal aus dem Fenster des Zuges, nahm seine Hand und sagte fröhlich: „Schau nicht so trübsinnig, Jim. Ich komme zurück."

An diesen schwachen Hoffnungsschimmer klammerte sich Jim drei Monate lang, aber als es Weihnachten wurde, konnte er sich nicht länger etwas vormachen. In der Küche der Zendts klagte er, daß Clemma ihm nicht ein einziges Mal geschrieben habe, worauf Mrs. Zendt in Tränen ausbrach.

„Uns hat sie geschrieben", sagte sie bitter und zeigte Jim einen Brief:

„Mom,
Leutnant Jack Ferguson und ich haben am 10. Dezember geheiratet. Er lebt in New York und ist sehr nett. Ich werde bald ein Baby bekommen.

Clemma"

Auch von Cyprian Pasquinel war ein Brief gekommen; was unter seinem gastfreundlichen Dach vorgegangen war, war ihm zuviel gewesen, und er sprach sich mit schonungsloser Offenheit darüber aus:

„Aus der großen Schar der jungen Männer, die ihr in unserem Haus den Hof gemacht haben, suchte sie sich mit sicherem Instinkt den haltlosesten Offizier aus, den die Armee der Vereinigten Staaten jemals in diesem Distrikt stationierte. Ich will Mayer heißen, wenn er einen Monat nach der Geburt des Kindes noch bei ihr ist."

Als Jim dieses harte Urteil las, blieb er schweigend sitzen und trommelte mit den Fingern auf den Tisch. Zweimal setzte er zum Sprechen an, aber Tränen standen in seinen Augen, und er fürchtete, daß ihm die Stimme brechen würde. Endlich schob er seinen Stuhl zurück und sagte etwas, das die alten Zendts niemals vergessen würden: „Sie wird mich brauchen. Ich muß sie finden." Er hob sein gesamtes Geld von der Bank ab, kehrte am späten Nachmittag auf die Ranch zurück, sattelte sein Pferd und ritt die ganze Nacht durch bis nach Cheyenne, erwischte dort den Frühzug nach St. Louis und suchte Cyprian Pasquinel auf.

„Geben Sie dieses Mädchen auf, junger Mann", riet ihm der Abgeordnete.

„Das sagen Sie nur, weil sie eine Indianerin ist", gab Jim zurück, sich an den letzten Strohhalm klammernd.

Pasquinel lachte ihn aus. „Das ist eine schäbige Verdächtigung, das wissen Sie selber am besten. Ihre Mutter ist ein Mitglied unserer Familie, Clemma auch. Aber sie hat einfach sämtliche Schwächen ihrer Onkel geerbt. Und sie wissen, was denen passiert ist."

„Das ist grausam", sagte Jim, aber der Abgeordnete blieb bei seiner Meinung.

„Vergessen Sie diese wilde Indianerin", riet er ihm, aber er stieß auf taube Ohren. Über eine Woche blieb Jim in St. Louis und suchte sie, wanderte durch die Straßen, in der Hoffnung, eine Spur von ihr zu finden, fragte am Kai, in den Hotels, in den Nebenstraßen. Aber er fand sie nicht.

Der Winter des Jahres 1875 ging vorüber, in Zendt's Farm hatte niemand die geringste Ahnung davon, wo Clemma sich aufhielt, ob ihr Baby glücklich zur Welt gekommen war, ob es ein Bub war oder ein Mädchen. Die Zendts schrieben Briefe an Freunde in Chicago und New York, und Cyprian Pasquinel zog Erkundigungen im Kriegsministerium in Washington ein. Alles, was er dabei erfuhr, war, daß Leutnant Ferguson wegen Unterschlagung von öffentlichen Geldern den Militärdienst hatte quittieren müssen. Das war in New Orleans gewesen, und seither war er von der Bildfläche verschwunden.

Im Frühling kam dann ein Offizier der Armee nach Denver, um die westlichen Forts zu inspizieren. Eines Nachmittags trat er ins Geschäft und sagte zu Lucinda: „Ich habe in St. Louis Ihre Tochter öfter gesehen. Sie kann von Glück reden, daß sie diesen Ferguson los ist."

„Was macht er jetzt?" fragte Lucinda ruhig.

„Lebt mit einer Französin in Boston, glaube ich."

„Und Clemma?"

„Haben . . . Haben Sie nichts von ihr gehört?"

„Nein."

„Sie wissen gar nicht, daß das Baby gestorben ist?"

„Nein." Der ganze Stoizismus der Indianer war in diesem einen kurzen Wort enthalten. Ihre Tochter war verschwunden, und sie war dankbar für jede Nachricht, die man ihr brachte.

„Ich habe keine Ahnung, wo sie jetzt ist", sagte der Offizier, und Lucinda nickte.

Als Jim die Neuigkeit überbracht wurde, war er verzweifelt und erklärte, er wolle wieder nach ihr suchen, aber Levi hielt ihn davon ab: „Du hast getan, was du konntest. Jetzt mußt du sie dir ein für allemal aus dem Kopf schlagen."

„Können Sie sich Clemma aus dem Kopf schlagen?"

„Nein. Aber ich bin ihr Vater."

„Ich werde ihr Mann sein", antwortete Jim, und statt sie zu vergessen, war er nur um so fester davon überzeugt, daß er die Aufgabe hatte, sie zu finden, für sie zu sorgen. Wenn er ins Dorf kam, fragte er jedesmal bei den Zendts nach, ob sie von ihr gehört hätten, und wartete geduldig darauf, daß sie ihm eines Tages schreiben und ihn bitten würde, er möge kommen und sie retten.

Jim machte kein Hehl daraus, daß er sowohl auf den Umgang mit Mädchen wie auf gesellschaftlichen Umgang überhaupt gern verzichtete. Seine ganze Energie widmete er der Ranch, und dabei entwickelte er eine derartige Tüchtigkeit, daß verschiedene englische Unternehmen, die weiter oben im Norden große Herden hatten, ihm verlokkende Angebote machten, aber er zog es vor, bei Seccombe und Skimmerhorn zu bleiben, zwei Männern, zu denen er Vertrauen hatte.

Er beschäftigte sich noch eingehender mit der Natur als bisher, studierte die Lebensgewohnheiten der Vögel und Kleintiere, aber am meisten befriedigte ihn die Überwachung und Führung der Hereford-Rinder der Ranch. Bald hieß er in der ganzen Branche nur mehr „Jim Lloyd, der Hereford-Mann“; er ließ es sich nicht anmerken, aber er war stolz darauf.

Das Jahr 1876 war ein Jahr wichtiger Ereignisse für Zendt's Farm. Es fing damit an, daß der Kongreß endlich Colorado als achtunddreißigsten Staat in die Union aufnahm; der Beitritt sollte am 1. August vollzogen werden, knapp nach dem hundertsten Geburtstag der Nation.

Außerdem gab es Wahlen! Die beiden Senatoren, die den neuen Staat in Washington vertreten würden, sollten von Wahlmännern gewählt werden, da man allgemein der Ansicht war, daß das Volk dafür noch nicht reif genug sei; die bei weitem weniger bedeutende und erhabene Position des einen Kongreßmannes durfte dagegen durch direkte Wahl vom Volk besetzt werden.

Als der aufregende Tag der Geburt des neuen Staates näherrückte, entstand in Zendt's Farm eine durchaus vernünftige Bewegung, angeführt von Miss Keller, der Lehrerin. Kaum hatte sie den Vorschlag gemacht, war auch schon jeder davon begeistert: „‚Zendt's Farm‘ ist kein Name für eine richtige Stadt. Wir wollen den doppelten Geburtstag von Stadt und Nation damit feiern, daß wir uns ‚Centennial‘ nennen!“

Alle fanden die Idee so großartig, daß erst nach zwei Tagen jemandem einfiel, zu fragen: „Und was wird Levi dazu sagen? Schließlich hat er den Ort begründet!“

Levi war völlig damit einverstanden. „Zendt's Farm hat mir nie gefallen“, sagte er. „Ich mag nämlich den Namen ‚Zendt‘ nicht. Alle Leute dieses Namens, die ich kenne, sind entweder furchtbar mickrig oder ekelhaft, bis auf meine Mutter, aber sie war eine geborene Spreichert.“

Lucinda war von dem Namen Centennial so angetan, daß sie noch am selben Nachmittag einen Brief an Cyprian Pasquinel so datierte: „Centennial, Colorado, 9. Juni 1876“, und dieser Brief ist das erste erhaltene Dokument, in dem der neue Name aufscheint.

So wurde die Stadt Centennial geboren. Ein großartiges Fest wurde unten am Fluß organisiert, um das zweite Jahrhundert der amerikanischen Unabhängigkeit und die Geburt einer neuen Stadt einzuleiten. Mehrere Ochsen, die die Venneford Ranch spendiert hatte, wurden am Spieß gebraten; man hielt patriotische Reden, in denen sowohl den Vereinigten Staaten wie auch der neuen Stadt eine großartige Zukunft vorausgesagt wurde – da platzte mitten in die Festlichkeiten hinein die Nachricht, daß General George Armstrong Custer und seine gesamte Truppe von den Sioux und den nach Rache dürstenden Cheyenne in Montana erschlagen worden seien.

Auch Pasquinel Mercy war dabei, Custers persönlicher Adjutant. Als ein junger Cowboy mitten in die feiernde Menge gelaufen kam und die furchtbare Nachricht verkündete, da brach Laura Skimmerhorn, Mercys junge, schwangere Frau, ohnmächtig zusammen, und verschiedene Leute starrten vorwurfsvoll auf Lucinda Zendt.

Die Nation war jetzt hundert Jahre alt geworden, die Stadt zweiunddreißig, gerechnet von jenem Augusttag des Jahres 1844, als Levi Zendt und die beiden McKeags hier ankamen und ihren Handelsposten errichteten. Für die Nation wie für die Stadt lagen die Richtlinien für die künftige Entwicklung klar zutage. Die Nation als Ganzes stand vor den Fragen: Wie läßt sich das Rassenproblem lösen? Wie die expandierende Wirtschaft kontrollieren? Wie der ständig wachsende Reichtum verteilen? Die Stadt Centennial stand vor den gleichen Fragen wie seit Anfang ihres Bestehens: Wie konnte man mit den widerspenstigen Kräften der Natur am besten fertigwerden? Was war die beste Methode, das Land nutzbar zu machen?

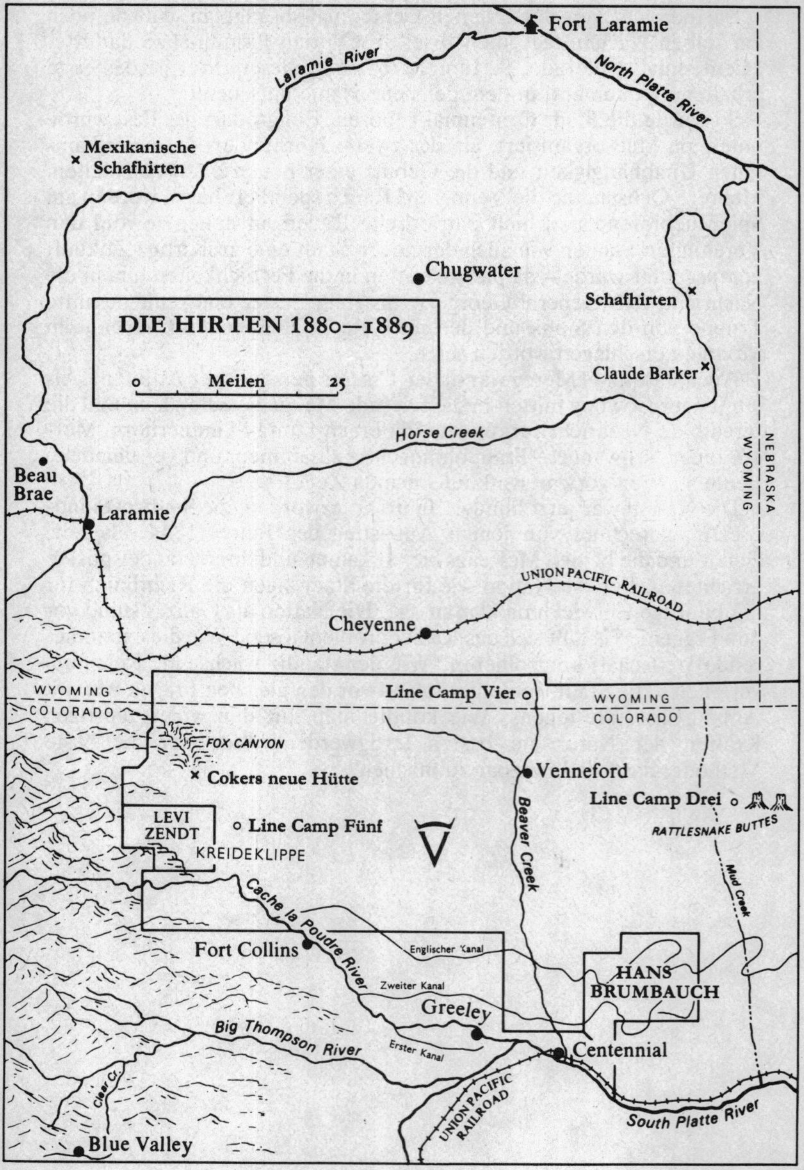

DIE HIRTEN 1880–1889
0 Meilen 25
Fort Laramie
Laramie River
North Platte River
Mexikanische Schafhirten
Chugwater
Schafhirten
Claude Barker
Horse Creek
Beau Brae
Laramie
NEBRASKA
WYOMING
UNION PACIFIC RAILROAD
Cheyenne
WYOMING
COLORADO
Line Camp Vier
WYOMING
COLORADO
FOX CANYON
Cokers neue Hütte
Venneford
Line Camp Drei
RATTLESNAKE BUTTES
LEVI ZENDT
Line Camp Fünf
KREIDEKLIPPE
Beaver Creek
Mud Creek
Cache la Poudre River
Fort Collins
Englischer Kanal
HANS BRUMBAUCH
Zweiter Kanal
Greeley
Big Thompson River
Erster Kanal
Centennial
Clear Cr.
UNION PACIFIC RAILROAD
South Platte River
Blue Valley

Es riecht nach Schaf

Wenn je ein Gebiet der Vereinigten Staaten ein wahrhaft Goldenes Zeitalter erlebte, dann das Viehzuchtgebiet des Westens in den frühen achtziger Jahren. Damals waren die Winter milde, und die Rinderherden vermehrten sich ins Gigantische; Landkäufe brachten enorme Gewinne; Bürger aller Berufe sahen sich vor ständig wachsenden Verdienstmöglichkeiten. Gleich den Männern früherer Jahrzehnte, die sich von den Konjunkturwellen der Schiffahrt, der Baumwolle, der beginnenden Industrialisierung hatten tragen lassen, glaubten nun auch die Rancher des Westens, daß ihr Goldenes Zeitalter niemals enden würde. Denn Gold glänzt nicht nur, es blendet auch.

Niemand kam damals besser voran als jene gerissenen Briten, die lange vorher schon erkannt hatten, daß dieses ansehnliche Stück Erde geradezu darauf wartete, erschlossen und genützt zu werden. In späteren Jahren schmähte man diese Fremden gern als „Zugereiste mit Monatswechsel“ – als ob sie unfähige, leichtfertige dritte und vierte Söhne gewesen wären, mit spärlichem Taschengeld in den Westen abgeschoben, vielleicht, um der Familie Scherereien zu ersparen, vielleicht, damit man sie überhaupt loswurde.

Die Wahrheit aber sah anders aus.

Um über ihre beachtlichen Investitionen in der Venneford-Ranch zu wachen, schickten die harten Kaufleute Bristols nur ihre besten Männer über den Teich. Die knickrigen Marmelademillionäre von Dundee waren scharf darauf, die große Chugwater-Ranch möglichst gewinnbringend führen zu lassen; die Burschen, die sie zu diesem Zweck hinüberschickten, waren alles andere als Nieten. Die Matador-Ranch in Texas, die größte von allen, stand zuerst unter Führung ausgekochter Londoner Finanzleute, während drüben am Horse Creek Kaufleute aus Liverpool eine sehr gute Ranch unter Claude Barker aufbauten. Und die stattlichste Ranch weit und breit, Beau Brae am Westufer des Laramie-Flusses, gehörte knausrigen Schotten, die fest entschlossen waren, Geld damit zu machen – viel Geld.

Im September 1880 ritten einige junge Amerikaner – sie waren in Yale oder in Harvard erzogen worden – mit Claude Barker vom

Wolf-Paß nach Cheyenne hinunter; dort besuchten sie Oliver Seccombe. Es ging um eine ziemlich wichtige Sache. Venneford war jetzt schon fast ein Dorf. Solide Bauten standen da, errichtet von den Maurern und Zimmerleuten der Ranch, Scheunen und Corrals, außerdem einige niedere Schuppen, in denen Handwerker und die Vormänner Skimmerhorn und Lloyd arbeiteten. Beherrschend aber lag das Herrenhaus der Seccombes da, ein dreigeschossiger Backsteinbau, der entfernt an Gotik und die Ritterburgen am Oberrhein erinnerte: eine imponierende, im ganzen Westen berühmte Residenz.

Runde Wehrtürme erhoben sich an drei Ecken des mächtigen Bauwerks, Zinnen und Brustwehren an der vierten. Zwischen Speicherfenstern ragten elf Kamine aus dem Dach. Das Erdgeschoß war von einer säulengetragenen Veranda umgeben, die Türen mit prächtigen Bronzebeschlägen geschmückt. Achtzehn Gäste konnten bequem untergebracht werden, vier Neger standen zu ihrer Bedienung bereit.

„Wir planen", sagte Claude Barker zu den Seccombes, „einen Club . . . einen Club für Gentlemen. Wir haben schon einen hübschen Platz in Cheyenne ausgewählt. Exklusive Mitgliedschaft: wir – und noch ein paar von der rechten Sorte."

„Wie wollen Sie den Club nennen?" fragte Charlotte Seccombe.

„Cactus Club", sagte Barker.

„Oh, das ist köstlich!" lachte Charlotte. Ihr Gatte interessierte sich vor allem für die Liste der in Aussicht genommenen Mitglieder. Es waren durchwegs angesehene Rancher und Viehzüchter; zur Diskussion stand auch der Name des Managers der Union-Pacific-Eisenbahn. Von den zunächst vorgesehenen zwanzig Mitgliedern waren vierzehn Amerikaner und sechs Briten – alle gesellschaftlich untadelig und geschäftlich äußerst erfolgreich.

„Werden nur zwanzig Familien einen Club dieser Art erhalten können?" gab Seccombe zu bedenken. Er und Charlotte trugen schwer an den Ausgaben für den Bau des Herrenhauses; zwar hatten sie den Großteil der Kosten schon aufgebracht, aber Seccombe hatte mehr Zuchtvieh aus seinem Bestand verkaufen müssen, als eigentlich zu verantworten war, und der Gedanke an zusätzliche Ausgaben war ihm ausgesprochen lästig.

„Wir haben noch eine Liste von Förderern", sagte Bill Warsaw, einer der Amerikaner, und zeigte Seccombe weitere vierzig Namen; manche zwar von geringerem gesellschaftlichem Ansehen, aber alle erhaben über den Verdacht der Knauserei.

„Das Vieh verkauft sich großartig", sagte Barker eifrig, „die Rancher haben Geld. Und es wächst mit den Herden."

„Wenn Sie diese zweite Kategorie mit auf die Liste setzen", sagte Seccombe, „dann stimmen wir zu."

Die Statuten wurden eingereicht und am 22. September 1880 registriert. Der berühmte *„Cactus Club of Cheyenne"* war gegründet.

Der Name wurde allerdings nicht lange beibehalten: schon bald meinte Seccombe: „Cactus klingt ziemlich abweisend. Nennen wir ihn doch einfach Cheyenne-Club.“ Und dabei blieb es.

Die Statuten waren streng. Sie glichen jenem der vornehmen Londoner Klubs, denen die meisten britischen Mitglieder auch angehörten. Es sollte ein gesellschaftlich eng umgrenztes Milieu geschaffen werden, in dem sich ein konservativer Rancher und Herdenbesitzer wohl fühlen konnte, geschützt vor schäbigen Händlern, zudringlichen Geschäftemachern und kleinen Farmern. Die blauen Fliesen der offenen Kamine in den Gesellschaftsräumen waren mit Szenen und Zitaten von Shakespeare dekoriert. Von Menschen, die sich in diesen Räumen bewegten, erwartete man die kultivierteste Form von Sitte und Anstand. Zu Verstößen, die mit sofortigem Ausschluß bedroht waren, zählten:

Trunkenheit im Klubbereich bis zu einem Grad, den Mitglieder anstößig finden könnten.

Falschspiel.

Jede unehrenhafte Handlung, die den Schuldigen aus der Gesellschaft der Gentlemen ausschließt.

Neben diesen Hauptsünden bestimmten die Statuten, hier vielleicht ein bißchen zu anspruchsvoll, daß keinerlei Wetten in den Räumen des Klubs abgeschlossen noch unziemlicher Lärm auf seinem Grundstück gemacht werden dürften. Doch im Hinblick auf das lebhafte, manchmal überschäumende Temperament der jüngeren Herren und auf den ungestümen geschäftlichen Aufschwung hatte der Klubvorstand in solchen Fällen meist ein blindes Auge und ein taubes Ohr. Bei einem eklatanten Bruch der Etikette, besonders bei schlechtem Benehmen dem schönen Geschlecht gegenüber, zögerte der Vorstand nicht, den Faden zu durchschneiden, an dem über jedem Mitglied ein Damoklesschwert baumelte.

Der Mitgliedsbeitrag war hoch, doch wurden dafür auch viele Annehmlichkeiten geboten: ein Billardzimmer, Kartenspiele, drei Tennisplätze, ein Polofeld, eine Bibliothek mit den neuesten Büchern aus Paris und London, und ein prächtig ausgestatteter Speisesaal, betreut von Köchen und Kellnern mit erstklassiger internationaler Erfahrung. Das Speisenangebot war außerordentlich reichhaltig und umfaßte die erlesensten Fleischsorten, Wildbret aus der Umgebung, frische Austern vom Atlantik und die besten Fische des Pazifik, die feinsten Käsesorten und köstliche Früchte. Auf dem Buffet türmten sich von einem Wiener Zuckerbäcker zubereitete Torten und Süßspeisen, die einem den Mund wäßrig machten; und der Weinkeller sollte noch den Neid vieler Londoner Klubs erregen.

Besondere Bedeutung verlieh dem Klub der Umstand, daß von hier aus praktisch das Land regiert wurde. Hier fielen die Entscheidungen über Grundbesitz, Wasserrechte, Rinderkennzeichnung und Bankstatuten. Wyoming war ein demokratischer Staat, so stand es in seiner Verfassung, und seine Abgeordnetenkammer hielt sich auch an die demokratischen Spielregeln. Aber die einflußreichsten Mitglieder der Kammer waren alle auch Mitglieder des Cheyenne-Clubs, und was sie im geschlossenen Kreis sprachen und beschlossen, war wesentlich wichtiger als ihre tönenden Worte in öffentlichen Sitzungen. Wyoming war ein wunderbares Land, dünn besiedelt und für die Rinderzucht hervorragend geeignet. Die Cheyenne-Herren wollten dafür sorgen, daß es so bliebe.

Wenn es um ihre Interessen ging, konnten sie hart und rücksichtslos sein. Wie zum Beispiel beim Gesetz über den Viehtrieb. Mehr als neunzig Prozent des Staates waren offenes Land; die Rinder einer Ranch konnten hundert Meilen dahinziehen, ohne jemandem aufzufallen. Es war jedoch unerläßlich, die einzelnen Herden von Zeit zu Zeit zusammenzutreiben, um jedem Rancher die Möglichkeit zu geben, seine Tiere herauszusuchen und insbesondere die neugeborenen Kälber mit seinem Brandzeichen zu versehen. Ohne diese Sicherheitsmaßnahme hätte es nur zu leicht geschehen können, daß ein kleiner Rancher mit ein paar Kühen und einem dehnbaren Eigentumsbegriff die Rinder einer Großranch fünfzig oder hundert Meilen weit abtrieb, dort sein Eisen auf dreißig oder vierzig noch nicht gemerkte Kälber brannte und ein paar Jahre später eine beachtliche Herde sein eigen nannte, gezüchtet von weiß Gott wem.

Um jedoch derartige Räubereien ein für allemal abzustellen, drückten die Herren des Klubs in der Kammer von Wyoming ein Gesetz durch, das bestimmt nicht seinesgleichen auf der Welt hatte: Von nun an sollten ausschließlich die großen Rancher das Recht haben, die Herden zusammenzutreiben; alle Kälber, die nicht einem von ihnen gehörten, sollten auf einem bestimmten Grundstück zusammengetrieben und verkauft werden, vom Erlös sollten die Löhne jener Aufseher bezahlt werden, die dem Gesetz entsprechenden Nachdruck zu verleihen hatten.

Damit wurden die Kleinen, die nur ein paar Stück Vieh auf Staatsgründen weiden ließen, aus dem Geschäft gedrängt. Gewiß, jeder hatte das Recht, dabei zu sein, wenn die Herden versammelt wurden; dennoch wurden nicht eindeutig gekennzeichnete Kälber ausgesondert und verkauft. Auf diese Weise zahlten die kleinen Rancher die Gehälter jener Aufseher, deren Aufgabe es war, sie aus dem Geschäft zu drängen; und die großen konnten die weniger wohlhabenden ins Gefängnis werfen lassen, wenn es diesen einfiel zu protestieren.

Die Herren vom Cheyenne-Club trieben nicht gerade Mißbrauch mit ihren Vorrechten. Ein paar schwierige Burschen, wie Dan Cravath und Simon Jugger im Norden von Chugwater, wurden erschossen; aber jedermann wußte, daß sie Kälberdiebe gewesen waren, die man ohnehin besser los war.

Der Stolz des Klubs war es jedoch, unbestrittener Mittelpunkt des gesellschaftlichen Lebens zu sein. Charlotte Seccombe rief eines Abends begeistert: „Was für ein Dinner! Vier Mitglieder des Oberhauses haben heute mit uns Austern-Stew gegessen. Selbst in London könnte man es nicht besser treffen!“

Aber nicht nur Engländer zeichneten den Speisesaal des Klubs mit ihrer Anwesenheit aus. Die reizenden Schwestern Jerome, Töchter eines New Yorker Bankiers, kamen aus dem Osten auf Besuch. Clara, die ältere, heiratete später Morton Frewen, einen Engländer, der im Norden Wyomings ein prächtiges Schloß besaß; Jennie, die jüngere, sollte die Gattin Randolph Churchills werden, und damit die Mutter des großen Winston.

Bankiers aus allen Teilen der Staaten tauchten in Cheyenne auf, zeigten Interesse an der Rinderzucht, und wenn sie bei den Tischgesprächen von den kühnen und erfolgreichen Unternehmungen der Engländer hörten, verspürten sie den unwiderstehlichen Drang, hier eine Million zu investieren. Bostoner Finanzleute boten in britischen Anwaltskanzleien ihr Kapital an, ebenso Millionäre aus Baltimore und Vertrauensmänner aus Philadelphia. Und nach angemessener Zeit mußte jeder einzelne von ihnen – zu seinem Leidwesen – mit dem so schwierigen Begriff der „Buchzählung“ vertraut werden.

Sooft John Skimmerhorn beobachtete, daß Oliver und Charlotte Seccombe ihre vier Braunen anfeuerten, um nach Cheyenne zu fahren, hatte er Angst: „Was werden sie nur jetzt wieder kaufen?“ murmelte er dann. Er mißgönnte seiner Herrschaft keineswegs das aufwendige Herrenhaus, obgleich er, der ernste, einfache Mann, es protzig und angeberisch fand; er hatte auch nichts gegen ein bißchen Mehrarbeit, wenn so feine Leute wie die Jerome-Schwestern und deren Verehrer die Ranch besuchten. Ja, er sagte sogar zu seiner Frau: „Es ist doch ganz gut, manchmal Grafen und Herzöge im Haus zu haben. Da schauen die Cowboys etwas mehr auf sich.“

Wirklich beunruhigt war er, weil Seccombe Jahr für Jahr mehr vom Viehbestand der Ranch verkaufte. Jedes Jahr wuchs die Diskrepanz zwischen dem tatsächlichen und dem buchmäßigen Bestand.

„Jim“, fragte er an einem Herbsttag seinen Freund Lloyd, als die Seccombes wieder einmal in Cheyenne feierten, „wie viele Zuchtkühe, schätzt du, haben wir noch?“

„Kann niemand sagen. Sind zu verstreut . . .“

„Du bist doch kein Narr, Jim, du hast doch eine eigene Meinung.“

„Ich würde sagen . . .“ Jim stockte. Er war dreißig Jahre alt und sehr zufrieden mit seinem Job. Es war genau die Art, wie er zu leben wünschte, und er konnte damit rechnen, noch viele Jahre weiter so zu leben. Er hatte weder Weib noch Kind, die Venneford-Ranch war sein Um und Auf, sein Lebensinhalt, und er würde nichts tun, was seine Stellung gefährden könnte.

„Du wirst das nicht in irgendein Buch eintragen?“ fragte er argwöhnisch.

„Nein.“

„Du wirst es nicht gegen Seccombe ausspielen? Weil er so viel Geld der Ranch ausgibt?“

„Ich will deine Meinung hören“, fuhr ihn Skimmerhorn an, „du bist für die Rinder verantwortlich. Ich habe ein Recht, es zu erfahren.“

„Okay.“ Die zwei Männer standen auf unsicherem Boden, und jeder wußte es. Als Vormann der Cowboys mußte Jim von allem wissen. Aber er wollte sein Wissen nicht zum Schaden Seccombes verwendet sehen.

„Wenn ich vor Gericht stünde, ordnungsgemäß vereidigt“, sagte er bedächtig, „ich würde sagen: zirka neunundzwanzigtausend, alles in allem.“

„Die Buchzählung lautet, an die dreiundfünfzigtausend.“

„Das Buch ist falsch.“ Jim war verärgert, erbittert, sowohl über die Fragerei wie über die Tatsachen. Schon seit längerer Zeit war ihm klar, daß die Zahlen in den Büchern schrecklich aufgebläht waren, und er war auch sicher, daß früher oder später einer aus Bristol das entdecken würde – und dann würden die Seccombes höllisch zahlen müssen.

„Hör zu, Jim“, sagte Skimmerhorn versöhnlich, „ich steh’ doch auf deiner Seite.“

„Hört sich nicht so an.“

„Was wir tun sollten, ist, glaube ich, Folgendes: Zweimal im Jahr Seccombe eine genaue Schätzung des wirklichen Viehbestandes vorlegen. Alles einbezogen: neue Stiere, Kühe, Kälber, Ochsen.“

Jim nickte.

„Wir geben Seccombe die Aufstellung. Was er damit macht, ist seine Sache. Aber wir haben, glaube ich, die Pflicht . . .“

„Das tu’ ich doch schon die ganze Zeit!“ unterbrach ihn Jim. Er öffnete seine Schreibtischlade und zeigte Skimmerhorn das Hauptbuch, in dem er gewissenhaft seine Schätzungen über den Umfang der Herden eingetragen hatte.

Skimmerhorn sah es aufmerksam durch. Es war nichts mehr zu sagen. Manche Zahlen waren für seinen Geschmack etwas zu pessimistisch angenommen; er erhöhte sie und bestätigte seine Schätzung mit seiner Unterschrift.

Dann sah er Jim fest an und sagte: „Manchmal denke ich, du hast Glück, Jim, daß du nicht verheiratet bist. Sie bringt ihn noch um. Du weißt schon . . .“

Jim erblaßte und wandte sein Gesicht ab. Ihm war völlig klar, daß Oliver Seccombe weit über seine Verhältnisse lebte und sich mit dem pompösen Herrenhaus einen Mühlstein an den Hals gehängt hatte; aber niemals wäre er auf die Idee gekommen, daß sich Seccombe ohne Charlotte leichter tun würde. Wenn er beobachtete, wie sie den Boss mit einem zärtlichen Kuß begrüßte, wie stolz Seccombe war, wenn er seine schöne Frau den Gästen vorstellte, dann dachte er, daß sie jeden Preis wert wäre. Er sah in Charlotte eine hochherzige und tapfere Frau, die sich vor keinem scheuenden Pferd fürchtete. Gott weiß, sie brauchte einen Haufen Geld. Aber sie war das Lachen, die Sanftheit des Windes, die Beschwingtheit des Vogels. Für Jim Lloyd, der keine eigene Frau hatte, zählte das mehr als jedes Kontobuch.

Potato Brumbauch hätte allen Grund gehabt, mit dem reichen und ständigen Ertrag seiner sorgsam bewässerten Felder zufrieden zu sein; seine Produkte brachten ihm in Denver Höchstpreise. Statt dessen ärgerte er sich. Zu jeder Jahreszeit, ob er nun säte oder erntete, immer verglich er die bescheidenen Ausmaße seines bewässerten Landes mit der Weite des Brachlandes, das nichts hervorbrachte. Und dieses Mißverhältnis beunruhigte ihn.

Zweimal hatte er versucht, dem Brachland beizukommen. Einmal bebaute er ein Stück in der Art seiner Felder. Aber bei einer Niederschlagsmenge von kaum dreißig Zentimetern im Jahr kam nicht viel dabei heraus: im Mai, wenn der letzte Regen fiel, sah alles gut aus, aber im September, wenn das Land in der Sonnenglut verdorrte, war auch das Gemüse verwelkt. Drei Jahre lang steckte er eine Menge Geld und Arbeitskraft in seine Versuche, gewann dabei aber nicht mehr als die Überzeugung, daß das Land ohne Bewässerung nutzlos war, und bestenfalls als Rinderweide verwendbar.

Sein zweites Experiment bewies jedoch, was durch Bewässerung herausgeholt werden konnte. Er kaufte bei Levi Zendt ein halbes Dutzend Blecheimer, pflügte eine kleine Ecke des Brachlandes um und setzte Saatgut aus. Dann ließ er Frau und Kinder einen ganzen Sommer lang Wasser schleppen, um die Pflänzchen am Leben zu erhalten. Es war ein hartes Stück Arbeit. Aber im September hatte die Familie süße Melonen, frischen Mais und andere Köstlichkeiten, die nichts verlangt hatten als Wasser.

„Der Boden ist fruchtbarer als unten am Flußufer", sagte Brumbauch; und die Vorstellung, daß Hunderte Morgen ertragfähigen Bodens brachlagen, bedrückte ihn. Der Gedanke, daß hier etwas geschehen müßte, ließ ihn nicht mehr los.

Nachdenklich schritt er das Platte-Ufer entlang, ein Mann in den Vierzigern, mit gebeugten Schultern, bärenstark und voller Tatkraft. Katharina die Große hatte einst gut daran getan, solche Männer in das Ödland an der Wolga zu holen, und die späteren Zaren waren Narren, sie wieder ziehen zu lassen; denn das war ein Schlag von Männern, der den Boden liebte, in der Erde wurzelte, auf ihre Geheimnisse lauschte und fühlte, was sie brauchte. Es war unvorstellbar für Potato Brumbauch, daß es im Sinne der Natur sein sollte, dieses fruchtbare Land ungenützt verdorren zu lassen. Er suchte angestrengt nach Möglichkeiten, es zu kultivieren.

„Genug Wasser, massenhaft Wasser", brummte er vor sich hin, während er in den ruhig dahinfließenden Platte blickte. „Ich könnte es hinaufpumpen." Doch er hatte weder die Pumpe noch genügend Kraft. „Oder wir könnten es herauftragen . . ." Doch schon der bescheidene Versuch im vergangenen Jahr hatte die Kräfte von fünf starken Menschen nahezu erschöpft.

Er schritt den Fluß entlang, so vertieft und verbunden mit seinem Wasser, daß ihn die Vorstellung ergriff, selbst der Fluß zu sein, dahinzufließen, die Veränderungen im Jahresablauf zu erleben. Und allmählich entstand vor ihm das Bild des Flusses als einer großen Einheit, einer Hauptschlagader mit vielen Verzweigungen, in denen das Wasser nach allen Richtungen hin- und zurückfloß. Der Fluß war es, der das Land zusammen und am Leben erhielt.

Einmal sah er sich in Gedanken auf trockenem Land stehen, die Wasser des Platte und aller seiner Nebenflüsse bis zu den Quellen hinauf weggefegt. Was blieb, war eine leere Rinne. Und aus dieser Idee begann er einen Plan zu formen.

„Es ist gar kein Fluß!" sagte er zu seiner Familie mit leuchtenden Augen. „Es ist ein Kanal! Errichtet, um das Wasser dorthin zu bringen, wo es gebraucht wird. Wir könnten in die Berge steigen und das Wasser der Seen in kleine Bäche ableiten; diese würden es zum Platte bringen – und er zu uns. Wir könnten unsere eigenen Seen anlegen, hier herunten im trockenen Land das Hochwasser einschließen, wenn es im Frühling kommt, und später freigeben, wenn wir es brauchen."

Er war nur ein Bauer, aber wie alle Menschen mit fruchtbaren Ideen fand er die richtigen Worte. Von einem Professor hatte er einmal die Begriffe „einschließen" und „Ergänzung" gehört und sofort verstanden, was der Mann damit meinte. Denn er, Brumbauch, hatte die Begriffe geformt, bevor er die Wörter gekannt hatte; und als er sie kannte, waren sie automatisch sein Eigentum. Die Idee, meinte er, gebe ihm auch das Recht darauf.

„Der Platte ist ein Kanal für unsere Zwecke", wiederholte er. Und von seiner Grundidee ausgehend, überlegte er nun, wie er die Hilfe, die der Fluß bot, am besten nutzbar machen könnte. Drei Wochen lang schlug er sich mit dem Problem herum, dann führte ihn ein glücklicher Zufall in der Nähe von Greeley mit ein paar Bauern zusammen, die die gleiche Frage zu lösen versuchten, und gemeinsam erkannten sie, was getan werden mußte.

Im Westen von Centennial entsprang ein Fluß, der in den Platte mündete, ein Fluß, der vielleicht den hübschesten Namen von allen Flüssen des Westens führte: Cache la Poudre. Ein französischer Trapper hatte ihn so genannt, weil er dort, während er die Berge erkundete, sein Pulver versteckt hatte. Für gewöhnlich nannte man den Fluß überhaupt nur Pooder, und in den ersten Jahren der Besitzergreifung durch den weißen Mann beachtete ihn niemand.

Als aber Farmer das Gebiet am Cache la Poudre besiedelten, gewann er rasch an Bedeutung, führte er doch dem Platte River neunundzwanzig Prozent von dessen Wassermenge zu. Nur zweiundzwanzig Prozent stammten vom Platte selbst, der Rest kam von Flußläufen, die meist viel kleiner waren als der Poudre. Aufgeweckte Farmer wie Potato Brumbauch hatten daher recht bald erkannt, daß sie in ihrem Poudre eine fließende Goldmine besaßen.

Kurz nachdem Brumbauch im Jahre 1859 den Platte angezapft und eine schmale Rinne gegraben hatte, hoben die Farmer von Greeley vom Südufer des Poudre einen kleinen Graben aus, den „Ersten Kanal“, der den fetten Boden zwischen Poudre und Platte bewässern sollte. Das kostete nur wenig Mühe, nicht viel mehr, als Brumbauch für seinen eigenen Graben aufgewendet hatte, und hatte auf das ausgedehnte Uferland im Norden keinerlei Einfluß.

Es war Brumbauchs Idee, das Nordufer des Poudre anzuschneiden und einen größeren, viele Meilen langen „Zweiten Kanal“ zu errichten, der den Konturen der ersten, untersten der natürlichen Uferterrassen folgen und Millionen Liter Wasser zu den trockenen Ländereien bringen sollte. Einige Farmer in Greeley, zu einem Kostenbeitrag aufgefordert, sagten ein Desaster voraus und taten nicht mit. Andere erkannten die großen Möglichkeiten dieses Projekts und zeichneten hohe Summen.

Während der ersten Jahre sprach man von dem Unternehmen als von „Brumbauchs Schnapsidee“, denn die Kosten stiegen auf das Vierfache dessen, was der Russe angenommen hatte. Einige Voranschläge für Leit- und Abzugsrohre mußten sogar auf das Sieben- bis Achtfache erhöht werden. Die Bewässerungskosten eines Ackers wuchsen in so erschreckendem Maße, daß viele Farmer die Einstellung des kostspieligen Unternehmens forderten. Die Banken verweigerten weitere Kredite. Nur die Hartnäckigkeit von Männern wie Brumbauch, seines Freundes Levi Zendt und einiger gottesfürchtiger Bürger von Greeley hielt das Projekt in Gang.

„Ich verstehe sie nicht“, rief Brumbauch enttäuscht, als einer nach dem anderen seiner Partner absprang. „Was macht es schon aus, wenn es zehnmal soviel kostet, als ich dachte? Spielt das eine Rolle? Angenommen, wir schaffen es, das trockene Land zu bewässern, und jeder Acker bringt Tausende Dollars? Wer schert sich dann noch um die Kosten?“

Brumbauch war es auch, der die Idee hatte, das Ende des Zweiten Kanals in eine Flußkrümmung umzuwandeln. Der Kanal war so weit ostwärts gegraben worden, als es vorteilhaft schien. Aber er führte dort immer noch eine Menge Wasser, trotz der kleineren Gräben, die man von ihm ableitete. Und Brumbauch schlug vor: „Führen wir ihn doch nach Westen zurück!“ Und er forderte alle, die bei der Stange geblieben waren, auf, neue Niveauübergänge zu finden, die es ermöglichen sollten, das Wasser dorthin zurückzuleiten, wo es herkam.

„Er will dasselbe Wasser zweimal verwenden“, lachten die Leute. Brumbauch hörte das und überlegte. Eigentlich sehr vernünftig, dachte er. Und aus eigener Tasche bezahlte er einen Bewässerungsingenieur aus Denver, der feststellen sollte, wie sich das vom Fluß abgeleitete Wasser verhalten würde. Der Experte kam, nachdem er Platte, Poudre und zahlreiche Grundstücke vermessen hatte, zu dem Schluß, daß trotz des großen Verbrauchs von Poudrewasser durch Brumbauchs Zweiten Kanal die Durchsickerung es erlauben würde, siebenunddreißig Prozent des Wassers in den Platte zurückzuleiten. Das Wasser war gebraucht, aber nicht aufgebraucht, und der Ingenieur errechnete, daß bei einem sparsameren Verfahren gute fünfzig Prozent des für die Bewässerung gebrauchten Wassers zum Fluß zurückfinden würden; immer und immer wieder verfügbar.

„Genau, was ich sagte!“ rief Brumbauch so freudig, als ob das abfließende Wasser nur ihm zuliebe zurückkommen würde. „Der ganze Fluß ist ein einziges Bewässerungssystem, das zu unserer Verfügung steht!“ Er zog von Gemeinde zu Gemeinde, legte seine Ansichten dar und erklärte den Farmern, wie man den Platte zu einer unerschöpflichen Hilfsquelle machen könnte.

Ein Mann aus Sterling widersprach: „Du sagst, du schickst die Hälfte des Wassers zurück. Gut. Und dann benützt du wieder die Hälfte. Und wenn wir so weitermachen, halb und halb und halb – dann ist eines Tages das Flußbett staubtrocken.“

„Stimmt!“ rief Brumbauch. „So wie jetzt die Dinge stehen, verbrauchen wir es. Aber wenn wir Stollen in die Berge schlagen und das Wasser von drüben, wo es niemand braucht, zu uns leiten, wo es . . .“

„Jetzt will er auch noch die Berge anzapfen!“ rief einer der Männer aus Sterling.

„Ja, ja!“ schrie Brumbauch. „Genau das werde ich! Wenn der Platte an meiner Farm vorbeifließt, wünschte ich ihn so groß wie den Mississippi, und wenn er Colorado verläßt und nach Nebraska wechselt, wünschte ich ihn trocken wie Knochenmehl. Dieses Tal kann ein neuer Garten Eden werden!“

Um zu erreichen, was Brumbauch im Sinne hatte, bedurfte es fast eines Wunders: eines Einsatzes, der einen schwächeren Mann hätte verzagen lassen.

„Was stellen Sie sich vor?“ fragte ihn ein Anwalt. „Wollen Sie die Gesetze ändern?“

„Ja, das will ich“, sagte Potato. Und mit Unterstützung eines unbemittelten, aber klugen Anwalts aus Greeley machte er sich ans Werk.

Das Gesetz, das die Flußrechte regelte, beruhte auf der tausendjährigen Erfahrung von Ländern mit reichem Niederschlag, wie England, Deutschland, Frankreich. Es war klar, gerecht und verständlich: „Wenn ein Fluß in seinem natürlichen Lauf zuerst die Farm von A passiert und später die Farm von B, dann darf A nichts unternehmen, was die Wassermenge bei B verringern könnte.“ Wenn A also etwa eine Getreidemühle betreiben wollte, hatte er durchaus das Recht, einen Mühlbach über sein Mühlrad zu lenken; das Wasser floß zurück in den Fluß, und der Wasserstand bei B blieb der gleiche. B durfte in seinem Teil des Flusses so viele Lachse fangen, wie er wollte. Wesentlich war nur, daß der Wasserstand nicht verändert wurde.

Die durchschnittliche Niederschlagsmenge in jenen Teilen Englands, in denen die Flußrechte kodifiziert wurden, betrug fast einen Meter im Jahr, und das Problem der Farmer dort war, das überschüssige Wasser loszuwerden. Sie hatten keinerlei Veranlassung, einen Fluß anzuzapfen. Und wenn alle Länder der Erde im Jahr mit einem Meter Regen gesegnet wären, würde man mit diesen Flußrechten glänzend auskommen.

Was aber, wenn ein Land nur dreißig Zentimeter jährlichen Niederschlag aufweist, wie die Trockengebiete von Colorado? Hier war ein Fluß genau das, was Potato Brumbauch behauptete: eine freiliegende Schlagader, entscheidend über Leben und Tod. Ein bißchen Wasser aus dem Platte in trockenes Land zu leiten, um es blühend zu machen, das war nicht Diebstahl, es war irgend etwas sonst, was das Gesetz nicht definierte.

„Wir brauchen ein neues Gesetz“, grübelte Brumbauch, „wir brauchen ein neues Gesetz . . .“ Schließlich stöberte er in dem kleinen Anwaltsbüro von Greeley jenen Mann auf, der es treffender ausdrückte: Ein neues Land braucht ein neues Gesetz. Joe Beck war Harvard-Absolvent, aber sonderbarerweise nicht imstande, auch nur einen Nickel zu verdienen, weil er sich immer wieder in fruchtlose Auseinandersetzungen verlor. Brumbauch aber sah auf den ersten Blick: Das war sein Mann. Er bot ihm ein anständiges Honorar.

„Ändern Sie das Gesetz“, sagte er zu Beck. Und der schäbige kleine Anwalt ging an die Arbeit.

Er entwarf ein brillantes neues Flußkonzept, das sich in der Hauptsache auf Brumbauchs Visionen stützte. „Die Flüsse und alles Wasser gehören dem Volk. Die Benützung des Wassers steht dem Mann zu, der es als erster seinem Grund und Boden und damit nützlichen Zwecken zuführt. Wenn A am Oberlauf des Flusses lebt und ihn Jahr für Jahr unbenützt vorbeifließen läßt, und wenn B unten am Fluß lebt und frühzeitig einen Plan zu seiner Auswertung faßt, darf A zu einem späteren Zeitpunkt nicht eingreifen und Flußwasser abzweigen, so daß B weniger Wasser als bis dahin bekäme . . . Erster in der Zeit, erster im Recht.“

Man nannte es die „Colorado-Doktrin der Priorität und Übereignung“. In Staaten wie Virginia und South Carolina mit ihren unzähligen Flußläufen und so reichlichen Niederschlägen wie Europa war man daran überhaupt nicht interessiert. Aber die wasserarmen Staaten des Westens machten sie sich in der Erkenntnis zu eigen, daß es keine Alternative gab. Flüsse waren da, um genutzt zu werden – jeder Tropfen. Nur ein geplantes Vorgehen gewährleistete die beste Ausnutzung.

Ermutigt durch seinen ersten Erfolg, schritt Brumbauch alle Grundstücke am Platte ab, immer auf der Suche nach noch wirksamerer Nutzbarmachung des Wassers. Er folgte dem Poudre aufwärts bis zur Quelle. Er überquerte die Berge und erreichte das Tal, dessen Bäche den Laramie River speisten, der nordwärts nach Wyoming floß.

„Was für eine Vergeudung!“ rief er, als er das frische, eisklare Bergwasser Colorado verlassen sah. Es müßte doch ein leichtes sein, einen Ableitungsstollen anzulegen. „Fünfzigtausend Dollar“, sagte er zu Beck, verschätzte sich aber um runde zweihunderttausend. Durch ihn konnte man Millionen Liter Wasser gewinnen, das in Wyoming niemand beachtete.

„Dieser verdammte Russe wird gefährlich“, grollten die Farmer von Wyoming und Nebraska, und sie engagierten ihrerseits Anwälte, um ihn fertigzumachen. Diese Herren erklärten vor Gericht: „Wenn es auf Brumbauch ankäme, dann würde nicht ein Wassertropfen Colorado verlassen.“

Die Beschuldigung war gerecht. Brumbauch wollte tatsächlich alles Wasser von den Westhängen der Berge in den Platte leiten – um Colorado zu bewässern. Zu gegebener Zeit würden sich sogar die Richter des Obersten Gerichtshofes der Vereinigten Staaten mit seinen Zukunftsplänen herumschlagen müssen. Ein Anwalt aus Wyoming fragte das Gericht: „Was will dieser Mann wirklich? Den ganzen Westen umbauen?“

Wenn die Frage an Brumbauch gerichtet worden wäre, er hätte geantwortet: „Ja. Die einzige lohnende Aufgabe für einen ehrenhaften Mann ist, diese Welt umzubauen.“

Eines Nachmittags nahm er seinen Sohn Kurt beiseite und sagte zu ihm: „Melde dich morgen bei Joe Beck in Greeley. Du wirst Jura studieren.“ Sein Sohn, damals achtzehn, machte Einwände. Er zöge es vor, auf der Farm zu arbeiten. Aber Potato dachte weiter: „Ein Mann, der die Farmarbeit kennt, kontrolliert die Melonen; der Mann, der das Gesetz kennt, kontrolliert den Fluß.“ Und es war der Fluß, immer nur der Fluß, der auf lange Sicht das Leben bestimmte. So lernte Kurt Brumbauch die Maschen und Feinheiten des Gesetzes kennen, soweit sie sich auf Flüsse und vor allem auf den Platte bezogen, und vertrat später die Rechtsfälle seines Vaters vor dem Obersten Gerichtshof.

Potato selbst blieb bei seiner Farm. Und als es so weit war, daß das

Wasser des zweiten Kanals voll genützt wurde, tat er sich mit einigen weitblickenden Männern aus Greeley zusammen, um einen dritten Kanal zu bauen. Aber diesmal überschritten die Pläne seine Leistungskraft. Das Geld reichte nicht mehr. Er und Joe Beck rannten den Banken und New York die Türen ein. „Alles, was wir brauchen, sind bloß vier Millionen Dollars", sagte Brumbauch geringschätzig. Es kam nichts dabei heraus.

Brumbauch war zäh. Er belegte eine Kabine auf einem Cunard-Liner und fuhr nach London – von Seccombe aus Gefälligkeit mit allerhand Empfehlungsschreiben ausgestattet. Zwei Tage suggestiver Überredungskunst – und er hatte sein Geld. Als er zum erstenmal das klare, köstliche Wasser vom „Englischen Kanal" auf seine Grundstücke fließen sah, gebar er eine neue Idee: „In Rußland", sagte er, „bauten wir auf einem Boden wie diesem Zuckerrüben. Warum nicht auch hier?" Und gab damit seinen Farmerkollegen neuen Anlaß zu Kopfschmerzen.

1881 bemächtigte sich Centennials eine ungeheure Aufregung. Seit zwanzig Jahren schon kämpften die Bürger darum, daß ihre Stadt an das Eisenbahnnetz angeschlossen würde. Vergebens. Die Union Pacific hatte sich, in ihrem Drang, die ganze Nation zu verbinden, ein starkes Stück geleistet. Entlang dieser ganzen Eisenbahnlinie gab es nur zwei volkreiche Städte, Denver und Salt Lake City; und die Union Pacific brachte es fertig, beide links liegenzulassen.

Von den frühesten Tagen an waren die Einwohner der Meinung gewesen, daß die Union Pacific eine Stichbahn von Julesburg entlang dem Platte nach Denver bauen sollte, aber die Gesellschaft dachte nicht daran. „Wenn einer von Omaha nach Denver fahren will", sagten die Manager, „soll er doch unsere Linie nach Cheyenne und von dort die Straße nach Denver benützen. Und was den Rindertransport angeht – zur Hölle mit den Rindern!"

Jetzt aber verkündete die rivalisierende Burlington-Eisenbahn ihren Plan, eine neue Linie direkt nach Denver zu legen, und zwar durch das menschenleere Land südlich des Platte. Da barst die Union Pacific plötzlich geradezu vor Unternehmungsgeist. Ausgehend von der ursprünglichen Linie bei Julesburg, trieb sie den Schienenstrang blitzartig westwärts, zehn, achtzehn, ja zweiundzwanzig Meilen am Tag. Geschickte Bautrupps, irgenwo ausgebildet, Iren und Chinesen, waren mit Eifer und Können am Werk und ließen die Schienen nur so über die Prärie gleiten. Wie ein riesiger Tausendfüßler kroch die neue Linie westwärts.

Als Centennial erreicht war, beobachteten die Einwohner das Legen der Schienen so hingebungsvoll und aufgeregt, als würde da ein Zirkuszelt aufgestellt. Drei einheimische Mädchen brannten mit Bauarbeitern durch. Hans Brumbauchs jüngere Tochter, ein flachshaariges Mädchen von dreiundzwanzig, war vernünftiger: Als ein Aufseher ihr nachstellte, bestand sie auf Heirat.

Die Schienen liefen das Nordufer des Platte entlang und bildeten eine Art Grenze des Stadtgebietes. Der Bahnhof wurde zu einem Brennpunkt des bürgerlichen Lebens, täglich passierten ihn mehrere Züge in beiden Richtungen; von seinem Telegraphenamt aus konnten wichtige Nachrichten schnellstens befördert werden. Das gesellschaftliche Leben konzentrierte sich bald auf das Railway-Arms-Hotel, das die Union Pacific nahe dem Bahnhof hatte errichten lassen.

Architekten rückten an, die an den Strecken der Union Pacific schon eine Reihe solcher Bauten errichtet hatten, und stellten in wenigen atemberaubenden Monaten ein noch größeres Hotel hin, mit vielen Zimmern, drei Speisesälen und einer verlockend ausgestatteten Bar. Der Bau kostete achtzehntausend Dollar; aber allein im Jahre 1883 brachte er der Gesellschaft einen Gewinn von sechunddreißigtausend.

Centennial war jetzt mit allen größeren Städten Amerikas verbunden; damit hatte auch die Venneford-Ranch die Möglichkeit, ihre Rinder zu jedem beliebigen Markt zu verschicken. Geschlossene Güterwagen zu ihrem Transport wurden angeschafft.

Doch dann kam es zu einem ungeheuerlichen Vorfall, den kein Einwohner Centennials je vergessen sollte. Blitzartig verbreitete sich die Nachricht, daß ein Viehzüchter namens Messmore Garrett vier Güterwagen mit Tieren heranführte, die er auf dem offenen Land zur Aufzucht aussetzen wollte.

„Hier gibt es doch kein offenes Land", sagte man, „hier gehört doch alles der Venneford-Ranch."

„Es gehört ihr nicht. Es ist offen – wenn dieser Garrett sich dort halten kann."

„Und wie zum Teufel soll er sich halten? Kannst du mir das sagen?"

„Er würde nicht herkommen, wenn er nicht eine Idee hätte, wie er das schaukeln kann."

Das Telegramm lautete kurz und einfach:

Bagby Centennial – Ankommen Donnerstag vier Güterwagen mit Vieh.

Messmore Garrett – Cary Montana.

Als die Waggons am Donnerstag nachmittag tatsächlich einliefen, war fast ganz Centennial am Bahnhof, um zu sehen, wer sich um das Garrett-Vieh kümmern würde. Die Lokomotive pfiff zweimal laut, dann trudelte der Zug langsam ein und hielt an. Postsäcke wurden herausgeworfen, die Briefpost ausgetauscht, doch die Leute von Centennial richteten ihre ganze Aufmerksamkeit auf die vier Güterwagen.

Ein schlanker Mann, Ende der Dreißig, stieg aus dem ersten Waggon. Er trug den üblichen breitrandigen Hut. Trotzdem bemerkten die Frauen, daß sein Haar leicht ergraut war. Er hatte tiefliegende, blitzende Augen, ging mit festen Schritten auf die Menge zu und rief, sich selbst vorstellend, mit einer weiten Handbewegung:

„Ich bin Messmore Garrett. Wer von euch will mir beim Ausladen helfen?"

Da stand eine ganze Reihe erfahrener Cowboys in der Menge, aber erstaunlicherweise meldete sich keiner. Nur Amos Calendar drängte sich vor, wischte seine Nase am Ärmel ab und sagte: „Ich bin Calendar."

„Hat Bagby Sie angeworben?"

„Ja."

„Freut mich, Sie kennenzulernen. Legen Sie gleich die Bretter zum Ausladen an."

Calendar ging zu einem der vom Zug bereits abgekoppelten Waggons und legten ein Entladebrett an. Jemand im Wageninneren schob knarrend die Tür auf.

Ein einziger Schrei der Verblüffung kam aus der Menge der Cowboys: „Herr im Himmel! Schafe!!"

Und die Rampe hinunter drängten Hunderte wolliger Schafe, schmutzig von der langen Fahrt, neugierig und hungrig. Ein Bock wandte sich ausgerechnet den Cowboys zu. Sie wichen entsetzt zurück wie vor einer Klapperschlange. „Fort von mir!" kreischte einer wie eine furchtsame Frau, aber der Bock ließ sich nicht beirren und drängte weiter gegen die Beine der Cowboys. Einer, den der Bock streifte, versetzte diesem einen kräftigen Tritt gegen den Schädel, wild fluchend, wie es nur Cowboys können. „Das verdammte Vieh hat mich berührt!" rief er voll Abscheu seinen Freunden zu.

Bis zum Abend desselben Tages hatte sich im ganzen Norden Colorados und weit bis Wyoming hinein die Nachricht von der Schafinvasion im Rinderland verbreitet. John Skimmerhorn, ratlos und entsetzt, kabelte sofort nach Bristol:

Perkin – Achtzehnhundert Schafe in unsere Ranch eingedrungen – erwarten sofortige Weisungen

Skimmerhorn

Die Antwort war kurz und bündig: „Weg damit." Das war in der Tat die einzig mögliche vernünftige Antwort, denn es war eine ausgemachte Sache, daß Rinder und Schafe nicht das gleiche Weideland benützen konnten.

„Schafe sind dreckige Biester", schimpften die Cowboys an diesem Abend, als der Gestank der Tiere erstmals ihre Nasen belästigte. „Kein Ochse rührt das Gras an, über das diese Wollknäuel gelaufen sind. Sie lassen einen höllischen Gestank zurück – heiliger Gott, ich rieche ihn schon!"

„Was noch schlimmer ist", sagte ein anderer, „ein Schaf frißt das Gras bis zur Wurzel ab. Eine Kuh findet dann zwei Jahre lang kein Futter."

„Das schlimmste ist der Gestank", meinte ein dritter. „Wenn mein Alter ein Restaurant betrat, roch er es, wenn dort einmal in den letzten Monaten ein Hammel gekocht worden war. Rinder sind nicht dumm, auch sie wissen, daß dieser Gestank einen umbringt."

So begann also der Krieg. Es war Notwehr, Selbstschutz der Rancher, wenn sie versuchten, die Schafzüchter aus dem Lande zu treiben. Und sie konnten in der Verfolgung ihrer Ziele hart und grausam sein. Im Cheyenne-Club tauschten sie ihre Nachrichten aus. Manche waren der Meinung, der beste Weg, ihre Ländereien vor den Schafen zu schützen, wäre, sie einfach abzuschießen. Andere versprachen sich mehr Erfolg davon, sie des Nachts mit Knüppeln zu erschlagen. Ein Rancher vom Laramie River brachte seine Cowboys dazu, eine ganze Schafherde in einen Abgrund zu treiben. „Mehr als tausend", erzählte er befriedigt, „sind wir so losgeworden."

Wieder andere waren für Gift. „Wenn wir Salpeter oder Kupfervitriol auf die Weiden bringen", sagte ein Mann von Chugwater, „muß eine höllische Menge von Schafen draufgehen. Und das Rind nimmt keinen Schaden."

Claude Barker, ein bekannt ruhiger und gelassener Mann, äußerte sich wenig zu dem Problem. Als aber drei Schafhirten mit ihrer Herde in sein Land eindrangen, wurden zwei erschossen – und der dritte nur deshalb am Leben gelassen, damit er den Rest der Herde wieder forttreiben konnte.

Auf der Venneford-Ranch spitzte sich die Lage besonders zu. Oliver Seccombe war eben auf dem Weg nach England, als Messmore Garrett mit seinen ersten vier Waggons Schafen in Centennial eintraf. Die Entscheidung darüber, was zu tun war, lag somit bei John Skimmerhorn. Und ihm war – mit Ausnahme von Mord – jedes Mittel recht, die Schafe wieder zu vertreiben. Aber er hatte keinen Erfolg. Calendar brachte seinen ersten Haufen in das Land östlich Rattlesnake Buttes, und Buford Coker, der Südstaatler aus South Carolina, trieb eine größere Herde zum Fox Canyon nordwestlich von Line Camp Fünf.

Skimmerhorn war im Vorgehen gegen die zwei Eindringlinge gehemmt; er kannte sie beide, hatte mit ihnen bei dem großen Trail von Texas herauf zusammengearbeitet. Er mochte Coker, und er hatte einen widerwilligen Respekt vor Calendars Fähigkeit, mit dem Schießeisen umzugehen. „Vor einem muß ich euch warnen", sagte er zu seinen Cowboys, die er zusammengerufen hatte, um mit ihnen das Vorgehen gegen die Schaftreiber zu besprechen, „diese zwei Männer wissen sich selbst zu schützen. Calendar im besonderen ist durch Spiele mit dem Colt nicht einzuschüchtern. Paßt auf euch auf."

Die Quelle im Fox Canyon wurde vergiftet; eine ganze Menge von

Cokers Schafen verendete, ehe er den Rest abtreiben konnte. Calendars Herde wurde von einem Rudel wilder Hunde angegriffen, die von Reitern in dieses Gebiet gejagt worden waren. Calendar erschoß mit sicherer Hand eine ganze Anzahl der Hunde, aber doch erst, nachdem sie beträchtlichen Schaden angerichtet hatten. Trockenes Gras, über das Gatter geworfen, wurde an allen Ecken in Brand gesteckt, so daß einige hundert Schafe im Feuer umkamen. Aber Calendar und Coker hielten fest an ihrem Job, und Messmore Garrett brachte immer neue Schafe heran.

Er war ein entschlossener Mann. Bei der Bank von Centennial, deren Angestellte ihn nur mit sichtlichem Widerwillen bedienten, hinterlegte er zehntausend Dollar und ließ bekanntwerden, daß er Land für eine Schafherde zu kaufen gewillt war – als Hauptquartier, während er die Schafe auf offenem Lande weiden ließ.

„Eine gottverdammte Schande", sagte ein Bankier bei einem Dinner, zu dem die Rinderzüchter ins Railway-Arms-Hotel geladen hatten. „Dieses Land liegt hier seit einem Jahrtausend offen da, und die einzigen, die sich darum scherten, waren die Viehzüchter. Rechtlich, denke ich, gehört es wohl der Regierung. Aber es ist unser Land. Dieser verdammte Messmore Garrett sollte lieber nicht versuchen, Land von mir zu kaufen."

Die Rancher waren besonders aufgebracht, als Angestellte Garretts bei den Verwaltungsbehörden erschienen und dort ihre Absicht bekundeten, sich hier anzusiedeln. Auf einem festen Wohnsitz mit etwas Land herum. „Klarerweise nicht für sie selbst", tobten sie. „Es ist Garrett, der Land in die Hand bekommen will. An dem Tag, an dem es ihnen überantwortet wird, verkaufen sie es ihm und ziehen ab. Beim Teufel, es muß doch ein Gesetz geben, sie daran zu hindern!"

Drei Mitglieder von Garretts Familie bewarben sich um Siedlungsgrund. Ihre Papiere gingen verloren. Sie bewarben sich aufs neue, aber ein Anwalt intervenierte im Namen der Bürgerschaft und bemängelte eine der Bewerbungen; die beiden anderen wurden nach Kansas City zur Überprüfung gesandt. Auch sie gingen verloren.

Garrett erhob keine Beschwerde. Er nahm einen Anwalt aus Denver, der seit Jahren solche Fälle ausfocht, und dieser erreichte es mit Hartnäckigkeit und dem nötigen Druck, daß den Garretts einige zusammenhängende Parzellen zugesprochen wurden, von denen aus Messmore, zwar mit Schwierigkeiten, aber doch, seine Schafranch aufbauen und leiten konnte.

Der große Durchbruch gelang erst, als der Anwalt dem Gericht Dokumente über den Kauf von zweitausend Morgen Land an den Kalkklippen aus dem Besitz von Levi Zendt vorlegte.

Die ganze Wut der Rancher richtete sich nun gegen Levi. Sein Laden wurde in Brand gesteckt; zum zweitenmal mußte er Brandstiftung als eine Form der Auseinandersetzung kennenlernen. Das Feuer wurde gelöscht, aber nicht von der Feuerwehr – diese weigerte sich, das Eigentum eines Schafzuchtförderers zu retten –, sondern von Garrett und seinen Helfern.

Zendt kümmerte sich nicht darum. Als eine Gruppe von Cowboys von ihm wissen wollte, warum er ein so gutes Stück Land einem Schafzüchter verkauft hatte, antwortete er: „Indianer haben mir dieses Land verkauft, um mir zum Start zu verhelfen. Ich habe es Venneford benützen lassen, um ihm den Start zu erleichtern. Und ich habe Potato Brumbauch ein anderes Stück verkauft, um ihm zum Start zu verhelfen. Und ihr seid verdammte Narren, solche Fragen zu stellen.“

Sie berichteten das auf ihrer Ranch; Skimmerhorn ritt hinunter, um die Angelegenheit mit Levi persönlich zu besprechen. „Es ist einfach ein Verbrechen, Schafe in Rinderland zu bringen“, behauptete der Vormann. „Sie zerstören es, sie brauchen es auf. Sie sind nicht besser als ein Schwarm von Heuschrecken.“

Levi entgegnete, daß er in seinem Leben – und er war jetzt zweiundsechzig – schon oft miterlebt hatte, wie sich neue Ideen durchsetzten; und immer habe vorher irgendwer behauptet, die Welt – wie sie sich bis dahin bot – würde nun zerstört sein. „Vielleicht, John, gehört das weite offene Land, wie du es kennst, überhaupt schon der Vergangenheit an. Vielleicht solltest du bei mir ein paar Rollen Stacheldraht kaufen und deinen Grund einzäunen. Und genau wissen, was du tust.“

„Aber Levi! Du hast doch selbst Venneford-Anteile, du schneidest dich ins eigene Fleisch!“

„Ich halte nicht mehr viel von Rinderaktien, John.“ Und er hielt dem Vormann den Vertrag über die Abtretung seines Landes an den Schafzüchter Messmore Garrett unter die Nase. „Die Wahrheit ist, John, daß ich meine Venneford-Anteile gerne loswerden würde. Vielleicht kennst du einen, der sie haben will.“

Skimmerhorn kannte einen. Schon am nächsten Tag erschien Jim Lloyd im Laden und sagte: „Ich höre, Mr. Zendt, Sie wollen ein paar Venneford-Anteile verkaufen.“

„Richtig.“

„Ich möchte sie erwerben.“

„Du tätest besser daran, dich mit Schafaktien einzudecken. Ich könnte dir welche besorgen.“

Jim fuhr zurück. „Jesus Christus! Ich bin Cowboy!“

„Wenn du so genau weißt, was du willst, dann bleib eben dabei“, sagte Levi. „Du kannst dir meine Venneford-Anteile von der Bank holen.“ Dann sagte er mit gesenkter Stimme: „Hast du etwas von Clemma gehört?“

„Nie“, sagte Jim.

„Wir auch nicht. Höre, Jim“, setzte er wieder lebhaft hinzu, „du würdest diesem Lande einen Dienst erweisen, wenn du deinen Cowboys sagtest, sie sollen Coker und Calendar in Ruhe lassen. Die Geduld dieser Männer ist am Ende."

„Es sind nicht meine Cowboys", protestierte Jim. „Die Krachmacher kommen aus Wyoming herunter."

„Sag ihnen, Jim, sie sollen lieber zu Hause bleiben. Es könnte noch größeren Krach geben."

Die Warnung war in den Wind gesprochen. In der dritten Nacht wurden mehr als hundert Schafe von Calendars Herde getötet, ihre Schädel mit brutalen Schlägen zerschmettert.

Im goldenen Sommer des Jahres 1883 ließ sich Häuptling Verirrter Adler, ein gebrechlicher alter Mann von dreiundsiebzig, zum dritten und letzten Mal an der Seite eines Präsidenten der Vereinigten Staaten photographieren. 1851 war er neben Millard Fillmore gestanden, nachdem der große Vertrag von Fort Laramie abgeschlossen war; zehn Jahre später war er mit Abraham Lincoln photographiert worden. Und nun machte Chester Arthur Urlaub im Yellowstone-Park – in der Absicht, die Bedeutung des Parks und seine Erfordernisse der ganzen Nation nahezubringen. Eine Reise in die Wildnis war damals ein gewagtes Unternehmen; fünfundsiebzig Kavalleristen begleiteten den Präsidenten, Scouts und Kundschafter, außerdem eine Menge Fuhrleute, ferner fünfundsiebzig Tragtiere mit Gerät und Vorräten. In der Indianerreservation im Nordwesten Wyomings wollte der Präsident kurzen Aufenthalt nehmen.

Dort traf er mit dem berühmten Shoshonehäuptling Washakie zusammen, der bittere Klage führte, vorgebracht mit Nachdruck und althergebrachter Verachtung: „Warum erlaubte der Große Weiße Vater den Arapaho, in unser Gebiet einzudringen?"

Präsident Arthur sah seine Berater an, aber keiner ergriff das Wort. Und Washakie, nun ein Mann in den Achtzigern, fuhr fort: „Du weißt, die Arapaho fressen ihre Hunde. Du weißt, wir bekämpfen sie seit hundert Jahren."

Hier informierte einer der Berater den Präsidenten, daß die Ute-Indianer, zu deren Stamm die Shoshone gehörten, tatsächlich mit den Arapaho seit einem Jahrhundert in Feindschaft lebten. Und es war auch richtig, daß die Arapaho Hundefleisch aßen.

Washakie führte seine Beschwerde weiter. Dann fand sich doch ein Scout, der Erklärungen geben konnte: „Die Arapaho haben nicht das geringste Recht, sich hier aufzuhalten. Sie wurden aus ihrer Reservation in Colorado vertrieben und in die Dakotas eingewiesen. Aber dort gefiel es ihnen nicht."

„Wer verlangt, daß es ihnen gefällt?" fragte der Präsident.

„Als die Nahrung ausging, wurde ihnen erlaubt, hier herunterzukommen."

„Man schicke sie zurück", sagte der Präsident kurz.

„Sie sind schon zu lange herumgezogen, Sir."

Der Präsident stimmte schließlich zu, auch die andere Seite, die Arapaho, zu hören. Häuptling Verirrter Adler wurde geholt und von ihm empfangen.

Der Häuptling war eine rührende Erscheinung, ein vertrockneter alter Mann in einer zerschlissenen Armeeuniform, mit einer bronzenen Medaille um den Hals und einem lächerlichen, spitzen Hut auf dem Kopf. Im Hutband steckte eine Truthahnfeder. Er war krummbeinig, weil er so viele Jahre im Sattel verbracht hatte, und er sprach mit hoher Stimme.

„Wir sind weit umhergewandert", sagte er, „und haben endlich eine Heimat gefunden. Wir möchten hier bleiben."

„Was ist das für eine Medaille?" fragte Arthur. General Phil Sheridan, ein Mann, der alle Indianer haßte und den klassischen Satz geprägt hatte: „Nur ein toter Indianer ist ein guter Indianer", trat vor und besah sich die Medaille.

„Präsident Buchanan", meldete Sheridan und unterdrückte ein Kichern.

Die Begleiter des Präsidenten traten ein, und jedermann wollte mit dem komischen kleinen Indianer photographiert werden. Er posierte eine Weile, doch er hatte das Gefühl, daß sein Appell an den Großen Vater nicht ganz ernst genommen worden war.

„Wenn ich den Präsidenten noch einmal sprechen könnte", bat er. Aber da drängten schon die Kavalleristen herein, die auch ihre Bilder haben wollten. Dann war es Zeit für den Verirrten Adler, seiner Wege zu gehen. Der Präsident war verschwunden.

„Hierher! Hierher!" riefen die Scouts in der Shoshone-Sprache. Doch der Verirrte Adler, der ihre Sprache nicht verstand, blieb allein, bis ein Soldat ihn in die Seite stieß. „Hier herüber, Opa!" Und er schob ihn zu Washakie und den anderen Shoshonehäuptlingen.

„Arapaho", knurrte einer von ihnen, doch jetzt schrie sie der Photograph an, sich ruhig zu verhalten. Kaum hatte er seine Aufnahme gemacht, erhob sich in einiger Entfernung wildes Geschrei, und eine Gruppe junger Indianer galoppierte auf das offene Feld zu, auf dem Präsident Arthur unter einem Baldachin Platz genommen hatte. Es sah aus, als ob die Männer den Präsidenten attackieren wollten; doch im letzten Augenblick brach eine Reiterschwadron aus einer anderen Ecke des Feldes hervor, angeführt von einem ins Horn stoßenden Soldaten, und verwickelte die Indianer in ein Scheingefecht. Es gab eine fürchterliche Schießerei mit lautem Geschrei und wiehernden Pferden; elf Indianer, besonders trainiert für dieses Schauspiel, stürzten von den Pferden und fielen in den Staub, als ob sie tödlich getroffen worden wären. Zehn Minuten dauerten der Schlachtenlärm, die Reiterkunststücke und das entsetzliche Gewehrfeuer; dann trieb die brave Reiterei die wilden Indianer von der Szene. Der Präsident war gerettet.

Die jungen Indianer, die an der Vorführung teilgenommen hatten, wurden vom Präsidenten und von General Sheridan beglückwünscht; anschließend erlaubte man ihnen, ein wenig Alkohol zu trinken. Senator George Vest aus Missouri und Robert Lincoln, Sohn des ermordeten Präsidenten, sprachen von einer denkwürdigen Vorführung. Nun bestand auch noch der letzte der fidelen Kavalleristen darauf, mit Häuptling Verirrter Adler photographiert zu werden; und abermals posierte dieser geduldig, während die Reiter sich über ihn lustig machten.

Von allen Männern, die an diesem Tage photographiert wurden, war es der Häuptling, dessen Leben dem amerikanischen Ideal am nächsten kam, am nächsten in der Beachtung der Prinzipien, auf denen diese Nation gegründet wurde. Er war unermeßlich größer als Chester Arthur, unvergleichlich wertvoller als Robert Lincoln, der ein knickriger Mann ohne Format war, der von seinem Vater nur den Namen geerbt hatte. Und der Häuptling war auch – seinen Verhältnissen angemessen – ein besserer Truppenführer als Phil Sheridan. Nur Senator Vest war mit ihm zu vergleichen; er teilte mit ihm die Liebe zum Land und die Freude an seiner Nutzung.

Doch die Männer lachten nur über den Häuptling, ignorierten seine Petition und erfaßten es gar nicht, daß er sie vor ein ernsthaftes sittliches Problem gestellt hatte, nicht von allzu großer staatspolitischer Bedeutung, aber vielleicht von um so größerer Dringlichkeit.

Als der Präsident mit seinem Gefolge Wyoming verließ, war der Häuptling tot.

Der Bau der Eisenbahn war für den weißen Mann von ebenso umwälzender Bedeutung, wie es die Zähmung des Pferdes für das Leben der Indianer gewesen war.

Im Frühsommer 1884 erhielt Levi Zendt aus der Hand des Stationsvorstands ein Telegramm, das ihn nicht wenig verwirrte:

Ankomme Union Pacific Freitag nachmittag um indianische Stammesgesetze zu studieren

Christian Zendt

Bestürzt zeigte er die Nachricht Lucinda, die natürlich fragte, wer denn dieser Christian wäre.

„Keine Ahnung. Ich hatte einen Bruder namens Christian, er war ein einfältiger Bursche, besaß ein paar Rinder und hatte noch nie etwas von Indianern gehört, geschweige denn von ihren Gesetzen."

„Vielleicht sein Sohn?"

„Habe nie gehört, daß er Söhne hat."

Lucinda blieb dabei, daß es sich um einen von Levis Neffen handeln müßte, wahrscheinlich um einen Sohn Christians. Vielleicht studierte er irgendwo die Rechte und war dabei auf die Idee mit den Indianern verfallen. Sie hatte das eben überlegt und fragte Levi mit ernstem Gesicht: „Soll ich weggehen, während er hier ist?"

„Was fällt dir ein!" rief Levi. „Warum solltest du?"

„Ich bin Indianerin."

„Aber er kommt doch, weil er euch studieren will! Soll er nur eine richtige Indianerin kennenlernen."

„Und meine Brüder?"

„Hör zu!" Er faßte seine Frau fest am Arm. „Als sie mich aus Lancaster hinauswarfen, hielt mich meine Familie für viel schlechter als deine Brüder, ich war verworfener als ein Mörder. Sie haben kein Recht darauf, sich durch die Pasquinels beim Essen gestört zu fühlen."

„Weiß deine Familie, daß ich deine Frau bin?"

„Ich habe es ihnen nicht erzählt."

„Ich halte es für besser, nach Denver zu gehen."

„Du bleibst hier. Es ist höchste Zeit, daß sie es erfahren."

Als der Nachmittagszug, von Julesburg kommend, einlief, war wieder eine Menge Leute am Bahnhof, denn die Ankunft eines Zuges war noch immer ein Ereignis. Levi und Lucinda waren bereit, Christian Zendt zu empfangen – wer immer er auch sein mochte. Dann kam er die Bahnhofstreppe herunter, ein großer, blonder Bursche von etwa dreiundzwanzig Jahren mit einem kantigen Gesicht. Er trug einen kleinen Koffer in der Hand.

„Du bist ja wohl Onkel Levi", sagte er fröhlich, mit einem offenen Lächeln. „Und das ist Mrs. Zendt." Dann sah er sie aufmerksam an und fragte: „Bist du wirklich eine Indianerin?"

Und als sie freundlich lächelnd nickte, rief er begeistert: „Das ist ja herrlich! Besser hätte ich es gar nicht treffen können!"

Auf dem Weg zur Farm erwies er sich als unermüdlicher, lustiger Schwätzer. Ja, er war der Sohn von Christian Zendt, aber dieser sei schon vor drei Jahren gestorben. Die anderen drei Brüder lebten noch, alle hatten Kinder. Seine Mutter war eine von den Mummerts von Paradise gewesen . . .

„Die alten Fahrzeugmacher?"

„Genau."

„Hat Mahlon geheiratet?"

„Ziemlich spät. Fünfzehn Jahre lang machte er dem Stoltzfuß-Mädchen den Hof. Aber er hatte Angst vor der Ehe – und sie hatte Angst, ihn zu verlieren; denn er war der einzige Mann, den sie in ihrem Alter noch haben konnte. Schönheit vergeht bekanntlich. Jeden Dienstag und jeden Freitag starrten sie über den Marktplatz hinweg einander an, sie aus ihrem Bäcker-, er aus seinem Fleischerladen, und beide legten ständig Geld auf die Seite. Schließlich wurde es den drei Brüdern zu dumm, und sie erklärten, es sei nun höchste Zeit, daß er sie heirate, es wäre unfair, sie noch länger warten zu lassen. Mahlon aber hatte Angst. So gingen Christian und die beiden Brüder zu dem Stoltzfuß-Mädchen und machten ihr für Mahlon den Antrag. Endlich kam es zur Hochzeit. Und als ich sie zum letztenmal sah, da standen sie Seite an Seite im Fleischerladen. Einer der Stoltzfuß-Söhne hatte die Bäckerei übernommen."

„Sind Kinder da?"

„Seit fünf Jahren kommt jedes Jahr eines."

Je länger Levi und seine Frau mit dem übersprudelnden jungen Mann beisammen waren, desto besser gefiel er ihnen. Fasziniert hörte er zu, als sie ihm erzählte, wie ihre Onkel sich Büffelschädel auf den Rücken geschnallt und im wirbelnden Staub getanzt hatten, bis die Riemen in ihre Muskeln schnitten. Sie erzählte, wie ihre Brüder nur mit knapper Not dem Massaker entkommen waren. Levi teilte mit ihr die schmerzliche Erinnerung, als Christian sie unterbrach: „Guter Gott, Tante Lucinda! Du willst doch nicht sagen, daß Skimmerhorn die Kanonen aufgestellt hat, um sie alle umzubringen?"

Sie sagte, genauso hätte sie es gemeint.

Sie waren erfreut, daß Christian sich jeder voreiligen, ungerechten Kritik enthielt. „Erzähle mir vom Tod deiner zwei Brüder. Wir haben im Osten viel darüber gehört. Ich hätte mir nicht träumen lassen, daß sie meine Onkel gewesen sind."

Lucinda lächelte schmerzlich. Dann berichtete sie, wie der eine gehängt und der andere von Frank Skimmerhorn in den Rücken geschossen worden war, und wie Levi, den Haß der Mitbürger herausfordernd, sie beerdigt hatte.

Sie sprachen auch viel über Stammesgesetze, und Levi war erstaunt, wieviel seine Frau darüber wußte. Ihre Kenntnisse waren nicht systematisch geordnet – das war Sache geschulter Männer wie Christian –, aber sie waren verständlich und zusammenhängend. Und zum erstenmal erkannte Levi, daß die Indianer unter ebenso strengen Bräuchen lebten wie die Mennoniten von Lancaster County.

Eines Abends sagte Lucinda zu Levi: „Es ist nicht in Ordnung, daß ein junger Mann wie Christian jeden Abend mit uns verplaudert. Er sollte auch ein paar Mädchen kennenlernen."

Als Levi beobachtete, wie unbefangen dieser Bursche von dreiundzwanzig mit jungen Damen umging und mit welchem Anstand er mit ihnen flirtete, erinnerte er sich wehmütig seiner eigenen Rauheit und Unbeholfenheit in diesem Alter.

Als es für Christian an der Zeit war, nach Dickinson zurückzukehren, gaben vier Centennial-Familien mit ihren Töchtern Abschiedsparties. Christian nahm gerne daran teil – und verließ sie, nachdem er bei Mädchen und Müttern nicht mit Küssen gespart hatte.

Am Bahnhof sagte er zu Levi: „Du solltest einmal deine Familie besuchen. Ich bin sicher, sie werden dich willkommen heißen."

„Ich bin noch immer ein Ausgestoßener." Er legte seinen Arm um Lucinda: „Sage ihnen nicht, Christian, daß ich mit einer Indianerin verheiratet bin. Sie würden es nicht verstehen."

„Ich sehe sie ja nie."

„Nein?" fragte Levi verwundert.

„Nein. Als ich meine Absicht äußerte, ein College zu besuchen, schlugen sie einen Mordskrach, Mahlon am ärgsten. Sogar mein Vater lachte mich aus. Zur Hölle mit ihnen allen!"

Als der Zug aus Denver einlief, küßte Lucinda ihren Neffen und sagte: „Komm wieder, Christian! Komm oft! Viele Leute in dieser Stadt würden sich freuen, dich wiederzusehen. Levi und ich am meisten."

Er bestieg den Zug, warf den Mädchen noch Kußhändchen zu und kehrte zurück zu seinen Studien.

Dreimal in diesem Winter schnitt Lucinda die Frage an, ob Levi nicht einen kurzen Besuch bei seiner Familie machen wolle. Und jedesmal antwortete er: „Nur, wenn du mitkommst."

„Lancaster", sagte Lucinda, „ist noch nicht bereit, eine Arapaho-Indianerin aufzunehmen."

Und sie stellte die Frage ein viertes Mal: „Du solltest deine Verwandtschaft besuchen, Levi. Du weißt gar nicht, wie du auflebtest, als Christian hier war. Du hast auch ein Recht zu erfahren, was aus deinen Bäumen geworden ist."

Oftmals im Laufe der Jahre hatte er sich gefragt, ob diese stattlichen Bäume wohl weiterwuchsen, ob die Scheune noch auf der Wiese stand. Bevor Levi antworten konnte, führte Lucinda ein zwingenderes Argument ins Treffen: „Ich werde nie vergessen, Levi, wie mutig du damals warst, als du den Leichnam Jake Pasquinels vom Galgen schnittest. Du hast das getan, weil er mein Bruder war. Von diesem Tag an, Levi, wäre ich für dich durch die Hölle gegangen. Ein Mann sollte zu seiner Verwandtschaft stehen."

Sie kaufte ihm einen großen Reisekoffer und ein paar neue Kleidungsstücke und besorgte die Fahrkarte: von Centennial über Omaha nach Chicago mit der Union Pacific; umsteigen in Chicago, nach Lancaster mit der Pennsylvania. Sie brachte ihn eine Stunde früher auf den Bahnhof und machte ihn mit Leuten bekannt, die ebenfalls nach Chicago fuhren.

Die Reise verlief ohne Zwischenfall. Er konnte kaum noch glauben, daß er sich einst ein halbes Jahr lang hatte abmühen müssen, um die gleiche Entfernung zurückzulegen. Und am Mittwoch morgen, als der Zug in den imposanten Bahnhof von Lancaster einfuhr, war er ehrfürchtig erstaunt über die Veränderungen. Doch dann sah er seine drei bärtigen Brüder, die ihn abholen gekommen waren. Die Jahre schienen an ihnen spurlos vorübergegangen zu sein. Mahlon, immer noch groß und dunkel, hatte weder an Gewicht noch an sympathischem Wesen zugenommen, er sah aus, als ob er nur hier wäre, um die achtundachtzig Dollar zu kassieren, die ihm Levi für die gestohlenen Pferde schuldete. Jacob stand ihm um nichts nach, und Caspar, der den Metzgerladen führte, war derselbe kräftige Mann, der er vor vierzig Jahren gewesen war. Für die Farmer von Lancaster bedeutete die Zeit wenig; sie gingen ihren Geschäften nach und ließen andere sich sorgen um so lästige Zwischenfälle wie Bürgerkrieg und Finanzkatastrophen.

Die Brüder machten ein paar spöttische Bemerkungen über Levis bartloses Gesicht und beglückwünschten ihn zu seiner Leistung, die weite Bahnreise von Colorado herunter überstanden zu haben. Sie luden ihn auf ein von zwei gutgenährten Braunen gezogenes Fuhrwerk, und ab ging's nach Lampeter. Levi fand, daß es in der Hell Street ruhiger geworden war. Die Farm aber, bemerkte er, als sie sich dem alten Weg und den hohen, breitkronigen Bäumen näherten, hatte sich nicht verändert. Da erhob sich wie eh und je der große Holzbau mit dem farbenfrohen Firmenzeichen und der weit sichtbaren Aufschrift:

Jacob Zendt
1713
Metzger

Die Bäume waren prächtig gediehen, und die kleinen Häuser standen noch immer so da, wie er sie verlassen hatte. Er mußte daran denken, wie viele Meilen Wurst und welche Berge aus Fleisch wohl aus dieser Großmetzgerei hervorgegangen waren, seit er weg war.

„Wir haben auch einen Verkaufsstand in Philadelphia", erklärte Caspar. „Wir nehmen den Zug nach Reading Terminal. Sehr gutes Geschäft." Levi hörte mit Vergnügen wieder einmal den Akzent der Pennsylvania-Deutschen.

Im Haus, das neben dem Holzbau der Metzgerei bescheiden wirkte, traf er die Zendt-Frauen. Rebecca Stoltzfuß hatte sich in der Zwischenzeit völlig verändert. Sie war jetzt plump, weißhaarig und apathisch. Nur das herzförmige Mündchen war das gleiche, doch in dem aus der Form geratenen Gesicht wirkte es ziemlich komisch. Er streckte ihr die Hand entgegen, und sie nahm sie gleichmütig.

„Die Geschäfte gehen gut", sagte sie.

„Wer führt jetzt die Bäckerei?" fragte Levi.

„Mein Bruder."

Die Zendt-Frauen hatten das übliche Familiendinner vorbereitet, ganze Berge von Speisen. Levi mußte an die vielen Jahre denken, in denen er von getrocknetem Fleisch und Bohnen gelebt hatte. Die große Tafel und die Beistelltische bogen sich unter der Last von acht Fleischsorten, verschiedenem Geflügel und sechs Arten köstlichen

Kuchens, darunter auch jener, an den Levi mit quälender Sehnsucht gedacht hatte, als er am Verhungern gewesen war: knuspriger Nußkuchen mit Zuckerüberguß.

Er fragte sich, ob Menschen überhaupt das Recht hätten, derart zu schlemmen, so verschwenderisch umzugehen mit dem Besten, was die Welt zu bieten hatte. Als er die Farm abschritt und den Überfluß an Wasser sah, die unendlich vielen Bäume und die saftigen Weiden, auf denen jede Kuh fast einen Morgen für sich allein hatte, war er betroffen von dem Gedanken, wie leicht doch das Leben in Pennsylvania war, und wie hart dagegen in Colorado, wo man einen zwanzig Meilen langen Graben anlegen mußte, um ein wenig Wasser für sein Land zu ergattern.

Doch es waren die Bäume, die ihn am tiefsten bewegten. Er liebte es, durch die Wälder zu wandern oder unter den Bäumen der Picknickwiese zu sitzen. Ja, das ist ein Hickory. Wie viele davon habe ich einst geschlagen, um die Räucherkammer zu heizen. Und die Eichen! Sie sind nicht einen Zoll gewachsen in den vierzig Jahren. Und die lieben Ahornbäume, die Eschen und Ulmen! Wir hatten Schätze hier und wußten es nicht!

Am Freitag fanden ihn die Kinder unter einem Baum sitzend, mit Tränen in den Augen: „Bist du müde, Onkel Levi?"

„Ich mußte an die Zeit denken, als ich dringend Holz brauchte, um meinen Wagen auszubessern", erzählte er ihnen, „und ich mußte viele Meilen marschieren, um einen Baum zu finden."

Bei den Familiengebeten war Levi baß erstaunt, wie detailliert Mahlon dem lieben Gott auftrug, was er zu tun habe. Bei jedem Anruf lenkte der große, griesgrämige Mann Gottes Aufmerksamkeit auf die diversen Übeltäter, auf Einbrecher, sündige Mädchen und sonstige Taugenichtse. Levi begann nun zu verstehen, warum so viele Greueltaten in Colorado ungesühnt blieben: Wenn Gott in Lancaster derart beschäftigt wurde und seine Nase in jedes kleine Problem stecken mußte, wie konnte er Zeit finden, auf wirkliche Verbrechen zu achten, etwa auf jene der Pasquinel-Brüder oder des Oberst Skimmerhorn!

Von Zeit zu Zeit stellte die Familie diskrete Fragen über Levis Erlebnisse im Westen. Sie wußten, daß das Mädchen, das er aus dem Waisenhaus entführt hatte, unterdessen gestorben war.

„Von einer Klapperschlange gebissen", sagte Levi unbewegt.

„Hatte sie Kinder?"

„Sie war in der Hoffnung, als sie starb."

„Hast du dich wieder verheiratet?"

„Ja." Dabei ließ er es bewenden.

Am Samstag war es offensichtlich, daß Levi Zendt sich auf der Farm der Familie nicht glücklich fühlte und daß auch er seinen Brüdern unbehaglich war. Er gehörte einfach nicht mehr zur Familie, und niemand war sonderlich betrübt, als er ankündigte, daß er Montag nach

Colorado zurückreisen würde. „Chicago, dann St. Joseph, Missouri. Von dort geht eine Postkutsche die alte Straße entlang, die Elly und ich einst gefahren sind ..."

„Muß interessant sein", sagte Caspar kühl.

Am Sonntag servierten die Zendt-Frauen wieder ein verschwenderisches Dinner, nicht nur, um Levi mit vollem Magen in den Westen zu schicken, sondern auch, um Reverend Fenstermacher, den Sohn des damaligen Predigers, der Sonntag regelmäßig seine Freßvisite abstattete, würdig zu bewirten. Levi sah dieser Begegnung mit Mißtrauen entgegen, aber der Gottesmann erwies sich als sehr verschieden von seinem selbstgerechten Vater.

Fenstermacher sprach ein Tischgebet, getragen von seinem tiefen Glauben an Gottes gütige Anwesenheit. Am Ende wies der Reverend mit ausladender Geste auf die Tafel und sagte zu Levi: „Ihre Familie wünscht, daß Sie den köstlichen Überfluß von Lancaster nie vergessen mögen."

Levi legte seine Gabel weg und sagte: „Es ist merkwürdig ... Wenn wir in der Prärie am Verhungern waren, dachte ich nie an ein Dinner wie dieses. Ich dachte immer an ganz spezielle Sachen. An einen Bissen Gepökeltes, an den starken Geruch von reifem Käse, an die knusprigen Nußkuchen. Verkauft sich das Gepökelte immer noch gut?"

„Besser denn je", sagte Mahlon, „besonders in Philadelphia. Caspars Frau macht es jetzt genau wie du früher."

Dann, aus einem Gefühl der Auflehnung heraus, entschloß sich Levi, seiner Familie ein Bild ihrer Schwägerin zu zeigen. Hüstelnd nahm er eine Aufnahme Lucindas aus der Tasche, eine, auf der sie besonders dunkel aussah. „Ihr habt meine Frau noch nicht gesehen", sagte er und reichte das Bild seinem Nachbarn zur Linken. Als es weitergegeben wurde, sah Levi in jedem Gesicht, wie sehr sie Lucindas Aussehen schockierte. Schließlich sagte das Stoltzfuß-Mädchen zögernd: „Sie schaut ziemlich ... westlich aus, nicht wahr?"

„Sie ist eine Arapaho."

„Was ist das?" fragte Caspar.

„Ein Indianerstamm. Sie ist Halbindianerin."

Verblüffte Ausrufe der Familie. Levi überhörte sie und konzentrierte sich auf das Rindfleisch.

Von irgendwoher kam die Frage: „Wie ist ihr Name?"

„Lucinda McKeag."

„Klingt nicht indianisch. Eher schottisch."

„Das war nicht ihr wirklicher Name. Ein McKeag nahm sich ihrer Mutter an, als ihr Vater starb – und sie blieben beisammen."

Daran allein hätten die Zendts eine Weile zu würgen gehabt, aber Levi fuhr ungefragt fort: „Ihr richtiger Name war Pasquinel."

Betroffenes Schweigen folgte dieser Eröffnung. Hochwürden Fenstermacher runzelte die Stirn. Dann fragte er mit gekünstelter Ruhe:

„War sie verwandt mit den... Haben wir hier nicht von einer Pasquinel-Familie gelesen?"

„Richtig. Der Alte war aus dem Gebirge. Seine Söhne wurden bekannt als die Pasquinel-Brüder."

„Ah, die waren das?!" riefen mehrere Stimmen aufgeregt.

„Ja. Lucindas Brüder waren beide Verbrecher. Der eine wurde gehängt, der andere hinterrücks erschossen."

„Die Halbblut-Mörder?"

„Die Indianer haben mehr Morde erlitten als begangen. Aber die Pasquinels waren Killer." Levi bediente sich mit Apfelkuchen und eingelegten Kirschen. „Mir blieb es überlassen, den älteren Bruder vom Galgen zu schneiden. Damals hielt ich es für einen Segen, daß er tot war. Aber wenn ich bedenke, was wir seinem Stamm angetan haben, dann bin ich gar nicht sicher, ob wir die Richtigen gehängt haben."

Reverend Fenstermacher räusperte sich. Aber Levi war nun einmal in Fahrt, und nichts, nicht einmal das Sonntagsdinner, konnte ihn bremsen. Er erzählte von den Kämpfen mit den Indianern, von den Jahren der Trockenheit, von den Heuschreckenschwärmen, von den Camps der Goldsucher.

Alles, was er erzählte, war den Zendts völlig fremd und irgendwie unheimlich. Aber als er vor ihnen den Roman seines eigenen Lebens im Westen ausbreitete, gewann sein Bericht eine gewisse Größe und Erhabenheit, der sie sich nicht entziehen konnten. Schließlich lauschten ihm alle respektvoll.

Die Erwähnung des Sonnentanzes erinnerte ihn an den jungen Zendt und bewog ihn zu sagen: „Ihr solltet diesen Christian heimholen. Er wird sich vielleicht noch als der beste Zendt von allen erweisen."

Als das Mahl zu Ende war, meinte Mahlon salbungsvoll: „Reverend Fenstermacher, es könnte lange dauern, bis wir unseren Bruder wiedersehen. Würden Sie die Gnade haben, unserer Familie Ihren speziellen Segen zu spenden!"

Der Geistliche hatte diese Bitte vorausgeahnt, doch er wünschte noch ein paar Worte zu sagen, die ihm am Herzen lagen.

„Guter Gott, du wachst über uns. Du hast mich hundertmal in der Kirche sagen hören: ‚Gott geht seltsame Wege, um seine Wunder zu wirken.' Nichts in meiner Erfahrung war jedoch seltsamer als die Art, in der Du Bruder Levi in den Westen und unter die Indianer führtest und ihm eine indianische Frau und indianische Brüder gabst. Du wähltest ihn aus unter den fünf Zendt-Brüdern, zu tun Dein Werk an den fernen Grenzen, und er hat wohlgetan. Er war unser Abgesandter, und wir alle haben gefehlt, ihm kein Geld zu senden, als er es notwendig brauchte. Wir haben ihm unsere Liebe vorenthalten. Wir haben uns nicht bemüht, zu erfahren, was er tat. Vergib uns, guter Gott, unsere Gleichgültigkeit.

Aber auch Levi irrte. Er ließ uns nicht Anteil haben an seinen Abenteuern, als er sich in der Wildnis niederließ. Er berichtete uns nichts über sein Ringen und nichts über seine Siege. Und er war auch zu ängstlich, sein Weib Lucinda zu seiner Familie zu bringen, fürchtend, daß wir sie nicht umarmen würden, weil sie eine Indianerin ist. Hielt er uns für so niedrig im Geiste? Wenn er heimkehrt, möge er seinem Weibe sagen, daß wir ihr unsere Liebe senden, daß wir sie anerkennen als unsere Schwester und daß unser Heim ihr Heim ist, jetzt und für immer. Wir alle, Gott, sind Deine Kinder, wahrlich, wir sind Brüder in Deiner Familie, und wie wir unsere Not teilen, so teilen wir unsere Freuden, und es ist die Liebe, die uns alle verbindet. Amen."

Danach blieb für die Zendts nichts mehr zu sagen. Es war offenbar, daß ein Prediger, der es wagte, die reichste Mennonitenfamilie von Lampeter, und noch dazu an ihrer eigenen Tafel, derart zu maßregeln, in der Gegend von Lancaster keine allzu glänzende Zukunft vor sich hatte. Die Verabschiedung nach dem Sonntagsdinner war denn auch kühl und zurückhaltend. Levi ging noch einmal in das Wäldchen, saß dort eine Weile unter den geliebten Bäumen, und es schien ihm, daß, genauso wie die Arapaho Büffelschädel durch den Sand schleppten, um sich selbst zu bestrafen, auch der weiße Mann einen Schädel anderer Art hinter sich her schleppte. Der Indianer war klug genug, sich nach der Sühne frei von seiner Bürde zu fühlen; der weiße Mann tat das selten.

Die Rückkehr nach Lancaster war eine Qual. Er hatte keine zehn Worte zu Rebecca Stoltzfuß gesagt, dem Mädchen, das einst die Richtung seines Lebens geändert hatte. Er wußte jetzt nicht mehr von ihr als bei seiner Ankunft. Er hatte nichts Ernsthaftes mit Mahlon gesprochen, der immer noch so widerlich war wie vor vierzig Jahren. Er war nicht einmal so höflich gewesen, einmal nach Philadelphia zu fahren, um sich dort das Geschäft der Familie in Reading Station anzuschauen, denn er war so eingesponnen in seine eigenen Gedanken und Erinnerungen, daß es ihn nicht im mindesten berührte, was der Familie begegnete.

Es war doch ein Fehler gewesen, hierher zu kommen. Er reiste ab, ohne die Beziehungen zur Familie wiederhergestellt zu haben. Es tat ihm nicht leid, wieder den Zug zu besteigen – und den Zendts schon gar nicht.

In St. Joseph stieg Levi in die Postkutsche um, die ihn langsam westwärts führen würde. Und als die Fähre den Missouri überquerte, erlebte er im Geist noch einmal die Reise von einst. Er hatte das bestimmte Gefühl, daß er damals recht getan hatte, Lancaster zu verlassen, denn es war ihm bewußt geworden, daß sich in den dazwischenliegenden Jahren nichts geändert hatte. Nichts, was von Bedeutung war, hatte er jetzt anders vorgefunden – außer der einfach lächerlichen Völlerei.

Langsam rumpelten sie weiter. Und alles, was er sah, steigerte seine Erregung: der schlammige, trübe Fluß, die schwarzen Jungen am Ufer, die knarrende Fähre, die heraufziehende Gefahr von Kansas, die Landstraße nach Westen. Wie wünschte er doch, daß Elly, der gute Hauptmann Mercy und der schlaue Oliver Seccombe jetzt bei ihm wären – im Aufbruch mit ihren Männern. Ja, selbst den hinterhältigen Sam Purchas – selbst ihn wünschte er herbei.

Als die Kutsche schon tief in Kansas war, den Hügel hinter der presbyterianischen Mission erklommen hatte und sie den Big Blue erreichten, rief Levi dem Kutscher zu, er möge halten. Er stieg aus und betrachtete das kleine Flüßchen, jetzt im August ein Wassergerinnsel, und war ergriffen bei dem Gedanken, daß dieser jämmerliche Bleistiftstrich in der Landschaft damals ein reißender Strom gewesen war, daß er hier um ein Haar Wagen und Weib verloren hätte.

Es war unglaublich. Die Erinnerung mußte ihn täuschen. Dann kam das Bild der Büffelschädel wieder – und er sah sich selbst die peinliche Last seiner Erinnerungen durch die Prärie schleppen . . . Doch sein robuster Sinn für die Realität setzte sich bald durch, und er lachte über sich selbst. „Ich habe alles falsch gemacht!" rief er. „Meinen Brüdern war nicht wohl zumute, weil sie fürchteten, ich wäre nur gekommen, um meinen Anteil der Farm zu beanspruchen. Sollen sie ihn doch behalten!" Und er lachte abermals. „Nicht ein einziges Mal fragten sie nach dem Dinosaurier. Das größte Ding, das je im Westen gefunden wurde. Muß doch in ihren Zeitungen gestanden sein." Er schüttelte den Kopf und kicherte. „Sie hätten bestimmt danach gefragt, wenn ein Dinosaurier etwas Gutes zum Essen wäre."

Er bestieg wieder die Kutsche, und ein Mann aus Nebraska, auf das Flüßchen blickend, sagte zu ihm: „Komisches Bächlein, man könnte darüberspucken."

Levi lachte: „Nicht im Frühjahr 44, mein Freund!"

Schwere Schädel stürzten von seiner bedrückten Seele. Und er sagte zu dem Mann: „So wie er jetzt ist – ja, da haben Sie recht. Man könnte darüberspucken."

Als Levi in Centennial eintraf, bedrängten ihn die Nachbarn mit Fragen über den Osten. Als er dann erzählte, schien es, als spräche er für alle Leute aus dem Westen: „Wo immer du im Osten hinschaust, siehst du etwas. Die Welt drängt sich dir auf. Ich kann euch nicht sagen, welches Heimweh ich nach der Prärie hatte, wo ein Mann meilenweit schauen kann und nichts sieht . . . und wo einen niemand drängt. Hier heraußen ist der *Mensch* wichtig, nicht eine Menge von Bäumen und Bauten."

Auch andere Leute kamen von ihren Reisen zurück. Als Oliver Seccombe mit seiner Frau nach sechs Monaten Englandaufenthalt heimkehrte, fand er die Venneford-Ranch in Verwirrung und Aufregung. An den äußersten Rändern, gegen Nebraska zu, waren eben Ansiedler dabei, in jenem Stück offenen Landes, das seit langem für das Zuchtvieh reserviert war, Hütten aus Rasenziegeln zu errichten. Einwanderer aus Ohio und Tennessee bauten, ohne zu fragen, Häuser und Gehöfte am Platte. Wenn sie so weitermachten, würden sie bald auf den Weiden sein. Ihre Abgesandten sprachen im Hauptgebäude der Ranch vor; sie beabsichtigten Land für den Bau einer kleinen Stadt zu erwerben.

„Wir brauchen Städte in diesem Staat“, argumentierten sie. Doch Seccombe antwortete: „Nicht auf unserem Land.“

Am ärgsten aber war, daß immer mehr Schafzüchter, angelockt von diesem verdammten Messmore Garrett, einsickerten und ihre Schafe auf Gründen weiden ließen, die seit jeher als Rinderland angesehen wurden. Die Lage wurde unerträglich. Am Tag seiner Rückkehr befahl Seccombe Skimmerhorn und Lloyd, mit ihm auszureiten und Garretts Männern zu sagen: Verschwindet, oder tragt die Folgen!

Sie ritten ostwärts, wo Amos Calendar seinen einsamen Planwagen geparkt hatte – Heim, Arbeitsstätte und Zuflucht vor Stürmen für endlose Monate. Es dauerte einige Zeit, bis sie den langen Texaner fanden. Er ritt ihnen entgegen, seine Büchse vor sich auf dem Sattel, und knurrte ein knappes „Hallo“.

„Ich bin Oliver Seccombe“, sagte der Engländer. „Sie sind mit Ihren Schafen hier eingedrungen. Das ist Rinderland.“

„Es ist offenes Land“, sagte Calendar.

„Ich fordere Sie auf, samt Ihren Schafen von hier zu verschwinden.“

„Ich werde so lange bleiben, bis Mr. Garrett mir sagt, daß ich gehen soll.“

Ein Collie mit weißem und schwarzem Haar kam heran.

„Schöner Hund“, sagte Seccombe. „Sie sollten ihn fortschaffen – irgendwohin, wo er in Sicherheit ist.“

„Rajah ist in Sicherheit“, sagte Calendar langsam, „so lange noch eine Kugel in meiner Büchse steckt.“

Die Rancher kamen nicht weiter mit diesem schwierigen Mann.

Aber Seccombe war entschlossen, seine Warnung zu hinterlassen. „Wenn Sie, Calendar, die Herde nicht wegtreiben, tun wir's für Sie.“

„Sie haben es ja schon versucht, aber kein Glück gehabt.“

Seccombe erblaßte. „Was wollen Sie damit sagen?“

„Nun, die Killer, die mich abknallen wollten, kamen bestimmt nicht aus Brasilien.“

„Sie unterstehen sich zu behaupten . . .“

„Ich behaupte gar nichts. Ich sage Ihnen nur das eine: Wenn einer von euch Hundesöhnen auf mich schießt – schieße ich zurück. Und ich schieße nicht schlecht.“

„Kommt, Männer!“ sagte Seccombe, spornte sein Pferd und ritt westwärts. Sie ritten zum Line Camp Vier unter den Piniennußbäumen.

Während des Rittes meinte Skimmerhorn: „Wir sollten lieber mit Buford Coker sprechen, Mr. Seccombe. Er ist ein heißblütiger Südstaatler, Konföderierter aus South Carolina. Ganz anders als Calendar. Wie Sie gesehen haben, ist Calendar am liebsten allein. Coker nicht. Er kommt häufig nach Cheyenne, in Ida Hamiltons ‚Haus der Spiegel', dort verbringt er seine Zeit. Letztesmal bemerkte ich, wie er eines der Mädchen, die Fette Laura, überreden wollte . . ."

„Ich habe gehört von der Fetten Laura", sagte Seccombe.

„Well, Sie werden sie in seinem Planwagen finden. Oder vielleicht schon in seinem Haus. Coker baut sich eines am Fox Canyon."

„Er baut!" platzte Seccombe heraus, „Das ist Rinderland! Wenn wir sie bauen lassen, haben wir bald die Hälfte der Schafzüchter Amerikas hier im Westen!"

Coker baute. Er und die Fette Laura hatten in Cheyenne zwei Männer angeworben. Die hatten für sie am Ausgang des Fox Canyon eine solide Hütte zu bauen, nicht gerade elegant, aber stark und dauerhaft.

„Skimmerhorn!" schrie Seccombe, als er das sah. „Lassen Sie das Ding niederreißen!" Denn es war eine sichtbare Mahnung, was aus dem offenen Land werden könnte, wenn man nicht schnellstens einschritt.

Vor dem Tor des neuen Hauses stand die Fette Laura, eine Frau aus Virginia, Ende der Zwanzig, aus Ida Hamiltons „Akademie" hervorgegangen. Als Teenager mußte sie eine knusprige Person gewesen sein in ihrer drallen Üppigkeit, wie sie von den Cowboys geschätzt wurde. Doch zehn Jahre ausschweifenden Lebens und der häufige Wechsel von einem Hurenhaus zum anderen hatten ihre Spuren hinterlassen. Der Erwerb von vierzig Pfund, und zwar durch die einzige Aktivität, die ihr wirklich Freude machte, hatte sie zu einer alten Schlampe gemacht. Sie war fünfzehn Zentimeter größer als Coker und dreißig Pfund schwerer. Warum er sich mit ihr eingelassen hatte, blieb rätselhaft.

Doch nun war sie einmal hier und lebte mit einem Schafhirten an einem Ort, wo sich die Füchse gute Nacht sagten. Eine Frau kann schwerlich tiefer sinken, dachte Seccombe; er hatte nicht die Absicht, sich mit ihr in eine Konversation einzulassen. Er überließ es Skimmerhorn, das Wort zu führen.

„Wo ist Coker?"

„Draußen."

„Welche Richtung?"

„Macht Lärm, und sein Hund wird bellen."

„Leben Sie ständig hier?"

„Sieht so aus."

Sie war eine abstoßende Person, mit wulstigen Lippen, schweren Augenlidern und verblichenem Haar. Sie hatte gar nicht die Absicht, diese Männer über den Verbleib Cokers zu unterrichten. Schwer und häßlich stand sie in der Tür, als ob sie die Männer am Eintreten hindern wollte.

„Ich habe ein Gewehr", sagte sie. „Fangt kein Theater an!"

„Wir schießen nicht auf Damen", lachte Skimmerhorn. „Sagen Sie Coker, er soll mit seinen Schafen aus diesem Land verschwinden. Und diese Hütte verschwindet ebenfalls."

„Das ist mein Homestead-Haus!"

„Ihr was?" schrie Seccombe aufgebracht. „Eine Hure aus Cheyenne siedelt sich im Rinderland an?"

Die Fette Laura starrte ihn mit Basiliskenaugen an, sagte aber nichts. Dafür holte sie eine schwere Büchse hervor, stieß den Kolben in den Sand, kreuzte die Arme über dem Lauf und legte ihre schweren Brüste darüber.

„Sie sagen Coker, daß er dieses Land verlassen muß", sagte Seccombe fest.

Das verwüstete Gesicht der Fetten Laura verzerrte sich zu einem verächtlichen Grinsen: „Häng dich auf, du englisches Arschloch."

Die drei Rancher ritten zurück, wußten nicht, was sie weiter tun sollten. Wenn Venneford untätig blieb, während Schafzüchter in das Land eindrangen, wenn sie nicht schärfstens protestierten, wenn Einwanderer sich an den Grenzen der Ranch niederließen und Siedler Regierungsgrund in Besitz nahmen, dann würde sehr bald die komplizierte Struktur der Ranch auseinanderfallen, der Trend würde sich beschleunigen, und eine noble Art der Lebensführung wäre dahin.

„Was ich nicht verstehen kann", sagte Seccombe, als sie sich dem Hauptgebäude näherten, „ist: Wie konnte nur ein anständiger Mann wie Levi Zendt sein Land an Schafzüchter verkaufen!"

„Es heißt jetzt allgemein", sagte Skimmerhorn, „daß die Zeit des offenen Landes vorbei ist. Zendt selbst sagte mir, er hielt es für klüger, Geld in der Schafzucht anzulegen – besonders wenn sie von einem Mann wie Garrett geführt wird."

„Garrett!" rief Seccombe. „Gibt es denn gar kein Mittel, diesen Schuft aus dem Lande zu jagen?"

Skimmerhorn überhörte die Frage und sprach weiter von Zendts Ansichten: „Er meint, vielleicht sollten wir das zusammenhängende Land, das unser Eigentum ist, einzäunen und uns auf die Hälfte der Rinder beschränken, die wir jetzt züchten."

„Aber das ist nun einmal Rinderland!" sagte Seccombe störrisch. „Es gehört uns!"

Skimmerhorn versagte es sich, darauf hinzuweisen, daß die drei Reiter in den letzten sieben Stunden nicht eine Sekunde auf Venneford-Boden gestanden waren. Sie waren im offenen Land, Land, das allen und jedem gehörte. Rinderland war es nur deshalb, weil die großen Rancher es immer so genannt hatten.

Unruhige, verstörte Tage auf Venneford. Es war die schönste Zeit des Jahres, der späte August vor dem ersten Frost, die Zeit, in der die Kälber auf fetten Weiden kräftig heranwuchsen. Ein Mann sollte diese Tage genießen. Charlotte entzückte die zahlreichen Gäste des Herrenhauses durch ihren Charme und ihre Fröhlichkeit. Doch Oliver Seccombe konnte sich weder an den schönen Tagen noch an den Festen im Hause erfreuen.

Er konnte es nicht verstehen, wie Bürger von Centennial es Schafzüchtern gestatten konnten, in ihr Land einzudringen. „Es sind widerliche Tiere", sagte er zu seinem Bankier. „Sehen Sie sich nur diese jämmerlichen Männer an, die mit ihnen arbeiten müssen. Dieser Bursche Calendar – ein armseliger Einsiedler, der nur mit seinem Hund sprechen kann. Und dieses Wrack von einem Mann, Buford Coker, der mit einer Cheyenne-Schlampe zusammenlebt. Gott verdamm mich, ich glaube, der hat so lange mit Schafen geschlafen, daß er keinen Unterschied mehr kennt."

Alle Rinderzüchter glaubten dem böswilligen Gerücht, daß die einsamen Schafhirten geschlechtlichen Verkehr mit ihren Schützlingen pflegten. Viele Witze zirkulierten darüber: „Haben Sie schon gehört von dem Engländer, der in Wyoming Schafe zählt? Nein? Das geht so: Eins, zwei, drei, vier . . . Guten Morgen, Pamela. Vergiß nicht: Tee um fünf!"

„Schauen Sie sich so einen Schafhirten einmal an, wenn er in die Stadt kommt", sagte Seccombe erbittert zum Redakteur des „Clarion". „Er geht allein. Seine Augen sind niedergeschlagen. Er schämt sich, die Leute anzusprechen, denen er begegnet. In der Bar steht er am Ende der Theke. Sein Schafgeruch macht ihn zum Einzelgänger."

Er schüttelte fast mitleidig den Kopf, doch dann hellte sich seine Miene auf: „Nehmen Sie dagegen einen Cowboy. Offen, ehrlich und sauber. Er schläft mit Mädchen – nicht mit Schafen, und er äußert auch seine Freude am Leben. Er ist niemals allein, liebt die Geselligkeit. In der Bar ist er immer bei den anderen zu finden, und wenn er spricht, schaut er einem offen in die Augen. Der Cowboy ist ein aufrechter, selbstsicherer Mann. Ich kenne Tausende von ihnen. Schafhirten sind Feiglinge. Man sollte sie davonjagen."

Das Alte Testament war Seccombe sehr unsympathisch. Auf jeder Seite stand etwas von Schafen und Schäfern. Er überlegte, ob nicht vielleicht auch die Juden ein schmutziges, unsauberes Volk seien. „Sie verschwendeten ihre Zeit damit, sich über Schweinefleisch aufzuregen", sagte er eines Abends zu seinen Gästen. „Ihr wirkliches Problem aber war das Hammelfleisch, und sie wußten es nicht."

„Abraham war Schafhirte, David war Schafhirte und Josef war Schafhirte", hielt ihm einer der Gäste entgegen.

„Ja", rief Seccombe, „aber als unser Herr Jesus Christus geboren wurde, suchte er sich dazu keinen Schafstall aus. Er wurde unter

Rindern geboren, wie sich das gehört. Ich hätte wenig Respekt vor ihm, wenn es anders wäre." Seine Art zu sprechen war der Beweis seiner totalen Anpassung an die amerikanischen Gewohnheiten. Denn in seiner Heimat England gab es keineswegs eine angeborene Abneigung gegen Schafe. Ein junges Lämmchen war dort bei Tisch ebenso willkommen wie Rindfleisch.

„Vergessen Sie nicht, Oliver", sagte ein anderer ernst, „daß der erste Mensch, der auf unserer Erde geboren wurde, Abel, Schafe hütete; und als er Gott eines anbot, nahm es dieser an und segnete es."

„Das war ziemlich unvorsichtig von ihm", grollte Seccombe. „Es ist ein trauriger Tag für mich, wenn in meinem eigenen Hause Schafe verteidigt werden." Er entschuldigte sich steif und fuhr in den Cheyenne-Club, wo er sicher war, nur Gesinnungsgenossen anzutreffen, für die es nichts gab als Rinder.

Aber auch dort herrschte keine rechte Stimmung. Claude Barker war erbittert über die Invasion von Schafzüchtern am Nordrand seiner Horse-Creek-Ranch, und den Herren von Chugwater ging es ebenso. „Dieses Land geht zum Teufel", polterte Barker, und Pläne für schärfste Gegenmaßnahmen wurden geschmiedet.

„Was wir verlangen", sagte Seccombe, „ist lediglich, daß die Dinge so weiterlaufen wie bisher. Wir brauchen keine Städte hier draußen und keine Schafe und keine Siedler, die sich hier ein kümmerliches Dasein schaffen wollen. Dieses Land muß offenes Land bleiben. Es ist für die Rinder da – so wie Chicago für die Menschen. Es ist eine rechtschaffene Aufgabe, Rinder zu züchten . . . eine würdige Aufgabe . . ."

Die jungen Rancher ließen ihn zu Ende sprechen, aber sie wußten genau, daß es leeres Gewäsch war. Wenn es darauf ankam, zu entscheiden, was tatsächlich unternommen werden sollte, dann pflegte Seccombe den Zug zu besteigen und irgendwelche Geschäfte außerhalb der Stadt vorzuschützen. Er war kein entschlußfreudiger Mann, und zwei Tage nach dieser Sitzung fand er tatsächlich wieder einen Vorwand, um seine Bankiers in Kansas City aufzusuchen.

Er hielt sich gerade in dieser Stadt auf, als der Nachmittagszug von Denver in Centennial einlief. Schaulustige und Kinder waren wie gewöhnlich am Bahnhof, um die Ankunft des Zuges mitzuerleben. Mehrere Einheimische kamen aus der Hauptstadt zurück, und die Zaungäste stellten Vermutungen darüber an, was sie dort wohl getrieben hätten. Als aber der letzte der bekannten Passagiere den Zug verlassen hatte, rief ein Mann mit unterdrückter Stimme: „He! Schaut einmal!" Und jedermann wandte sich dem letzten Wagen zu, dem eben zwei schlanke Männer in schwarzen Anzügen und mit breitrandigen Hüten entstiegen. Der erste betrat den Bahnsteig, sah sich vorsichtig um und winkte dann dem anderen, ihm zu folgen. Ein Träger brachte ihre zwei Koffer aus dem Waggon, wies mit der Hand auf das

Railway-Arms-Hotel und sagte so laut, daß alle Umstehenden es hören konnten: „Dort drüben, Mr. Pettis!“

„Die Pettis-Brüder!“ rief einer mit heiserer Stimme, und alle anderen Ankömmlinge waren vergessen. Die zwei Männer schritten würdevoll, fast feierlich aus dem Bahnhof und kreuzten die Straße zum Hotel. Dort trugen sie sich ungeniert als Frank und Orvid Pettis ins Gästebuch ein.

In den nächsten Tagen rätselte ganz Centennial darüber, was die zwei berüchtigten Revolverhelden in dieser Stadt zu suchen hätten. Die Pettis-Brüder! Schon mit vierzehn waren sie gewissenlose Killer gewesen, und jetzt, mit siebenundfünfzig, war Frank ein dürrer, knochiger Mann mit scharfen, dunklen Augen und schlechten Zähnen. Orvid, zweiundfünfzig, war ein hartgesottener Mörder, der seinen Lebensabend aus den schmalen Ersparnissen bestritt, die ihm seine Morde eingebracht hatten.

Sie waren überall nur als die Pettis-Brüder bekannt, und ihre Ankunft in einer Grenzstadt kündigte an, daß irgendwer einem Übelstand abhelfen wollte, einer, dem die Gerichte zu langsam arbeiteten. Sie waren noch nie wegen gemeinen Mordes verhaftet worden – dafür waren sie zu clever. Selbst als man sie einmal kurzfristig einsperrte, weil alle Indizien auf ihre Schuld hinwiesen, nach dem Pueblomord, wo sie bei dem Verbrechen beobachtet und ihre Fußspuren am Tatort des dreifachen Mordes gefunden worden waren, verteidigten gefinkelte Anwälte aus Kansas sie so geschickt, daß das Gericht sie freisprechen mußte.

Die traurige Seite ihres Lebens bestand darin, daß sie für reiche Kunden zwar allerhand leisteten, aber nur schlecht dafür bezahlt wurden. Sie mordeten, bedrohten, raubten – und blieben dabei arme Hunde. Wenn sie in eine Stadt wie Centennial kamen, hatten sie genug Geld, um Pferde zu kaufen; ihre Hotelrechnung wurde von irgendwem beglichen. Doch wenn das Geschäft getan war – welches Geschäft auch immer –, machten sie sich auf in eine ähnliche Stadt, kauften dort wieder ein Paar Pferde und hatte wieder freie Station im Hotel. Aber sie brachten es zu nichts. Aus den Rindern, die sie in den Jahren von 1861 bis 1880 am Skimmerhorn Trail auseinandergetrieben und in die Flucht gejagt hatten, machten sie gerade genug Dollar, um eine Weile ihr Leben zu fristen, aber dreizehn von ihren ebenfalls unterbezahlten Helfern waren erschossen worden. Jetzt lebten sie in einer Kleinstadt im Westen von Kansas, immer bereit, einen telegraphischen Auftrag entgegenzunehmen.

Ein paar Tage später ritten sie aus der Stadt, zwei dunkle, schweigsame Männer. Richtung Osten. „Sie sind hinter Calendar her!“ tuschelten die jungen Viehhirten. Und ein mutiger Bursche von fünfzehn Jahren, dem der düstere Schafhirte imponierte, sprang auf sein Pferd und ritt los, um ihn zu warnen. „Calendar! Calendar!“ schrie er, lange bevor er sein schweißnasses Pferd zügelte, „die Pettis-Brüder sind hinter dir her!"

Doch die Pettis-Brüder hatten eine andere Richtung eingeschlagen. Nach einem weiten Umweg über Osten wandten sie sich scharf nach Norden, verließen Colorado und ritten tief nach Wyoming hinein, Richtung Horse Creek, wo ein Schafhirte einige tausend Wolltiere stehen hatte. Sie erschossen ihn aus dem Hinterhalt. Dann jagten sie die Schafe in tiefen Treibsand, in dem sie sich festliefen, erbarmungswürdig blökten und verendeten.

Weiter ritten sie westwärts, über den Laramie River hinaus, zu einem entlegenen Platz, wo ein Mexikaner zwölfhundert Schafe hielt. Als sie sahen, daß er allein und unbewaffnet war, warfen sie ihm einen Jutesack über den Kopf und banden ihn um die Hüften fest. Dann fesselten sie den Mann an einen Felsen, so daß er mit anhören mußte, wie sie seine Schafe zu Tode prügelten. Die entsetzlichen Schreie der verletzten, aber noch nicht getöteten Tiere, erschütterten den armen Mann so, daß er um Mitleid für sie bettelte.

„Wollen wir ihn von seinem Elend befreien?" sagte Orvid. Und beide Männer schossen die Kugeln ihrer Colts in den Sack.

Dann ritten die beiden in einer weiten Schleife nach Süden und kamen schließlich in die Nähe des Fox Canyon, wo sie sich zunächst einen Tag verborgenhielten, um Buford Cokers neues Haus zu beobachten.

„Da ist die Hure", flüsterte Frank, als die Fette in der Tür erschien.

„Ich möchte kein Frauenzimmer killen", antwortete Orvid.

„Sie ist keine Frau", sagte Frank.

Da bemerkten sie einen Reiter, der vom Norden, den Wyoming-Pfad kommend, in vollem Galopp dem Haus zustrebte. „Coker!" schrie er schon von weitem, „Coker! Die Pettis-Brüder sind unterwegs! Sie bringen die Schafhüter um!"

„Verdammter Hundesohn!" fluchte Frank. „Gerade wenn alles so gut läuft!"

Sie blieben in ihrem Versteck, während der Mann vor dem Haus vom Pferd sprang und aufgeregt mit der Fetten Laura zu sprechen begann.

„Wir sollten sie schnell erledigen", sagte Frank, „möchte nicht gern drei Gewehre gegen uns haben."

„Drei?" fragte Orvid.

„Ich wette, die Schlampe kann kämpfen wie ein Dachs in der Klemme", sagte Frank und wies mit der Hand auf Laura, die bereits ihre Büchse holen ging.

„Los!" sagte Frank leise. „Ich nehme den Mann, du die Hure."

Ohne ein weiteres Wort schlichen sich die zwei Killer näher an die Hütte heran, und auf ein Zeichen von Frank feuerten sie. Der Mann fiel tot um, hatte eine Kugel im Kopf. Doch Orvid hatte bei Laura weniger Glück. Er schoß sie nur durch die linke Schulter. Als Orvid ihr

Blut fließen sah, war er sicher, getroffen zu haben. Aber sie war nicht tot, es gelang ihr noch, in die Hütte zu kriechen.

„Elend geschossen", sagte Frank mit Abscheu. „Da schau!"

Den Pfad hinter der Hütte herunter eilte Bufe Coker, mit lauten Rufen seine Frau ermunternd: „Halt aus, Laura! Ich komme!"

Und trotz weiterer Schüsse gelang es ihm, durch die Hintertür in die Hütte zu kommen, wo Laura an der Wand lehnte, heftig aus der Schulter blutend. Ohne auf die Kugeln zu achten, die durch die Hütte pfiffen, sorgte er sich um seine dicke Gefährtin, verband ihre Wunde und versicherte ihr, daß sie durchkommen würden.

„Wir halten sie hin, bis Hilfe kommt", sagte er. „Wer sind sie?"

„Kellermann hat gesagt, die Pettis-Brüder."

„Wo ist Kellermann jetzt?"

„Draußen. Tot."

„Teufel! Wir hätten ihn brauchen können."

„Werden sie uns töten?"

„Da müssen sie sich schon hier herein bemühen." Er ergriff seine Colts, gab einen seiner Frau und begann, die Tür mit Möbeln zu verbarrikadieren. Er war noch mit seinem Vorhaben beschäftigt, da hörte er die Fette Laura laut aufschreien. „Nein! Nein!" kreischte sie. Er blickte aus dem Fenster und sah seinen Hund Bravo auf das Haus zujagen.

„Zurück! Zurück!" schrie Coker. Wäre der Hund im Dienst an den Schafen gewesen, er hätte sofort gehorcht. Aber er sah Laura in Gefahr und setzte seinen Lauf zur Hütte fort.

Orvid Pettis tötete ihn mit einem Schuß. Laura sah Coker mit einem stummen, tierhaft leeren Blick an, und Tränen rannen über ihr verwüstetes Gesicht. „Sie werden uns alle töten", sagte sie.

Coker tröstete sie. „Wir haben eine Menge Munition. Und genug Waffen. Wenn Kellermann es wußte, wissen es auch andere und werden uns bald zu Hilfe kommen."

Sie verschanzten sich und erwiderten das Feuer, sobald einer der Pettis-Brüder seine Stellung änderte. Und den ganzen Tag über knatterte Gewehrfeuer ohne sichtbare Wirkung.

Doch dann, am späten Nachmittag, kamen die Schafe angetrottet, und sooft eines auftauchte, vorsichtig und scheu, schoß Orvid es nieder. Der Lärm verleitete andere Schafe, nachzusehen, was da los sei, und sobald eines in Schußweite war, schoß Orvid es durch den Kopf. Seine Treffsicherheit war unheimlich. Laura flüsterte Coker zu: „Er kann alles töten, was er sich vornimmt."

„Nicht dich oder mich", sagte Coker grimmig, und mit gezielten Schüssen hielt er die Mörder in Schach.

Kurz vor Sonnenuntergang fand Frank Pettis einen Zugang zu einem Felsen, von dem aus er die Vorderseite der Hütte kontrollieren konnte. Und während Orvid die Rückseite überwachte, richtete er sein Gewehr mit größter Genauigkeit auf das Fenster. Dann wartete er geduldig dreißig Minuten lang, bis jemand in der Hütte in die Schußlinie kam.

Es war die Fette Laura. Frank Pettis drückte ab – die Kugel ging durch das Fenster und traf Lauras Kopf. Sie war sofort tot.

„O mein Gott!" stöhnte Coker. „Laura! Laura!" Er kroch am Boden zu ihr hin, die in ihrem Blute lag, und legte ihren Kopf in seine Arme. Im „Haus der Spiegel" war sie die Frau gewesen, die andere Mädchen pflegte, wenn sie krank waren. Sie hatte sich um Cowboys gesorgt, wenn sie Pech hatten, und hatte Coker dreihundert Dollar zum Bau seiner Hütte gegeben. Sie hatte den Ort hier geliebt und ein paar hoffnungslose Bäumchen gepflanzt, um die Winde abzuhalten. Wenn sie auch keine hervorragende Köchin gewesen war, so kochte sie doch gern. Und jetzt war sie tot.

„Komm heraus, Coker, oder wir brennen das Haus nieder!" rief Frank Pettis.

„Holt mich doch, ihr Schweine!" schrie der Südstaatler zurück.

„Wir räuchern dich aus", warnte ihn Frank.

„Ich bin keine Frau. Mich werdet ihr nicht killen!"

„Ist die Hure tot?"

Es war ein ungleicher Kampf. Kein einziges Mal hatte Bufe Coker eine Schußmöglichkeit. Geschickt verbargen sich die Pettis-Brüder hinter den Felsen und feuerten, wenn sie eine Chance sahen, Coker zu treffen. Er war machtlos, ohne eine Möglichkeit, sie vor sein Gewehr zu bekommen.

Die Nacht brach herein, eine dunkle und mondlose Nacht. Er konnte nicht sehen, was sie vorhatten, mußte wach bleiben, ständig auf der Hut sein. Die Stunden vergingen, während er einmal die Stirn- und einmal die Rückseite des Hauses beobachtete, gelegentlich feuernd, um ihnen zu zeigen, daß er auf der Wacht sei. Die beiden konnten abwechselnd schlafen, er nicht.

Gegen drei Uhr morgens glaubte Coker sicher zu sein, daß Orvid schlief; er war jetzt imstande, den Ton der Gewehre zu unterscheiden. Und nun riskierte er einen verzweifelten Versuch. Er feuerte zweimal aus dem Vorderfenster, lief dann rasch zur Hintertür und hinaus in die Nacht. Dann schoß er wie wild auf den Platz, an dem er den schlafenden Orvid vermutete. Aber er hatte Pech. Orvid war nicht dort, und Coker mußte zurück in die Hütte.

„Coker", kam eine warnende Stimme, „du hast noch bis zum Morgengrauen Zeit herauszukommen. Dann zünden wir die Hütte an."

Die nächsten zwei Stunden verliefen ruhig. Es wurde allmählich hell, und Coker sah den toten Körper seiner Frau in ihrem Blute liegen. Der Anblick, das wirre Haar von Schmutz und Blut besudelt, machte ihn krank. Doch er konnte sie nicht in ihr Bett bringen, sie war zu schwer für ihn. „Jesus, Laura", flüsterte er verzweifelt.

Beim ersten Strahl der aufgehenden Sonne sandte Frank Pettis eine

Garbe von Schüssen in die Vorderseite des Hauses und näherte sich gleichzeitig in vorsichtigen Sprüngen. Während Coker ihn zu treffen versuchte, schlich sich Orvid an die Rückseite heran und steckte die Hütte in Brand. Dreißig Minuten lang bekämpfte Coker das Feuer, dazwischen immer wieder auf undeutliche Schatten schießend. Doch er konnte der Flammen nicht Herr werden.

„Komm heraus, Coker!“ rief Frank Pettis wiederholt, „komm heraus, oder du wirst geröstet!“

Coker hatte keine andere Wahl mehr. Er griff nach seinem LeMat, prüfte die Pulverkammern der abgesägten Schrotflinte und wartete, bis die Flammen seine Füße erreichten. Dann, statt aus der Tür zu treten, sprang er aus dem Fenster und feuerte sogleich dorthin, wo er die Brüder vermutete. Aber er irrte abermals.

Kurz bevor Coker gesprungen war, hatte Frank seinen jüngeren Bruder zur Vorsicht gemahnt: „Er wird versuchen, durch das Fenster zu flüchten!“ Und so sprang Coker direkt in das tödliche Feuer von zwei Gewehren. Sieben Schüsse trafen ihn in Kopf und Brust, und er starb, ehe er das Magazin seines LeMat leergeschossen hatte.

„Am besten, wir werfen diese verdammten Schafhüter ins Feuer“, sagte Frank. Sie hoben zuerst den steifen Leichnam des Mannes auf, der die Cokers hatte warnen wollen, schwangen ihn zweimal hin und her und warfen ihn in die Flammen. Dann, mit einem kraftvollen Schwung, schleuderten sie den toten Coker in die lodernden Reste seiner Hütte.

„Das wird ihnen eine Lehre sein“, sagte Frank.

Nach diesen grausamen Mordtaten appellierten die Schafzüchter an die Gouverneure von Wyoming und Colorado um ausreichenden Schutz gegen diesen brutalen Terror. Doch man sagte ihnen, es gäbe keinerlei Beweise dafür, daß diese Verbrechen gegen die Schafzüchter gerichtet gewesen waren. Und die Annahme, daß die Pettis-Brüder von Rinderzüchtern dazu gedungen worden seien, müsse doch jedem anständigen Menschen als ungeheuerlich erscheinen. Tatsache war, daß auch nicht der Schimmer eines Beweises dafür erbracht werden konnte, daß die Pettis-Brüder mit diesen Morden etwas zu tun hatten. Es schien eher wahrscheinlich, daß sie von durchziehenden mexikanischen Schafhütern begangen worden waren.

Messmore Garret hatte eine ziemlich klare Vorstellung von dem, was geschehen war – und was noch geschehen konnte. Mit schußbereiter Waffe ritt er zu Amos Calendar. „Sie werden der nächste sein“, sagte er, „. . . oder ich. Haben Sie eine Ahnung, wo sie sich versteckt halten könnten?“

„Ja“, sagte Calendar kurz.

„Sagen Sie's mir, und ich erledige sie!“

„Das ist mein Job. Sie passen auf die Schafe auf."

Calendar ritt nach Centennial und sandte einen Boten zur Venneford-Ranch, um Jim Lloyd holen zu lassen. Als der Vormann eintraf, sagte Calendar zu ihm: „Jim, sie haben Coker umgebracht."

„Ich weiß es."

„Er war dein Freund."

„Ja."

„Sie sind im Saloon in Blue Valley zu finden."

„Was hast du vor mit ihnen?"

„Wenn du mir hilfst, werde ich sie umlegen."

„Wenn ich dir helfe?"

„Coker war dein Freund – oder nicht?"

Jim biß sich auf die Lippen. Er mochte Schießereien nicht. Aber Bufe Coker war wirklich sein Freund gewesen. In einem Gefecht mit den Comanchen hatte er Jim das Leben gerettet. In einem noch schlimmeren Kampf mit den Pettis-Brüdern sogar ein zweites Mal. Sie waren mehr als Freunde, sie waren Brüder gewesen, und Jim erinnerte sich, was Bufe in jener letzten Nacht gesagt hatte, als sie die Zwei-bis-vier-Uhr-Wache geritten waren: „Wenn zwei Burschen vier Monate lang Wache reiten und Staub schlucken – das macht sie zu Brüdern. Meinst du nicht auch?"

„Ich gehe mit", sagte Jim.

Als sie westwärts auf die Berge zu ritten, erhielten sie eine ganz unerwartete Verstärkung. Sie hörten ihre Namen rufen: „Jim! Calendar!"

Es war Potato Brumbauch auf seinem Lieblingspferd.

„Ihr seid hinter den Pettis-Brüdern her?"

„Richtig."

„Ich schließe mich an."

„Wie kommst du dazu?"

„Sie wollten meine Farm niederbrennen. Zendt und Skimmerhorn halfen mir damals."

„Die Pettis-Brüder?"

„Gewiß. Wußtest du das nicht? Die Rinderzüchter von Wyoming hatten sie engagiert."

Keine seltsamere Gruppe war je diesen Trail geritten: ein schon etwas bejahrter wolgadeutscher Farmer, der in die Sache nicht direkt verwickelt war, ein junger Ranchvormann, dem Schießen ein Greuel war, und ein todsicherer Schütze, einen schweren Büffeltöter über dem Sattel, der genau wußte, daß er als erster schießen mußte – wenn er überhaupt dazu kommen wollte.

Die drei ritten westwärts, bis sie den Pfad erreichten, der den Clear Creek hinauf in das Blue Valley führte; dort wandten sie sich scharf nach Norden in unwegsames Gelände.

„Die Pettis-Brüder schlafen nie", warnte Calendar. „Der geringste

Anlaß weckt ihren Verdacht. Es darf uns niemand sehen." Das war eine lange Rede für Calendars Verhältnisse gewesen, aber jeder Satz war bedeutungsvoll. Eine zufällige Begegnung mit jemandem, eine kurze Bemerkung: „Sah drei Burschen am Weg", und die zwei Killer würden sich auf die Lauer legen und die drei Fremden, sobald sie die Stadt erreichten, aufs Geratewohl abknallen.

Die drei Rächer saßen daher ab und führten ihre Pferde auf den Hügelkamm über dem Tal, von wo sie das frühere Goldgräberlager gut überblicken konnten. Sie banden ihre Pferde fest und machten sich an den Abstieg, so leise und vorsichtig, daß nicht einmal das Knacken eines Zweiges zu hören war.

Es war gegen fünf Uhr nachmittags, als sie auf der Höhe des Camps waren; dort erwarteten sie die Dunkelheit. Was für ein häßlicher Platz, dachte Jim beim Anblick des schmutzigen Wassers, das zu seinen Füßen dahinfloß, der morschen Verschalung der alten Zechen, des traurigen Saloons und der paar schäbigen Häuser. Einmal hatte er Levi Zendt zugehört, als er das Tal beschrieb – wie es gewesen war, als Alexander McKeag und Tönerne Schale hierhergekommen waren. Jetzt war man veranlaßt zu glauben, es müsse sich wohl um ein anderes Tal gehandelt haben.

Als die Dunkelheit über das Tal fiel, schlich Calendar in die Hauptstraße hinunter bis zum Saloon. Als er zurückkam, leuchteten seine Augen vor Erregung. „Sie sind da!"

Sodann entwickelte er seinen Schlachtplan: „Ich übernehme Frank. Das ist der mit dem Bart. Jim, du nimmst dich um Orvid an. Er ist ein Killer, Jim! Entweder du erledigst ihn mit dem ersten Schuß – oder es geht uns schlecht. Potato, du schießt auch auf Orvid."

Er demonstrierte seinen Gefährten, in welcher Haltung die beiden Killer an der Theke standen.

Jim unterbrach ihn: „Ich schieße niemanden in den Rücken."

„Es wird nicht in den Rücken sein, nicht, wenn ich dabei bin."

„Calendar, ich will niemanden in den Rücken schießen!"

Zum erstenmal in den vielen Jahren, die Jim ihn kannte, berührte Calendar einen anderen Menschen. Er legte seine Hand auf Jims Schulter und sagte: „Ich verspreche es, es wird nicht in den Rücken sein."

Im Finstern schlichen die drei Männer an den Saloon heran. Dann standen sie vor der Türe. Calendar blickte schweigend seine Gefährten an, machte einen tiefen Atemzug. Dann tat er etwas höchst Ungewöhnliches:

Mit einem kräftigen Fußtritt warf er die Tür auf und stieß einen wilden, durchdringenden Schrei aus, es klang wie der Schrei eines Wolfes, es war ein unheimlicher, höllischer Aufschrei von solcher Gewalt, daß sich sämtliche Bargäste, die Pettis-Brüder eingeschlossen, der Tür zuwandten und ihre Colts zogen.

Doch im selben Augenblick feuerte Calendar seinen Büffeltöter auf Frank Pettis ab. Das schwere Geschoß durchschlug die Brust des Killers. Jim Lloyd schoß fünfmal auf Orvid – der zweite Pettis taumelte und fiel vornüber, und im Fallen traf ihn eine volle Schrotladung, von Potato abgefeuert, mitten ins Gesicht.

In weniger als zehn Sekunden nach Calendars Schrei hatten die drei Männer den Saloon wieder verlassen und waren in der Dunkelheit verschwunden. Niemand versuchte, ihnen zu folgen, alle waren eingeschüchtert von ihrer Feuerkraft und Treffsicherheit. Und auch die Zeugenaussagen der Bargäste waren für ihre Identifizierung völlig unbrauchbar. Alles war so rasch geschehen, daß man sich nicht einmal über die Anzahl der Täter einigen konnte. „Es waren vier – und einer war schwarz! Ich habe sie gesehen!" – „Nein, es waren zwei. Einer mit der Schrotflinte, und ein kleiner Bursche mit zwei Revolvern." Keiner hatte drei Männer gesehen.

Als die Rächer verschwunden waren, fielen zwei Bemerkungen, die in die Legendenbildung um die Geisterstadt eingehen sollten. Ein Mann, noch aschfahl im Gesicht, starrte auf den Leichnam von Orvid Pettis und fragte mit heiserer Stimme: „Weiß jetzt einer, wer wer ist? Der hat ja keinen Kopf mehr!"

Und der Barkeeper sah schreckensbleich auf das grausige Loch, das der Büffeltöter durch Franks Brust geschlagen hatte, und sagte: „Ich könnte ein Glas Bier hindurchschütten, ohne die Ränder naß zu machen!"

Der Frühling von 1886 war ungewöhnlich trocken, und noch viele Jahre danach sagten die Bewohner dieses Gebietes: „Der Frühling 86 war schrecklich trocken, aber der Sommer, der darauf folgte, war noch viel trockener."

Es war aber auch ein schöner Sommer mit vielen prachtvollen Tagen und kühlen Nächten, wie geschaffen für vergnügliche Ausfahrten und frohe Geselligkeit. Im Osten wachte Calendar über seine Herde, sah wochenlang keinen Menschen und sprach nur zu seinem Hunde Rajah, einem ungewöhnlichen Tier, das viel Freude an menschlicher Gesellschaft fand und Calendars Worten so aufmerksam lauschte, daß es fast fähig schien, seine Sprache zu erlernen.

Am Fluß entlang ging Potato Brumbauch seinen verschiedenen Plänen nach. Mit seiner Musterfarm demonstrierte er in der Praxis, was Wasser für den Boden bedeutet, und wie man mit ihm eine Wüste zum Blühen bringen konnte. Er verfrachtete nun Wagenladungen von Melonen nach Denver, zog süßen Mais und hatte besonderen Erfolg mit seinen Zuckerrüben, die er an Rinder verfütterte, da es weit und breit keine Zuckerfabrik gab. „Ein komisches Land", sagte er, „ein Land, das die besten Zuckerrüben hervorbringt, aber auch Menschen, die zu träge und einfallslos sind, um eine Fabrik zu bauen. In Rußland hatten wir schon vor vierzig Jahren eine." Er dachte daran, auch in dieser Richtung etwas zu unternehmen.

In der Stadt neigte sich das erfolgreiche Leben Levi Zendts dem Ende zu. Seine vielen Unternehmungen machten gute Fortschritte. Sein Sohn war brav und wohlgeraten, und nur die Abwesenheit seiner Tochter Clemma bedrückte ihn. Es tat ihm leid, daß es im weiten Umkreis keine Indianer mehr gab; er vermißte es, daß nie mehr ein Arapaho, eine wollene Decke um die Schultern, in seinen Laden kam und interessiert zusah, was hier geschah. „Dieses Land war geschaffen für Indianer", sagte er einmal zu Lucinda. „Ohne sie sind wir alle um etwas betrogen."

Der große Mann der Stadt jedoch, dessen Geschicke eine dramatische Wendung zum Besseren genommen hatten, war Messmore Garrett. Seine Entschlossenheit, sein Land zu schützen und seine Schafzucht auszudehnen, war so kühn und beharrlich, daß ihn sogar die Bankiers zu respektieren begannen. Und selbst der „Clarion" bequemte sich zu einem Waffenstillstand in seinem Kampf gegen die Schafe.

Im letzten Juni verbrachte der Earl of Venneford, ein gutaussehender, dünner, grauhaariger Herr in den Siebzigern, drei Wochen auf der Ranch. Dann ließ er sich in einer bequemen Kutsche nach Line Camp Vier fahren.

Charlotte war ständig an seiner Seite, sprach eindringlich von großen Fortschritten und machte ihn mit den anderen britischen Ranchern in diesem Gebiet bekannt.

Doch als die vielen Festivitäten zu Ende waren und Lord Venneford sich bereitmachte, den Zug nach Chicago und New York zu besteigen, wo ihn das Schiff erwartete, senkte er noch kalte Angst in Oliver Seccombes Herz: „Ich habe Wunderdinge gesehen", sagte er mit dünner Fistelstimme, „die ich nie zu sehen erwartet habe. Austern in Wyoming! Das schöne Line Camp Vier! Den Charme meiner Gastgeberin! Und weiß Gott was sonst. Nur eines habe ich nicht gesehen: Rinder! Ich werde daher sofort nach meiner Ankunft in England Finlay Perkin herüberschicken, damit er hier nach dem Rechten sieht. Er wird genaueste Rechnungslegung fordern. Dessen bin ich ganz sicher." Ohne weitere Formalitäten bestieg er den Zug und fuhr ab.

Zu Oliver Seccombes Gunsten muß gesagt werden, daß er in keiner Weise versuchte, seine Frau zu belasten. Er warf ihr nicht vor, ihn zu verschwenderischen Ausgaben gedrängt zu haben, noch lächelte er über den geschmacklosen Prunk, in dem sie das Herrenhaus hatte errichten lassen. Er hatte mit ihr dreizehn glückliche Jahre verlebt und fand sie heute ebenso aufregend und unberechenbar wie zu der Zeit, als er ihr den Hof gemacht hatte. Sie sprach immer noch mit wohllautender Stimme und einem reizenden Akzent, sie lachte immer noch über die

Widerwärtigkeiten des Lebens und hatte nicht ein einziges Mal darüber geklagt, daß das Leben in Colorado nicht das sein konnte, was sie erhofft hatte. Sie liebte das Land und war eine beispielhafte Rancherfrau.

„Warum schickt Venneford Finlay Perkin herüber?“ fragte Charlotte.

„Wir haben etwas mehr ausgegeben, als wir belegen können“, sagte Oliver Seccombe leichthin.

„Was meinst du damit?“

„Die Buchzählung. Es sollten eigentlich mehr Rinder auf den Weiden sein, als wir tatsächlich haben.“

„Das ist doch leicht zu erklären! Die Kühe haben eben nicht immer Kälber.“

Sie fuhren im Wagen zurück zum Line Camp Vier. Seccombe konnte nicht umhin, sie auf die heiklen Probleme hinzuweisen, die zweifellos auftreten würden, wenn Finlay Perkin mit seinem Notizbuch und den Geschäftspapieren anrückte. „Er wird eine Liste haben wollen, in der jede Kuh, die wir je gekauft haben, angeführt ist, und er wird jede einzelne abhaken wollen.“

„Wird das denn möglich sein?“

„Nicht einmal dann, wenn wir tausend Cowboys hätten.“

„Also – was beunruhigt dich dann?“

„Er wird so lange suchen und wühlen, bis er jede Diskrepanz herausgefunden hat. Und am Ende wird er merken, daß so gegen vierundzwanzigtausend Rinder verschwunden sind.“

„Oliver! Um alles in der Welt . . .“

„Sie sind verschwunden, Charlotte. Niemand hat sie gestohlen, davon ist keine Rede. Sie sind einfach nicht da. Wie soll ich das einem Mann wie Perkin erklären?“

Ja, wie nur? Perkin traf am 15. September 1886 in Cheyenne ein und bestand darauf, sofort zum Line Camp Vier gebracht zu werden. Er war ein kleines, dürres Männchen, sechsundsechzig Jahre alt, und hatte so viel Gepäck mit, daß zwei Träger notwendig waren, es vom Waggon auf ein Fuhrwerk zu verladen. In den letzten achtzehn Jahren war er nie aus Bristol hinausgekommen, nicht einmal um seine Eltern in Kinkardinshire oder die Bankiers in London zu besuchen. Er hatte aber alle Berichte gelesen, hatte die Landkarten studiert und verfügte über eine erstaunlich genaue Kenntnis von Wyoming und Colorado.

„Ach ja“, sagte er mit dünner Stimme, als sie in der Kutsche über Land fuhren. Er hatte die Hände im Schoß gefaltet und blickte ineressiert nach links und rechts. „Das ist die Union Pacific, und unser Grundstück, einundachtzig mal siebenundachtzig, liegt gleich da drüben. Ja, das ist der tiefe Brunnen, den wir 1881 gruben, und ich sehe, er funktioniert immer noch. Und da – ja, ja – das ist der neue Stacheldrahtzaun. Ist er in Ordnung?“

Er wußte auf eine Viertelmeile genau, wo sie sich nach Süden wenden mußten, um zum Camp zu kommen, und als sie sich diesem näherten, bemerkte er die neue Umzäunung und die Weiden, von denen die Rinder weggebracht worden waren. „Es ist ein Jammer", sagte er, „ein großer Jammer, daß die Regierung uns dieses Verbindungsstück nicht verkaufen will."

„Wir dürfen es immerhin benützen", sagte Seccombe mit gespielter Heiterkeit.

„Benützen ist nicht dasselbe wie besitzen", sagte Perkin schroff. „Ah, da ist ja auch schon das Tor zum Camp."

Als die Kutsche vor dem Haus hielt, warf er keinen Blick auf die Unterkünfte, sondern ging sofort zu dem niederen, steinernen Wirtschaftsgebäude und inspizierte das Fachwerk und die Pferdeställe. „Guter, solider Bau", sagte er. „1868, als Skimmerhorn Holz empfahl, riet ich zu Stein. Schauen Sie nur, wie es dasteht – als ob es erst gebaut worden wäre! Clinger hat gute Arbeit geleistet."

„Wer?" fragte Seccombe.

„Clinger. Der Steinmetz von Cheyenne. Teuer, aber auf lange Sicht das billigste. Sagen Sie, bevor wir eintreten – weiden zufällig ein paar von den Illinois-Kurzhörnern in der Nähe?"

„Sie sind alle im Osten."

„Sehr gut."

In den ersten drei Tagen, als Perkin seine Überprüfung vorbereitete, war alles, was er sehen wollte, gerade irgendwo im Osten oder im Westen. Aber das schien ihn offenbar nicht zu stören. Er notierte einfach in sein Notizbuch, daß die Illinois-Kurzhörner zur Zeit im Osten grasten.

Er wollte alles wissen und erbrachte sehr bald den Beweis, daß er von dem komplizierten Ranchmanagement viel mehr verstand als Seccombe. Seine Fragen waren ruhig, nie herausfordernd; aber er bestand doch auf einer klaren Antwort, die er dann in sein Notizbuch eintrug.

„Er entdeckt jeden Mangel, jede falsche Eintragung", sagte Oliver zu Charlotte am dritten Abend, als sie zu Bett gingen.

„Er scheint eine Anklage gegen dich aufzubauen, Oliver. Ich habe das deutliche Gefühl, daß er deine Angaben notierte, um sie später Skimmerhorn und Lloyd zu zeigen, damit sie gegen dich aussagen."

Seccombe gab keine Antwort, denn auch er glaubte Perkins Spiel zu durchschauen.

„Was glaubst du, Oliver? Werden die beiden zu dir halten?" Keine Antwort. „Ich meine – können wir mit ihrem fairen Verhalten rechnen?" Keine Antwort. „Was ich meine, Oliver – wird es vorteilhaft für sie sein, uns zu verraten . . . Nein, das klingt ja, als ob du etwas Strafbares begangen hättest. Was ich meine, ist . . ."

„Ich weiß, was du meinst. Skimmerhorn und Lloyd sind die anständigsten Männer auf der Ranch. Es ist ihr Verdienst, daß wir bisher so gut gefahren sind. Wenn nur diese verdammte Buchzählung nicht wäre, auf die Bristol sich verlassen hat.“ Er schritt erregt auf und ab. „Können sie denn nicht einsehen, daß man auf einer so großen Ranch nicht einfach herumlaufen und jede Kuh markieren kann?“

„Das ist es aber doch, was Perkin verlangt.“

„Und nie erreichen wird . . .“

„Du traust also Skimmerhorn?“

„Ich muß wohl. Unser Schicksal liegt in seiner Hand.“

Sie hatten Perkin richtig eingeschätzt. Er trug mit Geduld und Ausdauer eine Anklage gegen sie zusammen. Sie würde fundiert und gerecht sein, für Seccombe aber vernichtend ausfallen. Was sie nicht vorausgesehen hatten, war Perkins pedantische Gründlichkeit, wo es um die Rinder ging.

„Wir fahren am besten zum Hauptgebäude“, schlug Seccombe am vierten Morgen vor.

„Nein“, sagte Perkin, „wir fahren zum Line Camp Fünf.“

„Was möchten Sie dort sehen?“

„Ich werde die Rinder zählen“, sagte er entschieden. „Wir gehen nach Westen und dann an die Nebraskagrenze.“

„Zählen? Sie können doch unmöglich . . .“

„Das ist bis jetzt die Schwierigkeit gewesen, Seccombe. Sie sind offenbar nicht imstande zu zählen, aber ich kann es. Und ich habe vor, morgen damit anzufangen. Rufen Sie die Cowboys zusammen.“

Und als die Cowboys sich im Line Camp Fünf zur Stelle meldeten, nicht weit vom Fundort der Dinosaurierknochen, entdeckte Seccombe, daß Perkins Riesengepäck in der Hauptsache aus Büchsen bestand, die eine blaue, in Deutschland entwickelte Spezialfarbe enthielten. Und jedes Tier auf der vier Millionen Morgen großen Venneford-Ranch sollte auf dem Rücken mit dieser Farbe gekennzeichnet werden.

Die Cowboys lachten, als sie das hörten. Doch Perkin blieb gelassen. „Wenn wir jede Kuh merken, brauchen wir nicht zweimal zu zählen“, erklärte er. „Sobald wir Nebraska erreicht haben, werden wir genau wissen, wie viele wir haben.“

„Wir werden Tausende auslassen“, protestierte ein Vormann. „Man kann nicht jedem Rinderzug nachreiten. Die Hälfte unseres Viehs ist jetzt in Wyoming auf der Suche nach gutem Gras.“

„Es ist euer Job, die Rinderzüge zu suchen und ihnen, wenn nötig, nach Wyoming zu folgen“, sagte Perkin ruhig. Und fünf Wochen lang fuhr der kleine, drahtige Mann auf einem Jagdwagen ostwärts quer durch die große Prärie und kleckste seinen Patzen deutscher Farbe auf so viele Rinder, als nur immer aufgetrieben und zu ihm gebracht wurden. Er war unermüdlich. Cowboys, die ihr ganzes Leben im Sattel verbracht hatten, waren ausgepumpt, erschöpft von der ungewöhnlichen Hitze dieses Herbstes, so daß sie dem Jagdwagen kaum noch folgen konnten.

Als er sich endlich bis zur Grenze Nebraskas durchgearbeitet hatte, hatte er Gallonen von Farbe verbraucht, jeden Rinderzug gestellt, alle Wasserplätze gesehen, auch die Gebiete der Ansiedler, die Regierungsareale mit den dazwischen liegenden Venneford-Gebieten.

„Sie würden gut daran tun, die Schafzüchter aus unseren östlichen Randgebieten fortzuschaffen", empfahl er Seccombe und lobte das Umzäunungsprogramm. „Ich würde gerne unser Land gesichert sehen."

Allmählich befiel jedermann das beklemmende Gefühl, daß, soviel Zuchtvieh auch immer mit der Farbe gemerkt wurde, die Gesamtzahl ganz gewaltig hinter den angeblichen Einkäufen Vennefords zurückbleiben mußte.

In der letzten Oktoberwoche schlug Seccombe abermals vor, zum Hauptgebäude zu fahren.

Doch Perkin überraschte ihn wieder mit seiner Antwort:

„Wir kehren zum Line Camp Fünf zurück."

„Aber warum denn?"

„Ich möchte einen Test machen. Wir inspizieren die Rinder, die wir dort finden. Prüfen die Farbzeichen. Stellen fest, wieviel wir beim erstenmal übersehen haben, und berichtigen unsere Zahlen."

Doch dieser Test sollte zu einem Heidenspaß für die Cowboys werden und ihnen auf Jahre hinaus Gesprächsstoff liefern.

Als der Jagdwagen die Kalkklippe erreichte, hatten die Cowboys an die zweihundert Ochsen in einen Corral getrieben. Keiner von ihnen zeigte auch nur eine Spur der blauen Farbe. Die Cowboys kicherten ungeniert, als der kleine Schotte die Tiere inspizierte und in jedem einzelnen ein unmarkiertes zu entdecken glaubte. Doch nachdem er alle zweihundert überprüft hatte, schien es ihm doch unwahrscheinlich, daß er bei der ersten Inspektion alle diese Tiere übersehen haben sollte.

„Wir hatten doch keinen Regen", sagte er nachdenklich.

„Keine Spur davon", sagte Skimmerhorn.

Sie begaben sich in ein anderes Gebiet. Die Cowboys trieben hier weitere dreihundert Rinder zusammen. Aber auch diese waren durchwegs frei von Farbe. „Der Chemiker hat mir versichert, daß die Farbe absolut wasserfest ist", sagte Perkin, ohne jemanden anzuklagen. Er berichtete nur, was man ihm gesagt hatte.

„Auch sonnenfest?" fragte Skimmerhorn.

„Da hat er sich nicht festgelegt", sagte Perkin.

Man brachte ihm ein paar Bretter, und Perkin malte blaue Farbstreifen darauf. In der Tat war die Sonne in diesem Herbst so ungewöhnlich stark, daß die Streifen schon nach wenigen Tagen zu verblassen begannen. Das kostspielige und zeitraubende Unternehmen hatte sich als völlig wertlos erwiesen.

„Also sind wir wieder bei der Buchzählung gelandet", sagte Perkin.

Zu guter Letzt fuhren sie also zum Hauptgebäude. Und nach dem ersten Blick auf das protzige Herrenhaus wußte Perkin, daß er hier einen handfesten „Fall“ hatte, ob die Farbe nun hielt oder nicht.

„Ich bin gespannt, wie sich Ihr Schloß in den Büchern ausnimmt“, sagte er schneidend. „Scheunen zuerst!“

Seccombe konnte schwarz auf weiß belegen, woher er das Geld für die roten Scheunen, die schönsten von Colorado, genommen hatte – und ebenso für die Corrals und für die Speicher. Aber als es um das Herrenhaus ging, waren die Eintragungen in jämmerlichem Zustand.

„Nun – diese Gelder kommen, wenn ich recht verstehe, aus Bristol, von Henry Buckland, dem Vater Ihrer Frau? Gut. In Ordnung. Und diese hier – woher sind diese Summen?“

Seccombe stotterte herum, doch Perkin drang nicht in ihn, er ließ ihm Zeit und wartete ruhig. Und wenn Seccombe eine Erklärung genau dort abbrach, wo es um die Herkunft der Gelder ging, sagte Perkin auch nichts, machte sich Notizen und ging auf einen anderen Gegenstand über. Sein Drang, Seccombe den Hals zu brechen, war unstillbar. Er wußte, daß schwere Verfehlungen geschehen waren, aber zu den eigentlichen Unterschlagungen vorzudringen, war nicht leicht; solange er für diese keinen Beweis hatte, hatte er auch keinen „Fall“, das war ihm klar.

Dann wandte er sich plötzlich von den Zahlen des Herrenhauses ab und prüfte die Ausgaben für die Bewässerung. Er sah nicht ein, warum Venneford so viel Geld investiert hatte, um Wasser in ein Land zu bringen, das es nicht brauchte, und je mehr er von Wassergräben und zwecklosen Grünflächen sah, desto unruhiger wurde er. Schließlich überredete ihn Skimmerhorn, Potato Brumbauch zu besuchen.

Der sprach mit dem gewohnten Überschwang: „Mr. Perkin, schauen Sie sich dieses Grasland an, schauen Sie auf diese Heuvorräte für den Winter!“

„Aber in diesem Klima haben wir doch noch nie Winterfutter gebraucht“, entgegnete Perkin, „das ist ja Vergeudung.“

„Mr. Perkin!“ rief Brumbauch – er sprach den Namen wie „Berkin“ aus, was den Schotten sichtlich irritierte. „Mr. Perkin, der Winter wird kommen, und das Heu wird Goldes wert sein. Auf meiner Farm habe ich fast soviel Heu, wie Sie haben, und wenn der Winter kommt, werde ich es für unzählige Dollar verkaufen.“

Als die Aussprache beendet war, fragte Perkin scharf: „Wer ist dieser Mann?“

„Der erfolgreichste Farmer in unserer Gegend“, sagte Skimmerhorn. „Ein Russe.“

„Ein Russe!“ rief Perkin. „Was macht er hier?“ Und Brumbauchs Argumente zählten nicht mehr. Das Bewässerungsprojekt war ab nun eine unverantwortliche Vergeudung von Bristol-Geldern.

Am 15. November wußte Perkin alles, was er zu wissen wünschte.

An diesem Abend sprach er mit Seccombe in voller Offenheit über das Ergebnis seiner Untersuchungen. „Lord Venneford hat mich hierhergesandt, um ganz bestimmte Fakten festzustellen. Das habe ich getan. Sie haben unser Geld verschleudert. Sie haben Rinder gekauft, ohne sie zu zählen. Ich habe den begründeten Verdacht, daß Sie mit den Verkäufern unter einer Decke stecken. Und es liegt auf der Hand, daß Sie unsere Kühe und Kälber verkauft haben, um dieses monströse Schloß zu bezahlen. Ich werde das Resultat meiner Erhebungen Seiner Lordschaft präsentieren. Es ist durchaus möglich, daß er sich entschließt, gegen Sie gerichtliche Schritte zu unternehmen. Wenn er dazu meinen Rat hören will – ich werde ihm ganz bestimmt beistimmen. Denn wenn ich je eine betrügerische Verwendung von Gesellschaftskapital festgestellt habe, dann war es hier." Damit ging er zu Bett.

Doch aus seiner Abreise wurde nichts. In der Nacht war das Thermometer, völlig gegen die Regel, bis auf zwanzig Grad unter Null gefallen, höchst unerwartet für diese Jahreszeit. „Wir fahren morgen nach Cheyenne", schlug Seccombe vor. Doch in der folgenden Nacht brauste ein furchtbarer Sturm über das Land und ließ über zwanzig Zentimeter Schnee zurück, zu hohen Wehen aufgetürmt.

„Im November taut es rasch", versicherte Seccombe seinem Gast. Er hatte ganz sicher nicht den Wunsch, den lästigen kleinen Mann auch nur einen Tag länger als notwendig im Hause zu haben. Aber an diesem Nachmittag tobte der Sturm noch heftiger als in der Nacht. Abermals fielen fünfzehn Zentimeter Schnee. Und in der dritten Nacht sogar vierzig. Von der Nordgrenze Montanas bis zum Platte lag Schnee – und so sollte es einen endlosen, verheerenden Winter lang bleiben.

An den Folgen des Blizzards hatte vor allem Jim Lloyd zu tragen, denn er war verantwortlich für das Leben der Rinder; und er machte die größten Anstrengungen, seine Pflicht zu erfüllen. Schon in den ersten Stunden nach dem furchtbaren Schneefall ritt er zur Farm Potato Brumbauchs und sagte zu dem Russen: „Ich kaufe Ihr ganzes Heu."

„Schlauer Bursche", sagte Potato. „Wir müssen uns auf einen langen und harten Winter gefaßt machen." Doch er überließ Jim keineswegs seine ganzen Vorräte, denn er hatte selbst ein paar Rinder und spürte es in den Knochen, daß dieser Schnee nicht so bald schmelzen würde. Immerhin verkaufte er ihm eine beträchtliche Menge. Die braunen Ballen, jetzt von über einem halben Meter Schnee bedeckt, sollten von Jims Männern abgeholt werden.

Als Jim am Nachmittag des ersten Tages die Rechnung vorlegte, war Finlay Perkin wütend. „Ein kleiner Sturm, und ihr geratet in Panik!" rief er aufgebracht. Zu seinem Erstaunen schlug Jim zurück, kurz und selbstsicher: „Es ist mein Job, für das Futter zu sorgen, und genau das werde ich tun."

Am zweiten Tag, als die Schneewehen die Fahrwege sperrten und die Windseiten der Ranchhäuser zudeckten, sattelte Jim sein stärkstes Pferd und versuchte, zu den Langhornrindern auf den nahen Weideplätzen vorzudringen; aber es gelang ihm nicht, die hohen Schneemassen zu überwinden. Welche Richtung auch immer er einschlug, er kam nicht weit. Während des ganzen Tages sah er kein einziges Rind.

Am dritten Tag hatte er schon Schwierigkeiten, sein Pferd aus dem Stall zu bekommen. Ein heulender Wind peitschte den Schnee über das flache Land, bis er irgendwo festen Halt fand; dann stauten sich die Schneemassen zu erschreckender Höhe – am Hauptgebäude bis zu vier Meter.

Am Abend des dritten Tages sah Jim die ersten Rinder. Sie waren vom Norden heruntergekommen, langsam und gleichmütig, mit dem Wind im Rücken, in der Erwartung, Futter zu finden und, noch wichtiger, Wasser.

Die ersten frierenden Tiere ballten sich an der Umzäunung zusammen, die folgenden drängten nach, der Zaun zerbrach unter dem Druck, und die Tiere strömten weiter, weiter in Richtung Osten. Jim versuchte sie aufzuhalten, er warf die geringen Heuvorräte aus den Scheunen, aber sie trotteten weiter, immer die Köpfe dem peitschenden Wind entziehend. Tagelang würden sie so dahinziehen, wenn der Sturm nicht nachließ, würden dahintaumeln, ohne zu fressen, ohne zu trinken, ohne zu rasten, bis sie an einen starken Zaun kämen oder sonst an ein unüberwindliches Hindernis. In diesen furchtbaren Minuten würden sie, wenn nicht vorher abgelenkt, auf- und übereinander klettern, und viele von ihnen würden schrecklich verenden.

„Sie treiben mit dem Sturm ab!“ rief Jim seinen Leuten zu. „Wir müssen sie aufhalten!“

Die Cowboys schwärmten aus in das verschneite, gefrorene Land, meilenweit weg von Futter und Wasser, und versuchten mit Wagemut und tollkühnem Einsatz, die Richtung der dahintrottenden Rinder zu ändern. Es war eine harte, erschütternde Arbeit. Die frierenden Männer kämpften sich durch den Rinderzug, ihre Pferde tief im Schnee, und wenn sie die Spitze eines Zuges erreichten, konnten sie nichts anderes tun, als ihn in eine Richtung zu lenken, die ihnen sicherer erschien als die bisherige.

Die Tiere zu füttern war ganz unmöglich. „Wir müssen warten, bis der Sturm nachläßt“, ließ Jim Skimmerhorn wissen, und er berichtete Perkin und Seccombe über die augenblickliche Lage.

„Werden wir viele Rinder verlieren?“ fragte Perkin.

„Wir können alle verlieren“, sagte Skimmerhorn ernst.

„Guter Gott!“ rief Perkin und verschob seine Rückkehr nach Bristol bis auf weiteres. Wenn der Blizzard eine so ungeheure Gefahr darstellte, dann war es seine Pflicht, hierzubleiben und zu helfen, so gut er konnte.

Und er zeigte sich überraschend nützlich. Als das Tauwetter ausblieb und die Rinder auf den entfernten Ranchgründen zu verhungern drohten, schlug Perkin vor: „Schickt Güterwagen mit dem Heu Brumbauchs nach Julesburg. Nehmt Männer auf, die es dort verteilen." Doch als die Eisenbahngesellschaft erkannte, wie sehr die Rancher jetzt auf sie angewiesen waren, erhöhte sie drastisch die Frachttarife. Wieder war es Perkin, der energisch protestierte und drohte, die „London Times" über dieses Vorgehen zu informieren. Jim Lloyd erschien das als leere Geste, doch in Omaha reagierte man prompt. Die Eisenbahn war in hohem Maße abhängig von Londoner Kapital, ein abträglicher Brief in der „Times" konnte die Ausgabe von Obligationen nachteilig beeinflussen.

Die Hauptlast an der Versorgung der Rinder hatte jedoch nach wie vor Jim Lloyd zu tragen. Er schickte Cowboytrupps in die entferntesten Ecken der Ranch, um den Tieren Hilfe zu bringen, wo immer sie zu finden waren. Tausende waren von Wyoming heruntergekommen, und Jim ließ auch sie füttern, als er sie am Platte entdeckte. Er schätzte, daß vielleicht zehntausend Stück Langhorn-Zuchtvieh nach Nebraska gewandert waren.

„Wir werden sie vor dem Frühling nicht wiedersehen", sagte er zu Perkin, als er zum Hauptgebäude zurückkam.

„Werden wir sie überhaupt finden?" fragte Perkin.

„Tausend, wenn wir Glück haben", antwortete Jim.

Die Zuchttiere, die auf der Ranch geblieben waren, überlebten dank Jims heroischen Anstrengungen und dem von ihm vorsorglich gestapelten Heufutter. Als Perkin Anfang Januar Seccombe in den Cheyenne-Club begleitete und dort von dem totalen Zusammenbruch einiger englischer Rancher in Wyoming hörte, empfand er zum ersten Mal so etwas wie Achtung vor dem guten Management von Venneford.

„So einen Sturm haben wir noch nicht erlebt", sagte Claude Barker. „Über eine Länge von fünfzig Meilen ist vom Horse Creek nichts zu sehen, fest gefroren und schneebedeckt von Ufer zu Ufer. Wenn es nicht bald taut, sind wir erledigt."

„Noch nicht", versicherte ihm Perkin, „unser Vormann Jim Lloyd hat mir berichtet, daß er drei- bis viertausend Ihrer Rinder auf unseren Weiden hat."

„Gott sei Dank!" rief Barker. „Haben sie auch zu fressen?"

„Jim füttert sie mit Heu."

Gegen Mitte Januar sah es aus, als ob der unberechenbare Sturm sich ausgetobt hätte. Während der folgenden warmen Tage begann der Schnee zu schmelzen. Am Rückweg zur Ranch sagte Seccombe: „Noch zwei Tage wie diese, und der Schnee gibt das Gras frei. Dann wird sich das Vieh wieder erholen."

„Oliver", sagte der kleine Schotte, „ich bin tief beeindruckt von Ihren Männern. Sie verstehen was von Rindern. Mehr noch, sie lieben sie. Ihre Zuchttiere kamen besser davon als die der anderen Rancher. Ich werde in meinem Bericht darauf hinweisen."

Die zwei Männer fanden im Hauptgebäude eine gelöste Stimmung vor. Charlotte hatte ein ausgezeichnetes Dinner vorbereitet. „Ihr Gatte entpuppt sich als fähiger Rancher", sagte Perkin zu ihr. Charlotte blieb reserviert. „Es freut uns, daß Sie jetzt eine Vorstellung davon haben, mit welchen Schwierigkeiten die Führung einer Ranch fertig werden muß."

Perkin übersah ihre kühle Haltung und sagte höflich: „Ich werde Freitag abreisen und meinen Aufenthalt hier in freundlicher Erinnerung behalten."

Doch es kam auch diesmal nicht zur Abreise. Ein Sturm ohne Beispiel in der Geschichte des Westens brauste von der Arktis herunter und drückte das Thermometer von wohltuenden zwölf Grad Wärme auf eisige dreißig Grad unter Null. Das Wasser, das sich durch die Schneeschmelze angesammelt hatte, gefror zu einer undurchdringlichen Eisschicht.

„Außerordentlich ernst", beurteilte Seccombe die Lage, als er die glitzernde Eisdecke sah.

„Warum?" fragte Perkin nervös. Er erfaßte nicht gleich, welcher neue Schlag die Ranch getroffen hatte.

„Das Gras ist unterm Eis. Keine Kuh kann auch nur einen Halm erwischen. Wenn das innerhalb von zwei Tagen nicht wegschmilzt . . ."

Doch das Eis wurde noch dicker; die Temperatur fiel auf minus dreiundreißig Grad.

Dann, in der Nacht zum 15. Januar, kam der große Blizzard von 1887. Er schichtete vierundzwanzig Zentimeter Schnee auf die Eisdecke und türmte haushohe Schneewehen auf, die Scheunen und Fahrwege überdeckten. Die Temperatur sank auf historische vierzig Grad unter Null. Alles Weideland war unter einer Eis- und Schneedecke begraben, die kein Tier durchdringen konnte. Die Heuvorräte waren erschöpft, kein festes Futter war erreichbar. Die meisten Rancher saßen machtlos und untätig an ihren Kaminen und beteten um das Ende des Sturms, während Millionen Rinder erfroren oder verhungerten.

Fünf Tage lang hielt die furchtbare Kälte an, und jede Nacht brachte neuen Schnee. Die Prärie war vom Eis umschlossen. Verängstigte Rancher mußten jetzt einsehen, daß ihr gefährliches Spiel, Rinder im offenen Land zu züchten, ohne über ausreichende Futterlager für den Fall solchen Unwetters zu verfügen, ausgespielt war.

Das Rind war am wenigsten dafür ausgestattet, einen Blizzard zu überstehen. Der Büffel hatte gelernt, seinen massigen Kopf zu schütteln und den Schnee abzustoßen. Das Pferd konnte mit seinen Hufen den Schnee durchstampfen und darunter Gras finden. Schafe fraßen Schnee, wenn sie kein Wasser hatten. Truthähne hausten auf Bäumen, um dem Schnee zu entgehen, und Hühner arbeiteten mit dem Schnabel so lange, bis sie den Boden erreichten, und schluckten Schnee gegen den Durst. Das Rind erlernte niemals einen dieser Tricks: selbst wenn es bis zum Bauch im Schnee stand, verdurstete es.

Jim Lloyd beschäftigte einen Cowboy aus Texas, der von sich ziemlich eingenommen war und sich einbildete, alles zu können. Er hatte einen selbstbewußten, wiegenden Gang und pflegte seine Daumen in den Gürtel zu stecken, wie er es bei älteren Herren gesehen hatte. Er war zweiundzwanzig und hätte einer der besten Männer sein können, wenn er nur weniger unstet gewesen wäre. Als der Blizzard zwischendurch einmal aussetzte, erbot sich Red freiwillig, an die Nordgrenzen der Ranch zu reiten, um zu sehen, was sich dort getan hatte. Das war geradezu eine Herausforderung des Schicksals, und Jim riet ihm, sich die Sache noch einmal zu überlegen. Red blieb dabei. Er sattelte sein Pferd, packte Proviant und eine Flasche auf und ritt gegen Osten. Neun Tage lang war er unterwegs, und als er endlich zurückkam, war er erschreckend abgemagert, und seine Augen waren entzündet.

Finlay Perkin sagte, er solle in die Küche des Herrenhauses kommen und berichten, was er gesehen und erlebt habe. Red setzte sich dort in der Haltung des harten Cowboys, der er zu sein wünschte, griff mit beiden Händen nach seiner Kaffeeschale und berichtete in abgerissenen Sätzen. Nur langsam formten sich die Worte. Seine Unterlippe zitterte, er stellte den Kaffee weg, und die Stimme versagte ihm.

„Ich habe gesehen . . .“, er blickte hilflos auf Seccombe, „ich habe gesehen . . . an einer Hürde . . . bei den drei Pinien . . .“ Er konnte nicht weitersprechen.

Nach einer Minute des Schweigens setzte er fort: „Ich habe tote Rinder gesehen, übereinandergeschichtet, die ganze Hürde entlang. Ich habe den Pine Creek gesehen, bedeckt mit Tausenden Kadavern. Ich habe gesehen – bei den Hürden, die bis Line Camp Zwei führen – ein weites Eisfeld, aus dem Hörner und Nasen ragten . . . es müssen an die fünfhundert Langhörner gewesen sein, vom ersten Sturm hier begraben. Ich habe gesehen . . .“

Er hielt abermals inne. Sein roter Kopf fiel auf den Tisch. Er verharrte in Schweigen, zu mannhaft, um weinen, zu erschüttert, um sprechen zu können. Seine Zuhörer sahen weg. Und nach einer Weile murmelte er: „Die Hälfte unserer Herde muß tot sein.“

So war es. Immerhin waren die Crown-Vee-Rinder besser davongekommen als die meisten anderen, dank der unermüdlichen Anstrengungen von Jim Lloyd und seinen Helfern. Als die Kälte nicht brechen wollte, ließ er von den Zimmerleuten der Ranch die Frachtwagen zu Behelfsschlitten umbauen und fuhr mit diesen Heu zu allen Teilen der Ranch. Er arbeitete achtzehn bis zwanzig Stunden am Tag; und manchmal, wenn er unerwartet auf eine Herde von Langhörnern traf, die an irgendeinem Hindernis verendet waren, ihre traurigen Gesichter aus dem Wind gedreht, war er den Tränen nahe.

Überall im ganzen Westen war es eine Zeit des Grauens. Harte Cowboys wie Texas Red konnten die Tragödien vor ihren Augen nicht ertragen; lebensfrohe, stattliche Rancher wie Claude Barker vom Horse Creek überblickten die Situation und sagten: „Schön, das ist das Ende der Ranch. Es war eine gute Sache – solange sie dauerte."

Die Rinderhaltung im offenen Land, wie sie die Ranch-Barone in den goldenen Jahren von 1880 bis Oktober 1886 betrieben hatten, war für immer zu Ende. Nie wieder konnte ein Mann seine Rinder frei durch milde Winter bringen und es den Tieren überlassen, sich aus dem nur leicht gefrorenen Boden zu ernähren, nie wieder konnte ein Mann damit prahlen, fünf Millionen Morgen uneingezäunten Landes und unzählbar viele Rinder zu besitzen. Die guten alten Tage waren vorüber. Die Engländer, die so viel Pionierarbeit im Westen getan hatten, fuhren nach Hause. Neue Ideen waren nötig: Zäune, neue Rinderrassen, ein neues Kontrollsystem.

Auf keiner Ranch hatte der Sturm so absonderliche Auswirkungen wie auf Venneford. Dort waren während der schrecklichen Tage drei Personen, die einander mißtrauten und beargwöhnten, in einem Schloß eingesperrt – Oliver, Charlotte und Perkin, jeder in seinem eigenen Eckturm. Sie trafen einander nur zu den Mahlzeiten im zugigen Speisesaal – jeder mit einem wachsamen Auge auf den anderen, jeder sich bewußt, daß ihm die Grundlage seines bisherigen Lebens entglitt, jeder überlegend, wie er am besten der neuen Lage begegnen sollte. Der Sturm heulte, das Eis ächzte an den hohen Fenstern, und die drei saßen in ihren Turmzimmern wie Mönche in den Zellen eines verfallenen Klosters.

Oliver Seccombe war jetzt neunundsechzig Jahre alt, ein Mann, dessen Kraft schon fast verbraucht war. Jetzt sollte sein Leben in Verfall und Verarmung enden, mit einem häßlichen Gerichtsverfahren, das ihm noch bevorstand. Und er sah keinen Weg, der sicheren Katastrophe zu entgehen. Er würde seine Stellung auf der Ranch übergeben müssen. Die schönen Tage unter den Piniennußbäumen von Line Camp Vier waren vorüber; ebenso seine Stellung als erster Rancher des Gebietes. Charlottes Schloß aufzugeben – das hätte ihm nichts ausgemacht; es war immer ein geldfressender Dämon gewesen. Aber die Ranch aufzugeben, seine eigene Schöpfung, das würde ihm das Herz brechen. Ohne seinen unbeugsamen Elan wäre Venneford niemals das geworden, was es jetzt war, und es schien ihm eine Ironie, daß ausgerechnet er der Urheber seines Verfalls sein sollte. Einziger Trost war, daß Charlotte genug eigenes Geld besaß, um den Zusammenbruch zu überstehen. Irgendwie würde sie wieder zu einem guten

Leben finden. Was ihn selbst betraf, so hatte Perkin ganz offen die Meinung ausgesprochen, er solle abtreten. Nun, argentinische Rancher fragten in Wyoming immer wieder nach berufserfahrenen Engländern, vielleicht könnte er mit einem von ihnen ins Geschäft kommen. Das tiefste Bedauern aber würde Seccombe über den Verlust des Cheyenne-Clubs empfinden, dieser Vereinigung von Gentlemen, dieses Athen des Westens, wo das Essen gut war, der Wein noch besser und das Gespräch das beste von allem.

Charlotte Seccombe hatte keineswegs so elegische Gedanken. Schlau und scharfsinnig, wie sie war, sah sie Umstände und Zusammenhänge, die ihr Gatte und Perkin anscheinend gar nicht beachteten. Durch die furchtbaren Verluste, die alle Rancher während des Blizzards erlitten hatten – in Teilen Montanas schätzte man sie auf dreiundneunzig Prozent –, war der Unterschied zwischen den Zahlen in Perkins Büchern und dem tatsächlichen Rinderbestand weggewischt! Er existierte einfach nicht mehr! Im Oktober 1886 hätte Finlay Perkin auf das Hauptbuch weisen und sagen können: Sie haben soundso viele Rinder gekauft, aber Sie besitzen nur noch soundso viele. Den Rest müssen Sie gestohlen haben! Aber im März 1887 konnte Seccombe erwidern: Der Rest ist im Blizzard zugrunde gegangen. Sie war ziemlich sicher, daß Perkin keine ausreichenden Gründe mehr besaß, um den Fall vor Gericht zu bringen, auch wenn er die Seccombes bei den Direktoren in Bristol schlechtmachen würde. So begann sie, Perkin mit vorbedachter Verachtung zu behandeln, und fand verschiedene Wege, ihn herabzusetzen. Sie lachte zur unrechten Zeit, fand sichtlich Freude daran, ihm zu widersprechen, oder hielt ihn offensichtlich zum Narren. Zweimal während des Blizzards, als sie im Herrenhaus eingeschlossen waren – bei armseliger Kost und mäßiger Wärme –, brachte sie das Anfärben der Rinder aufs Tapet. „Kostete uns eine Menge Geld und Arbeit, diese Verrücktheit“, sagte sie. „Die Farbe war billig“, verteidigte sich Perkin. „Wenn schon!“ rief Charlotte. „Aber die vergeudeten Arbeitsstunden der Cowboys! Sie hätten statt dessen Heu einbringen können!“

An ihren Gatten dachte Charlotte mit Wohlwollen, aber doch auch mit Herablassung. Er hatte weder den Scharfsinn Perkins noch die Redlichkeit Skimmerhorns. Er war ein Mann von großen Worten und guten Einfällen, aber keiner, der eine schwierige Situation bis zum Ende durchstehen konnte. So hatte sie einmal zu Jim Lloyd, den sie als einen Mann von Mut und Tüchtigkeit schätzte, die Bemerkung gemacht: „Oliver hat nie in seinem Leben eine unehrenhafte Handlung begangen.“ Als Jim sie verständnislos ansah, fügte sie hinzu: „Er hat andere dafür engagiert.“

Sie hoffte, Oliver würde in guter Haltung aus seiner mißlichen Lage finden. Abzutreten wäre vielleicht eine ehrenhafte Lösung. Es gab aber auch noch andere Möglichkeiten, für ihn und für sie.

Auf Finlay Perkin hatte der Blizzard eine tiefe Wirkung. Bis zu dieser Zeit hatten Kinkardinshire und Bristol den Horizont des einsamen kleinen Schotten begrenzt. Aber im Sturm fand er sich plötzlich im Zentrum einer turbulenten Welt, wo große Vermögen sich über Nacht in nichts auflösen konnten, wo die Natur mit einer weit ausholenden Handbewegung Gebiete von der Größe Europas leerfegte. Er wußte aber, daß sich hinter dem Blizzard auch andere Dinge abspielten: Rancher, die sich in schmutzige Geschäfte eingelassen hatten, würden jetzt klagen, daß der Sturm sie ruiniert habe. Dabei war ihr Untergang schon besiegelt gewesen, bevor das Unwetter hereinbrach. Buchzählung, Überbeanspruchung der Weiden, sorgloses Management, Borniertheit gegenüber neuen Ideen – verdammt, verdammt! Was für eine elende Welt! Er erkannte jetzt, was schon längst hätte geschehen müssen; denn er kam darauf, daß er die Rinder gern hatte. Er hatte auch eine hohe Wertschätzung für das Land. Wie Jim Lloyd hatte er ein Gefühl dafür, was man dem Land abverlangen konnte und was nicht. Er sah Wyoming und Colorado als riesige Reiche, kaum ausgenützt in ihrer Weite und Leistungsfähigkeit. Und er hatte vor allem eine feste Vorstellung davon, wie die Rinderranch der Zukunft aussehen und geführt werden müßte. Längst hatte er bemerkt, daß Oliver und Charlotte Seccombe ihn verdächtigten, ein Dossier gegen sie zusammenzutragen. Er war weit entfernt davon. Er maß ihnen nur mehr wenig Bedeutung zu. Seccombe hatte ohne Zweifel seine Vorrechte mißbraucht und sicherlich auch Venneford-Gelder für den Bau seines lächerlichen Schlosses verwendet. Aber er war jetzt unwichtig geworden. Wichtig war nur, ihn zu möglichst raschem Rücktritt zu bewegen. Perkin fand, daß das Auftreten des Blizzards, die Zerstörung ganzer Ranches es unbedeutend und fruchtlos erscheinen ließen, aus dem Verschwinden einiger tausend Crown-Vee-Rinder einen Gerichtsfall zu machen. Doch er verbesserte sich sogleich selbst: „Was sage ich! Ein paar tausend Rinder? Er muß zwanzigtausend auf die Seite gebracht haben! Mehr als sechshunderttausend Dollar unter unseren Augen veruntreut! Und dann kommt dieser verdammte Blizzard, und wir können nichts mehr tun. Unsere Aufgabe ist es, uns für die Zukunft einzurichten. Sechs Jahre rechtschaffener Arbeit – und wir haben eine Million wieder . . .“

Ende März kam endlich das Tauwetter. Jim Lloyd ritt das Ranchgebiet ab und stellte mit Befriedigung fest, daß sich viele seiner Notmaßnahmen ausgezeichnet bewährt hatten. Er glaubte, in diesem furchtbaren Jahr viel über die erfolgreiche Betreuung der Rinder dazugelernt zu haben. Und er war daher ziemlich überrascht, sogar ein wenig irritiert, als ihn Perkin in seiner schnüffelnden Art in ein intensives Verhör nahm.

„Haben Sie für unsere Bewässerungsgräben einen annehmbaren Preis bezahlt?"
„Gewiß. Den größten Teil haben wir selbst gegraben."
„Profitiert dieser Russe, Potato Soundso, von den Gräben?"
„Die Gräben waren seine Idee."
„Hat Mr. Seccombe einen Teil seines Heus verkauft?"
Der kleine Schotte kam von einem Punkt zum anderen, und Jim schloß daraus, daß er bemüht war, Material für eine Anklage gegen Mr. Seccombe zusammenzutragen. Als die Ausfragerei noch eine Weile dauerte, wurde es Jim zu dumm, und er schnauzte Perkin an: „Hören Sie, Mister, ich arbeite für Mr. Seccombe. Er ist einer der besten Bosse, die es gibt. Ich werde nicht ein Wort gegen ihn sagen."
„Ich möchte gar nicht, daß Sie das tun", sagte Perkin gleichmütig.
Jim wußte nicht, was er davon halten sollte, und sprach mit Skimmerhorn über die Sache. Dieser schlug sich auf die Schenkel und rief: „Verdammt! Bei mir hat er das gleiche probiert!"
„Was will er denn eigentlich? Warum prüft er Mr. Seccombe, nach allem, was wir durchgemacht haben?"
Skimmerhorn überlegte eine Weile und trommelte mit den Fingern auf den Tisch. „Die logische Schlußfolgerung ist", sagte er langsam, „er prüft gar nicht Mr. Seccombe, er prüft *uns.*"
„Was haben wir denn verbrochen? Seine Rinder gerettet – das ist alles."
„Er will feststellen, ob wir uns gegenüber dem Mann, für den wir arbeiten, loyal verhalten haben."
„Ich bestimmt. Und wie steht's mit dir?"
„Ich bin loyal zu meinem Boss, bis er ins Gefängnis kommt."
„Du glaubst . . . du glaubst, Mr. Seccombe muß ins Gefängnis?"
„Nach dem Blizzard nicht mehr. Wenn Mr. Perkin zu Gericht ginge und zu dem Richter sagte, ein Teil seiner Rinder sei verschwunden, und der Richter hätte selbst ein paar, er würde antworten; ‚Zur Hölle mit Ihnen! Meine sind alle weg!' Perkin kann keinen Fall mehr aufbauen."
„Ich mag diesen Hundesohn nicht", sagte Jim. Und er war auch nicht zu finden, als sich der Schotte verabschiedete.
Seccombe und seine Frau begleiteten Perkin nach Cheyenne. Auf der Bahnstation sagte Perkin: „Sie haben im Kampf gegen den Blizzard Beachtliches geleistet, Oliver. Sie verdienen unseren Dank."
„Aber Sie sind dennoch entschlossen, einen Prozeß anzustrengen?"
„Nicht, wenn sie abtreten, Oliver. Sie sind fast siebzig. Ziehen Sie sich zurück."
Der Zug fuhr in die Station ein, der Schaffner schrie: „Alles einsteigen nach North Platte, Grand Island, Omaha!" Und Charlotte sagte dem kleinen Mann ein kühles Lebewohl. Oliver tauschte mit ihm einen formellen Händedruck. Dann führte er Charlotte in den Cheyenne-Club.

Er fand dort eine herbstlich trübe Stimmung, als ob das Ende einer Ära schon gekommen wäre. Anstatt der Munterkeit, die sonst an der Bar und in den Spielsälen herrschte, wenn der Winter vorüber war und die Polosaison einsetzte, herrschte jetzt fast feierlicher Ernst.

„Claude Barker? Erledigt. Hat keinen Penny mehr."

„Morton Frewen? In furchtbarer Verfassung, der arme Bursche. Sagte etwas von Südafrika."

„Die Chugwater-Leute? Keine Festlichkeiten in Dundee dieses Jahr. Man sagt, ihre Verluste seien so schwer, daß man sich auf Schafe verlegen werde."

Und so ging die traurige Litanei weiter. Tausende Rinder waren verhungert, auf mancher Ranch bis zu neunzig Prozent des Bestandes. Boston gab kein Geld mehr. Siebzehn Clubmitglieder – denken Sie! – siebzehn unserer bestfundierten – ausgeschaltet. Pleite.

Der Club selbst war in traurigem Zustand. Mehr als die Hälfte der Cheyenne-Herren hatten so enorme Verluste erlitten, daß sie die Mitgliedschaft zurücklegten. Die Speiseräume, sonst im Frühling ein Ort heiteren Genusses, waren trostlos und verlassen, und die weißen Tischtücher erinnerten die wenigen Gäste an ihre schneebedeckten Felder. Sogar das Zimmer, in dem Seccombe abzusteigen pflegte, machte einen verwahrlosten Eindruck.

Wie traurig, wie unendlich traurig. Oliver ertrug es zwei Tage lang. Dann sagte er zu Charlotte in düsterer Verzweiflung: „Daß es so jämmerlich enden muß, so unsagbar jämmerlich."

„Vergiß diesen kleinen Wurm", sagte sie scharf, „er kann uns nichts anhaben."

„Ich rede nicht von Perkin, ich rede von mir."

„Wir können alles in Ordnung bringen. Was soll jetzt die Buchzählung? Wenn wir die verdammten Rinder gehabt hätten, sie wären ja doch erfroren."

Er war bestürzt, daß sie kein Verständnis für seinen Schmerz zeigte – und für dessen Ursachen. Er versuchte ihr zu erklären: „Wenn ich Jim Lloyd im Blizzard beobachtete . . . und Texas Red . . . sah, wie sie ihre Anweisungen gaben, alles taten, was eigentlich der Boss tun sollte . . ."

„Sie werden dafür bezahlt. Es ist ihr Job."

„Auch Claude Barker ritt dreißig Meilen im Sturm, um Hilfe zu holen . . . er verlor zwei Finger."

„Claude Barker ist ein dummer, unfähiger Geck. Wäre er zu Hause geblieben, hätte er sich nicht die Finger erfroren."

Oliver Seccombe sagte nichts mehr. Für Männer, die sich erkühnen, Rinder zu züchten, gibt es gewisse akzeptable Verhaltensweisen, und die hatte er nicht eingehalten. Sein Mut hatte ihn verlassen und mit ihm der Großteil seiner Stärke. Er sehnte sich nach der Ordnung und Sauberkeit der großen Ranch, die er aufgebaut hatte. Aber als sie zurückkehrten zu dem prahlerischen Schloß, das ihn so viel von seiner

Tatkraft gekostet hatte, versank er in düstere Gedanken. Er beachtete es nicht, wenn Charlotte ihn aufzumuntern versuchte, wich dem Personal aus, schnauzte Skimmerhorn an und trank jeden Tag mehr – bis in die späte Nacht hinein.

Es war Jim Lloyd, der den Schuß hörte. Jim wunderte sich, wer da so nahe dem Hauptgebäude zu schießen hatte, sattelte sein Pferd und ritt über den nahen Hügelkamm. Er fand einen weißhaarigen Mann auf der Prärie liegen, mit dem Gesicht zur Erde.

Er ritt zum Schloß zurück und rief – um keine Panik auszulösen – mit leiser Stimme: „Mrs. Seccombe! Mrs. Seccombe! Bitte kommen Sie mit mir!"

Noch einmal bekam Levi Zendt einen Brief von seiner Familie in Lancaster, in Bruder Mahlons verkrampfter, mickriger Handschrift:

„Bruder Levi,
soeben sind uns aufregende Nachrichten zu Ohren gekommen. Die Regierung der Vereinigten Staaten verabschiedet jetzt ein Gesetz, demzufolge jeder weiße Mann, der unter Druck eine Indianerin geheiratet hat, das heißt, wegen des Friedens, bevor genug Soldaten da waren, um sie zu erschießen, das Recht haben soll, sich von ihr scheiden zu lassen. Du brauchst nur zum Postamt zu gehen und ihnen sagen, daß Du die Indianerin heiraten mußtest, und sie werden Dir sagen, wie das mit der Scheidung geht, und es kostet Dich überhaupt nichts.
Das ist eine großartige Gelegenheit, einen Fehler wiedergutzumachen, denn Du weißt, daß Deine Brüder und ich uns sehr geschämt haben, daß Du mit einer Indianerin verheiratet bist, wo sie doch die Schwester der Pasquinels, dieser Mörder, ist. Wir haben auch sehr darauf geachtet, daß kein Mensch in Lancaster davon erfährt. Jetzt kannst Du alles wieder in Ordnung bringen. Du mußt nur zum Postamt gehen.
Dein Bruder Mahlon"

Levi war über den Brief so empört, daß er ihn zu Boden warf. Er konnte es einfach nicht fassen, daß ein Mensch so über eine Frau schreiben konnte, die er nie gesehen hatte, von der er überhaupt nichts wußte, außer der Tatsache, daß sie eine Indianerin war. Angeekelt schüttelte er den Kopf, dann hob er das Papier an einer Ecke auf und hielt mit der Linken ein brennendes Zündholz darunter. Er wollte nicht, daß Lucinda dieser Brief in die Hände fiel. Als die Flamme schon fast seine Finger erreicht hatte, ging seine Frau vorbei, groß und anmutig, sah das Feuer und fragte ihn: „Was machst du da?"

„Eine alte Rechnung verbrennen", sagte er.

„Hoffentlich bezahlt?"

„Schon lange", antwortete er, und die Asche fiel zu Boden.

Dennoch konnte er dieses unwürdige neue Gesetz nicht vor ihr geheimhalten. Eines Morgens, als er gerade das Geschäft fegte, hörte er sie lachen, und als er sich umwandte, sah er sie in der Sonne stehen und eine bedruckte Flugschrift lesen. Darauf stand mehr oder weniger dasselbe wie in Mahlons Brief, nur wurde dem scheidungswilligen Ehemann das Gericht empfohlen anstatt des Postamts. Sie reichte ihm den Zettel, aber nachdem er ein paar Zeilen gelesen hatte, zerdrückte er das Papier in der Hand und murmelte mehrere mennonitische Obszönitäten.

„Ich hätte dir das gerne erspart", sagte er.

„Hast du es schon gewußt?"

„Ja, Mahlon sei Dank. Die angebliche Rechnung, die ich verbrannte, war Mahlons Brief, in dem er mir diese einmalige Gelegenheit ans Herz legte." Er schlang einen Arm um sie und sagte: „Es ist unglaublich, daß die Regierung sich zu sowas hergibt. Aber das ist nur das letzte Glied in einer langen Kette . . ."

„Sie sind etwas kopflos", sagte Lucinda und fühlte sich sehr indianisch in ihrem Ärger. Aber als Frau konnte sie sich nicht zurückhalten, den Mann, mit dem sie so lange gelebt und so vieles durchgemacht hatte, auf die Probe zu stellen. „Du kannst mich loswerden, wenn du willst", flüsterte sie.

Er führte sie zu einem Stuhl. Sie setzte sich, und er stand vor ihr, ein kräftiger Mann nahe an die Siebzig, der sie mehr als alles andere in seinem Leben geliebt hatte. „Dich loswerden! Wenn du wieder in St. Louis wärest, würde ich auf den Knien hinkriechen, um dich zu holen!"

Sie sah zu ihm auf, lächelte und streckte ihre Hand aus.

Kaum war Finlay Perkin glücklich in Bristol gelandet, verfertigte er eine der klügsten Denkschriften, die jemals über den Westen geschrieben worden waren. Gerichtet war das Papier an die Direktoren des Venneford-Unternehmens, aber es entsprach seiner üblichen Vorsicht und Genauigkeit, Durchschläge an Skimmerhorn und Jim Lloyd zu senden. Nach einer großartigen Analyse der Rinderwirtschaft, wie sie sich nach dem Blizzard darstellen würde, gab er folgende Empfehlungen:

1. Wir müssen uns von der lächerlichen Vorstellung frei machen, daß es möglich ist, eine Ranch von vier Millionen Morgen gut zu führen. Das ganze Land östlich von Line Camp Zwei ist zu verkaufen. Ebenso alles, was nördlich der Grenze von Colorado-Wyoming liegt.
2. Line Camp Vier, mit den niedrigen Bäumen, zurückhalten und als eigenen Grund an einen reichen Industriellen in Cheyenne verkaufen.
3. Sobald unser Besitz abgerundet ist: einzäunen.
4. Siedler, die die Absicht haben, auf unserem Grund größere Gemein-

wesen zu errichten, sollen in jeder Weise zum Ankauf von Privatgrund ermutigt werden, und wir sollten ihnen kostenlos Land für den Bau von Rathäusern, Kirchen, Schulen und Einkaufszentren überlassen.
5. Schafe sind ein Greuel. Fernhalten.
6. Mehr Heu ernten.
7. John Skimmerhorn soll Manager werden, Jim Lloyd sein Assistent; der junge Cowboy, der unter dem Namen Texas Red bekannt ist, soll dessen alte Stelle einnehmen. Das sind erprobte Männer, auf deren Loyalität wir vertrauen können. Ihnen können wir auf Jahre hinaus die Führung der Geschäfte überlassen.
Und dann fügte er, gleichsam aus blauem Himmel, eine achte Anweisung hinzu, die sich in der weiteren Zukunft als die folgenschwerste erweisen würde; erst durch diese Idee wurde der großartige Aufstieg der Crown-Vee-Ranch in den nächsten vierzig Jahren möglich:
8. Ich bin der Meinung, daß unsere Ranch erst dann wirklich florieren wird, wenn wir unsere Lang- und Kurzhörner schleunigst loswerden und vollständig auf Herefords übergehen. Was ich von der Ranch und dem Klima dort gesehen habe, hat mich davon überzeugt, daß die Herefords bestens gedeihen werden, und wir mit ihnen. Ich sende via Cunard und Union Pacific einen schönen Hereford-Bullen, den ich in Leominster gesehen habe, und sechs von den besten Hereford-Kühen. Skimmerhorn soll sich mit T. L. Miller von Beecher, Illinois, in Verbindung setzen und noch weitere dazuerwerben.
Er schloß mit einem buchhalterischen Fazit, einer vernünftigen Folgerung aus den Katastrophen der Jahre 1886 und 1887:
9. Wir haben dreißigtausend Stück Rinder aus unseren Büchern gestrichen, von denen wir annehmen, daß sie im Schneesturm verendet sind. Das stellt einen Verlust von einer dreiviertel Million Dollar dar. Aber wir sind bereit, uns damit abzufinden, denn wir hoffen, daß wir mit einem zweiten Anfang mehr Glück haben werden. Ich bin überzeugt, daß Skimmerhorn und Lloyd ihre eigenen Schätzungen darüber haben, über wie viele Rinder wir jetzt tatsächlich verfügen. Für den Augenblick nehmen wir einen Bestand von zwanzigtausend an, aber falls diese Schätzung zu hoch oder zu niedrig ist, soll Skimmerhorn uns postwendend davon in Kenntnis setzen. Auf Buchzählung sollten wir uns nie wieder verlassen.

Als der erste Waggon mit Herefords in Centennial ankam, nahm Jim Lloyds Leben eine neue Wendung. Natürlich war er am Bahnhof, um sie zu empfangen, und nachdem die Bretter sorgfältig ausgelegt worden waren, die ersten beiden Kühe herabstiegen und er ihre weißen Gesichter und rötlichen Leiber sah, die kräftigen Beine und die langen, geraden Rücken, da wußte er, daß er es jetzt endlich mit *wirklichen* Rindern zu tun haben würde.

Als aber der Bulle heraustrat, da hielten Jim und alle anderen Zuschauer den Atem an, sogar Seufzer konnte man hören: Hier war eines der herrlichsten Tiere, die jemals in England geboren wurden, King Bristol. Er wog fast eine Tonne, hatte ein makellos weißes Gesicht und einen prachtvollen roten Leib. Seine Hörner, die sich in spitzem Winkel nach unten bogen, reichten ein gutes Stück unter die Augen. Die Stirn war breit, knochig, von weißen Locken bedeckt. Die Schnauze hatte eine gesunde rosa Farbe, die Mundwinkel hingen nach unten, wie um anzudeuten, wie überlegen er sich allen anderen fühlte, das Rückgrat war von dichten Büscheln weißen Haares bedeckt.

Aber was an ihm besonders auffiel, was die Leute schon in den ersten Minuten nach seiner Ankunft so sehr beeindruckte, daß bald ganz Colorado von ihm redete, das war sein majestätischer Gang: er bog die Knie der Vorderbeine, zog die Hufe weit zurück und setzte sie dann schwer auf den Boden auf, so als wäre die ganze Welt sein Besitz. Die Kühe waren vorsichtig über die Rampe gestiegen, für sie war das hier Neuland, in dem sie sich noch nicht zurechtfanden. Aber der Bulle stieg herunter, als gälte es, ein Reich in Besitz zu nehmen.

Bald war er der Herr der Ranch. Mit jeder der sechs Hereford-Kühe hatte er Kälber, außerdem mit achtzehn Langhornkühen. Von den reinen Herefords waren vier Bullen, von denen drei auf der Ranch behalten wurden; die Bullen von den Langhornkühen wurden kastriert und später als fette Ochsen verkauft.

Die Mischlingsfärsen wurden wieder mit Hereford-Bullen zusammengebracht, und ihre Nachkommenschaft war schon zu drei Viertel Hereford und zu einem Viertel Langhorn; nach fünf Kreuzungen waren die Kühe der Crown-Vee-Ranch zu einunddreißig Teilen Hereford und zu einem Teil Langhorn, und an diesem Punkt waren die berühmten Langhörner aus Texas, biologisch gesehen, erloschen, jedenfalls auf der Venneford-Ranch.

„Wo die anderen eingehen, da halten die Herefords durch", so lautete bald das Gesetz der Rinderzüchter. Die Kühe waren tüchtige Mütter, aber vor allem waren sie schön und bestens geeignet für die Lebensbedingungen in der Prärie.

„Sie stehen auf der Prärie wie gemeißelt", sagte Jim eines Morgens zu Skimmerhorn, als sie sich die neuen Kälber ansahen. „Ein eintägiges Kalb sieht schon aus, als könnte es mit einem Wolf fertig werden."

Am eindrucksvollsten jedoch waren die großen Hereford-Bullen. King Bristol wurde der berühmteste Zuchtstier des Westens. Andere Rancher nahmen oft weite Entfernungen in Kauf und schleppten ihre Kühe herbei, in der Hoffnung, sie könnten einen Bullen werfen, der nach dem Vater geriet. Er wurde immer schwerer, wie ein Berg schritt er von einem Tal ins andere, und Jim wurde nie müde, ihm zuzusehen, wie er die massigen Knie abbog, die Hufe einzog und sie dann vorwärtswarf, um das nächste Stück Weide in Besitz zu nehmen.

Auch seine Söhne waren herrliche Bullen, einige erwarben sich auf anderen Ranches hervorragenden Ruf, aber mit dem mächtigen Erzeuger konnte es keiner aufnehmen. Er war wahrlich ein König, und wenn andere Rancher kamen, um einen Sohn von ihm zu erwerben, dann standen sie oft minutenlang einfach da und bewunderten den Alten, seine vollkommene Gestalt, den mächtigen Kopf, die nach unten gebogenen Hörner und die schwere Schnauze.

„Er läßt sich von einem Kind führen", versicherte Jim den Besuchern, und manchmal ließ er Ellen Mercy, John Skimmerhorns Enkelin, den riesigen Stier an den Zaun bringen.

Die Ranch verdiente ihr Geld auf zwei Arten. Einerseits wurden fünfundneunzig Prozent aller Stierkälber kastriert, drei Jahre lang auf die Prärie geschickt und dann nach Chicago verkauft; dafür gab es bares Geld. Anderseits verkauften sie ihre Tiere zu Zuchtzwekken. Die Färsen blieben auf der Ranch, damit Kälber geworfen wurden; aber alljährlich kamen Rancher aus dem ganzen Westen zur Venneford-Ranch, um weibliche Tiere zur züchterischen Aufbesserung ihrer eigenen Herden zu kaufen. Dabei erzielte man ganz schöne Preise. Manchmal wurden auch Bullen verkauft, mit denen ein Rancher eine neue Hereford-Herde beginnen wollte. Dank den Pionieren der Venneford-Ranch und dank Jim Lloyds rücksichtslosem Bestehen auf reinrassigen Tieren wurden die Herefords die edelsten Rinder des Westens, und bald schlug nicht nur Jim das Herz schneller, wenn er die Prärie mit „Bleichgesichtern" bevölkert sah.

Im nachhinein behaupteten einige, der Bischof von Chicago habe es absichtlich getan, weil sein Vater sich ohne Erfolg in Nebraska als Rancher versucht habe. Aber man konnte doch nicht annehmen, daß ein Mann der Kirche derart boshaft war.

Die Union Church in der Dritten Straße brauchte einen neuen Pastor und der Bischof von Chicago sandte einen glühenden Bericht über einen verantwortungsbewußten jungen Mann namens Bluntworthy, der in einer ländlichen Gegend von Iowa Hervorragendes geleistet hatte. Was der Bischof allerdings nicht sagte, war, daß er den jungen Bluntworthy für den größten Tölpel und Einfaltspinsel hielt, der ihm jemals untergekommen war. Die Gemeinde lud den jungen Mann also ein, eine Predigt zu halten, und ein Empfangskomitee, darunter John Skimmerhorn, Jim Lloyd und noch drei weitere Rancher, wurde dazu abgeordnet, ihn vom Zug abzuholen, ins Hotel zu führen und am Sonntag der Gemeinde vorzustellen.

Je länger sie mit dem eher schüchternen jungen Mann sprachen, um so besser gefiel er ihnen. Seine theologischen Ansichten kamen ihnen vernünftig vor; von der seelsorgerischen Tätigkeit hatte er offensichtlich die richtige Auffassung; und er liebte Farmen. „Ich bin auf einer

Farm aufgewachsen, und ich bin der Meinung, daß Städte wie Centennial, die Stadt und Land glücklich miteinander verbinden, eines Tages das Rückgrat unseres Landes bilden werden."

„Bessere Ideen könnten Sie kaum haben", sagte Skimmerhorn zustimmend, und noch bevor Bluntworthy überhaupt zu predigen angefangen hatte, tuschelten die Mitglieder des Komitees den anderen zu: „Wir haben unseren Mann gefunden", und die Frau des Bankiers drängte sich in die ihn umstehende Gruppe und bestand darauf, daß er nachher mit ihnen zu Abend essen solle. Er nahm die Einladung an, mit einem Lächeln, das nichts Öliges an sich hatte.

Das Gebet, mit dem er den Gottesdienst begann, sprach er mit fester Stimme; als das erste Lied gesungen wurde, erklang seine Stimme kräftig, nicht zu laut, aber in der richtigen Tonhöhe. Männer, die sich schon Sorgen gemacht hatten, ob es wohl gelingen werde, einen geeigneten Pfarrer zu finden, machten sich bereit, diesmal mit besonderer Großzügigkeit zu spenden; aber dann fing Bluntworthy zu predigen an, und alles war im Eimer.

„Die Worte der Heiligen Schrift, die ich heute gewählt habe, gehen dem Herzen jedes Christen nahe, denn diese Stelle zeigt besser als jede andere den wahren Geist unseres Herrn. Sie stammt passenderweise aus dem letzten Kapitel des letzten Evangeliums, Johannes 21."

Ein Rancher in der ersten Reihe, der seine Bibel kannte, murmelte: „Das darf nicht wahr sein!" Aber Reverend Bluntworthy trug mit fester, klarer Stimme bereits die frohe Botschaft vor: „Jesus sprach zu Simon Petrus . . . weide meine Lämmer." Ein Flüstern ging durch die Bänke. „Er sprach zu ihm . . . weide meine Schafe." Skimmerhorn und Lloyd sahen einander verblüfft an. „Und zum dritten Male sprach er . . . weide meine Schafe."

Nach diesem unglücklichen Beginn stürzte sich Bluntworthy in ein glühendes Preislied des Schafes als Symbol des Menschen, Jesus als Schafhirten und der Welt als einer großen Wiese, auf der die Gerechten es als ihre hohe und heilige Aufgabe ansahen, dem Gebot „Weide meine Schafe" zu folgen. Wenigstens fünfzehnmal verwendete Bluntworthy diese Aufforderung, seine Stimme immer mehr hebend, bis er am Ende seiner Predigt jeden anwesenden Mann beschwor, hinzugehen und Schafhirte zu werden.

Ein so dürftiges Ergebnis hatte bisher noch keine Sammlung in der Union Church gezeitigt, und beim abschließenden Lied war nur mehr die Stimme des Priesters zu hören.

Es war in Colorado Sitte, daß das Komitee neben dem Pastor am Ausgang stand, wenn die Gemeinde die Kirche verließ: diesmal aber weigerten sich drei Mitglieder der Kommission. „Der Mann muß den Verstand verloren haben", sagte der eine, und sein Nachbar knurrte: „Schlauerweise hätte er statt Johannes 21 lieber Exodus 22, Vers 1 verwenden sollen, wo Gott sagt, wenn einer aus Seinem Volk einen

Ochsen stiehlt, dann muß er fünf Ochsen zurückgeben; aber wenn er ein Schaf stiehlt, braucht er nur vier zurückgeben. Gott hat den Unterschied begriffen."

Die Frau des Bankiers sandte einen Jungen zu Skimmerhorn und Lloyd mit der Botschaft, daß ihr Gatte nach Denver fahren müsse und sie daher nicht in der Lage sei, Hochwürden zum Abendessen bei sich zu empfangen, und mindestens die Hälfte der Gemeinde verdrückte sich durch eine Seitentür, um nicht dem Besucher die Hand geben zu müssen, der allein stehengelassen wurde und die Welt nicht mehr verstand.

Endlich erbarmte sich Jim Lloyd seiner und stellte sich neben ihn, so daß wenigstens ein Rest von Anstand gewahrt blieb; aber als alle anderen fort waren, stand Jim mit dem verblüfften Geistlichen allein da. „Gehen wir ins Hotel essen", sagte Jim, „Sie können dann den Abendzug noch erreichen."

„Ich hatte eigentlich gehofft, mit . . ."

Jim spürte, daß er dem Mann eine Erklärung schuldete. Während also das Essen aufgetragen wurde und mehrere Rancherfamilien vernichtend auf den Gast starrten, sagte er: „Unser Herr mag vielleicht etwas für Schafe übrig haben, aber das hier ist Rinderland."

Bei diesen Worten wollte Hochwürden Bluntworthy gerade einen Bissen in den Mund stecken, aber der rechte Arm fror ihm in der Luft ein. Sein Gesicht überzog zuerst ein Ausdruck der Verblüffung, dann des schmerzlichen Begreifens. Er legte die Gabel auf den Teller und sagte: „Ich habe keinen Appetit, ich glaube, mir wird schlecht. Wenn Sie mich bitte entschuldigen wollen."

„Sie können sich in Ihrem Zimmer ausruhen", sagte Jim, „der Fünf-Uhr-achtundreißig-Zug kommt aus dieser Richtung."

Auch die Crown-Vee-Herefords hatten einen Nachteil, den alle amerikanischen Herefords aufwiesen: das Hinterteil war zu schmal, sie hatten Katzenschinken. Wo immer Hereford-Männer sich mit anderen Rinderzüchtern trafen, vor allem mit Leuten, die Black Angus züchteten, da mußten sie sich die Bemerkung gefallen lassen: „Von vorn sehen sie ja gut aus, aber hinten, dieser Katzenschinken!" Und dagegen konnte man sich nicht einmal wehren, denn die Vorderteile der Herefords waren zwar groß und kräftig, aber hinten war nicht viel los mit ihnen, ihr Hinterteil glich dem einer Katze, es war dünn und knochig. Das machte die Herefords nicht nur kopflastig, sie lieferten dadurch auch weniger Steaks, und im Steak lag das Geld.

„Wir müssen diese Katzenschinken loswerden", sagte Jim zu Skimmerhorn. „Hast du jemals einen Hereford-Bullen mit wirklich solidem Hinterteil gesehen?"

„Nein. Aber es muß sie doch geben."

Also machten sich die beiden auf die Suche nach einem Bullen, der diesen Fehler der Herefords aus der Welt schaffen würde. Sie hatten keinen Erfolg. Nachdem in der näheren Umgebung nichts aufzutreiben war, reiste Jim bis nach Indiana, wo die Herefords ebenfalls beliebt waren; aber die Bullen dort hatten genau die gleichen Katzenschinken.

„Sieht so aus, als müßten wir uns abfinden mit dem, was wir haben", berichtete er bei seiner Ankunft zu Hause. Aber er hielt weiter die Augen offen, und eines Tages hatte er eine gute Idee: „Was wäre, wenn ich an Mrs. Seccombe in Bristol einen Brief schriebe. Sie könnte direkt nach Hereford fahren und sehen, ob sie nicht etwas für uns findet." Also schrieben Jim und Skimmerhorn der Witwe einen Brief und warteten ungeduldig auf Antwort.

Eines Nachmittags, als Jim bei Levi Zendt im Geschäft saß, fiel ihm der Gang des Alten auf, wie er seine Füße aufhob und sie wieder fest auf den Boden stellte, und er brach in Gelächter aus.

„Was findest du so lustig?" fragte Levi.

„Du hast den gleichen Gang wie King Bristol", kicherte Jim und machte den großen Bullen nach. Levi verstand den Scherz, lachte aber nicht mit.

„Wenn ich du wäre, Jim, und vierunddreißig Jahre alt, dann würde mir eine Herde von Rindviechern nicht genügen, weißgesichtig oder nicht."

Jim wurde rot. Oft genug war er schon wegen seiner Liebe zu den Herefords gehänselt worden. Er fragte: „Was würdest du an meiner Stelle tun, Levi?"

„Ich würde mir ein Mädchen suchen und heiraten." Jim antwortete ohne zu zögern: „Wenn ich Clemma finden könnte, würde ich sofort heiraten."

Ja, auch nach zwanzig Jahren glaubte Jim noch immer daran, daß eines schönen Tages ein Fremder in Centennial auftauchen und berichten würde, wo Clemma sich aufhielte, und dann würde er sofort losstürzen, um sie sich zu holen. Fremder erschien zwar keiner, aber der Offizier, der vor Jahren in der Gegend von Denver stationiert gewesen war, kam wieder einmal durch Centennial und machte den Zendts seine Aufwartung.

„Tja", sagte er genüßlich, nachdem er ausführlich seine Abenteuer an der kanadischen Grenze und seine Kämpfe mit Indianern beschrieben hatte, „ob sie es glauben oder nicht, ich habe Ihre Tochter gesehen, ich habe sogar mit ihr gesprochen. Ich mußte in Chicago am Bahnhof umsteigen und ging in dieses kleine irische Restaurant. Kilbride's Kerry Roost . . ."

Lucinda ließ sich den Namen des Restaurants aufschreiben und sandte einen Boten auf die Ranch, um Jim die Neuigkeit mitzuteilen, daß sich herausgestellt habe, wo Clemma jetzt zu finden war. Und sofort faßte er den Entschluß, zu ihr zu fahren.

„Jim!“ versuchte Levi, ihm seine Absicht auszureden. „Sie hat die ganzen Jahre über gewußt, wo du zu finden bist. Wenn sie gewollt hätte . . .“

„Hast du denn kein Herz für deine eigene Tochter?“ rief Jim. „Du denkst immer nur an deinen Sohn, weil er hier ist und dir bei der Arbeit hilft. Clemma ist nicht hier, und sie braucht mich.“

Levi sah ein, daß es sinnlos war, mit diesem Cowboy vernünftig zu reden. Er sagte ihm auch nicht, daß er jeden Abend an Clemma dachte, sogar für sie betete.

Jim nahm den Nachtzug nach Chicago. Kaum in der geschäftigen Stadt angekommen, eilte er zum Kilbride's Kerry Roost. Der weißhaarige, trübsinnige Besitzer erinnerte sich an Clemma Ferguson: „Schönes Mädchen. Gute Kellnerin.“

„Wo ist sie jetzt?“

„Der Inhaber eines Luxusrestaurants ist zu uns Mittagessen gekommen, hat sie gesehen und ihr eine bessere Stelle angeboten.“ Traurig schüttelte er den Kopf, wie um zu sagen, daß das Unglück ihn verfolge.

Jim fand sie in einem Restaurant mit Eichenholztäfelung, in der Nähe des Bahnhofs der Union Pacific. Vom Eingang her sah er ihr zu, wie sie ihre Kunden mit dem verführerischen Lächeln und dem verschmitzten Humor behandelte, den er vor Jahren so sehr an ihr geliebt hatte. Sie kam ihm jetzt kleiner vor, ihre Augen lagen tief in den Höhlen. Sie war älter geworden, viel älter, aber dennoch sah sie nicht verbraucht oder abgelebt aus.

Er wartete, bis sie einen Augenblick lang nichts zu tun hatte, dann ging er mit festem Schritt auf sie zu und streckte ihr die Hand entgegen. „Ich bin's, Jim Lloyd. Du kommst jetzt mit mir nach Hause.“

Mit einer Munterkeit, als hätte sie erst gestern mit ihm geredet, antwortete sie: „Jim! Wie schön, dich wiederzusehen!“

„Du kommst jetzt mit mir nach Haus“, wiederholte er.

„Setz dich. Ich bring' dir die Speisekarte.“ Sie führte ihn an einen ihrer Tische und brachte ihm nach ein paar Minuten die Speisekarte.

Später kam sie beschwingt an seinen Tisch geeilt und redete mit ihm, als wäre er einfach ein Gast, der zum erstenmal hier speisen wollte.

„Das Lamm ist gut hier.“

„Ich esse kein Lamm.“

„Natürlich nicht. Auch Kalb ist sehr gut. Nur Crown-Vee-Kälber.“ Sie lachte ihn an, und bevor er etwas bestellen konnte, war sie schon zu einem anderen Gast geeilt.

Als sie zurückkehrte, Notizblock und Bleistift gezückt, um seine Bestellung aufzunehmen, fragte sie: „Was beliebt zu speisen?“ Diese Worte klangen so fürchterlich in seinen Ohren, daß er die Karte von sich fortstieß, sie aber schnell wieder zurückholte und sagte: „Ich nehme das Kalbfleisch.“

„Du wirst es nicht bereuen“, sagte sie geschäftsmäßig, und nachdem er das ausgezeichnete Mahl beendet hatte, ohne mehr als ein Dutzend Worte mit ihr gewechselt zu haben, brachte sie ihm die Rechnung, und er hielt ihre Hand fest.

„Bitte!“ flüsterte sie. „Mr. Marshall beobachtet mich.“ Sie nahm seine Banknoten mit und brachte das Wechselgeld.

„Wann kann ich dich sehen?“ drängte er.

„Ich arbeite jeden Abend hier.“

Also verließ Jimm allabendlich sein Hotel in der Nähe des Bahnhofs und bemühte sich um ein ernsthaftes Gespräch mit ihr. Vergebens. Am vierten Abend verlor er die Geduld, und endlich fiel ihm etwas ein, was, so hoffte er, durch ihren Panzer dringen würde: „Deine Eltern werden nicht ewig leben. Möchtest du sie nicht sehen?“

„Ich sehe genügend Leute“, parierte sie, aber er sah, daß sie betroffen war.

„Los, los, weiter mit der Arbeit!“ warnte Mr. Marshall im Vorbeigehen.

„Was hält dich hier?“ flüsterte Jim, sobald der Inhaber außer Hörweite war.

„Warte draußen auf mich“, gab sie leise zurück.

Nachher gingen sie beide auf ihr schäbiges Zimmer, und sie versuchte ihn zu überzeugen, daß eine Rückkehr nach Centennial für sie nicht in Frage käme. „Ich liebe das Leben in der Stadt. In dieses winzige Nest gehe ich nie mehr zurück.“

„Das hier gefällt dir?“ Und mit einer Handbewegung deutete er auf ihre muffige, finstere Wohnung. „Hast du nicht Sehnsucht nach der Prärie?“

Sie fiel ihm ins Wort. „Hier in Chicago schert sich niemand darum, daß ich eine Indianerin bin. Man lebt sich leichter dort, wo niemand weiß, wer man ist.“

Ihm, der auf der Texas-Farm, wo er aufgewachsen war, von seiner Mutter und seinen Geschwistern nichts als Liebe erfahren und auf dem Trail nach Norden mit Mr. Poteet gelernt hatte, was Freundschaft bedeutete, ihm leuchtete so etwas nicht ein. „Du mußt nach Hause kommen, wo die Leute dir Liebe entgegenbringen“, flehte er sie an.

Sie erwiderte: „Jim, ich bin dir wirklich sehr dankbar, daß du die weite Reise nach Chicago gemacht hast, nur um mit mir zu reden.“

„Auch nach St. Louis bin ich gegangen.“

Einen kurzen Augenblick lang begriff sie, mit welch hartnäckiger Liebe dieser Cowboy immer an ihr gehangen hatte, wie sehr er sie noch immer liebte, und sie war versucht, ihm nachzugeben. „Ich würde dich ja heiraten . . . wenn ich könnte. Das weißt du. Aber ich habe schon einen Mann.“

„Ferguson? Aber der hat dich doch sitzengelassen.“

„Das schon. Aber wir sind noch immer miteinander verheiratet.“

„Laß dich scheiden. Wir gehen morgen zu Gericht.“

Dieser harmlose Satz hatte auf Clemma eine fürchterliche Wirkung. Sie zuckte zurück, und ein Ausdruck des Entsetzens trat in ihre Augen. Ohne ein Wort stürzte sie an ihm vorbei zur Tür hinaus, und drei Tage lang konnte Jim sie nicht finden.

Unfähig, sich dieses seltsame Verhalten zu erklären, ging er wieder zum Kerry Roost und fragte den trübsinnigen Wirt: „War Clemma bei Ihnen?"

„Nein."

Jim blieb an der Theke stehen und erklärte, daß zwischen Clemma und ihm alles soweit gut gelaufen wäre, bis er die Rede auf die Scheidung gebracht hätte.

„Soviel ich weiß, ist sie nicht geschieden", sagte Kilbride.

Jim spielte mit seiner Kaffeetasse und bemühte sich, die Szene noch einmal genau durchzugehen. „Ich habe von Scheidung geredet ... habe gesagt, sie sollte zu Gericht gehen ..."

„Aha", sagte Kilbride, „dann ist ja alles klar."

„Wegen des Gerichts?"

Der Ire wollte nicht recht mit der Sprache heraus, aber Jim streckte die Hand aus und packte ihn am Handgelenk. „Hat sie jemals was mit dem Gericht zu tun gehabt?"

„Nur das eine Mal ... der Richter gab ihr ein Jahr."

„Was? Ein Jahr? Ein Jahr Gefängnis?"

„Sie konnte nichts dafür. Das hat sogar der Richter zugegeben. Schuld war eigentlich dieser Harrigan, der sie die ungedeckten Schecks kassieren ließ."

„Wo ist der Schuft?" fragte Jim und griff automatisch an seinen Gürtel, als hätte er noch immer Mule Canbys Colt dort stecken.

„Er hat sich abgeseilt ... und sie mußte sitzen."

„Im Gefängnis!" rief Jim so entsetzt, als hätte das Urteil ihn getroffen. „Mein Gott! Ich muß sie finden."

Er war schon auf dem Weg zur Tür, da sagte der Ire ruhig: „Junger Spund! Trinken Sie Ihren Kaffee aus." Und als Jim zu seinem Sitz an der Theke zurückkehrte, beugte sich der alte Mann zu ihm hinüber: „Ich habe in meinem Leben schon allerhand Leute gesehen, und ich habe eines dabei gelernt: Wenn ein Mädchen es sich in den Kopf setzt davonzulaufen, dann kann kein Mann auf der ganzen Welt sie davon abhalten. Ich habe Clemma nicht in meinem Restaurant halten können, und Sie werden sie nicht in Ihrem Bett halten können."

Während Kilbride redete, hatte Jim, abgespannt und durcheinander, wie er war, die Vision einer eigensinnigen jungen Frau mit hohen Backenknochen und eckigem Kinn, wie sie über die Prärie hetzte, als ob Krieger eines feindlichen Stammes sie verfolgten und nichts auf Erden sie aufhalten könne.

Durchdrungen von einem Schmerz, der so groß war, daß er ihn kaum ertragen, aber auch nicht Erleichterung suchen konnte, ging er durch die verlassenen Straßen zurück zu seinem Hotel. Dort packte er seine Koffer und nahm den nächsten Zug nach Omaha. Während die Räder durch die Dunkelheit ratterten, wurde er langsam wieder Herr über seine Gefühle. Ich lasse mich nicht länger zum besten halten, versprach er sich. Schließlich ist immer noch die Ranch da. Man weiß nie genug über die Herefords. Ich werde arbeiten, nichts als arbeiten.

Er meinte, endlich einen Ausweg gefunden zu haben, endlich frei zu sein von Clemma. Aber das rhythmische Klappern der Räder erinnerte ihn an ihr neckendes Lachen, und seine Verteidigungsbauten stürzten in nichts zusammen. Sich die Ohren zuhaltend, um das spöttische Lachen nicht hören zu müssen, gestand er sich: Es war meine Schuld. Wenn ich imstande gewesen wäre, sie nach Centennial zurückzubringen ... Und als über der Prärie die Morgendämmerung anbrach, sah er in den flammenden Wolken die Gestalt eines indianischen Mädchens, das lachend davonlief.

Nachdem Oliver Seccombe sich erschossen hatte, war seine junge Witwe, die dieser Schritt nicht allzusehr überrascht hatte, vor einer Reihe verwirrender Entscheidungen gestanden: Wo sollte sie leben? Was sollte mit dem Schloß geschehen? Und die wichtigste Frage: Wo nahm sie einen neuen Mann her?

Wie zu erwarten, nahm sich der alte Finlay Perkin ihrer Probleme an. Er schrieb:

„Sie müssen nach Bristol kommen. Die Direktoren werden Ihr Schloß kaufen, dabei vom Preis so viel abziehend, als Sie ihrer Meinung nach ihnen schulden. Was die Ranch betrifft, so möchte ich Ihnen versichern, daß ich zu Skimmerhorn und Lloyd, beide verläßliche und loyale Männer, vollstes Vertrauen habe. Die beiden sind vollkommen in der Lage, auch allein Ihre Interessen wahrzunehmen."

Ein seltsamer Brief. „Ihre Interessen". Warum tat er so, als gehörte die Ranch ihr?

Doch als sie in Bristol ankam, verstand sie, was er gemeint hatte. Earl Venneford, jetzt ein uralter Mann, hatte seine Anteile an der Ranch verkauft – bis auf einen großen Block, den er Charlotte, deren Mutter mit ihm verwandt gewesen war, zu übertragen beabsichtigte. Als Charlotte ihm ihre Aufwartung machte, fand sie ihn zum Skelett abgemagert, in einen Tweedberg verborgen, aber die Augen hatten noch den alten Glanz.

„Du bist ein lebenslustiges Mädchen", sagte er. „Ich vermache dir meinen Anteil an der Ranch. Ich möchte, daß diese herrliche, wilde Landschaft jemandem gehört, der sie zu schätzen weiß." Er fragte sie nach ihren Plänen, und als sie ihm keine klare Auskunft geben konnte, riet er ihr: „Such dir einen tüchtigen Mann ... einen, der in Indien gedient hat ... oder einen Offizier, der Afrika kennengelernt hat. Wie alt bist du?"

„Sechsunddreißig."

„Das beste Alter. Da sind die Frauen auf der Höhe. Haben zur Schönheit auch etwas Verstand bekommen, und eine Schönheit warst du immer, Charlotte." Dann fragte er gerade heraus: „Das Geld, das wir da draußen verloren haben – hat Seccombe es eingesteckt?"

„Seccombe hat nichts eingesteckt. Er hat die Ranch sehr gut geführt, und wenn der Blizzard nicht gekommen wäre ..."

„Meiner Erfahrung nach kommt der Blizzard aber immer", sagte er.

Als sie am Nachmittag ihrem Vater sagte, daß sie durch die Güte des alten Earl jetzt einen beachtlichen Teil der Ranch ihr Eigentum nannte, machte ihr Vater ihr die überraschende Mitteilung, daß sie eines Tages einen noch viel beachtlicheren Teil besitzen würde, weil er es nämlich gewesen war, der die Anteile des Earls aufgekauft hatte. „Wenn ich gestorben bin, wird dir fast die Hälfte der Ranch gehören", sagte er.

„Ist das eine gute Kapitalsanlage?" fragte sie.

„Eine ganz hervorragende. Die Rinder werfen natürlich kein Einkommen ab – zu viel Buchzählung."

„Wo kommt denn dann das Geld her?"

„Wertvoll ist das Land. Jedes Jahr wird dieses enorme Gebiet an Wert gewinnen. Verkaufe nie, auch wenn du dir Geld leihen mußt, um die Steuern zahlen zu können. Dieses Land ist Gold wert."

Er riet ihr nachdrücklich davon ab, nach Colorado zurückzukehren. „Laß die beiden dort drüben in Ruhe. Die Verwaltung der Ranch ist Männersache. Du sollst hierbleiben, dich auf Finlay Perkin verlassen und die Dividenden kassieren."

„Was ist, wenn Perkin stirbt?"

„Perkin wird niemals sterben", sagte Buckland. „Er wird zu einem kleinen Häuflein zusammenschrumpfen, aber eine Feder wird er immer noch halten können."

Das alte Faktotum war unverändert, lebhaft, ein Hauch von einem Mann, den nur eines im Leben interessierte: die Gewinne, die die ferne Ranch abwarf. „Miss Charlotte", sagte er und versuchte, die Bitterkeit vergessen zu lassen, die ihr letztes Zusammensein erfüllt hatte, „eines Tages werden Sie eine riesige Ranch besitzen ... oder jedenfalls einen beträchtlichen Teil davon. Ich hoffe, Ihnen ebenso treu dienen zu dürfen wie Ihren Vorgängern."

„Ich weiß nicht, was ich ohne Sie tun würde", sagte sie, und nachdem sie dem kleinen Schotten ihr Vertrauen ausgesprochen hatte, wandte sie sich wieder dem Hauptproblem zu.

Sie verbrachte ihre Zeit in der Gesellschaft Bristols, erneuerte alte Bekanntschaften und sah wieder einmal, wie angenehm das Leben hier im gemütlichen Westen von England sein konnte. Sie war jetzt anziehender als je, auf eine derbe, gesunde Art, und da sie als reiche Erbin galt, bemühten sich Junggesellen aller Alter und Klassen um sie, solche, die in Frage kamen, und solche, die nicht in Frage kamen; ein reiches Weib konnte jeder brauchen.

Sie sahen einander fast alle recht ähnlich, man hätte sie verwechseln können wie die Teile eines dieser neuen Gewehre, wo man Lauf, Schaft und Visier austauschen konnte, ohne den Unterschied überhaupt zu bemerken. Da gab es einen Witwer von achtundvierzig Jahren, der eben aus Indien heimgekehrt war, aber sein Leben wurde von seinem Regiment bestimmt; und als er Charlotte einmal einlud, mit ihm und einigen Offizierskameraden in London zu dinieren, da war es nur allzu deutlich, daß sie ihnen zur Ansicht vorgeführt werden sollte. Daß sie eine gute Reiterin war, erhöhte ihre Chancen, aber ihre Ansichten, wie zum Beispiel, daß die Indianer eine gerechte Behandlung verdienten, machten den guten Eindruck wieder zunichte, und am Ende des Abends war ihr klar, daß sie die Prüfung nicht bestanden hatte. Die Regimentsmesse in Indien würde ihr wohl für immer verschlossen bleiben.

Dann folgten plötzlich zwei Todesfälle sehr schnell aufeinander und ließen ihre halbherzigen Affären in Bedeutungslosigkeit versinken. Der alte Earl schied eines Tages friedlich aus diesem Leben, und kaum war er begraben, da starb auch Henry Buckland, der zwar viel jünger, aber stark übergewichtig gewesen war. Charlotte mußte sich um beide Begräbnisse kümmern, und Finlay Perkin stand ihr treu mit Rat und Tat zur Seite. Es gab nichts, wo sich dieser schlaue Zwerg nicht auskannte. Auf dem Rückweg vom Friedhof sagte sie zu ihm: „Eben habe ich einen reichlich merkwürdigen Brief aus Colorado bekommen. Die schreiben da über Katzenschinken und fragen, was man tun muß, damit man keinen bekommt."

Sie zeigte ihm Lloyds Brief, und Perkin erkannte darin sofort ein willkommenes Mittel, um sie von ihrer Trauer abzulenken.

„Was wir tun müssen, und zwar sofort, Miss Charlotte, ist, das ganze Land nach einem guten Bullen abzusuchen." Also schleppte er sie von einer Farm zur anderen, sie sahen viele Bullen, aber keiner hatte die besonderen Qualitäten, die sie suchten. Eines Nachmittags, als sie wieder einmal enttäuscht nach Hause ritten, überraschte Perkin sie mit einem unerwarteten Vorschlag.

„Wenn wir unseren Bullen gefunden haben, Miss Charlotte, sollten Sie ihn am besten selber nach Colorado bringen."

„Ich hatte eigentlich nicht damit gerechnet, jemals wieder dorthin zu fahren."

„Ich weiß, daß Ihr Vater Ihnen diesen Rat gegeben hat. Aber ich glaube, er ist einem Irrtum erlegen."

„Wieso?"

„Ist das denn nicht sonnenklar, Kind? Bristol ist nichts für Sie. Die Männer, mit denen Sie hier Ihre Zeit verschwenden . . . so einen werden Sie ja doch nicht heiraten. Gehen Sie zurück und heiraten Sie einen von den englischen Ranchern in Wyoming . . .“

Sie sagte nichts zu seinen Heiratsplänen, aber die Vorstellung, den Westen wiederzusehen, nahm sie sofort völlig gefangen. Manchmal blickte sie geistesabwesend über ein kultiviertes, mit Steinen ummauertes englisches Feld und sah vor ihrem inneren Auge statt dessen die weite Prärie. Wenn der Schnee in weichen Flocken niederfiel, sah sie statt dessen einen Blizzard. Das Leben im amerikanischen Westen in seiner Majestät hatte sie wieder völlig in seinen Bann geschlagen.

Und dann fanden sie und Perkin eines Tages ihren Bullen, und ein Blick auf ihn genügte, um ihren Entschluß zu fassen. Sie wollte ihn auf der Prärie aufwachsen sehen. Sie hatte Heimweh nach Colorado.

Als sie mit dem prächtigen Tier am Bahnhof von Centennial ankam, da wurden sie nicht mit der Ehrfurcht empfangen, die King Bristol einmal erweckt hatte, denn der junge Bulle ließ sich in keiner Hinsicht mit dem alten Recken vergleichen: weder war er so schwer, noch war sein Gang von dieser königlichen Anmut, noch standen seine Hörner weit genug auseinander. Er hatte nur zwei hervorragende Merkmale: ein kräftiges Hinterteil, ohne die leiseste Andeutung von Katzenschinken, und die durchschlagende Fähigkeit, seinen Nachkommen, und darunter besonders den Bullen, seine körperlichen Eigenschaften zu vererben. Charlotte hatte ihm den passenden Namen Confidence gegeben, Zuversicht.

„Aus ist's mit dem Katzenschinken“, sagte Skimmerhorn und führte den jungen Bullen zu einem Rollwagen. Dann wandte er sich an die neue Besitzerin und sagte: „Miss Charlotte, es hat der Ranch etwas gefehlt, solange Sie nicht hier waren.“

„Ich werde nach Wyoming reisen“, antwortete sie.

Aber auch in Wyoming verlief ihre Suche nach einem Mann erfolglos. Die jungen Engländer, die sie früher einmal dort gekannt hatte, hatten der Blizzard und die Wirtschaftskrise aus der Gegend vertrieben. Vorbei war es mit der beschwingten Gesellschaft, mit den langen Crocket-Abenden, und manchmal hatte sie das unangenehme Gefühl, als sei es ein Fehler gewesen, in den Westen zurückzukehren.

Auf ihrem Ritt zurück nach Venneford kam ihr auf einmal schmerzlich zu Bewußtsein, daß die Ranch nicht mehr im Besitz von Line Camp Vier war, wo sie so viele schöne Tage verbracht hatte. Es war an einen Geschäftsmann aus Cheyenne verkauft worden, der sich jedes Jahr mehrere Wochen lang dort aufhielt. Sie überlegte, ob sie es nicht zurückkaufen sollte, unternahm aber nichts in der Richtung, denn sie wußte selbst nicht, was aus ihr werden sollte.

Als sie eines Tages ausritt, um Confidence zu besichtigen, kam ihr zufällig Jim Lloyd entgegen, und zum erstenmal fiel ihr auf, wie gerade er ging, wie schlank und geschmeidig er war. Sie hatte kaum jemals ein Wort mit ihm gewechselt, aber sie erinnerte sich an jenen Morgen, als er ihr die Nachricht vom Selbstmord ihres Mannes gebracht hatte. Er war sehr mitfühlend mit ihr umgegangen, vielleicht mehr erschüttert als sie über den Verlust seines langjährigen Dienstgebers. Sonst wußte sie nichts über ihn, außer daß er als vierzehnjähriger Junge in den Norden gekommen war und irgendwie mit einem indianischen Mädchen im Gerede war.

Am besten kannte sie ihn eigentlich aus den Briefen von Finlay Perkin, der die größten Stücke auf ihn hielt. Wie lauteten seine Ausdrücke? „... Absolutes Vertrauen ... vernünftiges, gesundes Urteil ... großartiger Hereford-Mann."

„Hallo, Mr. Lloyd", sagte sie, als sie am Corral stand. „Was macht der Bulle?"

„Er ist großartig, Ma'am", sagte Jim.

„So gut, wie Sie erwarteten?"

„Besser. Er ist ... er ist ..." Was ist es wohl für ein Wort, das er so verzweifelt sucht, dachte sie, da sagte er: „Er ist so spontan. Er geht von selber los. Das ist ein gutes Zeichen bei einem Bullen."

„Jedenfalls hat er keinen Katzenschinken", sagte sie. Sie unterhielten sich über alles mögliche, und Charlotte war beeindruckt von seinem Wissen. Er war belesen, kannte sich in ökonomischen Fragen aus und hatte selbständige Ansichten. Er hatte einen viel weiteren Horizont als Mr. Skimmerhorn, den die Ranch völlig ausfüllte. Aber sie erkannte auch, daß er ein einsamer Mann war, und daß diese Jahre nicht nur für sie von entscheidender Bedeutung für den weiteren Verlauf des Lebens waren, sondern noch viel mehr für diesen Cowboy. Wenn sie einen neuen Mann fand, so bedeutete das für sie nur wieder einen neuen Lebensstil; für ihn würde eine Frau das Leben selbst bedeuten, es würde bedeuten, daß er zum ersten Mal einen Menschen ganz annahm; und Charlotte kam zu der Ansicht, daß nur sie allein diesen jungen Cowboy aus dem Gefängnis der Einsamkeit, in dem er sich eingeschlossen hatte, befreien konnte.

Daher sagte sie eines Nachmittags: „Mr. Lloyd, möchten Sie heute mit mir zu Abend essen?"

„Mit Vergnügen", antwortete er und erschien Punkt sechs am Tor des Schlosses.

„Ich hatte eher an acht Uhr gedacht", sagte sie, und er erwiderte: „Ich muß zeitig aufstehen, Ma'am."

Sie machte der Köchin Beine, und dann saßen sie zu zweit in der fürstlichen Pracht des runden Eßzimmers. Sie fragte ihn, wie viele Rinder sie jetzt verkauften, das Gespräch wandte sich den Ausnahmetarifen im Frachtverkehr zu sowie der Möglichkeit, die Rinder mit

Rübenblättern zu füttern, sollte jemals ein Mensch hier in dieser Gegend auf die Idee kommen, eine Rübenzuckerfabrik aufzumachen.

Plötzlich fragte sie: „Ist da noch immer dieses indianische Mädchen?“

Er wurde rot und sagte: „Ich wollte sie heiraten, aber sie wollte nichts von mir wissen.“

Es wurde spät, und Jim zog sich zurück, aber am nächsten Tag sah Charlotte ihn an der Laderinne und sagte: „Der gestrige Abend war sehr nett, James. Möchten Sie heute wieder zum Essen kommen?“

„Nein“, sagte er, und als sie ihre Enttäuschung zeigte, fügte er hinzu: „Weil ich heute nämlich *Sie* nach Centennial einladen möchte.“

Punkt sechs stand ein blitzender, von zwei Stuten gezogener Wagen vor der Tür. Gemütlich fuhren sie in die Stadt und dinierten im Railway-Arms-Hotel, von mehreren Männern aus der Stadt respektvoll gegrüßt, die sich dann allerdings gleich abwandten und darüber flüsterten, wie ungehörig es doch für eine englische Dame sei, allein mit einem Cowboy auszugehen.

Auch Jim war deshalb etwas unruhig. In späteren Jahren fand niemand etwas daran, wenn reiche Erbinnen oder Witwen von Ranchern sich mit Cowboys in der Öffentlichkeit zeigten, aber im Jahr 1889 war ein solches Benehmen beinahe skandalös, und Jim legte größten Wert darauf, daß der Anstand nicht verletzt wurde. Auch daß er zwei Jahre jünger war als Charlotte, beunruhigte ihn, und daß sie mehr Geld hatte als er und mehr zu sagen auf der Ranch.

In der anderen Waagschale, seine Zweifel mehr als ausgleichend, lagen ihre Schönheit und ihre Liebe für den Westen. Man konnte sich großartig mit ihr unterhalten, sie war jederzeit zu einem Abenteuer bereit, und sie hatte ihr Leben fest in der Hand. Jim kam zu dem Schluß, daß sie wirklich etwas Besseres war, und er beglückwünschte sich selber dazu, daß er ihr Interesse erweckt hatte.

So unentschlossen verbrachten sie den milden Winter und den Frühling des Jahres 1889, aßen einmal da, einmal dort gemeinsam, arbeiteten miteinander, lasen die gleichen Bücher und prüften die gleichen Rechnungen. Auf diese Weise hätte es noch lang weitergehen können, aber Charlotte war eben siebenunddreißig geworden, und obwohl die Prärie, die sie liebte, noch immer weit und frei war, verlief ihr Leben in immer engeren Kreisen. Bristol kam nicht mehr in Frage, Indien fiel weg, Afrika ebenso. Ihr blieb nur eine Zukunft in Colorado, und da das schon einmal so war, wollte sie das Beste aus dieser Zukunft machen.

Daher arrangierte sie eines Tages im Juni ein Picknick, und obwohl Line Camp Vier nicht mehr im Besitz der Ranch war, drangen sie und Jim einfach unbefugt in dieses Gebiet ein, setzten sich zwischen die Piniennußbäume und vorstehenden Felsen; und nachdem sie darüber gesprochen hatte, wie sehr sie es bereute, jemals den Verkauf dieses herrlichen Fleckens Erde zugelassen zu haben, sagte sie kühn: „Wenn wir beide nicht heiraten, Jim, dann werden wir in den kommenden Jahren noch mehr zu bereuen haben."

Er spielte mit einer Piniennadel, die er zwischen seinen beiden Daumen hielt, um darauf zu blasen. Er brachte einen langen, süßen Ton hervor, ließ die Hände sinken und sagte, ohne Charlotte anzusehen: „Du hast recht."

„Was sollten wir dann deiner Ansicht nach tun?"

„Heiraten, möglicherweise."

Impulsiv schlug sie ihn auf den Kopf. „Zum Teufel! Machst du mir einen Antrag?"

„Jawohl!" rief er glücklich, packte sie um die Taille, hob sie hoch in die Luft und trug sie in das kleine Steinhaus, das er vor zwanzig Jahren gebaut hatte.

Als ihre Verlobung bekanntgegeben wurde, war Jim in aller Munde: Dieser schlaue Texaner, der einen derart guten Fang gemacht hatte! Die Damen wunderten sich, wie die reiche und vornehme Charlotte sich herablassen konnte, einen armen Cowboy zu heiraten, aber der Bankier vertraute ihnen an: „Meine Damen, Sie irren sich gewaltig, Jim Loyd ist kein Hungerleider. Im Gegenteil, der ist eine der besten Partien dieser Stadt." Und als die Damen fragten, wieso denn dieses, da antwortete er: „Weil er sein Geld zusammenhält, deshalb."

Die Hochzeit sollte kurz nach dem vierten Juli in der Union Church stattfinden, aber am ersten dieses Monats brachte die Union Pacific einen unerwarteten Gast nach Centennial. Clemma Zendt Ferguson war gekommen; sie war erst vierunddreißig Jahre alt, hatte aber das Aussehen einer müden, geschlagenen Frau.

Sobald Jim von ihrer Ankunft hörte, stürzte er zum Haus der Zendts und fand sie in der Küche sitzen. „Ich habe mich scheiden lassen", sagte sie dumpf. „Wenn du willst, heirate ich dich."

Jim vergaß sofort alles, was in den letzten Monaten geschehen war, nahm sie in die Arme, küßte sie und fühlte dabei, wie sein Herz aufging. „Ich bin so glücklich, daß du gekommen bist", sagte er.

Diese eine Umarmung genügte, um für Jim alle Probleme zu lösen. Es war ihm klar, daß er verpflichtet war, Charlotte zu heiraten, und unter normalen Umständen hätte er es niemals über sich gebracht, diese großartige Frau zu kränken. Er wußte auch, wie vorteilhaft diese Verbindung für ihn wäre; zwar sah die Stadt diese Heirat einer Dame mit einem Cowboy nur mit größter Mißbilligung, aber er vertraute darauf, daß sie das nie gegen ihn verwenden würde. Sie war eine anständige Frau, und sie würde ihm eine gute Gattin sein. Aber Clemma war für ihn die Erde, die er liebte, der indianische Westen, den er verehrte. Sie war sein Leben, und um sie zu gewinnen, war jedes Opfer gerechtfertigt.

„Willst du mich jetzt gleich heiraten?" fragte sie.

„Ja“, antwortete er und dachte daran, daß sie zwei Jahrzehnte lang Zeit gehabt hatte, um sich zu diesem Schritt zu entschließen, der sie gerettet hätte. Jetzt, am Ende ihrer langen Wanderung, war sie erst bereit, den Mann zu heiraten, dem sie schon vor Jahren ihr Ja-Wort hätte geben sollen. Seine unwandelbare Liebe bestätigte ihr, daß sie recht daran getan hatte, ihre Ängste zu begraben und nach Centennial zurückzukehren.

Er fiel ihr noch einmal um den Hals und entschuldigte sich dann: „Ich habe noch einiges auf der Ranch zu tun.“

„Das glaube ich gern“, sagte Levi, als Jim ging, und als Clemma ihn fragte, was er damit meinte, antwortete ihr Vater: „Er wird dort eine ganze Menge Erklärungen zu liefern haben. Nächste Woche hätte er Charlotte Seccombe heiraten sollen.“

Als er das gesagt hatte, fiel ihm auf, daß Clemma weder Überraschung noch Betroffenheit zeigte, als gingen seine Verpflichtungen sie überhaupt nichts an. „Sie erinnert mich sehr an das Stoltzfuß-Mädchen“, dachte er und war gar nicht glücklich über diesen Vergleich.

Als Jim auf die Ranch kam, war Charlotte gerade mit Arbeit an ihrem Brautkleid beschäftigt; ohne alle Umschweife sagte er: „Clemma ist da.“

Charlotte beschäftigte sich weiter mit ihrem Kleid und sagte nichts.

„Clemma ist da“, schrie er, „und ich werde sie heiraten.“

Charlotte wurde nicht einmal bleich. Sie drehte Jim einfach an einem Arm zu sich herum und sagte: „Was wirst du?“

„Ich muß sie heiraten. Das ist ihre einzige Rettung.“

Charlotte fragte nicht: „Und was ist mit mir?“ Statt dessen sagte sie ruhig: „James Lloyd, heute in sechs Tagen ist unsere Hochzeit. Verwende diese Tage dazu, um dir alles noch einmal gründlich zu überlegen. Aber vergiß eines nicht: Clemma Zendt wird dich ruinieren. Sie ist ein Mensch, der sich treiben läßt, der sich nicht beherrschen kann. Du hast etwas Besseres verdient.“

Er wollte ihr erklären, wollte protestieren, aber sie wollte nichts davon hören. „Bitte, geh jetzt“, sagte sie fest, jeder Zoll eine stolze, entschlossene Frau. „Steig auf dein Pferd, James, und denk nach.“

Sie begleitete ihn bis zur Tür und empfand das Bedürfnis, ihn hinauszuschieben, doch dann besann sie sich einer bei weitem klügeren Taktik. Sie nahm seine Hand, gab ihm einen langen Kuß und sagte: „Einen Mann wie dich findet man nur einmal, James Lloyd. Ich habe die feste Absicht, dich zu bekommen.“

Zwei Tage lang ritt er von einem Ende der Ranch zum andern, vom Fieber der Unentschlossenheit geschüttelt. Zweimal ritt er in die Stadt zu den Zendts, um mit ihnen zu reden, aber sobald er in Clemmas Nähe kam, fing sein Herz zu hämmern an, und einmal, als sie ihn zum Abschied küßte, kam ihm vor, als sei die ganze Leidenschaft von Colorado in ihrem schlanken, lieblichen Leib versammelt.

Sein Entschluß stand fest: Clemma war die Frau, die er heiraten wollte. Aber als er in östlicher Richtung aus der Stadt ritt, zu jenem Übergang über den Platte, wo er sie zum ersten Mal gesehen hatte, ein reizendes Indianermädchen von dreizehn Jahren, da erkannte er plötzlich, daß er diese ganzen Jahre hindurch nur an dieses gleichsam einem Märchen entstiegene Mädchen gedacht hatte. Von Clemma, der Frau, wußte er nichts, hatte keine Ahnung, was sie in St. Louis und in Chicago erlebt hatte. Endlich mußte er sich selber die Wahrheit eingestehen: er war verliebt in ein Geschöpf seiner eigenen Phantasie.

Am vierten Tag kehrte er, immer noch unschlüssig, zu den Zendts zurück, und stellte fest, daß Clemma getrunken hatte, aus Verzweiflung über das Gerücht, das in der Stadt über sie herumging, daß sie nämlich eigens gekommen sei, um Jim Charlotte Seccombe auszuspannen. Die Anschuldigung war falsch, denn sie hatte von dem Heiratsplan unmöglich wissen können. Aber als Jim ihr das klarzumachen versuchte, sagte sie immer wieder nur, was sie schon damals in Chicago gesagt hatte: „Die wollen in dieser Stadt einfach keine Indianer haben."

„Lächerlich! Deine Mutter . . . ."

Aber sie hörte ihm nicht mehr zu. Das Pfeifen des Abendzugs klang über die Prärie, und er sah, wie sie sich quälte. Sie war nicht mehr die dreizehnjährige indianische Märchenprinzessin, sondern eine unglückliche, gehetzte vierunddreißigjährige Frau.

Am Abend des vierten Juli waren die Zendts in ihrer Küche, als es an ihrer Tür plötzlich klopfte. „Herein", rief Levi und war überrascht, als Charlotte eintrat. Sie nickte den Eltern Zendt zu und fragte, ob sie ihre Tochter allein sprechen könne. Sobald die beiden hinausgegangen waren, rückte sie einen der Stühle so, daß sie Clemma gerade gegenübersaß.

„Ich möchte, daß Sie mit dem Frühzug die Stadt verlassen", sagte sie fest.

„Aber er will mich heiraten."

„Ich bin ganz sicher, daß er das auch glaubt."

„Und ich möchte ihn heiraten", sagte Clemma leise.

„Wirklich?"

„Ich hätte ihn schon vor Jahren heiraten sollen."

„Sehr richtig", sagte Charlotte leidenschaftlich. „Sie hätten ihn heiraten sollen, wie ich noch in England war. Sie hätten ihn im Jahr des Blizzards heiraten sollen, als er befördert wurde. Sie hätten ihn tausendmal heiraten sollen . . . aber Sie haben es nicht getan."

„Ich wollte immer zurückkommen . . . ."

„Aber Sie sind nicht zurückgekommen. Sie hatten nie den Mut dazu."

Clemma goß sich einen kleinen Drink ein, und als er unten war, fühlte sie sich viel besser. „Ich möchte Sie nicht verletzen, Mrs. Seccombe", sagte sie.

„Von mir ist hier nicht die Rede", verbesserte Charlotte, „ich möchte nur nicht, daß Sie James Lloyd verletzen."

„Jim?" rief Clemma, und sie sagte das in einem Ton, als redete sie von einem toten Gegenstand. Charlotte erkannte, daß diese Frau vor ihr Jim überhaupt nie für einen Menschen mit eigenen Rechten, mit eigenen Gefühlen gehalten hatte. Sie selber, Charlotte, hatte alles, was mit Jim zusammenhing, wohl überlegt; niemals würde sie etwas tun, was ihn erniedrigen könnte, niemals seine Männlichkeit auf irgendeine Weise angreifen oder kränken.

„Ja, Clemma, wir reden von James Lloyd . . . einem Menschen aus Fleisch und Blut. Wenn er nur um ein Haar weniger Kraft hätte, hätten Sie ihn schon lange zerstört."

„Ich wollte doch nie . . ."

„Natürlich wollten Sie nicht", sagte Charlotte eindringlich, „auch jetzt wollen Sie ja nichts Böses tun."

„Aber Sie sind doch älter als er, Mrs. Seccombe. Wie kann er Sie so lieben wie . . ."

„Gar nicht, er kann nicht. Er wird immer nur Sie lieben. Aber mit mir kann er ein eigenes Leben führen, wie es für ihn richtig ist. Mit Ihnen . . ." Sie zögerte, denn sie wußte, daß das, was Sie jetzt sagte, vielleicht ausschlaggebend sein würde. „Wie lang würden Sie bei Jim bleiben?"

„Ich . . . ."

„Wie lang?" fragte Charlotte mit Nachdruck in der Stimme. „Wie lang würde es dauern, bis der Frühzug sie wieder entführt?" Clemma antwortete nicht. Charlotte fügte hinzu: „Einem Mann zuliebe, der endlich die Gelegenheit hat, sein eigenes Leben aufzubauen, sollten Sie von hier fortgehen."

Sie verließ Clemma, die zusammengesunken in ihrem Sessel saß, auf den Boden starrend, ein kleines Glas in der Hand. Im Türrahmen sagte Charlotte zu den alten Zendts: „Ich habe ihr zur Abreise geraten."

„Sie haben recht damit getan", sagte Levi. Er war ein alter Mann geworden, schon über die Siebzig, und er konnte sich über seine Tochter keinen Illusionen hingeben; er rechnete damit, daß sie am nächsten Tag mit dem Frühzug fortfahren würde, und daß sie sie nie mehr wiedersehen würden.

Und sie fuhr ab. Jim Lloyd, der gerade Futter abwog, hörte, wie ein Cowboy, der Ochsen zu diesem Zug gebracht hatte, davon erzählte. Zwei Tage lang ritt er wieder ziellos durch die Prärie, bis hinaus zum Line Camp Zwei, dann hinauf zur Grenze nach Nebraska, wo er vor vielen Jahren um eine Homestead-Genehmigung für dieses herrliche Stück Land am Ausgang des Canyons angesucht hatte.

Als sein aufgerührter Geist zur Ruhe kam, erkannte er die Prärie und seine Verbindung mit ihr. Er beugte sich tief über den Widerrist seines Pferdes und murmelte: „Arbeit. Das ist es, was zählt. Du bearbeitest das Land, so daß es deine Rinder ernährt. Und nach wenigen Jahren begraben sie dich in der Erde, und was bis dahin passiert, macht gar nicht so viel Unterschied aus. Solang du nur der Erde nahe bleibst."

Mit einer Einsicht, die ihm für den Rest seines Lebens erhalten blieb, sagte er im Schloß zu Charlotte: „Charlotte, ich habe dir Unrecht getan, und ich bitte dich, mir zu verzeihen. Wenn du mich haben willst, dann laß uns heiraten."

„Ich will dich haben", sagte sie. „Ich habe um dich gekämpft, und gemeinsam werden wir etwas erreichen, worauf dieser Staat stolz sein kann."

Er faßte nach ihrer Hand und sagte: „Bevor wir zum Pfarrer reiten, nimm bitte dieses Papier. Es ist mein Hochzeitsgeschenk an dich. Ich habe es vor zwei Wochen gekauft."

Als sie das Papier ansah, stellte sich heraus, daß es eine Schenkungsurkunde für das Haus unter den Piniennußbäumen beim Camp Vier war. Jim hatte sein ganzes Geld genommen und es dem Geschäftsmann aus Cheyenne wieder abgekauft. „Es gehört sich, daß du es wieder bekommst", sagte er. „Vor Jahren habe ich das Haus selber gebaut . . . für eine Frau wie dich."

Das Verbrechen

In der Geschichte des Westens finden sich gar manche dunkle Punkte. Verschiedene Familien, die es später zu Ansehen brachten, hatten dies nur einem unternehmungslustigen Vorfahren zu verdanken, der im rechten Augenblick zuschlagen – und im rechten Augenblick schweigen konnte.

Es kam etwa vor, daß zwei seit vielen Jahren befreundete Männer gemeinsam in ein Tal ritten und nach Gold suchten; zurück kam aber nur einer, und die Ader, die sie gefunden hatten, gehörte ihm allein. Der zweite lag zwei Meter tief unter der Erde, eine Kugel im Rücken.

Es kam auch vor, daß drei Geschäftspartner, die schon viele verzwickte Situationen gemeinsam bewältigt hatten, ein trockenes Flußbett durchquerten, in dem einer von ihnen umgelegt wurde, was die angenehme Folge hatte, daß der Gewinn nur mehr durch zwei anstatt durch drei geteilt werden mußte.

Auch in den Städten passierten solche und ähnliche Dinge. Im Sommer des Jahres 1889 spielte sich in Centennial eine schaurige Geschichte ab, die damit begann, daß in Minnesota ein Mr. Soren Sorenson zur Bank ging, sein ganzes Geld abhob, es in einer kleinen Reisetasche verstaute und zum Schalterbeamten sagte: „Hier ist es mir zu kalt. Will mein Glück in Colorado versuchen."

„Der amerikanische Cowboy ist der sturste Kerl, der je auf Erden gelebt hat; nur der Rancher, der ihn anstellt, übertrifft ihn noch."

Das gab der achtundvierzigjährige Sheriff Axel Dumire zum besten, ein kleiner, sehniger Mann mit dem Kinn einer Bulldogge. Er legte Wert darauf, daß den Leuten seine beiden Colts .45, die er in zwei Pistolenhalftern stecken hatte, deutlich in die Augen sprangen, wenn er durch die Stadt stelzte. Er trug mit Silberfäden bestickte Texas-Stiefel und einen Texas-Hut, obwohl er nie in Texas gewesen war. Auf eine Jacke verzichtete er; über dem dicken roten Flanellhemd, dessen Ärmel von Gummibändern hinaufgehalten wurden, trug er nur eine Lederweste.

Nach Centennial war er gekommen, nachdem er bereits in vielen Städten des westlichen Kansas als Sheriff gearbeitet hatte. Seine umgängliche, humorvolle Art, hinter der sich unerbittliche Entschlossenheit verbarg, hatte ihm den Respekt seiner Mitbürger verschafft. Nur selten hatte er seine Pistolen ziehen müssen; im Ernstfall hielt er sie dann in Hüfthöhe, ging mit festem Schritt auf den Gegner zu und rechnete damit, daß seine offensichtliche Bereitwilligkeit, die Waffe auch zu gebrauchen, diesen zum Rückzug treiben würde. Bis jetzt hatte er mit seiner Methode immer noch Erfolg gehabt.

Nach der Mordwelle, die den Krieg zwischen Rinderzüchtern und Schafhirten begleitet hatte, fanden die Bürger von Centennial, es sei jetzt an der Zeit, einen Gesetzeshüter damit zu beauftragen, die Wogen etwas zu glätten. Axel Dumire hatte sich für diese Aufgabe als der rechte Mann am rechten Ort erwiesen. Mit seiner ruhigen, ausgeglichenen Art war es ihm gelungen, zwischen den kriegführenden Parteien Frieden zu stiften, und sein Ruf als einer, der nicht mit sich spaßen ließ, hielt die Killer davon ab, sich in der Stadt einzunisten. Die große Arbeit war beendet, die kleinen Jobs aber rissen nie ab.

„Kommt schon wieder ein Zirkus in die Stadt", sagte Dumire eines Morgens und sah sich den Einladungszettel für „Cartrights sensationelle Schau von Heldentum und Tapferkeit" an: „Dutzende wilde Tiere . . . Aufregendste Vorführung der Welt . . . Daring Dan und die Apachen."

„Kennst du Daring Dan?" fragte er einen, der am Eingang zum Railway-Arms-Hotel herumlungerte. „An dem ist was dran. Der beste Schütze, den ich je gesehen habe. Paß auf, was da passiert."

„Klingt ja begeisternd", sagte einer der Zuhörer.

„Ist es auch, ist es auch. Ich bewundere jeden Mann, der so schießen kann wie der."

„Was macht er?"

„Kauf dir doch eine Eintrittskarte." Er setzte seine Unterhaltung mit den anderen fort. „Mich stört nur der Mob, der immer hinter dem Zirkus herzieht, die Mogler mit den drei Karten, und dieses verdammte Fingerhutspiel. Unsere Cowboys schmeißen ihr Geld dabei zum Fenster hinaus, ohne die geringste Aussicht, jemals zu gewinnen."

„Sagst du nicht immer, daß die Rancher ebenso blöd sind?"

„Natürlich. Da geht doch so ein Rancher, ein gebildeter Mann mit einer Ranch, die eine gute Million Dollar wert ist, in den Zirkus und läßt sich von einem tüchtigen Schwindelartisten einreden, er könne ihm ein Drittel des Yellowstone-Parks verkaufen – und wißt ihr, womit er ihn einfing? Indem er ihm das mittlere Drittel anbot, wo es das warme Wasser gibt, so daß seine Kühe den ganzen Winter über weiden können, ohne daß das Wasser friert!"

„So blöd ist doch keiner!"

„Habt ihr eine Ahnung – ich könnte euch sogar seinen Namen

nennen!“ sagte der Sheriff und starrte auf einen großen, dünnen Rancher am Rand der Gruppe. „Zuerst ging er in eines der Mädchenzelte. Dort sieht er einen leckeren kleinen Mischling ohne was an. Für fünfundzwanzig Cent darf er ihr den Arsch tätscheln, für fünfundsiebzig darf er ihr vorn ein Haar auszupfen.“ Die Männer drehten sich nach dem großen Mann um und lachten. „Jawohl“, sagte Dumire, „wir reden von dir, Joe.“ Der große Mann lief rot an, verteidigte sich aber nicht.

„Heuer werde ich darauf sehen, daß der Zirkus sauber bleibt; deshalb werde ich ein paar von euch Männern während der nächsten zwei Tage anstellen, ich brauche eure Hilfe. Der erste, den ich um seine Mitarbeit ersuche, bist du, Joe. Denn du hast schließlich einschlägige Erfahrung.“

Die Männer lachten noch lauter, aber der zähe kleine Sheriff stand auf, ging zu Joe hinüber und steckte ihm ein Abzeichen an. „Machen wir den Bock zum Gärtner“, sagte er. „Aber aus den Mädchenzelten hältst du dich besser heraus.“

Der Cartright-Zirkus reiste mit der Eisenbahn; am Samstagmorgen brachte der Sechs-Uhr-Güterzug, der die Milch nach Denver führte, fünf bunt bemalte Waggons nach Centennial, wo ihnen fast alle Kinder der Stadt und viele Eltern einen begeisterten Empfang bereiteten.

Das große Zelt allein füllte schon einen Waggon. Die Zirkusmänner stürzten heraus und stellten mit Hilfe von jungen Männern aus dem Ort auf dem unbebauten Grund nördlich von Zendts altem Geschäft das Zelt auf. Eine Art Manager erschien, mischte sich unters Volk und warnte die gaffende Menge: „Bitte treten Sie von den Waggons zurück. Da drinnen schlafen die gefährlichsten Raubtiere der Welt. Ich darf gar nicht daran denken, was passieren könnte, wenn Sie sie aufwecken . . .“ Den biederen Leuten lief kalter Schauer über den Rücken.

Viertel vor acht wurde es aufregend. Ein Löwe in einem der Waggons fing zu brüllen an, und die, die in der Nähe standen, konnten fühlen, wie die Luft vibrierte. Ein charmantes weibliches Wesen Anfang Dreißig trat aus dem ersten Waggon, mit dem Benehmen einer Dame von Welt, das die einheimischen Männer ganz gewaltig anzog. Nachdem sie nach verschiedenen Richtungen genickt hatte, ging sie die Waggons entlang bis zu jenem, in dem die Raubtiere eingesperrt waren, und wagte sich hinein. Drinnen erhob sich ein mächtiges Röhren und Pfauchen. Nach wenigen Augenblicken erschien sie wieder in der Tür und fragte mit schmeichelnder Stimme: „Befindet sich unter Ihnen vielleicht ein junger Mann, der bereit wäre, mir bei den Löwen zu helfen?“

Rufe ertönten, einer machte dem anderen Mut; schließlich trat ein etwas tölpelhafter junger Mann vor, der auf Potato Brumbauchs Zuckerrübenfarm arbeitete. Verlegen trat er auf die Dame zu, die ihm beide Hände entgegenstreckte und ihm hinauf half.

„Wie heißen Sie?“ fragte sie.

„Milton.“

„Milton ist ein tapferer junger Mann“, teilte sie der Menge mit. Dann führte sie ihn hinein. Kurz nach ihrem Eintritt schlug drinnen ein Zebra oder Pferd mit den Hufen ganz fürchterlich gegen die Wand, und ein Löwe fing zu brüllen an. Als Milton wieder in der Tür erschien, strahlte er übers ganze Gesicht.

„Danke, Milton“, sagte die Dame mit ihrer höchst angenehmen, tiefen Stimme und küßte ihn zum Abschied.

Axel Dumire, der diese Vorgänge mit erfahrenem Auge verfolgt hatte, sagte zu seinem großen Stellvertreter: „Die üblen Figuren sind noch nicht aufgetaucht.“ In diesem Augenblick stiegen aus dem zweiten Waggon zwei Männer aus, deren äußere Erscheinung bereits ihre Geriebenheit erkennen ließ. Sie taumelten in das helle Licht des Sommertages wie Molche, die lang unter einem Felsen gelegen hatten, aber was sie zu ihren Füßen erblickten, beruhigte sie: einen Haufen Cowboys, einen Haufen eingeborener Tölpel, die auf ein Spielchen spitzten, und vor allem auch ein paar Geschäftsleute, die bereit waren, sich nicht lumpen zu lassen.

Einer der beiden Männer war dünn und vogelgesichtig, der andere war wohlbeleibt und trug einen um zwei Nummern zu kleinen Mantel, der vorn notdürftig von Knöpfen zusammengehalten wurde. Harry und Meurice, so nannten sie einander, blickten mit sanften Blicken über die Menge, wie Klapperschlangen, die vom Winterschlaf erwacht, aber noch zu benommen sind, um irgendeinen Schaden anzurichten; sobald sie den Sheriff gesehen hatten, bahnten sie sich einen Weg zu ihm.

„Morgen, Sheriff“, sagte Meurice, der Fette. „Wie sind hier die Regeln?“

„Keine Karten, kein Falschspielen, kein Ideen-Verkaufen.“

Der Dünne grinste milde. „Sie machen es uns aber schwer, mein guter Mann.“

„Ich bin nicht Ihr guter Mann“, antwortete Dumire ruhig. „Ich werde euch jedenfalls keine Sekunde aus den Augen lassen.“

Der Fette änderte nicht im geringsten seinen Gesichtsausdruck. Mit einem vor Verständnis triefenden Grinsen sagte er: „Bei den vielen Morden, die hier herum ständig passieren, wäre es wohl bei weitem klüger, du würdest dich in deinen Karnevalsstiefeln dorthin begeben, wo die Verbrecher sind. Aber wahrscheinlich haben sie dich einfach bestochen.“

„Erraten, Meurice, erraten. Aber dieses Wochenende haben sie versprochen, keinen umzubringen, damit ich mich auf euch konzentrieren kann.“ Die beiden Männer verbeugten sich höflich, dann nahm Meurice Harry am Arm, und sie mischten sich unter die Menge.

An diesem Samstag gelang es Dumire und seinen Männern, im Zirkus einigermaßen Ordnung zu halten. Es gab die üblichen

Beschwerden von Cowboys, die gar nicht existierende Sachen gekauft hatten. Meist waren jene, die sie betrogen hatten, nicht mehr ausfindig zu machen. Dann gab es einige „Vorstellungen“ außerhalb der Manege, die aber niemandem ernsthaften Schaden zufügten, wenn dabei auch einigen der jüngeren Cowboys fast die Augen herausfielen. Der Taschendiebstahl hielt sich in annehmbaren Grenzen; einigen leichtgläubigen Ranchern wurden verschiedene allzu glänzende Gelegenheitskäufe angeboten; aber im großen und ganzen hielt Axel Dumire die Leute in Schach.

„Das ist ein ganz anständiger Zirkus“, sagte er anerkennend und setzte sich auf den Platz, der für ihn bereitgestellt worden war. Auf der anderen Seite saß John Skimmerhorn; er war einfach viel zu vorsichtig, als daß er sich von Gaunern hätte hineinlegen lassen, und nicht weit von ihm saß Jim Lloyd. Auf einem der billigen Sitze hatte sich Amos Calendar niedergelassen, der sich nur selten in der Stadt blicken ließ. Er saß allein, wie immer.

Die Zirkusnummern rollten eine nach der andern erfolgreich ab, die Löwen brüllten zum richtigen Zeitpunkt, die Seiltänzer waren großartig; immer wieder drohten sie abzustürzen, so daß Frauen und Kinder in Rufe der Angst und des Entzückens ausbrachen. Aber Sheriff Dumire sagte zu den Männern rund um ihn: „Wenn ihr euch für Schießeisen interessiert, dann paßt auf, wenn Daring Dan kommt!“

In der Pause ertappte der Sheriff Meurice und Harry bei einem schnellen Fingerhutspiel; Cowboys umstanden sie mit offenen Mündern und begriffen einfach nicht, warum die Erbse nicht unter dem Fingerhut war, auf den sie gewettet hatten. Der Sheriff lächelte und ging in die andere Richtung. „Bis heute habe ich nicht durchschaut, wie sie das mit der blöden Erbse machen, daß sie nicht dort ist, wo sie eigentlich sein sollte. Hast du dieses Spiel schon einmal mitgemacht?“ fragte er einen seiner Hilfssheriffs.

„Nie.“

„Probier's einmal.“

Der Mann nahm sein Abzeichen herunter, und während Dumire im Schatten blieb, ging er zu dem Tisch. Meurice schwatzte wie eine Schnellfeuerkanone, während Harry die Fingerhüte herumschob und die Erbse ganz deutlich unter dem einen Fingerhut deponierte. Dumire lachte in sich hinein, als er sah, wie sein Mann fünfzig Cent auf den Tisch legte und auf den Fingerhut deutete, unter dem die Erbse sein mußte – sie mußte dort sein, er hatte doch mit eigenen Augen gesehen, wie sie dorthin gelegt wurde. Harry hob den Fingerhut – und zu Dumires unangenehmer Überraschung lag da auch die Erbse. Meurice händigte dem Sieger sein Geld aus und sagte mit lauter Stimme: „Diesmal hast du uns geschlagen, Vize!“, und der zog sich unter dem Gelächter der Menge zurück.

Die zweite Hälfte der Zirkusdarbietung enthielt die besten Nummern; die Spannung stieg. Alles wartete auf Daring Dan und die Apachen. Die Gasbeleuchtung wurde schummeriger, der Zirkusdirektor erschien, setzte ein Sprachrohr an den Mund und sagte: „Meine Damen und Herren, wir zeigen Ihnen jetzt die aufregendste Vorführung in der Geschichte des Zirkus. Weder Rom noch Babylon, noch die gekrönten Häupter Europas . . ." Er gab eine Einführung, in der er sich vor Übertreibungen nur so überschlug, und brüllte zum Abschluß, was seine Lungen hergaben: „Daring Dan und sein Ensemble wilder Apachen . . ."

Auf einem großen weißen Pferd ritt nun ein etwa fünfzigjähriger Mann in die Mitte der Arena, in eine übertrieben aufgeputzte Cowboyuniform gekleidet, mit Chaps aus Wolle, einer Brokatweste und einem Hut mit silbernen Troddeln. Er war ein guter Reiter und trug zwei Pistolen, wie Sheriff Dumire.

Danach kam ein Assistent herausgeritten und warf große gläserne Bälle in die Luft, die Daring Dan, seine Pistole in der rechten Hand, abschoß. Eine tüchtige Leistung; die Menge applaudierte voll Begeisterung.

Von der Band kam unheilverkündendes Rollen der Trommeln. Der Assistent huschte davon, und in die Arena ritt „die donnernde Horde" der sechs Apachen, die durch ohrenbetäubenden Lärm und tollkühnes Reiten wettmachten, was sie an Zahl vermissen ließen. Sie kreisten Daring Dan ein und schossen Pfeile und Kugeln auf ihn ab. Heldenhaft wehrte er sich, aber die Apachen überwältigten ihn schließlich, und die Frauen kreischten auf vor Entsetzen, als ein Apache mit seinem Tomahawk ausholte und dem weißen Mann den rechten Arm abhieb. Blut – oder vielmehr eine rote Flüssigkeit, die Daring Dan in einem kleinen Sack unter dem Arm trug – spritzte dem Indianer ins Gesicht, und die sechs Apachen ritten davon, den abgeschlagenen Arm im Triumph vor sich tragend, begleitet von Trommelwirbel und Trompetengeschmetter.

Atemlose Stille lag über dem Zelt, als zwei Militärärzte, ganz in Weiß, sich um Daring Dan bemühten, während der Zirkusdirektor in weihevollem Pathos sagte: „Stets bedacht, den Tapferen beizustehen, eilen die großartigsten Ärzte unserer treuen Armee dem Sterbenden zu Hilfe – sie stillen das Blut, sie verbinden die Wunde. Und seht, sie vollbringen die wunderbare Heilung!" Seine Stimme steigerte sich zu einem gewaltigen Crescendo, und er schrie: „Daring Dan erhebt sich wieder!"

Die Ärzte zogen sich zurück, und mit gesenkter Stimme fuhr der Zirkusdirektor fort: „Angetrieben von einem Mut, wie nur wenige ihn besitzen, läßt Daring Dan sich niemals unterkriegen, sondern widmet sich ganz der Aufgabe, mit seinem linken Arm schießen zu lernen, dem Arm, den er früher nie benutzt hat. Seht, seht, wie dieser mutige Mann . . ."

„Jesus Christus!“ kam eine Stimme von den billigen Sitzen. „Ist das nicht Canby?“ Und von den teureren Sitzen gegenüber rief Jim Lloyd: „Natürlich! Canby!“

Tatsächlich, es war Canby, der einstens wirklich im großen und ganzen das erlebt hatte, was da eben im Spiel vorgeführt worden war. Im Frühling 1868 von Poteet in Fort Union abgeliefert, fand er sich nicht nur ohne rechten Arm, sondern auch ohne Beruf. Also trainierte er so lange mit seinem linken Arm, bis er einer der besten Scharfschützen der Welt war, was er nun auch in einer höchst eindrucksvollen Vorführung bewies.

Wieder griffen ihn die sechs Apachen an, während der Zirkusdirektor psalmodierte: „Aber dieses Mal ist ihnen Daring Dan mehr als gewachsen“, und während sie ihn auf ihren Schecken umkreisten, stand er da wie ein Fels im Meer und schoß die Indiander aus dem Sattel, einen nach dem anderen. Die Krieger fielen geschickt von den Pferden und wälzten sich im Staub.

„Yeah, Canby!“ rief Calendar aus der Dunkelheit, Jim Lloyd nahm den Ruf auf, und das Publikum erhob sich von den Sitzen und feierte begeistert den wiederauferstandenen Helden.

Trat ein Zirkus an einem Samstag in Centennial auf, war es üblich, daß die Zirkusleute auch den Sonntag dazulegten und am Abend gemeinsam mit den Kirchengemeinschaften der Stadt den Gottesdienst feierten. Die Zirkuskapelle spielte Kirchenlieder, ein Chor der Zirkusleute sang, und anschließend servierten die Damen der Stadt ein Abendessen, zu dem auch die Zirkusleute geladen waren.

Am Morgen des Sonntags erschien Sheriff Dumire schon sehr früh beim Zirkuszug und verkündete, daß er Harry und Meurice bis zur Abreise ins Gefängnis stecken wolle, und die beiden gingen friedlich mit ihm. Dumire hatte ihnen den ganzen Samstag nichts in den Weg gelegt; sie sahen selbst ein, daß ihm daran gelegen war, daß der Sonntag ohne Zwischenfälle über die Runden kam.

Jim lud Calendar und Mule Canby ein, mit ihm hinaus in die Prärie zu reiten, auch John Skimmerhorn wollte mitkommen; also ritten die vier alten Trailgenossen zu den Rattlesnake Buttes hinaus, und während die Pferde in der glühenden Hitze langsam dahintrotteten, erzählte Canby, was ihm nach dem Verlust des Armes zugestoßen war.

„Es war so, wie der Kerl im Zirkus erzählt.“ Er wollte Einzelheiten zum besten geben, hielt aber wieder inne. „Ihr werdet es heute abend hören. Ich muß da immer so tun, als hätte ich eine Eingebung. Nicht alles, was ich sage, ist wahr, der Bursche hat es für mich geschrieben, aber sehr vieles davon ist wahr.“

Er erzählte von England und Deutschland, wo man besonders wild auf Indianer und den Westen überhaupt war. „Der Kaiser selber wollte wissen, wie ich es mache, daß ich mit meiner rechten Hand so gut schieße.“

„Wie denn?“ fragte Jim. „Das ist doch Holz, oder?“

„Das ist ein Geheimnis“, sagte Canby. „Habe vier Jahre gebraucht, bis ich's gelernt habe. Wenn du es weißt, weiß es bald der nächste Zirkus, dann macht es jeder nach.“

„Ich sag's nicht weiter“, versprach Jim.

„Bleibt ein Geheimnis.“

„Sag mir nur eins“, sagte Skimmerhorn. „Wenn du die Büchse in deinem Holzarm hältst, schießt du dann selber, oder? Es ist kein anderer da, der die Kugel für dich abfeuert?“

Canby sah seinen alten Gefährten ungläubig an. „Was stellst du dir vor? Glaubst du, ich würde einen anderen für mich schießen lassen?“ Er lächelte grimmig. „Wahrscheinlich traust du auch meinem linken Arm nicht, was?“

Ein Falke flog vorbei, einer dieser herrlichen Vögel, die an den Buttes nisteten, und Canby warf die Zügel über die Sattelnase und riß mit der linken Hand seinen Revolver heraus, aber Jim ritt schnell zu ihm und drückte den Lauf herunter.

„Nicht schießen!“ Die vier Männer beobachteten den Falken, wie er vor ihnen kreiste und immer wieder herabstieß, als wollte er sie durch die Prärie führen. Das alte Band, das sie auf dem langen Ritt nach Norden miteinander verknüpft hatte, war wieder deutlich fühlbar. Canby fragte Calendar: „Wie kommt ein Cowboy dazu, sich mit Schafen abzugeben?“ Und Calendar antwortete: „Mir ist es am liebsten, wenn ich allein arbeiten kann.“

Sie ritten das Steilstück zu den Buttes hinauf, und oben angelangt, blickten sie hinunter auf die vor ihnen in der Sommersonne grasenden einhundertfünfzig weißgesichtigen Herefords, alle gleich groß, das Rot der Leiber mischte sich mit dem wärmeren Braun des Grases, und Canby konnte sehen, daß Jim mächtig stolz auf sie war.

„Die sehen allerdings besser aus als die Langhörner, die wir herauftrieben“, sagte er. Sie stiegen ab, und Canby gab wieder eine Probe seines Könnens, indem er Klapperschlangen mit der linken Hand erschoß. Dann ritten sie den Platte entlang nach Hause zurück. Jim zeigte Canby die sumpfigen Stellen, in denen sich Säbelschnäbler versteckten, und der Texaner bekannte, so einen Vogel noch nie gesehen zu haben. Er fragte Jim, ob er sich vielleicht einen ausstopfen wolle, und zog seine Pistole heraus. Aber Jim sagte: „Nein, laß ihn in Ruhe. Er jagt nach Würmern.“

„Heute abend werde ich dich nicht mehr sehen“, sagte Calendar, „ich bin schon seit zwei Tagen von zu Hause fort.“ Er verabschiedete sich von Canby, indem er ihm verlegen zuerst die rechte, dann die linke Hand entgegenstreckte. Man sah ihm an, daß er gern noch mehr gesagt hätte, aber nicht die richtigen Worte finden konnte. Also ritt er schweigend nach Osten, zu seinen Schafen.

Als Calendar fort war, meinte Jim zögernd zu Canby: „Ich habe immer wieder daran denken müssen, seit dem Tag, an dem wir in den Llano eingeritten sind.“

„Ich auch, ich auch“, sagte Canby.

„Du meinst die zehn Dollar, die ich dir schulde?“

„Für das Gewehr. Ein Gewehr vergesse ich nie.“

„Da ist dein Geld, ich habe es immer aufgehoben.“ Jim zog aus einer tiefen Tasche eine Zehn-Dollar-Note und überreichte sie Canby.

Der Texaner betrachtete sie nachdenklich. „Es hat Zeiten gegeben, da habe ich nicht geglaubt, jemals eine Zehn-Dollar-Note zu besitzen“, sagte er und steckte den Schein in seine Brieftasche.

So ging der lange Tag zu Ende. Jim und Skimmerhorn schliefen im Railway-Arms-Hotel, als sie um zwei Uhr morgens Schreie und Brüllen auf der Straße hörten und den roten Schein eines Feuers sahen. Sheriff Dumire rief: „Heraus, alle miteinander! Der Zirkus brennt!“

Als Jim zum Zug kam, erkannte er sofort, daß weder er noch sonst jemand viel tun konnte. Der zweite Schlafwagen stand in Flammen, keiner war wach gewesen, um Alarm zu schlagen, und so hatte der Wind das Feuer bereits zu einem Inferno werden lassen.

„Ist wer drinnen?“ rief Jim.

„Hinten sind ein paar, die versuchen herauszukommen“, schrie einer der Zirkusmänner.

Er und Jim versuchten, sich dem brennenden Wagen zu nähern, aber das Feuer, das ihnen aus den Fenstern entgegenschlug, war zu heftig. Mit einem Heldenmut, der den Zuschauern ungemein imponierte, warf sich der Zirkusmann zwischen den brennenden Wagen und den nächsten, und es gelang ihm, den zweiten loszukuppeln. Er gab dem Lokführer ein Zeichen, die Lokomotive fuhr langsam an, und die hinteren Wagen blieben zurück und waren außer Gefahr.

Sobald der Lokführer den Zug zum Stillstand gebracht hatte, sprangen die Zirkusleute wieder in die Flammen und kuppelten den Waggon am anderen Ende ab. Der Lokführer fuhr wieder an, und diesmal wurde auch der erste Schlafwagen in Sicherheit gebracht.

Der brennende Waggon war isoliert, und einen grauenhaften Augenblick lang sahen Jim und Sheriff Dumire hinter einem Fenster wie einen trüben Mond hinter Glas das fette, schmerzverzerrte Gesicht von Meurice. Aber nur einen Augenblick lang stand das Gesicht da, dann fiel es zurück in die Flammen. Als Meurice verschwunden war, erschien ein zweites Gesicht im Fensterrahmen.

„Canby ist drinnen!“ brüllte Jim auf, riß sich los, griff nach einem Mantel, warf sich diesen über das Gesicht und bahnte sich einen Weg zur hinteren Tür. Mit einer Kraft, die man ihm nie zugetraut hätte, brach er die Tür auf und stürzte hinein in Rauch und Flammen. Mutige Leute aus der Stadt folgten ihm, und bald hatten sie vier Bewußtlose aus dem Waggon gezerrt, aber Canby war nicht unter ihnen.

Das Feuer raste jetzt durch den ganzen Waggon, zuckende Brandsäulen schossen überall heraus, und Sheriff Dumire, unterstützt von zwei Helfern, zerrte Jim mit versengten Augenbrauen und rauchendem Haar endlich in Sicherheit.

Diese Tragödie machte auf Centennial tiefen Eindruck. Von den vierzehn Toten wurden zwölf, darunter auch Canby, auf dem Ortsfriedhof begraben, weil keine Angehörigen bekannt waren. Hochwürden Holly von der Union Church bot seine Dienste für das Begräbnis an. Dann hielt er einen Betgottesdienst ab, in dem er den Geist der Fahrenden beschwor, die von einer kleinen Stadt zur nächsten reisten. „Mit ihren Tricks und fein ausgedachten Spielen haben diese namenlosen Menschen ungeachtet ihres gewiß nicht einfachen Lebens uns Heiterkeit und Freude gebracht. Mit ihrem Mut und ihrer Geschicklichkeit haben sie uns in Erstaunen versetzt, und wir werden noch lang daran danken, wie ein Mann, der seinen rechten Arm verloren hatte, mit Ausdauer es so weit brachte, daß er mit dem linken ein Meisterschütze wurde. Als Jesus und Paulus noch auf Erden weilten, sind Zirkusse wie dieser durch das römische Reich gezogen und haben den Menschen Unterhaltung und Vergnügen bereitet. Wir danken diesen Toten, daß sie uns unterhalten haben. Es ziemt sich, daß sie nun auch mit uns ruhen."

Seine Worte riefen den Bürgern von Centennial das rauhe Leben dieser Wanderer ins Gedächtnis, und so waren sie alle in empfänglicher Stimmung, als Ende Juli die „Theatralische Truppe und Thespische Ausstellung" von Maude und Mervin Wendell in der Stadt eintraf.

Schon in dem Augenblick, da Mervin Wendell in der Tür des Zugs aus Omaha erschien, mußte jedermann in ihm sofort einen Schauspieler erkennen, und wahrscheinlich sogar einen bedeutenden. Er stand auf der obersten Stufe, den linken Arm auf dem Rücken, den rechten über die Brust gelegt. Die Beine waren gespreizt, die rechte Schulter war beachtlich höher als die linke. Ein breiter Filzhut bedeckte das dunkle Haar, das sich vor den Ohren zu Löckchen kringelte. Sein Blick war gebieterisch, durchglüht von Abenteuerlust und kühnem Mut, als wollte er sagen: „Eine neue Stadt! Ein neues Feld für meine Fähigkeiten!"

Der Effekt dieser großartigen Ankunftsszene wurde nur leicht getrübt durch einen Schaffner mit derbem, gerötetem Gesicht, der ihm eine Reisetasche in die Hand drückte und drohte: „Probieren Sie das nicht noch einmal, Sie!"

Mervin machte keine Anstalten, das Benehmen des Schaffners zu erklären, sondern stieg majestätisch die Stufen herab, reichte einer sehr schönen Dame Anfang der Vierzig den Arm und sprach: „Komm, meine Liebe. Dort drüben erblicke ich bereits unser Hotel."

Maude Wendell nahm die höfliche Geste mit anmutigem Dank an, richtete ihre Aufmerksamkeit dann jedoch wieder auf das Innere des Zuges; jetzt stieg ihr Sohn aus, ein Kind mit langem, goldenem Haar.

Da sie unter anderem Szenen von Shakespeare spielten, war es unerläßlich, daß der Junge die Knaben- und Mädchenrollen übernahm.

Als die drei mit ihren beiden recht mitgenommen aussehenden Koffern auf dem Bahnsteig standen, wandte sich Mervin Wendell zwei untersetzten Gestalten zu, Mann und Frau, die einem anderen Waggon entstiegen waren und sich um große Kisten bemühten, die die Kostüme der Truppe enthielten. „Sieh sie dir genau an, Murphy", sagte Wendell, als benötigten die beiden seine Hilfe, um die Kisten zu identifizieren.

Hierauf begab sich Wendell zu der Stelle, an der die Eisenbahner die Kisten ausgeladen hatten, gab jeder Kiste einen herrischen Fußtritt und wies Murphy an: „Bring sie ins Theater!" Seinem Assistenten den Rücken zukehrend, fand er sich plötzlich Aug in Aug mit Sheriff Dumire, dessen wenig erfreuliche Bekanntschaft er bereits in Kansas gemacht hatte.

„Guten Abend, Mr. Wendell", sagte Dumire mit ausgesuchter Höflichkeit.

„Ah!" rief Wendell, offenbar erfreut, einen alten Freund zu treffen. „Sheriff Dumire! Ich darf Sie herzlichst zur morgigen Vorstellung einladen!" Und er zog eine kunstvoll umrandete Karte aus seiner Tasche, die ihrem Besitzer das Recht zu einem kostenlosen Besuch einer Vorstellung der „Theatralischen Truppe und Thespischen Ausstellung" von Maude und Mervin Wendell einräumte.

Die Wendells machten sich erbötig, ihre Künste und Fähigkeiten den Bürgern von Centennial an zwei glanzvollen Abenden vorzuführen: der erste war Shakespeare geweiht, von dem elf Szenen aufgeführt werden sollten, leicht bearbeitet, um den Gegebenheiten der Truppe zu entsprechen; auf dem Programm des zweiten Abends standen Potpourris, Monologe, Solos und Imitationen. Philip Wendell würde „Der treue Trommelknabe vom Rappahannock" rezitieren, danach, als Mädchen verkleidet, das Rührstück „Das blinde Mädchen an seine Harfe".

Maude Wendell brachte eine Auswahl aus ihren größten theatralischen Triumphen hier und in Europa, besonders „Porcias Ansprache vor Gericht" aus Shakespeares „Kaufmann von Venedig", „Abschied der parthischen Mutter von ihrem Sohn, der im Kolosseum von Rom mit den wilden Bestien kämpfen soll", und eine Auswahl aus „Mazeppa" von Lord Byron.

Die beiden Höhepunkte des Abends allerdings blieben Mervin Wendell vorbehalten. Am Ende des ersten Teiles „wird Mr. Wendell, allein auf der Bühne und von niemandem begleitet, einen Güterwagen der Union Pacific imitieren, wie er von Centennial abfährt und seine Fracht in Denver abliefert. Sie hören das Schlittern der Triebräder, das Schnauben der Lokomotive, wenn sie durch einen Tunnel fährt, die Pfiffe, die Bremsen und die glückliche Ankunft, worauf die gesamte Truppe sich zu einem lebenden Bild formieren wird, darstellend die toten Mitglieder des Cartwright-Zirkus, wie sie in den Himmel aufgenommen werden“.

Das Ende des zweiten Teils versprach sogar noch besser zu werden, „denn dann wird Mr. Mervin Wendell, von seinem Sohn Philip auf der dreifachen Trommel begleitet, die Schlacht von Fredericksburg vorstellen, mit den feuernden Wachen, dem Angriff der Nordstaatler, dem Geknatter der Musketiere der Südstaaten, dem Brüllen der Kanonen von beiden Seiten, den explodierenden Patronen, und, akkompagniert von der gesamten Truppe, Hörnerfanfaren und den letzten Sturm, der endlich zum Siege führt“.

Die „gesamte“ Truppe bestand aus den drei Wendells, den zwei Murphys und einem jungen Mann von engelhafter Schönheit namens Chisholm, der aussah, als könnte ein Windhauch ihn hinwegblasen.

„Chisholm ist mir schon einmal untergekommen“, sagte Dumire zu seinen Männern. „Seht zu, daß er nicht an die Cowboys herankommt – geschweige denn an die Schafhirten.“

Nicht, daß Axel Dumire die Künste verachtet hätte. Er hielt etwas von Shakespeare und hatte vor, die erste Vorstellung zu besuchen, mit der vernünftigen Begründung, daß nicht einmal Mervin Wendell den Dichter umbringen könne. „Er ist sehr gut als Totengräber, der mit Yorick redet“, sagte Dumire, „aber wir dürfen ihn nicht aus den Augen lassen. Meiner Ansicht nach hat er keinen Cent in der Tasche, und in diesem Zustand ist er zu allem fähig.“

Diskrete Anfragen im Railway-Arms-Hotel ergaben, daß der Inhaber zunächst unbedingt darauf bestand, daß die Truppe im voraus zahlte, daß Wendell jedoch einen Kompromiß erreicht hatte, demzufolge nur die Hälfte im voraus, die zweite Hälfte erst nach Kassaschluß für die beiden Vorstellungen zu bezahlen wäre. Der Hotelier erklärte, er würde schon am ersten Abend an der Kassa stehen und den noch ausstehenden Betrag kassieren, ein Vorgehen, das er unter ähnlichen Umständen schon öfter für ratsam gefunden hatte. Mr. Wendell nahm diesen Vorschlag höflich an und erklärte: „Auch ich muß Ihr Vorgehen in jeder Weise billigen.“

Das Publikum am ersten Abend war nicht gerade überwältigend zahlreich, der durchschnittliche Bürger von Centennial hielt offenbar weniger von Shakespeare als Sheriff Dumire. Bei fünfzig und fünfundsiebzig Cent Eintritt reichte die Einnahme dieses Abends gerade hin, um die Forderungen des Hoteliers zu befriedigen. Aber Wendell war guten Mutes: „Großartiger Abend“, versicherte er seiner Truppe.

Am zweiten Abend dagegen war der Saal gesteckt voll, die Leute applaudierten begeistert, und die drei Wendells gerieten in Hochstimmung. „Wahrlich“, rief Wendell hingerissen zwischen den Akten, „ich habe selten vor so einem enthusiastischen Publikum gespielt. War es nicht herrlich, Maude?“

Mrs. Wendell war jetzt zweiundvierzig. Seit neun Jahren zogen sie von einer kleinen Stadt zur anderen, und sie bemühte sich, ihre Familie intakt zu halten, nickte, wenn Mervin – er war zwei Jahre jünger als sie – über schäbige kleine Erfolge vor Begeisterung tobte, und dachte immer daran, was sie wohl als nächstes tun würden. Früher hatten sie die ersten Rollen in guten Truppen gespielt – bei Langrishe in Denver zum Beispiel –, eine kleine Weile hatten sie auf dem Land Erfolge in den „Schwarzen Hügeln von Dakota“ gefeiert, wo man sie als das erste Paar des amerikanischen Theaters umjubelte. Aber in den letzten Jahren konnten sie sich kaum noch am Leben erhalten. Dutzende Male waren ihre Kostüme beschlagnahmt worden, und jetzt hatte der Sheriff ihr, als dem verantwortlichen Mitglied der Truppe, das neueste Telegramm überreicht:

Sheriff
Centennial Colorado

Wegen zahlreicher unbezahlter Rechnungen ist sämtliches Gepäck der Maude und Mervin Wendell Truppe, die in Ihrer Stadt gastiert, einzuziehen

Sheriff Ed Bancroft
Grand River Nebraska

„Die Tournee ist zu Ende“, sagte sie und reichte ihrem Mann das Telegramm.

„Wie taktlos!“ rief er mit gespielter moralischer Entrüstung. „Einem so etwas mitten in der Vorstellung auszuhändigen!“

„Mervin“, sagte sie mit größter Gelassenheit, „reiß dich zusammen. Diesmal gibt es keinen Ausweg mehr.“

„Liebling“, flüsterte er, um sie zu trösten. Und wenn er das sagte, so meinte er es ernst, denn Maude Wendell war sein Leben. In jenen seltenen Augenblicken, in denen er sich selber so sah, wie er wirklich war, mußte er sich eingestehen, daß er niemals mehr als nur eine mittlere Begabung gewesen war. Zugegeben, Züge konnte er so gut nachmachen wie Major Hendershot, auch in der Imitation von Vogelstimmen schlug ihn so bald keiner. Aber wenn er sich an Shakespeare oder Dion Boucicault heranwagte, war er kaum zu ertragen. Er hatte niemals das brillante Talent des jungen Chisholm besessen, aber auch nicht Mike Murphys robustes Komödiantentum.

Dennoch hatte Maude De Lisle ihn geheiratet, obwohl sich ganz andere Freier um sie bemühten. Sie hatte ihn genommen, als sie noch überall Triumphe feierte, und war bei ihm geblieben, als sie sich nur mehr drittklassige Hotels leisten konnten. Er wußte ihre Treue zu schätzen, und wenn er auch nur ein höchst mittelmäßiger Schauspieler war, so war er doch seiner Frau ein treuer und liebender Ehemann, der sie anbetete und ihr das auch zu erkennen gab. Als sie einmal in einer kleinen Stadt in South Dakota die Balkonszene aus „Romeo und Julia" zum besten gaben und er zu ihr aufblickte, hatte er sie noch viel strahlender und schöner gefunden als Shakespeares Verse. Wie benommen stand er da am Fuß des Balkons, und als Murphy ihm zuzischte: „Doch still, was schimmert durch das Fenster dort?", da wiederholte er den Vers nicht, wie es richtig gewesen wäre, sondern nahm ihn an, als hätte eine Geisterstimme ihn gesprochen, und fuhr mit dem nächsten Vers fort: „Es ist der Ost, und Julia die Sonne!" Und das Stück war weitergegangen.

„Was gibt's?" fragte Murphy, der immer auf eine Katastrophe gefaßt war. Mervin protestierte, aber Maude hatte dem Iren das Telegramm schon gereicht.

„Benachrichtige Chisholm", sagte Maude kalt, „wenn du ihn finden kannst."

„Warte!" flehte Mervin, aber die Würfel waren gefallen. Diese Truppe hatte schon zu viele Rückschläge erlitten. Das Band, das ihre Mitglieder zusammenhielt, war von Sheriffs und Hotelmanagern und Eisenbahnschaffnern bereits zur völligen Auflösung gebracht worden.

Jetzt verkündete Maude ihren Entschluß: „Meine lieben Freunde, heute geben wir unsere letzte Vorstellung. Ich weiß nicht, was ihr nachher tun werdet – wir jedenfalls werden uns hier in dieser Stadt ansiedeln, und" – sie sah vielsagend zu ihrem Mann – „ich bin sicher, daß sich etwas finden wird."

Unter denen, die diese kleine Ansprache gehört hatten, waren nicht nur die Schauspieler und Sheriff Dumire, sondern auch der kleine Philip Wendell. Er stand im Schatten, wie immer, wenn er das Gefühl hatte, daß die Erwachsenen in Schwierigkeiten waren, und hörte zu; er hatte jedes Wort vernommen, das seit dem Eintritt von Sheriff Dumire gefallen war. Er erriet, was in dem Telegramm stand, und begriff genau, was das bedeutete. Mit seiner Frühreife wußte er, daß seine Mutter es ernst meinte. Das war das Ende der Tournee.

Und dann sah er, und es erfüllte ihn mit tiefem Stolz, wie sein bedrängter Vater seinen ganzen Mut zusammennahm und der Truppe zurief: „Kommt jetzt, meine Freunde! Wenn es denn die letzte Vorstellung sein muß, dann soll es auch die beste sein!" Und das Kind beobachtete, wie Mervin erst zu den Murphys ging und ihnen Mut zusprach, dann zu Chisholm: „Spiel, als wären heute Könige deine Zuschauer!" Typisch für seinen Vater, „Könige" zu sagen. *Ein* König allein hätte es nicht getan.

Dann kam Mervin auf seinen Sohn zu, nahm dessen Hände und sagte: „Du weißt?" Und als der Junge nickte, drückte Mervin ihn an seine Brust: „Spiel so, daß du es selber nie vergessen wirst." Philip zog das Mädchenkostüm an, und als der Vorhang wieder fiel, nachdem seine Mutter als Lady Teazle aus der „Schule des Skandals" aufgetreten war, schlüpfte er auf seinen Platz, die Harfe zwischen den Knien, die Augen geschlossen, um seine Blindheit anzudeuten. Mit den Fingern leicht über die Saiten streichend, begann er, die herzzerreißende Ballade Thomas Moores vom alten Irland zu singen: „Die Harfe, die einst in Taras Halle . . .“ Als dann die Stelle kam, an der Philip sonst heftig in die Saiten griff und das Instrument ansprach, als wäre es ein guter Freund, berührte er es kaum, hörte auf zu singen, wandte sein Gesicht mit geschlossenen Augen der Harfe zu und sprach die vertrauten Verse: „Warum muß ich ein Instrument spielen, das ich nicht sehen kann? Ich fühle die Saiten und höre ihr Echo . . .“

Aber die Gefühle des heutigen Abends überwältigten ihn, die Worte erstarben auf seinen Lippen. Er spielte noch ein paar Akkorde, dann wußte er nicht mehr weiter und sang die ganze Moore-Ballade noch einmal; das Publikum war tief beeindruckt. Das da oben war wirklich ein blindes Mädchen, mitten im Herzen des verlorenen Irland, und sang bei der Totenwache.

Als er geendet hatte, trampelte und pfiff die Menge vor Begeisterung. Er blieb bei seiner Harfe stehen, die Augen geschlossen, und flehte, daß dieser Augenblick des Glücks nie enden möge. Endlich trat der junge Chisholm auf die Bühne und führte ihn weg. Hinter den Kulissen fing der junge Mann zu weinen an, drückte Philip an sich und sagte: „Diesen Abend darfst du nie vergessen, du warst himmlisch!“ Seine Mutter brachte ihn fort.

Es folgte die letzte Nummer. Philip, kostümiert als der kleine Trommlerjunge von Fredericksburg, schlug die dreifache Trommel, als marschierte die gesamte Armee der Union nach seinem Kommando, Mr. Murphy als sterbender Wachtmeister war hinreißend, und Mrs. Murphy hielt das Horn mit der rechten Hand und schwenkte in der linken eine Fahne, den künftigen Sieg des Guten über das Böse verkörpernd, des Nordens über den Süden; der junge Chisholm als Leutnant, der den Sturm anführte, wirkte einfach heroisch; und während der ganzen Vorführung ließ Mervin Wendell, ohne jede Unterstützung durch ein mechanisches Gerät, wie im Programm versprochen, Patronen platzen, er imitierte Minié-Kugeln, wie sie auf den Feind zuflogen, knatterte wie ein Schnellfeuergeschütz und verwandelte sich beinahe in einen Munitionswagen.

Beim letzten Bild – Mrs. Murphy blies immer noch das Horn und schwenkte die Fahne – brach das Publikum in Beifallsgeheul aus. Als der Vorhang gefallen war, stellte Mervin Wendell jene Frage, von der alle reisenden Theatergruppen an den seltenen Abenden ihrer Erfolge gequält werden: „Warum kann es nicht immer so sein?“

Sheriff Dumire, der schon viele solcher „letzten“ Vorstellungen mitgemacht hatte, war so taktvoll als möglich, aber er blieb nichtsdestoweniger standhaft. Nein, die Wendells konnten nichts behalten, absolut nichts, weder ihre Kostüme noch ihre Trommeln, nicht einmal Philips

Harfe. Wahrscheinlich hatten sie nicht nur in Iowa und Nebraska, sondern auch in einem Dutzend anderer Staaten Geschäftsleute geprellt, man mußte die Bürger Colorados vor ihnen schützen. Die Tournee war diesmal wirklich zu Ende.

Die sechs Schauspieler saßen im verdunkelten Theater und überlegten, was sie jetzt tun sollten. Der junge Chisholm sah eine glänzende Zukunft vor sich; er war erst zweiundzwanzig und sah aus wie sechzehn. Von seinem Aussehen konnte er noch Jahre leben. Am nächsten Morgen würde er den ersten Zug nach Denver nehmen. Die Murphys hatten bereits eine endlose Kette von Mißerfolgen hinter sich, aber immer wieder fand sich eine reisende Truppe, die einen guten irischen Schauspieler brauchte, noch dazu mit einer Frau, die die Trompete handhaben konnte. Die beiden beschlossen, nach Chikago zurückzugehen.

Die Wendells wollten in Centennial bleiben. „Aber was sollen wir hier tun?“ jammerte Mervin. Seit seinem zwölften Lebensjahr war die Bühne seine Heimat gewesen, er kannte nichts anderes. „Was soll ich denn für eine Arbeit annehmen?“ fragte er immer wieder verzweifelt.

Bevor Maude noch eine Antwort fand, tauchte plötzlich Hilfe in Gestalt eines Mannes auf, den sie nie zuvor gesehen hatten. Zögernd kam er durch die Bühnentür ins Theater geschlichen, einen Ort, an dem er nicht heimisch war, und näherte sich der Familie Wendell. Der Mann war groß, linkisch und schüchtern. Da es auf der Bühne dunkel war, konnten die Wendells weder seinen steifen weißen Kragen erkennen noch die Bibel, die er mit beiden Händen umklammerte.

„Ich dachte, ich könnte Ihnen vielleicht helfen“, meinte er freundlich. Bei diesen Worten sanken Mrs. Wendells Schultern zusammen, sie lehnte sich an eine Schachtel und sagte: „Ja, wir brauchen Hilfe, und zwar ganz dringend.“

„Ich weiß“, sagte der Mann. „Auch das Hotel hat Ihre Sachen beschlagnahmt.“

„Das können sie doch nicht tun!“ rief Mervin. „Ich habe im voraus bezahlt.“

„Die Zimmer“, sagte Maude erschöpft. „Aber wir haben gefuttert wie die Drescher.“

„Gestatten“, sagte der Mann, „mein Name ist Holly, Pfarrer Holly von der Union Church.“ Er schüttelte den drei Wendells einzeln die Hand, und zu Philip sagte er: „Du solltest um diese Zeit längst im Bett sein, junger Mann. Morgen wirst du bei uns schlafen.“

„Warum tun Sie das?“ fragte Maude.

„Die ganze Stadt war über die Toten vom Zirkus erschüttert. Wir wurden daran erinnert, daß Schauspieler, Zauberkünstler und Clowns . . .“ Er spürte, daß die Zusammenstellung vielleicht nicht ganz glücklich war, und hielt inne. „Viele von uns möchten Ihnen helfen.“

Er nahm sie drei Tage lang bei sich auf, dann teilte er ihnen mit, daß er ein bleibendes Heim für sie gefunden habe, ein möbliertes Haus, das Mr. Delmar Gribben, einem Pfarrkind, gehörte.

„Woher sollen wir die Miete nehmen?“ fragte Maude.

„Die ersten zwei Monate haben Sie keine Miete zu bezahlen. Und danach werden Sie Geld haben. Am Bahnhof wird ein Mann halbtags gebraucht, der sich um das Gepäck kümmert, und diese Stelle sollen Sie bekommen, Mr. Wendell.“

„Bekomme ich Geld dafür?“

„Aber selbstverständlich! Mr. Wendell, die Gemeinde hier sähe es gern, wenn Sie und Ihre Familie bei uns blieben. Wir brauchen mehr Menschen. Wir brauchen Sie!“

Also kehrten die Wendells dem Theater den Rücken, das ihnen schon längst den Rücken gekehrt hatte, und zogen dankbar in das Haus von Mr. Gribben am oberen Ende der Ersten Straße, gleich nach der Kreuzung mit der Fifth Avenue. Das weiträumige Haus blickte auf den freien Platz von North Bottoms und die nach Osten gerichtete Windung des Beaver Creek. Am Sonntagabend gelang es den drei Wendells, sich anläßlich eines jener liturgisch frei gestalteten Gottesdienste, wie Hochwürden Holly sie liebte, einen dauernden Platz im Herzen der Bürger von Centennial zu sichern.

An diesen Abenden war es Sitte, daß die musikalischen Mitglieder der Gemeinde sich anboten, Solos und Duette zu singen. Kirchenlieder wurden bevorzugt, wie zum Beispiel „Das alte, zerfurchte Kreuz“ oder „Schaffe, denn die Nacht will kommen“, aber Mervin schlug dem Pfarrer vor, daß er und Maude, von ihrem Sohn begleitet, der Gemeinde ein rührendes Lied vorsingen würden, mit dem die Familie auch schon bei Gottesdiensten in Indiana und Ohio einigen Erfolg gehabt hatte. Hochwürden Holly war sehr erfreut darüber, und Mervin besprach sich kurz mit der Klavierspielerin, die das Lied gut kannte, es sogar zu ihren Lieblingsliedern zählte. Also schlug sie die tiefen, vollen Akkorde an, mit denen Septimus Winners Erfolgskomposition „Hoffnungsgeflüster“ beginnt. Dieses beachtliche Werk war im Jahre 1868 veröffentlicht worden, und zwar unter dem Pseudonym Alice Hawthorne, denn der Komponist hatte – und das durchaus mit gutem Grund – empfunden, daß die außerordentlichen Gefühle, von denen das Lied erzählte, einer Frau besser anstanden als einem Mann. Das Lied hatte die Vereinigten Staaten im Sturm erobert; der sanfte Melodiebogen des Soprans schien den Baß oder Bariton geradezu einzuladen, die Begleitung gefühlvoll darunterzubrummen, während die dritte Stimme, soweit vorhanden, die beiden mit schmeichelnden Arabesken umrahmte. Das Lied schien wie geschaffen für Maude und Mervin Wendell, und sie holten das Letzte an Wirkung aus ihm heraus. Mit seiner hellen, süßen Knabenstimme begann Philip den sinnigen Vortrag: süß wie die Stimme des Engels. Und während das Kind die Hauptmelodie vortrug, sang seine Mutter mit ihrem kräftigen Alt die zweite Stimme dazu, die manchmal über der ersten lag; manchmal fanden sich beide auch in einem einzigen Ton; der verschlungene Zwiegesang war so berückend, daß die Zuhörer ergriffen seufzten.

Jetzt kam erst das Schönste, der Refrain. Während Maude und Philipp weitersangen wie bisher, fiel Mervin mit seinem tiefen, dröhnenden Bariton ein, drei oder vier Worte singend, während die beiden nur eines sangen. Die Wirkung war so gewaltig, daß die Zuhörer applaudierten, obwohl sie doch in der Kirche saßen.

„Ich glaube, sagen zu dürfen, daß wir eben *sursum corda* gehört haben", sagte Hochwürden Holly. „Wenn diese mit Talenten gesegnete Familie unsere alten Schlager singt, dann klingt es mehr wie eine Hymne, als wenn *wir* eine Hymne singen." Damit waren die Wendells Bürger von Centennial geworden.

Von da an wurden bei jeder Gelegenheit, bei der sich die Bürgerschaft von Centennial versammelte, die Wendells um ihre Mitwirkung gebeten, und „Hoffnungsgeflüster" stand immer auf dem Programm. Wie glücklich, wie fest miteinander verbunden erschienen sie, sooft dieses Lied sie verband. „Sie sind ein Beispiel für uns alle", sagte Hochwürden Holly das eine ums andere Mal. Er selber zog allerdings ein anderes Lied von Septimus Winner vor, das dieser ebenfalls unter dem Pseudonym Alice Hawthorne veröffentlich hatte, und die Wendells hatten auch dieses auf ihrem Programm: „Lauscht dem Ruf der Drossel". Die Worte dieses Liedes entbehrten der Poesie von „Hoffnungsgeflüster", in den vielen Wiederholungen lag vielleicht etwas Eintöniges. Mervin saß gerne in einem Sessel, wenn er dieses Lied zum besten gab, die rechte Hand gegen die Stirn gedrückt, die Augen auf ein imaginäres Feuer gerichtet. Und bei der Stelle „. . . die Drossel überm Grabe singt . . ." hörte das Publikum die Drossel aus der Entfernung, denn Philip stand hinter den Kulissen und pfiff genau wie die Spottdrossel, und während er noch pfiff, trat seine Mutter auf die Bühne und imitierte eine Reihe von Vogelrufen so gut, wie sie der Westen noch nie gehört hatte. Sie war einfach phänomenal, sie gab Rotkehlchen, Nachtigallen, Drosseln, ja sogar Falken, während ihr Mann dazu sang:

„Lauscht dem Ruf der Drossel!
Lauscht dem Ruf der Drossel!
Die Drossel überm Grabe singt . . ."

Beim letzten Refrain konnten die Wendells sich nicht mehr zurückhalten. Auch Philip kam jetzt hinter den Kulissen hervor und pfiff sich als Spottdrossel die Seele aus dem Leib; seine Mutter zirpte und gurrte die Skala hinauf und hinunter, während der Vater seinem Schmerz in tiefen, leidenschaftlichen Tönen freien Lauf ließ.

Einer unter den Zuhörern blieb unbeeindruckt. Sheriff Dumire behielt die Wendells scharf im Auge und fragte sich: Wo haben die eigentlich ihr Geld her? Sie sind gut angezogen, sparen nicht beim Essen und eilen von einer Gesellschaft zur anderen. Wenn am Sonntagmorgen der Sammelteller in der Kirche herumging, dann warf Mervin mit sehr viel Aufhebens eine schwere Münze, einen Viertel- oder vielleicht einen halben Dollar auf den Metallteller, daß es nur so klirrte, und er war beobachtet worden, wie er sich in den Mietställen nach einem Pferdetyp erkundigte, den man nur zum Ziehen eines Wagens verwenden konnte. Irgend etwas war hier faul.

Als Dumire einmal zufällig beim Bahnhof vorbeikam, fragte er den Bahnhofsvorstand, was Mervin bei ihm verdiene, und der Mann sagte: „Wir haben nur eine Halbtagsarbeit für ihn. Vier Dollar die Woche. Sieht aus, als hätte er nichts gegen einen zweiten Job."

Dumire faßte Mervin noch schärfer ins Auge und wußte bald, daß er durchaus keinen zweiten Job hatte. „Von vier Dollar die Woche können die nicht leben. Nicht auf diesem Fuß."

Sein Verdacht verstärkte sich. Da trat ein Umstand ein, den er nicht voraussehen hatte können und der seine Freiheit beim Anstellen von Nachforschungen sehr beeinträchtigte. Da jetzt Sommer war, besuchte der junge Philip nicht die Schule; und da das Büro des Sheriffs nur drei Straßen von Philips Elternhaus entfernt war, hatte der Junge sich angewöhnt, ruhig vor der Haustür zu sitzen und den Sheriff zu beobachten. Eines Tages lud Dumire, begierig, mehr über diese Familie zu erfahren, den Jungen in sein mit dunklem Holz getäfeltes Büro ein, aber als Philip vor ihm saß, die Augen in einer Weise zu ihm erhoben, die nicht anders als anbetend genannt werden konnte, hatte der Sheriff plötzlich Hemmungen, ihn auszufragen.

„Mir gefallen Männer, die einen Job haben", sagte der Junge, und seine Augen folgten dem zähen kleinen Sheriff.

„Dein Vater hat einen Job."

„Keinen sehr guten. Nicht einen wirklichen Job – wie Sie."

Die Bewunderung des Jungen gefiel Dumire. Auf seinen pflichtgemäßen Rundgängen durch die Stadt begann er bald, nach dem Jungen Ausschau zu halten. Er erkannte, daß Philip jetzt das Bedürfnis hatte, alle die Dinge zu tun, die er während der langen Jahre beim Theater nicht hatte tun können. Eines Abends beobachtete er ihn, wie er auf dem freien Platz vor dem Gribben-Haus Steine warf, und zwar mit beachtlicher Treffsicherheit. „Ein guter Wurf!" rief Dumire. „Wo ist dein Vater?"

„Macht einen Besuch bei den Wilsons. Die geben ihm belegte Brote."

Ein anderes Mal sah der Sheriff den Jungen im Bach schwimmen, er schwamm kräftig und tauchte furchtlos tief hinunter. „Du hast keine Angst, unten zu bleiben, wie ich sehe", rief er. „Wo ist übrigens deine Mutter?"

„In der Kirche."

Dumire fing an, sich auf Philips Besuche in seinem Büro zu freuen, und er hörte es gern, wenn der Junge sagte: „Sie sind der mutigste Mann, den ich je gesehen habe." Es belustigte ihn, als Philip fragte: „Mr. Dumire, warum ist Ihr Gesicht unten so braun und oben so weiß? Verwenden Sie Schminke – wie mein Vater?"

„Nein!" lachte Dumire. „Sheriffs und Cowboys tragen große Hüte . . . um den Kopf vor der Sonne zu schützen. Daran kannst du einen Cowboy erkennen. Unten braun, oben weiß." Am nächsten Tag erschien Philip mit einem breitkrempigen Hut auf dem Kopf.

Eines Morgens hockte der Junge neben Dumires Schreibtisch und sah zu, wie der Sheriff seine Papiere ordnete; da kam ein Bote mit einer Depesche aus Julesburg hereingerannt. Dumire las sie, runzelte die Stirn, schob sie dann Philip hin, als wäre er einer seiner Männer:

Charles Kenderdine alias Harvard Joe bewaffnet und gefährlich kommt mit Union Pacific 817 bitte verhaften

Sheriff Bagley

Dumire erlaubte dem Jungen, ihn auf seinem Weg zum Bahnhof zu begleiten, und obwohl der Sheriff kleinwüchsig war, ging eine solche Autorität von ihm aus, daß sich Philip nach seinem Beispiel ein Bild davon machte, wie ein Mann aussehen sollte: einfach, hart, ohne Winkelzüge. In seinem Leben hinter den Kulissen hatte Philip nur wenige solcher Männer gesehen.

Nummer 817 fuhr in den Bahnhof ein: Dumire stieg ein. Philip sah ihm durchs Fenster zu, wie er, die Hände auf seine Pistolen gelegt, mit einem im Waggon sitzenden Mann verhandelte, und wenige Augenblicke später kam Harvard Joe, viel größer als Dumire, folgsam das Trittbrett herunter und ließ sich durch die Hauptstraßen von Centennial ins Gefängnis abführen.

Philip wartete auf den Sheriff in seinem Büro, und als der mutige kleine Mann aus Kansas zurückkehrte, sagte Philip, strahlend vor Zuneigung: „Sie können mit diesen Pistolen umgehen."

„Die Pistolen waren es nicht", sagte Dumire. „Du mußt nur wissen, was du sagen sollst, damit du sie erst gar nicht brauchst."

In diesem Augenblick betrat ein Mann, in dem Philip seinen Hausherrn, Mr. Gribben, erkannte, das Büro und sagte: „Sheriff, kann ich Sie einen Moment sprechen?"

„Natürlich", sagte Dumire.

„Allein?"

Dumire deutete dem Jungen, er möge hinausgehen, und Philip ging, Mr. Gribben im Vorbeigehen einen neugierigen Blick zuwerfend.

„Ich muß mit dir reden, Axel. Über eine unangenehme Sache. Ich möchte dir eine Warnung zukommen lassen. Aber zuerst möchte ich betonen, daß ich unter keinen Umständen Anklage erheben will."

„Nur eine Information?" fragte Dumire.

„Genau."

„Weil du dumm dastehen würdest, wenn etwas aufkommt?"

„Erraten, Sheriff. Die Wendells spielen das Dachs-Spiel."

Das war der Hinweis, auf den Dumire seit langem gewartet hatte. Wenn sie das Dachs-Spiel spielten, dann war alles klar!

„Sag, was du weißt."

„Ich spreche aus Erfahrung, leider", sagte Gribben. „Und zwei- oder dreimal habe ich sie dabei beobachtet, obwohl ich mich natürlich irren kann."

„Du trafst mit ihnen bei einer der vielen Gesellschaften zusammen", schlug Dumire vor. „Sie bedankte sich bei dir, daß du ihnen das Haus überlassen hast. Sie streifte ein paarmal an dich an. Und vor deinen Ohren sagt Mr. Wendell, daß er noch den Nachtzug nach Denver erwischen muß."

„Woher weißt du das?"

„Für das Dachs-Spiel gibt es nur eine ‚Regel'. Die Frau bringt das Opfer in Fahrt, der Mann sagt, er muß sofort abreisen, sie gibt dir zu verstehen, daß du sie nach Hause bringen kannst, und kaum bist du aus den Hosen heraus und hast ihre heruntergezogen, stürzt der empörte Mann mit einem Revolver in der Hand ins Zimmer. Was haben sie dir abgenommen?"

„Das Haus."

„Das was?"

„Das Haus. Hochwürden Holly hat auf mich eingeredet, daß es meine Pflicht wäre, wo das Haus doch leersteht und sie eine christliche Familie sind . . . Du kennst ja diesen Holly. Sie haben sich schnell an das Haus gewöhnt. Jetzt gehört es ihnen."

„Bist du von allen guten Geistern verlassen?"

„Entweder das Haus oder ein Skandal – und meine Frau . . ."

„Und du hast ihnen das Haus gegeben?"

„Ja. Ich bin mit ihnen nach Greeley gegangen, und dort habe ich das Haus auf ihren Namen überschreiben lassen: für einen Dollar und eine Unterlassung ihrerseits. Der elende Erpresser hat mir sogar noch den Dollar vor Zeugen überreicht. Jetzt gehört es ihnen."

„Was soll ich tun? Soll ich sie verhaften lassen?"

„Um Gottes willen, nein!" rief Gribben. „Meine Tochter heiratet demnächst. Sie will, daß die Wendells bei ihrer Hochzeit singen."

„Also was willst du von mir, was soll ich deiner Ansicht nach tun?"

„Beobachte sie. Erwische sie. Und treib sie aus der Stadt."

Dumire überlegte eine Weile, dann fragte er: „Ist Mrs. Wendell auch da hinein verwickelt? Ich meine . . . natürlich war sie der Köder, aber hat sie auch sonst mitgetan?"

„Sie? Teufel, ihr Alter hat mit seinem Schießeisen derart gezittert, daß ich mich mit ihm leicht auf fünfzig Dollar geeinigt hätte. Erst sie hat das Haus aufs Tapet gebracht und die Verhandlungen geführt. Sie ist der Kopf.“ Er dachte eine Weile nach, dann fügte er zögernd hinzu: „Hast du gesehen, wie der Junge mich angestarrt hat, als ich hereinkam? Es würde mich nicht wundern, wenn der auch damit zu tun hätte.“

Philip hatte damit zu tun, aber nicht so, wie Mr. Gribben glaubte. Er hatte in jener Nacht schon geschlafen, da hörte er plötzlich eine fremde Stimme, wie schon öfters an früheren Abenden, und er hatte durch ein Loch in der Tür gespäht und seiner Mutter zugesehen, wie sie Mr. Gribbens Hose aufknöpfte und ihm dann erlaubte, ihre Bluse abzustreifen, und er konnte sich recht gut vorstellen, wie die Sache weitergehen würde. Aber da stürzte im kritischen Augenblick sein Vater ins Zimmer, schwenkte eine Pistole und gab eine feurige Erklärung ab, die irgendwie mit seiner Ehre zu tun hatte. Es wurde lange verhandelt; Mr. Gribben versuchte seine Hosen anzuziehen, verfing sich aber ständig in einem Hosenbein. Dann redeten die Erwachsenen über ein Haus, möglicherweise über das Haus, in dem sie lebten, und nachdem Mr. Gribben sie fluchend verlassen hatte, sank sein Vater in einen Stuhl und sagte heiser: „Das können wir nicht mehr machen, Maude, es ist zu gefährlich.“ Aber seine Mutter tanzte durchs ganze Zimmer, berührte dabei immer wieder die Wände und rief: „Genau so ein Haus wollte ich immer schon haben!“

Ein anderes Kind von zehn Jahren wäre nach dem, was Philip erlebt hatte, vielleicht zutiefst verstört gewesen, durch das Liebesspiel seiner Mutter mit Mr. Gribben und durch den Auftritt seines Vaters mit der Pistole; aber für Philip war das alles nichts als eine Fortsetzung des Theaters mit anderen Mitteln. Diese Ansicht fand er durch den Revolver bestätigt, den sein Vater geschwenkt hatte: er stammte aus der Requisitenkammer des Theaters und hatte zwar einen Abzug, der „Klick“ machte, aber keinen Hahn. Und auch die Worte, die Vater gesagt hatte, als er ins Zimmer hereinstürzte, waren keine wirklichen Worte. Philip kannte sie gut, er hätte sie selber aufsagen können, denn sie stammten aus einem Stück, das die Familie in Minnesota aufgeführt hatte. In diesem Stück hatte Philip ein Mädchen gespielt, das auf dem Schoß der Mutter saß, als der Vater in das Zimmer stürzte und brüllte:

„O Schande, Schande! Meine Ehre ist besudelt. Nicht einen Augenblick länger will ich diese Schmach ertragen. Ich muß den Mann vernichten, der mir also Übles getan.“

Diese lächerliche Rede machte Philip keine Schwierigkeiten, aber er lag in dieser Nacht noch lange wach und verglich seinen Vater mit Sheriff Dumire, und es wurde ihm klar, daß er Männer vorzog, die echte Revolver trugen, Männer, die nicht herumbrüllten und sagten, daß sie schießen würden, sondern die einfach schossen, wenn es sein mußte. Er hatte auch Männer lieber, die mit ihren eigenen Worten redeten – in kurzen Sätzen, die sie ernst meinten.

Die Folge war, daß er sich noch enger an den Sheriff anschloß. Mr. Gribben gefiel ihm gar nicht. Er wollte einmal wie Sheriff Dumire werden, würdig und selbstbewußt, und nicht wie Mr. Gribben, der auf einem Bein durchs Zimmer gehüpft war, weil er nicht in seine Hose fand, und dabei gerufen hatte: „Nicht schießen! Nicht schießen!" Als ob aus diesem alten Revolver jemals ein Schuß hätte abgefeuert werden können.

Nach Gribbens Besuch wurde der Sheriff noch freundlicher zu Philip und interessierte sich noch mehr für seine Familie. Er wollte wissen, was sie aßen, wo sie ihre Sachen kauften, und Philip erzählte ihm, was er wußte. Vor allem wollte Dumire wissen, ob seine Eltern jemals Gäste hatten, ob vielleicht Herren zum Abendessen zu ihnen kamen.

An diesem Punkt hielt Philip sich zurück. Er wußte, daß Mr. Gribben und auch andere Herren zu ihnen nach Hause gekommen waren, aber er vermutete hier ein Familiengeheimnis, das Sheriff Dumire nichts anging. Wenn Dumire ihm solche und ähnliche Fragen stellte, dann stellte er sich dumm, genau wie damals in dem Stück, wo er die Tochter des guten Räubers gewesen war und der böse König gefragt hatte, wo sein Vater sei. „Ich weiß es nicht", hatte das kleine Mädchen zur Antwort gegeben, während ihr Vater, der gute Räuber, die ganze Zeit in der Kiste hockte, auf der sie saß.

„Ich weiß es nicht", sagte Philip. „Mr. Holly, der Pfarrer, war neulich bei uns. Er möchte, daß wir bei der Hochzeit von Mr. Gribbens Tochter singen. Mr. Gribben liegt sehr viel daran, sagte er, und wir werden fünf Dollar dafür bekommen."

Dumire war bei der Hochzeit dabei, die im Tanzsaal des Railway-Arms-Hotels stattfand, und hörte zu, wie die drei Wendells sangen und die Frauen weinten. Zum anschließenden Empfang konnte er nicht bleiben, weil eine dringende Nachricht ihn nach Greeley rief; er war daher nicht mehr dabei, als ein Mr. Soren Sorenson, der sich ein paar Tage in der Stadt aufhielt und im Hotel wohnte, durch die Halle ging, in der eben der Empfang stattfand. Er hatte Musik gehört und war dem Klang nachgegangen, obwohl er mit seiner schwarzen Tasche etwas fehl am Platz wirkte. Neben ihm stand Mrs. Wendell, eine bemerkenswert schöne Frau, die ihm mehrere Gläser mit Punsch anbot und ihre Enttäuschung nicht verhehlte, als ihr großer, gutaussehender Ehemann plötzlich mit schlechten Nachrichten zu ihr kam: „Zu blöd! Ich muß noch mit dem Nachtzug nach Denver. Diese ekelhaften Bankiers."

Philip stand am Fenster seines Zimmers, als er hörte, daß seine Mutter und Mr. Sorenson fröhlich plaudernd die Straße heraufkamen. Nachdem sie ins Haus gegangen waren, wollte er schon zu der Türritze gehen und nachsehen, was weiter passieren würde, aber als das Paar die Eingangstür hinter sich schloß, da beobachtete Philip, wie sein Vater leise unter den Torbogen schlüpfte, den Theaterrevolver in der Hand, offensichtlich auf ein Zeichen wartend, auf das hin er einschreiten und seine Ehre retten würde.

Philip ging wieder zur Tür und beobachtete das vergnügte Gerangel, er hörte, wie Mr. Sorenson schwer zu atmen anfing, und er sah, wie seine Mutter ihm Mut machte, sie auszuziehen. Er war gespannt, was für ein Zeichen sie seinem Vater wohl geben würde. Da sah er, wie sie mitten in dem Ringen mit Mr. Sorenson mit ihrem weißen Arm gegen den Vorhang strich, und Philip wußte, daß jetzt sein Vater bald mit dem Bühnenrevolver auftreten und die bekannten Verse rezitieren würde.

Aber an diesem Abend ging irgend etwas schief. Philip beobachtete Mr. Sorenson, als sein Vater ins Zimmer stürzte.

Zu seiner Überraschung zeigte der Besucher nicht die geringste Angst, beeilte sich nicht einmal sonderlich damit, wieder in seine Hose zu schlüpfen, sondern sagte: „Was zum Teufel soll denn das sein? Das alte Dachs-Spiel?“

Philip wußte, daß sein Vater jetzt seinen Vers aufsagen mußte, aber als er dazu ansetzte, schnitt ihm der Besucher das Wort ab. „Leg dieses Spielzeug weg und laß mich hinaus!“ sagte er verächtlich, griff nach seiner schwarzen Tasche, und Philip erkannte, daß sein Vater gern nachgegeben hätte. Doch seine Mutter rief: „Laß ihn nicht hinaus!“ Es gab eine Balgerei, bei der Wendell seinen Revolver fallen ließ; fast wäre der Besucher entkommen, da packte Maude die Waffe und schlug ihn damit über den Kopf, stieß ihn zu Boden, hieb immer wieder auf seinen Kopf ein.

Der Mann lag ganz still da, und Philip beobachtete, wie sein Vater niederkniete und mit einer fürchterlichen Stimme sagte: „Mein Gott, Maude! Du hast ihn erschlagen.“

Wirklich, er war tot. Die beiden Wendells, von ihrem Sohn hinter der Tür belauscht, debattierten mehrere grauenvolle Minuten lang darüber, was sie jetzt tun sollten, und Mervin war dafür, daß man den Sheriff rief und ihm erzählte, der Tote hätte . . .

„Kommt nicht in Frage!“ schnappte Maude. „Der Sheriff hätte uns in einer Minute durchschaut.“

„Was sollen wir denn sonst tun?“ jammerte Mervin.

„Wir müssen die Leiche verstecken. Verschwinden lassen. Niemand weiß, daß er hier in der Stadt war.“

Maude und Mervin zogen dem Toten die Hosen an. Philip sah gleichmütig zu, als ginge ihn das alles nichts an. Als sie fertig waren, half seine Mutter, den schlaffen Leichnam ihrem Mann auf den Rücken zu heben, Philip ging zum Fenster und sah seinem Vater nach, wie er mit seiner Last über die Felder stolperte. Mervin Wendell war lange weg. Inzwischen räumte Maude das Zimmer auf und beseitigte alle Spuren. Sie arbeitete so gründlich, als träfe sie Vorbereitungen für ein

Fest. Als ihr Mann zurückkkehrte, fragte sie ihn in geschäftsmäßigem Ton: „Wo hast du ihn hingebracht?" Und er antwortete: „In den Brunnen geschmissen." Da rief sie: „Um Gottes willen! Das ist der erste Platz, wo Dumire nachsehen wird." Und sie starrten einander entsetzt ins Gesicht.

In diesem Augenblick erkannte Philip zum erstenmal in Dumire einen potentiellen Feind der Familie, und er begriff instinktiv, daß nur er allein seine Eltern vor den Nachforschungen des Sheriffs schützen konnte. Es war alles so wie in dem Stück „Der kleine Hornist von Brügge", wo er es immer war, der seine Eltern rettete. Er hörte dem Gespräch im Nebenzimmer zu und wußte, daß seine Mutter recht hatte. Im Brunnen würde Dumire die Leiche sofort finden. Aber er kannte einen sicheren Ort, den nicht einmal Dumire jemals entdecken würde. Das war genau wie in der Szene, wo der kleine Hornist zusah, wie sein Vater das Geld des Königs in einer Kiste versteckte, die der böse Ratgeber sicherlich sofort finden würde. Aber Philip, das heißt der kleine Hornist, wußte, wo man das Geld verstecken mußte: in der Windmühle.

Er verließ sein Versteck, betrat den Raum, in dem sich seine Eltern aufhielten, und sagte ganz von selber die Worte aus dem Stück auf: „Vater, ich weiß, wo du es verbergen solltest."

Seine Eltern sahen ihn an, ihren zehnjährigen Sohn mit dem Lockenköpfchen, und so verstrickt waren sie in ihre verzweifelte Lage, daß sie nichts Lächerliches dabei fanden, einen Rat von ihm anzunehmen. „Ich weiß, wo du ihn verstecken mußt", wiederholte er, und die kleine Veränderung in seinen Worten brachte ihnen zum Bewußtsein, daß etwas geschehen mußte, und zwar sofort. Mervin griff nach seinem Mantel und sagte: „Gehen wir." „Nein, du nicht", antwortete Philip, „nur Mutter und ich." Er wußte, daß man sich in einer Krise auf seinen Vater nicht verlassen konnte.

„Ich weiß, wo wir ihn hinschleppen müssen", wiederholte er ruhig, während er und seine Mutter mit einem Seil in der Hand zum Brunnen gingen. „Dort werden sie ihn nie finden."

Beim Brunnen zogen sie den trockenen Eimer herauf. Der Junge stieg in den Eimer und ließ sich von seiner Mutter hinunterbefördern. In der Hand hielt er das Seil. Er fühlte, wie der Eimer gegen etwas Weiches stieß und dann auf Kies landete. Er stieg aus dem Eimer, schlang das Seil um den Brustkorb der Leiche und befestigte es unter den Armen. Dann setzte er den Toten auf, damit das Seil nicht über die Füße herunterrutschte, wenn man von oben anzog.

Jetzt gab er seiner Mutter ein Zeichen, stieg wieder in den Eimer und wartete, daß sie ihn hinaufzog. Als er oben bei ihr war, sagte er: „Jetzt müssen wir fest ziehen", und gemeinsam hievten sie den Toten herauf und zogen ihn über den Brunnenrand.

Als er vor ihren Füßen lag, fragte Mrs. Wendell: „Was nun?" Und

Philip antwortete: „Wir müssen ihn zum Bach tragen.“ Und seine Mutter, der Verzweiflung nahe, rief: „Aber dort wird Dumire doch auch nachsehen!“ Aber Philip beruhigte sie: „Nicht an der Stelle, die ich meine.“

Als sie den schweren Körper hochzerrten, warnte Philip seine Mutter: „Paß auf, daß er nicht am Boden schleift! Dumire würde die Spuren sofort entdecken. Er sieht alles.“

Endlich hatten sie den Toten bis zu der Stelle geschleppt, an der der Beaver Creek die große Biegung nach Osten machte. Sie legten ihn flach auf den Boden, und Philip entkleidete sich. Nackt neben seiner Mutter stehend, sagte er: „Jetzt müssen wir ihn in den Fluß schieben“, und sprang mit einem leichten Platsch ins Wasser.

Allein kam seine Mutter mit der Leiche nur schwer zurecht, aber ihr Sohn gab ihr aus dem Wasser heraus Anweisungen: „Schieb ihn her, Mutter. Näher, damit ich sein Bein erwische.“

Mutter und Sohn zerrten und schoben. Endlich war die Leiche im Wasser. „Du wirst allein nicht mit ihm fertig“, flüsterte Maude und war nahe daran, die Nerven zu verlieren. Aber ihr Sohn beruhigte sie – ein richtiger Junge wußte so etwas: „Im Wasser sind alle Gegenstände leichter.“ In stummer Angst sah sie zu, wie ihr blondlockiger Junge sich mit der Leiche abplagte und sie langsam unter Wasser zerrte.

Er schwamm auf den Mund jener Öffnung in der Kalksteinböschung zu, die vor sechzigtausend Jahren ein kleiner Biber entdeckt hatte, jener Höhle, die die Bibermutter so sehr geliebt hatte und in der ihre Kleinen herumgetollt waren. Die Höhle hatte sich seit dieser Zeit nicht verändert, war der geheime Ort geblieben, den nur die Biber kannten, bis dieses Kind auf seinen Entdeckungsreisen in die Tiefe sie gefunden und zu seinem Unterwasserschloß ernannt hatte.

Vom Selbsterhaltungstrieb geleitet, als hätte er damals schon gewußt, daß diese geheime Höhle eines Tages von unschätzbarem Wert für ihn sein würde, hatte er niemandem davon erzählt, nicht einmal Sheriff Dumire, der ihn an diesem Tag gefragt hatte: „War es lustig, das Tauchen im Bach?“ Keinem hatte er etwas gesagt. Jetzt hielt er die Luft an, denn der Tote mußte zu der Öffnung heruntergezogen werden.

Gegen seinen Sauerstoffmangel ankämpfend, bemühte er sich mit seiner ganzen Kraft, die Leiche in die Höhle zu schieben, aber er war zu schwach. Er mußte auftauchen, nach Luft schnappen, und als er oben war, fragte ihn seine Mutter voll Angst: „Hast du ihn versteckt?“ Aber bevor er noch antworten konnte, stieß sie einen Schrei aus, denn die Leiche, deren Lungen noch mit Luft gefüllt waren, war hinter Philip im Wasser aufgetaucht. Anklagend starrte ihr das tote Gesicht entgegen.

„Ich brauche mehr Luft“, sagte Philip und hielt die Leiche fest, die schon davonschwimmen wollte. „Diesmal . . .“

Wieder tauchte er, die treibende Leiche hinter sich herziehend, und diesmal war er mit seinen Kräften besser umgegangen und erreichte den Mund der Höhle in guter Verfassung. Schnell, gewandt und mit größter Konzentration vorgehend, gelang es ihm, den toten Körper durch die Öffnung zu schieben. Er paßte wunderbar in die Höhle; der Rand wölbte sich so weit nach unten vor, daß sie niemals von selber davonschwimmen konnte.

Mit berstenden Lungen erreichte er die Oberfläche, und diesmal, zur unaussprechlichen Erleichterung seiner Mutter, folgte ihm kein Gesicht im Wasser.

„Der ist auf ewig versteckt", sagte Philip, tief Atem holend. Seine Mutter streckte ihm die Arme entgegen und half ihm aus dem Wasser. Er griff nach ihren Händen, zog sich ans Ufer und kleidete sich an. Dabei scharrte er mit dem Fuß Erde über die Stelle, auf der die Leiche gelegen war. „Wenn es regnet, bevor Dumire zu suchen beginnt", sagte er auf dem Heimweg, „dann werden alle Spuren weggewaschen. Er ist nach Greeley gegangen. Bis er zurückkommt, ist nichts mehr zu sehen."

Als sie nach Hause zurückkamen, saß Mervin in dem Zimmer, in dem der Mord geschehen war, Mr. Sorensons schwarze Tasche auf den Knien und ein glückliches Grinsen im Gesicht.

„Ratet, was ich gefunden habe!" rief er außer sich vor Begeisterung. „Seht euch diese Tasche an!" Und er ließ einen Berg von Fünf- und Zehn-Dollar-Noten durch seine Finger zu Boden rieseln. „Ich habe bis Dreitausend gezählt, aber es ist noch mehr da."

Die Tasche enthielt fünftausendfünfhundert Dollar. Sorensons gesamte Barschaft, die er nach Colorado mitgebracht hatte, weil er hier bewässertes Land kaufen wollte. Jetzt gehörte das Geld den Wendells.

„Wir müssen nun", sagte Maud schnell, die Situation mit einem Schlag überblickend, „dieses Geld sofort verstecken. Nicht einmal einen Dollar dürfen wir davon ausgeben." Philip war beeindruckt davon, wie kühl seine Mutter überlegen konnte, denn als sein Vater einwendete: „Aber die Scheine können doch nicht markiert sein", da antwortete sie: „Das sind sie wahrscheinlich nicht. Aber wenn wir jetzt anfangen, mit Geld um uns zu werfen, dann wird Dumire sofort Verdacht schöpfen."

Bewundernd hörte Philip zu, wie Mutter den Plan vor ihnen ausbreitete, dem die Familie in dieser gefährlichen Lage zu folgen hatte. „Mervin, sieh zu, daß du nach und nach mehr Arbeit am Bahnhof bekommst. Ich werde anfangen, für andere Leute Wäsche zu waschen, und du, Philip, du mußt sehen, ob du nicht vernachlässigte Hinterhöfe findest, die du den Leuten aufräumen könntest."

Mervin war der Plan zu kompliziert, als daß er ihm hätte folgen können, und er fragte beinahe winselnd: „Warum seilen wir uns denn nicht einfach ab? Warum suchen wir uns nicht einen sicheren Ort in South Dakota?"

„Nein!" entschied seine Frau fest. „Ich habe genug von der ewigen

Herumzieherei. Hier in dieser Stadt haben wir eine gute Grundlage gefunden, und die will ich festhalten."

Erst im Morgengrauen fiel es Mervin ein, zu fragen: „Und was habt ihr mit der Leiche gemacht?" Aber Maude und Philip sahen einander an und schüttelten die Köpfe. „Es ist am besten, wenn wir es niemandem erzählen", sagte Maude.

Das Glück blieb den Wendells weiter hold, denn am dritten Tag nach Dumires Abwesenheit fing es in der Nacht zu regnen an, und es regnete gerade so viel, daß alle Spuren verwischt und die Einfassung des Brunnens abgespült wurden. Und auch als der Sheriff zurückkehrte, dauerte es mindestens eine Woche, bis das Verschwinden von Soren Sorenson irgend jemandem aufgefallen war. Zwar hatte er Gepäck im Hotel zurückgelassen, aber er hatte dem Mann beim Empfang mitgeteilt, daß er möglicherweise mehrere Tage abwesend sein würde, weil er Land kaufen wolle.

Nach einigen Wochen traf eine Anfrage der Polizei von Minnesota ein, und Axel Dumire begann mit einer offiziellen Nachforschung. Die Bediensteten im Hotel erinnerten sich an Sorenson als einen Schweden mittleren Alters, der freundlich war und reichlich Trinkgelder verteilt hatte. Er hatte das übliche Gepäck mit sich geführt, außerdem noch eine kleine schwarze Tasche, die er immer bei sich trug.

Daraus zog Dumire den Schluß, daß der Mann wahrscheinlich eine größere Geldmenge bei sich gehabt hatte. Ein Telegramm, das er nach Sorensons Heimatstadt abschickte, verschaffte ihm die Gewißheit, daß dieser fünftausendfünfhundert Dollar abgehoben hatte, in der Hoffnung, das beste Stück Land zu bekommen, das es hier zu kaufen gab, wenn er die Moneten in bar auf den Tisch blättern konnte, wie er sich ausdrückte.

Verschiedene Einzelheiten fügten sich nach und nach zu einem Bild zusammen, und Sheriff Dumire hatte bald eine ziemlich klare Vorstellung davon, was mit Sorenson passiert war. Er war nach Centennial gekommen, hatte versucht, Teile von Potato Brumbauchs Farm zu kaufen, und dabei eine Abfuhr bekommen; dann war er zu der Indianerin gegangen, der Witwe von Levi Zendt, und hatte gefragt, ob sie nicht vielleicht Land aus dem Besitz ihres verstorbenen Mannes verkaufen wolle; und wieder hatte er keinen Erfolg.

Darauf war er zu zwei weiteren Farmern mit bewässertem Land gegangen, und die hatten ihm geraten, es bei einem kleinen Farmer östlich von Sterling zu versuchen. Logischerweise hätte man annehmen können, daß er daraufhin nach Sterling gegangen war, aber dafür gab es nicht den kleinsten Hinweis, und langsam begann Sheriff Dumire sich zu fragen, ob Sorenson nicht vielleicht die Bekanntschaft der Wendells gemacht hatte.

Er beobachtete die Familie noch sorgfältiger als sonst, fand aber nicht den geringsten Hinweis. Mervin arbeitete jetzt ganztägig am

Bahnhof, Maude wusch Wäsche und nähte hin und wieder etwas für die Damen der Stadt. Auch Philip fand da und dort Arbeit, die Geld einbrachte. Aber für den Sheriff hatte er noch immer Zeit.

„Hat dein Vater einmal Gepäck für einen Schweden ausgeladen?" fragte Dumire eines Tages den Jungen.

„Kann schon sein. Mein Vater ladet eine Menge Zeug aus."

„Hat er jemals von einem Schweden geredet?"

„Nein."

Soviel er die Leute auch ausfragte, Dumire fand keinen Anhaltspunkt dafür, daß Sorenson jemals mit den Wendells zu tun gehabt hätte. Er telegrafierte daher nach Minnesota, daß sämtliche Nachforschungen im Gebiet von Centennial ergebnislos verlaufen seien und daß Sorenson wahrscheinlich in östlicher Richtung nach Sterling weitergereist sei. Darauf erhielt er die überraschende Antwort, daß Mrs. Sorenson einen Brief von ihrem Mann aus Centennial erhalten habe, in dem dieser ihr mitteilte, er habe zwar noch nichts gefunden, die hiesigen Farmer hätten ihm aber geraten, nach Sterling zu gehen; er wäre jedoch davon überzeugt, Centennial sei für sie der passende Ort, und er werde so lang im Railway-Arms-Hotel bleiben, bis er etwas gefunden habe.

Dumire verdoppelte seine Anstrengungen, und er kam auf den Gedanken, daß Sorenson vielleicht allein in die Prärie hinausgeritten und auf einen Menschen wie Calendar gestoßen sei, diesen Sonderling, der im Verdacht stand, die beiden Pettis-Brüder umgelegt zu haben. Er sattelte sein Pferd und ritt hinaus zu Calendar, aber dabei erfuhr er auch nichts Neues.

„Wem gehört der Junge?" fragte Dumire, als er einen etwa elfjährigen, blondhaarigen Jungen im Schafwagen erblickte.

„Mir."

„Dein Sohn?"

„Yeah. Jake. In New Mexico geboren."

„Seit wann bist du verheiratet?"

„Ich doch nicht."

„Wie ist der Junge heraufgekommen?"

„Mit einem Trail."

Sheriff Dumire sah sich den zähen kleinen Jungen an und dachte, wenn irgendein Kind sich auf diese Weise in den Norden durchschlagen konnte, dann war es dieser Junge. Als er den Wagen wieder verließ, war er überzeugt, daß Calendar den Schweden nicht auf dem Gewissen hatte.

Auf dem Heimritt nach Centennial stand ihm das Bild des blonden Jungen vor Augen, und dabei fiel ihm Philip wieder ein, der ebenfalls weit über seine Jahre hinaus gereift war. Er konzentrierte seine Gedanken wieder auf Philip und erinnerte sich jetzt daran, daß der Junge etwas über „Hinterhöfe aufräumen" zu ihm gesagt hatte; schnell überschlug er im Kopf, was die Wendells jetzt zusammen verdienen mußten. Kurz nach Soren Sorensons Verschwinden hatte Mervin Wendell angefangen, ganztägig zu arbeiten, und Maude hatte zur gleichen Zeit Wäsche angenommen, und auch der junge Philip . . .

„Das Ganze ist ein Plan!“ rief er laut. „Das Ganze ist ein hinterhältig ausgedachter Plan, da nehme ich Gift drauf! Diese Familie hat sich irgendwie die fünftausendfünfhundert Dollar unter den Nagel gerissen, und jetzt haben sie alle zusätzliche Arbeit angenommen, damit es nicht so auffällt, wenn sie plötzlich mehr Geld ausgeben.“

Er stellte in allen Geschäften gründliche Nachforschungen an, hörte jedoch zu seiner größten Enttäuschung, daß die Wendells keineswegs mehr Geld ausgaben als früher. Von ihrem gemeinsamen Verdienst konnten sie sich das, was sie kauften, leicht leisten. Er kam auf keinen grünen Zweig. Immerhin gelang es ihm, Maude Wendell zu signalisieren, daß er sie verdächtigte. Denn als sie zum Metzger kam und Leber verlangte, die billiger war als andere Fleischsorten, da sagte dieser: „Möchten Sie nicht einmal ein besseres Stück Rindfleisch?“ Sie antwortete: „Das ist zu teuer für uns.“ Darauf der Metzger: „Das habe ich Sheriff Dumire auch gesagt.“

Ohne eine Miene zu verziehen, sagte sie: „Er kann sich die besseren Stücke ja leisten.“ Der Metzger stimmte ihr zu: „Der verdient nicht schlecht. Und Rindfleisch schmeckt ihm.“

Zu Hause angekommen, erwähnte sie den Zwischenfall ihrem Mann gegenüber mit keinem Wort, denn wenn er erfuhr, daß Dumire die Leute ihretwegen ausfragte, verlor er vielleicht die Nerven und sagte oder tat irgendwas Kopfloses. Aber als Philip, nachdem er für Mrs. Zendt Unkraut gejätet und verschiedene Besorgungen gemacht hatte, nach Hause zurückkehrte, nahm sie ihn zu einem kleinen Spaziergang mit, der sie in die Nähe des Brunnens führte.

„Sheriff Dumire verdächtigt uns.“

„Ich weiß. Er stellt mir schon lange merkwürdige Fragen, aber ich sage ihm nichts.“

„Du solltest nicht mehr so oft zu ihm gehen.“

„Das würde ihn erst recht mißtrauisch machen.“

Also besuchte er wieder den Sheriff. Eines Tages sagte er: „Bemerken Sie nicht, daß ich anders aussehe?“ Und Dumire betrachtete den Jungen, hieb dann mit der Faust auf den Tisch und rief: „Du hast deine Haare schneiden lassen!“

„Ich möchte kurze Haare haben – wie Sie“, sagte Philip. Je mehr er mit Dumire zusammen war, um so mehr achtete er ihn. Der Sheriff war nicht der Mann, der sich in ein Dachs-Spiel verwickeln hätte lassen, weder als Täter noch als Opfer, aber wenn er schon durch Zufall in so etwas hineingeraten wäre, dann hätte er nicht den Kopf verloren.

Aber sosehr er Dumire auch respektierte, er durchschaute, daß dieser ein Spiel spielte, das mehr war als ein Spiel. Auch seine Eltern spielten, aber zugleich war das Spiel auch Ernst. Wirkliche, fürchterliche Dinge geschahen rund um ihn, so wie der Tornado damals in Kansas, und er war im Zentrum dieses Sturms. Entsetzliches war geschehen, und nur er konnte alles im Gleichgewicht halten. Er war kein Kind mehr, kein als Mädchen verkleideter Junge, kein Weichling mit langen Haaren. Er war für seine Familie verantwortlich, und nie und nimmer würde er auch nur das geringste verraten, was seine Familie gefährden konnte.

Der Konflikt, in den er verwickelt war – einerseits grenzenloser Respekt vor Sheriff Dumire, anderseit die Notwendigkeit, seine Eltern zu schützen –, wuchs ihm fast über den Kopf. Wenn ein Erwachsener unter dieser Last zusammengebrochen wäre, hätte jeder dafür Verständnis gehabt; Philip hielt durch, aber nur wegen seines kindlichen Unwissens um die möglichen Folgen.

Das Ringen zwischen ihm und dem Sheriff wurde nun immer ernsthafter. Der Sheriff war überzeugt davon, daß der Junge wußte, was dem Schweden zugestoßen war, und der Junge wußte, daß er den Sheriff um jeden Preis davon abhalten mußte, dieses Geheimnis herauszubekommen.

Die erste Spur fand Dumire, als ein Stubenmädchen im Hotel, das er schon viermal ausgefragt hatte, ihm verärgert sagte: „Jetzt hören Sie schon damit auf, immer mich zu verdächtigen, daß ich die schwarze Tasche gestohlen habe. Mr. Sorenson hatte sie doch bei sich, als er bei der Hochzeit war."

„Als er *wo* war?"

„Bei der Hochzeit. Sie waren ja auch dort. Ich habe Sie doch gesehen. Er hat nur hineingeschaut, genau wie Sie. Er war nicht geladen, aber die Tür war offen, und wahrscheinlich hat er gehört, wie die Wendells dieses schöne Lied sangen . . ."

Ruhig ersuchte Dumire das Mädchen, ihm das Ganze noch einmal zu erzählen; es war also klar, daß am Abend der Gribben-Hochzeit Soren Sorenson irgendwie mit den Wendells zusammengetroffen war.

Mehr brauchte er nicht. Dumire war überzeugt, daß Sorenson mit Mrs. Wendell ins Gespräch gekommen war; „zufällig" hatte er wohl gehört, daß ihr Mann mit dem Nachtzug nach Denver fahren mußte, und war ihnen daraufhin ins Garn gegangen. Aber irgend etwas war dann schiefgegangen, und so hatten sie Sorenson umgebracht.

Zwei Wochen lang behielt er diese Gedanken bei sich, die ganze Zeit über betend, daß er doch einen Menschen finden möge, der gesehen hatte, wie Mr. Sorenson das Hotel gemeinsam mit Mrs. Wendell verließ. Aber ein solcher Zeuge fand sich einfach nicht. „Der Teufel soll's holen!" schrie er und schlug mit der Faust auf seinen Schreibtisch. „Sie geht mit ihm die Prairie Road hinauf und die Mountain Road nach Osten, und das gegen zehn Uhr am Abend in einer mondhellen Nacht. und keiner soll sie gesehen haben!"

Aber keiner hatte sie gesehen. Ein gutes Dutzend Male schritt er die Entfernung ab und versuchte, sich vorzustellen, wo genau die beiden gegangen sein mußten. Dann folgte er den Schienen und ging durch die Erste Straße nordwärts, aber er wußte, daß Mrs. Wendell Sorenson niemals durch diese verlassene Gegend geführt hätte, denn dann wäre Sorenson mißtrauisch geworden. Unglaublich! Sie war einfach mutig mit ihm durch die belebtesten Straßen gegangen, und keiner hatte die beiden gesehen.

Er konzentrierte sich wieder auf den Jungen, holte bei seinen Ausfragereien ganz weit aus und kam nie auf die Idee, daß Philip immer schon im voraus wußte, was jetzt kommen würde. Eines Abends, als er den Jungen etwas Belangloses fragte, sah der ihn mit dem gleichen forschenden Blick an, mit dem er damals Mr. Gribben angesehen hatte. Was hatte Gribben gesagt? „Hast du gesehen, wie der Junge mich angestarrt hat?“ Als er sich an diese Worte erinnerte, da fiel es Dumire wie Schuppen von den Augen.

Langsam stand er von seinem Schreibtisch auf und zeigte mit seinem rechten Zeigefinger auf Philip. „Du weißt alles!“ sagte er mit leiser Stimme. „Du hast von Anfang an alles gewußt. Du hast auch von der Sache mit Mr. Gribben gewußt.“

Philip starrte ihm ins Gesicht. Weder mit einem Zucken eines Gesichtsmuskels noch durch schnelleres Atmen verriet er seine innere Erregung. Mit unschuldigen blauen Augen blickte er zum Sheriff auf und sagte: „Wovon reden Sie da?“

Einen Augenblick lang war der Sheriff entwaffnet. Dann schrie er: „Du weißt ganz genau, wovon ich rede, zum Teufel nochmal! Du warst dabei, du hast alles gesehen!“

Philips Gesichtsausdruck veränderte sich nicht. Gleichmütig dasitzend, die Hände in den Schoß gelegt, wiederholte er seine Frage: „Mr. Dumire, wovon reden Sie?“

„Mord!“

Bei diesem Wort blickte Philip entgeistert zu ihm auf, legte den Kopf zurück, daß er den rasenden Mann vor sich besser sehen konnte und fragte: „Mr. Gribben? Aber ich habe ihn doch noch heute morgen gesehen!“

„Du kleiner Satan!“ Dumire hatte den Namen Sorensons nicht erwähnt, in der Hoffnung, der Junge würde ihm in die Falle gehen, aber dazu war Philip viel zu schlau. Mr. Sorenson existierte nicht, bevor nicht Mr. Dumire ihn ins Gespräch brachte.

„Hinaus!“ sagte Dumire zähneknirschend.

„Aber ich habe ihn doch gesehen“, sagte Philip und stand auf.

„Hast du Mr. Sorenson gesehen?“ brüllte Dumire.

„Wer ist Mr. Sorenson?“ gab Philip unschuldig zurück.

„Hinaus!“ sagte der Sheriff und stieß mit dem Fuß die Tür auf.

Philip erzählte niemandem von diesem Gespräch. Seine Eltern

würden sich nur beunruhigen, dabei mußten sie heute abend wieder in der Kirche singen. Die Familie ging zeitig hin und genoß das Abendessen, danach sprach Hochwürden Holly mehrere Gebete, und der Chor sang einige Kirchenlieder. „Und nun", sagte er mit offensichtlichem Vergnügen, „kommt das, worauf wir alle schon warten! Die Wendells geben wieder einmal eine Probe ihres hervorragenden Könnens!"

Er strahlte übers ganze Gesicht, als die Wendells neben dem Klavier Aufstellung nahmen, dann nickte er Sheriff Dumire zu, der am anderen Ende des Betraums saß, und strahlte wieder, als Philip mit kindlich reinem Sopran zu singen anfing, sanft wie die Stimme des Engels . . . Als Mervin, der Sorenson den tödlichen Schlag versetzt haben mußte, mit seinem dröhnenden Bariton in den Gesang einfiel, wurde es Sheriff Dumire zuviel. Er verließ den Raum noch vor dem Schlußgebet.

Am nächsten Morgen ritt er schon zeitig hinüber ins Gericht nach Greeley und konsultierte Richter Leverton, einen säuerlichen Mann, der fast einen Wutanfall bekam, als er erfuhr, was Dumire zu ihm geführt hatte. „Wie können Sie es wagen, mich mit den läppischen Einzelheiten eines Falles, den Sie nicht beweisen können, zu belästigen! Wieso vertrauen Sie mir etwas an, was später vielleicht vor Gericht auf mich zukommt? Ich sollte Sie einsperren lassen!"

Dumire überhörte die Zurechtweisung. „Ich möchte Sie nur um Ihren Rat bitten, Sir."

„Rat kann sich ein Sheriff nur beim Bezirksstaatsanwalt holen."

„Aber Sie kennen die Gesetzeslage besser . . ."

„Ich werde Ihnen gleich eine Probe dafür liefern: Sie machen sich einer Mißachtung des Gerichts schuldig."

„Nur eine Frage noch: Geben Sie mir einen Hausdurchsuchungsbefehl?"

„Bei Ihren Beweisen? Man würde mich dafür zur Verantwortung ziehen."

„Richter Leverton, ich weiß, daß sie das Geld haben."

„Was haben Sie für Beweise?"

„Es ist die einzige logische Möglichkeit."

„Hinaus mit Ihnen, bevor ich Sie einsperren lasse!"

Auf dem Ritt zurück nach Centennial ließ der abgewiesene Sheriff noch einmal die Tatsachen an seinen Augen vorüberziehen. Richter Leverton hatte etwas gesagt, was ihm jetzt wieder einfiel: „Zum Teufel, Dumire, ohne Corpus delicti haben Sie nicht einmal das Recht, an einen Mord zu denken. Sorenson vergnügt sich vielleicht jetzt eben in Texas."

Das war das grundlegende Problem. Zuerst mußte man die Leiche finden, dann erst konnte man die Schuld beweisen. Aber wo war sie versteckt?

Er konzentrierte seine ganze Aufmerksamkeit auf das Gebiet rund um das Haus der Wendells. Wenn sie ihn in ihrem Haus getötet hatten, fragte er sich, was hatten sie dann mit der Leiche angestellt?

Eines Morgens, als Maude Wendell mit einem Korb Wäsche am Arm das Haus verließ, bemerkte sie mit Entsetzen, daß sich auf dem Feld ihrem Haus gegenüber ein Mann herumtrieb, und als sie näher hinsah, erkannte sie Sheriff Dumire, der Entfernungen abschritt und immer näher zu dem alten Brunnen kam.

Als er sie das Haus verlassen sah, nickte er ihr zu, sie dankte. Dann ging sie die Erste Straße hinunter, als wäre kein Dumire in ihrem Rücken. Nicht umdrehen! sagte sie sich. Aber als sie zu Mittag zurückkehrte, stand ihr Mann im vorderen Zimmer und spähte zitternd durch die Vorhänge hinaus. „Schau!“ flüsterte er heiser vor Angst und zeigte auf Dumire und zwei Gehilfen, die eine lange Leiter zum Brunnen schleppten.

Mervin blieb am Fenster stehen und beschrieb seiner Frau, was der Sheriff und seine Männer eben unternahmen. „Mein Gott!“ rief er auf einmal. „Dumire steigt in den Brunnen hinunter.“

In diesem spannungsgeladenen Augenblick betrat Philip durch die hintere Tür das Haus und rief: „Was gibt’s zum Essen?“ Als seine Mutter keine Antwort gab, kam auch er ins vordere Zimmer, wo die beiden wie erstarrt vor dem Fenster standen. Er eilte zu ihnen und sah gerade noch, wie Sheriff Dumire in den Brunnen stieg.

Philip fing zu lachen an und beruhigte seinen Vater: „Dort wird er gar nichts finden.“

„Wie kannst du das sagen?“ schrie Mervin, ließ den Jungen stehen und griff nach der Hand seiner Frau.

„Weil ich es weiß“, antwortete sein Sohn. „Was gibt’s zum Essen?“

Seine Eltern konnten sich nicht vom Fenster losreißen, und bald sahen sie Dumire wieder aus dem Brunnen klettern und mit einem Zucken der Schultern andeuten, daß er unten nichts Besonderes gefunden hätte. Mrs. Wendell seufzte tief auf und bekam nicht mehr mit, was sonst noch beim Brunnen geschah, denn ihre Aufmerksamkeit wurde durch einen dumpfen Plumps abgelenkt: Mervin Wendell war in Ohnmacht gefallen.

Aber Sheriff Dumire hatte doch etwas gefunden, ein Stück Stoff, das er triumphierend ins Railway-Arms-Hotel brachte und dem Stubenmädchen zeigte, in der Hoffnung, daß sie es als ein Stück von Sorensons Kleidung erkennen würden. Aber er hoffte vergebens. Das Stück Stoff stammte von jenem Hemd, das Philip getragen hatte, als er in den Brunnen hinuntergestiegen war. Obwohl Dumire jetzt ein Beweisstück in Händen hatte, nützte ihm das überhaupt nichts, denn nachdem der Junge dem Sheriff ins Hotel gefolgt war und vom Portier erfahren hatte, was der Sheriff von den Mädchen hatte wissen wollen, begriff er sofort, worum es ging, eilte nach Haus, holte das zerrissene Hemd und verbrannte es auf der Stelle.

Am nächsten Tag erlebte Philip einen Augenblick echter Angst. Er hatte im Osten der Stadt mit einigen anderen Jungen gespielt, und auf dem Rückweg bemerkten sie einen Menschenauflauf auf der kleinen Brücke, wo die Mountain Road über den Beaver Creek führte. „Die ganze Stadt ist da!“ rief einer der Jungen und rannte hin, um zu sehen, was los war.

„Sheriff Dumire führt irgendwas im Schild!“ rief eine Frau. „Ich glaube, er hat den abgängigen Schweden gefunden.“

Und Philip sah mit Entsetzen, daß der schmale Bach voller Boote war. In ihnen standen Männer und suchten den Grund mit Enterhaken ab. Im ersten Boot stand Sheriff Dumire und gab den Männern Anweisungen. Philip beobachtete erschrocken und fasziniert zugleich, wie die Boote sich der Stelle näherten, wo der Eingang zu der Unterwasserhöhle verborgen lag.

„Schaut, ob die Leiche sich nicht irgendwo an den Rändern verfangen hat“, rief Dumire, und die langen hölzernen Stangen stocherten das Ufer ab. Vergebens.

„Versucht es hier noch einmal“, rief Dumire, und während sein Boot weitertrieb, sah er zufällig zur Brücke hinauf, wo ein Junge mit aschfahlem Gesicht das zitternde Kinn gegen das Brückengeländer preßte.

„Hallo, Philip“, rief der Sheriff.

„Was sucht ihr da?“ rief der Junge.

„Verschiedenes“, antwortete der Sheriff, und sein Boot trieb inzwischen an der gefährlichen Stelle vorbei. Einen Augenblick meinte der Junge, er würde in Ohnmacht fallen, aber da rief eine Frau neben ihm: „Viel findet ihr nicht, was, Sheriff?“ Und die Boote verschwanden unter der Brücke.

Als dieser gefährliche Tag vorüber war, verwandte Philip seine ganzen schauspielerischen Fertigkeiten darauf, sich mit dem Sheriff wieder gut zu stellen, und seine Schmeicheleien wirkten auf Dumire so überzeugend, daß er schon nach wenigen Tagen wieder vergnügt in seinem Büro ein- und ausgehen durfte. Am späten Nachmittag hörte er meistens mit unverhohlener Bewunderung zu, wie der Sheriff über die Vorfälle des Tages berichtete. „Sie müssen sich um so viele Dinge kümmern“, sagte der Junge bewundernd. Einmal hatte er den Sheriff gefragt, ob er auch Kinder hätte, und der Sheriff hatte kurz geantwortet: „Eines.“ Es war klar, daß er über dieses Thema nicht weiter sprechen wollte, und Philip sagte: „Ich wäre gern Ihr Sohn.“

Dumire reagierte nicht auf dieses Kompliment, aber er hatte es gehört, und es freute ihn, daß dieser Junge sowohl ihn als auch seinen Job mochte. Nicht alle Leute teilten diese Auffassung. In Kansas hatte seine Frau einmal in weinerlichem Ton gefragt: „Was kann es dir schon ausmachen, wenn dir einmal einer entwischt?“ Und er hatte geantwortet: „Wenn du der Sheriff bist, dann macht es dir etwas aus.“ Aber als er den Killer sechs Tage später in Handschellen zurück in die Stadt brachte, da waren seine Frau und sein Sohn verschwunden, und er hatte sie seither nicht wieder gesehen.

Von Zärtlichkeit übermannt, fragte er: „Was willst du einmal werden, wenn du groß bist, Philip?"

„Sheriff", antwortete Philip ohne zu zögern.

„Warum?"

„Ein Sheriff muß mutig sein und gut denken können."

„Richtig", sagte Dumire ermutigend. „Ich habe in der letzten Zeit sehr viel nachgedacht, und weißt du, worauf ich gekommen bin?"

„Worauf?" fragte Philip unschuldig.

„Mr. Sorenson ist zu euch nach Hause gekommen, dort hat er deiner Mutter etwas angetan, was nicht sehr schön war, und dein Vater hat ihn getötet. Dann hat er Angst bekommen und ihn in den Brunnen geworfen." Er machte eine Pause, um seine Worte wirken zu lassen.

„Was für einen Brunnen?" fragte Philip.

„An dem Querträger, an dem die Rolle mit dem Seil befestigt ist, entdeckte ich Spuren eines zweiten Seiles. Deine Mutter hat dich im Eimer in den Brunnen hinuntergelassen, nicht wahr? Dann hast du das Seil rund um den toten Mr. Sorenson festgeknüpft, und sie hat dich im Eimer wieder heraufgezogen. Schließlich habt ihr miteinander die Leiche aus dem Brunnen gehievt. Ich weiß, daß das so vor sich gegangen ist, Philip, denn das zweite Seil hat den Querträger ein wenig abgewetzt. Ja, und beim Heraufziehen hat sich ein Stein in deinem Hemd verfangen und dieses Stück Stoff abgerissen."

Aus seinem Schreibtisch zog er ein dreieckiges, rot-graues Stoffstück hervor. Philip betrachtete es und sagte nichts. In Dumires Büro hatte er dieses Hemd nie getragen, daher fühlte er sich von dem Stoffstück nicht besonders beunruhigt. Dumire schwenkte es mit der rechten Hand durch die Luft und legte es dann wieder in die Lade zurück. „Aber ich werde dein Haus nicht nach diesem Hemd durchsuchen, Philip, denn inzwischen hast du es wahrscheinlich verbrannt."

Die beiden starrten einander an. Schließlich fragte Dumire ruhig: „Wo hast du ihn versteckt, Philip?"

Der Junge sah den Sheriff an und sagte nichts.

Dann machte Dumire einen Fehler, einen schweren Fehler. Er sagte: „Du kannst es mir sagen, Philip, denn du bist ja nur ein Kind. Der Richter kann dir überhaupt nichts tun."

Philip sah den älteren Mann unbewegt an, das entschlossene kleine Kinn leicht vorgestreckt. Aber seine Augen zeigten, daß er verletzt war. Wie konnte Sheriff Dumire glauben, daß er nur deshalb schwieg, um sich selber zu schützen? Wenn der Sheriff schon so viel wußte, wußte er dann nicht auch, daß Philip nicht um seiner selbst, sondern um seiner Eltern willen schwieg? Der Junge starrte dem Sheriff in die Augen, und Dumire erkannte, daß er einen Fehler gemacht hatte.

„Nein, Philip", sagte er verlegen, „ich will damit natürlich nicht sagen, daß ein Junge seine Eltern verpetzen soll, damit ihm nichts passiert. Das würde ich dir nie einreden wollen, nie." Philip starrte ihn an, und Dumire fragte: „Können wir uns nicht doch irgendwie einigen?"

Der Junge antwortete: „Ich will trotzdem Sheriff werden. Da muß man die ganze Zeit denken . . . wie Sie." Und er rannte nach Hause.

Aber am nächsten Tag war er wieder im Büro, als Dumire aus Kansas die telegraphische Warnung erhielt:

Drei ehemalige Mitglieder der Pettis Gang auf dem Weg zu Ihnen um Calendar zu töten.

Der Sheriff verlor keine Minute, sandte sofort Telegramme an verschiedene Städte an der Union Pacific und erhielt aus Sterling die Nachricht, daß drei Männer, auf die diese Beschreibung paßte, dort ausgestiegen wären, Pferde gemietet und sich auf den Weg nach Westen gemacht hätten.

Dumire überlegte, was als nächstes zu tun war, als Jim Lloyd von Line Camp Drei in die Stadt geritten kam, gefolgt von Calendars Jungen auf einem großen Pferd.

„Sheriff!" rief der Junge. „Die wollen meinen Papa umbringen!"

„Der Junge kam heute morgen in das Lager geritten", erklärte Lloyd. „Wir wollen eine Posse zusammenstellen, um Ihnen zu helfen."

„Gehen wir!" sagte der Sheriff. Aus Centennial holte er noch Potato Brumbauch, der bei einer Posse immer sofort dabei war, und zwei weitere gute Reiter.

Calendars Jungen ließ er bei Philip und überlegte, wie ähnlich sich das junge Leben der beiden im Grunde abgespielt hatte – noch als Kinder hatten sie sich schwierigen Situationen gegenübergesehen, die sie einfach meistern mußten, wenn sie nicht umkommen wollten. Vielleicht waren deshalb die Männer im Westen so stark, weil sie schon so jung zu kämpfen hatten.

Die Posse ritt nach Osten, bis sie Calendars umzingelten Schafwagen erreichten. Sie trafen den sehnigen Texaner an, die Augen von schlaflosen Nächten gerötet, die Sharps-Büffelbüchse in der Hand. Auf der kleinen Anhöhe, die das Tal überblickte, lag ein toter Kansas-Gangster.

„Wie ist dein Sohn da durchgekommen?" fragte Dumire.

„Er ist geritten", knurrte Calendar, und Dumire konnte sich vorstellen, was für sorgfältige Vorbereitungen notwendig gewesen waren, vorsichtiges Schleichen durch die Dunkelheit, blitzartiges Aufsitzen auf das Pferd und ein rasender Ritt quer durch die Prärie.

„Wo sind die Killer?" fragte er Calendar.

„Reitet den Blutspuren nach. Einen hab' ich am Bein verletzt."

„Welche Richtung?“

„Nach Westen. Bemühen sich, einen Zug zu erwischen und von hier zu verschwinden.“

Dumire führte seine Männer zurück nach Centennial, wo sie gerade rechtzeitig ankamen, um den beiden Killern, die den Nachmittagszug nach Denver erwischen wollten, den Weg abzuschneiden. Die beiden hatten ihre Pferde stehengelassen und sich in der Nähe des Bahnhofs versteckt, als die Gruppe ankam. Sobald Philip ihrer ansichtig wurde, sprang er in die Mitte der Straße und schrie: „Sie sind dort hinter dem Geschäft.“

Ohne zu zögern spornte Dumire sein Pferd und ritt auf die beiden Banditen zu. Kugeln flogen durch die Luft, aber Dumire blieb im Sattel und erschoß den mit dem verwundeten Bein. Der andere entkam.

Jetzt ging die ganze Stadt auf Menschenjagd. Vorsichtig um sich blickend, schlichen sich Männer mit Gewehren in der Hand von einer Straße in die andere. Endlich entdeckte Philip den Flüchtigen an der Kreuzung zwischen der Vierten Straße und der Fünften Avenue, gegen Zendts Geschäft zu, und sah dabei voll Entsetzen, daß Sheriff Dumire in eine Falle lief. Noch zwei Schritte, und er bot dem Banditen ein Ziel, das dieser nicht verfehlen konnte. Schon hob dieser seine Büchse.

Einen Augenblick lang zögerte Philip. Wenn Dumire starb, dann starb Sorensons Geheimnis mit ihm, denn Dumire hatte keinen anderen in seine Vermutungen eingeweiht. Wenn er tot war, war endlich Frieden, und die Wendells konnten anfangen, unbesorgt ihre Geldbündel an den Mann zu bringen. Aber es war unvorstellbar, daß Dumire sterben sollte.

„Sheriff!“ schrie der Junge mit der ganzen Lautstärke, die ihm zur Verfügung stand. Dumire sprang zurück und schoß. Er tötete zwar den Banditen, bekam dabei aber eine fürchterliche Ladung ab, die seinen Brustkorb zerschmetterte.

Drei Tage lang wartete ganz Centennial auf Nachrichten aus dem Krankenhaus. Die Bürger wußten, daß Axel Dumire nachdrücklich und mit Erfolg für das Gute eingetreten war, und jetzt, nach der endgültigen Eliminierung der Pettis-Gang, würde hier in dieser Gegend endlich der Friede einziehen.

Am Freitag wurde für ihn gebetet, und Hochwürden Holly verkündete mit zitternder Stimme, daß er die Wendells gebeten habe, zum Abschluß des Gottesdienstes noch einmal den herrlichen Gesang von der Hoffnung anzustimmen. „Denn es ist Hoffnung“, sagte er, „solange Gott die Gerechten liebt, solange ist Hoffnung.“

Also nahmen die Wendells wieder Aufstellung neben dem Klavier und vereinten ihre Stimmen zu dem Gesang der Hoffnung. Nie zuvor war man ergriffener gewesen. Aber gegen Ende, als Philip die Arabesken sang, die seine Eltern für ihn erfunden hatten, da brach seine Sopranstimme, als stünde er schon an der Schwelle zum Mannesalter, er schlug die Hände vors Gesicht, damit die Leute in den vorderen Reihen nicht sahen, daß er weinte, und betete: „Gott, laß ihn nicht sterben!“

In der Nacht sagte Sheriff Dumire dem Arzt, daß er den jungen Philip sehen wolle. Ein Bote wurde zum Haus der Wendells gesandt, und Mervin fragte zitternd vor Aufregung: „Ist er tot?“ Und der Bote antwortete: „Lang macht er's nicht mehr. Er möchte Ihren Sohn sehen.“ Als der Junge das Haus verließ, trat seine Mutter zu ihm hin, nahm seine Hand, wollte mit ihm reden und ihn umarmen, aber er brauchte ihre Hilfe nicht. Er machte sich los und lief zum Krankenhaus.

Axel Dumire lag in einem kleinen Raum, betreut von zwei Krankenschwestern und einem Arzt. Er deutete, sie sollten ihn allein lassen. Dann sagte er heiser: „Philip, ich sterbe . . . wo hast du die Leiche versteckt?“

Der Junge starrte ihn wieder auf die bekannt unschuldige Weise an, und der Sheriff wurde zornig. „Ich kann doch niemandem mehr was tun, zum Teufel. Wo hast du ihn versteckt?“

Der Arzt, der das laute Reden gehört hatte, kam herein, aber Dumire deutete ihm mit einer Handbewegung, zu verschwinden, und die beiden waren wieder allein. „Ich habe ein Recht, das zu wissen“, drang er in Philip. „Das ist mein Job!“ Philip sagte nichts.

Plötzlich erhellte das Licht der Erinnerung die Augen des Sterbenden. „Bei Gott, jetzt fällt mir was ein!“ rief er schwach. „An diesem Tag . . . da bist du allein im Beaver Creek geschwommen. Da mußt du etwas gefunden haben . . . ein Versteck . . .“

Philip starrte auf den Sheriff hinunter, der jetzt mit einem erstickenden Husten kämpfte. Er sah, wie Dumires Leib sich vor Schmerzen wand, während der Sheriff sich verzweifelt bemühte, noch ein paar Minuten lang die Fäden seines Lebens zusammenzuhalten. „Im Bach muß es sein!“ flüsterte er kaum hörbar. Seine Augen leuchteten auf, als er endlich die letzten Stücke des Puzzles richtig zusammensetzen konnte. „Du hast den Toten aus dem Brunnen heraus und bis zum Bachufer geschleppt. Aber du warst zu klug, ihn einfach mit Steinen beschwert ins Wasser zu werfen, denn du wußtest, daß ich mit Stangen nach ihm suchen würde. Aber irgendwo . . . an einem Ort, den sonst keiner kannte . . . vielleicht in der Uferböschung . . .“

Der Schmerz, den Philip um den Sheriff fühlte, der vor ihm mit dem Tod und mit der Wahrheit rang, ließ das Blut aus seinem Gesicht weichen. Als Dumire das aschfarbene Gesicht vor sich sah, erinnerte er sich an den zu Tode erschrockenen Jungen oben auf der Brücke: „An dem Tag, als wir den Bach abgestochert haben! Du warst vor Schreck ganz weiß, als du mich dort so nahe am Ufer sahst! Philip, ich weiß, wo die Leiche ist!“

Triumphierend kamen die Worte von seinen Lippen, denn endlich paßte alles zusammen. „Du mußt nichts sagen, Sohn.“ Nie zuvor hatte er Philip so genannt. „Du mußt niemanden verraten. Du brauchst nur zu nicken, wenn ich recht habe . . . sag mir . . . sag mir . . .“ Seine Bitte ging in ein flehendes Stöhnen über, das den Arzt und die Krankenschwestern ins Zimmer zurückrief.

Dumire war tot, und ein Junge mit goldenen Locken hielt seine Hand und schluchzte.

Von dem Augenblick an, da Dumire gestorben war, nahm das Los der Wendells eine dramatische Wendung zum Besseren. Mervins Ganztagsstelle führte bald zu seiner Beförderung. Vom Waschen und Ausbessern der Kleider ging Maude zur Kleidererzeugung über, sie machte einen Schneidersalon auf, der ihr bald Zutritt zu den besten Kreisen verschaffte. Und Philip, der sich bei seinen Hilfsarbeiten überall als so verläßlich erwiesen hatte, befreundete sich mit dem Direktor des Gymnasiums und kam schließlich auch in den Besitz eines Stipendiums.

Nun, da kein Dumire mehr da war, der die Wendells mit Sorensons Verschwinden in Zusammenhang brachte, konnte Mervin die Scheine aus der schwarzen Tasche in Umlauf bringen. Er ging dabei mit äußerster Vorsicht zu Werke, ein Fünfer diese Woche, ein Zehner die nächste. Die Summen waren so geringfügig, daß sie mit dem gesamten Einkommen der Familie durchaus in Einklang standen.

Aber das beste von allem war, daß sich am Boden der schwarzen Tasche ein Brief gefunden hatte, den der Schwede offensichtlich seiner Frau hatte schicken wollen:

„Ein kluger Schachzug wäre vielleicht, eine kleine bewässerte Farm in der Nähe von Centennial zu kaufen und dazu an die fünftausend Morgen Ödland, in der Hoffnung, daß man eines Tages doch noch lernen wird, wie man darauf Weizen anbauen kann. Ich bin überzeugt, daß das möglich ist. Ich denke daher allen Ernstes daran, die Karpitz-Farm im Norden der Stadt zu erwerben, mit ihren vierzig bewässerten Morgen, und zwar für ungefähr dreitausend Dollar. Dann will ich das dürre Land rundherum für fünfundzwanzig Cent pro Morgen aufkaufen.“

Bevor er diesen Brief verbrannte, notierte Mervin sich alle Angaben genauestens, und sobald Sheriff Dumire sicher unter der Erde war, ritt er nach Norden, um mit Adam Karpitz zu verhandeln. Karpitz wollte verkaufen. Mervin selber hatte von Land keine Ahnung, aber er verließ sich völlig auf Sorensons Kalkulationen.

Mervins erstes Angebot war so niedrig, daß Karpitz einfach lauthals lachte. Aber sie redeten sich zusammen. Bevor Mervin einen Vertrag abschloß, fragte er Hochwürden Holly: „Sie kennen den Wert des Landes hier in der Gegend. Ist der Preis, den Karpitz verlangt, angemessen?“

Holly sah sich die Zahlen an und sagte: „Zu dem Preis würde ich es selbst gern kaufen . . . wenn ich das Geld hätte."

„Ich habe das Geld auch nicht", sagte Mervin. „Ich würde mich gern bei einer Bank um eine Hypothek bewerben."

„Jeder Mann in der Stadt wird Ihnen gern eine Hypothek geben, Mervin. Wenige Männer haben einen so großartigen Eindruck auf Centennial gemacht wie Sie. Ihre Arbeit in der Kirche, und alles." Und dann brachte Hochwürden Holly Wendell auf die rettende Idee. „Warum wollen Sie sich mit einer Bank herumschlagen? Warum sehen Sie nicht, ob nicht Karpitz selber das Geld vorstrecken würde? Mit weniger Zinsen?"

Also ging Mervin zurück zu Karpitz und unterbreitete ihm seinen Vorschlag, und der Farmer sagte: „Ich mag Sie, Wendell, Sie haben mir gefallen, seit ich Sie zum ersten Mal in der Kirche singen hörte. Wieviel können Sie anzahlen?"

Mervin nannte eine bescheidene Summe, und Karpitz sagte: „Das ist zuwenig. Ich sage Ihnen was: Ich bleibe noch ein Jahr selber auf der Farm. Damit gebe ich Ihnen Zeit, tausend Dollar mehr aufzubringen. Meinetwegen können Sie betteln, borgen oder stehlen, alles, nur niemanden umbringen." Die beiden Männer lachten, und Mervin ließ bald in der ganzen Stadt herumgehen, daß die Familie fest daran arbeite, tausend Dollar als Anzahlung für die Karpitz-Farm zu ersparen. Als die Leute das hörten, bemühten sich alle, ihnen zu helfen. Elf Monate lang arbeitete die Familie täglich Überstunden, und die ganze Stadt verfolgte den Fortschritt ihrer Ersparnisse.

Jeden Mittwochabend kamen sie in der Union Church zusammen und lauschten den Worten von Hochwürden Holly, der sie – weil er an sie glaubte – auf den rechten Weg gebracht hatte. Und oft bat dieser sie, sein Lieblingsstück zu singen, denn, wie er sagte, „eine Familie darf die Hoffnung niemals aufgeben".

Die Aufführung klang zwar jetzt etwas anders, denn es sangen nur mehr Maude und Mervin; auf den lieblichen Sopran des jungen Philip mußte man verzichten. Viele Leute fragten immer wieder, warum er denn nicht mehr singe. Der wahre Grund war, daß er am Abend nach Sheriff Dumires Begräbnis seinen Eltern gesagt hatte: „Von jetzt an werde ich nie mehr Sopran singen."

Mervin sagte der Gemeinde hinter vorgehaltener Hand: „Sie wissen ja, wie das ist, wenn die Stimme mutiert. Er wird langsam ein Mann."

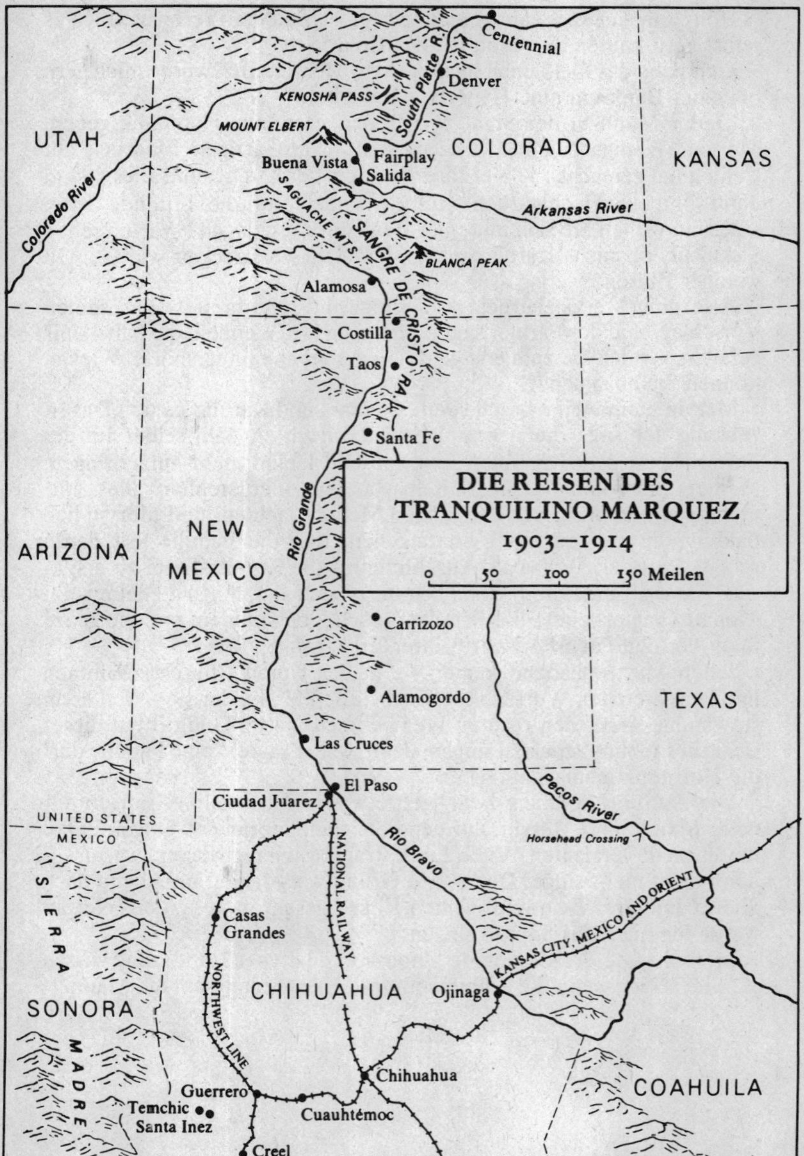

DIE REISEN DES
TRANQUILINO MARQUEZ
1903–1914
0 50 100 150 Meilen
UTAH
COLORADO
KANSAS
ARIZONA
NEW MEXICO
TEXAS
UNITED STATES
MEXICO
SIERRA
SONORA
MADRE
CHIHUAHUA
COAHUILA
Centennial
Denver
South Platte R.
KENOSHA PASS
MOUNT ELBERT
Fairplay
Buena Vista
Salida
Colorado River
Arkansas River
SAGUACHE MTS.
SANGRE DE CRISTO RA.
BLANCA PEAK
Alamosa
Costilla
Taos
Santa Fe
Rio Grande
Carrizozo
Alamogordo
Las Cruces
El Paso
Ciudad Juarez
Pecos River
Horsehead Crossing
Rio Bravo
NATIONAL RAILWAY
KANSAS CITY, MEXICO AND ORIENT
Casas Grandes
NORTHWEST LINE
Ojinaga
Chihuahua
Guerrero
Cuauhtémoc
Temchic
Santa Inez
Creel

Central Beet

Das Problem bei den Zuckerrüben ist, daß man nie jemand findet, der das Ausdünnen besorgt.

Potato Brumbauch zum Beispiel hatte gelernt, daß es ratsam war, die Felder Ende Oktober zu pflügen. Auf diese Weise erreichte er, daß der Schnee sie wässerte und der Winterfrost den kompakten Boden durchlüftete und die Klumpen aufbrach. Nach gründlicher Bearbeitung mit der schweren Egge war das Land feucht, fest, eben. Die Saat konnte beginnen. Zu diesem Zeitpunkt sah die Sache noch leicht aus.

Bedauerlicherweise ist der Rübensamen klein und unverläßlich. Es wäre alles ganz einfach gewesen, hätte Brumbauch einen Samen hier und den nächsten einen Viertelmeter weiter in der Reihe pflanzen und hoffen können, daß jeder einzelne keimen und die erwartete Rübe produzieren würde. Darauf aber konnte er sich nicht verlassen, denn die Samen waren launisch. Der eine keimte, wie es sich gehörte, und schon der nächste, dem ersten dem Aussehen nach völlig gleich und von der gleichen Erde genährt, tat es nicht.

So mußte er also um den 25. April, wenn Frost kaum noch zu erwarten war, die Zuckerrüben so pflanzen wie eine Hausfrau ihre Rettiche: dicht aneinander über die ganze Länge der Reihen, wobei er etwa vierundzwanzigmal soviel Samen verbrauchte, als er tatsächlich benötigte. Dieses Zuviel an Samen war erforderlich, um die hohen Verluste auszugleichen, die beim Keimen entstanden oder dadurch, daß schwache Pflanzen zugrunde gingen: Insekten, Wetter und Nachlässigkeit konnten Verluste bis zu siebzig Prozent verursachen.

Einen Monat später hatte er daher in seinen sorgsam gepflegten Reihen nicht, wie er wollte, alle Viertelmeter eine Pflanze, sondern eine fortlaufende Linie von jungen Pflänzchen, acht für jede einzelne, die er behalten wollte. Hätte er allen acht erlaubt zu reifen, sie würden so gedrängt gestanden sein, daß keiner genügend Platz oder Nahrung geblieben wäre, um eine verwendbare Rübe zu produzieren. Er mußte also tun, was die Hausfrau tat; eine langstielige Haue nehmen und sieben von acht Pflänzchen verhacken. So blieb eine gesunde Pflanze übrig, um ihre Rübe zu produzieren.

Verhacken und Ausdünnen nannte man das, und es war eine scheußliche Arbeit, denn dazu mußte jemand stundenlang die Reihen abgehen und die ungewünschten Pflänzchen heraushacken.

Kein Pflanzer hatte die Zeit, seine ganze Anbaufläche selbst zu verhacken, doch die Arbeit mußte innerhalb einer ganz bestimmten, kurzen Zeitspanne getan werden, sonst wuchsen die ungewünschten Triebe so stark in die Tiefe, daß sie dem einen, der die Rübe produzieren sollte, die Nahrung wegsaugten.

Es wurden eine ganze Menge Männer und Frauen benötigt, um ein Feld ordentlich zu verhacken und auszudünnen, und sie mußten verläßlich sein und gutes Urteilsvermögen haben.

„Es gibt Farmer, die ihre Pflanzen in Abständen von zwanzig Zentimetern haben wollen", instruierte Brumbauch die italienischen Immigranten, die waggonweise zur Arbeit auf den Rübenbeeten kamen, „aber ich habe sie lieber ein wenig weiter voneinander weg. Nehmt euch Zollstöcke mit, damit ihr sehen könnt, wie groß die Abstände sein sollen."

Die Italiener waren ausgezeichnete Arbeiter. Sie hatten ein Gefühl für das Land und begriffen sehr schnell, was Brumbauch von ihnen wollte. Sie arbeiteten gut, blieben jedoch nicht lange dabei. Kurzfristige Arbeit und die Einsamkeit der Zuckerrübenpflanzungen behagten ihnen nicht. Immer wieder geschah es, daß eine gute Arbeitskolonne den Frühling bei Brumbauch verbrachte, doch kaum war der Sommer da, hörten sie von den Stahlwerken unten in Pueblo, und schon waren sie fort, um an einem Ort zu arbeiten, wo sie ihr eigenes kleines Häuschen in einer italienischen Gemeinde haben konnten, und nie wieder ließen sie sich auf einem Rübenfeld sehen.

Um diese Zeit kamen deutsche Emigranten nach New York, und die Rübenbauern rund um Centennial zahlten sechzig Familien die Bahnreise nach Colorado. Unter ihnen fand Brumbauch die besten Arbeiter, die er je gehabt hatte. Es machte ihm Spaß, sich mit ihnen auf Deutsch zu unterhalten, auch wenn sie über seine russische Aussprache lachten, doch bald ergab sich ein ernstes Problem: Sie verliebten sich in das Land, und zwei Jahre nach ihrer Ankunft auf Brumbauchs Farm wollten sie selbst Land besitzen und ihre eigenen Rüben pflanzen.

Das nächste Experiment ging glücklicher aus – zumindest anfangs. Brumbauch, der nicht mehr weiterwußte, machte einer Gruppe von Nachbarn, Rübenbauern wie er, einen Vorschlag: „Warum versuchen wir es nicht mit den Russen? Als ich noch an der Wolga lebte, verstanden die mehr von Zuckerrüben als jeder andere." Woraufhin die Gemeinde zahlreiche deutschrussische Familien importierte – Emig, Krakel, Frobe, Stumpf, Lebsack, Kiesinger, Wenzlaff –, und als diese rüstigen Männer und Frauen in Centennial aus dem Zug stiegen, genügte ihnen ein einziger Blick auf die weiten Felder, und sie wußten, daß sie eine Heimat gefunden hatten.

Es waren prächtige Menschen, harte Arbeiter, sparsam, intelligent. Nach einer zehn Minuten währenden Einschulung wußten sie alles über ihre neue Arbeit, was es zu wissen gab, und als Brumbauch sah, wie sie die Reihen entlangflitzten und mit einem Hieb die ungewünschten Pflanzen mit der Haue aushackten, wußte er, daß sein Problem gelöst war.

Doch da irrte er sich. Die Wolgadeutschen hungerten noch mehr nach einem eigenen Stück Land als die Deutschen, und schon achtzehn Monate später hatte jede einzelne Familie angefangen, Raten auf eine Farm zu zahlen. Mit Kummerfalten auf seinem großen kantigen Gesicht mußte Potato Brumbauch zusehen, wie sie ihre wenigen Habseligkeiten zusammenpackten und sein Land verließen.

Er zeigte sich hilfsbereit. Als Otto Emig ihm erzählte, daß er die Stupple-Farm kaufen wolle, sagte Brumbauch: „Der Besitz ist zu klein, um genügend Ertrag abzuwerfen. Wenn es geht, solltest du fünfzig Morgen dazunehmen."

„Ich habe kein Geld", antwortete Emig.

„Ich werde dir Geld borgen. Ich will nicht, daß ein so guter Rübenbauer wie du auf einem zu kleinen Stück Land anfängt."

Auf diese Weise half er einem guten Dutzend Russen, Fuß zu fassen – zähen Leuten mit vielen Kindern, die den Ebenen des Nordens ihren eigenen Stempel aufdrücken würden. Strasser, Schmick, Hiebe, Grutzler – sie alle nahmen bei Potato Brumbauch Hypotheken auf und waren ihm dankbar. Aber Brumbauch hatte wieder keine Leute, die ihm seine Rüben ausgedünnt hätten.

Er ließ Indianer aus dem Reservat kommen, und das ging auch recht ordentlich, wenigstens im Frühling, wenn sie mit den Pferden arbeiten konnten. Wenn aber die Zeit zum Ausdünnen kam, verschwanden sie. Er versuchte es mit heruntergekommenen Weißen, die, aus Missouri und Kansas kommend, nach Westen zogen, aber sie stahlen, betranken sich, zertrampelten die jungen Pflanzen und ließen in einer Reihe Abstände von fünfzehn, in der nächsten von vierzig Zentimetern. Es schien, als wollten sie unter Beweis stellen, daß sie Nichtsnutze waren und es auch bleiben wollten.

„Raus mit ihnen!" brüllte Brumbauch. „Ich werde die Rüben selbst verhacken!" Doch als die Taugenichtse fort waren und er versuchte, die Felder selbst zu bewirtschaften, mußte er feststellen, daß er mit seinen siebenundsiebzig Jahren wohl noch imstande war, ein großes Feld zu verhacken, nicht aber, es auch auszudünnen.

Das Ausdünnen war eine unmenschliche, zermürbende Arbeit. Die Schwierigkeit lag wieder beim Samen, denn statt eines einzigen haben die Rüben Trauben von drei bis fünf Samen, die in einer harten, rauhen Schale eingeschlossen sind. Sobald sie gepflanzt wird, produziert diese Traube nicht eine Pflanze, sondern drei, vier oder fünf. Die Schale ist zu hart, um aufgebrochen zu werden; bis heute hat man kein

Mittel gefunden, um eine der Pflanzen zum Wachsen zu bringen und die anderen zum Sterben.

„Ihr müßt es so machen“, erklärte Brumbauch seinen Landarbeitern. „Ihr müßt die verhackten Reihen entlanggehen und euch jede einzelne Traube ansehen, die wir stehengelassen haben. Ihr werdet sehen, daß jede Traube in Wirklichkeit aus drei oder vier oder fünf Pflanzen besteht. Jede einzelne könnte eine Rübe produzieren, aber wenn sie das alle täten, würde keine der Rüben auch nur einen Pfennig wert sein. Ihr sollt also die größte Pflanze stehenlassen und die anderen ausjäten. Und seht zu, daß ihr auch die Wurzeln mitnehmt.“

Er konnte es nicht genauer formulieren: „Ihr müßt raten, welche die gute ist, und die anderen ausreißen.“ Es war eben eine Frage des persönlichen Urteilsvermögens. Mit seinem geübten Auge fand er sofort die starke Pflanze heraus, und hätte er die Kraft gehabt, alle seine Felder zu bestellen, er würde die beste Ernte im ganzen Staat Colorado erwirtschaftet haben, aber ebendiese schwierige Aufgabe mußte er anderen überlassen – den tastenden Vermutungen ungeschulter Hände und Augen. Es schauderte ihn, wenn er sah, wie sie die gute Pflanze herausrissen und an ihrer Stelle eine zurückließen, die niemals eine große Rübe hervorbringen würde.

Anfangs pflegte er seine Helfer anzufahren: „Könnt ihr denn nicht sehen, welche die guten sind?“ Er gab es auf, als ihm klar wurde, daß sie es nicht sehen konnten, daß für sie eine Pflanze aussah wie die andere. Er fragte sich, wie es mit der Zuckerrübenindustrie weitergehen sollte, wenn ihr Fortbestand von solch unzuverlässigen Arbeitskräften abhing.

Aber er war freundlich zu seinen Helfern, denn er wußte, daß das Ausdünnen von Rübenfeldern eine der scheußlichsten Arbeiten auf Gottes Erde war. Stundenlang die gebückte Haltung, den Blick starr auf den Boden gerichtet, der Rücken von Schmerz gepeinigt, die Knie aufgerissen, wenn sie sich am Boden rieben. Er achtete den Menschen, Mann, Frau oder Kind, der diese Arbeit verrichtete, und sann ständig darüber nach, wo er die nächsten Arbeiter herbekommen könnte.

Es war sein Sohn Kurt, jetzt vierzig Jahre alt und beruflich sehr erfolgreich, der ihm da zu Hilfe kam. Kurt war Colorados führender Sachverständiger in Fragen der künstlichen Bewässerung. In Washington hatte er den Staat Colorado vor dem Obersten Gerichtshof vertreten und in Denver mitgeholfen, die Gesetze über den Wasserverbrauch auszuarbeiten. Sein reiches Wissen hatte die Zuckerbarone veranlaßt, ein Auge auf ihn zu werfen, nachdem sie das Kapital beschafft hatten, um die Zuckerfabrik Central Beet zu gründen. Sie beabsichtigten, eine weitverzweigte Gesellschaft ins Leben zu rufen, die überall ihre Fabriken stehen haben sollte. Mit der Zeit sollte diese Interessengemeinschaft alle westlichen Bundesstaaten beherrschen.

Ohne eine in der Nähe befindliche Zuckerfabrik waren die Zuckerrüben wertlos. Eine reife Zuckerrübe war ein schwerer, graubrauner Faserklumpen, der eine Flüssigkeit enthielt, die in Zucker verwandelt werden konnte. Da es in ihrem Vaterland kein Zuckerrohr gab, hatten deutsche Chemiker gegen Ende des achtzehnten Jahrhunderts eine komplizierte Methode ausgedacht, um aus Rüben Zucker zu gewinnen. Aber die Industrie war auf unsicheren Beinen dahingewankt, bis Napoleon Bonaparte, dem die britische Blockade den Zugang zu seinem Zuckerrohr verwehrt hatte, die Parole ausgab: „Rübenzucker muß her!" Und die Franzosen beschafften sich ihn.

Weil die Rüben so schwer waren und der Transport so viel kostete, mußte die Fabrik in der Nähe der Felder liegen. Ein Ausschuß von drei Männern von Central Beet wurde beauftragt, zu untersuchen, wo diese Fabriken errichtet werden sollten. Ein Ingenieur, ein Bodenexperte und der in Bewässerungs- wie auch in Finanzfragen versierte Kurt Brumbauch bereisten alle in Frage kommenden Gebiete von Nebraska bis Kalifornien und suchten geeignete Bauplätze aus. Sie machten einige Fehler, was Tausende Dollar kostete, doch zumeist trafen sie die richtige Wahl, und nie eine bessere als an jenem Frühlingstag des Jahres 1901: „Unsere größte Fabrik im nördlichen Colorado wird noch diesen Sommer in Centennial errichtet werden. Ihre Kapazität wird neunhundert Tonnen Rüben im Tag betragen. Nach ihrer Fertigstellung wird sie die gesamte Ernte aus diesem Gebiet bewältigen können."

Die E. H. Dyer Construction Company of California kam mit ihren erfahrenen Ingenieuren, und die Union Pacific legte Anschlußgeleise, über welche die Rüben eintreffen und die Zuckersäcke abtransportiert werden würden. Es war eine großzügig geplante Anlage, östlich der Stadt am Beaver Creek gelegen, denn für die Zuckergewinnung brauchte man viel Wasser.

Als die Fabrik im Jahre 1902 fertiggestellt war und die ersten Waggonladungen von Potato Brumbauchs Rüben angeliefert wurden, begann das Aufschneiden. Dann kam der Karbonisierungsprozeß und anschließend die Kristallisation. Bald zog der würzige, nicht zu verkennende Geruch der gärenden Naßschnitzel über Centennial hinweg. Einige Bewohner empfanden ihn als beißend oder sogar faulig, und weil sie diese neuen Düfte nicht ertragen konnten, verließen sie die Stadt. Für die meisten aber war es das Aroma des Fortschritts, ein durchaus einwandfreies, erdgebundenes Aroma von Rüben, die sich in Gold verwandelten.

Die reifen Zuckerrüben wurden im Oktober und in den ersten Novemberwochen geerntet, denn sie mußten noch vor den schweren Frösten Ende November aus dem Boden sein. Das hieß, daß sie um den ersten Oktober herum in der Fabrik einzutreffen begannen, wobei das Aufschneiden bis Mitte Februar dauerte. Diese Periode wurde Kampagne genannt, und es war eine aufregende Zeit im Rübenland, weil man die Namen der zehn besten Rübenbauern jedes Landkreises bekanntgab – und einer der ersten zehn in Centennial zu sein, kam einem Ritterschlag der amerikanischen Landwirtschaft gleich.

Der Ertrag jedes Rübenbauern pro Morgen wurde errechnet, indem man das Gesamtgewicht der an die Fabrik angelieferten Rüben, abzüglich des Gewichtes der Erde, die an den Rüben haftete, und abzüglich der nicht abgehackten Blätter, durch die Anbaufläche dividierte. Am Jahresende gaben die Direktoren von Central Beet ihre Entscheidung bekannt, worauf die zehn Gewinner fotografiert wurden. Die Bilder erschienen in der Zeitung, und man feierte sie bei einem großen Bankett in Denver.

Im Jahre 1904 vermutete man, daß entweder Potato Brumbauch die Meisterwürde erringen würde – er hatte sie auch in den vergangenen zwei Jahren gewonnen – oder aber Otto Emig, der östlich der Stadt, am Platte River, gutes Anbauland besaß. „Wenn Emig gewinnen will", knurrte Brumbauch, „muß er mehr als siebzehneinhalb Tonnen pro Morgen schaffen." Einige Zuhörer warfen ihm Überheblichkeit vor, und Emil Wenzlaff ging noch einen Schritt weiter und meinte: „Du hast in deinem ganzen Leben keine siebzehneinhalb Tonnen erreicht, Potato. Und das weißt du auch ganz genau."

„Warte, bis du die Zahlen siehst", erwiderte Brumbauch selbstsicher und grinste seine Mitbewerber an. Er war jetzt ein alter Mann, und sein Mund war gelb und runzelig. Die anderen Rübenbauern konnten einfach nicht glauben, daß ein Mann in seinem Alter einen so großen Teil seiner Ernte selbst ausgedünnt haben sollte. Das Bücken mußte qualvoll für ihn gewesen sein. Aber da er keine guten Arbeitskräfte hatte finden können, war ihm nichts anderes übriggeblieben, als seine Felder selbst zu bewirtschaften.

Wenn er mit den anderen, die ebenfalls auf den Sieg hofften, fachsimpelte, beendete er das Gespräch unweigerlich mit einer Frage: „Was werden wir tun, um Arbeitskräfte zu bekommen?" Er hörte zu, wenn die anderen Bauern mit Lösungsvorschlägen kamen: „Mehr Deutsche, aber diesmal nur dumme, die ihre Kinder hier nicht zur Schule schicken wollen." – „Warum versuchen wir es nicht noch einmal mit den Indianern? Die sitzen doch nur in ihrem Reservat herum und tun nichts." – „Was wir brauchen, sind Leute, die sich gerne bücken und nicht daran interessiert sind, sich Grund und Boden zu kaufen."

Aber wo sollte man solche Leute finden?

„Die Herren von Central Beet", meinte Otto Emig, dessen Rüben am besten von allen aussahen, „hätten nie soviel Geld für eine Fabrik ausgegeben, wenn sie sich dabei nicht etwas gedacht hätten. Irgendwie werden sie uns Arbeitskräfte beschaffen." Aber die Lösung des Problems sollte von einem Mann kommen, der nichts mit der Fabrik zu tun hatte.

Jim Lloyd von der Venneford-Ranch war von der Existenz der Zuckerfabrik entzückt, weil er nun ein zusätzliches Futtermittel für sein auf der Stirn weiß gezeichnetes Vieh hatte.

Wenn die schwere Zuckerrübe aufgeschnitten und gepreßt und ihr kostbarer Saft abgezogen war, blieb eine feuchte, rauhe Masse zurück, die man Pulpe nannte. Es war ein ausgezeichnetes Viehfutter; ganz besonders dann, wenn man es mit schwerer, schwarzer Melasse, auch diese ein Nebenprodukt der Zuckerfabrikation, vermengte.

„Pulpe und Melasse!" sagte Jim Lloyd bewundernd. „Wenn ich einen Wagen mit dem Zeug zum Futterspeicher hinauffahre, kann man geradezu hören, wie die Rinder sich die gute Nachricht zuflüstern. Sie sind ganz versessen darauf."

Jim war daher sehr daran interessiert, daß die Fabrik in Centennial in Betrieb blieb, aber er wußte auch, daß der Laden pleite ging, wenn die Bauern in der Zeit des Verhackens und Ausdünnens keine verläßlichen Arbeitskräfte bekamen. Deutsche, Indianer, Italiener, Russen, das weiße Gesindel – alles das war keine Lösung. „Wir müssen Leute finden, bei denen man sich verlassen kann, daß sie anständig ausdünnen und nicht wieder weglaufen." Er hatte eine Idee und beschloß, mit Kurt Brumbauch darüber zu reden.

Im Dezember verbreitete sich eine sensationelle Neuigkeit in Centennial. Wie es schien, hatte Otto Emig ein Wunder vollbracht.

Wenn es augenfällig wurde, daß ein Rübenbauer gute Chancen hatte, die Meisterwürde zu erringen, dann erschienen Experten der Fabrik mit einer Stahlkette auf dem Hof dieses Mannes, um das Land, auf dem er geerntet hatte, genau zu vermessen. Die Ergebnisse von Otto Emigs Hof ließen erkennen, daß er einen neuen Rekord erzielt hatte: „Siebzehnkommasieben Tonnen pro Morgen!"

Emil Wenzlaff überbrachte Brumbauch die Nachricht. „Das hat er geschafft, Potato!"

„Er ist ein guter Rübenbauer", gab Brumbauch widerstrebend zu. Er konnte nicht glauben, daß Emig auf dem Schwemmland eine so reiche Ernte erzielt hatte. Der Mann mußte ja jede einzelne Pflanze händisch gedüngt haben.

Potato hatte in seinem Leben viele Erfolge gefeiert, und es wäre großmütig von ihm gewesen, dieses Jahr Otto Emig den Sieg zuzugestehen, aber er dürstete mit seinen siebenundsiebzig Jahren nicht weniger nach dem Sieg, als er das mit siebenundzwanzig getan hatte.

Und dann wurden die Zahlen endlich bekanntgegeben. In einem langen, reichlich mit Bildern versehenen Artikel berichtete der „Clarion", daß Potato Brumbauch einen neuen Rekord erzielt hatte: siebzehnkommaneun Tonnen pro Morgen! Die Ziffer war so hoch, daß die anderen Bauern es kaum glauben konnten.

Brumbauchs Kommentar zu seinem Sieg lautete: „Der richtige Boden, das richtige Wasser, der richtige Samen. Auf dem Land im Platte-Tal ist alles möglich."

„Und das richtige Ausdünnen", bemerkte Otto Emig großmütig.

„Wer wird nächstes Jahr für uns ausdünnen?" fragte Potato.

Anfang Februar 1905 rückte Kurt Brumbauch mit seiner Überraschung heraus. Er teilte mit, daß Central Beet einer von Jim Lloyd gemachten Anregung nähergetreten und nach umfassenden Untersuchungen nun in der Lage wäre, die ideale Lösung für das Problem zu präsentieren. Ihre Außendienstorganisation habe die besten Landarbeiter der Welt entdeckt, Männer und Frauen – und auch Kinder –, die imstande wären, selbst eine Billardkugel zum Keimen zu bringen. Einhundertdreiundvierzig Stück dieser Wundermenschen würden am elften März eintreffen, um Schwung und Leben in das Platte-Tal zu bringen.

Die Rübenbauern der ganzen Gegend waren am Bahnhof, als der Zug einfuhr. Es war ein denkwürdiger Tag in der Geschichte Colorados. Ein ängstlicher, verschreckter Haufen von Männern, Frauen und Kindern kam über die eisernen Stufen aus den Waggons geklettert. Sie waren klein, mager, schüchtern und dunkelhäutig. Es waren Japaner, und keiner von ihnen sprach auch nur ein Wort Englisch, aber die wartenden Bauern sahen auf den ersten Blick, daß es robuste Menschen mit dicken, gebogenen Beinen und Händen wie Eisen waren. Wenn es ein Volk auf Gottes Erdboden gab, das Zuckerrüben ordentlich ausdünnen konnte, dann waren es diese Leute.

Ein Vertreter des japanischen Konsulats in San Francisco trat vor. Er war ein intelligenter junger Mann, bebrillt, in dunklem Anzug, der sich in perfektem Englisch an die Umstehenden wandte: „Bewohner von Centennial und der umliegenden Ortschaften! Das hier sind alles vertrauenswürdige Bauernfamilien. Sie können sich auf die Arbeit dieser Leute verlassen. Im Einvernehmen mit Mr. Kurt Brumbauch von Central Beet haben wir sie wie folgt zugeteilt."

Und er begann, eine Reihe ungewöhnlich klingender, lyrischer, viersilbiger Namen zu verlesen: Kagohara, Sabusawa, Tomoseki, Yasunori, Nobutake, Moronaga. Während er das tat, traten die genannten Familien vor, Schulter an Schulter, und verbeugten sich tief, die kleinsten Kinder nicht ausgenommen.

Potato Brumbauch bekam die Takemotos: Vater siebenundzwanzig, Mutter fünfundzwanzig und kräftig wie eine Hereford-Kuh, die Tochter sieben, ein Sohn sechs und ein Sohn drei. Sie erhoben sich vor Sonnenaufgang, aßen einen Teller Reis mit was immer sich dazu fand und gingen auf die Felder hinaus. Die Frau hatte ein kleines Körbchen bei sich, in dem sich kalte Reiskugeln, jede mit einer Salzgurke in der

Mitte, und ein Krug kalten Tees befanden. Sie arbeiteten bis zum Abend, und mit einer Ausdauer, die Brumbauch noch nie zuvor untergekommen war.

Vater und Mutter nahmen ihre Hauen und fingen an zu verhacken, jeder seine eigene Reihe. Hinter Mr. Takemoto kroch sein älterer Sohn und dünnte die Büschel aus. Hinter Mrs. Takemoto kroch das siebenjährige Mädchen und dünnte ihre Reihe aus. Der Jüngste sah den ganzen Tag über den Arbeitenden zu und zog alle noch halb verwurzelten Pflänzchen heraus, die Vater und Mutter übersehen hatten. Da die Eltern ein wenig schneller verhackten als die Kinder ausdünnen konnten, legten Mr. und Mrs. Takemoto am Ende ihrer Reihe angelangt, die Haue nieder, ließen sich auf die Knie fallen und dünnten die Reihe zurück, bis sie ihre Kinder erreichten. Bei jedem dieser Zusammentreffen gab es eine kleine Pause, bei der die Eltern den Schmutz aus den kleinen runden Gesichtern wischten oder ein ermutigendes Wort an sie richteten. Dann ging es wieder weiter mit dem Verhacken und dem Ausdünnen.

Von März bis Oktober wurde zwischen Potato Brumbauch und dieser bemerkenswerten Familie kein Wort gewechselt. Mit Gesten zeigte er ihnen, was er wollte; dann machten sie sich an die Arbeit, und Mitte September ließ sich bereits mit ziemlicher Sicherheit voraussagen, daß er gute Chancen hatte, abermals die Meisterschaft zu erringen.

„Kurt", sagte er zu seinem Sohn, „die Takemotos hierherzubringen, das war das Beste, was du je für Central Beet getan hast. Schon einer von ihnen ist sechs Russen wert. Kein Wunder, daß Japan den Krieg gewonnen hat."

Und dann entdeckte er zwei erschreckende Dinge. Die Takemotos sparten offensichtlich Geld; und sie sahen sich Land an.

Wie war es ihnen möglich gewesen, zu so viel Geld zu kommen? Als Brumbauch ihnen ein kleines Grundstück am Fluß überlassen hatte, erwartete er, daß sie dort etwas Gemüse pflanzen würden, gerade nur für den eigenen Gebrauch; statt dessen bewirtschafteten sie das Land mit außergewöhnlicher Genügsamkeit, berieselten es mit den Takemoto-Abwässern und produzierten so viel schönes Gemüse, daß Mrs. Takemoto den Überschuß in der Stadt verkaufte.

Wo fanden sie nur die Zeit dafür? Von Sonnenaufgang bis Sonnenuntergang arbeiteten sie auf Brumbauchs Feldern, aber sie standen eine Stunde früher auf und pflegten ihr Gemüse in der Morgendämmerung. Auch nach Sonnenuntergang saßen sie nicht einfach herum, um sich nach der harten Tagesarbeit auszuruhen. Alle fünf waren sie dann am Fluß, bewässerten den Boden, hackten und lockerten ihn auf.

Als Brumbauch ihnen mit Zeichen bedeutete, „In Amerika verwenden wir keine menschlichen Fäkalien", erwiderte Mr. Takemoto mit pathetischer Geste: „In Japan tun wir das seit langer, langer Zeit."

„Also hier tun Sie's eben nicht!" warnte sie Brumbauch, und sie hielten sich daran. Jeden Morgen, wenn sie zur Arbeit kamen, und jeden Abend, wenn sie heimgingen, hatten die Takemotos einen Sack bei sich, in dem sie Pferdemist sammelten oder was sonst anfiel, und ihr Garten gedieh.

Sonnabend nachmittag und am Sonntag spazierte Mrs. Takemoto, begleitet von ihrem Sohn, der schon ein wenig Englisch radebrechte, durch die Stadt, bot ihr herrliches Gemüse zum Kauf an und nahm Geld ein, das die Familie bei der städtischen Bank deponierte.

„Sie kommen jeden Sonnabendmorgen", berichtete der Bankdirektor Brumbauch, „legen ihr Geld, ohne ein Wort zu sagen, auf den Tresen, und ich gebe ihnen eine Bestätigung. Er überprüft sie und sie überprüft sie, und dann überprüfen sie sie beide ein drittes Mal, und dann schreiben sie etwas in ihr Büchlein, verbeugen sich und gehen."

An Sonntagen inspizierten die Takemotos zum Verkauf stehende Farmen in der Gegend. Das jagte Brumbauch einen besonderen Schrecken ein. Es war ein heißer Augusttag, als er sie zum ersten Mal dabei beobachtete. Der Vater untersuchte den Boden auf einem der Felder der alten Stacey-Farm, die Mutter besah sich den Berieselungsgraben, während die Kinder mit Steinen spielten. Im September waren sie auf der Limeholder-Farm am Ende des Englischen Kanals und untersuchten dort den Boden und das Wasser. Wieder ein paar Wochen später sah er sie auf der verlassenen Stretzel-Farm, gleich hinter Otto Emigs ausgezeichnetem Land, und im Oktober, als die Rüben bereits abgeerntet und abgeliefert waren und Brumbauch sich auf dem besten Wege befand, abermals die Meisterschaft zu erringen – im Oktober geschah es dann.

Takemoto und seine Frau und die drei Kinder erschienen vor Brumbauchs Farmhaus und verneigten sich tief. Mrs. Takemoto, offenbar der Finanzminister der Familie, legte ein Sparbuch vor Potato hin und setzte ihn mittels leichtverständlicher Gesten davon in Kenntnis, daß sie sich entschlossen hätten, die Stretzel-Farm zu kaufen. Sie baten ihn um seine Hilfe bei der Durchführung dieser Transaktion.

Brumbauch war achtundsiebzig in jenem Oktober, und er hatte Angst, er würde nicht mehr die Kraft haben, neue Arbeitskräfte anzulernen oder gar selbst die Felder zu bestellen. Er fand es schrecklich unfair, daß diese Familie nicht einmal ein ganzes Jahr bei ihm geblieben war. Er brauchte sie jetzt notwendiger als im vergangenen Herbst.

Dessenungeachtet setzte er die Leutchen in einen Wagen und fuhr mit ihnen in die Stadt. „Diese Menschen", sagte der Bankdirektor, dessen Frau schon seit einiger Zeit ihr Gemüse bei Mrs. Takemoto kaufte, „genießen einen ausgezeichneten Ruf. Das Risiko scheint mir bei ihnen äußerst gering zu sein. Aber sie haben noch lange nicht genügend Geld zusammen, um auch nur die Anzahlung auf die Stretzel-Farm zu leisten."

Der sechsjährige Sohn trat vor und übernahm das Amt des Dolmetschers. Munter auf japanisch daherschnatternd, erklärte er seinem Vater, daß der Bankdirektor ihm das fehlende Geld nicht leihen könne, und hörte dann aufmerksam zu, als sein Vater beschwörend auf ihn einredete.

„Er nicht will Geld von Sie“, sagte der Junge zu dem Bankdirektor. „Er will Geld von er“, und das Kind zeigte auf Brumbauch.

„Von mir?“ Das war zuviel! Die Familie ließ ihn im Stich, und jetzt verlangten sie auch noch von ihm, er solle ihre Flucht finanzieren. „Nein!“ brüllte er. „Ihr laßt mich allein . . . hilflos . . . und dann soll ich euch finanzieren . . .“

Diese Worte, vom Kind verdolmetscht, übten eine tiefe Wirkung auf Mr. Takemoto aus. Ohne auf den Bankdirektor zu achten, stellte er sich vor Brumbauch hin, und seine Augen trübten sich. Er sprach Potato auf japanisch an, so als wüßte er, daß der Russe ihn trotzdem verstehen würde. Mit den Fingern ahmte er das Gehen eines Menschen nach, aber nach einer Weile fiel das Kind ihm ins Wort und sagte: „Wir nicht weggehen von Sie.“ Dann machte es die gleichen Fingerbewegungen über den Schreibtisch des Bankdirektors und fügte hinzu: „Wir gehen ausdünnen Ihre Rüben. Wir gehen ausdünnen unsere Rüben.“

Brumbauch verstand. Diese unglaubliche Familie schlug ihm vor, im kommenden Jahr für zwei Farmen zu arbeiten – tagsüber auf Brumbauchs Feldern, morgens und abends auf ihren eigenen – und waren, um dies zustande zu bringen, bereit, zweimal am Tag den langen Weg zu laufen.

Das war im Herbst 1905, als die Bitterkeit zwischen Russen und Japanern noch keineswegs abgeklungen war, doch hier in Centennial musterten sich die zwei Männer, ein alter Russe, der auf seinem Besitz große Erfolge erzielt hatte, und ein kleiner Japaner, der um die Chançe kämpfte, es ihm gleichtun zu können, und beide wußten, daß einer dem anderen vertrauen konnte. Wenn Takemoto sagte, er würde sich um Brumbauchs Rüben kümmern, dann würde er das tun, und nach einer kleinen Weile sagte der Russe zu dem Bankdirektor: „Bitten Sie Merv Wendell, einen Sprung herzukommen.“ Wenige Minuten später trat der erfolgreiche Grundstückmakler ins Zimmer.

„Merv“, sagte Brumbauch, „vor zwei Monaten haben Sie mir die Stretzel-Farm für viertausend Dollar angeboten. Mein Gegenangebot lautete auf dreifünf, und Sie meinten damals, mit dreisieben wäre das Geschäft zu machen. Nun, Mr. Takemoto hier bietet Ihnen jetzt dreisieben. Und eines, Merv: Ich möchte nicht, daß Sie ihn mit allen möglichen Gebühren und Steuern und Taxen in die Mangel nehmen.“

„Mr. Brumbauch!“ rief der Mann ehrlich erschrocken. „Können Sie wirklich glauben, ich . . .“

„Ich weiß, was Sie bei Otto Emig versucht haben“, fiel Brumbauch ihm ins Wort. „Keine Phantasieaufschläge diesmal. Dreisieben.“

„Natürlich, selbstverständlich!“ beeilte Wendell sich zuzustimmen. „Und wenn Sie Ihre Farm verkaufen wollen ...“

„Bis dahin vergehen noch einige Jahre, Merv.“

„Wir werden alle nicht jünger.“

„Ich schon“, erwiderte Brumbauch, und bevor er die Bank verließ, endossierte er Takemotos Wechsel auf dreitausend Dollar. Er musterte den sechsjährigen Jungen, der in einer Sprache unterhandelt hatte, die ihm noch vor acht Monaten völlig unbekannt gewesen war, und dachte: Noch nie in meinem Leben habe ich mit einem so guten Gefühl einen Wechsel ausgestellt. Wenn der Alte nicht zahlen kann, dieser Junge da wird es tun.

Am nächsten Morgen suchte er Kurt in der Zuckerfabrik auf. „Ich möchte“, sagte er, „daß du Goro Takemoto einen Vertrag auf fünfundzwanzig Morgen Rüben gibst, und sieh zu, daß er guten Samen bekommt.“

Die Zuckerindustrie war eine sinnreich verschachtelte Gruppierung, die viele ungleichartige Elemente dazu nötigte, sich eines auf das andere zu verlassen, um ein differenziertes Ganzes zu schaffen. Ohne die Sicherheit, von den Bauern mit Rüben beliefert zu werden, konnte die Fabrik nicht bestehen, und die Bauern hatten keine andere Wahl, als ihre Rüben der Fabrik zu verkaufen; es gab ganz einfach keinen anderen Markt.

Die gegenseitige Abhängigkeit ging noch weiter. Die Erde brachte die Rüben hervor, aber die Blätter wurden wieder eingepflügt, um ebendiese Erde anzureichern. Bei der Zuckergewinnung fielen als Nebenprodukte Pulpe und Melasse an, die an das Vieh verfüttert wurden, dessen Dung dazu beitrug, die Erde fruchtbarer und ertragreicher zu machen.

Wegen dieser gegenseitigen Abhängigkeit sah sich die Industrie veranlaßt, mit einem System verbindlicher Verträge zu operieren. Im Januar warteten die Rübenbauern nervös auf den Besuch des Außendienstmannes der Gesellschaft, der ihnen jenes kostbare Stück Papier überreichte, das ihnen den Absatz aller Rüben garantierte, die auf den vereinbarten Anbauflächen geerntet wurden. Die Anlieferung begann am ersten Oktober, die erste Zahlung erfolgte am fünfzehnten November. Mit diesem Vertrag konnte der Bauer zur Centennial-Bank gehen und sich das Geld leihen, das er im März für Samen, im April und Mai für Arbeitskräfte und für seinen eigenen Unterhalt bis Oktober benötigte. Am fünfzehnten November kam dann der erste Scheck: Fünfundzwanzig Morgen Rüben, sechzehn Tonnen pro Morgen, sechs Dollar die Tonne – das machte genau zweitausendvierhundert Dollar.

Der Scheck war nie auf den Namen des Bauern ausgestellt. Er lautete etwa so: „Centennial-Bank, Merv Wendell, Otto Emig.“ Dies war eine wohlüberlegte Vorsichtsmaßnahme, eine Gewähr dafür, daß die Bank ihr Darlehen wiederbekam, Merv Wendell die Zinsen auf seine Hypotheken und Otto Emig das, was noch übrigblieb.

Es war alles bestens organisiert, abgesehen von dem einen Faktor, der ausschlaggebend war für Erfolg oder Mißerfolg: Wo fand der Farmer Leute, die die schwere Arbeit leisteten, nicht aber daran interessiert waren, selbst Höfe zu kaufen oder ihre Kinder in die Schule zu schicken, was zwangsläufig dazu führte, daß sie dann keine Rüben mehr ausdünnen wollten? Die ganze komplizierte und für den Westen so lebenswichtige Struktur drohte an diesem unlösbaren Problem zu scheitern.

Und dann ritt Potato Brumbauch eines Tages zur Venneford-Ranch hinüber, um dort sein Heu zu verkaufen.

„Ich werde die Landwirtschaft ganz aufgeben“, sagte Brumbauch. „Ich kann keine Leute finden, die bei der Arbeit bleiben, und bei Emig oder Wenzlaff ist es das gleiche.“ Er schüttete Jim sein Herz aus: „Meine Deutschen haben zwei Jahre Rüben ausgedünnt und sich dann ihre eigene Farm gekauft. Meine Russen sind achtzehn Monate geblieben, und weg waren sie! Jetzt haben sie ihren eigenen Besitz. Und diese Japaner! Nach acht Monaten haben sie eine Farm gekauft! Was wir brauchen, sind Menschen, die die Landwirtschaft lieben, nicht aber das Land.“

Jim lehnte am Gatter zu einem Feld, auf dem sich Crown-Vee-Kühe und deren gepflegte, sanfte Kälber tummelten.

„Kommen diese Kälber vom selben Stier?“ fragte Brumbauch.

Jim nickte. „Das Kalb dort beim Zaun . . .“ Er führte den Satz nicht zu Ende, denn dieses Kalb brachte ihm einen Tag in Erinnerung, der fast vierzig Jahre zurücklag. Damals hatte er ein anderes Kalb gekannt – auf den glühendheißen Natronebenen beim Pecos River, als er mit R. J. Poteet Langhorn-Rinder zu einer Herde gesammelt hatte. Ein Kalb war geboren worden, und R. J. hatte befohlen, es zu töten. Es war Jim unmöglich gewesen, dem Befehl nachzukommen. „Ich ziehe Kälber auf“, hatte er zu Poteet gesagt. „Ich bringe sie nicht um.“

Und mit stillschweigender Duldung des Kochs – wie war doch gleich sein Name gewesen? – hatte er das Kalb gerettet. Im Tauschweg überließ der Koch es später mexikanischen Siedlern, die unweit der großen Chisum-Ranch ihr Land bestellten. Noch sah er die Freude in den Augen dieser Peone, als sie dem Kalb über das Fell strichen – die runden dunklen Gesichter, das dichte schwarze Haar, die weißen Zähne, die braunen Hände, die den Gästen Pfefferbohnen und Hühner anboten.

„Ich hab's!“ rief er. „Mexikaner!“

Südlich des Rio Grande, der in Mexiko den Namen Río Bravo führt, liegt der große Bundesstaat Chihuahua, mit der Hauptstadt gleichen Namens nahe der Landesmitte. Einhundertfünfundzwanzig Meilen westlich der Stadt erheben sich die steilen, dunklen Ketten der gold- und silberreichen Sierra Madre.

Wie ein feiner Faden aus gesponnenem Silber stürzen die Wasserfälle von Temchic aus den Bergen. Das Tal des Rio Temchic verläuft in östlicher Richtung. Es bildet eine anmutige Enklave, die auf drei Seiten von so ungewöhnlichen Felsformationen umschlossen ist, daß man hätte meinen können, sie verdanken ihr Entstehen der Hand eines Künstlers. Nördlich des Rio Temchic ragen die vier Gipfel zum Himmel, die es beschützen: El Águila, El Halcón, El León, El Oso – Adler, Falke, Löwe, Bär. An der Südseite erheben sich große Massen von Granit, die Schiffen oder übelgelaunten vorgeschichtlichen Tieren gleichen.

Mehrere tausend Jahre lang war dieses Tal die Heimat der Temchic-Indianer gewesen, eines Stammes der Tarahumare, jener gazellenschlanken Menschen, die in den Bergen lebten und sich mit einem Minimum an Kultur begnügten. Bedauerlicherweise beinhaltete das Tal, das ihre Heimat war, eine der größten Silberminen der Welt. Sie fanden nie heraus, wie das Erz zu schürfen gewesen wäre. Das blieb den Spaniern überlassen, die im Jahre 1609 das Land erforschten. Unverzüglich wurden die Temchic zusammengetrieben, mit Gewalt zum Christentum bekehrt und in den Stollen unter Tag einer so entsetzlichen Sklaverei unterworfen, daß im Jahre 1667 kein einziger Temchic mehr existierte – weder über noch unter der Erde.

In der Legende hieß es, das Silber des Wasserfalles sei weit in die Erde eingedrungen, wo es sich zu einer reichen, tiefen Erzader kristallisiert hatte. Ganz gewiß reichten die Temchic-Minen weit in die Tiefe, und es war immer ein Problem, das Erz an die Oberfläche zu bringen. Lange schlanke Baumstämme wurden in das Innere hinabgelassen, und etwa ein Meter lange Querhölzer an die Stämme genagelt. So entstand eine selbstmörderische, fast senkrecht verlaufende Leiter ohne Geländer oder sonstigen Schutz.

Über diese entsetzlichen Leitern zwang man die Temchic, hinunter- und mit riesigen Körben voller Silber auf dem Rücken wieder heraufzuklettern. Jahre hindurch lebten sie unter der Erde, und ihre Totenglocken waren dumpfe Schreie, wenn einer nach dem anderen, schwach und unsicher, von den langen Leitern stürzte. „Der letzte Temchic ist gestern gestorben“, heißt es in einem Bericht aus dem Jahre 1667, „aber es bleibt uns der Trost, daß sie alle als gute Christen in den Tod gegangen sind.“

Temchic Plateado – „das silberne Temchic“ – lautete der dem Tal in den Jahren danach liebevoll verliehene Beiname, und als die indianische Urbevölkerung erloschen war, trieben die spanischen Betriebsleiter der Minen die sanftmütigen Tarahumare aus der Sierra Madre zusammen, die aber in einem so erschreckenden Ausmaß zugrunde gingen, daß es wirtschaftlich kaum vertretbar erschien, sie weiterhin zu verwenden. Wie ein spanischer Bergbauingenieur nach Madrid berichtete: „Sie werfen einen Blick auf die tiefe Grube und die Leitern und stürzen sich in den Tod. Ich glaube nicht, daß sie vom Schwindel erfaßt werden. Ich glaube, daß sie, die das freie Leben in den Bergen gewohnt sind, sich lieber in den Abgrund stürzen, als im ewigen Dunkel zu arbeiten."

Ihr Platz im Tal wurde von jener seltsamen und oft schönen Rasse von Mestizen – Abkömmlinge von Spaniern und Indianern – eingenommen, die man in der Folge Mexikaner nannte. Diese Menschen waren enormer Anstrengungen fähig, wenn ihnen die Notwendigkeit dafür gegeben zu sein schien, bestechender Liebenswürdigkeit, wenn man sie großzügig behandelte, und blutiger Vergeltung, wenn man ihnen Gewalt antat.

Sie arbeiteten wie die Maultiere. Manche Grubenarbeiter blieben oft tagelang ununterbrochen unter der Erde. Sie aßen wenig, und sie bekamen wenig bezahlt. Sie wurden ausgepeitscht und geschlagen wie nur wenige Arbeiter in diesen relativ unmenschlichen Zeitläufen. Wenn sie sich in ihrer Verzweiflung hilfesuchend an die Behörden wandten, wurden sie von der Landpolizei zurückgewiesen, deren Mitgliedern es eine geradezu diebische Freude bereitete, sie niederzuschießen. Vater Grávez, der Gemeindepfarrer, setzte ihnen auseinander, daß sie in den Minen arbeiten müßten, weil dies Gottes Wille sei. Wenn sie also höhere Löhne wollten, würden sie Gottes und Don Luis' Mißfallen erregen – wobei vornehmlich Don Luis' Mißfallen zählte.

General Luis Terrazas war der Herr von Chihuahua, nicht nur der Stadt, sondern des ganzen Staates. Er begann seine Karriere 1860, als er einen militärisch eher unbedeutenden Angriff gegen ein unverteidigtes Gebäude führte und sich daraufhin zum Obersten ernannte. Um viertausend Dollar kaufte er sich eine Ranch, die sieben Millionen Morgen umfaßte und auf der er Vieh züchtete, dessen Wert nach nicht allzu langer Zeit fünfundzwanzig Millionen Dollar betrug. Er wußte die ihm daraus erstehende Macht zu nützen. Im Jahre 1900 besaß er drei Banken, vier Textilfabriken, zahlreiche Mühlen und sechzehn andere für seinen Erfolg entscheidende Unternehmungen in einem Gesamtwert von mehr als siebenundzwanzig Millionen Dollar. Auch die Silbermine von Temchic zählte zu diesen Unternehmungen, und die Verwalter nahmen es sehr ungnädig auf, wenn die Grubenarbeiter die Produktion unterbrachen und auf diese Weise General Terrazas Einkommen schmälerten. Die Verwalter wiesen daher die Landpolizei an, alle Unruhestifter einfach über den Haufen zu schießen, und ermahnten Vater Grávez, alles zu tun, um den Frieden im Tal zu erhalten. Don Luis erwarte das von ihm.

Es war ein von Natur aus friedliches Tal. Winzige Häuschen, nicht viel größer als Hundehütten, säumten den schäumenden Río Temchic. Auf den Hängen, genügend weit von den Maultierpfaden zurückgesetzt, standen die geräumigen weißen Häuser der deutschen und amerikanischen Ingenieure, die General Terrazas' Minen betrieben. Ein historischer Zufall wollte es, daß alle amerikanischen Familien aus ein und derselben Gegend in Minnesota kamen. Terrazas erwies sich ihnen gegenüber so großzügig, daß sie sich mit der Zeit als seine auserwählten Vertreter betrachteten und die mexikanischen Arbeiter nicht viel weniger brutal behandelten, als dies die Landpolizei tat.

„Sie sind wirklich nur Tiere", pflegten die amerikanischen Ingenieure zu sagen, die die Einhaltung eines Planes überwachten, der auf einer Arbeitszeit von vierzehn Stunden am Tag, an allen sieben Tagen der Woche, beruhte. „Wenn sie von der Arbeit kommen, wissen sie sich nichts Besseres, als in ihre Hütten zu laufen und sich mit ihren Weibern zu vergnügen. Die brauchen nicht mehr Freizeit."

Und doch liebten die Menschen dieses Tal. Es war eine im Winter vor Schnee und im Sommer vor extremer Hitze geschützte Enklave. Es hätte die ideale Kulisse für ein Mestizenparadies abgegeben – nur daß es Silber barg und die Ingenieure dieses haben wollten. Dank der Wachsamkeit der Landpolizei und der Kirche wäre alles auch weiterhin gutgegangen, hätte es da nicht einen langen, hageren Unruhestifter mit einem grimmigen Gesicht gegeben, der unter den Arbeitern großes Ansehen genoß, den aber die Ingenieure verächtlich Capitán Frijoles – Hauptmann Bohnenfresser – nannten. „Ich wollte, die Landpolizei würde ihn einmal abschießen", sagte der Oberingenieur, als er erfuhr, daß Frijoles wieder von einem Streik redete. „Was will denn der Kerl eigentlich?"

Frijoles wollte einen freien Tag in der Woche, zwölf statt vierzehn Stunden Arbeitszeit, bessere Verpflegung und ärztliche Betreuung für Frauen, die ein Kind erwarteten.

Hauptmann Mendoza von der Landpolizei besuchte Frijoles und warnte ihn: „Das ist revolutionäres Gerede. Wenn ich noch einmal höre, daß du solche Forderungen stellst, bist du geliefert."

Auch Vater Grávez suchte Frijoles auf. „Gott weist jedem von uns seine Arbeit zu", erklärte er ihm. „Deine Arbeit, Capitán, ist es, Silber aus der Erde zu holen. Gott sieht alles, was du tust. Er weiß von deinen guten Eigenschaften und wird dich eines Tages dafür belohnen. Außerdem braucht General Terrazas das Silber für die guten Werke, die er in Chihuahua tut."

Diese Argumentation beeindruckte Frijoles für den Augenblick, doch als er später versuchte, sich nur einer einzigen guten Tat zu erinnern, die General Terrazas je für das Volk von Chihuahua getan hätte, fiel ihm nichts ein. Der General gab sein Geld für große Häuser und Paläste aus, kaufte Automobile für seine vielen Kinder, machte weite Reisen nach Europa, empfing europäische Geschäftsleute und zahlte den Politikern in Mexico City Bestechungsgelder. „Wenn er damit fertig ist", mutmaßte Frijoles, wenn er mit seinen Kumpeln sprach, „kümmert er sich dann vielleicht auch einmal um uns." Die Grubenarbeiter, durch Erfahrungen klug geworden, fürchteten, daß es damit noch lange Weile haben könnte.

So kam also die Agitation nicht zum Stillstand, und die die Macht besaßen, beschlossen, dem lästigen Frijoles ein für alle Male das Handwerk zu legen. Die Landpolizei hielt ihn für in zunehmendem Maße gefährlich, und Hauptmann Mendoza erteilte den nüchternen Befehl: „Erschießt ihn!" Die Ingenieure befürchteten, daß ihre guten Beziehungen zu General Terrazas durch ihn leiden könnten, und kamen allesamt zu der Überzeugung: „Wir müssen ihn loswerden!" Vater Grávez und insbesondere sein Vorgesetzter, der Kardinal in Chihuahua, erblickten in seinen Worten einen versteckten Angriff auf die festgefügte Ordnung der Kirche und rangen sich zu dem Entschluß durch: „Er muß zur Räson gebracht werden!" Ganz deutlich erkannte General Terrazas in ihm den Schrittmacher für alle möglichen Forderungen der Arbeiter, die nicht länger als zweiundsiebzig Stunden in der Woche arbeiten wollten, und gab die Parole aus: „Eliminieren wir ihn!" Und Präsident Porfirio Diaz, der alte Diktator in Mexico City, der sich der Tatsache bewußt war, daß die Unruhen im Norden sein geliebtes Land bedrohten, sah in Frijoles eine ernst zu nehmende Gefahr für die Stabilität der Nation. „Tötet ihn!" riet der alte Mann, denn er hatte gelernt, einen Feind zu erkennen, wenn er ihn sah.

An der Spitze einer Abteilung „seiner" Männer, die es gewohnt waren zu schießen, ohne Fragen zu stellen, begab sich Hauptmann Mendoza an einem klaren Februartag nach Temchic, um Frijoles zu verhaften. Auf dem Rückweg durch das Tal würde man den Revolutionär freilassen, und die Landpolizisten – es waren ihrer vierzehn – würden ihn „auf der Flucht" erschießen. Die „ley de fuga", das Fluchtgesetz, ersparte den Behörden die Kosten der Gerichtsverhandlung.

„Erschießt ihn nicht hier", instruierte Hauptmann Mendoza seine Leute. „Die Weiber erheben in solchen Fällen immer ein fürchterliches Geschrei, und wir wollen nach Möglichkeit jede Unruhe vermeiden."

Auf seinem Weg durch die Stadt besuchte er die Ingenieure in ihrem Büro und versicherte ihnen: „Mit Frijoles werden Sie keine Schwierigkeiten mehr haben." Sie dankten ihm, denn sie waren nur daran interessiert, daß die Arbeiter ihre Pflicht taten, lange arbeiteten und den Mund hielten. „In einer Viertelstunde sind Sie ihn los", sicherte Mendoza ihnen zu.

Es sollte eine lange Viertelstunde werden. Frijoles hatte damit gerechnet, daß seine Feinde zuschlagen würden, und seine Anhänger auf diesen Tag vorbereitet. Als Mendoza und seine Polizisten nun die

Straße, die zur Mine führte, heraufkamen, wurden sie von einer Salve empfangen, die den Hauptmann und drei seiner Männer niedermähte. Es kam zu einer regelrechten Schlacht, und als die Polizisten den Rückzug antraten, lagen sieben von ihnen tot an den Ufern des Temchic.

Empörung erfaßte Mexiko. Das war Revolution, offener Widerstand gegen die Staatsgewalt, und die verantwortungsbewußten Männer im Land erkannten die Gefahr. Ein Armeebataillon aus Chihuahua wurde nach Temchic entsandt, jedoch von Frijoles und seinen zu allem entschlossenen Grubenarbeitern schmählich geschlagen. Eine neue Einheit wurde in Durango aufgestellt, erhielt Verstärkung aus Torreón und erlitt das gleiche Schicksal. Die Generale, die es sonst nur mit verängstigten Bauern auf dem offenen Land zu tun hatten, mußten feststellen, daß sie ihre Soldaten nicht in unbegrenzter Zahl nach Temchic werfen konnten, weil es nicht möglich war, eine große Anzahl Leute durch die enge Talschlucht zu bringen. Diesmal waren es siebzig Soldaten gegen siebzig Minenarbeiter, und die Arbeiter kämpften um ihre Existenz und für ein besseres Leben.

Der Krieg zog sich von Februar bis Oktober hin, und in dieser Zeit bauten die Grubenarbeiter ihr Dorf zu einem Befestigungswerk aus, das so gut wie jedem Angriff Widerstand zu leisten vermochte. Die amerikanischen Ingenieure und ihre Familien wurden unter militärischem Geleitschutz evakuiert und saßen nun in Chihuahua, wo sie Interviews gaben und erzählten, Frijoles und sein wilder Haufen wären allesamt wahnsinnige Teufel, die Mexiko vernichten wollten. Auch die Deutschen waren fort – alle bis auf einen sich heldisch gebärdenden jungen Mann, der es vorzog, bei Frijoles und seinen Kumpeln zu bleiben. „Den werden wir uns schon noch vornehmen, wenn das einmal vorbei ist“, sagten die anderen Deutschen und versicherten General Terrazas, daß es bald vorbei sein würde, denn, so sagten sie ihm, Frijoles sei ja ungebildet.

Und dann, Ende Oktober, entwickelte ein sehr tapferer junger Hauptmann namens Salcedo, der des zaghaften Verhaltens der dicken Generale überdrüssig war, einen kühnen Plan: Er wollte, während die Generale das Tal hinaufmarschierten und einen Flankenangriff unternahmen, die Sierra Madre erklimmen und vom Westen her den Feind überfallen. Der Plan gelang, und in den letzten Oktobertagen war das Schicksal der Revolution in Temchic besiegelt.

Die Männer um Frijoles trafen eine tollkühne Entscheidung. Er mußte entwischen – irgendwie mußte er aus dem Tal entkommen, um die Revolution in andere Teile des Landes zu tragen. Sie zweifelten keinen Augenblick daran, daß die Tage dieser fluchwürdigen alten Ordnung gezählt waren, in der ein Mann sieben Millionen Morgen Land besitzen und nach Belieben darüber verfügen konnte. Sie würden sterben, aber in der neuen Zeit, für die sie kämpften, würden Männer und Frauen nicht mehr vierzehn Stunden am Tag, sieben Tage in der Woche arbeiten müssen. Sie entwickelten daher einen Plan, wonach vier von ihnen ein Ablenkungsmanöver durchführen würden, um Hauptmann Salcedo aus dem Konzept zu bringen. Sie konnten nicht darauf hoffen, mit dem Leben davonzukommen; ganz gewiß würden sie erschossen werden – aber ihr Tod würde Frijoles die Chance geben, sich in die Berge zu retten und später für die wirkliche Revolution zu arbeiten, die kommen mußte.

Das Vorhaben glückte, und im Morgengrauen war Frijoles schon hoch in den Bergen. Als er sich am Ufer des Flusses auf einen Baumstumpf setzte, um auszuruhen, hörte er in der Ferne die Kanonade der Regierungstruppen, die sein Dorf überrannten.

Nachdem Temchic bezwungen war und die deutschen und amerikanischen Ingenieure wieder in ihren schönen großen Häusern saßen, ergab sich ein disziplinäres Problem. Neunzehn der aufständischen Grubenarbeiter waren lebend gefangen worden, mit ihnen drei Frauen, und Mexico City verfügte, daß sie, zur Warnung für andere potentielle Unruhestifter, öffentlich erschossen werden sollten. Dann hatte jemand die lobenswerte Idee, daß es besser wäre, die verurteilten Männer und Frauen nicht von Soldaten oder Polizisten erschießen zu lassen, die diese Art von Pflichtübung ja gewohnt waren, sondern von gewöhnlichen Dorfbewohnern aus der Gegend. Damit könnte man der Welt beweisen, daß die vernünftigen Mexikaner in keiner Weise mit der Revolution der Bergarbeiter sympathisierten. Mehr noch: daß sie nichts davon wissen wollten.

Hauptmann Salcedo, der nach dem letzten Angriff zu einer Art Nationalheld geworden war, wurde daher beauftragt, sich in ein drei Meilen entferntes Bauerndorf zu begeben, um dort ein Exekutionskommando auszuheben. Dabei sollte ihm Vater Grávez behilflich sein, dessen Kirche in jenem Dorf stand und der auch in der Lage war, die für diese Dienstleistung am besten geeigneten Männer auszusuchen.

„Wir brauchen einen verläßlichen Mann als Sergeanten", erklärte Hauptmann Salcedo, als er mit dem Priester ins Dorf kam. Er war ein adretter Mann mit einem kleinen Schnurrbart und hohen, blankgeputzten braunen deutschen Stiefeln, die einen unglaublichen Eindruck auf die ländliche Bevölkerung machten.

„Tranquilino Marquez", sagte der Priester ohne Zögern, „ein tüchtiger Mann, dreiundzwanzig Jahre alt, mit einer guten Frau namens Serafina verheiratet, zwei Kinder."

„Wird er uns keine Schwierigkeiten machen?" fragte Salcedo. „Keine Reden oder ähnliche Dinge?"

„Tranquilino?" entgegnete Vater Grávez. „Völlig verläßlich. Bearbeitet seinen kleinen Gemüsegarten und zahlt General Terrazas pünktlich seine Pacht."

Hauptmann Salcedo ließ Tranquilino kommen, und als der junge, überdurchschnittlich große, schmalgesichtige Bauer vor ihm stand, barfuß, den Strohhut respektvoll in der Hand, erkannte der Offizier sofort, daß er hier den schwerfälligen, gehorsamen Typ vor sich hatte, der Mexiko seine Stärke gab. „Du bist ein gutaussehender Mann", sagte er begeistert. „Du stellst dich also ganz rechts auf. So eine Art Sergeant. Ich gebe das Kommando, aber du mußt darauf achten, daß deine Leute in der Reihe stehen."

„Um was zu tun?" erkundigte sich Tranquilino.

„Ach ja! Wir richten die Rebellen hin. Du hast doch schon mal geschossen, nicht wahr?"

„Ja. Aber ich möchte nicht . . ."

„Es ist deine Pflicht! Du wirst doch nicht wollen, daß die Rebellen deinen Hof zerstören . . . deine Familie umbringen?"

„Ich verkaufe den Grubenarbeitern Mais."

„Tranquilino! Mexiko muß sich dieser Verbrecher entledigen. Erklären Sie ihm das, Vater."

Vater Grávez nahm Tranquilino zur Seite und erklärte ihm alles in einfachen Worten: „Die Minen gehören einem feinen Menschen, Tranquilino. General Terrazas tut viel Gutes für Mexiko, und wenn wir es zulassen, daß Streikende sein Silber stehlen . . ."

„Sie haben kein Silber gestohlen."

„Natürlich nicht. Aber wenn ein Arbeiter streikt und nicht produziert, was er zu produzieren hat, ist es so, als ob er stehlen würde. Er versucht damit, General Terrazas seinen rechtmäßigen Besitz vorzuenthalten."

Das sah Tranquilino ein, und was Vater Grávez ihm weiter sagte, klang noch vernünftiger. „Es ist genauso, wie wenn du auf einem Stück Land leben würdest, das dem General gehört, und du dich weigern würdest, Mais für ihn zu pflanzen. Würde das nicht heißen, daß du ihn bestiehlst?"

Das mußte er zugeben, dieser Tranquilino, der nie in seinem Leben etwas gestohlen und den Polizisten nie Anlaß gegeben hatte, ihn zu bestrafen.

Vorsichtig erklärte ihm Vater Grávez, warum die Bauern von Santa Ines die Minenarbeiter von Temchic erschießen mußten. Am Ende war Tranquilino überzeugt. Diese Männer, die auf Frijoles gehört hatten, waren eine Gefahr für Mexiko und mußten ausgerottet werden.

Doch als Vater Grávez mit Tranquilino ins Hauptquartier zurückkehrte, trat einer der amerikanischen Ingenieure ins Zimmer, wo Salcedo gerade dabei war, sein Exekutionskommando zusammenzustellen. „Es fehlen uns immer noch elf Mann in den Minen", sagte er. „Wir werden wohl ein Dutzend Bauern von hier mitnehmen und sie zu Grubenarbeitern machen." Vater Grávez, stets bestrebt, Höhergestellten dienlich zu sein, meinte: „Es gibt in der ganzen Gegend keinen Besseren als Tranquilino." Der Ingenieur sah sich Tranquilino an.

„Gut“, sagte er dann. „Du kannst gleich nach der Exekution in der Mine anfangen.“

„Eine einmalige Gelegenheit“, erklärte Vater Grávez. „Du bekommst dein Essen, und du brauchst nicht mehr das Land zu bestellen.“

Es macht mir Freude, das Land zu bestellen, hätte Tranquilino sagen mögen, ich will nicht unten in einer Grube arbeiten und nie die Sonne zu sehen bekommen. Aber er hatte das sichere Gefühl, daß er ernste Schwierigkeiten haben würde, wenn er das vor Hauptmann Salcedo und dem Ingenieur und Vater Grávez sagte. Es ging alles zu schnell, und er wünschte, er könnte mit Serafina darüber reden, die so komplizierte Dinge besser verstand als er. Doch nun drückte man ihm ein Gewehr in die Hand und marschierte mit ihm nach Temchic hinauf, wo man schon zwei Dutzend andere, ebenso verwirrte Bauern zusammengetrieben hatte. „Also, Männer“, sagte Hauptmann Salcedo, „ihr richtet euch nach Tranquilino. Er ist euer Sergeant.“

Und so stellten sie sich auf, an diesem hellen, heißen Oktobermorgen, und die neunzehn Aufständischen wurden herausgeführt. Es waren ganz gewöhnliche Leute, wie Tranquilino auch, und hinter ihnen kamen drei Frauen, denen man Fetzen über die Lippen gebunden hatte, denn Frauen neigen dazu, zu schreien. Und dann gab Hauptmann Salcedo den Bauern seine Anweisungen: „Wir werden sie in Gruppen von sechs erschießen. Wenn ich das Kommando ‚Feuer‘ gebe, schießt ihr auf den Gefangenen, der euch gegenüber steht. Zielt auf sein Herz.“

Bei der ersten Salve feuerten alle Bauern auf die Gefangenen, die am Ende der Reihe standen, aber zwei Männer in der Mitte wurden nicht getroffen. Hauptmann Salcedo mußte über den freien Platz marschieren und die Überlebenden mit seinem Revolver töten. Er stellte sich knapp vor ihnen auf und schoß ihnen ins Gesicht.

Beim zweiten Mal passierte das gleiche, und nachdem Salcedo die zwei verschont gebliebenen Grubenarbeiter erschossen hatte, schalt er die Bauern heftig aus. Als Soldaten würden sie traurige Figuren machen, meinte er. Dann entschloß er sich, das Exekutionskommando in sechs Gruppen aufzuteilen, wobei jede Gruppe für die Hinrichtung eines Bergarbeiters verantwortlich sein würde. „Und wenn diesmal einer von den sechs Männern da drüben am Leben bleibt, erschieße ich persönlich den Führer der betreffenden Gruppe.“ Er stolzierte die ganze Reihe entlang und stieß jedem der sechs Gruppenführer den Zeigefinger in die Brust, Tranquilino als erstem. Es konnte kein Zweifel bestehen, daß Salcedo es ernst meinte, und diesmal blieb keiner am Leben.

„Gut!“ beglückwünschte er die Bauern. „Und jetzt bringt den letzten Mann und zwei von den Frauen.“

Nachdem die drei an die Mauer gestellt worden waren, stellte

Tranquilino erleichtert fest, daß seine Gruppe auf den Mann zu schießen hatte. Er konnte keine Frau töten, und einige der anderen Bauern konnten es offenbar ebensowenig, denn ihre Kugeln schlugen hoch, sehr hoch, in der Mauer ein, und eine Frau blieb trotzig stehen. In ihrer Angst war ihr der Lappen heruntergerutscht, und nun fing sie an, Salcedo und die Ingenieure zu beschimpfen und zu verfluchen, und schließlich mußte Salcedo ihr ins Gesicht schießen.

Mit grimmigem Gesicht kehrte er zu den Bauern zurück. „Die letzte ist die Frau von Frijoles. Sie war noch schlimmer als er. Wenn auch nur eine einzige Kugel in die Mauer einschlägt, hole ich Soldaten und lasse euch alle erschießen. Und jetzt macht euch bereit."

Die Beine gespreizt, den Rücken gegen die Wand gepreßt, stand die Frau vor ihnen. Noch bevor Hauptmann Salcedo den Befehl zum Schießen geben konnte, warf Tranquilino Marquez sein Gewehr zu Boden. „Nein", sagte er, und gleich geschnittenen Weizenhalmen fielen auch die anderen Gewehre in den Staub.

Wütend lief Hauptmann Salcedo über den offenen Platz und tötete Frijoles' Frau. Dann stürmte er zurück und würde Tranquilino erschossen haben, hätte Vater Grávez den schmalgesichtigen Bauern nicht gerettet. Er trat schützend vor ihn hin und sagte zu Salcedo: „Er ist ein braver Bursche. Schonen Sie ihn."

Nachdem die zweiundzwanzig Leichen fortgeschafft worden waren, wanderte Tranquilino Marquez wie im Traum das Tal hinunter. Das Echo der Salven klang ihm noch in den Ohren, und auch das abgehackte Feuer von Hauptmann Salcedos tödlichem Revolver. Er hörte die Frau schreien, und er hörte die rettende Stimme von Vater Grávez. Am lautesten aber hörte er die entsetzlichen Worte, die ihn zu einem Leben unter der Erde verurteilten: „Du kannst gleich nach der Exekution in der Mine anfangen." Bald würden sie ihn holen kommen.

Er fing an zu laufen, und als er seine Lehmhütte am anderen Ende von Santa Ines erreichte, stürzte er ins Zimmer, warf die Arme um seine junge Frau und rief: „Sie sind hinter mir her."

Serafina Marquez hatte die Exekution von der Kuppe eines kleinen Hügels beobachtet und gesehen, wie ihr Mann sein Gewehr zu Boden warf, wie Vater Grávez ihm das Leben rettete und wie Hauptmann Salcedo dann aufgeregt mit dem neuen Hauptmann der Polizei sprach. Sie begriff, daß der Hauptmann die Polizisten beauftragt hatte, Tranquilino als Unruhestifter zu verhaften und ihn dann „auf der Flucht" zu erschießen. Sie hatte bereits ihren Entschluß gefaßt.

„Du mußt nach Norden gehen, Tranquilino."

„Wohin?"

„Lauf über die Felder und nimm in Guerrero den Zug. Aber gleich!"

„Und wohin soll ich fahren?"

„Über den Rio Bravo hinüber. Dort gibt es immer Arbeit."

„Und was ist mit den Kindern?"

„Wir bleiben hier. Wir werden schon durchkommen."

„Aber . . . Serafina!"

„Geh schon!" schrie sie, und in drei Minuten hatte sie ihm etwas Essen eingepackt und ihm das ganze ersparte Geld gegeben. „Wenn du Arbeit gefunden hast, kannst du uns etwas schicken. So wie das Hernandez mit seiner Frau macht." Dann schob sie ihn zur Tür hinaus.

Keine Minute zu früh, denn schon kamen die Polizisten das Temchic-Tal hinunter und fragten nach dem Haus von Tranquilino Marquez, dem bekannten Unruhestifter.

Tranquilino Marquez wanderte meist nur zur Nachtzeit. Schließlich erreichte er die Umgebung von Guerrero, wo er sich zwei Tage versteckt hielt und sich erst am Abend des zweiten Tages in die Stadt schlich, um etwas zu essen zu kaufen. In derselben Nacht wanderte er nach Norden weiter, wo die Lokomotiven anhielten, um Holz für die Feuerung und Wasser für die Kessel aufzunehmen. Dort gab es keine Wachen, und er kletterte unter einen der Güterwagen und band sich an den Eisenstangen fest, die die Wagen entlangliefen. In dieser ungemütlichen Lage gelangte er nach Casas Grandes, wo einige Bauern, die nach den Vereinigten Staaten unterwegs waren, ihn entdeckten.

„Komm raus!" flüsterten sie ihm zu und knieten nieder, um zu sehen, wie er es geschafft hatte, nicht unter die Räder zu kommen.

„Wir fahren drinnen!" sagte einer der Männer mit leiser Stimme. Sie zogen ihn heraus und zeigten ihm, wie man die Türen eines Güterwagens öffnete.

„In Ciudad Juárez klettern wir heraus, bevor die Polizei uns erwischt, und eine Stunde später sind wir über der Grenze."

In jenen Tagen brauchte man keine Papiere, um von Mexiko nach Texas zu reisen. „Habt ihr Schußwaffen bei euch?" fragte sie ein überarbeiteter Zollbeamter am Nordende der Brücke. Aber sie hatten offensichtlich nichts bei sich außer den Kleidern, die sie am Leib trugen, und so ließ er sie durch, denn damals brauchten die Vereinigten Staaten Landarbeiter.

Einige machten sich nach Nordosten auf den Weg, um die reicheren Gebiete von Texas zu erreichen, andere gingen nach Westen, um über Arizona nach Kalifornien zu gelangen, aber einer, der schon einmal im Norden gewesen war, nahm Tranquilino zur Seite und flüsterte ihm zu: „Die guten Jobs findet man jetzt in New Mexico. Komm mit mir."

Es folgte nun eine der ruhigsten Perioden in Tranquilinos Leben. Von Oktober 1903 bis März 1904 durchwanderte er New Mexico in nördlicher Richtung. Er befand sich ständig in der Gesellschaft Spanisch sprechender Menschen, und obwohl er nur niedrige Arbeiten finden konnte, bezahlte man sie ihm in bar, und bald erfuhr er das süße Geheimnis aller Mexikaner, die in den Vereinigten Staaten arbeiteten:

„Du kannst in jeder Stadt zum Postamt gehen, sagst dem Mann am Schalter ‚Giro Postal', gibst ihm dein Geld und bekommst von ihm ein Stück Papier, das du deiner Frau schickst. Er wird dir den Namen auf den Umschlag schreiben, und sie bekommt das Geld."

Sechs Monate lang ging er von einem Postamt zum anderen, fragte nach dem Giro Postal und schickte Serafina und den Kindern alles, was er verdiente. Er wußte nicht, ob sie das Geld bekommen würden oder nicht. Für sich behielt er nur das Allernötigste. Las Cruces, Alamogordo, Carrizozo, Encino, Santa Fe, Taos, Costilla – in jeder dieser Städte verkauften ihm die Postbeamten die Giros und adressierten seine Briefe, wie sie das für Hunderte anderer Arbeiter auch taten.

New Mexico war ein so feiner Staat und sagte den Mexikanern so zu, daß er daran dachte, für immer hierzubleiben – Frau und Kinder nach Norden kommen zu lassen, um irgendwo in der Gegend von Santa Fe ein Heim für sie zu schaffen, wenn es ihm gelänge, eine Stellung auf einer der Viehfarmen zu bekommen. Doch im März 1904 verschob er die Ausführung dieses Traumes. Ein Mann ging da nämlich in Costilla herum, wo Tranquilino beschäftigt war, und fragte: „Gibt es Mexikaner hier, die sich für einen wirklich feinen Job interessieren? Gemüsepflanzen in Alamosa . . . oben in Colorado?" Der Mann bot eine so phantastische Entlohnung an – vier Dollar die Woche, Wohnung und Verpflegung –, daß Tranquilino und noch ein paar andere sofort zugriffen.

Nordwärts ging es mit dem Wagen zum Blanca Peak, der den ganzen Straßenzug beherrschte, und dann nach Westen zu den Rieselfeldern rund um Alamosa. Tranquilino empfand es als Vergünstigung, in Alamosa arbeiten zu dürfen, dessen zahlreiche Ladenbesitzer alle Spanisch sprachen. Bald kam es ihm vor, als ob Colorado ein noch besserer Staat wäre als New Mexico – bis er erfahren mußte, daß die Mehrzahl der Bewohner der kleinen Stadt auf die Mexikaner schlecht zu sprechen war und ihnen alles Böse nachsagte.

Es gab in den westlichen Bundesstaaten Amerikaner, die, weil sie ihre Indianer verloren und nur wenige Schwarze zur Hand hatten, ihren Zorn jetzt an den Mexikanern ausließen. Der Sheriff von Alamosa verhaftete Mexikaner selbst wegen geringfügiger Vergehen, und die Richter straften sie streng und ohne auch nur die äußere Form einer Gerichtsverhandlung einzuhalten. Die Ladenbesitzer berechneten ihnen höhere Preise als ihren weißen Kunden, und es gab viele Geschäfte, zum Beispiel Friseurläden und Restaurants, die ein Mexikaner nicht betreten durfte. Ihr Geld war den Leuten willkommen, sie selbst nicht.

Aber sogar nach drei unerquicklichen Zusammenstößen mit den Gesetzeshütern, auf Grund von Vergehen, von denen er gar nicht wußte, daß er sie begangen hatte, sagte Tranquilino, ein ruhiger Mann, der immer bemüht war, allem Verdruß aus dem Wege zu gehen, zu seinen mexikanischen Zellengenossen: „Es könnte schlimmer sein. Wäre ich nicht hier, ich würde in den Silberminen in Temchic arbeiten müssen. Möglicherweise wäre ich schon tot." So erwarb er sich auch in Alamosa den Ruf eines verläßlichen Mannes. Er kam als erster zur Arbeit, ging als letzter heim und verlor nie seine gute Laune.

„Guten Morgen, Mr. Adams! Jawohl, Mr. Adams! Sofort, Mr. Adams!" Es war nicht Unterwürfigkeit, die ihn bewog, sich so zu benehmen. Er tat es, weil er froh war, einen Job zu haben, und dankbar, daß man ihm den Lohn auf fünf Dollar die Woche erhöht hatte, was ihn in die Lage versetzte, seiner Frau in Santa Ines noch mehr Geld zu schicken.

Einige hitzige Kameraden warfen ihm vor, er habe Angst, für seine Rechte einzutreten. „Ich habe alle Rechte, die ich brauche", antwortete er ihnen. „Ich lasse die Finger von allem, was mich mit dem Sheriff in Konflikt bringen könnte, und ich bin seit acht Monaten nicht mehr im Gefängnis gewesen."

Es war nun das dritte Jahr, daß er Geld nach Mexiko schickte, und er wußte noch immer nicht, ob seine Frau es bekam oder nicht. Darum ging er im Oktober, als die Ernte eingebracht war, zu Mr. Adams. „Ich fahre nach Chihuahua", sagte er. Mr. Adams war gar nicht so unglücklich darüber, in den stillen Wintermonaten einen Mann weniger füttern und bezahlen zu müssen. „Eine gute Idee, Tranquilino", antwortete er. „Im nächsten Frühling kannst du wieder bei mir anfangen."

Es gab einen Zug nach El Paso, und für einen kleinen Aufschlag durfte er bis zur Grenze fahren. Dort ging er über die Brücke und wurde von den mexikanischen Beamten freundlich begrüßt. „Santa Ines", gab er ihnen sein Reiseziel an, und ein Leutnant warnte ihn: „Paß gut auf, mein Freund, und laß dich nicht mit den Revolutionären ein, die in dieser Gegend ihr Unwesen treiben."

„Ich möchte nur meine Frau besuchen", entgegnete Tranquilino. „Ich habe seit drei Jahren nichts von ihr gehört." Er ging auf den Frachtenbahnhof der Northwest Line, wo schon ein paar Dutzend anderer, die auch aus den Vereinigten Staaten gekommen waren, auf einen geschlossenen Güterwagen warteten, der nach Süden fahren würde.

Auf dem Weg nach Guerrero erfuhr Tranquilino zum ersten Mal von den ernsten Unruhen, die in ganz Mexiko ausgebrochen waren. Auch erzählte man ihm von Oberst Salcedo, dem Helden von Temchic, der jetzt diese Gegend beherrschte, und wie dieser grausame Mann in seinen Ledergamaschen herumstolzierte und Feldarbeiter erschoß, wenn sie ein Wort gegen General Terrazas oder Präsident Diaz laut werden ließen.

Aber er hörte auch romantische Erzählungen über Capitán Frijoles, der sich irgendwo in der Sierra Madre verborgenhielt und die Regierungstruppen mit kühnen Ausfällen in Atem hielt. Tranquilino empfand freudige Erregung, als er daran dachte, daß der Rebell, den er nie gesehen hatte, noch am Leben war.

Der Zug war schon ein gutes Stück über Casas Grandes hinaus, als Tranquilino sein erstes Erlebnis mit der richtigen Revolution hatte. Jemand hatte die Geleise der Northwest Line vermint. Lokomotive und Tender kamen über die Mine noch hinweg, aber die nächsten Wagen flogen in die Luft, ihre Fahrgäste wurden getötet. Nur der Wagen mit Tranquilino blieb unversehrt.

Die Überlebenden kletterten hinunter, um sich den Trümmerhaufen anzusehen, und bald kamen auch Soldaten aus einer im Süden gelegenen Garnison. Alle wurden verhaftet, und als später Oberst Salcedo, der jetzt den ganzen Bezirk unter sich hatte, auf dem Schauplatz erschien, begann er sogleich mit der Vernehmung der Verdächtigen. Alle erzählten die gleiche Geschichte: „Ich war auf der Heimfahrt, *mi coronel.* Ich habe in Texas gearbeitet.“ Es war offensichtlich, daß sie alle die Wahrheit sagten.

Grob packte Salcedo Tranquilino am Arm, starrte ihn an, ohne ihn wiederzuerkennen, und knurrte: „Und du? Was hast du zu sagen?“

„Ich bin unterwegs nach Hause. Ich komme aus Colorado.“

„Wo ist das?“

„Nördlich von Texas.“

„Wohin fährst du?“

Tranquilino war nahe daran, „Santa Ines“ zu sagen, mutmaßte aber ganz richtig, daß er damit Verdacht erregen oder sogar die Erinnerung an den Aufstand, der sich dort zugetragen hatte, wachrufen könnte. „Ich steige in Guerrero aus“, antwortete er, und Salcedo ging weiter.

Aber die Soldaten identifizierten drei Revolutionäre, stellten sie an die Wand und erschossen sie. „Das soll euch Heimkehrern eine Lehre sein“, sagte der Oberst. Nach einer Weile waren die Geleise wieder instand gesetzt, und die Reste des Zuges setzten die Fahrt nach Guerrero fort. Tranquilino stieg aus und machte sich zu Fuß auf den Weg nach dem schönen Temchic-Tal.

Kindergeschrei begrüßte ihn, als die ersten Häuser von Santa Ines vor ihm lagen. „Tranquilino Marquez ist wieder da!“ Menschen umringten ihn, und einige Jungen riefen: „Victoriano! Das ist dein Vater!“ Ein scheues kleines Kind trat vor. Tranquilino erkannte es nicht wieder. Es trug gute saubere Kleidung, für die sein Vater mit den Giros Postales gezahlt hatte. Die zwei starrten sich an wie Fremde.

Es war ein langer, ein behutsamer und freundlicher Besuch. Die Kinder sahen gesund aus. Serafina hatte das Geld gut verwaltet. In einer Schachtel hatte sie die Umschläge aus den fremden Städten aufbewahrt: Alamogordo, Carrizozo, Taos, Alamosa. Eine des Lesens kundige Nachbarin hatte ihr die Namen vorgesagt, und Serafina hatte gemeint: „Sie klingen wie mexikanische Städte.“

Vater Grávez freute sich, Tranquilino wiederzusehen. „Du bist ein edler Mensch – *un hombre noble* –, weil du deiner Familie drei Jahre lang immer Geld geschickt hast. Da gibt es andere ..."

Tranquilino entdeckte, daß es ihm Freude machte, mit dem Padre zu sprechen. „Ist es wahr", fragte Grávez, „daß man in den *Estados Unidos* nur sechs Tage in der Woche arbeitet und dazu noch den halben Sonnabend frei hat?" Tranquilino erklärte ihm die Arbeitsbedingungen und vergaß nicht zu erwähnen, daß jedermann zum Arzt gehen könne. „Bis zum Arzt sind es vier Meilen, und wenn man Geld hat, muß man bezahlen", erzählte er. „Aber als Gutierrez ein Bein verlor, wurde er umsonst behandelt, und eine Amerikanerin in Alamosa schenkte ihm ein Paar Krücken."

„So sollte es auch bei uns sein", meinte Vater Grávez.

Tranquilino wollte wissen, was der Priester davon hielt, wenn er Serafina und die Kinder mit nach Colorado nähme. „Nein", antwortete Grávez, „Frauen und Kinder sollten in der Nähe ihrer Kirche bleiben." Worauf Tranquilino entgegnete: „In Colorado fliegen keine Züge in die Luft."

Das gab Vater Grávez zu und schüttelte betrübt den Kopf. „Vielleicht kommt die Zeit, wo du deine Familie nach Norden bringen mußt. Aber jetzt noch nicht."

Während die Wochen verstrichen und von den Unruhen im Norden nur ein schwaches Echo zu vernehmen war, entdeckte Tranquilino aufs neue, welchen Schatz er an Serafina hatte. Ihr sanft strahlendes, immer ausgeglichenes Gemüt erinnerte ihn an die sahnige Milch, die er in Alamosa zu trinken pflegte. In ihrer Jugend hatte sie wie ein Maultier auf den Feldern gearbeitet, und obwohl Tranquilino gut für ihren Unterhalt sorgte, arbeitete sie auch weiterhin genauso hart, womit sie allerdings andere, weit gesteckte Ziele verfolgte. Sie pflegte die Kranken und nahm sich der Kinder an, deren Väter in den Minen umgekommen waren. Sie half in der Kirche mit und war Vater Grávez eine verläßliche Stütze. Frauen ihrer Art gab es in Mexiko zu Millionen, aber das Land verstand es nicht, ihre Energien fruchtbringend zu verwerten, und so verrichteten sie Sklavenarbeiten in Minenstädten wie Temchic oder pflanzten Gemüse in kleinen Dörfern wie Santa Ines.

Sie wurde verlegen, als sie Tranquilino mitteilte, daß sie schwanger war. „Du wirst nicht hier sein, wenn das Baby kommt", sagte sie, und im Verlauf des vertraulichen Gespräches, das sie dann führten, flüsterte sie ihrem Mann ein Geheimnis zu: „Als du fort warst und wir noch kein Geld bekommen hatten und beinahe verhungert wären, weil alle Angst hatten, uns zu helfen, kam eines Nachts ein Mann an die Tür und brachte uns Essen und ein paar Pesos. Was glaubst du, wer das war?"

Tranquilino nannte die Namen dreier Freunde, aber sie waren es nicht gewesen. „Frijoles war es", beantwortete sie ihre eigene Frage.

„Er kam, um mir dafür zu danken, daß du dich geweigert hattest, seine Frau zu erschießen. Ich hielt ihn drei Tage lang im Haus versteckt." Mehr wurde darüber nicht gesprochen, aber die Revolution schien nun der Familie Marquez sehr nahe gekommen zu sein.

Die Rückfahrt bereitete Tranquilino keine Schwierigkeiten. In der letzten Woche des Jahres 1905 überschritt er die Grenze, arbeitete ein paar Tage in Carrizozo, zog dann nach Taos hinauf und weiter nach Alamosa, aber als er dort ankam, erfuhr er zu seinem Leidwesen, daß Mr. Adams bereits ein volles Kontingent angeheuert hatte. So wanderte er weiter nordwärts nach Salida. Er versuchte, Arbeit auf einer Farm zu finden, wo man Salat pflanzte, aber sie brauchten niemanden. Er überquerte die Berge und kam nach Buena Vista, wo er sich bei einer mexikanischen Familie einquartierte und ein paar Wochen lang als Straßenarbeiter sein Brot verdiente. Anschließend zog er nach Fairplay und versuchte sich dort in allen möglichen Beschäftigungen.

Er lernte einen Landsmann kennen, der in Denver lebte – „Dember" nannte der Mann die Stadt, „das feinste Städtchen in der ganzen Welt". Die Begeisterung dieses Mannes steckte ihn an, und er lenkte seine Schritte nach Osten über die großen Gebirge und erreichte schließlich den letzten Hügelkamm, von dem aus er auf die Königin der Prärie hinabblicken konnte.

Denver! Was für ein Mekka für den mexikanischen Arbeiter! Im Winter, wenn die Arbeit auf den Feldern ruhte, strömten Männer aus allen Teilen Colorados herbei, und wenn der Schnee hoch auf Straßen und Plätzen lag, saßen die Mexikaner bei heiteren Liedern, bei Bier und Tanz und gebackenen Eierkuchen zusammen und sprachen von der Heimat.

Denver! Eine Meile hoch lag die Stadt, und alle liebten sie: die Viehzüchter, die ihr Vieh zur Winterschau brachten, die einsamen Männer, die von der Prärie kamen, um ein gutes Steak-Dinner zu genießen, ganz besonders aber die Mexikaner, die sich in den kleinen Gäßchen, in denen Spanisch die Umgangssprache war, verlieren konnten.

„Das ist hier zehnmal besser als Chihuahua", sagte Tranquilino zu seinen Trinkgefährten.

„Warst du schon einmal in Chihuahua?" fragte einer.

„Nein. Aber hier ist es besser."

Er verbrachte zwei Monate in Denver und verdiente sein Geld in acht verschiedenen Stellungen. Doch das Leben in der goldenen Stadt war teuer, und er konnte nur wenig Geld nach Hause schicken. In einer Schenke, in der viel gesungen wurde, lernte er eines Abends Magdalena kennen, eine junge Frau von zweiundzwanzig Jahren, die jeden Mann hätte haben können, aber sie lud ihn ein, mit ihr zu leben. Sie war in einem Restaurant angestellt, und zusammen würden sie ausreichend zu essen haben.

„Warum gerade ich?“ fragte er in ehrlicher Verwirrung.

„Weil du gut aussiehst . . . und weil du gütig bist“, antwortete sie. „Ich mag keine Raufbolde mehr. Du bist wie dein Name. Ich hätte ein gutes Gefühl, wenn ich heimkomme und ein Mann wie du auf mich wartet.“

Sie war ganz anders als Serafina, von der er nie sprach. Magdalena war ein ungestümes Wesen und hemmungslos in der Liebe. Sie war gerne mit Männern zusammen, aber sie hatte Angst vor ihnen und fühlte sich nur in Tranquilinos Gesellschaft wohl. Als es Zeit wurde, die Miete für ihr Zimmer zu bezahlen, entdeckte sie zufällig, daß er Giros Postales an seine Frau in Mexiko geschickt hatte. Statt böse zu werden, küßte sie ihn leidenschaftlich. „Darum brauche ich dich, Tranquilino“, schluchzte sie, „denn wenn ich deine Frau wäre und du hättest von mir fortgehen müssen, würdest du auch mir Geld schicken.“

Manchmal bekam er Angst vor dem, was die Zukunft ihnen bringen mochte, denn nie würde er imstande sein, zu tun, was manche andere Männer taten: Sie hatten eine Frau in Sonora oder Sinaloa und heirateten in Denver seelenruhig ein zweites Mal. Sie verbrachten ein halbes Jahr in Mexiko mit der einen und ein halbes Jahr in Denver mit der anderen. Vater Zapata, der die Mission auf der Santa Fe Street leitete, kam an einem Spätnachmittag, um mit ihnen zu sprechen.

„Es ist nicht recht, was ihr tut“, sagte er ernst. „Du bist eine schöne junge Frau, Magdalena, und hast das Recht auf ein Heim . . . auf Kinder. Porfirio hat mich geschickt, um dich zu fragen, ob du ihn heiraten willst. Er ist ein braver Kerl und wird dir ein guter Mann sein.“

Zur großen Überraschung des Priesters brach das Mädchen in Tränen aus. „Ich habe Angst“, sagte sie.

„Wovor?“

„Vor der Zukunft“, antwortete sie. „Mein Vater und meine Brüder sind beide in die Berge gegangen. Sie sind jetzt Banditen und kämpfen mit Capitán Frijoles.“

Vater Zapata, ein guter Priester, brachte beim nächsten Besuch Porfirio Menendez mit. Menendez war ein großgewachsener, schweigsamer Mann, der auf einem Hof nördlich von Brighton arbeitete und eine Frau brauchte. „Mein Herr“, erklärte er, „will, daß ich ständig oben lebe. Ich habe ein Haus, mit Fließwasser in der Küche.“

„Sie ist die beste Frau, die ich in Colorado gesehen habe“, sagte Tranquilino. „Sie ist ein bißchen nervös, aber eine sehr gute Frau.“

„Willst du mich nehmen?“ fragte Porfirio, aber sie gab ihm keine Antwort.

Auch bei seinem nächsten Besuch brachte Vater Zapata Porfirio mit, und die zwei Männer überzeugten Magdalena, daß sie heiraten und auf den Hof ziehen sollte. Das tat sie denn auch, aber schon drei Wochen später erschien Porfirio heftig erregt bei Tranquilino und bat ihn um Hilfe. „Ist sie zurückgekommen?“ fragte er in kläglichem Ton.

„Nicht zu mir“, antwortete Tranquilino, und weil er sich um das Mädchen sorgte, begleitete er Porfirio zum Priester. „Sie war vor ein paar Tagen bei mir“, gab Vater Zapata zu. „Sie war auf dem Weg in die Sierra Madre, um zu ihrem Vater und ihren Brüdern zu stoßen.“

Zusammen wanderten Tranquilino und Porfirio die ganze Nacht durch die Straßen. Sie kamen in einen Park, von dem aus man die neue Hauptstadt überblicken konnte, und ein paar Jungen fingen an, sie zu necken, weil sie Mexikaner waren. „Ihr jetzt fortgehen“, ersuchte sie Tranquilino in seinem schlechten Englisch. „Wir sein nicht glücklich.“ Das trug ihnen noch mehr Spott ein. Nach einer Weile kam ein Polizist. „Haut ab, ihr beiden“, sagte er. „Wir wollen hier keinen Stunk haben.“ So gingen sie weiter durch die Straßen, bis Porfirio schließlich völlig die Nerven verlor und mitten auf der Santa Fe Street zu heulen begann. „Ich werde sie nie wiedersehen“, meinte er, nachdem er sich wieder ein wenig gefaßt hatte. „Sie bekommt ein Baby. Ich glaube, es ist deines.“ Und die zwei Männer trennten sich.

In den letzten Jahren des vergangenen Jahrhunderts leistete die Union-Pacific-Eisenbahn dem Land einen hervorragenden Dienst, und nirgends wirkte sich dieser Dienst segensreicher aus als in Centennial.

In Wahrung ihrer Interessen kamen die Direktoren der Eisenbahn zu dem Schluß, daß der beste und einfachste Weg, einen Gewinn zu erzielen, darin bestand, eine große Anzahl Kunden zu werben, insbesondere Bauern, denen man nahelegen konnte, ihre Bodenprodukte mit der Bahn zu transportieren. Sie stellten zwei aus geschulten Leuten bestehende Einsatzgruppen zusammen. Die eine Gruppe reiste nach Europa, wo sie die Vorteile einer Ansiedlung in den Staaten wie Colorado oder Utah in den leuchtendsten Farben schilderten. Ihren Bemühungen war es zu danken, daß sich Tausende von Einwanderern – Deutsche, Tschechen, Polen und Iren – auf den Prärien niederließen; ganz besonders erfolgreich aber waren sie in der Anwerbung von Bauern aus den skandinavischen Ländern.

Die zweite Gruppe erzielte weniger dramatische, aber auf lange Sicht wirksamere Ergebnisse. Diese Männer bereisten den Westen selbst und überschwemmten ihn mit einer Flut von reich bebilderten, vielversprechenden Werbebroschüren, die zeigen sollten, was ein hart arbeitender Bauer mit vierzig oder sechzig Morgen guten, bewässerten Landes erreichen konnte. Millionen dieser Flugschriften zirkulierten in Amerika und Europa.

Die Flugschrift für Centennial war eine der besten. Auf zweiunddreißig Seiten bot diese Broschüre einen wahren Schatz von Informationen über die Stadt und das fruchtbare Land, das sie umgab. Die Broschüre war besonders gut geraten, weil die Eisenbahn zwei Leute beauftragt hatte, sie zu schreiben, die in keiner Weise den Vorstellungen entsprachen, die man sich gemeinhin von Verfassern solcher Druckschriften macht. Eine ältliche Lehrerin, Miss Keller, die das Land, über das sie schrieb, liebte und ihre Begeisterung deutlich zum Ausdruck brachte, lieferte die schmucklosen Tatsachen. Den reißerisch geschäftstüchtigen Charakter der Schrift prägte ein Mann von ganz anderer Art.

Als der Vertreter der Eisenbahn in der Stadt eintraf, um jemanden zu suchen, der die Broschüre schreiben könnte, quartierte er sich selbstverständlich im Bahnhofshotel ein. Er setzte sich in die Bar und kam dort mit einem Mann ins Gespräch, dessen mitteilsame Begeisterung und augenscheinliche Kenntnis der Landwirtschaft ihn stark beeindruckten. Er wußte sofort, daß das der Mann war, den er suchte.

Der Mann war neunundvierzig Jahre alt, großgewachsen, gut aussehend, hatte ausgezeichnete Manieren und das Auftreten eines Herrn. Sich einer gewählten Ausdrucksweise befleißigend, zeigte er lebhaftes Interesse an dem Projekt des Besuchers und ein höchst einfühlsames Verständnis für die zu ergreifenden Maßnahmen.

„Dies hier, Sir“, sagte er in ernstem Ton, sein feingeschnittenes Gesicht dem des Agenten zugewandt, „könnte der neue Garten Eden werden. Wo immer es mir gelang, den Boden zu bewässern, ist meine Ernte üppig gediehen. Üppig, sage ich, Sir, und genau das meine ich auch.“ Mit der linken Hand griff er nach dem Arm des Fremden, während er mit der rechten ein imaginäres Bild von Größe zeichnete. „Ich sehe ein Land voll von fleißigen europäischen Bauern, jeder einzelne ein König in seinem neuen Reich. Wenn er sich dem Boden so hingebungsvoll widmet, wie ich es getan habe, wird er jedes Jahr die reiche Ernte sehen . . .“

„Ich glaube, ich habe Ihren Namen nicht genau verstanden“, unterbrach ihn der Fremde.

„Mervin Wendell, Sir. Landwirt.“

„Sie könnten genau der Mann sein, den ich suche, Mr. Wendell.“

„Es würde mir eine Ehre sein, Ihnen dienen zu können“, entgegnete Wendell.

„Wir erwägen eine Grundstückstransaktion . . .“

„Sie haben mir jetzt etwas voraus, Sir. Ihr Name?“

„Norris, aus Omaha.“

„Mr. Norris. Setzen wir uns dort hinüber. Woran genau denken Sie, wenn Sie von einer Grundstückstransaktion sprechen?“

Aus dieser zufälligen, aber unter günstigen Auspizien begonnenen Begegnung erwuchs eines der solidesten Unternehmen in Centennial: „MERVIN WENDELL. – *Legen Sie Ihre Hand auf ein Stück Land.*“

Der erste Schritt sollte die Werbebroschüre sein, und Wendell erklärte sich bereit, die Sache in die Hand zu nehmen. „Im ganzen Westen weiß keiner so elegant die Feder zu führen wie Miss Keller“, versicherte er Norris. „Wir können uns darauf verlassen, daß sie uns die Fakten liefert. Was allerdings die Aufmachung betrifft . . .“ Er fühlte sich verpflichtet, diesem Punkt ganz besondere Aufmerksamkeit zu schenken, und er begann damit, daß er einen Fotografen der Eisenbahngesellschaft nach Centennial kommen ließ, um hier eine Serie wirkungsvoller Bilder zu machen. Ähnlich wie in allen Eisenbahnbroschüren jener Zeit beschäftigten sich auch hier die Bildunterschriften mit der Geschichte der Besiedlung:

„Das palastähnliche Heim Messmore Garretts, eines Schafzüchters im Bezirk Centennial."

„Das elegante Haus Mervin Wendells, eines bekannten Landwirts, der vor neun Jahren mittellos nach Centennial kam."

„Hans Brumbauch, russischer Immigrant. Man beachte die Größe des Kürbisses, den er auf seinen Riesenfeldern geerntet hat."

Die Broschüre enthielt vierundzwanzig Bilder palastartiger Häuser, blühender Unternehmen und ungewöhnlich groß geratener Gemüsesorten. Das letzte Bild zeigte Mervin Wendells elegantes Büro auf der First Avenue gegenüber dem Bahnhof.

Das eigenartige an der Broschüre war, daß sie jegliche Übertreibung vermied. Die darin gezeigten palastartigen Häuser gehörten tatsächlich Männern, die mittellos nach Centennial gekommen waren. Und jeder hart arbeitende Neuankömmling, der zwischen 1896 und 1910 bewässertes Land kaufte, erwarb einen Besitz, dessen Wert sich in den folgenden Jahren vervielfachte. Das war die Zeit günstiger Kaufgelegenheiten, als der letzte große Berieselungskanal gebaut wurde, als man die Wüste zum Blühen brachte.

Mervin Wendells Grundstückgeschäft florierte. Indem er zuerst Kapital der Union Pacific ins Geschäft steckte und seine beträchtlichen Gewinne wieder anlegte, brachte er allmählich einen Teil des besten Bodens in seinen Besitz. Wurde irgendwo ein neues Gebiet aufgeschlossen und lieferte die Bahnverwaltung fünfzig oder hundert landhungrige Interessenten an, verkaufte er die minderwertigsten Parzellen zuerst und behielt die besten für sich.

Er besaß jetzt nicht nur die Karpitz-Farm, die sein erster Kauf gewesen war, sondern auch noch weitere viertausend Morgen. Gewiß waren nicht alle bewässert, aber er hatte kein Land, auf dem sich nicht irgendeine Feldfrucht hätte ziehen lassen. Er wurde der größte Landbesitzer im Bezirk, wenn man nur das Ackerland rechnete, und er würde bald auch der reichste sein, wenn seine Felder nur genügend Regen bekamen.

Mervin Wendells „elegantes Haus" war kein Neubau. Nachdem er Gribben durch Erpressung genötigt hatte, ihm das alte Haus zu überlassen, setzte er eine neue Fassade vor, baute einen Nordflügel an und leistete sich eine neue Veranda, neue betonierte Fußwege und eine neue schmiedeeiserne Einfriedung. Das Haus war jetzt doppelt so groß, und, wie das Foto zeigte, „elegant".

Die Bürger von Centennial waren stolz auf die Wendells. Sie hatten praktisch mit nichts angefangen, diese reizenden Menschen, hatten dabei noch anderen geholfen und waren gute Nachbarn und vorbildliche Bürger. Von der Renovierung ihres Hauses abgesehen, taten sie sich nicht durch große Ausgaben hervor. „Jeden Penny, den der Mann verdient, steckt er in Grundstücke", sagte der Bankdirektor bewundernd. Lange bevor die Union Pacific ihren Plan für eine Grundstückstransaktion entwickelte, hatte Mervin Wendell genügend Land erworben, um selbst eine in Angriff zu nehmen.

Je älter sie wurde, desto mehr wurde Maude Wendell zur Dame. Als Schauspielerin, die ihre eigene Truppe leitete, hatte sie immer schon den gewissen Spürsinn für Kleider und würdevolles Auftreten gehabt. Jetzt aber, dem selbstsicheren Mittelstand angehörig, blühte sie auf und erwies sich als in gesellschaftlichen Belangen tonangebende Persönlichkeit. Sie übte ihre Führungsrolle nicht kraft ihres Einkommens aus, das beträchtlich war, sondern weil sie eine Persönlichkeit war und aufrichtiges Interesse an der Gemeinde hatte. Für die Honoratioren der Stadt war das Dinner bei den Wendells der Höhepunkt der Woche.

Über die Entwicklung ihres Sohnes Philip waren die Wendells nicht glücklich. Er studierte Musik an der Universität in Boulder, zeigte großes Einfühlungsvermögen für die Werke der Klassik und hatte es zu einem Violinisten von beachtlichem Können gebracht. Doch wenn er zu Hause war, weigerte er sich, die Eltern durch sein Spiel zu unterhalten. Wenn Mervin ihn drängte, zog er sich unter allen möglichen Vorwänden in sein Zimmer zurück. Auch bekundete er keinerlei Interesse am Grundstücksgeschäft. „Ich weiß wirklich nicht, was aus dem Jungen werden soll", vertraute Mervin seinen Geschäftsfreunden an. Maude war überzeugt, daß der Mord an Mr. Sorensen, in den ihr Sohn verwickelt worden war, ihn tiefer berührte, als es damals den Anschein gehabt hatte. Trotzdem sprach sie nie mit ihm über die Last, die ihn bedrückte.

Was sie und ihren Gatten betraf, so belastete der Mord in keiner Weise ihr Gewissen. Von ihrem Platz am Eßzimmertisch konnte Maude durchs Fenster zu der Stelle am Beaver Creek hinsehen, wo ihr Sohn die Leiche verborgen hatte, ohne daß der Anblick Gefühle irgendwelcher Art in ihr auslöste.

Philips größtes Problem war sein Vater, in dem er immer deutlicher einen eitlen, aufgeblasenen Wichtigtuer erkannte. „Wenn er mir sagt, daß morgen Donnerstag ist", vertraute er einmal einem Mädchen in Boulder an, „schaue ich im Kalender nach, ob es nicht Mittwoch oder Freitag ist. Er ist einfach nicht imstande, die Wahrheit zu sagen."

Bei Mervin hatte die Zeit die Momente der Angst nach jenem Mord völlig aus seiner Erinnerung gelöscht. Er konnte sich nicht mehr entsinnen, die Leiche in den Brunnen geworfen zu haben oder gar in Ohnmacht gefallen zu sein, als Sheriff Dumire mit leeren Händen wieder heraufgekommen war. Für ihn war die Episode zu einem Witz geworden. „Na komm schon“, sagte er oft zu seinem Sohn, wenn er merkte, daß Maude aus dem Fenster in die Richtung des Brunnens sah, „verrate mir doch, wo du ihn vergraben hast.“

„Heute ist mein Geburtstag, Philip“, sagte er am 17. Januar 1904, als die Familie beim Frühstück saß. „Heute mußt du mir verraten, wo du ihn vergraben hast.“ Philip stand vom Tisch auf und ließ sich den ganzen Tag nicht mehr blicken.

Einen Mann gab es, der Mervin Wendell in jeder Beziehung hereingefallen war: Mr. Norris von der Union Pacific. Nachdem die Broschüre veröffentlicht worden war und die Eisenbahn immer mehr Anfragen bezüglich des Landkaufs an den Ufern des Platte River erhielt, kam Norris wieder in die Stadt. Er war unterwegs gewesen, um andere Gemeinden, die an der Strecke lagen, zu überreden, auch so verführerische und anreizende Druckschriften zu veröffentlichen, wie das Centennial getan hatte.

Er kam auch bei Miss Keller vorbei. „Sie können stolz sein“, sagte er ihr. „Alle Eisenbahnen kopieren ihren Text. Sie haben das wirklich sehr schön geschrieben.“ Nach einer Weile fügte er hinzu: „Natürlich hatten wir Glück, Sie und ich, daß wir auf einen so erfahrenen Landwirt wie Mervin Wendell gestoßen sind.“

„Er hat nie Land bebaut“, gab Miss Keller zurück.

„Er ist doch als Landwirt bekannt“, protestierte Norris. „Er hat immer mit der Autorität eines Fachmannes gesprochen.“

„Er kann über alles mit der Autorität eines Fachmannes reden“, antwortete Miss Keller. Sie wollte Mervin Wendell nicht herabsetzen, nur charakterisieren, wie das eine gute Lehrerin zu tun pflegt.

„Sie meinen, er hat nie sein Land bewirtschaftet?“

„Er war Schauspieler . . . ein guter Schauspieler. Nehmen Sie ihn doch nach Omaha mit, und er wird Ihrem Präsidenten genau erklären, wie er seine Eisenbahn organisieren soll.“

Miss Keller war schon eine alte Dame, fand aber immer noch Geschmack am Unsinn des Lebens. Sie stand auf, trat an Mr. Norris heran und ergriff mit der linken Hand seinen Arm. Mit der rechten zeichnete sie große phantasievolle Bilder an die Wand ihres kleinen Zimmers. „Herr Präsident“, deklamierte sie mit tiefer Stimme, „ich sehe Ihre Union Pacific in die Berge vorstoßen, den Berthoud-Paß überqueren, um Denver und Salt Lake City miteinander zu verbinden. Ich sehe riesige Menschenmassen . . .“

Sie lachte und kehrte zu ihrem Stuhl zurück. „Wir haben heute einen Gesellschaftsabend im Gemeindehaus. Seien Sie dort mein Gast. Es ist hoch an der Zeit, daß Sie Mervin Wendell einmal singen hören.“

Während Wendell und die Union Pacific immer mehr Bauern ins Platte-Tal brachten, die allesamt Zuckerrüben pflanzen wollten, um über ein leicht verkäufliches Produkt zu verfügen, erwies sich die Notwendigkeit, die Versorgung mit Arbeitskräften sicherzustellen, als immer vordringlicher. In seiner gewohnt schwungvollen Art entschloß sich Potato Brumbauch Anfang März 1906, wieder einmal einen Beitrag zur Lösung dieses Problems zu leisten. Er kletterte in seinen Sechs-Zylinder Ford-Touringwagen, Modell K – es verstand sich von selbst, daß er als erster in Centennial ein Auto besaß, und ein großes noch dazu –, brauste nach Denver hinunter, fragte nach dem mexikanischen Viertel und stürmte in die Schenke, wo die Arbeiter die letzten schönen Wintertage vertrödelten.

„Abend."

„Hola", erwiderte einer der Mexikaner argwöhnisch seinen Gruß.

„Ich bin Potato Brumbauch. Pflanze Rüben in Centennial. Habe drei gute Arbeitsplätze zu vergeben. Gute Bezahlung. Gutes Haus."

Die Männer musterten ihn mißtrauisch. Die Kellnerin beäugte den alten Mann, der Hosenträger und Gürtel trug. Aber sie lächelte nicht.

„Na?" Keiner rührte sich.

Er stand mitten in der rauchgefüllten Schenke, und sein Auge fiel auf einen hohlwangigen Mann, der allein in einer Ecke saß. Das schwarze Haar fiel ihm über die Augen, und er sah aus wie einer, der zu arbeiten verstand. Ohne auf die anderen zu achten, ging Brumbauch zu ihm hinüber, streckte ihm die Hand entgegen und sagte: „Es ist ein guter Arbeitsplatz. Du solltest mit mir kommen."

Der Mann in der Ecke betrachtete die Hand, die ihm dargeboten wurde, dachte einen Augenblick nach, ergriff sie und stand auf.

„Wie möchtest du, daß man dich ruft?" fragte Brumbauch. Soweit der Mann sich zurückerinnern konnte, war dies das erste Mal in seinem Leben, daß ein weißer Mann ihm die Wahl über irgend etwas überlassen hatte.

„Tranquilino."

„Hast du zwei Freunde?"

Tranquilino sah sich in der Schenke um und deutete dann auf zwei Männer. Brumbauch ging zu jedem von ihnen hin und bot ihnen Arbeit an. Zu seiner Freude erklärten sich die Männer einverstanden und wollten wissen, wann Brumbauch sie brauchen würde. „Gleich", antwortete er und meinte damit, im Laufe der Woche, aber die Männer sagten „Gut", und gaben zu verstehen, daß sie bereit wären.

„Wo soll ich euch abholen?" fragte Brumbauch.

„Hier", sagten die Männer.

„Wann?"

„Jetzt."

Und sie meinten auch jetzt. Als Brumbauch wissen wollte, was mit ihren Zimmern sei, antworteten sie: „Im November sind wir wieder da“, und damit war die Sache erledigt. Sie verließen für ein paar Minuten die Schenke und kehrten mit kleinen Bündeln zurück. „Wir gehen“, sagten sie, in der Erwartung, jetzt einen Fußmarsch zum Bahnhof antreten zu müssen. Als sie das Automobil sahen und begriffen, daß sie damit fahren würden, riefen sie nach den anderen in der Schenke, um sich von ihnen bewundern zu lassen.

Auf der Straße wurde eine Fiesta improvisiert, und erst dann kletterten die drei Männer in den Ford, und Brumbauch machte sich auf nach Norden.

Die Fahrt war noch aufregender als das Automobil selbst, denn Brumbauch steuerte den Wagen, als ob die Straße für ihn allein gebaut worden sei. In der Straßenmitte dahinsausend, fluchte er nach allen Seiten und beschimpfte alles, was ihm den Weg streitig zu machen drohte. Als er das offene Land im Norden der Stadt erreichte, wurde er zur tödlichen Gefahr für Hunde und Hühner. Den drei Mexikanern gefiel die ausgelassene Art ihres neuen Herrn, und sie fingen an, wacker mitzuhalten, wenn es galt, Fußgänger und Katzen anzubrüllen.

Die erste Woche war um, und Brumbauch hatte richtig Angst, jemandem zu erzählen, wie gut die Mexikaner arbeiteten. Er fürchtete, man könnte sie ihm stehlen. Die Männer bebauten gern das Land, zeigten Verständnis für die Probleme des Bodens und hatten auch nichts dagegen, ihre Arbeit in gebückter Haltung zu verrichten. Sie hatten sich für die Zeit von März bis November verpflichtet, und was man ihnen in dieser Zeit zu tun schaffte, war nicht von Belang. Sie waren sanftmütige Menschen, stellte Brumbauch mit Befriedigung fest, ganz anders als diese überheblichen Russen, die sich nur ungern sagen ließen, was sie zu tun hatten, anders auch als die fleißigen Japaner, die einen mit herausquellenden Augen anstarrten, wenn man ihnen etwas in einer Sprache erklärte, die sie nicht verstanden.

Einem Japaner brauchte man etwas nur einmal zu sagen, und er vergaß es nie wieder. Die Mexikaner hatten es gern, wenn man es ihnen dreimal erklärte – nicht weil sie schwer von Begriff waren, sondern weil sie völlig sicher sein wollten, daß sie genau verstanden hatten, was der Herr von ihnen wünschte. Hatten sie einmal das Gefühl, daß zwischen ihnen und dem Herrn volle Übereinstimmung herrschte, leisteten sie in ihrer gleichmütigen Art gute Arbeit. Da sie im Gegensatz zu den Russen und Japanern keine Kinder hatten, die ihnen helfen konnten, entwickelten sie ihre eigene zermürbende Methode des Verhackens und Ausdünnens der Zuckerrüben. Es war eine sinnreiche und wirksame Methode, und sie bedienten sich dazu einer kurzstieligen Hacke. Tranquilino zum Beispiel bearbeitete zwei Reihen gleichzeitig. Das linke Knie fest auf den Boden zwischen den zwei Reihen aufstützend, verlegte er sein Körpergewicht auf das gebeugte rechte Bein. Damit hatte er die rechte Hand frei, um zuerst die eine, dann die andere Reihe zu verhacken, während er mit der linken, soweit er reichen konnte, die überflüssigen Büschel ausmerzte. Dann zog er das rechte Knie vor, beugte das linke Bein, und setzte in dieser Haltung die Arbeit des Verhackens und Ausdünnens fort. Diese Art der Fortbewegung war eine Kunst, die es seinen geschickten Händen ermöglichte, an einem Zwölfstundentag einen ganzen Morgen Zuckerrüben zu verhakken und auszudünnen. Natürlich tat ihm der Rücken weh. Natürlich bildeten sich Krusten und Krätzen an den Knien, aber er sagte seinen Freunden immer wieder: „Es ist besser, als in den Silberminen die Leitern hinunterzuklettern.“ Und er begann sich vorzustellen, um wieviel leichter die Arbeit sein würde, wenn einmal seine Kinder da waren, um, hinter ihm nachrutschend, das Ausdünnen zu besorgen.

Diese Mexikaner sind wirklich prima, entschied Brumbauch und stellte fest, daß nicht nur Takemoto vier von ihnen angestellt hatte, sondern auch der eine italienische Bauer, der im Norden geblieben war. Die größte Beruhigung für Brumbauch aber war seine Entdeckung, daß die Mexikaner offenbar nicht daran dachten, ihr Geld zu sparen, um selbst Land zu erwerben. Statt an Sonntagen durch die Gegend zu streifen, um nach brachliegenden Feldern Ausschau zu halten, saßen sie im Schatten ihrer Hütten und ruhten sich aus. Sie waren zufrieden, und Potato Brumbauch fing an zu glauben, daß er vielleicht endlich doch seine idealen Arbeitskräfte gefunden hatte.

Und als dann die Mexikaner mit der Bitte zu ihm kamen, ihnen bei der Ausfertigung der Giros Postales für ihre Familien behilflich zu sein, faßte er echte Zuneigung zu ihnen. „Hol's der Teufel“, vertraute er schließlich einer kleinen Gruppe von Bauern an, „wir haben eine wahre Goldgrube an diesen Mexikanern gefunden. Dieser Tranquilino zum Beispiel. Von jedem Dollar, den ich ihm zahle, schickt er dreiundneunzig Cent an seine Familie. Ich weiß wirklich nicht, wovon er lebt. Ich kann mich nicht erinnern, daß ein Russe oder ein Deutscher seine Familie je so unterstützt hätte.“

Im Laufe des Sommers kam Brumbauch darauf, daß Tranquilino Marquez noch andere solide Qualitäten besaß. Er verstand sich auf das Viehhüten, konnte schwerere Lasten heben als die anderen Männer und lachte bloß, wenn er einen kleinen Unfall hatte. Er war ein zäher, drahtiger Kerl, und hin und wieder murmelte Brumbauch vor sich hin: „Er ist genauso gut wie ich . . . nur ungebildet.“ Er machte darum den Vorschlag, Miss Keller sollte Tranquilino Lesen und Schreiben beibringen, der Mexikaner aber weigerte sich, die schwere Last der geistigen Bildung auf sich zu nehmen.

„Sie besorgen die Giros für mich“, sagte er. „Das ist genug.“

Brumbauch bot ihm auch ein kleines Stück bewässertes Land an, um dort Gemüse zu pflanzen, aber auch hier ließ Tranquilino seine Abneigung erkennen, sich unnötige Verantwortung aufhalsen zu lassen. „Ich passe auf Ihr Land auf“, sagte er. „Hab' keine Zeit, auch auf mein Land aufzupassen.“ Und er wahrte Brumbauchs Interessen fürsorglich; es gab nichts auf dem Hof, was er vernachlässigt hätte. Der prächtige Tourenwagen wurde geputzt und gewichst, bis er glänzte, und so viel Spaß hatte Tranquilino daran, auf einem ausgeliehenen Pferd den Cowboy zu spielen, daß er keine Gelegenheit vorbeigehen ließ, das Vieh von einer Weide auf die andere zu treiben.

Im Oktober, als die Rüben geerntet und in die Fabrik geschickt worden waren, machte Brumbauch Tranquilino ein außergewöhnliches Angebot: „Bleib über den Winter bei mir. Ich werde den Zimmermann rufen, der soll deine Hütte winterfest machen."

„O nein!" entgegnete Tranquilino. „Ich will mit den anderen in Dember sein."

„Wovon wirst du leben?"

„Sie meinen wegen Geld? Sie haben Serafina die Giros geschickt. Sie hat Geld."

„Aber du?"

„Ich?" Tranquilino hob die Hände zum Himmel. „Ich finde schon ein bißchen Geld." Und schon war er mit den anderen nach Denver unterwegs, aber nicht ohne Brumbauch vorher versichert zu haben: „Wir kommen zurück, um Ihre Rüben zu pflanzen." Und dann, zögernd: „Kommen Sie uns mit dem Automobil holen?"

Die Stadt Denver hatte bewiesen, daß sie mit fast allem fertig wurde, von den Goldrauschmördern bis zu Oberst Frank Skimmerhorns Freiwilligen. Aber sie zeigte sich nur wenig interessiert, den Mexikanern, die in den Wintermonaten die Stadt überschwemmten, Konzessionen zu machen. Es waren stille, aber störrische Leute, die weder in einer Bank arbeiten noch Lehrer werden wollten. Sie sprachen Spanisch und wollten es auch weiterhin sprechen. Sie aßen seltsame Speisen wie Tortillas und Enchiladas und hatten für Steaks nicht viel übrig. Ihre Kneipen waren staubig und lärmend, und anders wollten sie sie gar nicht haben. Von der Decke hing eine nackte Glühbirne, und auf einen Lampenschirm legten sie keinen Wert. Vor allem aber zogen sie es vor, ihre Streitigkeiten untereinander auszumachen.

Keinem Mexikaner gefiel es in Denver besser als Tranquilino Marquez. Die Rückkehr in die Königin der Prärie nach den langen Monaten auf den Zuckerrübenfeldern, das war eine Reise in ein irdisches Paradies. Mit dem wenigen Geld, das ihm geblieben war, nachdem er Serafina die Giros Postales geschickt hatte, stürmte er in die vertrauten Kneipen in der Santa Fe Street und lud alle seine alten Freunde zum Bier ein. Das scharfe Essen und die lauten spanischen Lieder erwärmten ihn; als sein Geld alle war und der Blizzard von den Rockies herunterpfiff, saß er in irgendeiner warmen Ecke und versicherte seinen Freunden: „Der Winter ist die schönste Zeit des Jahres."

Ende 1909 begann sich eine Entwicklung anzubahnen, die Tranquilino aus diesen ihm so lieben Zufluchtstätten verbannen sollte. Es fing alles mit Potato Brumbauch an, und wie das manchmal so ist, war es nicht ein Mangel, sondern ein Übermaß an Zuneigung, das zu Schwierigkeiten führte. Brumbauch hatte Marquez immer gut leiden können. Er erkannte in ihm den überdurchschnittlichen Arbeiter, der er auch war, und wünschte nun, seine Wertschätzung durch eine bedeutsame Geste unter Beweis zu stellen.

Doch der großherzige Russe war völlig außerstande, Marquez als das zu verstehen, was er war: als einen nüchternen, stillen, ungebildeten Bauern, der mit seinem Los durchaus zufrieden war. Brumbauch wollte ihn zur Schule schicken, wollte, daß er sein eigenes Stück Land bebauen solle. Potato hatte seine eigenen klaren Begriffe über die Beziehung, die ein Bauer zu seinem Land haben sollte, und dazu gehörte auch jene Art Emsigkeit, wie sie den Deutschen zu eigen war. Er wollte dem Mexikaner beibringen, wie man zu leben hatte, und als ersten Schritt in dieser Richtung machte er Tranquilino ein verlockendes Angebot.

„Du bist der beste Freund, den ich habe, Tranquilino", sagte er in einer Mischung aus Deutsch, Englisch und Spanisch und legte seinen Arm um die Schulter des Mexikaners. „Ich sehe es nicht gern, wie du hin und her ziehst ... Centennial ... Denver ... Chihuahua. Du mußt dein eigenes Heim haben. Fahr ein letztes Mal nach Mexiko und hol deine Familie her. Ich baue euch da drüben ein Häuschen hin, und da könnt ihr mietfrei wohnen, so lange ihr lebt."

Noch einmal sträubte sich Tranquilino. „Ich mag Dember", antwortete er. „Ich mag Santa Fe Street, wenn der Winter kommt. Musik ... mexikanisches Essen. Haus hier oben, keine Freunde. Kalt. Eis und Schnee. Ich mag Dember." Und er lehnte das Angebot ab.

Als aber im November 1911 der Scheck von der Zuckerfabrik eintraf, konnte sich Brumbauch der Tatsache nicht verschließen, daß er seinen Mexikanern nicht ihren gerechten Anteil am Ertrag seiner Felder bezahlte. Und weil er nicht der Mann war, der sich ungebührlich an der Arbeit anderer Menschen bereicherte, sagte er zu Tranquilino: „Du bist mein Sohn", und das meinte er ernst, denn als er seinen eigenen Sohn Kurt genötigt hatte, Jura zu studieren und in die Verwaltung von Central Beet zu gehen, hatte er ihn, ohne es zu wollen, vom Hof vertrieben. Als junger Mann schon dem Boden entfremdet, hatte er jede Beziehung zu ihm verloren.

„Ich brauche dich bei mir", sagte Potato zu Tranquilino und lächelte verlegen. „Ich bin ein alter Mann, und ich brauche Hilfe. Bring deine Frau und deine Kinder. Du kannst dieses Land bewirtschaften, solange du lebst." Und Tranquilino machte sich nach Mexiko auf.

In den ersten Jahren des zwanzigsten Jahrhunderts kam eine Unruhe über die Venneford-Ranch, die unangenehme Folgen hätte haben können, wäre Charlotte Lloyd nicht ebenso verständnisvoll wie zäh gewesen. Die Sache begann mit einem vertraulichen Brief von Finlay Perkin, der an sie persönlich adressiert war:

„Sie sind jetzt seit drei Jahren mit James Lloyd verheiratet, und ich halte es für nötig, Ihre Aufmerksamkeit auf eine etwas heikle Angelegenheit zu lenken, obwohl ich ganz sicher bin, daß Sie sich des Problems bewußt sind. Die Eigentümer in Bristol halten es für höchst unklug, John Skimmerhorn als Verwalter zu beschäftigen, da Sie und Ihr Gatte als Hauptaktionäre am Ort wohnhaft und durchaus in der Lage sind, den Betrieb selbst zu leiten. Es ist dies nicht nur eine Geldfrage. Die Situation könnte auch zu Zwistigkeiten zwischen den beiden Männern führen. Skimmerhorn ist erst vierundfünfzig und kann leicht eine andere Stellung finden. Wir würden ihm das beste Zeugnis ausstellen. Ich empfehle Ihnen daher, ihn sofort seiner Stellung zu entheben."

Charlotte las den Brief und mußte die Richtigkeit der darin ausgesprochenen Empfehlung anerkennen. Wie Perkin angenommen hatte, beschäftigte sie sich schon seit einiger Zeit mit dem Problem.

Das tägliche Geschehen auf der Ranch zu beobachten und sehen zu müssen, daß ihr Mann nur eine zweitrangige Stellung einnahm, bedeutete für sie eine Quelle ständigen Ärgernisses. Sie selbst besaß sechsundvierzig Prozent der Aktien, aber Jim war nicht viel mehr als ein Lakai, dem John Skimmerhorn seine Arbeit anwies. Es quälte sie, zu sehen, wie ihr herzensguter Mann unverdrossen die zweite Geige spielte, und sie hatte schon oft daran gedacht, etwas zu unternehmen, um dieses Unrecht zu beseitigen.

Nun hatte ihr der schlaue alte Finlay Perkin eine Chance geboten, und sie griff mit beiden Händen danach. Sie fand Jim im Kälberschuppen. „Eben habe ich einen Brief aus Bristol bekommen", berichtete sie. „Die haben eine wunderbare Idee. Du sollst Verwalter werden."

„Und was wird mit Skimmerhorn?" fragte er sofort.

„Er wird schon etwas finden."

Jim hatte den Schuppen gewaschen. Jetzt drehte er das Wasser ab und legte den Schlauch nieder. „Denkt man in Bristol daran, Skimmerhorn hinauszuwerfen?"

„Nicht gerade hinauszuwerfen . . ."

„Charlotte", fiel er ihr ins Wort, „John Skimmerhorn hat mir die Chance gegeben, Viehzucht zu lernen. Als wir das Vieh herbekamen, wollte Seccombe mich gar nicht anstellen, aber Skimmerhorn bestand darauf." Er unterbrach sich und dachte an seine größte Dankesschuld. „Und im Llano Estacado, als wir beinahe verdurstet wären, kaufte er meiner Mutter das Vieh ab." Er drehte sich um. Seine Frau sollte nicht sehen, daß seine Augen feucht wurden.

„Was willst du damit sagen?“ fragte Charlotte.
„Ich will damit sagen, daß John Skimmerhorn nicht entlassen werden kann“, antwortete er langsam und sehr nachdrücklich.
„Aber . . .“
„Charlotte! Er kann nie von dieser Ranch gefeuert werden. Niemals!“
„Bist du es zufrieden, dein ganzes Leben die Befehle eines anderen auszuführen?“
„Er ist nicht ‚ein anderer‘. Er ist wie ein Vater zu mir gewesen. Er ist . . .“ Er suchte nach Worten und sagte dann in einem Ton, der keinen Widerspruch zuließ: „Du kannst mich hinauswerfen, Charlotte, aber nicht ihn. Und wenn Bristol darauf besteht, gehen wir beide.“
Seine Frau hätte ihm noch so manches Argument entgegenzusetzen gewußt, aber sie zweifelte nicht daran, daß er sich über alle hinwegsetzen würde. In gewissem Sinn war sie sogar froh, auch diese Seite ihres Mannes kennengelernt zu haben. Sie hatte jede Achtung vor Oliver Seccombe, ihrem ersten Mann, verloren, weil er moralisch so schlapp geworden war, daß er für nichts und niemanden mehr geradestand.
Ihr zweiter Mann, dieser beherzte Texas-Cowboy, gab ihr hier ein für alle Male zu verstehen, daß John Skimmerhorn für ihn kein Verhandlungsobjekt war. Sie teilte seine Meinung nicht, aber sie liebte ihn dafür um so mehr.
Sie entschloß sich also, den rechten Augenblick abzuwarten. Doch etwa elf Monate später erhielt Jim Lloyd einen Brief, der ihn, so schilderte er es später seiner Frau, wie ein Blitz aus heiterem Himmel traf. Der Schreiber war R. J. Poteet aus Jacksboro, Texas, und der Brief lautete:
„Hier in der Gegend stellt eine Gruppe englischer Geldgeber eine große Ranch auf die Beine. Sie haben mich aufgefordert, mitzumachen. Ich habe etwas Geld gespart, und von dieser Seite gäbe es daher keine Schwierigkeiten, aber ich werde zu alt, um einen so großen Betrieb zu leiten. Ich habe ihnen offen gesagt, ich kann nur mitmachen, wenn sie mir erlauben, einen Mann für die schwere Verwaltungsarbeit anzustellen. Aber der einzige, dem ich ein solches Amt anvertrauen würde, ist Dein Verwalter und unser beider Freund John Skimmerhorn. Es würde mir nie einfallen, etwas in dieser Richtung hinter Deinem Rücken zu unternehmen, und darum frage ich Dich: Erlaubst Du mir, daß ich mich mit ihm diesbezüglich in Verbindung setze?“
Es war irgendwie schicksalhaft, dachte Jim, daß Poteets Angebot just zu einer Zeit kam, da Charlotte ihre Unzufriedenheit über die Anwesenheit des älteren Mannes wieder deutlicher zur Schau trug, und so schickte er Poteet ein Telegramm in dem Sinn, daß Venneford Skimmerhorn freigeben würde, wenn die Stellung in Jacksboro diesem echte Vorteile böte.
Drei Tage später stieg R. J. Poteet, mit seinen vierundsechzig Jahren

immer noch schlank und sehnig, aus dem Zug und begrüßte seine alten drei Trailgefährten Skimmerhorn, Lloyd und Calendar. Letzterer war von den beiden anderen in die Stadt mitgenommen worden. Sie begaben sich unverzüglich in die Bar des Bahnhofshotels, um dort Erinnerungen auszutauschen.

In gelockerter Stimmung fuhren sie zum Schloß, wo Charlotte sie schon mit einer großen Servierplatte voller Steaks erwartete. Mrs. Skimmerhorn plauderte mit Charlotte, während sich die Männer über ihre Angelegenheiten unterhielten. Gegen neun Uhr abends rief R. J. Poteet die Damen ins Zimmer. „Es ist mir eine große Freude, Ihnen mitteilen zu können“, sagte er, „daß John Skimmerhorn mit sofortiger Wirkung zum Verwalter der großen neuen Ranch bestellt ist, die von unseren englischen Freunden eingerichtet wird. Mrs. Skimmerhorn, was glauben Sie wohl, wie lange Sie zum Packen brauchen?“

In vier Tagen würde sie es wohl schaffen, meinte Mrs. Skimmerhorn, nachdem Charlotte und einige andere Frauen ihre Hilfe zugesagt hatten. „Na, dann nichts wie los“, sagte Poteet, und die Gläser klangen. Amos Calendar, der sich, was ihm in seinem Leben nicht oft gegönnt war, entspannt der unbeschwerten Atmosphäre alter Kameradschaft hingab, hätte sich beinahe betrunken. „Ja, ja“, schalt er Poteet, „du hast ja den kleinen Jim Lloyd wie ein Baby umsorgt. Und den Schutzengel gespielt, als es gegen die Pettis ging.“

Er zwinkerte Jim zu. „Na, und weißt du, wie es mit deinem Kleinen weitergegangen ist? Ist der doch in die Berge hinaufgeklettert, hat die Tür dieser alten Kneipe eingetreten und den Pettis ein paar Bleikugeln verpaßt . . . peng . . . peng . . . peng . . .“

„Warst du es also, der sie erschossen hat?“ fragte Poteet, aber Jim blieb ihm die Antwort schuldig.

Am nächsten Tag auf dem Bahnhof ließ Poteet, ohne es zu wollen, die Katze aus dem Sack. „Da habe ich aber wirklich Schwein gehabt“, sagte er zu Jim, als er den Fuß schon auf dem Trittbrett hatte. „Himmel und Hölle habe ich in Bewegung gesetzt, um einen Verwalter zu finden, und da kommt plötzlich ein Brief von diesem Anwalt in Bristol, in England. Noch nie was von ihm gehört. Er schreibt, seine Freunde in London hätten ihm da etwas erzählt und ob ich einen guten Verwalter brauchen könnte? Da habe ich doch richtig Schwein gehabt.“

Jim verriet Charlotte nie, daß er wußte, wie Skimmerhorn zu seinem neuen Arbeitsplatz gekommen war. Eigentlich wollte er es tun, aber an dem Tag, als alle sich am Bahnhof versammelten, um dem Paar für seine lange Fahrt nach Texas ein letztes Mal Glück zu wünschen, nahm Skimmerhorn ihn zur Seite. „Das war wirklich nicht nötig, Jim“, sagte er. „Aber weil wir so lange zusammen waren, sollst du wissen, daß ich deine Geste zu würdigen weiß.“

„Welche Geste?“ fragte Jim, denn er wußte wirklich nicht, womit er sich diese Danksagung verdient haben könnte.

„Die zweitausend Dollar, die Charlotte mir gegeben hat . . . um mich in die neue Ranch einzukaufen.“

„Du hast es dir verdient“, antwortete Jim, und als er an diesem Abend mit Charlotte nach Norden fuhr, kam ihm zum Bewußtsein, wie sehr er diese energische, dickköpfige Engländerin liebte. Er wollte ihr schon einen Kuß geben, als sie sich zu ihm hinüberbeugte und ihn küßte.

„Du wirst der beste Verwalter sein, den unsere Ranch je hatte“, sagte sie.

Und das war er auch. Er verband Oliver Seccombes Begeisterung mit der achtsamen, soliden Verwaltungsarbeit John Skimmerhorns. Unter seiner Leitung wurden die Crown-Vee-Herefords im ganzen Westen mit Preisen ausgezeichnet, worauf Charlotte und Jim sehr stolz waren. Zwar warf die Ranch zur Zeit keinen Gewinn ab, aber das würde schon noch kommen, meinte Jim, wenn ihr Ruf einmal besser verankert war und sie mehr für ihre Stiere und Färsen verlangen konnten. Aber sie verloren auch kein Geld.

Dann, Anfang 1911, kam der letzte Brief vom alten Finlay Perkin. Er war jetzt einundneunzig, aber immer noch rüstig, immer noch an allem interessiert, was die Ranch betraf:

„Mein einundneunzigster Geburtstag bringt mir in Erinnerung, daß auch Sie, lieber Lloyd, älter werden und sich daher mit dem Problem ihrer Nachfolge beschäftigen müssen. Bedenken Sie, daß John Skimmerhorn eine lange Lehrzeit hinter sich hatte, als er die Zügel ergriff, und daß er dann auch Sie gewissenhaft unterwies. Der Aufsichtsrat wäre Ihnen dankbar, wenn Sie ihm ausführlich und postwendend darüber schrieben. Es gibt da mehrere junge Leute, Verwandte von Mitgliedern des Aufsichtsrates, die gerne einmal versuchen würden, eine große Ranch zu leiten, ich aber bin der Ansicht, daß die besten Resultate zu erzielen sind, wenn ein in der Tradition aufgewachsener und erzogener Amerikaner die Aufsicht übernimmt. Sie haben in Ihren Briefen zweimal den jungen Beeley Garrett erwähnt, und ich habe durch unseren Mann in Wyoming Erkundigungen einziehen lassen. Er scheint mir ein solider, verantwortungsbewußter Mann zu sein, dem auch guter Geschäftssinn nachgesagt wird. Mir ist bekannt, daß er mit Schafen zu tun hatte. In Ihrem Lande würde ihn dieser Umstand disqualifizieren, aber in England hat es das nie gegeben. Lassen Sie uns in Ihrem Brief auch wissen, wie Sie den jungen Garrett einschätzen. Er kommt aus einer kinderreichen Familie, und das allein ist schon ermutigend, finde ich.“

So beschloß Jim, seine Geschäfte in Ordnung zu bringen, und ließ im Geist Revue passieren, was er von Beeley Garrett wußte. Es war ein ungewöhnlicher Name, der sich durch die Tatsache erklären ließ, daß die Garretts ihren erstgeborenen Söhnen seit urdenklichen Zeiten den Familiennamen der Frau gaben. Er war Ende dreißig und für seinen

Vater in der Schafzucht tätig gewesen. Später war er gründlich in der Aufzucht von Herefords geschult worden. Er hatte Levi Zendts Enkeltochter geheiratet, ein keckes, dunkelhaariges Mädchen mit fünf Achtel Indianerblut und dem Aussehen einer Arapaho-Prinzessin.

Levi Zendt hatte zwei Kinder gehabt: Clemma, die davongelaufen, und Martin, der daheimgeblieben war. Wie seiner Schwester war es auch dem Jungen schwergefallen, sich an sein indianisches Erbe anzupassen, und eine ganze Weile sah es so aus, als ob er, um dem Spott und den Schmähungen seiner Umgebung zu entgehen, zum Verbrecher werden würde, wie das bei den Brüdern Pasquinel der Fall gewesen war. Aber dann besuchte er einmal im Sommer das Arapaho-Reservat im westlichen Wyoming und lernte dort dieses entzückende Indianermädchen kennen, dem jede Art von Hemmungen fremd war. Einer plötzlichen Eingebung folgend, überredete er sie, mit ihm durchzubrennen. Sie heirateten, und durch sie lernte er begreifen, was es heißt, ein Indianer zu sein. Sie hatten eine Tochter namens Heller Stern, und dieses lebhafte Wesen war nun Beeley Garretts Frau. Finlay Perkins Hinweis beachtend, suchte Jim Lloyd Garrett auf und fragte ihn, ob er wohl Lust hätte, die Cowboys von Venneford beim Roundup im Frühjahr zu begleiten. Garrett wußte sofort, was los war. „Crown Vee muß jemanden finden, der den Laden schmeißt, wenn Lloyd in Pension geht", vertraute er seiner Frau an. „Und mit etwas Glück könnte ich dieser Jemand sein."

„Warum laden wir sie nicht zum Abendessen ein?" hänselte ihn Heller Stern. „Ich möchte nicht, daß Lady Charlotte erst im nachhinein erfährt, daß ich eine Arapaho bin."

Es wurde ein unterhaltsamer, gemütlicher Abend. Als die zwei Männer sich zurückzogen, um über Viehzucht zu plaudern, sagte Heller Stern: „Die Idee mit dem Abendessen kam von mir, Mrs. Lloyd. Sie sollten wissen, daß ich Indianerin bin." Charlotte lachte herzlich. „Mein liebes Mädel!" rief sie. „Ich kenne die Geschichte Ihrer Familie in den letzten drei Generationen." In ernsterem Ton fügte sie hinzu: „Ich kannte Ihre Tante Clemma . . . nicht gerade intim . . . aber . . ." Und Heller Stern erwiderte: „Großvater Levi hat mir erzählt, daß Sie nichts Besseres für die ganze Gegend tun konnten, als sich Jim Lloyd einzufangen."

Während die Frauen plauderten, versuchte Beeley Garrett Jim wissen zu lassen, daß er die Grundbegriffe der Aufzucht von Herefords beherrschte: „Meines Erachtens tut eine Ranch am besten daran, wenn sie bei den großen Stieren bleibt. Anxiety IV, The Grove III. Aber der beste Stier von allen, das meinen hier viele, war Confidence, den ihr Venneford-Leute in England gefunden habt."

„Aus Confidence bekamen wir das beste Schlachtvieh im Westen", bemerkte Jim. „Es ergab um vierzig Pfund mehr eßbares Fleisch als alles, was ihr auf Roggen hattet."

Jedes Frühjahr rüstete man zum traditionellen Roundup. Die Venneford-Ranch war auf eine halbe Million Morgen geschrumpft, aber das veräußerte Land war zum Großteil noch nicht umzäunt, und im Frühling kamen die Kühe von weither – aus Wyoming oder Nebraska – auf das Venneford-Land gewandert, um zu kalben. Die einzige bekannte praktikable Methode, um die Viehdiebe zu hindern, Kälber zu stehlen und ihnen ein falsches Mal aufzubrennen, bestand darin, die Tiere rechtzeitig zusammenzutreiben und zu zeichnen.

Jede der großen Ranches ließ drei oder vier Proviantwagen anfahren, gleich jenem, den R. J. Poteet vor Jahren ersonnen hatte. Jeder führte einen Topf Gärteig mit und gab Eierkuchen, Bohnen und frisch geschnittene, im Backsteinofen gebratene Steaks aus.

Auch die traditionelle Kameradschaft gab es noch auf dem Roundup. Die Wagen fuhren auf ein etwa zehn Quadratmeilen großes Gebiet, und zwei Tage lang strebten die Männer, die auf den verschiedenen Ranches beschäftigt waren, diesem Teil des Weidelandes zu, um das Vieh aus den Tälern zusammenzutreiben. Man zündete Feuer an und erhitzte die Brandeisen von sechs oder sieben Ranches zugleich. Sobald die Rinder zusammengetrieben waren, wurden die Kälber von ihren Müttern getrennt. Dann begab sich ein älterer, erfahrener Mann, wie etwa Jim Lloyd oder sonst ein geübter Cowboy, unter die Kälber, warf geschickt seine Schlinge aus, erwischte einen der kleinen Kerle an der Hinterhand und zerrte das laut schreiende Tier ans Feuer. Zwei Männer rangen das Tier nieder, und sogleich trat, nein, sprang das Team in Aktion. Ein Mann nahm das Brenneisen aus dem Feuer und preßte es auf das Fell – fest genug, um die Haut zu zeichnen, aber nicht so fest, daß es eine tiefere Wunde verursacht hätte. Ein richtig eingebranntes Zeichen war bis zum Tod des Tieres erkennbar, und wenn ein Viehdieb später das Mal veränderte – und die Burschen waren sehr geschickt, wenn es zum Beispiel darum ging, aus einem V ein W zu machen –, brauchte man das Tier nur zu schlachten und die Haut zu untersuchen, um die Fälschung nachzuweisen.

Handelte es sich um ein Stierkalb, das zur Schlachtung bestimmt war, wurde es gebrandmarkt, gleichzeitig aber auch kastriert. Die Hoden wurden in einem Eimer gesammelt, denn „Rocky-Mountain-Austern“ waren bei jedem Roundup ein begehrtes Gericht.

Nach diesen zwei Tagen suchten sich die Proviantwagen einen neuen Standort. Abends, wenn die Feuer brannten und die Sterne aufgingen, kamen Männer aus den umliegenden Ranches zu Besuch. Unweigerlich kam dann das Gespräch auf die alten Zeiten, und einer erinnerte den anderen daran, wie Old Rags versucht hatte, beim Horsehead Crossing über den Pecos zu springen, wie Oliver Seccombe sich eine Kugel in den Kopf geschossen hatte, wie Mule Canby sich selbst beigebracht hatte, mit einem Holzarm zu schießen, und daß Nate Person der beste Nigger gewesen war, der je auf einem Pferd gesessen hatte.

In diesem Jahr wurden die ersten zwei Nächte des Roundups auf dem stillen, leeren Flachland nordöstlich von Sterling zugebracht, wo der Nachthimmel sich von Osten nach Westen wölbte, ohne daß ein Baum oder eine Straße oder eine menschliche Wohnstätte das Gleichmaß der Natur gestört hätte. Die reiche Fülle von wilden Blumen und das üppige Gras ließen Jim Lloyd daran zweifeln, die Prärie je schöner gesehen zu haben. Die Silhouetten seiner Herefords im Mondlicht erinnerten ihn an die guten Jahre, die er auf diesem Land verbracht hatte, und er war es zufrieden, die Verantwortung an einen Mann wie Beeley Garrett abzugeben. Garrett wußte ein Lasso zu gebrauchen. Er saß gut zu Pferd. Er wußte ein gutes Kalb von einem schwachen zu unterscheiden. Und sein Urteil darüber, welches Stierkalb zu Zuchtzwecken aufgezogen werden sollte, stimmte mit dem Jims überein. Die Venneford-Ranch hätte keinen besseren Verwalter finden können.

Jim fragte ihn, ob er mit ihm ein Stück gehen wolle, dorthin, wo die Pferde standen. „Na sicher", antwortete Beeley, so als ob er keine Ahnung hätte, was Jim vorhatte.

„Ich werde nicht jünger", sagte Jim.

„Wir werden alle nicht jünger", meine Beeley.

„Sie haben noch viele gute Jahre vor sich, Beeley." Garrett blieb stumm, und Jim fuhr fort: „Sie sind mit Schafen aufgewachsen, aber Sie waren klug genug, auf Rinder umzusteigen. Das gefällt mir an Ihnen, Beeley."

Für den Sohn eines Schafzüchters war das eine Beleidigung, doch Beeley bewahrte seine Ruhe. Die Stellung war ihm noch nicht formell angeboten worden, und er wollte die Einzelheiten erfahren. „Ich mag Herefords", sagte er.

Die Cowboys sangen die alten Lieder. „Ist Ihnen schon einmal aufgefallen, Beeley", fragte Jim, „daß es Tausende von Cowboyliedern und nicht ein einziges gibt, das von Schafen handelt?" Jetzt wurde Beeley langsam zornig. Er brauchte die Stellung nicht. Er würde die Venneford-Ranch gerne übernehmen, klar, aber verdammt, wenn er es zulassen wollte, daß jemand das Grab seines Vaters mit Dreck bewarf.

„Schafzucht ist für Mexikaner", tapste Jim weiter. „Oder vielleicht für Indianer."

„Verdammt noch mal", schrie Beeley, „für meinen Vater war sie gut genug! Nehmen Sie Ihre Herefords und stecken Sie sie sich . . ."

„Beeley!" rief Jim. Der Gedanke, daß er mit seinen Worten Ärgernis erregt hatte, bestürzte ihn. „Ich würde doch nie etwas gegen Ihren alten Herrn sagen. Mein Gott, einen anständigeren Kerl als Messmore Garrett hat es doch in Centennial nie gegeben. Ich war stolz darauf, mich seinen Freund nennen zu können." Und dann, als wollte er seinen Schnitzer wiedergutmachen: „Ich biete Ihnen einen Job an, Beeley. Wollen Sie ihn haben?"

„Ja. Aber wir wollen nicht mehr von Schafen sprechen."

„Beeley“, sagte Jim zerknirscht, „Charlotte und ich, wir essen Hammelfleisch, ein Beweis, daß wir nichts gegen . . . einmal im Jahr essen wir Hammelfleisch.“

Beeley ergriff die ihm dargebotene Hand.

In den letzten Wochen des Jahres 1911 überquerte Tranquilino den Rio Bravo bei El Paso, und als er die Massen von Flüchtlingen in Ciudad Juárez sah, begriff er, daß der offene Kampf begonnen hatte. Je weiter sein Zug sich dem Inneren von Chihuahua näherte, desto nervöser wurde Tranquilino. Bei jedem Aufenthalt kletterten verängstigte Menschen, jeder mit seinem eigenen Bericht über schreckliches Geschehen, auf die flachen Güterwagen.

„So wie das hier aussieht“, sagte er zu einem schnurrbärtigen Mann, der sich neben ihm ausgestreckt hatte, „könnte meine Frau in Gefahr sein.“

„Alle sind in Gefahr“, entgegnete der Mann. „Und wir werden so lange keine Ruhe haben, bis sich nicht jemand findet, der diesen Bluthund Salcedo abknallt.“

„Ist das der Kerl mit den blankgeputzten braunen Stiefeln?“

„Kennen Sie ihn?“

„Ich war dabei, wie er Frijoles’ Frau erschossen hat.“

„Tatsächlich?“

Für eine kleine Weile wurde Tranquilino zum Helden des Tages. Er mußte genau erzählen, wie es bei dieser ersten Rebellion bei den Minen von Temchic zugegangen war.

In Guerrero, wo Tranquilino ausstieg, herrschte eine gespannte Stimmung. Oberst Salcedos Regierungstruppen waren vor kurzem sengend und brennend hier durchgezogen, und nun fingen die Bauern an, sich mit Heugabeln und Sensen zu bewaffnen. „Wenn Salcedo noch einmal vorbeikommt, wird die Sache anders aussehen“, sagte zornig ein alter Mann. Ja, es wird anders aussehen, dachte Tranquilino für sich. Zweihundert Tote, statt zwanzig.

Als er Santa Ines erreichte, konnte er selbst sehen, wie sehr sich die Lage in Mexiko verschlimmert hatte. Todesangst hatte das ganze Tal ergriffen, und erst jetzt begriff er wirklich, wovon die Männer auf dem Güterwagen gesprochen hatten. Ein Gefühl der Empörung stieg in ihm auf, als Serafina die Kinder um sich versammelte, um ihn willkommen zu heißen, und der älteste Junge ihm von Oberst Salcedos Überfall auf das Tal erzählte.

„Er fing beim Wasserfall an“, berichtete Victoriano. Die Leute im Tal liebten es, ihren Kindern Heldennamen zu geben; der andere Junge hieß Triunfador. „Bei den Minen erschoß er jeden, der für kürzere Arbeitszeit eingetreten war, und in Santa Ines erschoß er einen Mann und eine Frau, die etwas gegen die Kirche gesagt hatten.“

„Was haben sie denn gesagt?"

„Daß es unrecht wäre, für die Ausschmückung der Kirche so viel Geld auszugeben, wenn zur gleichen Zeit Menschen verhungerten. Salcedo stellte die zwei Leute an die Kirchentür und erschoß sie."

„Ich hoffe, ihr beide habt den Mund gehalten", sagte er zu Victoriano, einem lebhaften Jungen von fünfzehn Jahren.

Tranquilino ging Vater Grávez besuchen, der schon weiße Haare hatte und ganz gebückt ging, und fragte ihn, warum Salcedo wohl immer noch an dem Tal Rache übe. „Er ist ein Wahnsinniger", antwortete der Priester, „aber jetzt scheinen ja alle in Mexiko wahnsinnig geworden zu sein. Hast du schon gehört, daß General Terrazas geflohen ist? Ja, er lebt im Exil, in Texas."

„Und dabei hat ganz Chihuahua ihm gehört", sagte Tranquilino.

„Er hat geglaubt, daß es ihm gehört. Ich habe das auch geglaubt. Als er vor Jahren einmal in den Vereinigten Staaten war, fragte ihn ein Reporter: ‚Sind Sie aus Chihuahua?' Und er antwortete: ‚Ich *bin* Chihuahua.' Und das war er wirklich. Die amerikanische Armee richtete einmal eine Anfrage an ihn, ob er ihr fünftausend Pferde liefern könne. Es war als Scherz gemeint, denn sie hielten es für unmöglich, daß ein Mann so viele Pferde besitzen könne, aber General Terrazas antwortete: ‚Welche Farbe?' "

„Warum ist er geflohen?" fragte Tranquilino. Daß ein Mann wie General Terrazas geflohen sein konnte, wollte ihm nicht in den Sinn.

„Sie laufen alle davon", antwortete Vater Grávez. „Don Porfirio, Don Luis, Oberst Fabregas. Sie sind alle in El Paso." Der Alte schüttelte den Kopf. „Es ist schon traurig, wenn ein starker Mann am Ende seiner Tage davonlaufen muß. Es bedeutet, daß alles, was er verkörpert hat, falsch war."

„Hat Terrazas Unrecht getan?"

„Die Menschen, die man beherrscht, zu mißbrauchen, ist immer Unrecht", erwiderte der Priester. „Das Glitzern der Gewehrläufe in der Sonne hat lange Zeit mein Auge getrübt", gab er zu. „Als ich dir befahl, in den Minen zu arbeiten, war das sehr unrecht von mir. Ich wollte dich dafür um Verzeihung bitten."

„Mich? Ihnen verzeihen, Vater? In Dember habe ich mit einem Mädchen zusammengelebt, das nicht meine Frau war. Sie müßten mir verzeihen, Vater."

„Du solltest mit deiner Familie nach Norden gehen, Tranquilino. Dein Sohn Victoriano ist ein Hitzkopf. Es könnte gefährlich für ihn werden." Er zögerte und fügte hinzu: „Es wird für uns alle gefährlich werden. Ich habe den amerikanischen Ingenieuren schon gesagt, sie sollten abreisen. Gleich."

„Die Männer auf dem Güterwagen haben das auch gesagt", sagte Tranquilino. „Aber was wird aus Ihnen werden?"

„Ja, das wird ein Problem werden", erwiderte der alte Priester. „Ich habe es immer mit den Regierungstruppen gehalten. Das letzte Mal, als Oberst Salcedo die zwei Freidenker erschoß, hat er Kugeleinschläge auf der schönen Tür unserer Kirche hinterlassen, und ich wagte es nicht einmal, zu protestieren. Meine einzige Entschuldigung ist, daß ich es nicht besser verstand. Man hat mich nie eines Besseren belehrt."

Zum ersten Mal in seinem Leben drängte es Tranquilino, seine innersten Gedanken mit einem anderen Menschenwesen zu teilen. Er hatte das nie mit seiner Frau getan, und auch nicht mit Potato Brumbauch, zwei Menschen, die er liebte, jetzt aber gingen tiefgreifende Veränderungen vor, und er hatte das Gefühl, sich aussprechen zu müssen. „Wissen Sie, Vater Grávez, in Colorado arbeiten wir nicht alle sieben Tage in der Woche. Bei Sonnenaufgang und bei Sonnenuntergang hat jeder Zeit für sich selbst. Wir treten nicht in den Rinnstein, wenn der Herr vorbeikommt, nicht einmal, wenn es der Sheriff ist. Wir bekommen unser Geld. Und wenn sich ein Mann den Arm bricht, wie das Hernandez passiert ist, reitet jemand mit ihm zum Arzt, und er braucht nichts zu bezahlen."

Die Fliegen summten in der weißgetünchten Pfarrei. „Es war nie recht", schloß Tranquilino, „daß Menschen so lange in den Minen arbeiten mußten. Tag für Tag diese schmalen Leitern hinauf- und hinunterklettern und früher oder später in den Abgrund stürzen, ohne der Familie etwas hinterlassen zu können. Vielleicht war es der Gedanke an diese schmalen Leitern und an die Männer, die immerzu wie Ameisen darauf herumklettern mußten, der General Terrazas veranlaßte, die Flucht zu ergreifen."

„Tranquilino!" bat ihn der alte Priester. „Behalte solche Ansichten für dich! Geh mit deiner Familie nach Norden."

Aber Tranquilino folgte diesem Rat nicht schnell genug, denn am späten Nachmittag kam ein Haufen barfüßiger Männer in blauen Hemden über die Berge nach Temchic, und sie holten alle vierzehn amerikanischen Ingenieure aus ihren Häusern und erschossen sie.

Auf gestohlenen Pferden galoppierten sie das Tal nach Santa Ines hinunter, wo sie nach dem Priester riefen, der so viele Jahre lang für die Arbeitsbedingungen eingetreten war, die die Ingenieure den Grubenarbeitern aufgezwungen hatten. „Komm heraus, du elender alter . . ." Sie gebrauchten ein unflätiges Schimpfwort. Der alte Mann trat mutig vor die geschnitzte Tür seiner Kirche, doch noch bevor sie ihn töten konnten, kam Tranquilino Marquez aus seinem Haus gelaufen. Er stellte sich vor den Priester und deckte ihn mit seinem Leib. Es folgte ein Augenblick der Verwirrung, und dann kam ein großgewachsener Mann herangeritten. „Worauf wartet ihr?"

„Der Kerl da. Er will uns den Priester nicht herausgeben."

„Erschießt sie beide", befahl der Mann, doch bevor dies noch geschehen konnte, schrie Serafina Marquez: „Nein, Frijoles! Das ist Tranquilino."

Oberst Frijoles stieg ab und ging auf den entschlossenen Bauern zu, der vor dem Priester stand. „Bist du Tranquilino Marquez?“

„Ja.“

„Der sich weigerte, meine Frau zu erschießen?“

„Ja.“

„Mein Bruder!“ rief der Revolutionär aus und umarmte seinen unbekannten Freund. Damit aber schob er Tranquilino vom Priester weg, und während er dies tat, befahl er seinen Männern, den alten Mann zu ergreifen. Rasch wurde Vater Grávez an die Kirchentür gestellt, wo Salcedo die zwei Freidenker exekutiert hatte.

„Erschießt ihn“, befahl Frijoles.

„Nein!“ protestierte Tranquilino. „Das ist Mord . . . So wie bei deiner Frau!“

Angesichts dieser Kühnheit holte Frijoles aus und schlug Tranquilino zu Boden. Da lag er nun, während die Salve widerhallte und weitere Kugeleinschläge auf der schon verschrammten Kirchentür hinterließ.

Erst dann kniete Oberst Frijoles nieder, um Tranquilino wieder auf die Beine zu helfen. „Er hat zu viele von uns in die Minen geschickt“, sagte er leise, wie um sich zu rechtfertigen, „zu viele . . .“

„Aber er hat bereut.“

„In Mexiko bereuen sie heute alle. Es ist zu spät.“

Frijoles aß an diesem Abend mit Tranquilino und seinem Weib, der Frau, die ihm drei kritische Tage lang Schutz gewährt hatte. „Schicke deine Frau und die zwei Kleinen nach Colorado“, sagte er am Ende des kärglichen Mahls. „Dich und diesen Jungen da, euch brauche ich.“

So wurde es vereinbart, und Serafina ging mit Triunfador und dem kleinen Mädchen über die Berge nach Guerrero, wo sie sich, wie viele andere, auf einen Güterwagen der Northwest Line schwang und das vom Bürgerkrieg zerrissene Land bei El Paso verließ. Sie fanden ihren Weg nach Centennial, wo Potato Brumbauch ihnen die Hütte gab, die Tranquilino bewohnt hatte.

Nun war alles umgekehrt. Sie und die Kinder arbeiteten auf den Rübenfeldern in Colorado und sorgten sich über die Geschehnisse in Santa Ines. Der einzige Unterschied bestand darin, daß sie Tranquilino keine Giros Postales schickte, denn sie hatte keine Ahnung, wo er sich aufhielt. Aber Brumbauch zeigte ihr, wie sie ihr Geld auf der Bank sparen konnte, und das tat sie auch.

Tranquilino und sein Sohn waren nicht in Santa Ines. Nachdem sich die Nachricht vom Massaker an den vierzehn amerikanischen Ingenieuren aus Minnesota und von dem Mord an Vater Grávez in ganz Mexiko und im Süden der Vereinigten Staaten verbreitet hatte, fühlte sich die mexikanische Regierung, soweit sie das noch war, verpflichtet, den Nachweis zu erbringen, daß sie nicht gewillt war, solchen barbarischen Exzessen Vorschub zu leisten. Sie besänftigte die Nordamerikaner, indem sie Oberst Salcedo in das Temchic-Tal entsandte, um die ganze Bevölkerung auszurotten. Die Regierungssoldaten brannten Santa Ines, aber auch die weithin sichtbaren Baulichkeiten bei den Minen nieder und fotografierten alles, um den Erfolg ihrer Befriedungsaktion zu dokumentieren.

Mit diesen Geschehnissen – der von Frijoles angeordnete Mord an Ausländern und die von Salcedo durchgeführte Zerstörung des Tales – war ein Punkt erreicht, von dem aus es kein Zurück mehr gab. Die Regierungstruppen und die selbsternannten Obersten, zwei grausame und zu allem entschlossene Gegner, wüteten jetzt, Eisenbahnzüge wie Kavallerie einsetzend, im nördlichen Mexiko.

Nie zuvor hatte es etwas gegeben, was dieser Art von Kriegsführung auch nur annähernd gleich gewesen wäre – zwei Armeen, deren Bewegungen einzig und allein mit Eisenbahnzügen durchgeführt wurden. Tranquilino und sein Sohn schlossen sich einer Gruppe furchtloser, wild dreinschauender Bauern an, die in Guerrero an der Bahnlinie Stellung bezogen. Dort warteten sie, bis ein von Regierungstruppen besetzter Zug anhielt, um Wasser aufzunehmen. Mit wildem Gebrüll ihre Schießprügel schwingend, stürmten sie dann den offenen Güterwaggon, massakrierten die Soldaten und nahmen Besitz von dem Zug. Sie dirigierten ihn nach Norden, auf Casas Grandes zu. Von Zeit zu Zeit ließen sie den Lokführer halten und schwärmten wie Heuschrecken aus, um eine entlegene Hazienda zu zerstören, die General Terrazas gehört hatte. Sie töteten alle, die sich ihnen in den Weg stellten, zündeten die Gebäude an und tanzten um die Flammen, während sie den Wein des Generals tranken. Bei solchen Gelegenheiten wußte Tranquilino immer gleich, welche Bauern schon in den Vereinigten Staaten gearbeitet hatten. Sie trugen Schuhe.

Manchmal geriet ihr Zug auch in einen Hinterhalt der Regierungstruppen, die blindwütig in die offenen Güterwagen hineinfeuerten und Dutzende von Männern töteten. Der Zug fuhr puffend weiter, und langsam kamen die Wagen wieder aus dem Schußfeld; dann wurden die Toten gezählt und die Leichen auf den Bahndamm geworfen.

Gefährlichster Platz in diesem unheimlichen Zug war jener eine Güterwagen, den die Lokomotive vor sich herschob. Das geschah zu dem Zweck, allfällige Minen zur Explosion zu bringen, bevor die Lokomotive die Zündung auslöste. Es waren tapfere Männer, die auf diesem Wagen fuhren, denn sie mußten jeden Augenblick damit rechnen, in die Luft zu fliegen.

Oberst Frijoles, der mit nach Norden fuhr, um seine Streitmacht mit der eines anderen gefürchteten, neu auf den Plan getretenen Kriegers zu vereinigen – eines Mannes namens Pancho Villa –, fragte Tranquilino, ob er und Victoriano als Freiwillige auf dem ersten Wagen fahren wollten. Ohne zu zögern willigte Tranquilino ein, weigerte sich aber, diese Gefahr mit seinem Sohn zu teilen. So kam es, daß, als der Zug in einer Kurve südlich von Casas Grandes in einen Hinterhalt der Regierungstruppen geriet, Victoriano im fünften Wagen hockte.

Die Soldaten hatten eine große Mine unter die Geleise gelegt, und Oberst Salcedo hockte neben dem Mann, der den Hebel drücken sollte, um das Dynamit zur Explosion zu bringen. „Vergiß nicht", flüsterte er ihm zu, als der Zug sich näherte, „laß den ersten Wagen vorbei. Wenn ich dir ein Zeichen gebe, sprengst du die Lokomotive in die Luft." Der Güterwagen mit Tranquilino und seinen tapferen Kameraden kam auf diese Weise sicher vorbei, doch der Mann am Hebel reagierte nicht schnell genug auf Salcedos Zeichen. Die Mine zerstörte nicht die Lokomotive, sondern die zwei folgenden Güterwagen.

Es folgte eine ohrenbetäubende Explosion, Menschen flogen durch die Luft, und einen entsetzlichen Augenblick lang fürchtete Tranquilino, es hätte den fünften Wagen erwischt, aber dem war nicht so; erleichtert blickte er zurück und sah, daß dieser unbeschädigt war.

Aber die Wagen standen jetzt, und die Schützen der Regierungstruppen fingen an, die Rebellen einen nach dem anderen abzuknallen. Verzweifelt mußte Tranquilino zusehen, wie die Männer sich krümmten, wenn eine Kugel sie traf, oder mit zuckenden Bewegungen zur Seite fielen.

„Nein!" schrie er, doch der Kugelregen ging unaufhaltsam weiter, und er sah, wie Victoriano, von Kugeln getroffen, zur Seite sprang. Sechs oder sieben mußten es gewesen sein, die ihn hin und her rissen, bis sein Körper zusammenknickte und zu Boden fiel.

„Fahrt weiter!" brüllte Frijoles, und der Zug – die Lokomotive, der Tender und je ein offener Güterwagen vorne und hinten – setzte sich in Bewegung. Die Männer auf den zurückgelassenen Wagen mußten sich, so gut sie konnten, gegen die anstürmenden Soldaten verteidigen.

Von diesem Zeitpunkt an wurden Oberst Frijoles und die anderen Überlebenden zu gnadenlosen Rächern. Ihre Hoffnung auf eine Vereinigung mit Pancho Villa erfüllte sich nicht. Aber es gelang ihnen, einen neuen Zug zusammenzustellen und mehr Männer um sich zu scharen, als sie brauchten. Tod und Verderben säend, fuhren sie auf ihrer eisernen Kavallerie die Northwest Line hin und her. Tranquilino, der es einst nicht ertragen hatte, der Erschießung einer Frau oder eines Priesters zuzusehen, nahm jetzt an Schlachtfesten teil, in deren Verlauf die Bewohner ganzer Haziendas niedergemacht wurden.

Sie erledigten drei von Regierungstruppen besetzte Züge, und einmal, als zwei von Frijoles' Garnituren bei Casas Grandes aneinander vorbeifuhren, sah Tranquilino einen dramatischen Augenblick lang das Mädchen, das er in Denver gekannt hatte – Magdalena. Gewehr in der Hand, Patronengurt über die Brust geschlungen, stand sie in der offenen Tür eines Güterwagens. Ihre Blicke begegneten sich, und er erkannte sie wieder, sie aber hatte schon zu viele Männer auf Zügen gesehen. Sie sahen alle gleich aus.

„Magdalena!" rief er, aber sie konnte ihn nicht hören.

Es fuhren viele Frauen auf diesen Zügen, wilde Geschöpfe, die vor dem Tod nicht erzitterten und den Männern Mut zusprachen, die ihn fürchteten. Es hatte manchmal den Anschein, als ob sie es wären, die die Revolution, diese unorganisierte, chaotische Bewegung eines empörten Volkes, das seiner Unterdrückung müde war, in Gang hielten. Manchmal kam diese bunt zusammengewürfelte Armee zu einer Hazienda, wo die Dienstmädchen ständig mißbraucht worden waren – die jungen Herren hatten die Mädchen mit vorgehaltener Waffe gezwungen, ihnen zu Willen zu sein –, und es mochte geschehen, daß die angreifenden Männer vor dem Gewehrfeuer der Verteidiger zu weichen begannen. Dann übernahmen die Frauen, der Kugeln nicht achtend, das Kommando und führten den Sturm an, bis die Mauern gefallen waren. Sie waren es, die in die spitzenbesetzten Schlafzimmer eindrangen, die zartgliedrigen weißen Herrinnen aus den Betten zerrten und sie an die Wand stellten.

Eine dieser nur auf Rache sinnenden Frauen kam eines Tages mit einer elektrisierenden Nachricht zum Zug, der in Casas Grandes steckengeblieben war: „Nur einen Tagesmarsch von hier sitzt Oberst Salcedo mit seinen Männern ohne Zug und ohne Pferde in der Falle." Es war eine grauhaarige Frau von fünfzig Jahren, die nur ganz leise sprach und einen Topf mit Honig bei sich trug. Es war kaum anzunehmen, daß sie log, denn die Männer flüsterten einander zu: „Man hat ihren Mann und ihre Söhne gehängt. Sie dürstet nach Rache."

Mit der Frau, die ihren Honig nicht aus der Hand ließ, wurde ein Sonderkommando zusammengestellt, und Frijoles selbst übernahm den Befehl. Sie zogen nach Osten, und die Frau führte sie zu einem kleinen Tal, in das Oberst Salcedo sich zurückziehen hatte müssen, um auf Verstärkung zu warten. Als Frijoles sah, daß Salcedo tatsächlich bei seinen Leuten war, war er zum Äußersten entschlossen, und nach drei selbstmörderischen Angriffen waren die Regierungssoldaten überwältigt oder erschlagen. Salcedo aber wurde am Leben gelassen und gefangengenommen.

Er war ein tapferer Mann. Sein dünner Schnurrbart zitterte nicht, als er seinem Todfeind entgegentrat, und er stand fest in seinen blankgeputzten deutschen Stiefeln. Offenbar hatte Oberst Frijoles schon lange damit gerechnet, daß dieser Augenblick kommen würde, denn er wußte genau, was er tun wollte. Mit eigenen Händen entledigte er Salcedo aller seiner Kleidung, ausgenommen die Stiefel. Dann pfählte er ihn auf einem ebenen Stück Boden, wo die Sonne gleichmäßig auf ihn fallen und ihn zu Tode braten würde. Jede Hand und jeder Fuß wurden an einen Pfahl gebunden und die Seile fest angezogen. Noch vor Einbruch der Nacht würde er tot sein.

Aber das genügte der Frau nicht. In jede Öffnung des nackten

Körpers träufelte sie ein dünnes Bächlein Honig: Augen, Ohren, Nase, Mund, After – und reichlich genug, um sicherzugehen, daß die hungrigen Wüstenameisen den Weg finden würden. Dann zogen sich die Frau und Frijoles zurück, um zu beobachten, wie die Sonne und die Insekten an die Arbeit gingen, und als die Schreie am verzweifeltsten klangen, fragte Tranquilino: „Kann ich ihn erschießen?“ Und Frijoles antwortete: „Nein.“

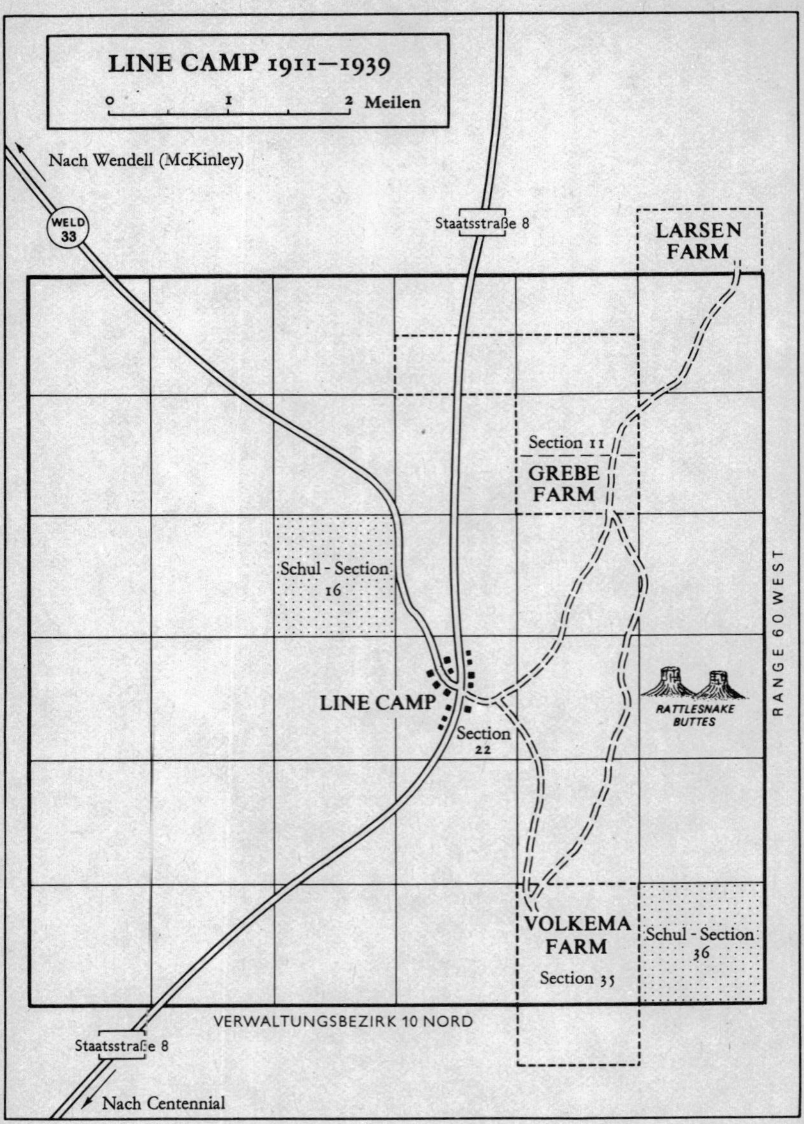
LINE CAMP 1911—1939
0
1
2 Meilen
Nach Wendell (McKinley)
WELD 33
Staatsstraße 8
LARSEN FARM
Section 11
GREBE FARM
Schul - Section 16
LINE CAMP
Section 22
RATTLESNAKE BUTTES
RANGE 60 WEST
VOLKEMA FARM
Section 35
Schul - Section 36
VERWALTUNGSBEZIRK 10 NORD
Staatsstraße 8
Nach Centennial

Furchen im Wind

Bis zum Jahre 1911 hatten die Farmer im nördlichen Colorado ein System der Bodenverwertung entwickelt, das als eines der nützlichsten in der ganzen Welt anzusehen war. Hätte es sich ungehindert weiterentwickeln können, es würde diesen Teil Amerikas in ein Paradies verwandelt und ein ausgewogenes Gleichgewicht zwischen den Bedürfnissen des Menschen und den Diktaten der Natur gewährleistet haben.

Die weiten Ebenen waren dem Rind vorbehalten, sechzig bis siebzig Morgen je „Kuh-Kalb-Einheit". Wohl wahr, daß der Stacheldraht dazu beitrug, das Land des einzelnen einzuhegen, doch da Viehwirtschaften bis zu siebzig- und achtzigtausend Morgen umfaßten, konnte ein Besitzer viele Meilen über sein Land reiten, ohne auf eine Straße, ein Haus oder gar eine Stadt zu stoßen. Das Weideland wurde auch von Rotwild und Gabelbock geschätzt, doch das schadete nicht. Zudem war der Boden so gefestigt, daß auch der steifste Wind nicht viel anrichten konnte. Nur dreiunddreißig Zentimeter Regen waren im Jahr zu erwarten, was knapp ausreichte, um die Dinge in Gang zu halten; wenn ein Viehzüchter es zuließ, daß seine Herden ein Gebiet zu stark abweideten, konnte es fünf bis sechs Jahre dauern, bis das Gras sich wieder erholte.

Den Cowboys ging es gut auf der Prärie, und sie schufen ihre eigene Kultur. Texas Red zum Beispiel, einer der Helden des Blizzards von 1887, wußte so geschickt mit seinem Lasso umzugehen, daß die Crown-Vee-Ranch unter den Rinderhirten der benachbarten Ranches Herausforderer suchte. Es wurden Wettbewerbe veranstaltet, deren Gewinner an den berühmten Cheyenne Frontier Days und all den anderen Rodeos teilnahmen.

Auch Lightning, das berüchtigte bockende Pferd, dem es neun Jahre lang gelang, jeden Reiter abzuwerfen, kam von der Crown-Vee-Ranch. „Noch nie ein Pferd erlebt, das so bocken kann", sagte Texas Red, der Mann, der dem Ziel, die statutenmäßig festgesetzten zehn Sekunden im Sattel zu bleiben, noch am nächsten gekommen war. „Steigt kerzengerade in die Luft, rollt sich auf den Rücken und schlägt mit allen vier Beinen gleichzeitig aus!"

Das bemerkenswerteste aber an den Ranches war die ausgesuchte Pflege, die den Weideflächen zuteil wurde. „Das einzige, was wir auf dieser Welt zu verkaufen haben", erklärte Jim Lloyd immer wieder seinen Leuten, „ist das Gras. Das Hereford-Rind mag schön anzusehen sein, aber es ist nicht mehr als eine Maschine, die Gras in Fleisch verwandelt. Kümmert ihr euch um das Gras, ich kümmere mich um die Herefords."

Der Rancher war von Natur aus konservativ. Es sollte alles so bleiben, wie es war. Er wollte seine achtzigtausend Morgen haben, und die Regierung sollte ihn möglichst wenig stören. Er wollte ja auch nicht viel von Washington. Die Regierung sollte bloß freien Zugang zu staatlichem Grundbesitz gewähren, australisches oder argentinisches Fleisch mit hohen Zöllen belegen, die Einrichtung öffentlicher und unentgeltlicher Schulen fördern, einen verläßlichen Postdienst mit Zustellung an der Haustür einrichten und nicht zuletzt für einen mit den nötigen Vollmachten ausgestatteten Sheriff sorgen, der jeden ins Loch zu stecken hatte, der sich erkühnen mochte, sein, des Ranchers, Land zu betreten. „Die Regierung soll mich gefälligst in Frieden lassen", erklärte der Rancher, und damit war es ihm blutiger Ernst. Als Gegenleistung war er bereit, das Gras zu pflegen, einen Teil davon den Tieren des Waldes zu überlassen und die größten natürlichen Reichtümer der Nation zu schützen – das ausgedehnte, unkultivierte Jagd- und Weidegebiet.

Der Partner des Ranchers – der es recht ungnädig aufgenommen haben würde, hätte jemand die Meinung geäußert, ein Russe oder ein Japaner könnte sein Partner sein – war der auf seinen Rieselfeldern arbeitende Bauer, der das Uferland bewirtschaftete und es geschickt bewässerte. Auf diese Weise verwandelte er Wüsten in Gärten und erhöhte in einem Sommer den Wert des Landes um das Fünfzigfache. Diese Leute bestellten nur kleine Stücke Land, mit denen ein Rancher nichts hätte anfangen können. Mit ihren Zuckerrüben verhalfen sie der Gemeinde zu sicheren Eingängen, die es ihr ermöglichten, Dienstleistungen aufrechtzuerhalten, wie nur Städte oder größere Ortschaften sie bieten konnten.

Es war eine fruchtbare Symbiose: Der Viehzüchter konnte sich mit regenarmem Land begnügen, während sich der Farmer auf das Uferland konzentrierte, das er bewässern konnte. Keiner kam dem anderen ins Gehege, und keiner versuchte, dem anderen seine Arbeiter auszuspannen. Ein Cowboy, der etwas auf sich hielt, dachte nicht im Traum daran, Zuckerrüben zu verhacken, während der durchschnittliche Rübenarbeiter davonlief, wenn er einen Ochsen sah.

Der Farmer war nicht weniger konservativ als der Rancher, und beide lehnten jegliche Einmischung seitens der Regierung ab. Was sich der Rübenbauer vornehmlich von Washington erwartete, war die Aufrechterhaltung äußerst hoher Zollsätze gegen Rohrzucker, insbesondere kubanischen Rohrzucker. Hätte es in jenen Jahren einen freien Zuckermarkt gegeben, die Zuckerrohrpflanzer im karibischen Raum wären in der Lage gewesen, den Bedarf ganz Nordamerikas zu decken – und zu so niedrigen Preisen, wie das Central Beet nie möglich gewesen wäre. Wirtschaftlich gesehen, war die Zuckerrübenindustrie ein Unding, gleichzeitig aber auch ein so bedeutender Faktor, daß ihr Schutz gerechtfertigt war. Wer Senator von Colorado sein wollte, mußte imstande sein, dafür zu sorgen, daß der hohe Zoll erhalten blieb. Rechtschaffenheit, harte Arbeit und staatsmännische Umsicht waren zwar für jene, die dieses Amt anstrebten, wünschenswerte Attribute, Vertrautheit mit den Zuckerrüben hingegen war unerläßlich.

Der Farmer erwartete aber auch noch einige andere Dienste: Verläßliche Versorgung mit Arbeitskräften aus Mexiko, Schutz vor Gewerkschaften, äußerst niedrige Zollsätze für billige Nitrate aus Chile, gute Straßen von der Farm zur Fabrik, niedrige Eisenbahntarife und Verfügbarkeit von Barmitteln. Nichtsdestotrotz hielt sich der Landwirt für unabhängig, glaubte daran, daß er allein die Risiken der Landwirtschaft zu tragen habe, und schließlich hängt ja das Wesen einer Gesellschaft mehr davon ab, was die Menschen von sich halten, als davon, was sie wirklich sind.

Die wenigen Städte, die auf der Prärie entstanden, waren den Bedürfnissen der Rancher und Farmer angepaßt. Banken und Eisenwarengeschäfte, Kaufläden und Bahnhöfe stellten sich auf den Zyklus der Landwirtschaft ein. Am 13. und 14. November, den Tagen vor der Ausgabe der Rübenschecks, herrschte große Aufregung in der Stadt. Die Kaufleute gingen ihre Bücher durch, um festzustellen, auf wieviel sich die Schulden jedes einzelnen Farmers beliefen, und die Kleidergeschäfte taten alles, um ihre Schaufenster attraktiv zu gestalten. Nicht anders ging es zu, wenn eine der großen Ranches einen Viehtransport nach Chicago schickte. Es war, als rüste sich die ganze Eisenbahnlinie für dieses Ereignis, und die Leute strömten zum Bahnhof, um zuzusehen, wie die Ochsen in die Viehwagen verladen wurden.

Einzig die geringen Bevölkerungszahlen der Vereinigten Staaten und Colorados ermöglichten diese großzügige Lebensweise. Im Jahre 1910 zählten die Vereinigten Staaten 91,972.000 Bürger, Colorado 799.000, Denver 213.000 und Centennial 1.037. Ein Rübenbauer konnte seine Felder fünfzehn Meilen außerhalb von Denver anlegen, und kein Mensch kümmerte sich darum, denn keiner war ihm das Land neidig. Die Venneford-Ranch durfte immer noch über Hunderttausende herrenloser Morgen verfügen, einfach darum, weil niemand sich einen besseren Verwendungszweck dafür vorstellen konnte.

So friedlich war also das Leben in den Jahren um 1911 im nördlichen Colorado und in Centennial. Dann erschien Dr. Thomas Dole Creevey auf der Bildfläche, und die landwirtschaftliche Stabilität brach zusammen.

Im Aussehen erinnerte Creevey an eine Ente. Er war ein rundlicher, vierschrötiger kleiner Mann mit einem großen Kopf und einer dicken Brille, etwa einen Meter sechzig groß. Er trug einen Anzug, der ihm zu klein war, und eine Weste, deren untere zwei Knöpfe sich nicht mehr schließen ließen. Er legte eine erstaunliche Energie an den Tag, und sein lebhaftes Gesicht strahlte Charakterstärke und Rechtschaffenheit aus. Wie die meisten Fanatiker hatte auch er eine große Entdeckung gemacht, und sie erfüllte sein Leben. Er war ein wahrhaft Glaubender, einer, der die Antwort gefunden hatte und dazu die Kraft besaß, die solch völlige Hingabe erzeugt. Vor allem aber war er ein liebenswürdiger, umgänglicher Mann, dessen Begeisterung seine Zuhörer ansteckte. Die Menschen vertrauten Thomas Dole Creevey und wurden in diesem Vertrauen nie enttäuscht. Natürlich kam es manchmal vor, daß ein Farmer, der seine Methoden anwandte, seinen Ertrag nicht verdoppelte, doch auch der warf ihm keinen Betrug vor, weil er wohl wußte, daß, täte er es, Creevey auf sein Land kommen und ihm beweisen würde, daß er die Wahrheit gesprochen hatte.

Er war ein Revolutionär, ein Mann mit einer Idee, die Bestehendes zertrümmerte, und als er seinen Plan in die Tat umzusetzen begann, bedeutete das das Ende der Harmonie zwischen dem Rancher und dem Farmer. Es war daher ganz natürlich, daß die Männer, die das Land bisher für sich allein in Anspruch genommen hatten, ihn fürchteten, denn er sprach offen aus, daß seine Sendung ihn dazu verhielt, sie herauszufordern.

In der kleinen Stadt Ottumwa in Iowa kam Dr. Creevey zum Ende seines Vortrags. Er sprach zu einer Versammlung von Farmern, die sich im Festsaal der Schule eingefunden hatten, um dem neuen Apostel des Westens zu lauschen. Ein Raunen ging durch die Reihen, als Greevey seine Ausführungen auf dramatische Weise unterbrach und dem Schuldiener zurief: „Bringen Sie den Projektionsapparat herein!“

Der Apparat wurde aufgestellt, und während der Diener die handkolorierten Diapositive einschob, zeigte Dr. Creevey seinen Zuhörern, was er auf einem Hof im westlichen Kansas mit einer jährlichen Niederschlagsmenge von fünfunddreißig Zentimetern erreicht hatte. Man sah das Land, bevor Dr. Creevey seine Aufgabe übernommen hatte, und mehrere Bilder von angrenzenden Feldern, die beim Ende des Experimentes ebenso leer waren wie am Anfang. Das beste waren die Bilder von dem, was er im Herbst auf diesem kahlen Boden geerntet hatte: Korn, Weizen, Kartoffeln, Tomaten und Mengen von üppigem Klee.

Der Projektionsapparat wurde abgeschaltet, und der Diener schaltete wieder die Beleuchtung an. Dr. Creeveys Schlußworte waren von Aufrichtigkeit und gesundem Menschenverstand geprägt:

„Jeder der hier Anwesenden hat ein gesetzliches Recht auf dreihundertzwanzig Morgen besten Trockenfarmlandes, das Gott uns geschenkt hat. Sie haben nichts weiter zu tun, als hinzufahren, das von ihnen beanspruchte Staatsland auf dem Grundbuchamt eintragen zu lassen und an die Arbeit zu gehen. Ich weiß, daß Sie sich jetzt die Frage vorlegen werden: ‚Was hat Creevey davon?', und ich werde Ihnen sagen, was ich davon habe. Ich arbeite im Auftrag der Eisenbahn und einer Gruppe von Grundstücksverwertungsgesellschaften, die Land im Westen besitzen. Sobald Sie Ihre Grundparzellen in Besitz genommen haben, werden wir Ihnen weiteres Land verkaufen, das beste, das es in der Gegend gibt, und zwar um acht Dollar den Morgen. Was zahlen Sie jetzt in Iowa? Einhundertfünfzig Dollar den Morgen, und die meisten von Ihnen können es sich daher nicht leisten, eigenen Besitz zu erwerben. Kommen Sie mit mir in den Westen, und um ein Zwanzigstel des Betrages werden Sie zwanzigmal wohlhabender sein als bisher. Ich will Ihnen ein Angebot machen. Als Vertreter der Rock-Island-Eisenbahn, die nicht weniger an der Entwicklung des Westens interessiert ist, als ich es bin, werde ich zwei von Ihnen einladen, meine Versuchsfarm zu besuchen, wo sie selbst sehen können, was man alles tun kann. Sie haben nichts weiter zu bezahlen – und ich meine das wörtlich! – als Ihr Essen auf der Fahrt und im Hotel. Und wenn Ihnen die Frau Gemahlin ein entsprechend großes Paket zum Futtern mitgibt, brauchen Sie nicht einmal dafür Geld auszugeben. Nun, wer von Ihnen will mit mir kommen, um dann Ihnen allen berichten zu können, was er gesehen hat?"

Unter gutmütigem Wortgeplänkel wurden Earl Grebe und Magnes Volkema nominiert und erhielten Fahrkarten von Ottumwa in Iowa nach Goodland in Kansas. Wenige Tage später stiegen sie aus dem Zug und betraten ein in seiner Häßlichkeit abschreckendes Wunderland. Als Dr. Creevey sie und weitere einhundertneunundzwanzig Besucher in bahneigene Autobusse lud und nordwärts verfrachtete, waren sie über die kahle Öde der Gegend entsetzt: keine Bäume, keine Gewässer, keine Anzeichen von Regen.

Im Bus kam Earl Grebe neben Dr. Creevey zu sitzen. Er war verwirrt: Einerseits sprang ihm die Trockenheit und Unfruchtbarkeit des zu bestellenden Landes in die Augen, und er wußte aus Erfahrung, daß es hier eines Wunders bedurfte, um Weizen zu ernten; andererseits unterlag er der stürmischen Begeisterung des rundlichen, kleinen Landwirtes immer mehr. „Wenn ich solches Land sehe, bricht mir das Herz, meine Herren! Welche Herausforderung! Welche Aufgabe! Welche Verheißung! Ich versichere Ihnen, daß ich auf diesem Boden jederzeit sechsundzwanzig Scheffel Weizen je Morgen produzieren kann."

„Haben Sie das überhaupt schon einmal geschafft?" fragte Grebe.

„Geschafft? Ich schaffe es jetzt. Das sollen sie ja jetzt selbst sehen!"

„Auf solchem Boden?“

„Auf schlechterem Boden. In knapp einer Stunde werden Sie mein Wunder sehen, meine Herren. Sie werden das Wort Gottes schauen, das zu irdischer Wirklichkeit geworden ist. Ich begann mit der Getreidebrachwirtschaft an jenem geheiligten Sonntagmorgen, als ich aus der Kirchentür auf das öde, leere Flachland meiner Jugend hinausstarrte. Nichts wuchs auf diesem Flachland, und ich hörte den Priester, der aus dem Ersten Buch Moses’ vorlas: ‚Und Gott segnete sie. Gott sprach zu ihnen: Seid fruchtbar, mehret euch, füllet die Erde und nehmet sie in Besitz.‘ Und das Wort Gottes senkte sich auf mich herab, und in diesem Augenblick verstand ich.“

Als die Autobusse auf Dr. Creeveys Versuchsfarm eintrafen, begriffen die Besucher, daß sie sich hier an einem Ort besonderer Art befanden. Die landwirtschaftlichen Maschinen waren gepflegt und die Scheunen in bester Ordnung. Aber man verweilte nicht lange auf dem Hof, denn Dr. Creevey drängte die Männer aus Iowa, über seine Felder zu wandern und selbst zu sehen, was sich mit der Getreidebrachwirtschaft erreichen ließ.

Sie gingen viele Meilen weit. Manche Felder lagen brach, auf manchen wuchs Getreide, das Grebe nicht kannte, und bei manchen stand das Pflügen unmittelbar bevor. Die Einteilung entsprach in keiner Weise dem, was ein Bauer in Iowa im September mit seinem Land zu tun pflegte, und Grebe wurde sich schnell über eines klar: Wer trockenfarmen wollte, mußte sich die Erfahrungen eines Mannes wie Creevey zunutze machen, denn dieser landwirtschaftliche Betrieb im westlichen Kansas blühte und gedieh, daran war nicht zu zweifeln. Es gab hier mehr Brache, als dies in Iowa zulässig gewesen wäre, doch die bewirtschafteten Felder brachten dafür wahre Wunder hervor.

Nach ihrem Rundgang versammelten sich die Besucher in einer der Scheunen, in der eine schwarze Tafel und Reihen von Bänken aufgestellt worden waren. Nachdem sie alle Platz genommen hatten, erhob sich ein Vertreter der Rock-Island-Eisenbahn und trat, ein Stück Kreide in der Hand, vor sie hin. „Meine Herren“, sagte er, „es gibt eine unwiderlegbare Tatsache in bezug auf den herrlichen Betrieb, den sie soeben besichtigt haben.“ Er schrieb groß die Zahl 35 an die Tafel. „Das ist es, meine Herren, das ist das Faktum, das Sie nie vergessen dürfen, solange Sie hier bei uns sind. Wir haben hier eine jährliche Niederschlagsmenge von nur fünfunddreißig Zentimeter. Wir haben keine Bewässerung, und wir wenden keine Tricks an. Was wir besitzen, ist das Genie dieses Mannes, Dr. Thomas Dole Creevey.“

Mit aufgeknöpfter Weste, die Augen blitzend vor Begeisterung, ging der kleine Wunderdoktor an die Tafel. „Ich behaupte“, begann er mit seiner leisen Stimme, „daß jeder der hier Anwesenden, der den Prinzipien, die ich dargestellt habe, folgt, jedes Land im Westen, so es Mutterboden hat und eine jährliche Niederschlagsmenge von mindestens dreißig Zentimeter, in Besitz nehmen und den Ertrag, den Sie soeben gesehen haben, verdoppeln kann." Voller Begeisterung sprang er vor der Tafel hin und her und stieß den Männern, die in der ersten Reihe saßen, seinen rechten Zeigefinger ins Gesicht, während er ihnen die zehn Prinzipien, die den Westen revolutionieren sollten, erläuterte.

„Erstens: Das ganze Geheimnis besteht darin, was immer an Regen auf Ihr Land fällt, aufzufangen, zu speichern und vor Verdunstung zu bewahren.

Zweitens: Man kann in einem Jahr unmöglich genug auffangen und speichern, um eine gute Ernte zu erzielen. Darum muß man sechzig Prozent der Felder brachliegen lassen. Wenn Sie in Iowa achtzig Morgen bestellt haben, richten Sie sich darauf ein, hier mindestens dreihundertzwanzig zu bestellen. Und lassen Sie einen Großteil davon ausruhen und Wasser akkumulieren.

Drittens: Sie müssen Ihren Boden kennen. Tun Sie keinen Schritt ohne Erdbohrer. Hier habe ich einen. Damit können Sie feststellen, wie es unterhalb der Oberfläche aussieht, wie tief der Mutterboden ist und wie feucht.

Viertens: Lassen Sie das ganze Jahr über eine Stroh- oder Laubdecke auf Ihren Feldern liegen, denn damit verhindern Sie, daß die Feuchtigkeit verdunstet. Es darf Ihnen auch nicht ein einziger Tropfen Regen entwischen.

Fünftens: Sobald es regnet, müssen Sie zwei Dinge tun: Fallen Sie auf die Knie und danken Sie Gott. Dann springen Sie auf, spannen Ihre Pferde vor die Scheibenegge und wenden die Erdknollen, während die letzten Tropfen fallen. So erhalten Sie die Bodenfeuchtigkeit. Wenn Sie mit der Egge bis zum nächsten Tag warten, ist das halbe Wasser verdunstet.

Sechstens: Pflügen Sie im Herbst. Wenn Sie einen kleinen Gemüsegarten haben, werden Sie natürlich im Frühjahr pflügen müssen, aber die großen Felder müssen im Oktober und im November gepflügt werden.

Siebentens: Pflügen Sie über zwanzig Zentimeter tief. Dann die Scheibenegge. Dann die Egge.

Achtens: Säen Sie Ihren Weizen nur im Herbst. Säen Sie nur Turkey Red.

Neuntens: Wenn ein Feld ein Jahr lang brachgelegen ist, tut es nicht schlecht, Luzerne anzubauen und den Ertrag zu unterpflügen. Dieses grobe Zeug lüftet dann den Boden, setzt Nitrate zu und bereichert ihn.

Zehntens: Lassen Sie keinen Tag vergehen, ohne Ihre Felder so zu bestellen, als ob eine Dürreperiode unmittelbar bevorstünde."

In den folgenden drei Tagen demonstrierte Dr. Creevey ihnen jedes seiner Prinzipien. Er zeigte ihnen, wie sie mit dem Erdbohrer umzugehen, wie sie die Laubdecke zu verwenden hatten, und erklärte ihnen seine Methode der sommerlichen Bodenbestellung. Da es während der Zeit ihres Besuches nicht regnete, sagte er eines Morgens zu ihnen: „Um zehn Uhr werden wir einen künstlichen Regen fallen lassen, denn Sie müssen es sehen und sich einprägen, was im Falle eines Regens zu tun ist."

So wurde also um zehn Uhr ein kleiner Sprengwagen auf eines der brachliegenden Felder gebracht, und vier Pferde zogen ihn eine Stunde lang hin und her, um aufzuzeigen, wie weit das Wasser in den Boden eindringen würde. „Der Regen ist vorbei!" rief Dr. Creevey, kaum daß der Sprengwagen fort war, spannte vier andere Pferde vor die Scheibenegge und ging daran, die angefeuchtete Erde zu wenden, indem er sie auf den Boden der Furchen warf, wo ihr Wassergehalt vor der Verdunstung geschützt sein würde. Dann spannte er die Pferde vor eine normale Egge, mit der er das aufgerauhte Feld glättete. So blieb der Niederschlag erhalten.

„Wenn ich dieses Feld im Oktober pflüge", erklärte er selbstbewußt seinen Zuhörern, „und Turkey Red darauf säe, kann ich selbst dann noch eines guten Ertrages sicher sein, wenn den ganzen Winter über kein Regen fällt, denn ich habe ja die Feuchtigkeit da unten eingefangen, wo sie jetzt liegt und wartet. Das einzige, was mir noch schaden könnte, wäre ein plötzlicher Hagelsturm."

Anschließend legte er den Gästen seine Wirtschaftsbücher für die letzten fünf Jahre vor, und sie konnten selbst feststellen, was er auf diesem Hof in Kansas, auf einem anderen in der Nähe von Denver in Colorado und einem dritten in Kalifornien erreicht hatte. Er zeigte ihnen seine Aufstellungen über die Niederschlagsmengen, über die Ernteerträge und über die Beträge, die er auf sein Konto bei der Bank eingezahlt hatte. Einhunderteinunddreißig Farmer waren von der Durchführbarkeit des Systems überzeugt und mehr als neunzig von ihnen bereit, in Dr. Creeveys Fußstapfen zu treten. Neun von seinen zehn Prinzipien würden für alle Zeiten anwendbar bleiben; nur eines war unzulänglich, und auch das nur, weil er die Wechselwirkung zwischen diesem und einem Naturphänomen, das in großen Zeitabständen über das Flachland hinwegfegte, außer acht gelassen hatte.

Während der ersten zwanzig Jahre seiner Experimente zeigte dieser verhängnisvolle Fehler keine Auswirkungen, doch als er sie zeigte, drohte er, einen großen Teil der Vereinigten Staaten gänzlich zu vernichten.

Auf der Rückfahrt nach Ottumwa stand Earl Grebe vor der schweren Aufgabe, sich selbst davon zu überzeugen, daß er seinen Hof in Iowa aufgeben müsse und das Risiko eingehen solle, das Trockenland im Westen zu bewirtschaften. Er war ein vorsichtiger Mann, und der Gedanke, das Land zu verlassen, auf dem er groß geworden war, bedrückte ihn, doch da er diese Felder nun schon seit Jahren bestellte, ohne der Möglichkeit, sie kaufen zu können, auch nur nähergekommen zu sein, mußte ihm jede Chance, seine Lage zu verbessern, des Überlegens wert sein.

Sein Genosse Magnes Volkema war ganz sicher, daß Colorado die Antwort auf seine Zweifel darstellte.

„Schau dir die Bilder an", sagte er zu Grebe. „Der gleiche Boden, der gleiche Ertrag."

Sie studierten die sechzehnseitige Broschüre, die Creevey verteilt hatte, als sie in den Zug gestiegen waren. Sie beschrieb sehr ausführlich die schöne Zukunft, die jeden erwartete, der in der Umgebung von Centennial in Colorado Trockenbodenland erwarb. Der Weizen stand hoch. Die Ackerfurchen waren gerade. Die Bilder von prächtigen Häusern, erbaut von wagemutigen Männern und Frauen, die nach Westen gezogen waren, beeindruckten Grebe und Volkema. Statistische Tabellen gaben Aufschluß über die Niederschlagsmengen und die Dauer der Vegetationszeiten, doch der überzeugendste Teil der Druckschrift hatte den Mann zum Verfasser, der das Material zusammengetragen hatte. Das Bild zeigte einen sehr offen und selbstsicher wirkenden Geschäftsmann in einem dunklen Anzug, der an seinem Schreibtisch unter einem blanken neuen Schild saß, auf dem zu lesen stand:

Leg deine Hand auf ein Stück Land
MERVIN WENDELL
Grundstücke und Viehwirtschaft
Gehen Sie zu Wendell!

Die Legende unter dem vertrauenerweckenden Porträt lautete: „Im Jahre 1889 kam ich mittellos in Centennial an, doch dank des umsichtigen Erwerbs von Rieselfeldern besitze ich jetzt den auf der Seite gegenüber abgebildeten herrschaftlichen Wohnsitz. Mit Ihrem Trockenlandbesitz können Sie das gleiche erreichen." Das Bild zeigte ein stattliches neues Wohnhaus an der Ecke Eighth Avenue und Ninth Street. Mervin Wendell stand auf der Treppe und blickte zärtlich zu seiner hübschen Gemahlin auf der Veranda hinauf. Ein Mann des Erfolges, dieser Grundstücksmakler Wendell, und einer, dem man sowohl vertrauen als auch nacheifern konnte.

Grebe und Volkema interessierten sich ganz besonders für die Karte des Gebietes, das allen jenen Glückskindern offenstand, die nach Westen zogen, denn sie zeigte, wo die geplante neue Stadt errichtet werden sollte. „Line Camp –", hieß es in der Broschüre, „das zukünftige Athen des Westens. Die Schule wird in diesem schönen Haus untergebracht sein, gleich gegenüber von dem Gebäude, in dem die Beamten der Zivilverwaltung ihrer Tätigkeit nachgehen werden." Das Bild zeigte die zwei Steinhäuser, die Jim Lloyd im Jahre 1869 errichtet hatte. Es waren saubere, massive Bauten, die Jahre hatten sie nicht gezeichnet. Solide standen sie da, Symbole von Beständigkeit und Verheißung.

„Das Grundbuchamt wird hier untergebracht sein", versprach die Broschüre, „und Sie haben nichts weiter zu tun, als in die Prärie hinauszugehen, sich dreihundertzwanzig Morgen auszusuchen, die Ihnen zusagen, und sie für sich zu beanspruchen. Drei Jahre nach dem Tag, an dem Sie Ihren Fuß auf dieses Land setzen, gehört es Ihnen. Ein vom Präsidenten der Vereinigten Staaten unterzeichnetes Dokument erklärt Sie zum rechtmäßigen Besitzer."

„Kannst du dir das vorstellen? Dreihundertzwanzig Morgen, so wie die von Dr. Creevey?" fragte Volkema. „Damit könnte man ein Vermögen machen."

Grebe betrachtete das Bild einer Trockenlandfarm, die von einem Mann namens John Stephenson betrieben wurde, der, so stand da zu lesen, im Jahre 1908 mittellos nach Centennial gekommen war, von Mervin Wendell Land gekauft hatte und jetzt ein großes Haus bewohnte. Das Land sah gut aus, und der Weizen stand hoch.

„Er würde es doch nicht wagen, solche Lügen zu erzählen, oder?" fragte Grebe mißtrauisch.

„Nein! Wenn wir nach Centennial kommen und ihn fragen: ‚Wo ist Stephensons Hof?' – Mr. Wendell würde ganz schön in der Klemme sitzen, wenn es diesen Besitz gar nicht gäbe. Nein, nein, Earl, das ist schon alles richtig. Die Leute dort verdienen ein Vermögen, und du und ich, wir sollten da mitmachen."

So studierten die beiden Männer die verlockende Druckschrift, und je mehr sie darin lasen, desto mehr wurden sie überzeugt. Als sie wieder in Ottumwa eintrafen, waren sie keine bloßen Berichterstatter mehr, sie waren Missionare. Sie gingen nach Hause, um mit ihren Frauen und mit ihren Nachbarn zu reden.

Alice Grebe war eine großgewachsene, schlanke junge Frau von zweiundzwanzig Jahren. Eines von sieben Kindern tiefreligiöser Eltern, war sie auf einer Farm östlich von Ottumwa aufgewachsen. Earl hatte sie in der Kirche kennengelernt. Er hatte drei Jahre lang um sie geworben, und als er endlich formell um ihre Hand anhielt, schienen ihre Eltern zunächst nicht geneigt, sie gehen zu lassen, obwohl das Haus übervoll war. Aber ihr Vater und ihr älterer Bruder durchforschten Earls Vorleben auf das gründlichste und stellten befriedigt fest, daß er würdig war, in ihre gottesfürchtige Familie einzuheiraten.

Die Hochzeit hatte erst ein Jahr zuvor in Anwesenheit von drei Angehörigen von Earls und neunzehn von Alices Familie stattgefunden. Als sie vor dem Priester stand, bot sie einen eher hingebungsvollen als strahlenden Anblick, denn sie war kein hübsches Mädchen. Ihre

Vorzüge lagen in ihrer Arbeitsamkeit und ihrem Wunsch, ihrem Mann ein christliches Heim einzurichten. Die Frauen von Ottumwa, die zusahen, wie sie ihm angetraut wurde, kamen zu der Überzeugung, daß Alice ein Mädchen war, das ihrem Mann wenig Ungelegenheiten machen und ihm eine große Stütze sein würde. Sie war wahrhaftig eine ideale Frau für einen jungen Farmer, und die Tatsache, daß sie das Landleben vorzog, gab dieser Hoffnung noch größeres Gewicht.

Dieses erste Ehejahr war nahezu perfekt gewesen, weil jeder ehrlich versucht hatte, dem anderen ein guter Partner zu sein; nur daß Earl nicht imstande war, seine eigene Farm zu erwerben, trübte ein wenig ihr Glück. Die Preise in Iowa waren einfach zu hoch, und das junge Paar mußte sich damit begnügen, eine Farm zu pachten, die einem Bankier in der Stadt gehörte. Sie besichtigten mehrere Farmen, die zum Verkauf standen, konnten jedoch die Anzahlungen nicht aufbringen und hatten sich schon damit abgefunden, für andere arbeiten zu müssen, als Dr. Thomas Dole Creevey in der Stadt eintraf.

Alice Grebe hatte als erste die Mitteilung in der Zeitung gelesen und ihren Mann und Magnes Volkema dazu gedrängt, gleich zum ersten Vortrag zu gehen. Am zweiten Abend, als Dr. Creevey versprach, in Einzelheiten zu gehen, waren sie und Vesta Volkema in einer der ersten Reihen gesessen. Vielleicht war es der sichtbaren Begeisterung der beiden Frauen zuzuschreiben gewesen, daß man ihre Ehemänner nominiert hatte, um die Reise nach Westen zu unternehmen und Creeveys Versuchsfarm zu besuchen.

„Es ist alles so, wie er es uns erzählt hat“, berichtete Earl, als sie nach dem Abendessen zusammensaßen. „Sieh dir doch diese Bilder an. Das ist das Land, das wir in Colorado umsonst bekommen können.“ Als sie die verlockende Broschüre sah und die freundliche Miene des Grundstücksmaklers, der sich hier erbötig machte, ihnen beim Erwerb von Land rund um die neue Stadt, die er plante, behilflich zu sein, empfand sie die gleiche freudige Erregung, die auch ihren Mann beim Durchsehen der Broschüre gepackt hatte.

„Es sieht wirklich gut aus“, sagte sie und blätterte in dem Büchlein.

„Du würdest es nicht glauben, was Dr. Creevey auf so einem Boden zustande bringt“, erklärte Earl begeistert und erzählte ihr auch vom Turkey Red, diesem feinen, aus Rußland importierten Winterweizen, und von der phantastischen neuen Methode, die Feuchtigkeit einzufangen.

Aber sie hörte ihm nicht mehr zu. Ihr Auge war auf das eine Bild gefallen, gegen dessen Veröffentlichung Mervin Wendell sich beharrlich gewehrt hatte. „Sie müssen den Leuten doch zeigen, wie das Land aussieht“, hatte der Vertreter der Eisenbahn gemeint. „Ich will aber nicht, daß die Frauen diese öde Gegend sehen“, hatte Wendell mit jener Voraussicht, die seine Geschäftstätigkeit kennzeichnete, entgegnet. „Wenn die Frauen in Iowa diese Prärielandschaft zu Gesicht bekommen, drehen sie durch.“ Gegen seine Überzeugung war das Bild in die Broschüre aufgenommen worden, und als Alice Grebe es jetzt betrachtete, hatte sie eine böse Ahnung von der Einsamkeit, die sie dort erwartete, und von der unheimlichen Stille in den sternenklaren Nächten. Sie war nicht mehr so geneigt, sich auf dieses Abenteuer einzulassen. „Hast du etwas?“ fragte Earl, als er sah, daß sie blaß geworden war.

„Nein, nichts“, sagte sie leise. „Es scheint sehr gutes Land zu sein.“

„Ich will nach Westen gehen“, sagte er. „Ich will dort arbeiten, wo ich mein eigenes Land haben kann.“

Alice Grebe unterdrückte ihre Besorgnisse. Wenn es ihren Mann danach drängte, sein Glück anderswo zu versuchen – so wie den Helden eines Buches, das sie vor kurzem gelesen hatte –, dann war es ihre Pflicht, ihn in seiner Absicht zu bestärken. Und so begaben sich zwei Familien aus Ottumwa in den letzten Sommertagen des Jahres 1911 zum Bahnhof, um ihre Reise nach dem Westen anzutreten: Earl und Alice Grebe und ein von zwei erwachsenen Kindern begleitetes, erfahrenes älteres Paar, das nicht zum ersten Mal auf Wanderschaft ging: Magnes und Vesta Volkema.

Sie fuhren nach Omaha und stiegen dort in den Zug um, der sie nach Centennial bringen sollte, wo Mervin Wendell sie schon erwartete. Und während der Zug durch die lange Nacht ratterte, westwärts durch Nebraska und über die Grenze nach Colorado, saßen sie in ihrem Abteil und sprachen über ihre schöne Zukunft.

„Es ist ein neuer Beginn“, sagte Alice Grebe mit einer Lebhaftigkeit, die nicht ganz ihren wahren Empfindungen entsprach. „Wie vor hundert Jahren auf dem Ochsenwagen. Es ist eigentlich sehr aufregend.“

„Es ist eine Chance, schnell zu ein paar Dollar zu kommen“, meinte Vesta Volkema. „Ich möchte so schnell wie möglich so viel Land wie möglich besitzen. Mit Gewinn verkaufen. Und dann weiter nach Kalifornien.“

„Ich sehe es mehr als günstige Gelegenheit, uns ein Heim zu schaffen“, entgegnete Alice Grebe. „Unsere eigene Stadt . . . Vielleicht wird einer unserer Söhne sogar Bürgermeister.“

Während sie so sprach, beugte sie sich vor, als sehnte sie den neuen Kampf mit dem Land schon herbei. Sie legte ihre Hand auf die ihres Mannes, um damit zum Ausdruck zu bringen, daß sie bereit war, alles auf sich zu nehmen, was die Zukunft bringen mochte.

„Unsere Familien werden die Kirche erbauen“, meinte Alice prophetisch. „Und mit unseren Büchern werden wir den Grundstock für eine Bibliothek legen.“

„Du siehst zu weit voraus“, scherzte Vesta. „Im Augenblick erscheint mir ein gutes Lebensmittelgeschäft wichtiger.“

„Wir werden eines finden“, entgegnete Alice. In Ottumwa, bei der

Schlußfeier ihres Jahrgangs, hatte sie die Abschiedsrede gehalten. Sie war ein kluges Mädchen, und ihre Lehrer hatten ihr geraten, ans College zu gehen. Sie las Bücher von Upton Sinclair und träumte von einer gerechteren Gesellschaft. „Wir sind die Erbauer der Zukunft", hatte sie in ihrer Rede gesagt. „Wir sind die neuen Pioniere." Als sie die Rede aufgesetzt hatte, war sie sich der Bedeutung ihrer Worte nur vage bewußt gewesen, doch jetzt, da der Zug sich Denver und den großen Bergen näherte, glaubte sie sich im Mittelpunkt der Pionierbewegung und schwelgte in erwartungsvoller Erregung.

„Es ist so aufregend!" flüsterte sie Vesta zu. „Bestimmt gibt es im ganzen Zug keine so glücklichen Menschen, wie wir es sind."

Doch als der Morgen graute und sie die endlose Ebene westlich von Julesburg sah, die ungeheuren Weiten, die sich in graubrauner Einsamkeit, baum- und schattenlos am Horizont verloren, wurde sie sich der gewaltigen Tragweite ihres Abenteuers bewußt und begann so zu zittern, daß Vesta sie an den Händen nehmen und beruhigen mußte.

„Earl!" rief Vesta. „Komm zu mir!" Und als Grebe sich neben seine Frau setzte, meinte er: „Sie ist nur nervös." Doch Vesta schätzte die Situation richtiger ein. „Schwanger ist sie", sagte sie ohne jedes Getue, und Alice mußte zugeben, daß sie es schon seit einigen Wochen wußte, aber niemandem davon erzählt hatte, um die Abreise nicht zu gefährden.

„Es ist ein gutes Omen", sagte Earl. „So wie es in der Bibel heißt: ‚Gott sprach zu ihnen: Seid fruchtbar, mehret euch, füllet die Erde, nehmet sie in Besitz.' Das waren die ersten Worte, die Gott zu den Menschen sprach." Er saß neben Alice, hielt ihre Hände in den seinen und blickte auf das einsame Land hinaus. „Wir werden uns mehren", sagte er, „und wir werden das Land in Besitz nehmen."

Mervin Wendell erhob sich schon früh an jenem Morgen. In den Jahren, da er bewässertes Ackerland verkaufte, hatte er gelernt, auf dem Bahnhof zu sein, wenn Siedler erwartet wurden. Er hatte herausgefunden, daß sie in ihren ersten Stunden in Centennial in mehr als einer Hinsicht seiner stützenden Hand bedurften, und wenn er sie früh genug unter Vertrag nahm, konnte nichts mehr passieren. Jetzt, wo er versuchte, Trockenböden zu verhökern, war das noch wichtiger. Er rasierte sich im Schein der neuen elektrischen Beleuchtung, die jetzt seinen herrschaftlichen Wohnsitz zierte, und besprühte sich dann mit echtem französischem Kölnischwasser, das er sich aus Boston schicken ließ. Mit der Schere seiner Frau stutzte er sich die Haare rund um die Ohren und legte die Kleidung an, die einem Mann im Westen zustand: Hosen aus schräg geripptem Kammgarn, mit Silberstickerei verzierte Stiefel, blaßblaues Hemd mit schmaler Krawatte und einen breitkrempigen Hut. Er betrachtete sich im Spiegel und stellte befriedigt fest, daß seine Figur immer noch tadellos und sein Kinn immer noch fest und achtunggebietend war.

Der Negerkoch wartete schon mit Mervins Frühstück: Sauerteigpfannkuchen, zwei Eier, drei Streifen Speck und eine Kanne heißen Kaffee ohne Sahne und ohne Zucker.

Nachdem er gegessen hatte, ging er nach oben, um sich mit einem Kuß von seiner Frau zu verabschieden. „Ich fahre die erste Ladung Heimstättensiedler nach Line Camp hinauf", teilte er ihr mit, „und werde erst spät zurück sein. Da wird jeder über sein Land marschieren wollen, und das kostet Zeit."

Er ging wieder hinunter und stieg in seinen neuen sechssitzigen Buick, den er zunächst ein paar Minuten auf Standgas laufen ließ. Das gedämpfte Surren des Motors machte ihm Freude. Langsam kuppelte er ein und ließ die Kupplung dann so geschickt aus, daß das Getriebe lautlos ineinandergriff. Mit einem mäßigen Druck auf die Hupe setzte er die Nachbarschaft gebührend, aber nicht aufdringlich davon in Kenntnis, daß Centennials führender Bürger sich nun anschickte, auf die Eighth Avenue hinauszufahren.

An diesem Morgen sollte er eine häßliche Überraschung erleben, denn als er zum Bahnhof kam, fand er dort bereits Jim Lloyd und den alten Brumbauch und mußte erfahren, daß sie die Absicht hatten, mit den neuen Siedlern zu sprechen, sobald sie aus dem Zug gestiegen waren.

„Worüber?" fragte er sichtlich erschrocken.

„Über das Land", antwortete Brumbauch kurz angebunden.

„Was ist damit? Sie erwerben es ganz legal als Heimstätte. Ich verkaufe ihnen angrenzendes Land, das mir gehört. Was habt ihr daran auszusetzen?"

„Wie es verwendet werden soll", entgegnete Brumbauch ungeduldig. „Haben Sie denn kein Gewissen?"

„Es ist gutes Land für Weizen", erwiderte Wendell kampflustig und funkelte Brumbauch an. „Es ist eine bewiesene Tatsache, daß man da draußen Weizen anbauen kann."

„Im ersten Jahr", sagte Brumbauch verächtlich, „wenn die Rasendecke aufgebrochen ist, wird jeder Boden einen Ertrag liefern. Das wissen Sie doch."

„Die Jahre danach werden diesen Menschen das Herz brechen", nahm Jim Lloyd das Wort. „Was werden sie denn tun, wenn diese verheerenden Winde aus den Rockies kommen? Sie haben doch gesehen, was sie sogar auf Rieselfeldern anrichten. Wie würden sie erst Trockenbodenernten zurichten?"

Nervös befeuchtete sich Wendell die Lippen. „Was wollen Sie denn unseren Besuchern sagen?" fragte er beschwichtigend. Er versuchte gar nicht, sich über seine zwei Widersacher hinwegzusetzen; aus Erfahrung wußte er, daß diese Männer, wenn es um Land ging, sehr schwierig sein konnten. Doch er verfügte über ein schlagkräftiges Argument gegen sie, und wenn sie ihm wirklich Schwierigkeiten machen wollten, würde er nicht zögern, es zu gebrauchen.

„Wir werden den Leuten raten, wieder heimzufahren", sagte Brumbauch. „Wir wollen nicht, daß sie sich mit diesem unfruchtbaren Land ins Unglück stürzen."

„Mit diesem *unfruchtbaren Land*" – er äffte Brumbauchs Aussprache nach – „haben Sie es doch ganz schön weit gebracht."

Der alte Russe wurde zornig. „Ich hatte Wasser", erwiderte er, wandte sich von Wendell ab und ging mit Jim Lloyd den Bahnsteig ein Stück hinunter.

Sie unterhielten sich, als der Zug einfuhr, und beobachteten, wie diese Familien, die Wendell aus allen Teilen des Landes hergelockt hatte, zögernd aus den Wagen kletterten. Es waren prächtige Menschen, diese Männer und Frauen, die meisten Ende Zwanzig oder Anfang Dreißig, erfahrene Farmer, bereit, sich einer neuen Herausforderung zu stellen. Es griff Potato Brumbauch ans Herz, wenn er diese unternehmungslustigen Leute sah, ganz besonders die Frauen, die so schwer unter den Schrecken ihres neuen Lebens würden zu leiden haben. „Mir kommen die Tränen, wenn ich sie sehe", sagte er zu Lloyd. „Die Regierung sollte eingreifen."

Eines der Paare hörte diese Bemerkung. Die Frau fröstelte und drückte sich an ihren Mann.

„Sie wollen sich hier ansiedeln?" fragte Brumbauch.

„Ja", antwortete der Mann.

„Wie ist Ihr Name?"

„Grebe. Earl Grebe."

„Hören Sie auf einen alten Mann, Earl . . ." Aber bevor er noch seine Warnung aussprechen konnte, ertönte Mervin Wendells klare, beruhigende Stimme.

„Hierher, meine Damen und Herren. Ich bin Mervin Wendell, der Mann, der Ihnen geschrieben hat, und ich habe diese Automobile hier gemietet, um Ihnen Ihre neue Heimat zu zeigen."

Er mischte sich geschickt unter die Neuankömmlinge und erzählte genau das, was die Leute hören wollten: „Der Leiter des Grundbuchamtes befindet sich in seinem Büro in Line Camp. Er hat die Karten von der neuen Stadt, die wir bauen werden. Und, was noch wichtiger ist, er hat auch die Feldmeßkarten, auf denen die einzelnen Verwaltungsbezirke und Sektionen eingetragen sind, aus denen Sie sich das freie Land aussuchen können." Und während er sie noch einmal an die vielverheißende Zukunft erinnerte, die ihrer harrte, schwoll seine Stimme zu würdevoller Erhabenheit an und, gleich einer Gestalt aus dem Alten Testament, die ihr Volk in ein Land der Verheißung führt, breitete er segnend die Hände aus.

Doch die Wirkung seiner Worte litt etwas darunter, daß Potato

Brumbauch sich an die Spitze der Menge drängte. Er versuchte, sie davor zu warnen, einen schweren Fehler zu begehen: „Farmer, hört auf mich. Ihr könnt euch auf diesen Trockenböden nicht euren Lebensunterhalt verdienen. Das haben in den achtziger Jahren schon andere Leute vergeblich versucht."

„Aber nicht mit Dr. Creeveys neuer Methode", warf Wendell ein.

„Im ersten Jahr werdet ihr eine gute Ernte haben, und eure Frauen werden glauben, sie hätten ein Paradies gefunden."

„Und das haben sie auch", warf Wendell ein.

„Aber das ist nur die Plaggenernte, das wißt ihr doch. Denkt doch auch einmal an die trockenen Jahre."

„Wenn wir so pflanzen, wie Dr. Creevey es uns gezeigt hat", meinte ein Farmer aus Indiana, „wird es keine trockenen Jahre geben."

„Es wird schrecklich trockene Jahre geben", nahm Jim das Wort. „Und Stürme, wie wir sie hier in Colorado haben, habt ihr überhaupt noch nie erlebt."

Mervin Wendell bemerkte, daß Brumbauch und Lloyd anfingen, die Neuankömmlinge nachdenklich zu stimmen, und so schien es ihm an der Zeit, ihre Argumente mit einem Gegenargument zu beantworten. „Meine Damen und Herren", begann er in ruhigem Ton, „diese Leute hier haben allen Grund, Ihnen davon abzuraten, Anspruch auf ein Stück Land zu erheben, das Ihnen von Rechts wegen zusteht. Mr. Brumbauch ist vor Jahren ohne einen Penny nach Centennial gekommen. Er hat auf dem Land, das ihm kostenfrei überlassen wurde, Zuckerrüben gepflanzt. Jetzt ist er Millionär. Auch Jim Lloyd, der Cowboy da drüben, ist ohne einen Cent hier angekommen. Er hat Rinder auf seinem Land weiden lassen, und auch er ist jetzt Millionär." Seine Stimme senkend, setzte Wendell listig hinzu: „Daß er außerdem noch die Tochter des Chefs geheiratet hat, das war natürlich auch nicht zu seinem Schaden." Mit amüsierter Zurückhaltung beobachtete er, wie die zwei Männer sich krümmten.

„Die Sache läßt doch an Deutlichkeit nichts zu wünschen übrig, nicht wahr?" fragte er mit Verachtung in seiner Stimme. „Diese Männer haben alles Land, das sie brauchen, und jetzt verfolgen sie nur ein Ziel: Sie, meine Damen und Herren, daran zu hindern, die Ihnen zustehenden Parzellen in Besitz zu nehmen. Sie haben nur ihr eigenes Interesse im Auge, denn sie wollen alles für sich behalten."

Dies war ein vernichtender Angriff, und Brumbauch begriff, daß, was immer er auch noch sagen mochte, seine Worte auf taube Ohren stoßen würden. Er ließ die jungen Farmer stehen und hätte auch den Bahnhof verlassen, aber eine großgewachsene junge Frau lief ihm nach und berührte seine Hand. „Sind Sie davon überzeugt, daß wir einen Fehler machen?"

„Einen schweren Fehler", antwortete er.

„Wieso?"

„Weil Sie das Gras zerstören. Sie reißen die Grasnarbe auf. Es ist unmöglich, das Land, das Sie sich aussuchen werden, zu bestellen."

„Aber Dr. Creevey hat es bestellt."

„Er hat diesem Projekt sein ganzes Leben gewidmet. Er genießt jede Art Unterstützung von der Eisenbahn. Aber wenn die schlechten Jahre kommen, wird auch er dran glauben müssen."

„Sind Sie denn sicher, daß schlechte Jahre kommen werden?" fragte die junge Frau.

Brumbauch sah sie an. Sie erinnerte ihn an die Frauen, die er vor Jahrzehnten an der Wolga gekannt hatte: Aufopfernd, hingebungsvoll und arbeitsam, würde ihre Seele unter dem, was auf sie zukam, zerbrechen. „Sind Sie schwanger?" fragte er sie offen und sagte, als sie verlegen nickte: „Möge der Herr sich Ihrer erbarmen, denn das Land wird keine Gnade walten lassen."

„Aber Sie haben Erfolg gehabt, heißt es."

„Meine Felder waren nahe am Wasser. Ihre werden es nicht sein."

Mervin Wendell forderte die Frauen auf, ihm zu folgen, und die Grebes schickten sich an mitzugehen, aber Brumbauch ergriff Alice bei der Hand. „Fahren Sie wieder heim", sagte er in eindringlichem Ton. „Das Land da draußen . . . das ist gut für Hunde und Männer. Für Pferde und Frauen ist es die Hölle."

„Hierher!" rief Wendell. „Sie, meine Dame. In diesen Wagen."

Und so erblickte Alice Grebe vom Hintersitz eines eleganten Buicks zum ersten Mal ihre neue Heimat. Mr. Wendell lenkte seinen Wagen über die Prärie nach Osten, dann nach Norden, an Klein-Mexiko vorbei, dessen Lehmhütten die Neuankömmlinge staunen machten, und schließlich nach Nordosten, in Richtung auf die geplante Stadt Line Camp. Als die Karawane den Mud Creek überquert hatte und in die großen Ebenen kam, seufzten viele Frauen auf, denn nichts Lebendes war zu sehen außer Gras, kein Zeichen menschlicher Existenz, außer der sich durch die Landschaft schlängelnden Straße.

„Mein Gott, ist das eine verlassene Gegend!" rief Vesta Volkema.

„Aber nur, solange hier keine Scheunen und Windmühlen und schmucken kleinen Häuser stehen", hielt Wendell ihr lächelnd entgegen. Jetzt wurde verständlich, warum er alle Frauen gesondert in Automobilen untergebracht hatte; sie sollten mit ihrer Enttäuschung nicht ihre Männer anstecken. Die würden sich auf den Boden konzentrieren, würden versuchen, seinen Wert abzuschätzen, und, wenn man sie nur in Frieden ließ, positive oder zumindest keine negativen Schlüsse ziehen. Und dann würden sie ihre Frauen dazu bringen, ihre Entscheidung zu akzeptieren.

„Warten Sie nur, bis Sie Line Camp sehen", sagte er in enthusiastischem Ton.

„Wie sieht es denn dort aus?" fragte Vesta.

„Ein wahres Paradies!" versicherte er ihr.

Er hatte eine Section – sechshundertvierzig Morgen – von den Venneford-Leuten gekauft, um hier eine neue Stadt zu erbauen, die sich um das alte, längst aufgegebene Line Camp Drei gruppieren sollte. Mit dem Land erwarb er auch die aus Stein gebaute Scheune und das eingeschossige Steinhaus, das von Generationen von Cowboys bewohnt worden war, die die Venneford-Rinder betreuten. Diese zwei Baulichkeiten waren das Wertvollste an dem ganzen Kauf, und sie bildeten den Mittelpunkt des von den Geometern angelegten Planes einer typischen Western-Stadt. Sie standen an der Kreuzung von State 8 und Weld 33.

Wer nach Line Camp kam, dem standen drei Möglichkeiten offen. Er konnte Land kaufen und in oder nahe der Stadt wohnen. Er konnte das Land drei Jahre lang bewirtschaften, worauf ihm eine Half-Section, dreihundertzwanzig Morgen, unentgeltlich zugesprochen wurde. Oder er konnte das Land schon nach vierzehn Monaten von der Regierung kaufen, ein Dollar fünfundzwanzig der Morgen.

Mervin Wendell tat, was er konnte, um viele zu überreden, letztere Möglichkeit zu nutzen, denn sobald sie Rechtsanspruch auf das Land besaßen, durften sie es verkaufen. Ihm wieder lag daran, möglichst viel Land von ihnen zu erwerben; er zahlte ihnen ein Dollar fünfundsiebzig pro Morgen und verkaufte dann um sieben oder acht Dollar weiter. Er war daran interessiert, daß die Neuankömmlinge ihr Land vierzehn Monate lang bewirtschafteten und dann aufgaben, denn wo sie scheiterten, erntete er goldene Früchte.

Bei diesen ersten Trockenbodensiedlern war er doppelt sicher, daß viele von ihnen den Mut verlieren würden. Dieses großgewachsene Mädchen, das mit Brumbauch gesprochen hatte – sie würde nicht lange durchhalten. Und auch nicht die Frau des Pastors, und auch nicht die junge Frau mit den zwei Kindern. Er hatte von solchen gescheiterten Menschen schon oft um fünfundzwanzig Cents den Morgen zurückgekauft, und er würde es wieder tun.

Seine Taktik bestand also darin, die Siedlerfamilien mit allen Mitteln dazuzubringen, Anspruch auf ihr Gratisland zu erheben, und sie zu bedauern, wenn sie die Flucht ergreifen wollten. Er hängte sich mit Vorliebe an die Frauen an, stärkte zuerst deren Selbstvertrauen und versicherte sie seines Mitgefühls, wenn die schlechten Jahre kamen. Auf diese Weise erwarb er riesige Areale. Wie ein Schakal trieb er sich um die Siedlungen herum, um im gegebenen Moment nach dem herrenlosen Gut zu schnappen.

Laut hupend kamen die Mietautos auf dem Platz zwischen den zwei Steinhäusern zum Stehen, und Mervin Wendell kletterte auf eine Holzkiste, um zu erklären, wie es weitergehen sollte:

„Das wird Ihre neue Stadt sein. Diese Scheune wird zu einem erstklassigen Gemischtwarenladen umgebaut, wo Sie ein fast ebenso reichhaltiges Angebot finden werden wie in Chicago. Dieses runde Ding da drüben wird noch dreißig Meter in die Höhe klettern und

Ihnen als Silo zur Verfügung stehen, wo Sie Ihren Weizen lagern werden. Da oben kommt der Bahnhof hin. Und in diesem Haus finden Sie den Leiter des Grundbuchamtes, der Ihnen so viele Morgen Land geben wird, wie Sie nur haben wollen. Die freien Parzellen erstrecken sich nach allen Richtungen, aber ich sage Ihnen ganz offen: Wenn ich die Wahl hätte, ich würde eine dieser Half-Sections im nordöstlichen Sektor nehmen, jenseits von Rattlesnake Buttes." Hier brach er in unbeschwertes Lachen aus und fügte erklärend hinzu: „Als hier noch die Indianer lebten, gab es Klapperschlangen auf den Spitzkuppen. Jetzt sind die Indianer fort und auch die Klapperschlangen. Nur noch die Baptisten sind geblieben, und die machen uns auch genügend Kummer." Nervös belachten die Frauen seinen Scherz.

„Die Automobile werden jetzt in verschiedene Richtungen fahren, und es steht Ihnen frei, das Land in aller Ruhe in Augenschein zu nehmen. Sobald Sie Ihre Wahl getroffen haben, kommen Sie wieder hierher zurück und sprechen mit meinem guten Freund Walter Bellamy." Er rief den Leiter des Grundbuchamtes aus dem Haus. Es erschien ein sonderbarer junger Mann, dürr wie eine Bohnenstange, linkisch und unbeholfen wie ein Kind. Er hatte rotes Haar und trug eine grüne Augenblende, um seine blaßblauen Augen vor der Sonne zu schützen. Er war vierundzwanzig Jahre alt und hatte das Grinnell-College in Iowa absolviert. Schüchtern und von seinen Fähigkeiten alles andere als überzeugt, war er nach dem Westen gegangen, um dem Zwang seiner Familie zu entkommen. Die ruhige Stellung als Leiter des Grundbuchamtes, die er durch Zufall gefunden hatte, behagte ihm.

„Zeigen Sie den Herrschaften die Karten", wies Wendell den jungen Mann mit einladender Geste an, und Bellamy rollte die Vermessungspläne auf: Verwaltungsbezirk 10 Nord, Ortungsbereich 60 West, mit der Stadt Line Camp auf Section 22 und dem Schulbezirk auf den Sections 16 und 36.

Die Bauern konnten feststellen, daß in diesem Verwaltungsbezirk die meisten der Half-Sections – jene Parzellen im Ausmaß von 320 Morgen, die den Heimstättensiedlern als Freiland zugesprochen wurden – bereits vergeben waren; nicht ahnen konnten sie, daß sie bereits Mervin Wendells Eigentum waren, der durchaus bereit war, sie ihnen mit Gewinn zu verkaufen. Das noch verfügbare Land lag weiter draußen, und aus Gründen, die er selbst nicht hätte erklären können, richtete Earl Grebe sein Augenmerk auf die Parzellen im Nordwesten. Als er dies gegenüber seinen Freunden lautwerden ließ, stellte sich heraus, daß auch eine andere Familie, die Larsens, für dieses Land Interesse zeigte, und so bestiegen sie allesamt eines der Autos und fuhren hinaus, um es zu besichtigen. Doch als Earl es mit seinem Erdbohrer untersuchte, brachte er nur eine sehr trockene Probe heraus, die eine anbaufähige Tiefe von weniger als fünfzehn Zentimeter zeigte.

„Das ist nichts für mich", sagte er und machte sich allein auf den Weg. An der nordöstlichen Ecke des Verwaltungsbezirks fand er eine Half-Section, die alles hatte, was er brauchte: welliges Land, das gute Entwässerung versprach, wenn einmal Regen kam, einen fünfunddreißig Zentimeter tiefen Mutterboden, recht gute Feuchtigkeit in der Erde und Ausblick auf die zwei roten Spitzkuppen im Süden. Außer niedrigen Hügeln war sonst weit und breit nichts zu sehen. Dies schien ihm ein prächtiges Land und seines vollen Einsatzes würdig.

„Alice!" rief er zu seiner Frau hinüber. „Sieh dir das an!" Und er zeigte ihr das Ausmaß der Parzelle, die ihnen von der Regierung zugesprochen werden würde. Es war ein großer Besitz, diese 320 Morgen, der es ihm erlauben würde, einen großen Teil Jahr für Jahr brachliegen zu lassen. Er dachte daran, sein Haus hinten, auf dem geschützten Berghang, zu errichten.

Alice stand neben ihrem Mann und starrte auf das riesige Gebiet, das sie besiedeln sollten. War es nun ein kühler Luftzug oder ihre Schwangerschaft oder eine Ahnung dessen, was die Jahre bringen würden: sie begann zu frösteln, denn dies schien ihr das ödeste Land zu sein, das Gott je seinen Kindern zum Bestellen überlassen hatte. Earl spürte, wie sie erzitterte, und legte seinen Arm um ihre Schultern. „Es ist unsere Aufgabe, die Erde zu füllen und sie in Besitz zu nehmen", sagte er.

Er gab ihr sein Notizbuch und ersuchte sie, die Kennzeichen ihres neuen Besitzes zu vermerken: „Verwaltungsbezirk 10 Nord, Ortungsbereich 60 West, Section 11, Süd 320." Nachdem sie die Zahlen niedergeschrieben hatte, fand Alice in ihnen ein beruhigendes Gefühl der Wirklichkeit, und ihre Befürchtungen ließen etwas nach. Sie beugte sich nieder, denn sie war ein wenig größer als ihr Mann, und küßte ihn auf die Wange. „Ich bin schon wieder in Ordnung", sagte sie. „Die Gegend ist so leer, man könnte glauben, sie sei von Geistern bevölkert." Diese Bemerkung war Earl unverständlich, und er unterließ es, darauf zu antworten.

Die Larsens fanden ein gutes Stück Land in dem ein wenig weiter nördlich gelegenen Verwaltungsbezirk 11, die Volkemas hingegen entdeckten eine schöne Half-Section im Südosten und steckten zwei weitere Parzellen ab, auf die sie kein Anrecht hatten. „Was hast du mit diesen zwei angrenzenden Parzellen vor?" fragte Alice, als sie sich wieder alle vor dem Grundbuchamt versammelten. „Zerbrich dir nicht den Kopf", erwiderte Vesta. „Ich habe die Kreide." Alice wußte mit dieser Antwort nichts anzufangen. „Was meint sie damit?" erkundigte sie sich bei Mrs. Larsen, und diese sagte: „Ich glaube, sie weiß ganz genau, was sie tut."

Während die anderen zusahen, forderte Mrs. Volkema ihren siebzehnjährigen Sohn und ihre achtzehnjährige Tochter auf, sich die Schuhe auszuziehen. Mit ihrer Kreide schrieb sie in jeden einzelnen

Schuh hinein: „21 Jahre alt." Dann durften die zwei Kinder wieder die Schuhe anziehen und begleiteten Vesta ins Büro, wo Schriftführer Bellamy schon mit seinen Plänen wartete.

„Haben Sie die örtliche Lage des Landes, das Ihnen zusagt, festgestellt?" fragte er formelhaft.

„Das haben wir", erwiderte Earl Grebe und gab dem Beamten die Markierung der Parzelle bekannt, die er und Alice ausgewählt hatten. „Mit heutigem Datum", sagte Bellamy, nachdem alle Dokumente unterzeichnet waren, „haben Sie Ihren Rechtsanspruch geltend gemacht. Innerhalb von sechs Monaten müssen Sie mir den Nachweis erbringen, daß Sie festen Wohnsitz auf Ihrem Land genommen haben. Tun Sie das nicht, gehen Sie Ihres Rechtsanspruches verlustig. Wenn Sie andererseits heute ein Zelt aufschlagen und sich dort niederlassen, geht das Land in drei Jahren in Ihren Besitz über. Haben Sie das alles verstanden?"

„Auf welche Weise setzen wir Sie davon in Kenntnis, daß wir dort Wohnsitz genommen haben?" fragte Grebe.

„Sie kommen hierher und teilen es mir mit. Sie legen Ihre Hand auf diese Bibel und beschwören Ihre Besitznahme. Damit gibt sich die Regierung zufrieden, weil wir wissen, daß Sie alle gute Christen sind." Und in dieser formlosen Weise ließen Earl und Alice Grebe ihre Absicht, eine Heimstätte zu erwerben, zu Protokoll nehmen.

Bei den Volkemas war die Prozedur ein wenig anders, denn nachdem Magnes und Vesta auf ihre 320 Morgen Anspruch erhoben hatten, gaben sie ihrem Sohn einen Wink vorzutreten. „Ich erhebe Anspruch auf die 320 Morgen nördlich von der Parzelle meines Vaters", sagte der Junge, und Walter Bellamy blieb der Mund offen stehen, denn nach dem Gesetz mußte ein Heimstättensiedler über einundzwanzig sein, und dieses Milchgesicht sah nicht danach aus.

Doch bevor Bellamy noch einen Einwand erheben konnte, trat die Tochter der Volkemas vor – ein schlankes Mädchen, das unmöglich schon einundzwanzig Jahre sein konnte – und erhob Rechtsanspruch auf die 320 Morgen südlich der Parzelle ihrer Eltern.

„Seid ihr jungen Leute über einundzwanzig?" fragte Bellamy, und die beiden, die nicht vergessen hatten, was in ihren Schuhen geschrieben stand, antworteten mit Ja. Das war Bellamy zuviel. Er nahm seine Bibel und ließ sie ihre Hände darauf legen. „Schwören Sie bei Gott dem Allmächtigen", fragte er sie mit Grabesstimme, „daß Sie über einundzwanzig sind?"

„Ich schwöre", antwortete der Junge.

„Ich schwöre", antwortete das Mädchen.

„Also mehr kann ich wirklich nicht tun", sagte Bellamy achselzuckend und trug ihre Ansprüche ein. Jetzt umfaßte der Besitz der Volkemas 960 Morgen, und es war ihre Absicht, noch viel mehr dazuzuerwerben.

Das 1909 abgeänderte Heimstättengesetz aus dem Jahre 1862 verpflichtete einen Siedler, ein Haus im Mindestausmaß von vier mal fünf Meter zu errichten, das man im allgemeinen Sprachgebrauch als „Vier-mal-Fünfer-Haus“ bezeichnete.

Die Volkemas schnitzten sich ein paar kleine Holzhäuser, vier mal fünf Zentimeter groß, und als sie vier Wochen später wieder bei Bellamy erschienen, um ihn von der Besitznahme ihres Landes in Kenntnis zu setzen, versicherten sie ihm, daß sie ein Vier-mal-Fünfer-Haus besäßen. Das gleiche tat ihr Sohn, das gleiche tat ihre Tochter. Und Bellamy blieb nichts anderes übrig, als dies als Beweis ihrer Besitznahme zu akzeptieren.

Die Larsens machten es anders. Mervin Wendell hatte schon vor Jahren einen Bautischler angewiesen, ihm ein Haus im Ausmaß von vier mal fünf Meter schlecht und recht zusammenzuzimmern und auf einer Art Schlitten zu montieren, der sich von einer Parzelle zur anderen befördern ließ. Dieses Haus vermietete er an die neuen Siedler – um fünf Dollar für vierundzwanzig Stunden –, und sobald die Kabuse auf ihrem Grund stand, konnten sie reinen Herzens beschwören, daß sie ein vier mal fünf Meter großes Haus auf ihrer Half-Section hatten. Sobald ihre Erklärung abgegeben war, wurde der Schlitten auf die nächste Parzelle gebracht. Die Grebes waren für solche Kniffe nicht zu haben. Falsch zu schwören wäre unvorstellbar für sie gewesen, denn sie glaubten, daß Gott alles sah, was sie taten, und daß sie das Wagnis, das sie jetzt unternahmen, nur mit Seinem Beistand erfolgreich zu Ende führen konnten. Darum weigerten sie sich, von Mervin Wendells Haus auf dem Schlitten Gebrauch zu machen, und wiesen auch Vesta Volkemas gut gemeintes Geschenk eines Spielzeughauses zurück. Sie wollten ein Haus auf ehrliche Weise bauen.

Earl kaufte zwei Holztüren, zwei Türstöcke und drei Fensterrahmen. Der Zimmermann lieferte sie auf die Parzelle, wo Grebe und zwei Jungen aus dem Dorf Rasenziegel für die Wände ausschnitten und flache Steine für die Fußböden sammelten. Als sie alles beisammen hatten, ritten Grebe und die Jungen in das niedere Hügelland nördlich von Rattlesnake Buttes, um Stangen- und Sparrenholz zu holen, und nach zwei Monaten harter Arbeit hatten die Grebes ihr Grashaus.

Wegen der ungleichmäßigen Konsistenz und Tönung der Erde sah das Haus nicht sehr ansprechend aus, aber es war überraschend gemütlich, eine niedere, kompakt gebaute Heimstätte, die sicheren Schutz vor dem Wind und gelegentlichen Regenfällen bot. Als es fertig war, luden sie einen Geistlichen aus Centennial ein, um es zu segnen. Der Geistliche kam mit Walter Bellamy und zelebrierte einen feierlichen Gottesdienst.

Es war ein aufregender Tag, der Beginn eines neuen Lebens, doch als er zu Ende ging, spürte Alice Grebe die Folgen der schweren Arbeit, die sie auf sich genommen hatte. Gegen Abend wurde ihr schlecht, und noch bevor Earl Hilfe holen konnte, erlitt sie eine Fehlgeburt. Gramgebeugt saß ihr Mann die ganze Nacht neben ihrem Bett, während der erste Winterwind über das Grashaus heulte, und als der Morgen graute, wanderte er schweren Herzens über das Land, um die Volkemas aufzusuchen.

Nachdem sie die traurige Botschaft gehört hatten, ging Vesta mit Earl zurück. Alice sei eine kräftige Frau, versicherte sie ihm, und würde ihm noch viele Kinder schenken. Soweit sie feststellen konnte, gab es keine Komplikationen, doch um ganz sicherzugehen, schien es doch angebracht, einen Arzt zu konsultieren. Der nächste Arzt wohnte in Centennial, und Walter Bellamy machte sich erbötig, Alice in die Stadt zu fahren. Doch wie Vesta schon vorausgesagt hatte, konnte der Arzt nichts finden, und Alice war schon am Abend wieder im Grashaus.

„Du mußt nur aufpassen, daß sie jetzt nicht melancholisch wird", hatte Vesta gewarnt, doch das war nicht zu befürchten, denn Alice selbst hatte diese Gefahr vorausgesehen und ging nun mit frischer Kraft daran, die Grashütte zu einem wirklichen Heim zu machen.

Am College in Greeley gab es eine Bibliothek, und von dort ließ sie sich Bücher von Edith Wharton und Lincoln Steffens kommen, sowie die neue Monographie eines gewissen Dr. Widtsoe über die Getreidebrachwirtschaft.

„Es kommt mir so sonderbar vor", sagte sie zu ihrem Mann, „Dinge zu pflanzen, von denen ich noch vor sechs Monaten nie etwas gehört habe. Was zum Beispiel ist Milo?"

„Eine besonders widerstandsfähige Art Sorghum."

„Und was ist Sorghum?"

„Eine besonders widerstandsfähige Art von Zuckerrohr."

„Aber wir machen doch keinen Zucker."

„Wir pflügen das Zeug ein. Als Nährstoff. Zur Durchlüftung."

„Und Luzerne? Auch davon habe ich noch nie etwas gehört."

„Das ist eine widerstandsfähige Art von Klee."

„Hier muß wohl alles widerstandsfähig sein", meinte sie. „Ich werde es auch sein." Und zwei Monate später war sie wieder schwanger.

Als das Getreide im Frühjar 1912 schon recht gut gediehen war und eine reichliche Ernte gesichert schien, hörte sie ein sonderbares Rasseln draußen auf den Feldern, ein Geräusch, das sie nicht zu definieren vermochte. Sie lief aus der Tür und sah einen verheerenden Hagelsturm ostwärts aus den Bergen kommen. Die Eiskörner waren groß wie Hühnereier und fielen mit so entsetzlicher Gewalt, daß sie sich ins Haus zurückziehen mußte, um sich und das Kind nicht in Gefahr zu bringen.

Elf Minuten lang wütete der Sturm über der Prärie und zerstörte alles, was da heranwuchs. Als er vorbei war, boten die Felder einen trostlosen Anblick, und Earl Grebe zweifelte, ob es überhaupt etwas zu ernten geben würde. Die Volkemas kamen herüber, um zu sehen, welchen Schaden die Grebes erlitten hatten. Eine Laune der Natur hatte gewollt, daß der Sturm nur über einen schmalen Streifen nördlich von Line Camp dahingerast war, so daß die Volkemas praktisch keinen Schaden erlitten hatten.

„Ich habe meine Erfahrungen mit Hagel", sagte Vesta, „und wir können Gott danken, daß der Sturm so früh gekommen ist. Morgen unterpflügst du die toten Triebe und säst Sommerweizen. Der Milo und die Luzerne werden die Felder befruchten, und außer etwas Saatgut und Zeit wirst du nichts verloren haben." Sie und ihr Mann halfen beim Pflügen, und wenn auch das Sommergetreide nicht so gut war, wie das Wintergetreide gewesen wäre, so verdienten die Grebes dieses Jahr doch noch etwas Geld.

Es war das Geheul der Coyoten, das Alice am meisten zusetzte. In einer einsamen Oktobernacht, als die Geburt ihres Babys unmittelbar bevorstand, hörte sie wieder die heulenden Schreie draußen in der Finsternis, und es war ihr, als kündigten sie den Tag des Jüngsten Gerichts an. Earl war auf einer anderen Farm, um bei der Arbeit auszuhelfen. Sie begann, am ganzen Leib zu zittern, und eine Ahnung kam über sie, daß etwas Entsetzliches geschehen würde. Sie kniete neben dem Bett nieder und betete um Kraft, um diese Schwangerschaft zu einem natürlichen Abschluß zu bringen.

„O Gott, hilf mir durch diesen düsteren Herbst! Hilf mir, stark zu sein!"

Als Earl nach Hause kam, fand er seine Frau auf den Knien neben dem Bett. „Das Kind wird schon früher kommen", flüsterte sie.

„Gleich jetzt?"

„Nein. Vielleicht in drei Stunden . . . oder vier."

„Ich gehe Vesta holen", sagte er.

Als Magnes und Vesta das Grashaus erreichten, hatte die Geburt bereits eingesetzt, so daß der Plan, Alice nach Centennial zu bringen, fallengelassen werden mußte. „Weißt du, wie man das macht?" erkundigte sich Earl bei Vesta. „Keine Angelegenheit", antwortete sie und zog ihren „Ärztlichen Ratgeber" unter der Schürze hervor. Mit viel Herumgefummel und überflüssiger Aufregung wurde Alice Grebe ihres Babys entbunden, eines Knabens, den sie Ethan nannte, nach einer Figur in einem Roman von Mrs. Wharton.

Die ständige Abwechslung, die die Prärie ihr bot, erleichterte Alice das harte Leben im Grashaus. „Anfangs sah ich nur die große Leere", erzählte sie einmal Vesta. „Dann fing ich an, die Vögel zu beobachten, und bald kamen mir die Falken und die Rotdrosseln schöner vor als die Blumen bei uns zu Hause." Nicht weit vom Grashaus gab es einen Bau von Präriehunden. Der Bau war über dreitausend Jahre alt, und die Tierchen gewöhnten sich schnell an die Anwesenheit menschlicher Wesen. Ihre Possenspiele machten Alice viel Spaß. Sie hatte auch dramatischere Erlebnisse, wie etwa den plötzlichen Anblick von

Gabelböcken, wenn sie, flinke, zerbrechliche, beschwingte Wesen, einem unerklärlichen Trieb folgend von den Spitzkuppen herabgesprungen kamen, am Grashaus vorbeiflitzten und schließlich in nördlicher Richtung wieder verschwanden.

Im Oktober 1912 verirrte sich der letzte Büffel von Colorado ins Blaue Tal. Es war eine alte Kuh, die sich in den Hügeln hinter dem Bergwerkslager verborgengehalten hatte. Wie sie dem Hunger, den Wölfen und den Jägern entkommen war, das wußte keiner, aber als letzte ihrer Herde hatte sie den Kampf nicht aufgegeben.

Es war ein schweres Tier, das viel Gras im Jahr benötigte. Sie hätte es vorgezogen, auf dem Flachland zu weiden, wie das ihre Vorfahren getan hatten, doch die ständige Zuwanderung von Siedlern und die Errichtung von Städten wie Line Camp machten das unmöglich. Darum hielt sie sich in den Bergen verborgen und ernährte sich von der üppigen Vegetation, die sie in entlegenen Tälern vorfand.

Im Sommer fraß sie, so viel sie konnte, im Winter zehrte sie von ihrem Fett und ernährte sich überdies von trockenen Gräsern, soweit sie solche unter dem Schnee hervorholen konnte. Geriet sie in einen Blizzard, behielt sie die alte Taktik bei: festen Stand annehmen, Kopf senken und ihn wie ein Dampfbagger seinen Förderkübel hin- und herschwenken.

Der Winter 1913 brachte viel Schnee, und sie war es müde geworden, ihn wegzuschieben, doch wenn sie dann das Gras erreichte, schmeckte es gut, und so hatte sie die kalte Jahreszeit dann doch überstanden. Dann kam ein warmer Frühling und ein prächtiger Sommer, und sie wurde wieder fett. Es hatte ihr keine Freude gemacht, allein nach Nahrung zu suchen, denn sie war immer ein geselliges Tier gewesen, doch in den letzten Jahren ihrer Einsamkeit hatte sie sich mit ihrem Schicksal abgefunden.

Und dann, durch eine verhängnisvolle Fügung, die sie hätte abwenden können, wäre sie noch jünger gewesen und imstande, die Gefahr zu entdecken, kam sie eines Tages im Morgengrauen über die Kuppe eines Hügels und fand sich im Hinterhof einer Jagdhütte.

„Jesus Maria!" rief Jake Calendar seine Freunde herbei. „Ein Büffel!"

Zusammen mit vier Freunden war er zur Jagd in die Berge gekommen – zur Jagd auf Rotwild oder Hirsche, oder, wenn sich nichts Besseres fand, Gabelböcke. Auch gab es immer die Chance, auf einen Bären zu stoßen. Jetzt stürzten alle ans Fenster und sahen oben auf dem Hügel, hinter der Hütte, einen Büffel – noch dazu einen großen.

„Reicht mir meine Flinte!" sagte Jake in leisem, beherrschtem Ton. Er beobachtete das alte Tier, das, keine Gefahr ahnend, den Hügel herabkam.

Ohne sich die Mühe zu nehmen, ihre Hosen anzuziehen, schlüpften die vier anderen in ihre Schuhe und standen schon wenige Augenblicke später im Freien, jeder mit einer geladenen Büchse im Anschlag. Schweigend stellten sich die Männer in einer Reihe auf und visierten an. „Nur ruhig", warnte Jake. „Es ist nicht ganz leicht, ein so großes Tier zu erlegen."

„Eins . . . zwei . . . drei!" Jackson Quimbish besorgte das Zählen, und als er die letzte Zahl ausgesprochen hatte, feuerten die fünf Männer.

Schnell luden sie wieder und feuerten abermals.

Sie luden ein drittes Mal und schossen wieder auf die erstaunte alte Kuh. Bei der ersten Salve war sie stehengeblieben, dann aber eigensinnig weitergetrottet, das massige Haupt den Geschöpfen zugewandt, die sie nicht sehen konnte. Da sie mit der Vorderseite auf sie zukam, fiel es den Jägern nicht leicht, sie an einer lebenswichtigen Stelle zu treffen, doch die zweiten fünf Schüsse zeigten Wirkung. Sie stolperte und wirbelte Staub auf. Ihre Augen trübten sich, aber mit wankenden Knien setzte sie ihren Weg fort. Sie hatte keine Angst und ließ keine Absicht erkennen, sich von ihren Gegnern abzuwenden, aber sie wußte nicht, wie sie mit ihnen fertig werden sollte. Sie trottete nur immer weiter voran.

Die letzte Salve traf sie von zwei Seiten, und ihre Beine begannen nachzugeben. Sie versuchte tief Atem zu holen, aber etwas steckte in ihrer Lunge, und nun begann sie vornüber zu fallen. Ihr ganzer massiger Körper gab den Kampf auf, und sie stürzte in den herbstlichen Staub, glitt seitwärts ein paar Meter weit den Hügel hinab und stieß endlich an einen Felsblock, vor dem sie liegenblieb.

Als die Jäger die tote Kuh erreichten – fünf Männer in Nachthemden, Jake Calendar noch dazu barfuß –, kamen sie zu dem Schluß, daß das Tier von fünfzehn Schüssen getroffen worden war, und Jake meinte dazu: „Sechs oder sieben müssen sie in die Stirn getroffen haben, und mit dem verfilzten Haar und den dicken Knochen, das weiß doch jeder, kann man einen Büffel nicht von vorn erlegen."

An einem klaren Oktobertag des Jahres 1914 wurde auf einer Farm nur wenige Meilen nördlich von Klein-Mexiko die Meisterschaft im Pflügen ausgetragen. Aus allen Teilen des nördlichen Colorado kamen die Farmer, um daran teilzunehmen. Line Camp wurde von Earl Grebe vertreten, der sich gute Chancen ausrechnete, den ersten Preis zu gewinnen.

Seine vier Pferde waren in bester Kondition, ihr Geschirr geölt und blankgeputzt und ihre Bäuche mit just der richtigen Menge Hafer gefüllt. Earl selbst war gut ausgeruht und bereit, sein Bestes zu tun.

Es gab neunzehn Bewerber. Das zu pflügende Feld maß ein Achtel einer Quadratmeile und wies genügend sanfte Mulden und Anhöhen auf, um den Kampf interessant zu machen. Der Boden war nie zuvor gepflügt worden, es war jungfräuliches Grasland, und das Umbrechen würde nicht leicht sein. Die Regeln verlangten, daß die Pflugschar mindestens achtzehn Zentimeter in den Boden schneiden mußte, so daß mit schwachen Pferden nicht viel anzufangen war. Es mußten vier sehr kräftige Rosse sein, um so tief in den Boden eindringen zu können.

Die Pflüger mußten ihr Können mit drei Landmaschinen unter Beweis stellen: Pflug, Scheibenegge, Egge. Mit dem Pflug mußten sie die nötige Tiefe erreichen und schnurgerade, einheitliche Furchen ziehen. Mit der Scheibenegge mußten sie den Boden aufspalten. Mit der Egge mußten sie ihn zerreiben und glätten. Nur erfahrene Farmer konnten diesen Aufgaben gerecht werden, durch die der jungfräuliche Boden in einen leicht zu bearbeitenden und für die Drillsaat geeigneten Ackerboden verwandelt werden sollte.

Die Pflüger arbeiteten gleichzeitig, jeder auf dem ihm zugewiesenen Teil des Feldes. Zeit war ein wesentlicher, wenngleich nicht entscheidender Faktor. Pflügten zwei Männer gleich gut, gewann der, der als erster fertig wurde; wer aber seine Pferde zu schnell über das Feld trieb, konnte keine Punkte sammeln, denn krumme Furchen zählten nicht. Für die Zuschauer war es schwer, abzuschätzen, wer den Kampf gewinnen würde, denn nur die Richter konnten Punkte zuteilen, und die behielten ihre Meinungen für sich. Jedoch die herrliche Geradlinigkeit von Earl Grebes Ackerfurchen und ihre außerordentliche Gleichförmigkeit ließen den Schluß zu, daß er gute Chancen hatte.

Doch am anderen Ende des Feldes gab es einen Schweden, einen wahren Felsblock von Mann, dessen Rumpf unmittelbar in den Kopf überzugehen schien, und seine Fähigkeit, sich mit seinen Pferden zu identifizieren, war geradezu unheimlich; mit ihnen zusammen bildete er ein Team von fünf robusten, hart arbeitenden Tieren, die genau wußten, was sie wollten. Es war ein Vergnügen zuzusehen, wie harmonisch sie die Furchen zogen. Der Mann hieß Swenson und wußte mit der Scheibenegge nicht weniger geschickt umzugehen als mit dem Pflug.

Bei der Egge allerdings war Earl Grebe unschlagbar, und als der Kampf seinem Ende zuging, wußten die Zuschauer, daß der Sieger entweder Grebe oder Swenson heißen würde.

Atemlose Stille herrschte, während die vier Richter die gepflügten Strecken abschritten und die Glätte des Bodens und die Gleichförmigkeit der Ackerkrume verglichen. „Ich glaube, Earl hat es geschafft“, flüsterte Vesta, als die Richter zusammentraten, und Alice hielt beide Daumen fest, als der Sprecher sich räusperte und dann das Urteil verkündete:

„Der Sieger – Ole Swenson aus Sterling.“

Alice blickte zu Boden, um ihre Enttäuschung zu verbergen, kam aber sehr schnell zu der Überzeugung, daß ihr Verhalten eine ihrer unwürdige Flucht aus der Wirklichkeit darstellte. Mit einem strahlenden Lächeln auf dem Gesicht hob sie den Kopf und winkte Earl zu, während ihm die Richter den zweiten Preis zusprachen.

Es gab viel Beifall und Hochrufe, Geldpreise wurden verteilt, und die anderen Farmer versammelten sich um die beiden Gewinner, um sie zu ihren hervorragenden Leistungen zu beglückwünschen. „War das nicht wunderbar?“ wiederholte ein entzückter Walter Bellamy, während er von einer Gruppe zur anderen wanderte. „Eine kleine Stadt wie Line Camp auf dem zweiten Platz! Ich bin wirklich sehr stolz.“

Zwei Besucher gab es, die sich gar nicht beeindruckt zeigten. Die anderen waren schon fort, aber sie standen immer noch da und starrten auf die gepflügten Streifen, die mit geeggter Erde bedeckt waren – so fein geeggter Erde, daß sie dem Sand in einem Flußbett glichen.

„Einfach unnatürlich“, brummte Potato Brumbauch und schüttelte den Kopf. „Das ist doch Grasboden. Wenn sie ihn weiter so zurichten, wird das ein schlechtes Ende nehmen.“

Jim Lloyd hockte sich nieder, um den unberührten Grasboden mit dem gepflügten zu vergleichen, und was er sah, entsetzte ihn. „Es wird fünf Jahre brauchen, bevor das Gras hier wieder wächst“, sagte er zornig. „Die Leute müssen wahnsinnig sein.“

„Es wäre nicht so schlimm“, knurrte Brumbauch, „wenn sie das Eggen am Schluß sein ließen. Blieben die Schollen unzerbrochen, vielleicht könnte sich der Boden aus eigener Kraft erholen. Aber so! Du lieber Gott! Sie tun ja nichts anderes als Staub fabrizieren.“ Er stieß mit dem Fuß gegen den geschmähten Boden und ließ die zerriebenen, zermahlenen Teilchen wirbelnd in die Höhe schießen.

„Wir hatten eine gute Einteilung hier“, sagte Jim, „und das haben sie nicht begriffen. Die Grasdecke so aufzureißen!“

„Ich bin nur froh, daß ich nicht mehr da sein werde, wenn der Tag der Abrechnung kommt“, sagte Brumbauch resigniert. „Ich habe schwerer gearbeitet als diese Pferde, um das Land zu bestellen, richtig zu bestellen. Ich werde schon im Grab liegen, wenn man den Herrschaften die Rechnung präsentiert.“

Jenen, die auf ihn hören hätten sollen, kam seine Klage nicht zu Ohren. Sie saßen alle im Railway-Arms-Hotel, unterhielten sich über die Sieger und auch darüber, wie gut das Geschick es ganz allgemein mit den Weizenbauern gemeint hatte. Wie Ole Swenson in seinem Trinkspruch sagte: „Wenn diese Deutschen sich noch weiter mit den anderen herumschlagen, dann wette ich meinen Kopf, daß der Weizen auf zwei Dollar steigt. Darum werde ich mir im November weitere sechshundertvierzig Morgen unter den Nagel reißen und Turkey Red säen. Wenn der Krieg lange genug dauert, werden wir alle reich sein.“

Gegen Ende November 1914 war es soweit, daß die Grebes ihren Anspruch auf ihre Half-Section geltend machen konnten, denn sie hatten alle drei Bedingungen erfüllt: Sie hatten drei Jahre lang auf ihrer Parzelle gelebt; sie hatten ein Haus im Ausmaß von vier mal fünf errichtet; und sie hatten den Boden bestellt. Für fünf Dollar ließ Walter Bellamy eine Anzeige im Lokalblatt erscheinen, in der er seine Absicht bekanntgab, den Grebes die Farm in ihr Eigentum zu übertragen. Bald würden sie die von Präsident Wilson persönlich unterzeichnete Erwerbsurkunde erhalten.

„Sie wissen natürlich", sagte Bellamy, als sie ihm die fünf Dollar gaben, „daß Präsident Wilson nicht selber unterschreibt. Es sieht so aus, als ob er es täte, aber ich bin ganz sicher, er hat ein Mädchen im Weißen Haus, das seine Unterschrift nachahmen kann. Läßt sich ja denken, sonst würde er wohl keine Finger mehr haben."

Das Gesetz verlangte, daß der Antragsteller an dem Tag, da er seinen Anspruch geltend machte, zwei verläßliche Freunde mitbrachte, die bezeugen mußten, daß nach ihrem besten Wissen und Gewissen besagter Earl Grebe auf seinem Land gelebt und es bewirtschaftet hatte. Grebe ließ sich von Magnes und Vesta Volkema begleiten. Als die drei vor dem Grundbuchführer Bellamy standen, warnte er sie: „Ich werde Sie einzeln unter vier Augen befragen. Sie werden auf die Bibel schwören müssen, und was Sie mir antworten, wird protokolliert." Er zeigte auf Grebe und ersuchte die anderen, draußen zu warten.

Bellamy, der sein Amt ernst nahm, machte ein eindrucksvolles Ritual aus der Übertragung von Staatsland.

„Was haben Sie gepflanzt?"

„Weizen, Milo, Luzerne und ein wenig Dinkel für die Kühe."

„Wie viele Monate waren sie im Jahre 1913 auf dem von Ihnen beanspruchten Land wohnhaft?"

„Ich war keinen Tag fort."

„Welche Angehörige Ihrer Familie waren im Jahre 1912 dort wohnhaft?"

„Meine Frau Alice und mein Sohn Ethan. Aber er war nur die letzten zwei Monate da."

„Wo war er früher?"

„Noch nicht geboren."

„Besitzen Sie ein Haus im Mindestausmaß von vier mal fünf?"

„Es ist größer."

„Sie dürfen beiseite treten, Mr. Grebe."

Dann ließ Bellamy die Zeugen eintreten, jeden für sich und ging mit ihnen die Geschichte des Grebeschen Besitzes durch. Nach einer Weile rief er alle drei zu sich. „Ich stelle fest, daß Earl Grebe, wie das Gesetz es vorsieht, auf eine Half-Section Anspruch erhoben, sie in Besitz genommen, bewirtschaftet und eine Wohnstätte darauf errichtet hat.

Wenn Sie zweiundzwanzig Dollar besitzen, Mr. Grebe, gebe ich Ihnen eine Empfangsbestätigung, und das Land geht für alle Zeiten in Ihr Eigentum über."

„Wann bekomme ich die Erwerbsurkunde?"

„Die wird Ihnen Präsident Wilson schicken. Das Land gehört Ihnen."

Es war Brauch in Colorado, daß ein erfolgreicher Anwärter auf Land an dem Tag, da ihm sein Eigentumsrecht verbrieft wurde, seine Zeugen zu einem opulenten Abendessen in das örtliche Hotel einlud. Grebe war so glücklich über seine neue Eigenschaft als Herr über sein Land, daß er sagte: „Mr. Bellamy, es wäre mir ein Vergnügen, wenn Sie sich uns anschließen würden." Bellamy, ein Junggeselle, der zumeist allein aß, nahm die Einladung gerne an, was Mrs. Volkema zum Anlaß nahm, ihm während des Essens zuzuflüstern: „Sie wissen ja, daß ich eine Tochter habe, die dreihundertzwanzig Morgen auf ihren eigenen Namen eingetragen hat. Irgendeinmal werden Magnes und ich nach Kalifornien aufbrechen, und wer weiß? Kann sein, daß sie unser Land dazuerbt." Mr. Bellamy kaute an seinem Steak und tat, als ob er nichts gehört hätte.

Die Gäste dachten noch lange an diesen Tag zurück, denn mitten im Essen erschien die Kellnerin, um ihnen mitzuteilen, daß es draußen schneite. Das bedeutete die erste richtige Feuchtigkeit für den Anbau im neuen Jahr, und die Farmer ließen ihre Gläser stehen und versammelten sich am Fenster, um befriedigt zuzusehen, wie die Flocken zur Erde fielen und sich in Wehen sammelten. „Es wird ein gutes Jahr werden", meinte Magnes Volkema. „Vielleicht das beste, das wir bis jetzt hatten." Die zwei Familien waren jetzt Eigentümer ihrer Felder und wußten die Segnung zu schätzen, die der Krieg ihnen brachte. Dieser Schnee, der das Land ertragreicher machen würde, war ein gutes Omen.

Nachdem Earl Grebe nun rechtmäßiger Eigentümer seiner dreihundertzwanzig Morgen war, wurde er zu einer verlockenden Zielscheibe für Mervin Wendells Grundstücksmanipulationen. Der freundliche, ältliche Herr mit den ausgezeichneten Manieren kreuzte nun häufig in Line Camp auf, wo er verständnisvoll und keineswegs heimlich Erkundigungen über die Grebes einzog: „Ist eine gebildete Dame wie Alice Grebe damit zufrieden, in einem Grashaus zu wohnen?" – „Mrs. Grebe scheint mir etwas ängstlich zu sein. Vielleicht würde sie lieber den Hof verkaufen und in die Stadt ziehen, wo das Leben doch unkomplizierter ist?" – „Ist dieser Grebe eigentlich ein guter Farmer? Ich meine, ist es sinnvoll, daß er hier weitermacht, oder verschwendet er nur seine Zeit?"

Er nützte die Gelegenheiten, wenn Earl am anderen Ende des

Besitzes mit Pflügen beschäftigt war; dann kam er beim Grashaus vorbei und fragte Alice, ob sie nicht Heimweh nach Ottumwa hätte und ob sie nicht lieber in einer Stadt wie Centennial leben wollte, wo es richtige Häuser gab und Läden an jeder Ecke.

„Mir gefällt es hier", antwortete sie. „Außerdem waren Sie es ja, der uns empfohlen hat, uns hier niederzulassen."

„Aber wenn Sie in die Stadt zögen, müßten Sie nicht in einem Grashaus wohnen."

„Finden Sie die vielen Farmhäuser, die Sie besuchen, um vieles sauberer als dieses?"

„Ach, Mrs. Grebe! Sie haben mich falsch verstanden. Ich habe die größte Hochachtung vor Frauen wie Sie. Rückgrat der Nation, sage ich immer."

Weil er mit ihr nicht weiterkam, wandte er seine Aufmerksamkeit Earl zu. Sollte er Lust verspüren, seine Half-Section zu verkaufen, nun, es gab da ein paar Häuser in Centennial, die ihm, Wendell, gehörten und zu günstigen Bedingungen zu vermieten waren.

„Gut zu wissen", entgegnete Grebe, „aber ich wäre mehr daran interessiert, weitere 320 Morgen zu kaufen."

„Das könnte sich machen lassen", sagte Wendell, ohne mit der Wimper zu zucken.

„Aber das ist doch gegen das Gesetz?"

„Es gibt immer Mittel und Wege", antwortete Wendell und fuhr in die Stadt zurück.

Als es offenkundig wurde, daß sich der Krieg in Europa weiter ausbreiten und möglicherweise auch die Vereinigten Staaten nicht verschonen würde, erwies sich der Drang, neue Felder umzubrechen, als unwiderstehlich. Selbst das Wetter trug dazu bei: Im Jahre 1914 gab es vierzig Zentimeter Regen, 1915 gar dreiundvierzig. Der Ertrag stieg von achtzehn Scheffel pro Morgen, eine normale Menge, auf die phantastische Höhe von einunddreißig Scheffel. Wie Ole Swenson vorausgesagt hatte: „Wenn der Krieg lang genug dauert, werden wir alle reich."

Solcher Wohlstand stellte die Grebes vor verwirrende Probleme. Sie hatten jetzt Geld, aber Alice wollte es dazu verwenden, ein richtiges Haus zu bauen; Earl wollte mehr Land kaufen. Ermutigt wurde er dabei von Mervin Wendell, der jetzt zur zweiten Etappe seines Angriffs schritt.

Lächelnd und leutselig kam er eines Morgens früh angefahren, um Mrs. Grebe zu ihrem und ihres Mannes Erfolg zu beglückwünschen. „Sie haben sich hier ein kleines Paradies in der Wildnis geschaffen", meinte er beifällig. „Kein Wunder, daß Sie hierbleiben wollen."

„Wir haben es gern sauber."

„Wo ist Earl?"

„Oben am anderen Ende. Er bricht neues Grasland um."

„Er ist ein kluger Mann.“ Sich bedachtsam seinen Weg suchend, schritt Wendell über die bereits gepflügten Felder, aber er brauchte nicht weit zu gehen. Earl sah ihn und kam ihm über eine der langen geraden Reihen, die er ein paar Stunden früher gewendet hatte, entgegen.

„Guten Morgen, Mr. Wendell. Was bringt Sie zu uns?“

„Eine günstige Gelegenheit, Earl. Für einen ehrenwerten Mann gibt es immer günstige Gelegenheiten.“

Diese Worte waren Grebe unverständlich, doch wie die anderen Farmer hatte auch er sich an Wendells pompöse Redeweise gewöhnt. Er nickte. „Was für eine günstige Gelegenheit?“ fragte er.

„Da oben.“

Grebe blickte in die angegebene Richtung und sah nichts. Leeres, vom Pflug noch unberührtes Land zog sich ungehindert in sanften Wellen dahin. Es hatte einmal den Arlingtons gehört, doch wie so viele andere hatten auch sie ihre Heimstätte aufgegeben.

„Es gehört mir“, sagte Wendell. „Eine ganze Section. Wir haben hier angrenzend an Ihren Besitz sechshundertvierzig Morgen des ausgesuchtesten Trockenbodenlandes.“

„Das Sie zu verkaufen gedenken?“

„Jawohl. Wenn der richtige Mann es in die Hand bekommt, könnte dieses Land dreißig Scheffel produzieren.“ Er legte seinen rechten Arm um Grebes Schulter, um anzudeuten, daß er Grebe für den Mann hielt, der das schaffen konnte.

„Wieviel?“

„Fünf Dollar der Morgen.“

„Zuviel.“

„Es hört sich so an, Earl, aber so wie es mit dem Weizen steht, können Sie mit diesem Land Ihr Vermögen machen. Besprechen Sie die Sache mit Alice.“

„Der Preis ist zu hoch“, entgegnete Grebe rundweg.

„Sehen Sie mal, Earl“, sagte der Makler in überzeugendem Ton, „Sie haben sich in der Falle des eigenen Wissens verstrickt, wie ich das immer nenne.“ Als Grebe ihn verdutzt ansah, fuhr Wendell fort: „Sie wissen zuviel. Sie wissen, daß Mr. Bellamy den Arlingtons, nachdem sie vierzehn Monate gesiedelt hatten, das Land für einen Dollar fünfundzwanzig den Morgen in ihr Eigentum übertrug. Und Sie wissen auch, daß ich es ihnen um einen Dollar fünfundsiebzig den Morgen abgekauft habe – ein schöner Gewinn für die Leute. Jawohl, ein sehr schöner Gewinn. Und jetzt meinen Sie, ich sollte meinen Gewinn in Grenzen halten und Ihnen das Land um sagen wir drei Dollar und fünfundzwanzig Cent den Morgen verkaufen. Aber Earl! Der Wert dieses Landes ... Ihres Landes ... Larsens Landes ... ist gestiegen. Der Krieg ... Die Wahrscheinlichkeit, daß auch wir bald hineingezogen werden ... Das Land ist heute ein Vermögen wert, Earl!“

„Der Preis ist zu hoch“, wiederholte Grebe.

Bevor Wendell wieder in sein Auto stieg, wechselte er aber noch ein paar Worte mit Alice: „Ihr Mann hat die Chance, einen schönen Batzen Geld zu verdienen – Sie könnten in einem der schönsten Häuser in der elegantesten Straße von Centennial wohnen. Er hat nichts weiter zu tun, als auf der angrenzenden Section Weizen anzubauen. Jetzt gleich. Ich habe ihm das Land zu einem sehr billigen Preis angeboten, Mrs. Grebe. Wirklich zu einem sehr billigen Preis.“

„Was wollte er haben?“ fragte sie, als Earl ins Grashaus zurückkehrte.

„Fünf Dollar den Morgen.“

„Das ist zuviel.“

„Das denke ich auch.“

„Wie hoch könnten wir gehen?“ wollte sie wissen.

„Nein, wir machen gar nichts. Wir werden das Haus bauen, das du dir wünschst.“

„Earl, wenn du eine echte Chance siehst, weiterzukommen, nimm sie wahr. Ich kann warten. Was wäre denn, deiner Meinung nach, ein vernünftiger Preis?“

„Etwa drei Dollar vierzig.“

„Haben wir soviel Geld?“

„Wir könnten fünfzehnhundert anzahlen. Den Rest würde Wendell uns wahrscheinlich auf Hypothek leihen.“

So berieten sie sich und zogen alle Gesichtspunkte in Erwägung: Den Nutzen, den ihnen die Bewirtschaftung von neunhundertsechzig, statt wie bisher dreihundertzwanzig Morgen bringen würde, die Möglichkeit, Felder zwei Jahre brachliegen zu lassen, die Gewißheit, daß der Ertrag bei entsprechenden Niederschlagsmengen auf sechsunddreißig Scheffel je Morgen kommen konnte, und das Faktum, daß der Preis bei Andauern des Krieges steigen mußte.

Als Mr. Wendell wenige Tage später wieder erschien, um zu erfahren, wie sie sich entschieden hatten, senkte er seinen Preis auf drei Dollar sechzig, und der Handel war perfekt. Sie durften ihm eintausend Dollar schuldig bleiben, die sie jedoch hypothekarisch sicherstellen mußten.

Earl Grebe besaß nun eine Farm, die um ein Vielfaches größer war, als er in seinen kühnsten Träumen zu hoffen gewagt hätte; die Distanz zwischen der nordwestlichen und der südöstlichen Grenze betrug zweieinhalb Meilen, und er konnte seine geradlinigen Ackerfurchen über eine so weite Strecke ziehen, daß Alice, wenn sie an einem Ende stand, ihn kaum noch zu sehen vermochte, wenn er mit seinem Gespann am anderen Ende umkehrte. Alle Bauern zogen diese tiefen, fortlaufenden Ackerfurchen, und es gab Felder im nördlichen Colorado, die über eine Entfernung von vierzig Meilen, praktisch ohne Unterbrechung, ineinander übergingen. Und sobald diese Felder mit

Scheibenegge und Egge bearbeitet worden waren, bot das Land den Anblick einer endlosen Tafel, flach und gleichförmig, deren Oberfläche aus feinem Staub bestand. Nach einem Regenfall blieb dieser silberne Schlamm dem Boden verhaftet und eignete sich vortrefflich für den Anbau von Weizen. Und es gab keine Felder, die flacher oder gleichmäßiger zermahlen waren als die Earl Grebes.

Walter Bellamy in seinem Grundbuchamt fing an, lästige Fragen über die Arbeitsweise der Farmer in seinem Bezirk zu stellen. Er hatte einige Bücher gelesen. Wenn man, so hieß es da, nicht in ununterbrochener Linie pflügte – „Hügel auf und Tal ab", wie er sich ausdrückte –, sondern in gewundenen Linien, die den Konturen des Terrains folgten, und dabei Streifen ungepflügten Landes frei ließ, würde man mehr Feuchtigkeit einfangen. Die Wahrscheinlichkeit, daß ein starker Wind die Erde wegblasen könnte, wäre bedeutend geringer, und es gäbe auch viel weniger Erosion.

„Was ist Erosion?" fragte Grebe.

„Erosion tritt dann ein, wenn ein Fluß mit zunehmender Geschwindigkeit bergabwärts fließt. Er frißt den Boden weg, und es bilden sich Wasserfurchen und -rinnen. Verstehen Sie das?"

„Ich habe schon als Junge gelernt, wie man das vermeidet." Er hatte das Wort nicht gekannt, wohl aber das Problem. „Wir haben Felsbrokken hineingeworfen und so die Geschwindigkeit verringert."

„Ja, aber das Wasser konnten Sie nicht aufhalten. Wenn Sie um die Hügel herum und nicht hügelabwärts pflügen würden . . ."

Grebe hatte einfach keine Geduld mehr, mit einem Menschen zu diskutieren, der nie in seinem Leben Land bestellt hatte, und als Bellamy einen Mann namens Rumson dazu überredete, nach dieser neuen Methode zu pflügen, kamen Grebe und auch die anderen Bauern aus der Gegend auf Rumsons Farm und sahen selbst, wie lächerlich diese ganze Geschichte war. Rumsons Ackerfurchen liefen kreuz und quer durch die Gegend und waren so ungleichmäßig, daß kein Bauer, der etwas auf sich hielt, sich dazu bekannt haben würde. Und beim diesjährigen Wettbewerb machte Rumson gar nicht erst mit, und das war gut so, denn die Richter würden ihn glatt disqualifiziert haben. Und außerdem: Bei achtundvierzig Zentimeter Regen, wer brauchte da noch die zusätzliche Feuchtigkeit?

Es war im Winter 1917, als Alice Grebe das Leben auf der Prärie endlich voll und ganz akzeptierte. Sie beklagte sich bei Vesta Volkema: „Die Leute hier sprechen von einem Grashaus, als ob das etwas Verächtliches wäre, gerade noch gut genug für Tiere. Es ist ja nichts anderes als Adobe, und die Spanier haben jahrhundertelang darin gelebt. Ich habe gehört, daß man es in Arizona allen anderen Baumaterialien vorzieht."

Ihr Grashaus war behaglich – kühl im Sommer, warm im Winter –, und wer die Verdächtigung aussprach, es fördere die Ansiedlung von

Läusen und Flöhen, der log. „Wenn man die Ecken sauber hält", erklärte sie Vesta, die nie in einem Grashaus gewohnt hatte, „fördert es gar nichts. Und die Wände schwitzen auch nicht."

Im Februar kauften die Grebes eine Ladung Bauholz und hängten einen Anbau mit Pultdach an das Ostende ihres Hauses. Mit dünnen Latten teilten sie es in eine große Küche und ein kleines Zimmer für die zwei Kinder, Ethan und Victoria. Es war ein wohnliches, gemütliches Haus, und im Sommer blühten die Blumen auf dem Grasdach, und die Vögel flogen zu, um die Samen aufzupicken.

Wenn das Grashaus der Grebes eine der freundlichsten Behausungen in Line Camp war, so hauptsächlich deshalb, weil Alice es dazu gemacht hatte. Sie schien mit den Jahren größer und magerer zu werden und immer hartnäckiger darauf bedacht, das Abenteuer, das sie im Westen gesucht hatten, zu einem Erfolg werden zu lassen. Sie lebte immer in einem Zustand der Spannung, aber sie hatte gelernt, diese Spannung zu beherrschen, und widmete sich, wenn die Hausarbeit getan war, mit aller Kraft den Problemen ihrer Gemeinde.

Mervin Wendell hatte sich sehr bemüht, seine Parzellen in Line Camp zu verkaufen. Es gab bereits Behausungen für mehr als dreihundert Menschen, und die Siedlung blühte. Zusätzlich zu den ursprünglichen zwei Steinhäusern gab es jetzt auch schon eine Kirche, eine Bank, eine Zeitung, ein schönes Eisenwarengeschäft und ein geräumiges Hotel mit einer breiten Veranda, auf der sechs Schaukelstühle standen.

Was Alice Grebe sich für ihre Gemeinde wünschte, das war eine Bibliothek und eine größere Kirche. In ihrem Bestreben, ihre Nachbarn von diesen Notwendigkeiten zu überzeugen, wurde sie, wie der Bankier sich beklagte, „verdammt lästig". Sie organisierte gesellige Abende, richtete im Sommer einen Jahrmarkt ein und veranlaßte das Komitee des Pflügerwettbewerbes, einen Teil des Preisgeldes für Bücher abzuzweigen. Und sie hatte Erfolg: Eine Bibliothek wurde angelegt und die Kirche vergrößert.

In ganz Amerika trieben Frauen wie sie ihre Gemeinden an, jene Ziele zu verwirklichen, die eine zivilisierte von einer unzivilisierten Gesellschaft unterschieden. Es waren immer Frauen, die auf Bibliotheken und Parkanlagen, Kindergärten und bessere Schulen drängten. Es waren tatkräftige Frauen wie Alice Grebe, die so lange nicht lockerließen, bis Banken und Kaufleute ihnen Mittel zur Verfügung stellten, um gute Werke zu vollbringen. Alice Grebes Bemühungen war es zu verdanken, daß Line Camp ein zivilisiertes kleines Städtchen wurde, dessen Straßenschild am westlichen Ortseingang die gar nicht so lächerliche Aufschrift trug:

Das tüchtigste kleine Städtchen im Westen, seht uns beim Wachsen zu!

Potato Brumbauch war müde. Man schrieb das Jahr 1915, und er war achtundachtzig. Der Körper, der ihm so widerspruchslos gedient hatte, fing an zu protestieren. Vor kurzem hatte der Russe einen Schlaganfall erlitten, der die ganze linke Körperhälfte lähmte. Es war erschütternd und in gewisser Weise obszön, diesen stämmigen alten Mann mit einer Träne in seinem linken Auge zu sehen, denn er war nie einer gewesen, der Schwäche geduldet hätte.

Täglich bat er Serafina Marquez, ihn in einen Stuhl auf den Rasen vor seinem Haus zu setzen, von wo aus er auf den Fluß hinausblicken konnte, mit dem er so lange gekämpft hatte. Sie erfaßte sehr bald, daß er zwar kaum noch sprechen konnte, seine geistigen Kräfte jedoch in keiner Weise beeinträchtigt waren. Offensichtlich dachte er viel nach. Er freute sich, wenn Besucher kamen, insbesondere Jim Lloyd, dem er sich tief verbunden fühlte. Zusammen saßen sie dann da und blickten auf den Fluß hinaus, über dem die Falken kreuzten. Wenn einer der Falken seinen eigenartigen Schrei ausstieß, merkte Jim an der Veränderung in Brumbauchs Gesicht, daß der Alte es gehört hatte. Er war einem Falken so ähnlich, dachte Jim, ein Mann, der immer seinen eigenen Weg verfolgt und immer nach den Höhen gestrebt hatte.

Es bekümmerte Brumbauch sehr, daß sein Freund Tranquilino immer noch in Mexiko weilte, und oft lud er Serafina und ihre Kinder ein, bei ihm zu sitzen. Er empfand in zunehmendem Maße Hochachtung vor Triunfador, denn der Junge hatte hart gearbeitet, um seinen Vater würdig zu vertreten, und zeigte eine starke Hand auf den Feldern. Und er liebte Serafina, diese würdevolle, stille Frau, die die Härten des Lebens mit so viel Gleichmut ertrug. Seit drei Jahren bestellte sie mit ihren zwei Kindern die Rübenfelder und sparte ihr Geld. Sie war jetzt einunddreißig und wurde mit den Jahren immer schöner. Es wollte Brumbauch scheinen, als bewege sie sich mit der Anmut einer jungen Antilope.

Mehr als einmal hatte Brumbauch auf Triunfador gezeigt und dabei das Wort „Schule“ mühsam über die Lippen gebracht, doch Serafina entgegnete ihm auf spanisch: „Wir brauchen ihn auf der Farm. Schule ist für die Anglos.“ Leicht verärgert wies Brumbauch sie darauf hin, daß die Kinder der Takemotos zur Schule gingen, aber Serafina erwiderte: „Die haben eben andere Bräuche“, und ließ es nicht zu, daß ihr Sohn mit diesen Dingen zu tun bekam.

Die kleine Soledad war jetzt vier und alt genug, bei den Rüben zu helfen. Sie ließ Anzeichen erkennen, daß ihre Anmut die der Mutter noch übertreffen würde. Sie hatte dunkle, leuchtende Augen und tiefschwarzes Haar, das ihr in zwei Zöpfen über den Rücken hing. Brumbauch forderte sie oft auf, sich auf seinen Schoß zu setzen, doch er konnte seine Beinmuskeln nicht kontrollieren, und sie rutschte immer wieder hinunter. So saß sie lieber auf dem Boden zu seinen Füßen, beobachtete ihn aufmerksam und lächelte zu ihm empor.

Wie alle selbständigen Denker, die das Ende ihres Lebens herankommen fühlen, mußte Brumbauch sich eingestehen, daß er nie radikal genug gedacht hatte. Die wirklich kühnen Gedanken, solche, die großen Erkenntnissen als Grundlage dienten, hatten ihm Angst eingejagt, und er war vor ihnen zurückgeschreckt. Jetzt, im warmen Sommer 1915, untersuchte er ein geistiges Gebilde nach dem anderen und ließ seinen Verstand die Welt durchstreifen. „Ich bin wie ein alter Apfelbaum, der zu müde ist, um noch Früchte zu tragen", sagte er zu sich. „Aber schlagt ein paar kräftige Nägel in den Stamm, und der Baum beginnt wieder zu tragen, als ob er erst vier Jahre alt wäre. Denn es dient ihm als Erinnerung, daß dieses Jahr sein letztes sein könnte."

Es ärgerte ihn, daß Männer wie er noch keinen Rübensamen gezüchtet hatten, der nur einen Sämling hervorbrachte anstatt deren fünf, von denen vier zu nichts taugten. Mit solch einem Samen würde man sich die zermürbende Arbeit des Ausdünnens ersparen.

Es ist möglich, einen solchen Samen zu finden, dachte er. Man muß sich nur ein Zuckerrübenfeld ansehen, und da und dort findet man ein Büschel mit nur einem Trieb. Das ist der gesuchte Samen. Das Problem besteht darin, ihn zu erhalten und Tausende seiner Art zu züchten.

Es drängte ihn, seine Gedanken mit jemandem zu teilen. Er ließ Takemoto kommen, und der tüchtige kleine Japaner kam in den Hof und verneigte sich. Obwohl Brumbauch nicht sprechen konnte, kam eine Unterhaltung zwischen den beiden zustande. „Kinder?" fragte Brumbauch, und Takemoto holte die Zeugnisse seiner ersten drei Kinder aus der Tasche. Er konnte sie zwar nicht lesen, aber er wußte, wie sie lauteten. Brumbauch, der sich an seine eigene Befriedigung erinnerte, als sein Sohn Kurt gut in der Schule vorangekommen war, sah die guten Noten, als Takemoto ihm die Zeugnisse hinhielt.

„Samen", brachte er heraus und versuchte, seinem Freund mit der rechten Hand zu verstehen zu geben, daß irgendwie ein Samen entwickelt werden mußte, der nur eine einzige Pflanze hervorbrachte.

„As-ti-nen nicht", antwortete Takemoto. *As-ti-nen* war seine Art, das Wort Ausdünnen auszusprechen, und die zwei Männer nickten sich verständnisvoll zu: Mit dem richtigen Samen würde die zermürbende Arbeit des Ausdünnens nicht mehr nötig sein.

„Du bist der einzige, der die Landwirtschaft achtet", hätte Brumbauch sagen wollen. Die Worte wollten sich nicht formen, doch der Gedanke sprang auf den Japaner über. Takemoto nickte. Wenn er etwas von der Landwirtschaft verstand, wie sie in Colorado betrieben wurde, so nur, weil er Brumbauch nachgeeifert hatte.

„Achtel . . . Section", murmelte Brumbauch. „Arroyo . . . ich schenke."

Diese frohe Botschaft verstand Takemoto sofort, und noch am selben Nachmittag kam er wieder, begleitet von einem Anwalt und seinem ältesten Sohn, der den Dolmetsch machen sollte. „Der Bursche da behauptet, du willst ihm diese achtzig Morgen unten beim Arroyo schenken", sagte der Anwalt.

Hätte Brumbauch sich bewegen können, er würde den kleinen Japaner umarmt haben. Wenn dir ein Sterbender sagt, daß er dir Land schenken will, laß es dir schriftlich geben. Er dachte an seine Kindheit in Rußland zurück, als die Soldaten des Zaren den Wolgadeutschen ihr Land gestohlen hatten. Wie schrecklich konnte es doch für einen Bauern sein, sein Land zu verlieren, und wie beglückend, es zu bekommen.

„Ja", brachte Brumbauch mühsam hervor, und der Anwalt verfaßte einen Akt, und zwei Nachbarn unterschrieben als Zeugen. Der junge Takemoto verbeugte sich. „Sie waren so großzügig zu meiner Familie, Mr. Brumbauch", sagte er sehr förmlich, „daß mein Vater darauf besteht, die Gebühren zu bezahlen." Brumbauch hatte dafür Verständnis, denn auch er war ein stolzer Mann.

Doch seine Hauptsorge war immer noch der Fluß. Tag für Tag studierte er ihn und erkannte schließlich, was er eigentlich darstellte: den Kanal, der das Wasser aus den Bergen in die Hände von Menschen brachte, die wußten, wie sie es gebrauchen mußten. Wie schön doch der Fluß war! Auf seinen Reisen nach London hatte er vier große Flüsse gesehen – den Missouri, den Mississippi, den Hudson und die Themse – und er hatte die besonderen Qualitäten jedes einzelnen zu würdigen gewußt. Es trugen wohl alle Flüsse, so wollte ihm scheinen, ihre Verantwortung, doch mit dem Platte ließ sich keiner vergleichen.

Seht ihn euch an, jetzt im Hochsommer! Eine Ente mußte sich gehörig anstrengen, um auf dem Wasser einen Platz zu finden, wo sie landen konnte. Ein Säbelschnäbler fand kaum noch Würmer. Denn zu dieser Zeit verließ der Platte sein Bett. Er arbeitete im Uferland, berieselte Zuckerrübenfelder. Der Fluß war jetzt nur eine trockene, leere Linie auf der Landkarte, denn schlaue Männer wie Brumbauch hatten sein Wasser in Besitz genommen. Nie war der Platte so nützlich, als wenn er sein Bett verließ, in die Kanäle eindrang und über die Dämme quoll.

Doch in den letzten Jahren war er im Sommer zu früh ausgetrocknet. Er führte nicht genug Wasser, und Brumbauch hätte hier gern Abhilfe geschaffen. Aber wie?

Er hatte aus Wyoming und Nebraska den letzten Tropfen Wasser, den man hergeben wollte, abgeleitet, und jetzt wollten ihn diese Staaten vor dem Obersten Gerichtshof zur Verantwortung ziehen. Er hatte Flüsse angezapft, die normalerweise in andere Richtungen flossen, und immer noch reichte das Wasser nicht aus.

Eine teuflische Sache! Land, das wie gebackener Sand aussah, wurde zum Garten Eden, wenn es Wasser bekam. Man konnte mit dem Bleistift eine Linie ziehen: Auf der einen Seite wasserloses Ödland, auf der andern üppige Vegetation.

Dieser Kerl Creevey hatte doch einen Dachschaden. Er zerstörte das Land mit seinen albernen Vorstellungen, man könne Getreide ohne Wasser pflanzen. In den letzten drei Jahren hatten die Siedler Glück gehabt. Sie hatten gute Ernten eingebracht, aber auch überdurchschnittliche Niederschläge gehabt; früher oder später mußten die Mittelwerte wieder in den Vordergrund treten. Es würden Jahre mit unterdurchschnittlichen Niederschlagsmengen kommen, und die Getreidebrachwirtschaften würden nichts produzieren.

Bring mir mein Register, bat Brumbauch Jim Lloyd in seiner Zeichensprache, als dieser ihm einen seiner regelmäßigen Besuche machte, und als er das Buch im Schoß liegen hatte und Jim für ihn umblätterte, fand Brumbauch seine Ansichten bestätigt. Die für Centennial geltende durchschnittliche jährliche Niederschlagsmenge betrug dreiunddreißig Zentimeter. Allerdings war hier auch ein Jahr mit achtundfünfzig Zentimeter verzeichnet.

„Gut, gut", grunzte Brumbauch. Er erinnerte sich auch an das Jahr mit dreiundfünfzig und an das mit achtundvierzig Zentimeter. Doch dann verdüsterte sich sein Gesicht, und er deutete auf einige furchtbare Jahre: Siebzehn Zentimeter – das Getreide war auf dem Halm verbrannt; fünfzehn Zentimeter – nichts war gediehen; zwölf Zentimeter – das Land war zur Wüste geworden.

Hier gab der alte Mann ein fauchendes Geräusch von sich, und Jim fürchtete schon, er hätte einen neuen Anfall erlitten. Keineswegs. Er versuchte nur, einen trockenen Sturm klanglich auszudrücken. Wie waren sie nur in jenen Jahren, hohe Staubsäulen aufwirbelnd, über das Land hingebraust!

„Früher oder später werden die Stürme wiederkommen", meinte auch Jim Lloyd.

„Nur . . . eines . . ." Es kostete Brumbauch eine entsetzliche Anstrengung, diese Worte hervorzustoßen. Er deutete auf die Berge, die so klar und herrlich im Westen standen. Die zwei Männer unterbrachen ihre Unterhaltung, um auf diese riesigen Wachtposten zu starren, die die westlichen Grenzen des Flachlandes hüteten. Aber jeder sah sie auf andere Weise. Für Jim Lloyd waren sie ferne Steingebilde, die er nie wirklich kennengelernt hatte. Er hatte sie gelegentlich besucht und es einmal sogar gewagt, in ihr Inneres vorzudringen – in jener Nacht, da er und Brumbauch den Pettis nachgejagt waren –, aber sie bedeuteten ihm weiter nichts.

„Erinnerst du dich noch an die Pettis?" fragte er den Greis.

Die Gedanken des alten Russen waren weit von solchen Belanglosigkeiten entfernt. Er starrte auf die Berge hin, maß sie mit kühnen, ja dreisten Blicken und sah sie als das, was sie wirklich waren: eine zum Himmel aufragende Schranke, die der natürlichen Bahn der Wolken entgegenstand und ihnen ihr Wasser entriß, bevor es noch die Kämme und Grate überqueren und die östlichen Hänge benetzen konnte. Es waren die Rockies, die die große amerikanische Wüste geschaffen hatten; die Rockies waren es, die Potato Brumbauch daran hinderten, so viel Wasser in den Platte zu bekommen, als er sich gewünscht hätte.

Jetzt, da sein Leben zu Ende ging, begriff er, daß diese Berge immer nur unerbittliche Feinde gewesen waren. Sie waren die Barriere, hart und felsig und fast uneinnehmbar. Und doch war es möglich, sie zu unterwerfen.

Mit dem erhobenen rechten Zeigefinger erklärte Brumbauch ihnen den Krieg. „Was ... wir tun ... Tunnel.“

Jim dachte über diese seltsamen Worte nach und wiederholte: „Tunnel?“ Brumbauch senkte zustimmend die Lider.

„Sie arbeiten doch schon an einem Tunnel“, entgegnete Jim. „Die Eisenbahn wird ...“

„Wasser“, murmelte Brumbauch.

Es entstand ein langes Schweigen, und dann stand Jim auf und ging zum Flußufer. Eine Zeitlang sah er den Säbelschnäblern zu, und nach einer Weile kam er zurück und schob den Sessel des alten Mannes bis an eine Stelle, von wo aus auch er die Vögel beobachten konnte.

„Du meinst, wir sollten einen Tunnel durch diese Berge bauen, das Wasser heranführen, das auf die westlichen Hänge fällt – das Wasser, das wir auf dieser Seite brauchen – durch die Berge durch und ...“

Brumbauchs rechtes Auge funkelte mit jugendlicher Begeisterung. Lloyd hatte begriffen. Heftig deutete der alte Mann auf das trockene Bett des Platte.

„Und du willst, daß dieses Wasser dem Platte zugeführt wird?“

Brumbauch schwang seinen rechten Arm herum und zeigte nach Osten auf die große Prärie, die durch ein solches Projekt fruchtbar gemacht werden konnte. Über die letzten fünfzig Jahre hin war diese Vision in seinem Geist herangereift, doch hatte er sie nie formulieren können. Jetzt erst sah er das ganze knifflige System vor sich: Wasser – Wasser mitten durch das Herz der Berge – unermeßliche Mengen Wasser, um das durstige Flachland zu tränken.

„Aber um einen Tunnel durch diese Berge zu graben“, wandte Jim ein, „der müßte doch ... wie lange sein? Vierzehn Meilen? Zwanzig?“ Allein der Gedanke an die Größe dieser Aufgabe erschreckte ihn.

Doch nicht Brumbauch. In einem krampfhaften Versuch, sich in Worten auszudrücken, die nicht kommen wollten, vermochte der Greis nur ein einziges über die Lippen zu bringen, aber dieses Wort erklärte alles: „Bumm!“

Wenn ein Mann genügend Dynamit besaß und genügend Hirn, so war kein Tunnel unmöglich.

Jim war von Brumbauchs Vision so beeindruckt, daß er einem Redakteur des „Clarion“ davon berichtete. Der junge Mann schrieb einen langen Artikel, in dem er mit vielen Kartenausschnitten und Photographien seinen Lesern erklärte, was Potato Brumbauch vorschlug: alles Wasser, das Centennial heute und in aller Zukunft brauchen würde, von jenseits der Berge heranzuführen. Die Zeitungen in Denver griffen Brumbauchs heroisches Zukunftsbild einer neuen Landwirtschaft auf dem Flachland auf, zögerten aber nicht, seine Theorie zu zerpflücken, und fügten gelehrte Abhandlungen hinzu, die beweisen sollten, daß das Ganze nicht funktionieren würde. Als schwerwiegendstes Argument führten sie an, daß die Berge wasserdurchlässig waren, wie jeder Bergmann zu seinem Leidwesen erfahren mußte, wenn sich das kühle Naß in seiner Grube sammelte. Das bedeutete, daß das Wasser wohl vom Westen her in den Tunnel geleitet werden konnte, jedoch versickern würde, bevor es den östlichen Tunnelausgang erreichte. Als Jim Brumbauch diesen ungünstigen Bericht vorlas, machte Brumbauch nur eine wischende Bewegung mit seiner rechten Hand, so als ob er gar nicht weiter darauf eingehen wollte, doch als Jim lachte, setzte der alte Mann seine wischende Bewegung nur noch heftiger fort, und schließlich begriff Jim: „Wo es Löcher im Berg gibt, ausbetonieren."

So hielt der hartnäckige Russe in den letzten Tagen seines Lebens den Blick fest auf die Berge gerichtet. Er war in all den Jahren schon auf viele mächtige Gegner gestoßen: Kosaken, Landdiebe, die Pettis-Bande, die schrecklichen Jahre mit nur zwölf Zentimeter Niederschlag, die Gouverneure von Wyoming und Nebraska – und jetzt die Berge. Es war möglich, sie zu unterwerfen. Das Wasser, das sie dem Platte vorenthielten, konnte ihnen mit einem Tunnel entrissen werden.

Und während er seine Blicke über ihre majestätischen Gipfel schweifen ließ, empfand er jenes Gefühl, das den meisten Kämpfern vertraut ist. Es machte ihm Freude, einen würdigen Gegner vor sich zu wissen. Er hatte den Eindruck, daß es den großen Granitmassen, die ihre Köpfe in die Wolken steckten, angenehm sein würde, wenn es ihm gelänge, sie zu durchstoßen und seinem Willen untertan zu machen.

Doch als er eines Tages Ende August im Abendsonnenschein saß und sich selbst dazu beglückwünschte, daß es ihm endlich gelungen war, das Problem des Platte River zu lösen, entdeckte er, daß er den wesentlichsten Punkt übersehen hatte. Der Fluß war Teil eines Systems, das sich grundlegend von dem unterschied, das er sich vorgestellt hatte, und um zu begreifen, wie dieses System funktionierte, bedurfte es einer völlig neuen geistigen Konstruktion.

Er machte diese erschütternde Entdeckung, während er gerade über eine Zeile aus einem Gedicht nachdachte, das ein Geistlicher vor einigen Jahren bei einem Begräbnis zitiert hatte: „Der Fluß, so müde er auch sei, er findet allemal den Weg zur See." Es war als Trost gemeint gewesen, als Erinnerung daran, daß auch das schmerzgeplagteste Leben am Ende Erlösung findet. Das Bild hatte Brumbauch zugesagt. Er hatte sich selbst als jenen Teil des Platte gesehen, der genötigt worden war, sein Land zu durchfließen, seine Felder zu bewässern und sich neuerlich mit dem Fluß zu vereinen – der in den Missouri mündete, der in den Mississippi mündete, der sich in den Golf von Mexiko ergoß.

„Unsinn!“ stieß er mühsam hervor. So war es doch gar nicht. Weder der Dichter noch der Geistliche hatten auch nur eine blasse Ahnung, wie sich die Dinge in Wirklichkeit verhielten.

Wie geht es denn nun in Wirklichkeit zu? fragte er sich. Ein wandernder Wassertropfen wird aus dem Pazifischen Ozean in eine Wolke gesogen, die Wolke steigt auf, und das Wasser gefriert zu einer Schneeflocke. Die Wolke wandert nach Osten, weg vom Ozean, quer über Kalifornien, und wenn sie die Rockies erreicht, halten deren hohen Gipfel sie fest, und die Schneeflocke fällt auf einen Hang, wo sie schmilzt und wieder als Tropfen in den Poudre und dann in den Platte fließt. Ich verwende den Tropfen für meine Bewässerung, und dann kehrt er in den Platte zurück, gelangt in den Mississippi und mit diesem in den Atlantik. Irgendwo an der Südspitze von Südamerika gleichen die zwei Ozeane ihre Wassermengen aus, und mein Wassertropfen kehrt in den Pazifik zurück. Dort steigt er zu einer anderen Wolke auf, gefriert abermals zu einer Schneeflocke und fließt neuerlich in den Poudre. Und das geht immer so weiter. Es gibt keine Rast, nicht für den Fluß und nicht für den Menschen. Der Mensch hat nur das Recht auf so viel Wasser, als er sich aus diesem endlosen Kreislauf leihen kann. Und wenn er seinen Kampf mit dem Fluß beendet hat, legt er sich nicht zur ewigen Ruhe nieder. Sein Körper wird zu jenem Staub, auf den die nächste Schneeflocke fällt, und so wird auch er Teil des endlosen Kreislaufes.

Als Serafina gegen fünf Uhr kam, um ihn wieder ins Haus zu rollen, sah sie, daß er tot war. Zu sehr war der Tod ihr vertraut, als daß sie zu spektakulären Trauerbezeigungen geneigt hätte, und der zufriedene Ausdruck auf Brumbauchs Gesicht überzeugte sie, daß er nicht gelitten hatte und nicht enttäuscht gestorben war. Mit Triunfadors Hilfe bahrte sie den Leichnam auf, und dann ging der Junge in die Stadt, um die Polizei zu verständigen, daß der alte Mann entschlafen war.

Italiener, Russen, Deutsche, Japaner und zahlreiche Mexikaner nahmen an der Beerdigung teil. Sie waren alle in seiner Schuld: die einen für gute Ratschläge, die anderen für Kredite. Als bester Freund des Toten trug Jim Lloyd um die Bestattung Sorge.

In den letzten Wochen des Jahres 1918, als man feierte, da, wie es im „Clarion“ hieß, „der amerikanische Sieg über die deutschen Horden“ feststand und „Europa durch den selbstlosen Einsatz unserer tapferen Boys wieder zu Ehren gebracht“ war, fühlte Mervin Wendell zum ersten Mal die Nähe des Todes.

Er erfreute sich schon seit einigen Monaten nicht mehr der besten Gesundheit, denn in den Kriegsjahren hatte er wahrlich übermenschliche Leistungen vollbracht. Als Vorsitzender des Komitees für den Verkauf von Kriegsanleihen, Abschnitt Nord-Colorado, war er in so weit voneinander entfernt gelegenen Städten wie Omaha und Salt Lake City auf der Rednertribüne gestanden. Er trug eine von ihm selbst entworfene Uniform mit Ledergamaschen und einem Hut, wie Teddy Roosevelt ihn populär gemacht hatte, und sprach über Themen wie „Unser großes Abenteuer an der Somme" oder „Wir sind stark, weil wir einig sind".

In seinem eleganten Haus in der Eighth Avenue empfing das Ehepaar Wendell so gut wie alle Würdenträger, die Colorado besuchten – Kriegsminister Baker, General Pershings Verwandte aus Wyoming, General Barker von der britischen Armee, dessen Vater die große Viehranch am Horse Creek betrieben hatte –, und Wendell saß oft bis spät nachts mit seinen Gästen zusammen und redete mit ihnen über strategische Fragen und über den unvermeidlichen Endsieg der Alliierten.

Er hatte sich sein schauspielerisches Talent, die Gabe des Nachäffens bewahrt; bei seinen öffentlichen Auftritten sprach er mit unverkennbarem Oxford-Akzent. Angesichts seiner schneidigen Uniform hielten ihn die meisten Zuhörer für einen Offizier bei den Königlich Britischen Dragonern, von denen er häufig und mit einer gewissen Sachkenntnis sprach, nachdem er sich einen ganzen Abend lang mit einem Oberst dieses Regiments über taktische Fragen unterhalten hatte. Er warb erfolgreich um Spenden für die Kriegswirtschaft, und Maude Wendell überwachte als charmante Vorsitzende des örtlichen Rotkreuzkomitees das Aufrollen von unermeßlichen Mengen an Verbandszeug.

Vornehmlich aber galten seine Bemühungen der Verwaltung seines ausgedehnten Landbesitzes, der nun mehr als fünfundfünfzigtausend Morgen Landes umfaßte, dreiundvierzig Farmen und Ranchen, die er zu Billigstpreisen erworben hatte. Seine Besitzungen in Line Camp hatte er alle verkauft und im Norden den Weg für ein neues Gemeinwesen frei gemacht. Es erhielt den Namen McKinley, „nach unserem zum Märtyrer gewordenen Führer", wie er mit bebender Stimme zu erklären pflegte. Er hatte McKinley ein einziges Mal in Chicago gesehen und hielt ihn für den bedeutendsten Präsidenten, den die Vereinigten Staaten je hervorgebracht hatten.

McKinley war ein Bombengeschäft für ihn. Er hatte aus seinen Erfahrungen in Line Camp gelernt, nicht zu schnell zu verkaufen, sondern das Land so lange zu halten, bis die Stadt etabliert und ihre Zukunft gesichert war. Er hatte sich im Jahre 1917 vornehmlich damit beschäftigt, potentielle Käufer nach der neuen Siedlung zu bringen, und bei einem Weizenpreis von zwei Dollar neunundzwanzig für den Scheffel war es ihm nicht schwergefallen, Anbauflächen in ansehnlichem Ausmaß an die Bauern, die aus dem Osten kamen, zu verhökern.

Seine Werbebroschüre für McKinley übertraf alles, was er sich bisher geleistet hatte; Bilder und Text waren auf geradezu schamlose Weise aufgemacht. Zwei Bildseiten zeigten den unaufhaltsamen Aufstieg des Bauern Earl Grebe aus Ottumwa in Iowa, der im Jahre 1911 mittellos nach Line Camp gekommen war und vor kurzem eine weitere Half-Section erworben hatte, womit sein Besitz jetzt insgesamt 1280 Morgen umfaßte:

„Hier der ländliche Wohnsitz Earl Grebes und seiner reizenden Gemahlin Alice – alles bezahlt mit Zweidollar-Weizen, Ertrag sechsunddreißig Scheffel je Morgen. Die kleine Baulichkeit links ist das Grashaus, das die Grebes in den ersten Monaten bewohnten. Als umsichtige Wahrer ihres Vermögens verwenden sie jetzt das Grashaus, wie wir hierzulande diese liebenswerten Zeugen der Vergangenheit nennen, um bewundernde Besucher aus dem Osten zu bewirten. Die Bilder auf der gegenüberliegenden Seite zeigen, was Earl Grebe auf dieser Farm, die weniger als zwanzig Meilen von dem Land entfernt ist, das sie nun erwerben werden, gezüchtet hat."

Der gezeigte Weizen kam von den Grebeschen Feldern, doch die großen Melonen, Äpfel und Zuckerrüben waren allesamt auf dem bewässerten Uferland des Platte River photographiert worden.

Gegen Ende 1918 war Mervin Wendell ein verbrauchter Mann. Bei allem, was er angefaßt hatte, war ihm der Erfolg treu geblieben. Er war der reichste Mann weit und breit und hatte nur einen Wunsch: er wollte noch seinen siebzigsten Geburtstag erleben. Und er unternahm alle möglichen Vorsichtsmaßregeln, um dieses Ziel zu erreichen. Sein Herz war geschwächt, und so sagte er alle Vortragsreisen ab und erschien nur mehr bei Siegesfeiern auf der Rednertribüne. Er fuhr auch nach McKinley hinauf, als die neue Schule eröffnet wurde, und ließ sich gelegentlich in der Stadt in seinem Büro sehen, um seinen Sohn Philip, jetzt ein solider, verheirateter, vierzigjähriger Mann, in die Feinheiten des Grundstücksgeschäftes einzuweihen. Im übrigen achtete er auf seine Gesundheit, hatte das Rauchen völlig aufgegeben und trank nur bei besonderen Gelegenheiten.

Er freute sich sehr, als Neujahr kam, denn er erblickte darin einen Markstein für die Zukunft. „Es hätte mich scheußlich geärgert, schon 1918 sterben zu müssen, wo doch so viele aufregende Dinge passieren", vertraute er Maude an, die mit den Jahren immer jünger zu werden schien. Sie lachte und versicherte ihm, er würde auch noch 1920 erleben. „Das ist eine nette, runde Zahl", meinte er. „Ich würde gern ein neues Jahrzehnt willkommen heißen."

Es sollte nicht sein. In der zweiten Januarwoche wurde er ernstlich krank, eine Komplikation von Herzschwäche und leichter Lungenentzündung. Es war genau die Art von Todeskrankheit, die er sich selbst ausgesucht hätte, denn sie gestattete es ihm, ohne äußere Verletzungen still und friedlich im Bett zu liegen.

Am Abend des 16. Januar fühlte er sich ziemlich schwach, versicherte aber seiner Familie: „Ich bin ganz sicher, daß ich es schaffe“, und empfing am Siebzehnten viele Freunde im Schlafzimmer. Er erzählte ihnen Geschichten aus der Zeit, da er in Dakota auf Theatertournee gewesen war – zusammen mit der bezaubernden Maude De Lisle, die schließlich eingewilligt hatte, seine Frau zu werden, und ihm in all diesen Jahren eine liebende Gefährtin gewesen war. Während er sich zu einer blumenreichen Rede über die Freuden und Wonnen des Ehelebens aufschwang, verließ sein Sohn den Raum.

„Das, was er jetzt erzählt, ist aus einem Stück, das wir in Minnesota gespielt haben“, erklärte Philip draußen seiner Frau. „Jetzt kommt gleich die Balkonszene aus Romeo“, und gegen fünf Uhr nachmittags berichtete er seinen Besuchern tatsächlich, wie er einmal in South Dakota aufgeblickt hatte und von der Schönheit seiner Frau so überwältigt gewesen war, daß er den Text nicht weiterwußte. Worauf er ihnen die ganze Szene hersagte, Julias Rolle wie auch die seine.

Er starb am Neunzehnten, und alle Zeitungen in Colorado veröffentlichten Nachrufe, in denen sie seine einzigartigen Leistungen für den Staat hervorhoben. Seine Beerdigung war ein Triumph. Persönlichkeiten aus allen Schichten zollten seiner fortschrittlichen Gesinnung und seiner liebenswerten Menschlichkeit hohe Anerkennung. Viele, denen er geholfen hatte, berichteten von Beweisen seiner Großzügigkeit, und die Ankündigung einer Delegation aus McKinley, daß dieses neue Gemeinwesen seinen Namen ändern und von nun an Wendell heißen würde, war die Krönung des Tages.

In Line Camp herrschte die Meinung vor, daß diese Ehre besser ihnen anstünde, denn der etwas eigenartige, aus zwei Wörtern bestehende Name der Stadt wurde von den Einwohnern nicht geschätzt. So entstand eine Bewegung von beträchtlichem Umfang, eine Namensänderung durchzuführen, noch bevor McKinley dies tun könnte, doch am Ende trugen die Nachbarn im Norden den Sieg davon, und aus McKinley wurde Wendell.

Die Grebes machten den Volkemas den Vorschlag, mit ihnen gemeinsam an der Feier der Verleihung des Stadtrechtes teilzunehmen, aber Vesta lehnte ab. „Stadtrecht für eine Stadt, die den Namen eines solchen Schaumschlägers trägt? Das Grundstück, das er uns für die Bibliothek gegeben hat, war gestohlen, und gestohlen war auch das Land, das er euch verkauft hat. Und wenn ich nicht so schlau gewesen wäre, hätte er uns auch unser Land gestohlen. Mein Mann, dieser verrückte Kerl, wäre ihm beinahe auf den Leim gegangen.“

„Ich dachte, ihr wolltet verkaufen . . . und nach Kalifornien ziehen“, hielt Alice ihr entgegen.

„Das wollen wir immer noch“, erwiderte Vesta. „Aber nicht um fünfundzwanzig Cent den Morgen. Und nicht diesem schmierigen Hurensohn Wendell.“

Solch derbe Sprache war nicht nach Alice Grebes Geschmack, und sie konnte sich Vestas Redeweise nur so erklären, daß die harte Arbeit auf dem Hof sie verroht hatte. Und als ein gemischter Chor bei der Feier zum Gedenken an Mervin Wendell „Flüsternde Hoffnung" sang, weinte Alice Grebe.

Potato Brumbauch war entschlossen gewesen, für Tranquilino Marquez und seine Familie zu sorgen. Er schenkte den Takemotos achtzig Morgen guten bewässerten Landes und würde das gleiche für Tranquilino getan haben, wenn der Mexikaner in Brumbauchs letzten Tagen zur Hand gewesen wäre. Bedauerlicherweise hetzte Tranquilino zusammen mit Pancho Villa durch das nördliche Mexiko und kehrte erst 1917 nach Centennial zurück. Doch da war Brumbauch längst tot.

Tranquilino befand sich in einer scheußlichen Situation – man konnte es gar nicht anders nennen. Nach Brumbauchs Tod gab es keine ständige Arbeit mehr auf dem Hof und auch keine richtige Unterkunft. Er mußte mit seiner Frau und seinen zwei Kindern umherziehen, und sich, so gut es ging, als Saisonarbeiter verdingen – was bedeutete, daß seine Familie von einem Elendsquartier ins andere geriet. Sein Lohn war so gering, daß er nichts sparen konnte, und als der 15. November herankam und die „Rübenschecks" verteilt wurden, bekam er so wenig heraus, daß er seine Absicht, mit der Familie nach Denver zu fahren, wo es wenigstens eine mexikanische Gemeinde gab, in deren Wärme sie in den bitterkalten Wintermonaten ihre Sorgen hätten vergessen können, fallenlassen mußte.

Statt dessen nahmen sie jeden November, sobald der Rübenbauer, bei dem sie gearbeitet hatten, sie auf die Straße setzte, was ihnen an Geld blieb, und zogen in eine der schandbaren Bruchbuden, die am Nordende von Centennial entstanden waren. Klein-Mexiko nannte man die Gegend verächtlich, und kaum jemals war eine so traurige und schmutzige Ansammlung von Hütten und Baracken im Westen geduldet worden. Hier verbrachten die unerwünschten Arbeiter den Winter. Wie sie die Blizzards überstehen konnten, blieb unerklärlich, denn die Wände bestanden aus dünnen Latten mit breiten Ritzen, wo das Holz sich geworfen hatte, und die Böden aus Lehm, der gefror, wenn Wasser einsickerte. Es gab keine Toilettenanlagen, keine gepflasterten Straßen, keine Schulen, keine Annehmlichkeiten irgendwelcher Art – und auch keine Pläne, Verbesserungen einzuführen.

Sie waren eine ausgestoßene Sippschaft mit einer seltsamen Sprache und noch seltsameren Bräuchen. „Ihre Söhne nennen sie Jesus", kicherten die Kinder von Centennial, und das allein genügte, um sie auszuschließen.

Und es waren nicht nur die Bürger der Stadt. Jeder Viehzüchter, dessen Land im Norden lag, mußte auf seinem Weg nach Centennial an

Klein-Mexiko vorbei. Jede selbstzufriedene Hausfrau aus Line Camp oder Wendell mußte dieses Ghetto sehen, und keine machte sich Gedanken darüber.

Nicht, daß man Klein-Mexiko ignorierte. Die Polizei kreuzte recht häufig dort auf, um Streitigkeiten zwischen den Bewohnern zu schlichten. Sheriff Bogardus hielt es für seine Pflicht, darauf zu achten, daß im Winter in Klein-Mexiko Ordnung herrschte. Die Landarbeiter mußten ja in Form sein, wenn im Frühling mit dem Pflanzen begonnen wurde. Tatsächlich war es ein Haupterfordernis für einen Gesetzeshüter in Centennial, daß er mit Mexikanern umgehen konnte und sie davon abhielt, ihre Brotgeber zu belästigen.

Einen Mann gab es, der als Sprecher für die mexikanische Gemeinde hätte auftreten können, ein Wanderpriester namens Vigil, aber bedauerlicherweise kam er aus New Mexico, wo er von den Ideen der Penitentes angesteckt worden war, jener sonderbaren Wüstenfanatiker, die sich auf Johannes den Täufer beriefen und sich Kaktusdornen in den Rücken trieben, um ihre Bußfertigkeit zur Schau zu stellen. Als er nun auch hier mit solchen tollen Sitten anfing, machten die ehrbaren Christen von Colorado kein Hehl daraus, daß sie nicht gewillt waren, solchen Unfug zu dulden. Es gab schickliche Arten, Gott zu verehren; zu diesen zählte eine so exhibitionistische Bußfertigkeit gewiß nicht.

Sheriff Bogardus fiel daher die Aufgabe zu, solche Demonstrationen aufzulösen, denn wenn sich die Mexikaner um den Verfechter einer so aufrührerischen Religiosität scharten, würden sie sich wohl als nächstes zu einer Gewerkschaft zusammenschließen, und das Massaker der Kohlenarbeiter von Ludlow hatte ja gezeigt, was dann zu erwarten war. Kein Wunder also, daß auf der Polizeistation große Aufregung herrschte, wenn der Ruf erscholl: „Die verdammten Penitentes sind wieder unterwegs!“

Dann sprangen der Sheriff und seine Männer in ihre Autos und brausten zu den Feldern im Norden von Klein-Mexiko hinaus, wo die Gottsucher, ihr Fleisch von Dornen durchbohrt, in schwärmerischem Sinnestaumel, ächzend und wehklagend über die Wiesen tanzten. Knüppel wurden geschwungen, und heisere Stimmen schrien: „Das könnt ihr in Colorado nicht machen!“ Und früher oder später trat Vater Vigil vor, um zu protestieren, worauf ein Polizist ihm ins Gesicht schlug und der Priester blutend zu Boden stürzte.

„Warum können sie Gott nicht verehren wie andere Menschen auch?“ stellte Sheriff Bogardus an einem Sonntag die Frage, nachdem ihm die Penitentes wieder einmal zu schaffen gemacht hatten. „Warum können sie nicht Baptisten sein oder normale Katholiken?“

In dieses Klein-Mexiko zog Tranquilino Marquez Ende November 1921 mit seiner Frau Serafina, seinem hitzköpfigen Sohn Triunfador und seiner jetzt dreizehn Jahre alten, liebreizenden Tochter Soledad. Sie fanden eine altersschwache, unvorstellbar schmutzige Hütte und machten sich daran, sie zu säubern und herzurichten. Serafina vollbrachte wahre Wunder mit Schere und Nadel und hätte es noch besser gemacht, wäre ihr eine Nähmaschine zur Verfügung gestanden. Auf Wegen, die näher zu untersuchen seinem Vater nicht geraten erschien, schaffte Triunfador Bauholz heran, um die schwankenden Wände der Baracke abzustützen. Zwar konnte man, als sie mit allem fertig waren, nicht von einem Haus sprechen, denn die Hütte bot praktisch keinen Schutz vor Regen oder Wind, aber es war eine Unterkunft. Und hier ließ die Familie sich nieder.

Es war nicht ihre Art, Aufmerksamkeit auf sich zu lenken, und so hatten sie keinen Grund, Sheriff Bogardus zu fürchten; und da Tranquilino sich auch nicht für die Penitentes interessierte, bestand keine Gefahr, daß er von den Polizisten niedergeknüppelt werden könnte. Nur Triunfador, großgewachsen und sehnig wie sein Vater und gleich seiner Mutter hart wie Eisen, gab Anlaß zur Sorge. Mit seinen zwanzig Jahren konnte er zwar weder lesen noch schreiben, verstand sich aber auf den Anbau von Zuckerrüben und hatte den festen Willen, es im Leben zu etwas zu bringen.

Der Ärger fing an, als er eine verlassene Baracke an der Staatsstraße Acht fand, die von Centennial nach Line Camp führte. Ohne bei der Behörde um eine Erlaubnis anzusuchen, nahm er sie in Besitz und stellte ein Grammophon, drei Tische und ein paar Stühle auf. Er richtete ein gemütliches Lokal für die stellungslosen Arbeiter ein und verkaufte bald auch Zuckerstangen und Limonaden.

Die Farmer von Centennial kamen sehr schnell dahinter, daß in La Cantina, wie die Kneipe hieß, die Saat des Aufruhrs keimte. „Wenn wir es zulassen, daß diese verdammten Mexikaner sich dort zusammenscharen“, warnte ein russischer Rübenbauer Sheriff Bogardus, „wird es nicht lange dauern, und wir haben Gewerkschaften und auch sonst allerhand Ärger.“ Als dann eine zweite Beschwerde einlief, erkannte Bogardus, daß er seine Pflicht tun müsse.

Drohend, mit aus dem Halfter vorstehenden Pistolen stand er in der Tür. „Das Lokal ist geschlossen“, verkündete er und zog sich zurück. Der Gedanke, die Mexikaner könnten einen so klar formulierten Befehl mißachten, kam ihm nicht in den Sinn.

Triunfador dachte nicht daran, zuzusperren, denn er sah in La Cantina einen ersten Schritt auf dem Weg zu einem besseren Leben für sein Volk. „La Raza“, sagte er, wenn er von seinen mexikanischen Brüdern sprach. Die Rasse, die ganze spanische Rasse, und damit meinte er sowohl die Menschen, die aus New Mexico kamen, wie Vater Vigil einer war, als auch die Peone aus dem alten Mexiko, wie sein Vater. Sie, die Angehörigen dieser Rasse, durften nicht länger wie Tiere leben und wie Klapperschlangen in ihren Löchern überwintern. Sie mußten sich etwas Besseres ausdenken, etwas, was noch schöner war als Denvers düstere Gäßchen. Nein, er würde nicht zusperren.

„Verdammt nochmal!" brüllte Sheriff Bogardus am nächsten Morgen, nachdem Farmer sich bei ihm beschwert hatten, daß „diese verdammten Mexikaner" es noch immer nicht aufgegeben hatten. „Ich habe euch gesagt, ihr sollt diesen Dreckladen schließen! Jetzt aber raus mit euch!" Er fing an, die Einrichtung zusammenzuschlagen, und einige Besucher, die seine Gewalttätigkeit schon am eigenen Leib erfahren hatten, suchten das Weite. Aber nicht Triunfador. Hinter seiner improvisierten Theke stehend, starrte er den Sheriff schweigend an.

„Du!" schrie Bogardus. „Raus, habe ich gesagt."

„Das ist mein Lokal", entgegnete Triunfador. „Das ist mein *Lokalll!*" äffte Bogardus ihn nach. Er stierte den jungen Mann an, der ihm Trotz zu bieten wagte, packte Triunfador mit einer plötzlichen Bewegung beider Hände, hob ihn über die Theke und warf ihn durch die Tür hinaus in den Rinnstein.

Noch am selben Nachmittag kam er mit einem Gerichtsbeschluß wieder, der die behördliche Schließung anordnete, und als Triunfador, die Warnung seines Vaters nicht achtend, den Gerichtsbeschluß von der Tür riß, eilte ein vorüberkommender Farmer sogleich zum Sheriff. „Sheriff", berichtete er, „diese Mexikaner haben Ihr Siegel heruntergerissen. Es gibt Ärger."

Bogardus und drei seiner Beamten brausten zur Staatsstraße Acht hinaus und hielten ihre Autos vor der Tür von La Cantina an. „Du Hurensohn!" brüllte der Sheriff. „Wer zum Teufel glaubst du wohl, wer du bist, daß du einen Gerichtsbeschluß mißachtest?"

Der Umstürzler wurde abgeführt und ins Gefängnis gesteckt. Am nächsten Morgen wurde Triunfador von einem Richter in Greeley zur Anklage vernommen, der selbst eine Farm besaß und sogleich erkannte, daß er einen Rebellen vor sich hatte. „Junger Mann", belehrte er den Sünder und beugte sich vor, „Sie sind in diesem Land zu Gast und müssen unsere Gesetze einhalten. Sie haben keine behördliche Genehmigung, eine Kantine zu betreiben, keine behördliche Genehmigung, Musik zu machen, und ganz gewiß keine behördliche Genehmigung, Zuckerstangen oder Limonaden zu verkaufen. Überdies haben Sie kein Recht, sich auf dieser Liegenschaft aufzuhalten, und Sie haben außerdem noch einen Gerichtsbeschluß mißachtet. Zwei Monate."

In der Zeit, die Triunfador im Gefängnis verbrachte, wußte er nicht, daß er von einer handfesten Frau verteidigt wurde, die er gar nicht kannte. Vater Vigil, empört über das Urteil, tat, was er konnte, um die Öffentlichkeit zu mobilisieren, aber er richtete nichts aus, und eines Abends, in einer Baracke in Klein-Mexiko, mußte er zugeben, daß er gescheitert war: „Der Richter hört mich nicht an. Der Sheriff ist ein brutaler Kerl. Die Zeitungen lachen uns aus. Ich bin noch hilfloser als die weißen Geistlichen. Nicht einmal die Professoren in Greeley wollen sich einsetzen. Hat denn in Colorado kein Mensch ein Herz?"

Aus dem Schatten heraus sagte ein Arbeiter: „Charlotte Lloyd. Einmal hat sie meinen Kindern Kleider gebracht.“

„Mrs. Lloyd!“ murmelten auch noch ein paar andere, und am nächsten Morgen stand Vater Vigil vor dem Schloß und klopfte.

Nach einer Weile wurde er von einer energischen, streitbaren Dame empfangen: Charlotte Lloyd, jetzt schon fast siebzig, aber immer noch aufrecht wie ein Ladestock. Sie hatte ein wettergegerbtes Gesicht und ein herzliches Lachen. „Kommen Sie 'rein“, sagte sie und führte ihn in einen Salon, von dessen Wänden Köpfe von ausgestopften Elchen und Büffeln herabstarrten. „Was treiben Sie denn da für Unfug?“ Und bevor er noch antworten konnte, fragte sie: „Sind Sie nicht der, der den Leuten Stricknadeln in den Rücken stößt?“

Vater Vigil war verwirrt, aber er fühlte, daß er hier einen Menschen vor sich hatte, der bereit sein mochte zu helfen. „Ich komme wegen eines Unrechts zu Ihnen“, antwortete er.

„Die Welt ist voller Unrecht“, entgegnete Charlotte.

„Die Mexikaner.“

„Hab' nie viel für sie übrig gehabt“, sagte Charlotte. „Was ist jetzt mit ihnen los?“

Mit leidenschaftlichen Gesten sprudelte er eine Reihe von Fragen hervor: „Ist es fair, unsere Leute im Sommer zur Arbeit anzutreiben und sie dann zu zwingen, im Winter in der Finsternis zu sitzen? Haben wir nicht das Recht, in einer Cantina zu sitzen, wo wir Musik spielen können?“

„Jeder hat Recht auf Musik.“

„Ist es fair, daß wir nichts haben, nichts?“

„Klingt überhaupt nicht fair. Drücken Sie sich genauer aus.“

Das tat er, und je mehr er erzählte, desto wütender wurde Charlotte. Zusammen mit Vater Vigil besuchte sie den katholischen Priester in Greeley, die Zeitungsverleger, den für die Verteilung von Schankkonzessionen zuständigen Beamten in Denver, den Sheriff, und ihnen allen stellte sie eine einfache Frage: „Schämen Sie sich nicht vor sich selbst?“

Die Rübenbauern waren bestürzt, als sie von Charlotte Lloyds Einmischung erfuhren. „Da steckt Vater Vigil dahinter“, sagten sie. „Er predigt die Revolution.“ Sie gingen zum Gegenangriff über. „Charlotte Lloyd ist eine dumme Kuh. Hat nichts wie Stroh im Kopf. Aber dieser Vater Vigil. Der muß weg.“ Man ließ Petitionen zirkulieren, in denen die Behörden aufgefordert wurden, den Priester nach Mexiko zu deportieren, und als die Listen dem Richter vorgelegt wurden, ließ er Vater Vigil kommen. Charlotte Lloyd begleitete den Priester, was, der Sache der Justiz zum Schaden, zu einer etwas hektischen Auseinandersetzung führte.

Richter: „Wissen Sie, Vater Vigil, Sie sind nur ein Gast in unserem Land, und Sheriff Bogardus hat das Recht, Sie nach Mexiko zurückzuschicken, wenn Sie sich nicht ordentlich aufführen.“

Charlotte: „Dazu hat er überhaupt kein Recht."
Richter: „Wollen Sie dem Gericht widersprechen?"
Charlotte: „Vater Vigil ist ein Bürger von New Mexico. Er ist Amerikaner."
Richter: „Amerikaner?"
Charlotte: „Seine Vorfahren leben seit vierhundert Jahren in diesem Land. Ich habe mir den Spaß gemacht, mich für die Familie von Sheriff Bogardus zu interessieren. Die Bogardus sind 1901 nach Amerika gekommen. Wenn hier jemand hinausgeworfen werden kann, dann vielleicht Sheriff Bogardus?"
Richter: „Darf ich fragen, Mrs. Lloyd, sind Sie amerikanische Bürgerin?"
Charlotte: „Ich soll meinen britischen Paß aufgeben? Sind Sie wahnsinnig?"
Der Richter lehnte sich zurück. Es war unbegreiflich, daß die Familie dieses Vaters Vigil, dieses so gar nicht liebenswerten Mannes, der den Leuten Kaktusdornen in den Rücken stieß, schon länger in Amerika beheimatet sein sollte als sonst jemand, der sich an diesem Morgen im Gerichtssaal befand. Die Emigs, die Osterhauts, die Millers – sie hatten zu einer Zeit Sklavenarbeit an der Wolga verrichtet, da die Vigils bereits seit Jahrhunderten in New Mexico und im südlichen Colorado ansässig gewesen waren. Ein äußerst verwirrender Tatbestand.
Der Richter lehnte Charlottes Anträge samt und sonders ab, und Triunfador wurde aufgetragen, seine Cantina auch weiterhin geschlossen zu halten. Charlotte schien das Urteil in guter Haltung aufzunehmen und Verständnis dafür zu zeigen. Froh, diese schwierige Engländerin abgewimmelt zu haben, schickten Richter und Sheriff sich an, die Sitzung aufzuheben, als Charlotte ganz unschuldig, aber mit lauter Stimme fragte: „Übrigens, Harry, wem gehören eigentlich diese Hütten?"
Eilig wurde eine Pause eingelegt, die der Richter dazu benützte, eine geflüsterte Erklärung dazu abzugeben: „Das wissen Sie doch ganz genau, Charlotte, daß Mervin Wendell sie dort hingebaut hat. Jetzt gehören sie seinem Sohn, aber es wäre sehr peinlich, wenn das in die Zeitung käme. Philip tut sehr viel Gutes für die Gemeinde. Jetzt hat er uns sogar eine neue Bibliothek versprochen."
„Dann erwarte ich von ihm, daß er mir heute nachmittag für den Betrag von einhundert Dollar die Baracke verkauft, in der Triunfador seine Cantina hat. Es ist meine Absicht, sie Triunfador um einen Dollar im Jahr zu vermieten. Ich zweifle nicht daran, daß es Ihnen und dem Sheriff gelingen wird, Wendell zu diesem Verkauf zu überreden. Andernfalls würde ich mich gezwungen sehen, mit meiner Geschichte zur ‚Denver Post' zu gehen."
„Das ist Erpressung!" protestierte der Richter.
Charlotte lächelte. Auf diesem Umweg erhielt Triunfador Marquez

die Genehmigung, seine Cantina zu betreiben, die, wie die weißen Farmer vorausgesagt hatten, zu einem Zentrum mexikanischer Agitation wurde. Das Herzstück der Kneipe war das Grammophon mit seinen aus Mexiko importierten Schallplatten. Hätten die Rübenbauern die Lieder hören können, die aus diesem knarrenden, quietschenden Apparat kamen, sie wären entsetzt gewesen, denn es waren die Lieder der Revolution.

Sheriff Bogardus ließ La Cantina nicht aus den Augen und nahm sofort Verhaftungen vor, wenn ein Sänger zu lärmend wurde oder jemand eine Limonadenflasche auf die Straße warf. Er argwöhnte, daß gegen das neue Gesetz, das den Alkoholkonsum in den Vereinigten Staaten verbot, verstoßen wurde, und führte zahlreiche Razzien durch. Sooft ihn die Nachricht von einer neuen Sendung erreichte – denn die aus Kanada kommenden Schmuggler, die ihre Ware in Centennial ablieferten, ließen zuweilen auch ein paar Flaschen in Klein-Mexiko zurück –, ignorierte er die in der Stadt getätigten Käufe und verhaftete Triunfador. Der „Clarion" brachte dann am folgenden Montag eine sarkastische Glosse:

„Triunfador Marquez, der heimliche Bürgermeister von Klein-Mexiko, wurde vergangenen Sonnabend wieder einmal festgenommen, weil er in seinem feudalen Klub alkoholische Getränke übelster Qualität ausschenkte. Jetzt sitzt er im Knast."

Die häufigen Verhaftungen seines Sohnes machten Tranquilino viel Sorge. Wenn er auch in Mexiko aktiver Revolutionär gewesen war, in Klein-Mexiko führte er das Leben eines mustergültigen Bürgers. Oft machte er seinem Sohn Vorwürfe.

„Als du das letzte Mal im Gefängnis warst", erzählte er Triunfador, „war Sheriff Bogardus bei mir. ‚Warum kann Triunfador nicht ein guter Mexikaner sein?' hat er mich gefragt. ‚Im Sommer seine Arbeit tun und im Winter keinen Ärger machen?'"

Wenn Triunfador sich im Gefängnis befand, empfing er oft den Besuch Vater Vigils und stellte überrascht fest, daß der katholische Priester ein Mann von großer visionärer Kraft war. Er sah den Tag voraus, da die Mexikaner in Staaten wie Texas und Arizona ihre rechtmäßige Stellung erhalten und den Platz einnehmen würden, der ihnen zukam – keinen zu hohen, keinen zu niedrigen, aber einen gerechten. Um ihn auf diesen Tag vorzubereiten, fing er an, Triunfador lesen zu lehren, und gab ihm auch Schulbücher, die er sich aus Mexiko hatte kommen lassen. Aus diesen Büchern lernte der Junge mexikanische Geschichte und erfuhr vieles über die Traditionen seines Landes. In modernen Büchern las er, wie der Diktator Porfirio Diaz Mexikos Reichtümer an den Bestbieter verschachert hatte, ganz gleich, ob dieser Mexikaner, Spanier, Amerikaner oder Deutscher war. Mit großem

Interesse las er auch von General Terrazas, dem Diktator von Chihuahua, denn er wußte von seinem Vater, wie sie Terrazas Haziendas niedergebrannt hatten, und er begann zu verstehen, was es bedeutete, ein Mexikaner zu sein.

Er hatte nicht den Wunsch, in sein Geburtsland zurückzukehren; er erinnerte sich kaum noch daran. Er liebte Amerika, liebte seine relative Freiheit und die Chancen, die es den Menschen bot. Er konnte sich sogar Geld von dem Mann ausleihen, der ihm die Limonade lieferte, und das Holz, das er für den Ausbau seiner Cantina brauchte, hatte er auf Kredit gekauft.

Doch manches, was in Amerika geschah, machte ihn wütend, wie etwa das, was im Oktober 1923 passierte. Den ganzen Sommer über hatten seine Eltern für einen Russen namens Grabhorn gearbeitet, hatten über ihr Pensum hinaus auf den Rübenfeldern geschuftet. Bei der Ernte hatte Tranquilino sich als Rübengabelmann betätigt – „Witwenmacher" nannte man die Gabel, denn sie machten den Mann fertig, der zweiunddreißig Pfund Rüben hochheben und sie über die Bordwand des Güterwagens werfen mußte. Wenn dann am 15. November der Scheck kam, so hatte er diese zusätzliche schwere Arbeit gerechtfertigt, er würde mehr Geld haben, das er Triunfador geben konnte, um die Cantina zu vergrößern.

Mr. Grabhorn rief am 31. Oktober an. Die Anglos wußten, wie man das machte – Einwanderungsamt Denver, Colorado. Man brauchte gar nicht seinen Namen anzugeben. Man flüsterte einfach in den Apparat: „Ich bin ein biederer Amerikaner, und es dreht mir den Magen um, wenn ich sehe, was die Fremden sich bei uns alles erlauben. Auf der Grabhorn-Farm in Centennial arbeitet ein mexikanisches Ehepaar ohne Arbeitserlaubnis, Tranquilino Marquez und seine Ehefrau Serafina. Man müßte sie nach Mexiko zurückschicken. Dort gehören sie hin."

So erschienen drei oder vier Tage, bevor die Schecks kamen, Beamte der Einwanderungsbehörde auf der Grabhorn-Farm, verhafteten Tranquilino und seine Frau und brachten sie nach Mexiko zurück. Grabhorn brauchte ihnen natürlich keinen Lohn zu zahlen und steckte das Geld ein, das sie sich so mühsam erarbeitet hatten. Im nächsten Jahr würde er eine andere Familie anstellen. Was Tranquilino und seine Frau angeht, stand es ihnen natürlich frei, von Ciudad Juarez aus, wohin man sie abgeschoben hatte, ein paar Meilen stromaufwärts zu wandern, den Rio Grande zu durchwaten und gleich wieder nach Centennial zurückzukehren, wo sie sich an irgendeinen anderen Rübenbauern verdingen konnten.

Dieses Verfahren konnte praktiziert werden, weil sich weder irgendwelche Bundesgesetze noch solche des Staates Colorado mit diesem Problem befaßten. Es war den Farmern in Colorado gestattet, „Wetbacks", wie man die mexikanischen Einwanderer nannte, zu beschäftigen, ohne behördliche Maßnahmen befürchten zu müssen. Der Wetback selbst aber war ein Illegaler und konnte sowohl bestraft als auch deportiert werden. Kam die Sache vor die Legislative, wurde sie schnell und mit der Begründung „Wir brauchen sie" vom Tisch gefegt. Sie wurden gebraucht, aber sie waren nicht erwünscht, und so ging man augenzwinkernd über Streiche wie den, den man Tranquilino Marquez gespielt hatte, hinweg.

Als Triunfador in seiner Zelle erfuhr, wie man seine Eltern geprellt hatte, geriet er in höchste Wut. „Man hat sie bestohlen! Und mit Unterstützung der Regierung!" Er schwor Grabhorn Rache, aber gerade hier hakte Vater Vigil mit seiner ganzen Überzeugungskraft ein. „Du mußt deine Leidenschaften zügeln, mein Sohn. Du mußt sie beherrschen und deinem Lebenszweck unterordnen. Zu rasen, zu fluchen oder Drohungen auszustoßen, das hat keinen Zweck. Das ganze Gerichtswesen ist gegen uns angelegt, und wir können dagegen nicht ankämpfen. Was wir tun können . . ."

„Ja, was zum Teufel können wir tun?"

„Wir können uns der Güte Gottes unterwerfen."

„Ich glaube nicht an Gott."

„Aber du mußt an das Erbarmen unseres Herrn Jesus Christus glauben", gab Vater Vigil rasch zur Antwort. „Wenn sich ein starker Mann in die Liebe Gottes fügt, gewinnt er an Stärke."

„Was wollen Sie, daß ich tue?"

„Lerne Gewalt über dich zu haben."

Triunfador dachte einige Tage über diese Worte nach. Er wußte sehr gut, was Vater Vigil von ihm wollte – am Tag seiner Entlassung aus dem Gefängnis sollte er, Triunfador Marquez, das bittere Unrecht, das Rudolf Grabhorn seinen Eltern zugefügt hatte, verzeihen, sollte Sheriff Bogardus, der ihn dauernd drangsalierte, vergeben, und sich der Disziplin Jesu Christi unterwerfen.

„Ich werde es tun", versprach er dem Priester.

„Ich wußte es."

Sonnabend nachmittag wurde er aus dem Gefängnis entlassen und fastete die ganze Nacht. Am Sonntag erhob er sich schon früh und ging auf die Felder im Norden von Klein-Mexiko hinauf, wo sich eine große Menschenmenge versammelt hatte. Dort entblößte er seinen Oberkörper und ließ sich von Vater Vigil Kaktusdornen unter seine Rückensehnen schieben, während seine Schwester Soledad ihm vier in die Haut an seinen Schläfen stieß. Stöhnend vor Schmerz und aus vielen Wunden blutend, beugte er sich nieder und hob ein schweres Kreuz vom Boden auf, eine Nachbildung dessen, an das Christus geschlagen worden war. Das Kreuz auf seinem blutenden Rücken, begann er den langen Weg nach seinem Golgatha.

Er war erst eine kurze Strecke gegangen, als eine Gruppe von Anglos mit der erschreckenden Nachricht in die Stadt stürzte: „Diese verdammten Mexikaner haben schon wieder angefangen. Irgendso ein Armleuchter schleppt ein Kreuz den Hügel hinauf."

Sheriff Bogardus und seine Männer fuhren eiligst die Staatsstraße Acht hinaus, wo sich die Prozession einen Hügel hinauf bewegte, der jenem sehr ähnlich war, den Jesus in Jerusalem erklommen hatte. Ihre Gummiknüttel schwingend, stießen sie in das Herz der Menge hinein, wo ein Polizist über Triunfador herfiel und ihn zu Boden schlug. Die Dornen bohrten sich tief in seine Stirn, und er blutete stark, doch er empfand keine Schmerzen.

„Ich bin der Eine", murmelte er. Weder wußte er, was diese Worte bedeuteten, noch was ihr spiritueller Sinn sein mochte, aber er fühlte, daß er von diesem Augenblick der Heimsuchung an ein größerer Mann sein würde als je zuvor.

Und das wurde er. Er errang jene wunderbare Charakterfestigkeit, zu der manche Menschen gelangen, wenn sie fähig sind, das Gleichgewicht zwischen Himmel und Erde zu finden. Sein Gang wurde aufrechter, und er konnte allen in die Augen sehen, dem Sheriff, dem Richter, den weißen Geistlichen, die nun mit einiger Verspätung versuchten, das Rechte zu tun. Und er konnte ihnen als Gleicher gegenübertreten. „Fragt doch Triunfador", hörte man bald die Leute sagen, wenn sich irgendwo im Bezirk ein Problem einstellte. „Der ist nicht auf den Kopf gefallen."

Als seine Eltern aus Mexiko zurückkehrten, hatte er schon eine Hütte für sie vorbereitet, doch bevor er ihnen erlaubte, wieder bei einem Rübenbauern zu arbeiten, holte er sich Rat. Er wartete so lange in der Tür seiner Cantina, bis er ein neues Dodge-Coupé die Straße von der Venneford-Ranch herunterkommen sah. Er lief hinaus und hielt das Auto an. „Mr. Garrett", entschuldigte er sich beim Fahrer, „ich brauche Ihren Rat."

„Sitzt du wieder einmal in der Tinte?" fragte der Verwalter.

„Ich nicht, Mr. Garrett", antwortete Triunfador, „eher meine Eltern." Er berichtete, was im vergangenen Oktober mit Rudolf Grabhorn passiert war. „Das glaube ich gern", sagte Garrett, „er ist ein niederträchtiger Geizkragen." Als Triunfador wissen wollte, welchem Farmer man vertrauen könne, antwortete Garrett sofort: „Klaus Emig! Ein ehrlicher Mann." So kam es, daß die Familie Marquez in diesem Jahr nicht nur für Emig arbeitete, sondern danach auch bezahlt wurde.

Einen Menschen gab es, der Triunfador Sorge machte – seine Schwester Soledad. Sie war jetzt sechzehn und sehr schön, hatte schwarze Augen und lange Zöpfe. Wenn er mit anderen Dingen beschäftigt war, stand sie manchmal in der Cantina, bediente die Gäste und legte Platten auf. Die Männer fingen an, nach ihr zu grapschen, und er fragte sich, wie es mit ihr weitergehen sollte. In einer Siedlung wie Klein-Mexiko konnte sie in ernste Schwierigkeiten geraten.

Und dann kam der heiße Julitag, da der Dodge aus Venneford vor der Cantina stehenblieb. Diesmal saß nicht Beeley Garrett am Steuer, sondern ein großgewachsener, gutaussehender, jüngerer Mann, der in die Schenke trat und sich vorstellte: „Ich heiße Henry Garrett. Vater wollte wissen, ob die alten Herrschaften jetzt bei Emig arbeiten."

Triunfador war auf den Bahnhof in Centennial gegangen, um ein Stück Frachtgut abzuholen, und das schlanke Mädchen hinter der Theke antwortete argwöhnisch: „Ja."

„Heiß ist es heute. Ich hätte gern einen kalten Drink."

„Wir sind keine Alkoholschmuggler", sagte das junge Mädchen schnippisch.

„Ich meinte ein Coke", entschuldigte sich Garrett. „Oder sowas Ähnliches." Während er trank, lauschte er der Musik. „Das ist eine schmissige Melodie", sagte er. „Was ist das?"

„Ach, ein Volkslied", antwortete sie.

Zwei Mexikanerinnen sangen einen lustigen Text, dessen Worte allerdings keinen Sinn zu ergeben schienen, denn als Garrett Soledad fragte, was das Ganze bedeutete, lauschte sie eine Weile und zuckte dann die Achseln. „Das Zeug da? Was weiß ich?"

Garrett beugte sich vor, um besser zu hören, denn er verstand ein wenig Spanisch, und als er wieder den Blick hob, sah er, daß Soledad ihn anlächelte. „Auf englisch heißt das so: ‚Heutzutage geben sich die Mädchen nicht mehr mit Pfannkuchen zufrieden. Kaum haben sie sich einen Mann geangelt, essen sie nur mehr Weißbrot und Butter.' " Sie lachte über das Lied, und in diesem Augenblick erkannte Henry Garrett, welch leeres und ödes Leben er führte und wie lange es schon her war, daß er das letzte Mal jemanden lachen gehört hatte. Er blieb noch eine Weile, um sich ein paar Platten anzuhören – der erste weiße Amerikaner, der die Cantina als Kunde betreten hatte.

Die Venneford-Ranch blieb in diesen Jahren auch weiterhin eine der am umsichtigsten geführten Viehwirtschaften im Westen. Jim Lloyd, der, was die Aufzucht von Hereford-Rindern betraf, keinem an Wissen nachstand, führte die Oberaufsicht, überließ jedoch die Einzelheiten Beeley Garrett, der eine gründliche Ausbildung genossen hatte und dessen Sohn Henry sich große Mühe gab, sein Handwerk zu erlernen. Die Ranch warf nicht so fette Dividenden ab, wie dies die Aktionäre in Bristol gewünscht hätten, doch Garrett versicherte ihnen in seinen Jahresberichten: „Das Land steigt weiterhin im Wert, und solange Sie an Ihrem Besitz festhalten, werden Sie jedes Jahr reicher. Überdies wird der Rinderbestand ständig veredelt, und es besteht nach wie vor eine lebhafte Nachfrage nach unseren Stieren."

Charlotte Lloyd setzte ihre Kraft vornehmlich für die Neuausstattung ihres Spielzeugs, des Schlosses, ein. Ihre Gesellschaften, zu denen sie Gäste aus Denver und Cheyenne einlud, waren ebenso vornehm wie die des alten Cheyenne-Klubs. Sie blieb immer die Engländerin, die zu einem kurzen Besuch nach dem Westen gekommen war und es sich von einem Tag zum anderen einfallen lassen mochte, in ihre Heimat zurückzukehren. Mit großer Aufmerksamkeit verfolgte sie die Erziehung ihrer vielen Nichten und Neffen, die mehr oder minder erfolgreich englische Schulen besuchten.

Sie machte sich ein Vergnügen daraus, sie nach Colorado einzuladen, und nichts machte ihr mehr Spaß, als eine Schar Kinder auf Pferdewagen zu laden und mit ihnen zum Line Camp Vier zu fahren, wo sie mit zwei so verschieden gearteten Männern wie Oliver Seccombe und Jim Lloyd so glücklich gewesen war.

Sie war jetzt zweiundsiebzig, doch ihre Begeisterung war um nichts geringer als in jenen Tagen, da sie dieses herrliche Land zum ersten Mal gesehen und beschlossen hatte, es zu besitzen. Ein einziges Ärgernis beeinträchtigte das gute Verhältnis zu ihrem Mann. Sie und Jim Lloyd waren willensstarke Menschen, und was die Herefords betraf, waren sie nicht einer Meinung.

Für Charlotte waren diese edlen Tiere, deren Heimat nicht weit von ihrem Elternhaus im Westen Englands gelegen hatte, die Elite des Tierreichs, und sie stellte sie voll Stolz im ganzen Land auf den Viehschauen aus. Die Tiere mußten daher gepflegt und geputzt und fett sein, um ein großartiges Schaustück abzugeben. Sie ließ Züchter aus Herefordshire kommen und trug ihnen auf, ein gedrungeneres Tier mit größerer Härte und gefälligerem Kopf zu züchten.

Diese Männer vollbrachten Wunder. Aus den ursprünglichen langgliedrigen Crown-Vee-Herefords züchteten sie stattlichere Tiere, die im ganzen Land Blaue Bänder einheimsten. „Crown Vee“ wurde zum Markenartikel. In feinen Tweed gekleidet, nahm Charlotte an diesen Ausstellungen teil und genoß es, sich zusammen mit einem großen Stier oder einem mehrfach prämiierten Ochsen photographieren zu lassen. Man nannte sie manchmal „Königin des Westens“, und wo immer sie hinging, entwickelten sich lebhafte Diskussionen, in welchen die wertvollen Eigenschaften der Herefords gegenüber minderen Rassen wie etwa der Angus- oder der Kurzhornrasse entsprechend herausgestrichen wurden.

Jim Lloyd war nicht davon begeistert, seine Herefords in der Hoffnung auf Auszeichnungen auszustellen. Er erblickte in dem ganzen Viehschauzirkus ein anmaßendes Getue, das, wenn über längere Zeit fortgesetzt, die Hereford-Rasse zerstören könnte. Ganz besonders mißtraute er den Qualifikationen der englischen Züchter, die seiner Meinung nach die Herefords in die falsche Richtung züchteten.

„Sie züchten die Tiere zu klein“, beklagte er sich, „sie sind so von der Schönheit des Kopfes gefesselt, daß sie auf die Kraft des Körpers vergessen. Ich habe meine Weidetiere gerne groß und sehnig und fleischig. Sie müssen fähig sein, sich auch in einem rauhen Winter selbst zu versorgen. Ich brauche keine Schönheitsköniginnen, und diese Blauen Bänder machen mir richtig Angst, weil sie die Viehzüchter dazu verführen, eine Menge Dinge falsch zu machen.“

Er drang mit seiner Meinung nicht durch. Im Oktober 1924 erfuhr einer der englischen Züchter von einem Freund, der in der Nähe von Bristol zu Hause war, daß Emperor IX. als nächster in der Linie der großen Stiere geboren worden war. Wer immer dieses Tier in die Hände bekam, würde mit großer Wahrscheinlichkeit die Zucht auf Jahre hinaus beherrschen – so wie es seinerzeit mit Anxiety IV. und Confidence gewesen war.

Jim hielt es für unwahrscheinlich, daß man ein vier Monate altes Stierkalb ansehen und eine solche Vorhersage wagen konnte, doch er gab seine Zustimmung, als Charlotte entschied, den kleinen Kerl um den astronomischen Preis von neuntausend Dollar zu erwerben. Und als Emperor IX. nach seiner langen Reise die Rampe herunterkam und, jeder Zoll ein Imperator, der ein geschlagenes Königreich in Besitz nimmt, den Kopf herrisch von einer Seite zur anderen wandte, flogen ihm alle Herzen zu.

Es war ein phänomenales Tier, ein mächtiger Stier, der die kostbare Fähigkeit besaß, nur seine besseren Eigenschaften an seine Nachkommenschaft weiterzugeben. Die Hälfte des Jahres brachte er damit zu, Kühe aus anderen Viehwirtschaften zu belegen, die andere Hälfte posierte er auf den Vorführplätzen, wo er mehr Auszeichnungen errang als irgendein Stier des zwanzigsten Jahrhunderts. Er wurde zu einer Goldgrube für die Venneford-Ranch. „Hätte er seine Qualitäten nicht auf den Vorführplätzen nachgewiesen, er hätte uns keinen Penny eingebracht“, wurde Charlotte nicht müde zu wiederholen. „Mit jedem neuen Blauen Band steigt sein Preis für das Decken.“

Aber Jim bemerkte etwas, was den anderen entging. Emperor IX. war wohl ein herrliches Tier, brachte jedoch Bullen von etwas geringerer Körpergröße hervor, und es wollte Jim scheinen, als produzierten auch diese Jungstiere eine zwar prachtvoll anzusehende, jedoch um einige Zentimeter kürzere Nachkommenschaft.

Er suchte Unterstützung bei Beeley Garrett, der jedoch mit dem finanziellen Problem belastet war, die Zahlungsfähigkeit der großen Ranch sicherzustellen; was die Tiere betraf, überließ er alle Entscheidungen Charlotte. Henry Garrett, Beeleys Sohn, würde den Betrieb eines Tages übernehmen, denn Jim hatte nur ein einziges Kind, eine Tochter, die sich recht wenig für die Ranch interessierte. Henry war ein Geschäftsmann, dem die Tiere wenig bedeuteten, und so blieb der Schutz dessen, was eine Viehwirtschaft lebensfähig machte, nämlich der Tiere, einzig und allein Jim überlassen.

Er entschloß sich zu einer entscheidenden Kraftprobe mit Charlotte und ihren englischen Ratgebern, denn er betrachtete es als Verbrechen, ganz bewußt gerade ein so charakteristisches Merkmal wie die Körpergröße abzuschwächen – und all das nur, um ein paar voreingenommene Richter zufriedenzustellen. „Siehst du denn nicht, daß wir die Zucht verderben?“ fragte er sie, als sie vor dem Corral standen.

„Emperor IX. ist der beste Hereford in der Geschichte“, entgegnete Charlotte.

„Emperor IX. ist ein Zwerg. Es wird der Tag kommen, wo gewissenhafte Viehzüchter jedes Rassenmerkmal dieses Stieres aus ihren Herden hinauszüchten werden.“

„Was redest du da für Unsinn?“ fragte Charlotte und suchte bei ihren Züchtern Unterstützung. „Es herrscht übereinstimmend die Meinung vor, daß Emperor IX. die Zucht rettet . . . sie den heutigen Anforderungen anpaßt.“

Jim holte tief Atem, nicht, weil es ihm an Mut fehlte, sondern weil er plötzlich kaum Luft bekam. „Ich lehne es ab, zuzusehen, wie in die natürliche Entwicklung eingegriffen wird, nur um eine Modetorheit mitzumachen. Eine Zucht, die ich geliebt habe . . .“ Das Wort mochte in diesem Zusammenhang lächerlich klingen, dachte er, kam aber dann zu der Überzeugung, daß es genau das ausdrückte, was er meinte. „Ich kann nicht zusehen, wie an einer Rasse, die ich geliebt habe, herumgepfuscht wird. Nach meinem Dafürhalten sollten wir die Finger davon lassen . . . von den Tieren und auch vom Land . . .“

Er unterbrach sich, um noch einmal tief Atem zu holen, denn er war nahe daran, die Geduld zu verlieren. „Es ist meine tiefste Überzeugung, liebe Charlotte, daß es dieser Ranch übel anstünde, eine Generation von Zwergen . . .“ Er streckte die Hand aus, um sich am Gatter festzuhalten, erreichte es nicht und brach, wie vom Blitz gefällt, zusammen. Auf dem Boden liegend, versuchte er, ein letztes Mal Protest anzumelden, doch seine Worte blieben ungehört, und bevor sie ihn noch ins Schloß zurücktragen konnten, war er tot.

Nach Jims Beerdigung errang Emperor IX. Auszeichnungen in Denver, in Kansas City und in Houston und bestätigte auf diese Weise seine beherrschende Stellung. Er wurde zum Vertreter jenes glatthaarigen, kompakten Körperbaues, den zu fördern sich die Preisrichter entschlossen hatten, und den die Viehzüchter in ihren Herden haben wollten. Es wurde allgemein anerkannt, daß er der Stier der Zukunft war.

Mit dem Tod Jim Lloyds, der seine Hand schützend über das Land gehalten hatte, schien das Glück die Gegend verlassen zu haben. Das Jahr zuvor, 1923, war eine Katastrophe für die Trockenlandfarmer gewesen. Nur fünfzehn Zentimeter Regen waren gefallen, und das bedeutete, daß auch die besten Felder nur knapp zwei Scheffel Weizen je Morgen hervorbrachten, was nicht einmal ausreichte, um das Pflügen zu bezahlen. Leute wie Earl Grebe, die über unrentablen Grundbesitz verfügten, mußten feststellen, daß sie kaum Geld hatten, um ihre Rechnungen zu begleichen.

Auch 1924 war nicht besser. Zwar fielen zwanzig Zentimeter, doch die Dürre des Vorjahres zeigte ihre Wirkung, und die guten Felder produzierten etwas weniger als vier Scheffel je Morgen.

Mutlosigkeit griff um sich. Wenn diese Umstände anhielten, würden viele Farmer ihre Existenz verlieren. Sie würden nicht genug produzieren, um die Zinsen auf ihre Hypotheken zu bezahlen, und die Bank würde diese für verfallen erklären. Nur weil ihm ein paar lumpige Dollar Bargeld fehlten, lief ein Farmer Gefahr, einen Hof zu verlieren, der viele Tausende wert war. Es war ein verrücktes System, von Idioten erdacht, von Banken ausgeführt, aber es entsprach der amerikanischen Wirklichkeit, und kein einzelner Farmer konnte etwas dagegen ausrichten.

Und nun löste das entsetzliche Wort „Zwangsverpfändung" Schrekken im Herzen der Grebes aus. In den guten Jahren, als Geld noch reichlich vorhanden war, hatten sie eine Half-Section von Mervin Wendell gekauft und waren sich dabei noch besonders klug vorgekommen, weil sie ihn dazu überredet hatten, einen Teil der Kaufsumme in der Höhe von tausend Dollar in Form einer Hypothek mit fünf Prozent Zinsen per Annum zu akzeptieren.

„Gefundenes Geld!" hatte Earl sich begeistert. Mit goldenem Weizen auf vierhundert Morgen Land, der Scheffel zu zwei Dollar, besaßen die Grebes eine Goldgrube. Mit dem Geld hatten sie dann ihren, wie in der Broschüre zu lesen stand, „stattlichen Wohnsitz" errichtet. Sie hatten auch die Hypothek abgezahlt. doch kaum war dies geschehen, als Mervin Wendell mit der freudigen Botschaft erschien, er könne ihnen auch noch weitere dreihundertzwanzig Morgen verkaufen. Wieder zeigte er ihnen sein Entgegenkommen, indem er ihnen abermals eine Hypothek auf tausend Dollar gewährte, doch als dann die Papiere zur Unterschrift vorlagen, stellte sich heraus, daß er die Hypothek nicht auf das ihnen eben verkaufte Land, sondern auf den ganzen Besitz eingetragen hatte.

Jetzt, in den schlechten Jahren, zu einer Zeit, wo einfach kein Geld im Umlauf war und sie ganz gewiß keines zu erwarten hatten, schuldeten sie Mervin Wendells Sohn Philip eintausend Dollar. Die Zinsen betrugen nur fünfzig Dollar im Jahr: solange sie diesen Betrag zahlen konnten, hatten sie nichts Schlimmes zu befürchten; sie brauchten die Hauptschuld nicht abzutragen. Doch die Zinsen mußten sie berappen, auch wenn sie die Schuldverschreibung eingegangen waren, als es reichlich Dollars gegeben hatte, und sie fällig wurde, als keine aufzutreiben waren.

„Es ist so unfair", meinte Alice Grebe, als die Familie sich zusammensetzte, um zu beratschlagen, wie sie die ihnen drohende Gefahr abwenden sollten. „Er hat die Hypothek statt auf das Land, das wir ja zurückgeben könnten, wenn es sein muß, auf das Haus eintragen lassen . . . auf das Haus, mit dem wir stehen und fallen. Du mußt in dieser Sache etwas unternehmen, Earl.“

Er besuchte Philip Wendell in seinem neuen Büro in der Nähe des Bahnhofs und versuchte, den Irrtum aufzuklären. „Sicher wollte Ihr Vater die Hypothek auf das Land eintragen lassen“, sagte er, doch der neue Chef der Firma Wendell, Immobilien, zeigte sich unnachgiebig – höflich, aber unnachgiebig.

„Ich bin ganz sicher, daß mein Vater nie so unbedacht gehandelt hätte. Die Zeiten sind schlecht, und da ist es ganz natürlich, daß Sie diese Transaktion jetzt in einem Licht sehen, wie es Ihren Interessen am besten entspricht. Ganz gewiß werden wir wieder Regen bekommen, und sie brauchen nur die Hypothek abzulösen, und diese kleine Unstimmigkeit ist aus der Welt geschafft.“

An diesem Abend sammelte Earl Grebe seine Familie um sich und sprach in ernsten, harten Worten zu ihnen. Seine Frau Alice war in diesem Herbst fünfunddreißig Jahre und schien auf alle Heimsuchungen, die ihnen bevorstehen mochten, vorbereitet zu sein. Sie lebte noch in einem Zustand der Spannung, und ihre Tatkraft war nie erlahmt. Ihr Sohn Ethan, ein intelligenter Junge, war zwölf Jahre alt und arbeitete gern. Ihre Tochter Victoria war ein großgewachsenes, stilles Mädchen, ihrer Mutter sehr ähnlich, der zweijährige Tim hingegen ein ausgelassenes kleines Kerlchen. Er saß auf seiner Mutter Schoß, als die Besprechung ihren Anfang nahm.

„Er ist darauf aus, uns den Hof wegzunehmen“, sagte Grebe. „Ich konnte es in seinen Augen sehen. In allem, was er tat.“

„War er so unerbittlich?“ fragte Alice.

„Er hat bereits in drei Fällen Zwangsvollstreckungsklagen erhoben, und wir sollen die nächsten sein.“

„Er ist nicht bereit, die Hypothek auf das Land zu übertragen?“

„Er hat mich angeschaut und ohne mit einer Wimper zu zucken erklärt, er sei sicher, sein Vater hätte sich nicht geirrt.“

„Wir hätten uns einen Anwalt nehmen sollen“, sagte Alice und biß sich auf die Lippen, um die Tränen zurückzuhalten.

„Ich habe nicht gedacht, daß man einen Anwalt braucht, wenn man es mit einem anständigen Menschen zu tun hat.“ Der Schweiß stand ihm auf der Stirn. „Victoria“, sagte Alice, „mach uns einen Krug Limonade.“

„Bleib sitzen! Mit der Limonade ist jetzt Schluß. Wenn es sein muß, werden wir von nun an Gras fressen, aber wir müssen die tausend Dollar zusammenbringen, um die Hypothek abzulösen. Unser Leben hängt davon ab. Fang gleich an, Alice. Sag uns jetzt, wie du Geld sparen kannst.“

„Ach Gott!“ sagte sie mit stockender Stimme. Sie führte den Haushalt schon seit einiger Zeit so sparsam wie möglich. Sie wollte schon erwidern, daß keine weiteren Sparmaßnahmen mehr möglich waren, doch dann sah sie sein ernstes Gesicht, hinter dem die Güte seines Wesens hervorleuchtete, und begriff, daß sie doch noch mehr tun mußte.

Sie fing an, all die kleinen Dinge aufzuzählen, die getan werden konnten: „Wir kaufen keine Kleider mehr. Keine Spielsachen zu Weihnachten. Kein Zuckerzeug. Wir werden viel Maismehlbrei essen, so wie wir das auch im Grashaus getan haben. Und wir brauchen keine Vorhänge oder Besen oder solches Zeug. Mir wäre es lieber, du würdest mir überhaupt kein Geld mehr geben, Earl. Ich handle einfach zu unbedacht. Kauf du alles ein und zahle du die Rechnungen."

Die beiden älteren Kinder gaben an, welche Entbehrungen sie bereit waren, auf sich zu nehmen, und als die Reihe an Earl kam, sagte er mit rauher Stimme: „Ich werde die zwei Braunen verkaufen . . ."

„O nein!" protestierte seine Frau. „Sie sind doch unser aller Lieblinge."

„Ich muß sie verkaufen."

Daß Earl die zwei Braunen verkaufen wollte, war mehr, als Alice ertragen konnte. Sie brach in Tränen aus, ließ den Kopf auf den Tisch fallen, und ihre Schultern zuckten.

„Tröste sie", wies Earl seine Tochter an und begann aufzuzählen, welche Ausgaben er in Zukunft vermeiden würde. „Earl, um Himmels willen", sagte seine Frau mit schwacher Stimme, als er damit fertig war, „verkauf die Pferde nicht. Wir werden in der Kirche nichts in den Klingelbeutel tun, und Victoria kann . . ."

„Wir werden darüber hinwegkommen, Alice. Wir werden diese Schuld bezahlen. Es war mein Fehler, aber wir müssen alle dazu beitragen, ihn wieder gutzumachen."

Die Grebes befleißigten sich also einer so spartanischen Lebensweise, daß nur ihre Nachbarn, die sich in ähnlichen Schwierigkeiten befanden, dafür Verständnis aufbringen konnten. Zwei unerwartete Geschehnisse bestärkten sie in ihrer Haltung. Vesta und Magnes Volkema, die nie irgendwelche Hypotheken aufgenommen hatten, kamen aus eigenem Antrieb, und Vesta sagte: „Wir haben einige Ersparnisse. Wenn dieser elende Kerl versuchen sollte, aus der Hypothek die Zwangsvollstreckung zu betreiben, werden wir eure Zinsen zahlen."

„Es freut mich, zu sehen, daß ihr eure Ausgaben einschränkt, Earl", sagte Magnes. „Wenn wir nur ein bißchen Regen bekommen, seid ihr aus dem Ärgsten heraus."

Der andere geschätzte Besucher war Dr. Thomas Dole Creevey. Auf eigene Kosten besuchte er das Trockenbodengebiet, das am ärgsten unter der vorjährigen Dürre gelitten hatte. Er dachte nicht im entferntesten daran zu kapitulieren und berief eine Versammlung in den Festsaal der Schule ein. „Verliert nicht den Mut!" forderte er die

Farmer mit seiner tiefen, kräftigen Stimme auf. „Hört nicht auf die Viehzüchter, wenn sie euch hämisch zurufen: ‚Wir haben es euch ja gesagt!‘ In der ganzen Geschichte dieses Staates hat es nie drei schlechte Jahre hintereinander gegeben. Männer! Seht euch die Statistiken an! Es war bisher immer so, und das trifft auf ganz Amerika zu, daß nach zwei schlechten Jahren fünf gute gekommen sind. Das sind Tatsachen!“

Als er die Ziffern an die Tafel kritzelte, die seine Behauptungen untermauern sollten, war er wieder der alte Eiferer. Montana: sechs gute Jahre nach zwei schlechten. North Dakota: fünf ausgezeichnete Jahre nach zwei sehr schlechten. Utah: das gleiche. „In fünf Jahren“, versprach er ihnen, „werde ich irgendwo in Kansas an einer Tafel stehen und darauf schreiben: ‚Colorado, fünf ausgezeichnete Jahre nach zwei schlechten – 1923 und 1924.‘ Das ist ein Naturgesetz.“

Er kam auch zu Earl Grebe auf den Hof, machte zahlreiche Proben mit dem Erdbohrer und stellte fest, daß in einiger Tiefe ein Rückstand an Feuchtigkeit war. „Dieser Boden wartet auf Schnee, Earl. Sie haben ihn sehr gut vorbereitet. Aber tun Sie mir einen Gefallen: wenn er kommt, fahren Sie sofort mit der Scheibenegge drüber und fangen Sie die Feuchtigkeit ein. Sie haben einen schönen Besitz, Earl, und der Dreißigscheffel-Weizen wird wiederkommen. Das verspreche ich Ihnen hiermit feierlich.“

Und zwei Tage nach seiner Abreise kam etwas Schnee, und dann mehr Schnee, und dann noch mehr, bis es keinen Zweifel mehr gab, daß die Dürreperiode zu Ende war. Vesta Volkema, die mit den Jahren in ihrer Ausdrucksweise immer derber wurde, sagte zu den Grebes, während sie zusammen beim Essen saßen: „Unser Creevey, dieser kleine Bastard, hat dem lieben Gott Feuer unter dem Hintern gemacht, daß er endlich Schnee fallen läßt“, doch bevor die zwei Familien noch zu essen anfingen, fragte Alice Grebe, ob sie das Tischgebet sprechen könnte. Die anderen fünf senkten die Köpfe, und sie begann: „Lieber Gott, aus der Tiefe unseres Herzens danken wir . . .“ Sie konnte nicht weiter, denn sie brach in Tränen aus, und Vesta mußte mit ihr eine Weile ins Nebenzimmer gehen.

Die Feuchtigkeit kam, und die Ernte war gerettet, doch im Spätfrühling des Jahres 1925 geschah etwas, was in der ganzen Stadt niemandem auffiel – außer Walter Bellamy, der jetzt Postmeister war. Es war ein kalter, böiger Maitag, wie sie im Frühjahr in Colorado nicht selten sind. Walter Bellamy ließ seine Blicke über die Berge schweifen, als ihm ein ungewöhnlich starker Windstoß auffiel, der in östlicher Richtung über die Prärie fegte. Der Sturm brauste, ohne daß Windbrecher oder Streifen ungepflügten Landes seine Kraft gebrochen hätten, die Ackerfurchen entlang und wirbelte dabei kleine Erdkrumen und Büschel von Steppenläufern und Salzkraut auf, die mit dem Turkey Red gekommen waren, und während er noch durch die Stadt pfiff, mußte Bellamy daran denken, daß solche Winde, wenn sie häufiger auftreten sollten, echte Schäden anrichten konnten – insbesondere in Jahren mit wenig Schneefall.

In zunehmender Besorgnis berief Bellamy eine Versammlung der im Bezirk ansässigen Farmer ein und ersuchte einen Experten von der Landwirtschaftsschule in Fort Collins, ihnen zu erläutern, wie sie ihre Felder vor Wind oder stürmischem Sommerregen schützen könnten, indem sie nach einem anderen Muster pflügten. Doch da in diesem Jahr bereits achtunddreißig Zentimeter Regen gefallen waren und noch mehr zu erwarten stand, fielen die Worte des Professors auf taube Ohren. Nichtsdestoweniger drängte Bellamy den neuen Siedler, der das von ihm östlich von Line Camp erworbene Land bewirtschaftete, nach der neuen Methode zu pflügen. Zwar murrte der Mann über „die neumodischen Faxen von Leuten, die in ihrem ganzen Leben kein Feld bestellt haben", erklärte sich dann aber doch bereit, längs der Höhenlinien zu pflügen. Da sich weder Stürme noch strömende Wassermassen einstellten, erreichte der Siedler nichts, und im Herbst 1925 mußte Bellamy verärgert feststellen, daß er auf die langen, geraden Furchen zurückgekommen war. Und als der Farmer im Oktober mit den geradesten und gleichförmigsten Furchen, die man je gesehen hatte, den ersten Preis im Pflügerwettbewerb errang, verloren Bellamys Argumente vollends an Glaubwürdigkeit.

Am 31. Dezember hatte Earl Grebe die Genugtuung, siebenhundert Dollar in bar in Philip Wendells Büro bringen zu können. „Jetzt bleiben nur noch dreihundert Dollar von der Hypothek", sagte er ein wenig verbittert.

„Ich habe Ihnen ja voriges Jahr gesagt, daß es regnen wird", erwiderte Wendell gleichmütig. „Im nächsten Jahr sieht es genauso gut aus."

„Wenn das so ist, werden wir die Hypothek ablösen."

„Das werden Sie sicher", sagte Philip. „Mein Vater hatte immer Hochachtung vor Ihnen und Alice."

Es war ein Rätsel, warum die Grebes und andere Familien, die in der gleichen Lage waren wie sie, so darum kämpften, auf ihrem Land bleiben zu können. Sie mußten doch sehen, daß Line Camp seine beste Zeit hinter sich hatte und nun zu sterben begann. Das Lokalblatt hatte 1924 sein Erscheinen eingestellt, und selbst im guten Jahr 1925 sperrten zwei größere Läden zu. Der große weiße Getreidesilo stand halb leer, und die Eisenbahngesellschaft, die eine Verbindung mit Centennial hätte herstellen sollen, ging in Konkurs, ohne auch nur einen Meter Geleise verlegt zu haben.

Alice Grebe, die so viel getan hatte, die Stadt bewohnbar zu machen, gehörte zu den ersten, die sich darüber klar wurden, daß ihr Schicksal besiegelt war. Zweimal bat sie ihren Mann, den Hof zu verkaufen und nach Kalifornien zu ziehen, doch Männer wie Grebe konnten sich nicht dazu überwinden, ihre Niederlage einzugestehen. „Sieh mal, Alice“, hielt er ihr entgegen, „wir besitzen mehr als tausend Morgen Land. Wir haben dieses schöne Haus. Wenn es wieder besser wird ...“

Alice bezweifelte, daß es je besser werden würde. Sie hätte nicht sagen können, woher sie es wußte, aber ihre Überzeugung wuchs, daß Städte wie Line Camp zu leeren, nur vom Winde bewohnten Geisterstädten werden mußten. Dennoch vermochte sie nichts zu unternehmen. „Wir werden sehen, wie wir am besten dabei wegkommen“, sagte sie ohne viel Hoffnung, denn sie sah, daß sich die Volkemas und die Grebes aus Selbstgefälligkeit und falschem Stolz an ein sterbendes Land gekettet hatten und an eine Stadt, die im Begriff war, sich aufzulösen. Ende 1925 schlossen zwei weitere Läden, und die Bevölkerungszahl sank auf unter hundert.

Besonders bitter empfand Vesta Volkema ihre Gefangenschaft in Line Camp. Ihr Traum von Kalifornien zerfiel zu Staub und Asche. Als sie einmal bei den Grebes zu Besuch war, hätte sie beinahe geweint. „Magnes hatte recht“, gab sie zu, „damals, als er unser verdammtes Land für fünfundzwanzig Cents den Morgen verkaufen wollte. Teufel nochmal, wir hätten besser dran getan, es zu verschenken.“

„Das könntet ihr immer noch“, erwiderte Alice erregt. „Wir könnten es auch. Einfach herschenken und fort von hier.“

„Nein“, widersprach Magnes. „Wir sitzen in einer Falle. Das Land hält uns fest.“

Und dann, als ob der Mut der Siedler noch weiter auf die Probe gestellt werden sollte, kamen die grausamen Jahre 1926 und 1927. Die Einkünfte aus der Landwirtschaft waren so niedrig, daß es manchmal den Anschein hatte, als müßten die Grebes auf dem reichen Land, das sie besaßen, verhungern. Zwei Jahre lang gingen sie in kein Kino und auch zu keinem Feierabend der Kirchengemeinde, weil sie zu arm waren, etwas dazu beizutragen. Sie waren richtige Habenichtse. Es ging ihnen schlechter als den Ärmsten in Klein-Mexiko, und Alice stellte sich manchmal die Frage, ob die glücklichen Zeiten, die sie im Grashaus verlebt hatten, je wiederkehren würden.

In diesen kummervollen, schweren Jahren schenkte sie ihrem Mann zwei weitere Kinder, einen dritten Sohn und eine zweite Tochter, und die Last, ihnen ein vernünftiges Startkapital für ein gesundes Leben mitzugeben, lag allein auf ihren Schultern. Oft hungerte sie ganze Tage lang, um sicherzugehen, daß es ihnen nicht an Nahrung fehlte. Um sie gut anzuziehen, arbeitete sie die Kleider um, die ihre Geschwister getragen hatten. Sie nähte viel, oft bis ihr die Augen zufielen, und verbrachte Stunden damit, mit den drei Jüngsten im alten Grashaus zu spielen, ihnen von vergangenen Tagen zu erzählen und wie die Familie immer zusammengehalten hatte.

Ihr einziger Trost war die Kirche, an der sie eine starke Stütze hatte. Manchmal brachte der Pastor einen Redner vom College in Greeley mit, und wenn Earl zu müde war, mitzukommen, ging sie allein nach Line Camp hinunter und kehrte ebenso allein, nur mit einer Taschenlampe bewaffnet, nach Hause zurück. Gelegentlich veranstaltete auch Mr. Bellamy Vortragsabende, wie zum Beispiel einen, bei dem eine Schauspielerin aus Denver über die neuen Theaterstücke in New York berichtete. Unter anderem erzählte sie auch von einem Stück, „Der große Gott Braun", in dem sie eine Rolle gespielt hatte. Auf mehrfaches Ersuchen rezitierte sie einige Szenen. Sie war eine ebenso geistreiche wie liebreizende junge Frau, und Alice dachte, wie nett es doch wäre, wenn Mr. Bellamy so ein Mädchen heiraten würde.

Und dann, 1928, kam alles zusammen, um den Grebes wieder auf die Beine zu helfen: es gab reichlich Regen, viel Schnee und ein warmes Frühjahr. Earl erntete die überraschende Menge von vierzig Scheffel pro Morgen und verkaufte den Scheffel um ein Dollar zweiunddreißig. Die Hypothek wurde abgelöst, alle Kinder erhielten neue Kleider, Ethan, jetzt sechzehn, seine ersten langen Hosen.

Eines Abends in jenem Herbst kamen die Volkemas und die Larsens zum Abendessen herüber, und nachdem der Hauptgang gegessen, aber noch bevor die Nachspeise von Victoria aufgetragen worden war, räusperte sich Earl Grebe und bat seine Frau, den Champagner hereinzubringen. Er füllte die Gläser und ersuchte Ethan um einen Kübel, und als dieser vor ihm stand, holte er die Hypothek und eine Schachtel Streichhölzer aus der Tasche.

„Unsere Familie ist einer großen Gefahr entronnen", sagte er. „Ohne die Unterstützung unserer Nachbarn hätten wir vielleicht den Hof verloren." Er zündete ein Streichholz an und hielt die Flamme an die Hypothek. Alle sahen gebannt zu, wie das gefährliche Dokument zu Asche verbrannte.

Alice Grebe erhob ihr Glas und sagte: „Von jetzt an . . . immer nur gute Zeiten . . . für uns alle."

Der Frühlingsbeginn auf den großen Ebenen ist die teuflischste Jahreszeit in den Vereinigten Staaten. Da fällt nasser Schnee, und das Thermometer kokettiert tagelang damit, unter die rote Marke zu fallen. Keine Blüten zieren den Straßenrand, und die wenigen Vögel, die dem Wetter trotzen, hüpfen mit gesträubtem Gefieder im Gras umher, denn April und Mai sind oft kälter als Februar und März.

Im Jahre 1931 kam neues Ungemach über Colorado. In den letzten Märzwochen setzte ein starker Wind aus Nordwesten ein und hielt fünf Tage lang an. Es hatte früher auch Wind gegeben, dieser aber ließ Böses ahnen, denn er blieb in geringer Höhe und hielt sich dicht am Boden, als wollte er diesem auch noch die wenige Feuchtigkeit entreißen, die der ungenügende Schneefall dieses Jahres zurückgelassen hatte. Aufmerksam studierte Walter Bellamy die Richtung und die

Stärke des Windes. „Wenn der noch eine Woche anhält“, prophezeite er, „wird die Wirkung die gleiche sein, als ob wir siebzehn Zentimeter Regen verloren hätten.“

Und der Wind hielt an. Noch schlimmer aber war sein Heulen, das die leeren Ebenen erfüllte. Es war leise und düster wie das Wehklagen eines verwundeten Coyoten und dauerte Tag und Nacht fort. Es war kein lautes, ohrenzerreißendes Heulen, aber es ging den Menschen durch Mark und Bein, und so war es nicht verwunderlich, wenn ein Farmer, oder noch häufiger seine Frau, plötzlich ausrief: „Dieser verdammte Wind! Hört der überhaupt nicht mehr auf?“

Im Juni ließ das Heulen nach, und die Bewohner der über die Prärie verstreuten einsamen Höfe schüttelten einigermaßen belustigt den Kopf, wenn sie sich vergegenwärtigten, wie sie darauf reagiert hatten. „Meine Nerven waren wirklich bis zum Zerreißen gespannt“, gab Jenny Larsen zu. „War das nicht merkwürdig, wie der Wind wochenlang angehalten hat?“ Alice Grebe, an die diese Frage gerichtet war, blieb stumm, denn es hatte im Mai Tage gegeben, da sie dachte, sie würde verrückt werden. Sie hatte Angst.

Den Juni verbrachten die Männer damit, ihre Erdbohrer in den Boden zu stecken, um festzustellen, wieviel Schaden der Wind nun tatsächlich angerichtet hatte. Sie äußerten sich pessimistisch. „Wenn wir nicht noch einen richtigen Pladder bekommen“, prophezeite Magnes Volkema, „sieht es verdammt schlimm aus.“ Es kam kein Regen. Dafür kehrte Ende Juni der Wind zurück, und diesmal mit entsetzlichen Folgen.

Alice Grebe arbeitete gerade im Hof und versuchte, das Pfeifen zu überhören, als sie zufällig nach Westen, zu den Bergen hin, blickte und eine riesenhafte Wolke, so groß, daß sie den ganzen Himmel bedeckte, direkt auf sich zukommen sah.

„Earl!“ schrie sie, doch der war weit draußen auf dem Feld und in Erwartung des Regens damit beschäftigt, den Boden mit Grasmulch abzudecken.

Als der gewaltige Sandsturm in furchterregender Stille über ihr zusammenschlug, glaubte sie, sie müsse ersticken. Den Staub aus trockenen Lippen spuckend, lief sie ins Haus, um ihre Kinder zu beschützen, die alle schon husteten. Zwei Stunden saß sie bei ihnen, zwei der seltsamsten Stunden, die sie je verbracht hatte, denn obwohl es Mittag war, wölbte sich ein nachtdunkler Himmel über dem Land, und eine unheimliche Düsternis bedeckte die Erde.

Berge von Staub zurücklassend, ging der Sturm endlich vorbei, und nach einer Weile kehrte auch Earl spuckend und stampfend nach Hause zurück. „Das war eine tolle Sache!“ meinte er, als er in die Küche trat.

„Was war es denn?“ fragte Alice mit verdutztem Gesichtsausdruck.

„Nur ein Staubsturm.“

„Es war schrecklich. Wie ein Wirbelsturm ohne Wind."

„Ja, vom Wind war nicht viel zu spüren."

Am Abend versammelten sich die Nachbarn, um Meinungen über diese seltsame Naturerscheinung auszutauschen, und auch Walter Bellamy kam herausgefahren, um sich mit ihnen zu besprechen. „Wir könnten echte Schwierigkeiten haben", sagte er. „Ich habe gestern eine Zeitung aus Montana bekommen. Dort haben sie schon einige solcher Stürme erlebt."

„O Gott, nein!" stieß Alice unwillkürlich hervor.

„Nur Ruhe, Alice", sagte ihr Mann. „Es ist kein Hagelsturm und auch kein Tornado. Wir werden auch das überleben."

An diesen Worten begann man zu zweifeln, als der nächste gewaltige Sturm auf sie herabstürzte. Die riesigen schwarzen Wolken fegten sogar die Rotdrosseln und die Falken vom Himmel. Es war ein lähmender Sturm – kein Wind, kein Heulen, kein Regen, nur das entsetzliche Umgebensein von Staub, der in jede Ritze eindrang und Nase und Auge reizte.

„Ich ertrage das nicht länger", murmelte Alice vor sich hin, war aber ängstlich darauf bedacht, ihre Gefühle zu verbergen, um die Kinder nicht zu ängstigen.

„Was ist denn das, Mutter?" fragte ihre fünfjährige Tochter, als der Staub auch in die Küche eindrang.

„Es ist ein Sturm, Liebling, und Stürme gehen vorbei."

Dieser ging erst nach fünf Stunden vorbei, und die Bürger von Line Camp waren entsetzt über den Schaden, den er angerichtet hatte. In den weiter außerhalb liegenden Gebieten war eine bis zu zwanzig Zentimeter hohe Staubdecke gegen Mauern und Zäune angeweht, und in den Häusern eine einige Millimeter hohe Schicht Staub durch die Mauern und durch die geschlossenen Fenster gedrungen.

Nichts war verschont geblieben. „Ich öffnete meinen Kühlschrank", erzählte Vesta Volkema, „und alles war voller Staub."

In diesem Sommer wurde Line Camp von neun solchen Stürmen heimgesucht. Noch nie hatten die Siedler etwas so Schreckliches erlebt, und jeden Tag galt ihr erster Blick den Bergen im Westen. Am Morgen war der Himmel noch klar. Gegen elf Uhr vormittags erschien ein leiser Schatten am Horizont, und um drei Uhr nachmittags kroch dann die stille riesenhafte Masse über den Himmel, brachte den Staub aus Wyoming über das Land, nahm den Staub von Colorado auf und trug ihn nach Kansas weiter.

Gegen Ende des Jahres verbreitete sich ein makabres Gerücht: Wenn ein Mann seine Frau während eines Staubsturmes ermordete, würde er nicht vor Gericht gestellt werden, weil seine Tat entschuldbar war. Auf den Farmen wurde es vielen Frauen unmöglich, mit dem Staub zu leben, und in Line Camp und auch in Wendell gab es etliche, die in Nervenheilanstalten gebracht werden mußten. Es war nicht leicht, in irgendeinem entlegenen Haus zu sitzen, dem leisen Ächzen des Windes zu lauschen und zuzusehen, wie der Staub herangekrochen kam, die Schuhe bedeckte, dann die Strümpfe, dann auch die Schürze und schließlich in die Nase eindrang – und all dies am hellichten Tag, nur daß es so aussah, als ob düstere Nacht herrschte.

„Rettet mich! Rettet mich!“ hatte die Farmersfrau Lindenmeier geschrien, während sie vier Meilen über die Prärie gelaufen war. Wie eine Wahnsinnige war sie in Vesta Volkemas Küche gestürzt, und Magnes mußte sie fesseln und nach Greeley schaffen.

Das Jahr war in jeder Beziehung eine Katastrophe. Selbst Earl Grebe, anerkanntermaßen der beste Farmer im Bezirk, erntete nicht mehr als sechs Scheffel pro Morgen, die er um dreiunddreißig Cent den Scheffel verkaufen mußte. Das war etwa die Hälfte des niedrigsten Preises, den man in diesem Jahrhundert gezahlt hatte. „Zu diesem Preis verschenke ich das Zeug“, erklärte er seiner Familie. Doch bevor sie noch etwas dazu sagen konnten, fügte er hinzu: „Aber was sollen wir tun? Wir können ja nicht alles selber essen.“

Im Jahre 1933 erntete kein Farmer im ganzen Bezirk auch nur einen einzigen Scheffel Weizen. Und 1934 war es nicht anders. In diesen zwei Jahren gab es kein Einkommen, und viele Farmer waren nahe am Verhungern. Sie schlachteten ihr Vieh, weil sie kein Futter hatten, und konnten das Fleisch nicht verkaufen, weil niemand da war, der es hätte bezahlen können.

Und die Staubstürme kamen wieder, einer nach dem anderen, und fegten die Erde in sich hochauftürmenden Staubmassen vor sich her. Der Staub wurde ein ständiger Begleiter, der die Menschen würgte und erstickte. Die Kinder gingen mit Tüchern über ihren Nasen zur Schule, und viele Frauen trugen Tag und Nacht Häubchen, um ihr Haar sauber zu halten.

Neunzehn Höfe in Line Camp wurden von Philip Wendell zwangsversteigert, sechzehn andere vom Sheriff gepfändet, weil rückständige Steuern zu bezahlen waren, die manchmal nur ein paar Dollar ausmachten.

Das Jahr 1934 war in vieler Hinsicht die reine Hölle. Es gab keinen Weizen zu ernten. Auf dem Grebeschen Besitz, diesem weiten, reichen Land, das die Menschen, die es besiedelten, so gut ernährt hatte, mußte eine aus sechs Kindern und zwei Erwachsenen bestehende Familie mit sechzehn Dollar im Monat auskommen, und es gab Tage, da sie nur eine Mahlzeit verzehrten. Den jüngeren Kindern mangelte es an Milch und Vitaminen. Die Erziehung der älteren Kinder war schweren Belastungen ausgesetzt.

Den meisten Kummer bereitete Alice der Gedanke an ihren zweiten Sohn, Timmy, der jetzt zwölf und in dem Alter war, da ein Knabe so viele Dinge entdeckt, die er gerne tun möchte. Und sie hatte keinen Penny für ihn . . . nichts . . . nichts.

Und dann kam Mr. Bellamy, aufrecht und mager wie immer, im Herbst dieses Jahres mit einer guten Nachricht. Er rief alle diese so vielen Entbehrungen ausgesetzten jungen Burschen aus der Gegend zusammen und erzählte ihnen von einer aufregenden Neueinführung in Denver. „Bei der Viehausstellung im Januar wird es einen neuen Bewerb geben: ‚Fang es und es gehört dir.‘ “

„Um was geht es da?“ fragte Timmy Grebe.

„Für Nestküken ist das nichts“, warnte Bellamy. „Zwanzig Jungen gehen in die große Arena. Viele Tausende Menschen sehen euch zu. Und alles, was du in die Hand bekommst, ist ein Halfter mit einem drei Meter langen Strick. Auf ein Hornsignal werden zehn Kälber losgelassen. Und ihr Jungen, also die, die zu dem Bewerb zugelassen werden, ihr müßt diese Kälber jagen und sie zu Boden zwingen. Der Junge, der seinen Halfter um den Kopf eines Kalbes schlingen kann und es ohne Hilfe wegführt, gewinnt das Kalb.“

„Und es gehört ihm?“ fragte Timmy.

„Er nimmt das Kalb nach Hause und füttert es, und nächsten Winter bringt er es wieder zur Viehausstellung, und wenn es einen Preis gewinnt, wird es versteigert, und der Junge darf das ganze Geld behalten.“

Elf Buben saßen da und träumten von ihrer großen Chance, aber Mr. Bellamy mußte ihre Begeisterung ein wenig dämpfen. „Das nächste Problem ist jetzt, wo können wir uns Kälber ausleihen, um mit ihnen zu üben?“

Die Bauern im Ort hatten keine, aber einer der Jungen wußte einen Vorschlag zu machen: „Mrs. Lloyd hilft allen Menschen“, und sie kamen überein, sie zu bitten, ihnen ein paar Kälber zu leihen.

Sechs der Jungen setzten sich in Mr. Bellamys Wagen und fuhren nach Venneford. „Eine wunderbare Idee!“ sagte die gestrenge alte Dame, ließ sogleich Henry Garrett kommen und trug ihm auf, vier stämmige Kälber auf die Grebe-Farm zu schicken. „Junge Burschen sollten sich betätigen“, meinte sie und ließ ihren Besuchern belegte Brote und Zimtkuchen vorsetzen. Als sie sah, wie sie das Essen hinunterschlangen, dachte sie, mein Gott, sind sie wirklich so hungrig?

Mit den vier Crown-Vee-Kälbern lehrte Bellamy die Jungen, wie sie die lebhaften Tiere anpacken, sie zu Boden werfen und ihnen den Halfter über die Schnauze ziehen mußten. Es war eine schwere Arbeit, und da ein Junge ein gewisses Gewicht haben mußte, um das Kalb festhalten zu können, sah es bald so aus, als ob Timmy Grebe, der ein Jahr jünger war als die anderen, zu leicht wäre, um mithalten zu können. „Er sollte lieber bis zum nächsten Jahr warten“, sagte Bellamy zu Alice Grebe, aber sie bat ihn inständig, den Jungen an dem Bewerb teilnehmen zu lassen.

„Sie können sich gar nicht vorstellen, wie gut ihm das getan hat, Mr. Bellamy.“

„Ich kann es mir sehr gut vorstellen. Na ja, wenn er es versuchen will . . .“

Am nächsten Abend erschien Timmy nicht zum Essen, doch seine Eltern konnten sich denken, wo er steckte. Sie hatten ihn auf die Volkema-Farm zugehen sehen und wußten, daß er jetzt im Stall stand und mit einem jungen Stier rang, der doppelt so schwer war wie die Kälber, mit denen er es zu tun bekommen würde.

Krach! Der Stier schleuderte ihn gegen die Wand, aber Timmy stand sofort wieder auf, um es noch einmal zu versuchen.

Krach! Der Stier gab ihm einen Schubs mit dem Hinterteil. Timmy knallte an die Wand, kam aber gleich wieder auf die Beine, zog sich die Hose hoch und versuchte es abermals.

Der Stier drängte den Zwölfjährigen in eine Ecke. Die rechte Hand im Gesicht des Tieres, drängte Timmy ihn wieder zurück.

Timmy nahm einen Anlauf und umklammerte Kopf und Hals des Stiers, und zwei wüste Minuten lang warfen und wälzten sich Junge und Hereford im Stall herum. Sie machten so großen Lärm, daß Vesta Volkema mit einer Laterne herauskam, um dem Gepolter auf den Grund zu gehen. Als sie sah, daß Timmy sich an verschiedenen Stellen an der rauhen Holzwand blutig geschürft hatte, und der erstaunte Stier, wild mit dem Kopf schlenkernd, den Jungen abzuschütteln versuchte, fing sie an zu lachen und drängte das Tier mit einer Mistgabel in eine Ecke, wo Timmy endlich loslassen konnte.

„Und jetzt ab nach Hause!“ sagte sie, nachdem sie sich überzeugt hatte, daß keine Knochen gebrochen waren.

Durch den Novemberabend wanderte er heimwärts und fühlte sich so zufrieden wie noch nie in seinem Leben. Am wolkenlosen Himmel kreuzte Orion mit Hundsstern und Stier die Klingen, und Timmy hörte die Kanadagänse, die, in zahlreichen V-Formationen vor- und zurückschwingend und sich gegenseitig durch Signale verständigend, nach Süden flogen. „Vielleicht gelingt es mir nicht, ein Kalb einzufangen“, sagte er zu seiner Mutter, als er mit Beulen und blauen Flecken im Gesicht in die Küche trat. „Aber Angst werde ich bestimmt keine haben.“

Im Januar wählte Mr. Bellamy Timmy und den jungen Larsen aus, um am Bewerb teilzunehmen, und fuhr sie in seinem Wagen nach Denver. Es war eine herrliche Stadt. Die öffentlichen Gebäude waren mit roten, grünen und orangefarbenen Lichtern geschmückt, und die Viehzüchter standen in Gruppen um das Albany-Hotel herum, während die berühmten Rodeoreiter, die von weit her gekommen waren, durch die Halle stolzierten.

Es gab in Amerika nichts, was der „Denver's National Western Stock Show“ gleichgekommen wäre, denn hier erfolgte die Wertung der Hauptindustrie des Westens. Natürlich gab es täglich ein Rodeo, aber auch ein strenges Richten über Herefords und Black Angus, und wie ein

Stier bei diesen Bewerben abschnitt, das konnte über Erfolg und Mißerfolg seiner Ranch entscheiden. Die Viehzüchter liehen sich Brennscheren von ihren Frauen aus, um ihre Tiere herauszuputzen, und verwendeten Schuhwichse, um die Hufe auf Hochglanz zu polieren. Von morgens früh bis spät in die Nacht gab es Vorführungen und Rennen und Ausstellungen und Preisgerichte und Konkurrenzen im Kuchenbacken, doch was die Leute in diesem Jahr am meisten interessierte, war der „Fang es und es gehört dir"-Bewerb.

Wie römische Gladiatoren, die darauf warteten, den Kampf mit den reißenden Tieren der Wüste aufzunehmen, saßen die zwanzig Jungen in der düsteren Garderobe der Arena. Einem erfahrenen Rodeoreiter fiel der kleine Timmy auf, und er sprach ihn an. „Du bist der Jüngste und der Leichteste, nicht wahr? Ich wette, ich weiß, was du vorhast. Du willst dich natürlich auf eines der kleinen Kälber stürzen. Aber das ist keine gute Idee, weil auch alle älteren Jungen hinter den kleineren Kälbern her sein werden. Und die werden dich nicht 'ranlassen. Also wenn du das Signal hörst, saus los und such dir das größte Kalb aus, denn da wird dir keiner ins Gehege kommen." Er sah Timmy scharf an. „Du hast doch keine Angst, nicht wahr?"

„Ich habe keine Angst."

„Dann geh auf das größte Kalb los!"

Timmy nahm sich diese Worte zu Herzen, und das war ein Glück, denn wie sein neuer Freund vorausgesagt hatte, stürzten sich alle auf die kleinen Kälber, und die älteren Jungen stießen die jüngeren zur Seite. Timmy hingegen sprang ein ruppiges Hereford-Kalb an, wobei es ihm zu seiner großen Freude gelang, das Tier im ersten Ansatz zu Boden zu ringen. Um wieviel kleiner das Kalb doch war als der Stier, mit dem er im Stall der Volkemas geübt hatte – das würde bestimmt ganz leicht gehen!

Aber es ging überhaupt nicht. Es war nie leicht, ein Hereford-Kalb herumzuschubsen, nicht einmal für einen erwachsenen Mann. Den Kopf des Tieres mit beiden Armen umschlingend, lag Timmy da und stellte mit Schrecken fest, daß er, wenn er sein ganzes Gewicht einsetzte, das Tier wohl niederhalten konnte, jedoch keine Möglichkeit hatte, ihm den Halfter überzuziehen. O Jesus! schickte er ein Stoßgebet zum Himmel, gib mir Kraft!

Aber er fühlte, wie er selbst schwächer und das Kalb mit dem weißen Gesicht stärker wurde. Die anderen neun Kälber waren bereits weggeführt worden, und jetzt konzentrierte sich das Interesse des Publikums auf den verbissenen Kampf zwischen dem kleinen Jungen und dem störrischen Kalb.

„Gib nicht auf, Junge!" brüllte die Menge, und der Rodeoreiter kam an die Barriere und rief ihm zu, „Leg ihm dein Bein über den Hals! He, Junge! Dein Bein!"

Verzweifelt bemühte sich Timmy, sein linkes Bein über den Hals des

Kalbes zu heben, aber das Tier war zu kräftig. Langsam begann es, sich freizukämpfen. „O Jesus!“ flehte der Junge. „Laß es mir nicht entwischen! Ich brauche es!“

Doch das Gewicht und die Kraft des Kalbes waren zu groß, und von einem Aufstöhnen der Zuschauer begleitet, fühlte Timmy, wie das Tier sich seinem Griff entwand und freikam. Er blieb auf der Erde liegen, während ein größerer Junge das widerspenstige Weißgesicht überwältigte und wegführte.

„Pech gehabt, Junge!“ rief ein Mann, als Timmy aufstand, sich abstaubte und ohne Kalb den langen Weg zum Ausgang antrat.

Er setzte sich in eine Ecke der Garderobe und biß sich auf die Lippen, um nicht zu weinen. Er streckte sein kleines Kinn vor und schlug mit der Faust gegen die Holzwand. Ich habe keine Angst gehabt, sagte er sich, fand aber darin keinen Trost. Er hatte ein Kalb gehabt, und es war ihm entwischt.

„Wenn du weinen möchtest“, sagte eine Stimme, „dann tu’s.“ Es war der Rodeoreiter, und er setzte sich jetzt zu Timmy und erzählte ihm, wie oft er auf dem Boden gelandet war und das Preisgeld verloren hatte.

Plötzlich erhob sich draußen ein Geschrei. Der Rodeomann befürchtete, daß einer seiner Freunde von einem Brahma-Stier verletzt worden sein könnte, und lief zum Eingang. Dort blieb er eine Weile stehen und kam dann zu Timmy zurück, der sich immer noch auf die Lippen biß.

„Das geht dich an, Junge“, sagte der Mann. „Sie rufen nach dir.“

„Nach mir?“

„Jawohl. Raus mit dir!“ Und er führte Timmy in die Arena zurück, wo sich wieder ein großes Geschrei erhob. Verwirrt stand er da, immer noch bemüht, seine Tränen zurückzuhalten.

Dann hörte er die Lautsprecher dröhnen und fühlte das Licht der Scheinwerfer in seinen Augen. „Weil du so tapfer gekämpft hast, Timmy Grebe, erkennt dir Mrs. Charlotte Lloyd von der Crown-Vee-Hereford-Ranch auch ein Kalb zu.“ Ungestümer Jubel brach los, als ein munteres Weißgesicht hereingeführt wurde. „Nimm es mit heim, Timmy. Du hast es dir verdient.“

Tausende Menschen jubelten, als der kleine Junge mit dem Kalb durch die Arena wanderte, und als er zum Ausgang kam, wartete dort der Rodeoreiter, um ihn zu beglückwünschen. „Ich werde es Rodeo nennen“, sagte Timmy.

Timmys Erfolg gab den leidgeprüften Bewohnern von Line Camp ein Gesprächsthema, aber er brachte den Grebes kein Geld. Die Rettung sollte von einer ganz unerwarteten Seite kommen. Der Fahrer des Schulbusses erlitt einen Eingeweidebruch; um seine Familie ernähren zu können, hatte er drei Jobs zugleich übernommen. Vorübergehend wurde Ethan Grebe zum Fahrer bestellt; das Gehalt war minimal, aber er wurde in bar bezahlt, und damit konnte die Familie sich doch mehr Essen kaufen.

Es tat Alice und Earl weh, von ihrem Sohn Geld nehmen zu müssen, das er für das College hätte zurücklegen sollen, aber Earl tröstete Alice: „Es ist eine verrückte Zeit, und wir müssen uns ihr anpassen. Es wird schon wieder der Tag kommen, wo wir Weizen ernten."

Aber nicht in diesem Jahr. Die Staubstürme dauerten an, und Timmy mußte eine Art Schuppen anbauen, weil Rodeo sonst erstickt wäre. Zäune waren besonders anfällig. Der Sturm fegte Massen von Steppenläufern über die Felder, die dann an einem Zaun hängenblieben; beim nächsten Sturm fing sich so viel Staub an dem Unkraut, daß die Zäune verschwanden und das Vieh meilenweit umherirrte.

Was Alice Grebe am meisten zu schaffen machte, das war das schreckliche Heulen des Windes, wenn er über die Prärie brauste. Das grelle Pfeifen brachte sie an manchen Tagen fast zur Verzweiflung. Vesta fürchtete, sie könnte einen Nervenzusammenbruch erleiden, und machte den Vorschlag, sie nach Denver zu schicken. Earl wäre damit einverstanden gewesen, doch die Grebes hatten kein Geld. Von Ethans paar Dollar abgesehen, hatten sie buchstäblich kein Geld, und während der Sommerferien wurde Ethan beurlaubt.

Und dann war Alice wirklich am Ende. Die Erde war dürr und aufgebrochen an jenem sehr trockenen Augusttag, als sie ein sonderbares Geräusch aus der Umgebung ihrer jüngsten Tochter Betsy hörte. Sie lief in den Hof hinaus, weil sie sich nicht vorstellen konnte, was es damit auf sich haben könnte, und sah zu ihrem Entsetzen eine riesige Klapperschlange, die auf der Suche nach Wasser aus den Bergen gekommen war. Sie befand sich nur wenige Meter von dem Kind entfernt, ein riesenhaftes Tier, fast zwei Meter lang und sehr dick, mit einem scheußlichen Kopf und einer schwarzen Zunge. Ihre dunkle Haut war narbig, und ihre Schwanzrasseln klapperten. Vor Alices' Augen bewegte sie sich auf das Baby zu.

Sie konnte auch später nicht erklären, woher sie den Mut nahm, aber sie packte eine Hacke und schob sich zwischen Kind und Schlange. Mit ungelenken Hieben drängte sie das Riesentier zurück und wehrte sich gegen seine Angriffe. Mit einer Wut, derer sie sich nicht für fähig gehalten hätte, kämpfte sie minutenlang mit der Schlange, parierte ihre Vorstöße mit wilden Hieben und hieb sie schließlich mit einem Schlag, wobei sie sich beinahe selbst verletzt hätte, in zwei Teile. Entsetzt sah sie die zwei Hälften sich krümmen und winden, als lebten sie beide fort, als wollten sie zu einem neuerlichen Angriff ausholen.

Unfähig, sich zu bewegen, stand sie auf die Hacke gestützt. Hinter sich hörte sie das Geplapper ihres Kindes, konnte aber den Blick von der toten Schlange nicht abwenden. Sie stand immer noch wie versteinert da, als Earl vom Feld zurückkam.

„Was machst du denn, Alice?“ fragte er und trat auf sie zu.

Sie brachte kein Wort über ihre Lippen, blieb nur wie versteinert stehen, und da senkte er den Blick und sah die verendete Schlange, so scheußlich im Tod, wie sie es im Leben gewesen war.

„Mein armer Liebling“, flüsterte er und hob Alice wie ein Kind in seine Arme.

Er brachte sie zu Bett. „Earl“, schlug Vesta Volkema noch am selben Abend vor, nachdem sie sich ein wenig um Alice gekümmert hatte, „ich nehme sie mit zu mir. Sie kann nicht mehr weiter.“

„Was soll ich mit den Kindern machen?“ fragte er.

„Verdammt nochmal!“ fuhr sie ihn an. „Dich zurechtfinden, wie wir uns mit allem zurechtfinden müssen! Deine Frau macht sich kaputt. Du mußt dich um die Kinder kümmern.“

Aber sie blieben nicht allein. Am Tag darauf saß Victoria am Fenster. „Ein Wagen kommt!“ rief sie, und tatsächlich kam ein großes schwarzes Auto den Feldweg heraufgefahren. Am Steuer saß eine ältere Dame, die den Kindern unbekannt war. Nachdem das Auto mit einem Ruck stehengeblieben war, kletterte die Dame heraus. Sie hatte zwei Körbe mitgebracht. „Ich heiße Charlotte Lloyd“, sagte sie. „Auf der Polizei hat man mir erzählt, daß mein Freund Timmy Grebe ohne Mutter dasitzt.“

„Wir haben eine Mutter“, widersprach Timmy.

„Natürlich habt ihr eine Mutter“, erwiderte Charlotte. „Aber sie wird doch eine Weile wegbleiben, nicht wahr?“ Und bevor der Junge noch antworten konnte, umarmte sie ihn und sagte: „Du bist doch der kleine Mann, der die Stiere so tapfer bei den Hörnern packt und niederwirft, nicht wahr?“ Sie bückte sich und holte eine große Platte mit leckeren braunen Korinthenbrötchen aus einem der Körbe.

Sie benahm sich, als ob sie zur Familie gehörte, und holte aus den Körben Dinge hervor, die die Kinder seit Jahren nicht mehr gesehen hatten. Unter den vielen Leckerbissen war auch eine Dose mit Austern, doch die Kinder hatten Angst, sie zu versuchen. „Man muß alles versuchen“, sagte sie und zeigte ihnen, wie man das seltsame Zeug auf ein Brot schmierte. Drei Wochen lang besuchte sie täglich die Farm, sorgte für die Kinder und unterhielt sie mit Geschichten aus fernen Ländern, die sie bereist hatte. Sie war dreiundachtzig in diesem Sommer, aber genauso munter wie damals, als sie auf dem Jagdausflug mit dem Großfürsten das erste Mal Nebraska durchquert hatte. Sie interessierte sich immer noch für die Landwirtschaft und tadelte Earl Grebe wegen seiner Art des Pflügens. „Dabei habt ihr einen Mann hier in Line Camp, der genau weiß, wie man's macht“, sagte sie.

„Wer?“

„Walter Bellamy. Voriges Jahr im Winter hat er einen sehr interessanten Vortrag in Centennial gehalten.“

„Der kann doch keine gerade Ackerfurche ziehen“, sagte Grebe.

„Genau das ist sein Vorzug“, erwiderte sie und richtete es ein, daß Bellamy auf die Farm kam – dazu lud sie auch noch die Volkemas und ein paar andere Familien ein – und den Farmern noch einmal erklärte, was sie falsch gemacht hatten.

„Von den Bergen hier bis nach Nebraska hinüber habt ihr eine einzige ununterbrochene Fläche von gepflügtem Land. Jetzt kommt der Wind von oben herunter und nimmt die geeggte Erde mit. Je stärker der Wind wird, desto mehr Erde nimmt er mit, so lange, bis unser halber Staat durch die Luft wirbelt.“

„Was sollen wir tun?“ fragte Magnes.

„Die Erde an den Boden binden. Ihr müßt sie binden.“

„Wie denn?“

„Nie geradlinig pflügen. Nie der Senkung nach pflügen. Pflügt quer. Pflügt nie den ganzen Boden. Laßt Grasstreifen über und, um Christi Willen, verbrennt eure Eggen. Wenn die Erdklumpen genügend groß sind, kann der Wind sie nicht mitnehmen.“

Die Bauern begannen einzusehen, daß er recht hatte, daß der Wind, wenn eine endlose Strecke gepflügten und geeggten Landes in seinem Weg lag, dieses Land Meile um Meile aufrollen und wie ein Dieb davontragen konnte. War aber der Mutterboden auf diese oder jene Art gebunden, konnte der Wind darüber hinwegfegen und nichts mitnehmen.

„Dieses Land wird wieder gedeihen“, versicherte ihnen Charlotte. Mit ihrem eigenen Geld organisierte sie ein Symposion in Line Camp und fuhr, von Grebes Kindern begleitet, mit ihrem schwarzen Auto nach Centennial, um den angekündigten Redner abzuholen. Die Farmer, die aus Ottumwa gekommen waren, staunten, als sie ihn sahen, denn es war Thomas Dole Creevey, jetzt ein alter Mann, der lange genug gelebt hatte, um die Trostlosigkeit zu sehen, als deren Urheber er sich bekennen mußte. Nicht viele würden den Mut gehabt haben, an einen Schauplatz zurückzukehren, auf dem ihre so hoch gepriesenen Theorien so schlagend widerlegt worden waren, aber er besaß diesen Mut. Er wollte selbst sehen, was schiefgegangen war; er wollte untersuchen, welche Abhilfe jene gefunden hatten, die ihm gefolgt waren.

Er war jetzt nicht mehr so dick, doch sein schlechtsitzender Anzug schien noch abgetragener. Er stand vor den Menschen, die er in die Irre getrieben hatte, und sagte zu ihnen: „Ich habe Ihnen zehn Prinzipien genannt, und nur das eine, das siebente, war falsch. ‚Pflügen Sie über zwanzig Zentimeter tief. Dann fahren Sie mit der Scheibenegge. Dann mit der Egge.‘ Alles falsch. Was ich nicht vorausgesehen habe, das waren die starken Winde. In allen anderen Punkten war meine Theorie richtig, und in kommenden Jahren werden diese Felder von Weizen übergehen.“

„Was sollen wir jetzt tun?“ fragte Earl Grebe.

„Um Regen beten. Ihre Eggen wegwerfen. Nie wieder eine endlose Kette von gepflügten Feldern haben, die dem Wind Angriffsflächen bieten."

„Wie tief sollten wir pflügen?"

„Acht Zentimeter, vielleicht zehn. Aber der Boden muß immer bedeckt sein."

„Ist Ihre Farm in Goodland in Betrieb?"

„Der Wind hat sie fortgetragen", sagte Creevey. „Wenn der Regen wiederkommt, kommt auch das Land wieder." Er sagte, daß trotz allem Unglück, das die Prärie getroffen hätte, er immer noch an jene großen Worte glaube, die Gott im Paradies an die ersten Menschen gerichtet hatte: „Füllet die Erde, nehmet sie in Besitz." Er beschloß seine Rede mit einer Mahnung: „Um das zu tun, müssen wir die Erde noch gründlicher studieren, als wir es bis jetzt getan haben. Wir müssen ihre ewigen Gesetze noch genauer beachten. Wenn zu gewissen Zeiten starke Winde kommen, müssen wir lernen, mit ihnen zu leben." Er versicherte seinen Zuhörern, daß die Ebenen nicht dazu bestimmt waren, Wüsten zu sein, und daß wogende Ährenfelder sie bald wieder bedecken würden.

Charlotte Lloyd brachte ihn zum Bahnhof nach Centennial zurück. Er wollte auch noch andere, in gleicher Weise von der Dürre geschlagene Farmer besuchen. Als ihr schwarzes Auto auf der Heimfahrt nach Line Camp den Gipfel eines Hügels erklomm, von dem aus sie das verbrannte Land sehen konnte, das einst Teil der Venneford-Ranch gewesen war, erlitt sie einen Schwindelanfall. Himmel und Erde wurden eins, sie nahm ihren Fuß vom Gaspedal, so daß der Wagen langsam von der Straße abkam und auf den ausgetrockneten Feldern landete, wo sie am nächsten Morgen gefunden wurde. Ihre Hände lagen noch auf dem Lenkrad.

Dr. Creeveys durch nichts zu erschütternder Optimismus half jenen nur wenig, deren Höfe wegen rückständiger Steuerschulden veräußert wurden, und bei manchen solchen Zwangsverkäufen machte Philip Wendell ein blendendes Geschäft. Um einen Dollar der Morgen gingen die Farmen weg . . . um fünfzig Cent der Morgen . . . und in manchen Fällen erhielt der bisherige Besitzer nur einen Gebrauchtwagen, der ihm die Möglichkeit geben sollte, Kalifornien zu erreichen.

Bei den Grebes gab es eine erfreuliche Nachricht. Im November kam Alice, sichtlich erholt, wieder nach Hause. Mit ihrer herzhaften Art hatte Vesta Volkema sie in die Wirklichkeit zurückgeführt. Dazu kam noch, daß Ethan jetzt wieder den Schulbus fuhr, so daß die Familie wenigstens auf diese Weise über ein wenig Geld verfügte. Earl meinte sogar, es würde jetzt bald wieder aufwärts gehen.

Im März fegte dann ein Blizzard über die Prärie, und auf den Straßen häufte sich der Schnee; was noch schlimmer war, ein Sturm, der keinen Schnee brachte, stürzte heulend aus den Bergen herab. „Bodenblizzard!" riefen die Farmer warnend ihren Frauen zu. Das bedeutete, daß der bereits gefallene Schnee jetzt über das offene Flachland peitschen und alles, was ihm im Weg war, verschlingen und begraben würde.

Ethan Grebe war am Nachmittag bereits unterwegs, um die Kinder nach Wendell zu bringen, als der Blizzard losbrach. Ethan sah keine Möglichkeit, ihm auszuweichen. Er dachte daran, umzukehren und zu versuchen, nach Line Camp zurückzufahren, aber dafür war die Straße zu unsicher. Nachdem er befriedigt festgestellt hatte, daß das Benzin reichte, um die Kinder vor Kälte zu schützen, selbst wenn er sich genötigt sehen sollte, ein oder zwei Stunden zu stehen, zuckelte er weiter.

Doch dann trieb der Sturm eine furchtbare Menge Schnee über die Prärie, und in wenigen Minuten war die dem Wind zugekehrte Seite des Autobusses mit einem Wall umgeben. Die Räder drehten sich nicht mehr.

In der Hoffnung, daß die Farmer in Line Camp oder Wendell Rettungsmannschaften aussenden würden, ließ Ethan den Motor drei Stunden lang laufen. Er ließ die Kinder eng zusammenrücken, sang mit ihnen und erzählte ihnen Geschichten. Als die Benzinuhr immer weiter sank und die Nacht hereinbrach, bestand für Ethan kein Zweifel mehr, daß der Bus bald völlig im Schnee begraben sein und er schon in Kürze keine Möglichkeit mehr haben würde, die Kinder vor Kälte zu schützen.

Er ließ seinen Blick über die neunzehn verängstigten Gesichter schweifen, biß sich auf die Unterlippe und traf eine Entscheidung. „Ich weiß, wo wir sind", sagte er langsam. „Drei Meilen von der Rumson-Farm. Von dort werde ich Hilfe holen. Nun, Harry, was wirst du tun, während ich fort bin?"

„Auf die Tür aufpassen!"

„Ganz recht. Es darf keiner hinaus. Jetzt müßt ihr hier warten."

Und er stürzte sich ins Herz des Blizzards. Neunzehn Kinder waren ihm anvertraut, und er mußte alles tun, was in seiner Macht stand, um sie zu retten, ob ihm dies nun vernünftig erschien oder nicht. Der Wind schlug ihm mit solcher Gewalt entgegen, daß er kaum vorwärts kam. Mühsam stapfte er dahin und legte drei entsetzliche Meilen zurück, doch als er das Tor der Rumson-Farm erreichte, war er dem Tod schon so nah, daß er es nicht mehr aufzudrücken vermochte. Mit seinem letzten Atemzug klopfte er an, ein Hund hörte ihn und bellte – die Kinder wurden gerettet.

Präsident Roosevelt sandte den Grebes eine Botschaft, in der er ihnen hohes Lob dafür zollte, einen solchen Sohn großgezogen zu haben. Alice hielt das Schreiben des Präsidenten in Ehren, doch sooft sie es las, legte sie sich die Frage vor, warum die Regierung nichts tat, um den Farmern zu helfen, die solche Menschen in die Welt setzten. „Die wachsen nämlich nicht auf Bäumen, wissen Sie“, bemerkte sie zu Mr. Bellamy.

In den Monaten nach Charlotte Lloyds Tod mußten Entscheidungen über die Venneford-Ranch getroffen werden. Die Mehrheitsaktionäre in Bristol litten unter der weltweiten Wirtschaftskrise genauso wie jeder andere und hatten keine überschüssigen Reserven, um sie in einem weit entfernten Unternehmen anzulegen, das nie beträchtliche Dividenden ausgeschüttet hatte. Sie hatten ihre Ranch von fünfeinhalb Millionen auf neunzigtausend Morgen zusammenschrumpfen gesehen und bei jeder Schrumpfung von ihren amerikanischen Verwaltern zu hören bekommen: „Bei strafferer Betriebsführung werden wir auch echte Gewinne erzielen können“, doch war davon nie etwas zu sehen gewesen.

Im Jahre 1887 war es der große Blizzard gewesen, von 1893 bis 1896 die schwere Wirtschaftskrise und 1923/24 die erste Dürreperiode. Im Jahre 1925 hatten sie an Beeley Garrett geschrieben, der die Verwaltung innehatte:

„Es hat den Anschein, als ob die Rinderzucht im Westen immer im kommenden Jahr Erfolge zeitigen würde, sofern die Verhältnisse stabil bleiben. Aber es hat seit dem Beginn der Industrialisierung noch nie stabile Verhältnisse gegeben. Sooft wir noch einen von unseren Leuten aus Bristol nach Venneford geschickt haben, ist er mit begeisterten Berichten darüber zurückgekommen, wie aufregend das Leben auf den Weidegebieten und was für ein prächtiger Stier dieser Emperor IX. ist. Wir haben daraus den Schluß ziehen müssen, daß dieser Riesenbetrieb zur Freude der Cowboys, zum Vergnügen der Stiere, jedoch unter Vernachlässigung der Aktionäre geführt wird.“

Jetzt aber, in diesem Sommer 1935, hatten sie die Nase voll. Sie wollten den verbleibenden Besitz verkaufen und boten ihn zu einem sehr vorteilhaften Preis an. Charlotte Lloyd war die Hauptaktionärin in Amerika gewesen, und so verstand es sich von selbst, daß man vorerst ihren Erben die Chance eines günstigen Kaufes einräumte. Hier aber ergab sich ein Problem. Ihrer Ehe mit Jim war nur ein einziges Kind, eine Tochter namens Nancy, entsprungen, die einen Abgeordneten, den Enkel von Major Maxwell Mercy geheiratet hatte. Nancy und Paul waren ein elegantes, schneidiges Paar, aber auch etwas leichtsinnig – wie der alte Pasquinel, von dem Paul abstammte –, und bei einem Versuch, mit einem kleinen Flugzeug die Rockies zu überfliegen, stürzten sie in der Nähe des Blue Valley ab und kamen dabei ums Leben.

Sie hinterließen eine Tochter namens Ruth, ein Mädchen von zarter Gesundheit, das bei ihrer Großmutter Charlotte aufwuchs. Es sah eine ganze Weile so aus, als ob das linkische Mädchen nie heiraten würde, denn ihr nervöses, geziertes Auftreten schreckte alle Bewerber ab. Doch ein paar Jahre vor ihrem Tode nahm Charlotte den jungen Garrett beiseite. „Solltest du, mein lieber Henry Garrett, mit dem Gedanken spielen, eines Tages als Verwalter auf Venneford zu sitzen", erklärte sie ohne Umschweife, „dann geb' ich dir einen guten Rat – heirate das Mädel." Er folgte ihrem Rat, und als Zeichen ihrer Anerkennung machte Charlotte dem jungen Paar ein großzügiges Hochzeitsgeschenk: ihren Anteil an der Ranch. In ihrem Testament hinterließ sie ihnen auch das Geld, um die noch von Bristol gehaltenen Aktien zu erwerben, und als diese aus England herübergeschickt worden waren, meinte Beeley Garrett: „Zum ersten Mal in der Geschichte Vennefords ist diese Ranch jetzt im Besitz von Amerikanern, wie es von Anfang an hätte sein müssen."

Beeley blieb als Verwalter, aber die Dürre, die Stürme und die Wirtschaftskrise setzten ihm hart zu, und er äußerte oft den Wunsch, die Verwaltung jüngeren Händen zu überlassen und nach Florida zu ziehen. Heller Stern Zendt, zu fünf Achteln Indianerin und so liebreizend wie alle Frauen in ihrer Familie, bekräftigte ihn in dieser Absicht. Die Wintermonate im Norden wurden ihr immer lästiger, und Beeley meinte: „Wir wollen nur noch ein paar Jahre durchhalten. Vielleicht werden sich Henry und Ruth bis dahin fester aneinander gebunden haben, als es jetzt den Anschein hat. Man kann eine Rinderzucht nicht mit einem so unsicheren Paar an der Spitze betreiben."

Im Herbst 1935 sah Beeley sich vor eine schwierige Entscheidung gestellt. Die Rinderpreise waren so niedrig wie nie zuvor, und nun mußte er sich darüber klarwerden, ob er, in der blinden Hoffnung, wenigstens einen Dollar pro Stück Gewinn zu erzielen, eine Ladung Stiere nach Chicago schicken sollte. Doch die Aussichten waren schlecht. Sein Buchhalter legte ihm entmutigende Zahlen vor:

„Die besten Herefords, die Amerika je produziert hat, bringen in Chicago vierzehn Dollar das Stück. Unsere Berechnungen haben ergeben, daß es uns elf Dollar kostet, ein Stück zu züchten. Dies würde einen Gewinn von drei Dollar pro Stück bedeuten, was in diesen Zeiten nicht schlecht wäre. Aber die Fracht nach Chicago beläuft sich auf sechs Dollar zehn pro Stück, so daß wir an jedem Hereford, das wir verkaufen, drei Dollar zehn verlieren würden. Und je mehr wir verkaufen, desto größer wäre unser Verlust."

Garrett konnte nicht glauben, daß diese unmögliche Situation noch lange andauern würde. Er entsann sich der guten Jahre wie 1919, als man selbst für ein Herefordrind mittlerer Güte achtundfünfzig Dollar fünfundsiebzig erzielte. In einem verhältnismäßig schlechten Jahr wie 1929 hatte er seine Ochsen um fünfundfünfzig Dollar fünfunddreißig verkauft. Der scharfe Preisverfall der dreißiger Jahre war einfach unvernünftig. Die Leute mußten verrückt sein, wenn sie glaubten, daß die Viehzüchter ihre Tiere auch weiterhin auf den Markt bringen würden, wenn sie bei jedem einzelnen Stück Geld verloren. Erstklassiges Steakfleisch um dreiundzwanzig Cents das Pfund zu verkaufen war lächerlich, und er zweifelte nicht daran, daß die Preise bald wieder steigen würden.

Er entschloß sich daher, das Risiko auf sich zu nehmen und zweihundert ausgesuchte Rinder nach Chicago zu schicken. Er tat es in der Hoffnung, daß, wenn sie das Schlachthaus erreichten, der Preis auf dreißig Dollar gestiegen sein würde, wie es nur recht und billig war. Er überredete einige seiner Nachbarn, das gleiche Risiko einzugehen, und so wurde ein Transport zusammengestellt, an dem sich auch Rinderzüchter aus entfernteren Gebieten wie etwa Fort Collins und den Ranches südlich von Cheyenne beteiligten.

Kaum war bekanntgeworden, daß man sich entschlossen hatte, einen Viehtransport zusammenzustellen, wurden die beteiligten Rinderzüchter auch schon von Angeboten junger Männer aus der Gegend überschüttet, die in ihre Dienst treten wollten. Beeley Garrett, dessen Ranch ja nicht weit von Centennial gelegen war, wo die Bahn die Viehwaggons zusammenzog, wurde besonders häufig angegangen. Von morgens bis abends klopften ungelenke junge Männer, ihre Cowboyhüte in der Hand, an seine Tür: „Hab' gehört, Sie schicken Rinder nach Osten. Möcht' Ihnen gern helfen."

„Sie heißen?"

„Chester – Otto Emigs Enkel."

„Ich kannte Ihren Großvater. Haben Sie's schon bei den Roggens versucht? Otto war mit ihnen befreundet."

„Nichts zu wollen. Haben mich hierher geschickt."

„Ich schreib' mir Ihren Namen auf, Chester. Sie sind ein netter junger Mann, und vielleicht können wir Sie gebrauchen."

Einer nach dem anderen kamen die jungen Cowboys an die Tür und bettelten um einen Job, für den nichts bezahlt und nicht einmal Verpflegung geboten wurde. Sie hatten natürlich Gelegenheit, Chicago zu sehen, doch was sie noch mehr reizte, war die Aussicht auf eine Freifahrt im Pullmanwagen nach Hause, sobald die Rinder abgeliefert waren.

Aber auch das war es nicht, was Dr. Walter Gregg, einen jungen Professor am College in Greeley, dazu bewegte, sich um einen Job zu bewerben. „Ich muß einfach nach Chicago", flehte er Garrett an. „Zu einer Fachtagung."

„Ist das so wichtig?"

„Von entscheidender Wichtigkeit. Man hat mich aufgefordert, einen Vortrag zu halten. Es wäre für mich von größter Bedeutung . . . für meine Karriere, meine ich."

„Wenn das so wichtig ist, warum fahren Sie nicht mit dem Zug?"

„Wir haben überhaupt kein Geld."
„Ich möchte Ihnen ja helfen, Dr. Gregg, aber der Gedanke, einen Collegeprofessor . . . mit einem Viehtransport . . .?"
„O bitte", bettelte der Mann. „Alle maßgeblichen Leute in meinem Fach werden da sein. Meine ganze Zukunft hängt davon ab."
„Ich notiere mir Ihren Namen, Herr Professor. Sie hören von mir."
An dem Tag, da er seine Entscheidung treffen mußte, meldete sich ein unerwarteter Kandidat bei ihm: Jake Calendars Sohn Cisco, ein magerer, wortkarger junger Mann mit gelbem Haar. Wahrscheinlich war er der beste Cowboy unter den Bewerbern, aber seine mürrische, kratzbürstige Art störte Garrett.
„Hab' gehört, Sie suchen Leute für den Viehtransport", stieß er in einem undeutlichen Gemurmel hervor.
„Da haben Sie falsch gehört, junger Mann. Ich suche niemanden, aber eine Menge Leute haben sich um den Job beworben."
„Dann schreiben Sie mich eben auch auf die Liste", entgegnete er forsch und machte sich nicht einmal die Mühe, die Zigarette aus dem Mund zu nehmen. Beeley mußte sich sehr beherrschen, um ihm nicht eine zu langen, aber er hielt sich zurück. Der Bursche forderte ihn heraus, doch aus Gründen, die Beeley nicht hätte definieren können, fühlte er sich zu ihm hingezogen. Vielleicht nur, weil Calendar den wirklichen Westen personifizierte, weil er vom Typ her so echt war.
„Wissen Sie was", sagte Garrett, einer momentanen Eingebung folgend, „ich nehme Sie. Und jetzt fahren Sie zum College hinüber, verlangen Sie Professor Gregg zu sprechen und sagen Sie ihm, daß der Zug heute abend um sechs abfährt."
„Hab' keinen Wagen", erwiderte Calendar.
„Nehmen Sie den kleinen Lieferwagen."
Er sah zu, wie der junge Mann in nachlässiger Haltung zum Ford hinüberschlenderte, die Tür aufriß und ruckartig den Gang einlegte. Im nächsten Augenblick heulte der Motor auf, die Räder drehten sich, und der Cowboy sauste los.
Abends beim Zug dankte ihm Professor Gregg so überschwenglich, daß Garrett sich beschämt fühlte. In was für einer Zeit leben wir doch! dachte er sich. Ein Collegeprofessor, der nicht das Geld hat, nach Chicago zu fahren.
Daß Dr. Gregg einen großen Koffer mit sich führte, überraschte ihn nicht, aber er stellte erstaunt fest, daß Calendars Gepäck aus einem Papiersack mit einem sauberen Hemd und einem Rasierapparat und einer großen Gitarre bestand. Er hätte nie gedacht, daß die Calendars, diese Ausgestoßenen der Prärie, musikalische Neigungen hatten.
Soziologieprofessor Gregg und der aufstrebende Gitarrist Cisco Calendar verdankten es dem Sechsunddreißigstundengesetz, daß sie mit dem Viehzug mitfahren durften. Dieses Gesetz verpflichtete Viehzüchter, die ihre lebende Fracht über größere Entfernungen

verschickten, den Transport von Wärtern begleiten zu lassen, die die Tiere tränken und herumführen mußten, wenn die Fahrt länger als sechsunddreißig Stunden dauerte.

So kam es, daß Dr. Gregg und Cisco Calendar also im Dienstwagen reisten und, wenn alles normal lief, die Tiere, die sie betreuen sollten, vermutlich nicht einmal zu Gesicht bekommen würden. Die Eisenbahn hatte jedes Interesse daran, den Zug pünktlich nach Chicago zu bringen, und das früher übliche, verdammenswerte Abschieben von Güterzügen auf Nebengleise ohne Rücksicht auf das Wohlbefinden der Tiere war streng verboten. Trat allerdings eine unvermeidliche Verzögerung ein, dann würde Gregg und Calendar eine wichtige Rolle zufallen. Sie würden die Tiere ausladen, sie in Bewegung halten und zur Tränke führen müssen.

„In neunzehn von zwanzig Fällen passiert nichts", versicherten die Bremser den beiden Wärtern. „Setzt euch ruhig hin und genießt die Fahrt."

Neun Männer befanden sich in dem großen Personalwagen, der mit fünf Schlafkojen ausgestattet war. Vier gehörten zum regulären Zugspersonal, und fünf waren freiwillige Helfer wie Gregg und Calendar. Und um diesen trübsinnig dreinblickenden jungen Mann versammelten sich nun die anderen, denn als er seine Gitarre zur Hand nahm und zu singen begann, hörten alle zu.

Er hatte eine rauhe Stimme, die von Lagerfeuern im Westen erzählte, und er kannte alle die alten Lieder, die die Cowboys gesungen hatten – „Aura Lee", „Buffalo Gal", „Old Blue", „Old Paint" – und die zwei neuen, die durch das Radio so bekannt geworden waren – „The Last Roundup" und „Wagon Wheels".

„Sie sollten berufsmäßig singen", sagte Professor Gregg nach einer Weile.

„Ist auch meine Absicht."

„Sie sollten es in Chicago versuchen."

„Ist auch meine Absicht."

„Ich bin von Ihrem Talent wirklich sehr angetan", meinte der Professor. „Ihre Stimme hat eine außergewöhnliche Tonqualität . . . sie klingt so echt." Und als Calendar zu diesen Worten keinerlei Kommentar abgab, fuhr der Professor fort: „Um wirklich erfolgreich zu sein, Cisco, müssen Sie sich vergegenwärtigen, was sie ausdrücken wollen. Sie werden vor Leuten singen, die noch nie in ihrem Leben ein Lagerfeuer gesehen haben. Sie sollten sich einen Stetson anschaffen . . . Stiefel, wie man sie in Texas trägt . . . ein großes rotes Halstuch . . ."

„Dafür hab' ich kein Geld", erwiderte Cisco.

„Ich kenne da einen Laden in Chicago, wo man Ihnen vielleicht Kredit gibt", sagte Gregg. „Als Künstler muß man aus allem Vorteil ziehen."

Der Zug kam jäh zum Stillstand, und draußen erklangen Stimmen.

„Dieser verdammte Zug ist ja voller Landstreicher!“ Baseballschlaghölzer schwingend, stürzten sich die Bremser auf den Bahndamm und fingen an, wild auf die blinden Passagiere einzuschlagen, die sich unter den Wagen versteckt hatten. Professor Gregg, der am Fenster saß, sah einen Mann vorbeihasten, dem das Blut über das Gesicht lief, und den Bruchteil einer Sekunde lang blickte der Mann wie hilfesuchend zu ihm auf, doch Gregg konnte nichts tun.

Als der Zug seine Fahrt nach Osten fortsetzte, brachte der Professor keinen Bissen über die Lippen. Die vier Bremser waren bestimmt keine schlechten Menschen, aber sie hatten die Landstreicher mit ihren Schlagkeulen so genüßlich traktiert, als ob es ein Sport wäre, hilflose Menschen über den Schädel zu schlagen. Es war abscheulich.

Calendar verstand als einziger, was in Gregg vorging. Er bot ihm ein halbes Sandwich an, doch der Professor konnte immer noch nichts essen. „Was ist denn los?“ fragte Cisco. „Haben Sie noch nie gesehen, wie ein Mensch niedergeknüppelt wird?“ Er nahm Greggs Hand und führte sie an sein Haar, um dem Professor Gelegenheit zu geben, seine von Höckern übersäte Kopfhaut zu betasten.

„Wir leben in einer gräßlichen Zeit“, meinte Gregg.

„Wir haben schon Ärgeres erlebt“, erwiderte Cisco und fing wieder an zu singen.

Nach vierunddreißig Stunden fuhr der Zug in den Schlachthof ein. Dr. Gregg erlebte nun selbst, wie gräßlich die Zeit wirklich war, denn als die Herefords am nächsten Tag versteigert wurden, erfuhr er, daß die schönen Tiere um nur dreizehn Dollar einundachtzig je Stück an die Käufer gegangen waren.

Als die Nachricht von dieser Transaktion in Centennial eintraf und die verschiedenen Rancher feststellen mußten, daß sie ihre Tiere buchstäblich verschenkt und für die Arbeit von Jahren – das Zusammenrichten und Verschnüren der Heuballen, das stundenlange Reiten in winterlicher Kälte, die Obsorge für trächtige Kühe, die anstrengenden Roundups – keinen Gewinn erzielt hatten, erfaßte düstere Schwermut die Gemeinde. Die Männer schworen einem System Rache, das sie so schmählich übervorteilt hatte.

Dann kam jener Wintertag im November 1935, als die Grebes sich eingestehen mußten, daß sie an ihrem Hof nicht länger festhalten konnten. Wohl wahr, daß sie ihre Hypothek abgelöst hatten, doch nun schuldeten sie eine Menge rückständiger Steuern, die Bank drängte auf Rückzahlung eines kleinen Darlehens, das sie hatten aufnehmen müssen, um Nahrungsmittel zu kaufen, und die Tankstelle verkaufte ihnen kein Benzin mehr auf Kredit. Es waren lächerliche Schulden – weniger als tausend Dollar –, aber es war unmöglich, völlig unmöglich, sie zurückzuzahlen. Earl Grebe besaß nicht einen einzigen Dollar, und ohne Benzin für seinen Traktor konnte er nicht ernten, selbst wenn die Staubstürme nachlassen sollten.

An manchen Tagen aß die Familie so wenig, daß es ein Rätsel war, wie sie überlebten, und hätte Vesta Volkema nicht mit Nahrungsmitteln ausgeholfen, die Grebes würden es nicht geschafft haben. Doch auch diese Großzügigkeit blieb nicht problemlos, und als Alice eines Abends ihre Nachbarin über die Prärie kommen sah, brach sie in Tränen aus. „Oh, Earl!" machte sie ihrem Herzen Luft. „Es ist so unfair. Vesta kann uns nur helfen, weil sie ihr Land gestohlen und ihr Geld gespart hat. Wir haben das unsere ehrlich erworben und alle unsere Mittel aufgebraucht."

Ihr Mann wollte von solchen Anschuldigungen gegen die gutherzige Vesta nichts hören. „Sie ist der einzige Mensch auf dieser Welt, dem wir vertrauen können", erwiderte er. „Wenn wir so schrecklich heimgesucht werden, muß das Gottes Wille sein." Und als Vesta die Küche betrat, fand sie die Grebes und ihre Kinder auf den Knien und im Gebet.

Die Familie war also vorbereitet, als Sheriff Bogardus angeritten kam, um die Auktionsankündigung an die Haustür zu nageln. „Zwangsversteigerung wegen rückständiger Steuern."

„Was werden wir erzielen?" wollte Grebe wissen.

„Wenn der Auktionator einen guten Tag hat . . . wenn genügend Leute kommen . . . Höfe wie dieser haben . . . Na, vielleicht fünfzehnhundert Dollar."

„Mein Gott!" rief Grebe. „Wenn ich meine Schulden bezahlt habe, bleibt mir fast nichts übrig."

„Ja, so ist das jetzt", erwiderte Bogardus.

Überraschenderweise war es Alice Grebe, die in dieser Krise die Nerven behielt. Sie war im Haus geblieben, als der Sheriff die Auktionsankündigung zugestellt hatte, aber sie wußte Bescheid. Das Land, das ihr Mann mit so viel Mühe bestellt hatte, war verloren. Das Grashaus, das ihnen so viel Geborgenheit geschenkt hatte, war verloren. Und verloren auch war das neue Haus mit seinen schönen hellen Vorhängen. Die Tiere würden verkauft werden müssen, und auch das Arbeitsgerät, auf das sie so lange gespart hatten. Und das Schlimmste, die Kinder würden das einzige Heim, das sie je gekannt hatten, verlassen müssen. Sie würden alle ihre Sachen packen und von hier fortgehen müssen . . .

„O Gott!" flüsterte sie vor sich hin, noch bevor Earl in die Küche kam. „Was soll aus diesem braven, anständigen Mann werden?" Sie hatte das Gefühl, sich auf diese unheilvolle Entwicklung einstellen zu können, wie aber würde er mit einer solchen Katastrophe fertig werden?

Sie ging zum Küchenausguß, wie um Teller zu spülen. Sie wollte gefaßt erscheinen, wenn er ins Zimmer trat, denn sie war entschlossen, ihm jede moralische Unterstützung zu geben, doch als er in die Küche kam, ließ er seine Füße über das Linoleum schleifen; es war der mühsam stapfende Schritt eines geschlagenen Mannes.

Sie warf sich in seine Arme und brach in Tränen aus. „Wir haben so hart gearbeitet", schluchzte sie. „Wir haben nie Geld verschwendet." Sie küßte ihn zärtlich, führte ihn zu einem Stuhl und schenkte ihm eine Tasse Kaffee ein. „Glaubst du, könnte ich diesen Bescheid von der Tür nehmen, bevor die Kinder ihn sehen?"

„Nein", entgegnete er mit fester Stimme. „Das wäre gegen das Gesetz. Wir sind das Geld schuldig, und es gibt keinen Ausweg."

„Wie kann eine Regierung ein Gesetz beschließen, das einem Menschen seinen Hof nimmt? Wenn es doch die Regierung ist, die etwas falsch gemacht hat, und nicht wir?"

„Die Bank will ihr Geld haben."

„Aber es sind doch gerade die Banken, die sich weigern, das Geld zirkulieren zu lassen." Sie wollte nicht mit ihm streiten, sie stand dieser brutalen Entwicklung nur ratlos gegenüber.

Als die Kinder heimkamen und die Auktionsankündigung an der Tür sahen, fingen sie an zu weinen. Sie hielt es für ihre Pflicht, ihren Schmerz, so gut es eben ging, zu lindern. „Wir werden woanders leben", sagte sie munter und setzte ihnen Toast und Kakao vor. Sie holte das letzte Glas Marmelade vom kahlen Regal herunter, und zusammen nahmen sie ein kärgliches Mahl ein. Dann schlug sie vor, zu den Volkemas hinüberzugehen, um mit ihnen zu beraten, was sie tun sollten.

„Wickelt euch eure Schals um den Hals", sagte sie. „Wir wollen nicht erfrieren." Bei diesem Wort mußte Victoria an Ethan denken und fing an zu weinen, doch ihre Mutter nahm sie bei der Hand und ermahnte sie, „Vicky, paß auf, wenn wir über die Felder gehen." Doch als sie am Schuppen vorbeikamen, riß Timmy sich los und lief zu Rodeo hinüber, schlang seine Arme um das schöne Kalb und ließ sich nur widerstrebend von seiner Mutter fortziehen.

„Rodeo gebe ich nicht her", murmelte er.

„Das brauchst du auch nicht", beruhigte sie ihn. „Wir werden schon einen Ausweg finden."

Es war eine traurige Prozession, die über die sanften niederen Hügel zog, die zwischen ihrem und Volkemas Hof lagen. Mit langsamem Schritt ging Earl voran; hinter ihm kam Alice und dann Victoria und die zwei kleinen Mädchen; schließlich Larry und als letzter Timmy, der hin und wieder einen Blick zurückwarf. Gerfalken kreisten am blauen Himmel, und im Norden sahen sie eine kleine Herde Gabelböcke.

Als sie zu den Volkemas kamen, hielten sie mit der schlechten Nachricht nicht lange zurück. „Wir werden zwangsversteigert", teilte Alice ihnen prosaisch mit, und Vesta brach in Tränen aus.

Nicht so Magnes. Er wollte kämpfen, sich wehren. Er fing an zu fluchen, und als seine Frau ihn stillsein hieß, achtete er nicht auf sie und rief: „Ich weiß, wen wir brauchen. Jake Calendar."

„Laß die Finger von Jake", warnte seine Frau.

„Wenn einer den Mut hat, diesen Kerlen die Stirn zu bieten, dann ist es Jake."

„Ich will nicht auch noch ins Gefängnis kommen", protestierte Grebe. „Daß wir den Hof verlieren, ist schlimm genug."

„Damit muß endlich Schluß sein!" schrie Magnes. Grebe versuchte, ihn zu beruhigen, aber Magnes war so empört, daß vernünftiges Zureden nichts nützte. „Ich gehe zu Jake Calendar, und ich gehe jetzt gleich", erklärte der wütende Mann und verließ das Haus.

Vesta machte für ihre verzweifelten Nachbarn etwas zu essen und versuchte, die Kinder zu trösten. Sie sah, daß der Zusammenbruch der Familie Timmy wohl am ärgsten getroffen hatte, und versuchte, ihn damit abzulenken, daß sie sich nach Rodeo erkundigte.

„Es geht ihm gut", antwortete er, und damit endete das Gespräch, denn als Victoria ihn fragte: „Was wirst du mit Rodeo machen, wenn wir vom Hof gejagt werden?", lief er aus dem Haus, um seine Tränen zu verbergen.

Am Tag der Versteigerung erschien Sheriff Bogardus mit drei seiner Beamten, um für Ordnung zu sorgen. In Dakota hatte es bei solchen Zwangsversteigerungen häßliche Szenen gegeben, und Bogardus war fest entschlossen, alles zu tun, um diese, so bedauerlich sie auch sein mochten, ohne Zwischenfälle über die Bühne gehen zu lassen. Während er Haus und Nebengebäude inspizierte, starrte er die mürrischen Farmer einen nach dem andern an und versuchte, sie einzuschüchtern. „Es wird alles glatt gehen", sagte er zu seinen Männern. „Ich weiß nicht, was sie vorhaben, aber wir werden schon mit ihnen fertig."

„Wer weiß?" seufzte einer der Beamten. „Sie haben zu früh gesprochen."

Und alle wandten die Köpfe, als ein Mann Ende Fünfzig in den Hof geschlendert kam, um prüfend die Geräte und Maschinen zu betrachten, die Earl Grebe in all den Jahren angeschafft hatte. Er war von zwei jungen, gleich ihm hageren und mürrischen Männern begleitet. Das Trio zeigte keinerlei Reaktion, als sie es in der Menge flüstern hörten: „Das sind die Calendars. Jetzt ist alles in bester Ordnung."

„Hallo, Jake!" begrüßte ihn Sheriff Bogardus unnötig überschwenglich. „Schöner Tag für eine Auktion."

„Wunderschön", erwiderte Jake und setzte seine geruhsame Inspektion fort.

„Hallo, Cisco. Wie war's in Chicago?"

„Okay", antwortete der jüngere der Burschen und trat mit dem Fuß gegen den Reifen eines Traktors.

Die Auktion war weit und breit angekündigt worden, und es hatten sich sogar Käufer aus Kansas und Nebraska eingefunden, denn hier bot sich die Chance, an die dreizehnhundert Morgen erstklassigen Farmlandes zu erwerben, mit dem man, wenn es wieder einmal Regen gab, gutes Geld verdienen konnte.

Der Auktionator war ein erfahrener Mann, Mike Garmisch aus Fort Collins. Er hatte eine gewinnende Art, die Aufmerksamkeit einer Menge auf sich zu ziehen und die Leute dazu zu bringen, ein wenig mehr zu bieten, als es ihre Absicht gewesen war. „Ein schöner Tag heute für einen schönen Hof“, begann er, und nach ein paar Späßen, die den tragischen Anlaß seiner Tätigkeit – die Enteignung einer Familie wegen ein paar lumpiger Dollar – in keiner Weise berührten, kam er zur Sache.

„Wir haben hier ein gutes Haus, eine solide Scheune und eintausendzweihundertachtzig Morgen erstklassiges, welliges Trockenbodenland. Ein Jahr anständiger Regen, meine Freunde, und dieses Land ist eine Goldgrube – eine Goldgrube, sage ich.“

Er ersuchte höflich um ein Gebot, und ein Grundstücksmakler aus Kimball in Nebraska bot fünfzehnhundert. Schritt für Schritt stieg der Preis auf dreitausendzweihundert. Dann bot ein Kapitalanleger aus Kansas dreitausendvierhundert, und die Auktion kam zum Stillstand.

„Dreitausendvierhundert zum ersten ...“

Das war der Moment, wo Jake Calendar und seine Söhne sich mit den Ellbogen einen Weg durch die Menge und zu dem erfolgreichen Bieter aus Kansas hin bahnten, und während sie sich noch langsam, wie Klapperschlangen auf ihn zu bewegten, fiel Sheriff Bogardus' Blick auf einen kleinen Jungen, der einen Ball gegen die Scheunenwand warf. Dies diente ihm als Vorwand, um einer Kraftprobe mit den Calendars auszuweichen. „Das geht doch nicht an, daß ein Junge die Auktion stört“, erklärte er mit lauter Stimme und bedeutete seinen drei Männern, ihm zu folgen, um diesem schweren Vergehen Einhalt zu gebieten.

Kaum waren die Gesetzeshüter außer Sicht, stürzte sich Jake Calendar auf den Bieter aus Kansas und packte ihn an der Gurgel. „Haben Sie das letzte Gebot abgegeben?“ wisperte er ihm grimmig zu.

„Ja.“

Den Mann mit der Linken festhaltend, holte Jake eine große Pistole aus der Tasche und hielt sie ihm an die Schläfe. „Wenn Sie es nicht zurückziehen, knall' ich Ihnen ein Loch in Ihren verdammten Schädel“, sagte er.

Der Besucher erblaßte und sah sich nach dem Sheriff um. Da er ihn nicht finden konnte, suchte er die drei Polizisten, aber auch die waren fort. Er spürte nur die Riesenpistole an seiner Schläfe.

„Ich nehme an, Sie wollten sich Ihr Gebot noch einmal überlegen“, sagte Calendar leise.

„O ja. Ja gewiß.“

„Er möchte sich sein Gebot noch einmal überlegen“, verkündete

Jake Calendar. „Floyd, Cisco, geht doch da 'rüber und helft dem Auktionator."

Mit gezogenen Pistolen drängten sich die zwei jungen Calendars zum Podium und stierten Mike Garmisch an. „Meine Herrschaften", sagte der mit zitternder Stimme, „mir wird eben mitgeteilt, daß dem Bieter aus Kansas ein Mißverständnis unterlaufen ist. Ist das richtig?"

„Ja, ja, das stimmt!" beeilte sich der Mann zu antworten. „Ich war der Meinung, daß auch die Maschinen und Geräte dazugehören."

„Die gehören ganz gewiß nicht dazu. Das ist doch auf der Auktionsankündigung deutlich vermerkt."

„In diesem Fall ziehe ich mein Gebot zurück."

„Wir wollen diese Auktion doch so fair wie nur irgend möglich abwickeln, meine Freunde, und wenn dieser Herr meint, wir hätten ..." Die zwei jungen Calendars versetzten ihm leichte Rippenstöße, und er brach ab.

„Der Herr aus Kansas zieht sein Gebot zurück. Wünscht der Herr aus Kimball das seine aufrechtzuerhalten?" Jake Calendar schwenkte seine Sattelpistole, und der Grundstückmakler aus Kimball kam sehr schnell zu der Überzeugung, daß auch ihm ein Mißverständnis unterlaufen war.

„Wenn wir fair sein wollen, meine Herrschaften, müssen wir noch einmal von vorne beginnen", sagte Garmisch mit trockener Kehle. „Wünscht jemand zu bieten?"

„Fünf Dollar", sagte Vesta Volkema mit klarer Stimme.

„Fünf Dollar zum ersten, fünf zum zweiten, fünf zum dritten – verkauft! An Mrs. Volkema um fünf Dollar", stieß Garmisch seufzend hervor.

Als Sheriff Bogardus und seine Helfer die Gabel des Auktionators fallen hörten, ließen sie den kleinen Gesetzesbrecher stehen und kehrten gemächlich in den Hof zurück. Ein Vertreter der Bank stürzte auf Bogardus zu und beklagte sich, daß die Bank um ihr Geld geprellt worden wäre. „In gewissem Sinn haben Sie recht", gab Bogardus zu. „Ihnen steht der gesamte Verkaufserlös zu – nach Abzug der Steuern."

„Aber der Erlös beträgt doch nur – wieviel? – fünf Dollar!"

Der Sheriff zuckte die Achseln. Er dachte nicht daran, sich mit vierzig zornigen Farmern anzulegen, die vermutlich alle bewaffnet waren und noch dazu auf Calendars Kommando hörten.

„Wo zum Teufel waren Sie?" fragte Auktionator Garmisch, der sich um sein Honorar geprellt sah, den Sheriff.

„Ich habe Ruhe und Ordnung wiederhergestellt", antwortete der Sheriff und deutete auf den kleinen Übeltäter mit dem Ball.

Nach dem katastrophalen Ergebnis der Rinderauktion in Chicago wurde Beeley Garrett energisch. „Deine Mutter und ich, wir denken nicht daran, noch einen Winter in diesem elenden Klima zuzubringen. Im Oktober übersiedeln wir endgültig nach Florida, aber bevor wir fahren, sollst du versuchen, dein Verhältnis zu Ruth zu normalisieren."

„Das geht schon in Ordnung", sagte sein Sohn ausweichend.

„Red keinen Unsinn, Henry. Euer Zusammenleben kann man doch kaum eine Ehe nennen."

„Mit der Zeit wird es sicher klappen", entgegnete Henry. Das Thema behagte ihm nicht, und er fühlte sich sehr erleichtert, als seine Eltern tatsächlich die Koffer packten.

Er traf schon seit einigen Jahren alle die Ranch betreffenden Entscheidungen, und unter seiner Leitung hatten sich die Venneford-Stiere einen immer größeren Ruf als Blaubandträger des Westens erworben. Genauigkeitskrämern fiel es auf, daß jede neue Generation um einige Zentimeter kürzer war als die vorangehende, und sie argwöhnten, daß hier die von Jim Lloyd so gefürchtete Entwicklung zum Zwergtier im Gange war, aber die Venneford-Leute überspielten diese Unvollkommenheit, und die großen Crown-Vee-Stiere mit ihrem gemessenen Schritt und den sich herabsenkenden Hörnern brachten auch weiterhin Höchstpreise bei den Auktionen.

Als Beeley und Heller Stern in ihren Cadillac stiegen, um die lange Fahrt nach Süden anzutreten, kam Ruth nicht in den Hof hinunter. Sie fühle sich nicht wohl, hieß es, und könne sich daher nicht von ihren Schwiegereltern verabschieden. „Ich gebe dir zwei Jahre Zeit, Henry", warnte Beeley seinen Sohn. „Bring deine Ehe in Ordnung, oder ich muß dir die Ranch wieder wegnehmen. Sie ist zu wertvoll, um sie von dir kaputt machen zu lassen."

In Abwesenheit seiner Eltern blieb Henry nun genügend Zeit, seine Lage zu überdenken, und je kritischer er Ruth und ihr sonderbares Benehmen unter die Lupe nahm, desto mehr Anlaß zur Sorge fand er. Sie hatte schon kurz nach ihrer Hochzeit angefangen, sich seltsam zu betragen, und es dauerte nicht lange, und sie wurde zu einer jener nervösen, sich bedauernden, introvertierten Frauen, wie man sie häufig auf den Viehwirtschaften des Westens fand.

„Sie sollte von Venneford weggehen und ein Jahr lang auf dem Trockenbodenland leben", hatte Beeley gemeint. „Sie soll selbst sehen, was manche Frauen aushalten können, ohne sich zu beklagen."

„Eine Woche in so einem Indianerzelt, und sie würde wirklich verrückt werden", hatte Heller Stern gesagt. Sie fand das Benehmen ihrer Schwiegertochter schandbar. „Du bist sehr geduldig mit ihr gewesen", versicherte sie Henry. „Laß es nicht zu, daß sie dein Leben zerstört."

Und nun fragte sich Henry, ob er Ruth auf irgendeine Weise enttäuscht hatte, als ihre Eltern bei dem Flugzeugabsturz umgekommen waren. Aber selbst wenn dem so wäre, er wußte nicht, wie er den Schaden hätte gutmachen sollen. Er war bestürzt und verwirrt, wenn er an ihre Unnahbarkeit dachte, an ihr ständiges Klagen, ihre völlige Interesselosigkeit und ganz besonders an die Lieblosigkeit, mit der sie ihn, aber auch ihre Kinder behandelte.

Es geschah aus dieser Stimmung heraus, daß er es sich zur Gewohnheit machte, auf dem Heimweg von Centennial regelmäßig vor La Cantina anzuhalten. Es fand sich immer etwas, was in der Stadt zu erledigen war, und statt einen der Cowboys zu beauftragen, einen Kübel roter Farbe zu holen, um den Anstrich einer Scheune auszubessern, fuhr er selbst in die Stadt, erledigte seine Einkäufe, parkte dann seinen Dodge vor La Cantina und genehmigte sich einen kühlen Trunk.

Er ließ nie erkennen, daß er hier nur anhielt, um Soledad Marquez zu sehen. Doch wenn er das lärmende, rauchige Lokal betrat, blickte er immer suchend um sich. War sie da, setzte er sich nieder und starrte sie an. Und wenn sie nicht da war, konnten die Gäste sehen, wie er seine Schultern hängen ließ.

Sie hatte natürlich vom ersten Augenblick an gewußt, daß er sich zu ihr hingezogen fühlte, und das gab ihr eine große Befriedigung. Es war wie damals, als die Familie den Winter in Denver verbracht und ein mexikanischer Sänger sie auf die Knie genommen und ihr etwas vorgesungen hatte. Es hatte ihr nichts bedeutet, doch bewahrte sie die Erinnerung und hütete sie wie einen Schatz.

Sie wußte, daß Henry Garrett verheiratet und Protestant war und Kinder hatte, so daß es diesbezüglich für sie keine Hoffnung gab. Sie wußte auch, daß ihr Bruder Triunfador sie genau beobachtete und ihr offen angedroht hatte, sie nach Mexiko zurückzuschicken, wenn sie sich einfallen ließe, Garrett irgendwelche Avancen zu machen. Doch trotzdem ertappte sie sich dabei, wie sie auf das Motorgeräusch des Dodge wartete.

Sie hörte den Wagen nach Süden brausen und wußte genau, daß er auf der Rückfahrt nicht so schnell vorbeijagen, sondern anhalten würde. In sich hineinlächelnd wischte sie dann die Tische sauber oder bereitete Refritos zu und zog sich nach einer Weile in ihr Zimmer im Anbau zurück, um sich zu kämmen und ein Band in ihr Haar zu flechten.

Ein halbes Jahr lang dauerte dieses ziel- und planlose Verhältnis an. Nur einmal hatten sich ihre Hände berührt – an dem Tag, als er eine neue Platte auflegen und sie die Nadel wechseln wollte. Es war ein elektrisierendes Gefühl gewesen, so, wie wenn man den Kontakt in dem Kasten herstellt, mit dem man Sprengungen zündet.

An einem überraschend warmen Tag im Januar 1936 fuhr Henry Garrett wieder einmal in die Stadt, und als Soledad den Wagen vorbeikommen hörte, reagierte sie anders als bisher. Als er auf der Rückfahrt anhielt, um eine Erfrischung zu sich zu nehmen, sagte ihm sein erster Blick, daß sie nicht da war. Er trank sein Coke und hörte sich die „Ballade von Pancho Villa“ an, deren Text er schon bald auswendig kannte. Enttäuscht, daß er das Mädchen nicht angetroffen hatte, stieg er wieder in seinen Wagen.

Er war erst ein kurzes Stück gefahren, als er Soledad an der Straße stehen sah. Er bremste ab und stieß die Tür auf, und sie sprang herein. Ungestüm schlang sie ihre Arme um seinen Hals und flüsterte ihm zu: „Da drüben. Die Straße hinunter."

Sie schlugen einen Weg ein, der zu einem gebrochenen Damm führte, der früher einmal die Wasser des Beaver Creek gesammelt hatte. Als der Wagen vor einem sumpfigen Gelände, das von vielen Vögeln bevölkert war, zum Stehen kam, umarmte sie ihn und küßte ihn leidenschaftlich. Einige Zeit saßen sie da, gaben den hoffnungslosen Gefühlen nach, die sie bewegten, und sahen den Schwarzdrosseln zu, die sich so geschickt auf den Spitzen längst abgestorbener Binsen niederließen. Sie sprachen über ihre Lage, ohne etwas zu beschönigen oder eitlen Hoffnungen nachzujagen, und bestätigten einander, wie gefährlich das Spiel war, auf das sie sich eingelassen hatten.

„Mein Bruder könnte sich genötigt sehen, dich zu töten", sagte sie. „Du weißt ja, daß das in Mexiko so Brauch ist."

„Ich habe keine Angst vor deinem Bruder", antwortete er. Und dann kam die Frage, die einen Mann, der in ein Mädchen verliebt ist, das er nicht heiraten kann, so entsetzlich quält: „Wie kommt es, daß du noch nicht verheiratet bist?"

„Ich habe gewartet", antwortete sie, ohne sich auf eine nähere Erklärung einzulassen.

Sie trafen sich an entlegenen Orten, und als Ruth Mercy Garrett einmal in Denver war, gelang es Henry tatsächlich, Soledad in das Schloß hineinzuschmuggeln. Dort machten sie einander nichts mehr vor. Von stürmischer Leidenschaft erfaßt, warfen sie ihre Kleider von sich und stürzten auf eine alte Decke aus Büffelfell, die Oliver Seccombe ins Haus gebracht hatte.

Zwei Stunden lang liebten sie sich, und als sie in der Hoffnung, daß keiner sie gesehen hatte, heimlich wieder das Schloß verließen, waren ihrer beider Leben untrennbar ineinander verstrickt. Wenn Garrett jetzt in die Cantina kam und sie dort nicht antraf, versuchte er gar nicht mehr, seine tiefe Enttäuschung zu verbergen. Immer wieder spielten sie gewisse Platten, vor allem aber „Serían las Dos", das Lied von den Mädchen, denen es nicht mehr genügte, nur Pfannkuchen zu essen.

So entdeckte Henry Garrett als erster Anglo, daß die Mexikaner ihre eigenen, leicht zu begreifenden, unveränderlichen Gesellschaftsformen hatten, und daß es ihnen auf eine sonderbare Weise gelang, ein glückliches Verhältnis zur Natur zu finden, wie es die Anglos nicht kannten. Nicht viele Männer in dieser Gegend waren so charakterfest wie Triunfador Marquez, und nicht viele junge Frauen vibrierten in so lebensvoller Glut wie seine Schwester Soledad. Diese stillen Menschen, die sich in düstere Winkel verkrochen und in elenden Löchern hausten, richteten sich eine Welt ein, die ihnen Würde und eine Art Muße gab. An Orten wie Denver, Santa Fe, San Antonio oder Centennial entwickelten sie eine von Gelassenheit bestimmte Lebensweise, zu der sie keiner fremden Hilfe bedurften, und schufen Werte des Friedens und der Freude, die die Anglos in kommenden Jahren vergeblich suchen würden.

Eine herrliche Symbiose englischer und spanischer Kultur hätte in diesen Jahrzehnten zustande kommen können, wäre sie gefördert, wäre ihr Gedeihen wenigstens geduldet worden, aber es gab fast keinen Anglo, der diese Möglichkeit auch nur ins Auge gefaßt haben würde, und so lebten die beiden Rassen voneinander getrennt, in zunehmendem Maße von Mißtrauen vergiftet, dahin.

Von den weißen Katholiken immer noch abgelehnt, war es unvermeidlich, daß die Mexikaner sich exotischen kultischen Bräuchen zuwandten. Nie sollte Henry Garrett den winterlichen Sonntagnachmittag vergessen, als die „Kinder Gottes in den Bergen" die aufrechten Bürger von Centennial herausforderten, indem sie mit einer Blaskapelle auf einem öffentlichen Platz erschienen, um dort ihren Gottesdienst abzuhalten.

Soledad Marquez trug ein langes Kleid, das mit billigen roten Rosen aus einem Kramladen geschmückt war. Sie bot, so dachte Henry, einen entzückenden Anblick. Sie marschierte Arm in Arm mit zwei anderen Mädchen, die fast ebenso hübsch waren wie sie. Männer und Frauen in Dreierreihen folgten ihnen, und während sie in einem großen Kreis um den Platz herumzogen, spielte die Kapelle, und sie sangen die Hymne, die ihren Hoffnungen am besten Ausdruck verlieh: „Con Cristo en el mundo otra vez."

Die Hymne hatte einen kraftvollen, mitreißenden Rhythmus und viele Strophen, und sie alle schilderten das Leben in einer neuen Welt, wenn Christus wieder auf Erden wandeln würde:

„Wenn Christus wieder auf Erden erscheint,
Gibt's keine Telephonanrufe in der Nacht,
‚Schickt Gomez fort und aus dem Land,
Damit ich ihn um seinen Lohn prellen kann.' "

Die Anglos, die um den Platz herumstanden, verstanden glücklicherweise die Worte nicht, schickten aber trotzdem nach dem Sheriff. Der sah sich die Sache nur gerade so lange an, bis jeder vernünftige Mensch überzeugt sein mußte, daß es Ärger geben mußte, wenn man diese Mexikaner so weitermachen ließ.

„Also bitte, also bitte!" wiederholte er in freundlichem Ton, während er langsam den Zug entlangging und die Leute zur Seite zog. „In dieser Stadt halten wir Gottesdienst nicht auf der Straße ab. Dazu haben wir Kirchen."

Er wollte keinen Verdruß, und schon gar nicht an einem Sonntag, und er tat auch nichts, um einen heraufzubeschwören. Er zog und zerrte nur an den Marschierern und brachte sie aus dem Konzept, während drei Polizisten die Blaskapelle auf einen Lastwagen beförderten.

„Du da“, rief er und langte nach dem Mädchen, das rechts von Soledad ging. „Damit muß Schluß sein.“

Er zerrte das Mädchen weg, und nun stand Soledad allein Henry Garrett gegenüber und sang im Rhythmus der Hymne:

„Wenn Jesus wieder auf Erden wandelt,
O, wird dann alles anders sein!“

Er sah sie nie wieder. Noch in derselben Nacht verfrachtete ihr Bruder sie in einen Wagen, und sie mußte Colorado verlassen.

Als Garrett in die Cantina kam, um nach ihr zu sehen, erklärte ihm Triunfador ohne Umschweife: „Kommen Sie lieber nicht mehr hierher, Mr. Garrett. Das ist ein mexikanisches Lokal.“

„Wo ist Soledad?“

„Sie haben sie gezwungen fortzugehen.“

„Wo ist sie?“

„Mr. Garrett, gehen Sie nach Hause zu Ihrer Frau. Sie ist verrückt. Aber sie ist eine Anglo.“

„Ich liebe Ihre Schwester.“

„Aber nun ist sie fort. Und was können wir beide dagegen tun?“

Der Januar 1936 war eine aufregende Zeit für Timmy Grebe. Sein Stier Rodeo war rund und voll geworden, und sowohl er als auch Mr. Bellamy, der ihm bei der Aufzucht geholfen hatte, hielten es nicht für ausgeschlossen, daß der schöne große Hereford-Stier bei der Viehausstellung in Denver den ersten Preis gewinnen könnte.

„Es würde deinen Eltern sehr viel bedeuten, das brauche ich dir nicht zu sagen“, meinte Mr. Bellamy, während er zusammen mit Timmy den Stier striegelte. „Die großen Restaurants in Denver schätzen diese Art Werbung. Sie kaufen die Preisstiere und zahlen über hundert Dollar für sie. So kommen ihre Namen in die Zeitung . . . und die Viehzüchter essen bei ihnen, denn sie wissen, daß man ihnen erstklassige Steaks vorsetzen wird.“ Tim Grebe konnte noch besser als Mr. Bellamy abschätzen, was das Preisgeld für seine Familie bedeuten würde. Noch nie war ein Jahr so schlecht gewesen wie dieses. Die ganze Welt war verrückt geworden, dachte Timmy und hörte verzweifelt zu, wenn seine Eltern sich zusammensetzten, um über die Zukunft zu beratschlagen.

Für seinen Vater empfand er die tiefe Scham eines Sohnes, der zusehen muß, wie ein Mann, den er liebt, einfach nichts Rechtes zuwege bringt. „Die Banken leihen uns bestimmt kein Geld“, sagte Earl. „Nicht nach dieser Auktion.“ Sie waren Calendar, einem Mann, den sie kaum kannten, dankbar, daß er ihnen eine zweite Chance geboten hatte. „Aber wir haben immer noch kein Geld, um den Boden zu bestellen", erklärte Grebe seiner Familie. „Was in aller Welt können wir bloß tun?"

Für seine Mutter empfand Timmy nur brennendes Mitleid. Es brach ihm das Herz, wenn er sie so hart arbeiten sah, wenn er sich ihrer hageren Gestalt und des Fehlens jeden Frohsinns in ihren tiefliegenden Augen bewußt wurde. O lieber Gott, betete er jeden Abend, laß mich gewinnen, damit ich ihr das Geld geben kann.

Einmal, es war gegen zwei Uhr früh, verließ er sein Bett und ging zu seiner Mutter hinüber. Er legte sich für eine Weile zu ihr und erzählte ihr, was er für sie tun wollte. Er spürte, wie sie zitterte, und kroch verwirrt in sein eigenes Bett zurück, denn sie hatte nicht ein einziges Wort zu ihm gesprochen.

In der Woche vor der Viehausstellung ging er nicht zur Schule und blieb zu Hause. Er polierte die Hufe seines Stiers, striegelte ihn und stutzte ihm das Haar. Am letzten Nachmittag schlang Timmy die Arme um seinen Hals und flüsterte ihm zu: „Ich habe ja voriges Jahr nicht viel ausgerichtet, aber Angst habe ich keine gehabt. Du hast doch keine Angst, nicht wahr?" Rodeo kaute friedlich weiter, aber seine großen Augen ließen erkennen, daß er noch nie vor etwas Angst gehabt hatte.

Mr. Bellamy fand einen Farmer, der sich bereit erklärte, Rodeo in seinem Viehtransporter nach Denver zu fahren, und Timmy sagte, er würde im Inneren des Wagens mit dem Stier zusammen fahren, um sicher zu sein, daß Rodeo nicht an den Wänden anstieß. Er lief nach Hause, um Decken zu holen, mit welchen er das Innere des Wagens auspolstern wollte. Als er daheim ankam, fand er seine Mutter in der Küche, wo sie im Tischbesteck herumkramte. Er hatte gerade noch Zeit, ihr zuzurufen: „Ich fühle es, Mutter, ich werde gewinnen." Ihr Gesicht, als sie ihm antwortete, war so ausdruckslos, wie er es noch nie gesehen hatte. „Mit dem Gewinnen ist es bei uns vorbei", sagte sie. Er wollte mit ihr reden, aber der Viehtransporter wartete schon.

Es war eine aufregende Fahrt an diesem kalten Januartag. Rodeo trat von einem Huf auf den anderen, um sein Gleichgewicht zu behalten, während Timmy auf die Decken aufpaßte, um sicher zu gehen, daß sein Stier sich nicht verletzte. Der Fahrer blieb bei einem kleinen Gasthof in Brighton stehen und lud Timmy auf ein Coke ein. Als sie hineingingen, verkündete der Mann den anderen Viehzüchtern, die dort saßen: „Ich fahre den Champion nach Denver, jawohl, den Champion."

„Bist du nicht der Junge, der voriges Jahr das Kalb geschenkt bekommen hat?" fragte einer der Männer, und zum ersten Mal in seinem Leben erfuhr Timmy die seltene Freude, daß man sich einer Leistung erinnerte, die er vollbracht hatte. Er nickte stumm.

„Ich möchte gern sehen, was du aus diesem Kalb gemacht hast", sagte der Mann, und Timmy führte sie alle zu dem Viehtransporter, wo sie Rodeo prüfend musterten. „Könnte schon sein, daß du den

Champion im Wagen hast", meinte ein anderer, und Timmy kletterte zufrieden wieder zu seinem Hereford hinein.

Am nächsten Tag trat das Preisgericht um zehn Uhr vormittags zusammen, aber Timmy war schon um fünf im Stall bei Rodeo. Er gab dem großen Stier ein Bad, seifte ihm das Fell ein und spülte das Seifenwasser fort. Er trocknete ihn mit Handtüchern ab und verbrachte eine Stunde damit, ihn abzureiben und zu kämmen.

Er hatte Wachs für die Hufe und eine kleine Schere, um vereinzelte Härchen wegzuschneiden. Als fünf Minuten vor zehn die Glocke läutete, war Rodeo fürwahr ein stattliches Tier. Timmy führte ihn in den Ring, und der schöne Hereford-Stier bewegte sich mit gewichtiger Anmut und setzte seine mächtigen Hufe in würdevollem Rhythmus auf. Die Frauen mehrerer Viehzüchter, die wußten, wie ein guter Stier aussehen mußte, klatschten Beifall.

Die Preisrichter brauchten fast eine halbe Stunde, denn andere Jungen hatten mit ihren Kälbern ähnlich gute Arbeit geleistet. Manche Stiere waren schwerer als Rodeo, keiner aber von so perfektem Körperbau, und am Ende erklärten die Richter Timmys Stier einstimmig zum Champion. Timmy hatte nicht geweint, als er im vorigen Jahr unterlegen war, und so kam es gar nicht in Frage, daß er es jetzt, nach einem Sieg, tun würde. Die Zähne zusammenbeißend, stand er ruhig da und hielt den Halfter in seiner linken Hand, doch als die Photographen ihre Bilder geschossen hatten und der Rummel vorüber war, konnte er sich nicht länger beherrschen und warf mit einem Freudenschrei die Arme um Rodeos massigen Hals. Dieser Schnappschuß war es, durch Zufall von einem herumstehenden Reporter geknipst, der, eine hinreißende Darstellung von Triumph und Herzeleid, bald um die ganze Erde gehen sollte.

Timmy bedauerte es, daß seine Eltern kein Telephon hatten, denn er hätte ihnen nur zu gern sofort von seinem Sieg berichtet. Noch mehr drängte es ihn, seine Mutter wissen zu lassen, daß er ihr mindestens hundert Dollar mitbringen würde – sofern die Auktion das erwartete Ergebnis brachte.

Sie brachte es. Timmy führte Rodeo in den Ring, und der Auktionator stellte sich vor das Mikrophon. „Meine Herren", sagte er, „die meisten von Ihnen waren dabei, als dieser Junge, er heißt Timmy Grebe, voriges Jahr beim ‚Fang es und es gehört dir'-Wettbewerb so tapfer gekämpft hat. Er mußte sich geschlagen geben, bekam aber trotzdem ein Kalb zugesprochen, und nun zeigt sich, daß er dieses Geschenk auch verdient hat. Sie sehen ihn jetzt hier mit dem besten Stier seiner Klasse." Mit leiserer Stimme fügte er hinzu: „Ich brauche Ihnen ja nicht zu sagen, daß er der Bruder des Busfahrers Ethan Grebe ist, der sich als wahrer Held erwiesen hat."

Das Publikum begrüßte ihn mit Beifallsrufen, und Mr. Bellamy, der auch zur Auktion gekommen war, lächelte stolz. Es wurde lebhaft geboten; am Ende entwickelte sich die Versteigerung zu einem Wettstreit zwischen dem Albany-Hotel, wo die meisten Viehzüchter logierten, und dem Brown Palace, einem Restaurant, wo die feinen Leute ihre Steaks zu verzehren pflegten. Schließlich gewann der Brown Palace mit einem Gebot von einhundertfünfundvierzig Dollar. Der Auktionator behielt eine bescheidene Gebühr ein, und Timmy durfte hundertvierzig Dollar mit nach Hause nehmen.

Er fuhr mit Mr. Bellamy heim, und als sie nach Brighton kamen, bestand er darauf, in demselben Gasthof einzukehren, wo sie am Tag zuvor ihre Cokes getrunken hatten. Sie wurden von den Gästen freudig begrüßt.

„Ich gehe zu Fuß nach Hause", sagte er zu Mr. Bellamy, als sie in Line Camp angelangt waren. „Wenn Sie mir nicht geholfen hätten, ich würde nie den Sieg errungen haben." Er liebte große Worte, hatte aber bisher nie gewagt, sie zu gebrauchen. Jetzt aber war er ein Champion und brachte seiner Mutter einen schönen Batzen Geld nach Hause.

Es war eine milde Nacht, und der Mond stand am Himmel. Nach allen Seiten breiteten sich die großen Ebenen aus, und zum erstenmal begriff Timmy, warum sein Vater dieses Land, diese grausame und doch hinreißende Leere liebte.

Als er die kleine Anhöhe erreichte, die den Blick auf den Hof freigab, wunderte er sich, daß kein Licht zu sehen war, denn die Grebes ließen immer eine Lampe brennen, wenn ein Kind außer Haus war. Doch dann fiel ihm ein, wie geistesabwesend seine Mutter am Morgen zuvor gewirkt hatte – der Sturm und der Staub und die Einsamkeit hatten sie so zermürbt –, und darum überraschte es ihn nicht, daß sie darauf vergessen hatte. Doch als er näher kam, sah er, daß das Tor offen stand – eine Gedankenlosigkeit, die sein Vater nie zuließ.

Er bekam Angst und fing an zu laufen, und als er das entsetzliche Bild vor sich sah, schrie er. Seine Seele von wilder Verzweiflung zerrissen, stand er da und schrie, schrie zeitlose Minuten lang, und keiner hörte ihn.

Dann fing er wieder zu laufen an. Stammelnd, schluchzend, sich mit den Fäusten an die Brust schlagend, jagte er über die Felder, bis er schließlich das Haus der Volkemas erreichte. Magnes hörte ihn als erster, glaubte, es wäre das Heulen eines Coyoten, doch dann hörte ihn auch Vesta und zündete eine Lampe an. „Nein, nein, das ist ein Junge da unten!" rief sie. „Es ist Timmy!" Sie öffnete das Fenster und vernahm seinen furchtbaren Schrei: „O Gott! Sie sind alle tot!"

„Die Sache muß sich so abgespielt haben", sagte Sheriff Bogardus, nachdem die Leichen weggeschafft worden waren. „Als Timmy sich die Decken holte und sie in der Küche sah, suchte sie gerade ein Schlachtmesser. Na ja, und dann fand sie es und hat dann wohl ihre

Tochter Victoria zuerst getötet. Hat ihr fast den Hals durchgeschnitten. Dann fiel sie über die zwei anderen Mädchen her, Eleonore und Betsy. Der kleine Larry muß etwas gesehen haben, denn er wollte weglaufen, aber im Hof erwischte sie ihn und stach auf ihn ein. Das muß die erste Leiche gewesen sein, die Earl sah, als er heimkam, und dann ging er hinein und sah die drei Mädchen und seine Frau, die immer noch das Schlachtmesser in der Hand hielt . . . Es war auch noch in ihrer Hand, als wir sie fanden . . . na, und dann muß er auch irgendwie verrückt geworden sein, riß sein Gewehr von der Wand, hielt es ihr ganz nahe an den Kopf und schoß. Dann ging er in den Hof zurück, hob seinen Sohn auf, legte ihn dorthin, wo wir ihn gefunden haben, steckte sich den Lauf in den Mund und drückte ab."

Natürlich wurden die Leichen photographiert – mit Tüchern bedeckt, wie sich das geziemt –, und die Zeitungen veröffentlichten die Bilder zusammen mit dem Schnappschuß, auf dem zu sehen war, wie Timmy Grebe seinen preisgekrönten Hereford-Stier umarmte. Die Menschen an der Ostküste sahen in dieser Gegenüberstellung einen herzzerreißenden Widerspruch: ein kleiner Junge, der in dem Augenblick triumphiert, da seine Familie niedergemetzelt wird. Doch für die im Westen, die die großen Stürme und den überall einsickernden Staub erlebt hatten, war es ein Selbstporträt. Die schlechten Jahre gingen zu Ende, aber sie hatten einen furchtbaren Preis gefordert.

Timmy übersiedelte ins Steinhaus zu Mr. Bellamy. Der Grebesche Hof ging an Philip Wendell, der alles Ackerland aufkaufte, das von enttäuschten Heimstättensiedlern verlassen wurde. Er zahlte den zu dieser Zeit üblichen Preis: dreitausend Dollar für zwölfhundertachtzig Morgen einschließlich des Hauses, und dem Grashaus als Zugabe.

Wendell glaubte zu wissen, was die Zukunft für diese Gegend bereithielt, und er hatte auch den Mut, das Geld, das sein Vater angehäuft hatte, dazu zu verwenden, seine Überzeugung in die Tat umzusetzen. Er war überzeugt, daß Dr. Creevey recht gehabt hatte – trotz allem, was geschehen war. Sofern die Niederschlagsmenge in einem Jahr die normalen dreiunddreißig Zentimeter betrug, konnte man auf diesem Trockenbodenland enorme Mengen von Weizen ernten.

„Ihr dürft nicht tief pflügen", wies Wendell die Landarbeiter an, die seine Felder bestellen sollten. „Und eines merkt euch: nie, nie eggen, wenn ihr pflügt. Wir wollen keine Felder, die wie Billardtische aussehen. Wir wollen diese langen, geraden Ackerfurchen nicht. Niemand, der für mich arbeitet, wird je wieder an einem dieser dummen Pflügerwettbewerbe teilnehmen. Wir werden hier nur entlang den Höhenlinien pflügen. Und wir werden unbedingt auch Streifen ungepflügt lassen, große, breite Streifen auf jedem Feld, um den Wind aufzuhalten.“ Er wußte jetzt, daß die Familien in Line Camp die große Dürreperiode von 1930 bis 1936 überstanden haben würden, wenn sie die Winde daran gehindert hätten, ihr Land wegzutragen. „Sie hätten sich mal ein Jahr oder zwei den Gürtel enger schnallen müssen, aber sie würden es durchgestanden haben. Seht euch die Volkemas an. Sie haben sich nie Geld geliehen. Haben für jeden Cent, den sie übrig hatten, neues Land dazu gekauft. Jetzt sitzen sie auf viertausend Morgen, und es geht ihnen prächtig.“ Er hatte versucht, ihnen die Farm abzuluchsen, und Magnes wäre auch einverstanden gewesen, doch Vesta war ihm über den Mund gefahren. „Wenn wir Ihrem schlitzöhrigen Vater in den schlechten Jahren nicht verkauft haben, warum sollten wir Ihnen verkaufen, wenn es uns gut geht?“

„Ich dachte, Sie wollten nach Kalifornien ziehen“, hatte er geantwortet, und Magnes sagte: „Kalifornien ist das Land jenseits des Regenbogens, und viele Regenbogen haben wir hier nicht gesehen.“

Philip Wendell hielt unbeirrbar an einem Prinzip fest: Der Regen würde wiederkommen. Die Grebeschen Felder zum Beispiel würden wieder dreißig Scheffel pro Morgen tragen. Vielleicht nicht 1937, aber ganz gewiß 1938. Darum kratzte er alles Geld zu einer letzten großen Spekulation zusammen. Dann wollte er aufhören und nach Florida übersiedeln, wie es andere reiche Leute in Colorado taten.

Er besaß jetzt an die sechzigtausend Morgen, den Großteil von seinem Vater ererbt, und wenn jetzt zwei Regenjahre hintereinander kamen, würde er so viel Weizen pflanzen, daß die Leute vor Staunen den Mund nicht mehr zubrachten. Er dachte nicht an dreihundert Morgen. Er dachte an dreißigtausend in diesem und dreißigtausend im nächsten Jahr, und alles auf Feldern, die brachgelegen waren.

Diese Strategie beruhte auf Fakten und intuitivem Denken. Es war ein Faktum, daß auch starke Winde gesteuert werden konnten. Es war ein Faktum, daß Hagel nur einmal in fünf Jahren fiel. Es war ein Faktum, daß der Regen wiederkommen mußte. Aber seine Brillanz lag in der Sicherheit, mit der er voraussetzte, daß die Welt binnen kurzem Weizen, riesige Mengen Weizen brauchen und daß der Preis auf zwei Dollar den Scheffel steigen würde.

Du kannst es dir an den Fingern abzählen, rechnete er mit sich. Wenn ich dreißigtausend Morgen riskiere und dreißig Scheffel pro Morgen ernte, sind das neunhunderttausend Scheffel Weizen. Und wenn eine große Sache kommt und den Weizenpreis auf zwei Dollar hinauftreibt, sind das fast zwei Millionen Dollar.

Was war die „große Sache“, auf die er hoffte? Er machte keine genauen Angaben, aber mit einem Adolf Hitler, einem Benito Mussolini, einem Josef Stalin und diesem Idioten Roosevelt an der Macht, mußte ja einfach etwas passieren. Er konnte nicht ahnen, was das sein würde. Doch er wußte, daß die Menschen in jeder Krise Weizen brauchten – und er würde in der Lage sein, ihn zu liefern.

Im Herbst 1937 säte er eine unglaubliche Menge Weizen, achtete aber darauf, seine Felder zu streuen und einen Pflüger nie mehr als einmal zu beschäftigen. Man sollte nicht erfahren, welch großes Risiko er einging, denn er wußte nur zu gut, daß die Bankiers und ihre Geschäftspartner einem Mann, der sich übernommen hatte, eines auf den Deckel zu geben pflegten. Kaum war die Saat in die Erde gebracht, begann er zu beten.

„Wenn Gott uns nur fünfzig Zentimeter Schnee schickt", sagte er zu seiner Frau, „schaffen wir es." Er studierte die Wetterberichte, folgte jeder aufziehenden Wolke mit den Blicken – und kam in den ersten Apriltagen zu dem Schluß, daß seine Spekulation nicht aufgegangen war. Die Niederschlagsmenge war unter dem Durchschnitt geblieben, und er würde kaum mehr als neun Scheffel pro Morgen ernten. Trotzdem war er nicht entmutigt, denn der Weizenpreis stieg auf erfreuliche einundneunzig Cent. „Wir haben nicht so schlecht abgeschnitten", sagte er nach der Frühjahrsernte zu seiner Frau. „Wir haben nicht viel verdient, aber wenigstens haben wir nichts verloren." Da sie beide unter starkem Druck gestanden waren, fühlte sie sich erleichtert und nahm an, daß er das Glück nicht noch einmal versuchen und das Spiel aufgeben würde. Weit gefehlt.

Im Herbst 1938 säte er nicht dreißigtausend, sondern vierzigtausend Morgen. Er wußte, daß er bankrott gehen würde, wenn die Feuchtigkeit ausblieb, und wieder betete er um Schnee. Er freute sich über das kleinste Gestöber, und als ein richtiger Blizzard drei Stunden lang über die Stadt hinwegfegte, lief er in den Schnee hinaus und lachte, als ihm die nassen Flocken ins Gesicht klatschten.

Er benahm sich fast wie ein Wahnsinniger. In der Hoffnung, Regen oder Schnee herbeizwingen zu können, stellte er die verrücktesten Dinge an. In dem Glauben, der Rauch würde die Bildung von Wolken begünstigen, verbrannte er Autoreifen und ließ ein Flugzeug aus großer Höhe Sand streuen. Die Ironie des Schicksals wollte es, daß noch vor Ende der Vegetationszeit tatsächlich vierzig Zentimeter Regen fielen.

Dem Zusammenbruch nahe, fiel er eines Tages im März auf den Diwan des Salons in seinem Haus in Centennial. „Ich könnte das nicht noch einmal aushalten", gestand er seiner Frau. „Ich hatte Schwindelanfälle. Ich bin ein lebender Leichnam."

„Du hast mir versprochen, daß dieses das letzte Jahr sein wird", erwiderte sie.

„Du brauchst mich nicht daran zu erinnern", sagte er. „Das mache ich nicht noch einmal durch."

Und sobald die Ernte eingebracht und mit bescheidenem Gewinn verkauft war, ging er daran, seinen Besitz zu veräußern und das Weizengeschäft aufzugeben. Er verhandelte mit mehreren Interessenten und fand einen Bankier in Denver, der sich interessiert zeigte, mit der Getreidebrachwirtschaft zu spekulieren. „Ich glaube", erklärte ihm der Bankier, „daß ich mit einem genügend großen Areal nicht nur eine gute Weizenernte erzielen, sondern auch noch beträchtliche Gelder von der Regierung bekommen kann – Bodenreserven, Verhütung von Bodenerosion und so weiter."

In einem Winkel seines Herzens bedauerte Wendell, daß er bei dem großen Geschäft, das da kommen mußte, nicht mitmischen konnte. „Wir werden den Dreidollarweizen noch erleben", sagte er zu seiner Frau. „Fang nicht wieder von vorne an", warnte sie ihn. „Nein, nein", beruhigte er sie. „Mir soll's recht sein, wenn ein anderer den Gewinn einstreift."

Er war kein armer Mann. Dieser Hof zum Beispiel, den er dem kleinen Grebe nach der Tragödie um dreitausend Dollar abgekauft hatte. Ein Bankier aus Chicago bot ihm jetzt zwanzig. Nicht alle seine Geschäfte waren so erfolgreich, aber er würde Centennial mit mehr als einer Million Dollar verlassen – nicht schlecht für einen Jungen, der mit einem Tourneetheater in die Stadt gekommen war.

Er verbrachte den Juli und August damit, die Verträge auszuarbeiten, auf Grund welcher sein Besitz in andere Hände übergehen würde. Weil seine Vertragspartner auf Urlaub waren, konnten diese Geschäfte nicht abgeschlossen werden, doch im kommenden September würden die Vereinbarungen wirksam werden.

„Wir haben das Gröbste hinter uns", erklärte er in der letzten Augustwoche mit ehrlicher Erleichterung seiner Frau. „Ich fühle mich um Jahre jünger, und in Florida werden wir eine herrliche Zeit verleben. Der Strand wird Morgan gefallen, und wie ich höre, ist die Universität in Florida fast so gut wie die in Colorado." Sein Sohn war damals elf und von der Aussicht begeistert, in Florida zu leben.

Und dann begann es am letzten Augusttag des Jahres 1939, einem Donnerstag, zu regnen, und als Philip Wendell zu Bett ging, sagte er ärgerlich zu seiner Frau: „So ein Pech! Jetzt regnet es, und morgen verkaufe ich." Aus dem Schlafzimmerfenster sah er auf den Regen hinaus. Es war ein richtiger Regenguß, der die Felder noch vor der Herbstaussaat tränken würde. „Na ja", meinte er, „unser Pech ist eines anderen Glück. Ich fühle es in meinen Knochen, das ist der Anfang einer Regenperiode. Da wird jemand Millionen scheffeln, und ich wünschte, ich wäre dieser Jemand."

„Komm schlafen, Philip."

Er konnte nicht schlafen. Er wälzte sich die ganze Nacht unruhig im Bett herum, grübelte über eine goldene Zukunft nach, die er leichtsinnig verkaufte, und über den Rückzug, den er in dem Augenblick antrat, da die Stunde des Trockenbodenlandes zu schlagen schien. Es war nicht fair. Seine Eltern hatten gemordet, um in der Stadt Fuß zu fassen. Mit sicherer Hand hatte sein Vater das beste Land an sich gebracht. Der alte Mervin Wendell hatte die Bestimmung dieses Gebietes vorausgeahnt, und jetzt verzichtete sein Sohn darauf, seinen Vorteil zu nutzen.

Ohne später erklären zu können, was ihn dazu veranlaßt hatte, stieg Philip Wendell aus dem Bett. Es regnete, und die Dämmerung war noch weit. Er ging in sein Arbeitszimmer hinunter, um die Verträge durchzusehen, die er morgen unterzeichnen sollte, um sich zu vergewissern, daß jedes einzelne seiner Grundstücke ihm den bestmöglichen Preis einbrachte. Als er das Radio andrehte, hörte er die Sensationsmeldungen aus Europa:

„Heute morgen, Freitag, den 1. September, ist Adolf Hitler in Polen einmarschiert. Dank des vor kurzem abgeschlossenen Nichtangriffspaktes mit der Sowjetunion der Sorge einer Konfrontation mit den Russen enthoben, rückt die deutsche Wehrmacht auf Warschau vor. Berichten zufolge wehren sich die Polen tapfer, aber . . ."

Wendell erinnerte sich an die vielen Russen, mit denen er Geschäfte gemacht hatte, und das erste, was ihm durch den Kopf schoß, war: Früher oder später wird er gegen die Sowjetunion kämpfen müssen.

Von dieser Überzeugung war er so durchdrungen, daß er den zu erwartenden Lauf der Ereignisse deutlich vorhersah: die Pattstellung im Westen Europas, die Einmischung Amerikas, die japanischen Umtriebe im Pazifik, die allgemeine Unsicherheit und Verwirrung, die alle Nationen der Erde in eine gewaltige Katastrophe verstricken würden.

„Das könnte Jahre dauern", murmelte er, während er, dem Regen lauschend, nervös auf und ab schritt. „Amerika wird sich nicht heraushalten können, und alle werden Weizen brauchen! Regen und Krieg! Ich wußte, daß es so kommen würde."

Ohne seine Frau zu Rate zu ziehen, fing er an, verschiedene Grundstückmakler in der Gegend anzurufen, und machte sich erbötig, alle Trockenlandhöfe zu kaufen, die sie auf ihren Listen hatten. „Ich bringe Ihnen noch vor neun Uhr einen Scheck", sagte er ihnen. „Ich weiß, das ist früh, aber ich will das Geschäft rasch abschließen." Einer der Makler bot ihm Rieselfelder an. „Das ist etwas für Leute, die Angst haben, ein Risiko einzugehen", lehnte er ab. „Richtige Männer kämpfen mit Trockenböden."

Seine Frau, von seiner lauten Stimme geweckt, kam im Nachthemd herunter und hörte, wie er einen nach dem anderen die Leute anrief, denen er seine Felder hatte verkaufen wollen. „Ich mache das Geschäft rückgängig, Garrett. Ich habe mich entschlossen, das Land zu behalten." Pause. „Ja, ich weiß, wir haben den Verkauf mit Handschlag besiegelt, aber ich habe nichts unterschrieben. Ich mache das Geschäft rückgängig. Ich werde das Land selbst bewirtschaften."

„Was machst du da?" fragte seine Frau entgeistert. Morgan, durch den Lärm aufgeschreckt, kam schlaftrunken ins Zimmer. „Was ist denn los?"

„Die Welt hat sich verändert", antwortete Philip. „In dieser Nacht ist alles anders geworden." Er drehte das Radio an, und sie hörten die feierlichen Erklärungen aus London. „Mensch, das ist jetzt wirklich Krieg!“ murmelte Morgan in scheuem Erstaunen.

Seine Mutter, die nun die Ereignisse aus der Sicht ihres Mannes sehen konnte, nahm seine Hand und flüsterte: „Wenn der Krieg lange genug dauert, könnten wir . . .“

Es war nicht möglich, den Satz zu Ende zu sprechen, denn Philip richtete das Wort an seinen Sohn: „Die Erde schenkt dir nichts, Morgan. Sie dreht sich und sie wartet. Sie liebt dich nicht und sie haßt dich nicht, aber sie hilft den Furchtlosen, etwas zu vollbringen. Dein Großvater hat neunzehn Farmen gekauft, und davon brachten ihm achtzehn einen guten Gewinn. Er verstand etwas vom Land, so wie auch ich etwas davon verstehe, und du etwas verstehen wirst müssen. Staubstürme, Dürre, Krieg . . . das ist nichts. Nur das Land zählt, und du wirst alles lernen, was es darüber zu wissen gibt. Denn diesmal wird es uns reich machen . . . sehr reich.“

PAUL GARRETT
1927—

- Henry Garrett 1895—1958
  - Beeley Garrett 1870—1938
    - Messmore Garrett 1849—1904
      - John Garrett 1810—1881
      - Prudence Messmore 1814—1887
    - Jane Beeley 1855—1914
      - Patrick Beeley 1806—1856
      - Helen Garrett 1810—1880
  - Heller Stern Zendt 1874—1939
    - Martin Zendt 1849—1911
      - Levi Zendt 1820—1887
      - Lucinda McKeag 1827—1890
    - Prudence Wolf 1866—1936
      - Roter Wolf 1831—1897
      - Heller Stern 1842—1912
- Ruth Mercy 1906—1973
  - Paul Mercy 1877—1933
    - Pasquinel Mercy 1850—1876
      - Maxwell Mercy 1811—1891
      - Lisette Pasquinel 1817—1883
    - Laura Skimmerhorn 1858—1903
      - John Skimmerhorn 1838—1906
      - Martha Deal 1841—1908
  - Nancy Lloyd 1890—1933
    - James Lloyd 1854—1924
      - Tom Lloyd 1834—1864
      - Emma Staller 1840—1891
    - Charlotte Buckland 1852—1935
      - Henry Buckland 1822—1888
      - Evelyn Buckland 1827—1866

November-Elegie

Ich verbrachte den Oktober 1973 in Centennial. Ich suchte einen Menschen, ganz gleich ob Mann oder Frau, dessen Leben die Geschichte des Westens widerspiegelte. Ich wollte den Herausgebern von „US" in New York eine Art Schlußstein zu unserem Unternehmen liefern, eine auf Einzelheiten eingehende, persönliche, lebenswahre Darstellung all dessen, was die Menschen im Westen in diesen kritischen Jahren vor unserer nationalen Geburtstagsfeier getan und woran sie gedacht hatten.

Zuerst konzentrierte ich mich auf Centennials schwarzen Friseur Nate Person, Enkel des einzigen schwarzen Cowboys, der je auf dem Skimmerhorn-Trail an der Spitze einer Herde geritten war. Die Geschichte, wie sich diese Familie in meiner kleinen Westernstadt eine führende und von der Liebe ihrer Mitbürger getragene Stellung erworben hatte, war ein amerikanisches Epos.

Dann richtete ich mein Augenmerk auf Manolo Marquez, den Abkömmling jener illustren Mexikaner Tranquilino und Triunfador. Wie es ihm gelungen war, so viele Vorurteile zu überwinden und sich seinen festen Platz in der Gemeinde zu erobern, das hätte eine faszinierende Geschichte ergeben. Aber das waren Sonderfälle, und ihre Verbindung mit Centennial setzte verhältnismäßig spät ein. Ich brauchte jemanden, der tiefer in dieser Stadt verwurzelt, der typischer für sie war. Und am 1. November fand ich mein perfektes Musterexemplar.

Am frühen Morgen frühstückte ich in einer Ecke des großen Salons auf Schloß Venneford. Drei Elchköpfe, die schon lange nicht abgestaubt worden waren, starrten auf mich herab, während ich mich mit Paul Garrett unterhielt, einem großgewachsenen, sechsundvierzigjährigen Mann mit grauen Schläfen. Er war einer der weitblickendsten Männer Colorados und eine echte Führerpersönlichkeit.

Was mir besonders gut an ihm gefiel, war seine Mischung aus Ernst und selbstkritischem Humor. Als ich zum Beispiel gerade meinen mit einem leichten Teergeschmack behafteten Tee austrank, sagte er mir: „Meine Familie hat schon immer etwas für dieses sonderbar riechende

Zeug übrig gehabt. Meine Großmutter Heller Stern – sie war eine Arapaho, müssen Sie wissen – meinte immer, es schmecke nach versengten Mokassins."

„Wer waren Ihre Großeltern?" fragte ich, und aus einer Lade seines vollgeräumten Schreibtisches holte er ein gewöhnliches Zuchtbuch hervor, das die Stammbäume seiner preisgekrönten Herefords enthielt.

„Die Geschichte Ihrer Venneford-Stiere habe ich schon studiert", wollte ich abwehren. „Aber nicht diese", entgegnete er mir und schlug eine Seite auf, die er selbst über seine Person ausgefüllt hatte, so als ob auch er ein Hereford wäre. Sie zeigte seine Vorfahren über fünf Generationen, und nachdem ich seine Aufzeichnungen überflogen hatte, fühlte ich mich in meiner Meinung bestätigt, daß dies der Mann war, den ich brauchte, um meinen Bericht zu vervollständigen.

Zugegeben, die Garretts hatten mit Schafen angefangen, waren dann aber doch so klug gewesen, sich auf Rinder umzustellen. Paul hatte Militärs wie die Mercys unter seinen Ahnen, und Grenzer wie Pasquinel. Ein Zweig seiner Familie war englisch, ein anderer indianisch.

„Messmore Garrett und Buckland waren englischer Herkunft", erklärte er mir, als ich das Buch auf den Tisch zurücklegte. „Die Lloyds waren eine walisische Familie, die nach Tennessee und Texas auswanderte. Patrick Beeley war ein trinkfester Ire, Pasquinel und Mercy kamen aus Frankreich – für gewöhnlich ignorieren die Autoren den französischen Einfluß in der Geschichte des Westens. Zendt, Skimmerhorn, Staller und Bockweiß waren Deutsche. Deal war Holländer, und ursprünglich hat er auch seinen Namen anders geschrieben. Roter Wolf und Heller Stern waren vollblütige Indianer. Lucinda McKeag – es gab wohl keinen, der sie nicht liebte – war die Tochter einer Squaw namens Tönerne Schale. Viele Leute aus den Bergen erwähnten sie in ihren Tagebüchern."

„Eine ziemlich gemischte Gesellschaft", bemerkte ich.

„Fast schon blutschänderisch", gab er zu und schloß das Zuchtbuch. „Wenn Sie die Geschichte der wirklich großen Stiere verfolgen, werden Sie viele Fälle von Inzucht finden. Bei mir sieht es nicht viel anders aus. Ein Sohn Lucinda McKeags heiratete die Tochter ihres Bruders. Messmore Garrett heiratete seine Cousine. Und Henry Buckland, der Vater der streitbaren Charlotte, von der Sie so oft gesprochen haben, heiratete seine Nichte."

Bevor ich mich noch zu dieser letzten Information äußern konnte, klingelte das Telephon, und eine ältliche mexikanische Dienerin kam hereingeschlurft. „Es ist sehr wichtig", meldete sie und reichte ihm den Hörer vom Schreibtisch.

Es war der neue Gouverneur von Colorado, der ihm eine aufregende Mitteilung zu machen wünschte: „In meiner Pressekonferenz heute morgen um zehn werde ich Ihre Ernennung zum Vorsitzenden des

Exekutivausschusses für die Hundertjahrfeier unseres Bundesstaates bekanntgeben.“ Das war eine größere Ehre, als ein Fremder hätte vermuten können, denn als einziger von den fünfzig Staaten würde Colorado im Jahr 1976 nicht nur den zweihundertsten Geburtstag der Nation, sondern auch seinen eigenen hundertsten Jahrestag feiern.

„Das paßt ausgezeichnet“, sagte ich, nachdem ich die Neuigkeit erfahren hatte. „Was ich gerne täte, Mr. Garrett, wäre, Sie begleiten zu dürfen. Ein paar Wochen lang. Dabeisein, wenn Sie Ihre Geschäfte erledigen . . . Meinen Verlegern einen Eindruck von dem vermitteln, womit ein Westerner sich heutzutage beschäftigt. Wenn Sie nichts dagegen haben, würde ich Sie auch bitten, sich dieses Tonbandgerätes zu bedienen, wenn ich gerade nicht da bin. Im Falle, daß Sie sich etwas von der Seele reden wollen.“

„Noch vor einem Monat hätte ich nein gesagt“, erwiderte er. „Es ist nicht leicht, wenn einem die Frau stirbt. Auch nicht, wenn man gar nicht richtig verheiratet war, wie in meinem Fall. Aber davon werden Sie ja wohl gehört haben.“

„Ich habe eine ganze Menge von Ihnen gehört“, sagte ich. „Aber ich möchte noch mehr wissen.“

„Wenn das Gerät funktioniert, werden Sie noch eine ganze Menge mehr wissen.“ Ich mußte zum Lunch bleiben, und während wir unter den Elchköpfen aßen, drang die Nachricht von seiner Ernennung in alle Ecken des Staates, und das Telephon wollte gar nicht mehr aufhören zu läuten. Bewohner der Westhänge der Rockies wollten wissen, ob sie an den Doppelfeiern teilnehmen, oder, wie üblich, nur die zweite Geige hinter dem dichter besiedelten Vorland spielen würden. „Natürlich seid ihr dabei“, versicherte er ihnen. „Gleich morgen komme ich hinüber, um mich mit euch zu beraten. Ruft eure Leute zusammen. Überlegt euch, was ihr haben wollt. Morgen beim Dinner reden wir weiter . . . in Cortez.“

Am Tag darauf, dem 2. November, holte er mich schon früh aus dem Bett, tankte seinen grauen Buick an der Benzinpumpe der Ranch auf und machte sich auf den Weg in die Berge. Gerüchte über eine Treibstoffrationierung gingen um, und man sprach von einer Geschwindigkeitsbegrenzung auf fünfzig Meilen in der Stunde. „Eine unmögliche Geschwindigkeit für den Westen“, murmelte er, während er den Wagen auf seine normale Reisegeschwindigkeit von achtzig brachte. Nach der Route, die wir geplant hatten, würden wir an diesem Tag etwa sechshundert Meilen zurücklegen, aber bei den ausgezeichneten Straßen, die kreuz und quer durch Colorado liefen, war das für einen Fahrer im Westen nur ein kleiner Ausflug. Westlich von Venneford nahmen wir die Autobahn, brausten nach Süden in Richtung Denver, umfuhren die Stadt und steuerten mit neunzig Meilen in der Stunde die Bergpässe an.

Das Fahren machte ihm Spaß. Sein Körper folgte den Bewegungen des Wagens, wenn dieser sich in die gut überhöhten Kurven schmiegte. Für ihn war es etwas Schönes, ein leise summendes Auto durch die Berge zu jagen. Er hielt den Fuß fest auf das Gaspedal gedrückt, während wir dem Eisenhower-Tunnel entgegenbrausten, dem höchstgelegenen Tunnel der Welt, der uns tief unter der kontinentalen Wasserscheide durchschleusen würde, um uns an seinem westlichen Ende in eines der lieblichsten Täler der Erde zu entlassen. Hier waren neue Skizentren errichtet worden, und er blieb kurz bei einigen stehen, um die Besitzer darauf aufmerksam zu machen, daß er von ihnen eine Beteiligung an den Feiern in der Form erstklassiger sportlicher Veranstaltungen erwarte.

In Vail, wo wir ein zweites Frühstück einnahmen, traf er mit sechzehn örtlichen Honoratioren zusammen, die ihn über ihre phantasiereichen Pläne für die Jahrhundertfeier informierten. Er schätzte die Bürger von Vail und zeigte sich von ihrer Tatkraft beeindruckt. Vor Jahren schon hatten die Ökologen ihre Besorgnisse geäußert, die starke Vermehrung von Wintersportplätzen könnte die Bergwelt zerstören, er aber war für den Bau von Skiliften eingetreten, denn er sah die Berge als Erholungsstätten für die Bewohner der Städte, die dem täglichen Zwang entfliehen wollten. Und er hatte das Richtige getan. Ein vernünftig angelegter Wintersportplatz verunzierte die Landschaft in keiner Weise; er machte nur mehr Menschen die Schönheiten der Natur zugänglich – vorausgesetzt, daß ein genügend großes Gebiet im Urzustand belassen wurde. Wann immer die Pläne der Stadt diese Raumverteilung zu verändern drohten, mußte Garrett sie ablehnen.

„Wenn ihr neue Schlittenbahnen neben der Straße haben wollt, werde ich mich dafür einsetzen“, versprach er ihnen. „Was aber eure Pläne zur Kommerzialisierung der Seitentäler betrifft, muß ich Einspruch erheben.“

Da er sich schon oft für sie eingesetzt hatte, akzeptierten die Bürger von Vail sein Veto. „Wir haben noch kein Budget, aber sobald wir es haben, werde ich Mittel für euch abzweigen“, versicherte er ihnen, bevor wir wieder in den Wagen stiegen. „Ihr macht es schon richtig.“

Wir schlugen einen Haken zurück nach Fairplay, einem wunderschönen, von Bergen umschlossenen Ort, und dort forderte Garrett die Gemeindeväter auf, ihm ihre Ideen vorzutragen. Dann überquerten wir eine ganze Reihe von unansehnlichen Brücken; unter ihnen flossen die winzigen Rinnsale dahin, die den Oberlauf des Platte bildeten. Hier, hoch oben in den Rockies, bewässerten diese klaren Bächlein die Bergwiesen, und es fiel dem Beschauer schwer, zu glauben, daß sie sich zu der schlammigen Schlange vereinigen könnten, die über das Flachland kroch.

Nun kam einer der schönsten Teile der Fahrt. Über eine zu beiden Seiten von riesigen Bergen gesäumte, kerzengerade Straße ging es in südlicher Richtung durch jene reizenden Täler, die nur wenige Reisende je zu Gesicht bekommen. Er fuhr mit fünfundneunzig Meilen Stundengeschwindigkeit, und als im Osten die Sangre de Cristo Range vor uns auftauchte, sprach er über Tranquilino Marquez. Er hatte ihn noch persönlich gekannt und sich von ihm erzählen lassen, welchen Eindruck diese Straße durch die Wüste auf ihn gemacht hatte, damals, als er das erste Mal aus Mexiko nach Norden gekommen war, um in Centennial auf den Rübenfeldern zu arbeiten. „Es war, als ob mir der Finger Gottes einen Pfad über die Berge gewiesen hätte", hatte der Greis gesagt.

Am Ende des Tales bogen wir nach Westen ab und fuhren wenig später einen Fluß entlang, von dem viele nicht wissen, daß er in Colorado entspringt. Es war der Rio Grande, der Purzelbäume schlagend und Luftsprünge machend die Felsen herabstürzte. Vier bedeutende Flüsse haben ihr Quellgebiet im Hochland von Colorado – Platte, Arkansas, Rio Grande, Colorado –, und was immer da geschah, bestimmte die Lebensbedingungen in angrenzenden Staaten wie Nebraska, Kansas, Texas, New Mexico, Arkansas, Kalifornien, und sogar Mexiko. Fürwahr, Colorado war die Mutter der Flüsse.

Garrett schaltete seinen Kassettenrecorder ein.

An diesem Tag wieder, wie schon seit einiger Zeit, spielte Garrett nur mexikanische Lieder. Vor Jahren hatte er die Gewohnheit angenommen, wenn er sich in Centennial aufhielt, in Manolo Marquez' Restaurant „Flor de Méjico" zu Mittag zu essen, und dort hatte er Gefallen an der Volksmusik gefunden. Die Rübenarbeiter hatten sie nach Norden gebracht, und je mehr er davon hörte, desto mehr liebte er diese wilden, ausgelassenen Rhythmen.

In Pagosa Springs, am westlichen Ausgang des Wolf-Creek-Passes, nahmen wir ein verspätetes Mittagessen ein. Hier erwartete ihn die erste Delegation spanisch sprechender Bürger. Er versicherte ihnen, daß es bei den kommenden Feiern einen ehrenvollen Platz für die Mexikaner geben würde. „Die Melodie kennen wir", erwiderten sie mit einiger Bitterkeit.

Montezuma und Archuleta hatten vor kurzem eine nicht ganz ernst gemeinte separatistische Bewegung ins Leben gerufen, die für den Anschluß an New Mexico eintrat, „weil uns das ferne Denver ja doch immer die kalte Schulter zeigt". Garrett versuchte sie zu besänftigen. „Das ist jetzt alles anders geworden. Der Gouverneur hat mich persönlich ersucht, zu euch zu kommen und euch von unseren Plänen zu unterrrichten."

„Schon möglich", meinten die Mexikaner, „aber wie steht's mit seinem Nachfolger?"

„Wir im Vorland haben unsere Lektion gelernt."

Er machte nicht viel Eindruck auf die mißtrauischen Bürger von Pagosa Springs. Am Spätnachmittag fuhren wir nach Durango weiter, wo wir uns kurz aufhielten, bevor wir die Fahrt nach unserem

Bestimmungsort Cortez fortsetzten. Dort nahmen wir ein spätes Abendessen mit den Führern der mexikanischen Minderheit ein und saßen noch bis spät in die Nacht zusammen.

Am 4. November, einem Sonntag, machten wir mehrere längere Ausflüge mit den in Cortez ansässigen weißen Amerikanern, und am 5. November kehrten wir über die nördliche Route nach Centennial zurück. Auf der langen Fahrt von Grand Junctions nach Glenwood Springs sprach Garrett über das schwierige Problem, mit dem er sich am nächsten Tag würde auseinandersetzen müssen.

Es war Wahltag, und Colorado würde der erste Bundesstaat sein, der den Blick bewußt in die Zukunft richtete, denn seine Bürger wählten einen Beamten neuen Zuschnitts. Er trug den klangvollen Titel eines Kommissärs für Bodenschätze und Prioritäten, und seine Aufgabe war es, die für seinen Staat richtigen industriellen und ökologischen Entscheidungen zu treffen. Es schien angebracht, daß Colorado der erste Staat sein sollte, der mit einem solchen Konzept experimentierte, denn seine Bürger waren immer jedem vernünftigen Wechsel aufgeschlossene Pioniere gewesen. Colorado hatte der Nation als erster Staat den Weg zu Altersversicherung und Invalidenrenten, zu angemessenem Aufwand für das Erziehungswesen und zu liberalen gewerbepolizeilichen Gesetzen gewiesen.

Man brauchte sich nur die alten Siedler anzusehen, Leute wie den Lahmen Biber, Levi Zendt aus Pennsylvania, Potato Brumbauch aus Rußland oder Charlotte Buckland aus England, um zu begreifen, daß hier die Tradition des Individualismus verankert war. Jetzt sollte der Staat der Nation den Weg zu einer vernünftigen Ausbeutung ihrer Bodenschätze weisen.

Man hatte dem neuen Amtsträger bereits den Spitznamen „der Zar" verliehen, und morgen sollte zum ersten Mal ein Mann für diesen verantwortungsvollen Posten gewählt werden. Wie die meisten Bürger Colorados vertrat auch Garrett die Ansicht, daß die Republikanische Partei die altehrwürdigen Werte der amerikanischen Lebensform repräsentierte und man ihr vertrauen konnte, daß sie nur redliche, über jeden Verdacht erhabene Männer und Frauen in ein Amt berufen würde. Erwies sich aber ein Amtsinhaber dann doch als Gauner, wie das hin und wieder passierte, betrachtete er das als Ausnahme.

Andererseits verfocht er die Meinung, in Krisenzeiten, wenn das Land fähiger Köpfe bedurfte, sei es ratsam, Demokraten ins Amt zu berufen, weil sie für gewöhnlich über einen größeren Ideenreichtum verfügten. Und wenn sich dann ein Demokrat nach dem anderen als ausgewachsener Hornochse erwies, war auch das für Garrett eine Ausnahme.

Die Wahl am Dienstag versetzte ihn in einen Zwiespalt. Die Demokraten hatten einen farblosen Mann aus einem westlichen Bezirk nominiert, und es würde Garrett nicht viel Überwindung kosten, sich gegen ihn zu entscheiden, der Haken war, daß sich die Republikaner einen Mann aus Centennial ausgesucht hatten – einen für Garrett völlig inakzeptablen Mann.

Der Kandidat hieß Morgan Wendell, war im selben Jahr wie Garrett geboren und hatte zum selben Termin wie er sein Studium an der Universität von Colorado beendet. Sein Vater hatte im Zweiten Weltkrieg hohe Spekulationsgewinne mit Weizen erzielt, er war ein reicher Mann und in geschäftlichen Belangen recht verläßlich. Er war ein guter Student gewesen und hatte dem Staat in verschiedenen Eigenschaften gedient. Es sah so aus, als ob er die Wahl mit großem Vorsprung gewinnen würde, so daß es nicht von großer Bedeutung war, ob Paul Garrett für oder gegen ihn stimmte.

Doch Garrett schätzte seine Stimme hoch ein. Der Wahlvorgang schien ihm das edelste Ritual des amerikanischen Way of life; er hatte sich nie einer Wahl enthalten noch jemals sorglos seine Stimme abgegeben.

Der Buick verlor merklich an Geschwindigkeit, während er sich die Frage vorlegte: Was ist es, was mich veranlaßt, Morgan Wendell nicht zu trauen? Er ließ das leere Gerede, das in seiner Familie im Umlauf gewesen war, außer acht. Paul Garretts Großvater, Beeley Garrett, hatte der Familie einmal von einem gewissen Mr. Gribben erzählt. Dieser hätte ihm auf dem Totenbett anvertraut, daß Maude und Mervin Wendell ihm ihr erstes Haus praktisch gestohlen hatten. Sie hätten es einzig und allein dadurch in ihren Besitz gebracht, daß sie es ihm mit dem alten Dachs-Spiel abnötigten.

„Was ist das Dachs-Spiel?“ hatte Paul gefragt.

„So nennt man es, wenn man einen Mann in verfänglicher Situation im Schlafzimmer eines anderen erwischt und er Angst hat, es zuzugeben“, hatte Großvater Garrett es ihm erklärt und anschließend über jene Episode berichtet, die Paul jetzt zu denken gab: „Etwa um diese Zeit kam ein Schwede in die Stadt, ein Mann namens Sorenson, und der verschwand von einem Tag zum anderen. Auch sein Geld war nicht aufzufinden. Gewissen Bemerkungen Sheriff Dumires entnahm ich, daß er die Wendells verdächtigte, den Mann beseitigt zu haben. Für mich steht es fest, daß Dumire eine bestimmte Spur verfolgte, doch bevor er noch seine Untersuchungen abschließen konnte, kam er bei einer Schießerei ums Leben.“

Das waren alles Gerüchte, seitdem waren mehr als achtzig Jahre vergangen, und Paul verbannte sie aus seinen Gedanken. Spielte das heute noch eine Rolle? Aber es gab da auch noch etwas anderes, was Paul ihm vorzuwerfen hatte, etwas Schwerwiegendes, und das war kein Gerücht. Paul war zwölf Jahre alt gewesen, als sein Vater es ihm erzählt hatte.

Es war am ersten Tag des Zweiten Weltkrieges, man schrieb das Jahr 1939, und die Familie Garrett saß beim Frühstück, als das Telefon läutete. Es war Philip Wendell, der Grundstückmakler, der anrief, um Philips Vater zu informieren, daß er den zwischen ihnen abgeschlossenen Handel – Henry Garrett wollte viertausend Morgen Land zurückkaufen, die einst zur Crown-Vee-Ranch gehört hatten – rückgängig mache.

„Aber wir haben das Geschäft doch mit einem Handschlag besiegelt", sagte Henry Garrett. Es folgte ein kurzes Schweigen, und dann sagte er: „Gewiß. Wir haben nichts Schriftliches. Sie haben mir nie den Kaufvertrag geschickt. Aber gilt denn Ihr Wort gar nichts?" Wieder Stille, und dann Henry Garrett, schreiend: „Sie dreckiger Hurensohn!" Dann knallte er den Hörer auf die Gabel.

Zitternd vor Erregung kehrte er an den Frühstückstisch zurück, wo er sich seinem Sohn zuwandte: „Ich empfehle dir, dich in deinem ganzen Leben nie mit den Wendells einzulassen. Er hat sein Wort zurückgenommen."

„Wieso?" hatte Paul gefragt.

„Wir haben ein Geschäft abgeschlossen und uns die Hand darauf gegeben. Jetzt ist etwas geschehen, wodurch er ein bißchen mehr verdienen kann, und darum weigert er sich, die getroffene Vereinbarung einzuhalten."

„Was könnte denn passiert sein?" wunderte sich Pauls Mutter, aber ihr Mann ging auf die Frage nicht ein, und sie verließ das Zimmer. Henry Garrett nahm die Hand seines Sohnes in die seine und sagte in feierlichem Ton zu ihm: „Wenn du jemandem die Hand auf etwas gibst und dann dein Wort brichst, darfst du mir nie wieder unter die Augen kommen. Der Umgang zwischen Männern gründet sich auf ihre Ehre, und diese fundamentale Wahrheit hat noch kein Wendell begriffen."

„Henry", rief seine Frau ins Zimmer, „hör doch die Nachrichten im Radio!" Und als sie erfuhren, daß Krieg war, verstanden sie, warum Philip Wendell seine Zusage zurückgenommen hatte. „Wenn er auf diesen viertausend Morgen Weizen anbaut", meinte Ruth Garrett, „wird er sehr reich werden . . . wenn der Krieg länger dauert . . ."

„Soll er", sagte ihr Mann, und noch schwelte die Wut in ihm. „Verdien dir dein Geld nie auf diese Weise, Paul. Es steht nicht dafür."

Seit damals beobachtete Paul Garrett die Wendells mit zunehmendem Interesse und stellte fest, daß sein Vater recht hatte. Verantwortungsgefühl war ihnen fremd. An der Universität hatte Morgan Wendell alles getan, um sich bei wichtigen Leuten beliebt zu machen – Professoren, Leichtathletiktrainern, Vorsitzenden von Studentenverbindungen, ihnen allen hatte er geschmeichelt – und doch wußte keiner, welche Prinzipien er vertrat. Und mit dieser Einstellung hatte er Erfolg.

Der Erfolg blieb ihm auch später treu. Jetzt erwartete er, von den Wählern eines großen Staates in ein bedeutendes Amt berufen zu werden, und vielleicht war Paul Garett nur übervorsichtig, wenn er sich die Frage vorlegte, ob er für so einen Mann stimmen sollte. Während wir auf den Eisenhower-Tunnel zuhielten, schaltete er das Bandgerät ein und fing an zu sprechen – so, als läge ihm daran, mir eine genaue Aufzeichnung seiner Gedankengänge zu überlassen:

„Ich habe kein Vertrauen zu ihm, Vernor. So einfach ist das. Es sind nicht die Dinge, die seinen Großeltern angelastet werden . . . und ich habe Ihnen nicht die ganze Geschichte erzählt, weil sie für Sie nicht von Belang ist. Ich trage ihm auch nicht nach, daß sein Vater ein Gauner war – ich bin nicht dafür, die Sünden der Väter den Söhnen anzulasten. Was mich stört . . . er ist ein minderwertiges Individuum ohne Prinzipien. Ein Technokrat. Er kann etwas leisten. Er weiß Dinge auseinanderzuhalten. Aber in einer Krise wird ihm das Fundament fehlen, ohne das eine konstruktive Arbeit nicht möglich ist. Er glaubt an nichts. An der Universität hat er nie Vorlesungen besucht, bei denen er hätte denken müssen. Er hat seinen Geist nie angestrengt, weil er sich nie mit sich selbst . . . oder mit Tatsachen . . . oder der Zukunft auseinandersetzen mußte. Und ich bin der Meinung, daß die Demokratie nur funktionieren kann, wenn sie von Männern und Frauen vertreten wird, die wissen, was für eine Art Menschen sie sind. Wie soll eine Gleichung aufgehen, wenn die Unbekannte immer unbekannt bleibt?"

Als wir die Schnellstraße erreichten, die nach Greeley abzweigt, fuhr er mit hundertfünf Meilen Stundengeschwindigkeit. „Morgen werde ich sehr früh aufstehen", sagte er, „und mir die Sache nochmal überlegen. Ich werde mir Bonnet satteln lassen und hinüberreiten, um mir die Herefords anzusehen."

Am Dienstag, dem 6. November, ging Garrett erst spät zur Wahl, denn als er nach seinem langen Ritt ins Schloß zurückkehrte, war er bis ins Innerste aufgewühlt. Den Kopf in die Hände gestützt, saß er eine Weile allein und grübelte. Es war nicht die Frage, wem er seine Stimme geben sollte, die ihn beschäftigte – er war sich diesbezüglich schon ziemlich im klaren –, sondern die qualvolle Entscheidung in bezug auf seine geliebten Herefords, der er nun nicht länger ausweichen konnte. Als er die kräftigen Tiere auf ihren entfernten Weideplätzen besuchte und sie sich, die weißen Gesichter in leuchtendem Kontrast zu ihren roten Fellen, langsam auf ihn zubewegten, empfand er einen bohrenden Schmerz, denn er entsann sich des wechselvollen Schicksals, dem er und seine Familie diese edle Rasse unterworfen hatten. Wo es um die Herefords ging, hatten die Garretts immer in gutem Glauben gehandelt. Urgroßvater Jim Lloyd hatte sie fast so innig wie seine eigene Tochter geliebt. Die Ranch hatte immer nur die besten Stiere gekauft, aber irgendwo, irgendwann wurde eine falsche Richtung eingeschlagen, und nun mußten Korrekturen vorgenommen werden.

„Lieber würde ich mir die rechte Hand abschlagen", sagte Garrett, und er meinte es ernst. Er wollte in Montana anrufen, als er Schritte auf der Veranda hörte. Er ging hinaus, um nachzuschauen, und sah zu seiner Überraschung Morgan Wendell, den präsumptiven Zaren, vor sich stehen.

„Ich mußte schon früh im Wahllokal sein", erklärte Morgan. Er solle schon um sieben kommen, habe sein Manager ihm aufgetragen. Er werde Fotografen hinschicken, und so kämen sie noch in die Nachmittagszeitungen. Er war mit seiner Frau neben dem Stimmzählapparat gestanden, und beide hatten gelächelt.

„Ich nehme doch an, daß Sie Ihre Stimme abgeben werden, Paul."

„Das versäume ich nie."

„Ich hoffe, Sie werden sie für mich abgeben."

„Ist es nicht ein bißchen spät für Wahlwerbung?"

„Ich betreibe keine Wahlwerbung. Es sieht so aus, als ob ich den Job in der Tasche hätte, und eigentlich ist es mir völlig piepe, wie Sie wählen."

Garrett hatte keine Anstalten getroffen, Wendell, der nur selten im Schloß zu Gast gewesen war, weiterzubitten, und die brüske Erwiderung ließ ihn gespannt aufmerken. „Welchem Umstand verdanke ich die Ehre Ihres Besuches, Morgan?"

„Etwas sehr Wichtiges, Paul." Der Kandidat zauderte. „Kommen Sie 'rein", forderte Garrett ihn auf, und Wendell sagte: „Danke."

Garrett führte ihn in den Salon mit den Elchköpfen. „Paul", begann Wendell schroff, „Sie und ich, wir sind nie gut miteinander ausgekommen, und ich nehme auch an, daß Sie, wenn Sie überhaupt wählen gehen, für Hendrickson stimmen werden." Garrett zuckte die Achseln und schwieg. „Ich bin hergekommen, um Ihnen zu sagen, daß ich Ihre Hilfe brauche . . . dringend brauche."

„Haben Sie mich nicht soeben wissen lassen, daß Ihnen meine Stimme völlig piepe ist?"

„Ach, die Wahl . . . wen interessiert das? Aber wenn ich den Job bekomme – und ich denke, ich werde ihn bekommen –, brauche ich ein paar erstklassige Köpfe. Nein, unterbrechen Sie mich nicht. Kopfarbeit war nie meine Stärke. Aber ich habe Gefühl für das, was in der Welt vorgeht. Ich weiß im voraus, was den Leuten an die Nieren gehen wird."

„Und was hat das mit mir zu tun?"

„Sehr viel. Den Staat zu retten – das ist das große Problem, mit dem Colorado sich im kommenden Jahrzehnt konfrontiert sehen wird. Ich meine das wörtlich. Es gilt die Wälder zu retten, die Forellen, die Elche – und ganz besonders die Flüsse und die Luft, die wir atmen."

Paul Garrett lehnte sich zurück und studierte seinen Besucher. „Wissen Sie, Morgan, das ist das erste Mal in Ihrem Leben, daß Sie vernünftig reden."

„Das habe ich von Leuten Ihres Kalibers gelernt", gab Wendell zur

Antwort. „Die erste Berufung, von der ich der Presse Mitteilung zu machen gedenke, wird die meines bevollmächtigten Stellvertreters Paul Garrett sein.“

„Ein Job, den ich annehmen müßte – wenn er mir angeboten wird.“

„Ich hoffte, daß Sie das sagen würden.“

„Aber ich würde ihn nicht annehmen, um Ihnen ein Aushängeschild abzugeben, Morgan. Für Sie ist Umweltschutz ein Modewort, etwas, womit sich zu beschäftigen einem die politische Klugheit gebietet. Dagegen habe ich auch nichts einzuwenden, denn schließlich wollen Sie und andere Leute ja gewählt werden. Aber wenn ich das Wort gebrauche, faßt es mein ganzes Leben zusammen. Sie könnten es schwer mit mir haben.“

„Das ist mir klar. Machen wir's doch so. Sie treffen alle Entscheidungen über unsere Naturschätze nach Ihrem Gutdünken, und wenn Sie mir wirklich völlig unerträglich werden sollten, bekommen Sie den blauen Brief, und ich ersetze Sie durch jemanden, der mir etwas mehr zusagt. Meiner Meinung nach könnten wir zumindest drei Jahre miteinander auskommen, und bis dahin wäre der Grundstein gelegt.“

„Klingt annehmbar“, sagte Garrett. Dann fiel ihm etwas ein, was gegen seine Bestellung sprechen könnte. „Sie wissen doch, daß ich beim Calendar-Prozeß diese Woche als Zeuge geladen bin. Das könnte peinlich werden.“

Wendell ließ den Kopf hängen, denn das war eine schlechte Nachricht. Der Prozeß würde im ganzen Staat Widerhall finden, und wenn sein Stellvertreter Partei nahm, konnte das unangenehm werden. „Könnten Sie sich nicht der Aussage entschlagen, Paul?“

Garrett lachte. „Sehen Sie! Noch bevor Sie mich zu Ihrem Stellvertreter ernannt haben, wollen Sie schon, daß ich einen Rückzieher mache. Der Calendar-Prozeß, Morgan, berührt die Wurzel des Problems, über das wir jetzt gesprochen haben. Natürlich kann ich mich der Aussage nicht entschlagen. Natürlich werde ich Sie in eine peinliche Situation bringen.“

„Vielleicht könnte ich die Bekanntgabe Ihrer Bestellung ein paar Tage hinausschieben. Das wäre doch vernünftig.“

„Alles ist vernünftig“, entgegnete Garrett. „Für alles auf Gottes weiter Erde lassen sich Vernunftgründe finden. Aber wenn Sie die Bekanntgabe hinausschieben, nehme ich Ihr Angebot nicht an. Verstehen Sie denn nicht, Morgan? Ich werde immer ein Pfahl in Ihrem Fleisch sein, weil der Schutz dieses Staates unweigerlich gewisse Leute verärgern wird, die Sie günstig stimmen wollen . . . günstig stimmen müssen. Wir werden uns balgen wie Hund und Katze, bevor wir einen Zollbreit Weges vorankommen. Das wissen wir. Die Frage ist nur: Können wir mit dieser Belastung leben?“

Wendell dachte über diese freimütige Erklärung nach und antwortete dann: „Ihre Aufgabe wird es sein, die natürlichen Reichtümer unseres Staates zu schützen, und ich weiß, daß Sie dieser Aufgabe gerecht sein werden. Meine Aufgabe ist es, die Interessen der Industrie zu wahren, um Arbeitsplätze und Steuereinnahmen zu sichern. Sie verteidigen das Wasser. Ich werde jeden Tropfen, den ich bekommen kann, für neue Städte und Fabriken haben wollen. Es wird nicht leicht sein, und Sie machen es noch schlimmer, indem Sie sich in die Calendar-Geschichte einmischen . . . und die Jäger im ganzen Staat auf die Barrikaden treiben."

„Sie würden mich nicht haben wollen, Morgan, wenn ich in solchen Fragen nicht eine feste Stellung bezöge."

Morgan Wendell sah sich mit der ersten schweren Entscheidung seines künftigen Amtes konfrontiert. Er holte tief Atem und sagte dann etwas, was Garett völlig unvorbereitet traf. „Wissen Sie, wer für mich der bemerkenswerteste Amerikaner aller Zeiten war? Warren Gamaliel Harding. Er trat sein Amt in einer Periode nationalen Wohlstands an, zu einer Zeit, da wir uns Fehler leisten konnten. Er war der lebende Beweis dafür, wie schlecht ein gewählter Amtsträger sein kann. Er ist eine Warnung für alle Politiker. An dem Tag, da wir unser Amt antreten, müssen wir alle an Präsident Harding denken und uns sagen: ‚Ich darf nicht so schlecht sein.' Ich halte Harding für einen der nützlichsten Amerikaner, die je gelebt haben. Ich werde nicht der Harding von Colorado sein."

„Ich esse in der Stadt zu Mittag", sagte Garrett. „Bei Marquez. Seien Sie mein Gast."

So kam es also zum ersten öffentlichen Auftreten des Zaren – im „Flor de Méjico", und in Gesellschaft eines Mannes, von dem man wußte, daß er seiner Kandidatur kühl gegenüberstand. Es wirkte sich in diesem Bezirk nicht zu Wendells Nachteil aus, und als gerissener Politiker bemerkte er an diesem Tag etwas, was ihm von noch größerem Nutzen sein sollte. Er besaß die ungewöhnliche Gabe, alles, was in seiner unmittelbaren Umgebung vorging, genau zu registrieren, und als er mit Garrett das Restaurant betrat, fiel ihm auf, daß Paul zögerte, sich nach allen Seiten umsah und erst dann, seine Enttäuschung nicht verbergend, auf einen Tisch zuging.

Während des Essens beobachtete Wendell Garrett verstohlen und sah, wie sich das Gesicht seines zukünftigen Stellvertreters plötzlich erhellte. Wendell blickte zur Küche hinüber und sah Manolo Marquez' Tochter mit einem Stoß Teller hereinkommen. Die Leute in der Stadt wußten, daß sie in Los Angeles geheiratet hatte, aber schon zwei Wochen nach der Hochzeit mit einer Narbe auf der Wange und einer Scheidung aus Verschulden des Mannes zurückgekehrt war. Du kriegst die Motten! dachte er. Blaublütler Garrett und ein mexikanisches Mädchen! Das könnte mich bei denen unten im Südwesten sehr beliebt machen.

Am Nachmittag begab sich Paul Garrett in die Abgeschiedenheit einer Wahlzelle und betrachtete noch einmal die zwei Namen, die ihm eine Entscheidung abverlangten – Charles Hendrickson, dem es an jeder Befähigung mangelte, wie Demokraten sie zuweilen besaßen, und Morgan Wendell, ein Mann ohne jene grundlegenden Charakterzüge, wie man sie von Republikanern erwartete. Er verspürte eine plötzliche Übelkeit. Der Teufel soll mich holen, wenn ich einem von ihnen meine Stimme gebe, sagte er sich. Er betätigte den Hebel für einen der jungen Takemotos, der für den Schulrat kandidierte, den anderen für eine Deutsche und verließ die Wahlzelle, ohne für den Zaren gestimmt zu haben.

Am nächsten Morgen begann er seine Inspektionstouren, kurze Fahrten, die ihm dazu dienten, sich das Land anzuschauen, das er nun schützen sollte. Seine Exkursionen durch das Trockenbodenland im Osten trieben ihm zuweilen Tränen in die Augen, wenn er im Geist diese Chronik enttäuschter Hoffnungen durchblätterte, aber noch trauriger stimmte ihn, was er von Cheyenne oben im Norden bis hinunter zur Grenze von New Mexico entlang der Gebirgskette sehen mußte.

Im Süden von Cheyenne beginnend, zog sich ein beständiger Dunstschleier quer über ganz Colorado. Er schien eine Tiefe von über zweihundert Meter zu haben und bestand aus Industrieabgasen. Woche um Woche hing er da, ohne seine Form zu verändern. Hätte er am Boden gehaftet, er würde die menschliche Atmung gefährdet haben und als die drohende Gefahr bekämpft worden sein, die er tatsächlich darstellte, doch da er hoch oben blieb, verdeckte er nur die Sonne und ließ gerade nur so viel Säure herab, daß den Menschen die Augen vierundzwanzig Stunden im Tag brannten.

Die Beaver Mountains waren von Centennial aus nicht mehr auszunehmen, und es vergingen ganze Tage, an welchen die Cowboys auf Venneford jene majestätische Bergkette nicht sehen konnten, die einst den westlichen Hintergrund dargestellt hatte. Die Leute, die früher gern an der Ecke Mountain und Prairie Road gestanden waren und auf die Rockies hinübergeblickt hatten, um sich über das Wetter zu informieren, erfuhren das Nötige jetzt aus dem Radio.

Besonders bestürzt war Garrett über die Lage in Denver. Die Gipfel der Rockies hatten einst auf diese lebensvolle Stadt herabgeblickt, zu deren Wohlstand die Berge mit ihrer reichen Ausbeute an Gold und Silber erheblich beitrugen. Jetzt war sie eine von Smog überdeckte Falle mit einer der vergiftetsten Atmosphären im ganzen Land. Und von den Bergen war nichts mehr zu sehen.

Natürlich gab es Tage, wo die verschmutzte Luft von einem frischen Wind nach oben getragen wurde. Dann waren die Gipfel wieder für ein paar Stunden sichtbar, und die Menschen starrten mit schmerzlichem

Lächeln auf die Bergriesen hinauf und sagten zu ihren Kindern: „So war es früher jeden Tag."

In den vergangenen zehn Jahren war Paul Garrett oft von dem bedrückenden Gefühl gequält worden, daß die Bewohner Denvers dieser Situation völlig gleichgültig gegenüberstünden. Es herrschte die Ansicht vor, daß jeder vollblütige Amerikaner im Westen einen berechtigten Anspruch auf seinen Wagen und sein Gewehr besäße, und was er damit anfinge, ginge niemanden etwas an.

Der Westen hatte ebenso rückhaltlos vor dem Automobil kapituliert, wie er sich einst geweigert hatte, vor den Indianern zu kapitulieren. Das Auto tötete in einem Jahr mehr Siedler, als die Rothaut in der ganzen Geschichte des Territoriums zur Strecke gebracht hatte. Die Betonbänder fraßen die Landschaft auf und drangen bis in die verstecktesten Winkel vor. Und wenn ein Tal zufällig unberührt blieb, dann kamen die jaulenden, knatternden Motorschlitten und jagten die Elche, bis sie erschöpft zusammenbrachen. Kein Ort war ihnen heilig, kein Ort bewahrte seine Stille, und es gab kein Tal, wo man den Schnee ruhig liegengelassen hätte.

Als Paul Garrett diese Probleme in den ersten Novembertagen überdachte, gab er sich selbst einige Versprechen: „Als Stellvertretender Kommissär für Bodenschätze und Prioritäten werde ich meinen Wagen gegen einen kleineren tauschen. Ich werde langsamer fahren. Ich werde Tag und Nacht gegen den Smog in Denver zu Felde ziehen. Und ich werde die Motorschlitten in den Staatsforsten verbieten." Dennoch fürchtete er, mit seinen Maßnahmen zu spät zu kommen. „Wenn das so weitergeht", murmelte er zynisch vor sich hin, „wird man bald nach Wyoming fahren müssen, wenn man die unberührte Schönheit Colorados genießen will."

Freitag, den 9. November, sah sich Paul Garrett genötigt, einer höchst unerfreulichen Pflicht nachzukommen. Er rasierte sich sorgfältig, legte einen konservativen Straßenanzug an und stutzte sich mit dem Rasiermesser die grauen Härchen an den Schläfen. Es würde dies sein erstes öffentliches Auftreten nach seiner Berufung in das neue Amt sein, und er wollte einen guten Eindruck machen.

Er fuhr nach Denver zum Bundesgerichtshof, wo gegen Floyd Calendar verhandelt werden sollte. Der Richter war ein für seinen Humor bekannter lebhafter kleiner Mann. Der Staatsanwalt, der die Sache des Umweltschutzes auf seine Fahnen geschrieben hatte, war ein aktiver Sportler gewesen. Der Verteidiger, der auf dem Lande lebte, war ein bekannter Jäger und Viehzüchter.

Der Angeklagte gehörte einer ganz anderen Menschengattung an. Floyd Calendar war ein Mann Anfang Sechzig, mager, bärtig, von abstoßendem Aussehen. Er trug keine Krawatte, und sein Anzug schien einige Nummern zu weit zu sein, obwohl er groß gewachsen war. Vorne fehlte ihm ein Zahn, was seinen schon an sich mürrischen

Gesichtsausdruck fast unheimlich erscheinen ließ. Er war zweier schwerer Vergehen angeklagt: Er hatte von einem Flugzeug aus auf das Wappentier der Vereinigten Staaten, den Weißköpfigen Seeadler, geschossen, und Bären, eine gefährdete Spezies, „auf grausame und unsportliche Weise“ getötet.

Der erste Zeuge der Anklage war Harold Emig aus Centennial. Mit seiner Aussage wollte der Staatsanwalt darlegen, was für ein Mensch dieser Floyd Calendar war.

„Er war Bergführer“, erklärte Emig. „Sein erstes öffentliches Amt bestand darin, Partien zusammenzustellen, um Präriehunde zu schießen.“

„Sind Präriehunde eßbar?“ erkundigte sich der Staatsanwalt.

„O nein! Präriehunde schießt man nur zum Spaß. Floyd wußte, wo sie ihre Baue hatten. Heutzutage gibt es ja nicht mehr viele. Für einen Dollar pro Person führte er uns hin, und wir stellten uns vor den Bau. Auf die Westseite, verstehen Sie, da bekommen die Biester die Sonne in die Augen, na, und Floyd hatte da so Trommeln und Pfeifen, damit lockte er sie heraus, und wenn dann so ein kleiner Kerl den Kopf heraussteckte, knallten wir los.“

„Wie viele töteten Sie da?“

„Na ja, an einem guten Tag, wenn Floyds Pfeifen funktionierten, schossen wir jeder zehn, zwanzig . . . die Tiere nicht gerechnet, die wahrscheinlich getroffen im Bau verendeten.“

„Was haben Sie mit den Tieren gemacht?“

„Nichts. Ein Präriehund taugt zu nichts. Essen kann man sie nicht. Es war nur eben der Spaß, wenn einer den Kopf aus dem Loch steckte, ihn mit einem gut gezielten Schuß zu erwischen.“

„Betreibt Mr. Calendar immer noch solche Jagdausflüge?“

„Nein, Sir. Nach einer Zeit waren die Biester ziemlich ausgerottet, und da verlegte er sich auf Hasenhetzen. Sechzig, siebzig Männer mit Knüppeln streifen da durch ein ziemlich großes Gebiet, ziehen den Kreis immer enger, und am Schluß geht es dann hoch her, wenn die Hasen zu Tode geprügelt werden.“

„Ich dachte, das wäre vor einigen Jahren verboten worden.“

„Ja, das stimmt. Die Zeitschrift ‚Life‘ schleuste einen Photographen in eine von Floyds Jagdpartien ein, und der machte Aufnahmen von den Teilnehmern . . . Ich war auch auf so einem Bild. Na ja, das hat so ein paar Frauenvereine an der Ostküste gestört . . . Erwachsene Männer, verstehen Sie, die Hasen auf diese Weise totprügeln . . . Diese Frauenvereine wissen natürlich nicht, was für einen Schaden so ein Hase anrichten kann.“

„Und was machte Mr. Calendar dann?“

„Ja, dann hatte er einen wirklich guten Einfall. Wir fuhren da in einer großen Gruppe mit Kleinlastern und speziell abgerichteten Jagdhunden los, weit hinaus auf die Prärie, wo es Coyoten gab, und jagten sie ... vielleicht zehn Meilen weit. Dann ließen wir die Hunde los."

„Und dann?"

„Die Hunde zerrissen die Coyoten." Es entstand eine Pause, und Emig fügte hinzu: „Das mußte natürlich sein, denn die Coyoten fallen ja Schafe an."

„Ihre Schafe?"

„Nein."

„Mr. Calendars Schafe?"

„Nein. Für uns war es nur Spaß."

Der Anklagevertreter rief den nächsten Zeugen auf, Clyde Delvin, einen Sprengmeister. „Ja also, Präriehunde gab's keine mehr, und Coyoten auch nicht mehr viele, und der Floyd, der wollte ja was Sportliches machen, und da kam er auf die Klapperschlangen oben auf den Spitzkuppen. Wir kauften uns kleine Dynamitstäbe und warfen sie in die Baue hinein. Eine ganze Menge ging so drauf, aber am meisten Spaß machte es doch, mit der Flinte dabeizustehen und sie abzuknallen, wenn sie herausgekrochen kamen.

Aber was die Leute veranlaßte, ihr gutes Geld dafür zu zahlen, daß sie mitmachen durften, war was anderes: sie wollten sehen, wie Floyd mit den Schlangen fertig wurde. Er machte das sehr geschickt. Er nagelte sie mit einem gegabelten Stock am Boden fest, nahm sie beim Schwanz und knallte mit dem Biest wie mit einer Peitsche, bis der Kopf davonflog. Ich war selbst dabei, wie er einmal sechzehn Schlangen hintereinander so erledigt hat. Die anderen trauten sich nicht einmal an eine 'ran. Ich? Ich gehe ihnen nicht in die Nähe."

Der Staatsanwalt ging nun auf den ersten Anklagepunkt ein und rief Hank Garvey, den Piloten eines kleinen, in Fort Collins stationierten Flugzeugs, in den Zeugenstand. „Wann begann nach Ihrem Wissen Mr. Calendar zum ersten Mal sich mit den Adlern zu befassen?"

„Das ist jetzt fünf Jahre her, da flogen wir zusammen, Calendar und ich, und sahen einen Adler in einiger Entfernung von einem abgestorbenen Baum abheben. Wir sahen ihm eine Weile beim Fliegen zu, und Floyd sagte: ‚Verdammt nochmal, Hank, wenn einer ein bißchen aufpaßt, könnte er dem Adler doch leicht auf der Spur bleiben und ihn 'runterknallen.' Und dann werkten wir eine ganze Woche in der Luft 'rum, um zu sehen, ob wir Adler aufspüren und sie einkreisen konnten, und stellten fest, daß es kinderleicht war. Adler fliegen nämlich gar nicht so schnell, wie man immer meint."

„Und wann wurde diese Idee ... ich meine, wer kam auf die Idee, ein Geschäft daraus zu machen?"

„Das ergab sich von selbst. Floyd und ich, wir kennen ja viele Jäger, wo er doch Bergführer war und so, und wir wußten, wie schwer es für einen Jäger ist, einen Adler zur Strecke zu bringen. Da gab es wirklich gute Schützen, die seit Jahren davon träumten, ohne einem Adler auch nur in die Nähe gekommen zu sein, geschweige denn einen erlegt zu haben. Und das ärgerte diese Leute, die den Kopf von einem afrikanischen Rhinozeros und von einem indischen Tiger an der Wand hatten, aber nicht ihren eigenen Wappenvogel. Da war ein weißer Fleck an der Wand, und dagegen wollten sie unbedingt was tun, denn richtig präpariert und ausgestopft sieht nichts so gut aus wie ein Weißköpfiger Seeadler."

„Wann begannen Sie mit der kommerziellen Auswertung? Ich meine, wann hatten Sie Ihren ersten Kunden?"

„Als wir wieder mal so 'rumflogen, kamen wir ganz nahe an einen großen Vogel heran, und Floyd rief, ‚Mensch, da braucht einer ja gar nicht zu zielen! Er braucht nur das Gewehr hinzuhalten, und schon hat er ihn.' Und da trafen wir diesen Mann aus Boston. Der hatte schon alles in seinem Jagdzimmer außer einem Adler. Er hatte sogar einen Kodiakbären und war so hungrig nach einem Adler, daß ihm der Speichel förmlich aus dem Mund lief. ‚Ich glaub' nicht, daß man auf diese Weise zu einem Adler kommen kann', sagte er zu Floyd, bevor wir abflogen, ‚aber wenn Sie mir einen vor den Lauf bringen, bekommen Sie fünfhundert Dollar.' Dann drehte er sich zu mir und sagte: ‚Und für Sie wird auch noch eine Kleinigkeit abfallen.' Na, und da mußten wir wohl einen Adler aufspüren."

„Und haben Sie einen aufgespürt?"

„Wir kreuzten eine Weile westlich von Fort Collins und fanden nichts. Und dann trieben wir so allmählich zum Rocky Mountain National Park hinunter und kamen da plötzlich auf einen großen schönen Vogel. Der Bostoner wollte gleich losknallen, aber wir wollten ihn nicht über dem Nationalpark abschießen. Wenn wir dann gelandet wären, um ihn abzuholen, hätte es Schwierigkeiten geben können. Ich riß also das Steuer herum und drängte den Adler langsam nach Norden ab, und sobald ich Ackerland unter uns sah, ging ich ganz nahe an ihn heran. Der Adler und die Maschine flogen etwa gleich schnell, und man hätte glauben können, der Vogel würde stillstehen. Und da machten wir einen großen Fehler bei unserem ersten Versuch. Ich war zu nahe. Wir hätten den Adler mit einem Besenstiel erschlagen können. Und wie der Bostoner dann losknallte, löste er den Adler praktisch in seine Bestandteile auf. Wir brauchten eine gute Stunde, um die einzelnen Teile zusammenzusuchen, und als wir sie dann zu Gundeweisser brachten, das ist der Tierpräparator, guckte der sich den Haufen an und fragte: ‚Wie wollt ihr's denn haben, als Ente oder als Adler? Ihr braucht's nur zu sagen.' Es war ein wahres Meisterstück, was er da produzierte. Ein richtiger Wappenadler mit vorspringenden Krallen und funkelnden Glasaugen. Der Bostoner war begeistert und schickte uns das Bild, das Sie da vor sich liegen haben. Wir zeigten es Gundeweisser, und der meinte: ‚Dieser Adler besteht zu zwei Dritteln aus Plastik, aber das wird der Dummkpof nie erfahren.' Darum hielt ich mit meiner Kiste in der Folge größeren Abstand, um den Vogel mit dem Schuß nicht zu zerreißen."

„Wie viele haben Sie von Ihrem fliegenden Schießstand aus getötet?"

„Etwas über vierhundert, aber Floyd und ich, wir haben keinen einzigen 'runtergeholt. Es waren alles Sportler, die unseren Wappenvogel an der Wand haben wollten."

Präparator Gundeweisser bestätigte diese Zahl. „Die Burschen brachten mir ihre Adler, weil ich den Trick heraushabe, ihnen ein besonders wildes Aussehen zu geben – ausgestreckte Krallen und so. Das konnte ich tun, weil ich mir nur erstklassige Augen aus Deutschland kommen ließ – hartes Glas, das gelb aufblitzt. Ich habe schon mehr als vierhundert Adler präpariert, aber keiner will den Vogel an der Wand haben, wie er wirklich aussieht. Ausgestreckte Krallen – er muß immer so aussehen, als ob er gerade etwas töten würde."

Als nächster wurde einer der im Staatsdienst stehenden Naturschützer einvernommen. Er gab an, daß er und seine Kollegen Floyd Calendar eine Zeitlang beobachtet hatten. „Nach dem Aufsehen, das er mit seiner Adlerjagd in der Öffentlichkeit erregt hatte, bekam er kalte Füße, und das Flugzeug zeigte sich nicht mehr am Himmel. Seine nächsten Opfer waren Bären. Die Nachfrage nach Bären war nicht weniger groß als nach Adlern, und er dachte sich eine todsichere Methode aus, um einem Jäger zu einem Bären zu verhelfen."

„Erklären Sie uns das bitte näher."

„Er lernte, Bären in einer Falle zu fangen. Er versteht vermutlich mehr von Bären als sonst jemand in Amerika. Zu Beginn der Jagdsaison fing er sich acht oder zehn besonders schöne Exemplare und versteckte sie tief im Wald in Käfigen. Wenn dann so ein Sportjäger aufkreuzte, verlangte Floyd hundert Dollar für die Jagd und weitere zweihundert, wenn der Mann einen Bären erlegte. Er brachte den Kunden in eine von mehreren Jagdhütten im Wald, und etwa eine Viertelmeile von dort hatte er einen der Bären im Käfig. Um fünf Uhr früh schlich er sich hinaus, um den Bären freizulassen, um fünf Uhr fünfzehn fingen er und der Jäger an, das Wild aufzuspüren, und um halb sechs war das Tier tot. Ich habe drei Dutzend solcher Fälle untersucht. Die Jäger hatten keine Ahnung, was Floyd getan hatte. Die Leute zahlten ihre zweihundert Dollar und waren hochzufrieden."

„Und wie ging das weiter?"

„Es kam gelegentlich vor, daß Floyd einen Bären freiließ, der aber dann eine andere als die erwartete Richtung einschlug und sich nicht mehr aufspüren ließ. Um das zu vermeiden, ging er dazu über, die Bären zwei Wochen, bevor sie freigelassen werden sollten, nicht mehr zu füttern. Da gab es dann nur wenige Ausreißer, denn die Tiere hielten sich mit der Nahrungsuche auf, und der Jäger konnte sich heranschleichen und sie abschießen."

„Wir möchten gern hören, was Mr. Calendar sich als nächstes einfallen ließ."

„Darüber wird Jagdaufseher Quarry Ihnen berichten."

Ein sehr junger Mann trat in den Zeugenstand. Er hatte eine Anzahl kleiner technischer Geräte mit sich, die der Gerichtsschreiber fein säuberlich mit Nummern versah. „Mr. Calendar war immer noch nicht zufrieden, denn es kam auch jetzt noch vor, daß ihm ein Bär entwischte. Wir haben Beweise dafür, daß er zu seiner neuen Methode durch einen Artikel im ‚National Geographic' inspiriert wurde, in dem ich über Experimente berichtete, die ich in Kanada angestellt hatte, um das Verhalten der Bären während ihres Winterschlafs zu untersuchen. In diesem Artikel – ich bedauere jetzt, ihn geschrieben zu haben – erklärte ich, wie wir dem Bären einen Miniatursender einpflanzten, so wie diesen da. Wo der Bär auch immer hinging, er sandte ein Signal aus, das uns seinen jeweiligen Standort verriet. Ich steckte mir einen von diesen Peilempfängern an die Mütze, konnte mich frei bewegen und wußte doch immer, wo die Bären sich aufhielten. Nun, Floyd Calendar kam drauf, wer diese Dinger herstellte, und sooft er einen Bären zur späteren Verwendung fing, hängte er ihm einen von diesen Sendern um den Hals. Kreuzte dann so ein Sportjäger auf, der scharf auf einen Bären war, brauchte Floyd nichts weiter zu tun, als den Bären freizulassen, das Signal zu orten und seinen Kunden, ohne einen Mißerfolg fürchten zu müssen, in die betreffende Gegend zu steuern."

„Merkte der Jäger nicht, was da gespielt wurde, wenn er vor dem toten Bären stand und das Sendegerät sah?"

„Nein. Denn Floyd ließ den Mann nicht schießen, bevor er, Floyd, nicht auf einen fliegenden Start vorbereitet war. Und während der Jäger noch Freudensprünge aufführte, lief Floyd voran, bückte sich und riß dem Bären mit einer schnellen Handbewegung den Sender vom Hals. Der Kunde merkte nichts."

Jetzt kam die Reihe an Paul Garrett, der dem Gericht als Bevollmächtigter Stellvertreter des Kommissärs vorgestellt wurde. Die Zuschauer beugten sich vor, als er den Zeugenstand betrat, denn dieser Fall hatte die Gemüter erhitzt, und viele Bürger fanden es unfair, daß man Calendar mit einem hohen Beamten wie Garrett konfrontierte.

„Ich kenne Floyd Calendar mein ganzes Leben lang", gab Garrett in seiner Einvernahme an. „Ich kannte auch seinen Vater. Und meine Eltern kannte seinen Großvater."

„Erzählen Sie uns von Mr. Calendar und den Truthühnern."

„Vor etwa zehn Jahren lockte ich eine Familie wilder Truthühner auf den nördlichen Grenzstreifen meiner Ranch. Wir fütterten sie und beschützten sie, und nach einer Weile hatten wir eine recht ansehnliche Herde. Der wilde Truthahn ist ein sehr empfindlicher Vogel, so gut wie ausgestorben in unserer Gegend, und wir beobachteten unsere Brut sorgfältig. Doch anscheinend wurden sie auch von Floyd Calendar beobachtet, denn nachdem die Herde einen gewissen Umfang erreicht hatte, begann die Zahl der Tiere abzunehmen. Wir konnten keine Spuren von Coyoten finden und zerbrachen uns den Kopf, bis mir ein Freund in Massachusetts einen vervielfältigten Brief schickte, den er aus Colorado erhalten hatte. Hier ist der Brief."

Der Richter wies den Protokollführer an, den Brief vorzulesen; die Zuhörer waren teils belustigt, teils empört, als der Inhalt von Floyd Calendars Werbebrief bekanntgegeben wurde: „Ich gebe Ihnen eine Garantie, die kein anderer Führer in Amerika Ihnen geben kann. Kommen Sie in die Rockies, und ich werde Ihnen zeigen, wie Sie unsere beiden Wappentiere, den Weißköpfigen Seeadler und den wilden Truthahn, zur Strecke bringen können."

„Wo hatte er die Truthühner her?" fragte der Staatsanwalt.

„Aus meinem Schongebiet. Als ich den Brief sah, postierte ich einen meiner Leute dorthin, und tatsächlich erschien bald darauf Floyd Calendar mit einem Jäger aus Wisconsin und schoß meine Truthühner."

„Nun, Mr. Garrett, es sind da Gerüchte im Umlauf . . . über die Art, wie Sie darauf reagierten. Wollen Sie dem Gericht dazu eine Erklärung abgeben?"

„Ich war sehr zornig und wartete, bis ich Calendar ins ‚Flor de Méjico' hineingehen sah, das ist Manolo Marquez' Restaurant. Dort stellte ich ihn und sagte etwa das Folgende . . ."

„Wir wollen nicht hören, was *etwa* Sie sagten. *Was* haben Sie gesagt?"

„Soweit ich mich erinnern kann, sagte ich: ‚Calendar, wenn Sie noch einmal dieses Truthahnschongebiet betreten, bringe ich Sie um. Bin ich da, wenn Sie kommen, tu' ich's auf meinem Land. Entwischen Sie mir, komme ich in dieses Restaurant und lege Sie um, während Sie beim Essen sitzen."

„Sie haben gesagt, Sie würden ihn umlegen, während er beim Essen sitzt?"

„Ja. Ich war sehr zornig."

Dieses frühzeitige Eingeständnis seiner Drohung nahm dem Kreuzverhör etwas von seiner Schärfe, aber der Verteidiger machte eine ganze Menge von der Tatsache her, daß ein Mann, der in seinem neuen Amt mit Sportsleuten zu tun haben würde, gedroht hatte, einen von ihnen in einem Restaurant zu töten. Garrett stieg nicht sehr gut aus diesem Verhör heraus.

Der letzte Zeuge der Anklage war ein Mann aus Centennial, der schon einige Male Streit mit Calendar gehabt hatte. Seine Aussage war vernichtend. „Für Floyd Calendar ist das Töten Selbstzweck. Er haßt alles, was sich bewegt – Präriehunde, Klapperschlangen, Gabelböcke und, wie Sie ja gehört haben, Bären und Adler. Wenn man Floyd freie Hand ließe . . . sobald er das Tierreich liquidiert hätte, würde er, glaube ich, auf Menschen losgehen – auf Neger und Mexikaner und Chinesen und Katholiken und jeden, der nicht genauso ist wie er. Er haßt alles, was nicht in sein Weltbild paßt, und sieht es als seine Pflicht an, es auszumerzen. Ihn einen Sportsmann zu nennen ist ein Hohn. Aus ökologischer Sicht gesehen, ist er ein Monster."

Der Verteidiger erhob natürlich gegen diese ganze Tirade Einspruch, und der Richter ließ sie aus dem Verhandlungsprotokoll streichen.

Mit dem Auftreten der ersten Zeugen der Verteidigung wurde deutlich, welchen Verlauf der Prozeß nehmen würde. Es waren Viehzüchter und Jäger, die übereinstimmend angaben, daß die Adler jungen Lämmern nachstellten und daher ausgerottet werden sollten. Sie sagten auch aus, daß Floyd Calendar einer der feinsten Kerle im Westen sei – er wäre immer sehr nett zu seiner Mutter gewesen, bestätigten alle –, und nach dieser erbaulichen Feststellung vertagte sich das Gericht über das Wochenende. „Sie haben Nerven, Garrett", meinte ein Rancher beim Verlassen des Saales. „Gegen einen echten Amerikaner auszusagen!" Paul nahm mit Erleichterung zur Kenntnis, daß das Gericht auf seine weitere Einvernahme verzichtete.

Am Sonnabend, dem 10. November, arbeitete er auf der Ranch und ritt dann nach Norden, um die wilden Truthühner zu inspizieren. Es waren sehr schöne Vögel, groß und schwer. Sie sahen immer so aus, als ob gerade die Pilgerväter mit langen Büchsen hinter ihnen her wären, um sie zum Erntedankfest 1621 zu verzehren. Paul freute sich, daß sie die Ranch mit ihm teilten.

Er ritt auch zu einer Stelle hinüber, wo er einen Bau für Präriehunde eingerichtet hatte, und auch Kanincheneulen ihr Gelege bargen. Die Wiederkehr der kleinen Geschöpfe war kein reiner Segen gewesen, denn eines von Garretts Pferden brach sich in einem ihrer Erdgänge ein Bein und mußte erschossen werden. Der Aufseher der Ranch wollte den Bau mit einer Planierraupe dem Erdboden gleichmachen, doch Garrett verweigerte seine Zustimmung. „Man kann nichts erhalten, ohne auch Nachteile in Kauf zu nehmen. Wenn wir diesen Bau an seinem Platz lassen, werden sich Pferde die Beine brechen, und die Klapperschlangen werden wiederkommen. Aber im großen gesehen, gleichen sich die Dinge aus, wie sie das auch schon vor zweitausend Jahren getan haben. Wir müssen das Gleichgewicht bewahren und den Preis dafür bezahlen."

Die Tatsache, daß er die Gesellschaft von Truthühnern und Präriehunden suchte, brachte ihm erneut zum Bewußtsein, wie sehr er an der amerikanischen Krankheit litt. Es war eine tiefe Niedergeschlagenheit, die Infektion der Einsamkeit, die ihn überkam und die er wohl wahrnahm, aber nicht erklären konnte.

„Ich habe nie begriffen, warum so viele Amerikaner der Einsamkeit verfallen. Ich weiß, daß ich diesbezüglich erblich belastet bin. Als Alexander McKeag, den ich als Vorfahren mitrechnen könnte, weil er die Pasquinels zusammenhielt, den Winter 1827, ohne ein Wort zu jemandem zu sprechen, in einer Höhle verbrachte, litt er an dieser Krankheit.

Und als mein anderer Ahne, Levi Zendt, dem Beaver Creek den Rücken kehrte und die grauenhafte Abgeschiedenheit der Kalkklippen wählte, benahm er sich wie ein typischer Amerikaner.

Schafhirten wie Amos Calendar zogen die Einsamkeit vor. Gleich ihrem Vorbild Daniel Boone lebten sie lieber allein als mit vielen Menschen zusammen.

Diese Krankheit befiel nur weiße Amerikaner. Die Arapaho verbanden sich immer zu großen kommunalen Einheiten. Die chinesischen Eisenbahnarbeiter und die auf den Rübenfeldern beschäftigten Mexikaner lebten in ihren Siedlungen. Die Japaner bildeten eine enge Gemeinschaft, und das gleiche galt für die Russen. Nur der Amerikaner liebte die Einsamkeit und legte seine Ranch oder seinen Hof an, wo niemand ihn zu Gesicht bekam. Warum?"

Garrett hatte sich eine Theorie zurechtgezimmert, die diesen amerikanischen Hang zur Isolierung erklären sollte. Wenn ein Pilgervater bei Plymouth die Küste erreichte, sah er nur Wildnis vor sich, und ihr mußte er sein eigenes kleines Königreich entreißen. Er mußte gegen die Einsamkeit ankämpfen, mußte lernen, mit ihr zu leben und sie zu beherrschen. Konnte er das nicht, konnte er auch nicht überleben. Nach Plymouth zu kommen, um an einer Bürgerversammlung teilzunehmen, das war kein charakteristischer Bestandteil seines Lebens in New England. Die Rückkehr in die Einsamkeit des eigenen Hauses, sie war es, die seiner Existenz ihren Stempel aufdrückte.

In den Gebieten an den Siedlungsgrenzen, die später dazukamen, war es nicht anders. Wer in seinem Innersten die Einsamkeit fürchtete, konnte nicht hoffen, sich an die entsetzliche Isolierung in den Wäldern von Kentucky zu gewöhnen. Die Neigung, allein zu hausen, wurde fast zur Vorbedingung für ein Überleben in Amerika, und noch heute, so wollte es Garrett dünken, gab es auf der Welt nur wenige Orte, die so einsam waren wie die amerikanischen Städte.

Die Prärie hatte die Last dieser Prüfung noch erhöht, weil die Menschen dort der Leere nicht entrinnen konnten; selbst der Schutz der Bäume fehlte. Eine Familie, die nach Westen zog, mußte damit rechnen, fünfzig Tagereisen zurückzulegen, ohne auf eine menschliche Behausung zu stoßen, und die Frau, deren Mann sich entschloß, in Wyoming zu siedeln, tat gut daran, sich an das Nichts zu gewöhnen, das ihr aus den Weiten des Raumes entgegenstarrte.

Und dann gab es noch jenes Extrem an Einsamkeit, gab es die durch Schneemassen von der Außenwelt abgeschnittenen Männer, die den Winter an einem von der Welt vergessenen Ort verbrachten, sich während der schweigenden Monate von Sturm und Eis zudecken ließen, nichts lasen und sich nicht einmal mit Tieren unterhielten, denn auch die hielten ihren Winterschlaf.

„Die einzigen Helden, von denen ich als Junge träumte, waren Einzelgänger. Die alleingelassenen Verteidiger von Alamo. Nathan Hale, der nach einsamem Kampf sein einsames Leben für sein Land gab. Die Pioniermutter, die ihren Wagen verteidigte, nachdem ihr Mann gefallen war. Der Reiter des Schnellpostdienstes, der unbegleitet und unbeschützt das Land durchquerte. Das waren meine Helden.

Das wirkte sich auf die verschiedensten Aspekte der amerikanischen Lebensweise aus. Der mutige Mann, der sich an einer entlegenen Stelle seine Blockhütte zimmerte und sie sein Zuhause nannte. Eine Familie, die etwas auf sich hielt, mußte, von den anderen getrennt, allein in ihrem kleinen Haus wohnen, und der Unglückliche, der diese Einsamkeit nicht ertrug, wurde entweder bemitleidet oder ausgelacht. Die unverheiratete ältere Schwester war sich des Mitgefühls aller sicher, weil sie zusammen mit anderen leben mußte. Jeder junge Ehemann, der im Haus seiner Schwiegereltern Unterkunft finden mußte, war ein Gegenstand des Spottes.

Als der Westen erschlossen wurde, lebten die Menschen nicht in Gemeinschaft zusammen. Eine Ranch war dreißig Meilen von der nächsten entfernt. Dem Siedler, der ein abgeschiedenes Leben führte, machte man keine Vorwürfe, wenn er auch in der Zeit der Indianerüberfälle versuchte, allein durchzukommen. Im Gegenteil: man spendete ihm Beifall, weil er sich den Indianern so mutig und ohne fremde Hilfe entgegenstellte.

Die Folge davon war, daß die Amerikaner zum einsamsten Volk auf Gottes Erdboden wurden. Wir sind noch einsamer als die Eskimos, die in geschlossenen Einheiten leben. Wir sind noch viel einsamer als die Mexikaner, die weiter im Süden das gleiche Land in Besitz haben, denn die Mexikaner waren klug genug, die Form der Großfamilie beizubehalten, die Menschen verschiedenen Alters in passabler Harmonie vereint."

Es gab Kompensationen, das mußte Garrett zugeben. Allein lebende Menschen sahen sich genötigt, geschickt und erfinderisch zu sein. Alte Modelle und Schablonen mußten preisgegeben werden, um dem revolutionären Neuen die Tore zu öffnen. Der in die Zukunft gerichtete Blick führte zu der Entwicklung des draufgängerischen, extrovertierten, entschlossenen Menschen. Die Welt brauchte ihn, doch seine Evolution hatte einen hohen Preis an Einsamkeit gefordert.

Und ich? fragte er sich, als er von seinem Ausritt zurückkehrte. Er war sehr einsam seit dem Tod seiner Frau. Zugegeben, er besaß eine schöne Ranch, er liebte seinen Beruf, man hatte ihm ein verantwortungsvolles Amt übertragen, doch das alles genügte nicht, um den zunehmenden Druck der Isolierung von ihm zu nehmen.

Gegen drei Uhr nachmittags ging er unter die Dusche, rasierte sich und stieg in seinen Wagen. Als er die Ranch verließ, hätte er nicht sagen können, wohin er eigentlich wollte. Er hatte das unbestimmte Gefühl, daß er gern Cisco Calendar ein paar gute Western-Songs singen gehört hätte, denn Cisco war einer der besten im Showgeschäft und nach seiner Fernsehsendung in Chicago wieder daheim. Auch wollte er Cisco versichern, daß er Floyd ungeachtet seiner Aussage vor Gericht nicht übelwolle.

Doch Cisco war nicht der Hauptgrund für seine Fahrt in die Stadt. Was er wirklich ersehnte, das war, Flor Marquez zu sehen und in bezug auf diese langbeinige, dunkelhaarige, geschiedene junge Frau eine Entscheidung zu treffen. Sie war ihm bei einem seiner Besuche in ihres Vaters Restaurant zum ersten Mal aufgefallen. Es wäre wohl eine Übertreibung gewesen, wenn er behauptet hätte, er habe genau mitverfolgt, wie sie heranreifte. Immerhin war ihm nicht entgangen, daß sie einen schneidigen Burschen aus Los Angeles geheiratet hatte, und es hatte natürlich einiges Aufsehen erregt, als sie schon zwei Wochen später mit einer Narbe auf der linken Wange zurückgekommen war.

Sie selbst war nur ein einziges Mal auf ihre gescheiterte Ehe zu sprechen gekommen: „Wie soll ein Mädchen wissen, daß ein Kerl ein völliger Versager ist?"

Sie war da, als Garrett das Restaurant betrat. „Sehen wir doch mal, ob Cisco heute abend singen will", schlug er vor, und sie war froh, einen Vorwand gefunden zu haben, das Lokal zu verlassen. Sie gingen durch die Mountain und die Prairie Road hinunter und entlang der Geleise bis zu Ciscos mit Schindeln gedecktem Haus. Er saß auf der Veranda, wie er das üblicherweise nachmittags tat, und ließ die Welt an sich vorbeiziehen. Wie sein älterer Bruder war auch er groß und hager. Er hatte das Gesicht eines Mannes, der es seit langem gewohnt war, im Freien zu arbeiten.

„Tag, Leute", sagte er freundlich, ohne sich zu erheben.

„Ich wollte dir nur sagen, daß es mir leid tut . . . die Kontroverse mit Floyd . . . vor Gericht, meine ich."

„Er ist ein gemeiner Kerl. Wird schon alles so gewesen sein, wie du gesagt hast."

„Man hat mich nur über die Truthühner vernommen."

„Wie geht's ihnen denn?"

„Hab' sie mir heute morgen angesehen. Dick und frech waren sie."

„Komm doch abends 'rüber", mischte sich Flor ins Gespräch. „Sing uns ein paar Lieder."

„Könnte sein", erwiderte Cisco.

Sie wußten, daß sie nichts weiter zu sagen brauchten. Wenn er Lust hatte, würde er gegen zehn im „Flor de Méjico" erscheinen und für seine Nachbarn singen. Flor wußte, daß er in Städten wie Cleveland und Birmingham einige tausend Dollar für ein einmaliges Auftreten verlangen konnte, doch wenn er daheim war, verbrachte er seine Zeit gerne mit den Menschen, von denen er seine Lieder gelernt hatte: den Mexikanern und den Cowboys.

Garrett und Flor spazierten zurück zum Railway-Arms-Hotel, wo sie auf ein Glas Bier einkehrten. Sie wußten, daß die Leute in der Stadt sie beobachteten und daß es einiges Gerede gegeben hatte. Klatschbasen behaupteten, Flor wäre seine Geliebte, aber eine Kellnerin, die sie gut kannte, erklärte: „Ohne standesamtliche Ehegenehmigung läßt diese heiße Tomate keinen Mann ins Bett!"

Sie irrte. Flor Marquez und Paul Garrett kamen schon seit geraumer Zeit in verschiedenen Hotelzimmern in verschiedenen Städten zusammen – einer vor dem anderen auf der Hut, beide im Zweifel über ihre Zukunft. Und weil sie ihre trostlose Vereinsamung an diesem Nachmittag besonders stark empfanden, trennten sie sich vor dem Restaurant und eilten, jeder für sich, auf Schleichwegen in ein nahe gelegenes Motel, wo sie die ersten Abendstunden zubrachten.

Gegen neun machten sie sich unbemerkt davon, um sich, jeder wieder auf eigenen Wegen, in Marquez' Restaurant mit mir zu treffen. Flor kam als erste und unternahm den halbherzigen Versuch, ihrem Vater bei der Speisenausgabe zu helfen. Bald darauf erschien Garrett und begann den Musikautomaten zu füttern.

„Cisco kommt!" rief eine Weile später ein Junge von der Tür her, und die Nachricht löste Bewegung unter den Gästen aus. Seine Gitarre in der Hand, betrat der schlaksige Sänger das Lokal, nickte einigen Freunden zu und kam an den Tisch, wo Garrett und ich saßen. Er lud Flor ein, zu uns zu kommen, und trank etwa eine Stunde lang Bier, während er die Fragen von Verehrern beantwortete, die alles mögliche über Nashville und Hollywood wissen wollten. Schließlich nahm er seine Gitarre zur Hand und fing an, ein paar Saiten zu zupfen.

Er schlug einige Akkorde an und legte das Instrument wieder auf den Tisch. „Was möchtest du gerne hören, Paul?"

Es spielte eigentlich keine Rolle, denn was immer Cisco Calendar sang, ließ den Westen vor seinen Zuhörern auferstehen. Wenn er von Büffeltreibern sang, dachte er an seinen Großvater, der beim großen Gemetzel von 1873 seine Sharps Kaliber .50 so lange abgefeuert hatte, bis die Flinte so heiß war, daß er sie nicht mehr halten konnte. Sang er von den Sandstürmen, erinnerte er die Zuhörer an seinen Vater Jake, dem der Sturm 1936 den Hof weggefegt und der alles verloren hatte; als seine Frau nicht aufhören wollte zu meckern, schoß er mit einer Schrotflinte wild auf sie los und saß ein Jahr im Knast.

Und wenn Cisco von Cowboys sang, vermeinten die Leute in seiner hohen, nasalen Stimme das Rauschen der Steppenhexen zu hören oder den harten Mißklang einer im Sand zusammengerollten Klapperschlange. Er sang von Falken und Adlern und vom Schecken eines

Indianers, und die Zuhörer sahen diese Tiere vor sich, denn in seinem Vortrag lag eine erschreckende Wirklichkeit. Dies war die Kunst eines Mannes, der eine Kultur in sich aufgenommen und ihre Substanz entdeckt hatte.

„Ich möchte gern ‚Malagueña Salerosa' hören", antwortete Garrett, und Cisco sah ihn an.

„Ziemlich schwierig für den Anfang."

„Ich habe nicht gesagt, daß es leicht ist."

Cisco nahm die Gitarre vom Tisch und spielte die Akkorde dieses vielleicht schönsten Liebesliedes, das in den vergangenen fünfzig Jahren in Amerika geschrieben worden war. Es war schwer zu singen, weil es voraussetzte, daß der Künstler das Falsett spanischer Prägung beherrschte, aber Cisco hielt es für das beste in seinem mexikanischen Repertoire:

„Welch schöne Augen sie hat
Unter den dunklen Brauen . . .
Unter diesen dunklen Brauen . . .
Welch sanfte Augen . . ."

Die anwesenden Mexikaner applaudierten, nachdem er eine Strophe zu Ende gesungen hatte. Er dankte für den Beifall. „Ich singe dieses Lied für meinen guten Freund Paul Garrett und für meine noch bessere Freundin Flor Marquez, die ineinander verliebt sind." Er griff wieder zu seinem Instrument, spielte einige Variationen über das Thema des Liedes und sang dann mit zärtlicher Stimme die Endstrophe:

„Ich biete dir nur mein Herz . . .
Ich schenke dir mein Herz.
Nimm es statt meiner Armut . . .

Sie ist hübsch und bezaubernd,
Gleich der Unschuld einer Rose . . ."

Mit dem letzten Wort schlug er einen leisen Akkord an und verbeugte sich abermals.

Er sang noch ein paar Stunden lang – der letzte echte Cowboy, der letzte Büffeljäger. „Und das wär's für heute", sagte er, als er zu Ende war. „An eurer Stelle würde ich heiraten", fügte er leise hinzu und sah Flor und Garrett an. „Zum Teufel mit allen, denen es nicht paßt!"

Am Sonntag bekam ich Garrett nicht zu Gesicht, denn er verbrachte den Tag mit Flor und sprach ernsthaft mit ihr über die Probleme, die sich, wenn sie tatsächlich heirateten, unweigerlich ergeben würden. Er war Mitglied der Episkopalkirche und sie katholisch, aber das beschwerte sie beide nicht. Er hatte zwei Kinder, sie waren in einem schwierigen Alter . . . Nun, welches Alter ist nicht schwierig, wenn ein Witwer ein zweites Mal heiraten will? Wen immer er wählen mag, die Kinder sind selten einverstanden. Die jungen Garretts hatten bereits unmißverständlich erklärt, daß ihnen die Idee, eine Mexikanerin als Stiefmutter zu bekommen, nicht zusagte. Durch den Tod von Pauls Mutter, Ruth Mercy Garrett, im letzten Februar war der Hauptwiderstand allerdings weggefallen. Sie war eine verkrampfte, ungeliebte Frau gewesen, die immer von der langwährenden Liebesaffäre ihres Mannes mit Flors Großtante Soledad gewußt und aus diesem Grund alle Mexikaner gehaßt hatte. Als sie erfuhr, daß Paul sich für Flor Marquez interessierte – noch dazu eine geschiedene Frau! –, machte sie ihrem Sohn eine schreckliche Szene und warf ihm vor, er versuche, sie in den Tod zu treiben. Sie reagierte so unvernünftig, daß er über die Sache nicht mit ihr sprechen konnte, aber er mußte mit der Möglichkeit rechnen, daß sie tatsächlich einem Herzschlag erlag, wenn er Flor heiratete. „Du bist genau wie dein Vater!“ hatte sie gegeifert. „Du treibst es ja nur mit diesem liederlichen mexikanischen Frauenzimmer, um mich zu kränken und zu quälen! So war es auch bei ihm.“ Nun war sie tot, und niemand bedauerte ihr Hinscheiden, nicht einmal ihre Enkelkinder, die von ihr immer verzärtelt wurden, sie aber als das erkannten, was sie wirklich war – eine beklagenswerte, sich selbst bemitleidende, sich selbst zerstörende Frau.

Manolo Marquez bildete ein ernstliches Hindernis, weil er Ehen zwischen Anglos und Mexikanern wenig Chancen einräumte. Die wenigen, von denen er wußte, hatten ein katastrophales Ende genommen, und er bezweifelte, daß es Paul und Flor besser ergehen würde. Flor nahm seine Einwände nicht auf die leichte Schulter, denn als sie ihre erste Ehe eingegangen war, hatte er ihr vorausgesagt, daß sie keine zwei Monate dauern würde. Die Ehe war nach knapp elf Tagen gescheitert.

„Er ist ein nur auf seine Männlichkeit bedachter Hohlkopf“, hatte Manolo seine Tochter gewarnt. „Du kennst den Typ nicht, weil du dich nie in Spiellokalen herumtreibst.“ Keine Beschreibung hätte besser auf ihren jämmerlichen Ehemann gepaßt, einen sich als Helden gebärdenden Prahlhans mit so bizarren Ansichten über die Rechte des Mannes in der Ehe, daß man darüber nicht einmal lachen konnte. Flor schämte sich, daß sie so wenig Menschenkenntnis besessen hatte, und traute nicht so recht ihrer Überzeugung, daß Garrett ein ganz anderer Mensch war.

Doch alle Zweifel schwanden angesichts der Tatsache, daß sie und Paul sich liebten, nach einander verlangten und sich wie bessere Menschen vorkamen, wenn sie zusammen waren. Sex mit ihrem ersten Ehemann war ein entsetzliches Erlebnis gewesen, ohne Gefühl und ohne Erfüllung, doch mit Paul Garrett das Bett zu teilen, machte ihr Freude. Er schämte sich nicht, ihr zu gestehen, daß er sie brauchte.

An diesem Sonntag zum Beispiel, im Motel, hatte er ihr gesagt: „Ich bin so einsam, ich kann es kaum ertragen. Ich sitze da auf meinem Schloß, umgeben von Tausenden Morgen leeren Landes, die mich von allem abschließen. Ich würde verrückt werden, wenn ich dich nicht im Restaurant sehen könnte."

Es war beiden klar, daß sie heiraten sollten. Was hielt sie immer noch davon ab? In Colorado war es einfach nicht üblich, daß ein Anglo eine Mexikanerin heiratete. Eine Indianerin, das ging noch, aber eine Mexikanerin? Niemals!

Den Montag verbrachte Paul ohne Flor. Er versuchte seine Gedanken zu ordnen. Erst abends fuhren wir nach Denver und suchten dort einen Nachtklub auf, der eine Mariachi-Band aus Mexiko importiert hatte. Er machte dem Dirigenten einen Vorschlag, und der sagte: „Warum nicht?" – und die Sache war abgemacht.

Die Band spielte bis zwei Uhr früh; dann lud Garrett sie zu einem gemeinsamen Essen ein. Dazu tranken sie gutes mexikanisches Bier. Um halb vier bestiegen sie, vierzehn Mann hoch, den Bus, den er gemietet hatte.

Es dämmerte schon, als wir Centennial erreichten, und der Fahrer parkte in einer Seitengasse, wo der Bus kein Aufsehen erregen würde. Dann sammelten sich die Mariachis beim Bahnhof. „In Mexiko war es nie so kalt", beklagte sich der Dirigent bei Garrett. „Wenn Sie erst zu spielen anfangen, wird Ihnen schon warm werden", versicherte ihm Paul.

Bis jetzt hatte niemand in der Stadt die Band bemerkt, doch nun gab der Dirigent ein Zeichen, und die Musik explodierte förmlich, als die Mexikaner „La Cucaracha" anstimmten, das Lied von der armen kleinen Küchenschabe, die nicht mehr laufen konnte, weil sie kein Marihuana mehr zum Rauchen hatte.

Überall gingen die Lichter an, als die Mariachis die Prairie Road hinaufmarschierten und dann in die Mountain Road einbogen, wo sie das ohrenzerreißende „La Bamba" und dann „La Negra" spielten. Als sie die Third Street erreichten, kamen uns zwei Polizisten nachgelaufen.

„Alles in Ordnung", beruhigte sie Garrett. „Kommen Sie mit und hören Sie zu."

Die Mariachis waren beim „Flor de Méjico" angelangt, formten unter Garretts Anleitung einen großen Halbkreis und stimmten das Geburtstagslied „Las Mañanitas" an. Im Obergeschoß ging ein Licht an, und Flor Marquez erschien am Fenster.

„Was ist denn hier los?" wollte ein Reporter vom „Clarion" wissen, denn mittlerweile hatten die lärmenden Musikanten die halbe Stadt aus dem Schlaf gerissen.

„Ich bringe dem Mädchen, das ich heiraten werde, ein Ständchen", antwortete Garrett.

„Ist das offiziell?" fragte der Zeitungsmann aufgeregt.

„Fragen Sie sie."

Der Zeitungsmann stellte sich unter das Fenster und rief hinauf: „Kann ich schreiben, daß Sie Mr. Garrett heiraten werden?" Flor hatte Tränen in den Augen, denn es geschieht nicht oft, daß ein vierzehn Mann starkes Orchester einem Mädchen ein Ständchen bringt, aber sie antwortete in der entzückend widersprüchlichen Art der Mexikaner: „Sí, como no?"

Donnerstag, den 15. November, traf Garrett am Vormittag mit einigen Viehzüchtern aus dem nordöstlichen Teil des Staates zusammen, die mit ihm über Fragen der Bewirtschaftung sprechen wollten. Nachdem das Gespräch beendet war, kamen ihm die bedauerlichen Auseinandersetzungen über die Schafzucht in den Sinn, die zu Beginn des Jahrhunderts so viel Unfrieden gestiftet hatten. Es hatte viele Menschenleben gekostet, die Theorie zu verteidigen, wonach keine Kuh weiden würde, wo ein Schaf graste. Heute zogen die meisten Züchter auf dem Land, das früher einmal zur Venneford-Ranch gehört hatte, Rinder und Schafe nebeneinander heran, und beide gediehen prächtig.

Hermann Spengler zum Beispiel. Sein Großvater Otto hatte 1889 einen Schafzüchter erschossen, und es fand sich im ganzen Bezirk kein Geschworenengericht, das ihn verurteilt hätte. Nicht verwunderlich, wo in der Öffentlichkeit die Meinung vorherrschte, Tod durch Erschießen wäre zu gut für einen Mann, der Schafe auf eine offene Weidefläche brachte. Heute hatte Spengler siebenhundert Herefords und zweitausend Schafe. Sie weideten auf den gleichen Wiesen und ergänzten einander vortrefflich: Der grobe Dung der Rinder verband sich mit dem konzentrierteren der Schafe zum besseren Wuchs des Grases.

Dennoch erhielt sich immer noch ein Brauch im Gebiet: Da mochte einer Herr über fünftausend Schafe sein, aber wenn er auch nur sechs Ochsen hatte, nannte er sich Viehzüchter. Rund um Centennial gab es Tausende von Schafen, aber keinen Schafzüchter. Dieser Berufsbezeichnung haftete etwas Schmähliches an, das kein Rancher auf sich nehmen mochte.

Es wurde langsam Mittag, und allmählich verspürte Paul Garrett Unbehagen, denn dieser war der dritte Donnerstag des Monats, der Tag, da die Viehzüchter der Gegend im altmodischen Speisesaal im Obergeschoß des Railway-Arms-Hotels zum Lunch zusammenkamen. Sirloin-Club nannten sie sich, diese letzten ihres Schlages, die da in erhabener Kameraderie zusammensaßen. Zar Wendell würde kommen und Hermann Spengler und Dade Commager; und auch der junge Skimmerhorn, der eine große Herde französischer Charolais sein eigen nannte. Ich war geladener Gast.

Die Wände des Saales, in dem wir uns trafen, waren mit den Photographien historischer Gestalten aus der Gegend geschmückt: Earl Venneford of Wye, recht ansehnlich in seinem schottischen Tweed, hatte sich auf dem Bahnhof photographieren lassen; Oliver Seccombe, auf einer Inspektionsfahrt rund um Line Camp Vier, saß in seinem Wagen unter den Pinien; ein Bild zeigte die Pettis in Schaukelstühlen auf der Veranda des Hotels; und Otto Spengler stand breitbeinig da und hielt eine Doppelflinte in der Hand. Auf einem der besten Bilder war R. J. Poteet zu sehen, wie er den Platte durchquerte; Nate Person ritt hinter ihm. Dieser Raum war den Viehzüchtern zugeeignet – doch das Hotel würde bald abgerissen werden, denn der moderne Reisende zog antiseptische Motels am Stadtrand vor.

Paul Garrett war nie so ganz vom Sirloin-Club akzeptiert worden. Es war schließlich einer seiner Vorfahren gewesen, der die Schafzucht in dieser Gegend heimisch gemacht hatte. Zwar hatte Paul sein ganzes Leben den Herefords geweiht, doch der verunreinigende Ruch haftete immer noch an ihm. Und jetzt, da seine Verlobung mit einer Mexikanerin Tagesgespräch war, mochten auch die altehrwürdigen Vorbehalte gegen die Mexikaner wieder aufleben. Er sah seinem Empfang mit einiger Besorgnis entgegen.

Er hätte sie sich sparen können. Als er den Saal betrat, empfingen ihn die Rancher mit Hochrufen, und Dade Commager umarmte ihn, klopfte ihm auf den Rücken und brachte einen Toast auf ihn aus: „Paul, der getan hat, was schon vor Jahren hätte getan werden sollen, Paul soll leben!“ Morgan Wendell, für den es keinen Zweifel mehr gab, daß Garretts Verbindung mit einer Mexikanerin sowohl in Denver als auch im Südwesten bestens ankommen würde, brachte nun auch seinerseits einen Toast aus: „Auf Paul Garrett, einen Diener des Volkes und einen außergewöhnlichen Mann!“ Und alle prosteten ihm zu.

Nun begann das Ritual. Pünktlich um viertel nach zwölf nahmen wir unsere Plätze an drei mit Wachstuch gedeckten Tischen ein, und Gläser mit „Grabenwasser“ – mit Wasser verdünnter Maisbranntwein – machten die Runde. „Meine Herren!“ rief Wendell und erhob das seine. „Auf das offene Weideland! Auf die Herefords!“

Jetzt kamen Kellner mit riesigen Körben voll von Pommes frites, die sie mitten auf die Tische leerten; dann streuten sie Salz über die goldenen Pyramiden. Die Türen gingen auf, und andere Kellner erschienen mit großen Platten und stellten vor jeden von uns einen Teller mit einem riesengroßen brutzelnden Lendensteak hin, das vermutlich einem Superochsen aus dem Brumbauchschen Viehhof entstammte.

Steak und Kartoffeln, das Essen eines wahren Mannes. Hände langten in den goldenen Haufen der Kartoffeln, Messer schnitten in zarte Steaks. In den ersten Minuten wurde wenig gesprochen, und Wendell erinnerte sich an den Zwischenfall mit dem Senator von Rhode Island, den der Club einmal zu Gast gehabt hatte. Die Rancher hatten ihn sehr zuvorkommend empfangen, denn seine war die entscheidende Stimme in einer Frage, die lebenswichtige Interessen betraf, und alles sah auch gut aus bis zu dem Augenblick, wo die Steaks serviert wurden. „Kann ich etwas Ketchup haben?" fragte er.

Eine gespenstische Stille folgte auf diese Worte, Steaks mit Ketchup zu würzen war für diese Männer nicht besser als Zigarrenasche in ein Weihwasserbecken zu schnippen. Keiner wußte etwas zu sagen, aber sie hielten unerschüttlich an ihrem Grundsatz fest, die Tafel niemals durch eine Flasche Ketchup entweihen zu lassen, auch wenn ihr Gast ein Senator war, der über eine entscheidende Stimme verfügte. Schließlich brach Wendells Vater, ein Mann mit eiskalten Augen, das Schweigen: „Wie Sie wissen, Herr Senator, ist Ihre Stimme entscheidend für uns, und es gibt nichts, was wir nicht für Sie tun würden. Ich glaube, wir haben Ihnen das mehr als ausreichend bewiesen. Aber ich würde lieber Pferdepisse auf mein Steak schütten, als diese Tafel durch eine Flasche Ketchup entweiht zu sehen. Nein, Herr Senator, Sie können kein Ketchup haben."

„Wem hat er dann seine Stimme gegeben?"

„Er war anständig. Hat den Antrag durchgedrückt."

Die Steaks waren verzehrt, und einer der Rancher wandte sich an Garrett: „Wie ich höre, wollen Sie an Ihren Herefords Korrekturen vornehmen. Hören Sie auf mich und tun Sie es nicht!"

„Ich habe mich noch nicht entschieden", antwortete Garrett. Von den achtzehn Männern, die hier bei Tisch saßen, züchteten sechzehn Herefords, und das Ausscheren eines so bedeutenden Ranchers, wie Paul Garrett es war, würde ernste Folgen für sie haben. Der ganze Markt konnte ins Wanken geraten, wenn bekannt wurde, daß Crown Vee nicht mit seinen Weißgesichtern zufrieden war.

Die Kellner kamen mit Apfelkuchen und Kaffee, und so endete das Mahl. Hermann Spengler packte Garrett bei der Schulter. „Es wäre mir eine Ehre", sagte er, „Ihrer Hochzeit beiwohnen zu dürfen." Einige Herren, die das gehört hatten, bekundeten das gleiche Interesse. Garrett entgegnete: „Die Zeremonie findet morgen um zwei Uhr nachmittags statt . . . im Restaurant ihres Vaters."

„Wir werden kommen", versprachen die Rancher.

Am nächsten Tag versammelten wir uns alle im „Flor de Méjico" und Vater Vigil, jetzt schon ein alter Mann, der nur mehr im Flüsterton sprechen konnte, nahm die Trauung vor. Als Garrett Flor den Ring ansteckte, wallte ein tiefes Gefühl von Zärtlichkeit für seine wunderschöne Braut in ihm auf.

Über das Wochenende sah ich Paul und Flor nicht, denn sie waren zum Line Camp Vier gefahren, um dort ihre Flitterwochen zu beginnen, doch am nächsten Tag rief er mich an, um mir eine erstaunliche Mitteilung zu machen.

„Vernor? Wissen Sie schon, wie der Calendar-Prozeß ausgegangen ist?“ Seine Stimme klang erregt, und er war offenbar wütend.

„Wurde er schuldig gesprochen?“ fragte ich.

„Er wurde in allen wesentlichen Anklagepunkten freigesprochen“, antwortete er empört. „Das Gesetz des Westens: ‚Kein Mensch ist eines Verbrechens schuldig zu befinden, außer es handelt sich um einen Indianer.‘ Und jetzt raten Sie mal, in welchem Punkt er schuldig gesprochen wurde.“ Ich hatte keine Erfahrung mit Gerichten in diesen Landstrichen und mochte keine Stellungnahme abgeben. „Betreiben eines Zoos, ohne die dafür nötige Konzession zu besitzen“, klärte Garrett mich auf. „Weil er die Bären über eine Zeitspanne von mehr als dreißig Tagen in seinen Käfigen hielt.“ Er stieß eine Reihe von derben Flüchen aus und fügte hinzu: „Und was glauben Sie, welche Strafe gegen ihn ausgesprochen wurde? Für das Töten von vierhundertdreizehn Weißköpfigen Seeadlern, zweihundert Bären und einundachtzig meiner Truthühner . . . eine Geldstrafe in der Höhe von fünfzig Dollar.“

„Denken Sie an Ihre Flitterwochen“, riet ich ihm, und er legte lachend den Hörer auf.

Montag kehrten Paul und Flor schon früh nach Venneford zurück, wo Bradley Finch, einer der führenden amerikanischen Fachleute auf dem Gebiet der Wasserversorgung, auf Garrett wartete, um ihn zu einer Sitzung des Wasserausschusses mitzunehmen. Die Besprechung fand auf einer Versuchsstation am Oberlauf des Cache la Poudre statt. „Professor Vernor würde gern sehen, was wir da oben tun“, ließ Garrett in das Gespräch einfließen. „Kommen Sie mit“, sagte Finch. „Sie können genauso gut jetzt schon anfangen, sich Sorgen zu machen.“

Ich fragte ihn, was er damit meinte. „Die Bevölkerung“, antwortete er, „scheint sich über die bevorstehende Benzinrationierung den Kopf zu zerbrechen. Das ist aber nur eine Bagatelle im Vergleich zu dem, was passieren wird, wenn wir anfangen, das Wasser zu rationieren.“

„Wird es soweit kommen?“ fragte ich.

„Es ist schon soweit. Wenn Sie unser Analogmodell sehen, werden Sie das verstehen.“

„Was ist ein Analogmodell?“

„Es ist leichter, es zu demonstrieren, als es zu erklären.“

Wir fuhren den herrlichen Canyon des Poudre hinauf. „Dies ist heute Ihr erstes offizielles Auftreten als Ausschußmitglied, Paul. Wir sind an einem kritischen Punkt angelangt. Wir erwarten von Ihnen, daß Sie die Führung übernehmen. Sie werden harte Entscheidungen treffen müssen, und Sie dürfen sich nicht unentschlossen zeigen.“

„Das klingt ja sehr bedenklich“, meinte Garrett.

„Das ist es auch. Sie und ich“, beendete Finch das Gespräch, während wir vor einem niedrigen, hinter hohem Immergrün versteckten Gebäude parkten, „wir werden entscheiden müssen, wer leben soll und wer nicht.“ Bevor er noch mehr sagen konnte, entdeckten die anderen Mitglieder den neuen Amtsträger und kamen heran, um ihn zu beglückwünschen.

„Ich verstehe nicht einmal die Fragen, geschweige denn die Antworten“, protestierte Garrett.

„In ein paar Stunden werden Sie alles verstehen“, versicherte ihm Dr. Welch, der Assistent von Finch.

Wir kamen in einen schmucklosen Raum, dessen eine Wand weiß gestrichen war. „Unsere Techniker“, sagte Bradley Finch, der als Vorsitzender des Wasserausschußes fungierte, „haben die ganze letzte Woche daran gearbeitet, Diapositive für Sie vorzubereiten, Garrett, und ich denke, wir fangen am besten gleich an“.

Er ließ den Raum verdunkeln, und eine junge Frau, die sich als Dr. Mary White von der Technischen Hochschule in Kalifornien vorstellte, ergriff das Wort: „Ich bin beauftragt, Sie über die Sachlage zu informieren, Mr. Garrett. Wenn Sie irgendwelche Fragen haben, drücken Sie bitte auf den Knopf auf Ihrem Tisch.“ Und sie begann, die dramatische Geschichte des Wassers, wie sie alle Staaten des Westens betraf, vor uns aufzurollen. Mit einer Fülle von Diapositiven belegte sie die auf das Thema bezogene Problematik: Bevölkerung, Landwirtschaft und Industrie nahmen so schnell zu, daß die Wasserzufuhr einfach nicht Schritt halten konnte. Staaten wie Colorado, Arizona und Utah waren von permanenten Trockenperioden bedroht.

Garrett drückte auf seinen Knopf. „Sie gebrauchen immer wieder das Wort ‚Aquifer‘. Würden Sie mir das bitte definieren?“

Die Lichter gingen an. „Dr. Welch“, sagte Finch, „ich habe Sie auf diese Frage schon bei einer anderen Gelegenheit sehr verständlich eingehen gehört. Wollen Sie es noch einmal versuchen?“

Dr. Welch ging an die Tafel und zeichnete einen dicken Strich von links nach rechts. An das eine Ende schrieb er „Rocky Mountains“, an das andere „Nebraska“, und unter den Strich mit großen Buchstaben das Wort „Platte River“. „Das sind wir“, erläuterte er.

Mit roter Kreide zog er drei dicke Linien vom Platte River weg. Er versah die erste mit der Aufschrift „Städte und soziale Einrichtungen“. Die zweite bezeichnete er mit „Landwirtschaft“ und die dritte mit „Industrie“. „Das sind die Großräume, die unser Wasser haben wollen – und zwar weit mehr, als wir liefern können.“

Finch, selbst ein Ingenieur vom Massachusetts Institute of Technology, unterbrach Dr. Welch. „Das veranschaulicht Ihnen recht gut die grundsätzliche Bedeutung des Problems, Garrett. Die drei Ausflüsse übersteigen die verschiedenen Zuflüsse bereits erheblich. Ihre Aufgabe ... das heißt, die Aufgabe unseres Ausschusses ... nun ja, wir müssen das verfügbare Wasser zumessen.“

„Was heißt Aquifer?“ wiederholte Garrett.

Dr. Welch setzte seinen Vortrag fort. „Den einzigen Zufluß, den wir tatsächlich haben, das sind die fünfunddreißig Zentimeter Niederschlag draußen auf dem Flachland. Das ist sehr wenig. Gerade noch genug zum Leben. Und Mengen von Schnee hier oben auf den Bergen. Das fließt alles in den Platte ... oder den Arkansas ... oder einen unserer Flüsse.

Während nun das Wasser durch die Flüsse strömt, geschehen mehrere Dinge. Einiges davon können wir sehen – wie etwa den Cache la Poudre vor unserer Haustür. Ein Teil wird in Dämme und Bewässerungsgräben abgeleitet, wovon wieder etwas im Boden versikkert und allmählich in den Platte zurückgelangt.“

„Das klingt wie eine von Potato Brumbauchs Theorien“, warf Garrett ein.

„Aber was auch er nicht in seine Überlegungen einbezogen hat“, entgegnete Welch, „das ist das Wasser, das wir nicht sehen können. Daher war seine Gleichung falsch angesetzt – und unauflösbar.“

Geschickt skizzierte er die verschiedenen Zuflüsse: Schneefälle, Regenfälle, Dämme, Bewässerungsgräben. Mit breiten Strichen zog er dann zwei Grenzlinien, die eine etwa fünf Meilen nördlich, die andere etwa fünf Meilen südlich des Flusses – und füllte den Zwischenraum mit hastigen, wischenden Bewegungen auf eine Weise aus, daß der Fluß und sein kompliziertes Lageverhältnis nicht mehr zu sehen waren.

„Da haben Sie Ihr Aquifer“, sagte er. „Unterirdisch und unsichtbar. Als der Platte sich vor vier Millionen Jahren sein Bett in den Sand grub, der von den Rockies abgelagert worden war, gab es diesen undurchlässigen Sockel aus Schieferton und Kalkstein. Darauf befanden sich außerordentlich durchlässige Sand- und Schotterlager in einer Stärke von bis zu fünfundsechzig Meter und, wie Sie sehen können, bis zu zehn Meilen breit. Dieses Reservoir blieb Millionen Jahre lang unberührt und wurde im Verlauf der Zeit von verschiedenen Mutterböden bedeckt. Jetzt bildet es eine Art Linse, deren Zwischenräume mit Wasser gefüllt werden können. Es ist in Wirklichkeit ein massives unterirdisches Reservoir und fungiert als Ausgleich für das ganze Flußnetz des Platte.“

Die Lichter erloschen, und mehrere Diapositive illustrierten, wie dieses geheimnisvolle Phänomen funktionierte. Während Garrett die verschlungenen Wege des Wassers verfolgte, das in das Aquifer hinuntersickerte und dann durch Quellen und Brunnen und Filteranlagen wieder nach oben drängte – das konstante, lebenserhaltende

Kommen und Gehen des Wassers –, mußte er an den alten Potato Brumbauch denken, der sein Leben lang auf diesem riesigen Reservoir gesessen war, ohne sein Vorhandensein zu ahnen oder gar seine Funktion zu begreifen. Er hatte alle Geheimnisse erforscht, außer dem wichtigsten.

„Wir müssen im Aquifer das permanente unsichtbare Gegenstück des sichtbaren Flusses erblicken. Hätten wir es in Frieden gelassen, es würde uns für alle Zeiten gedient haben. Doch unglücklicherweise haben wir vor einigen Jahren begonnen, es anzubohren, und jetzt befindet es sich in großer Gefahr.“

Dr. White zeigte nun Bilder, auf denen man sehen konnte, wie Paul Garrett und andere Rancher tiefe Brunnen ins Aquifer gebohrt und ihm Millionen Liter entzogen hatten, die im unterirdischen Reservoir hätten bleiben sollen.

„Diese Erfindung“, fuhr sie fort und ließ die Photographie einer ausgeklügelten Bewässerungsmaschine auf der weißen Wand aufleuchten, „hat dem Platte mehr geschadet als alles andere, denn sie hat das Aquifer so gut wie zerstört.“

Das Bild zeigte ein flaches, baumloses, offenes Weideland. In der Mitte stand ein Stahlgerüst auf Rädern mit Selbstantrieb. Es erhielt Strom und Wasser, bewegte sich in einem endlosen Kreis und verteilte durch an der Spitze angebrachte Düsen einen feinen Sprühregen. Vierundzwanzig Stunden im Tag konnte dieser Turm kreisen und ein enormes Gebiet bewässern.

Das war aber noch nicht alles. Acht bis dreizehn solcher Gerüste, jedes mit seinem eigenen Motor, ließen sich zu einer Reihe zusammenschließen und rotierten dann mit einer bestimmten Geschwindigkeit. Sie bildeten einen gewaltigen Arm von ein Viertel Meile Länge und bewässerten ein Gebiet von einhundertfünfundzwanzig Morgen. Das waren die magischen Kreise, die ich auf meinem ersten Flug in Garretts Maschine gesehen hatte.

Der Saal wurde hell. „Das ist also unser Aquifer. Es ist in Gefahr. Unser gegenwärtiger Bedarf beansprucht es in hohem Maß, aber der zukünftige droht es zu erschöpfen. Zu diesem Punkt hat Detlev Schneider ein paar Neuigkeiten für Sie.“

Schneider, der in Oxford Demographie studiert hatte, war ein kräftiger Mann mit ausgeprägtem Sinn für Humor. „Tja, das ist ein hübsches kleines Problem“, begann er. „Weil Colorado ein so beliebter Staat ist, möchten jährlich fünfzigtausend Menschen hierher ziehen. Wir würden sie gern willkommen heißen, aber wir haben nicht genug Wasser. Und im Staat selbst sind es an die zwanzigtausend Farmer, die den Wunsch verspüren, sich in Denver niederzulassen. Liebend gern würden wir sie hier begrüßen, aber – kein Wasser. Wir haben auch Dutzende von Industrien, die ihr Hauptquartier hier aufschlagen möchten. Die Herren Direktoren lechzen danach, mit ihren Skiern die

Gegend unsicher zu machen, und wir könnten ihre Steuerdollars gut gebrauchen. Aber wir haben einfach kein Wasser für sie."

Harry Welch unterbrach ihn, um darauf hinzuweisen, daß ein Gesetzesantrag eingebracht worden war, wonach es Bürgern anderer Bundesstaaten fortan nicht erlaubt sein sollte, nach Colorado zu übersiedeln. „Wir werden Kontrollpunkte an den Grenzen einrichten und sie einfach zurückschicken", meinte er.

„Völlig ungesetzlich", antwortete Schneider. „Jeder Amerikaner kann übersiedeln, wohin er will."

„Aber nicht nach Colorado", erklärte Finch. „Das Analogmodell erbringt dafür den Beweis."

In einem kleinen Raum an der Rückseite des Hauses war eine dreizehn Meter lange und anderthalb Meter hohe gelochte Hartplatte aufgestellt, die sämtliche Aspekte des Flußnetzes in allen Einzelheiten wiedergab. Ein dicker Kupferdraht stellte den Platte dar, eine Anzahl dünnerer die Neben- und Zuflüsse. An sie angeschweißt waren Tausende von elektrischen Widerstandskörpern verschiedener Stärke, die die wasserführenden Eigenschaften des Gebietes wiedergaben. So wie Fels und Stein den Fluß des Wassers durch das Aquifer hemmten, hemmten die Widerstände den Fluß der Elektrizität durch das Modell.

Je vier Widerstandskörper waren mit einem Kondensator verbunden, der die Elektrizität so speicherte, wie poröses Gestein und Dämme Wasser speicherten. Diese komplexe elektrische Anlage reproduzierte alle Attribute des Flusses und des Aquifers, und die Strömungen des Wassers im Flußnetz spiegelte sich in allen Einzelheiten in dem Modell.

„Aber wie steht es mit dem Abfluß?" erkundigte sich Garrett. Schneider erklärte es ihm. „Sehen Sie diese kleinen Lämpchen, die über die ganze Fläche verstreut sind? Und diese kleinen Widerstände? Sie zapfen Elektrizität ab, so wie Bewässerungskanäle und Brunnen Wasser abzapfen."

„So sieht der Platte heute aus", sagte Finch, während Garrett das Modell aufmerksam betrachtete. „Aber wir können Ihnen auch zeigen, wie es in fünf Jahren aussehen wird, wenn die Nachfrage nach Wasser weiter ansteigt, Schauen wir uns jetzt einmal an, wovor Harry Welch uns mit seinen roten Linien warnen wollte."

Die Eingangsenergie wurde konstant gehalten und eine große Lampe angedreht, die den zunehmenden Bedarf der neuhinzugekommenen Bewohner darstellte. „Beobachten Sie den Oszillographen", sagte Finch.

Auf einem Leuchtschirm neben dem Modell wurde nun die Wirkung der erhöhten Nachfrage in graphischer Form sichtbar: eine Schattenlinie, die das gleichmäßige Strömen des Flusses bildlich wiedergegeben hatte, senkte sich auffällig und zeigte eine deutliche Vertiefung. „Es beweist, was wir vorausgesagt haben", erläuterte Finch. „Betrachten Sie den Unterlauf. Da gibt es bereits Engpässe."

„Jetzt wollen wir auch die Nachfrage der Industrie erhöhen", schlug Schneider vor und drehte weitere Lampen an. Die Schattenlinie fiel in gefährliche Nähe des unteren Schirmrandes.

„Wenn dieser Punkt einmal erreicht ist, bekommt das die Landwirtschaft schon kräftig zu spüren", betonte Finch.

„Schalten wir jetzt fünf Jahre Trockenheit dazu", sagte Schneider, „wie wir sie ja schon oft gehabt haben."

Statt neue Lampen anzuzünden, um verstärkte Nachfrage darzustellen, wurde die Stromzufuhr vermindert, um geringere Schnee- und Regenfälle wiederzugeben. Die Schattenlinie verschwand. Der Platte floß nicht mehr.

Die Anlage wurde abgeschaltet. „Da sehen Sie es", sagte Finch. „Wenn wir eine Zunahme der Bevölkerung zulassen, neue Industrien ansiedeln und das Aquifer mit Pumpen und Brunnen erschöpfen, zerstören wir unseren Staat. Das zu verhindern, Garrett, ist Ihre Aufgabe."

„Gibt es noch Alternativen?" fragte Garrett.

„Ja, aber Sie müssen sie den Wählern handgreiflich vor Augen führen. Wenn wir zum Beispiel der Landwirtschaft weiter Wasser entziehen, werden die Zwiebeln zehn Dollar das Stück kosten."

Auf der Heimfahrt machte sich ein recht ernüchterter Garrett Gedanken über sein neues Amt als Wahrer der Naturschätze: „Ich dachte, meine Tätigkeit würde darin bestehen, für reine Luft zu sorgen. Jetzt muß ich mich auch darum kümmern, daß die Bevölkerung von Colorado genügend Trinkwasser bekommt. Und sobald die Bodenexperten ihre Schulungskurse beendet haben, wird es wohl meine Hauptaufgabe sein, sicherzustellen, daß wir genügend Land für den Ackerbau haben. Es wird alles knapp. Wir haben die Tatsache vergessen, daß unsere Existenz schon immer auf einem recht unstabilen Gleichgewicht begründet war, und wenn wir jetzt nicht alle Komponenten absichern, brechen wir zusammen. Ich habe meinen Urgroßvater Jim Lloyd nie gekannt – er starb noch vor meiner Zeit. Aber mein Großvater Beeley hat mir oft erzählt, wie sehr er das Land liebte und wie sehr er darauf bedacht war, nie das Gleichgewicht zu stören. Er ließ auch nicht einen einzigen Ochsen auf einem Feld grasen, das durch zu starkes Abweiden Schaden hätte nehmen können. Zu dieser Art von Verantwortlichkeit gegenüber dem Land müssen wir zurückkehren. Wenn ich daran denke, daß es den Bürgern dieses Staates vollkommen gleichgültig war, daß Floyd Calendar Adler und Bären und Truthühner abschoß – einfach so, nur um ein paar Jäger aufzugeilen . . ."

Dienstag, den 20. November, waren es die Rübenbauern und die Finanziers, denen der Spiegel vorgehalten wurde. Die entscheidende Tagung der Central Beet fand in Denver statt. Paul Garrett und Harvey

Brumbach nahmen als Vorstandsmitglieder daran teil und saßen in düsterem Schweigen, als die enttäuschenden Zahlen genannt wurden.

„Für die Rübenindustrie", leierte der Vorsitzende seine Rede herunter, „ist eine schlimme Zeit angebrochen. So viele Leute mit so vielen Interessen trachten nach dem Land, daß der Bauer es sich einfach nicht leisten kann, es dem Rübenbau vorzubehalten. Er muß an die Makler verkaufen, die Grundstücke in Bauplätze aufteilen und neue Städte für die Zuwanderer aus dem Osten errichten. Aber selbst wenn er an seinem Land festhält, er findet ja niemanden, der auf seinem Feld arbeitet oder im Herbst die Ernte einbringt." Er fuhr mit seiner schmerzlichen Litanei fort, bis er die naheliegende Schlußfolgerung zog: „Und so, meine Herren, bleibt uns keine andere Wahl, als die Fabrik in Centennial zu schließen. Wir werden kein Geld dabei verlieren, denn ein Bauunternehmer hat uns ein äußerst günstiges Angebot gemacht. Er wird dort siebenundneunzig Häuser im Kolonialstil errichten."

Harvey Brumbauch meldete sich als erster zu Wort. Als Eigentümer eines großen Viehhofes, wo die Jungrinder gemästet wurden, war er auf Pulpe und Melasse für die Fütterung angewiesen. Nun würde er sich anderweitig umsehen und die zusätzlichen Frachtkosten schlucken müssen.

Der Vorsitzende hörte ihm aufmerksam zu. „Die Zeit ist vielleicht nicht mehr fern", sagte er, „da die Viehindustrie sich gezwungen sehen wird, Colorado zu verlassen. Unser Staat ist so schön, und so viele Menschen möchten hier leben, daß ich daran zweifeln muß, ob Rancher wie Paul Garrett ihre Viehwirtschaften noch lange rentabel führen werden können. Eine Epoche geht zu Ende, meine Herren. Wir sind nur die ersten, die das zu spüren bekommen."

Der Vorsitzende sprach es nicht aus, aber es waren sich alle darüber klar, daß der erste Punkt auf der Tagesordnung bei einer der nächsten Sitzungen, vielleicht schon in drei Jahren, lauten würde: „Sollen wir die Gesellschaft nicht überhaupt auflösen?"

Es war für Garrett unverständlich, daß dieses gewaltige Unternehmen, das einmal ganz Colorado beherrschte – „Wir leben und atmen, wie Central Beet es uns vorschreibt", hatten die Bauern gesagt –, vor dem Zusammenbruch stehen sollte. Noch 1936 hatte Central Beet Banken, Schulen, Aufsichtsbehörden und Polizeistationen Vorschriften gemacht, die nicht mißachtet werden durften. Für Tausende von Bauern und kleinen Geschäftsleuten war Central Beet Colorados starker Arm gewesen. Den Sturz eines Giganten miterleben zu müssen, war schmerzlich.

„Was haben wir schlecht gemacht?" fragte Garrett Brumbauch auf der Heimfahrt.

„Wir haben der Beziehung zwischen Land und Menschen nicht genug Aufmerksamkeit geschenkt", antwortete Brumbauch. „Ich war mir des Problems schon bewußt, als ich meinen Viehhof einrichtete. Was tue ich? Ich hole mir die Jungrinder von der Weide, sammle sie zu Herden, mäste und verkaufe sie. Na, damit scheint es nun Schluß zu sein. Wissen Sie, was ich glaube?"

Garrett musterte den Mann, der neben ihm saß. Wie sein Urgroßvater Potato besaß auch Harvey einen regen, schöpferischen Geist, der immer willens war, neue Möglichkeiten zu untersuchen. „Ich habe so eine Ahnung", fuhr er fort, „daß wir das Vieh schon bald so züchten werden, wie sie das neuerdings mit den Hühnern machen. Die Tiere kommen mit der Wiese gar nicht mehr in Berührung. Sie leben von ihrer Geburt bis zum Tod in hygienischen Koben. Die neuen Cowboys werden Akademiker aus der Stadt sein. Sie werden weiße Schürzen tragen und den Dung zu Briketts gepreßt wegschaffen."

Von der Vision einer Zukunft angeregt, obwohl sie ihm Härte und Schwierigkeiten bringen würde, spann Brumbauch seine Gedanken weiter: „Die Zeit wird kommen, wo wir es uns nicht mehr leisten werden können, in Colorado Rinder zu halten. Zuerst werden unsere Leute nach Wyoming und Montana ausweichen, aber dort sind die Grundpreise auch schon im Steigen. Und wissen Sie, was dann passiert?"

Garrett war bereits vor einiger Zeit zu der Einsicht gelangt, daß die Viehzucht in Colorado keine Chance mehr hatte. Und weil er bisher noch nicht überlegt hatte, wo es weitergehen sollte, hörte er aufmerksam zu, als Brumbauch fortfuhr: „In ein paar Jahren werden wir den Großteil unserer Rinder auf billigem Land halten ... in Indiana etwa ..., wo wir damit rechnen können, laufend mit Futter beliefert zu werden. Andererseits habe ich mir sagen lassen, daß Baumwollkuchen sich gut zur Fütterung von Herefords eignen. Könnte sein, daß ich meinen ganzen Betrieb nach Georgia verlege ... oder nach Alabama."

Garrett war von der Leichtigkeit beeindruckt, mit der Brumbauch von einer Alternative zur anderen sprang, ohne sich dabei von Gefühlen lenken zu lassen. Er, Garrett, war dazu nicht fähig. Wenn die Zeit kam, wo es sich nicht mehr auszahlte, Herefords zu züchten, würde sich sein Leben grundlegend ändern. Von solch düsteren Gedanken an den sich ewig wandelnden Strom des Lebens bewegt, setzte er Brumbauch vor seinem Viehhof ab und steuerte seinen Wagen nach Norden.

Mittwoch sah Paul sich genötigt, einer unangenehmen Verpflichtung nachzukommen, die er schon seit Wochen immer wieder hinausgeschoben hatte. Jetzt mußte er den Leuten, die es anging, einmal die Meinung sagen.

Kurz nachdem er zum Vorsitzenden des Exekutivausschusses für die Hundertjahrfeier bestellt worden war, hatte ihn eine Abordnung aus

Blue Valley im Herzen der Rocky Mountains besucht und ihm einen sorgfältig ausgearbeiteten Plan vorgelegt, der darauf abzielte, dieses historische Gebiet zu einem Mittelpunkt der Feiern zu machen. Schon bei der ersten Durchsicht dieser Vorschläge hatte ihn ihr falscher, billiger Prunk und die Art, wie sie gerade die unrühmlichsten Aspekte und Episoden in der Geschichte Colorados hochspielten, vor den Kopf gestoßen, und als ihm in den folgenden Tagen weitere Einzelheiten zu Gehör kamen, war er geradezu empört gewesen. Die Bürger von Blue Valley schienen sich nicht darüber klar zu sein, daß ein bedeutender Bundesstaat und eine noch bedeutendere Nation 1976 die Tage ihrer Gründung feiern würden, und was diesem Anlaß entsprach, das war ein neuerliches Bekenntnis zu den Prinzipien, denen sie ihre Bedeutung verdankten. In Blue Valley planten sie einen Karneval.

Übelgelaunt fuhr er in die Berge, um die häßlichste Stadt Amerikas zu besuchen. Als er nach steiler Auffahrt den Gipfel erreicht hatte und ins Tal hinabblickte, fühlte er sich genötigt, seine Gedanken festzuhalten:

„Das war einst eine der lieblichsten Landschaften Nordamerikas. Der Fluß war kristallklar und von Bibern besiedelt. Wälder bedeckten diese kahlen Hänge. Elche bevölkerten in großer Zahl das Tal, und die Berge standen wie Wachtposten zu seinem Schutze bereit. Meine Vorfahren entdeckten es, und der alte Indianer, von dem ich Ihnen erzählt habe, fand hier Gold.

Vermutlich gibt es auf der ganzen Welt keine Landschaft, so lieblich sie auch sein mag, die dem Ansturm der Massen gewachsen wäre, wenn sie Gold oder Öl entdecken. Welch scheußliches Bild! Keine Bäume, ein verschmutztes Gewässer, kein freies Naturleben außer verwilderten Hunden, die von den Sommergästen hier zum Krepieren ausgesetzt werden. Das verrottende alte Varietétheater, die vom Einsturz bedrohte Eisenbahnbrücke – und diese gottverdammten Neonlichter."

Die Stadt war ein Schandfleck gewesen, bevor der erste offene Abwasserkanal in der Hauptstraße verlegt worden war. In einem Staat, der seine edelsten Schätze so oft besudelt hatte, nahm, was die gewissenlose Zerstörung der Natur anging, Blue Valley eine Spitzenposition ein. Die Stadt bot keine Merkmale, die den Besucher hätte versöhnlich stimmen können, außer jenen, die als stumme Zeugen menschlicher Habgier und Unempfänglichkeit für das Schöne die Jahre der Verwüstung überdauert hatten.

„Niederbrennen müßte man diese Kloake", murmelte Garrett vor sich hin, als er die Stadtmitte erreichte. Dann trat er auf die Bremse, und während er hier und dort ein altes Gebäude entdeckte, das man vielleicht herrichten konnte, um glotzäugigen Touristen eine Attraktion zu bieten, überdachte er das Problem von neuem.

Traurig musterte er die gräßlichen modernen Auswüchse, die der Stadt ihren Stempel aufdrückten – Würstchenbuden in Form von

Würstchen gestaltet, Motels im maurischen Stil, grelle Neonlichter, Abfall im Rinnstein, die ganze alberne Architektur, und überall die freche Beleidigung guten Geschmackes und gesunder Urteilskraft. Selbst der unter enormem Aufwand errichtete Skihang war verschmutzt. Im Winter lagen steifgefrorene Papierreste von Zuckerwerk im Schnee. Im Sommer vermischten sie sich mit rostigen Bierdosen.

„Da ist nichts zu machen. Da ist Hopfen und Malz verloren. Sehen Sie nur, wie idiotisch die Straße x-mal den Fluß überquert. Man kann ihn nicht einmal mehr sehen. Man könnte dieses Tal nur retten, wenn man riesige Hubschrauber mit großen Schleppnetzen tagelang drüberfliegen ließe und es mit Erde anfüllte. Dann könnten wir wenigstens hoffen, daß der abtragende Fluß in ein paar hundert Jahren wieder etwas Liebliches hervorbringt."

Das Ärgste sollte noch kommen. Eine Gruppe von Herren, die Blue Valleys Motels und Gaststätten vertraten, erwarteten Garrett, um mit ihm ihre Pläne zu diskutieren.

„Was uns vorschwebt", sagte der Sprecher der Gruppe, „das sind szenische Darstellungen, die unsere Gäste inspirieren und ihnen nahebringen sollen, wie es im Westen einmal war. Da steht dieses Haus auf der Hauptstraße. Wir hängen eine falsche Fassade vor und machen daraus eine Wells-Fargo-Poststation. Jeden Tag pünktlich um zwölf Uhr mittags werden Banditen die Postkutsche überfallen – wir haben da acht Cowboys, die das zu einem annehmbaren Preis machen –, anschließend gibt es eine tolle Schießerei, die fünf Minuten dauert. Jeff, erkläre Mr. Garrett das mit dem Hängen."

„Ja, also wir haben uns ausgerechnet, daß es keine hundert Dollar kosten wird, einen Galgen zu errichten – da drüben, wo es genügend Parkplätze gibt. Und täglich um drei Uhr nachmittags sollen Louie der Lump und Bella Beagle gehängt werden. Wir wissen natürlich, daß die Hinrichtung in Wirklichkeit vier Meilen stromaufwärts stattfand – sie hatten widerrechtlich den Grubenanteil eines anderen in Besitz genommen, und eine Hure war sie außerdem –, aber es wird sich wohl niemand aufregen, wenn wir die Sache hier in die Stadt verlegen.

Der Höhepunkt kommt dann abends um sieben. In der Kneipe bringen wir bei Sonnenuntergang ‚Die Erschießung der Brüder Pettis'. Wir haben uns mit Floyd Calendar in Verbindung gesetzt, und er hat sich bereit erklärt, die Rolle seines Großvaters zu spielen – Amos Calendar, der die tödlichen Schüsse abgab . . ."

„Sagen Sie", wandte sich der Besitzer eines Motels an Garrett, „war nicht auch einer aus Ihrer Familie dabei?"

„Ja. Und ein Brumbauch auch."

„Glauben Sie, wir könnten Sie und Brumbauch überreden, am Jahrestag zusammen mit Floyd Calendar wild um sich schießend die Hauptstraße herunterzureiten? Damit kämen wir bestimmt ins Fernsehen."

Die gräßlichen Vorschläge nahmen kein Ende – die Huren, die Morde, der Bankraub, die durchgegangene Postkutsche. Garrett hörte zu und fragte sich, ob diese Leute auch nur einen Schimmer von der wirklichen Geschichte des Westens hatten. Glaubten sie wirklich, sie hätte nur aus Verbrechen und Gewalttaten bestanden? Wußten sie nicht, daß ganz gewöhnliche Männer und Frauen den Westen besiedelt hatten, die die Exzesse, die diese Herren feiern wollten, zutiefst bedauert hatten? Jim Lloyd hatte eine kurze Notiz über seine Teilnahme an der Suche nach den Pettis hinterlassen:

„Seit damals habe ich keine Feuerwaffe mehr angerührt. Selbst eine Klapperschlange zu erschießen war mir verhaßt. Ich empfehle allen meinen Nachkommen, sich von Schußwaffen fernzuhalten, denn ich habe die Überzeugung gewonnen, daß ihnen mehr gute als schlechte Menschen zum Opfer fallen."

Beim Mittagessen brachte das Komitee die einzige gute Idee aufs Tapet. „Wir haben uns das bis zum Schluß aufgehoben", sagte der Sprecher, „weil wir wissen, daß es Ihnen gefallen wird. Wir werden große Anschlagtafeln auf allen Straßen errichten, die in die Stadt führen. Darauf werden wir die Touristen einladen: ‚Kommt nach Blue Valley und eßt, wie die Pioniere gegessen haben.' " Er schnalzte mit den Fingern, und die Köche kamen mit ihren Spezialitäten: Sauerteigbrot, Bohnen und Zwiebeln, Maiskuchen und Elchfleisch.

Die Idee hatte ihre Meriten, und Garrett wollte seine Gastgeber nicht entmutigen. Eine solche Mahlzeit, in ländlicher Umgebung auf rotkariertem Wachstuch serviert, würde bei den Touristen Anklang finden. Die anderen Vorschläge erschienen ihm durch die Bank anstößig und ungehörig, und Garrett wollte nichts damit zu tun haben, doch er mußte zugeben, daß diese Leute dem Tal damit nicht mehr Schaden zufügen würden, als ihre Vorfahren es bereits getan hatten.

„Wenn ihr vierzig- oder fünfzigtausend Dollar zusammenkratzen könnt, um in der Stadt gründlich aufzuräumen", sagte er widerwillig, „und ein paar falsche Fassaden vorzuhängen . . ."

„Würden Sie dann die Rolle Ihres Großvaters bei der großen Schießerei spielen?"

Er lächelte. „Als Vorsitzender eines Ausschusses, der für den ganzen Staat zuständig ist, wird mir wohl nichts anderes übrig bleiben."

„Wunderbar. Wir haben auch schon einen Namen für unsere Schau: ‚Die Geisterstadt erwacht zu neuem Leben.' "

„Ich wußte gar nicht, daß Blue Valley je eine Geisterstadt war."

„Na ja, wir frisieren die Geschichte ein bißchen auf."

Am Donnerstag, dem 22. November, nahm Garrett Harvey Brumbauch vor der Ausschußsitzung beiseite. „Blue Valley hat uns ein Angebot gemacht", sagte er, „das wir nicht gut zurückweisen können.

Man erwartet von uns, daß wir Revolver tragen, die Hauptstraße herunterstolziert kommen und die Pettis noch einmal abknallen."

„Ich kann es kaum erwarten", antwortete Brumbauch, ohne in Garretts ironischen Ton zu verfallen. „Lynchjustiz gehört eben auch dazu." Aufrecht, beide Hände auf dem Tisch, saß er auf dem für ihn reservierten Platz. „Ich nehme an, Sie haben einen Entschluß gefaßt, meine Herren", wandte er sich an die Mitglieder des Ausschusses.

„Das haben wir", erwiderte der Vorsitzende. „So leid es mir tut, Harvey . . . na ja, die Volksgesundheit . . . der Gestank . . . der Ausbau der Stadt . . . wir haben hin und her überlegt und sind alle zu dem gleichen Schluß gekommen."

„Sie wollen also, daß ich meinen Viehhof verlege?"

„Ja", antwortete der Vorsitzende beschwichtigend. „Aber wir wollen auch nicht, daß Sie ihn zu weit von der Stadt wegverlegen. Zehn, fünfzehn Meilen vielleicht. Ihre Arbeiter wollen mit Ihnen mitgehen."

„Wie bald?" fragte Brumbauch kühl.

„Wir werden Sie nicht drängen. Acht . . . neun Monate."

„Sie besitzen noch ein Vorkaufsrecht auf einen Teil der Volkema-Gründe draußen in Line Camp", meinte ein Ausschußmitglied. „Das wäre doch ideal."

Brumbauch lehnte sich zurück und ließ seine Blicke forschend über die Umweltschützer gleiten, die ihn nötigten, sein Geschäft aufzugeben. Er zwinkerte Garrett zu. „Meine Herren", sagte er langsam, „ich habe eine Überraschung für Sie."

Er bot einen eindrucksvollen Anblick – er war sechsundfünfzig Jahre alt, ein unsentimentaler Realist wie Potato Brumbauch und einer der reichsten Viehzüchter im Westen. Er hatte Erfolg gehabt, weil er den Mut besaß, jederzeit auch unbequeme Entscheidungen zu treffen. Die Bürger von Centennial hatten ihn für verrückt erklärt, als er sein Schwemmland an den Ufern des Platte verkaufte. Doch er hatte schon früher als sie begriffen, daß mit dem Zuckerrübengeschäft kein Staat mehr zu machen war. Sie hatten ihm den Zusammenbruch prophezeit, als sie von seinem Plan erfuhren, Jungrinder aufzukaufen und sie nach wissenschaftlichen Methoden zu mästen. Er ging dabei ganz bewußt ein Risiko ein: stiegen die Preise, verdiente er ein Vermögen – das er leicht wieder verlieren konnte, wenn sie fielen. Er war der neue Typ des Westerners, der fortschrittliche Unternehmer, und hatte den Tag schon seit langem vorausgesehen, da die ökologischen Gegebenheiten ihn zwingen würden, seinen großen Viehhof aufzugeben. Nun machten die Schließung der Zuckerfabrik und der Ausfall der Lieferungen von Pulpe und Melasse eine Standortverlegung seines Betriebes ebenso wünschenswert wie nötig, und als Opportunist im guten Sinne des Wortes hieß er die Entscheidung des Ausschusses willkommen.

Da Garrett sich nicht vorstellen konnte, mit welcher Überraschung sein langjähriger Freund aufwarten würde, hörte er aufmerksam zu, als

Brumbauch fortfuhr. „Ich beschäftige mich schon seit einigen Monaten mit der Frage einer Standortverlegung, ihren Vor- und Nachteilen, und die von Ihnen heute getroffene Entscheidung zwingt mich jetzt zum Handeln. Ich glaube, wir sollten jetzt die Herren von der Presse hereinrufen."

Der Vorsitzende hüstelte nervös. „Sind Sie sicher, daß das der richtige Zeitpunkt ist?"

„Ganz sicher", erwiderte Brumbauch und zwinkerte Garrett wieder zu. Während die Herren auf die Reporter warteten, richtete Brumbauch eine Frage an Garrett: „Stehen Sie nicht auch vor ziemlich schwerwiegenden Entscheidungen?"

Garrett errötete. „Nicht daß ich wüßte." Es war richtig, daß er gewisse Überlegungen angestellt hatte, doch schien es ihm für den Augenblick nicht angebracht, sie mit seinem Nachbarn zu diskutieren.

„Ich meine, was Ihre Herefords angeht." Garrett war bemüht, keine Bewegung erkennen zu lassen, und Brumbauch fuhr fort: „Ich habe vor ein paar Tagen in Montana gehört, daß Tim Grebe hierher unterwegs ist, und in unserem Geschäft gibt es nur eine einzige Erklärung für Tim Grebes Aufkreuzen."

„Er könnte ja auch nach Denver unterwegs sein", meinte Garrett ausweichend.

„Mir hat man gesagt, daß er nach Venneford kommt", antwortete Brumbauch und starrte Garrett an.

Die Zeitungsleute waren im Saal, und Brumbauch richtete nun das Wort an sie: „Seit einiger Zeit erheben die Bürger von Centennial – und völlig zu Recht, wie ich meinen möchte – Einwendungen dagegen, daß ich meine Viehhöfe am Stadtrand betreibe. Gesundheitliche Erwägungen, sanitäre Einrichtungen, der üble Geruch . . . und, wie gesagt, ich habe dafür volles Verständnis. Meine Herren, ich darf Ihnen mitteilen, daß ich unverzüglich mit der Verlegung beginnen werde."

Der Vorsitzende unterbrach ihn. „Mr. Brumbauch übersiedelt mit seinem Betrieb nach Line Camp hinaus. Wir werden also auch weiterhin Gewinn aus seinem Viehhof ziehen . . . nur eben ohne den Geruch zu genießen."

Das Lächeln auf den Gesichtern der Zuhörer wich Bestürzung, als Brumbauch ihnen nun eine überraschende Mitteilung machte: „Ich teile meinen Betrieb. Ich werde eine Hälfte westlich von Ottumwa in Iowa ansiedeln und die andere siedle ich nordöstlich von Macon in Georgia an."

„Kann Centennial diese Schläge überleben?" fragte der Reporter des „Clarion". „Am Dienstag haben wir Central Beet verloren und heute Brumbauchs Mästerei."

„Centennial hat immer überlebt", erwiderte Brumbauch. „Es wird sich auch dieser neuen Lage anpassen." Er ließ seinen Zuhörern Zeit, diese schlechten Nachrichten zu verdauen, und fügte dann hinzu: „Die

Zeitungen und die Radiostationen, sollten die Bürger schon jetzt auf den vielleicht nicht mehr gar so fernen Tag vorbereiten, da sogar die berühmten Viehwirtschaften dieses Gebietes schließen werden müssen. Man kann Herefords nicht auf einem Land halten, das zweitausend Dollar der Morgen wert ist. Besonders dann nicht, wenn das Aquifer sich erschöpft und man Heu aus anderen Staaten importieren muß. Ich gehe mit meinen Viehhöfen dorthin, wo es Regen gibt . . . und Heu in ausreichender Menge. Wenn man mir meine Pulpe nimmt, muß ich mich an Baumwollkuchen halten."

Centennial verbrachte eine traurige Nacht, denn viele Familien waren von dem zweifachen Verlust hart getroffen. „Geht es mit unserer Stadt zu Ende?" fragten sich die Nachkommen der Pioniere. „Droht uns das gleiche Schicksal, das Line Camp und Wendell erlitten haben?" Der Bankdirektor, der den Abzug von beträchtlichem Kapital vor sich sah, sagte seiner Frau: „Was die Leute hier in Centennial an banktechnischen Dienstleistungen benötigen, das bekommen sie auch in Greeley, oder noch besser in Denver. Es bleiben uns nur noch Effektengeschäfte, und die haben mir nie besonders zugesagt. Ich glaube, ich sollte mir das Angebot aus Chicago doch noch einmal überlegen."

Der härteste Schlag traf Garrett am dreiundzwanzigsten November. Schon früh am Morgen rollte ein großer roter Cadillac von Cheyenne nach Süden und kam vor der Venneford-Ranch zum Stehen. Am Steuer saß der jetzt einundfünfzigjährige Tim Grebe. Nach dem tragischen Ende seiner Familie von Walter Bellamy, dem früheren Grundbuchführer, an Sohnes Statt angenommen, hatte er die landwirtschaftliche Hochschule in Fort Collins besucht und sein Studium als einer der besten seines Jahrgangs mit Auszeichnung abgeschlossen. Er war von einem Hereford-Züchter in Dienst genommen worden und hatte vor einigen Jahren die Stellung aufgegeben, um geschäftsführender Teilhaber einer sehr großen Ranch zu werden, die ein Ölmillionär aus Texas in Montana gestartet hatte. Er hatte sich den Ruf eines Neuerers erworben und bereiste ständig den Westen. Er half den Viehzüchtern, ihre Herden neu zu beleben, und machte sie mit neuen Methoden und neuen Arten von in Amerika noch unbekannten europäischen Rindern vertraut.

Er war zu einem Meister in der Kunst der Überredung geworden. Jetzt setzte er seine Tasse nieder, sah Garrett fest in die Augen, sagte eindringlich: „Ich bin selbst ein alter Hereford-Mann, Paul. Ich kann mich noch erinnern, was es mir für einen seelischen Knacks versetzt hat, als ich meine Herde aufgeben mußte, und darum verstehe ich die Gefühle, die einen Menschen bewegen, wenn er am Ende eines langen Weges zu der Einsicht kommt, daß er seine persönlichen Interessen wahren muß." Aus seinen Papieren kramte er den Zeitungsausschnitt mit dem Schnappschuß, der 1936 um die halbe Welt gegangen war. Er steckte in einem Plastiketui und zeigte den vierzehnjährigen Timmy, der ein Hereford-Kalb umarmte.

„Ich erinnere mich", sagte Garrett. „Ich war damals neun Jahre alt." Er erinnerte sich auch noch an die anderen Geschehnisse dieses unheilvollen Tages. Genau das bezweckte Tim Grebe mit seiner alten Photographie. Wenn ein Rancher an das grauenhafte Gemetzel in Line Camp zurückdachte, neigte er dazu, sich für Grebes Argumente empfänglicher zu zeigen. Er sah in Grebe nicht mehr den dicketuenden Rancher aus Montana mit seinen neumodischen Ideen und seinen Millionen auf der Bank, sondern einen Bauernjungen, dem das Schicksal schwere Prüfungen auferlegt hatte.

„Wenn ich also gekommen bin, um mit Ihnen zu sprechen, Paul, so als Freund, der selbst eine harte Schule mitgemacht hat. Ich werde Ihnen jetzt sagen, in welcher Position Sie sich jetzt befinden:

Erstens: der Zwergwuchs Ihrer Herefords ist noch nicht zur Gänze ausgemerzt. Sie haben zu lange an der Emperor-Linie festgehalten. Sie eignen sich großartig dazu, während der Viehausstellungen in Hotelhallen gezeigt zu werden. Aber bei der Zucht wirkt sich das fatal aus. Um die von Emperor verursachten Fehler zu eliminieren, brauchen Sie neues Blut.

Zweitens: Ihre Jährlinge wiegen nicht genug. Sie werden ja schon beobachtet haben, daß Rancher, die zu ausländischen Rassen übergegangen sind, ihre Rinder acht Wochen vor Ihnen auf den Markt schicken und sich so eine Menge Futter sparen.

Drittens, und das ist vielleicht keine weltbewegende Sache, aber wegen ihrer hellen Pigmentation sind die Herefords immer schon für Augenkrebs und Euterentzündung anfällig gewesen. Diese Makel können Sie mit einer einfachen Gebrauchskreuzung eliminieren.

Viertens: wenn Ihre Kühe kalben, produzieren sie nie genug Milch, um die Kälber anständig zu mästen." Er unterbrach sich und hob seine leere Tasse.

„Noch etwas Tee?" erkundigte sich Garrett höflich. Grebe hatte auf alle Schwächen hingewiesen, die Garrett schon seit geraumer Zeit Anlaß zur Sorge gaben.

„Ausgezeichneter Tee. Schmeckt ein bißchen rauchig. Was ist da drin?"

„Das ist eine besondere Mischung. Meine Familie trinkt sie seit Generationen. Mit Teer gebeizt." Er nippte an seiner eigenen Tasse und sagte dann mit unbeholfener Offenheit: „Ich danke Ihnen, daß Sie gekommen sind."

„Betrachten wir Ihr Problem jetzt einmal rein objektiv, und glauben Sie mir, Paul, Sie können fragen, wen Sie wollen, und wenn der Betreffende ein ehrlicher Mann ist, wird er Ihnen dasselbe sagen. Ich stelle Ihnen anheim, jede einzelne meiner Behauptungen nachzuprüfen." Er nahm einen tiefen Schluck von dem heißen Tee und setzte seine Ausführungen fort:

„Wenn Sie bei reinen Herefords bleiben, brauchen Sie Jahre, um Ihre Herde in Ordnung zu bringen, und auch dann werden Sie in den wesentlichen Punkten, von denen der Gewinn abhängt, keine Fortschritte erzielt haben. Und darum sage ich Ihnen: Sie müssen eine Kreuzung ins Auge fassen. Der Gedanke mag Ihnen schmerzlich sein, aber Sie müssen mit neuen Methoden neues Blut zuführen."

„Darauf habe ich mich schon eingestellt."

„Gut. Das können Sie auf zwei Arten bewerkstelligen. Die Curtissleute haben wirklich herrliche Stiere und können Ihnen Samenflüssigkeit zur künstlichen Insemination verkaufen. Mit der richtigen Zuchteinheit und dem richtigen Vatertier können Sie Ihre Herde in fünf Jahren umdrehen. In der ersten Nachfolgegeneration bekommen Sie Halbblute, in der zweiten haben Sie schon drei Viertel neues Blut, und in der dritten sieben Achtel. Und im vierten Jahr haben Sie fünfzehn Sechzehntel, was in unserem Geschäft bereits als vollblütig zählt. Ich habe mit künstlicher Besamung gearbeitet und gute Ergebnisse erzielt. Sie ermöglicht eine stärkere Ausnützung der Kühe und erfolgt nach Möglichkeit während des ersten Eisprungs. Im Vergleich zu der Kuh, die erst im vierten Östrus belegt wird, bedeutet das ein Mehr von sechsundneunzig Pfund je Kalb."

Er lehnte sich zurück und ließ Garrett Zeit, die Argumente zu verdauen. „Wenn Sie sich für künstliche Besamung interessieren, stelle ich für Sie die Verbindung zu zwei tüchtigen jungen Leuten her, die für Curtiss arbeiten. Die sorgen dafür, daß Sie den Samen in dem Moment hier haben, wenn Sie ihn brauchen. Aber ich rate Ihnen nachdrücklich, zuerst meine Vorschläge in Erwägung zu ziehen."

„Deswegen habe ich Sie ja hergebeten."

„Schön. Paul, ich werde Ihnen jetzt mit einer Fülle von revolutionären Ideen kommen, also schnallen Sie bitte Ihren Sicherheitsgurt fest. Sie sollen, wenn Sie mit der Rasse, die ich ausgesucht habe, einverstanden sind, sechzig junge Stiere von mir kaufen – davon dreißig Halbblute zu vierhundertfünfzig Dollar das Stück und dreißig Dreiviertelblute zu sechshundert. Das entspricht einer ersten Kapitalanlage von einunddreißigtausendfünfhundert Dollar, und das ist nicht gerade wenig, aber ich werde Ihnen erklären, wie Sie diese Investition von einem Tag zum andern amortisieren können. Sie verkaufen Ihre sämtlichen Hereford-Stiere an die Wurstfabrik – diese Leute zahlen heute Höchstpreise, weil sie festes, würziges, altes Fleisch brauchen. Ich kann Ihnen da zu einem sehr guten Abschluß verhelfen, und damit würde sich Ihre Verpflichtung auf weniger als zehntausend Dollar reduzieren, die Sie mir über einen Zeitraum von drei Jahren bezahlen können."

„An welche Rassen denken Sie da, Tim?"

„Das können Sie alles hier sehen", antwortete Grebe und reichte Garrett eine Broschüre mit zahlreichen Bildern, die die Kreuzungen von Hereford-Kühen mit Stieren verschiedener europäischer Rassen zeigten, die vor kurzem in Kanada importiert worden waren. Doch bevor Garrett noch Gelegenheit hatte, das Büchlein durchzublättern, fügte Grebe hinzu: „Eine der besten Kreuzungen ergibt sich, und das wissen Sie ja selbst, aus Hereford und Black Angus. Die dunkle Pigmentation der schwarzen Stiere macht Augenkrebs und Euterentzündungen unmöglich. Und das Kalb sieht sehr gut aus – der Körper ist pechschwarz wie bei den Angus, und das Gesicht schneeweiß wie bei den Herefords."

Während Garrett blätterte, setzte Grebe seine Erklärungen fort. „Also mit den Europäern sieht es so aus. Das größte Tier ist der Chianina aus Italien, ein weißer Stier, aber die Farbe der Hereford-Chianina-Kälber gefällt mir nicht, und ich glaube, sie würde auch Ihnen nicht zusagen. Am meisten Anklang hat der Charolais gefunden, und mit der Hereford-Kuh kommt ein wunderschönes Braun heraus, doch das Kalb hat viele Schwächen. Der neueste Schlager ist der Maine-Anjou, ein französisches Tier, schwarz-weiß gefleckt, mit ausgezeichneter Milch- und Fleischleistung. Aber die Rasse, die ich vorziehe, das sind die Simmentaler, das große rötliche Fleckvieh aus dem Simmental in der Schweiz. Ich werde jetzt kein Loblied anstimmen, denn Sie kennen ja die einschlägige Literatur, aber als alter Hereford-Mann will ich Ihnen nur eines sagen. Da die Grundfarbe der Simmentaler der der Herefords so ähnlich ist, ergibt sich eine Simmental-Hereford-Kreuzung, bei der die Kälber den roten Körper und ein schönes weißes Gesicht behalten." Er zeigte Garrett Photographien von sechzehn solcher Kreuzungen, und die Kälber waren den Hereford so ähnlich, daß Garrett manchmal gar keinen Unterschied entdecken konnte. Dieser Umstand hatte auf Garrett eine äußerst tröstliche Wirkung.

„Die Farbe interessiert mich weniger", log Garrett. „Welche Vorteile bietet die Kreuzung sonst noch?"

„Sie gibt mischerbige Vitalität. Jede Kreuzung wird eine Hereford-Ranch um zehn Prozent verbessern. Jede gute europäische Rasse wird die Herde um vierzehn Prozent verbessern, schon allein darum, weil sie die Widerstandsfähigkeit der Erbanlagen erhöht. Und das beste Simmental-Rind wird die Qualität um achtzehn Prozent verbessern. Ihre Kühe werden mehr Milch geben. Augenkrebs und Euterentzündungen werden abnehmen. Aber der große Unterschied besteht darin, daß das Simmental-Rind nie mit dem Ziel gezüchtet wurde, in Hotelhallen gut auszusehen. Es ist ein Zugtier, groß und derb, das zeigt sich auch an den Kälbern. Schauen Sie sich diese Zahlen an!" Und er verwies Garrett auf eine Tabelle, die er aus der Tasche zog und vor ihn auf den Tisch legte:

	Hereford	Simmental-Kreuzung
Gewicht des Kalbes bei Geburt	70	87
Gewicht nach 205 Tagen	410	575
Gewicht nach 345 Tagen	940	1129

„Und dieses Mehr an Pfunden bedeutet ein Mehr an Dollars. Bei gleicher Futtermenge geben Ihnen die Kreuzungen fast zweihundert Pfund mehr pro Tier, und das ist reiner Gewinn."

Er wartete, bis Garrett die Tabelle studiert hatte, und fügte dann in vertraulichem Ton hinzu: „In Anbetracht Ihres ausgezeichneten Rufes als Viehzüchter kann ich Ihnen vielleicht ein paar Kaninchen verschaffen."

„Kaninchen?"

„Haben Sie denn noch nichts von der neuesten Entwicklung in Kanada gehört?" Garrett schüttelte den Kopf. „Wie Sie wissen, dürfen europäische Rassen nicht nach Amerika importiert werden. Maul- und Klauenseuche. Also bringen wir sie nach Kanada und exportieren von dort den tiefgefrorenen Samen. Alle Tiere, die Sie da in der Broschüre sehen, leben in Kanada. In den Staaten haben wir keine.

Aber ein Team hervorragender kanadischer Veterinäre hat ein wirklich verblüffendes System entwickelt. Sie verwenden dazu Kaninchen, und das geht so. Sie suchen sich die beste Simmental-Kuh heraus, die es gibt, und injizieren ihr Hormone, so daß sie nicht ein oder zwei Ova produziert, sondern eine ganze Menge. Dann paaren sie sie mit dem besten Bullen der ganzen Zucht, so daß sie statt einem Kalb, wie eine gewöhnliche Kuh, theoretisch sechzehn oder siebzehn werfen könnte.

Dazu ist ihr Leib natürlich nicht groß genug, und darum wird sie, sobald die Ova befruchtet sind, aufgeschnitten – eine völlig harmlose Operation – die befruchteten Ova werden von den Eileitern gelöst, und damit haben wir sechzehn oder siebzehn Kälber aus den feinsten Elterntieren der Welt.

Aber wir wollen sie ja nicht in Kanada, wir wollen sie in den Vereinigten Staaten haben. Und dazu brauchen wir jetzt die Kaninchen. Wir nehmen zur Empfängnis bereite Kaninchenweibchen und setzen ihnen die gesamten Simmental-Ova in die Gebärmutter ein. Dort entwickeln sie sich ebenso gut, wie sie es in der Gebärmutter einer Kuh tun würden. Dann werden die Kaninchen nach Amerika geflogen und operiert. Man nimmt ihnen die Ova wieder heraus und pflanzt sie irgendeiner Kuh ein, die gerade zur Hand ist. Es muß keine Simmental sein, denn die Charakteristika des werdenden Tieres liegen ja im Ovum, nicht in der Ersatzmutter.

Nach Ablauf der normalen Tragzeit produziert die Ersatzmutter ihre Nachkommenschaft – reinrassige Simmentaler, um nichts weniger schön als in der Schweiz gezüchtete Kälber."

Garrett war starr. Eine derartige Manipulation der Natur überstieg sein Begriffsvermögen, und die Vorstellung eines zwei Pfund schweren Kaninches, das einen möglicherweise zweitausend Pfund schweren Ochsen im Leib trug, war einfach absurd. „Ist das legal?“ fragte er.

„Möglicherweise nicht mehr lange“, erwiderte Grebe, „aber ich möchte doch, daß Sie sich drei oder vier dieser Kaninchen kommen lassen, denn das Beste wissen Sie noch nicht. Jedem Kaninchen werden zwei Ova eingepflanzt, und die kommen dann auch in die Kuh, so daß Sie immer wieder statt einem zwei Simmental-Kälber herausbekommen. Wir haben eine Methode gefunden, durch die wir in achtzig Prozent der Fälle erreichen, daß die Kuh Zwillinge wirft. Die vier Kaninchen bringen Ihnen also auf jeden Fall sieben, vielleicht sogar acht Kälber.“

Zu schnell stürmte all das Neue auf Garrett ein, als daß er es hätte aufnehmen können, und darum wanderte er eine Weile nervös im Zimmer auf und ab. „Halten Sie die Kreuzung aus Simmental und Hereford für gut?“ fragte er schließlich.

„Ich halte sie für die beste“, erwiderte Grebe. „Es kann natürlich sein, daß ich voreingenommen bin.“ Garrett aufmerksam beobachtend, erachtete er jetzt die Zeit für gekommen, das entscheidende Argument ins Treffen zu führen, dessen es bedurfte, um das Geschäft zum Abschluß zu bringen. „Das schöne dabei ist, die Simmental-Rinder sehen genauso aus wie die Herefords. Es wird nicht lange dauern, und die neuen Tiere werden Ihnen genauso gut gefallen.“

„Das bezweifle ich“, erwiderte Garrett. Nachdem er minutenlang zu den Hirschköpfen hinaufgeblickt hatte, traf er seine Entscheidung. „Ich nehme dreißig Ihrer besten Stiere, Grebe. Fünfzehn Halbblute. Fünfzehn Dreiviertelblute. Dreißig meiner besten Hereford-Stiere behalte ich und teile die Herde. Mal sehen, mit welcher Gruppe ich die besten Resultate erziele.“

„Ausgezeichnete Idee“, stimmte Grebe ihm rasch zu. „Wollen Sie nach Montana kommen, um sich die Tiere auszusuchen?“

„Ich habe Vertrauen zu Ihnen, Tim.“

„In diesem Fall werde ich darauf sehen, daß Sie bestens bedient werden.“ Als er fort war, ging Garrett zu seiner Frau hinauf. „Ich habe es getan“, berichtete er ihr. „Wir verkaufen die Hälfte unserer Hereford-Stiere.“

Sie hatte nie viel von der Viehzucht verstanden und war daher nicht in der Lage, die Bedeutung dieser Entscheidung ihres Mannes richtig einzuschätzen, aber sie wußte, was er für die Weißgesichter empfand. „Mit der Zeit werden uns die neuen Tiere ebenso ans Herz wachsen“, versuchte sie ihn zu trösten, doch das half ihm nicht viel weiter, und so küßte er sie, verließ das Schloß, sattelte sein Pferd und ritt auf die Weiden hinaus.

Wie sich doch die Geschichte wiederholt! dachte er. Vor hundert

Jahren waren es die englischen Millionäre, die ihre Gewinne aus den Geschäften mit Textilwaren dazu verwendeten, große Viehwirtschaften aufzukaufen und die Herefords in Amerika einzuführen. Heute sind es Ölmillionäre aus Texas und Ärzte aus Chicago, die ihre Steuerdollar dazu verwenden, die gleichen Viehwirtschaften aufzukaufen und Simmentaler Rinder einzuführen. So oder so, es sind immer die gleichen Herren über ein Land, das sie kaum kennen und nur zu Anlagezwecken erwerben.

Als er auf die Weiden kam, wo seine Stiere grasten, machte er sich an die schmerzliche Aufgabe, zu entscheiden, welche er behalten und welche er in die Wurstfabrik schicken würde, doch nachdem er neunzehn Stiere in Augenschein genommen hatte, verurteilte er einen zum Tod und begnadigte achtzehn. „Zum Teufel", brummte er, „das soll ein anderer bestimmen." Er ritt davon, wandte sich aber noch einmal um und warf einen letzten Blick auf die stattlichen Tiere, deren Hörner sich zu den Augen hinab krümmten. Sie hatten noch nie so schön ausgesehen. „O Gott", murmelte er, „ich hoffe, ich mache keinen Fehler, wenn ich sie verkaufe."

Frühmorgens, Sonnabend, den vierundzwanzigsten November, sandte der Gouverneur Garrett durch einen Eilboten den Vorabdruck eines Berichtes, der von einer Gruppe kanadischer, in Montreal ansässiger Wissenschaftler verfaßt worden war. Der Bericht trug die Vermerke „Vertraulich" und „Was halten Sie davon?" Es war für Garrett eine faszinierende Lektüre. Er hatte gerüchteweise gehört, daß eine solche Studie zusammengestellt wurde, und sich die Frage vorgelegt, wie sein Staat wohl dabei abschneiden würde. Er hatte erwartet, Colorado im Mittelfeld zu finden, doch die tatsächlichen Ergebnisse verblüfften ihn.

Die Wissenschaftler hatten sich ein einfaches Problem gestellt: „Welcher der fünfzig Bundesstaaten bietet seinen Bewohnern die beste und welcher die schlechteste Lebensqualität?" Dazu hatten die Wissenschaftler zweiundvierzig Kriterien ausgewählt:

Wie viele Zahnärzte kommen auf tausend Einwohner?

Wie viele Spitalsbetten kommen auf tausend Einwohner?

Wie viele Meilen sauberen, fließenden Wassers kommen auf tausend Einwohner?

Wie viele Bücher in öffentlichen Bibliotheken kommen auf tausend Einwohner?

Wie viele Quadratmeilen Naturschutzgebiet kommen auf tausend Einwohner?

Wie viele Tennisplätze kommen auf tausend Einwohner?

Zu seiner großen Überraschung stellte Garrett fest, daß Colorado den ersten Platz in der Liste einnahm! Dann kam Kalifornien, dann Oregon, Connecticut, Wisconsin und Wyoming. Die untersten Ränge entfielen auf die Südstaaten, die sich bis vor kurzem geweigert hatten, Geld für Parkanlagen, Sportplätze und Bibliotheksbücher auszugeben. Sie hatten gefürchtet, daß all dies den Schwarzen zugute kommen könnte.

Diese Reihung würde für Colorado zu einem ernsten Problem werden. Sobald der Bericht veröffentlicht war, würden sich Tausende von Menschen, die bis jetzt nur die vage Absicht gehabt hatten, nach Colorado zu übersiedeln, ermutigt fühlen, diese Absicht in die Tat umzusetzen. Von der Überlegung ausgehend, daß mit diesem Problem sich andere auseinandersetzen würden, wollte Garrett den Bericht schon zur Seite legen, als er bemerkte, daß der Gouverneur eine der Fußnoten angekreuzt hatte. Da hieß es:

„Colorado würde in dieser Gegenüberstellung noch besser abschneiden, triebe der Staat nicht so schändlichen Mißbrauch mit einem seiner bedeutendsten Naturschätze, dem Platte River. Auf seinem Weg durch Denver erfährt dieser Strom die Behandlung eines öffentlichen Abwasserkanals. Sein Zustand spottet jeder Beschreibung. Und der Verdacht liegt nahe, daß sich weder in der Legislative des Staates noch im Gemeinderat von Denver je ein Mensch gefunden hat, dem das etwas ausgemacht hätte. Colorado wird die Entsendung einer Kommission nach San Antonio, Texas, empfohlen, wo sie genau untersuchen sollte, was diese Stadt bei der Gestaltung ihres Flußnetzes erreicht hat. Die mit Phantasie und Geschmack im mexikanischen Stil angelegte Ortschaft La Villita ist jeder Stadt zur Nachahmung empfohlen, die ihre Vergangenheit lebendig erhalten möchte. Denver verfügt über genügend Geldmittel, um das und noch mehr zu tun. Daß es eine derartige Verwüstung des Flusses innerhalb seiner Stadtgrenzen zuläßt, ist eine Schande."

In längstens drei Wochen würden die Lokalzeitungen diese Kritik veröffentlichen und in ihren Leitartikeln die Frage aufwerfen, warum Colorado die ständige Verschmutzung des Platte duldete.

„Und die Kritiker werden im Recht sein, Vernor. Ja, verdammt nochmal, sie sind im Recht. Die Erde ist etwas, was man jeden Tag aufs neue schützen muß. Ein Fluß ist etwas, was man Zoll für Zoll verteidigen muß. Die Menschen, die ihr Leben lang versucht haben, ihn zu retten, sind alle tot, und was haben Leute wie ich in den letzten zwanzig Jahren getan? Nur die Zukunft wird ihr Urteil über uns sprechen. Zu unserer Schande muß ich gestehen . . . wir haben uns einfach nicht um den Platte gekümmert."

Was er dann tat, würde seinen Nachbarn Anlaß geben, an seinem Geisteszustand zu zweifeln. Er beschloß, das Länderspiel Colorado gegen Nebraska nicht zu besuchen, obwohl er Eintrittskarten hatte.

„Flor!" rief er. „Würdest du wohl Norman anrufen? Und bitte ihn, die Maschine startklar zu machen."

„Wir müssen zum Spiel."

„Wir werden auf das Spiel verzichten."
„Und das Picknick?"
„Das nehmen wir mit."
„Aber die Karten?"

Das Rugbyspiel gegen Nebraska stellte für Colorado den absoluten gesellschaftlichen Höhepunkt des Jahres dar. Für zwei gute Karten bekam man hundert Dollar und mehr, wenn es ein schöner Tag war. Bei diesem fast geheiligten Ritual dabeisein zu können war für eine Mexikanerin etwas so Besonderes, daß selbst Flor, die nur selten Regungen weiblicher Eitelkeit erkennen ließ, sich darauf freuen mußte. Da Denver weder eine Oper noch ein ständiges Theater besaß, noch große Bälle abhielt, konzentrierte sich die gesamte kulturelle Szene auf dieses Rugbyspiel, und so stellte sich Flor mit Recht die Frage, was ihren Mann veranlassen konnte, die Karten zu verschenken.

„Rufe Sam Pottifer an", antwortete Paul. „Ich glaube, er wird sie mit Handkuß nehmen."

Während ihr Mann sich rasierte, rief sie Pottifer an, einen Millionär aus Chicago, der erst vor kurzem ein großes Stück Land in den Vorbergen westlich von Centennial gekauft hatte. Pottifer war äußerst überrascht, daß ihm in letzter Minute noch solch ein Glücksfall widerfahren sollte. Als Ortsfremder hatte er vergeblich versucht, zwei Karten zu ergattern, doch nicht einmal sein Reichtum ermöglichte es ihm, in den magischen Kreis jener einzudringen, die Abonnementkarten besaßen.

Die einflußreichen Familien des Staates verfolgten mit großem Interesse einen Prozeß um den Wert dieser Karten. Der Prozeß war bereits durch die unteren Instanzen gegangen und sollte jetzt vor den Obersten Gerichtshof kommen. Ein gewisser Colson und seine Frau waren seit etwa dreißig Jahren auf zwei Sitze an der Vierzig-Yard-Linie abonniert gewesen. Mrs. Colson starb, und die Universität entschied, daß Colson jetzt nur mehr einen Sitz brauchte, entzog ihm eigenmächtig den anderen und überließ diesen jemandem, der seit elf Jahren auf eine Karte wartete. Colson strebte eine gerichtliche Verfügung an die Universität an, ihm beide Sitze zu belassen. Er begründete die von ihm angestrengte Klage damit, daß die willkürliche Entscheidung der Universität ihn zu ewigem Junggesellendasein verurteilte, denn „keine Dame, die etwas auf sich hält, würde meine Bewerbung um ihre Hand ernstlich in Erwägung ziehen, wenn sie wüßte, daß ich nur eine einzige Karte zu den Rugbyspielen der Universität besitze".

So wurde also Flors Picknick-Lunch, der ursprünglich im Schatten des Stadions verzehrt und mit den vornehmsten Familien des Staates geteilt werden sollte, in die Beechcraft verstaut, und um zehn Uhr vormittags waren die Jungvermählten bereits in der Luft und hielten Kurs auf die hohen Rockies.

„Wohin geht es?" erkundigte sich Flor aufgeregt.

„Ich muß mir den Platte sorgfältig ansehen und dem Gouverneur darüber berichten."

„Aber der Fluß ist doch da unten", sagte Flor und deutete nach Süden.

„Nicht der Teil, der uns interessiert."

Unter ihnen war vom Platte nichts zu sehen, nur die Gipfel, einer nach dem anderen, in mächtiger Gemeinschaft vereint. Die gefahrenvollen Pässe waren bereits eingeschneit, und Herden von Hirschen sammelten sich, wo noch vor kurzer Zeit Touristen ihre Zelte aufgeschlagen hatten. Es war eine Welt von blendender Weiße; wenn hier ein Flugzeug abstürzte, wie dies im Winter immer wieder geschah, mochten wohl Monate vergehen, bevor es entdeckt wurde.

Die Maschine schwenkte nach Süden, wo einst kleine Goldgräberstädtchen gestanden waren, und bei Fairplay schlängelte sich ein kaum sichtbares Bächlein durch den Schnee.

Garrett wies den Piloten an, diesem Zufluß des South Platte über das zweitausendfünfhundert Meter hohe Flachland und dann über die Wasserfälle hinab zu folgen, die sich in die Ebene ergossen.

Wie eine Wolke hing der Smog über Denver, und Flor dachte schon, sie würden hineingeraten, doch der Pilot schwenkte wieder nach Westen, um, einem anderen Zufluß folgend, das Tal hinaufzufliegen.

Es war an dieser Gabelung, wo der South Platte seinen Namen erhielt, und Garrett und seine Frau flogen fast eine Stunde lang die Zuflüsse auf und ab, ohne daß er eine unrechte Verwendung des Wassers feststellen konnte. Solange der Fluß in den Bergen verblieb, war er frei und rein; der Mißbrauch begann erst, wenn er die Nähe des Menschen erreichte.

Schon vor Denver bot der Platte einen gräßlichen Anblick. Eingezwängt zwischen verwahrlosten Ufern, war er in diesem Abschnitt seines Laufes einer der häßlichsten Flüsse Amerikas, nicht viel besser als der Cuyahoga, der mit seiner Last von Dreck und Öl in Cleveland einmal Feuer gefangen hatte. Garrett blickte auf den Fluß und den Smog hinab. „Wenn Colorado auf dieser Liste den ersten Platz einnimmt", wandte er sich kopfschüttelnd an seine Frau, „wie müssen dann erst die anderen Bundesstaaten aussehen?"

Nordwestlich von Denver lag die Universitätsstadt Boulder, und Garrett wies den Piloten an, das riesige graue Stadion zu überfliegen. Tausende von Automobilen verstopften die Zufahrtsstraße.

Nördlich von Boulder durchschnitten sie das Tal des Cache la Poudre, und die Beechcraft kehrte in die Berge zurück, wo Garrett Flor die Seen zeigte, die Potato Brumbauch angelegt hatte. Nachdem die Maschine auf fünftausend Meter geklettert war, deutete er auf den Tunnel hinunter, den Brumbauchs Männer durch die Berge geschlagen hatten, um Wyoming einen Fluß zu stehlen und so die Fruchtbarkeit des Platte zu erhöhen.

Das Flugzeug schwenkte nach Osten und folgte dem Platte auf seinem Weg nach Nebraska. Weil die Bewässerungsgräben ihm den letzten Tropfen Feuchtigkeit entzogen hatten, glich der Fluß einer endlosen Kette bewaldeter Inseln, die sich entlang einer Linie aneinander reihten, die nicht mehr als ein Wasserfaden war. Bei Julesburg, nahe der Grenze, wurde der Platte zu einem Rinnsal – genauso wie Potato Brumbauch es geplant hatte –, aber dort, wo der Fluß Nebraska erreichte, kehrte das Wasser aus den Bewässerungsgräben zurück, so daß der nordöstliche Nachbarstaat am Ende doch noch seinen rechtmäßigen Anteil erhielt.

„Das ist der Teil, der mich immer wieder fasziniert", sagte Garrett zu seiner Frau, während die Maschine über Nebraska weiterflog. Er zeigte nach vorn, wo North und South Platte über eine Länge von fast vierzig Meilen Seite an Seite dahinflossen, so als ob keiner von beiden bereit wäre, auf sein Eigenleben zu verzichten. Und weil ihm daran lag, seine Gedanken aufgezeichnet zu wissen, nahm Paul wieder das Diktiergerät zur Hand:

„Auf einem Urlaub während des Koreakrieges besuchte ich die Flüsse Südostasiens – den Brahmaputra, den Mekong, den Ganges, den Irrawadi. Aber ich kann Ihnen versichern, daß kein Fluß, den ich gesehen habe, mich so bewegt, wie diese beiden da unten. Sehen Sie sich das doch an: zwei Liebende, die eine Vereinigung ersehnen und sie dennoch fürchten. Ist das nicht ein toller Anblick? Und hier, bei North Platte, wie herrlich vollzieht sich diese Vereinigung!"

Das Flugzeug kreuzte mehrmals über der Stelle, und Flor preßte ihr Gesicht an das Fenster, um den Zusammenfluß der Liebenden zu bewundern. „Weißt du was", sagte Garrett impulsiv, „wir fliegen zum Missouri." Der Pilot erhöhte die Geschwindigkeit, und die Maschine folgte den Biegungen und Windungen des Platte quer durch Nebraska, flog über das Pawnee-Dorf hinweg, wo Pasquinel und McKeag einst gegen die Indianer gekämpft und dann Handel mit ihnen getrieben hatten, und weiter bis zu dem geheimnisumwitterten, waldigen, sumpfigen, namenlosen Ort, wo der Platte sein Dasein aufgab und sich im Missouri verlor. Und während er Szenen vor seinem geistigen Auge vorbeiziehen ließ, an denen seine Vorfahren in dieser verlassenen Gegend teilgenommen hatten, sagte er zu Flor: „Das wird mir in ganz Colorado kein Mensch glauben, aber für mich ist dieser Fluß aufregender als das schönste Rugbyspiel."

Es war eine anstrengende Woche gewesen, der Sonntag aber sollte Entspannung und Unterhaltung bringen. Hunderte von Zuschauern sollten sich an diesem Tag auf Sam Pottifers ausgedehntem Besitz einfinden, um den Vorführungen der Appaloosas beizuwohnen. Es war denkbar, daß Paul Garrett sich ein Rugbyspiel zwischen Colorado und

Nebraska schenkte; nicht denkbar war es, daß er die Appaloosas versäumte. Garrett hatte in seinem Leben vieles geleistet und vieles erreicht. Hätte ein Fremder ihm die Frage gestellt, was ihn mehr als alles andere mit Stolz erfüllte, er würde das Recht gehabt haben, unter verschiedenen Antworten zu wählen: ein hohes Regierungsamt, hätte er sagen können, sein Ruf als führender Viehzüchter, seine Bemühungen um die Erhaltung von Truthühnern, Präriehunden und Büffeln ... Doch sehr wahrscheinlich hätte seine Antwort gelautet: „Die Tatsache, daß ich mitgeholfen habe, die Appaloosas vor dem Aussterben zu bewahren."

Es befriedigte ihn, so viel Geld und Zeit für die Appaloosas aufgewendet zu haben. Diese anmutigen Rassepferde hatten sich vor etwa einer Million Jahren bei den Rattlesnake Buttes entwickelt und wurden von einigen Experten als der älteste Züchtungsstamm der Welt angesehen. Ihren Namen verdankten sie den aus Idaho kommenden Palouse-Indianern. „Diese Zucht wieder aufgefrischt zu haben", schrieb Garrett in einem Bericht, „heißt, der Natur geholfen zu haben, sich auf eine ihrer vollendetsten Schöpfungen zu besinnen."

Als noch eine Landbrücke Amerika und Asien verband, war dieses Pferd aus Colorado in die Alte Welt ausgewandert. Dort erlebte es eine Blütezeit, und die Kunst der Antike war überreich an anschaulichen Darstellungen: der Cro-Magnon-Mensch malte die Appaloosas an die Wand seiner Höhle; chinesische Künstler schwelgten in Zeichnungen dieses einzigartigen Tieres; seine gefleckte Hinterhand in Gold und Silber gearbeitet, erscheint es auf persischen Miniaturen, und viele von Europas bedeutendsten Malern, wie Tizian und Rubens, verewigten es auf ihren Bildern.

Es war kein großes Pferd, aber lebhaft, kräftig, sehr ausdauernd und leicht zu schulen. Es fühlte sich zu den Menschen hingezogen und spielte sich gern auf. Die österreichischen Lipizzaner stammen von ihm ab.

Daß es in Amerika überlebt hatte, war ein wahres Wunder. Es kehrte durch einen reinen Zufall in seine Urheimat zurück – drei oder vier Pferde, die Cortez und die ersten Spanier mitbrachten, waren Appaloosas. In der Neuen Welt starben sie aus – bis auf einige wenige, die vom Schicksal in ein Gebiet weit nördlich von Arizona verschlagen wurden und dort um 1715 den in Idaho beheimateten Nez-Percé-Indianern in die Hände fielen. Diese berühmten Pferdehändler erkannten ihre hervorragenden Qualitäten. Durch sorgsame Paarung schufen sie sich eine große Herde von Appaloosas, die sie in ihren ständigen Kämpfen gegen Regierungstruppen als Reitpferde benutzten.

Nachdem die Nez Percé schließlich besiegt waren, erließen die zuwandernden Missionare drei Verfügungen: „Ihr müßt das Tanzen aufgeben, weil es zu Ausschweifungen führt. Ihr dürft keine Federn und Perlen mehr tragen, weil sie euch an den Kampf erinnern. Und ihr müßt eure gefleckten Pferde verkaufen, denn wenn ihr mit ihnen über die Prärie galoppiert, denkt ihr an Krieg." Und so nahm man ihren Eigentümern die Appaloosas weg und verkaufte sie wahllos an Interessenten in den westlichen Staaten.

In den ersten zwei Dezennien des zwanzigsten Jahrhunderts bemerkten einige Rancher in ihren Herden auch diese strammen Pferde mit gefleckter Hinterhand, und der eine oder andere Experte, der sich an alte Bilder aus dem Grenzland erinnerte, sprach die Vermutung aus, daß es sich hier um die berühmten gesprenkelten Pferde der Nez Percé handeln könnte. Sie begannen diese Tiere aufzukaufen, wo sie auf den Markt kamen. Unter Anwendung penibler Zuchtmethoden gelang es ihnen, den Fortbestand dieser herrlichen Rasse zu sichern.

Erst in den fünfziger Jahren begannen viele Rancher, darunter auch Garrett, eine größere Anzahl von Appaloosas zu halten. Mit einigen Freunden rief er den Appaloosa-Club ins Leben, der seine Mitglieder dazu verhielt, sich Kostüme zuzulegen, die an das Indianerleben des vergangenen Jahrhunderts erinnern sollten.

Die Cowboys hatten sieben Venneford-Appaloosas auf Anhänger verladen, und um zehn Uhr traten wir die kurze Fahrt zu Sam Pottifers Ranch an. Die Sonne strahlte auf die Prärie herab, Schnee lag auf den Bergen, und Touristen aus dem nördlichen Colorado hatten sich eingefunden, um die nicht alltägliche und packende Schaustellung zu sehen.

Wir führten die Kameraleute zu den Anhängern, wo Garretts Pferde eben ausgeladen wurden: ein Grauschimmel mit schwarzen Flecken wie ein Leopard; drei rehfarbene Stuten mit Sternenmustern auf den Hüften; ein großer Hengst, dessen Hinterviertel mit roten Kreisen bedeckt war; und zwei anmutige Stuten mit einer so hübschen Schwarz-weiß-Zeichnung, daß die Zuschauer applaudierten.

Die Reiter, einunddreißig in authentische Nez-Percé-Kostüme gekleidete Herren und Damen, saßen auf. Die Kameramänner erwarteten irgendeine sensationelle Darbietung, wurden aber in ihren Hoffnungen enttäuscht. Die Reiter ritten nur einfach hin und her, wie das die Indianer vor zweihundert Jahren auf ihren Weidegründen getan haben mochten. Nach einer Weile kamen weitere zwanzig Reiter aus den Schluchten des Westens, jeder auf einem Appaloosa unterschiedlicher Zeichnung. Sie galoppierten nicht als Feinde heran, die ein feindliches Lager angreifen wollten. Sie näherten sich als Besucher, die einem anderen Stamm angehörten. Die zwei Gruppen vermischten sich, und von Zeit zu Zeit erschien ein Reiter in seiner prächtigen Tracht auf dem Kamm eines Hügels und blieb, sich als Silhouette von den Bergen abhebend, ruhig stehen. Die Kameras klickten, und als Paul Garrett und seine Frau, er auf dem schwarzgefleckten Grauschimmel, sie auf einer schwarz-weißen Stute, in leichtem Galopp einen Hang herunterkamen, jubelte ihnen die Menge zu.

Am Ende dieser besinnlichen Schaustellung erschien natürlich eine Gruppe von Cowboys in der Uniform amerikanischer Kavalleristen der achtziger Jahre des vergangenen Jahrhunderts. Ihre Karabiner abfeuernd, stürmten sie heran. Die Nez Percé ergriffen die Flucht, und als die letzten Appaloosas hinter den Hügeln verschwanden, war die Prärie leer, und die Zuschauer blieben mit dem Gefühl zurück, wenige Augenblicke lang an der Geschichte ihres Landes teilgenommen zu haben.

Tim Grebe hielt sein Versprechen. Er regelte den Verkauf von Garretts Stieren an eine Wurstfabrik, doch als der Schlächter anrief, um die Einzelheiten festzulegen, verlor Garrett den Mut. „Tut mir leid", sagte er, „aber ich habe mich anders entschlossen. Ich kann Ihnen die Stiere nicht verkaufen." Dann ließ er seinen Verwalter kommen. „Es muß doch hier in der Nähe eine kleinere Ranch geben, die Verwendung für dreißig gute Stiere hat", meinte er. „Ich bin mit jedem Preis einverstanden. Verschenke sie, wenn es nicht anders geht." Er würde es sich nie verzeihen können, wollte er seine schönen Herefords verkaufen, um sie durch die Fleischmaschine treiben zu lassen.

Nachdem der Verwalter gegangen war, lief er unruhig und sorgenvoll auf und ab. Er hatte eine weitreichende Entscheidung getroffen, und sie quälte ihn. „Verstehen Sie meine Lage?" fragte er und packte mich am Arm. „Ich kann die Ranch ja schließlich nicht als Hobby betreiben. Und wenn die Simmentaler mehr Geld einbringen, muß ich das akzeptieren." Ich nickte.

Dann schnippte er mit den Fingern und rief nach Flor. „Zeit, die Familie zu besuchen. Wenn ich da oben bin, kommen mir oft die besten Ideen." Und eine Viertelstunde später hatten Flor und er gepackt, und wir brausten nach Norden, hinauf ins westliche Wyoming, wohin sich die Reste des Arapaho-Stammes zurückgezogen hatten.

Seit seiner frühesten Kindheit besuchte Garrett jedes Jahr seine indianischen Verwandten und brachte ihnen Geschenke mit. Die Mehrzahl seiner Freunde in Colorado sahen über die Tatsache hinweg, daß er selbst ein halber Indianer war.

„Ich war nie ein leidenschaftlicher Verteidiger der Indianer", gestand er mir, während wir über Wyomings breite leere Straßen rollten, „und ich habe mich stets gehütet, politisches Kapital aus meiner Abstammung zu schlagen, aber manchmal fühle ich mich wie eine echte Rothaut. Jedenfalls habe ich Verständnis für ihre Probleme. Wenn ich zwanzig Jahre jünger wäre, würde ich wohl auch zu ihren militanten Aktivsten gehören."

Je näher wir dem Reservat kamen, desto niedergeschlagener wurde er. Offensichtlich bereute er seinen vorschnellen Entschluß. Bei seinem Besuch hatte er seine verschiedenen Onkeln und Tanten in äußerst gedrückter Stimmung vorgefunden. „O Gott", seufzte er, als wir indianisches Gebiet erreichten, „ich hoffe nur, ihre Laune hat sich inzwischen gebessert."

Seine Hoffnung erfüllte sich nicht. Wir waren kaum angekommen, als Tante Augusta, ein verbittertes altes Weiblein, eine klägliche Litanei anstimmte. „Die Regierung hat gesagt, wir können eine Sporthalle haben, aber die verdammten Shoshone wollen sie auf ihrem Land haben, und wir wollen sie auf unserem, und jetzt müssen wir vielleicht Krieg gegen sie führen." Die Feindschaft zwischen Arapaho und Ute war noch genauso erbittert wie 1750. Die Shoshone waren eine Seitenlinie der Ute und hegten die gleichen feindseligen Gefühle, die zwischen den beiden Stämmen immer schon bestanden hatten. Im Jahre 1873 traf Präsident Arthur eine unglückliche Entscheidung. Er befahl den restlichen Arapaho, das bisher ausschließlich von den Shoshone bewohnte Reservat mit diesen zu teilen, was zur Folge hatte, daß die Feindschaft zu einem Dauerzustand wurde. Es gab genug Land für die zwei Stämme, mehr als genug, aber nicht, solange sie Todfeinde waren.

Trotz ihrer ewigen Klagen hatte Garrett immer seinen Spaß mit Tanta Augusta, und das sollte auch jetzt nicht anders sein. „An allem ist nur das Büro für indianische Angelegenheiten schuld. Stell dir vor, der hiesige Kommissar hat solche Angst vor uns, daß er nicht in der Reservation schläft! Er übernachtet in der Stadt." Sie erzählte ein paar haarsträubende Geschichten, die das Versagen der Verantwortlichen zum Thema hatten, und meinte dann: „Das fing schon an, als General Custer dem Büro vorstand."

Ich nahm an, sie phantasiere, denn meines Wissens war es Custers Aufgabe gewesen, gegen die Indianer zu kämpfen, nicht aber, sie zu regieren, doch dann zwinkerte die listige alte Dame uns zu und sagte: „1876 zog General Custer zum Little Bighorn. Als er aufbrach, sagte er: ‚Tut nichts, bis ich wiederkomme.' " Es entstand eine lange Pause, und dann begriff Flor, wo Tante Augusta hinauswollte, und brach in Lachen aus. „Ganz recht", grinste die alte Frau, „er kam nicht wieder, und seitdem hat kein Mensch mehr etwas getan."

Dann nahm sie ihr Klagelied wieder auf: „Hast du schon gehört, Paul, was mit Sam Lopers Jungen passiert ist?"

„Er ist ein entfernter Vetter von mir", erklärte Paul auf dem Weg zu Lopers Hütte. „In Wirklichkeit heißt er Weiße Antilope, aber die Regierung meinte, das wäre doch kein Name für einen erwachsenen Mann, und darum ließ er das ‚Anti' weg und hängte ein ‚r' an. Jetzt nennt er sich Sam Loper."

Sam Loper war ein älterer Mann. Sein Sohn war wie viele junge Indianer dem Trunk ergeben. Vor einer Woche, nach einem ausgedehnten Saufgelage, war er heimwärts getorkelt, in einen kaum ein Meter tiefen Wassergraben gestürzt und ertrunken.

Jetzt saß der Vater in seiner vollgeräumten Küche und soff Kaffee und Bier in sich hinein. Flor hätte weinen mögen, als er sich seinen Kummer von der Seele redete: „Der Junge hinterläßt eine Frau und drei Kinder, aber sie ist eine schwere Alkoholikerin. Oft ist sie tagelang nicht nüchtern. Und die Kinder – wo zum Teufel treiben die sich herum?"

Wir machten einen Besuch im Missionshaus. „Kann man gar nichts für die Lopers tun?" fragten wir, und der junge Leiter zuckte die Achseln.

„Das große Problem besteht darin, daß es in ganz Amerika keine besser erzogenen Mädchen gibt als diese Arapaho. Sie lernen hier in der Mission, sie sind sauber, gepflegt, fromm, genügsam – erfüllt von den Wundern des Lebens. Dann heiraten sie. Und wen heiraten sie? Die großgewachsenen, gutaussehenden jungen Männer in der Reservation . . ."

„Heiraten Arapaho auch Shoshone?"

„Das ist undenkbar. Und was geschieht mit diesen vielversprechenden jungen Männer, die mit neunzehn so gut Korbball spielen? Sie lassen sich treiben. Sie verlieren das Interesse. Sie haben keine Zukunft, und sie haben keine Hoffnung. Sie fangen an zu trinken, und wenn dann ein Baby kommt, wird ihnen das Chaos ihrer Existenz unerträglich. Sie prügeln ihre Frau. Ja, die Mädchen kommen mit ausgeschlagenen Zähnen und schrecklichen Beulen und Striemen zu mir. Es bleibt den jungen Frauen nur eine einzige Möglichkeit, die Beziehung zu ihren Männern aufrechtzuerhalten – sie trinken mit. Es gibt ganze Familien, die wochenlang betrunken sind."

„Ich weiß", sagte Garrett ungeduldig, denn er hatte diese traurige Geschichte schon zu oft gehört. „Aber was können wir für Lopers Witwe tun?"

„Nichts. Sie ist eine hoffnungslose Alkoholikerin, und ich kann nicht einmal mit ihr sprechen."

„Die Kinder?"

„Der Junge wird seinem Vater nachgeraten. Die zwei Mädchen werden so schön sein, wie ihre Mutter es war – und mit achtundzwanzig hoffnungslose Alkoholikerinnen."

Wie immer, wenn er sich in der Reservation aufhielt, verbrachte Garrett die letzten Minuten auf dem kleinen Friedhof, wo Sacajawea, die große, schöne Shoshone-Indianerin, verehrt wie keine in der amerikanischen Geschichte, begraben liegt. Der Besuch war diesmal besonders bedeutsam für Garrett, denn er wollte Flor die letzte Ruhestätte der Frau zeigen, die Lewis und Clark nach Oregon geführt hatte. Doch auf die schmerzliche Prüfung, die ihn jetzt erwartete, war er nicht vorbereitet. Während Flor das Denkmal betrachtete, wanderte er zu einem anderen Teil des Friedhofes hinüber und sah dort einen neuen Grabstein, den von Hugh Bonatsie, der im Frühjahr gestorben war. „Wir, die wir im Herzen derer, die zurückbleiben, weiterleben, sterben nicht“, stand auf einer Tafel zu lesen. Die Worte waren vielleicht banal, die Zeichnung, die sie begleitete, war es nicht. Auf dem Stein waren die Dinge eingeätzt, die Bonatsie in seinem Leben mehr als alles andere geliebt hatte: ein weißgesichtiger Hereford-Stier und zwei Kühe.

Donnerstag, den neunundzwanzigsten November, fuhren wir an einen Ort, der Garrett besonders ans Herz gewachsen war, und den er mindestens zweimal im Jahr besuchte. Es war kein sehr bedeutungsvoller Ort, obwohl er in der amerikanischen Geschichte eine bestimmte, wenn auch keine entscheidende Rolle gespielt hatte. Nur wenige Amerikaner hatten je davon gehört, doch war die Stätte mit so viel Verständnis erhalten worden, daß sie als ein Beispiel vorbildlicher Restaurierung gelten durfte.

Es war Fort Laramie, das immer noch schweigsam an der Stelle stand, wo der reißende, schwarze Laramie River sich in den North Platte ergoß. Immer noch streiften wilde Truthühner durch die Felder, wo die Indianer beim Abschluß des Vertrages von 1851 ihre Lager aufgeschlagen hatten, und manchmal erschien auch noch ein Hirsch auf dem Hochland, wo die Oglala-Sioux gejagt hatten. Im weichen Kalkstein im Westen des Forts sah man immer noch die tiefen Spuren der Räder, die von den Planwagen stammten, mit denen die Goldgräber 1849 nach Kalifornien gezogen waren.

Wo die Mauern noch gesund waren, hatte man die alten Gebäude erhalten, und wo nur die Fundamente geblieben waren, hatte man sie neu aufgebaut. Man hatte jede falsche Note sorgfältig vermieden. Weder gab es große Kanonen noch Festungswälle mit Attrappen von Soldaten, die auf nicht vorhandene Indianer feuerten. Man hatte nur Baumaterialien verwendet, wie sie schon vor hundert Jahren in Gebrauch gestanden waren. Die Kantine, in der die Pioniere ihre letzten Lebensmittel gekauft hatten, bevor sie nach Oregon gezogen waren, hielt immer noch Arbuckles Kaffee und die schönen weißen Wolldecken der Hudson Bay Company feil.

Es kamen nicht viele Besucher nach Fort Laramie, denn es war in keiner Weise eine Sensation, und doch unternahm eine ganze Menge Männer und Frauen, die den Westen liebten, eine Pilgerfahrt nach dieser wohlbehüteten Stätte, um sich die Wirklichkeit der amerikanischen Besiedlung ins Gedächtnis zu rufen.

„Pasquinel und McKeag pflegten hier zu überwintern. Der Lahme Biber und seine Arapaho verbrachten hier einen Winter. Levi Zendt und dieses bemerkenswerte Mädchen, Elly Zendt . . . das ist die, deren Tagebücher Sie gelesen haben. Die Planwagen kamen von diesem Hügel herunter, und die Pioniere lagerten am anderen Ufer des Laramie. Das große Treffen von 1851, als alle Indianer hier zusammenkamen . . . auch davon haben Sie gelesen . . . fand hier statt. Von dort, von Nordwesten kamen die Crow. Es muß ein überwältigendes Bild gewesen sein, das ganze Volk der Crow zu Pferde. Das Gebäude da drüben, hier hatten McKeag und Tönerne Schale ihren Laden. Hier lernte sie mein Ururgroßvater Maxwell Mercy kennen. Dieses andere schöne Gebäude . . . man nennt es noch heute das Tollhaus . . . hier hat mein Vorfahr Pasquinel Mercy gedient, bevor er mit General Custer zum Little Bighorn zog."

Als wir die Grenze nach Colorado passierten, holte Garrett tief Atem. „Es ist doch schön, wieder daheim zu sein", sagte er. Über Sandstraßen gelangten wir zu der zugrunde gegangenen Stadt Line Camp, von der nur noch der Getreidesilo und die zwei von Jim Lloyd vor mehr als hundert Jahren errichteten Steinhäuser übrig waren. Wo war die Tafel mit der prahlerischen Aufforderung: „Seht uns beim Wachsen zu!" Wo war die Bibliothek und die Bank und Reploges Lebensmittelgeschäft? Wo war die Niederlassung der Traktorenfabrik, die sechzig Traktoren im Jahr zu verkaufen pflegte? Vor allem aber, wo waren die so mühevoll erbauten Häuser, an welchen ihre Bewohner in den Jahren der Dürre unter so vielen Opfern festgehalten hatten?

Sie waren fort, abgetragen bis zu den Kellern. Eine Stadt, in der es eine Zeitung und ein ganzes Dutzend gutgehender Geschäfte gegeben hatte, war vollständig verschwunden. Was blieb, das waren die kläglichen Trümmer enttäuschter Hoffnungen, und über diesen Trümmern kreisten die Falken am herbstlichen Himmel.

Unser Wagen blieb vor einem der Steinhäuser stehen, und Garrett stieg aus, um an die Tür zu klopfen. Eine Weile sah es so aus, als ob niemand daheim wäre. Dann trat ein Greis mit verblassendem rötlichem Haar und tiefliegenden Augen über die Schwelle. Er war sechsundachtzig Jahre alt, aber er sprach und bewegte sich mit jugendlichem Schwung, fast so, als ob das große Abenteuer erst vor ihm läge.

„Paul Garrett, kommen Sie 'rein! Tim Grebe hat mir schon erzählt, daß Sie eine wunderschöne Mexikanerin geheiratet haben, und wie ich sehe, hat er mich nicht angelogen. Kommen Sie 'rein! Kommen Sie 'rein!"

Er führte uns in die Amtsstube, in der er einst mitgeholfen hatte, hundertneunzigtausend Morgen Trockenbodenland zu verschenken, und von der aus er zusehen mußte, wie die vom Schicksal Geschlagenen gezwungen worden waren, ihr Land aufzugeben. Mit fester Stimme sprach er von diesen fernen Zeiten, von den reichlichen Regenfällen vor den furchtbaren Jahren der Dürre. Sein Gedächtnis ließ ihn kaum jemals im Stich, und er konnte sich noch gut an die meisten Familien erinnern.

„Was war eigentlich von allem, was damals passiert ist, das Schrecklichste?" fragte Garrett. Wie immer die Feiern gestaltet werden mochten, die Colorado zu seinem Geburtstag vorbereitete, Garrett würde darauf bestehen, daß auch der tragischen Ereignisse gedacht wurde, denn auch sie waren ein Teil der Geschichte und durften nicht der Vergessenheit anheim fallen.

Bellamy starrte aus dem niederen Fenster des Hauses und überlegte seine Antwort so lange, daß ich schon fürchtete, er hätte die Frage nicht gehört. „War es die Tragödie mit den Grebes?“ fragte Garrett.

„Nein“, erwiderte Bellamy schroff, so als hätte er diese Möglichkeit schon erwogen und abgetan. „Ich erinnere mich da an eine an sich belanglose Episode, aus der sich auch keine Konsequenzen ergaben. Aber es war ein schrecklicher Augenblick. Die Farmer waren damals am Verhungern. Der Staub lag fingerdick in den Räumen. Wir hatten alle Hoffnung verloren. Und dann kam Dr. Thomas Dole Creevey zu Besuch. Was war das doch für ein großartiger Mann! Er ging zu jedem einzelnen Bauern hin, den er dazu überredet hatte, hierher zu kommen. Er wanderte mit ihnen über die Felder und versicherte ihnen, daß die guten Jahre wiederkommen würden. Er gestand seine Irrtümer ein und nahm sich insbesondere der Frauen an, denen er neuen Mut zusprach.“

„Was war denn daran so schrecklich?“ fragte Garrett.

„Er hielt eine Versammlung ab und kam dann nachher allein hierher. Er fiel in diesen Lehnsessel, in dem Sie jetzt sitzen, und bat mich um ein Glas Wasser. Als ich es vor ihm auf den Tisch stellte, wandte er sich schaudernd ab und stieß, ohne das Glas zu berühren, einen durchdringenden Schrei aus. Er schlug die Hände vors Gesicht, sah aber dann zu mir auf und flüsterte: ‚Gott verzeihe mir, was ich diesen Menschen angetan habe.‘ Nach einer Weile faßte er sich wieder, und Miss Charlotte fuhr ihn nach Centennial zurück, aber das Glas Wasser rührte er nicht an.“

Auf der kurzen Fahrt nach Venneford ließ Garrett seine Blicke über das wellige Hügelland gleiten, auf dem bereits der Winterweizen gepflanzt war. Er sah, daß alles so gekommen war, wie Dr. Creevey es vor fünfzig Jahren vorhergesagt hatte. Der Weizen blühte in der großen amerikanischen Wüste, und ausgedehnte Landwirtschaften wie die der Brüder Volkema brachten riesige Profite ein, denn die Besitzer hatten gelernt, nicht tief zu pflügen und nie zu eggen.

Ein neues Gesetz bot zusätzliche Hilfe: wenn ein Bauer bemerkte, daß die Felder seines Nachbarn auf Grund mangelhafter Bewirtschaftung vom Wind weggetragen zu werden drohten, was unweigerlich dazu führen mußte, daß auch die seinen weggetragen werden würden, war es dem aufmerksamen Farmer gestattet, die Felder des Nachbarn richtig zu pflügen. Die Kosten dafür wurden dem Säumigen angelastet. Bestellte der Nachbar seinen Boden auch weiterhin so nachlässig, wurde er enteignet, weil er den ganzen Bezirk in Gefahr brachte. Nie wieder durfte es geschehen, daß Felder weggeblasen wurden.

Das alte, auf zwei Partnern – dem Rancher und dem Farmer auf bewässertem Land – begründete System, wie es gegen Ende des 19. Jahrhunderts vorgeherrscht hatte, war jetzt ein dreigeteiltes Zusammenwirken: der Rancher hielt sein Vieh auf der Prärie des rauheren Hochlandes; der Besteller von Rieselfeldern siedelte auf Schwemmland; und der Spieler auf dem Trockenbodenland, der je nach Niederschlagsmenge in einem Jahr sein Saatgeld verlor und im nächsten ein Vermögen erntete, bewirtschaftete die dazwischen liegenden Felder. Es war ein sinnreiches System, das zu erhalten es drei verschiedener Typen von Menschen und drei verschiedener Einstellungen zum Leben bedurfte, und Garrett war stolz, einen festen Platz darin gefunden zu haben.

Wie gewaltig doch das Land war! Die Menschen ließen nicht ab, sonderbare und zerstörende Anschläge auf das Land auszuführen, und doch hielt es allem stand. Das Land war es, das dem Menschen die Grenzen seines Tuns aufzeigte; es bestimmte, wieviel die Rieselfelder hervorbringen oder wie viele Rinder auf einem bestimmten Stück Weideland grasen würden.

Dem Land und seinem Schutz zu dienen, wie Potato Brumbauch es in seinem langen Ringen mit dem Fluß immer getan hatte, oder auch Jim Lloyd in seinem Bemühen, das Grasland zu bewahren, darin erblickte Garrett ein ehrenwertes Amt, denn jede Generation war verpflichtet, das Land so zurückzulassen, daß es sich gegen die Anschläge der nächsten Generation verteidigen konnte.

Während wir uns dem Schloß näherten, stellte Garrett Betrachtungen über den ewigen Kreislauf der Geschichte an. Auf jenem Hügel im Westen hatten die braven Bürger von Centennial einmal die mexikanischen Penitentes ihrer sonderbaren Bräuche wegen verprügelt, und erst vor wenigen Tagen hatten ein paar Burschen aus der Stadt die Jesus Freaks verdroschen, weil sie sich nicht wie anständige Baptisten und Methodisten benahmen. Vorige Woche hatte ein Richter in Denver von seinem Stuhl aus die Frage gestellt, ob es in Colorado noch richtige Männer gäbe; wenn ja, so meinte er, müßten sie auf die Straße gehen und die Hare Krishna, die mit ihren gelben Gewändern und lauten Schlaginstrumenten bei den friedlichen Bürgern Anstoß erregen, einmal ordentlich Mores lehren.

Arthur Skimmerhorn ging schon nervös unter den Hirschköpfen auf und ab, als wir im Schloß eintrafen. „Verzeih, daß ich hier so formlos eingedrungen bin, aber ich mußte dich unbedingt sprechen, Paul.“ Und ohne auf eine Entgegnung zu warten, platzte er heraus: „Hast du diese Hereford-Stiere schon verkauft?“

„Warum fragst du?“

„Ich möchte sie kaufen.“

„Ich habe dem Verwalter Auftrag gegeben, sie zu verkaufen.“

„Hat er das schon getan?“

„Das können wir sehr schnell feststellen.“

Garrett rief den Verwalter an, und Skimmerhorn hörte gespannt zu: „Was ist mit diesen dreißig Stieren, die du verkaufen solltest? . . . Ein Interessent in Kansas will dir noch Bescheid geben? . . . Hast du ihm eine feste Zusage gemacht? . . . Ganz gleich ob schriftlich oder mündlich . . . Du hast ihm eine Option gegeben? . . . Bis wann? . . . Die Frist ist gestern abgelaufen, und er hat sich noch nicht gemeldet? . . . Ruf ihn gleich an und sag ihm, daß wir die Stiere an Skimmerhorn verkauft haben.“ Er legte den Hörer auf und wandte sich an Skimmerhorn. „Sie gehören dir, und ich bin froh, daß sie hier in der Nähe bleiben, wo ich ein Auge auf sie haben kann.“

„Danke, Paul.“

„Ich dachte, du hättest auf Charolais umgestellt.“

„Habe ich auch. Und mit den befriedigenden Resultaten, die man mir angekündigt hat. Größere Kälber. Mehr Gewinn. Mit deinen Simmentalern wird es das gleiche sein. Diese Verkaufskanonen lügen nicht.“

„Und warum bist du dann so scharf auf meine Herefords?“

„Na ja“, antwortete der junge Rancher in leicht ironischem Ton, „sie sagen die Wahrheit, aber sie sind nicht verpflichtet, die ganze Wahrheit zu sagen. Sieh dir mal diese Aufstellung an.“ Er holte einen Bogen Papier aus der Tasche, der diese ganze Wahrheit in harten Zahlen zusammenfaßte: Herefordkuh-Charolaisstier. Die Kälber so groß, daß sie nur mit Kaiserschnitt geboren werden konnten – fünfzehn Prozent. Die Kälber so groß, daß sie nur mit ärztlicher Hilfe geboren werden konnten – neunzehn Prozent. Kälber, die tot geboren wurden oder kurz nach der Geburt verendet sind – vierzehn Prozent.

„Das bedeutet“, erläuterte Skimmerhorn, „daß man beim Verkauf der Rinder wohl einen höheren Gewinn erzielt, den aber letzten Endes der Tierarzt einsteckt. Und da habe ich mir gedacht: wenn ich schon so hart arbeiten muß, um den Veterinär zu bezahlen, warum dann nicht Rinder halten, die ich wirklich mag?“ Nachdenklich drehte er sein Glas in der Hand. „Es ist nicht schlecht gelaufen mit den Charolais. Ich kann mich nicht beklagen, und ich werde auch ein paar von diesen großen Burschen behalten . . . als Aufputz sozusagen. Aber wenn ich mir deine dreißig Hereford-Stiere auf meine Ranch hole und mir in Nebraska eine Anzahl guter Kühe besorge, dann . . . ja dann werde ich wieder das Gefühl haben, ein ehrlicher Mann zu sein.“

„Darauf wollen wir trinken“, sagte Garrett.

Am letzten Novembertag wurde Paul Garrett durch den Ruf eines Cowboys aus dem Schlaf gerissen. „Die Simmentaler sind da!“

Vor der Scheune standen die Viehwagen, die dreißig rot-weiße Stiere nonstop aus Montana gebracht hatten. Zuerst widerstrebte es Garrett, die Tiere mit ihrem neuen Zuhause vertraut zu machen, denn sie waren

Eindringlinge auf diesem Land der Herefords, aber dann schämte er sich seiner Bedenken. „Ich habe mich nun einmal entschlossen, es mit den Simmentalern zu versuchen, und da wollen wir auch gleich richtig anfangen", sagte er zu mir und ging hinunter, um beim Ausladen zu helfen.

Die neuen Stiere waren groß und schwer, aber auch schlaff und schlapp. Sie ähnelten mehr Milchkühen als Hereford-Bullen. „Mach schön muh, Kuh!" spöttelte einer der Cowboys, doch als er den Boß sah, wollte er sich davonmachen.

„Pete!" rief Garrett ihn zurück. „Komm her! Sie mögen nach Muh-Kuh aussehen, aber sie werden dir deinen Lohn zahlen. Also erweise ihnen gefälligst ein bißchen Respekt!"

So wurden die Simmentaler ausgeladen, und Garrett sah, daß Grebe ihm dreißig kräftige Stiere geschickt hatte. Sie würden sich auf dem Crown-Vee-Land wohl fühlen, und in ein oder zwei Jahren würde vielleicht auch der Rechnungsabschluß besser aussehen. Doch als die Tiere auszogen, um von dem Land Besitz zu ergreifen, das ein Jahrhundert lang unter dem Hufschlag der Herefords erbebt hatte, begann er sich hundeelend zu fühlen. Nachmittag fuhr er allein nach Centennial in die Bar des Railway-Arms-Hotel.

Je mehr er trank, desto mehr bedrückte ihn das Schicksal Centennials. Nach hundert Jahren Wohlstand ging die Stadt jetzt zugrunde. Die Zuckerfabrik, die Viehhöfe, die Hereford-Zucht – die alte Lebensordnung löste sich auf.

Er knallte sein Glas auf den Tisch und sprach zu einem Fremden, der neben ihm saß. „Das war eine schöne Stadt, eine feine Stadt", fuhr er ihn an. „Wußten Sie, daß Edwin Booth in unserem Theater aufgetreten ist, und Sarah Bernhardt? William Jennings Bryan war zu Besuch hier, und James Russel Conwell und Aristide Briand." Der Mann war mit diesen Namen offensichtlich nicht vertraut und drehte sich zur Seite.

Ein Güterzug, einer der wenigen, die noch durch Centennial durchkamen, ließ seinen klagenden Pfiff ertönen und erweckte neue Erinnerungen in Garrett. Er stand auf, ging zu dem Fremden hinüber und sprach eindringlich auf ihn ein. „Hören Sie das, mein Freund? Das ist die Union Pacific. Ich erinnere mich noch an den Tag, vierunddreißig Jahre sind es jetzt her, als Morgan Wendell . . . im Januar tritt er sein Amt an . . ."

Seine Sätze zerrannen, aber nicht seine Erinnerungen. Er ging auf die Veranda hinaus, und die kühle Luft rief ihm jenen fernen Tag ins Gedächtnis zurück. Morgan Wendell war auf die Ranch gekommen. „Hast du Lust?" hatte er gefragt. „Wollen wir ihn uns heute ansehen?" Und dann waren sie ein paar Meilen den Platte entlang nach Osten gewandert, bis sie ihr Ziel erreichten. Dort hatten die beiden Zwölfjährigen eine Weile gewartet und sich die Zeit vertrieben, indem sie flache Steine über das Wasser hüpfen ließen und die Falken beobachteten.

Dann hatte Morgan auf seine Uhr gesehen und gesagt: „Jetzt fährt er von La Salle ab.“ Sie kehrten dem Fluß den Rücken und stellten sich so nahe wie möglich an den Schienenstrang.

Vom Westen her ertönte das Schnurren einer riesenhaften Katze, das Anspringen eines titanischen Geschöpfes. Es war ein überirdisches, singendes Brausen, wie sie es noch nie gehört hatten, und Morgan rief: „Paul! Da kommt er!“

Es war der „City of Denver“, der majestätische, gold- und silberglänzende Stromlinienzug, der jeden Nachmittag um Viertel nach vier Denver verließ und fast ohne Aufenthalt nach Chicago brauste. Mit dröhnenden Motoren kam er auf die zwei Knaben zu.

„Oh!“ flüsterte Morgan, als es, einem goldenen Sturm gleich, mit neunzig Meilen Stundengeschwindigkeit auf ihn zubrauste, und er seufzte tief, nachdem der letzte Wagen vorbei war und sich in der Ferne verlor.

Es war der herrlichste Zug, den es je gegeben hatte, ein Wunder an Anmut und Ingenieurskunst. Aber er hatte der Prärie nur kurze Zeit seinen Stempel aufgedrückt. Er verkörperte die kultivierteste Art des Reisens, die man bis zu jenen Tagen ersonnen hatte, aber seine Eleganz war drei Jahrzehnte danach weder gefragt noch geschätzt; jetzt setzte er Rost an.

Garrett starrte über die Geleise hinweg und sah jenseits des Platte eine ununterbrochene Kette von Automobilen vorüberjagen, voll mit Menschen, die am Morgen Omaha verlassen hatten, um in Denver zu übernachten – Geister der Autobahnen, und zum Großteil willenlose Wesen, die wie in Trance mit neunzig Meilen in der Stunde durch die Gegend rasten und keine Notiz von Amerika nahmen – ausgenommen die großen Städte, deren Motels einander glichen wie ein Ei dem anderen.

„Seht euch diese Idioten an“, sagte er laut, obwohl keiner da war, der ihm zugehört hätte. „Sie haben nicht einmal Grand Island gesehen, wo die Flüsse sich vereinigen, oder Ogalalla, wo die Cowboys von sich reden machten, oder Julesburg, wo über dreihunderttausend Pioniere den Platte durchschwammen . . .“ Er blieb noch eine Weile stehen und beobachtete den Verkehrsstrom auf der Autobahn. Bald würden die Fahrer alle in Denver sein – einer Stadt, die Jahr für Jahr größer, häßlicher und ungemütlicher wurde.

„Diese Schweinehunde haben Angst, sie könnten eine Stunde Zeit verlieren, wenn sie einen Umweg nach Line Camp machten“, sinnierte er. „Sie haben Angst, der Geschichte ihres Vaterlandes gegenüberzutreten.“ Aber er wußte, daß, wenn die Abwanderung anhielt, auch Centennial bald zur Geisterstadt werden würde. Zornig stampfte er auf die morschen Bretter der Veranda. „Nun, es waren gute hundert Jahre. Vielleicht werden in weiteren hundert Jahren Menschen mit Verstand in diese Städte zurückkehren.“

Gegen neun Uhr abends wurde Cisco Calendar von seinen Freunden verständigt, daß Paul Garrett stockbesoffen im Railway-Arms-Hotel saß. Er rief mich an, und wir starteten unverzüglich eine Rettungsaktion. Wir führten Garrett auf schwankenden Beinen ins „Flor de Méjico", wo wir ihm eine reichliche Portion Chiles de Nogada vorsetzten – gefüllte grüne Pfefferschoten mit Schlagsahne und Nußsauce –, worauf er ein wenig nüchterner wurde und Cisco ersuchte, „Buffalo Skinner" für ihn zu singen.

„Hab' meine Gitarre nicht da", sagte Cisco.

„Dann laß dir doch das verdammte Ding bringen", beharrte Garrett auf seinem Willen, und ein Junge lief, um die Gitarre zu holen. Und Cisco sang von Jacksboro in Texas im Frühjahr 1873. Er sang noch viele andere Lieder, und so schmerzlich empfand Garrett die Erinnerung an den Westen, daß er den Kopf auf den Tisch fallen ließ.

Nach einer Weile legte Cisco die Gitarre zur Seite. „Ich kann mir vorstellen, wie du dich fühlst, Paul", sagte er. „Ich könnte überall in Amerika leben . . . vielleicht sogar überall auf der ganzen Welt. Ich brauche nur meine Gitarre und einen Sears-Roebuck-Katalog, wenn ich mir einmal ein paar neue Jeans kaufen will, sonst nichts. Trotzdem wohne ich immer noch in dem alten Holzhaus, das mein Opa gebaut hat. Und weißt du, warum?

Der Mensch braucht Wurzeln. Insbesondere ein Sänger wie ich, der es darauf anlegt, sich den Leuten in die Herzen zu stehlen. Ich muß wissen, wo mein Alter gearbeitet und für welche Familie meine Mutter die Wäsche gewaschen hat. Die Straße, die ich 'runtergehe, muß meine Straße sein. Der Mensch entspringt seiner heimatlichen Scholle, aber er springt nicht weit.

Ich lebe in Centennial, weil ich nachts, wenn ich mit meiner Arbeit fertig bin, in meinen kleinen Lieferwagen steigen und eine Stunde später oben in den Rockies sein kann. Ich schlage mein Zelt im Blue Valley auf – oben, wo es noch sauber ist –, neben einem richtigen Bach, und wenn ich aufwache, habe ich Bäume vor mir und vielleicht sogar einen Hirsch, der mich neugierig anblinzelt.

Aber was ich noch lieber mache, ich steuere meinen Wagen nach Osten, und in fünfzehn Minuten bin ich nur mehr ein Pünktchen auf der Prärie; bis zum Horizont ist nichts, überhaupt nichts zu sehen – außer vielleicht einer Düsenmaschine in zehntausend Meter Höhe auf dem Flug von New York nach Los Angeles. Ich schlage mein Zelt so auf, wie die Menschen da draußen seit zehntausend Jahren ihre Zelte aufschlagen. Und wenn man das tut, ist man allein . . . Mann, bist du allein! Und etwas dringt da in deine Seele, was du weder in Chicago noch in Dallas finden kannst.

Ich lebe in Centennial, weil das der schönste Fleck in ganz Amerika . . . vielleicht sogar auf der ganzen Welt ist."

Doch Garrett war eingeschlafen.

Dank des Autors

Die Arbeit an diesem Roman gehört zu den schönsten Erinnerungen meines Lebens. Zwei Jahre lang verbrachte ich damit, Fachleute und Gelehrte aller Wissensbereiche zu den Problemen meines Stoffes zu befragen. Vor allem bin ich den folgenden Fachleuten für ihren Rat und ihre Hilfe zu Dank verpflichtet:

Geologie: Roger Cuffey und Lauren Wright, Pennsylvania State University; Gerald Richmond. Ogden Tweto und William Mallory, „U. S. Geological Survey"; Jack Murphy. Denver Museum of Natural History, und Robert Egbert, Phillips Petroleum.

Paläontologie: G. Edward Lewis, „U. S. Geological Survey"; Don Lindsay, Denver Museum of Natural History; Bertrand Schultz und Mylan Stout, University of Nebraska; G. E. Untermann, Vernal, Utah; Tobe Wilkins, Dinosaur National Monument; Kay McElroy, Greeley.

Anthropologie: Frank Frazier, Denver; George Frison, University of Wyoming; H. M. Wormington, Denver.

Feuersteinbearbeitung: Don Crabtree, Kimberley, Idaho; H. M. Wormington, Denver; Bruce Bradley, Cambridge, England.

Indianisches Leben: Virgina Trenholm, Cheyenne; Evelyn Nickeson, Kinnear; Nellie Scott, Fort Washakie; Pater Lewis O'Neill, SJ., Stephens; Reverend David Duncombe, Ethete.

Geschichte von St. Louis: John Francis McDermott, University of Southern Illinois; Mrs. Odile Trufanow, Denver; George Brooks, Frances Stader, Missouri Historical Society: Ernest Kirschten, St. Louis.

Geschichte von Lancaster: Laura Lundgren, S. E. Dyke, John Ward, Wilson Loose, Lancaster County Historical Society.

Oregon Trail: Merrill J. Mattes, National Park Service; Gregory M. Franzwa, St. Louis.

Fort Laramie: Charles Sharp, Lewis Eaton, Bill Henry, Fort Laramie; Roger Kent Heape, Belleville, Illinois.

Rinder-Trails: C. Boone McClure, Panhandle-Plains Historical Museum, Canyon, Texas; Dean Krakel, Cowboy Hall of Fame, Oklahoma City; Mrs. Laura Peacock. Jacksboro, Texas; Jessie Newton Yarborough, Robert Lee, Texas.

Rinderfarmen: Farrington Carpenter, Hayden, Colorado; Allen Fordyce, Big Horn: Burrell Nickeson, Kinnear; J. J. Gibson, Guthrie, Texas; Herman Werner, Van Irvine. Casper; Robert u. Martha Gibbs, Arvada; Ronald und Virginia Wolff, Wheatland, Wyoming.

Zuckerrübenanbau: Lyman Andrews, William M. White, Denver, Colorado.

Ornithologie: Gustav Swanson, Colorado State University.

Viehmarkt in Denver: Willard Simms, Denver; C. W. Ferguson, Miami.

Probleme der Chicanos (mexikanische Landarbeiter): Corky Gonzales, Bernard Valdez, Jim Kent, Minoru Yasui, Denver; Diputado Abelardo Perez Campos, Francisco Almada, Chihuahua, Mexico; Susan Sellers, Mexico City.

Trockenfarmen: Isabel Blair, James Reed, Dora Good, Sterling, Colorado.

Viehzucht: Larry Yarrington, Sterling, Colorado; Tom Risinger, Jack Winninger, Cody, Wyoming; Russell Staats, Chugwater, Wyoming; Joe Gloyd, Frank Robertson, Wheatland, Wyoming; Gene Gressley, University of Wyoming; Bill Wadlow, Cheyenne.

Waffen: Dabney Otis Collins, Ross Miller, Frank M. Sellers, Denver; Vernon Gunnion, Lancaster.

Eisenbahnwesen: Ed Haley, Denver; Bob Richardson, Colorado Railroad Museum, Golden, Colorado.

Bewässerung: Felix Sparks, Denver; John W. Nelson, Loveland, Colorado; John E. Moore, „U. S. Geological Survey"; Glen G. Saunders, Denver, Colorado; E. V. Richardson, Harvey Johnson, Fort Collins, Colorado.

Appaloosa-Region: Ed Roberts, Denver; George B. Hatley, Moscow, Idaho.

Mein Dank gilt außerdem: Katherine Halverson, Bill Williams und John Cornelius, Wyoming State Museum and Archives; Randolph Wagner, Wyoming Travel Commission; Tony Bevinetto, Charles McCurdy, Grand Teton National Park; Harold McCrakken, Whitney Gallery of Western Art, Cody; sodann den folgenden Institutionen: Western Pennsylvania Historical Society; Nebraska State Historical Society; Union Pacific Railroad Museum; sowie Tom TenEyck, Denver.

Weiters halfen mir Alys Freeze und sämtliche Mitarbeiter der Denver Public Library.

Für das Lesen von Teilen des Manuskripts danke ich: Lauren Wright, Roger Cuffey, Ogden Tweto, Schumm, Bertrand Schultz, G. Edwards Lewis, Mylan Stout, H. M. Wormington, Don Crabtree, Bruce Bradley, Virgina Trenholm, Merrill J. Mattes, Gregory M. Franzwa, John Francis McDermott, Roger Kent Heape, C. Boone McClure, Frank M. Sellers, Lyman Andrews, John E. Moore.

Während meiner Recherchen bekam ich auch noch wertvolle Hilfe von Leslie Laird und John Kings, die beide Mitarbeiter von „Reader's Digest" sind, sowie von Tessa Dalton.

MOLDEN
TASCHENBUCH
VERLAG

Das Buch

Das Verlangen der Amerikaner nach einer bodenständigen Historie, die Suche nach den eigenen Wurzeln haben diesen Roman entstehen lassen. Michener wählt als Schauplatz das rauhe Land um den Platte River im heutigen Bundesstaat Colorado. Er beginnt mit der Geschichte der Arapaho Indianer und den Heldentaten des Lahmen Biber. Die Nachkommen dieses tapferen Kriegers verbinden sich in der nachfolgenden Generation mit den Einwanderern und verkörpern die Gegensätze im jahrzehntelangen Kampf der Ureinwohner mit dem weißen Mann. Der Leidensweg der Indianer, die Einengung ihrer Gebiete bis hin zur letzten Zuflucht der Reservate, das alles läuft parallel mit dem langsamen Aufstieg der Händler und Farmer. Viele Weiße versuchen ein friedliches Zusammenleben, aber selbst die Regierung ist außerstande, die Indianerfrage zu lösen. So endet der Kampf mit einem grausamen Massaker; damit ist das Land frei für eine neue Gesellschaft und eine neue Kultur. Die kleine bescheidene Farm des deutschen Einwanderers Levi Zendt wird zum Grundstein der späteren Stadt Centennial.

Der Autor

James A. Michener, geboren 1907 in New York, lehrte am Colorado State Teachers College, war Assistent an der Havard Universität, diente während des Zweiten Weltkrieges auf den Salomon-Inseln im Pazifik. Sein erster großer Roman, „South Pacific“, erhielt 1948 den Pulitzer-Preis. Von seinen vielen Romanen sind die berühmtesten „Die Brücke von Toko-Ri“, „Sayonara“, „Die Quelle“ und „Die Kinder von Torremolinos“ (Molden-Verlag 1973).

James A. Michener

Colorado Saga

Roman in 2 Teilen

BAND I
Zendt's Farm

MTV · MOLDEN-TASCHENBUCH-VERLAG
WIEN-MÜNCHEN

1. Auflage 1.–20. Tausend

MTV · MOLDEN-TASCHENBUCH-VERLAG
EROICA Verlagsgesellschaft mbH., Wien–München
Lizenzausgabe mit freundlicher Genehmigung
des Verlages Fritz Molden, Wien–München–Zürich–Innsbruck
Aus dem Englischen übertragen von
HANS E. HAUSNER, HANNELORE NEVES und GISELA STEGE
Titel der englischen Originalausgabe:
CENTENNIAL

Ungekürzte Ausgabe

Umschlagentwurf: Hans Schaumberger
Gesamtherstellung: Ebner, Ulm
MTV Band 82/I, September 1977
ISBN 3-217-05082-7

Inhalt

Dieses Buch ist drei hervorragenden Zeitungsleuten aus Colorado gewidmet:

FLOYD MERRILL

– er zeigte mir die Flüsse;

OTTO UNFUG

– ihm verdanke ich meine Kenntnisse von der Rinderzucht;

CLYDE STANLEY

– er führte mich hinaus in die Prärie.

Dieses Buch ist ein Roman. Die Personen und Orte der Handlung sind frei erfunden. Es gab keine Venneford Ranch, keine Präriestadt namens Line Camp, keinen Skimmerhorn, der 1868 eine Rinderherde nach Norden trieb, keine Stadt Centennial. Keine der hier beschriebenen Familien hat je existiert, keine hat auch nur entfernte Ähnlichkeit mit existierenden Familien. Es gab weder einen Lahmen Biber noch einen Zendt oder Grebe. Gewisse Personen und Ereignisse hat es dagegen tatsächlich gegeben. In Fort Laramie fand 1851 wirklich ein großes Treffen der Indianerstämme statt. Von 1831 bis 1835 herrschte Dürre. Jennie Jerome, die Mutter von Winston Churchill, hat tatsächlich die englischen Ranches bei Cheyenne besucht. Charles Goodnight, einer der großen Männer des amerikanischen Westens, hat die Leiche seines Partners tatsächlich durch die Wüste nach Hause gebracht. Melchior Fordney, der Büchsenmachermeister, ist tatsächlich ermordet worden. Und der South Platte River entsprach während der Zeit meiner Beobachtungen, die sich über nahezu vierzig Jahre hinzogen, tatsächlich meinen Beschreibungen.

1. Teil

Zendt's Farm

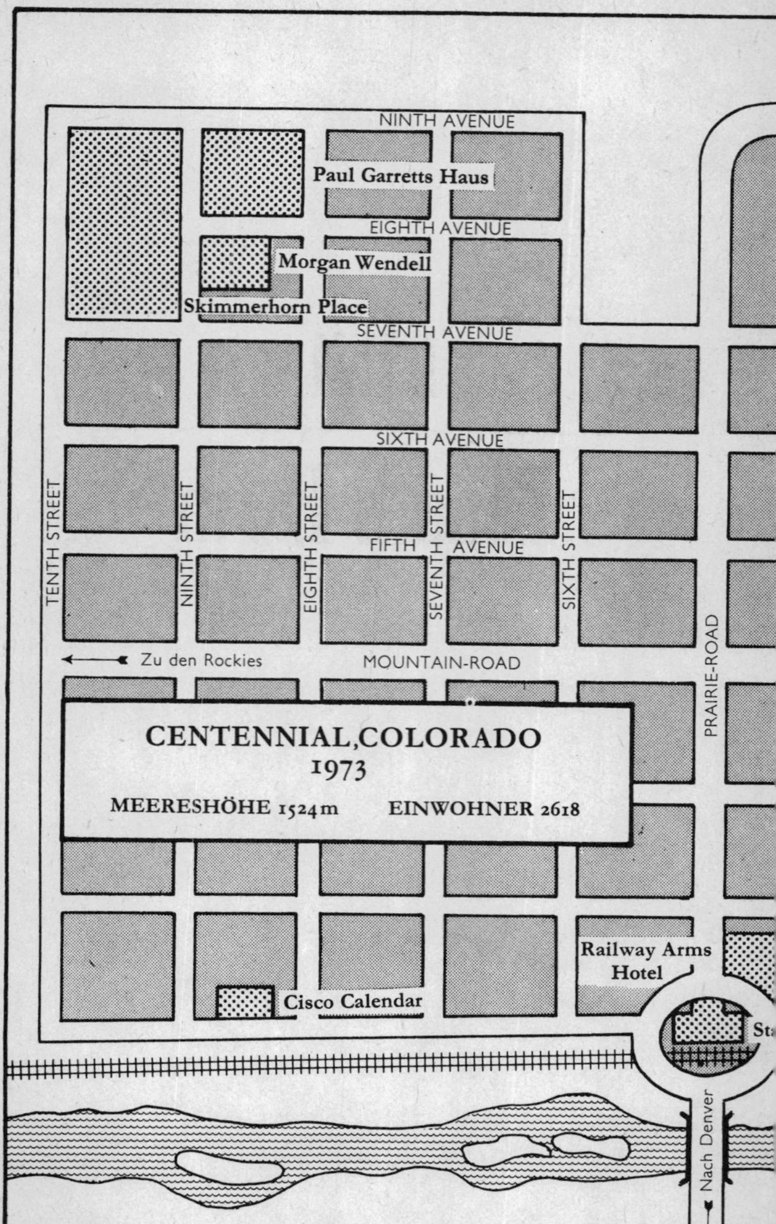
NINTH AVENUE
Paul Garretts Haus
EIGHTH AVENUE
Morgan Wendell
Skimmerhorn Place
SEVENTH AVENUE
SIXTH AVENUE
TENTH STREET
NINTH STREET
EIGHTH STREET
SEVENTH STREET
SIXTH STREET
FIFTH AVENUE
Zu den Rockies
MOUNTAIN-ROAD
PRAIRIE-ROAD
CENTENNIAL, COLORADO
1973
MEERESHÖHE 1524 m
EINWOHNER 2618
Railway Arms
Hotel
Cisco Calendar
Nach Denver

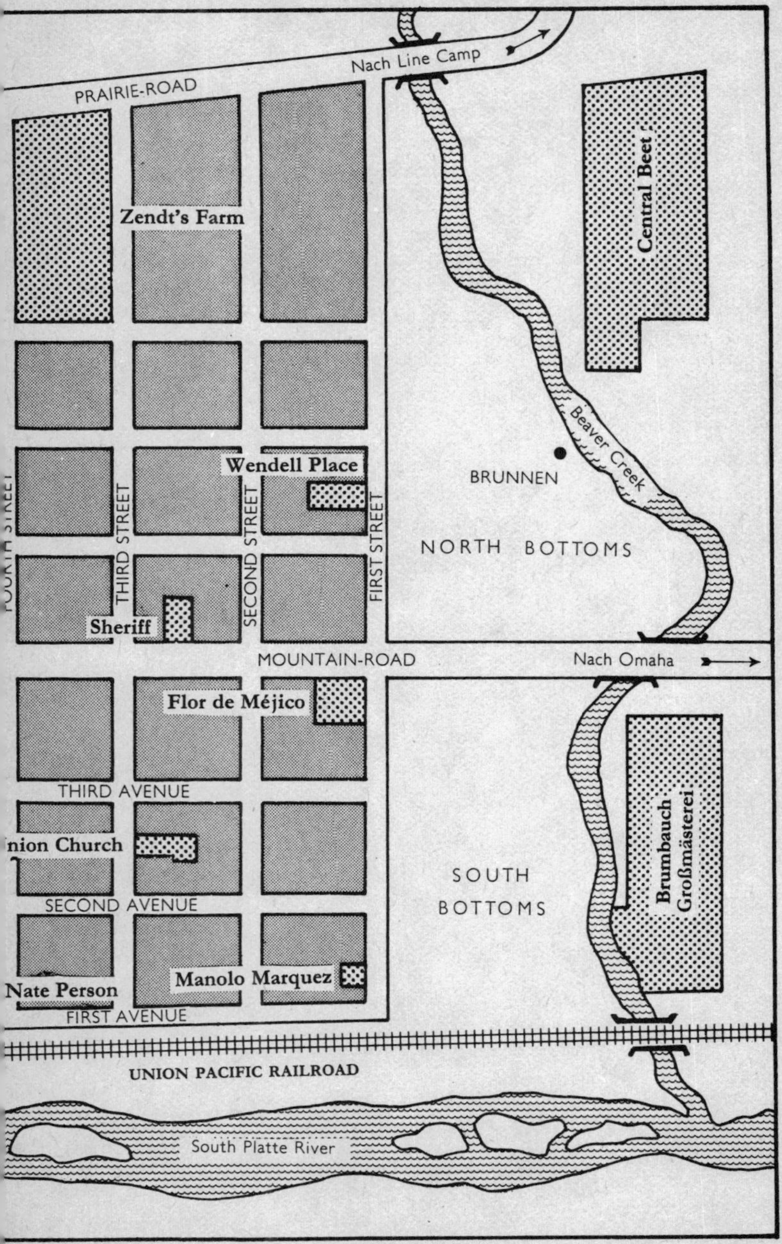
Nach Line Camp
PRAIRIE-ROAD
Zendt's Farm
Central Beet
Beaver Creek
BRUNNEN
Wendell Place
THIRD STREET
SECOND STREET
FIRST STREET
NORTH BOTTOMS
Sheriff
MOUNTAIN-ROAD
Nach Omaha
Flor de Méjico
THIRD AVENUE
nion Church
SOUTH BOTTOMS
Brumbauch Großmästerei
SECOND AVENUE
Manolo Marquez
Nate Person
FIRST AVENUE
UNION PACIFIC RAILROAD
South Platte River

Der Auftrag

Nur jemand, der auch Schriftsteller ist, jemand, der sein ganzes Herz in die Arbeit an einem guten Buch gelegt hat, von dem dann dreitausend Exemplare verkauft wurden, kann verstehen, wie elektrisiert ich war, als Dean Rivers, der Dekan unseres kleinen Colleges in Georgia, eines schönen Aprilmorgens im Jahre 1973 an der Tür meines Klassenzimmers auftauchte.

„Sie werden aus New York verlangt", erklärte er einigermaßen aufgeregt. „Wenn ich den Namen richtig verstanden habe, ist es ein Redakteur von ‚US'."

„Der Zeitschrift?"

„Ich kann mich auch irren. Ich habe ihn am Telefon in meinem Büro."

Während wir durch den Korridor eilten, sagte er, zweifellos gut gemeint: „Das könnte etwas sehr Interessantes sein, Lewis."

„Wahrscheinlich wollen sie nur ein paar Fakten der amerikanischen Geschichte verifizieren."

„Sie meinen, die würden deswegen von New York aus anrufen?"

„Die legen größten Wert auf Genauigkeit und Präzision." Es bereitete mir großes Vergnügen, als Experte in Sachen Verlagsarbeit dazustehen. Schließlich hatten mich einmal die Redakteure von „Time" angerufen: Sie hatten ein paar Auskünfte über die frühe Besiedlung von Virginia gebraucht.

Jegliche Überheblichkeit war jedoch wie weggeblasen, als ich nach dem Telefonhörer griff. Meine Hände begannen zu schwitzen. Die letzten Jahre waren so unfruchtbar gewesen, daß ein Anruf von Redakteuren aus New York meinen Puls in die Höhe jagte.

„Ist dort Dr. Lewis Vernor?" erkundigte sich eine nüchterne Stimme.

„Ja."

„Autor von ‚Virginia Genesis'?"

„Ja."

„Wollte nur sichergehen und keinen von uns in Verlegenheit bringen." Die Intonation der Stimme sank etwas ab, als sei damit dieser

Teil der Diskussion beendet. Dann fuhr sie mit energischer Bestimmtheit fort: „Dr. Vernor, ich bin James Ringold, Chefredakteur hier bei ‚US‘. Unser Problem ist folgendes: Können Sie heute nachmittag in Atlanta eine Maschine nehmen und morgen früh um neun in meinem Büro sein?“ Ehe ich Luft holen konnte, fügte er hinzu: „Die Unkosten übernehmen natürlich wir.“ Als ich vor Überraschung zögerte, sagte er: „Ich glaube, wir haben da eine Sache, die für Sie sehr interessant sein kann . . . sehr interessant.“ Da ich noch immer völlig perplex war, sprach er weiter. „Und würden Sie mit Ihrer Frau und Ihrem College die Zeitfrage klären, bevor Sie zum Flughafen fahren? Wir werden Sie vermutlich vom Ende des Semesters bis Weihnachten brauchen.“

Ich legte die Hand über die Sprechmuschel und machte eine hilflose Geste zu Dean Rivers hin. „Kann ich mit der Spätmaschine nach New York fliegen?“

„Aber natürlich! Natürlich!“ flüsterte er ebenso begeistert wie ich selbst. „Ist es was Großes?“

„Weiß ich noch nicht“, flüsterte ich zurück. Ins Telefon sagte ich: „Wie war Ihr Name bitte noch?“ Als er ihn wiederholt hatte, antwortete ich: „Gut, ich werde pünktlich da sein.“

Innerhalb der nächsten Stunde rief ich meine Frau an, bat Professor Hiskens, meinen Unterricht zu übernehmen, und meldete mich im Büro des Direktors, wo mir Dean Rivers bereits den Weg geebnet und Direktor Rexford mitgeteilt hatte, es sähe so aus, als sei das *die* große Chance für mich, und er, Rivers, sei dafür, daß man mir den notwendigen Urlaub gewähre.

Rexford war ein hochgewachsener Südstaatler, der bei der Beschaffung von Geldmittel für unser College, das wirklich dringend auf Unterstützung angewiesen war, wahre Wunder vollbrachte. Er zeigte sich immer hocherfreut, wenn ein Mitglied seines Lehrkörpers außerhalb des Colleges Aufmerksamkeit erregte, weil er dann später bei Besprechungen mit Geschäftsleuten darauf hinweisen konnte, daß „wir immer bekannter werden, sozusagen eine nationale Institution“. Er begrüßte mich voll Herzlichkeit und fragte dann: „Was höre ich da? ‚US‘ will sich unseren besten Historiker für das gesamte Herbstsemester ausleihen?“

„Näheres weiß ich überhaupt noch nicht, Sir“, antwortete ich wahrheitsgemäß. „Die Leute wollen mich morgen vormittag interviewen, und wenn ich für tauglich erachtet werde, bieten sie mir einen Job vom Semesterende bis Weihnachten.“

„Wann ist Ihr nächster Studienurlaub fällig?“

„Ich wollte das nächste Frühjahrsquartal in den Bibliotheken von Oregon verbringen.“

„Ach ja, richtig. Besiedlung des Nordwestens, wie?“

„Ich dachte, nachdem ich mit Virginia begonnen und anschließend die Großen Seen behandelt habe, wäre es logisch, wenn ich . . .“

„Den Kreis wieder schließe? Ja. Ja. Tun Sie das nur, dann sind Sie ein sehr wertvoller Mann für uns, Vernor. Eine Anzahl von Stiftungen wird demnächst nach Projekten suchen, die sich mit der Vergangenheit Amerikas befassen; denen könnten wir Sie dann als Experten anbieten, der seine Hausaufgaben gründlich gemacht hat, von Virginia bis Oregon . . ."

„Sie meinen also, ich sollte hierbleiben und an meinem Oregon-Projekt arbeiten?"

„Das habe ich nicht gesagt, Vernor. Aber ich weiß mit Sicherheit . . ." Hier erhob er sich und wanderte rastlos in seinem Büro auf und ab. „Ich weiß, daß viele dieser Stiftungen mit Freuden ein Projekt hier in Georgia placieren würden."

„Dann werde ich den Redakteuren sagen . . ."

„Gar nichts werden Sie ihnen sagen. Fliegen Sie hin. Hören Sie sich an, was sie zu sagen haben. Und wenn es zufällig in Ihren großen Plan hineinpaßt . . . Wieviel bekommen Sie bei uns im Quartal?"

„Viertausend Dollar."

„Passen Sie auf, wir machen es so: Wenn das, was die Ihnen offerieren, sehr weit von Ihrem Thema abweicht, wenn es gar nichts mit der Besiedlung Amerikas zu tun hat, dann lehnen Sie ab. Dann bleiben Sie während des Herbst- und des Winterquartals hier und gehen im Frühjahr nach Oregon."

„Ja, Sir."

„Wenn es aber in Ihren Plan hineinpaßt, zum Beispiel etwas mit den Dakota zu tun hat, *und* wenn man Ihnen mindestens viertausend bietet, gebe ich Ihnen unbezahlten Urlaub, und im Frühjahr können Sie dann Ihren bezahlten Studienurlaub nehmen und nach Oregon gehen."

„Das ist sehr großzügig von Ihnen", sagte ich.

„Ich denke dabei lediglich an mich selbst. Weil es meine Verhandlungsposition den Stiftungen gegenüber nur stärken kann, wenn ich sage, daß unser Professor Vernor im Auftrag von ‚US' eine große Arbeit geschrieben hat. Gibt uns den Nimbus von Expertentum. Das und Ihre beiden Bücher. Und eines dürfen Sie mir glauben: Nur das Expertentum qualifiziert uns für die großen Subventionen." Aufgeregt wanderte er im Zimmer auf und ab; dann drehte er sich um und sagte zu mir: „Also fahren Sie nur. Hören Sie sich alles an. Und wenn es gut klingt, rufen Sie mich von New York aus an."

Um acht Uhr dreißig am nächsten Morgen ging ich die Avenue of the Americas entlang. Auf allen Seiten umgaben mich himmelwärts ragende Wolkenkratzer. New York hatte sich sehr verändert, seit ich es 1957 kennengelernt hatte, damals, als Alfred Knopf mein erstes Buch über Virginia verlegte.

Die Geschäftsräume von „US" lagen nördlich des neuen CBS-Gebäudes; die Glastürme des Hochhauses waren die eindrucksvollsten an der gesamten Straße. Mit dem Lift fuhr ich zum sechsundvierzigsten Stock hinauf und betrat einen walnußgetäfelten Warteraum. „Ich bin zu früh dran“, sagte ich zu dem jungen Mädchen.

„Ich auch“, antwortete sie. „Kaffee?“ Sie war so wach und gescheit wie die Zeitschrift, für die sie arbeitete, und wirkte sofort beruhigend auf mich. „Wenn Ringold gesagt hat, um neun, dann meint er auch um neun.“

Eine Minute nach neun führte sie mich in sein Büro, wo sie mich vier Redakteuren vorstellte. Sie waren alle eher jung und sahen gut aus. James Ringold war unter vierzig, sein Haar nach Cäsarenart vorn in die Stirn gekämmt. Harry Leeds, sein Assistent, mochte einige Jahre über dreißig sein und trug ein Sportsakko in schreienden Farben. Bill Wright stand offensichtlich noch am Anfang seiner Karriere. Und Carol Endermann . . . nun ja, wie alt die war, konnte ich auch nicht annähernd erraten. Sie hätte eine meiner hübschen, langbeinigen Studentinnen von einer Tabakpflanzung in Carolina sein können, ebensogut aber auch eine selbstbewußte dreiunddreißigjährige Dozentin an der University of Georgia. Ich hatte das Gefühl, mich unter der Obhut von vier Menschen zu befinden, die von ihrem Beruf besessen waren.

„Eines wollen wir zunächst mal klarstellen, Professor Vernor“, begann Ringold. „Im Jahre 1957 haben Sie bei Knopf ‚Virginia Genesis‘ herausgebracht. Wie hat sich dieses Werk verkauft?“

„Miserabel.“

„Vor zwei Jahren kam es dann aber als Paperback heraus.“

„Stimmt. Weil es in den Universitäten häufig Verwendung findet.“

„Gut. Hoffentlich hat das Buch Ihnen etwas Geld gebracht.“

„Die Paperbacks sicher.“

„Ich habe das Buch gelesen. Gefällt mir sehr. Aber jetzt erzählen Sie mir von Ihrem nächsten.“

„‚Great Lakes Ordeal‘. Handelt hauptsächlich von der Entwicklung der Eisen- und Stahlindustrie. Zum großen Teil natürlich auch von der Einwanderung.“

„Ist das ebenfalls bei Knopf erschienen?“

„Ja.“

„Und verkauft sich ebenfalls miserabel?“

„Ja. Aber es bringt doch Geld herein . . . als Paperback.“

„Freut mich zu hören“, sagte Ringold. „Harry, erklären Sie ihm, wie wir auf seinen Namen gestoßen sind.“

„Gern“, antwortete Leeds. „Vor einiger Zeit brauchten wir einen hochkarätigen Experten. Im Zusammenhang mit einem Projekt von beträchtlicher Tragweite. Wir baten ungefähr dreißig bekannte Intellektuelle um Empfehlungen – und was kam heraus?“ Er deutete auf mich. „Ihr Name stand ganz oben auf der Liste!“

„In Ihren Fachkreisen haben Sie einen verdammt guten Ruf", warf Bill Wright ein.

„Daher der Telefonanruf", erklärte Leeds.

„Mag sein, daß Ihre Bücher sich schwer verkaufen lassen", fuhr Wright fort, „die führenden Köpfe aber anerkennen Ihre Arbeit."

Ringold war über die Einmischung des jungen Wright anscheinend leicht verärgert und ergriff nun wieder das Kommando. „Was uns vorschwebt, Professor Vernor, wäre ein Forschungsbericht, den Sie uns sozusagen als Tiefenstudie, aber besonders schnell, anfertigen sollten. Wenn Sie sich dieser Aufgabe von Ende Mai bis Weihnachten intensiv widmen, könnten Sie das mit Ihrer Erfahrung schaffen. Unser Zeitplan ist jedoch so gedrängt, daß Sie den Bericht nur um einen Tag später zu liefern brauchen, und er wäre nutzlos für uns – vollkommen nutzlos."

„Macht Sie ein so fester Termin nervös?" erkundigte sich Leeds.

„Nein", antwortete ich.

„Gut", sagte Ringold. Er erhob sich, kam um seinen Schreibtisch herum und sagte: „Dann können wir also jetzt zum Wesentlichen kommen. Carol?"

„Was uns vorschwebt, Professor Vernor" – mir fiel auf, daß sie dieselbe Formulierung benutzte wie ihr Chef –, „ist ein Ende 1974 erscheinendes Doppelheft von ‚US', das ausschließlich der Tiefenanalyse eines amerikanischen Ortes gewidmet ist. Wir möchten nun, daß Sie sich in diesen Ort begeben, ihn studieren und uns einen gründlichen Forschungsbericht über alle Aspekte liefern, die Ihr besonderes Interesse erwecken."

„Aspekte, die Ihnen unter die Haut gehen", fügte der junge Wright hinzu.

„Einen ersten Überblick haben wir schon vorbereitet", erläuterte Miss Endermann, „aber wir wollen noch tiefer gehen . . . Wir suchen nicht mehr und nicht weniger als die Seele Amerikas . . . demonstriert an einem Mikrokosmos . . ."

Das klang nach einem Auftrag, wie ich ihn immer ersehnt hatte. Genau dasselbe hatte ich damals in Virginia nach meinem Abschluß an der Universität von Charlottesville angestrebt, und danach im Gebiet der Großen Seen, wo ich an der Universität von Minnesota lehrte.

„Haben Sie sich schon auf einen Ort festgelegt?" erkundigte ich mich. Von meinen Kenntnissen über das gewählte Gebiet hing eine ganze Menge ab.

„Das haben wir", antwortete Ringold. „Sagen Sie's ihm, Harry."

„Die Wasserstraßen sind für Amerika von jeher lebenswichtig gewesen", erklärte Leeds. „Aus diesem Grund haben wir beschlossen, unsere Aufmerksamkeit auf einen Fluß zu konzentrieren . . . Ebbe und Flut, die Gezeiten des Verkehrs . . . Die reisenden Händler, flußauf, flußab . . . Die Rolle der Zeit, die vorüberfließt . . ." An der Art, wie er beim Sprechen die Augen schloß, erkannte ich, daß er diesen Fluß ausgesucht hatte und zweifellos den an diesem Fluß liegenden Ort auch. Die Augen öffnend, fuhr er fort: „Und darum, Professor Vernor, muß ich Ihnen leider sagen, daß wir Ihnen einen Fluß aufgehalst haben.“

„Ich habe auch in Virginia schon mit Flüssen gearbeitet“, gab ich zurück.

„Das weiß ich. Das hat Sie mir auch so sympathisch gemacht.“

Ich wollte diesen Auftrag unbedingt haben, denn dies war eine Arbeit, wie ich sie brauchte, bevor ich mit Oregon anfing, aber ich wollte auch nicht zu begehrlich wirken. Deswegen begann ich lieber vorsichtig und sagte: „DeVoto hat eine großartige Arbeit über den Missouri geschrieben, aber er ist dabei nicht auf Einzelheiten eingegangen. Ich könnte mir vorstellen, daß man einen Ort am Missouri wählt, etwa so etwas wie St. Joseph oder oben bei den Mandan Villages oder sogar noch weiter westwärts bei den Great Falls.“

„An den Missouri hatten wir eigentlich nicht gedacht“, sagte Leeds.

„Nun ja, der Arkansas könnte ebenfalls einiges hergeben. La Junta, zum Beispiel. Dann wären da Bent's Fort, Sand Island und . . .“ Ich hielt inne und beschloß, meine Karten auf den Tisch zu legen. „Mit dem Arkansas bin ich allerdings nicht so vertraut wie mit dem Missouri. Nehmen Sie doch lieber jemanden, der fließend Spanisch spricht . . .“

„Am Arkansas waren wir auch nicht interessiert“, sagte Leeds.

„An welchen Fluß hatten Sie denn gedacht?“

„An den Platte.“

„An den Platte!“ Mir blieb die Luft weg.

„Jawohl, den Platte“, bestätigte Leeds.

„Aber das ist der gottserbärmlichste Fluß von ganz Amerika! Kennen Sie denn die Witze nicht, die über den Platte im Umlauf sind? ‚Zu dick zum Trinken, zu dünn zum Pflügen.‘ Das ist kein Fluß, das ist ein Nichts!“

„Gerade deswegen haben wir ihn gewählt“, sagte Leeds.

Jetzt nahm Miss Endermann das Wort. „Auf so weithin bekannte Städte wie St. Joseph haben wir absichtlich verzichtet, weil sie als Studienobjekt allzu einfach wären. Aber ein großer Teil der amerikanischen Geschichte war nun mal farblos. Genau wie Sie eben ganz richtig sagten: kein Fluß, sondern ein Nichts, eine Meile breit, einen Zoll tief.“

„Wir haben uns – ich glaube, mit Recht – folgendes gesagt“, fuhr Ringold jetzt wieder fort. „Wenn wir den Amerikanern den Platte nahebringen können, dann können wir ihnen auch die Bedeutung dieses ganzen Kontinents klarmachen. Und genau das werden wir auch tun. Trommeln, Trompeten und fliegende Fahnen überlassen wir anderen. Statt dessen werden wir tief in das Herz dieses armseligen Wasserlaufs eindringen . . .“ Ein wenig verlegen hielt er inne. Offenbar hatten die Redakteure von „US“ den Platte in ihr Herz geschlossen, und ich hatte ihre Begeisterung zu respektieren.

„Ich verstehe Ihren Gesichtspunkt“, sagte ich. „Aber Sie müssen nun auch wissen, daß ich kein Experte hinsichtlich des Platte bin. Ich weiß zwar einiges über die Ansiedlungen dort, die Indianer, die Bewässerung – was man im allgemeinen eben so weiß. Ein Experte bin ich aber nicht.“

„Das wissen wir“, antwortete Miss Endermann eifrig. „Aber wir brauchen Sie wegen der Art, *wie* Sie arbeiten, nicht wegen der Themen, die Sie schon behandelt haben. Sie sind in der Lage, sich innerhalb einer Woche in dieses Projekt einzuarbeiten.“

„Das stimmt“, gab ich zu. „Im Zusammenhang mit dem Oregon Trail habe ich den North Platte bereits zweimal ausgekundschaftet. Daher kenne ich die meisten Orte am North Platte, kenne sie sogar sehr gut.“

Wieder einmal unterbrach Harry Leeds: „Uns schwebte eigentlich der South Platte vor.“

„Großer Gott!“ Ich konnte nicht anders. Der South Platte war der miserabelste Fluß im ganzen Westen, im Sommer, wenn sein Wasser dringend benötigt wurde, ein Rinnsal, im Frühling ein reißender Strom. Er war schlammig, hatte oft mehr Inseln als Wasser und hatte vor der Anlage des Bewässerungssystems noch niemals einem nützlichen Zweck gedient. Nicht eine einzige Ortschaft am South Platte wollte mir einfallen. Ach ja, es gab da Julesburg – die übelste Stadt an der Eisenbahnstrecke –, im Jahre 1866 oder so von den Indianern niedergebrannt.

Dann aber fiel es mir plötzlich ein. „Denver liegt auch am South Platte“, sagte ich ein wenig lahm. „Da Sie jedoch keinen großen Fluß wollten, wollen Sie sicher auch keine große Stadt. Denver ist es also vermutlich nicht, habe ich recht?“

Miss Endermann beantwortete meine rhetorische Frage. „Haben Sie jemals von Centennial in Colorado gehört?“

Sekundenlang zerbrach ich mir den Kopf, und irgendwo in einem Winkel meines Gehirns tauchte tatsächlich ein Stück Information, wie Gelehrte sie für zukünftige Verwendung in ihrem Gehirn speichern, an die Oberfläche. „Centennial . . . Täusche ich mich, oder hat sie früher nicht anders geheißen? Hat sie ihren Namen nicht 1876 zu Ehren von Colorados Eintritt in die Union geändert? Wie lautete er früher? Wenn ich mich recht entsinne, taucht er in den frühen Berichten und Aufzeichnungen ziemlich häufig auf. Hieß die Ansiedlung nicht Zendt's Farm?“

„Ganz richtig“, bestätigte Miss Endermann.

„Wissen Sie, daß ich auch nicht das Geringste über Zendt's Farm weiß? Tut mir leid, meine Herren, aber auf dem Gebiet bin ich überhaupt nicht zu Hause.“

Ich vermutete, daß die Unterredung damit beendet sei, aber meine Vermutung war völlig falsch. „Aus diesem Grund brauchen wir Sie“, sagte Ringold. „Ihre sehr natürliche Reaktion auf eine Stadt, von der Sie noch nie etwas gehört haben, und auf einen Fluß, den Sie verabscheuen, hat mich überzeugt, daß Sie genau der Mann sind, den wir brauchen. Wenn Sie den Job wollen, gehört er Ihnen. Und wir dürfen uns glücklich schätzen, Sie gewonnen zu haben."

Damit begleitete er uns zur Tür. Harry Leeds sollte noch die Einzelheiten mit mir besprechen. Punkt zwölf waren wir zum Lunch in Toots Shors Restaurant gebeten. „Dort werden wir dann die finanzielle Seite diskutieren", meinte er. „Was mich angeht, sind Sie jedoch schon jetzt unser Mann. Es sei denn, Sie stellen astronomische Forderungen."

Wir vier anderen begaben uns in Harry Leeds' Büro, wo riesige fotografische Vergrößerungen von George Catlins Indianergemälden die Wände schmückten. „Mein Tipi", sagte er zu mir.

Wir besprachen, wie ich vorgehen sollte. Sobald meine Lehrtätigkeit beendet war, sollte ich nach Centennial fahren, mit der fünfzig Meilen entfernten Stadtbibliothek von Denver Kontakt aufnehmen, mich den Kollegen an den Colleges von Greeley, Fort Collins und Boulder vorstellen und dann Forschungsberichte über Ereignisse aus der Geschichte der Stadt Centennial verfassen, die erst im Jahre 1844 mit der Ankunft von Zendt begonnen hatte.

„Es kann aber sein, daß ich noch weiter zurückgreifen möchte", wandte ich ein.

„Die Spanier haben so weit im Norden nicht gesiedelt", antwortete Wright, „und die Franzosen nicht so weit im Süden. Lewis und Clark haben den Platte überhaupt ignoriert. Wir können also getrost 1844 mit Zendt beginnen."

Um einen guten literarischen Stil würde ich mich nicht zu bemühen brauchen. Ich sollte weder eine Doktorarbeit noch einen Roman schreiben. Ich sollte lediglich beliebig ausgewählte Einblicke in den Charakter und den geschichtlichen Hintergrund Centennials und seiner Bewohner liefern und konnte das Aufpolieren jener Teile, die veröffentlicht werden sollten, mit gutem Gewissen dem Redaktionsteam überlassen.

„Außerdem kaufen Sie bitte ohne Rücksicht auf das Honorar, das Sie mit Ringold aushandeln, alle Karten, landwirtschaftlichen Studien, Berichte, die Sie brauchen", ergänzte Wright. „Was immer Sie wollen."

„Nach Beendigung Ihrer Arbeit würden wir Sie aber bitten, diese Unterlagen an uns zu schicken", sagte Leeds.

„Wieviel Seiten soll ich denn eigentlich schreiben?" erkundigte ich mich, da mir die kreativen Zusammenhänge immer noch nicht ganz klar waren.

„Bis Weihnachten eine ziemlich vollständige Abhandlung über den Ort."

„So lange brauche ich gewöhnlich für ein Kapitel", wandte ich ein.

„Es gibt eine Menge erstklassiger Arbeiten über den Westen von einer Menge erstklassiger Autoren, und ich maße mir keineswegs an . . .“

„Vernor“, erklärte mir der junge Wright geduldig, „wir brauchen Sie nicht für eine Forschungsstudie über die Zuckerrübenindustrie am South Platte. Wir brauchen Sie als einfühlsamen, intelligenten Mann und verlangen von Ihnen lediglich ein paar Briefe, in denen Sie uns Ihre Auffassung von allem mitteilen, was sich zwischen 1844 und 1974 in Centennial, Colorado, abgespielt hat. Schreiben Sie uns einfach ein paar Briefe, so als wären wir Ihre Freunde . . . Freunde, die sehr an dem Thema interessiert sind.“

Die beiden anderen bestätigten, das sei genau das, was sie wollten, und dann machten wir uns auf den Weg zum Lunch – alle vier fest davon überzeugt, daß das Projekt gut laufen würde. Doch bei Toots Shor, einem Restaurant, in dem ich noch nie zuvor gewesen war, stand mir eine Reihe von Überraschungen bevor, die meine Ansicht über das Projekt grundlegend änderten.

Als wir das Restaurant betraten, kam der Besitzer auf Harry Leeds zu und rief mit Stentorstimme: „Na, Harry, alter Gauner, hat man Sie immer noch nicht rausgeschmissen?“

Leeds nahm das gutmütig hin. Toots Shor wandte sich an mich und packte mich bei den Jackettaufschlägen. „Lassen Sie sich von diesem Nichtsnutz bloß nicht für seine Dreckarbeit einspannen. Er ist bekannt als der literarische Zuhälter der Sixth Avenue.“ Damit führte er uns zu dem Tisch, an dem James Ringold bereits wartete.

„Der hat sich den Kanal schon vollaufen lassen“, warnte mich Shor. „Wie dieser Säufer seine Zeitschrift in Schuß hält, werde ich nie begreifen.“

Damit verschwand er, und Ringold fragte Leeds: „Alles klar?“

„Alles klar“, antwortete Leeds. „Zufriedener könnten wir gar nicht sein. Habe ich recht?“ Wright und Endermann, an die seine Frage gerichtet war, nickten zustimmend.

„Dann ist es nur noch eine Frage des Geldes. Wenn Sie Ihren eigenen Wagen benutzen, zahlen wir Ihnen zwölf Cent pro Meile. Wir bezahlen auch Ihre Hotelrechnungen, aber nehmen Sie sich bitte keine Suite im ‚Brown Palace‘. Sie können jedes Transportmittel benutzen, das Sie wollen, aber Flugzeuge, Planiermaschinen und Hundeschlitten sollen Sie nicht chartern. Unter gar keinen Umständen dürfen Sie auch nur einen einzigen Penny Ihres eigenen Geldes ausgeben, höchstens einmal für ein Bordell. Dafür verlangen wir allerdings detaillierte Spesenabrechnungen und verlangen genaue Belege.“ Ich war es gewohnt, Dean Rivers um dreißig Dollar für einen neuen Atlas zu bitten. All das schlug so schnell über mir zusammen, daß ich die Einzelheiten gar nicht recht registrieren konnte, doch der junge Wright machte sich, wie ich bemerkte, eifrig Notizen. „Er wird Ihnen eine Kopie zuschicken“, beruhigte mich Ringold sofort.

„Nun aber zum Honorar", sagte er. „Sie sind einer der hervorragendsten Historiker von Georgia. Sie sind eine Menge Geld wert, und ich bin überzeugt, daß man Sie nicht Ihrem Wert gemäß bezahlt. Also werde ich nicht kleinlich sein. Wir beanspruchen zwei Quartale Ihrer Zeit, das wäre ein halbes Jahresgehalt. Wir geben Ihnen achtzehntausend Dollar."

Ich wäre beinahe in Ohnmacht gefallen. Nachdem ich einen Löffel Consommé geschluckt hatte, sagte ich jedoch etwas, was zu meinem nächsten Schock führen sollte. „Mr. Ringold", sagte ich, „das ist sehr großzügig, das wissen Sie. Wenn Sie aber so viel auf dieses spezielle Thema setzen – was, wenn ich krank werde? Wenn ich das Manuskript nicht liefern kann?"

Etwas verwundert sah er mich an. „Haben Sie es ihm nicht gesagt?" fragte er Leeds.

„Habe gar nicht dran gedacht", antwortete Leeds, und die beiden anderen zuckten die Achseln, als hätten sie es ebenfalls schlicht vergessen.

„Professor", erklärte Ringold mitfühlend, „wir haben den Artikel bereits geschrieben – bis zum allerletzten Wort. Die Arbeit an Illustrationen und Landkarten hat begonnen. Wir könnten nächste Woche in Druck gehen. Was wir von Ihnen brauchen, ist nur noch die Bestätigung, daß wir uns auf dem richtigen Weg befinden."

Seine Worte erschütterten mich. Ich wurde also nicht gebraucht, um einen wohlformulierten Artikel zu schreiben, der unter meinem Namen erscheinen würde, sondern lediglich als Verfasser eines Hausberichts zur Bestätigung einer bereits fertiggestellten Arbeit – eines Berichtes, der womöglich nie publiziert, ja vielleicht nicht einmal benötigt wurde. Wenn der Artikel in der Zeitschrift erschien, vermutlich bestenfalls eine recht dürftige Angelegenheit, würde unter der Überschrift lediglich der Vermerk stehen: Verfaßt mit Unterstützung von Professor Lewis Vernor, Historisches Institut, Georgia Baptist College. Ich wurde gekauft – für einen guten Preis allerdings, aber ich wurde gekauft.

Das Essen schmeckte mir plötzlich nicht mehr, und meine Enttäuschung mußte mir vom Gesicht abzulesen sein, denn Ringold sagte beruhigend: „Wir arbeiten immer in dieser Form, Vernor. Monat um Monat schuften wir wie die Berserker an einem Projekt . . . die besten Autoren von Amerika . . . aber zum Schluß brauchen wir jedesmal einen wirklich klugen Mann, der das Ergebnis dieser Arbeit auf Herz und Nieren prüft. Das ist auch der Grund, warum wir weiterhin so gefragt sind . . . Fakten sind und bleiben wichtig für uns, logisches Denkvermögen jedoch ist lebenswichtig. Wir investieren einen sehr hohen Prozentsatz von Denkvermögen in unser Blatt, und darum bitten wir Sie, uns bei unserem nächsten großen Projekt zu helfen." Meine Eitelkeit war zerstört, meine intellektuelle Integrität gedemütigt. „Ich glaube, dieser Lunch ist jetzt beendet, meine Herren“, sagte ich, versuchte noch, den Satz dahingehend zu verbessern, daß er Miss Endermann auch einschloß, machte es dadurch aber nur noch schlimmer.

Einzig der junge Wright zeigte sich der Situation gewachsen. „Ich mache Ihnen einen Vorschlag, Professor Vernor. Wie Sie ja wissen, war Mr. Ringolds Angebot sehr großzügig. Wir haben es deswegen so großzügig gestaltet, weil wir großen Respekt vor Ihnen haben. Sie haben geglaubt, daß Sie einen Artikel für uns schreiben sollten. Ich habe Verständnis für Ihre Bestürzung. Mein Vorschlag lautet nun folgendermaßen. Fahren Sie nach Centennial. Carol hat das Kaff schon ausgekundschaftet. Sie wird mitkommen, um zu sehen, ob Sie genauso reagieren wie sie selbst. Wir werden eine Lehrkraft bezahlen, die Ihren Unterricht übernimmt. Also könnten Sie morgen schon losfahren. Nein, noch besser: Fliegen Sie schon heute abend. Und wenn Sie sich dann entschließen, mitzumachen, können Sie Ihren Bericht später unter Ihrem eigenen Namen veröffentlichen – möglicherweise sogar als Buch. Das heißt, sechs Monate nach der Veröffentlichung gehen die Rechte daran auf Sie persönlich über.“

„Das ist eine verdammt gute Idee, Wright“, sagte Ringold. „Genauso werden wir es machen. Können Sie heute nachmittag noch nach Centennial fliegen, Vernor? Um drei Uhr geht eine Maschine.“

„Da müßte ich erst Direktor Rexford fragen.“

„Rufen Sie ihn an. Toots! Bringen Sie uns ein Telefon!“

Zum erstenmal in meinem Leben brachte mir ein Kellner ein Telefon an den Tisch eines Restaurants und drapierte das lange schwarze Kabel über meinen Stuhl. Gleich darauf sprach ich mit Direktor Rexford, hatte mich aber kaum zu erkennen gegeben, als Ringold mir den Hörer abnahm. „Rexford? Aber gewiß erinnere ich mich an Sie! Der Baptisten-Ausschuß, ganz recht. Wir hätten uns Ihren Intelligenzburschen gern mal für eine Woche ausgeborgt. Als Ersatz für ihn bieten wir einem Assistenten dreihundert Dollar. Abgemacht?“ Darauf folgte eine kurze Diskussion, dann reichte Ringold mir das Telefon. „Er möchte selber mit Ihnen sprechen.“

„Hallo, Vernor? Steht das Projekt in logischer Beziehung zu Oregon?“

„Voll und ganz. Aber es ist etwas völlig anderes, als wir gedacht hatten. Es handelt sich lediglich um Rennerei nach Hintergrundinformationen.“

„Könnte es zu etwas Wesentlichem führen?“

„Unbedingt. Es ist eine Arbeit, die ich später ohnehin in Angriff nehmen müßte.“

„Werden Sie gut bezahlt?“

„Sehr gut sogar.“

„Dann akzeptieren Sie. Fliegen Sie heute nach Colorado. Professor

Hisken kann die dreihundert Dollar gut gebrauchen. Den Assistenten vergessen wir lieber.“

So ging ich um drei Uhr nachmittags zusammen mit Miss Endermann an Bord der Düsenmaschine nach Denver, wo wir aufgrund des Zeitunterschiedes um vier Uhr nachmittags ankamen. Sie nahm einen Mietwagen, und wir fuhren nach Norden. Westlich von uns ragten die majestätischen Rocky Mountains empor, im Osten erstreckte sich, Meile um Meile, baumlos und öde, die Prärie. Nach einer Stunde bot sich uns der Anblick, der allen westwärts Reisenden vertraut gewesen ist: eine Reihe dürrer, zerzauster, hoher Pappeln.

„Da ist der Platte“, sagte ich. Dann bogen wir auf eine schmale Nord-Süd-Straße ein, die uns an den Fluß, den seltsamsten Fluß der Welt, hinunterbrachte. Er war sehr breit, sicherlich mehrere hundert Meter, den größten Teil seiner Breite nahmen jedoch Inseln, Sandbänke, Steine und Baumstümpfe ein. Wo war das Wasser? Hier floß ein bißchen, dort ebenfalls, aber die Frühjahrsflut war noch nicht losgebrochen, so daß man nichts als eine stagnierende, schlammig-braune Fläche sah. Das Hauptprodukt dieses Flusses schien Kies zu sein, endlose Mengen von Kies, die darauf warteten, von den am Ufer aufgereihten Lastwagen abtransportiert zu werden.

Am anderen Ufer des Platte lag die Kleinstadt Centennial. Auf der Ortstafel stand zu lesen:

CENTENNIAL
Colorado
Meereshöhe 4618 Fuß
Einw. 2618

Als wir nach rechts in einen Einbahnkreisel einbogen, der über die Bahnlinie der Union Pacific hinweg in die Stadtmitte führte, hörte ich jemand rufen: „He! Das ist doch Carol!“ Ich drehte mich um und sah vor einem Friseurgeschäft einen Schwarzen stehen.

„Nate!“ rief Carol. „Wie wär's, wollen wir heute abend mexikanisch essen?“

„Natürlich, wie immer!“ rief er zurück. „Um acht?“

Wir bogen hinter dem Friseurgeschäft ein und parkten dort, wo uns ein Schild warnte, wenn wir nicht im Hotel „Railway Arms“ absteigen wollten, würde unser Wagen zum Preis von fünfundzwanzig Dollar abgeschleppt. Der Boy, der herauskam, um uns zu begrüßen, erkannte Carol ebenfalls, und wieder gab es eine Begrüßungsszene.

„Ich möchte gern, daß Sie hier wohnen, direkt an der Eisenbahn, denn nur hier können Sie etwas von der alten Atmosphäre aufnehmen“, erklärte sie, als wir uns eintrugen, und sie hatte recht damit, denn an diesem Hotel war alles alt: der Geruch, die Teppiche, die Uniform des Boys und mein Zimmer. Aber es war auch liebenswert.

Hier waren Menschen abgestiegen, die mit der Union Pacific von einer Stadt in Colorado zur anderen reisten und für einen Historiker zahllose Erinnerungen hinterlassen hatten.

Um Viertel vor acht traf ich Miss Endermann in der Halle, und sie zeigte mir die Prairie Road.

„Ich nehme an, Sie sind wie ich“, sagte sie, „und wollen sich zunächst einmal orientieren. Also, die Prairie Road läuft von Nord nach Süd. Im Mittelpunkt der Stadt kreuzen sich Prairie Road und Mountain Road, weil Mountain Road von Ost nach West läuft. Wir werden zu Fuß hinübergehen.“

An der Straßenkreuzung angekommen, erklärte sie mir: „Das ist der Punkt, von dem alles ausgeht. Im Westen geht's zu den Rockies. Im Osten nach Omaha. Im Süden nach Denver. Im Norden nach Cheyenne. Die Straßen beginnen im Osten und gehen, fortlaufend numeriert, bis zur Tenth Street. Die Avenues beginnen an der Bahn und gehen nordwärts bis zur Ninth Avenue. Alles wohlüberlegt und -geplant.“

Wir wandten uns ostwärts auf der Mountain Road und gingen vier Häuserblocks weit bis zu einem vollen Restaurant namens „Flor de Méjico“, wo wir wiederum herzlich begrüßt wurden, diesmal von einem robusten Mexikaner, der mir als Manolo Marquez vorgestellt wurde. „Wir wußten, daß Sie einmal wiederkommen würden“, sagte er zu Miss Endermann. „Heute abend kommt das Beste aus Küche und Keller auf den Tisch – auf Kosten des Hauses selbstverständlich.“

Er führte uns zu einem Tisch mit kariertem Tischtuch und einer fettfleckigen Speisekarte, die, wie Miss Endermann mir verriet, seit fünf Jahren nicht mehr verändert worden war. „Hoffentlich mögen Sie die mexikanische Küche“, sagte sie.

„Sie ist in Georgia ziemlich selten.“

„Wir werden ihn einführen, Manolo!“ rief sie vergnügt. „Drei Teller, bitte; mit einer Kostprobe von allem. Und dazu Coors-Bier.“ Sie fragte mich, ob mir dieses Colorado-Bier bekannt sei, und ich verneinte. „Zu mexikanischem Essen schmeckt es einfach himmlisch“, versicherte sie mir.

Die Restauranttür öffnete sich, und der Schwarze, den ich auf der Straße gesehen hatte, trat ein. Er kam sofort an unseren Tisch. Miss Endermann gab ihm einen Kuß. „Mein Freund und Berater Nate Person“, stellte sie vor. „Nicht nur ein ausgezeichneter Herrenfriseur, sondern auch ein kluger Mann. Er weiß, wo sämtliche Leichen begraben sind.“

Person, ein Mann von etwa fünfzig Jahren mit grauen Schläfen, erkundigte sich, woher ich käme, und als ich Georgia sagte, lachte er. „Der Staat steht nicht sehr weit oben auf meiner Liste.“

„Aber er bessert sich allmählich“, protestierte ich.

„Wird langsam Zeit“, antwortete er trocken.

„Sie müssen ihm alles erzählen, was Sie mir auch erzählt haben", verlangte Miss Endermann, und Nate nickte.

Ich nehme an, daß es ein ausgezeichnetes Dinner war, die Speisen jedoch, die mir da vorgesetzt wurden, waren so anders als alles, was ich gewöhnlich in Georgia aß, daß sie für mich nur scharf schmeckten, die einen mehr, die anderen weniger. „Das geröstete Ding da ist ein *taco*", erklärte mir Miss Endermann. Mir schmeckte es eigentlich eher wie getoastete Pappe, und Enchiladas und Tamales waren einander so ähnlich, daß ich sie ganz einfach nicht voneinander unterscheiden konnte. Die gefüllten Peperoni, *chiles rellenos* genannt, bestanden hauptsächlich aus gegrilltem Käse, aber der Salat war einzigartig. Ebenso wie das kleine Glas Granatapfelsaft. Und das Coors-Bier war, wie prophezeit, „so erfrischend wie ein Becher Bergquellwasser".

Als wir mit dem Essen fertig waren – Miss Endermann und Person hatten es hinuntergeschlungen, als hätten sie seit Wochen nichts mehr gegessen –, verbreitete sich in meinem Körper ein unerwartet angenehmes Gefühl. Es war, als befände sich mein Magen in Harmonie mit der ganzen Welt. „Dieses Essen muß anscheinend sehr gut gewesen sein", stellte ich fest. „Es schmeckt jetzt besser als zu Anfang, als ich es geschluckt habe."

„Herzlich willkommen in unserem Klub", sagte Miss Endermann. „Nate, erinnern Sie sich noch an das erste Mal, als ich es probiert habe? Ich habe geglaubt, ich müßte sterben."

An der Tür entstand Unruhe, und Marquez eilte hinüber, um einen hochgewachsenen, schlaksigen Westerner zu begrüßen, der hereingestelzt kam. Er trug einen Cowboyhut, ein Halstuch und hochhackige Stiefel mit Angebersporen. Er war genau das, was Western-Autoren als „hageren, gefährlichen *hombre*" beschreiben, bewegte sich aber mit einer lässigen Grazie und schien sich überall zu Hause zu fühlen.

Er kam geradenwegs auf unseren Tisch zu, packte Miss Endermann, riß sie von ihrem Stuhl und küßte sie.

„Cisco!" rief sie begeistert. „Ich dachte, du wärst in Chikago!"

„War ich auch. Montag bin ich zurückgekommen. Habe gehört, daß du in der Stadt bist. Wußte genau, daß ich dich hier finden würde."

Sie präsentierte ihn mir als Cisco Calendar, und er zeigte mir umgehend, daß er nicht sehr viel von mir hielt. Er drehte seinen Stuhl herum, setzte sich rittlings auf ihn und stützte das Kinn auf die Rückenlehne. „Schön, daß du wieder da bist", sagte er zu Carol. Er schob sein Gesicht, das mir eher brutal vorkam, dicht an das ihre.

Es war eindeutig, daß er beabsichtigte, allein mit Miss Endermann davonzuziehen, und es war ebenso eindeutig, daß das auch ihrem Wunsch entsprach. Nach ein paar peinlichen Sekunden sagte er: „Hab' meinen Wagen draußen. Wollen wir 'ne kleine Rundfahrt machen?" Sie wollte, und das war das letzte, was ich von diesem schlaksigen, eher aggressiven Cowboy zu sehen bekam.

Am anderen Morgen sagte Miss Endermann: „Wenn's Ihnen nach dem mexikanischen Essen gestern nicht zuviel wird, könnten wir uns heute mal ein bißchen umsehen." Sie chauffierte mich die beiden Hauptstraßen auf und ab, bis ich die Orientierung gefunden hatte. Dann fuhr sie mit mir in das nordwestlich liegende Luxusviertel. „Die Skimmerhorns, die Wendells, die Garretts. Das sind die Namen, die hier zählen." Im nordöstlichen Sektor, wo die Behausungen erkennbar ärmlicher waren, erklärte sie mir: „Das hier ist Zendt's Farm, wo alles anfing, und da drüben liegt der ehemalige Wendellsche Besitz, um den es einen großen Skandal gegeben hat. Mit dem werden sie sich bestimmt befassen."

Als wir im Südosten am „Flor de Méjico" vorbeikamen, sagte sie: „In dem Restaurant haben wir gestern abend gegessen. Hier unten an der Bahnstrecke wohnt Manolo Marquez, und da drüben liegt Nate Persons Friseurgeschäft, wo wir gestern in die Stadt gekommen sind." Der verbleibende Stadtsektor im Südwesten bot nicht sehr viel: irgendwo an der Bahn die baufällige Behausung Cisco Calendars. „Er könnte sich natürlich ein viel besseres Haus leisten, aber hier hat seine Familie schon immer gewohnt."

Das also war Centennial, das heißt, zumindest der Teil, der mich anging. „Nicht ganz", berichtigte Miss Endermann. „Zwei Lokalitäten müssen wir noch besichtigen, und die sind außerordentlich wichtig." Damit fuhr sie auf der Prairie Road nach Norden, fast bis zur Grenze von Wyoming, wo sich mir ein erstaunlicher Anblick bot: ein wuchtiges Schloß mit Türmen und Wallkranz.

„Das ist Venneford", erklärte sie. „Das ganze Land, auf dem wir heute herumfahren werden, und noch viele Millionen Morgen mehr gehörten einstmals dem Earl Venneford of Wye. Die größte Rinderranch des ganzen Westens."

„Spielt der edle Earl in meiner Story eine Rolle?"

„Nur wenn Sie wollen", antwortete sie. „Doch was wir nun sehen werden, ist das Kernstück Ihrer Story."

Nach Osten ging es, über so dürres Land, wie ich es nie zuvor gesehen hatte, kahl und trostlos, bis sie auf einer Erhebung anhielt. „So haben sie damals alles vorgefunden. Eine endlose Leere. Seit Millionen von Jahren hat sich hier nichts verändert."

In keiner Himmelsrichtung entdeckte ich irgendein Zeichen dafür, daß der Mensch jemals versucht hatte, diese ungeheure Weite zu besiedeln – kein Haus, keinen Pfad, nicht einmal einen Zaunpfahl. Alles war leer – leer und majestätisch: die große westliche Prärie.

Miss Endermann unterbrach meine Gedanken mit einer Zusicherung: „Wenn wir den Gipfel des nächsten Hügels erreichen, werden Sie etwas Unvergeßliches sehen."

Sie hatte recht. Nachdem wir durch die trostlose Wüste ein Stück bergauf gefahren waren, kamen wir zu einer Bodenerhebung, von der aus man tatsächlich einen faszinierenden Ausblick hatte. Es war ein Dorf namens Line Camp, wie sie mir sagte, das früher einmal eine blühende Siedlung gewesen sein mußte; jetzt lag es menschenleer da, die Fensterläden im Winde klappernd, die Glasscheiben der Fenster geborsten.

Langsam, wie in einem Trauerzug, fuhren wir durch die Straßen, links und rechts ausgeschachtete Fundamente dort, wo Geschäfte und eine Kirche gestanden hatten. Nichts als Zerstörung: graue Holzplanken, die sich gelöst hatten, in der Schule Pulte, die aus ihren Befestigungen gerissen waren. Irgendwie mußte es mir gelingen, den klappernden Planken ihre Geschichte zu entlocken. Jetzt kamen nur Falken nach Line Camp, und die Geschichten waren alle vergessen.

Zwei Gebäude hatten dem Zahn der Zeit getrotzt: eine stabile Scheune aus Stein, und ihr gegenüber ein niedriges Steinhaus, an dessen Tür ein uralter Mann erschien und uns mißtrauisch musterte.

„Der einzige Überlebende“, sagte Miss Endermann. Der Mann verschwand wieder.

„Was ist hier passiert?“ erkundigte ich mich.

„Das wollen wir von Ihnen wissen“, gab sie zurück.

Sie mußte gemerkt haben, daß ich von Centennial und seiner Umgebung fasziniert war, denn schon beim Lunch begannen wir meinen Auftrag genauer festzulegen. Im Laufe des Gesprächs fragte ich sie: „Übrigens, wer hat die Story eigentlich geschrieben, die ich mit meinen Recherchen erhärten soll?“

„Das wissen Sie nicht?“

„Wie Sie sehen.“

„Ich.“

„Sie?“

„Ja. Ich habe die Story fünf Monate lang an Ort und Stelle recherchiert.“

„Ich wußte . . .“ Ich war verwirrt. „Ich habe natürlich gemerkt, daß Sie den Leuten hier bekannt sind. Aber ich dachte, Sie wären . . .“

„Ich hätte nur jemandem geholfen? Jemandem, der qualifizierter ist als ich?“

Sie stellte diese Frage in so scharfem Ton, daß ich es für besser hielt, direkt zur Sache zu kommen. „Miss Endermann“, begann ich, „bitte, verzeihen Sie, aber Ihre Zeitschrift hat mich gebeten, eine Menge Zeit auf dieses Projekt zu verwenden. Haben Sie was dagegen, wenn ich Ihnen ein paar Fragen stelle?“

Sie fing an zu lachen und verblüffte mich wieder, indem sie aufstand und mir einen Kuß auf die Wange drückte. „Sie sind zauberhaft!“ sagte sie. „Ich habe meine Doktorarbeit an der Columbia University unter Allan Nevins über ein paar unveröffentlichte Briefe von Captain Mercy gemacht, die ich gefunden hatte. Zu Hause, an der Wand meines Schlafzimmers, hängt ein altes Foto von ihm, aufgenommen von

Jackson in Fort Laramie, und zu Ihrer ganz persönlichen Information: In Illinois habe ich fast nur Einser bekommen, und meine Doktorprüfung an der Universität von Chicago mit Auszeichnung bestanden."

„Ja, aber, zum Teufel, was treiben Sie sich dann bis vier Uhr morgens mit Cisco Calendar herum?"

„Weil ich ihn aufregend finde, Sie Puritaner!"

Am nächsten Vormittag fuhr ich sie nach Denver, wo sie die Maschine nach New York bestieg. An der Rampe sagte sie zu mir: „Bleiben Sie noch bis zum Wochenende. Sie werden sich genauso in die Stadt verlieben wie ich." Und als ich ihr viel Erfolg bei der Arbeit wünschte, antwortete sie: „Ich beschäftige mich jetzt mit den Landkarten." Dann ergriff sie impulsiv meine Hände. „Mr. Vernon, wir brauchen Sie wirklich . . . damit das Ganze Leben bekommt. Rufen Sie uns Freitag abend an. Aber sagen Sie uns dann bitte, daß Sie mitmachen."

Auf dem Rückweg fuhr ich bei der Universität vorbei, weil ich meinen alten Freund, Gerald Lambrook vom dortigen historischen Institut, konsultieren wollte. Er sagte: „Ich sehe keine Fallstricke an der Vereinbarung, Lewis. Gewiß, Sie werden den Artikel nicht selber schreiben und nicht sehr viel zu sagen haben, aber die Leute sind einwandfrei. Wenn die erklären, daß das Projekt erstklassig herausgebracht wird, dann können Sie ihnen aufs Wort glauben. Letztlich läuft es doch darauf hinaus, daß man Sie für die Recherchen zu Ihrer eigenen Arbeit bezahlt."

Lambrook war ein Professor alten Stils, mit einem Arbeitszimmer voller Bücherregale, Stapeln von Semesterarbeiten, auf denen er immer noch bestand, ja sogar einem Tweedjackett und einer Pfeife. Ich selbst arbeite im Rollkragenpullover, aber es tat einfach gut, zu sehen, daß es den alten Typ noch gab. Ich hatte ihn in Minnesota kennengelernt, und unsere damalige Freundschaft lebte sofort wieder auf.

„Historisch gesehen", fuhr er fort, „ist es für mich interessant, daß Sie mit keinem Wort das Objekt erwähnt haben, das Centennial berühmt gemacht hat. Besser gesagt, das ganze Gebiet hier, meine ich."

Als ich ihn fragte, was das denn sei, antwortete er: „Das alte Zendt-Grundstück."

„Doch, das kenne ich. Ist mir gestern erst gezeigt worden. Das ist der Mann aus Pennsylvania, der sich weigerte, ein Fort zu bauen, statt dessen aber eine Farm anlegte."

„Nein, nein, die Farm selbst meine ich nicht. Ich meine die Kalkklippen, auf seinem allerersten Besitz."

„Nie gehört."

„Wo der erste amerikanische Dinosaurier gefunden wurde."

„Das kann nicht wahr sein!"

„Der ganz große. Ist nach Berlin gegangen, aber wie gern würden wir ihn wieder hier haben! Und dann, nicht weit entfernt, immer noch auf dem alten Grundstück, hat man die Clovis-Spitzen gefunden. Wissen Sie was? Wenn Sie Zeit haben, könnte ich einen von den jungen Geologen bitten, uns hinüberzubegleiten." Er begann zu telefonieren und erklärte mir zwischen den Anrufen: „Ich glaube, die Universität läßt gerade da oben arbeiten." Endlich fand er einen Dozenten, der mit seinen Studenten in der kommenden Woche einen Ausflug zur Zendt-Ausgrabung machen und sein Gedächtnis vorher ein bißchen auffrischen wollte, und wir fuhren los: Lambrook und ich in meinem Wagen, der junge Dr. Elmo Kennedy in dem seinen.

Wir fuhren in nördlicher Richtung an den Ausläufern der Rockies entlang, am Estes Park im Westen und Fort Collins im Osten vorbei, bis wir uns in einer Landschaft befanden, die man fast schon als Wüste bezeichnen konnte. Dr. Kennedy hielt an, um mir zu erklären: „Wir kommen jetzt auf den historischen Venneford-Besitz. Direkt vor uns liegen die Kalkklippen. Ich öffne die Gatter, Sie machen sie zu."

Weiter ging es, durch drei hohe Stacheldrahtzäune, hinter denen schwarz-weiße Hereford-Rinder grasten, bis wir schließlich die imposanten Klippen erreichten, die sich, etwa dreizehn Meter hoch und blendendweiß, von Norden nach Süden hinzogen. „Überreste einer alten Verwerfung", erklärte mir Kennedy. „Pennsylvania-Periode, falls es Sie interessiert. Hier unten, in der Morrison-Formation am Fuß der Klippen, hat Professor Wright aus Harvard im Jahre 1875 den großen Dinosaurier ausgegraben, der in Berlin zu sehen ist."

„Das ist mir neu", mußte ich gestehen.

„Und zwei Meilen weiter, am anderen Ende der Klippen, hat man – 1935, glaube ich – diese ungeheuer ergiebige Grabungsstelle mit den Clovis-Spitzen gefunden."

„Davon habe ich gehört", sagte ich. „Aber nicht, daß die Fundstelle in der Nähe der Kalkklippen liegt."

Wir verbrachten den ganzen Vormittag dort auf diesem historischen Grundstück, dann kehrten Lambrook und Kennedy zur Universität zurück. „Aber vergessen Sie nicht, die Gatter zu schließen", ermahnten sie mich. Somit blieb mit genügend Zeit, mich an den hochragenden Klippen umzusehen; als ich gegen einen weißen Kalkstein trat, fand ich eine versteinerte Muschel, ein zartes, zerbrechliches Ding, zu Stein verwandelt, unbestreitbarer Beweis dafür, daß diese Klippen und ihre Umgebung einst auf dem Grund eines Meeres gelegen hatten, während sie sich jetzt sechzehnhundert Meter über den Meeresspiegel erhoben. Ich versuchte mir die gigantische Kraft vorzustellen, die eine derartige Umschichtung der Erdoberfläche bewirkt hatte, und ich glaube, in diesem Moment begann ich das kleine Centennial, den Ort meiner künftigen Forschungen, in einer weit größeren Dimension zu betrachten als die Redakteure in New York.

Auf Nebenwegen fuhr ich ostwärts nach Line Camp, sah das verlassene Dorf wieder aus einer anderen Perspektive und war noch faszinierter als zuvor von der komprimierten Zeitgeschichte, der man hier begegnete: Indianercamp, Rinderverladestation, Schafranch, Farmen, die an der Trockenheit zugrunde gingen, Staubloch und schließlich Land, das keiner menschlichen Mühe mehr wert war und aufgegeben wurde. Der Ort zog mich an wie ein Magnet, und eigentlich wünschte ich mir, über Line Camp schreiben zu dürfen statt über Centennial, das mir inzwischen ziemlich uninteressant vorkam. Doch als ich dann südwärts fuhr, fiel mir ein, daß ich wahrscheinlich dem alten Skimmerhorn-Trail folgte, und als ich an die flachen Uferfelsen kam, die die Grenze zwischen Flußbett und Prärie kennzeichneten, und von dort aus auf Centennial mit seiner armseligen Bahnstrecke und der Pappelreihe am Südufer des Platte hinabblickte, kam mir der Verdacht, daß auch diese Stadt ihre Augenblicke geschichtlicher Bedeutung gehabt haben mußte. Welcher Art, würde ich erst erfahren, wenn ich den Auftrag annahm.

Zu Mittag aß ich im „Flor de Méjico" – diesmal keine *enchiladas*, sondern schlichte Sandwiches –, als ich eine Männerstimme fragen hörte: „Manolo, ist hier bei Ihnen ein Gast aus Georgia?"

„Dort drüben, Paul", antwortete Marquez und brachte einen hochgewachsenen, gutgekleideten Rancher an meinen Tisch.

„Ich bin Paul Garrett", stellte er sich mit zur Begrüßung ausgestreckter Hand vor. „Darf ich mich zu Ihnen setzen?"

Ich bat ihn, Platz zu nehmen, und er fuhr fort: „Ich habe gehört, daß Sie in der Stadt sind. Als Miss Endermann damals hier war, haben wir viel miteinander zu tun gehabt. Und da dachte ich, Sie würden vielleicht gern einen kleinen Rundflug mit meiner Maschine machen – zur besseren Orientierung."

„Mit Vergnügen", antwortete ich. „Wenn ich das geographische Gefüge sehe, kann ich mir ein viel besseres Bild machen. Leider reise ich aber Freitag schon wieder ab."

„Ich meine, jetzt gleich."

„Ich habe Zeit."

Er fuhr mit mir zu einer Landebahn östlich vom Beaver Creek, wo sein Pilot mit einer sechssitzigen Beechcraft wartete, und wir stiegen ein. Innerhalb weniger Minuten schwebten wir hoch oben über dem Platte, so daß ich zum ersten Mal die Mäander dieses unmöglichen Flußlaufes aus der Luft sehen konnte. „Der geflochtene Fluß" hatte ihn ein Fachmann einmal mit vollem Recht genannt, denn die Stränge dieses Flusses waren so zahlreich und seine Inseln so verstreut, daß es aussah, als hätten Riesenhände den Fluß geflochten, der nun wie ein wunderschöner, langer Zopf von den Berggipfeln herabhing.

Mehrmals flogen wir den Platte hinauf und hinab. Ich erkannte, wie die Menschen einen großen Teil seines Wassers in Bewässerungsgräben abgeleitet hatten. Er war weniger ein isolierter Fluß als vielmehr ein kompliziertes System von Wasserläufen.

Anschließend gab Garrett seinem Piloten Anweisung, nach Norden zur Grenze von Wyoming zu fliegen. Als wir den Fluß hinter uns ließen, die dürren Ebenen überquerten und schließlich zu den Felsen kamen, die hier das Ende von Colorado markierten, erklärte er mir: „Dies ist der alte Venneford-Besitz. Ich wollte ihn Ihnen zeigen, weil Sie mir sonst bestimmt nicht geglaubt hätten.“ Er bat den Piloten, westwärts auf die Bergkette zuzufliegen; unten erkannte ich den weißen Strich der Kalkklippen.

„Da unten war ich heute vormittag“, sagte ich.

„Ein guter Platz. Die Grenze ist ein Stückchen weiter im Westen.“ Er deutete auf einen alten Drahtzaun, und wir gingen tiefer, um ihn uns anzusehen. „Dort begann der Venneford-Besitz“, sagte er. „Und solange ich Ihnen nichts anderes sage, hat früher alles, was Sie da unten sehen, dem Earl Venneford of Wye gehört. Alles!“

Wir flogen eine halbe Stunde lang nach Osten über eine ungeheure Fläche, während ich fasziniert ein Phänomen beobachtete, das ich noch nirgends zuvor gesehen hatte: In regelmäßigen Abständen waren riesige Kreise in die Oberfläche der Ebene gedrückt, als hätten gigantische Feen magische Zirkel angelegt oder Indianer überdimensionale Tipis aufgestellt. Ich konnte mir einfach nicht vorstellen, was es mit diesen Kreisen auf sich hatte, und wollte Garrett gerade danach fragen, als er sagte: „Wir sind noch immer über Venneford-Land.“

Wir flogen eine Stunde und fünfzehn Minuten, mit kleinen Abstechern nach Norden und Süden, um einige Trockentäler zu erforschen, bis er schließlich nach vorn deutete und sagte: „Dort ist die Grenze von Nebraska. Da endet der Besitz des Earls.“

„Wieviel insgesamt?“

„Einhundertachtzig Meilen Ost-West, fünfzig Meilen Nord-Süd.“

„Das wären ja neuntausend Quadratmeilen!“ Ich zögerte. „Ist das denn möglich?“

„Weit über fünf Millionen Morgen“, bestätigte er.

Ich starrte fassungslos auf diese unvorstellbare Ausdehnung von Land, diese leere, einsame Wüste; wahrscheinlich war es schon damals nicht viel wert gewesen, sicherlich ebensowenig wie heute.

„Einhundertachtzig Meilen in einer Richtung“, sagte er, während wir zurückflogen. „Der Vormann inspizierte in seinem Buggy ungefähr zehn Meilen pro Tag. Achtzehn Tage, nur um das Mittelstück zu kontrollieren, die Nord- und Südteile nicht gerechnet. So ist unser Boden hier, Professor Vernor. Für eine Kuh-Kalb-Einheit braucht man mindestens sechzig Morgen.“

„Miss Endermann sagte mir, daß Sie einen Teil davon gekauft haben.“

„Aber nur einhundertdreiunddreißigtausend Morgen. Allerdings vom besten Boden.“ Er bat den Piloten, nördlich am Schloß Venneford vorbeizufliegen, wo er mir ein zerklüftetes Terrain mit kahlen Ebenen,

Vorbergen und ein paar hübschen, niedrigen Kuppen zeigte. „Eine echte Herausforderung“, meinte Garrett. „Wenn Sie zurückkommen, müssen Sie es sich ansehen.“

„Gern“, antwortete ich.

„Mit wieviel Morgen pro Rinder-Einheit rechnet man im Osten?“ fragte er, als wir uns Centennial näherten.

„Mein Onkel in Virginia braucht nur einen Morgen für das, was Sie als Einheit bezeichnen – Schwemmland, am Fluß.“

„Da sehen Sie den Unterschied zwischen Virginia und Colorado. Bei Ihnen ein Morgen pro Einheit, bei uns sechzig. Das bedeutet, daß Ihr Boden sechzigmal besser ist als unserer. Aber wir arbeiten siebzigmal so schwer wie Sie, deswegen sind wir Ihnen immer ein bißchen voraus.“

Er fuhr mich zum Hotel zurück, wo ich ihn fragte, ob ich ihn zu einem Drink einladen dürfe. „Tagsüber nie“, antwortete er, und war verschwunden, bevor ich noch eine weitere Frage stellen konnte.

Was Prärie, Berge und Fluß betraf, hatte ich mich schon recht gut auf Centennial eingestimmt, deswegen widmete ich mich während meines restlichen Aufenthaltes der Stadt selbst. Das Grundstück der Garretts an der Ecke Ninth und Ninth war düster, mit einem Holzhaus aus dem neunzehnten Jahrhundert, das eine Gruppe verkrüppelter Bäume überragte. Die Villa Morgan Wendells dagegen, einen Häuserblock weiter südlich, lag, in freundlichem Ranchstil erbaut, inmitten eines weiten, herrlich angelegten Parks. Aber es war das Gebiet im Osten der Stadt, das mich am stärksten interessierte, denn was sich dort abspielte, war mir, einem Bewohner von Georgia, völlig neu. Der Beaver Creek schützte die Stadt vor der herandrängenden Prärie. Im Westen des Creek lag Schwemmland, weitgehend moorig und ein Paradies für die verschiedensten Vögel; im Osten des Creek standen die beiden wichtigsten Industrieunternehmen von Centennial.

Nördlich des Highways lag die kaum zu übersehende Zuckerfabrik Central Beet. Ihr scharfer, beißender Geruch durchzog die Luft Centennials sogar im Frühling mit einem sauberen, erdhaften Aroma. Mir, einem Mann, der in einem typischen Zuckerrohrgebiet aufgewachsen war, erschien es fast wie ein Sakrileg, daß man aus Rüben Zucker machte. Hier aber kannte man nichts anderes.

Südlich des Highways bot sich mir dann ein Anblick, wie ich ihn noch niemals erlebt hatte: weite Corrals, von Holzzäunen umhegt, die nicht einen einzigen Grashalm, nicht eine einzige Grünpflanze enthielten, sondern nur Aberhunderte von schwarz-weißen Rindern, alle von derselben Größe, alle für die Schlachthäuser von Omaha und Kansas City gemästet. Nie zuvor hatte ich so viele Rinder auf einmal gesehen, und ich versuchte, ihre Zahl zu schätzen. Als ich allein in einem Corral bis zweihundert gekommen war und mir klarmachte, daß es zwei Dutzend Corrals gab, allesamt ebenso dicht besetzt, mußte ich einsehen, daß meine ursprüngliche Schätzung mit zehn zu multiplizieren war.

Hier funktionierte alles wie in einer Fabrik: „Brumbauch – Großmästerei“ stand auf dem Schild. Förderbänder führten den Corrals hoch über unseren Köpfen das Futter zu, der Dung wurde durch Klappen entfernt, überall verliefen Wasserrohre, und alles lag in bequemer Entfernung sowohl von der Zuckerfabrik, von der die Pulpe, die ausgepreßten Rüben zur Fütterung der Rinder, kam, als auch von der Bahnstrecke, auf der die Züge Kälber brachten und die gemästeten Rinder abholten. Was mich jedoch aufrichtig verwunderte, war die Entdeckung, daß alle Tiere entweder Färsen oder Ochsen waren; ich sah weder Stiere noch ausgewachsene Kühe, nur junges, speziell gezüchtetes Schlachtvieh.

Am Donnerstag nachmittag fuhr ich nach Line Camp hinaus und war wieder zutiefst berührt von dem seltsamen Zauber der endlosen Prärie und dieser überwältigenden Atmosphäre der Einsamkeit. Im Osten des verlassenen Dorfes angekommen, sah ich mich einem grandiosen Anblick gegenüber: Zwei Felssäulen ragten hundertsechzig Meter hoch über die Ebene hinaus. Meilenweit in jeder Richtung war nichts zu sehen als flaches, leeres Land, und dann plötzlich schossen diese Zwillingstürme aus rotem und grauem Fels gen Himmel.

Die Säulen waren so auffallend, daß sie mit Sicherheit einen Namen hatten. Ich sah mich nach jemandem um, den ich danach fragen konnte, aber ich fand niemanden. Meilen um Meilen weit gab es nichts, nur diese hohen, schweigenden Säulen und einen Falken, der sie aus der Luft inspizierte.

Die späte Nachmittagssonne hüllte die roten Felsen in Flammen. Lange, sehr lange betrachtete ich sie und versuchte mir auszumalen, wie es vor sich gegangen war, daß diese Türme stehengeblieben waren. In Georgia hätte man ein derartiges Phänomen als Naturwunder bestaunt. „Teufelsnadeln“ hätte man sie genannt, oder so ähnlich. Hier im Westen waren sie nicht einmal auf den Karten verzeichnet, so verschwenderisch hatte die Natur hier ihre Wunder ausgestreut.

Jeden Abend nahm ich mein Dinner im Hotel ein; mein Kellner war ein Mann, dessen Vorfahren beim Bau der Eisenbahn in den achtziger Jahren nach Centennial gekommen und hiergeblieben waren. Als Nate Person mir die Haare schnitt, erzählte er von einem seiner Vorfahren, der mit einem Viehtrieb von Texas hierher nach Norden gekommen und ebenfalls geblieben war. Manolo Marquez’ Vater war von Chihuahua heraufgekommen, um in der Zuckerfabrik zu arbeiten, und war hiergeblieben. Allmählich fiel mir auf, daß die Leute hier in Centennial, im Gegensatz zu Garvey in Georgia, wo meine Vorfahren seit dreihundert Jahren gelebt hatten, alle innerhalb der letzten einhundertzwanzig Jahre – auf der Durchreise sozusagen – hierhergekommen waren. Und sie alle waren geblieben.

Müßig schlenderte ich durch North Bottoms, um mir ein besseres Bild von der Zusammenarbeit von Central Beet und der Brumbauchschen Großmästerei zu machen, als ich einen Arbeiter sah, der am Außenbogen des Beaver Creek einen Bagger fuhr. Ich ging hinüber, um ihn zu fragen, was er da tue.

„Hier soll eine Brücke über den Creek gebaut werden. Damit die Rübenlaster, die vom Westen kommen, leichter in die Fabrik fahren können."

Ich sah ihm zu, wie er die Greifer in die weiche Erde senkte, und wurde mir unvermittelt der Gegenwart eines dritten Mannes bewußt, der sich zu uns gesellt hatte. Er stellte sich vor: Morgan Wendell, Leiter der Firma Wendell, Immobilien. Er hatte sein Büro verlassen, Mountain Road überquert und war durch die North Bottoms zu uns herübergekommen. Ich begriff nicht, wieso das Ausbaggern eines Brückenlagers so interessant für ihn war, aber er war offensichtlich sehr erregt. Und anscheinend aus gutem Grund, denn gerade als er seinen Platz neben mir eingenommen hatte, grub sich die Baggerschaufel mit besonderer Kraft in das weiche Erdreich, traf auf Fels und brach in ein Loch. Der Baggerführer mußte all sein Geschick aufwenden, um seine Maschine aus dieser schwierigen Lage zu befreien, aber es gelang ihm. Aufmerksam verfolgte ich seine Manöver; Morgan Wendell sah voller Entsetzen zu.

Als die Baggerschaufel wieder frei war, kletterte der Fahrer von seinem Sitz, um nachzusehen, was da los war. Auch ich trat einen Schritt vor, um in das Loch hinabzuspähen. Doch Morgan Wendell stieß uns beide beiseite und übernahm das Kommando.

„Hören Sie lieber mit der Arbeit hier auf", wandte er sich an den Baggerführer. „Wahrscheinlich ist das hier eine Senkgrube. Arbeiten Sie auf der anderen Seite weiter."

„Aber ich habe Anweisung, hier zu arbeiten."

„Und ich befehle Ihnen, drüben zu arbeiten."

„Wer sind Sie überhaupt?"

„Morgan Wendell. Mir gehört das Gelände auf dieser Seite."

„Ach so!" Achselzuckend ließ der Mann seine Maschine an und fuhr sie schwerfällig am Creek entlang bis zur Mountain Road, wo er ans andere Ufer hinüberrollte.

Sobald er fort war, sah Morgan Wendell mich forschend an, sagte: „Na ja, das wär's" und versuchte mich von dem Loch abzudrängen. Ich zeigte keinerlei Neigung, den Platz zu verlassen, doch eine überaus kräftige Hand packte meinen Arm und dirigierte mich energisch in Richtung Stadt. Ich sagte mir, daß die Vorsicht gebot, vorläufig nachzugeben, denn Morgan Wendell war ein großer Mann, der sehr viel stärker war als ich und auch wesentlich längere Arme hatte.

Als wir zur First Street direkt gegenüber von Wendell Place, dem alten Hauptquartier der Familie, kamen, sagte ich möglichst beiläufig: „Tja, dann werde ich im ‚Flor de Méjico' wohl ein bißchen Chili essen."

„Das ist sehr gut da", sagte er.

Als ich davonging, ohne mich umzudrehen, ihn jedoch, soweit ich konnte, aus den Augenwinkeln beobachtend, sah ich ihn zu dem Loch zurückeilen und hineinklettern. Er blieb eine geraume Zeit da unten, ungefähr eine Viertelstunde, dann kam er mit seinem Jackett in der Hand, in dem er anscheinend etwas trug, wieder heraus. Am Ufer des Beaver Creek entlang ging er dann nach Süden, überquerte den Highway und verschwand in seinem Bürogebäude.

Sobald er außer Sicht war, lief ich zu der Öffnung im Boden zurück, kletterte hinein und stand in einer Höhle, die zwar nicht groß, aber sehr solide gewesen war – bis der Bagger ihre Decke durchstoßen hatte. Sie war, wie ich vermutete, vom Wasser in den weichen Kalkstein gegraben worden und allem Anschein nach sehr alt. Entlang der Westwand zog sich eine schmale Bank, die nicht von Menschenhand geschaffen war, aber fast wirkte wie ein eingebautes Möbelstück. Am hinteren Ende dieser Bank lag ein Gegenstand, den Morgan Wendell anscheinend übersehen hatte: ein kleiner Knochen, der, wie ich argwöhnte, von einem Menschen stammte.

Ich steckte ihn ein und kletterte aus der Höhle hinaus. Keineswegs zu spät, denn der Baggerführer, der sich noch auf der anderen Seite des Creek befand, erhielt von Morgan Wendell gerade Anweisung, seine schwere Maschine wieder auf die Westseite hinüberzufahren, das Bachufer entlangzurollen und mit dem Auffüllen der Höhle zu beginnen. Als der Mann damit fertig war, kontrollierte Wendell seine Arbeit und vergewisserte sich, daß niemand auf die Idee kommen konnte, daß an diesem Nachmittag zufällig eine längst vergessene Höhle freigelegt worden war.

Ich kehrte in mein Zimmer im „Railway Arms“ zurück und meldete ein Gespräch mit Voranmeldung für James Ringold von „US“ an. „Hier Vernor“, sagte ich zu ihm. „Ich nehme Ihren Auftrag an.“ Sofort hörte ich ihn Leeds und Wright zurufen: „Holt Carol, schnell! Gute Nachrichten!“

„Aber ich möchte es so machen, wie ich es mir vorstelle“, sagte ich.

„Das ist es ja gerade, was wir von Ihnen wollen.“

„Mein erster Bericht geht möglicherweise ein bißchen tiefer, als Sie beabsichtigt haben“, warnte ich ihn.

„Wir sind an Ihren Ideen interessiert.“

„Aber bis Weihnachten werde ich auf jeden Fall fertig.“

„O du fröhliche, o du selige“, klang es durchs Telefon – drei Männerstimmen, kurz darauf begleitet von einem Sopran. Die Zeit bis Weihnachten versprach überaus interessant zu werden.

Das Land

Das Land, das später Colorado genannt werden sollte, erhielt seine heutige Gestalt zu einer Zeit, als die Erde bereits uralt war, von einem Alter, das der Mensch gar nicht begreifen kann.

Der Zeitpunkt liegt drei Milliarden sechshundert Millionen Jahre zurück. Die Erde kühlte langsam ab, es hatte sich die Erdkruste gebildet, eingehüllt von der langsam entstehenden Atmosphäre. Die damalige Form der Erdoberfläche war alles andere als einladend. Die Temperaturen waren viel zu hoch für lebende Materie, Sauerstoff begann sich eben erst zu sammeln. Über das Land, das sich da und dort zu bilden begann, fegten ohne Unterlaß stürmische Winde. Ungeheure Hochwasserfluten überschwemmten neu auftauchende Landteile, stiegen und fielen in den Wehen einer Geburt, die noch nicht ganz Wirklichkeit geworden war.

Irgendwann vor drei Milliarden sechshundert Millionen Jahren begann sich tief innerhalb der Erdkruste, oder vielleicht auch im oberen Teil des darunterliegenden Erdmantels, eine Masse von Magma zu sammeln. Die Hitze, die sie ausstrahlte, war so groß, daß der zuvor massive Stein teilweise zu schmelzen begann. Die leichteren Substanzen schmolzen zuerst und schoben sich durch die schwereren Substanzen, die unten blieben, nach oben.

Langsam, aber mit unwiderstehlicher Kraft strebte das Magma nach oben. An manchen Stellen barst es durch die Erdkruste, Vulkane bildend, deren Asche eine Fläche von Tausenden Quadratkilometern bedeckte. Oder die zähe Substanz kam, aus Spalten hervorquellend, in Form von Lava ans Tageslicht und breitete einen bis zu dreihundert Meter dicken Teppich über das Land. Währenddessen festigte sich das innere Material, von dem der größte Teil innerhalb der Erdkruste gefangen war, kühlte mit der Zeit ab und formte weit unter der Erdoberfläche puren Granit.

Tausende Male noch sollte von da an dieses Zusammentreffen von Hitze und Bewegung die Oberflächengestalt der Erde verändern. Doch diese große Umformung vor drei Milliarden sechshundert Millionen Jahren unterschied sich von anderen ähnlichen Ereignissen aus einem ganz besonderen Grund: Sie schuf die massiven Granitblöcke, das Grundgebirge, auf dem sämtliche späteren tektonischen Formationen aufbauten. Von da an sollte es von den verschiedensten kataklysmischen Kräften durchdrungen, verzerrt, komprimiert, erodiert und rücksichtslos verformt werden; doch es hielt all diesen Angriffen drei Milliarden sechshundert Millionen Jahre lang, bis auf den heutigen Tag, stand. Auf ihm bauten sich die nächsten Berge auf; durch seine Gesteinsmassen wanden sich die Flüsse; auf seiner zerklüfteten Oberfläche wanderten später die Tiere; und auf seinem zuverlässigen Fundament ruhten Gehöfte und ganze Städte.

Nachdem sich das Grundgebirge in Colorado gebildet hatte, ereigneten sich höchst ungewöhnliche Dinge. Ungefähr zwei Milliarden Jahre der Erdgeschichte verschwanden, und zwar spurlos. Aufgrund von Forschungen in anderen Teilen des Westens können wir Vermutungen über die Geschehnisse anstellen, Beweise jedoch haben wir nicht. Das Gestein, anhand dessen wir die Vorgänge hätten erklären können, ist entweder bis zur Unkenntlichkeit zerstört oder gar nicht erst abgelagert worden. Wir tappen vollkommen im dunkeln.

Diese Unkenntnis beschränkt sich keineswegs auf das begrenzte Gebiet rings um Centennial, obwohl die Lücke dort am spektakulärsten ist; nirgendwo in ganz Nordamerika hat man eine einzige ununterbrochene Gesteinsfolge vom frühesten Tiefengestein bis zum jüngsten Sedimentgestein gefunden. Überall klafft eine Lücke, die auf engstem Raum die erstaunlichsten Unterschiede aufweisen kann. So finden sich beispielsweise aus demselben Erdzeitalter, das in der Gegend von Centennial keine Spuren hinterlassen hat, einige Meilen weiter südlich die steinernen Zeugen der aufgetürmten Granitmassen des Pikes Peak.

Hunderte Millionen von Jahren lang muß Centennial auf dem Boden eines Meeres gelegen haben, das damals einen großen Teil Nordamerikas bedeckte. Dann sanken die von den über dem Meeresspiegel gebliebenen Erdmassen abgetragenen Sedimente lautlos ins Wasser, lagerten sich auf dem Grundgebirge ab und schufen mit unendlicher Langsamkeit ein sedimentäres Gestein, das endlich bis zu siebzehnhundert Meter Höhe erreichte.

Als der Mensch schließlich die Bühne betrat, wurde er zum Erben dieser verschwundenen Jahre. Alles, was er unternahm, wurde von den Geschehnissen jener vergessenen Jahre beeinflußt, denn damals wurde die Eigenart dieser Erde bestimmt, ihr mineralischer Gehalt, der Wert ihres Bodens und der Salzgehalt ihres Wassers.

Vor ungefähr dreihundert Millionen Jahren begann dann ein Prozeß, den man als den ersten bezeichnen kann, der rund um Centennial identifizierbare Spuren hinterlassen hat; mit diesem Prozeß beginnt unsere Geschichte. Innerhalb des Mantels entwickelten sich Kräfte, die ein Durchstoßen der Erdkruste zur Folge hatten. Das Grundgebirge zerbrach in einzelne Blöcke, von denen einige höher hinaufgeschoben wurden als ihre Umgebung, um dem Druck von unten Luft zu verschaffen.

Die so entstandenen Berge zogen sich über einen großen Teil des mittleren Colorado hin und folgten ungefähr der Linie, die die Rocky Mountains später einnehmen sollten. Nach fünf bis zehn Millionen Jahren hatten sie sich zu einer ungeheuren Bergkette herausgebildet.

Vom ersten Augenblick ihrer Geburt an hatten die Berge an einer eindrucksvollen Reihe von Begebnissen teil. Kaum hatten sie ihre Kuppen über die ebene Fläche des Landes hinausgehoben, als kleine Wasserläufe an ihren Flanken zu nagen begannen und winzige Stein- und Sandfragmente davontrugen. Kräftige Winde rissen an ihren niedrigen Gipfeln, eiskalte Winter ebneten Vorsprünge. Immer wieder lösten Erdbeben lockere Felsbrocken, während zu anderen Zeiten Wellen von Binnenseen an ihren Fuß schlugen und das Gestein weiter abtrugen.

Während die Berge alterten, wuchsen die kleinen Wasserläufe zu breiten Flüssen, die, je größer sie wurden, um so mehr Kraft hatten, alles mögliche mitzureißen, so daß sie bald schon abgebrochene Felsblöcke von den Bergen herunterholten, sich tief in den Stein gruben und an den Hängen riesige alluviale Fächer schufen. Und die Berge fuhren ständig fort, sich im selben Maße in die Höhe zu schieben, in dem die Erosionskräfte sie wieder abhobelten.

Dann jedoch hörte dieser Druck von unten aus einem unerfindlichen Grund plötzlich auf, die ehemals riesige Bergkette wurde innerhalb einer Periode von vierzig Millionen Jahren von der Erosion vollkommen abrasiert. Nicht ein einziger Gipfel dieser Gebirgskette blieb übrig. Die legendären Ur-Rockies verschwanden, ihr Gestein wurde, zu Geröll zerkleinert, davongetragen und über die wachsenden Ebenen des östlichen Colorado, von Kansas und Nebraska verteilt. Aus Bergen, die das Land beherrscht hatten, waren Kieselsteine geworden.

Später dann, wie um auch die letzte Spur ihrer Existenz zu tilgen, wurde das Land, auf dem sie gestanden hatten, über einen Zeitraum von achtzig bis neunzig Millionen Jahren, während der Jura- und Kreidezeit, der Zeit der Dinosaurier, in unregelmäßigen Abständen überschwemmt. Ton, Schlamm und Sand wurden von Flüssen mitgetragen und in das Binnenmeer geschwemmt, wo sie langsam nach unten sanken und sich dort zu weichen Schichten sammelten. Im Laufe der Zeit jedoch verdichteten sie sich durch das Gewicht des Wassers und den Druck der Sedimente allmählich zu Tausende Meter dicken Gesteinsmassen.

Somit war die Bühne frei für einen Prozeß, der das Gestein wieder zu einer Bergkette hochschieben sollte. Dieser Prozeß nahm seinen Anfang, als sich die unterirdische Scholle, aus der später ein Teil des afrikanischen Kontinents werden sollte, ganz langsam nach Westen zu bewegen begann. Mit der Zeit wurde die Bewegung dieser Scholle so intensiv – und wurde vermutlich von einer gleichzeitigen Ostwärtsbewegung der amerikanischen Scholle begleitet –, daß ein Zusammenstoß nicht zu vermeiden war. Der Vorgänger des Atlantischen Ozeans wurde so stark eingeengt, daß er fast ganz eliminiert wurde. Die beiden Kontinente kamen tatsächlich miteinander in Berührung, so daß diejenigen Lebewesen, die damals bereits existierten, trockenen Fußes von Amerika nach Afrika und umgekehrt überwechseln konnten.

Während die gesamte Berührung fortdauerte, mußte es an den Rändern, die ja die Wucht des Anpralls auszuhalten hatten, zu Verwerfungen kommen. Der Rand der amerikanischen Platte wurde aufwärtsgedrückt und bildete die Appalachen.

Unvermeidlicherweise begann sogleich wieder der Prozeß des Abbaues. Zunächst trieben die Kontinentalschollen auseinander, wobei Afrika und die beiden Amerika ungefähr an der Stelle landeten, wo sie sich heute noch befinden. Und schon vor einhundert Millionen Jahren begannen die Appalachen – nur noch eine verstümmelte Erinnerung an ihre ursprüngliche Großartigkeit – ihre gegenwärtige Form anzunehmen. Zu jener Zeit machten die Rocky Mountains den Appalachen noch keine Konkurrenz. Diese Bergkette war noch nicht entstanden; im Gegenteil, der größte Teil Amerikas, von den Appalachen bis nach Utah, war damals ein ungeheures Binnenmeer, aus dem sich das Festland erst sehr viel später erheben sollte.

Unter der Oberfläche dieses Binnensees aber kündigten sich große Ereignisse an. Das gemeinsame Gewicht von Sediment und Wasser, das auf ein relativ schwaches Gebiet des Beckens drückte, fiel zeitlich mit einem Aufwallen von Magma aus dem Erdmantel zusammen. Wie schon zuvor schob dieser Magmadruck von unten riesige Blöcke des Grundgebirges nach oben und wölbte das flexibler gelagerte Gestein über dem Grundgebirge nach außen, bis eine massive Bergkette entstand. Diese Bergkette, die von Nordkanada bis beinahe nach Mexiko hinunterrreichte, war sowohl länger als auch breiter als die Ur-Rockies und lag auch etwas weiter östlich. Ihre Hauptgipfel waren sehr, sehr hoch, und als diese Gebiete emporgedrückt wurden, floß das Binnenmeer endgültig ab.

Die Gebirgskette setzte sich zum Teil aus Gestein zusammen, aus dem früher schon die Ur-Rockies bestanden hatten – daher wissen wir so viel über diese uralten Berge, die wir niemals zu Gesicht bekommen haben. Die heutigen Rockies sind also sehr jung. Sie befinden sich immer noch im Prozeß des Aufbaus und Erodierens; niemand kann heute abschätzen, wie sie in zehn Millionen Jahren aussehen werden.

Vor ungefähr siebenundsechzig Millionen Jahren begann im gesamten Gebiet von Colorado eine Vulkantätigkeit von beträchtlichem Ausmaß. Als die Gebirge sich erhoben, zerbrach die Kruste, so daß die

Lava in ungeheuren Mengen an die Oberfläche steigen konnte. Gashaltige Asche sammelte sich manchmal in Schichten bis zu mehreren hundert Metern an und preßte sich in das Gestein, das noch heute existiert.

Besonders erschreckend waren die riesigen Wolken gasförmiger Substanz, die westwärts abtrieben und deren innere Temperatur auf Tausende von Graden anstieg. In den Gebieten, über die sie hinwegzogen, töteten sie durch Sauerstoffentzug sofort jedes Leben ab, und sobald ihre Temperatur sank, sanken auch die Wolken selbst. Dann verdichtete sich die gasförmige Substanz zu kristallinem Gestein, wobei eine einzige Wolke eine so große Menge davon produzierte, daß riesige Gebiete bis zu einer Höhe von zwei bis zweieinhalb Metern bedeckt wurden. In anderen Gebieten entstanden Seen, eingedämmt durch Lavaflüsse aus Vulkanfeldern.

An dieser Stelle kommen wir zum erstenmal zu dem Fluß, der in dieser Geschichte eine so große Rolle spielen soll. Er entstand zur gleichen Zeit wie die neuen Rockies, und seine Aufgabe war es, Regenwasser und geschmolzenen Schnee von den Gipfeln herabzutragen. Millionen Jahre hindurch war er keineswegs der beherrschende Fluß dieses Gebietes; es liefen insgesamt fünf Flüsse von den Rockies nach Süden, deren längst ausgetrocknete Betten heute noch erkennbar sind. Ihre Selbständigkeit verloren sie aufgrund einer geographischen Besonderheit: Ein Arm unseres Flusses begann nämlich an der Gebirgskette entlang nach Süden zu fließen und nahm dabei einen nach dem anderen der Konkurrenzflüsse auf, bis sie nicht mehr als unabhängige Flüsse nach Osten verliefen, sondern alle zusammen den Platte River bildeten.

Als die Rockies noch jünger und daher höher waren als jetzt, muß der Fluß einen beachtlichen Umfang gehabt haben. Das läßt sich aus der Menge des Materials schließen, das er zu befördern hatte. Der Bereich, den er mit seinen Ablagerungen bedeckte, war ungefähr dreihundertzwanzig Meilen lang und einhundertvierzig Meilen breit. Je nachdem, wie dick die Deckschicht war, mußte der Fluß über siebentausend Kubikmeilen Geröll transportieren.

In jenen frühen Zeiten war der Platte River breit und turbulent. Er konnte riesige Felsbrocken mitschleppen; seine Hauptlast waren jedoch Sand und Schlamm. Sein Lauf war unregelmäßig: Zuweilen wälzte er sich fünfzig Meilen breit durch die Ebene, dann wieder floß er weite Strecken durch einen einzigen, schmalen Kanal. Und während all dieser Jahre arbeitete er unaufhörlich am Aufbau der Ebenen im Zentrum Amerikas.

Vor ungefähr vierzig Millionen Jahren fand dieser Prozeß Unterstützung durch ein kataklysmisches Ereignis. Im Südwesten brach eine Gruppe von Vulkanen aus, deren Eruptionen so heftig ausfielen, daß die Vulkanasche, von starken Stürmen getragen, fünfhundert Meilen weit über den Himmel trieb. Die Eruptionen setzten sich über einen Zeitraum von fünfzehn Millionen Jahren fort, und die Aschenmenge, die auf Colorado fiel, wuchs bis zu einer Höhe von Hunderten von Metern. Sie mischte sich mit Ton und Lehm und bildete so eine der Hauptgesteinsarten der Gegend.

Die gewaltigen Veränderungen dieser Periode kann man sich nur schwer vorstellen. In Colorado allein arbeiteten dreiundzwanzig bekannte Vulkane, einige von ihnen wesentlich höher als der Ätna oder der Popocatepetl. Logischerweise konnten sie nicht ununterbrochen in Tätigkeit sein; es muß Perioden relativer Ruhe gegeben haben. Es ist anzunehmen, daß einige von ihnen vom gleichen Unruheherd im Erdmantel angeheizt wurden und also zur gleichen Zeit tätig waren.

Zuweilen lösten sie auch Erdbeben aus, doch schließlich erloschen sie allesamt aus irgendeinem geheimnisvollen Grund – vermutlich weil sich das Magma erschöpft hatte –, bis es in diesem Gebiet keinen einzigen tätigen Vulkan mehr gab, sondern nur tote Krater, die heute noch beredtes Zeugnis ablegen für die Gewalttätigkeit der Natur.

Vor ungefähr fünfzehn Millionen Jahren erfolgte eine starke Umschichtung dieses Gebietes – ein Prozeß, der sich über zehn Millionen Jahre hinzog. Der gesamte mittlere Teil Amerikas wurde emporgehoben. Vielleicht vollzog sich hier eine umfangreiche Anpassung der Kontinentalscholle, vielleicht fand aber auch innerhalb des Mantels eine größere Spaltung statt. Auf jeden Fall hoben sich sowohl die Berge und Täler im Westen als auch die niedrig liegenden Ebenen im Osten. Colorado erreichte seine gegenwärtige Höhe.

Vor ungefähr einer Million Jahren begann die Eiszeit sich vom Nordpol her auszubreiten. Aufgrund komplizierter Klimaveränderungen, möglicherweise ausgelöst durch Umstellungen innerhalb des Kohlendioxydgehalts der Erdatmosphäre oder von Ansammlungen von Vulkanstaub, die die Sonnenhitze abhielten, begannen sich dort, wo zuvor Wärme geherrscht hatte, riesige Eisplatten zu formieren. Der große westliche Gletscher kam nicht ganz bis nach Centennial; er machte in einiger Entfernung nördlich der Stadt halt. In den höheren Regionen der neuen Rockies jedoch bildeten sich kleinere Gletscher, füllten die Täler, und als sie allmählich in die Tiefe wanderten, hobelten sie den Boden der Bergtäler aus und meißelten den senkrecht stehenden Fels – die Schönheit der Rocky Mountains ist zum großen Teil auf die Arbeit dieser Gletscher zurückzuführen.

Wenn die Gebirgsgletscher schmolzen, produzierten sie enorme Wassermassen, die Flutwellen von gigantischen Ausmaßen in Bewegung setzten. Mit alles verschlingender Gewalt kamen sie von den Bergen gestürzt und vereinten sich mit den Flüssen, die dadurch ein

Vielfaches ihrer normalen Ausdehnung erreichten. Geröll wurde in die Täler getragen, und diese Mischung von reißendem Wasser und scharfkantigem Gestein walzte das Gelände im Osten vollständig platt.

Die Landschaft von Centennial war damit in den Grundzügen festgelegt. Es gibt in dieser Gegend jedoch vier ganz besondere Naturformationen, die im Gesamtschema der Dinge zwar keine wesentliche Rolle spielen, die aber den Schauplatz eines großen Teils dieser Geschichte bilden.

Die erste ist eine Kalkklippe, die einige Meilen nordwestlich von Centennial in nordöstlicher Richtung verlief. Ihre Grundelemente waren vor ungefähr zweihundertsiebzig Millionen Jahren abgelagert worden, während der Zeit, als die Ur-Rockies abgebaut und in die See hinausgespült wurden. Auf dem Boden dieser See sammelten sich in flachen Schichtungen riesige Kalksteinlager, eines über dem anderen, wie ein Stapel dünner Papierbogen. Ungefähr einhundert Millionen Jahre lagerte dieser Kalkstein flach auf dem Grund des Meeres. Dann schoben Turbulenzen innerhalb des Erdmantels das Gebiet nach oben, so daß es so hoch lag wie einige der Berge. Kaum hatte es seine neue Position erreicht, zerrte eine riesige Verwerfung an der Erdoberfläche, drückte das Areal nach unten und zerbrach das Kalksteinbett entlang seiner Nord-Süd-Achse. Der östliche Teil sank etwa dreiundzwanzig Meter unter sein bisheriges Niveau, während sich die westliche Hälfte um sieben Meter hob und eine dreißig Meter hohe, schneeweiße Kalksteinklippe bildete.

Da stand sie nun, vor einhundertsechsunddreißig Millionen Jahren, eine schneeweiße Kalksteinklippe mit einem Regenwald auf dem oberen Plateau und einem weiten Sumpf zu ihren Füßen, bereit für die dramatischen Geschehnisse, die sich an ihrem Rand abspielen sollten.

Die zweite Naturformation ist ein nicht allzu hoch gelegenes Bergtal westlich und ein wenig südlich von Centennial. Ein schmaler Wasserlauf rinnt durch das Tal, bevor er sich mit dem Fluß vereint; ihm verdankt das Tal seine Existenz. Es verläuft fast genau von Osten nach Westen und ist lediglich wenige Meilen lang. Zu beiden Seiten wird es von hohen Bergen begrenzt; es ist nicht breit und fällt in sanfter Schrägung von Westen nach Osten ab.

Es war während seiner Existenz nur wenigen Veränderungen unterworfen gewesen. Begonnen hatte es in einer Höhe von nur dreizehnhundert Meter, die große Aufwölbung vor fünfzehn Millionen Jahren hatte es jedoch auf dreitausend Meter angehoben. Danach war es durch Erosion wiederum auf zweitausendfünfhundert Meter gesenkt worden und lag nun gerade niedrig genug, um das Bestehenbleiben eines jener Charakterzüge zu ermöglichen, die es so unvergeßlich machten.

An seiner Nordseite, die in der Sonne lag, entstand vor ungefähr einer Million Jahren etwas Wunderschönes: ein dichtes Gehölz herrlicher Espen, deren kleine, leichte Blätter im Frühling silbrig-grün im Sonnenlicht schimmerten. Im Hochsommer, wenn die Blätter bei der leichtesten Brise zu zittern begannen, schien die gesamte Nordwand des Tales zu tanzen. Und im Herbst wurden die Espen mit ihrem goldgelben Laub zu einer wahren Explosion vibrierender Schönheit.

Seltsamerweise bekam das Tal seinen Namen jedoch von einer völlig anderen Baumart, die auf der schattigen Südseite wuchs, wohin kaum jemals ein Sonnenstrahl kam. Es war ein Nadelbaum, die Blaufichte. Sie wurde weit größer als ihre Nachbarin am anderen Bachufer, größer und breiter. Außerdem warf sie nicht ihre Blätter ab, so daß sie im Spätherbst, wenn die Espen bereits kahl und ihre goldenen Blätter eins nach dem anderen verschwunden waren, in ihrer ganzen Herrlichkeit dastand. Im Winter, wenn Schnee auf den Fichtenzweigen lastete, war unser Tal so still und verträumt, so verzaubert, daß sogar vorüberziehende Tiere hier instinktiv Zuflucht suchten.

In geschichtlich belegten Zeiten sollte das Tal den Namen Blue Valley, Blaues Tal, bekommen. Der Bach, der hindurchfloß, war munter, aber nie wild und reißend, und wenn auch gelegentlich Schnee den Boden des Tals bedeckte, so doch niemals so tief, daß das gesamte Tal unzugänglich war.

Als sich in den höchstgelegenen Bergtälern das ewige Eis zu bilden begann, war es nur noch eine Frage der Zeit, bis irgendein Gletscher seine eisige Zunge auch in das Blue Valley schob. Dies geschah auch, und der Gletscher schabte mit seiner Vorderkante den Talboden aus, verbreiterte ihn und zerscheuerte die Flanken der Berge, die das Tal einschlossen. Die Bäume wurden zerstört, doch einige Zeit später, als sich das Eis wieder zurückgezogen hatte, tauchten sie wieder auf, als sei nicht das geringste geschehen, und das Tal war noch schöner als vorher, weil der Gletscher Platz für eine breite Grasmatte geschaffen hatte.

Spätere Gletscher verbreiterten den Wiesengrund und veränderten die Felswände abermals. Jeder von ihnen zerstörte die Bäume, aber mit jener schönen Hartnäckigkeit, die in der Natur so vieles kennzeichnet, kehrten sie immer wieder zurück, bis das Tal um 15000 v. Chr. seine gegenwärtige Gestalt annahm und ein schönes, verwunschenes Fleckchen Erde geworden war.

Der zweite Vorgang spielte sich ab, lange bevor die Espen und die Blaufichten dem Tal seine charakteristischen Züge verliehen. Wir müssen uns also weit in die Zeit zurückversetzen, um ihn verstehen zu können. Vor ungefähr fünfunddreißig Millionen Jahren preßte ein Druck tief innerhalb des Erdmantels kleine Mengen flüssigen Magmas von sehr hohen Temperaturen empor. Es suchte nach schwachen Punkten in der Gesteinsstruktur und ergoß sich vor allem in die Spalten zwischen zwei Schichten, trieb sie auseinander und füllte sie bis zum entferntesten Winkel aus.

Was diesen Einbruch zu etwas Besonderem machte, war die Tatsache, daß das Magma diesmal einen hohen Prozentsatz von Mineralien enthielt, manche davon sogar völlig rein: Galenit, Silber, Kupfer füllten die inneren Öffnungen. Das flüssige Gestein, das in den langen Schlot unter dem Blue Valley eindrang, enthielt einen hohen Prozentsatz unvermischten Goldes.

Das Ende des Schlotes, das die Lava ausfüllte, lag nur neunzig Fuß unter der Oberfläche des Talbodens an der Nordseite. Der Schlot zog sich beinahe eine Viertelmeile weit in einem Winkel von vierzig Grad nach unten. Sehr groß war dieser Schlot nicht, daher enthielt er auch keine phantastischen Mengen an Gold, aber es war genug Gold und war in jedem Hohlraum.

Als der erste Gletscher das Tal ausfüllte, riß er etwa sechzehn Meter der Schutzdecke des Schlotendes fort. Jeder weitere Gletscher entführte ein bißchen mehr von der Schutzdecke, bis endlich der letzte kam. Irgendwann um das Jahr 15000 vor unserer Zeitrechnung riß dieser letzte Gletscher ganze sechs Fuß vom Schlot selber fort und verstreute das Gold, das er enthielt, in einem Umkreis von etwa zweihundert Meter auf dem Boden des Baches.

Derselbe Gletscher lagerte nun natürlich auch wieder Geröll über dem exponierten Schlotende ab, so daß es nicht einfach zu finden war, und verschüttete auch die Goldnuggets auf dem Wassergrund. Dann tauchten die Bäume wieder auf, und das Gold wurde abermals verschüttet.

Die dritte Naturformation ist von allen Seiten weithin sichtbar; was jedoch das Besondere an ihr war, das lag versteckt, und wir werden erst später davon erfahren.

Vor ungefähr fünfundsechzig Millionen Jahren – kurz nach dem Entstehen der neuen Rockies – begann der Fluß ganz außerordentlich große Mengen Geröll, Kies und Sand heranzuführen, die er in dicken Lagen auf den Ebenen im Osten deponierte. Im Norden und ein wenig östlich von Centennial erreichten diese Lager schließlich eine Höhe von über sechzig Meter.

Das große Binnenmeer, das einstmals diese Gegend beherrscht hatte, war schon seit langem ganz verschwunden, so daß dieses neue Gestein an der freien Luft abgebaut werden mußte. Der Fluß brachte die Ablagerungen heran, die sich wie große Fächer ausbreiteten. Sonne und Wind taten ihr Werk, und neue Ablagerungen deckten sie zu.

Mit jedem Jahr wuchs die Ebene ein bißchen höher, wurde ihr Untergrund ein bißchen stabiler. Vor elf Millionen Jahren bildete sich dann eine Sandsteinplatte, die gleichsam versiegelt wurde durch ein Deckgestein aus angewehter Vulkanasche. Es bildete eine undurchdringliche Schutzschicht für den darunter lagernden weicheren Sandstein.

Schließlich war die ungeheure Arbeit des Aufbaus beendet. Seit der

Zeit, als die neuen Rockies zum zweitenmal emporgehoben wurden, waren hundert Meter festen Gesteins und Erdbodens abgelagert worden, alles zusammen von der Deckschicht geschützt. Doch unser Fluß brach damals, vor acht Millionen Jahren, wieder ungestüm aus den Bergen hervor, durchschnitt die Ebene und verbreitete sich über ein weites Areal. Er hatte eine gewaltige Aufgabe vor sich: Er mußte auch die letzten Überreste jener riesigen Landfläche beseitigen, zu der die neuen Rockies beigetragen hatten. Und der Fluß schaffte es . . . Nur nicht an der Stelle, wo diese besonders harte Deckschicht den Monolithen schützte.

So reißend sich auch die Wildwasser von den Bergen stürzten, so tosend auch die Sturzfluten nach einem Wolkenbruch die Ebene überschwemmten – der Monolith hielt stand und blieb. Er war kaum eine Viertelmeile lang und nicht mehr als zweihundert Meter breit, aber er widerstand allen Angriffen des Flusses. Millionen Jahre lang bewahrte dieser seltsame, einsame Monolith seine Unversehrtheit und Größe.

Die benachbarten Deckschichten des Sandsteins brachen, und sobald sie verschwunden waren, wurde das weichere Gestein, das von ihnen geschützt worden war, vom Flußwasser mühelos davongewaschen. Dazu kam der Wind. Das Schmelzwasser der Gletscher tat ein übriges, und im Verlauf der Äonen konnte der Fluß seine Aufgabe vollenden: Das von den neuen Rockies deponierte Land war bis auf den letzten Rest davongeschwemmt. Übrig blieb nur der einsame Monolith.

Und dann, vor ungefähr zwei Millionen Jahren, entstand im Mittelteil der Deckschicht eine schwache Stelle, die während eines harten Winters zersprang und brach. Der weichere Fels, den sie geschützt hatte, verfiel sehr schnell – sagen wir im Verlauf von zweihunderttausend Jahren –, bis er endgültig verschwunden war.

Was blieb, waren zwei Säulen, eine Viertelmeile voneinander entfernt, ein wenig länglich in der Form, die westliche über hundertsechzig Meter lang und sechzig Meter breit, die östliche nur hundertzwanzig Meter lang und siebenundfünfzig Meter breit. Auch war die westliche Säule höher und ragte über hundert Meter empor, während die östliche nur neunzig Meter in ihrer Höhe maß.

Sie sind ein Naturwunder, diese zwei Schildwachen der Ebene. In jeder Richtung aus meilenweiter Entfernung zu sehen, stehen sie Wache über einem trostlosen, schweigenden Reich. Sie sind die einzigen Relikte jener endlosen Ebene, die von den neuen Rockies abgelagert worden ist; das Land, das sie bewachen, datiert bis in die Urzeiten vor der Geburt der Gebirgskette zurück.

Die vierte bemerkenswerte Stelle nimmt sich in dieser Parade stolzer Klippen, Täler voll Goldes und hochragender Steinsäulen etwas eigenartig aus. Vor etwa elftausend Jahren, als die Hauptzüge der Gebirgslandschaft der neuen Rockies längst festgelegt waren und die

Landschaft bereits so hübsch aussah wie heute, ergoß sich an der Stelle, an der später Centennial stehen sollte, ein kleiner, schlammiger Bach in unseren Fluß. Er kam von Norden und muß zu seiner Zeit dem Hauptfluß bei seiner Aufgabe, das von den Bergen herabgekommene Geröll zu zermahlen, wertvolle Hilfe geleistet haben. Nun aber war er ein elendes Rinnsal, das kaum noch Wasser führte und eher als Abflußgraben diente denn als Fluß.

Entlang seines Westufers jedoch, nicht weit von dem Punkt, an dem er sich mit dem Fluß vereinte, waren seine tastenden Finger ungefähr zweieinhalb Meter in eine Tasche löslichen Gesteins unter der Erdoberfläche gestoßen. Hier formten sie eine verborgene Höhle, knappe zwei Meter lang und höchstens eineinhalb Meter breit. Die Höhle wäre kaum jemals entdeckt worden, hätte sich nicht, elftausend Jahre nach ihrer Entstehung, hier ein dramatisches Geschehen abgespielt.

Die Bühne wäre also bereit. Eine Milliarde siebenhundert Millionen Jahre dauerte die Aktivität, in deren Verlauf mindestens zwei hohe Bergketten aufgebaut und riesige Binnenmeere geschaffen wurden, ehe dieser Landstrich seine endgültige Form annahm. Jetzt konnte er mit Lebewesen bevölkert werden.

Es ist ein unwirtlicher Landstrich, ganz anders als die Gegend etwas weiter östlich in Kansas oder weit im Osten bei den Appalachen. Der Boden ist hart, steinig und schwer zu bearbeiten. Es fehlt die Ackerkrume zum Pflügen. Es fehlen Bäume und natürlicher Schutz. Eine Familie kann wochenlang über dieses Gelände wandern, ohne genügend Holz für den Bau ihres Hauses zu finden.

Auch Wasser fehlt – mein Gott, wie sehr das Wasser fehlt! Die Regenmenge in Centennial beträgt im Jahr nur zweiunddreißig Zentimeter, während doch jeder Farmer weiß, daß er zum Anbau von kümmerlichem Mais oder Weizen mindestens dreiundfünfzig braucht. Die extremen Temperaturen sind nahezu unerträglich; sie schwanken von zweiundvierzig Grad Celsius im August bis zu sechsunddreißig Grad minus im Februar.

Das Land ist unkontrollierbaren Launen der Natur unterworfen. Manchmal fällt jahrelang kein Tropfen Regen, so daß die Ernten verderben und die Existenz der Menschen gefährdet ist. In Abständen von sechzig bis siebzig Jahren fegen unvorhersehbare Stürme über die Prärien, verheeren den Boden und alles, was darauf wächst. Staubstürme, schlimmer und anhaltender als Hurrikane, suchen das Land monatelang heim und füllen alles mit Sand. Und als wäre das immer noch nicht genug, tauchen plötzlich, aus unerklärten Gründen, riesige Heuschreckenschwärme im Westen auf und verdunkeln für drei bis vier Tage den Himmel. Diese Schwärme sind größer als Gewitterwolken, fallen da und dort über das Land her und fressen alles, was grün ist.

Das Land schreit nach Wasser. Die dürrste Wüste, sogar das öde Land rings um die beiden Steinsäulen, würde blühen, wenn man nur Wasser hinführen könnte. Das Kernproblem dieses Gebietes wird immer darin bestehen, Wasser in dieses Land zu bringen. Wenn das gelingt, steht den Menschen ein Paradies zur Verfügung.

Und schließlich ist da noch der Fluß, dieses traurige, verwirrende Nichts von einem Fluß. Er führt kaum Wasser, und wenn er doch ein bißchen Wasser hat, dann weiß er nicht, wohin damit. Kein Schiff, nicht einmal ein Kanu kann ihn mit einiger Sicherheit befahren. Er ist die Zielscheibe des Spottes, es gibt mehr Witze über ihn als über jeden anderen Fluß der Erde, und der größte aller Witze ist es bereits, ihn überhaupt einen Fluß zu nennen. Er ist ein Sandbett, eine vage Idee, ein überflüssiges Ärgernis, eine Frustration, aber kaum hat man all diese Anschuldigungen ausgesprochen, da wächst er plötzlich, schwillt an, wird eine Meile breit, überschwemmt die bebauten Felder und verwüstet die Farmen.

Sein Name ist genauso flach wie sein Bett – South Platte –, doch eine Zeitlang war er ein königlicher Wasserweg. Er bestimmte den Lauf aufregender Abenteuer und war das Werkzeug, das den Abenteurern das Leben ermöglichte. Einstmals so mächtig, daß er einen Kontinent errichten half, ist er jetzt nur noch eine armselige, unvermeidliche Plage.

Die Bewohner

Ein jedes Stück Land – der Mond, zum Beispiel – kann für sich allein schon interessant genug sein, von größerer Bedeutung sind jedoch immer und überall die Lebewesen, die es bewohnen.

Kurz vor der Dämmerung eines Frühlingsabends, vor einhundertsechsunddreißig Millionen Jahren, spähte ein kleines, knapp elf Zentimeter langes Pelztier vorsichtig aus dem niedrigen Schilf am Ufer einer tropischen Lagune hervor, die einen großen Teil jenes Landes bedeckte, aus dem später einmal Colorado werden sollte. Das Tier schaute aufmerksam aufs Wasser hinaus, als erwarte es jeden Augenblick, daß dort ein Lebewesen aus der Tiefe emportauchte, aber es rührte sich lange nichts.

Dafür entstand zwischen den baumhohen Farnen links von ihm eine Bewegung, so daß es kurz in jene Richtung blickte. Mit beträchtlichem Geräusch brach sich ein mittelgroßer Dinosaurier unter den hängenden Zweigen hindurch Bahn und näherte sich unbeholfen der Lagune, wo er seinen Durst stillen wollte. Er ging aufrecht auf den Hinterbeinen und drehte den kurzen Hals ständig von einer Seite zur anderen, als halte er Ausschau nach größeren Tieren, die ihn überfallen könnten.

Seine Schulterhöhe betrug ungefähr einen Meter, seine Länge nicht mehr als höchstens drei. Er schob sich mißtrauisch, immer wieder den kurzen Hals verrenkend, aufs Wasser zu. Da er seine gesamte Aufmerksamkeit den potentiellen Gefahren vom Land her widmete, übersah er jene wirkliche Gefahr, die im Wasser auf ihn lauerte. Denn als er die Lagune erreicht hatte und den Oberkörper zum Trinken beugte, erwachte plötzlich ein Baumstamm, der unauffällig halb im Wasser gelegen hatte, zum Leben.

Es war ein Krokodil mit einer dicken Panzerhaut und messerscharfen Zähnen in den mächtigen Kiefern. Es schnappte nach dem trinkenden Dinosaurier, hatte aber nicht lange genug gewartet. Der wohlkalkulierte Biß nach dem rechten Vorderbein des Reptils ging um einen Bruchteil daneben, denn der Dinosaurier fuhr so geschickt und schnell zurück, daß die riesigen Kiefer nicht, wie beabsichtigt, das ganze Bein erwischten, sondern lediglich das weiche Fleisch.

Es gab ein reißendes Geräusch, als das Krokodil einen Streifen Fleisch aus dem Bein riß, während der verwundete Dinosaurier mit einem scharfen, gutturalen Laut auf den Schmerz reagierte. Dann kehrte wieder Stille ein. Wenige Sekunden hörte man noch die Rückzugsgeräusche des Dinosauriers. Das enttäuschte Krokodil verzehrte die recht magere Mahlzeit, die es sich geschnappt hatte, tarnte sich anschließend wieder als liegender Baumstamm, und das kleine Pelztier wandte seine Aufmerksamkeit von neuem der Wasserfläche der Lagune zu.

Doch seine Aufmerksamkeit galt dem falschen Objekt, denn plötzlich spürte es in panischem Schrecken Flügel über sich am dunkelnden Himmel und konnte sich noch im letzten Moment hinter einen Ginkgobaum werfen, wo es sich flach an die Erde drückte und den Atem anhielt, während ein riesiges fliegendes Reptil herabstieß und sein Ziel mit aufgerissenem, mit scharfen Zähnen bewehrtem Schnabel um Haaresbreite verfehlte.

Immer noch flach an die feuchte Erde gedrückt, sah das kleine Pelztier entsetzt, wie das riesige Reptil in flacher Kurve über die Lagune segelte und in einem Flug, der unter anderen Umständen eine Augenweide gewesen wäre, ans Ufer zurückkehrte. Diesmal schoß es direkt auf das zitternde Pelztier zu, mußte dann aber wegen der Ginkgowurzeln plötzlich abscheren. In Schräglage machte es in der Luft eine graziöse Wendung und stürzte sich auf ein anderes kleines Tier, das sich, von keinem Baum geschützt, neben dem Krokodil versteckt hatte. Geschickt schnappte das fliegende Reptil mit seinem Schnabel zu, packte die Beute, die schrille Angstschreie ausstieß, und trug sie empor.

Das kleine Pelztier konnte aufatmen. Es war ganz anders als diese großen Reptilien, denn die waren Kaltblüter, während es ein Warmblüter war. Jene legten Eier, aus denen die Jungen ausschlüpften, während die Jungen des Pelztieres lebend geboren wurden. Das Tierchen war ein Pantotherus, eines der allerersten Säugetiere und Urahn späterer Tierarten wie des Opossums, und dieser Sumpf bot ihm nur wenig Schutz. Wieder wagte es sich hinaus, um seinen Beobachtungsposten einzunehmen, und seine Hartnäckigkeit wurde belohnt, denn binnen kurzem entdeckte es, worauf es gewartet hatte.

Ungefähr dreißig Meter weit draußen im Wasser erschien ein kleiner Buckel an der Wasseroberfläche. Er war nur wenig größer als das kleine Tier selbst, ungefähr fünfzehn Zentimeter im Durchmesser. Er schien frei und ungebunden auf dem Wasser zu treiben, war in Wirklichkeit jedoch die höchst ungewöhnliche Nase eines Tieres, dessen Nasenlöcher oben auf seinem Kopf lagen. Das Tier selbst reichte bis auf den Boden der Lagune.

Nun begann der schwimmende Buckel, wie es das zusehende Pelztier erwartet hatte, sich allmählich aus dem Wasser zu heben. Er war Teil eines Kopfes, der keineswegs besonders groß war, eindeutig aber zu einem Tier gehörte, das wesentlich größer sein mußte als der Dinosaurier und das Krokodil. Immer höher hob sich der Kopf aus dem Wasser, immer höher, bis er in einem wunderschönen Bogen am Ende eines langen, graziösen Halses acht Meter über dem Wasser stand. Es sah aus, als steige ein Ball endlos an einem dünnen Draht empor. Minutenlang wand sich der winzige Kopf mit zierlichen Bewegungen hin und her. Dann waren die kleinen Augen zu beiden Seiten der Nase an der Oberseite des Schädels anscheinend zufrieden mit dem, was sie ringsum sahen, denn nun erfolgte eine weitere Bewegung.

Zentimeter um Zentimeter begann sich nun, schlammiges Wasser von sich schüttelnd, ein gigantischer Körper aus der Lagune zu heben. Langsam, ganz langsam tauchte dieses Riesending auf, bis es sich als monströser Berg dunklen Fleisches entpuppte, mit dem der lange Hals verbunden war.

Der Körper dieses großen Reptils sah aus, als wäre er ungefähr vier Meter hoch, wieviel von ihm jedoch noch unter Wasser verborgen war, war nicht zu erkennen: Es mußte jedenfalls sehr, sehr tief sein. Und während das Pelztier am Ufer zuschaute, setzte sich dieser massige Körper langsam, rhythmisch in Bewegung. Dort, wo der Hals in den plumpen, dunklen Leib überging, brachen sich kleine, leichte Wellen und glitten an den Flanken des Tieres entlang. Als sich der Oberkörper schwerfällig durch den Sumpf weiterschob, tropfte ständig Wasser an ihm herab.

Das Reptil schien zu schwimmen, während es den Hals suchend in schönem Bogen hin und her reckte, in Wirklichkeit aber stapfte es über den Meeresgrund, die riesigen Beine noch immer unter dem Wasserspiegel. Als es sich weiter dem Ufer näherte, tauchte im Kielwasser allmählich ein riesiger Schwanz auf. Er war sogar noch länger als der Hals, etwa vierzehn Meter, so daß das Reptil vom Kopf bis zur Schwanzspitze sechsundzwanzig Meter maß.

Bis jetzt hatte es ausgesehen wie eine lange Schlange, die sich durch die Lagune bewegte, nach und nach jedoch erkannte man seine wirkliche Form, denn jetzt tauchten die massigen Beine auf. Sie waren riesig, vier dicke, starke Säulen, durch so groß konstruierte Gelenke mit dem Körper verbunden, daß sich das Tier, obwohl es ein Amphibium war, auf dem Trockenen, wo es vom Wasser nicht getragen wurde, nur mühsam aufrecht halten konnte.

Mit langsamen, schwerfälligen Schritten schob sich das Reptil auf einen klaren Fluß zu, der sich in die Lagune ergoß, und war nunmehr in seiner ganzen Größe zu sehen. Sein Kopf erhob sich zwölf Meter hoch über den Boden, die Schultern vier, der Schwanz folgte vierzehn Meter weit hinterher, und das Ganze wog nahezu dreißig Tonnen.

Es war ein Diplodocus, keineswegs der größte Dinosaurier und sicherlich nicht der fürchterlichste. Dieses spezielle Tier war ein

Weibchen, siebzig Jahre alt und in der Blüte seines Lebens. Es lebte ausschließlich von Pflanzen, die es sich nun im Sumpfwasser suchte. Den kleinen Kopf zielbewußt von einer Pflanzenart zur nächsten wendend, rupfte es so viel davon ab, wie es finden konnte. Das war keine sehr leichte Arbeit, denn es hatte nur einen kleinen Mund mit winzigen, pflockartigen Vorderzähnen und überhaupt keine Backenzähne, mit denen es die Pflanzen kauen konnte. Und eben das Problem des Kauens war es, weshalb es hier ans Ufer gekommen war.

Nachdem es alle erreichbaren Pflanzen gefressen hatte, stapfte es weiter, ins Flußbett hinein. Das kleine Säugetier, immer noch unter die Wurzeln des Ginkgo geduckt, sah es zufrieden vorüberziehen. Es hatte gefürchtet, daß einer der Riesenfüße sein Nest treffen und es mitsamt den Jungen zerstören könnte.

Nun aber entfernte sich der Diplodocus von der Lagune und dem aufmerksamen Beobachter. Vorsichtig und ohne Hast einen Fuß vor den anderen setzend, sich jedesmal sorgfältig vergewissernd, daß stets mindestens zwei fest auf dem Boden standen, bewegte sich das Weibchen wie ein zum Leben erwachter Berg, den Leib immer auf derselben Höhe haltend, während der graziöse Hals sanft hin und her pendelte und der extrem lange Schwanz ruhig auf der Wasseroberfläche lag.

Das Weibchen suchte einen Stein. Schon seit geraumer Zeit hatte sie instinktiv gemerkt, daß ihr ein größerer Stein fehlte, und die Tatsache hatte sie stark beunruhigt. Sie hatte sich über den fehlenden Stein sogar regelrecht aufgeregt und war jetzt felsenfest entschlossen, die Angelegenheit endgültig zu bereinigen. Mit tief hinabgesenktem Kopf untersuchte sie den Boden des Flußbettes, konnte aber keinen passenden Stein entdecken.

Der Mißerfolg zwang sie, den Fluß weiter hinaufzugehen, wobei sich ihre vorsichtigen Bewegungen der leichten Steigung des unsicheren Flußbettes anpaßten. Hier fand sie tatsächlich viele Steine, intuitive Vorsicht aber sagte ihr, daß sie für ihren Zweck zu scharfkantig waren, und deswegen ließ sie sie unbeachtet. Einmal nur noch machte sie halt, drehte mit ihrer stumpfen Nase einen Stein um, ließ ihn dann aber auch wieder liegen. Viel zu viele gefährlich scharfe Ecken und Kanten.

Von ihrer Suche in Anspruch genommen, entging ihr, daß sich ihr ein ziemlich großer Landdinosaurier näherte, der aufrecht auf zwei Beinen ging. An Größe konnte er sich nicht mit dem Weibchen messen, aber er war beweglicher, hatte einen großen Kopf und einen weiten Rachen, der mit einer Batterie gefährlicher, spitzer Zähne bewaffnet war. Er war ein Fleischfresser, stets auf der Suche nach den riesigen Wasserdinosauriern, die sich zu weit ans Ufer wagten. Zwar war er bei weitem nicht groß genug, um ein so überdimensionales Tier wie den Diplodocus anzugreifen, wenn dieser sich in seinem Element befand, aber er hatte festgestellt, daß mit den großen Reptilien, die gelegentlich den

Fluß heraufkamen, etwas nicht stimmte, und schon zweimal hatte er eines von ihnen schlagen können.

Behutsam mit den mächtigen Hinterfüßen auftretend, die beiden kleinen Vorderfüße zum Zupacken bereit, näherte er sich dem Diplodocus-Weibchen von der Seite. Dabei achtete er sorgfältig darauf, nicht in den Bereich des langen Schwanzes zu geraten, denn der war die einzige Waffe seines Gegners.

Das Weibchen merkte nichts von seinem Feind, sondern fuhr fort, auf dem Flußgrund nach dem richtigen Stein zu suchen. Der fleischfressende Dinosaurier hielt den tiefgesenkten Kopf für ein Anzeichen von Schwäche. Er zielte genau nach der Stelle, an der der empfindliche Hals in den Körper überging, mußte aber feststellen, daß das Weibchen keineswegs kampfunfähig war, denn als sie ihn kommen sah, drehte sie sich geschickt herum und präsentierte dem Angreifer die gewaltige Breitseite. Diese Bewegung verblüffte ihn so, daß er erschrocken rückwärts stolperte. Gleichzeitig trat das Diplodocus-Weibchen einen Schritt vor, holte mit ihrem Schwanz aus und traf ihn mit so kräftigem Schlag, daß er in hohem Bogen laut krachend ins Unterholz geschleudert wurde.

Der Schlag hatte ihm einen der kleinen Vorderfüße gebrochen, und als er davonschlurfte, stieß er tief in der Kehle eine Reihe von Schmerzenslauten aus. Das Diplodocus-Weibchen schenkte ihm keine weitere Beachtung und nahm die Suche nach dem richtigen Stein wieder auf.

Endlich fand sie, was sie brauchte. Der Stein wog ungefähr drei Pfund, war an den Enden abgeflacht und sowohl glatt als auch schön rund. Zweimal stieß sie ihn mit der Nase an, um sich auch ganz genau zu vergewissern, daß er seinen Zweck erfüllen würde, dann nahm sie ihn tief in den Mund, reckte den Kopf zu seiner ganzen majestätischen Höhe, schluckte den Stein und ließ ihn durch den langen Hals bis in die Kehle und anschließend in den Kaumagen gleiten, wo er auf sechs etwas kleinere Steine stieß, die sich bei jeder Bewegung sanft aneinander rieben. Hier zerkleinerte das Diplodocus-Weibchen seine Nahrung, wobei die sieben Steine den Ersatz für die fehlenden Backenzähne darstellten. Mit seltsamen, aber reizvollen Verrenkungen gewöhnte sie ihren Körper an den neuen Stein und spürte, wie er seinen Platz zwischen den anderen Steinen fand.

Die Nacht brach herein. Der Überfall des kleineren Dinosauriers hatte sie daran erinnert, daß sie sich in den Schutz der Lagune zurückbegeben mußte, wo vierzehn weitere Reptile eine Herde bildeten, doch eine unbestimmte Sehnsucht veranlaßte sie, im Fluß zu bleiben, eine Sehnsucht, die sie bereits mehrere Male empfunden hatte, an die sie sich aber kaum noch erinnerte. Denn sie hatte, wie alle Mitglieder der Diplodocus-Familie, ein extrem kleines Gehirn, das kaum groß genug war, um die notwendigen Signale an die verschiedenen, weit entfernten Körperteile zu senden. Dieses Gehirn war zu klein und undifferenziert, um ihr so etwas Kompliziertes wie logisches Denken oder Erinnern zu gestatten; nur die Gewohnheit warnte sie vor Gefahren, und nur der instinktive Gebrauch des Schwanzes schützte sie gegen Angriffe jener Art, wie sie eben erst wieder einen erlebt hatte. Was jedoch eine Erklärung jenes zwingenden Triebes betraf, den sie empfand und der der Hauptgrund dafür war, daß sie die Sicherheit ihrer Herde verlassen hatte, so konnte ihr das kleine Gehirn nicht das geringste darüber sagen.

Also marschierte sie mit tolpatschiger Grazie auf eine weiter flußaufwärts gelegene Stelle zu, eine weiße Kalkklippe, die sie schon kannte. Die Klippe erhob sich in einiger Entfernung von der Lagune, dreißig Meter über dem Fluß. Hier hatten Wasserwirbel einen Sumpf entstehen lassen, der ihr, als sie sich diesem vertrauten Gelände näherte, das Gefühl vermittelte, in Sicherheit zu sein. Sie hob die Schultern noch einmal und brachte die Hüften in die richtige Stellung. Den Schwanz in graziösem Bogen schwingend, untersuchte sie das Ufer des Sumpfes mit einem der massigen Vorderfüße. Zufrieden mit dem, was sie gefühlt hatte, bewegte sie sich langsam vorwärts und sank tiefer und tiefer ins dunkle Wasser, bis sie mit dem gesamten Körper untergetaucht war und nur der kleine Buckel auf ihrem Kopf noch über der Sumpffläche schwamm, damit sie richtig atmen konnte.

Schlafen aber konnte sie nicht. Jenes ungestillte Verlangen, von dem sie erfüllt war, hielt sie wach, obwohl sie fühlen konnte, wie der neue Stein die Blätter bearbeitete, die sie während des Tages verschlungen hatte, und obwohl das Summen der Tagesinsekten erstorben war, ein Zeichen dafür, daß es Nacht wurde. Sie wollte schlafen, aber sie konnte nicht, deswegen schickte das winzige Gehirn nach einigen Stunden Signale durch das Nervensystem, und sie stapfte mit lauten, schmatzenden Geräuschen durch den Sumpf. Bald befand sie sich wieder im Hauptflußlauf, immer noch auf der Suche nach etwas Unbestimmtem, das sie weder definieren noch entdecken konnte. So verbrachte sie die lange Tropennacht.

Der Diplodocuskörper funktionierte aus drei Gründen so gut. Solange das Weibchen sich in dem Sumpf am Fuß der Klippen aufhielt, einem Gebiet, das für die meisten Tiere den Tod bedeutet hätte, konnte es sich deswegen wieder herausarbeiten, weil seine schweren Füße eine besondere Eigenschaft besaßen: Obwohl sie im Schlamm beim Auftreten breit und flach wurden, komprimierten sie sich, sobald sie aus dem zähen Schlamm gezogen werden sollten, bis auf die Breite des jeweiligen Vorderbeins, so daß das Diplodocus-Weibchen sein riesiges Bein so leicht aus dem dicken Brei ziehen konnte wie ein Schilfrohr aus dem Schlick am Ufer des Sumpfes. Der Schlamm hatte nichts mehr, woran er sich klammern konnte, und der Fuß kam mit einem saugenden Geräusch vom Boden los.

Der Diplodocus hat seinen Namen – „Doppelbalken" – bekommen, weil sechzehn seiner Schwanzwirbel – Nummer zwölf bis siebenundzwanzig, unterhalb der Hüften – mit je einem Paar Flanschen ausgestattet waren, die zum Schutz der großen, an der Schwanzunterseite verlaufenden Arterie dienten. Aber die Wirbel besaßen noch einen zweiten Kanal, der sich an ihrer Oberseite von der Schädelbasis bis zum stärksten Teil des Schwanzes hinzog. In diesem Kanal lag eine mächtige, überaus dicke Sehne, fest verankert an Hüfte und Schulter, die von beiden Punkten aus zu aktivieren war. Der lange Hals und der kräftige Schwanz waren also sozusagen die Vorläufer unseres Krans, mit dem wir in späterer Zeit durch die geschickte Handhabung eines über einen Flaschenzug laufenden Seils und eines Gegengewichtes auch schwerste Gegenstände heben konnten. Die Rolle des Flaschenzuges spielte beim Diplodocus der von den Flanschpaaren der Wirbel gebildete Kanal; das Seil war die mächtige Sehne zwischen Hals und Schwanz; das Gegengewicht der schwere Körper, und alles zusammen funktionierte mit beinahe göttlicher Einfachheit. Sein Hals war so hervorragend ausgebildet, daß das Diplodocus-Weibchen, hätte es Zähne besessen, den angreifenden Dinosaurier hoch in die Luft hätte heben können – ungefähr so, wie die Klaue eines gut konstruierten Krans einen Gegenstand heben kann, der ihr eigenes Gewicht um ein Vielfaches übertrifft. Ohne dieses System von Seil und Flaschenzug hätte der Diplodocus weder Hals noch Schwanz bewegen und praktisch nicht überleben können.

Der dritte Vorteil des Diplodocus war ein bemerkenswertes Charakteristikum und stellt uns heute vor die Frage, wie er sich überhaupt entwickeln konnte. Die mächtigen Knochenteile der Beine, die ja zumeist unter Wasser waren, besaßen eine superschwere Konstruktion und lieferten dem Tier daher den nötigen Ballast; alle Knochen des oberen Körpers jedoch waren, je höher sie lagen, von einer immer leichteren Bauart, nicht nur was das Gewicht betraf, sondern auch hinsichtlich des gesamten Verbundes, und diese sinnvolle Konstruktion verlieh dem Körper Schwimmfähigkeit, so daß er beinahe auf dem Wasser trieb.

Aber das war noch nicht alles. Die Hals- und Schwanzwirbel waren mit zahlreichen Fensterungen durchsetzt, mit kleinen Öffnungen, die das Gesamtgewicht stark reduzierten. Knochenmasse war lediglich dort vorhanden, wo es zum Ausgleich von Belastungen notwendig war. Kein Gramm überflüssiges Gewicht war an dem ganzen Skelett zu finden, doch jedes Knöchelchen, das für die Stabilität des Körpers notwendig war, befand sich an seinem richtigen Platz. Die Gelenke waren so perfekt gegliedert, daß sich der lange Hals in alle Richtungen drehen konnte, die Flanschen, zwischen denen die Sehnen lagen, waren jedoch so stark, daß sie auch keinen Schaden nahmen, wenn Hals oder Kopf eine schwere Last tragen mußten.

Endlich machte das Weibchen kehrt und schwamm wieder zum Sumpf am Fuß der Klippe zurück. Dort reckte sie die Nase witternd in alle Himmelsrichtungen und schien auch einen vertrauten Duft aufzufangen, denn sie bewegte sich zielbewußt auf die Baumfarne am anderen Ende des Sumpfes zu, aus denen das Diplodocus-Männchen auftauchte, nach dem das Weibchen so lange gesucht hatte. Langsam stapften die beiden Tiere mit ihren Säulenbeinen über den Sumpfboden, und als sie sich gegenüberstanden, rieben sie ihre Hälse aneinander.

Das Weibchen drängte sich eng an das Männchen, und das kleine Säugetier beobachtete die beiden Riesen, wie sie sich im Wasser paarten, die beiden massigen Körper mit unglaublicher Komplexität ineinander verschlungen.

Als sie fertig waren, trennten sie sich, und jeder ging seinen Weg zu der ihm vertrauten Herde zurück. Die Herde des Weibchens bestand aus fünfzehn Angehörigen der Diplodocus-Familie: drei großen Männchen, sieben Weibchen und fünf Jungen. Sie hielten sich stets dicht beieinander und verließen nur selten das tiefe Wasser, fürchteten sich aber auch nicht, zur Nahrungsuche den Fluß hinaufzugehen.

Spiele wurden – im Gegensatz zu späteren Tieren anderer Arten – in der Familie nicht getrieben; die Diplodocen waren Reptilien und daher träge. Als Kaltblüter mit einem äußerst langsamen Metabolismus brauchten sie weder körperliche Bewegung noch besonders große Nahrungsmengen. Nicht selten lagen sie stundenlang völlig reglos da, und ihre winzigen Gehirne trieben sie nur dann zur Tat, wenn sich ihnen spezielle Probleme stellten.

Nach langer Zeit fühlte sich das Weibchen wieder von einem inneren Zwang getrieben und stapfte schwerfällig am Ufer entlang, bis sie nicht weit von der Kalkklippe entfernt einen Sandstreifen fand. Dort begann sie mit seinem Schwanz eine Stelle freizufegen, in deren Mitte sie mit Schnauze und Vorderbeinen eine Mulde grub. In diese Mulde setzte sie sich und legte im Zeitraum von neun Tagen siebenunddreißig riesige Eier, jedes mit einer lederartigen Schale.

Als sie ihre Aufgabe an Land erfüllt hatte, verbrachte sie noch eine beträchtliche Zeit mit dem Zudecken des Nestes. Mit dem Schwanz schob sie Sand über die Eier, und mit dem Maul legte sie Holzstückchen und abgefallene Blätter über die Stelle, damit andere Tiere das Nest nicht finden und die Eier auffressen konnten. Dann kehrte sie in die Lagune zurück, um anschließend sofort zu vergessen, wo sie die Eier abgelegt hatte. Ihre Arbeit war getan. Wenn aus den Eiern Junge krochen – gut. Wenn nicht, würde sie das Fehlen der Brut nicht einmal bemerken.

Auf diesen Augenblick hatte das kleine Pelztier gewartet. Sobald das Diplodocus-Weibchen in der Lagune untergetaucht war, schoß es vorwärts, inspizierte das Nest und fand ein Ei, das nicht sehr gründlich vergraben war. Das Ei war größer als das ganze Tier und enthielt Nahrung für eine sehr lange Zeit. Die Erfahrung hatte das Pelztier jedoch gelehrt, daß seine Mahlzeit schmackhafter war, wenn es ein paar Tage wartete, bis der Inhalt des Eis ein wenig fester geworden war. Deswegen begnügte es sich diesmal mit einem Begutachten des zukünftigen Festmahls und scharrte nur noch ein bißchen Sand darüber, damit nicht zufällig ein Konkurrent das Ei entdeckte.

Nachdem die siebenunddreißig Eier vier Tage lang im heißen Sand gebraten hatten, kehrte das Pelztier mit drei Artgenossen zurück, und die vier Kleinen begannen gemeinsam das Ei anzugehen, versuchten die Schale mit ihren Schneidezähnen anzunagen. Leider erfolglos. Immerhin jedoch legten sie es noch weiter frei.

In diesem Moment erspähte ein Dinosaurier das Ei; er war zwar wesentlich kleiner als jeder andere, der bisher aufgetreten war, gleichzeitig aber um vieles größer als die kleinen Säugetiere. Er schlug ein Ende des Diplodocus-Eis ab und fraß den Inhalt. Die Pantotheren waren darüber nicht traurig, denn sie wußten, daß noch genug Fleisch für sie übrigbleiben würde. Als daher der kleine Dinosaurier verschwunden war, eilten sie schnell herbei und stellten fest, daß die zerbrochenen Eierschalen tatsächlich ein Schlemmermahl für sie bereithielten.

Mit der Zeit wurden die anderen Eier, von der Sonne ausgebrütet, reif. Sechsunddreißig Diplodocus-Babys reckten ihre Nase in die Luft, witterten instinktiv, wo es zum Wasser der Lagune ging und machten sich im Gänsemarsch auf den Weg.

Die Kolonne war erst wenige Meter weit gekommen, als das fliegende Reptil, das versucht hatte, das Säugetier zu fangen, die Jungen entdeckte, in schönem Gleitflug herunterschwebte, eines von ihnen mit seinem Schnabel packte und es der hungrigen Brut nach Hause brachte. Dreimal noch kehrte das Reptil zurück, drei Diplodocus-Junge mußten noch sterben.

Inzwischen hatte der kleine Dinosaurier, der das Ei gefressen hatte, die Kolonne ebenfalls entdeckt, stürzte sich auf sie und fraß sechs Junge. Währenddessen stoben die übrigen zwar auseinander, doch so, daß sie dem Wasser immer näher kamen. Von den ursprünglichen siebenunddreißig waren jetzt nur noch sechsundzwanzig übrig, und diese wurden unentwegt von dem gierigen Flugreptil und dem fleischfressenden Dinosaurier attackiert. Zwölf Diplodocen erreichten schließlich die Lagune; als sie sich jedoch ins Wasser retteten, wurden sieben von einem großen Fisch mit knochigem Schädel und scharfen Zahnreihen verschlungen. Unterwegs begegneten sie einem weiteren Fisch, der sich ebenfalls eines holte, so daß von den ursprünglich siebenunddreißig Eiern nur vier potentielle Überlebende blieben, die mit sicherem Instinkt drauflosschwammen, um sich der Familie der fünfzehn erwachsenen Diplodocen anzuschließen.

Als diese vier Jungen ein Stück gewachsen waren und ihre schlangenähnlichen Körper beträchtlich an Umfang gewonnen hatten, entschied das Diplodocus-Weibchen, es sei nun Zeit, ihnen den Fluß zu zeigen. In Begleitung eines erwachsenen Männchens machte es sich mit seinen vier Sprößlingen auf den Weg.

Sie waren erst ein kurzes Stück den Fluß hinauf, als das Männchen plötzlich wütend schnaubte, tief in der Kehle ein knackendes Geräusch produzierte und so schnell wie möglich wieder in Richtung Lagune losstapfte. Das Weibchen hob den Kopf gerade noch rechtzeitig, um sich dem erschreckendsten Anblick gegenüberzusehen, den der tropische Dschungel bieten konnte. Zugesteuert auf die Gruppe kam ein Ungeheuer, ein gigantisches, zweibeiniges Biest von sechs Meter Höhe, mit riesigem Kopf, kurzem Hals und dichten Reihen weißglänzender Zähne.

Es war der Allosaurus, der König der Fleischfresser, mit Kiefern, die den Hals des Diplodocus glatt durchbeißen konnten. Als das überdimensionale Wesen ins Wasser kam, um das Diplodocus-Weibchen anzugreifen, schlug dieses mit dem Schwanz nach ihm und stieß seinen Angreifer ein wenig aus dem Kurs. Trotzdem rissen die gefährlichen, fünfzehn Zentimeter langen Klauen an den vorderen Fangpranken dem Weibchen die rechte Flanke auf.

Der Allosaurus stolperte, richtete sich auf und wollte zum zweitenmal angreifen, wieder aber fegte ihn das Weibchen mit einem kräftigen Schwanzschlag zur Seite. Sekundenlang sah es so aus, als würde er fallen, aber er fing sich, verließ den Fluß und machte sich in einer anderen Richtung davon. Auf diese Weise gelangte er direkt in den Rücken des Diplodocus-Männchens und hatte durch seine Flucht einen derartigen Schwung, daß er trotz des sofortigen Rückzugs des Angegriffenen zupacken und sich an der Stelle, an der der Hals in den Körper überging, in das Männchen verbeißen konnte. Mit einem einzigen, gräßlichen Schnappen der Kiefer biß der Allosaurus durch Hals, Wirbel und Sehnen und zwang sein Opfer in die Knie. Der lange Schwanz schlug, fand aber kein Ziel. Der Körper wand sich in verzweifeltem Ringen, um sich von den dolchartigen Zähnen zu befreien, aber es gelang ihm nicht.

Mit hartem, unnachgiebigem Druck preßte der Allosaurus das riesige Reptil zu Boden und begann, ohne den Gegner loszulassen, an dessen Fleisch zu ziehen und zu zerren, bis sich die mächtigen Zähne trafen und er einen riesigen Brocken Fleisch losreißen konnte. Jetzt erst löste sich der Allosaurus von seinem Gegner. Das Kinn hoch in die Luft gereckt, rückte er den Fleischbrocken in seinem Maul zurecht und klinkte seine Kiefer aus, damit der Bissen in den Vormagen gleiten, von dort aus in den Magen gelangen und später dann verdaut werden konnte. Zweimal noch riß er Fleischstücke aus dem Kadaver, dann blieb er lange neben dem gefallenen Gegner stehen, als müsse er überlegen, was er nun tun solle. Als Krokodile herbeikamen, um sich ihren Anteil zu holen, wurden sie von dem Allosaurus verscheucht. Auch Aasreptile flogen herbei, offensichtlich angelockt vom Blutgeruch, aber auch sie ließ er nicht an die Beute heran.

So, wie der Allosaurus dastand, Lagune und Dschungel gleichermaßen beherrschend, repräsentierte er eine erstaunliche, nicht weniger klug ersonnene Entwicklung wie die des Diplodocus. Seine Kiefer waren riesig, am hinteren Ende mit fünfzehn Zentimeter dicken Muskeln befestigt und so stark, daß sie, wenn sich die Muskeln in entgegengesetzter Richtung zusammenzogen, eine Kraft entwickelten, mit der sie Bäume durchbeißen konnten.

Auch seine Zähne waren einmalig. Im Kieferknochen des Allosaurus lagen unter den Zahnfächern für jeden Zahn sieben Ersatzzähne eingebettet. Verlor der Allosaurus beim Durchbeißen der Halsknochen des Gegners einen Zahn, wuchs bald der Ersatzzahn nach, und hinter ihm warteten dann noch sechs weitere, und wenn auch diese aufgebraucht waren, nahmen wieder andere, ganz tief im Kieferknochen, ihren Platz ein.

Der Allosaurus schlug mit seinem kurzen Schwanz um sich und gab ein brummendes Geräusch von sich. Nun hatte er sich soviel Nahrung beschafft und konnte sie nicht auf einmal bewältigen. Andere Raubechsen tauchten auf, darunter die beiden kleineren Dinosaurier, die schon zuvor am Strand gewesen waren. Alle hielten sich in sicherer Entfernung von dem Allosaurus.

Er riß noch einen dicken Brocken aus dem Kadaver, konnte ihn aber nicht mehr schlucken. Er spie ihn aus, funkelte seine Zuschauer wütend an und versuchte es dann noch einmal. Das Fleisch blieb mehrere Minuten in seinem weit offenen Maul, dann glitt es den gereckten Hals hinab. Mit einem feindseligen Laut aus den Tiefen seiner Kehle schlug der Allosaurus halbherzig nach seinen Zuschauern, dann trabte er hochmütig landeinwärts davon.

Kaum war er fort, kamen die Aasfresser herbei: Reptilien vom Himmel, Krokodile aus der Lagune, zwei Dinosaurierarten vom Land und die unscheinbaren Säugetiere aus den Wurzeln des Ginkgobaums. Als es Abend wurde, war der tote Diplodocus mit seinen dreiunddreißig Tonnen restlos verschwunden, und nur sein riesiges Skelett lag noch am Strand.

Das verwundete Diplodocus-Weibchen hatte mit den vier Jungen das Massaker beobachtet und schwamm nun in die Lagune zurück. Brennende Schmerzen strahlten von der Stelle aus, die ihr der Allosaurus aufgerissen hatte. Neun Tage lang lag sie im Halbschlaf in der Lagune, stapfte, halb aufgetaucht, von einer warmen Stelle zur anderen, aber die Schmerzen wollten nicht nachlassen. Unbestimmt sehnte sie sich danach, regungslos in der warmen Sonne dahinzutreiben, wußte aber genau, daß die Sonne sie vernichten würde. Sie war ein

Reptil, das seine Körperhitze nicht ausgleichen konnte; bei einem längeren Aufenthalt in der Sonne würde sie in ihren eigenen Körpersäften zu Tode kochen.

Am zehnten Tag schließlich betrat sie zum letztenmal den Fluß. Sie schwamm zu den Kalkklippen. Langsam, mit majestätischer Grazie schwankend, bahnte sie sich einen Weg in den Sumpf, der am Fuß jener Klippen lag.

Dort zögerte sie und überschaute mit einer Drehung ihres langen Halses zum letztenmal ihr Königreich. Zehn Meter über den Erdboden reckte sie den winzigen Kopf empor. Anschließend senkte sie ihn langsam; langsam sank der graziöse Bogen zur Seite. Der Schwanz schleifte im Schlamm, die schweren Knie gaben nach. Mit einem letzten Zusammenraffen ihrer Kräfte schob sie sich schwerfällig auf ein Wasserloch zu.

Das schlammige Wasser stieg an ihren Beinen empor, die sie nie wieder wie leichtes Schilf aus dem Morast ziehen würde; der Sumpf würde sie endgültig gefangenhalten. Dann ging die zerrissene Flanke unter, der Schwanz tauchte ein letztesmal empor, und ganz zuletzt verschwand schließlich der herrlich geschwungene Bogen des Halses. Wenige Minuten noch hielt sich der kleine Buckel mit der Nase über Wasser, als wolle die Sterbende noch eine letzte Lungevoll dieser schweren Tropenluft atmen, dann war auch er nicht mehr zu sehen. Das Diplodocus-Weibchen hatte sich zur Ruhe gelegt; der Sumpf sollte den mächtigen Körper einhundertsechsunddreißig Millionen Jahre lang behalten.

Die Dinosaurier waren zum Aussterben verurteilt, während das kleine Pelztier überleben und mit seinen Nachkommen und Verwandten die gesamte Erde bevölkern sollte: zuerst mit prähistorischen Säugetieren, die ebenfalls ausstarben – Titanotheren, Mastodons, Eohippus –, dann mit Tieren, die auch dem Menschen bekannt werden sollten, dem Mammut, dem Löwen, dem Elefanten, dem Bison und dem Pferd.

Gewisse kleinere Reptilien, wie etwa das Krokodil, die Schildkröte und die Schlange, würden natürlich überleben; doch warum sie und das kleine Säugetier, während die großen Reptilien verschwanden? Das bleibt eines der ganz großen Rätsel. Vor ungefähr fünfundsechzig Millionen Jahren, zu der Zeit, als die neuen Rockies entstanden, starben die Dinosaurier und alle ihre unmittelbaren Verwandten aus, und bis heute haben sich die Gelehrten nicht auf eine zufriedenstellende Erklärung einigen können.

Über dieses Phänomen wurden die findigsten Theorien aufgestellt, von denen einige große Überzeugungskraft besaßen, insgesamt aber blieben sie alle unbewiesen. Da dieses Rätsel jedoch so groß und für den Menschen so wichtig ist, verdienen alle diese Theorien eine nähere Untersuchung. Sie sind in drei Gruppen einzuteilen.

Die erste setzt das Verschwinden der Dinosaurier mit den geologischen Veränderungen der Erde in Zusammenhang. Da das Dinosauriersterben zeitlich mit der Geburt der neuen Rockies zusammenfiel, kann hier ein Kausalzusammenhang bestehen, da ja die weiten Sumpfniederungen dadurch verschwanden. Oder die Temperatur stieg so an, daß die Wärme die Riesen umbrachte. Oder die Flora veränderte sich so schnell, daß die Dinosaurier verhungerten. Oder das Verschwinden des ausgedehnten Binnenmeeres veränderte die Wasserverhältnisse, so daß die Lagunen austrockneten. Oder die Entstehung der Berge zog irgendwie einen Verlust an Sauerstoff nach sich. Oder eine Kombination von Veränderungen der Pflanzennahrung verdammte die Reptilien zum Untergang. Oder ein einziger, plötzlicher und verheerender Sonnenausbruch verbrannte die Dinosaurier, während die Säugetiere mit ihrem eingebauten Hitzeausgleichsapparat die Katastrophe überlebten.

Die zweite Theorie ist etwas schwieriger zu fixieren, weil sie sich auf psychologische Faktoren stützt, die, obwohl vielleicht nahe genug an der Wahrheit, so esoterisch sind, daß man sie quantitativ nicht beurteilen kann. Man nimmt an, daß Tierarten, genau wie die Menschen, eine vorbestimmte Lebensspanne haben, nach deren Ablauf sie altern und aussterben. Oder die Dinosaurier hatten sich überspezialisiert und konnten sich den Veränderungen ihrer Umgebung nicht anpassen. Oder sie wurden zu groß und brachen unter ihrem eigenen Gewicht zusammen. Oder sie vermehrten sich zu langsam. Oder ihre Eier wurden unfruchtbar. Oder die Fleischfresser vertilgten die pflanzenfressenden Dinosaurier schneller, als diese sich fortpflanzen konnten, und mußten dann selbst aus Nahrungsmangel verhungern. Oder sie verloren aus einem unbekannten Grund ihren Lebenstrieb und standen allen Überlebensproblemen gleichgültig gegenüber.

Die dritte Theorie beinhaltet alle Gründe, die mit dem Krieg zwischen einer untergehenden Reptilienwelt und einer aufsteigenden Säugetierwelt zu tun haben. Die Säugetiere fraßen die Eier der Dinosaurier in solchen Mengen, daß die Reptilien nicht genug zur Sicherung des Überlebens produzieren konnten. Oder Säugetiere von zunehmender Größe töteten die kleineren Reptilien und fraßen sie auf. Oder die Säugetiere beschlagnahmten die Futtergründe.

Für jede dieser Theorien gibt es auf der Hand liegende Gegengründe, die von den Wissenschaftlern ausgiebig durchleuchtet worden sind. Doch wenn wir die Theorien ablehnen – wie wollen wir dann den Untergang dieser bemerkenswerten Tierart erklären?

Das einzige, was dazu gesagt werden kann, wäre, daß komplizierte, miteinander verknüpfte Veränderungen auf den verschiedensten Lebenssektoren stattgefunden haben und daß sich die großen Reptilien ihnen nicht anpassen konnten. Mit Sicherheit wissen wir lediglich, daß es in der ganzen Welt eine sehr tief liegende Gesteinsschicht gibt, die vor siebzig Millionen Jahren entstanden ist und Dinosaurierknochen in reicher Auswahl enthält. Darüber liegt eine rätselhafte, viele Meter dicke Schicht, in der nur wenige Knochen irgendwelcher Art zu finden sind. Und erst darüber kommt eine jüngere Schicht, in der es von Knochen der Säugetiervorfahren des Elefanten, des Kamels, des Bisons und des Pferdes nur so wimmelt. Der tote Bereich relativ kahlen Gesteins, der das Dinosauriersterben kennzeichnet, konnte bis jetzt noch nicht erklärt werden.

Lange nach dem Verschwinden der Dinosaurier, als endlich der Mensch in der Lage war, versteinerte Dinosaurierskelette auszugraben, wurde es Mode, sich über die riesigen Reptilien lustig zu machen: Sie wären durch ihre eigene Dummheit zugrunde gegangen. Fehlkonstruktionen nannte man die Giganten, Erfindungen, die nicht funktionierten, Beweise dafür, daß ein riesiger Körper mit einem kleinen Gehirn nicht überleben kann.

Die Tatsachen beweisen das Gegenteil. Einhundertfünfunddreißig Millionen Jahre beherrschten die Riesenreptile die Welt; der Mensch existiert erst zwei Millionen Jahre lang und hat den größten Teil davon in wahrhaft erbärmlichem Zustand verbracht. Also waren die Dinosaurier siebenundsechzigmal so ausdauernd wie der Mensch bis zum heutigen Tag. Sie sind und bleiben eine der erfolgreichsten Tierarten, die die Natur hervorgebracht hat. Ihrer Umgebung paßten sie sich auf eine erstaunlich wirksame Art und Weise an und entwickelten alle Mechanismen, die für das Leben, das sie führten, notwendig waren. Sie beherrschten ihre Zeit geradeso, wie der Mensch seine relativ kurze Ära beherrscht.

Vor dreiundfünfzig Millionen Jahren, als die neuen Rockies noch nicht entstanden waren, und lange nach dem Untergang des Diplodocus, tauchte in der Gegend der Ebene, auf der sich die Zwillingssäulen bilden sollten, ein Tier auf, eine eigenartige kleine Kreatur mit Fell und Haarkleid, ein vierbeiniges Säugetier – das Zeitalter der Reptilien war ja vorüber –, dessen Schulterhöhe lediglich einundzwanzig Zentimeter betrug. Es schien ein kleines, unwichtiges Tierchen zu sein, es hatte jedoch drei Charakteristika, die seine zukünftigen Möglichkeiten bestimmen sollten: Die Knochen seiner vier kurzen Beine waren fähig, in die Länge zu wachsen. An jedem Fuß hatte das Tier fünf kleine Zehen, jene geheimnisvoll perfekte Zahl, die die meisten Urtiere, unter anderen auch die Dinosaurier kennzeichnet. Und es besaß vierundvierzig Zähne, die in noch nie dagewesener Formation angeordnet waren: Vorn saßen einige pflockähnliche Zähne, die ebenso schwach waren wie die des Diplodocus; dann kam eine recht auffällige Lücke; und ganz hinten im Kiefer zahlreiche Mahlzähne.

Hätte man alle Säugetiere dieser Periode gemustert und versucht, ihre Chancen für die Entwicklung zu etwas Besonderem abzuschätzen, so hätte man dieses unscheinbare, kleine Wesen bestimmt nicht weit oben auf die Liste der bedeutenden Kandidaten gesetzt.

Das sonderbare an diesem kleinen Vorläufer einer großen Rasse ist jedoch, daß man bis jetzt keinen versteinerten Knochen von ihm gefunden hat; Knochen von Diplodocen und verwandten Reptilien, die alle untergegangen sind, gibt es die Menge, von diesem kleinen Prototyp einer der größten Tierrassen ist uns jedoch kein einziges Stück überkommen. Ja, nicht einmal einen Namen hat er, obwohl uns seine Charakteristika durchaus vertraut sind. Wenn seine Knochen eines Tages gefunden werden – und das werden sie bestimmt –, wäre der richtige Name vielleicht „Paläohippus", das Pferd des Paläozän.

Etwa dreizehn Millionen Jahre nach dem „Paläohippus", als sich das Land, das später die Zwillingssäulen beherrschen sollten, zu bilden begann, tauchte das zweite Mitglied dieser Tierfamilie auf und vermehrte sich so, daß das Gestein dieses Landstriches in der Zukunft Hunderte von Skeletten bergen sollte.

Das war der Eohippus, ein hübsches Tierchen von ungefähr dreißig Zentimeter Schulterhöhe. Er wirkte eigentlich eher wie ein zutraulicher Hund mit kleinen, aufmerksamen Ohren, einem Schwanz, mit dem er Insekten verscheuchte, einem pelzartigen Fell und einem langgestreckten Gesicht, das notwendig war, um den vierundvierzig Zähnen Raum zu geben. Diese Zähne jedoch waren immer noch so schwach, daß sich das kleine Wesen mit Blättern und anderer weicher Nahrung zufriedengeben mußte.

Was den Eohippus aber auszeichnete und schon auf die kommende Entwicklung hindeutete, nämlich daß diese Tierfamilie einmal eine wichtige Rolle spielen würde, das waren die Füße. Die ursprünglichen fünf Zehen an den kurzen Vorderbeinen, die noch nicht für schnelles Laufen geeignet waren, hatten sich auf vier reduziert; eine war erst kürzlich verschwunden, ihre Knochen waren im Bein aufgegangen. An den Hinterfüßen hatte der Eohippus nur noch drei Zehen, während sich die übrigen zwei im Laufe der Zeit zurückentwickelt hatten. Die verbleibenden Zehen trugen jedoch statt Klauen winzige Hufe.

Der nächste in der Reihe, vor ungefähr dreißig Millionen Jahren, war der Mesohippus mit sechzig Zentimeter Schulterhöhe und allen grundlegenden Charakterzügen seiner Vorfahren, nur daß er an jedem Fuß lediglich drei Zehen hatte. Er war ein schönes, schlankes Tier, ungefähr von der Größe eines Collies oder Rotfuchses. Seine Beine begannen sich zu strecken, seine Füße wiesen aber immer noch Zehenballen und mehrere kleine Hufe auf.

Vor ungefähr achtzehn Millionen Jahren folgte dann eine auffallende Weiterentwicklung: der Meryzhippus, ein schönes, einen Meter hohes Tier mit drei Zehen an den Füßen, struppiger Mähne, länglichem Kopf und schützenden Knochenstegen hinter den Augenhöhlen.

Dieser Meryzhippus wies nun ein neu entwickeltes Merkmal auf, das es der Pferdefamilie gestatten sollte zu überleben: Seine Zähne besaßen die erstaunliche Fähigkeit, nachzuwachsen, sobald sie oben abgeschliffen wurden. Aufgrund dessen brauchte sich das Proto-Pferd nicht mehr auf die Suche nach weichen Blättern zu machen, sondern konnte sich nun von dem neuen Gras ernähren, das auf der Prärie entstand. Denn Gras ist eine gefährliche und schwierige Nahrung; es enthält Kieselerde und andere scharfe Stoffe, die die Zähne abschleifen. Hätte der Meryzhippus nicht diese sich selbst erneuernden Mahlzähne entwickelt, das Pferd, wie wir es heute kennen, hätte weder entstehen noch überleben können. Mit diesem beinahe wunderbaren Mechanismus aber war es nun auf alles vorbereitet.

Alle diese grundlegenden Vorgänge spielten sich auf der Ebene rings um den späteren Standplatz der beiden Steinsäulen ab. Dort, auf dem flachen Gelände, das die verschiedensten Klimata, vom subtropischen bis zum subarktischen, durchlebte, je nachdem, wo der Äquator sich gerade befand, machte diese einzigartige Tierrasse jene Veränderungen durch, die notwendig waren, damit es dereinst als fertiges Pferd dastehen konnte.

Eine der bemerkenswertesten Veränderungen bei den Vorläufern des Pferdes trat vor ungefähr sechs Millionen Jahren auf, als der Pliohippus mit nur einem einzigen Zeh an jedem Fuß und ohne die Ballen, auf denen seine Vorfahren gelaufen waren, auftauchte. Er besaß jetzt einen einzigen Huf, war mittelgroß, ein schönes Pferd in beinahe jedem Sinne des Wortes, und wäre schon aus weiter Ferne als ein solches erkennbar gewesen. Es sollte, vor allem bei den Zähnen und der Schädelform, noch einige Verfeinerungen geben, das Pferd unserer historisch belegten Zeit jedoch war bereits in ihm Gestalt geworden.

Dieses Pferd erschien vor ungefähr zwei Millionen Jahren als Equus, eines der herrlichsten Tiere, das die Zeiten hervorgebracht haben. Von dem geheimnisvollen, niemals gesichteten „Paläohippus“ angefangen, hatte sich diese Rasse unbewußt, aber hartnäckig allen Veränderungen der Erde angepaßt und jeweils jene Mutationen am Leben erhalten, die die beste Chance für eine zukünftige Entwicklung versprachen.

Vor ungefähr einer Million Jahren, als die Zwillingssäulen bereits standen, lebte in jener Gegend zusammen mit einer neunzigköpfigen Herde ein Hengst von kastanienbrauner Farbe und mit langem, wehendem Schweif. Er war erst drei Jahre alt, besaß aber besonders kräftige Beine, mit denen er schneller laufen konnte als beinahe alle seine Artgenossen. Er war ein wilder Bursche, hatte seine Mutter eher verlassen als alle anderen Hengstfohlen seiner Generation, war immer der erste, der Neuankömmlinge auf der Prärie untersuchte, und hatte die schlechte Angewohnheit entwickelt, diejenigen Pferde, die ihm folgten, auf Exkursionen in tiefe Canyons oder durch langgezogene Täler zu führen.

Eines strahlend schönen Sommermorgens führte der Kastanienbraune eine Gruppe von sechs abenteuerlustigen Gefährten auf einen kurzen Beutezug von der Hauptherde fort. Er jagte mit ihnen über die Ebene, die sich von den Zwillingssäulen nach Norden in eine Reihe von Vorbergen hinein erstreckte, deren schmale Durchlässe sie einer hinter dem anderen mit wehendem Schweif hindurchgaloppierten. Es war eine muntere Jagd, und am Ende der Haupttalschlucht wandten sie sich ostwärts auf eine Ebene zu, die sich einladend vor ihnen öffnete. Als sie jedoch auf die Fläche hinausgaloppierten, sahen sie ihren Weg von zwei außerordentlich großen Mammuts blockiert. Die beiden Riesen überragten die Pferde um ein beträchtliches, sie waren wahrhaft gigantisch, mit einer Schulterhöhe von fast fünf Metern und ungeheuren weißen Stoßzähnen, die sich vom Kopf aus abwärts bogen. Bis zu den Spitzen erreichten diese Stoßzähne eine Länge von fünf Metern, und wenn sie einen Gegner erwischten, konnten sie ihn damit hoch in die Luft schleudern. Wären die beiden Mammuts den Pferden feindlich gegenübergestanden, so hätten sie verheerend unter ihnen wüten können, da sie jedoch von Natur aus friedlich waren, bestand keine Gefahr, daß sie ihnen Schaden zufügten.

Der Kastanienbraune führte seine Truppe in ziemlicher Nähe der riesigen Stoßzähne um die Mammuts herum und fiel dann in einen Galopp, der ihn weit auf die östliche Ebene hinausbrachte, wo, die Köpfe linkisch zu Boden gesenkt, eine kleine Herde Kamele graste. Die Pferde ignorierten die Kamele, denn weiter hinten stand, wie auf eine Herausforderung wartend, eine Gruppe Antilopen. In vollem Tempo jagten die sieben Pferde an ihnen vorbei, woraufhin die schnellen Antilopen, jede mit zwei großen Hörnerpaaren versehen, wie Pfeile hinter ihnen herschossen.

Neben dem Weideland, auf dem die Antilopen gegrast hatten, ruhte sich eine Familie von Gürteltieren aus, große, rattenähnliche Geschöpfe in einem zusammenschiebbaren Panzer, langsame, friedliche Lebewesen, die niemandem etwas zuleide taten. Jetzt aber hörten die kleinen, rundlichen Tiere auf einmal auf, nach Schnecken zu suchen, und rollten sich eilig in Verteidigungsstellung ein. Offenbar näherte sich von Süden, von den Pferden unbemerkt, ein gefährlicher Feind, und gleich darauf kam er auch schon in Sichtweite: ein Rudel von neun reißenden Wölfen, die Geißel der Ebenen, mit langen Fängen und schnellen Beinen. Lässig trotteten sie über die Kuppe, die hier den Horizont markierte, spähten nach allen Seiten und hoben witternd ihre Nase. Der Leitwolf entdeckte die Gürteltiere und gab seinen Begleitern ein entsprechendes Zeichen. Alle neun kamen herbei, inspizierten die runden, gepanzerten Kugeln, stießen sie mit der Nase an und wandten sich enttäuscht wieder ab.

Ein wenig besorgt beobachteten die Pferde ihre neuen Feinde über die Prärie hinweg, hofften, daß sie im Osten an ihnen vorüberziehen würden, aber ihre Hoffnung trog. Der Leitwolf, ein herrliches Tier mit glattem, grauem Fell, erspähte die Pferde und fiel, von seinen acht Gefährten gefolgt, sofort in schnellen Trab. Der Kastanienbraune schnaubte, als er erkannte, daß er seine sechs Gefährten auf keinen Fall mehr in die Canyons zurückführen durfte.

Also brach er mit einem geschickten Sprung zur Seite über die Ebene in die Richtung aus, die die Antilopen genommen hatten, und führte seine Truppe weit von ihren heimatlichen Weidegründen fort. Alle galoppierten sie mit voller Kraft, denn die Wölfe hatten, obwohl sie ihnen noch nicht dicht auf den Fersen waren, vorausgeahnt, welche Richtung sie einschlagen würden, und waren nach Osten abgeschwenkt, um ihnen den Weg abzuschneiden. Der Kastanienbraune, das Manöver durchschauend, führte seine Pferde nach Norden und legte so beträchtlichen Abstand zwischen sich und die Verfolger.

Während sie so versuchten, in Sicherheit zu kommen, passierten sie eine Herde weit langsamerer Kamele. Die großen, schwerfälligen Höckertiere ließen sich von der Angst der Pferde anstecken, obwohl sie die Quelle der Gefahr nicht einmal ahnten. Vorübergehend gab es ein Chaos auf der Prärie, Staub wirbelte in die Höhe, und als er sich wieder zu Boden senkte, waren die Pferde so gut wie in Sicherheit, die Kamele jedoch direkt in der Angriffslinie der neun Wölfe. Die plumpen Tiere rannten, so schnell sie konnten, schwärmten aus, um die Attacke abzulenken, erreichten damit aber nur, daß eines der langsamsten zurückblieb, auf das sich die Wölfe nun stürzten.

Von allen Seiten die scharfen Zähne in seine Flanken schlagend, hängten sie sich an das Tier. Es wurde langsamer, ließ den Kopf hängen. Es wußte sich nicht gegen die reißenden Wölfe zu verteidigen, nun sprang ihm einer von ihnen an die Kehle, ein weiterer verbiß sich in seiner rechten Flanke, und ein dritter schnappte nach seinem Bauch. Mit einem gequälten letzten Schrei brach das Kamel endlich nieder. Die staksigen Beine hatten unter dem Gewicht der Wölfe nachgeben müssen. Wie der Blitz waren alle neun über ihm und rissen es in Stücke. Am Horizont waren die sieben Pferde noch als dunkle Punkte zu sehen.

In langsamem Schrittempo wanderten sie nach Süden zu den Bergen, die zwischen ihnen und dem Land der Zwillingssäulen lagen. Unterwegs kamen sie an einem Riesenfaultier vorbei, das dastand und witternd die Sommerluft einsog – vage nur in sein Bewußtsein aufnehmend, daß die Wölfe auf Raubzug waren. Das riesige Tier, doppelt so groß wie das größte Pferd, erkannte am Aussehen der Pferde, daß sie mit Wölfen zusammengetroffen waren, und zog sich schwerfällig an einen geschützten Platz zurück. Ein Faultier konnte es mit seinen mächtigen Vorderklauen und seinem ungeheuren Gewicht zwar mit einem einzelnen Wolf aufnehmen, wurde es jedoch von einem Rudel angegriffen, drohte ihm der sichere Tod. Also vermied es lieber eine Begegnung.

Jetzt führte der Kastanienbraune seine Pferde in die niedrigen Berge, durch einen Wasserlauf und auf die heimatliche Prärie hinaus. Die Zwillingssäulen in der Ferne versprachen Sicherheit, und als alle sieben den Paß hinter sich hatten, trabten sie leicht und elegant zur Hauptherde zurück.

Zu den sechs Begleitern des Kastanienbraunen gehörte auch eine junge, schwarzbraune Stute, die sich in den vergangenen Wochen ebenso eng an ihn gehalten hatte wie er sich an sie. Offenbar empfanden sie eine gewisse Verbundenheit, eine gewisse Verantwortung füreinander, und in normalen Zeiten hätten sie sich jetzt gepaart. Eine instinktive Ahnung jedoch, daß sie bald nach Norden ziehen würden, hielt die beiden davon zurück.

Was nun geschehen sollte, stellt eines der großen Rätsel der Tierwelt dar. Das Pferd, diese herrliche Kreatur, die hier, bei den Zwillingssäulen, entstanden war, sollte die Heimat seiner Ahnen verlassen und nach Asien emigrieren, und die Ebene um die Säulen sollte von anderen Tieren bezogen werden. Dann, ungefähr vierhunderttausend Jahre später, sollte das Pferd aus Asien heimkehren und die Weidegründe entlang des Flusses wieder für sich in Anspruch nehmen, um das Jahr 6000 v. Chr. jedoch in der westlichen Hemisphäre aussterben.

Es war eine sonderbare Flucht, auf die sich die Pferde von Centennial begaben. Sie sollte sie über Tausende von Meilen hinweg in ein Land führen, das noch wenige Jahrhunderte zuvor unter Wasser gelegen hatte. Denn dies begab sich während der Eiszeit. Riesige Gletscher krochen vom Nordpol aus bis nach Pennsylvania, Wisconsin und Wyoming, vernichteten jegliche Vegetation, die sich dort entwikkelt hatte, und formten die gesamte Landschaft um.

An keinem Punkt der ganzen Erde fanden dramatischere Veränderungen statt als an der Beringsee, jener Masse eiskalten Wassers, die Asien von Amerika trennt. Die großen Gletscher verbrauchten so viel Meerwasser, daß sich der Wasserspiegel der Beringsee um hundert Meter senkte. Dadurch verschwand sie gänzlich, und an ihrer Stelle erschien eine massive Landbrücke von über tausend Meilen Breite. Eigentlich war es sogar ein Isthmus, der die zwei Kontinente miteinander verband, so daß jedes Tier – auch der Mensch, als er auf den Plan trat – trockenen Fußes von Asien nach Amerika und umgekehrt wechseln konnte.

Diese Landbrücke entstand nicht entlang der schmalen Inselkette, die sich heute von Amerika nach Asien erstreckt. Die Austrocknung des Ozeans war so umfassend, daß es der Hauptteil Asiens war, der mit Amerika in Berührung kam. Die Landbrücke war breiter als das gesamte Gebiet Alaskas.

Auf diese riesige Brücke, deren Entstehung ungefähr mit der Entwicklung des heutigen Pferdes zusammengefallen war, zog der Kastanienbraune mit der Herde nun zu. Und mit der Zeit, als die älteren Hengste einer nach dem anderen starben, wurde er zum Leitpferd der Herde.

Während die Pferde nach Nordwesten auf die neue Landbrücke zumarschierten, lagen zu ihrer Rechten in unendlicher Folge die Spitzen der Gletscher – jetzt eine Meile, dann wieder einhundert Meilen entfernt, stets aber sich südwärts schiebend und das Weideland erobernd, auf dem noch vor kurzem Pferde gegrast hatten. Vielleicht war es dieser unablässige Druck des Eises von Norden her, der die Pferde auf den Weg in die Emigration geschickt hatte. Jedes fruchtbare Fleckchen Erde wurde von den Gletschern zerstört; es mußte sich in ihrem Unterbewußtsein die Tatsache festsetzen, daß die Nahrung in der gesamten ihnen bekannten Welt zu knapp wurde.

Als sich die Herde dem Anfang der Brücke immer mehr näherte, mußten die Pferde sich ein Jahr lang ihre Nahrung mit einer großen Herde Kamele teilen, die ihr Ursprungsland ebenfalls verlassen hatte. Der Kastanienbraune, inzwischen voll herangewachsen, führte seine Schützlinge direkt nach Norden bis an den großen Gletscher heran. Da es die warme Jahreszeit war, hatte der Gletscher zu schmelzen begonnen, so daß die Pferde ausreichend Wasser und saftiges, grünes Gras fanden.

Die Emigration der Pferde nach Asien fand keineswegs in einem einzigen Zug statt. Die Entfernung von den Zwillingssäulen bis nach Sibirien betrug zwar nur 3500 Meilen, und da ein Pferd am Tag fünfundzwanzig Meilen zurücklegen konnte, hätte der Treck vermutlich in weniger als einem Jahr beendet sein können. Aber die Pferde wählten nie eine bestimmte Richtung; sie suchten lediglich ergiebigere Weiden, und wenn sie diese gefunden hatten, blieb die Herde dort zuweilen acht bis neun Jahre. Geheimnisvolle Kräfte zogen sie zwar in Richtung Westen, aber nur sehr langsam, so daß keines der Pferde, die mit der Herde von den Zwillingssäulen aus aufgebrochen waren, jemals auch nur in die Nähe Asiens kam.

Vier Jahre brauchten sie bis nach Alaska, und der Hengst hatte inzwischen Schwierigkeiten, mit den jüngeren Pferden Schritt zu halten. Häufig blieb er hinter ihnen zurück, kannte aber dennoch keine Furcht, weil er wußte, daß er die Herde mit einem Spurt bald wieder erreichen konnte. Gelassen duldete er, daß jüngere Pferde die Führung übernahmen, das Zeichen zum Haltmachen und zum Weitermarschieren gaben. Das Gras schien spärlicher zu sein dieses Jahr und war auch weit schwerer zu finden.

Eines Tages am Spätnachmittag suchte er auf kargem Gelände nach Futter, als er merkte, daß die Hauptherde – nein, überhaupt die ganze Herde – inzwischen weit vorausgezogen war. Ein wenig mühsam, weil das Atmen ihm schwerfiel, hob er den Kopf und sah, daß sich ein Rudel Wölfe zwischen ihn und die schützende Herde geschoben hatte. Rasch sah er sich nach einem Ausweg um, aber alle Fluchtmöglichkeiten, die ihm offenstanden, würden ihn nur weiter von den anderen entfernen. Er wußte zwar, daß er noch immer schneller war als die Wölfe, wollte aber auf keinen Fall seine Distanz zur Herde vergrößern.

Er wagte daher einen Zickzackvorstoß direkt durch die Reihen der Wölfe hindurch in Richtung auf die anderen Pferde. Mit den Hufen nach allen Seiten ausschlagend, hatte er sich überraschend schnell zwei Drittel seines Weges durch das Wolfsrudel freigekämpft. Zweimal hörte er scharfe Zähne nach sich schnappen, jedesmal aber konnte er die Angreifer abschütteln.

Dann merkte er jedoch voller Entsetzen, daß sein Atem schneller und schneller ging und seine Brust von einem ungeheuren Schmerz zerrissen wurde. Verzweifelt kämpfte er dagegen an, galoppierte, solange es ging. Dann spürte er, wie sein Körper beinahe mitten im Sprung versagte, während die Wölfe nach seinen Beinen schnappten. Ein stechender Schmerz strahlte von seiner Hinterhand aus, wo sich zwei Wölfe in ihn verbissen hatten, doch dieser äußerliche Schmerz war weit weniger schlimm als der Schmerz im Innern. Wenn er nur genug Luft bekäme, könnte er die Wölfe abschütteln. Das war ihm vorher ja auch gelungen. Dann aber überwältigte ihn ein noch stärkerer Schmerz, er sank ganz allmählich zu Boden, und das Rudel fiel über ihn her.

Das letzte, was er vor seinem Tod noch sah, war die nichtsahnende Herde, die ihren jüngeren Leithengsten auf ihrem Kurs die Gletscher entlang nach Asien folgte.

Warum dieser Hengst, dem es in der Wüste von Colorado doch so gut ging, sein fruchtbares Heimatland verließ, um nach dem fremden, fernen Sibirien zu ziehen, wissen wir nicht. Warum war das schönste Tier, das Amerika hervorgebracht hatte, auf einmal mit seinem Ursprungsland unzufrieden? Auf diese Frage gibt es keine Antwort. Wir wissen nur, daß das Pferd, das die Landbrücke anscheinend mühelos und in großer Zahl überschritten hatte, am anderen Ende der Welt die Möglichkeit für jene mannigfaltige Entwicklung fand, die eines der großartigsten Kapitel der Tiergeschichte darstellt. Es wanderte nach Frankreich, nach Arabien, nach Afrika, nach Schottland. Außerdem wanderte es nach Spanien, wo allein sein Name zur Bezeichnung für den Gentleman wurde: Caballero, der Mann des Pferdes. Dort, auf der iberischen Halbinsel, gedieh es prächtig, diente in der Armee, die einen großen Teil der bekannten Welt erobern sollte, und verließ Spanien im Jahre 1519 in kleinen Erobererschiffen, um anschließend in Mexiko zu landen, wo es bestimmte Charakteristika entwickelte, die es dem Leben auf der Hochebene anpaßten. Im Jahre 1543 begleitete es Coronado auf der Suche nach den goldenen Städten von Quivira, während aus den später von anderen Spaniern mitgebrachten Pferden einige von Indianern gestohlen wurden, andere aber auch entkommen konnten und zu Wildpferden wurden: ein Tier, zuvor gezähmt und zum Haustier gemacht, nun aber in die freie Natur zurückgekehrt. Von all diesen Varianten aber stammen jene Pferde ab, die sehr viel später in der Geschichte, im Jahre 1768, nach Colorado, in das Land ihrer Herkunft, zurückkehrten und es für wenige kurze Jahre zum Königreich der Pferde machen sollten.

Nun wäre es dramatisch sehr effektvoll, könnten wir behaupten, das Pferd sei, als es Amerika verließ, auf der Brücke nach Asien einem plumpen, zottigen Tier begegnet, das den asiatischen Erdteil verließ, um eine neue Heimat in Amerika zu suchen. Aber so hat es sich wahrscheinlich nicht abgespielt. Die Hauptmasse der Pferde verließ Amerika vor ungefähr einer Million Jahre, während die schwerfälligen Neuankömmlinge nicht die Brücke überquerten, die von den Pferden benutzt worden war – denn diese war kurz nach ihrem Hinüberwechseln wieder überflutet worden –, sondern eine spätere Brücke, die achthunderttausend Jahre danach, aber an derselben Stelle und auch aus denselben Gründen, entstand.

Das Tier, das von Asien her nach Osten kam, hatte sich erst vor weniger als zwei Millionen Jahren entwickelt. Es war ein riesiges, zottiges Geschöpf von enormer Schulterhöhe und mit gefährlichen Hörnern, die sich von der kräftigen Stirn, die wie aus Stein gemeißelt schien, nach außen und dann nach vorne bogen. Wenn dieses Tier den Kopf senkte und entschlossen einen Baum anging, mußte der gewöhnlich dran glauben. Der schwere Kopf, wegen des besonders starken Halses fast ständig gesenkt, war mit einer dicken, verfilzten Haarkappe bedeckt, die einen großen Teil des Stoßes abfing, wenn das Tier seinen Kopf als Rammbock benutzte. Die männlichen Tiere hatten dazu noch einen langen, steifen Bart, so daß ihre Vorderansicht einer Teufelsfratze glich. Ein weiteres Hauptmerkmal des Tieres bestand darin, daß sein Gewicht sich auf den massigen Vorderkörper konzentrierte, der außerdem noch von einem kräftigen Buckel gekrönt war, während der Hinterkörper für ein so großes Tier unverhältnismäßig schlank wirkte. Das Tier, das sich in Asien entwickelt hatte, war so stark, daß es keine Feinde hatte. Zwar machten die Wölfe immer wieder den Versuch, neugeborene Kälber oder überalterte Nachzügler zu reißen, den erwachsenen Tieren einer Herde gingen sie jedoch zumeist aus dem Weg.

Dieses Tier war der Urbison, von dessen Rasse die relativ wenigen Exemplare, die die gefährliche Wanderung von Asien her überlebt hatten, in der neuen Heimat prächtig gediehen. Eine etwas kleinere Herde schlug sich bis zu den Zwillingssäulen durch, wo sie saftiges, grünes Futtergras fand. Die Herde vermehrte sich, ihre Mitglieder lebten zufrieden bis zu einem Alter von dreißig Jahren, aber sie waren so gigantisch und ihre dicken Hörner so schwer, daß ihre Rasse nach nur vierzigtausend Jahren Aufenthalt in Amerika ausstarb, nachdem sie ihre Knochen und Hörner an zahlreichen Plätzen deponiert hatte, so daß wir heutzutage genau wissen, wie diese Tierart ausgesehen hat.

Dies hätte das Ende des Bisons in Amerika sein können, wäre nicht ungefähr zu der Zeit, als der ursprüngliche Bison verschwand, in Asien eine viel kleinere und besser angepaßte Variante entstanden und über eine neue Landbrücke nach Amerika gezogen. Das dürfte um 6000 vor Chr. gewesen sein, also geologisch gesehen praktisch gestern, und wir haben zahlreiche geschichtliche Beweise für die Existenz dieses neuen Tieres. Die Bisons, wie wir sie kennen, entwickelten sich erst in Amerika. Eine ziemlich große Herde bewohnte die Umgebung der Zwillingssäulen.

Es war schon Spätwinter, als ein siebenjähriger Stier dieser Herde das Eis aus seinem Bart schüttelte, die schweren Schultern hob, als bereite er sich auf etwas Ungewöhnliches vor, und kampflustig den Kopf emporwarf und seine rötlichbraune Mähne schüttelte. Sodann spannte er seinen ganzen Körper, als stünde der erwartete Zweikampf bereits bevor, doch als sich kein Gegner blicken ließ, ließ er von seinem dramatischen Verhalten ab und scharrte mit den Hufen im Schnee, um das darunter verborgene saftige Gras freizulegen.

Im Aussehen hob er sich von der Herde ab – nicht nur weil er besonders schön gebaut war, sondern auch wegen seiner Farbe, die wesentlich heller war als die seiner Artgenossen. Würde trug er nicht zur Schau, dazu war er noch zu jung, einer von denen, die eifrig jede Veränderung, jedes zufällige Ereignis belauerten.

Aus Gründen, die er selber nicht so recht verstand, begann er die anderen Bullen zu beobachten und gelegentlich auch seine Kräfte mit ihnen zu messen. Die Zwei- und Dreijährigen beachtete er nicht. Wurden sie frech, wies er sie durch einen kräftigen Stoß mit dem flachen Bogen des Horns zurecht. Die Vier- und Fünfjährigen? Bei denen mußte er aufpassen. Einige von ihnen hatten beträchtlich Gewicht zugelegt und gelernt, ihre Hörner wirkungsvoll zu benutzen. Mit einem hatte er sich auf einen Zweikampf eingelassen und spürte jetzt noch die gewaltige Kraft, die hinter dem Schädel des Jüngeren gesteckt hatte. Sie reichte zwar noch nicht für eine ernsthafte Herausforderung, genügte aber immerhin, um einem unaufmerksamen Gegner übel mitzuspielen.

Dann gab es noch die überalteten Bullen, bemitleidenswerte Tiere, die früher einmal die Herde beherrscht hatten. Sie hatten ihre Kraft verloren – entweder die Kraft zum Kämpfen oder die Kraft zum Führen – und trotteten als Nachzügler hinter der Herde her, ohne daß von ihnen Notiz genommen wurde. Sie grasten immer an der Peripherie, griffen auch manchmal, wenn ein Zweikampf drohte, mit ihrer früheren Entschlossenheit ein, stellte sich aber ein Sechsjähriger dazwischen, zogen sie sich zurück. Manche von ihnen hatten in jüngeren Jahren Knochenbrüche, Hornabsplitterungen und gebrochene Rippen einstecken müssen, einige von ihnen hinkten, andere sahen nur noch auf einem Auge. Mehrere waren auch schon von Wölfen angegriffen worden, daher war der Anblick eines alten Bullen mit tiefen Fleischwunden an den Flanken keineswegs ungewöhnlich.

Die alten Bullen zählten also nicht. Sie waren geduldet; wenn sie auf einem langen Marsch eines Tages zurückblieben oder es versäumten, eine Anhöhe aufzusuchen, fielen die Wölfe über sie her, und sie wurden nie mehr gesehen.

Dagegen waren es die neun- und zehnjährigen Bullen, die überall Unruhe verbreiteten, und unser Bulle – nennen wir ihn nach seiner rötlich-braunen Mähne Rufus – studierte sie eingehend. Er war keineswegs überzeugt, mit ihnen fertig werden zu können. Da war zum Beispiel der mit dem schiefen linken Horn; er hatte die Herde vor drei Jahren angeführt, und noch im vergangenen Jahr konnte er mit seinen massigen Schultern jeden Gegner zu Fall bringen. Dann war da der braune Bulle mit der dicken Haarkappe über den Augen; er war mehrere Jahre hindurch im Frühling Champion gewesen und hatte Rufus erst vor wenigen Tagen eine kräftige Abreibung verpaßt. Vor allem aber war da der große, schwarze Bulle, der im vergangenen Frühjahr Champion gewesen war. Er schien überhaupt unangreifbar zu sein und außerdem genau zu wissen, daß alle anderen Respekt vor ihm hatten. In den vergangenen Wochen hatte ihn Rufus zweimal wie zufällig in die Flanke gestoßen, und jedesmal hatte der Schwarze gelassen den Kopf gedreht und Rufus einen Schlag versetzt, daß er zurückgeworfen wurde. Dieser Bulle besaß eine unheimliche Kraft und auch die Geschicklichkeit, sie immer richtig einzusetzen.

Als sich der Frühling ankündigte und der Schnee schmolz, begann die Herde unruhig zu werden. Und eines Morgens, als Rufus auf der Ebene zwischen den Zwillingssäulen graste, während die warme Frühlingssonne auf seinen Rücken schien, bahnte sich eine Kuh den Weg durch die Herde und stieß einen der erwachsenen Bullen nach dem anderen an. Das war die Kuh, die für die Herde wichtige Entscheidungen traf, denn der Leitbulle hielt zwar die Disziplin aufrecht und war bereit, jederzeit mit jedem anderen Bullen zu kämpfen, befahl aber nicht, wann und wohin sie weiterziehen sollten.

Diesmal entschied die Kuh, die Herde müsse nordwärts ziehen, und nachdem sie weitere Bullen auf Trab gebracht hatte, machte sie sich entschlossenen Schrittes auf den Weg. Die Zwillingssäulen hinter sich lassend, schlug sie die Richtung auf einen Paß in den niedrigen Kalkbergen im Norden ein, führte ihre Schützlinge ein schmales Tal entlang bis auf das Tafelland dahinter, ließ die Herde mehrere Tage lang dort weiden und führte sie dann langsam und ohne ersichtlichen logischen Grund an den Fluß, der das Plateau im Norden begrenzte. Nachdem sie das Wasser an mehreren Stellen geprüft hatte, fand sie bald eine sichere Furt und stieg als erste in die Fluten.

Das Schmelzwasser hatte den Fluß eiskalt gemacht, aber sie paddelte kräftig mit den Beinen, ließ sich von der Strömung mittragen und kletterte schließlich drüben an Land, wo sie ihre dichte Mähne schüttelte und in der Sonne blitzende Tropfen versprühte. Vom Nordufer aus sah sie mit der Besorgnis des Leittiers zu, wie die älteren Kühe vorsichtig ihre Jährlinge ins Wasser stießen und sich dann stromab neben ihnen hielten, so daß sie, sobald die Strömung sie überwältigte, gegen die Mütter getrieben wurden und sich für einen neuen Versuch Kraft holen konnten.

Als der Hauptteil der Herde sicher am anderen Ufer war, stiegen die alten Bullen widerwillig und manchmal unter Protestgebrüll in den Fluß und begannen mit kräftigen Bewegungen zu schwimmen, während ihnen das Wasser den Bart ins Gesicht trieb. Als sie am Nordufer an Land kletterten, schüttelten sie sich mit so viel Ungestüm, daß jeder einzelne einen kleinen Wolkenbruch erzeugte.

Rufus gehörte zu den letzten und schwamm so umsichtig, als müsse er sich diese Furt einprägen, falls er sie eines Tages in einer Notlage benutzen mußte. Der Untergrund am Südufer behagte ihm wenig, aber die Leitkuh beachtete die zurückbleibenden Bullen nicht, sondern setzte sich, sobald sie sah, daß Kühe und Kälber in Sicherheit waren, energisch in Richtung auf die Weidegründe in Bewegung, zu denen sie ihre Herde führen wollte.

Als sie die beabsichtigte Stelle, knapp hundert Meilen von den Zwillingssäulen entfernt, erreicht hatte, machte sie halt, schnupperte am Boden, um sich zu vergewissern, daß er auch wirklich gut war, übergab die Führung der Herde den Bullen und fiel wieder zurück in die passive Rolle einer gewöhnlichen Bisonkuh. Sie würde sich erst wieder aus der Anonymität lösen und ihre Meinung geltend machen, wenn eine Entscheidung fällig war. Die Führung einer so großen Herde war eine viel zu wichtige Sache, um den männlichen Tieren überlassen zu bleiben.

Inzwischen war es Frühling geworden, und der Zeitpunkt nahte, da die Kühe zu kalben begannen. Die Kuh würde den unwiderstehlichen Drang verspüren, sich abzusondern, würde zielbewußt einem einsamen Ort zustreben, und wenn sich ihr eine andere Kuh oder auch ein Bulle in den Weg stellte, würde sie das Tier zur Seite stoßen und fest entschlossen ihren Weg fortsetzen. Sie würde eine geschützte Stelle aufsuchen, auch wenn diese lediglich hinter der Kuppe eines niedrigen Hügels lag, würde sich dort auf den Boden legen und auf die Geburt ihres Kalbes warten.

In diesem Jahr, als sie den neuen Weideplatz erreicht hatten, verließ eine kleine, schwarze Kuh die Herde, weil ihre Stunde gekommen war. Im Vorbeigehen wurde sie von zwei alten Bullen angestoßen, als wollten die sich erkundigen, was sie denn vorhabe; sie wies die beiden jedoch brüsk zurück und suchte sich eine Stelle am Fluß, wo ihr die

Bäume einigen Schutz gewährten. Dort gebar sie ein wunderhübsches, schwarzes Bullenkalb. Sobald es vor ihr lag, begann sie es gründlich zu belecken und schubste es vorsichtig mit dem Kopf, um ihm klarzumachen, daß es aufstehen solle. Ganze zwei Stunden verbrachte sie mit dieser Arbeit, dann erst begann sie sanft zu muhen, als wolle sie die anderen herbeirufen. Doch als sie kamen, um sich das neue Kalb anzusehen und es neugierig mit ihren Nasen anstießen, machte sie kurze, wirkungslose Ausfälle gegen sie, als wolle sie allen endgültig beweisen, daß dieses Kalb ihr allein gehörte.

Unter den Bisons, die das neue Kalb inspizieren kamen, befand sich auch Rufus, der in seiner stürmischen Neugier einen Fehler beging, den er noch einmal bitter bereuen sollte. Das neugeborene Kalb schien nämlich Rufus' Geruch zu bevorzugen und rieb sekundenlang den kleinen Kopf an seinem Bein. Zwar merkte das Bisonkalb instinktiv, daß es dort keine Milch finden würde, und kehrte sogleich zu seiner Mutter zurück, aber das Unglück war geschehen.

Denn jetzt begannen jene Tage, die für das ganze Leben dieses kleinen Bisons bestimmend sein sollten. Innerhalb einer sehr kurzen Periode mußte er sich das Bild seiner Mutter einprägen, ihre Witterung, das Gefühl ihres Körpers, den Geschmack ihrer Milch, ihr Aussehen, den Klang ihres Rufes. Denn wenn er diese unauslöschliche und lebenswichtige Verbindung nicht aufnahm, konnte es sein, daß er, wenn die Herde weiterzog, allein blieb und sich in dem erstickenden Staub verirrte. Und dann hatte er höchstens noch ein paar Tage zu leben, denn die Wölfe und die Aasgeier, die seine Notlage erkannten, würden ihn innerhalb kürzester Zeit zerreißen.

Deswegen achtete die Mutterkuh sorgfältig darauf, daß er sie mit der Nase abtastete, daß er ihre Milch probierte, ihren Urin roch und ihren Ruf kennenlernte. Ununterbrochen kümmerte sie sich um ihn, und wenn er sich unter die anderen, ebenfalls um diese Zeit geborenen Kälber mischte, versuchte sie ihn zu lehren, ihrem persönlichen Ruf zu gehorchen.

Aber das Kalb war zu neugierig. Eigenwillig lief es von einem Erwachsenen zum anderen und unterließ es, sich einen unauslöschlichen Eindruck von seiner Mutter zu machen. Verzweifelt versuchte sie, diese Unterlassungssünde zu korrigieren, aber ihr Bullenbaby war nicht von seinen Ausflügen abzuhalten.

Eine seiner stärksten Erinnerungen war der Geruch des Bullen Rufus, und so versuchte es sich mit der Zeit immer mehr an den Bullen und immer weniger an seine Mutter anzuschließen, ja es versuchte sogar, von Rufus Milch zu bekommen. Das wiederum irritierte den Bullen, der das verwirrte Kalb einfach beiseite stieß. Der kleine Bursche überschlug sich im Staub, rappelte sich verdattert auf und lief einem anderen Bullen nach.

Um diese Zeit erschien eine ziemlich große Herde fremder Bisons von Norden her auf dem Weideplatz, und es entstand Unruhe unter den Tieren, so daß das Bullenkalb irgendwo an der Peripherie des Gedränges landete. Schon das Treffen hatte die beiden Herden in Erregung versetzt, jetzt aber entdeckten sie im Westen auch noch eine unerklärliche Bewegung, die an den Flanken eine überstürzte Fluchtbewegung auslöste. Diese teilte sich umgehend der Masse der Tiere mit, und beide Herden begannen eine Stampede. Diejenigen Kälber, die sich das Bild ihrer Mutter genau gemerkt hatten, verhielten sich vorbildlich: Ganz gleich, wie schnell ihre Mütter liefen, ganz gleich, wie geschickt sie Haken schlugen – die Kälber hielten mit ihnen Schritt, die winzige Nase fest an die Flanke der Mutter gepreßt.

Nur jenes schöne, schwarze Bullenkalb war nicht entsprechend erzogen worden. Es hatte weder eine Ahnung, wo seine Mutter war, noch hörte es in dem Chaos ihren Ruf. Es fiel zurück, weit zurück – und stieß dann einen Freudenschrei aus, denn unverhofft war ihm eine vertraute Witterung in die Nase gestiegen. Aber es war nicht seine Mutter, es war Rufus, der hinterhertrabte, weil er sich von dem saftigen Gras am Fluß hatte verlocken lassen.

Der Bulle dachte gar nicht daran, sich um das hilflose Kalb zu kümmern, und rannte vorbei, ohne es zu beachten. Das Kalb jedoch, das jetzt eine noch kräftigere Dosis der vertrauten Witterung mitbekam, paßte sich seinem Tempo an und hielt sich dicht neben ihm. Darüber ärgerte sich Rufus, und er versuchte im Lauf nach dem lästigen Kalb zu treten, aber es half nichts, das Bullenbaby ließ sich nicht abweisen. Mit dem Gefühl beruhigender Sicherheit, wie andere Kälber es bei ihrer Mutter empfinden, blieb es im Windschatten des galoppierenden Bullen.

Jetzt aber entdeckten die Wölfe, die stets um eine Herde herumlungern, das kleine Kalb. Die Chance, daß sie es reißen konnten, war günstig, da der ältere Bulle ständig versuchte, es zu verscheuchen. Also schoben sie sich näher an das ungleiche Paar und machten Anstalten, sich zwischen das Kalb und den erwachsenen Bullen zu drängen.

Aber das gelang ihnen nicht. Sobald Rufus ihre Absicht erkannte, war er auf einmal völlig verändert. Denn er trug die Verantwortung für den Schutz der Kälber, auch wenn sie lästig waren und sich aus Leichtsinn von der Herde entfernten. Also prüfte er das Terrain und fand auch bald einen kleineren Steinwall, der ihnen möglicherweise Schutz bieten konnte.

Den Kopf plötzlich zur Seite werfend, schwenkte er um nach rechts und stürmte auf den Steinwall zu. Wie durch unsichtbare Fäden mit ihm verbunden, machte das Bullenkalb die Wendung mit, und beide strebten der neuen Verteidigungsstellung zu. Dort machte Rufus kehrt, auf seine Feinde zu, während er das Kalb, von seiner breiten, rötlichen Flanke geschützt, zwischen sich und den Steinwall schob.

Die Wölfe kamen, elf an der Zahl, konnten aber weder gegen seine

Hörner und den massigen Schädel etwas ausrichten, noch konnten sie an ihm vorbei in seinen Rücken gelangen und ihn bei den Flechsen packen, denn er hielt sich mit dem Hinterkörper stets dicht an den schützenden Steinen. Hätte ihn dieses lästige Kalb nicht ständig behindert, er hätte die Wölfe zurückschlagen und die Herde einholen können, mit diesem Klotz am Bein jedoch konnte er sich ihrer nur mit Mühe erwehren.

Doch es blieb ihm noch eine andere taktische Maßnahme: Er brüllte, und zwar mehrere Male. Es war ein tiefer, gutturaler Ruf, der offenbar ungehört auf der Prärie verhallte. Trotzdem wurde er gehört. Die Bisons, die sich ihre Angst von der Seele gelaufen hatten, waren stehengeblieben und bewegten sich unentschlossen im Kreis, als der beste Kampfbulle der Herde, der große, schwarze, den Notschrei hörte und umkehrte, um nachzusehen. Begleitet wurde er von dem Bullen mit dem schiefen Horn, und je mehr sich die beiden der Quelle des Notschreis näherten, desto mehr steigerten sie ihr Tempo.

Wütend stürzten sie sich auf die ihre Opfer umkreisenden Wölfe, warfen mit den zum Bremsen in die Erde gestemmten Hinterläufen Staubwolken auf. Sofort erkannten sie, was sich hier abspielte, erkannten, daß Rufus und das Kalb vor dem Steinwall in der Falle saßen. Mit kampfeslustig gesenkten Köpfen und fliegenden Hufen warfen sie sich auf die Wölfe, so daß diese in alle Richtungen auseinanderstoben. Einen von ihnen erwischte der schwarze Bulle mit einem Horn, schleuderte ihn hoch in die Luft und stampfte, als er auf den Boden fiel, gnadenlos auf ihm herum. Die übrigen ergriffen die Flucht. Das Kalb, von dem überstandenen Abenteuer und dem beruhigenden Geruch seines Retters Rufus freudig erregt, trottete glücklich inmitten der drei Großen davon.

Als das Kalb wieder bei der Herde war und seine Aufregung sich gelegt hatte, verspürte es Hunger – und gleich nebenan die gute Witterung von Rufus. Eilig lief es zu dem Jungbullen und versuchte, an ihm zu trinken. Rufus jedoch hatte die Nase voll. Er senkte das Horn, nahm den Kleinen unter dem Bauch hoch und schleuderte ihn in die Luft, so daß er jämmerlich schreiend zu Boden schlug. Verwirrt erhob er sich, wollte immer noch zu Rufus zurück, doch als er sich näherte, senkte Rufus den Kopf neuerlich und schickte ihn zum zweiten Mal auf eine Luftreise.

Diesmal hörte die verzweifelte Mutter das Geschrei, erkannte die Stimme ihres Sprößlings und eilte herbei, um ihn, den sie verloren geglaubt hatte, zu sich zu holen. Eifrig leckte sie sein Fell, ließ ihn trinken und tat alles, um ihn wieder an sich zu gewöhnen, aber der Kleine hatte noch immer den vertrauten Geruch von Rufus in der Nase, den er während des Angriffs der Wölfe so ausgiebig genossen hatte.

Allmählich kam nun die Brunftzeit heran, und Rufus wie auch die anderen Bullen begannen mit einem seltsamen, aber aus Urzeiten überkommenen Ritual. Eines Morgens griff Rufus plötzlich und ohne ersichtlichen Grund die Pappeln entlang des Flußufers an, stieß auf sie ein, als wären sie lebendige Gegner, ließ dann wieder von ihnen ab und säuberte seine Hörner an ihren Stämmen. Am Tag darauf, als er lässig auf die Herde zutrottete, verspürte er den unwiderstehlichen Drang, sich auf den Boden zu werfen und sich im Staub hin und her zu wälzen, bis er von oben bis unten mit Sand bedeckt war. Anschließend erhob er sich, urinierte ausgiebig in die entstandene Suhle, warf sich abermals hinein und beschmierte sich Kopf und Körper mit dem Urinschlamm, als wolle er aller Welt verkünden: „Wenn ihr diesen Geruch wahrnehmt – das ist Rufus."

In diesem Abschnitt seiner Brunftzeit hatte er noch kein Interesse daran, andere Bullen herauszufordern, sondern hielt sich wohlweislich von ihnen fern. Statt dessen kämpfte er weiterhin gegen die Pappelstämme und fuhr eifrig fort zu suhlen. Hin und wieder stieß er gutturale Drohlaute aus, ohne sich jedoch um die Kampfrufe der anderen Bullen in seiner Nähe zu kümmern.

Und dann, eines Morgens, löste sich eine braune Kuh aus der Gruppe der Kühe, mit denen sie ständig zusammen war, und trat sogar nach ihrem einjährigen Kalb, als dieses die Lektionen vom vorigen Jahr befolgen und sich, wie immer, neben ihr halten wollte. Sie ging auf die Bullen am Rand der Herde zu und wanderte von einem zum anderen, bis sie den Anführer gefunden hatte. Sie blieb in seiner Nähe. Zärtlich beleckte er ihr Fell, rieb seinen Kopf an ihrer Wange oder legte seinen struppigen Kopf auf ihren Rücken, als wäre das sein gewohntes Kissen. Niemals ließ er sie allein und wartete nur noch auf den geeigneten Augenblick zur Paarung.

Und nun begann die dramatische Phase der Brunftzeit. Ein vierjähriger Bulle, der sich bis dahin noch nie mit einer Kuh gepaart hatte, verließ die kleineren Bullen, mit denen er sich im Kämpfen zu üben pflegte, und marschierte tollkühn auf das Liebespaar zu. Die Kuh ignorierend, stellte er sich so herausfordernd hin, daß sein dunkler Bart beinahe den des schwarzen Bullen berührte. Dieser, seit langem auf eine solche Herausforderung vorbereitet, in diesem Augenblick jedoch nicht darauf gefaßt, starrte den Eindringling lange an.

Mit erschreckender Gewalt sprangen die beiden Bullen plötzlich aufeinander los; ihre Zottelköpfe prallten mit einem Krach zusammen, daß es weit über die Ebene hallte. Zur Überraschung des älteren Bullen schien dieser erste, mächtige Stoß bei dem jungen Herausforderer keinerlei Wirkung zu hinterlassen, denn dieser scharrte mit den Hufen, senkte den Kopf und zielte wieder mit unglaublicher Kraft auf die Stirn des Älteren. Der schwarze Bulle war versucht, eine Wendung zu machen und den Jungbullen gefahrlos an seiner Flanke abgleiten zu lassen, doch der Instinkt sagte ihm, daß er mit diesem Eröffnungskampf ein Zeichen setzen müsse, und er beschloß, die Situation ein für allemal zu klären. Also wappnete er sich für den Angriff, senkte den Kopf und fing die Attacke frontal mit der Stirnpartie auf.

Einen Moment verhakten sich die Hörner der beiden mächtigen Tiere, und es sah aus, als sollte die geballte Kraft des Jüngeren den Älteren zurücktreiben. Aber der schwarze Bulle hatte noch Kraftreserven. Fest setzte er die Hinterbeine in den Boden. Sein Rückgrat fing den Stoß auf. Und nun begann er seinerseits Druck auszuüben. Langsam mußte der jüngere Bulle nachgeben. Er konnte mit den Hinterbeinen keinen festen Stand fassen.

Mit einer plötzlichen Wendung drehte der ältere Bulle nun den Herausforderer zur Seite und stieß, als der Bauch des jüngeren sich ihm offen darbot, kraftvoll seine Hörner hinein. Unter dem Fell knackten die Rippen, dann kam ein langgezogener Schmerzensschrei. Der jüngere Bulle wich zurück und verzog sich, ohne einen weiteren Angriff zu wagen.

Wieder einmal der Sieger, kehrte der ältere Bulle zu seiner Kuh zurück, die er in ehrlichem Kampf gewonnen hatte. Dieser scheinbar unnötige, ja grausame Prozeß bewirkte, daß nur die stärksten Bullen sich fortpflanzten und so die Art erhalten blieb.

Diesmal allerdings wurde es ihm nicht so leicht gemacht, denn kaum hatte der siegreiche Bulle der Herde den Rücken gekehrt und seine Aufmerksamkeit wieder der Kuh zugewendet, da hörte er abermals ein kampflustiges Schnauben. Als er sich umdrehte, sah er den Bullen Rufus energischen Schrittes auf sich zukommen. Der stellte nun eine ernsthaftere Herausforderung dar.

Als Rufus dem älteren Bullen Horn an Horn gegenüberstand, konnte dieser den Urin riechen, mit dem sich sein Herausforderer am Vormittag eingeschmiert hatte. Es war der Geruch eines erwachsenen Bullen, eines Bullen, der bereit war, seinen Platz unter den Leittieren der Herde einzunehmen. Deshalb blieb der schwarze Bulle ganz ohne Bewegung stehen und starrte seinem Herausforderer in die Augen. So standen die beiden großen Tiere über eine Minute, dann wandte Rufus langsam den Blick ab, senkte den Kopf und trottete ohne jede Eile davon. Es war kein guter Tag für den Beginn eines richtigen Kampfes. Es würden sich andere, vorteilhaftere Gelegenheiten ergeben.

Im weiteren Verlauf der Brunftzeit wurden die Kühe nur von drei Bullen besprungen: von dem schwarzen Leitbullen, von dem Bullen mit dem schiefen Horn und von dem braunen Bullen mit dem dichten Haarbusch über den Augen. Jeder von ihnen wurde wiederholt von jüngeren Bullen herausgefordert, jeder verteidigte erfolgreich seine Hoheitsrechte, und es schien, als sollte in diesem Sommer kein anderer zur Macht gelangen.

Als sich die Paarungszeit jedoch ihrem Ende näherte, wurde Rufus von einer Kampflust gepackt, wie er sie bis dahin noch niemals erlebt hatte. Sooft er auch gegen die Pappeln anrannte, sooft er sich auch ausgiebig suhlte – nichts konnte ihm Befriedigung verschaffen. Also suchte er eines Morgens eine alte Suhle auf, die sich zuvor schon einmal als brauchbar erwiesen hatte. Es war der Bau einer Familie von Präriehunden, in dem diese kleinen, eichhörnchenähnlichen Tiere viel Sand angehäuft hatten. Dort warf er sich, ohne auf die Proteste der kleinen Tiere zu achten, deren Wohnungen er zerstörte, unruhig auf den weichen Untergrund. Er suhlte sich eine lange Zeit – so lange, bis sein ganzes Fell mit Staub durchsetzt war. Dann stand er auf, urinierte ausgiebig und warf sich mit einer Heftigkeit, wie er sie dabei noch nie an den Tag gelegt hatte, in den Schlamm. Als er sich diesmal aus seiner Suhle erhob, war er von Kopf bis Fuß mit Schlamm beschmiert und strömte einen durchdringenden Geruch aus.

Mit blinder Entschlossenheit kehrte er zur Herde zurück und suchte finster nach einem Bullen, der sich diesen Tag zu Liebesspielen ausgesucht hatte. Zufällig war es der häßliche braune. Er umwarb eine schöne, hoch in der Brunfthitze stehende Kuh, und wäre Rufus nicht gekommen, hätten die beiden sich bald gepaart.

Diesmal verlor Rufus keine Zeit damit, dem Feind lange in die Augen zu starren. Er hatte kaum die Szene betreten, da senkte er auch schon den Kopf und wollte den braunen Bullen angreifen. Doch seine Taktik blieb wirkungslos, weil jenes kleine Bullenkalb, das sich ihn zur Adoptivmutter erwählt hatte, an ihm, als er vorbeiging, die Witterung seines uringetränkten Körpers aufgenommen hatte und nun herbeigaloppiert kam, um sich von ihm seine Milch zu holen. Dadurch wurde der Angriff unterbrochen, und der braune Bulle konnte zuerst zustoßen. Er brachte Rufus eine tiefe Schulterwunde bei, aus der sofort das Blut zu schießen begann.

Dies versetzte Rufus in Wut, die er an seinem Möchtegern-Sohn ausließ. Mit einem wuchtigen Emporwerfen des Kopfes packte er das hartnäckige Kalb und schleuderte es hoch in die Luft. Ohne innezuhalten und zu warten, wie und wo es zu Boden fiel, stürzte er sich so hemmungslos auf den braunen Bullen, daß sein Rammstoß den Gegner unvorbereitet traf. Es gab einen heftigen Zusammenprall, und der braune Bulle wich etwas zurück.

Ohne Zögern setzte Rufus ihm nach und stieß mit seinen kräftigen Hörnern zu, bis er die rechte Hüfte des Braunen traf. Mit einem reißenden Geräusch sein Horn an der Hüfte entlangziehend, fügte er dem Feind eine schwere Verletzung zu.

Jetzt hatte er Mut gefaßt, und schon war er wieder über dem Bullen, griff ihn von allen Seiten scheinbar gleichzeitig an, stieß und stach und bedrängte ihn schwer. Mit der Zeit machte sich die Anstrengung bei dem Braunen bemerkbar. Immer weiter fiel er zurück und versuchte noch einen letzten Gegenangriff, der aber mißlang. In der Erkenntnis, daß seine Niederlage nicht mehr abzuwenden war, zog er sich zurück und räumte das Feld.

Unter triumphierendem Gebrüll übernahm Rufus die geduldig wartende Kuh und begann ihr das Fell zu lecken. Er wollte sie eben in das Pappelgehölz führen, da kehrte das kleine Bullenkalb, angelockt von dem kräftigen Geruch seiner auserwählten „Mutter“, von seiner Flucht zurück, schob sich neben Rufus und versuchte wieder zu trinken; diesmal jedoch stieß ihn der siegreiche Bulle nur sanft mit der Nase beiseite. Vorläufig hatte er andere Dinge im Kopf.

Im Verlauf des restlichen Jahres sah Rufus gelegentlich den braunen Bullen um die Herde herumstreichen: ein verbittertes, altes Tier, dessen Platz endgültig von einem anderen eingenommen wurde. Nie wieder würde der Alte eine Kuh bespringen, denn sollte er diesen Versuch wagen, würden ihn die jüngeren Bullen, die sich seine Niederlage durch Rufus gemerkt hatten, sofort herausfordern.

Inzwischen war es Herbst geworden, und die Leitkuh spürte, daß es Zeit für ihre Schützlinge war, sich mit einer größeren Herde zusammenzutun. Also führte sie sie nach Norden. Unterwegs vereinten sie sich mit größeren und dann mit noch größeren Herden. Von allen Seiten schienen die Bisons zu kommen und die Prärie in ein wogendes schwarzes Meer zu verwandeln, und immer noch kamen neue hinzu. Ihren Wanderungen lag kein Plan zugrunde, sie folgten lediglich dem von ihren Vorfahren bereits eingehaltenen Gesetz.

In einer solchen Riesenherde wäre der kleine schwarze Bulle mit dem falschen Mutterbild untergegangen, hätte er sich nicht stets dicht bei Rufus gehalten. Da er die Witterung seiner Mutter kaum kannte, hatte er auch keine Möglichkeit, sie in diesem Gewühl zu finden, der kräftige Geruch seines Adoptivvaters jedoch war schon von weitem leicht auszumachen, und so hielt sich der kleine Bursche eben an ihn.

Ganz gleich, wie schlecht der mißgelaunte Rufus seinen unerwünschten Begleiter behandelte – der junge Bulle blieb bei ihm. Da er die Muttermilch entbehren mußte, lernte er bereits sieben Monate vor seinen Altersgenossen von Gras zu leben, und während die anderen noch bei ihren Müttern Schutz suchten, entwickelte er einen kaum zu bändigenden Unabhängigkeitstrieb. Als der erste Schnee fiel, begann er auf jedes Tier, das ihm begegnete, mit seinem Dickschädel anzurennen, und da er einen Angriff der Wölfe bereits überstanden hatte, fürchtete er sich nicht einmal mehr vor diesen. Je höher sein kleiner Buckel wuchs, desto ausgeprägter wurde seine Kampfeslust. Er war ein recht ungebärdiger kleiner Bulle.

Zusammen mit Rufus bewegte er sich frei innerhalb der großen Herde – zuweilen unter der Führung ihrer eigenen Kuh, zuweilen weit von ihr entfernt, beinahe außerhalb der großen Masse. Eines Tages, als sich die Herde, wie zur Winterzeit üblich, in kleinere Einheiten teilte, drängten ungefähr hunderttausend Bisons nach Süden über den Fluß, und diesmal sollte es sich als Glück erweisen, daß Rufus und das Bullenkalb sich nicht in der Mitte der Herde aufhielten. Die Herde graste ein gutes Stück westlich der Zwillingssäulen und zog gemächlich auf die vierzig Fuß hohe Kalkklippe zu. Wäre diese Wanderung normal verlaufen, hätten sich die Bisons schließlich in zwei Gruppen geteilt, von denen eine die Klippe im Westen, die andere im Osten umgangen hätte.

An jenem Tag aber stiftete ein Wolfsrudel Unruhe an der Ostflanke. Die Tiere dort begannen eine Stampede, andere, die das bemerkten, schlossen sich ihnen automatisch an, und binnen kurzem setzte eine allgemeine Panik ein, bis ungefähr achtzig- bis neunzigtausend Bisons über die Ebene stürmten.

Unaufhaltsam rasten sie weiter, alles niederrennend, was ihnen in den Weg kam. Stolperte und fiel ein Tier, wurde es von den stampfenden Hufen zu Tode getrampelt, und ein Kalb, das sich auch nur sekundenlang von der Mutter löste, mußte entweder sterben oder ging für immer verloren.

Das Zentrum der Stampede jagte direkt auf die Kalkklippe zu Sobald die Leittiere den steilen Abgrund sahen, machten sie den Versuch, die Herde anzuhalten, schafften es aber nicht, denn die nachfolgenden Tiere drängten weiter und stießen sie über den Klippenrand. Die meisten von ihnen stürzten in den sofortigen Tod; diejenigen, die überlebten, wurden von den nachfolgenden Bisons, die ebenfalls hinabstürzten, zerschmettert.

Die Tiere an den Flanken allerdings konnten die Klippe umgehen. In der mittleren Gruppe betrugen die Verluste jedoch eintausendzweihundert Kopf: Die Wölfe brauchten nicht mehr auf Nachzügler der Herde zu lauern.

Rufus, der sich an jenem Tag mit dem Bullenkalb auf dem linken Flügel befand, brachte sich und seinen Schützling mühelos auf die Ebene unterhalb der Klippe in Sicherheit. Dem kleinen Bullen machte die aufregende Jagd so großen Spaß, daß er nicht mehr von Rufus' Seite wich, und als die Herde sich wieder unter der Führung ihrer energischen Leitkuh versammelte, zogen die beiden ostwärts zu den Zwillingssäulen, wo der freiwillige Waisenbulle zu einem strammen Jüngling heranwuchs.

Vom Wesen her war er ein kleiner Rowdy, der schon im Alter von neunzehn Monaten, als ihm auf dem pechschwarzen Kopf kraftvolle Hörner wuchsen, immer wieder auf Abenteuersuche ging. Eines Tages kam er mit schweren Wunden stark hinkend zur Herde zurück: Sein linkes Hinterbein war oberhalb des Knöchels zerfetzt, sein Gesicht aufgeschlitzt und seine rechte Flanke von scharfen Zähnen aufgerissen. Als Rufus und die anderen Bullen herbeikamen, um an Hand der Gerüche an seinem Körper festzustellen, was sich da abgespielt hatte, entdeckten sie, daß das Blut an seinem rechten Horn nicht von ihm selbst stammte. Eingehender schnüffelnd, erkannten sie Wolfswitterung und wanderten am nächsten Morgen zu dritt nach Osten zu den

Zwillingssäulen, wo sie ein regelrechtes Schlachtfeld vorfanden: Drei Wölfe lagen tot neben ein paar Büschen, deren Zweige zerbrochen und zertrampelt waren.

Es war ein beachtenswerter Triumph für den jungen Bullen, aber von da an lahmte er auf dem linken Hinterbein. Das störte ihn zwar weiter nicht, doch wenn er sich zum Angriff gegen seine Bullenfreunde gegen den Boden stemmte, schonte er unwillkürlich das verletzte Bein, und wenn er den Angriff ausführte, tendierte er dabei auffallend nach links. Das hinderte ihn jedoch keineswegs daran, mit jedem Bullen in der Herde Streit anzufangen. Einmal forderte er sogar die Leitkuh heraus, die sie gerade nach Norden führte, aber sie versetzte ihm nur zwei schnelle Hiebe mit dem Horn und deutete damit an, daß sie sich von jungen Bullen keinerlei Frechheiten gefallen ließ.

Am liebsten hatte er den Herbst, wenn sich die große Herde nördlich der beiden Flüsse versammelte. Im westlichen Amerika hatte es von jeher zwei Bisonarten gegeben: den Waldbison, der sich in den Bergen aufhielt, und den Präriebison. Der letztere bildete zwei große Herden, eine nördliche und eine südliche, wobei die Gegend um die Zwillingssäulen die Grenze bildete, weil die südliche Herde fast ausschließlich unterhalb des South Platte, die Nordherde dagegen oberhalb des North Platte blieb. Das Niemandsland zwischen den beiden Flüssen war manchmal von ein bis zwei Millionen Bisons aus beiden Herden besetzt, die aber dort nie sehr lange blieben.

In dieser Zeit hätte die Nordherde, wäre sie jemals an einer Stelle zusammengekommen, was nicht geschah, ungefähr fünfunddreißig Millionen Köpfe gezählt, die Südherde fünfundzwanzig. Sogar vereinzelte Kleinherden, die sich entlang des North Platte sammelten, konnten bis in die zwei bis drei Millionen gehen, so daß sie zum Überqueren des Flusses manchmal drei ganze Tage benötigten. Sie verwandelten die Prärie in ein schwarzes Meer; wenn sie weiterzogen, verdunkelten die riesigen Staubwolken den Himmel. Sie waren einzigartig und hatten zu jener Zeit in der gesamten Region außer dem Wolf keinen einzigen Feind.

Dem wilden jungen Bullen machte es Spaß, sich im Zentrum der Herde herumzutreiben und sich immer wieder mit anderen jungen Bullen anzulegen. Die Tatsache, daß er lahmte, verleitete die anderen Bullen zu dem Schluß, daß sie es hier mit einer leichten Beute zu tun hätten, deswegen wurde er in den ersten Jahren sehr oft herausgefordert; allerdings jedesmal zum Nachteil seiner Herausforderer. Denn er war nicht nur stark und klug, er war manchmal richtiggehend hinterhältig und verwendete Tricks, die anderen Bullen völlig unbekannt waren. So war es bei den Bisons üblich, daß zwei Bullen, die sich zu ihrem ersten richtigen Kampf zusammengefunden hatten, mit aneinandergepreßten Köpfen voreinander standen und die Hinterbeine in brutalem Kräftemessen in den Boden stemmten. Mit seinem schwachen Hinterbein wußte der kohlschwarze Bulle jedoch, daß er einem Kampf dieser Art nicht gewachsen war; wenn sich also sein einfältiger und phantasieloser Gegner für den traditionellen Kampf in Positur stellte, machte er eine Finte vorwärts, hielt den Kontakt mit dem Gegner so lange, bis er diesen in Position manövriert hatte, und glitt dann, dem Feind mit dem scharfen rechten Horn die Flanke ritzend, behende nach einer Seite ab.

Auf diese Weise überrumpelte er zahlreiche Bullen, mußte aber auch selbst Treffer einstecken. Zwei seiner Rippen waren gebrochen, die Spitze des linken Horns gekappt.

In diesem Jahr behauptete die Leitkuh ihre Führungsposition, und sogar widerspenstige Bullen wie der kohlschwarze fügten sich ihr und schlossen sich bereitwillig dem Marsch nach Süden zu ihrem vertrauten Territorium an. Der junge Bulle marschierte mit Rufus, und die beiden, der jüngere nunmehr ebenso schwer wie der ältere, bildeten ein herrliches Paar.

Bisons haben jedoch ein äußerst kurzes Erinnerungsvermögen, daher erblickte der jüngere Bulle auch in dem älteren schon längst nicht mehr seinen Beschützer. Jene albernen Kindertage hatte er vergessen. Für ihn war Rufus nur noch der befehlshabende Bulle dieser Herde, der einzige, der während der Brunftzeit nicht besiegt worden war. Und damit begann auch das Problem, denn als der Kohlschwarze sechsjährig war, wollte er endlich eigene Kühe haben; andernfalls wäre er sich lächerlich vorgekommen. Das aber brachte ihn in Konflikt mit den Hoheitsrechten von Freund Rufus.

In jenem Frühling begann sich der halblahme Bulle auf die besonders harten Kämpfe vorzubereiten, die ihm, wie er wußte, bevorstanden. Eifrig erprobte er seine Hörner an den Pappeln und brüllte stundenlang unten beim Fluß. Außerdem suhlte er sich häufig und brach Kämpfe mit jüngeren Bullen vom Zaun. Mit konzentrierter Aufmerksamkeit beobachtete er die drei oder vier älteren Bullen, die das Kommando über die Kühe führten, nahm aber besonders Rufus aufs Korn. Ihm schien, daß die Kräfte des Alten nachließen.

Mit dem Beginn der Brunftzeit verwandelte er sich in ein wildes Tier, das nach jedem Lebewesen stieß, das ihm über den Weg lief. Und eines Tages, als Rufus sich eine Kuh ausgewählt hatte, lauerte er entschlossen auf den richtigen Moment zum Angriff – leider jedoch zu spät, denn eben als er die ersten Schritte tat, kam ein anderer Jungbulle heran, um den alten Champion wagemutig herauszufordern. Es gab die übliche erste Konfrontation, das Starren, die Weigerung nachzugeben, das Einstemmen der Hinterbeine, den kraftvollen Angriff und den wuchtigen Aufprall, als die Köpfe zusammenstießen.

Es war ein großer Kampf, eine richtige Belastungsprobe für die Kräfte des älteren Bullen, aber er bestand diesen Test mit Würde, hielt seinem Herausforderer mühelos stand und trieb den jungen Bullen langsam zurück. Als er dem Angreifer jedoch seinen Denkzettel verpaßt und das triumphierende Gebrüll des Siegers ausgestoßen hatte, mußte er feststellen, daß sein Sieg keineswegs vollständig war, denn während er mit dem anderen kämpfte, war der halblahme Bulle mit der wartenden Kuh davongezogen und besprang sie nun im üppigen Gras bei den beiden Säulen.

Von diesem Tag an waren Rufus und der junge Bulle Feinde. Zu einem Kampf kam es allerdings nicht, denn der jüngere spürte, daß er bei dem Haß, den Rufus gegen ihn hegte, niemals gewinnen konnte. Deswegen hielt er sich listigerweise vorerst zurück und ging Rufus sogar noch aus dem Weg, als sich im Herbst die große Herde sammelte.

Dann allerdings kam alles sehr schnell. Am ersten Tag der neuen Brunftzeit forderte er Rufus zum Kampf um die erste Kuh heraus. Fast eine Minute lang funkelten sich die beiden riesigen Tiere wütend an, und Rufus wappnete sich gegen die erste Attacke, war jedoch keineswegs darauf gefaßt, daß sie so ungeheuer stark ausfallen würde. Zum erstenmal wich er ein kleines Stück zurück, um besseren Halt für seine Hinterhufe zu finden. Der zweite Stoß war aber nicht weniger wuchtig, der jüngere Bulle machte eine Finte und stieß dann gewaltig an der anderen Seite zu. Und Rufus spürte, wie das Horn seine Flanke aufriß.

Zum erstenmal war Rufus in einem Kampf verwundet worden. Brennender Schmerz durchfuhr seinen Körper. Mit einem nie dagewesenen Zorn stellte er sich seinem Gegner und stürzte sich mit so furchtbarer Wucht auf ihn, daß er dem anderen zwei Rippen brach.

Normalerweise hätte das genügt, um den Herausforderer aus dem Feld zu schlagen, aber der kohlschwarze Bulle war eben kein normaler Bison. Er war ein in jeder Art von Feindseligkeit erfahrenes Tier und dazu eines, das lieber sterben als sich besiegen lassen wollte. Den Körper ein wenig zur Seite gekrümmt, um so die Schmerzen zu mildern, ging er direkt auf Rufus los und brachte ihn mit Stößen gegen Brust und Flanke aus dem Gleichgewicht. Das war kein konventioneller Kampf mehr, hier gab sich ein hitziger, junger Bulle die größte Mühe, seinen älteren Gegner zu töten.

Unermüdlich stach und stieß er auf Rufus ein, ließ ihm auch nicht die geringste Chance, noch einmal festen Fuß zu fassen. Mit einer Mischung aus Staunen und Angst spürte Rufus, daß er diesen jungen Gegner nicht überwinden konnte. Vage kam ihm der Gedanke, daß nun ein Besserer seinen Platz übernehmen würde, und er begann allmählich zurückzuweichen. Zuerst – widerwillig – mit einem Fuß, dann auch mit den anderen. Er war eindeutig auf dem Rückzug.

Mit einem triumphierenden Schnauben griff ihn der Jüngere ein letztes Mal an, rammte ihn, daß er zur Seite stolperte, und ließ ihn konfus stehen. Völlig demoralisiert, Kopf und Schwanz tief gesenkt, machte sich Rufus aus dem Staub, während der schwarze Bulle Besitz von der Kuh ergriff, die er durch seinen Sieg erobert hatte.

Die anderen Bisons reagierten nicht, als Rufus sich vom Kampfplatz zurückzog; sie zeigten, als er unglücklich durch ihre Reihen trottete, weder Bedauern noch Genugtuung. Er war besiegt worden, und damit basta. Als Herrscher der Herde war er erledigt; jetzt mußte er mit sich selber ins reine kommen.

Das war nicht leicht. Den ganzen Sommer hindurch hielt er sich abseits, ungefähr eine Viertelmeile vom Rand der Herde entfernt. Während des Herbstes irrte er wie verloren umher und ließ sich nicht einmal von der Erregung beim Zusammentreffen der Herden anstekken. Ein- oder zweimal sah er den schönen, neuen Sieger, doch diesmal zogen die beiden nicht nebeneinander einher, und bei der Wanderung ins Winterquartier ignorierte ihn sogar die Leitkuh.

Der Winter war eine anstrengende Zeit. Als Schnee alle Prärien bedeckte und eisige Winde mit Temperaturen weit unter dem Gefrierpunkt vom Westen her, von den Bergen, über die Ebene fegten, blieb Rufus allein, reckte den behaarten Kopf in den Sturm und wartete verbissen, bis der Blizzard vorüber war. Danach stellte sich ihm das Problem der Nahrungsuche; also steckte er den massigen Kopf in den Schnee, bohrte sich, tiefer und tiefer, mit rhythmisch seitlich schwingenden Bewegungen ein Loch und hielt erst inne, als das gefrorene Gras unter der Schneedecke bloßlag. Dann graste er, und wenn die erste Stelle kahlgefressen war, wiederholte er die Prozedur an einer anderen.

So überlebte er. Eines Nachts verfolgten ihn Wölfe, und einmal wagten sie sogar einen Angriff, aber er war zu stark für sie. Einen nach dem anderen, ganz in gewohnter Manier, zerfetzte er sie mit seinen Hörnern, sobald sie in seine Nähe kamen. Einen Wolf nahm er auf seine Hornspitze, warf ihn zu Boden und zertrampelte ihn zu Brei, jeden einzelnen Tritt seiner immer noch kraftvollen Hufe genießend. Von da an ließen ihn die Wölfe in Ruhe. Obwohl er – freiwillig – zum Ausgestoßenen geworden war, eine Beute der Wölfe war er noch lange nicht.

In diesem Jahr hatte es besonders viel geschneit; in den Bergen lag der Schnee zuweilen bis dreizehn Meter hoch. Als dann der Frühling nahte und heiße Sonnentage brachte, kam die Schneeschmelze plötzlich und mit verheerender Gewalt. Riesige Wassermassen bildeten sich, die irgendwie einen Weg in die Ebene finden mußten, also wurden Rinnsale zu Bächen, Bäche zu Flüssen, und der South Platte brauste wie eine mächtige Flutwelle daher.

Die Leitkuh, die die Katastrophe instinktiv vorausgeahnt hatte, behielt ihre Herde bei den Zwillingssäulen, weil dort der Grund höher war als die Umgebung. Da Rufus sich aber nicht mehr als Mitglied der Herde betrachtete und nach Belieben frei umherstreifte, wählte er lieber den Landstreifen neben dem Fluß, wo das Eis dick war und das Gras innerhalb der nächsten paar Wochen saftig sein würde. Darum war er auch nicht darauf vorbereitet, daß sein Refugium plötzlich auf allen Seiten von Wasser umgeben war. Er zögerte, sich auf höheren Grund zu begeben, weil er vermutete, das Wasser würde wieder sinken. Statt dessen jedoch stieg es weiter an.

Nun traf die Hauptmasse des Schmelzwassers auf den South Platte, überschwemmte das Land noch höher, und Rufus saß in der Falle. Rings um ihn her türmten sich losgebrochene Eisschollen auf, bis er schließlich einsah, daß er verloren war, wenn er länger blieb. Also marschierte er in Richtung auf ein Stück Land, das seiner Erinnerung nach höher lag, aber auch dorthin war das Wasser gekommen, und riesige Eisblöcke schoben sich an den Pappeln empor.

Da der Fluchtweg endgültig versperrt war, entschloß sich Rufus, sein Glück am Südufer zu probieren, doch das bedeutete, daß er den Fluß überqueren mußte. Bevor er sich ins Wasser wagte, sah er sich suchend nach allen Seiten um, als erwarte er, daß die Leitkuh ihm Anweisungen erteilte. Aber es gab nirgends eine Leitkuh, und so warf er sich mutig in den reißenden Strom. Die tosenden Wasser trugen ihn mit, während er unter kraftvollen Schwimmbewegungen das andere Ufer zu erreichen suchte, das wegen der Überschwemmung inzwischen Meilen entfernt war.

Angestrengt arbeitete er mit den Beinen; hätte es sich um einen normalen Fluß gehandelt, er hätte es leicht geschafft. Aber auch so war er überzeugt, daß er das Südufer erreichen werde, und schwamm unverdrossen weiter. Dabei kam er nicht ein einziges Mal auf die Idee, daß es der kleine, schwarze Bulle war – derjenige, den er gerettet und großgezogen hatte –, dem er seinen Ausschluß aus der Herde verdankte. Er wußte nur, daß er ein Ausgestoßener war.

In der Mitte des reißenden Flusses kam ein Gewirr aus zerknickten Baumstämmen, Eisschollen, großen Steinen und toten Tieren herangetrieben. Es war eine Art schwimmender Insel, die mit ungeheuerlicher Kraft flußabwärts schoß. Sie erreichte ihn, drückte ihn unter Wasser, drängte ihn erbarmungslos in die dunkle Tiefe und jagte weiter.

Als der Bison über die Landbrücke nach Amerika kam, traf er dort auf eine riesige, mißgestaltete Kreatur, die in vieler Hinsicht sein genaues Gegenteil war. Der Bison war vorne breit, hinten schlank, während das einheimische Tier ein sehr kräftiges Hinterteil und einen schlanken Vorderkörper besaß. Der Bison war ein Landtier, das andere Tier lebte fast ausschließlich im Wasser. Es wog ungefähr dreihundertfünfzig Pfund und wirkte mit seinen auffallenden, messerscharfen Vorderzähnen äußerst gefährlich. Doch es war kein Fleischfresser, sondern benutzte seine Zähne lediglich zum Fällen von Bäumen. Denn dieses Riesentier war ein Biber.

Die ersten Biber waren viel zu groß, um dem Konkurrenzkampf standzuhalten, der zwischen den amerikanischen Tierarten begann; sie brauchten zu viel Wasser für ihre Burgen und zu viele Wälder für ihre Nahrung. Mit den Jahrtausenden jedoch wurde eine kleinere Nebenlinie mit kleineren Zähnen und weicherem Pelz dominant, aus der sich dann eines der liebenswertesten und halsstarrigsten Geschöpfe der Natur entwickelte. Sie lebten vorwiegend in den Flüssen von Colorado.

Eines Frühlingsmorgens machten die Bibermutter und der Bibervater in ihrem Bau an einem kleinen Creek westlich der Zwillingssäulen ihrer zweijährigen Tochter klar, daß sie nunmehr nicht länger bei ihnen bleiben könne. Sie müsse sich selbständig durchs Leben schlagen, sich einen Gefährten suchen und sich gemeinsam mit ihm eine eigene Burg bauen. Die junge Biberdame verließ nur ungern den sicheren Hort, in dem sie ihre ersten zwei Lebensjahre verbracht hatte; von nun an würde sie auf den Schutz ihrer hart arbeitenden Eltern und auf die lärmige Gesellschaft der um ein Jahr jüngeren Geschwister, mit denen sie am Ufer des Baches und in seinem tieferen Wasser so lustig gespielt hatte, verzichten müssen.

Ihr größtes Problem jedoch würde die Suche nach einem jungen Bibermännchen sein, denn in diesem Teil des Creeks waren einfach keine zu finden. Also mußte sie die Heimat verlassen, sonst mußten ihre Eltern sie schließlich noch umbringen, denn sie war reif genug, um selbst zu arbeiten, und ihr Platz im Wohnkessel wurde für weitere Würfe von Jungen benötigt.

Also verließ die junge Biberin ihre Familie und schwamm durch den Tunnelgang zum Einschlupf. Vorsichtig tauchte sie auf, richtete ihre kleine braune Nase uferwärts und schnupperte nach Anzeichen von Feinden. Da sie keine fand, stieß sie die mit Schwimmhäuten versehenen Hinterfüße kräftig nach hinten, faltete die kleinen Vorderpfoten unter dem Kinn und begann die Reise den Bach hinab.

Ein Stoß ihrer Hinterbeine reichte aus, um sie ein beträchtliches Stück weiterzubringen. Während des Schwimmens, bei dem sie den Kopf an der Oberfläche hielt, hielt sie aufmerksam Ausschau nach drei Dingen: nach jungen Bäumen, falls sie Nahrung brauchte, nach günstigen Stellen zum Bau eines Dammes sowie der dazugehörigen Burg und nach männlichen Bibern.

Zunächst verlief ihre Suche ziemlich enttäuschend. Sie sah zwar zahlreiche Pappeln am Ufer, deren Rinde ein Biber fressen konnte, wenn es nichts anderes gab, fand aber nirgends Espen, Birken oder Erlen, die sie als Nahrung bevorzugte. Wie man einen jungen Baum annagte, ihn von der Rinde befreite und fällte, damit man auch an die jungen Triebe herankam, wußte sie. Sie konnte auch einen Damm bauen und die Fundamente für eine Burg herstellen. Sie war überhaupt eine gute Hausfrau und würde, sobald sich die Gelegenheit ergab, auch eine sehr gute Mutter sein.

Sie war ungefähr eine Meile weit den Bach hinabgeschwommen, als sie am Ufer ein ansehnliches junges Männchen entdeckte, das sich mit Hingabe das Fell putzte. Einen Augenblick lang beobachtete sie ihn, ohne daß er sie bemerkte, und vermutete zu Recht, daß er sich diese Stelle zum Bau eines Dammes ausgesucht hatte. Aufmerksam begutachtete sie den Platz und wußte instinktiv, daß er bestimmt klüger daran tat, den Damm ein Stückchen weiter stromauf zu bauen, denn dort gab es feste Uferwände, an denen man ihn befestigen konnte. Kurz entschlossen schwamm sie auf das Männchen zu, hatte aber kaum ein paar Schwimmstöße getan, als von einer Seite, die sie nicht beachtet hatte, ein junges Biberweibchen ins Wasser schoß, zweimal kräftig mit dem Schwanz schlug und kampfbereit auf den Eindringling zukam. Das Weibchen hatte so lange gebraucht, bis es ein Männchen gefunden hatte, und duldete keinerlei Störung seines zukünftigen, glücklichen Familienlebens.

Unbeteiligt beobachtete das Männchen am Ufer, wie sein Weibchen auf die Fremde zuschwamm, die mächtigen Vorderzähne bleckte und sich zum Angriff anschickte. Augenblicklich zog sich die Fremde in die Bachmitte zurück. Das siegreiche Weibchen schlug triumphierend zweimal mit dem Schwanz ins Wasser und schwamm zufrieden zu ihrem gleichgültigen Gefährten zurück, der seinerseits fortfuhr, sich zu putzen und Öl über seinen seidigen Pelz zu verteilen.

Die Biberin sah noch ein Männchen an diesem Tag, einen uralten Burschen, der überhaupt kein Interesse an ihr zeigte. Sie ignorierte ihn im Vorbeischwimmen und strebte weiter einem unbekannten Ziele zu.

Als es Spätnachmittag wurde und ihr die erste Nacht fern von zu Hause bevorstand, wurde sie nervös und hungrig. Planlos kletterte sie an Land und begann achtlos an einer Pappel zu nagen. Doch es war gut, daß sie ihre Aufmerksamkeit nicht ausschließlich auf die Nahrung richtete, denn als sie da hockte, den schuppigen Schwanz lang ausgestreckt, hörte sie, daß sich hinter einem größeren Baum etwas rührte, blickte auf und entdeckte einen Bären, der mit eiligen Schritten auf sie zukam.

Im Zickzacklauf, wie sie es gelernt hatte, entkam sie dem ersten Schlag der mächtigen Pranke, wußte aber, wenn sie weiter auf den Creek zulief, würde der Bär sie mit Sicherheit einholen. Deswegen überraschte sie ihn dadurch, daß sie ein kurzes Stück am Bachufer entlanglief, und war, bevor er seinen Schwung bremsen und die neue Richtung einschlagen konnte, bereits im Wasser in Sicherheit.

Sie tauchte tief, und da sie acht bis neun Minuten unter Wasser bleiben konnte, hatte sie Zeit genug, sich weit von der Stelle, an der der Bär wartete, zu entfernen, denn selbst vom Ufer aus konnte der Bär einen Biber mit einem Prankenschlag aus dem Wasser holen. Als sie auftauchte, hatte sie ihn weit hinter sich gelassen.

Die Nacht brach herein. Wo sollte sie schlafen? Sie begutachtete beide Ufer und wählte eine Stelle, die ein wenig Schutz bot. Dort rollte sie sich dicht am Wasser zusammen. Es war natürlich ein elender Ersatz für eine richtige, feste Burg, das war ihr klar.

Drei Nächte noch mußte sie unter diesen erbärmlichen Umständen verbringen. Die Zeit verging, und noch immer hatte sie nicht mit dem Bau eines Dammes begonnen. Am folgenden Tag passierten dann jedoch gleich zwei Wunder auf einmal, wobei das zweite weitreichendere Folgen haben sollte als das erste. Am frühen Morgen kam sie in einen Abschnitt des Creek, den sie noch nie gesehen hatte, und nahm sofort einen starken, beruhigenden Geruch wahr. Wenn dieser Geruch hielt, was er versprach, und nicht nur auf Zufall beruhte, mußte er sich in angemessenen Abständen wiederholen, deswegen verlangsamte sie ihr Tempo und begann aufgeregt in allen vier Himmelsrichtungen zu suchen. Es war, wie sie erwartet hatte: Der kräftige Geruch wiederholte sich. Ein männlicher Biber, und zwar ein junger, hatte sein Territorium markiert, und sie war offensichtlich das erste Weibchen, das dort eindrang.

Eilig schwamm sie in die Bachmitte zurück, schlug mit dem Schwanz, und zu ihrer Freude erschien ein schöner, junger Biber am Ufer, der neugierig ins Wasser blickte. Das Klatschen hätte ebensogut bedeuten können, daß ihn ein anderes Männchen zum Kampf um sein Territorium herausforderte; deswegen war er auf Feindseligkeiten vorbereitet. Als er jedoch sah, daß sein Besuch zu dem Geschlecht gehörte, das anzulocken er beabsichtigt hatte, stieß er ein erfreutes Bellen aus und stürzte sich in den Bach, um sie zu begrüßen.

Mit kräftigen Stößen seiner Schwimmhautfüße schoß er durchs Wasser, erreichte sie und stieß seine Nase an die ihre. Anscheinend war er zufrieden mit dem, was er sah. Trotzdem schwamm er noch zweimal abschätzend um sie herum, dann forderte er sie auf, ihm zu folgen; sie tauchten tief auf den Boden des Bachlaufs. Er zeigte ihr, wo er seine Burg bauen wollte, sobald er ein Weibchen hatte, das ihm half.

Gemeinsam kehrten sie nach oben zurück, und er ging an Land, um eßbare Rinde zu holen, die er höflich vor sie hinlegte. Damit befolgte er seit langem bestehende Regeln der Brautwerbung. Die Biberin bekundete eifrig ihr Interesse, dann aber bemerkte sie, daß sein Blick abschweifte.

Er blickte stromaufwärts, wo eine der schönsten jungen Biberinnen in sein Territorium eindrang, die er jemals gesehen hatte. Dieses Weibchen hatte einen samten schimmernden Pelz, glänzende Augen und schwamm mit unvorstellbarer Grazie. Ein einziger Schwimmstoß genügte ihr, um die Eckpunkte seines Reiches anzusteuern, wo sie die von ihm placierten Markierungen prüfte.

Das junge Männchen ließ seine erste Besucherin stehen und jagte mit blitzschnellen Stößen auf die neu Erschienene zu, die ihm sofort zu erkennen gab, wie interessiert sie an seinem Machtbereich war und wie bereit, hier Einzug bei ihm zu halten. In diesen wenigen Sekunden entschied sich das Schicksal der beiden Biber.

Wohin aber nun mit der ersten Besucherin? Als die zuletzt Gekommene sie sah, ahnte sie sofort, was geschehen war, darum kam sie mit dem Männchen auf die wartende Biberin zu und begann, sie mit seiner Hilfe aus dem markierten Bereich hinauszudrängen. Die Biberin aber war zuerst gekommen und beabsichtigte zu bleiben, also tauchte sie unter ihre Konkurrentin und versuchte, sie von unten anzugreifen. Doch das Männchen wußte bereits, was es wollte. Es hatte keine Lust, sich mit dem Zweitbesten zufriedenzugeben, also machte es mit seiner Auserwählten gemeinsam Front gegen sie und zwang die Unerwünschte den Bach hinab. Während sie unter wütendem Geschnatter verschwand, klatschten die beiden ihre Schwänze ins Wasser, stießen freudevolle Laute aus und begannen ihren Damm zu bauen.

Die Ausgestoßene trieb ziellos dahin und fragte sich, ob sie wohl jemals einen Gefährten finden würde. Als sie das Ufer absuchte, um einen Unterschlupf für die Nacht zu finden, hörte sie hinter sich ein leises Geräusch und wußte sofort, das mußte ein Otter sein, der fürchterlichste Feind der Biber. Sie tauchte tief hinab und schoß auf einen Spalt in der Uferwand zu, wo sie vielleicht Schutz finden konnte. Als sie sich flach in den Bachsand preßte, sah sie ganz nah die schlanke Silhouette eines auf Raubzug befindlichen Otters vorübergleiten.

Inbrünstig hoffte sie, daß ihn sein erster Schwung weiter bachabwärts tragen würde, sein scharfes Auge hatte jedoch etwas entdeckt. Er machte in graziösem Bogen kehrt und schwamm wieder ein Stück zurück. Die Biberin saß in der Falle und suchte in panischer Angst nach irgendeiner Fluchtmöglichkeit. Am Fuß der Uferwand fand sie auch tatsächlich eine Öffnung, die in ihrem Verlauf nach oben führte. Falls dies eine Sackgasse war, gab es kein Entkommen. Was immer es jedoch sein würde, nichts war so schlimm wie das, was ihr hier draußen bevorstand, denn der Otter kam zurück, und sie konnte nicht schnell genug schwimmen, um ihm zu entwischen.

Also tauchte sie in den Tunnel und stieß sich kräftig nach oben ab. Der Stoß war so stark, daß sie über den Wasserspiegel hinausschoß und einen ersten Blick in die verborgene Höhle warf, die sich, mit einem Schlot, der Luft hereinließ, im weichen Kalkgestein gebildet hatte – ein Schutz, wie er nur wenigen Tieren beschieden war. Bald hatten sich ihre Augen an das Dämmerlicht gewöhnt, das von oben hereinfilterte, und nun erst erkannte sie so recht, was für ein wunderbarer Platz dies war; hier war sie in Sicherheit vor Ottern, Bären und gierigen Wölfen. Wenn sie ihren Damm ein wenig unterhalb der Höhle anlegte und ihre Burg mitten im Creek baute, wenn sie die Burg durch einen Tunnel mit dieser Höhle verband, den Luftschacht ein wenig erweiterte und sein oberes Ende so tarnte, daß kein Fremder es je entdecken konnte – dann hatte sie wahrhaft ein ideales Heim.

Noch vor der Abenddämmerung war sie bei der Arbeit. Von den Vorsprüngen am Ufer und im Bach holte sie sich jeweils eine Handvoll Schlamm. Mit der anderen Hand griff sie dann in jene Körperöffnung, in der zwei große Säcke hingen, und holte eine seltsame, gelbe Flüssigkeit heraus, die im gesamten Westen als Castoreum, einer der angenehmsten Gerüche in der Welt der Natur, berühmt werden sollte.

Sie verknetete das Castoreum mit dem Schlamm, fügte ein paar Grashalme hinzu, damit der Kuchen zusammenhielt, placierte ihn sorgfältig so, daß sein Geruch in alle Richtungen strömte, und als sie neun dieser Kuchen ausgelegt hatte – denn dies war ein Platz, den zu bewahren und zu verteidigen es sich lohnte –, unterbrach sie ihre Arbeit und begutachtete das Resultat. Auf und ab schwamm sie im Bach und stellte fest, daß überall das eindeutige Signal empfangen wurde, die Warnung an alle Eindringlinge: Dieses Stück Bach gehört einem Biber, der die Absicht hat, es zu behalten!

In diesem Sommer wurde sie zu einem überaus tüchtigen Weibchen, das sich energisch die Dinge verschaffte, die ihm erstrebenswert erschienen. Die Kalksteinhöhle wurde nicht nur eine Zuflucht, sondern darüber hinaus ein in jeder Hinsicht zufriedenstellendes Heim. Sie baute drei geheime Fluchtwege, von denen einer vom Bachufer aus gute sechs Meter landeinwärts führte, so daß sie im Falle eines Überfalles durch einen Bären oder Wolf sofort hineinschlüpfen und nach Hause zurückkehren konnte, bevor das Raubtier merkte, wohin sie verschwunden war.

Ihr Lebenszyklus war jedoch immer noch nicht vollständig. Allein wollte sie weder Damm noch Burg bauen, brauchte es natürlich auch nicht, denn beides war hauptsächlich für die Aufzucht von Jungen notwendig. Sie selbst konnte durchaus in der Kalksteinhöhle leben, ohne einen Dammbau mit einem männlichen Gefährten aber war und blieb sie eine Ausgestoßene.

Diese Tatsache hinderte sie jedoch nicht daran, sich stets sorgfältig zu pflegen. Jeden Tag, wenn die Sonne sich neigte, hockte sie am Ufer, überwachte ihr Territorium und putzte sich gründlich. Das bewerkstelligte sie mit Hilfe zweier seltsamer Zehen an jedem ihrer Hinterbeine. Die Nägel dieser Zehen waren so gespalten, daß sie kleinen Kämmen glichen, mit denen sie ihren Pelz strählte, bis auch die kleinste Unebenheit beseitigt war. Dann nahm sie Öl von ihrem Körper, strich es sorgfältig überall an ihre Behaarung und kämmte es gründlich in den Pelz, bis er in schimmernder Schönheit glänzte. Kein Lebewesen sah oder lobte diese Pflege, aber bevor sie dieses Ritual nicht beendet hatte, konnte sie einfach nicht schlafengehen.

Dann jedoch, im Frühherbst, als sie schon jede Hoffnung auf einen Gefährten aufgegeben hatte, kam ein schäbig aussehender, ungefähr siebenjähriger Biber, der seine Familie durch irgendeine Katastrophe verloren hatte, den Fluß heruntergewandert und bog zufällig in ihren

Bachlauf ein. Er war alles andere als ansehnlich, ja eigentlich war er nicht einmal akzeptabel, denn über seine linke Gesichtshälfte lief eine klaffende Wunde, und außerdem hatte er die beiden Zehen am linken Hinterfuß verloren, die er für seine Körperpflege brauchte, so daß er einen verwahrlosten Anblick bot.

Als er den Creek hinaufwanderte, entdeckte er die Markierungen und wußte sofort, daß hier ein grober Schnitzer gemacht worden war. Die Stelle wirkte zwar sehr einladend, doch jedes Hochwasser im Fluß würde ein Bauwerk hinwegschwemmen. Suchend sah er sich nach der Familie um, der dieser Wohnplatz gehörte, um sie vor der Gefahr zu warnen, und sah nach einiger Zeit auch den Kopf der Besitzerin auftauchen. Mißtrauisch kam sie näher geschwommen und hielt Ausschau nach der Gefährtin des Fremden, während er wiederum auf ihr Männchen wartete. Sekundenlang herrschte bewegungslose Stille. Er war müde, und der Winter stand vor der Tür.

Der Neuankömmling war es dann auch, der das Schweigen brach. Mit seinen Gesten und den Bewegungen seines Schwanzes deutete er an, daß dies keine geeignete Stelle für den Bau eines Dammes sei.

Mit trotzigem Hochwerfen ihres Kopfes erklärte sie ihm, daß sie nun einmal hier sei und auch hier bleiben werde. Dann führte sie ihn unter Wasser zum Eingang ihrer geheimen Höhle, zeigte ihm die Fluchtwege und erläuterte ihm, wie sie die Höhle mit der Burg und dem Damm zu verbinden gedachte. Doch auch jetzt war er noch nicht zufrieden und führte sie, als sie wieder auftauchten, zu einem weitaus sichereren Platz. Woraufhin sie empört zu schnattern und mit dem Schwanz zu schlagen begann und, als er ihr Territorium verließ, voller Verachtung in ihr Heim zurückkehrte.

Am nächsten Morgen war er wieder da und deutete ein wenig zögernd an, daß sie ihn begleiten dürfe, falls sie bereit sei, den Damm an einer geeigneteren Stelle zu bauen.

Wieder beschimpfte sie ihn, protestierte wütend, schnappte sogar nach ihm und verjagte ihn aufgebracht aus ihrem Reich, und am selben Nachmittag noch erschien er schweigend mit einem Espenzweig zwischen den Zähnen. Er tauchte auf den Bachboden, befestigte den Zweig mit Schlamm und legte so den Grundstein zu ihrem neuen, gemeinsamen Heim.

Inzwischen war es September geworden, also machten sie sich mit Feuereifer an die Arbeit. Sie schufteten die ganze Nacht, schleppten junge Bäume und Äste in den Bach, beschwerten sie mit Schlamm und Steinen, so daß das ganze Bauwerk mit der Zeit so weit in die Höhe reichte, daß es den Fluß des Wassers hemmte. Immer wieder bekundete er während der Arbeit seine Zweifel daran, daß dieser Damm halten würde, sie aber überging seine Warnungen schweigend.

Als die beiden Biber sich vergewissert hatten, daß der Damm das für ihre Burg notwendige Wasser halten würde, begann die Biberin Äste und junge Bäume am Bachboden zu befestigen, sie mit Schlamm, Steinen und Stämmen zu beschweren, und mußte dabei feststellen, daß sie auch schon beim Bau des Damms den größeren Teil der Arbeit geleistet hatte. Der männliche Biber war zwar großartig bei der Organisation von Dingen und bewies auch während der ersten Tage einen beträchtlichen Enthusiasmus, wenn es aber um wirklich schwere, knochenbrechende Plackerei ging, glänzte er meist durch Abwesenheit.

Also erledigte sie sowohl die Planung als auch die Ausführung und war, als sie das Fundament für ihre Burg beinahe fertig hatte, um elf Pfund leichter als zuvor. Ein letztes Mal noch prophezeite er, daß die erste Flutwelle alles zerstören würde, sie aber antwortete ihm gar nicht, denn sie wußte ganz genau, daß sie, die diesmal die Arbeit allein getan hatte, das auch wieder tun mußte, falls es einmal Hochwasser gab.

Als die Burg in der Mitte des kleinen Stausees hinter dem Damm vollendet war, tauchten sie auf den Bachboden und begannen mit der schönen Aufgabe, Eingänge hineinzugraben und über dem Wasserspiegel einen Wohnkessel mit ausreichend Platz für eventuellen Nachwuchs zu bauen. Außerdem legten sie Verbindungsgänge zu der Geheimhöhle an, und in der Planung all dieser Dinge war er tatsächlich ein wahrer Meister, denn schließlich war es nicht das erstemal, daß er eine Wohnburg konstruierte.

Wenige Tage nur waren es noch bis zum ersten Frost, darum arbeiteten sie während dieser Zeit fieberhaft, rissen Borke von den Bäumen und lagerten sie für den Winter ein. Sobald es ums Fressen ging, war er durchaus bereit, fleißig zu arbeiten, so daß sie zuletzt die schönste Wohnstatt am ganzen Creek und außerdem den größten Wintervorrat besaßen.

In den ersten Wintertagen, als sie ringsum eingefroren waren, paarten sie sich, und als die Biberfrau im Frühjahr vier wunderhübsche Babys zur Welt gebracht hatte, führte der Fluß plötzlich Hochwasser, das den Damm und den größten Teil ihrer Burg fortriß. Er knurrte böse, als das geschah, sie aber brachte ihre Babys in Sicherheit und schaffte sie auf höheren Grund, wo eines sofort von einem Fuchs gefressen wurde.

Sobald das Hochwasser zurückging, begann sie mit dem Wiederaufbau des Damms, und als dieser fertig war, lehrte sie ihre Kinder, beim Wiederaufbau der Burg, was die weitaus weniger anstrengende Arbeit war, zu helfen.

Anschließend genossen sie vier gute Jahre in ihrem kleinen Königreich, im fünften, sechsten und siebenten jedoch gab es Überflutungen, die letzte von einer solchen Gewalt, daß das gesamte Bauwerk zerstört wurde. Jetzt hatte der Bibervater aber genug und suchte geraume Zeit stromaufwärts nach einem besseren Platz. Als er dann endlich einen gefunden hatte, weigerte sich seine Gefährtin, ihm dorthin zu folgen. Er überraschte sie dabei, wie sie die Ecken ihres Territoriums wieder mit Castoreum markierte und ihren Kindern beibrachte, wie man einen noch höheren, noch festeren Damm errichtete.

An der Grenze ihres Territoriums machte er halt und beobachtete, wie dieses eigensinnige kleine Wesen unverdrossen mit seiner Arbeit fortfuhr und immer wieder denselben Fehler beging, der den Damm von vornherein zum Untergang verurteilte.

Er war inzwischen fünfzehn geworden, ein recht fortgeschrittenes Alter für einen Biber. Deswegen behandelte sie ihn mit Respekt und verlangte niemals von ihm, daß er Bäume herbeischleppte oder bei den Bauarbeiten an der Burg mit Hand anlegte. Ärgerlich schnappte er nach den Jungen, wenn sie die Zweige nachlässig placierten und deutete an, wenn er den Oberbefehl hätte, würde er derartige Schlampereien nicht dulden. Je älter er wurde, desto häßlicher wurde sein Gesicht, desto auffallender wurde die Narbe, er bewegte sich unsicher und hinkend, und als er eines Tages dabei half, einige Pappeln zu fällen, merkte er nicht, daß sich ein Wolf heranpirschte, und er wäre dem Raubtier zum Opfer gefallen, hätte seine Gefährtin ihn nicht energisch in den Fluchttunnel geschubst.

In jenem Jahr gab es kein Hochwasser.

Im Frühherbst jedoch, als die Wintervorräte längst eingebracht waren und die Burg so fest stand wie nie zuvor, wanderte sie eines Tages zufällig durch den Tunnel in die Geheimhöhle hinüber, an der die Familie so viel Freude gehabt hatte und fand ihn dort auf der Kalksteinbank – tot. Sanft stieß sie ihn mit der Nase an, denn sie dachte, er sei eingeschlafen. Dann beschnüffelte sie ihn liebevoll, um ihn für den gemeinsamen Abendausflug durch den See zu wecken, den sie so oft gebaut und wieder aufgebaut hatten, aber er reagierte nicht. Lange, sehr lange blieb sie bei ihm, ohne die Bedeutung des Todes ganz zu verstehen und nicht bereit, zu akzeptieren, daß dies das Ende ihrer langen Partnerschaft war.

Schließlich trugen die Kinder den Toten davon, denn er war zu nichts mehr nütze, während sie sich automatisch auf die Suche nach Nahrung begab. Vage ahnte sie, daß es von nun an keine Babys mehr gab, daß keine jungen Biber mehr in der Kalksteinhöhle spielen und durch die Tunnels jagen würden.

Sie verließ den Schutz der Burg, schwamm an alle vier Ecken ihres Reiches und zu den auffallendsten Punkten dazwischen, nahm überall eine Handvoll Schlamm, vermischte ihn mit Grashalmen, knetete eine reichliche Portion Castoreum hinein und schwamm, als das getan war, in die Seemitte zurück, um die Nase witternd in die Nachtluft zu heben.

Dies hier war ihr Zuhause, und nichts konnte sie von hier vertreiben – weder Einsamkeit noch angreifende Otter, weder beutegierige Wölfe noch Flutwellen vom Fluß. Denn das Zuhause eines jeden Lebewesens ist wichtig, sowohl für das Lebewesen selbst als auch für die größere Gemeinschaft, dessen Mitglied es ist.

Der Diplodocus hatte sich in Colorado entwickelt und war ausgestorben. Das Pferd hatte sich hier entwickelt und dann das Gebiet verlassen. Der Bison war in einem anderen Land entstanden und nach Colorado gekommen. Der Biber stammte von hier, war aber emigriert. Gab es überhaupt keinen Bewohner, der in Colorado seinen Ursprung hatte und auch in Colorado blieb? Es gab ihn: die wohl gefährlichste Kreatur, die heutzutage auf unserer Erde lebt.

An einem heißen Sommertag schwebte ein Adler träge am Himmel und beobachtete eine Bisonherde, die den Schatten der Zwillingssäulen verließ, um sich zum Rendezvous am anderen Ufer des North Platte zu begeben. Desinteressiert sah der Adler zu, wie die riesigen Tiere eines nach dem anderen dahinwanderten, denn er versprach sich keinen Vorteil von diesem Herdenzug: diese Tiere produzierten ja doch nichts weiter als Staub.

Während jedoch die Bisons nach Norden zogen, fiel dem Adler auf, daß an einer bestimmten Stelle sogar die stärksten Bullen ein wenig zur Seite scheuten. Diese Stelle zu untersuchen, lohnte sich eher, also hielt er sich noch eine Weile auf der Stelle, um den Punkt im Auge zu behalten, und fuhr dann fort, träge zu kreisen, bis die Herde vorüber war.

Kaum hatte der letzte Nachzügler die Stelle passiert, dabei wie die anderen zur Seite weichend, schoß er wie ein Pfeil vom Himmel herab und stellte mit Genugtuung fest, daß seine Vermutung richtig gewesen war. Unter ihm im Staub, dicht neben einem Felsbrocken, gab es Nahrung.

Mit gesteigerter Geschwindigkeit stieß er hinab, bis er mit den Schwingen fast den Sandboden berührte. Im letzten Augenblick erst streckte er die Klauen aus und packte das Ding, das er von oben erspäht hatte: eine riesengroße Klapperschlange, fast zwei Meter lang und in der Mitte ungewöhnlich dick. Sie hatte einen flachen, dreieckigen Kopf und an ihrem Schwanzende eine Reihe von neun Hornringen.

Aber der Adler hatte sich verkalkuliert, denn seine Klauen schlugen nicht alle in die Schlange, sondern er erwischte sie nur mit einer Klaue des rechten Fußes, und zwar ziemlich weit unten beim Schwanz, so daß sein Plan, die Schlange hoch in die Luft hinaufzutragen und sie von dort aus auf die Felsen zu werfen, um sie auf diese Art zu töten, fehlschlug. Die Schlange konnte sich mit einer kraftvollen Wendung ihres Körpers befreien und sich, in Erwartung des nächsten Angriffs, trotz ihrer tiefen, blutenden Wunde in Abwehrstellung zusammenrollen.

Da nun kein Überraschungsangriff mehr möglich war, landete der Adler, mit Füßen und Schwingen Staub aufwirbelnd, in einiger Entfernung und näherte sich der Schlange mit vorsichtigen Schritten, um sich ihr zum Kampf zu stellen.

Die Schlange sah den Adler kommen und wappnete sich für seinen Angriff, war aber nicht auf die Art der Attacke vorbereitet. Mit einem wilden, rauhen Schrei lief der Adler geradewegs auf die Schlange zu, hob die Flügel, um sie zum Zustoßen zu verleiten, und traf dann das Rückgrat der Schlange mit einem mächtigen Schlag der linken Flügelkante. Es war ein fürchterlicher Schlag, stark genug, um die Schlange zu lähmen.

Sofort sprang der Adler zu, packte die Schlange genau in der Mitte und schlug seine Klauen in den runden Leib. Mit einem kräftigen Schlag der Flügel schwang er sich in die Luft hinaus, stieg aber nicht in große Höhe, weil er sich einen Plan zurechtgelegt hatte. Er hielt Ausschau – nicht nach Felsen, sondern nach etwas anderem. Und hatte schon binnem kurzen das Richtige gefunden. Er flog eine Zeitlang gegen den Wind, um sich zu vergewissern, daß dieser die Schlange nicht zu weit vom Ziel abtreiben würde, wenn er sie fallen ließ, öffnete dann seine Klauen und beobachtete, wie die Schlange einem Kaktusgebüsch entgegenstürzte, dessen nadelscharfe Stacheln senkrecht emporstarrten.

Mit dumpfem Geräusch krachte die Schlange auf die Kakteen, von deren Stacheln sie an unzähligen Stellen ihres Körpers aufgespießt wurde. Verzweifelt wand sie sich hin und her, trieb dadurch aber die Stacheln lediglich noch tiefer in ihren Leib. Es gab für sie keine Möglichkeit, sich zu befreien. Sie hatte den unabwendbaren Tod vor Augen.

Wäre dem Adler klargewesen, daß die Schlange schon bald an der Sonnenhitze und dem Blutverlust sterben mußte, hätte er in Ruhe abwarten und den Kadaver dann seinen Jungen bringen können. Aber den Vogel trieben tiefe, unterbewußte Instinkte, seinen Feind zu töten, also schwang er langsam die breiten Flügel, schwebte wartend über dem Kaktusgebüsch und senkte sich dann behutsam herab, bis er die Schlange wieder mit seinen gebogenen Fängen packen konnte.

Diesmal flog der Adler in weiten Kreisen und suchte nunmehr nach gezackten Felsen, auf die er die Schlange werfen wollte. Als er gefunden hatte, was er suchte, schwang er sich weit in den Himmel hinauf, ließ die Schlange los und beobachtete zufrieden, wie sie auf die Felsen prallte. Der Fall richtete schweren Schaden an, und eigentlich hätte die Schlange tot sein müssen, aber sie besaß, wie alle Klapperschlangen, einen ungeheuren Lebenswillen. Daher sammelte sie, sobald sie auf die Felsen aufschlug, ihre allerletzten Kräfte und ringelte sich möglichst schnell ein.

Der Adler hatte sich gewaltig verrechnet, als er die Schlange auf die Felsen warf, denn er hatte erwartet, daß dieser Aufprall sie sofort töten würde. Da er das nicht getan hatte, mußte der Vogel nunmehr das flache, sandige Terrain verlassen, wo er im Vorteil gewesen war, und sich zwischen die Felsen begeben, wo der Vorteil auf seiten der Schlange lag. Da jedoch die Schlange dem Tode nahe zu sein schien, glaubte er, ihr mühelos den Rest geben zu können.

Doch als er ihr mit der Flügelkante den Todesschlag versetzen wollte, gelang es ihr, sich um seinen Körper zu schlingen und ihn mit erstickendem Druck zu umfangen, verzweifelt bemüht, ihren Kopf mit den tödlichen Zähnen in Bißnähe eines lebenswichtigen Körperteiles zu bringen.

Das konnte der Adler jedoch geschickt vereiteln. Sich stets vor dem gefährlichen Kopf hütend, hackte, biß und riß er mit Klauen und Zähnen, bis die Schlange nachgeben mußte. Einen Augenblick lang nur war sie hilflos, doch der genügte für den Adler, um sie ein drittes Mal zu packen und diesmal noch höher hinaufzutragen, wo er sie wieder über den Felsen losließ, so daß sie mit voller Wucht auf das Gestein prallte.

Jetzt hätte sie endgültig tot sein müssen. Deswegen tat sie auch so, als sei sie tot, blieb lang ausgestreckt still liegen und widerstand ihrem Impuls, sich zusammenzurollen. Sie war von ihrem Sturz schwer verletzt, blutete aus zahlreichen Wunden.

Der Adler ließ sich täuschen. Aufmerksam beobachtete er sie aus der Luft, landete dann auf den Felsen und watschelte unsicheren Schrittes hinüber, um sie zum letztenmal hinaufzutragen. Als er sich der Schlange näherte, stieß diese mit ihrer letzten Kraft zu und schlug die Fänge genau in jene ungeschützte Stelle, wo der schlanke Hals in den Körper des Vogels überging. Die Fänge blieben nur einen Moment im Fleisch, in dieser Sekunde aber zogen sich die Halsmuskeln der Schlange zusammen und jagten einen tödlichen Giftstrahl ins Blut des Adlers. Langsam, ganz langsam wurden die Fänge dann herausgezogen, und die Schlange fiel auf die Steine zurück.

Der überraschte Adler rührte sich nicht, sondern starrte ungläubig auf die Schlange, die mit ihrem Basiliskenblick zurückstarrte. Er spürte, wie ein Zittern durch seine Brust zog, dann kam ein furchtbarer Krampf. Der Vogel machte noch zwei zögernde Schritte und fiel tot um.

Die Klapperschlange blieb sehr lange liegen, ein Flügel des toten Adlers war über ihren wunden Körper gebreitet. Als die Sonne unterging, spürte sie die Kälte der hereinbrechenden Nacht. Endlich setzte sie sich in Bewegung, war aber zu schwer verletzt, um weit zu kriechen.

Lange schien es, als müsse sie sterben, dort auf dem Felsen neben dem Adler; kurz vor Sonnenuntergang jedoch sammelte sie genügend Kräfte, um sich in eine Steinspalte zu schleppen, wo sie wenigstens vor der Nachtkälte geschützt war. Hier blieb sie drei Tage lang liegen, um sich zu erholen und neue Kräfte zu schöpfen; dann machte sie sich auf den beschwerlichen Heimweg.

Sie lebte, zusammen mit mehreren hundert anderen Klapperschlangen, von denen einige weit größer waren als sie, in den Felsen bei den Zwillingssäulen. Die Schlangen hausten dort schon seit zwei Millionen

Jahren in großen Mengen, weil die Gegend ihnen nicht nur gute Jagdgründe voller Ratten und Präriehunde bot, sondern auch wohlgeschützte Felsspalten zum Überwintern.

Als der Mensch in das Gebiet kam, wurden die Zwillingssäulen unter dem Namen „Rattlesnake Buttes“ – Klapperschlangenkuppen – bekannt; tröstliche Leittürme in der Wüste, wenn man sie von ferne sah, lebensgefährliche Todesfallen, wenn man ihnen zu nahe kam.

Die Schlangen bei den Rattlesnake Buttes ließen Eindringlinge zumeist in Ruhe, es sei denn, ein Fremdling scheuchte sie auf. Bisons weideten hier zu Tausenden, hatten immer schon hier gelebt und als Kälber bereits die Schlangen meiden gelernt. Das Rasseln einer Schlange, jenes gefürchtete Klappern im Staub, reichte schon aus, eine ganze Gruppe wandernder Bisons die Richtung wechseln zu lassen.

Gelegentlich manövrierte sich ein besonders dummer Bison wohl auch in eine Stellung, in der es kein Entkommen vor der Schlange gab, und dann biß das Reptil gnadenlos zu. Wenn das Gift in der Nähe des Kopfes oder des Gesichts in den Körper drang, wirkte es unabwendbar tödlich, traf es aber nur ein Bein, bestand die Chance, daß das Gift absorbiert wurde, bevor es das Herz erreichte, nur würde der Bison von da an lahmen, weil das Gift Nerven und Muskeln in diesem Bein halb zerstört hatte.

Während der Zeit, als die Pferde diese Gegend bewohnten, hatten viele gelahmt, weil sie zufällig auf eine Klapperschlange gestoßen waren und einen Schuß des Giftes ins Hufgelenk bekommen hatten. Wurde jedoch ein Pferd oder ein Bison die zustoßbereite Schlange rechtzeitig gewahr, ergriffen sie sofort Abwehrmaßnahmen und zertraten sie mit dem Huf. Und da die Hufe gefährlicher waren als Adler und Falken, mied nicht nur der Bison die Schlange, sondern auch die Schlange den Bison. Vor allem aber ging sie dem Hochwild aus dem Weg, weil diese Tiere mit ihren messerscharfen Hufen jede Schlange entzweischneiden konnten.

Die Klapperschlange, die den Adler in hartem Kampf besiegt hatte, brauchte lange, bis sie sich ganz erholt hatte. Zwei Jahre lang war sie in elender Verfassung, konnte die Buttes nur für ganz kurze Ausflüge verlassen und war dankbar, wenn der Winter kam, weil sie dann wieder fünf bis sechs Monate lang schlafen konnte. Allmählich aber begann sie sich besser zu fühlen, und als die klaffenden Wunden zu Narben verheilten, wagte sie sich wieder auf größere Touren, schloß sich bei gutem Wetter sogar ihren Genossen auf Raubzügen an, auf denen sie Mäuse und kleine Vögel jagten.

Bald hatte sie ihre alte Kraft wiedergewonnen und konnte ihr normales Leben aufnehmen. Und das bedeutete für sie, ihre Klugheit mit dem Geschick der Präriehünde zu messen, jenen geschwätzigen, kleinen, eichhörnchenähnlichen Tieren, die ganze Irrgärten von unterirdischen Städten bauten. Eine solche Stadt, eine sehr große sogar, lag auch in der Nähe der Buttes und war daher sei hunderttausend Jahren von Klapperschlangen heimgesucht worden.

An einem schönen, warmen Tag, als die Sonne die über den Winter steif gewordenen Muskeln entspannt und neu belebt hatte, machte sie sich auf den Weg und glitt durch die Wüste auf die Stadt der Präriehunde zu. Schon aus der Ferne sah sie die kleinen Hügel, die anzeigten, wo diese Tiere wohnten, und entdeckte mit Genugtuung, daß sie so zahlreich waren wie immer.

Je näher sie der Stadt mit ihren mehreren tausend Bewohnern kam, desto unauffälliger versuchte sie sich zu bewegen. Ein Wachtposten entdeckte jedoch mit scharfem Auge von einer Anhöhe aus, daß sich die Grashalme bewegten, und stieß einen zwitschernden Warnlaut aus, der von anderen Wachtposten irgendwo in der Stadt wiederholt wurde, so daß das gesamte Gelände innerhalb einer Sekunde alarmiert war. Wo sich kurz zuvor Tausende von kleinen Präriehunden gesonnt und schnatternd unterhalten hatten, war kein einziges Lebewesen mehr zu sehen, herrschte eine unheimliche Stille.

Die Schlange hatte so etwas schon öfter erlebt und war daher darauf vorbereitet. Sie kroch möglichst nahe an eine eng zusammenliegende Gruppe von Bauten heran, rollte sich gemächlich zusammen und wartete. Es gab eine Eigenschaft der Präriehunde, auf die sie sich hundertprozentig verlassen konnte: die Neugier. Ganz gleich, welche Gefahr drohte – früher oder später mußte der Präriehund einfach aus seinem Erdloch kommen und die Lage inspizieren. Ein Falke konnte so dicht vor der Öffnung hocken, daß seine Füße zu sehen waren; die kleinen Tiere aber mußten herauskommen und sich vergewissern, daß er auch tatsächlich dort hockte.

Also wartete die Schlange, und wirklich tauchte nach wenigen Minuten schon aus einem der Erdlöcher ein pelziger kleiner Kopf empor. Zufällig blickte er der Schlange direkt in die Augen, und das verschreckte den kleinen Kerl so, daß er einen wilden Schrei ausstieß und hastig in seinem Loch verschwand. Bevor sich jedoch dieser eine von seinem Schrecken erholt hatte, kam schon ein anderer aus einem anderen Loch, um nachzusehen, ob da tatsächlich eine Schlange war, und dieser Neugierige hatte weniger Glück. Er blickte zuerst in die entgegengesetzte Richtung, und bevor er Gelegenheit hatte, die Schlange zu sehen, hatte sie ihm schon die Fänge in den Hals geschlagen.

Es gab eine Menge Erdlöcher in dieser Stadt, und manchmal krochen Schlangen, die von schlechtem Wetter oder zu heißer Sonne überrascht wurden – denn wenn sie den Sonnenstrahlen zu lange ausgesetzt war, starb eine Schlange genauso schnell wie die großen Reptilien, die einst auf der Erde gelebt hatten –, in die Erdlöcher und richteten sich zuweilen sogar für längere Zeit dort häuslich ein, während die Präriehunde die Stadt durch die anderen Ausgänge verließen.

Kanincheneulen, die ihre Jungen in unterirdischen Nestern aufzogen, besetzten auch viel lieber die Erdlöcher, als sich in mühseliger Arbeit selber ein Nest zu bauen, und so war es gar nicht ungewöhnlich, daß innerhalb einer einzigen Stadt die Präriehunde einen Teil der Erdlöcher bewohnten, die Kanincheneulen einen anderen, die Klapperschlangen einen dritten, wobei jeder den anderen in Ruhe ließ.

Als sich der Herbst näherte, war es für jede Klapperschlange lebenswichtig, sich mit ein paar besonders kräftigen Mahlzeiten zu stärken, von denen sie während des Winterschlafs zehren konnte. Infolgedessen wurde die Jagd wesentlich intensiver betrieben. In dieser Zeit lebte die Schlange praktisch ganz im Innern der Präriehundestadt und schnappte sich möglichst viele der neugierigen kleinen Tiere. Doch als die Tage kürzer wurden, verspürte sie einen unwiderstehlichen Drang, den Schutz der heimatlichen Gefilde bei den Buttes aufzusuchen. In ihrem monatelangen Schlaf würde sie jedem Feind, der zufällig auf ihr Lager stieß, widerstandslos zur Beute fallen; es war also von lebenswichtiger Bedeutung, daß sie zu den tiefen Felsspalten zurückkehrte, in denen sie früher schon Schutz gefunden hatte.

Und so begann sie zu den vertrauten Buttes zurückzukehren. Unterwegs sah sie, daß zahllose andere Schlangen dasselbe Ziel hatten wie sie, und wenn sie sich an ihren gewohnten Plätzen trafen, taten sie sich zusammen und vereinten sich zu riesigen lebendigen Knäueln.

Als jetzt die Schlangen jenen Pfad entlangkrochen, den sie schon so oft benutzt hatten, entdeckte die Alte plötzlich ein völlig unbekanntes Wesen, das aus der entgegengesetzten Richtung auf sie zukam. Ihrem uralten Instinkt folgend, rollte sie sich mitten auf dem Pfad zusammen und ließ ein lautes, scharfes Rasseln hören. Der Fremde, der mit dieser Warnung nichts anzufangen wußte, ignorierte sie und kam direkt auf die Schlange zu, die immer bösartiger klapperte.

Endlich reagierte der Eindringling – beinahe zu spät.

Die Schlange stieß nach dem Wesen, das da so dicht vor ihren Fängen stand, sollte aber etwas noch nie Dagewesenes erleben. Das Opfer sprang geschickt zur Seite, und von oben kam etwas herabgesaust, das die Schlange mit einem wuchtigen Schlag direkt hinter dem Kopf traf. Aus ihrer zusammengerollten Position gerissen, versuchte sich die Schlange verwirrt auf diesen unvermuteten Angriff einzustellen. Sie rollte sich nur halb zusammen und wollte den Feind ein zweites Mal attackieren.

Dann aber blickte sie auf und sah statt des erwarteten Büffels oder Hirsches ein ganz neues Wesen vor sich stehen – aufrecht, mit einer schweren Waffe, die sie noch nie zuvor gesehen hatte –, und das letzte, was die Schlange wahrnahm, war diese Waffe, die mit ungeheurer Wucht auf ihren Kopf herunterkam, und das seltsame Triumphgeschrei, das dieses zweibeinige Wesen ausstieß. Dann war der Tod da.

Der Mensch war in die Prärie gekommen.

Sah man bei Sonnenaufgang von den Buttes aus nach Osten, so sah man einhundert Meilen weit bis zum Horizont nur Grasland. Die weiten Ebenen besaßen eine erhabene Größe. Mit ihren Staubstürmen, ihren Blizzards, ihren Tornados und ihrer unendlichen Verheißung stellten sie eine Herausforderung dar. Sie waren unausschöpflich in ihrer Vielfalt und anspruchsvoll in ihrer Liebe. Während der nunmehr folgenden Jahre sollten sie die Einwanderer aus dem Osten Amerikas und aus Europa mit ihrer Einsamkeit erschrecken, doch allen, die ihnen Verständnis entgegenbrachten, ein sicherer Hort und Zufluchtsort sein und von ihnen auf die unterschiedlichste Art und Weise, zuweilen auch unter kräftigen Flüchen, geliebt werden.

Sah man von den Buttes aus nach Norden, so sah man die Kalkklippen von Nebraska, jene strahlendweißen Felsen, die einst am Grunde eines versunkenen Meeres gelegen hatten. Es war zum Rasendwerden: Man konnte in der Weite der Prärie vor Durst bald umkommen und wußte dennoch, daß das gesamte Gebiet früher einmal unter Wasser gestanden hatte. Die weißen Klippen waren der Beweis dafür. Stocherte man dort herum, fand man versteinerte Fische und Muscheln.

Im Süden dagegen standen die Pappeln, jene dünne Reihe nutzloser Bäume, die selbst für Biber kaum eßbar waren, obwohl diese Nagetiere praktisch jeden Baum fraßen. Wenn ein Reisender diese verstümmelten und von Stürmen zerfetzten Bäume sah, schlug ihm das Herz höher, denn sie kennzeichneten den South Platte, und wo der floß, gab es wenigstens Wasser – auch wenn es faulig war – und damit die Chance, daß sich ein menschliches Wesen hier aufhielt.

Im Westen bot sich ein besonders großartiger Anblick, denn dort erhoben sich die Berge. Reihe um Reihe zogen sich die Gipfel nach Norden und Süden, so zahlreich und so mannigfaltig, daß das Auge nie müde wurde, sie zu betrachten. Im Winter waren sie schneebedeckt und sahen aus, als seien sie auf den tiefblauen Himmel geklebt. Im Frühling waren sie an den Hängen grün, nahe den Gipfeln granitblau. Zu allen Jahreszeiten waren sie großartig. Sie ragten viereinhalbtausend Meter empor und waren auf der Prärie schon aus einer Entfernung von über hundert Meilen zu sehen.

Von den Buttes aus sah man jedoch vor allem einen Gipfel, den höchsten von allen; er wäre auch schon aufgefallen, wenn er kein besonderes Merkmal besessen hätte, aber er hatte eins, und das war ein Biber aus Granit, der an seiner Ostflanke emporkletterte. Reisende erkannten ihn schon aus großer Entfernung, und erst von den Buttes aus war er schon gar nicht zu übersehen. Folgerichtig hätte er Beaver Mountain heißen müssen – Biberberg –, die anderen Gipfel hatten poetische Namen; doch dieser eine mit dem Biber an seiner Flanke trug den langweiligen Namen Longs Peak.

Die Bergkette der Rockies war von einer Luft umgeben, die so rein war, daß man aus der Ferne unmöglich berechnen konnte, wie groß die Distanz bis zu ihnen war. Wenn ein Einwanderer aus einem flachen Land wie Illinois hierherkam, wachte er nach der Überquerung des Missouri eines Morgens auf, sah die Rockies so klar vor sich wie eine Reihe Maiskolben zu Hause in seinem Gemüsegarten und rief wahrscheinlich begeistert aus: „Heute abend sind wir in den Bergen!“

Aber er sollte den ganzen Tag westwärts reisen und am Abend die Berge immer noch so vor sich sehen wie am Morgen, und auch am nächsten Abend würden sie nicht näher gekommen sein, ebensowenig wie am übernächsten.

Von der Stelle aus, an der später die Stadt Centennial entstand, konnte man ostwärts blickend einen Eindruck von der Gewalt der Prärie bekommen oder beim Blick nach Westen die gewaltigen Rockies sehen. Besonders bei Sonnenuntergang kamen die Berge so richtig zur Geltung. An manchen Tagen lagen die Wolken wie eine leichte Decke auf ihnen und reflektierten die sterbende Sonne. Dann waren die Berge in Glanz gebadet: Gold und Rot, weich strahlende Brauntöne und tiefes Blau färbten die Unterseite der Wolken und übergossen die Berge mit einem himmlischen Licht. Der schönste Augenblick jedoch kam, sobald die Sonne untergegangen war und ihre flammenden Farben erloschen. Dann spielten ungefähr zwanzig Minuten lang die sanftesten Farben um die Bergkämme, und der kleine Granitbiber kletterte dem Gipfel zu, um sich dort schlafen zu legen.

DIE VERTEILUNG
DER INDIANERSTÄMME UM 1800
0 Meilen 300
CANADA
NORTH DAKOTA
MONTANA
IDAHO
SOUTH DAKOTA
NEZ PERCÉ
MINNESOTA
WISCONSIN
MICHIGAN
WYOMING
CHEYENNE
DAKOTA
NEBRASKA
IOWA
ARAPAHO
PAWNEE
Missouri River
Platte River
KREIDEKLIPPE
BLUE VALLEY
RATTLESNAKE BUTTES
UTE
UTAH
ILLINOIS
INDIANA
Mississippi River
COLORADO
KANSAS
Arkansas River
MISSOURI
KENTUCKY
TENNESSEE
APACHEN
COMANCHEN
OKLAHOMA
ARIZONA
NEW MEXICO
ARKANSAS
MISSISSIPPI
ALABAMA
TEXAS
LOUISIANA
Rio Grande
GOLF VON MEXICO
MEXICO
PAZIFISCHER OZEAN
Mexico City

Die kühnen Taten des Lahmen Bibers

Der Mensch brauchte lange, bis er Colorado erreichte, und wann genau er dort ankam, ist nicht bekannt. Die große Landbrücke von Asien nach Alaska versank vor vierzigtausend Jahren, als die Gletscher schmolzen, wieder im Meer. Vor ungefähr achtundzwanzigtausend Jahren tauchte sie wieder auf, trat zum letztenmal vor dreizehntausend Jahren in Erscheinung und verschwand endgültig vor etwa zehntausend Jahren.

Während diese ungefähr tausend Meilen breite Brücke bestand, waren offenbar auch Menschen als Jäger den Mammuts und anderen großen Tierarten von Asien nach Alaska gefolgt. Und als die Ausläufer der Gletscher zu schmelzen begannen, öffneten sich breite Wege nach Südosten, auf denen die Tiere und die ihnen folgenden Menschen weiterwandern konnten.

Die Annahme, daß schon vor vierzigtausend Jahren Menschen mongolider Abstammung die Brücke überquerten und die frei gewordenen Wege nach Süden benutzten, beruht auf wenigen Indizien. Sicher ist nur, daß vor dreizehntausend Jahren Menschen, als die Brücke bestand, von Norden herunterkamen – oder bereits da waren – und die erste gesicherte Besiedelung Amerikas begann. Ihre Nachkommen sollten später als Indianer bekannt werden. Sichere Belege haben wir schließlich auch für eine weitere Einwanderung um das Jahr 6000 v. Chr., doch diese Neuankömmlinge brauchten keine Landbrücke, sondern kamen in Booten über die sechsundfünfzig Meilen breite Meeresstraße zwischen Alaska und Sibirien. Ihre Nachkommen sind die Eskimos und unterscheiden sich deutlich von früheren Gruppen, die sich zu Indianern entwickelten.

Bis heute haben wir keinen eindeutigen Beweis dafür, daß der Mensch tatsächlich vor vierzigtausend Jahren kam; ein geschnitzter Rentierknochen in Yukon, ein Kreis aus Steinen in Kalifornien, eine mögliche Behausung in Puebla gehören zu den wenigen Zeichen für seine Anwesenheit.

Beweise fehlen uns auch dafür, daß über die vor achtundzwanzigtausend Jahren bestehende Landbrücke Menschen nach Amerika kamen, obwohl man das beinahe mit Sicherheit annehmen kann. Die ersten unwiderlegbaren Zeugnisse für menschliche Besiedlung sind zwölftausend Jahre alt.

Wir wissen, wo die Menschen wohnten, um welche Jahreszeit sie auf die Jagd gingen, wie sie ihre Speere anfertigten, wo sie einem großen Mammut begegneten, und wie sie das große Tier töteten. Was uns fehlt, ist lediglich das Skelett des Jägers.

Bei den Kalkklippen westlich der Rattlesnake Buttes betrachtete ein siebenundzwanzigjähriger und daher im Jahre 9268 v. Chr. bereits uralter Mann einen Steinbrocken, den ein jüngerer Mann in den Bergen oben gefunden hatte. Der alte Mann war ein Feuersteinschläger und erkannte mit geübtem Auge, daß das hier genau das war, wonach er suchte: ein harter, graubrauner Stein mit ziemlich glatter Fläche, etwa so groß wie der Kopf eines Menschen. Die meisten Steine, die der Feuersteinschläger bisher bearbeitet hatte und an die er sich wegen der schönen Spitzen, die er aus ihnen geschlagen hatte, voller Genugtuung erinnerte, hatten so ausgesehen wie dieser. Er hatte das Gefühl, daß dieses Exemplar ebenfalls ergiebig sein werde.

Allerdings war er auch ein wenig besorgt, denn die Jäger seines Stammes hatten schon seit fast zwei Monaten kein größeres Tier mehr erlegt, und die Nahrungsvorräte waren gering. Nun jedoch hatten die Kundschafter eine kleine Gruppe Mammuts entdeckt, jene Riesen, die doppelt so hoch waren wie ein Mensch und hundertmal soviel wogen. Um ein solches Wild zu erlegen, brauchte man handfeste Speere mit besonders scharfen Spitzen. Und die Aufgabe des Feuersteinschlägers war es, diese Spitzen herzustellen. Von seinem handwerklichen Geschick hing die Überlebenschance des ganzen Stammes ab.

Bevor er es wagte, in das Geheimnis des Steines einzudringen, mußte er sich reinigen, denn er wußte, daß dem Menschen bei einem so bedeutenden Unterfangen der Erfolg nur mit Unterstützung der Götter beschieden war. Also verließ er seinen Arbeitsplatz – ein flaches Stück Boden am Fuß der Kalkklippen –, begab sich zu einer Lichtung zwischen den Bäumen, wandte das Gesicht himmelwärts und drehte sich nacheinander in jede Himmelsrichtung, zuletzt nach Osten, woher die Sonne kam. Es war ein einfaches Ritual ohne Gesänge, er wollte lediglich den Göttern ankündigen, daß er in Kürze eine für seinen Stamm lebenswichtige Arbeit beginnen würde, und ihre Aufmerksamkeit erbitten. Um ihre Hilfe flehte er nicht, weil es in jenem ganzen, weiten Gebiet keinen besseren Steinschläger gab als ihn; aber er wollte, daß die Götter von seinem Vorhaben wußten und sich jeglicher Einmischung enthielten.

Anschließend ging er ans Ufer des Bachlaufes, der aus den Bergen westlich der Klippen kam, und wusch sich Hände und Gesicht. Nun war er bereit.

Er ging zu seinem Arbeitsplatz zurück. Von der Kleidung abgesehen, unterschied er sich in nichts von jenen anderen Menschen, die sein Land zehntausend Jahre später bevölkern sollten. Er ging aufrecht, ohne den Oberkörper wie die Affen vorzubeugen, ließ die Arme nicht herabbaumeln, und sein Kopf war klein im Verhältnis zum Körper. Er hatte keinen Knochenwulst über den Augen, und seine Hände waren außerordentlich geschickt. Seine Augen waren leicht schräggestellt – ein Erbe seiner asiatischen Vorfahren –, seine Gesichtszüge ein wenig derber als die der späteren Menschen: die Backenknochen kräftiger, die Haut heller, im Ton eher rötlich als gelb, wie die Haut seiner Nachfahren.

Er hatte einen Sprachschatz von etwa eintausendzweihundert Wörtern, dessen Bestand kaum über Generationen hinausging, denn die Sprache änderte sich rapide. Seine Geisteskräfte waren beachtlich; er konnte Pläne fassen, Taktiken für die Jagd entwickeln, er wußte viel über Tiere und über Vorratshaltung in guten Zeiten, damit es in Hungermonaten genug zu essen gab. Er arbeitete schwer und hatte begriffen, daß ihm um so mehr Zeit für sein Vergnügen zur Verfügung stand, je schneller er mit seiner Arbeit fertig wurde.

Er hatte eine fröhliche Natur und brach häufig in lautes Gelächter aus, wenn seine Kinder etwas Komisches taten. Zuweilen, wenn er die Speerspitzen anfertigte, von denen die Existenz seines Stammes abhing, empfand er großen Stolz darüber, daß er ein Handwerker war, ein Mann, der gelernt hatte, etwas zu leisten. Und diesen Stolz empfand er auch jetzt.

„Wenn mir der Anfang gut gelingt“, sagte er zu seinem Lehrling, der bald selbst Speerspitzen herstellen sollte, „kann ich so viele machen.“ Damit hob er zweimal seine zehn Finger.

Er nahm den schweren Stein in die Hand und begutachtete ihn ein letztes Mal. Er entsprach genau seinen Vorstellungen, denn er war entlang jeder Achse von gleicher Beschaffenheit, so daß er in allen Richtungen gleich gut zu zerteilen sein würde.

Die Herstellung einer Speerspitze erforderte vier völlig verschiedene Arbeitsgänge, die jeweils mit einem anderen Werkzeug ausgeführt wurden. Zunächst mußte der amorphe Stein zu einem Stumpfkegel umgeformt werden. Der Feuersteinschläger kannte weder die mathematischen Eigenschaften eines Kegels noch die physikalischen Gesetze, doch Erfahrung hatte ihn gelehrt, daß sich nur dann, wenn der Stein in seiner Form einem Kegel glich, die gewünschten Splitter abschlagen ließen.

Das erste Werkzeug, das er zur Hand nahm, war ein ziemlich kleiner, runder Stein, eiförmig und von körniger, nachgiebiger Beschaffenheit. Dieser Stein war sein kostbarster Besitz, denn ein geeigneter Hammerstein war beinahe unersetzlich. Eines Tages hatte er seinem Lehrling, der für sich ebenfalls einen solchen Stein suchte, geraten: „Du mußt einen finden, der dir antwortet.“

Mit diesem Hammerstein schlug er die überflüssigen Teile des Feuersteins ab und gab ihm eine konische Form. Als das bewerkstelligt war, arbeitete er vorsichtig mit seinem Hammer weiter, bis er eine Art Vorsprung rings um das obere Ende des Steins geschaffen hatte. Nach sorgfältiger Begutachtung schlug er sodann auf eine bestimmte Stelle: Die Wucht des Hammerschlags verbreitete sich schräg nach unten, und ein wunderschöner, blattförmiger Splitter, so lang wie seine Hand, sprang von der Außenfläche des Kegels ab. Der Mann legte den Hammer hin, hielt die flache Scheibe gegen das Licht und überzeugte sich, daß sie keinerlei Bruchlinien aufwies. Ihre Ränder waren so scharf, daß man sie auch als Messer hätte benutzen können; damit sie aber zur Speerspitze wurde, mußte er sie noch weiter bearbeiten.

Was nun geschah, versetzte selbst den Lehrling in Staunen. Mit raschen Schlägen, das Kernstück drehend, so daß immer wieder eine andere Stelle exponiert wurde, splitterte er mit seinem Hammerstein ein perfektes Steinblatt nach dem anderen ab. Dann hielt er inne, arbeitete langsam einen neuen Vorsprung heraus, der seine Hammerschläge auffangen mußte, und begann dann wieder mit seinem Schlagwirbel. Neunzehn lange, blattförmige Splitter ergab der Kern, jeder einzelne so scharf, daß man ein Mammut damit zerlegen konnte. In seiner linken Hand hielt er den Rest, der, zu klein, um weitere Splitter herzugeben, als unbrauchbar beiseite geworfen wurde.

Er legte den Hammerstein hin, warf den Kopf zurück und zwinkerte seinem Lehrling zu: „Gut – was?“ Die beiden hoben die Splitter auf, und der Feuersteinschläger untersuchte jeden einzelnen sorgfältig. Drei schied er als nicht gut genug aus, die übrigen sechzehn jedoch schienen ihm recht vielversprechend. Kunstvoll bearbeitet, konnten sie Meisterstücke werden. Er legte sie ordentlich in eine Reihe und rief dann den Stamm herbei, um seinen Gefährten zu zeigen, wieviel Glück er an diesem Tag gehabt hatte.

Die Jäger betrachteten die zukünftigen Speerspitzen und prüften sie mit Genugtuung. Einer der Männer, der mit dem Speer bereits mehrere Mammuts getötet hatte, griff nach einem Splitter und rief: „Das ist für mich!“ Der Feuersteinschläger nahm ihn, begutachtete ihn von allen Seiten und antwortete: „Ich will's versuchen.“

Als die Feuersteine genügend bewundert worden waren, nahmen der Handwerker und sein Lehrling die zweite Phase in Angriff, die schwierige Aufgabe, diese scharfkantigen Scheiben zu wirksamen Geschossen zu verarbeiten. In die linke Hand nahm der Steinschläger ein handtellergroßes Stück Mammuthaut; diese Schutzmaßnahme war nötig, weil die scharfen Kanten ihm sonst die Hand aufgeschnitten hätten.

Den Hammerstein legte er beiseite und nahm statt dessen sein zweites Werkzeug zur Hand, ein klug ersonnenes Gerät, das aus einer Geweihsprosse gemacht worden war. In der Form glich es einem kleinen Bumerang, nur daß sich an dem Winkel, wo sich die beiden Arme trafen, ein eiförmiger Buckel befand. Das war der Hammer, mit dem er die Speerspitze vorformte. Der Steinschläger mußte seinen Hammer mit beträchtlicher Kraft und aus beträchtlicher Entfernung schwingen und dennoch ganz genau darauf achten, daß ein ganz bestimmter Punkt des Hammers einen ganz bestimmten Punkt am Rand des Feuersteins traf. Gelang ihm das, dann splitterte ein gebogenes Stück Stein, das rings um die Fläche einer Seite lief, von der blattähnlichen Speerspitze ab. Es war eine Aufgabe, die unglaubliche handwerkliche Geschicklichkeit verlangte.

Nun war er für die dritte Phase bereit. Der ehemalige Steinsplitter besaß nun beinahe seine endgültige Form, bevor die Speerspitze jedoch fertig war, bedurfte es weiterer Präzisionsarbeit. Nachdem er den Hammer beiseite gelegt hatte, nahm er eine an einem Ende wie die Spitze eines kleinen Fingers gerundete Ahle, die aus einer einzigen Sprosse eines Hirschgeweihs hergestellt war.

Die beinahe vollendete Spitze in der von der Mammuthaut geschützten linken Handfläche haltend, setzte er die Sprosse an winzige Unebenheiten an ihrem Rand an und splitterte durch starken, aber kontrollierten Druck kleine Steinfragmente ab. Auf diese Weise, von einer Stelle zur anderen überwechselnd, versah er die gesamte Spitze mit einem messerscharfen Rand. Nachdem er ungefähr fünfzehn Minuten gearbeitet hatte, hielt er inne, verzog sein Gesicht zu einem breiten, zufriedenen Grinsen und reichte die Spitze dem gespannt wartenden Jäger, der sie seinen Gefährten zeigte. Sie glich einem perfekten, herrlich geformten, langen, dünnen Blatt mit einem gefährlich scharfen Rand. Jeder Jäger, der während der vorangegangenen zwei Millionen Jahre in Asien oder Afrika Wild verfolgt hatte, hätte sie brennend heiß begehrt.

Der Steinschläger war jedoch noch nicht zufrieden. Er riß sie dem Jäger aus der Hand und begann mit dem nächsten Arbeitsgang. Die Spitze mit der Mammuthaut haltend, schuf er mit seiner Ahle unten, wo sie später mit Riemen an einem Schaft befestigt werden würde, einen senkrechtstehenden, flachen Fuß. Als er ihn zu seiner Zufriedenheit geglättet hatte, griff er nach seinem vierten Werkzeug, dem breit gebogenen Ende eines Hirschgeweihs, dessen Kurve genau auf seine Brust paßte. Von den Sprossen jedoch hatte er nur eine einzige, genau in der Mitte, stehengelassen. Dieses Werkzeug fest an seine Brust pressend, setzte er es an dem winzigen Fuß an und brach auf der einen Seite der Spitze in der Mitte einen Splitter heraus, der sich über die halbe Längsachse erstreckte.

Mit größter Konzentration – denn dies war ein schwieriger und wichtiger Arbeitsgang – stellte er mit seiner Ahle auch auf der anderen Seite einen winzigen Fuß her und löste auch hier einen Splitter von der halben Länge der Speerspitze.

Als er sah, daß seine komplizierte Aufgabe geglückt war, sprang er auf und hielt die fertige Spitze mit der linken Hand hoch. Mit triumphierenden Worten reichte er sie dem Jäger, der die Nervenanspannung, unter der der Steinschläger während der letzten Minuten gestanden hatte, besser zu beurteilen wußte als die übrigen Zuschauer.

Das gesamte Unternehmen hatte weniger als zwanzig Minuten beansprucht, und nun fehlte nur noch eine Kleinigkeit. Der Steinschläger erbat sich die Speerspitze noch einmal zurück, hob seinen Hammer und schlug mit geübter Unbekümmertheit, die jeden entsetzt hätte, der die Spitze – mit Recht – als Kunstwerk ansah, eine große Vertiefung in den Fuß, damit dieser leichter mit Mammutsehnen und Klebemitteln am Schaft befestigt werden konnte. Mit einem rauhen Stein schmirgelte er dann sorgfältig die scharfen Kanten des Fußes ab, damit sie die Lederstreifen, die ihn an den Speer befestigen würden, nicht durchsägen konnten.

Zu drei verschiedenen Zeitpunkten seiner Tätigkeit hätte der Steinschläger seine Arbeit für beendet erklären können, denn auch da war die Spitze bereits ein wirksames Projektil gewesen, mit dem man mühelos töten konnte. Jedesmal aber war er noch weiter gegangen und hatte winzige Teilchen seines so sorgfältig gefertigten Werkes abgeklopft, um das eine oder andere Detail zu verbessern, das außer ihm vermutlich keiner für wichtig gehalten hätte. In der Mitte jeder Phase hätte er bereits zur nächsten übergehen können; aber er tat es nicht, denn seine Arbeit machte ihm Freude, und er wußte, daß er sie gut machte. Nun, als die Spitze endgültig fertig war, reichte er sie beinahe achtlos dem Jäger, als wolle er andeuten: „Das nächstemal mach ich's genauso gut." Dann lachte er brüllend, kratzte sich die Achselhöhlen und wühlte in den Steinsplittern, um den Rohling für die nächste Spitze auszusuchen.

Diese Waffe, später sollte sie Clovis-Spitze genannt werden, war mit ihrer funktionellen Gestaltung, ihrer exquisiten Handwerksarbeit und ihrer kräftigen Kanellierung wohl das hervorragendste Kunstwerk, das in der Centennial-Region jemals hergestellt worden ist. Die Menschen einer späteren Zeit hatten Drehbänke, Elektrobohrer und Computer zur Verfügung, mit denen sie Richtungskoeffizienten ausrechnen konnten, aber es gelang ihnen nicht, etwas zu produzieren, das an Schönheit, sinnvoller Nützlichkeit und perfekter Handwerkskunst auch nur im entferntesten an diese Clovis-Spitze heranreichte. Von oben gesehen glich sie einem fein gearbeiteten Lanzett; von vorne gesehen war sie stromlinienförmig; seitlich gesehen war der Fuß durchsichtig wie eine Oblate, so dünn war er durch die Kanellierung geworden. Sobald sie mit dem Schaft verbunden war, würde die Spitze leicht wie ein Geschoß in jeden Tierkörper eindringen.

Der Rest der Geschichte ist schnell erzählt. Am folgenden Tag nahm der Jäger seinen Speer und suchte zusammen mit sieben Helfern das riesige Mammut. Ein Junge, für diese Aufgabe speziell trainiert, lief vor dem großen Tier mit den mächtigen Stoßzähnen her, schlug Haken, lockte es aus seiner Deckung, und als das Mammut den Kopf senkte, um den vorwitzigen Menschen aufzuspießen, kam der Jäger herbeigerannt, sprang hoch in die Luft, landete auf dem Rücken des Tieres, richtete sich auf und stieß mit beiden Händen den Speer mit schrecklicher Gewalt in den Nacken des überraschten Mammuts.

Als das Tier seinen massigen Schädel senkte, um den Jungen auf die Stoßzähne zu nehmen, hatten sich seine Bandscheiben gedehnt, so daß die Spitze in den entstehenden Raum zwischen zwei Nackenwirbeln eindringen und das Rückenmark durchstoßen konnte. Das Mammut tat noch einen unsicheren Schritt vorwärts und fiel dann tot um. Kaum einmal bei hundert Versuchen gelang es dem Jäger, mit seinem Speer diese tödliche Stelle zu treffen; gewöhnlich war das Töten eines gejagten Tieres ein endloser Prozeß von Stichen in die Flanken, von Hetzen und Bluten, der sich über zwei bis drei Tage hinzog. Dies aber war ein Glückstreffer gewesen, und die Männer brüllten vor Begeisterung.

Beinahe zwölftausend Jahre später sollte das Skelett dieses Mammuts nicht weit von Centennial ausgegraben werden, und eingeklemmt zwischen zwei Halswirbeln fand man diese Speerspitze, den unwiderlegbaren Beweis dafür, daß es in Amerika nicht erst vor dreitausend Jahren Menschen gegeben hat – wie vor dieser Entdeckung häufig angenommen wurde –, sondern schon seit sehr viel längerer Zeit. So ist die an jenem Tag von dem gewissenhaften Feuersteinschläger hergestellte Clovis-Spitze zu einem Hauptbeweismittel für unsere Geschichtsschreibung geworden.

Von solchen Menschen stammt der Indianer ab. Im Laufe der Jahrhunderte machte die aus Asien stammende Urrasse zahlreiche Mutationen durch – je nach dem Landesteil, in dem sich die einzelnen Gruppen niederließen, und nach der Beschaffenheit der Natur, die sie dort vorfanden. Ein großer Stamm lebte zum Beispiel mehrere Jahrhunderte lang in den Rocky Mountains westlich der Rattlesnake Buttes. Dort teilte sich der Stamm: die unternehmungslustigere Hälfte zog nach Mexiko, wo sie die Aztekenkultur hervorbrachte; die weniger abenteuerlustige Hälfte blieb zu Hause und wurde zu einem der ärmsten und kulturell am wenigsten entwickelten Indianerstämme, die wir kennen. Es ist mit Sicherheit anzunehmen, daß beide Gruppen früher einmal die gleichen Chancen gehabt haben, denn sie sprachen beide dieselbe Sprache und müssen zu ein und demselben Stamm gehört haben: die ungemein begabten mexikanischen Azteken und die dunkelhäutigen Ute von Colorado.

Ein anderes Beispiel: In Kalifornien standen zwei Gruppen eines

Stammes vor einer schicksalhaften Wahl. Die eine wandte sich wenige Meilen nach Osten und fand dort den Weg bis hinunter nach Peru, wo sie die mächtige Kultur der Inka gründete; die andere wandte sich wenige Meilen nach Westen und landete auf der dürren Halbinsel Baja California, wo ihre Mitglieder mühsam ein elendes Leben fristeten, ohne auch nur das Geringste hervorzubringen, was man als Kultur bezeichnen könnte.

Von den prähistorischen Menschen, von denen die Clovis-Spitzen stammen, spaltete sich eine ansehnliche Gruppe ab, deren Sprache sich von allen anderen unterschied und die sich selbst „Unser Volk“ nannte: die Arapaho, die östlich des Mississippi gute Lebensmöglichkeiten fanden. Um etwa 500 n. Chr. zogen sie westwärts und ließen sich in den Wäldern des nördlichen Minnesota nieder. Von dort aus wanderten sie um das Jahr 1100 noch weiter westwärts bis in die nördlichen Ebenen und nach Dakota, und irgendwann im späten achtzehnten Jahrhundert machten sie sich nach Süden auf.

Die Arapaho – das war der Name, den ihnen die anderen Stämme gegeben hatten – waren hochgewachsene, schlanke Indianer mit einer alten Tradition. Die Männer waren tätowiert: mit Hilfe von Kaktusstacheln trieben sie Asche in ihre Haut – drei Muster quer über die Brust –, und wenn sie sich in Beratungen mit anderen Stämmen zu erkennen gaben, pflegten sie „Unser Volk“ zu sagen und dabei mit den Fingerspitzen auf ihre Brust zu klopfen.

Sie glaubten an den „Mann-Oben“ und verließen sich im Kampf auf das „Flachrohr“, das geheiligte Totem ihres Stammes, ein abgeflachtes Stück Rohr, das ständig von einem Verwahrer bewacht und von den Stammesangehörigen verehrt wurde, ähnlich der Bundeslade der alten Israeliten. Das Flachrohr war von lebenswichtiger Bedeutung, denn die Arapaho waren auf allen Seiten von Feinden umgeben und wären ohne seinen Beistand längst schon ausgerottet worden.

Im Jahre 1756 hatte sich eine Splittergruppe der Arapaho versuchsweise in der Gegend zwischen dem südlichen und dem nördlichen Platte niedergelassen. Und wie schon so oft in der Überlieferung des Stammes sahen sie sich einer drängenden Notlage gegenüber: Die benachbarten Indianerstämme hatten Pferde; bald würden sie auch Gewehre haben. Die Arapaho hatten keines von beiden.

An seinem neunten Geburtstag wurde der Lahme Biber von seinem Vater Grauer Wolf beiseite genommen – genaugenommen war Grauer Wolf der älteste Bruder seines richtigen Vaters – und behutsam auf eine schmerzliche Nachricht vorbereitet: „Du mußt immer daran denken, daß unser Volk von Feinden umgeben ist. Im Norden die Dakota, furchterregende Krieger. Im Westen die scheußlichen Ute, diese schwarzen Teufel, die immer wieder versuchen, unsere Frauen und Kinder zu rauben, damit ihre Haut ebenso hell wird wie die unsere. Einem Ute darfst du nie trauen, ganz gleich, was für Geschenke er dir bringt oder wie schöne Worte er gebraucht. Im Süden die Comanchen; sie haben Pferde. Und im Osten . . ." Er drehte das Gesicht des Jungen in die Richtung der Rattlesnake Buttes und der dahinter liegenden Prärie. „Da draußen, stets auf der Lauer, immer voll List und Tücke, der Stamm, der beinahe unbesiegbar ist." Er spuckte aus. So ungeheuerlich war sein Zorn, daß er sich auf die Lippe biß und einen Augenblick lang nicht sprechen konnte. Dann schüttelte er drohend den federgeschmückten Speer gen Osten und zischte: „Die Pawnee."

Er setzte den Jungen auf einen Stein. „Jeden Morgen, wenn du aufstehst", sagte er, „jeden Abend, wenn du schlafen gehst, und vor allem, wenn du auf einem Hügel Wache hältst, blicke in alle vier Himmelsrichtungen und frage dich: ‚Wo hat sich unser Feind versteckt?' "

Nach einer Pause fuhr er fort: „Nie darfst du dich vor deinen Feinden fürchten oder vor einer Begegnung mit ihnen im Kampf. Für einen Krieger ist es die tapferste Tat, im Kampf einen Gegner zu berühren. Es wäre eine Schande, als Feigling zu sterben, der niemals seine Hand einem Feind aufgelegt, der niemals Heldentaten vollbracht hat."

Der Lahme Biber lauschte aufmerksam. Er wußte ebensoviel über das Berühren des Gegners wie sein Vater. Die Jungen redeten ständig davon und brüsteten sich damit, wie sie auf jeden auftauchenden Ute losrennen, ihn mit der Hand oder dem Speer berühren und so eine Tat setzen würden. Sogar mit einem Comanchen zu Pferde glaubten sie es aufnehmen zu können, denn ein Mann, dem es nicht gelang, seinen Gegner zu berühren, der konnte bei den Arapaho keinen Respekt erwarten. Der Lahme Biber hatte seinen Spielgefährten gegenüber geprahlt: „Ich würde sogar zu einem Pawnee rennen, um ihn zu berühren." Aber keiner hatte ihm das geglaubt, denn der Pawnee hatte vermutlich ein Pferd und vielleicht sogar einen schwarzen Stock, der schwarzen Rauch spie und aus großer Ferne tötete.

Sein Vater Grauer Wolf wurde ernst. „Nur die Steine leben ewig. Der Krieger wird für seine Zeitspanne geboren und kämpft, wie es ihm Mann-Oben erlaubt. Er verehrt das Flachrohr und setzt möglichst viele Taten. Und wenn er Glück hat, fällt er im Kampf, die Hand am Körper seines Feindes. Dann hat er die größte Tat vollbracht: den Tod im Sieg."

Er sprach so gemessen, daß der Lahme Biber aufhörte, an das Berühren des Gegners in kommenden Kämpfen zu denken, und ihn anblickte. Das Gesicht des Grauen Wolfs war von tiefen Falten durchzogen, und in den Falten lag grauer Staub. Seine Augen blickten traurig, und in diesem Augenblick wußte der Lahme Biber, daß sein richtiger Vater, Sonne-am-Mittag, nicht mehr am Leben war. Den Blick abwendend, fragte er: „Ist er im Kampf gefallen?" Und der Graue Wolf antwortete: „Er versuchte, einen Pawnee zu berühren."

„Ist es ihm gelungen?" fragte der Lahme Biber.

„Nein“, erwiderte Grauer Wolf. Es wäre sinnlos gewesen, den Jungen zu belügen, denn wenn sich die Krieger am Abend um das Lagerfeuer versammelten und den Kampf dieses Tages besprachen, würde streng und ehrlich entschieden werden, wer einen Gegner berührt hatte und wer nicht, und nicht einmal der Tod eines so tapferen Kriegers wie Sonne-am-Mittag hätte eine Lüge gerechtfertigt.

Bei den Arapaho durften vier Krieger Berührungen bei einem einzigen Feind machen. Der erste, der ihn berührte, rief so laut, daß alle es hörten: „Ich als erster!“ Der zweite dann: „Ich als zweiter!“ Und so fort. Wenn jedoch der Kampf beendet war, setzten sich diese Krieger und ihre Zeugen zusammen, um Bestätigung für ihren Anspruch zu finden. So konnte zum Beispiel ein Krieger wohl behaupten: „Ich habe die erste Berührung beim Häuptling der Pawnee gemacht.“ Solange jedoch niemand aufstand und sagte: „Ich habe gesehen, wie er den Pawnee berührte; er war der erste“, wurde ihm diese Ehre nicht zuerkannt.

Einen Feind töten? Das zählte nicht. Wenn es sein mußte, tat man es, aber das Töten war längst nicht so wichtig wie eine Berührung, die dabei gemacht wurde. Den Feind skalpieren? Auch das zählte nicht, obwohl es einige Krieger taten, wenn sie Schmuck für ihr Tipi oder den Sattel brauchten. Ein Krieger konnte einen Feind töten und skalpieren und trotzdem nicht an Ansehen gewinnen, wenn vor ihm vier andere Krieger diesen Gegner berührt hatten.

„Es ist ihm nicht gelungen?“ fragte der Junge.

„Er hat's versucht. Der Pawnee hatte aber ein Pferd und kam zu schnell an ihn heran.“

„Habt ihr seinen Leichnam heimgebracht?“

„Nur die Steine leben ewig“, antwortete der Graue Wolf. „Der Pawnee nahm seinen Körper, skalpierte ihn, und er ist tot.“

Der Junge seufzte, denn wenn sein toter Vater keinen Skalp mehr hatte, konnte er nicht in die Ewigen Jagdgründe eingehen.

Die nun folgenden Geschichten berichten, wie der Lahme Biber seine Taten setzte und ein großer Anführer der Arapaho, niemals aber ihr Häuptling wurde.

1. Der alte Mann am Pfahl

Im Frühjahr 1764, als der Lahme Biber siebzehn war, versammelten sich die Arapaho, um Rat zu halten, und entschieden, es sei demütigend, weiterhin ohne Pferde zu leben, während die Comanchen, die Pawnee und sogar die Ute Reittiere hatten. Denn nicht nur im Kampf war dies ein schwerwiegender Nachteil, die Arapaho mußten auch hungern, sobald die Bisons zu weit wegwanderten, um zu Fuß von ihnen gejagt zu werden. Und selbst beim Umzug von einem Lager zum anderen machte ihnen der Pferdemangel zu schaffen, weil sie ihre Habseligkeiten den Frauen aufpacken oder sie mit Hundeschlitten befördern mußten – A-förmigen, aus zwei mit Querlatten verbundenen Holzstangen bestehenden Schlitten, deren hinteres Ende im Staub schleifte –, während die Pawnee und auch die Ute Pferdeschlitten benutzten.

Deswegen geriet das gesamte Lager in Erregung, als Kaltes Ohr, der viele Gegner berührt hatte, verkündete: „Ich bin ein sehr alter Mann. Meine Zähne fallen aus. Mein Sohn ist tot, und ich habe nicht den Wunsch weiterzuleben. Wir müssen die Pawnee überfallen und ihre Pferde rauben, und wenn wir das tun, werde ich mich anpfählen."

Die Arapaho wußten, daß es das Vorrecht eines Kriegers war, auf diese Art und Weise zu sterben, deswegen entschieden sie einstimmig, daß Kaltes Ohr dieses Privileg zuerkannt werden sollte. Als sich also die Männer für den Kriegspfad versammelten, erhielt Kaltes Ohr einen Sonderplatz zugewiesen und schwor einen feierlichen Eid, dessen Worte laut durch das Lager hallten: „Heute in drei Tagen wird unser Volk Pferde haben, denn ich werde mich anpfählen und nicht aufgeben, bis wir sie haben."

Der Lahme Biber war so beeindruckt von diesem Schwur, daß er um Erlaubnis bat, mitziehen zu dürfen, und diese Bitte wurde ihm gewährt, denn man wußte, daß er ein tapferer Junge war. Als sie an jenem Abend aufbrachen, in aller Heimlichkeit, damit die immer wachsamen Pawnee nichts merkten, spürte er zum erstenmal die Aufregung, die einen bei einem Kriegszug gegen listenreiche Feinde ergriff. Die Sterne funkelten am Himmel – ein gutes Vorzeichen; in ihrem schwachen Licht war er bemüht, sich ihre Route möglichst genau einzuprägen, für den Fall, daß er eines Tages selbst einen Trupp Krieger gegen Osten führen mußte.

Zu seiner Rechten lag mit vielen Inseln und Inselchen der Platte, dessen Lauf von Pappeln gesäumt wurde. Er merkte sich jede Insel genau, merkte sich, wo der Fluß breiter wurde und wo die Biber ihre Burgen hatten.

Drei Tage lang marschierten die Krieger nach Osten. Während der Tageshitze schliefen sie an geschützten Stellen, sobald es jedoch dämmerte, brachen sie auf, zunächst sich im Laufschritt weiterbewegend, den sie einhielten, bis es dunkel war. Dann schlichen sie lautlos durch die Nacht, liefen wieder ein Stück im Laufschritt und wiederholten diesen Zyklus bis weit nach Tagesanbruch. Kaltes Ohr, der doch schon fünfzig war, hatte anscheinend keine Schwierigkeiten, mit den anderen Schritt zu halten, und schien am Ende des dritten Tages mehr Kraft zu haben als am ersten.

Am dritten Tag, kurz nach Sonnenuntergang, wurde der Lahme Biber zusammen mit einem älteren Krieger vorgeschickt, um zu erkunden, wo sich das Pawnee-Lager befand, das irgendwo in der Nähe sein mußte. Die beiden krochen so geschickt zwischen den Pappeln hindurch, daß es ihnen gelang, die Pawnee-Wachtposten zu umgehen und sich dem Lager bis auf eine Viertelmeile zu nähern. Es befand sich an der Stelle, wo der südliche und der nördliche Platte zusammentrafen, und war eine Enttäuschung, denn es war keineswegs ein Hauptlager.

„Das ist nur eine Jagdgruppe“, flüsterte der Lahme Biber.

Sein Gefährte jedoch antwortete: „Aber sie haben Pferde. Sieh doch!“

Sie hatten Pferde, und der Lahme Biber stellte zufrieden fest, daß diese auf der Westseite des Lagers angebunden waren. „Das heißt, daß sie diese Richtung einschlagen, wenn sie sich in Bewegung setzen.“

Sein Gefährte sagte: „Kaltes Ohr sollte sich dort drüben anpfählen.“ Und der Lahme Biber sah, daß sich der Alte auf diese Weise direkt in der Marschrichtung der Pawnee befinden würde.

Lautlos schlichen sie zum Lager zurück, wo der Ältere dem Lahmen Biber das Wort überließ. „Nicht viele Pawnee“, berichtete dieser, und fügte hinzu: „Aber viele Pferde. Und sie werden in unsere Richtung kommen.“

Auf diese beruhigende Nachricht hin taten die Arapaho etwas Leichtsinniges: Sie legten sich schlafen. Natürlich stellten sie eine Wache auf, aber sie waren schließlich drei Tage marschiert und daher rechtschaffen müde. Der Lahme Biber jedoch war viel zu aufgeregt, um zu schlafen, darum schlich er behutsam zwischen den schlafenden Kriegern umher und lauschte den Geräuschen der Nacht, die ihm so vertraut waren: ein Coyote da, ein vorüberstreichendes Stück Hochwild dort, ein Biber, der mit seinem Schwanz aufs Wasser schlug, eine Nachteule, die in der Ferne rief, und ganz in der Nähe weicher Flügelschlag. Auch mitten im Lager gab es ein Geräusch. Der Lahme Biber schlich hinüber, um nachzusehen. Es war Kaltes Ohr, der ebenfalls nicht schlafen konnte. Auch er lauschte den gedämpften Geräuschen der Nacht, den letzten, die er vermutlich hören würde.

„Ich habe Angst“, sagte Kaltes Ohr. Das allerdings erschien so unwahrscheinlich, daß der Lahme Biber erschrocken den Atem anhielt. Kaltes Ohr lachte. Er zog den jungen Krieger neben sich auf den Boden und vertraute ihm leise an: „Ich habe immer Angst, wenn wir gegen die Pawnee kämpfen. Sie sind klug. Sie lassen sich Listen einfallen, auf die wir nie kommen würden.“

In der Dunkelheit berichtete er von seinen vielen Begegnungen mit diesen schlauen Feinden, und was er sagte, bestätigte die überlegene Klugheit der Pawnee. „Warum hatten sie wohl als erste Pferde?“ fragte er. In diesem Augenblick sah er jedoch im ersten schwachen Lichtschein am Horizont eine Erhebung, die wie ein großer Steinbrocken aussah. „Ist dieser Wachtposten eingeschlafen?“ fragte er erschrocken.

Beide starrten sie angestrengt hinüber. Dann bewegte sich jedoch eine Schulter, und Kaltes Ohr registrierte zufrieden, daß der Wachtposten aufpaßte.

„Was geschah, ist folgendes: Die Pawnee wußten, daß sie nicht einfach hingehen und den Comanchen Pferde stehlen konnten. Bessere Reiter als die Comanchen gibt es auf den Prärien nicht, und sie bewachten ihre Pferde sehr geschickt. Die Pawnee taten also etwas, was wir jetzt ebenfalls tun müssen . . .“ Er erzählte weiter, erklärte die List, mit der die Pawnee die Comanchen getäuscht und ihre ersten Pferde gefangen hatten. „Die wußten nicht nur, wie man sich die Pferde holen muß“, sagte er mit widerwilliger Bewunderung, „sondern sie wußten auch, wie man sie züchtet und vermehrt. Die Pawnee sind klug, aber morgen werden wir ihnen ihre Pferde wegnehmen.“

„Werden sie eine neue Art der Verteidigung anwenden?“ fragte der Lahme Biber.

Der Alte hatte Verständnis für solche Sorgen und sagte beruhigend: „Als ich jung war, da war ich vor meinem ersten Kampf nicht nur aufgeregt – ich zitterte vor panischer Angst. Es ging damals gegen die Ute. Ich habe die ganze Nacht vor Angst gebebt, weil ich fürchtete, sie würden mich gefangennehmen, mit in ihr Lager schleppen und mich zwingen, eine ihrer schwarzen Töchter zu heiraten und dunkelhäutige Kinder zu zeugen, die dann auch Ute sein würden. Sobald aber der Kampf beginnt, ist die Angst fort.“

Kurz vor Morgengrauen wanderte Kaltes Ohr zwischen den schlafenden Kriegern umher und flüsterte jedem einzelnen ins Ohr: „Heute holen wir uns die Pferde.“ Die Arapaho machten sich fertig, schlichen sich möglichst dicht an das Pawnee-Lager heran, und als sie Stellung bezogen hatten, sagte Kaltes Ohr den anderen Kriegern Lebewohl, um lautlos weiterzuschleichen und erst hinter einer Bodenerhebung an der Peripherie des Pawnee-Lagers haltzumachen.

„Mann-Oben“, flehte der Lahme Biber, „bitte, laß sie in diese Richtung kommen!“

Aus irgendeinem Grund schickten die Pawnee an diesem Tag ihre Kundschafter erst spät auf den Weg. Ein Krieger, der dicht neben dem Lahmen Biber lag, sagte so besorgt, als wäre er selbst ein Pawnee: „Wenn sie nicht bald aufbrechen, haben sie keine gute Jagd.“

Lässig, als hätten sie unendlich viel Zeit, signalisierten die Pawnee-Kundschafter auf dem Hügel im Norden dem Lager, daß sie Bisons gesichtet hätten, und nun begann eine fieberhafte Tätigkeit. Am westlichen Lagerausgang versammelten sich die Jäger und machten sich bereit, den Kreis der Tipis zu verlassen. Als sie sich ein Stück weit vom Lager entfernt hatten, schwenkte Kaltes Ohr die Arme, um die Pferde zu erschrecken. Die Pawnee sahen, daß er sich an einen Pfahl angebunden hatte, und wußten, daß er der Vorposten einer größeren Angriffsmacht war.

Ein Pawnee-Häuptling gab seinem Pferd wütend die Sporen, senkte die Lanze und jagte direkt auf den Feind zu. Kaltes Ohr wich seinem Speer jedoch unglaublich wendig aus, packte den Schaft mit der rechten Hand, warf den Pawnee mit einer plötzlichen Drehung aus dem Sattel und versetzte ihm, als er fiel, mit der Linken einen kräftigen Schlag. Es war eine wahrhaft brillante Berührung, eine der mutigsten in den Annalen der Arapaho.

„Holt euch das Pferd!“ schrie Kaltes Ohr. Eine aufmerksame Gruppe Pawnee-Krieger, die erkannte, daß das reiterlose Pferd möglicherweise von den Feinden eingefangen werden würde, stürmte ihm jedoch nach, fing den Ausreißer, ohne Kaltes Ohr zu beachten, rasch wieder ein und brachte ihn eilig in Sicherheit.

Der Kampf hatte begonnen. Kaltes Ohr blieb an seinen Pfahl gefesselt, dirigierte aber seine Stammesgenossen umsichtig, so daß zahlreiche Berührungen gemacht werden konnten. Schließlich setzte sich aber das überlegene Geschick und die Klugheit der Pawnee durch, und den Arapaho blieb nichts anderes übrig, als den Rückzug anzutreten. Voll Bitterkeit wurde das Signal gegeben.

Nur Kaltes Ohr mußte noch ausharren; sein eigener Schwur zwang ihn, an seinen Pfahl gefesselt zu bleiben und sich dem Feind so lange zu stellen, bis seine Kräfte erlahmten. Er durfte losgebunden werden, doch nur dann, wenn ein Häuptling zurückkam und seine Fesseln eigenhändig löste. Da sie diesmal jedoch alle beschäftigt waren, konnte er nichts tun als warten.

Nicht ein einziger Häuptling hatte Zeit, ihm zu helfen; sie hatten alle Hände voll zu tun, die Arapaho vor einer endgültigen Niederlage zu retten, und mußten ihn wohl oder übel sich selbst überlassen. Mit dem erbeuteten Speer in der Hand und Tränen der Enttäuschung in den alten Augen, sah er seine Stammesbrüder weichen – ohne Pferde. Er wartete.

Drei Pawnee trieben ihre Pferde auf ihn zu. Wie durch ein Wunder entging er jedoch ihren Speeren und konnte mit dem seinen sogar eines der Pferde am Bein verletzen. Die Reiter hielten an, um sich um ihr Pferd zu kümmern, das ihnen viel wichtiger war als ein alter, an einen Pfahl gebundener Krieger, und als sie zurückkamen, um ihn von neuem anzugreifen, bot sich ihnen ein denkwürdiger Anblick.

Aus der Hauptmasse des sich im Rückzug befindlichen Feindes hatte sich ein junger Krieger gelöst, der nun herbeigelaufen kam, um neben dem alten Krieger Stellung zu beziehen. Der Lahme Biber war bei Kaltem Ohr, ehe die Pawnee-Reiter diesen erreichten. Hastig löste er die Fesseln des Angebundenen und erwartete, Seite an Seite mit dem Alten, den Angriff.

Tapfer und mit großem Geschick wehrten sich die beiden Krieger gegen die Pawnee, schlugen deren Speere beiseite und fingen die Schläge mit ihren Kriegskeulen ab. Schritt um Schritt wichen sie zurück, und als die Pawnee zum viertenmal angriffen, gelang es dem Lahmen Biber sogar, einen von ihnen zu berühren.

Diese Heldentat gab den Arapaho wieder Mut, sie machten kehrt und kamen herbeigestürzt, um sich schützend um Kaltes Ohr und seinen Retter zu scharen. Und als die Pawnee sahen, wie entschlossen diese Fußtruppe war, wendeten sie ihre Pferde und brachen den Kampf ab.

An diesem weithin gerühmten Kampf, der in der Geschichte jedes Stammes ehrfürchtig erzählt und ein Jahrhundert später auch dem weißen Mann berichtet wurde, schlugen sich elf Arapaho gegen neunzehn Pawnee. Drei Arapaho und zwei Pawnee wurden verwundet. Tote gab es natürlich nicht, doch wäre Kaltes Ohr nicht vom Lahmen Biber befreit worden, hätte er mit größter Wahrscheinlichkeit sterben müssen.

Die Arapaho bewahrten die Erinnerung an diesen Kampf nicht wegen des Mutes, den Kaltes Ohr bewiesen hatte – alte Männer hatten sich schon seit Urzeiten vor dem Feind angepfählt –, sondern weil dies die erste Heldentat des Lahmen Bibers gewesen war. Und die Pawnee vergaßen ihn nicht, weil dies der erste Kampf im vierzig Jahre währenden Krieg des Lahmen Bibers gegen sie war.

Als die Krieger zu den Rattlesnake Buttes zurückkehrten, gab es überall großes Wehklagen. Wieder einmal war es den Arapaho nicht gelungen, sich endlich Pferde zu beschaffen. Auch wurde der Lahme Biber für die Befreiung Kalten Ohrs keineswegs gelobt, denn was er getan hatte, war ein heiliges Privileg der Häuptlinge, und daß er diese Aufgabe übernommen hatte, war eine Anmaßung.

Er erhielt einen öffentlichen Rüffel – eine Ungerechtigkeit, die an ihm nagte und die bewirkte, daß er niemals nach Beifall oder Macht streben sollte. Der Stamm erklärte ihn zwar nicht für unwählbar, denn sein Verhalten in der folgenden Zeit machte diese Jugendtorheit mehr als gut. Aber er selbst hatte entdeckt, wie lästig es werden konnte, wenn man die Rolle eines Häuptlings übernahm; es war ein Amt für eitle Männer, denen es Spaß machte, sich mit Federn zu schmücken. Er überließ es leichten Herzens anderen, ihre Heldentaten durch die Häuptlingswürde öffentlich zur Schau zu stellen. Er wollte sich den Taten selbst widmen, tun, was ihm weitaus nötiger erschien – und dies in aller Stille.

2. Drei gegen Dreihundert

Im Jahre 1768, als der Lahme Biber einundzwanzig war, hatte er eine Idee von so erhabener Einfachheit, wie sie nur großen Männern zuteil wird. Er folgerte: „Wenn wir Pferde wollen, müssen wir dahin, wo es

Pferde gibt." Diese Überlegung war der Ausgangspunkt zu seinem kühnen Beutezug gegen die Comanchen.

Diese Erkenntnis kam ihm, als er intensiv mit harter Arbeit auf einem scheinbar völlig anderen Gebiet beschäftigt war. Es war Frühherbst, und die Arapaho wußten, daß sie, um sicher über den Winter zu kommen, noch weitaus mehr Büffelfleischvorräte anlegen mußten, als es ihnen bis jetzt möglich gewesen war. Und hier erhob sich wieder jenes ewige Problem der Pferde. Die Pawnee und Comanchen konnten über weite Strecken ausschwärmen und dem Bison überall nachreiten. Und sogar die primitiven Ute brachten, wenn sie aus ihren Bergfestungen herunterkamen, für diese Zwecke Pferde mit. Nur die Arapaho mußten den Bison noch auf Urväterart jagen – so wie es die Indianer der nördlichen Ebenen vor tausend Jahren schon getan hatten.

Eines Morgens kam ein Kundschafter mit aufregenden Neuigkeiten ins Lager gelaufen. Eine große Herde war im Nordwesten gesichtet worden und schien auch in der gewünschten Richtung zu ziehen, obwohl man das nie so genau vorhersagen konnte. Die Bisons verhielten sich selten nach einem vorbestimmbaren Schema; sie bewegten sich innerhalb der Herde ständig im Kreis wie ein Tornado, der jeden Augenblick in eine unvermutete Richtung ausbrechen konnte. Immerhin stand zu hoffen, daß sie sich in eine Stellung begaben, von der aus man sie auf die Kalkklippe zumanövrieren konnte. Die Arapaho hatten keine Wahl; sie mußten auf die Vermutung hin, daß dieser Fall eintreten würde, handeln.

Also brach der gesamte Stamm zu dem beschwerlichen Treck von Rattlesnake Buttes nach Westen auf, um die Bisonherde abzufangen. Am zweiten Tag brachten die Kundschafter die beruhigende Nachricht, daß die Bisons nach Südosten zogen. Mit ein bißchen Glück konnte man sie auf die Kalkklippe zutreiben.

Unterwegs wurde die Aufmerksamkeit des Lahmen Bibers immer stärker von einem hochgewachsenen, hübschen vierzehnjährigen Mädchen gefesselt: Blaues Blatt, die Tochter von Kaltes Ohr, den er von seinem Pfahl gerettet hatte. Für diese Heldentat war ihm kein Dank zuteil geworden, denn der alte Krieger hatte sterben wollen, und nun wurde sein Leben unnötigerweise verlängert. Viele machten es dem Lahmen Biber zum Vorwurf, daß er sich eingemischt hatte, denn nun mußte die Tochter den Vater versorgen. Sie dagegen war ihm dankbar, daß sie durch ihn ihren Vater noch einige Jahre behalten durfte, und klagte nie über die zusätzliche Arbeit, die ihr das Herbeischaffen von entsprechend mehr Nahrung machte.

Es war an der Zeit, daß der Lahme Biber sich eine Frau nahm, und sein Vater – besser gesagt, der zweitälteste Bruder seines richtigen Vaters – hatte das Thema schon mehrmals angeschnitten. Der junge Krieger war ihm aber jedesmal ausgewichen. Sein Vater erbot sich, falls notwendig, eine Ehe zu arrangieren, erklärte aber, daß der Lahme

Biber ebensogut auch selbst Umschau halten könne. Ein wenig oberflächlich hatte er das auch getan, bis jetzt war ihm Blaues Blatt aber nie richtig aufgefallen. Erst jetzt, auf dem Weg, erkannte er, daß dieses Mädchen in ihrem Hirschlederkleid sehr hübsch war.

Die Arapaho wanderten eine beträchtliche Strecke weit nach Westen, drei Tagesreisen, und erspähten am Nachmittag des dritten Tages die Bisonherde. Es waren sehr viele Tiere, mehrere tausend, die sich kaum von der Stelle bewegten. Die Aufgabe bestand darin, sie mit sanfter Gewalt auf die Klippe zuzudrängen. Man mußte sanft dabei vorgehen, aber auch mit einer gewissen Eile, denn es bestand stets die Gefahr, daß die Ute mit ihren Pferden aus den Bergen herabstürmten, ein paar Bisons von der Herde abschnitten und die übrigen auseinandertrieben. Es war eine Aufgabe, die ein sicheres Urteilsvermögen erforderte.

Die Häuptlinge hatten beschlossen, daß das Hauptkontingent der Arapaho die Herde westwärts in großem Bogen umgehen und sich dann von hinten an sie heranschleichen sollte – möglichst ohne sie auf sich aufmerksam zu machen, aber bereit, einzugreifen, wenn die Bisons versuchen sollten, umzukehren. An der rechten Flanke sollten fünfzehn bis zwanzig Krieger die Herde daran hindern, in die flachen Hügel auszuweichen; das war keine allzu schwere Aufgabe. Die wichtigste Rolle hatten die Männer, die der linken Flanke zugeteilt waren, denn sie mußten die Herde daran hindern, in die offene Ebene auszubrechen, was sie sicher versuchen würde, sobald sie richtig in Angst geriet. Diese Aufgabe wurde den fähigsten Männern zugewiesen.

Dem Lahmen Biber wurde die Rolle eines der sieben Wölfe zugeteilt. Das waren Krieger, die sich in gegerbte Wolfshäute hüllten, so daß von ihrem Körper nichts mehr zu sehen war; in dieser Maskierung krochen sie an die Herde heran, bis sie die Tiere beinahe berührten. Die Bisons sahen die Wölfe und scheuten zurück. Daß sie die Herde zur Stampede veranlassen konnten, war unwahrscheinlich, denn die Bisons wußten instinktiv, daß sie in der Gruppe unangreifbar waren.

Zwei lange, wasserlose Tage hindurch folgten die Arapaho der Bisonherde; die Krieger, die sich hinten befanden, drängten die Herde unentwegt nach vorne, jene, die rechts von der Herde Posten bezogen hatten, trieben die Tiere weiter auf die Klippe zu. Der Lahme Biber und seine sechs Wolfsmänner operierten an der linken Flanke, um zu verhüten, daß die Bisons der Prärie zustrebten.

Am dritten Tag wurde es deutlich, daß die Arapaho gute Chancen hatten, die Bisons über die Klippe zu jagen, und große Aufregung erfaßte alle. Die sieben Wolfsmänner bekamen die besten Bogen und Pfeile, die der Stamm besaß; falls das Manöver fehlschlug, sollten sie durch Abschuß einiger Tiere für einen kleinen Wintervorrat an Pemmikan sorgen.

Die folgenschwere Entscheidung darüber, wann die Herde in eine Stampede gescheucht werden sollte, lag in den Händen des Ältestenrates, zu dem Kaltes Ohr gehörte, der klügste Bisonjäger von allen. „Der größte Fehler wäre, zu früh zu beginnen“, erklärte er. „Der zweitschwerste Fehler der, an die wichtigen Punkte Männer zu stellen, die Angst haben. Ich erinnere mich an die Jagd bei den Roten Hügeln . . .“ Der Rat wollte nicht schon wieder von dieser Jagd hören; ein Onkel eines Ratsmitgliedes war nicht mutig genug gewesen, und die Herde hatte entkommen können.

„Ich werde die linke Flanke übernehmen“, verkündete Kaltes Ohr. Jeder wußte, daß dies die allerwichtigste Stellung war, denn wenn die Bisons nach links ausbrachen und die Ebene erreichten, war alles verloren. „Wer übernimmt die rechte Flanke?“ Von dieser Stellung aus mußte man die Bisons daran hindern, sich in die Hügel hinauf zu retten; diese Aufgabe war nicht ganz so gefährlich und weniger kritisch, doch wichtig genug, um einen guten Mann dafür einzusetzen. Einer der älteren Häuptlinge meldete sich freiwillig, und Kaltes Ohr war es zufrieden.

So wurde die Falle gestellt. Zwei älteren Häuptlingen, die schon viele Bisonjagden miterlebt hatten, wurde die Verantwortung für das Auslösen der Stampede übertragen; sie verlangten, daß der größte Teil des Stammes sowie die Hunde Aufstellung an der kritischen linken Flanke nahmen, um die Bisons mit möglichst viel Lärm zurückzuscheuchen, falls sie in die Ebene wollten. Der Lahme Biber und seine Wolfsmänner wurden von dem vereinbarten Signal unterrichtet. Dann waren sie bereit.

Mit einem wilden Schrei stürzten sich die beiden Häuptlinge auf die ersten Reihen der Bisonherde. Im selben Augenblick rannten die hinteren Männer gegen das hintere Ende der Herde, sie schrien und schleuderten Steine auf die letzten Tiere. Unterdessen beschoß der Lahme Biber mit seinen Wolfsmännern den größten Bison mit möglichst vielen Pfeilen.

Wie beabsichtigt, geriet die Herde schnell in Panik. Doch einen Augenblick lang – der die Indianer in Schrecken versetzte, denn ihr Überleben hing von dem erfolgreichen Abschluß dieser Jagd ab – sah es so aus, als würden die aufgestörten Tiere einfach chaotisch durcheinanderlaufen, ohne sich auf die Klippe zuzubewegen. Darauf waren die Häuptlinge jedoch gefaßt. Eine Gruppe junger Männer mit kräftigen Armen begann die Leittiere mit großen Steinen zu bewerfen, und nach einem Augenblick des Zögerns, während jeder Indianer Mann-Oben um Unterstützung anflehte, begann die riesige Herde auf die Klippe zuzugaloppieren.

Unvermittelt versuchten sie jedoch in Richtung Ebene auszubrechen, so daß es aussah, als wäre alles verloren. Die Arapaho würden höchstens ein paar einzelne Bisons bekommen, die von den Wolfsmännern erlegt worden waren. Der größte Teil dieser so dringend benötigten Nahrung, dieses Bollwerk gegen das Verhungern, würde ihnen endgültig entkommen.

„Nein! Nein!“ rief der Lahme Biber verzweifelt.

In diesem Augenblick kam von links, wo er Aufstellung genommen hatte, Kaltes Ohr herbeigerannt, um sich den Bisons in den Weg zu stellen. Die Arme schwenkend und mit seiner dünnen Stimme gegen das Donnern der Hufe anschreiend, warf er sich direkt vor die Hufe der fliehenden Tiere und zwang sie, um ein Geringes nach Westen zu schwenken. Die nachstürmenden Bisons zertrampelten den auf dem Boden Liegenden, so daß seine Leiche hinterher unkenntlich war. Aber die Herde war an der Flucht in die Ebene gehindert worden.

Wie eine ungeheure Wasserwoge, die aus den Bergen herabgebraust kommt, wenn irgendwo ein Eiswall bricht, stürmte die Herde den vorhergesehenen Weg entlang, während die Arapaho armeschwenkend und schreiend versuchten, sie ungefähr in der Richtung zu halten. Dröhnend kamen die Tiere das leichte Gefälle herab, als plötzlich die vordersten anzuhalten versuchten, mit aller Kraft die Vorderbeine in den Staub stemmten und laut aufbrüllten – umsonst. Die Bisons, die hinter ihnen kamen, stürmten in sie und schoben sie über den Klippenrand. Dann wurden auch sie von den nachfolgenden Tieren hinabgestürzt. So beging die große Herde Selbstmord. Tonnenschwere Tiere krachten auf die bereits unten Liegenden hinab, brachen ihnen Hals, Beine und Rückgrat.

Jetzt war es unwichtig geworden, wie viele Bisons die Wolfsmänner mit ihren Pfeilen getötet hatten. Vierhundert Tiere lagen am Fuß der Klippe – entweder tot oder so schwer verletzt, daß die Frauen sie in aller Ruhe töten konnten. Die Stampede war über alle Erwartungen erfolgreich gewesen; die überzähligen Kadaver würde man für die Ute zurücklassen; dies war das Äußerste an Großzügigkeit, was man Feinden gegenüber an den Tag legen konnte.

Nur die allerbesten Tiere, die zarten jungen Kühe, wurden vollständig zerlegt. Von den anderen nahm man nur die Zunge für religiöse Zeremonien sowie ein paar schöne Stücke aus der Gegend der Kruppe. Man gab acht, daß genug Innereien für die Herstellung von Pemmikan gesammelt wurden, und damit diese Winternahrung besser schmeckte, tat man einen Teil des kräftiger schmeckenden Fleisches von älteren Tieren hinzu. Mit diesen und ähnlichen Anweisungen versehen, standen Männer, die das Schlachten so vieler Tiere schon öfter beaufsichtigt hatten, den eifrig arbeitenden Frauen zur Seite.

Lahmer Biber, der das wilde Durcheinander beobachtete, sagte zu sich: „Es ist nicht gut, die Bisons so zu jagen. Die Tiere, die im Haufen der Kadaver ganz zuunterst liegen, werden von den anderen so zugedeckt, daß nicht einmal die Aasgeier an sie herankönnen. Man müßte sie mit Pferden jagen.“ Und dann: „Wenn wir Pferde wollen, müssen wir dahin, wo es Pferde gibt." Kein Herumspielen mehr mit den Pawnee, die ja doch nur ein paar Pferde besaßen. Nein, er nahm sich vor, in das Gebiet der Comanchen einzudringen, wo es Hunderte von Pferden gab.

Er durchdachte seinen Plan sorgfältig. Er wollte nur zwei Begleiter mitnehmen, die aber mußten junge Männer sein, denen er vertrauen konnte und die sich nicht vor dem Tod fürchteten. Mehrere Tage lang, während der Stamm riesige Lasten von Bisonfleisch und -fellen zu den Rattlesnake Buttes heimschleppte, wählte er unter seinen Stammesgenossen aus, verwarf aber einen nach dem anderen als ungeeignet für die Anstrengungen, die ihnen bevorstehen würden.

Allmählich konzentrierte sich seine Aufmerksamkeit auf einen jungen Krieger namens Rote Nase, ruhig, phantasielos, von unbestreitbarer Tapferkeit, ein junger Mann, der früh schon den Entschluß gefaßt hatte, eines Tages Häuptling zu werden, und der sein Leben von diesem Augenblick an ausschließlich diesem Wunsch unterordnete: Er sprach ernst und gelassen, nickte vorsichtig, wenn ältere Männer Vorschläge machten, und bewegte sich mit Würde. Der Lahme Biber mochte Rote Nase nicht; er fand ihn zu großspurig. Aber er hatte es noch nie erlebt, daß Rote Nase etwas falsch machte, daß er impulsiv oder töricht handelte. Immerhin war er Unterhäuptling geworden. Er war ein Mann, dem man bis in den Tod vertrauen konnte, weil es ihm seine eigene Eitelkeit verbot, auch nur ein einziges Mal zu versagen.

Eines Abends trat der Lahme Biber zu Roter Nase und fragte ihn: „Bist du bereit, dich mir bei einer großen Tat anzuschließen?" Er suchte nach dem richtigen Wort. „Einer Tat, durch die der Stamm Pferde bekommt?" Rote Nase überlegte eine Weile, dann antwortete er: „Für Pferde würde ich alles tun." Und sie legten einander die Hände auf die Schultern.

Daraufhin wandte der Lahme Biber seine Aufmerksamkeit einem anderen Kandidaten zu, einem Mann namens Pappelknie. Der Name berichtete jenen seltenen Zufall der Natur, wie er sich an Flußufern manchmal ereignet, wenn die Wurzel eines Baumes ein ganzes Stück nach oben wächst, um dann wieder eilig in die Erde zurückzukehren. Pappelknie war das genaue Gegenteil von Roter Nase: er war plump, der Möchtegern-Häuptling hingegen war gertenschlank; er redete viel, während sich Rote Nase gerne in Schweigen hüllte; sein Gesicht war ein einziges, breites Lächeln, bei dem die blitzenden Zähne sichtbar wurden, während Rote Nase den strengen Ernst des Anführers bewahrte. Aber Pappelknie besaß eine Eigenschaft, die für ein gefährliches Unternehmen dieser Art unbezahlbar war: Er führte jede Aufgabe mit absoluter Hingabe aus. Er war zuverlässig. Genau wie der Platte River Jahr um Jahr dahinfloß, manchmal breit ausgefächert und manchmal in einen schmalen Kanal gezwängt, so ging Pappelknie mit seinem dicken Körper und seinem liebenswürdigen Wesen unbeirrbar durch das Leben. Wenn der Platte Hochwasser führte, schien er keine bestimmte Richtung zu haben; doch langsam sammelte er seine Fluten wieder, und nicht einmal Mann-Oben konnte ihn lange von seinem Kurs ablenken.

„Wärst du bereit, zu einem großen Abenteuer aufzubrechen?“ fragte der Lahme Biber den rundlichen Mann eines Nachmittags.

„Ja“, antwortete Pappelknie. Er fragte nicht einmal, worum es sich handelte.

Dann kam der Tag, an dem die drei Freiwilligen ihren Plan den Stammesältesten vorlegen mußten. Der Lahme Biber beauftragte vorsichtshalber Rote Nase damit, und dieser entledigte sich seiner Pflicht mit großem Geschick. „Wenn der ganze Stamm nach Süden zieht, um Krieg gegen die Comanchen zu führen, werden sie es erfahren und sich darauf vorbereiten. Wir werden viele Krieger verlieren, aber nicht viele Pferde fangen. Wenn jedoch wir drei uns heimlich hinunterschleichen, dann gehen, wenn unser Plan mißlingt, nur drei Krieger verloren. Und wenn es gelingt, haben wir endlich Pferde.“

Nach einer ausgedehnten Diskussion wurde die erbetene Erlaubnis erteilt, allerdings unter der Bedingung, daß der Vater des Lahmen Bibers die unerfahrenen jungen Krieger beriet. Er sagte: „Ihr wißt natürlich, daß die Comanchen ihre Feinde, die sie gefangennehmen, qualvoll foltern. Ihre Pferde lieben sie über alles. Wenn sie euch dabei erwischen, wie ihr ihre Pferde stiehlt, werdet ihr eines gräßlichen Todes sterben. Es heißt, ein Mann, den die Comanchen gefangennehmen, stirbt elf Tode. Ihre Frauen haben grausame Methoden, mit denen sie einen Mann foltern und dennoch sehr lange am Leben erhalten können.

Wenn euer Plan mißlingt, wartet bis zum letzten Augenblick. Dann tötet euch. Und wenn einer von euch in einer Lage ist, in der er sich nicht selbst ums Leben bringen kann, müssen die Überlebenden schwören, ihn vor dem Rückzug zu töten. Seid ihr einverstanden?“

Die drei Gefährten sahen einander an. Sie hatten von dem Ruf der Comanchen, besonders qualvolle Todesarten anzuwenden, gehört, aber sie hatten nicht offen davon sprechen wollen. Nun mußten sie diese Möglichkeit ins Auge fassen, und Rote Nase wandte sich an die beiden anderen: „Wenn ich nicht weiterkann, müßt ihr mich töten.“

Pappelknie sagte: „Überlaßt mich nicht den Comanchen.“

Nur der Lahme Biber formulierte es anders: „Wenn ihr hilflos seid, werde ich euch töten. Das schwöre ich.“

Dann nahm der Vater den Lahmen Biber beiseite: „Ich habe gemerkt, wie du Blaues Blatt ansiehst“, sagte er. „Dein Auge scheint Gefallen an ihr zu finden.“ Der Lahme Biber bestätigte diese Worte durch sein Schweigen, und sein Vater fuhr fort: „Während ihr fort seid, werde ich mit ihrem Bruder sprechen und mich erkundigen, wie viele

Bisonfelle er will.“ Und der Lahme Biber gab ihm darauf eine Antwort, von der in seinem Stamm noch lange gesprochen werden sollte: „Sag ihrem Bruder, daß ich für Blaues Blatt ein Pferd geben werde.“

Es war ein weiter Weg nach Süden ins Land der Comanchen. Bei jedem Schritt, den sie taten, waren sie in Gefahr, von diesen schnell reitenden Geißeln der Ebene entdeckt zu werden. Aber die drei Krieger waren erfahrene Präriebewohner, sie hinterließen keine Spuren, kein Zeichen ihrer Anwesenheit. Zweimal sahen sie Comanchen über Hügelkämme reiten, doch selbst einem Adler wäre es schwer gefallen, die Eindringlinge zu erspähen, wenn sie sich im hohen Gras versteckten.

Als sie schon viele Nächte von den Rattlesnake Buttes entfernt waren, stießen sie auf ein Comanchendorf, als sie sich ihm jedoch äußerst vorsichtig näherten, mußten sie zu ihrer bitteren Enttäuschung feststellen, daß es sich um eine elende Ansammlung armseliger Tipis mit nur sehr wenigen Pferden handelte; also alles andere als ein lohnendes Ziel. Die richtigen Dörfer mußten weiter im Süden liegen.

Ihre Ausdauer wurde belohnt. Sie kamen an einen rasch dahinströmenden Fluß – der später Arkansas genannt werden sollte –, der sehr viel Wasser führte und in dessen Mitte zwei Inseln lagen. Auf dem gegenüberliegenden Ufer entdeckten sie ein ansehnliches Dorf, und – ihre Herzen schlugen höher – ein von geflochtenen Ästen und Zweigen umzäuntes Stück Land, in dem sie mindestens neunzig Pferde zählten.

Zwei Tage lang hielten sich die Arapaho am Nordufer des Arkansas versteckt, beobachteten jede Bewegung drüben im Dorf, und der Lahme Biber wunderte sich, daß die Comanchen sie nicht entdeckten. „Wo sind ihre Späher?“ fragte er mehrmals erstaunt. Die Comanchen, die erst kürzlich die Apachen von diesem Territorium vertrieben hatten, waren anscheinend leichtsinnig geworden.

Der Plan, den die drei entworfen hatten, war gut. Sie wollten vor Mitternacht, bevor die nächste Wache abgelöst wurde, zum Südufer hinüber. Solange es dunkel war, wollten sie sich versteckt halten und kurz vor Morgengrauen folgendermaßen vorgehen: Der Lahme Biber sollte den dem Lager am nächsten stehenden Wachtposten niederschlagen, Rote Nase den Wachtposten in Richtung Fluß, Pappelknie sollte sodann den Zaun niederreißen und so viele Pferde wie nur möglich nach Norden davontreiben.

Dann wollten sie zur ersten Insel hinüber, sich dort wieder sammeln, drei Pferde besteigen und die übrigen mitnehmen. Um ihren Erfolg zu sichern, sollten der Lahme Biber und Rote Nase die übrigen Pferde auseinanderjagen, damit die Comanchen ihnen nicht so schnell folgen konnten.

Es war Pappelknie, der die peinliche Frage aussprach. „Woher wißt ihr, daß wir die Pferde auch reiten können?“ Und der Lahme Biber erwiderte: „Wenn ein Ute reiten kann, kann ich es auch.“

Am Südufer erwarteten sie mit zunehmender Aufregung das Ende der Nacht. Lässig und unaufmerksam streiften die Comanchen-Wachtposten durch das Lager. Zwei Wachen postierten sich am Corral; zur größten Verwunderung der Arapaho verschwanden sie jedoch bald wieder, um die Nacht in ihren Tipis zu verbringen. Der Lahme Biber wollte Rote Nase ein Zeichen geben, daß der Corral unbewacht sei, doch Rote Nase hatte das auch schon festgestellt und gab Pappelknie Zeichen. Es wurde beschlossen, daß der Lahme Biber den einsamen Wachtposten am Lager überwältigen sollte, während Rote Nase mit Pappelknie die Pferde, die sie sich ausgesucht hatten, zusammentreiben und die übrigen davonjagen würden. Als es heller wurde, begab sich jedoch auch dieser letzte Wachtposten in sein Tipi. Das Lager war nun völlig unbewacht. Der Weg nach Norden war vorläufig frei.

Mit Bedachtsamkeit und Umsicht machten sich die Arapaho die unerwartet günstige Lage, auf die sie niemals zu hoffen gewagt hätten, zunutze. Sie rissen ein breites Loch in den Zaun, wählten neunundzwanzig Pferde aus und jagten die übrigen in alle Himmelsrichtungen davon. Dann trieben sie die ausgewählten Pferde in den Fluß, setzten zur Insel über und verschwanden, bevor man im Comanchendorf überhaupt merkte, was geschehen war.

Es war der geschickteste Überfall, den die Arapaho jemals inszeniert hatten, denn die neunundzwanzig Pferde befanden sich schon weit im Norden des Arkansas auf dem Weg zu den Rattlesnake Buttes, bevor der erste Comanchenkrieger den Fluß überquerte – und das noch dazu ohne sein Pferd.

Die drei Krieger lachten und jubelten über das erfolgreich bestandene Abenteuer, als Pappelknie sein Pferd auf einmal zügelte und mit zutiefst besorgter Miene fragte: „Und wenn wir nur Hengste haben?“ Sofort saßen alle drei ab und vergewisserten sich, daß sie eine gesunde Mischung erwischt hatten. Und so geschah es, daß die Arapaho von nun an Pferde hatten.

3. Die Fahrt zur Sonne

Mit der Ankunft dieser Pferde änderte sich vieles bei den Arapaho. Zum Beispiel wurde das Leben der Frauen angenehmer, denn wenn der Stamm weiterzog, brauchten die Frauen nicht mehr die Schlitten zu schleppen, die für die Hunde zu schwer waren. Zum anderen wurde das ganze Besitzsystem geändert, so daß ein Mann nicht mehr jahrelang warten mußte, bis er genügend Bisonfelle zum Tausch gegen die Dinge, die er gern haben wollte, gesammelt hatte: Ein Pferd war als Tauschobjekt nicht nur begehrter, sondern auch weit einfacher zu liefern, wenn eine Transaktion beschlossen war.

Sogar die Bisonjagd wurde jetzt anders betrieben. Drei Männer konnten über große Entfernungen hinweg die Herde aufspüren, und wenn sie sie dann gefunden hatten, brauchte nicht mehr der ganze Stamm die Verfolgung – und zu Fuß – aufzunehmen, sondern sechzehn flinke Reiter konnten der Herde mühelos folgen, mit Pfeil und Bogen die benötigte Anzahl Tiere herausschießen, die guten Teile zusammenpacken und sie auf Schlitten nach Hause bringen.

Die größte Veränderung jedoch betraf die Hunde. Sie brauchten nicht mehr auf kleinen Schlitten riesige Lasten hinter sich herzuziehen. Ein Pferd konnte auf einem großen zehnmal soviel ziehen, so daß die Hunde als Haustiere gehalten werden konnten, bis es nötig wurde, sie zu essen.

Als die Arapaho das Pferd zu den Rattlesnake Buttes holten, brachten sie es dadurch unbewußt an die Stelle zurück, an der es seinen Ursprung hatte und wo es nun prächtig gedieh. Die Arapaho waren sehr viel sanftere Menschen als ihre Nachbarn, die Liebe zum Pferd war ihnen gleichsam angeboren, und sie kümmerten sich gewissenhaft um sein Futter und seine Pflege. Die Sättel, die die Arapaho herstellten, waren besser als die schweren Dinger der Pawnee oder die plumpen Holzgestelle der Ute. Auch das Zaumzeug war einfacher, weniger reich geschmückt und weitaus praktischer. Die Arapaho sahen die Pferde als Mitglieder ihrer Familie an, und das Pferd dankte es ihnen mit seiner Freundschaft und ermöglichte es ihnen, die Prärie, die sie zwar bewohnt, nicht aber wirklich erforscht hatten, nun auch zu erobern.

Das Leben des Lahmen Bibers wurde durch den Besitz der Pferde nachhaltiger beeinflußt als das seiner Stammesgenossen. Im Jahre 1769, er war inzwischen zweiundzwanzig, schnitt einer seiner Väter noch einmal das Thema einer Heirat mit Blauem Blatt an, mußte jedoch feststellen, daß er sich weit mehr Gedanken über Pferde machte als über eine Ehefrau. Nach dem Überfall auf das Comanchenlager wurden die erbeuteten Pferde nach einem sehr vernünftigen Plan verteilt: Die am besten abgerichteten Tiere wurden den älteren Häuptlingen überlassen, die sie für zeremonielle Zwecke benötigten; die zweite Wahl ging an die mittleren Häuptlinge, die als Kundschafter auf die Suche nach Bisonherden gingen; und die noch nicht zugerittenen Pferde wurden Eigentum der jungen Krieger, die Zeit genug hatten, sie abzurichten.

Trotz der Tatsache, daß der Lahme Biber Initiator des Überfalls war, erhielt er eine nervöse, ungezähmte, gescheckte Stute, die ihn, als er sie zum erstenmal zu reiten versuchte, heimtückisch mitten in einer Präriehundestadt abwarf. Die kleinen Tiere spähten neugierig aus ihren Löchern und starrten ihm erstaunt schnatternd nach, als er hinter seinem Schecken herhinkte und ihn vergeblich einzufangen versuchte.

Er rackerte sich mit dem eigensinnigen Pony ab, das nicht viel größer war als er und ihn immer wieder abwarf. Andere erboten sich, ihm vorzumachen, wie man das Tier in die Gewalt bekäme, aber sie flogen ebenfalls herunter. Endlich sagte ein alter Mann: „Ich habe einmal gehört, daß die Comanchen ihre ungezähmten Pferde ins Wasser führen."

Dies war eine so völlig neue Idee, daß der Lahme Biber zunächst ihre Bedeutung nicht ganz begriff; nachdem der Schecke jedoch all seinen Bemühungen getrotzt hatte, nahmen er und seine Freunde Stricke und zerrten ihn mit aller Kraft an den Platte hinunter. Die Stute scheute vor dem Wasser, aber die jungen Männer sprangen, ohne die Riemen loszulassen, hinein, warteten, bis sie festen Fuß gefaßt hatten, und zogen und zerrten dann, bis es aussah, als müßten sie ihr den Kopf abreißen, wenn sie die Widerborstige ins Wasser bekommen wollten. Endlich zogen sie sie mit einem mächtigen Ruck vom Ufer herab in den seichten Fluß.

Die Stute fürchtete sich, aber die Männer zogen weiter, bis ihr schöner, weiß-schwarz-brauner Körper beinahe ganz unter Wasser war. Dann schwamm der Lahme Biber ganz dicht an sie heran, so nahe, daß sein Gesicht beinahe das ihre berührte, und begann langsam und in beruhigendem Tonfall auf sie einzureden: „Viele Jahre lang werden du und ich Freunde sein. Gemeinsam werden wir hinter dem Bison herreiten. Du wirst die Berührung meiner Knie an deinen Flanken kennenlernen und gehen, wohin ich will. Wir werden immer gute Freunde sein, und ich werde immer dafür sorgen, daß du schönes, saftiges Gras zu fressen hast."

Nachdem er so mit ihr gesprochen hatte und die Angst in ihren Augen etwas nachließ, nahm er ihr die Riemen ab und ließ sie mitten im Fluß allein. Ohne sich noch einmal umzusehen, schwamm er ans Ufer und stieg hinaus. Sie sah ihm nach, tat ein paar halbherzige Schritte zum gegenüberliegenden Ufer und folgte ihm dann. Als sie jedoch an Land in Sicherheit war, weigerte sie sich wieder, ihn aufsitzen zu lassen.

Tag um Tag, zwei Wochen lang, zerrte der Lahme Biber seine Stute in den Fluß, bis sie ihn am fünfzehnten Tag schließlich im Wasser aufsitzen ließ, unerschrocken ans Ufer watete und dann in Richtung Rattlesnake Buttes mit ihm davongaloppierte.

Von diesem Augenblick an war sie seine Gefährtin und tat nichts lieber, als mit ihm hinter dem Bison herzujagen. Da er zur Handhabung von Pfeil und Bogen beide Hände frei haben mußte, lernte sie, auf seinen Schenkeldruck zu reagieren, und bald waren sie ein verschworenes Paar. Sie ging so sicher, daß er nicht einmal versuchte, sie zu lenken, weil er wußte, daß sie auf jedem Terrain den besten Weg fand. Manchmal, wenn er ihr zusah, wie sie mit anderen Pferden herumjagte, überkam ihn eine seltsame Empfindung, die man eigentlich nur als Liebe bezeichnen konnte.

Daher war er sehr verstört, als sein Vater zu ihm kam und sagte:

„Der Bruder von Blaues Blatt ist einverstanden, daß du seine Schwester heiratest, aber er will, daß du dein Versprechen einhältst und ihm dein Pferd dafür gibst."

„Er hat sein Pferd!" fuhr der Lahme Biber auf.

„Gewiß, aber er sagt, daß er sein Pferd vom Ältestenrat bekommen hat und nicht von dir. Für Blaues Blatt verlangt er dein Pferd."

Diese unerhörte Forderung schlug der Lahme Biber rundweg ab. Er wollte zwar Blaues Blatt immer noch zur Frau, denn nie hatte er ein so anziehendes junges Mächen gesehen, aber nicht um den Preis eines Tausches gegen seinen Schecken. Eigensinnig weigerte er sich, darüber auch nur zu reden.

Nun aber griff der Ältestenrat ein. „Der Lahme Biber hat versprochen, ein Pferd für Blaues Blatt zu geben. Viele von uns haben gehört, wie er diesen Schwur getan hat. Er kann seine Meinung jetzt nicht ändern und sich weigern, das Pferd herauszugeben. Es gehört dem Bruder von Blaues Blatt."

Als der Lahme Biber von dieser Entscheidung hörte, wurde er wütend und hätte sicherlich eine Torheit begangen, wäre Rote Nase nicht zu ihm gekommen und hätte leise auf ihn eingeredet. „Es gibt keinen Ausweg, alter Freund."

„Ich gebe meinen Schecken nicht her!"

„Wir werden andere Pferde finden."

„Aber nicht so eines wie meine Stute."

„Die Stute gehört dir nicht mehr, mein Freund. Heute abend wird man sie dir wegnehmen."

Dieses Urteil fand der Lahme Biber so ungerecht, daß er vor die Ratsversammlung hintrat und rief: „Ich gebe mein Pferd nicht her! Ihr Bruder sorgt ja nicht einmal für das Tier, das ihr ihm überlassen habt."

„Es gehört sich", entgegnete der älteste Häuptling, „daß ein Mann heiratet, wie es üblich ist, und wir haben den Brüdern unserer Bräute seit eh und je Geschenke gemacht. Ein Pferd ist ein angemessenes Geschenk für eine solche Gelegenheit. Du mußt deines an den Bruder von Blaues Blatt abgeben."

Kaum hatte er diesen endgültigen Urteilsspruch vernommen, rannte der Lahme Biber aus dem Rats-Tipi, sprang auf seinen Schecken und jagte aus dem Dorf hinaus in südlicher Richtung dem Platte zu. Pappelknie folgte ihm auf einem braunen Pony, und als der Lahme Biber seinen Schecken ins Wasser treiben wollte, holte ihn sein Verfolger ein.

„Komm zurück!" rief Pappelknie ihm freundschaftlich zu. „Du und ich, wir können noch viele Pferde fangen!"

„Aber keines, das so ist wie dieses", antwortete der Lahme Biber voll Bitterkeit. Zuletzt aber saß er dann doch ab und duldete, daß Pappelknie den Schecken seinem neuen Besitzer zurührte. Als der Lahme Biber am Flußufer stand und seinem davontrabenden Schecken nachsah, überkam ihn eine unendliche Trauer, und er wanderte fünf Tage lang allein umher. Zuletzt kehrte er ins Lager zurück, wo Pappelknie und Rote Nase ihn vor den Ältestenrat führten, und die Ältesten sagten zu ihm: „Wir haben dem Bruder von Blaues Blatt befohlen, sie dir zur Frau zu geben. Nimm sie, sie ist jetzt dein Weib.“ Stille senkte sich herab, dann erschien der Bruder von Blaues Blatt und führte seine schöne Schwester an der Hand. Befangen stand sie vor den Häuptlingen, dann sah sie den Lahmen Biber zwischen seinen zwei Freunden stehen. Langsam kam sie auf ihn zu, bot sich ihm mit ausgestreckten Händen dar. Nur wenige junge Ehemänner haben eine so liebliche junge Frau mit so zwiespältigen Gefühlen entgegengenommen.

Der Lahme Biber hielt nunmehr Einzug in eine ihm vollkommen fremde Welt, die Welt des verheirateten Mannes, wo strenge Regeln das Verhalten eines jeden bestimmten. So durfte er zum Beispiel nicht mit der Mutter seiner Frau sprechen; das war ihm so lange allerstrengstens verboten, als er ihr noch kein bedeutendes Geschenk gemacht hatte. Wenn seine Frau ihre Monatsperiode hatte, mußte sie mit anderen, ebenfalls davon betroffenen Frauen in einer abgesonderten Hütte leben und durfte während ihres Aufenthaltes dort weder mit einem Mann noch mit einem Kind sprechen, weil sie sonst Unheil über diese gebracht hätte. Tröstlicher Ausgleich dafür war die Tatsache, daß er mit seiner Heirat in die herzliche, allumfassende Gemeinschaft des Indianerdorfes aufgenommen wurde, in der jeder einzelne drei bis vier Väter und ebenso viele Mütter hatte, in der alle Kinder allen gehörten, wo die Erziehung und Ausbildung der jungen Menschen eine Verantwortung war, in die sich alle teilten, und wo es weder Strafen noch harte Worte gab.

Es war eine Gemeinschaft, in der jedes Mitglied weitgehend das tat, was es wollte, in der die Männer, die sich Häuptlinge nannten, ihr Amt nicht ererbt, sondern mit Zustimmung ihrer Stammesgenossen übernommen hatten. Einen König gab es nicht, weder im Dorf noch für den Stamm, es gab lediglich den Ältestenrat, in den jeder aufrechte Krieger durch mündliche Abstimmung gewählt werden konnte. Es war eine der freiesten Gesellschaftsformen, die jemals erdacht worden waren, eingeschränkt lediglich von dem Glauben an Mann-Oben, von dem Vertrauen auf das Flachohr und den überkommenen Gebräuchen der Arapaho. Man lebte kommunal, aber ohne die starren Schranken des Kommunismus; es herrschte Freizügigkeit, ohne daß diese in Anarchie ausartete. Es war die ideale Gesellschaftsordnung für die Nomaden der Prärie, dort, wo das Land endlos weit und der Vorrat an Bisons unerschöpflich war.

Der Gedanke, bei der nächsten Bisonjagd zusammen mit den Frauen, die die Schlachterarbeit besorgten, zu Fuß an den Ort der Jagd gehen zu müssen, da er ja jetzt kein Pferd mehr hatte, quälte den

Lahmen Biber sehr, und mit Grimm mußte er zusehen, wie weit weniger gute Jäger als er, zum Beispiel sein Schwager, ihre Tiere für die Jagd sattelten. Blaues Blatt, die ihn beobachtete, wollte ihn trösten. „Wenn die Jagd vorüber ist, nimmst du dir zwei oder drei zuverlässige Begleiter, gehst in das Gebiet der Ute und holst dir von ihnen Pferde. Wenn du die Comanchen überlistet hast, kannst du die Ute auch überlisten."

„Die haben ihre Pferde in den Bergen", fuhr er sie an. „Ich aber bin noch nie in den Bergen gewesen."

„Ich werde mit meinem Bruder sprechen . . ." Damit wollte sie zum Tipi hinaus.

Der Lahme Biber wollte ihr antworten, als er plötzlich einen hellen Lichtblitz sah. Blaues Blatt konnte den Blitz nicht sehen, denn er kam aus seinem Herzen – ein so heller Schein war es, so überwältigend, daß er ihn für den Rest seines Lebens leiten sollte.

„Nein!" schrie er in höchster Erregung. „Nichts mehr von Brüdern! Nichts mehr vom Ältestenrat!" Rücksichtslos stieß er sie vom Ausgang zurück und verkündete mit wilder Begeisterung: „Ja, wir werden wieder Pferde haben . . . nach dem Sonnentanz . . . viele Pferde!"

Die Tat, die er in jenem Jahr vollbrachte, wurde niemals offiziell gewertet, denn er hatte keine Zeugen dafür, und da er niemandem erzählen wollte, was geschehen war, nicht einmal seiner eigenen Frau, mußte der Stamm es einfach hinnehmen, daß sich ein außerordentliches Ereignis abgespielt hatte, möglicherweise sogar durch Vermittlung von Mann-Oben. In den Stammesannalen nannten sie es „Des Lahmen Bibers Fahrt zur Sonne" und akzeptierten es als ein Wunder.

Sehen wir uns doch den Lahmen Biber an, wie er am Vorabend seines Unternehmens vor uns steht. Er war einen Meter achtzig groß und wog dabei nur fünfundsiebzig Kilo, so daß er schlank und langgliedrig wirkte. Das schwarze Haar trug er zu zwei Zöpfen geflochten, die ihm bis auf die Schultern hingen und mit Bisonriemen zusammengebunden und mit Hirschzähnen geschmückt waren. Seine Augen waren sehr dunkel, lagen tief in ihren Höhlen. Seine Haut hatte einen hellen Bronzeton und war weder dunkel wie die der Ute noch rötlich wie die der Pawnee. Zu jenem Zeitpunkt hatte er noch alle Zähne, doch an den Ecken begannen sie sich bereits ein wenig abzunützen, weil er im Winter nur getrocknetes Fleisch aß. Den leichter zu kauenden Pemmikan mochte er nicht und hielt ihn überdies für Weibernahrung.

Da er fast sein ganzes Leben lang weite Strecken zu Fuß zurückgelegt hatte, bevorzugte er Mokassins aus allerdickstem Bisonleder, statt der weicheren aus Reh- oder Hirschleder, obwohl die letzteren wesentlich bequemer waren. Zumeist trug er einen Lendenschutz, sonst ging er, bis auf die Mokassins, ganz nackt und schützte sich lediglich im Winter mit ziemlich schweren, langen Leggins, deren Säume außen mit Fransen besetzt oder mit kleinen Federn geschmückt waren. Er trug auch eine Weste, die schön bemalt war, und um die Schultern eine leichte Decke aus dem Fell eines jungen Bisons.

Früher, als Kind, als er die großen Häuptlinge bei den Versammlungen beobachtete, hatte er ehrfürchtig deren Kopfschmuck aus Perlen und Adlerfedern bewundert und sich sogar mit Federn, die er auf der Prärie zusammensuchte, einen eigenen Kopfputz gemacht, Später wurde ihm klar, daß es ihn nicht nach der Macht gelüstete, und er überließ solche Anmaßung anderen.

Als er zum erstenmal ein Pferd besaß, verschmolz er ganz und gar mit ihm, paßte den eigenen Körper dem Körper des Tieres an und wäre mit der Zeit vermutlich ein ebenso guter Reiter geworden wie die Comanchen; seit ihm das Stammesgesetz jedoch seinen Schecken genommen hatte, betrachtete er die Pferde lediglich als Transportmittel, ohne die geringste Anhänglichkeit für ein bestimmtes Tier zu empfinden.

Er wirkte kalt und selbstbeherrscht, war aber beides nicht. Die Ungerechtigkeit hatte tiefe Spuren sowohl in seinem Herzen als auch auf seinem Gesicht hinterlassen, und er neigte zu ungestümen Ausbrüchen. Doch niemals verfiel er in Zorn in Gegenwart von anderen oder in Situationen, die ihm oder einem Unternehmen, mit dem er befaßt war, gefährlich werden konnten. Er konnte unendliche Schmerzen erdulden, Wassermangel auf langen Sommermärschen ebenso wie eisige Winterkälte, und sollte diese Fähigkeit bald in einem Maße unter Beweis stellen, wie es den meisten zu jener Zeit lebenden Weißen völlig unmöglich gewesen wäre. Seine Intelligenz war ausreichend, um in der Welt, in der er lebte, zu bestehen. Sein Gedächtnis war ausgezeichnet, sein Wahrnehmungsvermögen ebenfalls. Sein Leben war einfach, ebenso die Probleme, die sich ihm stellten. Abstrakte Gedankengänge waren ihm weitgehend fremd; er lebte zufrieden in seiner kleinen, von Tradition und alten Bräuchen eng umgrenzten Welt.

Er liebte Geselligkeit, war mit Kindern ebenso gern zusammen wie mit älteren Kriegern. Er schätzte das Eheleben und hielt engen Kontakt mit seinen drei Vätern, den drei Müttern und den verschiedenen anderen Verwandten. Wie die meisten Arapaho war er im Grunde seines Wesens sanftmütig und vermied den Kampf, soweit es ging, sah aber ein, daß der Wert eines Mannes von seiner Fähigkeit, Taten zu setzen, abhing. Menschen hatte er noch keinen getötet und scheute davor zurück, sich zu überlegen, unter welchen Umständen er eines Tages dazu gezwungen sein könnte; er zog es vor, lieber gar nicht daran zu denken. Natürlich würde er sich der Notwendigkeit stellen, wenn sie sich einmal ergeben sollte, herbeirufen würde er sie aber nicht. Denn er litt an einer tiefen Furcht, daß er sich im kritischen Augenblick als Feigling erweisen könnte.

Er fühlte sich eins mit den anderen Wesen der Natur. Nachdem er einmal im Fluß einen Fisch hatte springen sehen, den kräftigen Rücken zu einem herrlichen Bogen gespannt, ging er immer wieder ans Wasser hinunter und hoffte, dieses Schauspiel noch einmal zu erleben. Er machte gerne Ausflüge, um Holz für die Zeltstangen der Tipis zu schlagen, und wußte genau, welche Baumarten gute, haltbare Stangen lieferten. Er wußte viel über den Bison und verstand es, den Spuren von Reh und Hirsch zu folgen. Er kannte die Verstecke der Biber und wußte, wie man Adler fing, um an ihre Federn zu gelangen. Wenn es erforderlich war, dicht an den Rattlesnake Buttes vorbeizugehen, wußte er sich gegen die Giftschlangen zu schützen und dennoch einen Platz zu finden, von dem aus er die Präriehunde bei ihren Spielen beobachten konnte. Er mochte die Wölfe, weil er das Gefühl hatte, daß sie zur Erhaltung der Gesetze der Natur beitrugen. Bisweilen identifizierte er sich sogar sehr stark mit dem Wolf und hatte oft überlegt, ob es nicht ratsam sei, seinen Namen in Sonnenwolf umzuändern, nachdem er eines Tages einen riesigen Wolf gesehen hatte, der nach der Sonne schnappte.

Dies war der Mann, der, immer noch voller Zorn darüber, daß man ihm seinen Schecken genommen hatte, sich auf eine große Aufgabe vorbereitete, indem er rituelle Reinigung erstrebte. Um ausführen zu können, was er sich vorgenommen hatte, würde er alle seine Fähigkeiten zum Einsatz bringen müssen, und das war nur möglich, wenn er sich selbst der Sonne zum Opfer darbot. Nachdem er einige Tage lang nachgedacht hatte, trat er vor seine Frau hin und sagte: „Wenn der Sonnentanz abgehalten wird, werde ich mich als Opfer darbieten."

Blaues Blatt schauderte. Als der Lahme Biber das sah, runzelte er finster die Stirn. „Wir müssen das Opfer bringen", verlangte er, ohne jedoch zu erklären, welches Ziel er verfolgte, indem er sich der Sonne darbot. Er versuchte sie zu trösten, aber sie wollte nichts hören. Sie war sich der Tatsache bewußt, daß immer dann, wenn sich ein Mann der Sonne weihte, Dinge geschahen, deren Folgen nicht abzusehen waren.

Der Sonnentanz, wie er zu jener Zeit von den Arapaho ausgeführt wurde, zog sich über acht Tage hin und war von so großer religiöser Bedeutung, daß auch andere, oft weit entfernte Dörfer dazu eingeladen wurden. Das Flachrohr wurde herumgetragen und zahlreiche komplizierte Rituale abgewickelt. Am vierten Tag wurden Stangen in den Boden getrieben und damit ein Zeremonienplatz gekennzeichnet, am fünften Tag innerhalb dieses Platzes ein Kreis für das Heiligtum abgegrenzt.

Er wurde von vierzehn rot bemalten Weidenstöcken markiert, die von einer niedrigen Palisade aus Pappelzweigen geschützt wurden. In die Mitte wurde das Flachrohr gesetzt, flankiert von zwei schweren Bisonschädeln, auf denen je ein sehr scharfer, hölzerner Bratspieß sowie ein längerer Riemen lagen. Kleine Jungen blieben in Gedanken an den Tag, da sie die Mannbarkeit erreichen würden, vor diesen Tierschädeln stehen und schüttelten sich.

Zwei junge Krieger, bekannt für ihre Tapferkeit, traten vor, weihten sich der Sonne, traten in die Mitte der Palisade und hoben die massigen Schädel samt Bratspießen und Riemen auf. Dann überreichten sie diese einer Gruppe älterer Männer und warteten gelassen, während die Alten die Spießspitzen auf ihre Schärfe prüften.

Nun gingen die älteren Männer auf den ersten Krieger zu, tasteten nach seinem Rückenmuskel und stießen einen Bratspieß darunter. Mit aller Kraft zwangen sie das Holz unter dem straff gespannten Muskel hindurch, bis er auf der anderen Seite, zusammen mit einem Blutschwall, wieder herauskam. Sie probierten, ob der Spieß hielt, befestigten ein Ende des Riemens an ihm und knüpften das andere an den Schädel, den sie dem jungen Mann in die Hände gaben. Ohne die geringste Kundgabe von Schmerz hob er den Schädel der Sonne entgegen, warf ihn anschließend auf den Boden und wartete, während die alten Männer das Ritual bei seinem Gefährten wiederholten.

Nun sprangen die jungen Krieger mit einem Satz vorwärts. Die Riemen an den Spießen strafften sich. Die Bisonköpfe schleiften schwer durch den Sand, daß die Rückenmuskeln von den Spießen fast zerrissen wurden, und die Krieger tanzten, tanzten, tanzten.

Der Lahme Biber, der sich für dieses geringere Opfer nicht gemeldet hatte, sah zu. Frauen stimmten Gesänge an, ältere Männer spornten die jüngeren an, und diese schleppten die Bisonschädel in einer Art Trance, der Schmerz längst durch Selbsthypnose betäubt, stundenlang hinter sich her. Endlich verfing sich das Horn eines Schädels in einem Beifußstrauch: die Riemen spannten sich, und der Spieß wurde durch den Muskel gerissen. Der Mann brach zusammen.

Am sechsten Tag war der Zeitpunkt für das Opfer des Lahmen Bibers gekommen. Er suchte Pappelknie auf, führte ihn zu der Stelle, an der Blaues Blatt diesen schrecklichen Augenblick erwartete, legte die Hand seines jungen Freundes in die seiner Frau und verkündete mit lauter Stimme: „Nimm sie. Gib ihr ein Kind. Dies soll mein erstes Opfer sein." Dann trat er zurück, um zuzusehen, wie Pappelknie Blaues Blatt zu einem für diesen höchsten aller rituellen Zwecke abseits aufgerichteten Tipi führte. Lahmer Biber hatte sogar seine Frau geopfert, und das machte ihn der Qualen, die ihn erwarteten, würdig.

Nunmehr wandte er sich seinen drei Vätern zu, denen er zwei scharfe Holzspieße und zwei sehr lange Riemen reichte. Sein ältester Vater trat einen Schritt vor, griff an das weiche Fleisch auf seiner Brust und tastete mit den Fingern, bis er den linken Brustmuskel seines Sohnes gefunden hatte. Er zog ihn straff, griff nach einem Spieß, bot ihn zeremoniell der Sonne dar und stieß ihn unter dem Muskel hindurch, bis seine beiden Enden herausstanden. Der zweite Vater tat das gleiche mit dem rechten Brustmuskel, während er seinem Sohn dabei in die

Augen starrte und der jüngere Mann den Schmerz hinnahm, ohne zu zucken.

Dann befestigten die Väter die Riemen an den Spießen und gaben den Zuschauenden ein Zeichen. Ein geschmeidiger junger Mann sprang vor, nahm die beiden freien Enden der Riemen und erkletterte einen Pfahl, der in der Mitte des Zeremonienplatzes stand. Hier führte er die Riemen durch einen tiefen Einschnitt in der Spitze des Pfahls und ließ die Enden frei herabfallen. Ehe er noch den Boden erreicht hatte, packten je acht starke Männer einen der Riemen und zogen den Lahmen Biber hoch in die Luft, bis er zweieinhalb Meter über dem Boden mit seinem ganzen Gewicht an den durch seine Brust gestoßenen Spießen hing.

Bis dahin hatte der Lahme Biber keinen Laut ausgestoßen, nicht einmal als ihn die Holzspieße durchbohrten; jetzt aber, als die Riemen festgebunden wurden und er mit seinem ganzen Gewicht daran hing, murmelte er: „Dies wird mich bestimmt zerreißen." Aber die Muskeln hielten. Während der ersten Stunden, als die Sonne langsam dem Zenit entgegenstieg, verspürte er schreckliche Schmerzen und glaubte manchmal laut rufend verlangen zu müssen, daß man der Zeremonie ein Ende mache; doch als die Sonne im Mittag stand, erlebte er ein wahrhaft beseligendes Gefühl; es war, als wäre der Schmerz aufgrund seiner Tapferkeit von ihm genommen. Während der letzten vier Stunden befand er sich in einer Art Trance, fühlte sich mächtig und stark genug, jeglichem Feind gegenüberzutreten. In einem Zustand der Verzückung harrte er auch noch die letzte Stunde aus und sah die Sonne mit aufrichtiger Betrübnis untergehen und ihn von seinen Qualen erlösen.

Seine Väter ließen ihn herab und lösten die Riemen. Behutsam zogen sie die Holzspieße heraus und rieben Salz und Asche in die klaffenden Wunden: sowohl um sie zu reinigen, als auch um die Wundnarben zu tätowieren, an denen der Lahme Biber für immer als ein außergewöhnlicher Mann seines Stammes zu erkennen sein würde.

Am siebenten Tag ruhte sich der Lahme Biber in einem dafür bereitgestellten Tipi aus. Er hatte sehr hohes Fiber, und seine Glieder schmerzten so sehr, daß er sich kaum bewegen konnte; doch zwei alte Männer, die in ihrer Jugend die gleiche Qual durchgemacht hatten, wußten genau, wie man ihn pflegen mußte, damit er am achten Tag für die letzte Prüfung bereit sein würde. An diesem Tag versammelten sich alle jene jungen Männer, die mit dem Rücken die Bisonschädel hinter sich hergeschleppt hatten, mit ihm im Kreis um den Altar, auf dem das Flachrohr ruhte, und begannen einen feierlichen Tanz. Zum Klang der Trommeln und dem monotonen Gesang der Stimmen bewegten sie sich feierlich, immer der Sonne zugewandt.

So tanzten sie acht Stunden lang, angefeuert von ihren Stammesgenossen. Von Durst gepeinigt, hielten sie durch. Sie hatten schreckliche und schöne Visionen. Manche strauchelten, andere brachen zusammen, aber ständig forderten die Zuschauer sie auf, weiterzumachen, stark zu bleiben – bis endlich die Sonne unterging.

An jenem Abend kehrte der Lahme Biber in sein eigenes Tipi zurück, wo Blaues Blatt ihn erwartete. „Jetzt bin ich bereit zu gehen", sagte er. Sie gab ihm zu essen, wusch seine Wunden und spendete ihm Trost für die Opfer, die er gebracht hatte. Vor Tagesanbruch machte er sich auf den Weg, still, lautlos und ohne Spuren zu hinterlassen – auf den Weg zu seinem einsamen Feldzug gegen die Pawnee.

Mit kaum glaublicher Kraft ging und rannte er den ganzen Weg bis zum Zusammenfluß des nördlichen mit dem südlichen Platte, fand aber nirgends einen Pawnee. Er ging weiter nach Osten, tief in das Herz des feindlichen Territoriums, aber sie waren alle fort. Und als er in ihre Dörfer eindrang, waren sie ebenfalls verlassen.

Er wandte sich nach Süden in Richtung Kansas und ein ganzes Stück den Big Blue River entlang, aber kein Pawnee jagte dort. Dann witterte er weit im Westen Bisongeruch. Das heißt, richtig riechen konnte er ihn natürlich nicht, dafür waren die Tiere viel zu weit entfernt; aber er schloß aus vielen Anzeichen, daß sich dort, ziemlich weit südlich des Platte, in Richtung auf das Apachengebiet, eine Bisonherde befand.

Im Vertrauen auf seinen Instinkt schwenkte er ab zum Arkansas, bis er auf Sichtweite an das Jagdlager der Pawnee herangekommen war. Drei Tage lang hielt er sich versteckt, unterwarf sich freiwillig einer grausam strengen Disziplin, denn er war allein und ohne Pferd. Er wollte warten, bis alle Umstände zu seinen Gunsten sprachen; das war, wenn er auch nur die geringste Chance haben wollte, unerläßlich. Seine Kräfte wurden genährt von der Entdeckung, daß die Pawnee mehrere hundert Pferde besaßen.

Am vierten Tag entschied er, daß die kommende Nacht die besten Möglichkeiten bieten würde. Falls je ein einzelner Krieger eine Chance hatte, dann war sie jetzt gekommen. Die Pawnee-Jäger waren weit nach Westen geritten – sehr weit für die Pawnee, die gewöhnlich im Osten blieben – und würden sehr müde heimkommen. Im Lager wurde seit drei Tagen geschlachtet, und auch das war eine harte Arbeit. Heute abend wollte er zuschlagen.

Nachdem er diesen Entschluß gefaßt hatte, begann er tief und fest zu schlafen und wachte erst gegen Mitternacht auf. Die Sterne sagten ihm, daß er noch sehr viel Zeit bis zum Morgengrauen hatte, und die verbrachte er damit, sich genau die Stelle auszusuchen, wo es ihm gelingen könnte, ungefähr zwanzig Pferde herauszuholen und mit ihnen im Galopp in Richtung Platte River davonzujagen. Der Wachtposten würde sich am entgegengesetzten Ende des improvisierten Corrals befinden, so daß der Lahme Biber einen kleinen Vorsprung haben würde.

Er atmete tief ein, rief die Erinnerung an seine Opferung an die

Sonne ins Gedächtnis zurück, berührte seine Brust und sprach: „Ich bin von Unserem Volk. Mann-Oben, hilf mir."

Lautlos schlich er zum anderen Ende des Corrals. Zu seinem Schrecken mußte er feststellen, daß sich der Wachtposten nicht dort befand, wo er in den vorangegangenen Nächten gestanden hatte, sondern hier, wo er die größte Gefahr bilden konnte. Er würde ihn also töten müssen; eine andere Lösung gab es nicht. Doch gerade als sich der Lahme Biber an den Wachtposten heranschleichen und ihm die Kehle durchschneiden wollte, heulte irgendwo ein Coyote: drei tiefe Töne, die in einem höheren endeten. Der Posten blickte in die Richtung, aus der das Geheul gekommen war, nahm einen Stein und warf ihn ins Gebüsch. Dann warf er noch einen zweiten Stein, und wieder heulte der Coyote. Rasch hintereinander weitere Steine werfend, lief der Pawnee hinter dem Tier her, und in diesem Moment setzte der Lahme Biber über die Einzäunung, packte einen schönen Rotfuchs bei der Mähne, warf sich auf den Rücken des Hengstes und trieb etwa zwanzig Pferde nach Norden davon.

Es dauerte geraume Zeit, bis die Pawnee entdeckten, was da geschehen war, doch als sie es schließlich wußten, machten sie sich sofort an die Verfolgung.

Den ganzen Morgen wurde der Lahme Biber von den besten Reitern der Pawnee gejagt. Die Sonne ging auf, der Tau trocknete auf dem niedrig stehenden Gras. Einige von den gestohlenen Pferden blieben zurück, die anderen jedoch galoppierten mit ihm weiter. Immer noch donnerten die Pawnee-Kundschafter über die Prärie, daß die Staubwolken nur so stoben, und ließen die einzelnen Tiere, die aus der kleinen Herde ausbrachen, unbeachtet.

Sie hätten ihn wohl auch eingeholt, wäre nicht eines gewesen: Die Qualen, die er während des Sonnentanzes gelitten hatte, waren so viel schlimmer gewesen als diese Jagd über die Prärie, daß er, ohne seinen Durst zu spüren, weitergaloppierte, während die Pawnee-Jäger an einem Wasserlauf anhalten mußten, um zu trinken. Er dagegen ließ sich weder von Durst noch von Müdigkeit oder Angst aufhalten. Von der Mitte des Nachmittags an, als er auf den Platte zugaloppierte, schienen seine Kräfte sogar noch zu wachsen. Ihm war klar, daß der Fluß für ihn ein entscheidendes Hindernis darstellte. Wie sollte er seine reiterlosen Pferde ins Wasser und am anderen Ufer wieder hinausdirigieren?

Zum Glück suchten Rote Nase und ein paar andere Krieger das Flußufer nach Bibern ab. Als sie den Lahmen Biber über die Prärie heranjagen sahen, errieten sie, was da geschah. Eilig ritten sie mit ihren Pferden ins Wasser, kamen dem Lahmen Biber zu Hilfe, umringten ihn schützend und trieben die Pferde zusammen.

Als die erschöpften Pawnee ihre Pferde in einiger Entfernung vom Ufer zügelten, war ihnen klar, daß ihre müden Tiere sich nicht mit den frischen der Arapaho messen konnten; also zogen sie sich vernünftigerweise zurück, nicht jedoch, ohne daß einer von ihnen einen letzten, heroischen Versuch wagte. Sein schweißnasses Pferd ins Wasser treibend, ritt er direkt auf Rote Nase zu, berührte ihn mit seiner Lanze und setzte so eine der ritterlichsten Taten, die die Arapaho jemals gesehen hatten. Zwei Krieger wollten ihn vom Pferd zerren, als er an ihnen vorüberritt, doch er entkam ihnen, und als er zu seinen Stammesgenossen zurückkehrte, jubelten die Arapaho ihm für seine Tapferkeit zu.

An jenem Abend wurde der Lahme Biber bei den Rattlesnake Buttes laut gerühmt, denn er hatte nicht nur seinen eigenen großen Fuchs mitgebracht, sondern auch achtzehn weitere Pferde. Eines schenkte er Roter Nase, eines seinem Freund Pappelknie und eine wunderschöne Scheckenstute seiner Frau Blaues Blatt. Die übrigen gab er – mit unverhohlener Verachtung – dem Ältestenrat, damit dieser mit ihnen verfahre, wie er es für richtig hielt.

Als das alles vollbracht war, sättigte er sich mit einer kräftigen Mahlzeit Bisonleber und Bisonsteak und sagte zu seiner Ehefrau: „Jetzt haben wir Pferde.“ Von diesem Tag an hatten alle Krieger, die um die Rattlesnake Buttes lagerten, ein Pferd, und nur die Frauen gingen noch zu Fuß – bis auf Blaues Blatt, die ihren stolzen Schecken hatte. Eine Heldentat wurde dem Lahmen Biber jedoch nicht zugeschrieben, denn es war unmöglich, festzustellen, ob er bei seinem Unternehmen einen Pawnee berührt hatte. Und jedesmal, wenn er gebeten wurde, doch zu erzählen, wie er die Pferde, neunzehn an der Zahl, allein und ohne Hilfe erobert hatte, antwortete er: „Sie waren ein Geschenk der Sonne.“

4. Der Tod von Niemals-tot

In den Jahren, als die Arapaho das Land zwischen dem nördlichen und dem südlichen Platte bewohnten, waren sie ringsum von Feinden umgeben, und ihr Leben war schwer. Auf einen Verbündeten konnten sie sich aber bedingungslos verlassen: die Cheyenne. Diese waren hochgewachsen, größer als die Arapaho – auch größer als alle anderen Indianer Amerikas –, und gaben sich kriegerischer. Sie waren bessere Reiter und eher dazu bereit, sich auf einen Kampf einzulassen. Sie waren klug und hatten ihre eigenen, besonderen Gebräuche. Sie verachteten die Gewohnheit der Arapaho, Hundefleisch zu essen, und verabscheuten deren Brauch, die eigenen Frauen anderen Männern anzubieten. Außerdem war bei ihnen das Berühren des Gegners schwieriger, denn nur drei Krieger durften bei einem einzigen Feind eine Berührung machen, während die Arapaho deren vier gelten ließen; ihren besonderen Unwillen erregte die Gepflogenheit der Pawnee, in jedem Jahr ein unberührtes Mädchen zu opfern – wenn möglich eine gefangene Angehörige eines anderen Stammes, aber wenn nötig auch ein junges Mädchen aus den eigenen Reihen.

Der Vater des Lahmen Bibers – sein richtiger Vater – hatte einmal zu ihm gesagt: „Es gibt zwei Dinge, auf die sich Unser Volk verlassen kann: auf den Aufgang der Sonne und auf die Treue der Cheyenne.“ Früher einmal waren die beiden Stämme erbitterte Feinde gewesen. Den Cheyenne fiel der Entschluß, den Arapaho den Krieg zu erklären, keineswegs leicht, denn diese waren zwar kein sehr kriegerischer Stamm, konnten aber furchtbar hartnäckig sein, und Männer wie der Lahme Biber waren bei ihnen keine Seltenheit. Sein Großvater hatte sehr oft gegen die Cheyenne gekämpft, bis die höchsten Häuptlinge der beiden Stämme – die Cheyenne bunt bemalt und mit Adlerfedern geschmückt – zusammentrafen und erklärten: „Es ist töricht, daß wir uns gegenseitig vernichten. Wir haben vieles gemeinsam.“ So rauchten sie die Friedenspfeife, und von da an kämpfte hundert Jahre lang kein Cheyenne mehr gegen die Arapaho, und kein in Not geratener Cheyenne erbat von den Arapaho Hilfe, ohne sie zu erhalten. Dieses Bündnis hielt länger als jedes andere Bündnis zwischen zwei Stämmen.

Das war um so bemerkenswerter, als keiner von den beiden Stämmen die Sprache des anderen verstand. Alle Indianerstämme, mit denen die Arapaho in Berührung kamen, sprachen ausschließlich ihre eigene Sprache. Die Arapaho konnten weder mit ihren Feinden, den Dakota, den Ute, den Comanchen und den Pawnee, noch mit ihren Verbündeten, den Cheyenne, sprechen.

Natürlich gab es eine Zeichensprache, die des gesprochenen Wortes nicht bedurfte, und in dieser Zeichensprache waren alle Indianer der Prärie so geübt, daß sich zwei Männer aus zwei verschiedenen, tausend Meilen voneinander entfernt lebenden Stämmen miteinander verständigen konnten. Auf diese Weise verbreiteten sich Nachrichten unglaublich schnell von einem Teil des Landes zum anderen.

Die Sprache der Arapaho war so kompliziert, daß kein anderer Stamm außer einer ihnen verwandten Splittergruppe, den Gros Ventre, sie jemals beherrschen lernte. Sie wurde insgesamt nur von 3300 Menschen gesprochen – so viele Mitglieder hatte der Arapaho-Stamm. Die feindlichen Stämme zählten allerdings auch nicht viel mehr Seelen. Die Ute zählten 3600, die Cheyenne, die ruhmvoll in die Geschichte eingehen sollten, zählten nur 3500, die Dakota, auch als Sioux bekannt, samt ihren vielen Nebengruppen, insgesamt etwa 11000.

Im Jahre 1776 schickten die Cheyenne einen Boten zu ihren Verbündeten, den Arapaho, der diesen in der Zeichensprache mitteilte: „Comanchen im Gebiet zwischen Platte und Arkansas überfallen Dörfer und töten viele Menschen. Wir wollen Krieg gegen sie führen und erbitten eure Hilfe.“

Auf dieses Ersuchen gab es nur eine einzige Antwort, und die Arapaho erklärten: „Wir werden unsere Krieger mit euch schicken.“ So ritt also im Spätsommer desselben Jahres eine durch Arapaho-Krieger verstärkte Armee der Cheyenne nach Süden, um den Comanchen eine Lektion zu erteilen. Aber sie waren noch nicht weit gekommen, als ihnen Kundschafter berichteten, die Comanchen hätten Kenntnis von ihrem Anrücken erhalten, und ihre Verbündeten, die Apachen, um Unterstützung gebeten. Das waren allerdings schlechte Nachrichten, denn die Comanchen allein waren schon grausame und fürchterliche Feinde – zusammen mit den Apachen würden sie aber so gut wie unbesiegbar sein.

Von Rückzug war jedoch keine Rede. Die Cheyenne-Häuptlinge sagten: „Wenn wir dulden, daß sie in unser Gebiet eindringen, werden sie unsere Dörfer plündern und unsere Frauen rauben. Wir müssen ihnen eine Lektion erteilen.“ Die Disziplin wurde verschärft, und die Männer bewegten sich mit äußerster Vorsicht, denn Gefangennahme durch diesen schrecklichen Feind bedeutete Schlimmeres als den Tod.

Und jetzt begannen die Krieger des Abends auch von Niemals-tot zu erzählen. „Ich habe einmal gegen ihn gekämpft. Er ist ein Comanche mit einer tiefen Narbe auf der linken Wange. Wenn er in eure Nähe kommt, weicht ihm lieber aus. Er ist unbesiegbar.“

Diese Behauptung wurde von zahllosen Berichten bestätigt. Als die Pawnee den Comanchen einmal Pferde stehlen wollten, täuschten sie, um die Comanchen abzulenken, ein Rückzugsgefecht vor, damit eine zweite Gruppe ihrer Krieger überraschend in das Dorf eindringen und die Pferde herausholen könnte. Sie wären damit auch erfolgreich gewesen, hätte Niemals-tot auf seinem großen Rappen nicht ihre List durchschaut und sie zunichte gemacht. Er ritt einfach auf die Pawnee zu, einer gegen elf, doch seine Große Medizin ließ ihre Pfeile wirkungslos von ihm abprallen. Dies löste bei den Pawnee so großes Entsetzen aus, daß sie ihre Pferde herumrissen und flohen, während Niemals-tot ihnen sofort nachsetzte. Und als die Pawnee-Führer das sahen, merkten sie, daß irgendwie ein Wunder geschehen sein mußte, und auch sie ergriffen die Flucht. Alle Stämme, die die Prärie durchstreiften, erzählten Geschichten von diesem tapferen Comanchen, der eine Medizin besaß, die ihn unverwundbar machte.

Als sich die Verbündeten dem Arkansas näherten, wurden sie daher immer vorsichtiger und wählten den Platz für ihren Angriff mit großer Sorgfalt aus. Schließlich meldeten ihre Kundschafter, wenn man den Arkansas überquere und die Comanchen von Süden her angreife, müsse es möglich sein, einen Keil zwischen sie und ihre Apachen-Verbündeten zu treiben. Nun setzten sich die Häuptlinge zur Beratung zusammen. Von den Cheyenne kamen Gebrochene Hand, Heulender Wolf, Graues Murmeltier und Suhlender Büffel in prunkvollen Zeremoniengewändern und ihrem Kopfputz aus Adlerfedern. Von den

Arapaho kamen Gerader Pfeil, Springende Schlange und Grauer Wolf. Mit Hilfe der Zeichensprache entwarfen sie einen klugen Plan, der eine genaue Zeitabstimmung und viele Täuschungsmanöver erforderte. Sie hofften, der Feind würde nicht schnell genug reagieren. Sie beabsichtigten, in das Lager selbst einzudringen und unter den Comanchen Verwirrung zu stiften, bevor die Apachen ihnen zu Hilfe eilen konnten. Es war ein Plan, der jedem der europäischen Generale, die sich in jenem Spätsommer 1776 weit im Osten des Kontinents gegenüberstanden, zur Ehre gereicht hätte.

Wie immer mußte der Kriegsrat jedoch auch Niemals-tot mit ins Kalkül ziehen, und nach zahlreichen Diskussionen darüber machte der Graue Wolf einen Vorschlag. „Habt ihr unter euren jungen Cheyenne drei besonders tapfere Männer?“ fragte er. Die hatten sie natürlich, und er fuhr fort: „Wir werden aus unseren jungen Männern drei aussuchen, die sich besonders hervorgetan haben: meinen Sohn Lahmer Biber, Rote Nase und Pappelknie. Diese sechs sollen nur eine einzige Aufgabe haben: gegen Niemals-tot zu kämpfen und ihn daran zu hindern, unseren Kriegern Schrecken einzujagen.“

„Wird das genug sein?“ fragte der Suhlende Büffel skeptisch.

„Es wird verhindern, daß der Schrecken, den er verbreitet, auf alle unsere Krieger übergreift“, antwortete der Graue Wolf, und sein Vorschlag wurde angenommen.

Der Graue Wolf holte nun die drei jungen Krieger seines Stammes und erklärte ihnen seinen Plan, während der Suhlende Büffel seine Cheyenne unterwies. Schließlich setzten sich alle acht zusammen, und der Suhlende Büffel gab den sechs Kriegern in Zeichensprache letzte Anweisungen. „Ganz gleich, was während des Kampfes geschieht, ihr haltet euch zurück, bis Niemals-tot auf den Plan tritt. Großes, schwarzes Pferd, Narbe auf der linken Wange, im Kampf meistens schwarz gekleidet. Wir müssen ihn überraschen. Ihr müßt ihn umzingeln und mit ihm kämpfen . . . aber nur mit ihm!“

Auch der Graue Wolf fügte einen Ratschlag in Zeichensprache hinzu: „Es ist sinnlos, mit Pfeilen auf ihn zu schießen. Es ist sinnlos, ihn mit Speeren durchbohren zu wollen. Schlagt ihn mit Keulen tot. Das hat bis jetzt noch niemand versucht.“

Also legten die sechs jungen Krieger ihre üblichen Waffen ab und rüsteten sich statt dessen mit Keulen aus. Der Lahme Biber besorgte sich eine besonders schöne aus schwerem Holz. Wenn er sie schwang, sang sie in der Luft. Es schien, als könne man damit tatsächlich einen Feind töten. Er war zufrieden.

Nunmehr wurde der taktische Plan in die Tat umgesetzt. Der erste Schritt bestand im Überqueren des Arkansas, zu dieser Jahreszeit ein tiefer und dunkler Fluß. Die beiden Stämme ritten mit ihren Pferden in den Strom und benutzten dabei eine Methode, die sie von den Pawnee gelernt hatten: auf dem Pferd bleiben, bis nur noch dessen Kopf aus dem Wasser ragt, dann von seinem Rücken gleiten und sich den Rest der Strecke an seinen Schwanz klammern und ziehen lassen. Auf der anderen Seite führten die Häuptlinge die Hauptmasse der Krieger östlich am Flußufer entlang, bis sie sich dem Comanchenlager näherten. Eine kleinere Gruppe wandte sich südwärts, um den Apachen den Weg zu verlegen, falls diese anrückten. Der Lahme Biber trennte sich mit seinem Sondertrupp von den anderen, jeder von ihnen insgeheim voll Angst vor der Begegnung mit Niemals-tot.

Kundschafter kamen zurückgeritten, um den Verbündeten mitzuteilen, daß ihre Aussichten nicht schlecht stünden. Das Comanchenlager war nicht verlegt worden. Die Apachen waren noch nicht in Erscheinung getreten. „Und Niemals-tot?" fragten die Häuptlinge. „Noch nicht gesichtet", antworteten die Kundschafter.

So wurde der große Kampf begonnen, doch kaum war das Zeichen zum Angriff gegeben, lösten sich alle schönen Pläne der Häuptlinge in Luft auf, denn wenn Indianer Krieg führen, war jeder Krieger sein eigener General, stand jede Einheit ausschließlich unter ihrem eigenen Kommando. Die Cheyenne rückten zwar auf das Comanchendorf vor, unterwegs jedoch stießen sie auf einen Comanchen, der ein sehr langsames Pferd ritt; sie versuchten alle, eine Berührung bei ihm zu machen, und als er, von elf Pfeilen durchbohrt, tot liegenblieb, war das Comanchendorf vergessen, weil inzwischen ein anderer Comanche gesichtet wurde, der in die entgegengesetzte Richtung ritt.

Den Verbündeten der Gegenseite erging es nicht anders. Den Apachen war eingeschärft worden, daß sie dem Dorf möglichst schnell zu Hilfe eilen sollten, und das hätten sie auch getan, hätten sie nicht in letzter Minute eine kleine Gruppe Cheyenne erspäht, die bei der Jagd auf einen Comanchen die Orientierung verloren hatte, woraufhin der gesamte Apachenstamm abschwenkte, um diese kleine Gruppe auszulöschen.

Nur der Lahme Biber, Rote Nase und Pappelknie hielten sich an den ursprünglichen Plan; ihre drei Cheyenne-Gefährten entdeckten einen Apachen, der sich von der Haupttruppe gelöst hatte, und jagten ein beträchtliches Stück hinter ihm her, bis sie ihn endlich getötet hatten. Atemlos kehrten sie zu den Arapaho zurück und beschuldigten diese in Zeichensprache der mangelnden Tapferkeit. Der Lahme Biber erwiderte lachend: „Tapfer ist jeder, der gegen einen Apachen kämpft, wir aber warten auf Niemals-tot." Und die Cheyenne sagten: „Wir warten ebenfalls auf ihn", sahen jedoch plötzlich einen anderen Apachen und waren wie der Wind hinter ihm her. Diesmal jedoch erwischten sie ihn nicht und kamen außer Atem, aber begeistert aus diesem Kampf zurück, so daß sich der Lahme Biber fragte, ob sie ihm gegen Niemals-tot überhaupt von Nutzen sein würden. Denn er wußte, daß sie zwar tapfer sein würden – aber auch müde.

Die Schlacht artete allmählich zu einem allgemeinen Getümmel aus, wobei die Angreifer immer noch im Vorteil waren; allerdings hatte sich Niemals-tot noch nicht blicken lassen. Dann jedoch erschien ein kleiner Comanchentrupp unter der Führung eines großen, dunklen Mannes auf einem großen, schwarzen Pferd. Das war Niemals-tot, und sein Erscheinen spornte seine Verbündeten so an, daß sie einen Gegenstoß wagten, weil sie hofften, wenn sie die Cheyenne in Schrecken versetzen könnten, würden die Arapaho von selber fliehen.

An diesem Tag sollte Niemals-tot jedoch nicht die übliche Wirkung ausüben, denn als er gerade Entsetzen unter den Cheyenne zu verbreiten begann, kam der Lahme Biber mit seinen fünf Kampfgefährten auf ihn zugaloppiert, und es entwickelte sich ein heftiges Getümmel, begleitet vom wilden Kampfgeschrei der erschöpften Cheyenne, die sich auf einen richtigen Kampf freuten. Niemals-tot war tatsächlich so stark, wie man ihn beschrieben hatte, er konnte die sechs jungen Krieger aber nicht einschüchtern. Die Arapaho rannten unverdrossen gegen ihn an, während die ungestümen Cheyenne, die sich in ihrem Element fühlten, sich ständig ins Kampfgetümmel stürzten und wieder davonstoben, bis die Gefolgsleute von Niemals-tot sie mit einem Pfeilhagel überschütteten und einen von ihnen töteten.

Niemals-tot glaubte, daß dies die übrigen abschrecken würde, und machte einen Ausbruchsversuch zum Zentrum des Kampfes hin. Der Lahme Biber jedoch schnitt ihm den Weg ab, während die beiden letzten Cheyenne, ohne auf die herumfliegenden Pfeile zu achten, mit ihren Keulen auf ihn einschlugen. Niemals-tot befahl nunmehr seiner Truppe, den lästigen Angreifern auszuweichen, indem sie einen Bogen schlugen, und das wäre ihnen auch gelungen, hätte der Lahme Biber nicht sein Pferd zum Galopp gespornt, es mitten in die Männer um Niemals-tot hineingetrieben und ihm mit der Keule einen Schlag über den Schädel versetzt. Dann sprang er ihn an, riß ihn vom Pferd und warf ihn zu Boden.

Als sie zu Boden stürzten, entdeckte der Lahme Biber, daß sich Niemals-tot tatsächlich von anderen Männern unterschied. Sein Körper schien nicht aus Fleisch, sondern aus Metall zu sein, und als Niemals-tot auf den Erdboden aufschlug, gab es ein rasselndes Geräusch. Er war ein furchteinflößendes Wesen, und der Lahme Biber war sich sicher, daß Niemals-tot ihn auf irgendeine magische Art und Weise vernichten würde.

Er hatte seine Keule verloren und glaubte, diesem schrecklichen Comanchen nun hilflos ausgeliefert zu sein. Doch als Niemals-tot nun seine ganze Kraft zusammennahm, um den Lahmen Biber zu töten, erinnerte sich dieser an den Ausspruch des Grauen Wolfs: „Nur die Steine leben ewig." Und er beschloß, mit diesem Comanchen zu kämpfen, bis einer von ihnen beiden tot war. Beide Hände zu einer einzigen, mächtigen Faust geschlossen, hob er die Arme und ließ diese Faust mitten auf das Gesicht von Niemals-tot niedersausen. Der

Comanche, von diesem unerwarteten Schlag benommen, fiel zurück, und der Lahme Biber schlug noch einmal und noch einmal zu. Er hörte die Knochen im Schädel des Comanchen krachen und sah nach einem letzten Schlag, daß dessen Kopf in einem merkwürdigen Winkel zum Körper lag. Es wurde ihm übel, und er war einer Ohnmacht nahe, aber in diesem Augenblick kamen seine beiden Cheyenne-Gefährten lachend und lauthals den Sieg verkündend herbeigeritten. Noch im Staub kniend, deutete er auf seinen gefallenen Gegner und sagte in Zeichensprache zu ihnen: „Mächtige Medizin. Jetzt nicht mehr.“ Die Cheyenne jubelten ihm zu.

Am nächsten Morgen erbaten die Häuptlinge der geschlagenen Comanchen und Apachen ein Palaver mit den Cheyenne, die jedoch darauf bestanden, daß auch die Arapaho daran teilnähmen. Die Unterlegenen schlugen vor, sämtliche Kriegsgefangenen freizulassen, und das geschah auch. Sie sagten, die Zerstörung der beiden Lager wollten sie übersehen, und die Ratsmitglieder der Cheyenne nickten. Sie sagten auch, sie wollten den Cheyenne im Tausch gegen das Eisenhemd, das ihr großer Häuptling so lange getragen hatte und das zwei Cheyenne-Krieger dem Toten ausgezogen hatten, zwanzig Pferde geben.

Das Hemd wurde vorgezeigt, damit alle es bewundern konnten: ein vor Jahrhunderten in Spanien hergestellter Harnisch aus Silber und Eisen, von den Comanchen im aufgebrochenen Grab eines spanischen Eroberers gefunden, der in diesem fremden Land im Jahre 1542 gefallen war. Tiefes Wasser, ein Comanchenhäuptling, sagte in Zeichensprache: „Für eure Krieger wäre er nichts. Für uns ist er die Große Medizin unseres ganzen Stammes.“

Es folgte ein kurzer Augenblick des Zögerns, den der Lahme Biber rasch beendete, indem er ohne Ermächtigung signalisierte: „Sechzig Pferde.“ Und ohne eine Sekunde Pause rief Tiefes Wasser laut ein paar Worte und signalisierte: „Achtzig Pferde.“ So wurde der Handel abgemacht.

In dieser großen Schlacht, durch die die südliche Grenze auf nahezu vierzig Jahre festgelegt wurde und die daher die bedeutendste Indianerschlacht dieses halben Jahrhunderts war, kämpften 113 Comanchen und 67 Apachen gegen 92 Cheyenne und 39 Arapaho. Die südlichen Verbündeten verloren 28 Krieger, darunter Niemals-tot; die nördlichen 16, darunter den Grauen Wolf.

Die Sieger kehrten mit den achtzig Comanchen-Pferden und weiteren neunzehn, die sie von den Apachen erbeutet hatten, heim. An vielen Abenden wurden die Heldentaten erzählt, von denen jedoch keine so ruhmreich war wie die, die der Lahme Biber vollbracht hatte, als er mit bloßen Händen mit Niemals-tot rang und das Geheimnis von dessen Großer Medizin enthüllte.

5. Neun Pferde verloren

Im Jahr 1782, als der Lahme Biber fünfunddreißig war, geschah etwas, was das Gleichgewicht der Kräfte auf der Prärie bedrohte. Dieses Ereignis war so bedeutend, daß ihm lediglich die Einführung des Pferdes gleichzusetzen war.

In jenem Jahr erwarben die Pawnee einen großen Vorrat an Gewehren und beherrschten eine Zeitlang sämtliche Stämme im amerikanischen Westen. Zwar hatte es zuvor auch schon Gewehre gegeben, einzelne Exemplare, die hie und da ein Indianer durch Zufall in seinen Besitz brachte, mit einigen Bleikugeln und gerade genug Pulver, um ein oder zwei Freudenschüsse abzugeben, bei denen er sich die Finger oder einem Freund den Kopf abschoß, wonach er die nun nutzlose Waffe als Keule benutzte.

Im Jahre 1782 jedoch gelangten die Pawnee durch Handel mit Saint Louis in den Besitz von zahlreichen Gewehren und erlernten auch wie diese Waffen zu gebrauchen waren. Sofort machten sie sich daran, der Platte-Gegend eine Pax Pawnee aufzuzwingen, was ihnen vorerst auch gelang. Befreit von der Notwendigkeit, den Bison mit brutaler Kraft zu Tode zu hetzen und ihn mit Pfeil und Bogen zu schießen, konnten sie nunmehr einfach stehenbleiben und ihn in aller Ruhe abknallen. Eine sechsköpfige Kriegergruppe konnte vom Missouri bis zu den Bergen von Colorado reiten, ohne Angst vor einem Angriff der Arapaho oder Ute haben zu müssen, denn einen solchen Überfall konnten sie mit ihren Gewehren mühelos abwehren.

Die entfernter lebenden Stämme hatten, als sie von der erschreckenden Überlegenheit der Pawnee hörten, nur noch einen einzigen Wunsch: selber Gewehre zu bekommen. Da sie jedoch noch keinen Handel mit den Weißen begonnen hatten, mußten sie vorerst darauf verzichten. Die anderen waren ihnen um einen beträchtlichen Schritt voraus, und sie waren nicht in der Lage, sie einzuholen.

„Ich habe euch ja gesagt, daß die Pawnee am gerissensten sind", wiederholte Springende Schlange so oft und so vorwurfsvoll, daß ihm die anderen am liebsten den Mund verboten hätten; da er jedoch ein alter Häuptling mit vielen Heldentaten war, konnte er unbehindert in seinem Lamento fortfahren.

Selbstverständlich wurde oft Kriegsrat gehalten, und man plante viele Überfälle auf die Pawnee, aber, wie Springende Schlange nicht oft genug sagen konnte: „Wenn wir die schwarzen Stöcke, die Tod sprechen, hätten, wüßten wir nicht, was wir mit ihnen anfangen sollen. Worin besteht ihre Große Medizin? Wer kann das sagen?"

Eine Anzahl Arapaho lagerte damals in der Nähe der Rattlesnake Buttes, und eines Morgens kam ein zehnjähriger Junge zu Springender Schlange gelaufen und berichtete: „Pawnee-Krieger bei den Pappeln!" Sofort schickten die Häuptlinge Späher aus, die feststellen sollten, ob diese Behauptung stimmte, doch als sie zurückkamen, brachten sie schlechte Nachrichten: „Fünfzehn Pawnee. Gute Pferde. Vier schwarze Stöcke.“

Die Ratsversammlung mußte annehmen, daß die Pawnee Böses im Schilde führten; einige schlugen vor, das Lager sofort abzubrechen und am anderen Ufer des North Platte neu anzulegen, und sie setzten sich mit ihrer Meinung durch. Der Lahme Biber sowie sieben andere Krieger bekamen jedoch Erlaubnis, zurückzubleiben, um die Pawnee anzulocken und vielleicht irgendwie in den Besitz von wenigstens einem ihrer Gewehre zu gelangen.

„Wir brauchen ein paar Pferde als Köder“, sagte der Lahme Biber. Man gab ihnen achtzehn, darunter ihre eigenen Tiere, von denen sie acht als Köder in Richtung South Platte laufen ließen.

Die Pawnee waren auf ihrem Ritt westwärts keineswegs leichtsinnig gewesen, obwohl sie ihre Gewehre hatten. Sie schickten Kundschafter aus, von denen einer auf einem Erkundungsritt nach Norden die herrenlosen Pferde sah. Er war nicht so dumm, anzunehmen, daß diese Pferde wirklich unbeaufsichtigt waren; da sich nirgends Menschen sehen ließen, schloß er daraus, daß es sich um eine Falle handelte. Bald kamen auch die anderen Pawnee, um die Lage zu studieren. Ja, es mußte eine Falle sein, aber es bestand die Möglichkeit, daß diejenigen, die sie gestellt hatten, nichts von den Gewehren der Pawnee wußten. Damit bot sich hier eine großartige Gelegenheit, ihnen die Furcht vor den Pawnee endgültig einzubleuen und sich gleichzeitig ein paar schöne Pferde zu beschaffen. Sie schmiedeten Pläne, wie sie die Pferde einfangen und deren Besitzer in Angst versetzen könnten.

Währenddessen jedoch schmiedeten der Lahme Biber und seine Männer ebenfalls Pläne, und so war es unvermeidlich, daß die beiden Trupps aneinandergeraten würden. Der Kampf begann, als die fünfzehn Pawnee ausschwärmten, um die grasenden Pferde in den Fluß zu treiben. Der Lahme Biber ließ dies zunächst ruhig geschehen, weil dadurch die Feinde zerstreut wurden, und dann, als ihre Kette am weitesten auseinandergezogen war, wagte er mit Pappelknie einen Vorstoß auf den Scheitelpunkt des Halbkreises.

Sie brachen durch, waren aber nunmehr von Feinden umzingelt. Das allerding war keineswegs Zufall, sondern eine besonders tapfere Tat, denn sie lenkte die Aufmerksamkeit der Pawnee ab, so daß die übrigen Arapaho-Krieger von den Flanken angreifen konnten.

Es gab Verwirrung. Zuerst glaubte der Pawnee-Anführer, sich der beiden Angreifer ohne den Einsatz von Gewehren entledigen zu können; der Lahme Biber und Pappelknie waren jedoch so ungestüm und so wild, daß sie durch normale taktische Kniffe nicht aufgehalten werden konnten. Also gab er einem der Männer, die ein Gewehr hatten, das Zeichen zum Feuern.

Ein lauter Knall, eine dicke Rauchwolke, und Pappelknie fiel mit zerrissener Brust vom Pferd. Der Lahme Biber, der den Sturz seines Freundes mit angesehen hatte und an dem hervorsprudelnden Blut erkannte, daß er tot war, riß sein Pferd herum und ritt auf den Pawnee zu, der geschossen hatte. Dieser war so mit seinem Gewehr beschäftigt, daß ihm keine Zeit mehr blieb, sich zu wehren. Der Lahme Biber beugte sich weit aus dem Sattel, packte das rauchende Gewehr mit beiden Händen und entriß es seinem Besitzer. Sein Tempo trug ihn weit aus dem Halbkreis heraus zu seinen eigenen Männern zurück.

„Ich habe eins!“ rief er, das Gewehr in der Luft schwenkend.

Jetzt sammelten sich die Arapaho der linken Flanke und begannen einen konzentrierten Angriff auf die Pawnee, die sich langsam, aber endgültig zurückzogen, noch einen Gewehrschuß abgaben und sowohl die acht Pferde als auch das Tier von Pappelknie mit über den Platte zurück nahmen.

Die Schlacht war nicht sehr erfolgreich gewesen. Die Arapaho hatten neun gute Pferde verloren, was sie sich eigentlich nicht leisten konnten, und außerdem war Pappelknie tot, ein tapferer Mann mit vielen Heldentaten. Die Pawnee waren zurückgeschlagen worden, hatten zwei Mann verloren und ein kostbares Gewehr preisgeben müssen.

Der Lahme Biber schickte einen Boten über den North Platte, der den Häuptlingen melden sollte, sie könnten jetzt ruhig alle zu den Rattlesnake Buttes zurückkehren. Während sie auf den Stamm warteten, der hier wieder seine Tipis aufschlagen würde, untersuchten sie neugierig das Gewehr. Eisen kannten sie ja bereits, einige besaßen sogar Eisenmesser, doch in so großer Menge und so schön bearbeitet war ihnen dieses Metall noch nicht unter die Augen gekommen. Sie suchten Kiesel, die in den Lauf paßten, und folgerten daraus, daß diese zu den so gefürchteten tödlichen Geschossen wurden.

Sie schnitten Pappelknies Brust auf, um festzustellen, woran er gestorben war, und die Form des Geschosses bestätigte ihre Folgerung. Mit dem Zündmechanismus konnten sie nichts anfangen; so etwas Kompliziertes ging über ihren Verstand. Doch ein Krieger legte seinen Finger an den Abzug und meinte, hier sitze das Geheimnis. Sie hatten ein Gewehr. Sie wußten zwar nicht genau, was sie damit anfangen sollten, aber sie waren keine Außenseiter mehr.

In diesem Gefecht hatten fünfzehn Pawnee gegen acht Arapaho gekämpft, und als es an das Zählen der Berührungen ging, waren alle damit einverstanden, daß dem Lahmen Biber eine zugesprochen wurde, weil er den Pawnee, der das Gewehr hielt, berührt hatte. Doch am selben Abend noch verlor der Lahme Biber allen Ruhm, den er geerntet hatte, denn als er Blaues Blatt beim Aufstellen des Tipi half, hörte er dicht neben seiner Frau ein unheilverkündendes Rasseln: Eine riesige Klapperschlange lag da zusammengerollt und zum Zustoßen bereit. Blitzschnell und rein instinktiv sprang er auf das ekelhafte Tier zu und schlug mit dem neu eroberten Gewehr darauf ein.

Es gelang ihm, das giftige Reptil beiseite zu schleudern, er sah aber, daß es noch immer zustoßen konnte, und schlug darum weiter darauf ein, wieder und wieder, bis es reglos ausgestreckt im Sand neben dem Tipi liegenblieb.

Sofort sammelten sich Neugierige, die die Kampfgeräusche gehört hatten, und eine Frau rief laut: „Der Lahme Biber hat eine große Schlange getötet!“ Ein aufmerksamer Junge jedoch stellte daraufhin fest: „Er hat den Stock, der spricht, zerbrochen.“

Stumm versammelten sich die Krieger im Licht des Sonnenuntergangs und starrten den Lahmen Biber an, der immer noch dastand und das Gewehr am Lauf hielt, dessen Kolben und Zündmechanismus hoffnungslos zerstört waren.

6. Neue Stangen für das Tipi

Die Arapaho waren auf den Bison angewiesen und wurden selber wie die Bisons. Genau wie diese zotteligen Tiere teilten sie sich in zwei Horden, von denen die eine sich auf die Ebene nördlich des North Platte, die andere auf die Prärie südlich des South Platte konzentrierte, so daß sich die Arapaho allmählich zu zwei verschiedenen Stämmen entwickelten, dem Nord- und dem Südstamm, von denen sich der erstere auf das Flachrohr verließ, während der letztere das Heilige Rad verehrte.

Der Lahme Biber und seine kleine Gruppe, die jetzt von Springender Schlange angeführt wurde, gehörten dem südlichen Teil an, und wenn ihre Streifzüge sie auch manchmal weit nordwärts bis in das Territorium der Crow führten, kehrten sie doch immer in das einladende Gebiet zwischen dem nördlichen und dem südlichen Platte zurück, um ihre Tipis in der Nähe der Rattlesnake Buttes aufzuschlagen. Es wäre allerdings falsch, anzunehmen, daß sie dort ihren festen Wohnsitz hatten. Sie waren Nomaden, Jäger, die den Wanderungen des Bisons folgten. In manchen Jahren lagerten sie niemals näher als hundert Meilen von den Rattlesnake Buttes entfernt, in anderen wiederum zogen sie weit nach Süden bis an den Arkansas. Sie hatten kein Zuhause, sie hatten lediglich eine große Bisonherde, der sie überallhin folgten, und einige Gruppen dieser Herde wanderten eben von Zeit zu Zeit hinauf zu den saftigen Weidegründen zwischen dem nördlichen und dem südlichen Platte, woraufhin die Arapaho das gleiche taten.

Dieses ständige Umherwandern, dessen Ausmaß, seitdem sie die Pferde erbeutet hatten, sogar noch zugenommen hatte, brachte eine unerwartete Folge mit, die den Arapaho einiges Kopfzerbrechen bereitete. Der Schlitten, jene primitive, aber praktische Erfindung zum Transportieren von Gegenständen, wurde jeweils aus zwei Stangen gebaut, die man sonst als Stützen des Tipi verwendet. Doch wenn sie Meile um Meile über rauhes Gelände geschleppt wurden, schliffen sich die Enden allmählich ab, so daß die Stangen nicht mehr lang genug waren, um beim Tipi-Bau Verwendung zu finden. Höchstens die Pawnee hätten sie noch benutzen können, denn die bauten ihre Tipis niedrig; die Arapaho jedoch bevorzugten schlanke, sehr hohe Tipis, deren Grundfläche nicht allzu groß war und die sich zur Spitze hin verjüngten. Dafür waren lange Stangen erforderlich.

Aber woher nehmen? Die Arapaho lebten häufig achtzehn Monate lang auf der Prärie, wo es weit und breit keinen einzigen Baum gab. Und wenn sie an einem Platz wie bei den Rattlesnake Buttes Bäume fanden, dann nur solche, deren Stämme und Äste weder lang genug waren, noch gerade verliefen.

Also mußten sie die Tipi-Stangen durch Tauschhandel erwerben. Im Norden gab es Indianer, die einem Pawnee für ein Pferd neun kurze Stangen gaben. Da die Arapaho jedoch längere und bessere Stangen brauchten, erhielten sie für ein Pferd nur sieben. Allerdings fanden sie das gerecht, denn für die Arapaho war das Tipi Zentrum des Lebens.

Im Jahre 1788, als der Lahme Biber einundvierzig Jahre alt war und als einer der weisesten Männer des Stammes galt, stellte er zu seinem Ärger fest, daß die drei Hauptstangen seines Tipi abgeschliffen waren und dieses dadurch nicht mehr die schöne, hochragende Form hatte. Er war unglücklich, denn schon seit vielen Jahren, seitdem er sich entschlossen hatte, innerhalb des Stammes keine hohe Stellung anzustreben, war sein Tipi für ihn eine besondere Quelle der Freude gewesen. Es war zwar nicht das größte im Lager, auch nicht das am reichsten geschmückte – es gab andere, die wesentlich auffallenderen Schmuck aufwiesen –, aber es war das gemütlichste.

Nach einem langen Treck legte er sich gerne hin und sah seiner Frau beim Aufschlagen des Tipi zu, denn sie tat dies mit großem Geschick und einer gewissen Anmut, so, als wäre es ein religiöses Ritual. Zuerst nahm sie die drei Hauptstangen und legte sie dort auf den Boden, wo das Tipi stehen sollte. Dann band sie die dünnen Enden ungefähr einen Meter unterhalb der Spitze mit weichen Riemen aus Hirschleder zusammen. Auf diese Weise erhielt sie einen Dreifuß, den sie aufrichtete, wobei sie die dickeren Enden der drei Stangen, möglichst weit voneinander entfernt, tief in den Boden rammte. Nun nahm sie etwa ein Dutzend anderer Stangen, kürzer und nicht so gerade, die sie ebenfalls in den Boden rammte, wobei sie ihre Spitzen an jener Stelle gegen die Hauptstangen lehnte, wo diese miteinander verbunden waren. Nun hatte sie das Gerippe ihres Tipi fertig, die Basis fest im Boden verankert, die Spitze hoch in die Luft aufragend. Ihre nächste Aufgabe bestand darin, dieses Gestell mit gegerbten Bisonfellen zu umkleiden, eine Arbeit, zu der sie die Hauptstangen bis in halbe Höhe emporklettern mußte.

Sie ließ dem Fell seinen natürlichen Fall, drapierte es gleichmäßig über die Stangen und gab acht, daß die Öffnung, durch die man das Tipi betrat und verließ, möglichst genau nach Osten zeigte. Ein in eine andere Himmelsrichtung gewendetes Tipi wäre undenkbar gewesen.

Das Tipi war nun beinahe fertig; es fehlte nur noch eine wichtige Ergänzung, die es überhaupt erst bewohnbar machte. Sie nahm zwei besonders lange Stangen, schob ihre Spitzen geschickt in die Ecken des Bisonsfells, das die obere Öffnung des Tipi bedeckte, befestigte die Stangen aber nicht im Boden. So konnte sie durch Verändern ihrer Fußpunkte und des Winkels, in dem sie zueinander standen, die Ventilation im Tipi regulieren und so dafür sorgen, daß ihre Familie sowohl ein warmes als auch ein gesundes Heim bewohnte. Die Luft in ihrem Tipi war niemals stickig.

Wenn sie fertig war, holte der Lahme Biber mehrere Taschen vom Schlitten, kastenförmige Behälter aus sehr dicker, gegerbter Bisonhaut, und diesen entnahm Blaues Blatt die Bettgestelle, das Kochgeschirr und all die Andenken, die ihr Ehemann auf seinen Jagd- und Kampfzügen gesammelt hatte.

Der Lahme Biber stellte sein Bett lieber selber auf, denn er war sehr stolz darauf und verbrachte einen großen Teil seines Lebens auf diesem Lager. Es bestand aus einem niedrigen Holzgestell, über das eine Matte aus sorgfältig ausgewählten und geglätteten Weidengerten gelegt wurde, jede Gerte am Ende durchbohrt, so daß man sie mit Hilfe von Hirschsehnen fest miteinander verbinden konnte. Darüber kamen zwei Bisondecken, fein gegerbt und schmiegsam, und an die Tipiwand dahinter eine Bisonhaut, die so gründlich bearbeitet worden war, daß sie aussah wie Pergament. Darauf hatte Blaues Blatt mit Stäbchen als Pinsel und verschiedenen Pigmenten als Farben denkwürdige Szenen aus dem Leben ihres Mannes gemalt; das Gelb, das vorherrschend war, stammte aus der Gallenblase des Bisons. Sie war zwar keine große Künstlerin, konnte aber Bisons, Pawnee und Ute abbilden, und ebendas waren ja die Dinge, die ihren Mann beschäftigten.

Das Bett hatte aber noch eine Besonderheit: Die Weidengertenmatte reichte an beiden Enden weit über das Gestell hinaus, und diese Verlängerungen wurden von kräftigen Dreibeinen senkrecht gehalten, so daß sie Rückenlehnen bildeten. Die hochgebogenen Holzenden waren blank poliert, und einige waren sogar bemalt, so daß das Bett mit der Bisonhaut voller Zeichnungen dahinter und den schönen Rückenlehnen an beiden Seiten eine Art Thron für den Lahmen Biber bildete.

Da kein Indianerstamm ununterbrochen Krieg führen oder Bisons jagen konnte, da es keine Bücher gab, da kein Arapaho sich mit einem Angehörigen eines anderen Stammes unterhalten konnte, und da dauernde Ratsversammlungen nicht notwendig waren, standen dem Lahmen Biber Tage und Wochen zur Verfügung, während derer er nichts zu tun hatte. Er hatte keine großen Gedanken über die Dinge dieser Welt, und wären sie ihm auf wunderbare Weise doch einmal gekommen, er hätte niemanden gehabt, dem er sie hätte mitteilen können. Was geistige Interessen betraf, führte er ein armseliges Leben, dessen Höhepunkte die Stunden waren, in denen jüngere Krieger in sein Tipi kamen, um ihm zu lauschen, wenn er von seinen Abenteuern erzählte.

Dann ließ er den vielversprechendsten jungen Mann neben sich sitzen, die beiden lehnten sich an die Rückenstützen, und er sprach zu diesem allein, während die übrigen auf dem Boden hockten und lauschten. Er berichtete von seinem Kampf mit Niemals-tot, von der Eroberung seines ersten Gewehrs und davon, wie er es dann wieder zerstört hatte. Er war sehr genau in seinen Erzählungen und gab Pappelknie und Roter Nase stets mehr als einen gerechten Anteil des Ruhmes. Er prahlte nicht von Heldentaten, die ihm nicht öffentlich zuerkannt worden waren, so daß niemand jemals seine Erzählung unterbrach, um ihn zu fragen: „Wer hat gesehen, daß du diese Tat vollbracht hast?“ Die Taten, von denen er berichtete, waren in die Geschichte des Stammes eingegangen, und seine Frau hatte sie auf der Bisonhaut festgehalten.

Im Frühsommer 1788 setzte er eine der größten Taten seines Lebens – nicht wegen der damit verbundenen Tapferkeit, sondern wegen der außerordentlichen Folgen, die diese Tat haben sollte, nicht im selben Jahr, sondern dreiundsiebzig Jahre später.

Es begann, als er eines Tages ruhte und seiner Frau beim Aufstellen des Tipi zusah. „Wir brauchen ein paar neue Stangen“, sagte er halblaut vor sich hin.

Seine Frau hielt in der Arbeit inne. „Wir hätten welche eintauschen sollen, als wir im Norden waren“, sagte sie. „Dort hätten wir vielleicht sieben Stangen für ein Pferd bekommen.“

„Nun, wir sind zwar jetzt nicht im Norden“, antwortete der Lahme Biber, „aber ich glaube, ich weiß, wo ich ein paar gute Stangen bekommen kann, und sogar ohne ein Pferd dafür zu geben.“

Sie vermutete, daß er wieder die Pawnee überfallen wollte, denn er war immer und jederzeit bereit, seine Klugheit mit der ihren zu messen. Also versuchte sie, dieser Entwicklung der Dinge möglichst schnell einen Riegel vorzuschieben. „Pawnee-Stangen sind nicht lang genug“, erklärte sie und nahm ihre Arbeit wieder auf.

„Eine Pawnee-Stange würde ich nicht nehmen“, gab er zurück. „Nicht einmal, wenn gleich da drüben ein völlig unbewachtes Dorf stünde.“ Er warf einen Stein genau zu der Stelle, an der er einige Jahre zuvor die Klapperschlange erschlagen hatte, und mußte bei dem Gedanken daran, wie er sein erstes Gewehr zerstört hatte, laut auflachen. „Erinnerst du dich an die Schlange?“ rief er seiner Frau zu, die gerade an einer Stange emporkletterte, um die Bisonfelle zu befestigen. Dabei ahmte er das Rasseln einer Klapperschlange nach, und zwar so echt, daß Blaues Blatt sich voller Entsetzen umdrehte. „Ich“, beruhigte er sie.

Er hatte einen Plan, wie er sich neue Stangen beschaffen konnte. Einer der jüngeren Krieger war bei dem Versuch, Biber zu fangen, unversehens ziemlich weit in die Berge hinauf geraten und hatte dort ein tiefes Tal gefunden, das auf einer Seite mit Blaufichten, auf der anderen mit hohen, kerzengeraden Espen bestanden war. Er hatte dem Lahmen Biber von seiner Entdeckung berichtet, und der Ältere hatte gesagt: „Das wäre vielleicht ein Platz, wo wir uns Tipi-Stangen holen könnten.“ Und der Jüngere hatte gesagt: „Die Espen waren sehr schön gerade.“ Der Lahme Biber aber hatte erklärt: „Espen werden morsch. Wir brauchen Föhren oder Fichten. Wie waren die Fichten?“ Der junge Krieger versicherte ihm, sie seien gerade gewesen.

Nun suchte der Lahme Biber den jungen Krieger namens Antilope auf und fragte ihn, ob er bereit sei, eine Gruppe in dieses Tal hinaufzuführen, um Tipi-Stangen zu holen. Antilope sagte begeistert ja, warnte aber: „Das Gebiet gehört den Ute.“ Worauf der Lahme Biber antwortete: „Jedes Gebiet auf der Erde gehört irgend jemandem. Man muß eben vorsichtig sein.“ Der junge Krieger sagte: „Aber ich habe Spuren von Ute im Tal oben gesehen.“ Und der Lahme Biber erwiderte: „Ich habe mein Leben lang Spuren von Ute gesehen. Gewöhnlich bedeutet das, daß Ute in der Nähe sind.“

Sie stellten eine Kriegerschar von elf Mann plus vier Packpferden zusammen und ritten einen Tag lang westwärts auf die Berge zu. Am nächsten Tag folgten die Krieger einem der kleinen Bachläufe, die zeitweilig Regen- und Schmelzwasser vom Gebirge heruntertrugen. Nachdem sie eine Weile an seinem Ufer entlanggeritten waren, kamen sie an eine Abzweigung, die nach Süden führte, und diese brachte sie endlich ins Blue Valley. Als sie es erreichten, zügelten sie bewundernd ihre Pferde, so schön war das Tal mit den dunklen Blaufichten auf dem Südufer, wo keine Sonne hinkam, und den helleren Espen in vielen flirrenden Schattierungen von Grün am Nordufer. Nach einigen Augenblicken des Bewunderns saß der Lahme Biber ab, untersuchte das Terrain und sagte: „Hier sind Ute gewesen. Auf Biberfang.“ Er stellte zwei Wachtposten auf, bevor er sich mit den anderen an das Schlagen von Tipi-Stangen in dem Blaufichtengehölz machte.

Er hatte ungefähr zwei Dutzend Bäume geschlagen – das Trimmen der oberen Äste überließ er dabei den Jüngeren –, als einer der Späher Vogelrufe ausstieß und damit kundtat, daß sechs Ute mit Pferden und Gewehren aus der entgegengesetzten Richtung das Tal herabkämen. Der Lahme Biber erwog diese unwillkommene Information und beschloß, einfach abzuwarten, die Arbeit einzustellen und sich in den schützenden Schatten der Fichten zurückzuziehen. Er hatte keinerlei Ahnung von den drei außergewöhnlichen Ereignissen, die sich vor kurzem genau an der Stelle seines Verstecks abgespielt hatten.

Zuerst war mit einem Frühjahrshochwasser vor einigen Jahren ein Felsbrocken das Bachbett heruntergekommen, hatte das Ende eines größeren Schlotes zerschlagen und fast pures Gold ans Tageslicht gebracht. Der Schlot, dessen Ende nun offen lag, hatte mehrere Nuggets freigegeben, und diese hatten sich über den Bachboden verteilt, wo sie teilweise von späteren Sedimenten zugedeckt worden waren.

Zweitens hatten – nicht sehr viel später – die hiesigen Ute ihr erstes Gewehr erworben und mit ihm die Geräte zur Herstellung von Kugeln. Sie konnten Blei schmelzen und es in die eisernen Formen gießen, die sie bei den Pawnee gegen Biberfelle eingetauscht hatten. Außerdem kannten sie sich mit Schießpulver aus und verschafften sich im Tausch gegen Biberfelle von den Mexikanern im Süden einen ständigen Vorrat davon. Die Ute waren jetzt mit Feuerwaffen ausgerüstet.

Drittens hatte der Ute-Krieger, der für das Herstellen der Kugeln verantwortlich war, bei einem Erkundungsausflug das Blue Valley hinab auf der Suche nach Bibern die gelben Nuggets im Bachbett entdeckt und sie neugierig aufgehoben, um zu sehen, ob man sie möglicherweise zu Kugeln verarbeiten konnte. Zu seinem Erstaunen konnte man das, sogar ohne sie einzuschmelzen, und so produzierte er zwei schöne Kugeln aus purem Gold. Da dieses Metall um so viel einfacher zu bearbeiten war als Blei, hatte er sofort nach weiteren Nuggets gesucht, aber kein einziges mehr gefunden.

Dieser Krieger mit der eisernen Gußform und den beiden Goldkugeln war es, der jetzt das Tal herunterkam und den Bach aufmerksam nach Biberspuren absuchte. Er wäre an dem Versteck der Feinde ahnungslos vorbeigegangen, hätte er nicht zufällig einen weißen Holzspan gesehen. In der Annahme, daß hier ein Biber am Werk war, wandte er sich vom Ufer landeinwärts, bog um einen Felsen und stand dem Lahmen Biber gegenüber, der ihm das Messer mit großer Wucht in die Kehle rannte und so das Gewehr sowie die Tasche mit den Kugeln erbeutete.

Danach sprangen die Arapaho auf den Pfad hinaus und schlugen die übrigen Ute-Krieger in die Flucht. Als diese sahen, daß ihr Anführer tot und der Gegner ihnen an Zahl überlegen war, machten sie kehrt und flohen zum Taleingang, wo sie Verstärkung zu finden hofften.

Dies gab dem Lahmen Biber und seinen Gefährten Zeit, die Tipi-Stangen aufzuladen und aus den Bergen hinabzusteigen; vorher aber erkundigte sich der junge Krieger, der das Tal entdeckt und sie alle hingeführt hatte, ob der Lahme Biber dem toten Ute den Skalp abnehmen wolle. Der Lahme Biber schüttelte den Kopf, und der jüngere Mann schnitt sich geschickt den Skalp herunter, um ihn als Andenken an seinen ersten größeren Zusammenstoß mit dem Feind mit ins Lager zu nehmen.

Der Lahme Biber und die meisten bedeutenden Krieger der Cheyenne und Arapaho hielten nicht sehr viel von Skalps. Das Sammeln dieser grausigen Andenken war nicht traditioneller Bestandteil der indianischen Kultur, sondern vor hundert Jahren von französischen und englischen Militärkommandeuren eingeführt worden, die von ihren indianischen Söldnern zunächst einen Beweis dafür verlangten, daß sie tatsächlich einen Feind erschlagen hatten, bevor sie ihnen das Kopfgeld auszahlten. Der Brauch war bei den östlichen Stämmen allmählich zur Gewohnheit geworden und hatte sich dann auch nach Westen ausgebreitet, wo einige Stämme, wie die Comanchen, ihn zum wichtigen Bestandteil ihrer Rituale machten.

So kamen die Arapaho nun mit vier bedeutenden Schätzen aus den Bergen zurück: mit zwei Dutzend erstklassigen Tipi-Stangen, einem Ute-Skalp, der Erinnerung an das schönste Tal, das sie jemals gesehen hatten, und zwei Goldkugeln in der Tasche des Lahmen Bibers.

7. Das Lager der fremden Götter

Im Gebiet zwischen dem nördlichen und dem südlichen Platte sank die Temperatur im Winter häufig tief unter den Gefrierpunkt und blieb dann Tage hindurch unverändert, so daß die Flüsse vollständig zufroren. Wie konnten die Arapaho überleben?

Zunächst einmal war die Luft bei diesen Temperaturen so klar, und es war so windstill, daß die Kälte eher anregend als erschöpfend wirkte. Bei null Grad, wenn die Sonne schien, spielten die Männer mit freiem Oberkörper Stockspiele, und sogar bei zehn Grad minus konnte das Wetter, falls es windstill war, ganz angenehm sein.

Zweitens waren die Indianer der Ebene an Kälte gewöhnt, besonders die Cheyenne. „Früher, als wir noch weit im Norden lebten, bevor wir den Fluß überquert und die große Flut überlebt hatten, gingen wir ständig nackt und hatten keine Tipis. Was wir im Winter gemacht haben? Wir suchten uns ein Loch im Ufer und bedeckten uns mit Erde, und dann warteten wir auf sonnige Tage, an denen wir Beeren sammeln konnten. Wir gingen auch im tiefsten Schnee barfuß und sind nicht daran gestorben." Die Arapaho erinnerten sich ebenfalls an kalte Jahre ohne Tipis, aber nackt waren sie nie gegangen.

Doch es gab auch Blizzards, eiskalte Stürme, die tagelang heulten und so viel Schnee mit sich brachten, daß jeder, der draußen überrascht wurde, erfrieren mußte. Was taten die Arapaho dann?

Sie verkrochen sich in ihren Tipis. Die Männer schickten die Frauen hinaus, damit sie die obere Luftöffnung bis auf einen winzigen Spalt schlossen, und wiesen die Frauen an, schwere Steine auf den unteren Rand des Tipi zu legen, damit weder Wind noch Schnee hereintreiben konnte. Dann wurde ein sehr kleines Feuer mit ganz wenigen kostbaren

Scheiten gemacht und tagelang in Gang gehalten; die Wärme machte das Tipi gemütlich, und die Menschen drinnen drängten sich aneinander und beglückwünschten sich, wenn sie den Wind heulen hörten, und die Männer redeten, und die Frauen saßen Tag um Tag in der beinahe völligen Dunkelheit, und die Kinder spähten vorsichtig hinaus, um die aufregende Neuigkeit ins Tipi zurückzurufen: „Man kann von hier aus nicht einmal das Tipi der Springenden Schlange sehen!"

Der Wind heulte, der Schnee türmte sich bis zur halben Höhe des Tipi, drinnen aber war es schön warm, und die Männer gingen lediglich hinaus, um Pappelzweige zu schneiden, damit die Pferde deren Rinde knabbern konnten. Einmal fiel dem Lahmen Biber ein, daß alle seine Kinder im Herbst geboren waren, weil er sie im Winter während eines Schneesturms gezeugt hatte. „Wir sind wie die Biber", sagte er. „Wir verstecken uns in unserer sicheren Burg, während draußen die ganze Welt friert."

Im Jahre 1799, als der Lahme Biber schon ein alter Mann von zweiundfünfzig war, beging er eine Heldentat, die ihm ganz besonderen Ruhm einbrachte, denn sie verlangte eine ganz neue Art von Mut.

Im Spätwinter jenes Jahres berichteten die Kundschafter, daß zwei Männer eines völlig unbekannten Stammes den Platte heraufgezogen kämen. Sie waren nicht rot wie die Pawnee, aus deren Gebiet sie eben kamen, und hatten keine indianischen Gebrauchsgegenstände bei sich. Sie waren nicht einmal wie Indianer gekleidet, denn ihre Winterkleidung war dick und schwer, und sie trugen weder Federschmuck noch Kriegsbemalung. Ihre Köpfe waren mit Biberpelzen bedeckt, und sie zogen einen Schlitten hinter sich her, der mühelos über den Schnee glitt. Beide waren sie mit Gewehren bewaffnet, und aus dem Schlitten ragten zwei weitere Gewehre heraus; allem Anschein nach waren sie also wohlhabend, nur daß sie keine Pferde hatten. Sie waren seltsame Feinde und mußten beobachtet werden.

Warum töteten die Arapaho diese beiden Weißen nicht sofort? Warum hatten die Pawnee ihnen gestattet, durch ihr Gebiet zu ziehen? Die Pawnee hatten sie, genau wie die Arapaho jetzt, unter genauer Beobachtung gehalten. Vielleicht kam es daher, daß sich die beiden Götter – denn so wurden sie bei den Rattlesnake Buttes genannt – selbstsicher und anscheinend furchtlos bewegten, als ob die Prärie ihnen gehörte. Die Späher behielten sie ununterbrochen im Auge und berichteten immer wieder dasselbe: „Heute sind sie ein Stück weiter nach Westen gegangen und haben offenbar nach uns Ausschau gehalten. Einer ist klein, beinahe so dunkel wie ein Ute, der andere groß, nicht so groß wie ein Cheyenne, aber groß, und hat rötliche Haare im Gesicht. Aber der Kleinere gibt die Befehle."

Als die beiden den Zusammenfluß von Beaver Creek und Platte River erreicht hatten, machten sie halt. Sie hatten anscheinend etwas entdeckt, was ihnen zusagte, denn zum erstenmal schlugen sie ein richtiges Lager auf; sie putzten von einem ebenen Platz den Schnee weg und fällten ein paar Pappeln, aus denen sie sich einen sehr niedrigen Unterschlupf bauten. Keiner der beiden fremden Götter konnte ihn betreten, ohne sich dabei bücken zu müssen.

Die Arapaho beobachteten das alles mit Verwunderung, und der Lahme Biber als der Tapferste des Stammes beschloß, ein wenig mehr über diese Götter und ihr merkwürdiges Tipi in Erfahrung zu bringen. Eines Abends kroch er sehr nahe heran und sah zu, wie sie Bündel aufschnürten und ihnen kleine Gegenstände entnahmen, die im Schein ihrer Lampen schimmerten. Vor langer Zeit einmal, als er mit den Crow wegen ein paar Tipistangen verhandelte, hatte er solche Schmuckstücke gesehen.

Ein anderes Mal beobachtete er den größeren Gott, wie dieser versuchte, im Fluß Fische zu fangen, und war von diesem Anblick so fasziniert, daß er den Kleineren nicht herankommen hörte. Bevor er davonlaufen konnte, stand der Fremde plötzlich vor ihm, regungslos, und starrte ihn an. In diesem flüchtigen Moment spürte der Lahme Biber deutlich, daß diese Fremden keineswegs Götter waren. Sie waren Menschen wie er selbst, und er kehrte eilig in sein Tipi zurück, um Blauem Blatt seine Entdeckung zu verkünden.

„Diese beiden sind nichts Besonderes."

„Sie haben vier Gewehre."

„Ich könnte auch vier Gewehre haben, wenn ich sie mir bei den Pawnee eintausche."

„Sie haben eine andere Haut."

„Die Ute haben auch eine andere Haut. Einen Ute erkennt man schon vom anderen Flußufer aus."

Blaues Blatt brachte sämtliche Zweifel vor, die im Stamm lautgeworden waren, aber ihr Ehemann widerlegte jeden einzelnen, und schließlich mußte sie einräumen: „Wenn sie genauso sind wie wir, und wenn sie hier bei uns leben wollen, sollten wir mit ihnen sprechen."

„Das habe ich auch gedacht", antwortete der Lahme Biber und schritt sogleich mutig dorthin, wo die beiden Fremden warteten. Obwohl viele in seinem Lager eine Katastrophe oder seinen Tod prophezeiten, ging er ganz nahe an sie heran, sah sie an und hob seine Hand zum Gruß.

Als er dastand, begann der kleinere Mann geschickt die unendlich vielen schönen Dinge auszubreiten, die er den Fluß heraufgebracht hatte. Ein Kasten enthielt leuchtende Perlen, alle in einer Reihe und alle von verschiedener Farbe. Ein Packen enthielt Decken, aber nicht Decken aus Bisonfell, sondern aus einem weichen, schmiegsamen Material. Zuletzt öffnete der Mann einen ganz besonderen Kasten, in dem eines der schönsten Metalle schimmerte, die der Lahme Biber jemals gesehen hatte, hart wie der Lauf eines Gewehres, aber hell, blank und strahlend weiß.

„Silber“, erklärte der Kleine immer wieder. „Silber.“ Doch als der Lahme Biber danach griff, zog der Mann den Kasten zurück und hielt statt dessen ein Biberfell hoch. „Biber“, wiederholte er nun immer wieder, und das bedeutete, daß er den Indianern schimmernden Silberschmuck geben wollte, wenn sie ihm dafür Biberfelle brachten. Um seine guten Absichten zu unterstreichen, reichte er dem Lahmen Biber ein Armband.

Zu Hause im Tipi streifte der Lahme Biber seiner Frau den hübschen Schmuck auf den Arm, und sie ließ ihn im Licht blitzen, während in ihrem Mann ein Entschluß reifte. „Ich werde das Lager der Fremden untersuchen und feststellen, was sie für eine Medizin haben.“

Spät in der Nacht schlich er sich also lautlos zu ihrem Tipi, hielt aber kurz davor noch einmal inne, denn nun erfaßte ihn eine tiefere Angst, als er sie jemals vor einem Comanchen empfunden hatte. Er würde in eine neue, geheimnisvolle Welt eindringen, und der Mut drohte ihn zu verlassen. Aber er biß sich auf die Lippen und kroch hinein, den Körper gespannt wie eine Sehne, um an keinen Gegenstand anzustoßen.

Vorsichtig richtete er sich auf, wagte kaum zu atmen, während seine Augen sich an die Dunkelheit gewöhnten. Vom Boden her hörte er das gleichmäßige Atmen der Schläfer und wußte sofort, daß der Kleinere rechts von ihm lag.

Ihm stand nunmehr der schwierigste Teil seiner Aufgabe bevor. Um eine Tat zu vollbringen, mußte er einen von ihnen berühren, und dafür wählte er den dunkleren Anführer. Zentimeter um Zentimeter den Oberkörper neigend, näherte er sich dem Schlafenden immer weiter, bis sein Gesicht das des Schläfers fast berührte. Jetzt hob er den Arm, um den dunklen Körper zu berühren, als er im schwachen Licht etwas Schreckliches wahrnahm.

Der andere schlief nicht, er war hellwach und starrte direkt in die Augen des Lahmen Bibers.

Die beiden Männer, jeder vom Entsetzen gepackt, ertrugen den Blick des anderen. Und dann streckte der Lahme Biber langsam den Arm aus und legte seine Hand behutsam auf das Gesicht des Fremden. Diese Hand war ohne Waffe, wollte nichts Böses. Keiner der beiden Männer atmete. Die Hand entfernte sich. So kam der rote Mann zum erstenmal in direkten Kontakt mit einem Weißen.

Als der Lahme Biber die Hand zurückzog, löste sich die Spannung des anderen, und er gab einen leisen Laut von sich. Vom Bett gegenüber sprang der große Mann auf, griff nach einem der Gewehre und hätte den Lahmen Biber erschossen, hätte nicht vom ersten Bett eine tiefe Stimme gerufen: „Arrêtez! Arrêtez!“

„Was ist denn?“ rief der Mann mit dem Gewehr.

„Il n’a pas d’armes“, sagte der Anführer und stieß den Gewehrlauf beiseite.

Langsam zog sich der Lahme Biber zurück. Er war zufrieden. Die beiden Männer waren keine Götter. Sie waren Menschen, waren nicht im Besitz einer besonderen Medizin. Denn sie wurden von derselben Furcht heimgesucht wie er selbst, schliefen wie alle anderen Menschen, die er kannte. Mit diesem Bewußtsein kehrte er ins Lager zurück.

Am nächsten Morgen versammelte er seinen Stamm und machte den anderen Mitteilung von seiner Entdeckung. Er versicherte den Häuptlingen, daß die Fremden in friedlicher Absicht gekommen seien. „Sie hätten mich töten können, aber sie haben mich gehen lassen", berichtete er.

Dann sammelte er alle erreichbaren Biberfelle, warf sie auf einen Schlitten und führte sein Pferd dorthin, wo die Besucher mit ihren lockenden Gaben warteten. Als sie zu handeln begannen, machte er ihnen klar, daß er keinen Silberschmuck und keine Decken wollte. Energisch auf eins der Gewehre deutend, erklärte er, daß er nichts anderes akzeptieren würde. Der jüngere Mann machte Einwände und sagte zu seinem Partner: „Wenn sie Gewehre haben, sind sie bald so arg wie die Pawnee." Der Ältere aber reichte das Gewehr dem Lahmen Biber und sagte zu seinem Freund: „Gewehre bekommen sie früher oder später doch. Wenn von uns, dann geben sie uns wenigsten ihre Felle."

Als der Lahme Biber das Gewehr in Besitz nahm, sah er dem Mann, der es ihm gegeben hatte, tief in die Augen. Einen langen Moment lang herrschte Stille, während beide Männer daran dachten, daß in der Nacht zuvor einer den anderen hätte töten können, daß aber keiner von ihnen es getan hatte. Kein einziges Wort wurde gewechselt. In dieser Atmosphäre kühler Zurückhaltung wurde der stillschweigende Vertrag zwischen den Arapaho und den Weißen besiegelt.

8. Zwei Kugeln aus Gold

Im frühen Herbst erlebten die zerzausten Pappeln, die den Lauf der Flüsse und Bäche kennzeichneten, einen flüchtigen Augenblick des Glanzes; ihre häßlich geformten Blätter wurden golden und leuchteten wie Espenlaub, bis dann der Wind des herannahenden Winters sie davontrug.

Im Jahre 1803 war der Lahme Biber sechsundfünfzig, und die Veränderung an den Pappelbäumen kündigte ihm düstere Zeiten an. Er wollte nicht noch einen Winter durchstehen; die Kälte war im Lauf der Jahre immer schwerer zu ertragen gewesen, und er fand keinen Trost mehr darin, auf seinem Bett zu sitzen, während die jüngeren Männer zuhörten, wie er ausführlich von seinen früheren Heldentaten berichtete. Nicht einmal die schöne, von seiner Frau bemalte Bisonhaut machte ihm mehr Freude.

Sein Elend hatte bereits vor einigen Jahren begonnen, als er sich beim Kauen auf einem Stück Trockenfleisch einen Zahn abgebrochen hatte. Im folgenden Jahr verlor er noch einen, und dann noch zwei weitere, so daß er nur noch den weicheren Pemmikan essen konnte, der ihm doch nie geschmeckt hatte.

Auch die Freunde seiner Jugend starben. Rote Nase, der beste Häuptling aller Zeiten, war im vergangenen Winter entschlafen, und Pappelknie war schon vor sehr langer Zeit von einem Pawnee-Gewehr getötet worden. Jüngere Männer hatten das Kommando übernommen, und obwohl sie die Stammesmoral hochhielten, ließen sie bei den Verhandlungen mit den Comanchen die nötige Klugheit vermissen, und was den Widerstand gegen die Pawnee betraf, so hätten sie ihnen ebensogut auch gleich das gesamte Gebiet überlassen können.

Die Pawnee bereiteten ihm große Sorgen. Sie zogen immer weiter westwärts, und bald würden die Arapaho auf ein armseliges Stückchen Land rings um die Rattlesnake Buttes zurückgedrängt sein. Der Lahme Biber war in trauriger Stimmung. Nun kamen Kundschafter ins Lager zurückgeeilt und brachten die erschreckende Nachricht, daß die Pawnee ein junges Mädchen gefangengenommen hatten, um es bei ihren Ritualen zu opfern.

„Wir müssen sie befreien!“ wetterte er. Eine Alternative wollte er nicht einmal in Betracht ziehen. Sie eintauschen? Niemals! Den Pawnee mehr Jagdgründe überlassen? Niemals! Pferde, Felle, Gewehre? Derartig kleinmütigen Unsinn wolle er nicht einmal hören. „Wir werden nach Osten reiten und sie zurückerobern“, rief er.

Bei Versammlungen des Ältestenrates, dem er nicht angehörte, mischte er sich unaufgefordert ein und schrie: „Wir müssen wie tapfere Krieger zu den Pawnee reiten und das Mädchen zu uns zurückholen.“ Er unterbrach damit alle Diskussionen über die Möglichkeit, den Konflikt zu lösen, ohne gleich auf den Kriegspfad gehen zu müssen.

„Von Zeit zu Zeit muß man die Pawnee im Kampf stellen!“ wetterte er. „Das war immer so und wird immer so bleiben. Ein solcher Zeitpunkt ist jetzt gekommen.“ Er erinnerte den Ältestenrat daran, daß Pappelknie damals in einer ähnlich kritischen Zeit der Entscheidung von einem Pawnee getötet worden war, die meisten Ratsmitglieder hatten jedoch vergessen, wer Pappelknie war.

In höchster Erregung ging der Lahme Biber zu seiner Frau und unterhielt sich lange mit ihr. Sie wußte, welchen schwerwiegenden Entschluß er mit sich herumtrug, und wußte auch, daß dieser Entschluß für sie selbst furchtbare Folgen haben würde. Trotzdem bestärkte sie ihn darin. Er war ihr immer ein guter Mann gewesen, besser als die anderen Männer des Stammes, und das war ein sehr großes Lob, denn genau wie die Cheyenne waren auch die Arapaho gut zu ihren

Ehefrauen. Sie war stolz auf seine Taten und hatte sie alle auf der Bisonhaut verewigt. Sie wußte, was mit ihr geschehen würde, wenn er den Plan ausführte, doch sie beschwerte sich nicht ein einziges Mal.

„Den Pawnee muß Einhalt geboten werden“, wiederholte er immer wieder, und sie nickte.

„Wenn sie glauben, daß man schwach ist, nutzen sie diese Schwäche aus“, sagte er, und Blaues Blatt wußte, daß er recht hatte.

„Sie waren immer gierig nach unserem Land“, klagte er, mit der Zunge nach seinen Zahnlücken tastend, als symbolisierten die ausgefallenen Zähne jene Gebiete, die den Arapaho bereits entrissen worden waren. „Ach, wenn Mann-Oben mich doch noch einmal jung sein ließe“, lamentierte er, und sie versicherte ihm, er sei noch immer ein großer Krieger. Dann brach er das Thema Pawnee plötzlich ab und wandte sich seiner Tochter zu.

Den Namen Tönerne Schale hatte sie erhalten, als der Stamm einmal dem Bison nach Norden folgte: ein Dakota-Händler hatte ihnen eine wunderschöne, von den Cree gearbeitete Schale gezeigt. Sie sah aus wie ein geflochtener Weidenkorb, bestand in Wirklichkeit aber aus Ton. Blaues Blatt hatte Gefallen an der Schale gefunden, und der Lahme Biber hatte sie gegen ein Bisonfell eingetauscht. Daß es ihr eigenes Büffelfell war, und daß sie das Fell viele Monate lang bearbeitet hatte, um es schmiegsam zu machen, spielte keine Rolle; er hatte das Fell gegen die Schale eingetauscht, die nunmehr ihr größter Schatz und Gegenstand des Neides der anderen Frauen war. So war es natürlich, daß sie ihrer Tochter den Namen dieses herrlichen Gegenstandes gaben. Mit diesem Kind, das zu einem schönen, grazilen Mädchen herangewachsen war, fing der Lahme Biber jetzt zu sprechen an.

Er erzählte ihr von den Wanderungen des Stammes nach Norden und Süden, von den guten Zeiten unten am Arkansas River und von dem zauberhaften Tal, in dem die Blaufichten wuchsen. Er berichtete von seinem Kampf mit der riesigen Klapperschlange, bei dem er sein allererstes Gewehr geopfert hatte, um ihrer Mutter das Leben zu retten. Und er sprach auch von den beiden Männern, die eine Zeitlang bei ihnen ihr Lager gehabt hatten und auf Biberjagd waren. Er versicherte dem Mädchen, daß sie wiederkommen würden. Davon war er fest überzeugt. Und dieser Gedanke erfreute ihn, denn er mochte den kleineren Mann, den dunklen, bartlosen, und fühlte sich in seiner Schuld wegen des Gewehrs, das er inzwischen so perfekt handhaben gelernt hatte. Einen solchen Mann würde er mit Freuden in seiner Familie begrüßen.

„Wenn er wiederkommt, Tönerne Schale, sprich mit ihm. Er hat keine Frau. Das weiß ich, weil ich ihn sorgfältig beobachtet habe. Er wird älter werden. Bald werden auch ihm die Zähne ausfallen. Dann braucht er eine Frau, die für ihn sorgt. Denk daran, wenn ich nicht mehr bin.“

„Du wirst noch viele Monde bei uns bleiben", widersprach sie ihm.

„Ihr werdet schöne Kinder haben", sagte er taxierend, als wäre sie eine Stute. Plötzlich wanderte er in großer Erregung im Tipi umher. „Alles wird sich verändern!" rief er aus. „Die Pawnee werden alles erobern. Die Ute werden aus den Bergen kommen und leben wie wir. Und diese Männer werden wiederkommen und Biber jagen. Ich weiß nicht", klagte er leise. „Ich weiß nicht . . ." Das war das letztemal, daß er ernsthaft mit seiner Tochter sprach.

Er konzentrierte sich auf sein Gewehr, lud und entlud es und spielte mit den beiden goldenen Kugeln, die er immer noch in seiner Tasche bewahrte. Es war, als messe er die Zeit mit den Methoden des weißen Mannes, als spüre er, daß ein neues Jahrhundert begonnen hatte, ein Jahrhundert, das ihn mit dem schwindelerregenden Tempo seiner Veränderungen schon bald weit hinter sich lassen würde. Deswegen beschäftigte er sich mit bleibenden Dingen, schied eines nach dem anderen aus, bis nur noch zwei Dinge übrig blieben: Blaues Blatt und die Pawnee. Die Bisons existierten für ihn nicht mehr; sollten andere sie jagen. Der Biber und die Klapperschlange? Sollten sich von nun an andere damit herumschlagen. Über die Ute hatte er sich nie große Gedanken gemacht; sie waren zwar standhafte Krieger, wenn man jedoch seine Stellung hielt, konnte man mit ihnen fertig werden.

Als der Herbst fortschritt, waren er und Blaues Blatt gezwungen, der schrecklichen Situation, in der sie sich befanden, ins Auge zu sehen; aber er wußte keinen Ausweg, und auch sie sah nirgends einen. Daher war sie darauf vorbereitet, als er verkündete: „Wenn wir gegen die Pawnee ziehen, werde ich mich anpfählen." Damit beging er für einen edlen Zweck Selbstmord, und das wußte sie.

Die Tatsache, daß der berühmteste Krieger der Arapaho bereit war, sich zu opfern, um den Pawnee eine Lektion zu erteilen, löste beim ganzen Stamm eine Woge von Patriotismus aus, und der unentschlossene Ältestenrat konnte eine Entscheidung zugunsten eines Kriegszuges nicht mehr verhindern. Der Krieg wurde ohne seine Zustimmung und ohne seine Billigung beschlossen. Die nach der Ankündigung des Lahmen Bibers entstandene Kampfstimmung war jedoch so groß, daß alle den Sieg für sicher hielten.

In fliegender Eile wurden die Vorbereitungen getroffen, denn der Schlag mußte noch vor dem ersten Schneesturm erfolgen. Die jungen Krieger pflegten ihre Pferde und ölten ihre Gewehre mit Bisonfett. Der Lahme Biber verbrachte die Zeit ausschließlich mit Blauem Blatt – zwar ohne von seiner Liebe zu ihr zu sprechen, sie aber immer wieder auf andere Weise an das schöne Leben erinnernd, das sie miteinander geteilt hatten. „Weißt du noch – die Wildente in der Pappel?" fragte er sie. Wo war das gewesen, an welchem dahineilenden Bach, den sie einmal und nie wieder besucht hatten? Sie waren an so vielen Wasserläufen entlanggezogen, hatten ihr Tipi in so vielen Tälern aufgeschlagen, daß sie sich nicht mehr an alle erinnerten; einmal aber hatte sich eine Wildente in einer Pappel verfangen, er hatte sie schlachten und essen, Blaues Blatt sie aber freilassen wollen – und so war sie, Tage hinter den anderen zurück, doch noch nach Norden weitergeflogen.

Dann war da auch noch der zahme Elch, der sich im Norden ganz in der Nähe des Lagers aufgehalten hatte, und das Heulen der Coyoten am Arkansas, als die Arapaho gegen die Comanchen Krieg führen wollten, und die sandigen Uferstellen, an denen ihre Kinder spielten. Ein ganzes Universum endloser Horizonte und rotgolden-feuriger Sonnenuntergänge war ihnen beschieden gewesen.

„Weißt du noch, damals, als wir noch keine Pferde hatten?“ fragte er sie, und dann sprachen sie von jener beschwerlichen Zeit, als Hunde und Frauen die Schlitten zogen, damit die Männer sofort jeden Angriff abwehren konnten. „Wie langsam kamen wir damals doch vorwärts!“

Dann kam der Tag, an dem die Krieger nach Osten ritten. Es war kalt, und die Pappeln hatten ihre Blätter verloren. Der Lahme Biber sagte seiner Frau Lebewohl, die Tochter, die ihnen zuschaute, beachtete er nicht. Er hatte sein gutes Pferd, sein Gewehr, seine Tasche. Das Signal wurde gegeben, und er verließ die Rattlesnake Buttes für immer.

Die Arapaho näherten sich vorsichtig dem Zusammenfluß des nördlichen und des südlichen Platte, wo sie jedoch keinen Feind fanden, denn die Pawnee hatten sich für den Winter weit im Osten niedergelassen. Sie marschierten also in jener Richtung weiter, bis sie auf ein ansehnliches Dorf stießen. Doch ob die Pawnee das Mädchen, das sie opfern wollten, hier oder in einem anderen Lager gefangenhielten, wußten sie nicht; es war seit ihrer Gefangennahme inzwischen auch so viel Zeit vergangen, daß sie vermutlich längst tot war – eine Tatsache, die alle anerkannten, nur der Lahme Biber nicht. Der widerholte immer wieder: „Wir werden unser Mädchen befreien.“ Er hatte sie niemals gesehen und konnte sich nicht einmal darauf besinnen, wessen Tochter sie eigentlich war. Befreit aber mußte sie unbedingt werden!

Die Anführer der Krieger beschlossen, dieses Dorf anzugreifen, ob nun das Mädchen dort war oder nicht; also wurde wieder einmal ein schlauer Schlachtplan entworfen.

Die Rolle des Lahmen Bibers in diesem Kampf war eindeutig. „Ich werde mich anpfählen – dort drüben. Ich werde mit keinem Krieger kämpfen, der mich angreift, sondern auf den großen Häuptling Wildes Wasser warten und ihn erschießen. Dann werden die Pawnee in Panik ausbrechen, und wir können unser Mädchen befreien.“ Als er diese Worte sprach, bezweifelte niemand, daß er genau das tun würde. Um ihn herum würde die Schlacht toben, und wenn er die Pawnee beim ersten Ansturm entmutigen konnte, hatten die Arapaho eine recht gute Siegeschance.

In der Nacht betete er, aber er war nicht ganz bei der Sache, denn seine Gedanken kehrten hartnäckig zu ein und demselben Punkt zurück: Immer wieder sah er jenen wilden Schecken vor sich, den er von den Comanchen erobert und unten im Fluß gezähmt hatte, nur um ihn anschließend an den Bruder von Blaues Blatt zu verlieren. Wie herrlich dieser Schecke doch war, wie pfeilschnell und stark! Seine schöne, schwarz-weiße Zeichnung hatte sich unauslöschlich in sein Gedächtnis geprägt, so daß er noch jetzt beschreiben konnte, wie sie verlief.

„He! Lauf!" rief er, und das Geisterpferd jagte über die Prärie wie ein Sonnenstrahl, der alles vergoldet, was er berührt.

„He! He!" rief er, und der Schecke galoppierte weiter, bis in die hohen Berge hinein. Dem alten Mann traten die Tränen in die Augen, und er konzentrierte sich auf sein Gewehr, doch in der Ferne stand beharrlich der Schecke, Farben und Mähne leuchtend klar.

„Komm!" lockte der alte Mann ihn leise, aber der Schecke strebte anderen Weidegründen zu.

Neue Wachtposten lösten die alten ab, und die Abgelösten kamen zurück, um sich auf den Kampf vorzubereiten. Die Anführer wurden nervös, während der Lahme Biber sein Gewehr und den Pfahl nahm, an den er sich mit den Riemen binden wollte, die er sich lose um den Hals gehängt hatte.

Die Krieger rückten dem Plan entsprechend vor und warteten dann, bis der Lahme Biber dort angekommen war, wo der Angriff der Pawnee am heftigsten sein würde. Er suchte sich einen Stein, hämmerte den Pfahl in den Boden und alarmierte mit dem Geräusch die Wachtposten der Pawnee. Rufe wurden laut, und die Arapaho stürmten den Westeingang des Dorfes. Mit diesem ersten, wilden Vorstoß lösten sich jedoch die sorgfältig vorbereiteten Schlachtpläne in Luft auf, und jeder kämpfte für sich allein.

Die Pawnee reagierten wie erwartet mit einem Gegenangriff, und ihre Anführer erreichten schon bald die Stelle, an der der Lahme Biber sie, angepfählt, mit erhobenem Gewehr erwartete. Da sie vermuteten, er werde schießen, machten die ersten Reiter einen Bogen um ihn, als er das Feuer jedoch nicht eröffnete, schwenkten diejenigen, die schon hinter ihm waren, herum, und einer trieb ihm seinen Speer durch die linke Schulter, dessen mit Widerhaken versehener Schaft aus seinem Rücken ragte.

„Ahhh!" stöhnte der Lahme Biber, denn der Speer hatte seine linke Achselhöhle durchstoßen. Der Schmerz war so groß, daß er am liebsten vor Wut geschossen hätte; statt dessen lockerte er die Lanze und zog sie zusammen mit großen Fleischfetzen und unter Strömen von Blut heraus. Es war ein schlechter Anfang.

Wildes Wasser trat auch beim zweiten Angriff nicht in Erscheinung, doch wieder traf ein Pawnee-Speer sein Ziel und blieb im linken Bein des Angepfählten stecken. Verächtlich zog er die Speerspitze heraus und stieß beide Speere zur weiteren Verwendung neben sich in den Boden.

Beim dritten Pawnee-Angriff erst kam auch Wildes Wasser mit, ein schöner Häuptling mit sehr roter Haut. In der Annahme, der Lahme Biber sei schwer verwundet, ritt er direkt auf den Alten zu, woraufhin der Lahme Biber sorgfältig zielte und ihn mit einem Schuß aus dem Sattel warf. Wildes Wasser war sofort tot.

Es kostete Zeit, bis der Lahme Biber das Gewehr wieder geladen hatte: Er reinigte es, schüttete das Pulver hinein, stieß es fest, legte seine zweite Goldkugel ein und machte die Waffe schußfertig. Dann zielte er auf einen Unterhäuptling und schoß ihn vom Pferd.

Der Rückzug der Pawnee hatte begonnen. Flüchtende Krieger zu Pferde ritten am Lahmen Biber vorbei, und wieder stießen zwei von ihnen nach ihm. Er blutete jetzt aus mehreren Wunden, aber er nahm den Pawnee-Speer, der ihn am Bein getroffen hatte, und versuchte sich damit zu verteidigen. Doch dann traf ihn ein fünfter Pawnee mit seiner Lanze von hinten, stieß ihm die Waffe durch den Rücken, so daß sie an der Brust wieder herauskam, und das war das Ende des Lahmen Bibers.

Er umklammerte die aus der Brust ragende Speerspitze und hielt sich lange genug aufrecht, um seinen Abschiedsgesang anzustimmen:

„Nur die Felsen dauern ewig.
Der Bison donnert,
Aber ich sehe den Staub nicht.
Der Biber schlägt mit dem Schwanz,
Ich höre es nicht.
Mann-Oben läßt noch immer den Fluß vorüberströmen,
Hilft noch immer dem Biber, die Bergspitze zu erklimmen,
Verwandelt im Herbst noch immer die Espen in Gold.
Die Häuptlinge versammeln sich,
Aber sie sprechen kein Wort.
Der Feind beginnt mit seinem Angriff,
Und die Speere blitzen.
Nur die Felsen . . .“

Ein Zittern durchlief seinen Körper, erstickte den Gesang. Mit letzter Kraft versuchte er, den tödlichen Speer ganz aus seiner Brust zu ziehen, war aber schon zu schwach dazu. Vornüber fiel er in den Staub der Schlacht, dicht vor den Leichnam von Wildes Wasser, doch der Lahme Biber sah seinen Feind nicht mehr. Seine letzte Vision auf Erden war der Schecke, der über die Prärie galoppierte.

Diese Schlacht war blutiger gewesen als sonst üblich. Der Tod des Lahmen Bibers erzürnte die Arapaho. Warum, blieb allerdings ein

Geheimnis, denn er war ja mit dem Entschluß zu sterben in den Kampf gezogen. Die Arapaho plünderten das Dorf und nahmen fünfzehn Pawnee-Mädchen gefangen, die sie zum Austausch gegen das für das Opfer ausersehene Mädchen boten. Das aber war schon lange tot, also tauschten sie sie gegen Pferde ein: je drei Mädchen für ein Pferd.

Springende Schlange bestimmte, daß der Lahme Biber wie ein Häuptling bestattet werde, und so wurde in drei Pappeln am Platte-Ufer eine hohe, hölzerne Plattform gebaut. Dort, hoch oben über dem Erdboden, wurde der geschundene Leichnam zur letzten Ruhe gebettet. Der Pfahl, an den er sich gebunden hatte, wurde zusammen mit den Ehrenriemen, die lose im Winde flatterten, an seine Seite gelegt. Eine Decke wurde über ihn gebreitet und an eine der Pappeln der Kopf, an eine andere der Schwanz des Pferdes von Wildes Wasser gehängt. Der Pawnee-Speer, mit dem er sich bis zuletzt verteidigt hatte, wurde quer über seinen Körper gelegt, und die jungen Krieger wollten sein Gewehr ebenfalls neben ihn legen, doch Springende Schlange sagte, er wolle das Gewehr behalten, sonst würden es die Pawnee holen.

Dort, hoch über der Prärie, die er geliebt hatte, dicht neben dem Fluß, dessen Lauf er so oft gefolgt war, fand der Lahme Biber, der Krieger mit den vielen Heldentaten, die letzte Ruhe.

Die Arapaho und die Cheyenne! Wie klein an Zahl und wie stark im Wesen! Sie zählten zusammen nicht ganz siebentausend, also nur knapp über dreitausend Männer. Greise und Kinder abgerechnet, blieben höchstens tausend Krieger.

Eine Gruppe von nur tausend Männern hatte entscheidend mitgewirkt, das Gesicht einer ganzen Nation zu prägen. Diese Männer, hochgewachsen, bronzefarben, mit ihren Pferden fest verwachsen, wagemutig im Kampf und gerecht im Frieden, ritten über die Prärie in die Geschichte dieses Landes ein. Niemals waren sie in dem Gebiet, in dem sie wohnten, in der Überzahl; stets wurden sie von anderen, mindestens ebenso tapferen Stämmen bedrängt – den Brulé Sioux, den Oglala Sioux, den Cree, den Blackfoot, den dunkelhäutigen Ute, den zentaurgleichen Comanchen, den grausamen Apachen, den listigen Kiowa und den berechnenden Pawnee.

Als sich die Arapaho-Häuptlinge versammelten, um die Heldentaten der Schlacht gegen die Pawnee zu zählen, boten sie einen eindrucksvollen Anblick: Sie trugen ihre mit Fransen verzierten Winterleggins, mit Federn und Hirschzähnen geschmückten Jacken und den Kopfschmuck aus mit farbigen Steinen besetztem und mit langen Adlerfedern bestecktem Webmaterial.

„Er hat eine Berührung bei Wildes Wasser gemacht“, berichtete einer, „und bei dem Krieger, der sein Bein durchbohrte, und bei dem, der ihn am Arm traf. Mit seiner erbeuteten Lanze machte er eine

Berührung bei dem Pawnee mit dem zerrissenen Hemd und dem Pawnee mit dem braunen Pferd. Bei dem Krieger, der ihm den Rücken durchbohrte, versuchte er eine Berührung zu machen, aber das gelang ihm nicht mehr."

Die großen Häuptlinge nickten. Dank der Heldentat des Lahmen Bibers war ihre Ostflanke wieder für ein paar Jahre gesichert. So schnell würden die Pawnee nicht wieder auf Arapaho-Gebiet eindringen – nicht nach einer solchen Niederlage. Natürlich würden sie wiederkommen, aber erst nach einiger Zeit. Irgendwie würden sich die Pawnee schon eine Möglichkeit zur Revanche einfallen lassen, vorerst aber konnten sich die Arapaho auf den bevorstehenden Winter einstellen. In diesem Jahr wollten sie bei den Rattlesnake Buttes lagern.

Während die Arapaho-Häuptlinge dem Lahmen Biber seine letzten Heldentaten zusprachen, fand in der Asche des zerstörten Pawnee-Dorfes eine Zusammenkunft statt, die weitreichende Folgen haben sollte. Bei der Bestattung ihres großen Häuptlings Wildes Wasser hatte einer der Pawnee entdeckt, daß der Tod durch eine goldene Kugel verursacht worden war. Kurz darauf stellte sich heraus, daß auch der Unterhäuptling an einer goldenen Kugel gestorben war. Da die Pawnee aufgrund ihres ausgedehnten Handels mit den Weißen den Wert des Goldes kannten, war diese Entdeckung eine Sensation.

Die Kugeln wurden durch zwei Weiße den Missouri hinunter zum Handelsposten in Saint Louis geschickt und dort einem Händler übergeben, der über die Reinheit des Goldes und die offensichtliche Größe der Nuggets, aus denen sie geformt waren, staunte. Die weißen Männer plagten die Pawnee immer wieder mit Fragen, erhielten aber lediglich zur Antwort: „Lahmer Biber, großer Häuptling der Arapaho. Er hat die Kugeln geschossen."

Auf diese Weise entstand die Legende, ein Arapaho-Häuptling namens Lahmer Biber habe eine Mine mit purem Gold entdeckt, aus dem er seine Kugeln für die Bisonjagd gefertigt habe. „Durchsucht die Bisonknochen, dann findet ihr seine goldenen Kugeln. Noch besser, stellt fest, wo seine Goldmine liegt, dann werdet ihr unermeßlich reich." Wohl tausend Goldsucher fielen daraufhin über die Prärie her, um die Berge zu durchwühlen und die Mine des Lahmen Bibers, des Indianers, der mit goldenen Kugeln schoß, zu finden. Doch keiner von ihnen hätte die Wahrheit geglaubt: daß der Lahme Biber diese Kugeln verschossen hatte, ohne zu wissen, wie wertvoll sie waren.

Im Arapaho-Lager nahm nun ein grausames Kapitel indianischer Sitten seinen Anfang. Da Blaues Blatt nicht mehr die Ehefrau eines Kriegers und Mitoberhaupt einer Familie war, hatte sie nicht mehr das Recht auf ein eigenes Tipi; Frauen aus allen Teilen des Lagers fielen darüber her, um es für ihren eigenen Gebrauch zu plündern. Zuerst verschwanden die beiden Stangen, mit denen die Luftzufuhr durch die obere Rauchklappe geregelt wurde. Die schnappte sich eine Frau, deren Mann sie bereits seit langem begehrte.

Als nächstes wurden die drei Hauptstangen gestohlen, die der Lahme Biber im Blue Valley geschlagen hatte. Sie wurden rücksichtslos aus dem Boden gerissen, die Abdeckung aus Bisonfellen heruntergefetzt, so daß der Rest des Tipi zusammenbrach. Auch die etwas kleineren Stangen fanden Abnehmer, denn überall war bekannt, daß der Lahme Biber die besten im ganzen Lager besaß.

Die Bisonfelle waren kein lohnendes Objekt; sie waren alt und hätten bald ersetzt werden müssen. Die Taschen aber, die der Lahme Biber selbst gemacht hatte, waren stabil und sehr begehrt. Um die größere balgten sich zwei Frauen, von denen eine einen Messerstich in die Hand davontrug, der aber der Plünderung keineswegs ein Ende setzte. Gleich darauf war auch die Tonschale verschwunden.

Das Bett, auf dem der Lahme Biber einen so großen Teil seines Lebens verbracht hatte, ging in den Besitz einer jungen Ehefrau über, die es mit seinen bemalten Rückenlehnen für ihren Mann begehrte, und die schöne Bisonhaut mit den Abbildungen der vielen Heldentaten des Lahmen Bibers verschwand spurlos. Wer sie genommen hatte, vermochte niemand zu sagen.

So wurde das Tipi allmählich zerstört, und Blaues Blatt besaß am Ende dieses Tages nur noch, was sie auf dem Körper trug. Tönerne Schale, ihre Tochter, fand wenigstens im Tipi ihres Onkels einen Platz zum Schlafen. Blaues Blatt hatte nicht einmal den, denn das Gesetz der Prärie war klar und eindeutig: Ältere Witwen, die keinen Mann mehr hatten, der für sie sorgte, waren eine unnütze Last, von der sich der Stamm nicht behindern lassen durfte. Für eine ältere Frau wie Blaues Blatt, die keinen Sohn hatte, der sie beschützte und keinen Bruder, der sie in sein Tipi einlud, gab es kein Heim und konnte es keines geben.

In jener Nacht fiel der erste Schnee. Blaues Blatt überlebte sie, weil sie sich ein Plätzchen zwischen den Pferden gesucht hatte. Tönerne Schale, die am folgenden Tag ihren Zustand sah, wollte sie in das Tipi mitnehmen, in dem sie selbst Zuflucht gefunden hatte; ihr Onkel aber, jener Bruder von Blaues Blatt, dem der Lahme Biber seinen Schecken hatte geben müssen, verweigerte ihr die Aufnahme.

In der dritten Nacht tobte ein Schneesturm, und Blaues Blatt fand wieder nur Unterschlupf bei den vor Kälte zitternden Pferden. Sie hatte den ganzen Tag nichts gegessen und war daher äußerst schwach, doch als sie sich enger an die Pferde schmiegte und diese sich an sie herandrängten, beklagte sie sich nicht. Der Lahme Biber und sie selbst hatten diese Folge seines Selbstmordes vorausgesehen. Ihre Mutter und ihre Tanten hatten dasselbe Schicksal erlitten.

Am nächsten Morgen fand man sie erfroren. Auf diese praktische Art und Weise entledigten sich die Arapaho einer einsamen alten Frau, die nur noch unnützer Ballast war.

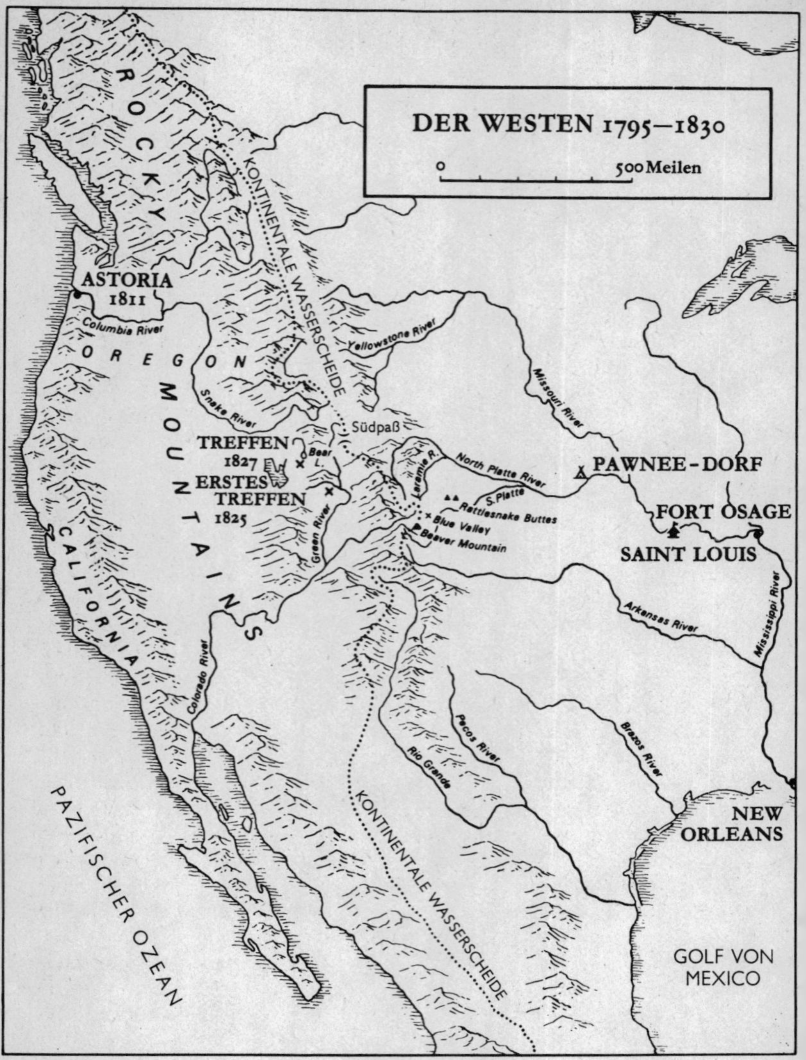
DER WESTEN 1795–1830
0
500 Meilen
ROCKY MOUNTAINS
KONTINENTALE WASSERSCHEIDE
ASTORIA
1811
Columbia River
OREGON
Yellowstone River
Missouri River
Snake River
Südpaß
TREFFEN
1827
Bear L.
ERSTES
TREFFEN
1825
North Platte River
Laramie R.
S. Platte
PAWNEE-DORF
Rattlesnake Buttes
Blue Valley
Beaver Mountain
FORT OSAGE
SAINT LOUIS
Green River
CALIFORNIA
Arkansas River
Mississippi River
Colorado River
Pecos River
Rio Grande
Brazos River
NEW
ORLEANS
PAZIFISCHER OZEAN
GOLF VON
MEXICO

Die Waldläufer

Er war ein „coureur de bois“, ein Waldläufer, und woher er kam, wußte kein Mensch.

Er war ein kleiner, dunkler Franzose, trug ständig die rote Strickmütze von Quebec und hieß Pasquinel. Nicht Henri oder Ba'tees oder Pierre davor. Auch einen Spitznamen hatte er nicht. Sein Name bestand lediglich aus den drei Silben Pas-qui-nel.

Er war ein Händler und hatte sein geräumiges Kanu mit bunten Perlen aus Paris, Silber aus Deutschland, Wolldecken aus Kanada und farbigen Stoffen aus New Orleans beladen. Seine Ausrüstung bestand aus einem Messer, einem Gewehr und einem Beil zum Fällen von jungen Bäumen.

Er kleidete sich wie ein Indianer; deswegen behaupteten manche, er habe Indianerblut in den Adern: „Hidatsa, Assiniboin, vielleicht auch Gros Ventre. Irgendwo hat er 'n Teil Indianerblut.“ Er trug mit Fransen besetzte Hirschlederhosen, einen Gürtel aus Büffelleder, eine fransengeschmückte, mit Stachelschweinborsten verzierte Jacke und Rehledermokassins – alles von irgendeiner Squaw für ihn gearbeitet.

Woher er kam? Manche meinten, aus Montreal und den Dörfern der Mandan. Andere behaupten, ihn 1789 in New Orleans gesehen zu haben. Letzteres wurde von einem Händler bestätigt, der am Missouri River arbeitete: „Ich hab' ihn 1789 in Saint Louis gesehen, wo er Biberfelle verkaufte, und als ich ihn fragte, woher er denn komme, antwortete er ‚New Orleans'.“ Beide Parteien jedoch waren sich einig darin, daß er ein Mann war, der keine Furcht kannte.

Anfang Dezember 1795 erreichte er in seinem großen Kanu aus Birkenrinde nach fünfwöchigem Stromaufpaddeln den Zusammenfluß von Platte und Missouri und beschloß, sein Glück an ersterem zu versuchen.

Die Stelle, an der sich die beiden Flüsse trafen, war eine der trostlosesten in ganz Nordamerika. Die vom Platte deponierten Schlammbänke erstreckten sich bis halb über den Missouri. Niedrige Bäume verbargen die Ufer, und Sumpfland machte es den Händlern unmöglich, hier einen Posten einzurichten.

Pasquinel beabsichtigte, fünfhundert Meilen weit den Platte hinaufzupaddeln, um Mitte des Winters an seinem Bestimmungsort einzutreffen, mit allen Indianern, die er dort vorfand, Handel zu treiben, und die Felle dann auf den Markt in Saint Louis zu bringen. Es war ein gefährliches Unternehmen, bei dem er ganz allein das Gebiet der Pawnee, Cheyenne und Arapaho durchqueren mußte. Die Überlebenschancen eines allein arbeitenden Waldläufers waren gering, kam er aber durch, winkte ihm ein einträglicher Verdienst, und genau das war die Art Vabanquespiel, die Pasquinel liebte.

Die rote Mütze auf seinem Kopf, sang er bei der Einfahrt in den Platte ein Lied aus seiner Kinderzeit:

„Nous étions trois capitaines
Nous étions trois capitaines
De la guerre revenant
Brave, brave,
De la guerre revenant,
Bravement.“

Er hatte erst wenige Meilen zurückgelegt, da merkte er schon, daß dieser Fluß ganz anders war als der Missouri, denn dort hing das Tempo, in dem er vorwärtskam, ausschließlich von der Kraft seiner Arme ab, während er im Platte immer wieder plötzlich ohne Wasser dastand. Sandbänke hinderten ihn am Weiterkommen, und manchmal tauchten ganze Inseln auf, die sich bewegten, wenn er sie anstieß. Hier mußte er nicht nur paddeln, sondern auch darauf achten, daß er nicht auf Schlammbänken strandete.

Das ist nur während der ersten paar Meilen so, tröstete er sich. Nicht genug Strömung, um eine Fahrrinne auszuschwemmen.

Nach drei Tagen war es aber immer noch dasselbe. Und nun begann er den Fluß zu verfluchen und damit ein Beispiel für viele zu setzen, die nach ihm hierherkommen sollten. „Sale rivière!“ knurrte er. „Où a-t-elle passé?“

Ein Kälteeinbruch kam, so daß das wenige Wasser, das vorhanden war, auch noch gefror und er einige Tage liegenblieb, aber das bekümmerte ihn nicht. Wenn er sich nicht weiter flußaufwärts arbeiten konnte, würde er eben hierbleiben, sich nach Indianern umsehen und bei ihnen Biberfelle eintauschen.

Dann kam jedoch Tauwetter, und es ging weiter. Wenn man vom Handel mit Biberfellen leben wollte, mußte man die Indianerdörfer im Spätwinter aufsuchen, wenn die Tiere aus der Überwinterung kamen und ihre Behaarung dicht und schön glatt war. Ein im Sommer gefangenes Tier war nicht einmal einen Sou wert. Der Biberfellhandel war eine Winterarbeit, und Pasquinel kannte jeden Trick, den die Kanadier zum Überleben in eisiger Kälte entwickelt hatten.

„Vier Franzosen überleben, wo ein Engländer sterben würde“, sagte man in Detroit, und daran glaubte er. Wenn die Indianer ihm Zutritt zu ihren Lagern gewährten, machte er sich nicht das geringste daraus, acht Monate lang allein in unerforschtem Territorium zu verbringen. Wurde sein Kanu zerstört, baute er sich ein neues. Fielen seine Vorräte ins Wasser, war das nicht weiter schlimm, denn er hatte sich eine schlaue Methode ausgedacht, wie er sein Pulver dabei trocken halten konnte. Sobald sich die Indianer jedoch feindselig zeigten, stellte er den Handel ein und machte, daß er davonkam. Nur ein Tor kämpfte gegen Indianer, wenn es nicht unbedingt sein mußte.

Jezt erreichte er das Gebiet der Pawnee, die in Saint Louis als der heimtückischste aller Stämme bekannt waren. Fais attention! warnte er sich selbst und bewegte sich so vorsichtig, daß er das Indianerdorf erspäht hatte, bevor die Bewohner ihn entdeckten.

Einen ganzen Tag lang ließ er sein Kanu an der Uferböschung versteckt liegen, während er seine potentiellen Widersacher studierte. Sie schienen sich nicht von denen, die er aus dem Norden kannte, zu unterscheiden: Büffeljäger, hier und da ein Skalp, niedrige Tipis, Pferde und vermutlich ein oder zwei Gewehre. Nichts Außergewöhnliches.

Jetzt wurde es Zeit, sich zu zeigen. Methodisch breitete er einen Vorrat an Bleikugeln aus, häufte Pulver zu einem kleinen Berg, überprüfte die Ölfetzen zum Nachstoßen und reinigte das Innere seines kurzläufigen Steinschloßgewehrs. Das Messer steckte in seinem Gürtel, sein Handbeil lag griffbereit. Mit einem tiefen Atemzug paddelte er in den Strom hinaus und wurde binnen kurzem gesichtet.

Kinder kamen ans Ufer gelaufen und riefen ihn in einer Sprache an, die ihm unbekannt war. Mit verkniffenem Mund nickte er ihnen zu, und sie riefen etwas zum Dorf hinüber. Drei junge Krieger tauchten auf, schienen auf Schwierigkeiten gefaßt zu sein, aber er grüßte sie mit seinem Paddel. Schließlich kamen zwei würdige Häuptlinge herbei, ihren Mienen nach entschlossen, die Angelegenheit zu klären. Sie machten ihm Zeichen, er solle an Land kommen, aber er hielt sich in der Mitte des Flusses.

Ärgerlich gaben die beiden Häuptlinge einer Gruppe junger Männer Anweisung, ins kalte Wasser zu springen und ihn ans Ufer zu holen. Geschmeidige Körper schnellten herab, marschierten bis in die Flußmitte und zogen ihn samt Kanu an Land. Dort wollten sie ihm das Gewehr abnehmen, aber er hielt es fest und warnte sie in der Zeichensprache, wenn sie ihn nicht in Ruhe ließen, werde er den einen der beiden Häuptlinge erschießen. Daraufhin zogen sie sich zurück.

Nun kam von den Tipis ein hochgewachsener, imponierend aussehender Häuptling mit sehr kräftiger, roter Gesichtsfarbe zum Ufer herunter. Das sei Wildes Wasser, erklärten sie, und der Häuptling erkundigte sich, wer Pasquinel sei, was er wolle.

Pasquinel erging sich mehrere Minuten lang in Zeichensprache. Er komme aus Saint Louis, sagte er, komme in friedlicher Absicht und wolle lediglich Biberfelle einhandeln. Er schloß mit dem Versprechen, dem Häuptling Wildes Wasser bei seiner Rückkehr durch das Pawnee-Gebiet schöne Geschenke mitzubringen.

„Häuptling will seine Geschenke jetzt", erklärte einer der Unterhäuptlinge, also kletterte Pasquinel wieder in sein Kanu und brachte ein Silberarmband für den Häuptling und drei Karten mit leuchtend bunten, in Paris hergestellten und über Montreal importierten Perlen zum Vorschein. Kniend überreichte er Wildes Wasser die Karten und deutete an, sie seien für seine Squaw bestimmt.

„Häuptling hat vier Squaws", informierte ihn der Unterhäuptling, und Pasquinel holte eine vierte Karte.

Die Verhandlung dauerte den ganzen Tag, und Pasquinel erklärte in ihrem Verlauf, die Pawnee müßten Freunde des großen Königs von Frankreich werden, sich aber nicht mit den Amerikanern einlassen, die nicht einmal einen König besäßen. Wildes Wasser umarmte Pasquinel und versicherte ihm, die Pawnee, der größte aller Indianerstämme, seien seine Freunde, er solle sich aber vor den Cheyenne und den Arapaho hüten, Pferdediebe der schlimmsten Art, vor allem aber vor den Ute, diesen Barbaren.

Die Unterhaltung wurde am zweiten Tag fortgesetzt, und diesmal erkundigte sich Wildes Wasser, warum sich Pasquinel in die Prärie wage, ohne seine Frau mitzunehmen, worauf der Franzose antwortete: „Ich habe eine Frau . . . oben im Norden. Sie ist zu schwach, um das Kanu zu paddeln." Dafür hatte der Häuptling Verständnis.

Am folgenden Tag bestand Wildes Wasser immer noch auf seiner Rolle als Gastgeber und erklärte dem Besucher, dieser könne auf keinen Fall mit seinem Kanu den Platte hinauf – viel zuviel Schlamm, viel zuwenig Wasser. Pasquinel meinte, er wolle es wenigstens versuchen, Wildes Wasser erfand jedoch immer neue Hindernisse. Als Pasquinel endlich sein Kanu doch zu Wasser gebracht hatte, kam das gesamte Dorf ans Ufer, um sich von ihm zu verabschieden. „Wenn du dahin kommst, wo zwei Flüsse zusammenlaufen, nimm den südlichen", sagte Wildes Wasser. „Viele Biber." Der Abschied verlief so freundschaftlich, daß Pasquinel auf das Schlimmste vorbereitet war.

Den ganzen Tag paddelte er stromauf und hatte dabei immer wieder das Gefühl, verfolgt zu werden. Bei Sonnenuntergang schlug er sein Zelt am Ufer auf und legte sich demonstrativ schlafen. Als es jedoch dunkel geworden war, schlich er wieder zu seinem Kanu zurück und versteckte sich darin. Er wartete, bis tastende Hände beinahe die seinen berührten.

Da sprang er unter wildem Gebrüll und Messerschwingen vom Kanuboden auf, warf sich auf die vier Angreifer, stieß, schlug und trat auf sie ein. Es war eine Einmannexplosion und wirkte durch die Dunkelheit doppelt gefährlich. Alle vier flohen, so daß er am Morgen die Fahrt stromaufwärts forsetzen konnte.

Er war ungefähr fünfzig Meilen weit westwärts gekommen, als er merkte, daß er schon wieder verfolgt wurde. Pawnee, dachte er. Dieselben Männer.

Also legte er wieder seine Bleikugeln zurecht und schärfte sorgfältig sein Messer. Wenn er sie noch einmal zurückschlagen konnte, würden sie ihn in Ruhe lassen, dachte er. Er bewegte sich mit größter Vorsicht, mied Schlammbänke und hielt sich vom Ufer fern. Auch wenn er sich hinkniete, um zu trinken, oder anhielt, um seine Notdurft zu verrichten, ließ seine Wachsamkeit keine Sekunde nach. Es war ein häßliches, mühseliges Spiel, bei dem die Pawnee eindeutig im Vorteil waren.

Die Entscheidung kam im Morgengrauen. Er hatte, irgendwo am Südufer, in seinem Kanu geschlafen und beugte sich über Bord, um das Paddel aufzunehmen, als ihn ein Pawnee-Pfeil mitten in den Rücken traf. Ein furchtbarer Schmerz lief sein Rückgrat entlang: Der schlanke Pfeil hatte einen Nerv getroffen. Wäre nicht die Gefahr gewesen, er wäre mit Sicherheit ohnmächtig geworden.

Seine Wunde ignorierend, griff er nach seinem Gewehr, hob es, zielte und erschoß einen der Krieger. Ruhig reinigte er den Lauf, schüttelte sein Pulver hinein, stieß es fest, führte die Kugel ein, stieß sie ebenfalls fest, zielte und tötete einen zweiten. Methodisch lud er wieder, während ihm das Blut über den Rücken strömte, aber ein dritter Schuß war nicht mehr vonnöten, denn die Indianer hatten erkannt, daß dieser zähe, kleine Fremde einen mächtigen Zauber besaß.

Diesen endlosen Wintertag, als die niedrig stehende Sonne auf sein Kanu herabbrannte, sollte Pasquinel sein Leben lang nicht vergessen. Blind mit der Hand auf dem Rücken umhertastend, zerrte er kraftlos an dem Pfeil, aber die Widerhaken an der Spitze hatten sich im Knochen verhakt und ließen sich nicht von der Stelle bewegen.

Er versuchte, den Schaft zu drehen, aber die Schmerzen waren zu groß. Er versuchte, ihn tiefer hineinzutreiben, um an dem störenden Knochen vorbeizukommen, verursachte damit aber einen so qualvollen Schmerz, daß er fürchtete, das Bewußtsein zu verlieren. Es gab keine andere Lösung, als den Pfeil in seinem Rücken zu lassen. Und das tat er.

Zwei Tage lang lag er, von schrecklichen Schmerzen gequält, auf dem Bauch in seinem Kanu, während der Pfeilschaft senkrecht nach oben stand. In Abständen richtete er sich auf und versuchte das Kanu weiter stromaufwärts zu paddeln, und mit jedem Paddelschlag entfernte er sich weiter von den Pawnee.

Am dritten Tag, als er ganz sicher sein konnte, daß der Pfeil nicht vergiftet war und sich die Spitze zwischen seinen Nervenenden und Muskeln abzukapseln begann, fiel ihm das Paddeln nicht mehr so schwer, jetzt aber war auf einmal der Fluß verschwunden. Das verbleibende Wasser war für ein Kanu nicht tief genug, und so mußte er alle nicht sofort benötigten Vorräte vergraben und zu Fuß weitergehen.

Die Bewegungen beim Anlegen eines Verstecks für das Kanu beanspruchten andere Muskeln, die wieder neue Schmerzen verursachten. Durch Drehen des Schaftes gelang es ihm, den Schmerz in erträglichen Grenzen zu halten. Innerhalb eines einzigen Tages war er mit seiner Arbeit fertig. Nun mußte er seine Reise zu Fuß fortsetzen.

Wie alle Waldläufer benutzte er zum Tragen schwerer Lasten einen Kopfriemen aus Büffelleder. Er führte den Riemen quer über seine Stirn und ließ die Enden, an denen er die Traglast befestigte, lose auf seinen Rücken fallen. Normalerweise hätte sein Packen genau auf der Stelle geruht, an der der Pfeilschaft aus seinem Rücken ragte, deswegen mußte er die Last niedriger tragen, so daß sie beim Marschieren vom Steißbein herumgeschleudert wurde.

Auf diese Weise folgte er dem Platte-Ufer bis zu jener Stelle, an der die beiden Arme des Flusses, zuweilen kaum deutlich voneinander getrennt, viele Meilen weit nebeneinander herlaufen. Dort hatte er das Glück, zwei Cheyenne-Kriegern zu begegnen, denen er mit Hilfe der Zeichensprache erläuterte, was sich im Pawnee-Lager zugetragen hatte. Die beiden wurden sehr erregt und versicherten ihm eifrig, daß jeder Mann, der gegen die Pawnee kämpfe, ein Freund ihres Stammes sei. Sie legten ihn lang auf den Bauch und versuchten den Pfeil mit brutaler Gewalt aus seinem Rücken zu ziehen, die Widerhaken rührten sich jedoch nicht.

„Am besten kappen wir ihn unterhalb der Haut", meinten sie.

„Dann los", antwortete Pasquinel.

Sie reichten ihm einen Pfeil, auf den er beißen sollte, machten einen tiefen Schnitt in seinen Rücken und schafften es nach endlosem Herumsägen, den Schaft zu kappen. Innerhalb von zehn Tagen konnte Pasquinel seine Last wieder weiter oben auf den Rücken nehmen und sie direkt auf die Narbe placieren, wo sie zwar leichter zu tragen, aber nicht leicht zu ertragen war. Während des Marsches spürte er die Pfeilspitze, mit jeder Woche jedoch wurden die Schmerzen geringer.

Ende Februar 1796 erreichte er ein Cheyenne-Dorf und handelte gegen seine Perlen und Wolldecken über hundert Biberfelle ein, die er zu zwei festen Ballen verpackte. Er schlug sie in feuchte Hirschdecken ein, die sehr steif wurden, wenn sie trockneten, so daß er zwei steinharte Pakete hatte.

Nunmehr entledigte er sich aller Gegenstände, die er nicht dringend brauchte, legte sich den Büffellederriemen über die Stirn und hängte die beiden Ballen daran. Sie wogen beide je knapp hundert Pfund. Seine restliche Ausrüstung, darunter Gewehr, Munition, Beil und Handelswaren, wog weitere siebzig. Pasquinel, in diesem Frühjahr sechsundzwanzig und immer noch an den Nachwirkungen seiner Verletzung leidend, wog selbst etwas weniger als einhundertfünfzig Pfund und wollte zweihundert Meilen weit bis zu der Stelle marschieren, an der er das Kanu versteckt hatte.

Seine riesige Last zurechtrückend, als wolle er sie nur eben vom Haus zur Scheune hinübertragen, machte er sich auf den Weg. Er bot einen merkwürdigen Anblick: ein kleiner Mann, ein Meter zweiundsechzig groß, mit enormem Oberkörper und kräftigen Schultern, auf grotesken, streichholzdünnen Beinen. Tag um Tag trottete er nach Osten, hielt sich stets neben dem Platte und machte nur gelegentlich halt, um von dem schlammigen Flußwasser zu trinken. Dabei mußte er auf Wölfe, lauernde Indianer und Treibsand achten. Manchmal steckte er einen Daumen unter den Büffellederriemen auf seiner Stirn, um dessen Druck ein wenig abzufangen.

Er ernährte sich von Beeren und etwas Pemmikan, den er im Verlauf des Winters hergestellt hatte. Es schien ihm klüger, nicht zu lagern und einen Gabelbock zu braten, denn das Feuer konnte die Indianer anlocken. Das unangenehmste an dem Marsch waren jedoch die Frühlingsinsekten, die sich immer wieder in seine Augen setzten, aber er gewöhnte sich daran und tröstete sich mit dem Gedanken, daß ihre Zahl sich im Sommer merklich verringern würde.

Beim Marschieren sang er häufig alte Lieder – nicht wegen des Textes, der recht einfältig war, sondern wegen des beruhigenden Rhythmus, der ihm half, ein gleichmäßiges Tempo einzuhalten.

So kam er an den Platz, wo er sein Kanu versteckt hatte, und seufzte tief vor Erleichterung, denn er hätte nicht mehr lange durchhalten können, die Last war einfach zu schwer für ihn. Einen Tag lang ruhte er, dann zog er das Kanu aus seinem Versteck und stürzte sich wie ein Verhungernder auf seine Lebensmittelvorräte. Keine Träne trat ihm ins Auge, er war kein Mann, der seine Gefühle zeigte, aber er sprach ein an La Bonne Saint-Anne gerichtetes Dankgebet für seine Rettung.

Er belud sein Kanu mit den restlichen Vorräten sowie den zweihundertsechzig Pfund, die er geschleppt hatte, stieg ein und fuhr los, mußte aber am selben Tag noch entdecken, daß der Platte zuwenig Wasser zum Paddeln führte. Verärgert stieg er wieder aus, begann das Kanu mühsam zu schieben und schaffte auf diese Weise ungefähr hundert Meilen. Stellenweise war das Wasser nur wenige Zentimeter tief, so daß er sich bald vor eine schwerwiegende Entscheidung gestellt sah.

Er konnte entweder das Kanu liegenlassen und seine Felle den ganzen Weg bis zum Missouri hinunter tragen, oder er konnte an Ort und Stelle sechs Monate lang warten, bis endlich das Wasser im Fluß wieder stieg. Er entschied sich für das letztere. Er baute sich eine kleine Unterkunft, in der von Zeit zu Zeit die Cheyenne erschienen und ihn um etwas Tabak baten. So ging der lange Sommer des Jahres 1796 dahin, und Pasquinel lebte recht angenehm von Hirsch- und Gabelbockfleisch und aß auch gelegentlich eine Büffelzunge, die ihm die Cheyenne brachten. Zweimal stattete er einem Cheyenne-Dorf einen Besuch ab und erneuerte seine Bekanntschaft mit den beiden Kriegern, die ihm den Pfeilschaft vom Rücken geschnitten hatten. Eine ihrer Squaws war so fest davon überzeugt, daß sie die Pfeilspitze herausbringen konnte – sie hatte das schon einmal bei ihrem Vater getan –, daß Pasquinel sich in ihre Hände gab, das Resultat bestand jedoch lediglich darin, daß nachher der Schmerz an einer anderen Stelle saß.

Als das Wasser endlich stieg, verabschiedete sich Pasquinel von den Cheyenne und nahm seine Fahrt nach Osten auf. „Hüte dich vor den Pawnee", warnten ihn seine neuen Freunde.

„Wildes Wasser ist noch immer mein Freund", sagte er.

„Vor dem hüte dich am allermeisten", antworteten sie.

Als er das Gebiet der Pawnee erreichte, empfing ihn Wildes Wasser wie einen Sohn, schickte dann aber acht Krieger aus, die sein Kanu zerstörten, sein Gewehr stahlen und sich mit seinen kostbaren Fellballen davonmachten. Unbewaffnet und ohne Lebensmittel saß Pasquinel ganz allein einhundertfünfzig Meilen vom Missouri entfernt.

Geblieben war ihm nur sein Messer, mit dem er Wurzeln und Beeren ausgrub, die ihn wenigstens am Leben erhielten. Er marschierte nachts, wobei es ihm eine zynische Freude bereitete, von seiner schweren Traglast befreit zu sein. Tagsüber schlief er.

Er wollte sich nicht bloß zum Missouri durchschlagen und sich dort von einem vorüberkommenden Weißen mitnehmen lassen. Er hatte dem gesamten Pawnee-Stamm den Krieg erklärt und war entschlossen, seine Felle zurückzuerobern. Die Indianer kannten den Wert der Ballen und würden versuchen, mit Händlern Kontakt aufzunehmen – wahrscheinlich am Zusammenfluß von Platte und Missouri.

Als er jene unwirtliche Stelle erreichte, machte er kein einziges Mal den Versuch, eines der Schiffe anzuhalten, die mit Felladungen den Fluß herabkamen, sondern grub sich ein Versteck zwischen den Baumwurzeln und wartete. Zwei Wochen vergingen, dann drei, aber kein Pawnee zeigte sich. Das war nicht schlimm – er hatte Zeit. In der vierten Woche sah er dann zwei schwerbeladene Kanus den Platte herunterkommen. Als er sie genauer beobachtete, packte ihn die Erregung: dort, an Bord, waren seine Felle, immer noch in seiner Verpackung.

Seine Freude war jedoch verfrüht, denn es sah aus, als wollten die Indianer bis nach Saint Louis hinunter paddeln, um ihre Schätze dort selbst an den Mann zu bringen. Die beiden Kanus bogen in den Missouri ein, zögerten jedoch, wendeten und kamen in den Platte zurück. Erleichtert beobachtete Pasquinel, wie die Pawnee an Land gingen und ihr Lager aufschlugen. Sie wollten wohl doch lieber auf ein flußabwärts fahrendes Schiff warten.

Sie warteten. Er wartete. Und eines Tages kam eine Piroge mit einem improvisierten Namensschild „Saint-Antoine" den Missouri herab. Sobald die Pawnee das Boot sahen, paddelten sie eilig hin, um es anzuhalten. Sie hatten Biberfelle, viele Biberfelle!

„Werft sie an Bord!“ riefen die Flußschiffer.

Während sie den Preis aushandelten, schwamm Pasquinel in die Strommitte, näherte sich lautlos den Pawnee-Kanus, warf eines um, schlug mit dem Messer um sich und tötete dabei zwei Pawnee. In der Verwirrung sahen die Flußschiffer eine Chance, sich mit den Fellen davonzumachen, und begannen, auf die überlebenden Indianer zu schießen.

Pasquinel schwamm hin zum Boot und rief ihnen in gebrochenem Englisch zu: „Das meine Felle!“ Als er jedoch an Bord klettern wollte, besaß einer der Flußschiffer die Geistesgegenwart, ihm einen der Riemen über den Kopf zu ziehen. Halb bewußtlos sank er ins Wasser.

Er ließ sich mit dem Gesicht nach unten treiben und wagte nicht das geringste Lebenszeichen von sich zu geben, weil er fürchtete, daß man sonst auf ihn schießen würde. Erst als das Boot hinter der nächsten Biegung verschwunden war, schwamm er an Land. Er schüttelte sich wie ein nasser Hund, drückte das Wasser aus seinem Hirschlederanzug und suchte sich einen Platz zum Schlafen. Sein Kanu, sein Gewehr, seinen Perlenvorrat und seine Felle hatte er verloren: „Zwei Jahre Arbeit – und was habe ich davon? Ein Messer als einzige Habe und eine Pfeilspitze im Rücken.“

Aber er gab nicht auf. Sollte er durch ein Wunder Saint Louis erreichen, bevor die Piraten seine Felle verkauft hatten, konnte er vielleicht noch Anspruch darauf erheben. Auf diese hauchdünne Chance hin handelte er.

Er schlief ein paar Stunden, stand mitten in der Nacht auf und lief den Pfad am Flußufer entlang. Als er die Stelle erreicht hatte, an der sich der Missouri für eine lange Strecke nach Osten wandte, suchte er ein Dorf der Sac-Indianer auf und tauschte sein Messer gegen ein altes Kanu. Sich ausschließlich von den Dingen ernährend, die er am Flußufer fand, paddelte er unermüdlich und in der Hoffnung, die Räuber überholen zu können, dem Mississippi zu.

Eines Tages entdeckte er einen neuen Geruch, als verändere der Missouri seinen Charakter, und verspürte trotz der Enttäuschung, die Piraten nun doch nicht eingeholt zu haben, eine langsam steigende Erregung. Immer schneller paddelte er, und hinter der letzten Biegung sah er das ungeheure, breite Band des Mississippi vor sich.

Der Missouri strömte wesentlich schneller dahin als der Mississippi und schleppte so große Mengen von Sand und Schlamm heran, daß mitten im Strom des größeren Flusses eine deutlich sichtbare Grenzlinie entstand: Als Pasquinel sich mit der Strömung weit auf das Illinois-Ufer zutreiben ließ, erkannte er sofort jene scharfe Linie im Wasser, an der sich der Schlamm des Missouri mit dem klaren Wasser des Mississippi traf. Zwanzig Meilen weit setzte sich diese Grenzlinie fort, zwei mächtige Flüsse, die Seite an Seite dahinströmten, ohne sich miteinander zu vereinigen.

Bei den Flußschiffern pflegte man zu sagen: „Der Mississippi ist eine Dame. Der Missouri ist ein Rauhbein, der mit seinen schmutzigen Händen nach ihr greift. Zwanzig Meilen lang wehrt sie sich gegen ihn, hält ihn in gebührendem Abstand, zuletzt jedoch ergibt sie sich ihm wie die Tochter des Bürgermeisters, die den Waldläufer heiratet."

Als Pasquinel das ruhigere Wasser des Mississippi erreicht hatte, wandte er sein Kanu südwärts und hatte innerhalb einer Stunde den Anblick vor sich, der das Herz aller Flußschiffer höher schlagen läßt: die herrlichen, niedrigen, weißen Mauern des spanischen San Luis de Iluenses, Königin des Südens, Geliebte des Nordens, Tor zum Westen. Als die kleine Stadt auftauchte, hielt Pasquinel einen Augenblick an, hob sein Paddel hoch über den Kopf und murmelte: „Saint Louis, ich komme . . . Und zum letzten Mal mit leeren Händen."

In jener Zeit waren im Zentrum von Nordamerika tausend kleine Siedlungen entstanden, von denen um das Jahr 1796 einige, wie Saint Louis, zu blühenden Städten mit neunhundert oder tausend Einwohnern herangewachsen waren. Die meisten von ihnen sollten jedoch wieder zusammenschrumpfen, und nur Saint Louis sich zu einer großen Stadt entwickeln. Warum?

Verstand muß man loben. Als Pierre Laclède, der Franzose, der die Siedlung im Jahre 1764 gegründet hatte, einen Platz mit möglichst vielen Vorzügen suchte, wählte er natürlich die Stelle, an der sich der Missouri in den Mississippi ergießt, denn ein Platz mit gleich zwei Flüssen, dachte er, müsse ideal sein. Als er das Ufer jedoch untersuchte, stellte er an den Bäumen in einer Höhe von sechseinhalb Metern Schlamm- und Schürfspuren fest, was nur bedeuten konnte, daß es hier häufig Hochwasser gab.

Von seinem dreizehnjährigen Assistenten begleitet, begab er sich ein Stück weiter nach Süden, wo er ebenfalls einen ansprechenden Platz fand, aber auch hier entdeckte er Heu in den Bäumen und zog noch weiter nach Süden, bis er nach achtzehn Meilen endlich fand, wonach er Ausschau gehalten hatte: ein steiles Felsufer, acht bis zehn Meter über dem Wasser, mit zwei bequemen Landeplätzen, einer stromauf, einer stromab. Dieser Platz bot einfach alles, was für das Wachstum einer größeren Ansiedlung notwendig war: Flußhafen, Niederungen für die Industrie, höher gelegene Grundstücke für Privathäuser, Trinkwasser und im Westen einen endlosen Wald.

Mit Verstand hatte er es geschafft. Während andere Siedlungen am Missouri und Mississippi bei den ständig wiederkehrenden Überflutungen unter Wasser standen, blieb Saint Louis trocken und unberührt. Während andere Flußhäfen versandeten, hielt der Strom die Anlegeplätze bei Saint Louis von Schwemmsand frei, so daß der Handel ungestört weitergehen konnte. Im Jahre 1796 konnte noch niemand genau vorhersagen, ob die Stadt weiter gedeihen würde, als jedoch Pasquinel mit seinem Kanu anlegte, wußte er eines mit Sicherheit: „Dies ist die beste Stadt am ganzen Fluß."

An Land erkundigte er sich sofort auf französisch: „Hat jemand die Piroge ‚Saint-Antoine' gesehen?" Ein Felleinkäufer antwortete: „Ja. Die ist als Bauholz verkauft worden."

Pasquinel eilte zum Südende der Stadt, wo ein Zimmermann aus New Orleans alte Boote aufkaufte und sie zu Bauholz verarbeitete. Die „Saint-Antoine?" „Jawohl. Habe ich vor zwei Wochen verarbeitet." Wo die Männer waren? „Keine Ahnung. Sie haben ihre Felle verkauft und sind verschwunden." Wo die Felle jetzt waren? „Gehen mit einer Schiffsladung nach New Orleans." Verbittert trieb er sich ohne einen Sou in der Stadt herum.

Saint Louis – erst im Besitz der Franzosen, dann der Spanier, dann wieder der Franzosen und schließlich der Amerikaner – war gegenwärtig unter spanischer Oberherrschaft, in Wirklichkeit war es aber rein französisch. Sogar der spanische Gouverneur war zuweilen ein Franzose; aber die Geschäftsleute, und diese kontrollierten den gesamten Fellhandel, waren alle Franzosen. Sie wußten sich von der spanischen Regierung in New Orleans Genehmigungen und Monopole für den Handel an den Flüssen zu verschaffen, so daß Pasquinel und seinesgleichen sowohl was die Finanzierung als auch was die Lizensierung ihres Fellhandels betraf, von ihnen abhängig waren.

Es gab eine Handelskompanie, geführt von einer Gruppe reicher Bürger, es gab aber auch private Unternehmer, die Monopole besaßen und Waldläufer ausrüsteten. Und für einen solchen hatte Pasquinel bisher gearbeitet. Doch nach seinem letzten Mißgeschick zeigten diese Herren kein Interesse mehr daran, ihr kostbares Kapital in ein so risikoreiches Abenteuer zu investieren. Pasquinel wanderte von einem französischen Lizenzinhaber zum anderen, um Geld für seine nächste Expedition lockerzumachen. „Sie geben mir ein Kanu, ein bißchen Silber, Perlen, Tuch – ich bringe Ihnen jede Menge Biberfelle." Niemand war interessiert. „Pasquinel? Was hat der denn beim letztenmal heimgebracht? Nichts."

Am Hafen erzählte ihm ein Flußschiffer von einem Arzt, der erst kürzlich vor der Französischen Revolution geflohen war. „Dr. Guisbert. Sehr geschickt. Der kann dir die Pfeilspitze aus dem Rücken schneiden." Also ging er zu diesem Neuankömmling, einem vor Begeisterung sprühenden Mann, der zu ihm sagte: „Sie sollten auf Ihren Fahrten Voltaire und Rousseau lesen. Dann werden Sie begreifen, warum wir in Frankreich keinen König mehr haben."

„Von Frankreich weiß ich überhaupt nichts", antwortete Pasquinel.

„Na schön. Dann werde ich Ihnen Bücher leihen."

„Ich kann nicht lesen."

Dr. Guisbert untersuchte seinen Rücken, schob die Pfeilspitze mit den Fingern hin und her und sagte: „Ich würde sie lieber in Ruhe lassen.“ Als Pasquinel sein Hemd wieder anzog, stieß Dr. Guisbert plötzlich mit dem Daumen nach der Spitze, aber der Trapper zuckte nicht einmal zusammen. „Gut“, sagte Guisbert sehr zufrieden. „Wenn Sie den Schmerz aushalten können, wird sie keinen Schaden anrichten.“

Er mochte diesen hitzigen Waldläufer und fragte ihn: „Woher haben Sie die Wunde?“ Pasquinel berichtete zögernd, und Guisberts Interesse für Biberfelle und Cheyenne-Dörfer war so groß, daß sich das Gespräch über eine beträchtliche Zeit hinzog, bis der Arzt schließlich spontan erklärte: „Einer meiner Patienten, ein Kaufmann, hat eine Handelslizenz vom Gouverneur. Vielleicht könnten wir drei uns zusammentun.“

Und so kam es, daß Pasquinel, vom Doktor mit Geld versorgt, vom Kaufmann mit einer Handelslizenz ausgestattet, sich wieder für eine Reise den Fluß hinauf bereitmachte.

Er kaufte ein neues Gewehr, doppelt soviel Tauschwaren wie das letztemal und ein solides Kanu. In der Werft sagte ihm Dr. Guisbert: „Sie wundern sich, daß ich mein Geld riskiere? Als ich die Pfeilspitze tiefer in Ihren Rücken trieb, wußte ich, daß das sehr große Schmerzen verursachen mußte. Ein Mann, der gelernt hat, so große Schmerzen zu ertragen, besitzt viel Mut. Ich bin überzeugt, daß Sie uns Felle bringen.“

Am Neujahrstag 1797 erschien Pasquinel wieder im Pawnee-Dorf, um sein Verhältnis zu Häuptling Wildes Wasser zu regeln. „Wenn du diesmal deine Krieger ausschickst, um mich zu überfallen, töte ich sie und anschließend dich. Aber das wird nicht nötig sein, denn wir beide, du und ich, sind treue Freunde.“ Ein Calumet wurde geraucht, und dann sagte er dem Häuptling: „Letztes Jahr wir kämpfen. Franzosen stehlen uns Felle. Dieses Jahr wir Freunde.“ Wieder wurde das Calumet geraucht, und Pasquinel besiegelte den Pakt: „Ich komme zurück, gebe dir ein Fell von fünf.“

Wildes Wasser befahl vier Kriegern, Pasquinel bis zu der Stelle zu begleiten, wo der Platte kein Wasser mehr führte, und dort halfen sie ihm sein Kanu verstecken. Als er sich verabschiedete, um in unbekanntes Territorium zu ziehen, wünschten sie ihm alles Gute.

In diesem Winter lief der Tauschhandel mit den Cheyenne sehr gut, als er jedoch schon zwei Ballen Felle hatte, stieß eine Kriegergruppe der Ute auf ihn und hielt dies für eine gute Gelegenheit, ein Gewehr zu erbeuten. Zwei Tage lang verteidigte er sich gegen die Angreifer und überlebte den Überfall nur, weil die Ute nicht begriffen, wie lange er zum Gewehrladen brauchte. Zum Schluß stürmte ein waghalsiger Krieger auf ihn ein, berührte ihn mit seiner Keule, stob wieder davon und signalisierte Sieg. Zufrieden zogen die Indianer von dannen.

In diesem Jahr hatte er in Erinnerung an die Tortur jenes letzten Transports die Felle in einzelnen Ballen flußabwärts bringen wollen: zuerst einen Ballen, ihn unten verstecken, dann den zweiten, ihn ebenfalls verstecken, dann wieder den ersten und so weiter. Da die Ute jedoch auf dem Kriegspfad waren, fand er ein so zeitraubendes Vorgehen zu riskant und belud sich mit seiner ganzen Last genauso wie beim letzten Mal.

Zweiunddreißig Tage lang wankte er den Fluß entlang, die Anstrengung ließ seine Muskeln anschwellen und seine Augen aus den Höhlen treten. Als er das Kanuversteck erreichte, war er in besserer Verfassung als beim Start. Sorgfältig verstaute er die Last in seinem zerbrechlichen Wasserfahrzeug und schob es über die sommerlichen Sandbänke flußabwärts. Nach knapp hundert Meilen sah er zu seiner Erleichterung, daß ihm vier Pawnee-Krieger entgegenkamen, um ihm zu helfen.

Knöcheltief im Platte-Wasser stehend, begrüßte er sie. „Viele Felle", erklärte er in Zeichensprache.

„Große Überraschung!" antworteten sie auf dieselbe Weise und deuteten den Fluß hinab zu ihrem Dorf. „Wir haben Bleichgesicht."

„Wen?"

Sie konnten es nicht erklären und sagten nur: „Rotes Haar, roter Bart."

Als sie sich dem Dorf näherten, kam Häuptling Wildes Wasser ihnen zur Begrüßung entgegen, in der Hand einen Riemen aus Büffelleder, dessen anderes Ende um den Hals eines hochgewachsenen, rotbärtigen jungen Weißen von ungefähr neunzehn Jahren geschlungen war. Mit einem kurzen Ruck dieses Halfters zerrte ihn Wildes Wasser vorwärts, so daß er direkt vor Pasquinel stand. Auf diese höchst ungewöhnliche Art und Weise lernte der Waldläufer Alexander McKeag kennen.

„Depuis combien de temps êtes-vous ici?" fragte Pasquinel.

„Sechs Monate", antwortete McKeag in gebrochenem Französisch mit leiser und sehr sanfter Stimme. „Sie erwischten mich, als ich den Fluß hinaufzog, um Biberfelle einzutauschen."

„Il y a des castors là-bas", sagte Pasquinel.

Er zeigte dem Häuptling Wildes Wasser die beiden schweren Ballen und erinnerte ihn daran, daß ein Fünftel der Felle den Pawnee gehörte, rief aber laut halt, als die Krieger die Ballen aufreißen wollten. Mit Hilfe der Zeichensprache versuchte er ihnen zu erklären, daß es vorteilhafter für die Indianer sei, wenn sie ihn, Pasquinel, die Felle in Saint Louis verkaufen ließen.

„Ich spreche Pawnee", unterbrach McKeag ihn ruhig.

„Dann sag ihnen, daß sie mehr Waren bekommen."

Und so begann Alexander McKeag, geflohen vor einem tyrannischen Laird im schottischen Hochland, dem er einen Spazierstock über den Schädel geschlagen hatte, seine Laufbahn als Dolmetscher. Er überzeugte Häuptling Wildes Wasser davon, daß die Indianer nur gewinnen könnten, wenn sie sich in Saint Louis durch Pasquinel vertreten ließen, worauf Wildes Wasser fragte: „Woher sollen wir wissen, daß er uns Waren bringt?“

Als diese Worte übersetzt waren, antwortete der Franzose: „Ich bin Pasquinel. Ich bin ohne Furcht zu euch gekommen.“

Der Pakt wurde mit einem Calumet besiegelt, und als Pasquinel seine Züge geraucht hatte, trat er zu McKeag und löste den Büffellederriemen. „Sag ihnen, daß du mein Kompagnon bist“, sagte er, und so entstand die Partnerschaft.

Ihr erstes Unternehmen wurde ein voller Erfolg. Pasquinel setzte sich mit Häuptling Wildes Wasser zusammen. „Erinnerst du dich an die Flußschiffer?“ fragte er. „Sie haben deine Krieger getötet. Sie haben unsere Felle gestohlen.“ Wildes Wasser erinnerte sich. „Sie müßten jetzt ungefähr wieder den Fluß herabkommen. Gib mir ein paar Krieger mit, die schwimmen können.“

Neun Männer paddelten zum Missouri hinunter, wo sie einige Wochen lagerten und mehrere schöne Boote vorbeifahren sahen: die „Saint-Geneviève“, die „Saint-Michel“, mit Fellen aus den Mandan-Dörfern beladen.

Und dann kam endlich auch das Boot, auf das sie warteten: ebenso lang und roh zusammengehauen wie die „Saint-Antoine“, mit denselben groben Kerlen, die ihre Gewehre schwangen und Ausschau nach einem lohnenden Schußziel hielten.

„Jetzt“, flüsterte Pasquinel McKeag zu. „Geh los! Dich kennen sie nicht.“

McKeag paddelte sein Kanu in den Missouri. „He da!“ rief er den Flußschiffern zu. „Kann ich bis nach Saint Louis mitfahren? Ich habe Felle.“

Das Boot wurde langsamer. Der Mann am Ruder begann zu wriggen, während sich ein anderer mit einer Stange gegen den Strom stemmte. Der Anführer musterte McKeag, sah, daß er nicht einmal zwanzig war, und antwortete munter: „Klar. Wirf deine Felle ’rauf!“ Einer der Männer rannte nach hinten, um sich einen schweren Riemen zu holen und McKeag, sobald die Felle an Bord waren, tot oder bewußtlos zu schlagen.

Als die Flußschiffer nach den Ballen griffen, schoß Pasquinel dem Anführer eine Kugel durch den Kopf. Mit furchteinflößender Gelassenheit reichte er das rauchende Gewehr einem Pawnee, nahm dann McKeags Gewehr und erschoß den Mann, der mit dem Riemen lauerte. Er griff nach dem dritten Gewehr, inzwischen aber enterten die Pawnee-Krieger bereits das Flachboot, wo sie die übrigen Bootsleute massakrierten. Als Pasquinel auch an Bord kam, zitterte der junge McKeag, der bisher noch nie Indianer beim Skalpieren beobachtet hatte, wie Espenlaub.

„Ich wußte nicht, daß wir sie umbringen wollten“, sagte er leise.

„Voriges Jahr wollten sie mich umbringen“, gab Pasquinel hart zurück.

„Woher weißt du, daß es dieselben Männer sind?“ fragte McKeag.

„Weil ich diesen hier kenne. Und den da auch. Die übrigen? Mitgefangen, mitgehangen . . .“

Der junge McKeag war zutiefst beeindruckt von der Sicherheit, mit der Pasquinel alles organisierte. Der Franzose war nur acht Jahre älter als er, schien aber immer zu wissen, was getan werden mußte. „Werft die Toten über Bord“, befahl er den Pawnee, und als McKeag das übersetzt hatte, fügte er hinzu: „Sag ihnen, daß sie sich alles an Bord nehmen können, was sie wollen.“ McKeag protestierte; sie könnten selbst einiges davon gebrauchen, fand er, der Franzose jedoch fuhr auf: „Ich will, daß es so aussieht, als wären wir von Piraten überfallen worden.“ Er lächelte verkniffen, als die Krieger das Boot plünderten. Als die Pawnee ihre Kanus wieder den Platte hinaufpaddelten, wollte McKeag das Deck scheuern, Pasquinel jedoch gebot ihm Einhalt: „Ich will, daß man das Blut sieht, und vor allem auch die Haare, wenn wir in Saint Louis mit den Soldaten sprechen.“

Pasquinel, der Besiegte, und Pasquinel, der Sieger, waren zwei vollkommen verschiedene Menschen. In diesem Jahr landete er mit der beladenen Piroge am Steg der Handelskompanie wie ein römischer Prokonsul, der aus Dakien heimkehrt. Er suchte die Kaufleute auf, die die Piroge finanziert hatten, und beschrieb den wilden Überfall der Pawnee, das Skalpieren der Besatzung, McKeags tapferes Verhalten, und wie er selbst die Indianer niedergeschossen hatte. Er zeigte die verklebten Haarbüschel, das Blut auf den Bootsplanken und verbeugte sich elegant, als sie ihm für die Verteidigung ihres Eigentums ausgiebig Lob zollten. Seine eigenen Ballen übergab er Dr. Guisbert.

Und dann begann er, sich in Saint Louis zu amüsieren. Ohne Geld war Pasquinel still und zurückhaltend gewesen; jetzt verwandelte er sich in einen derben, grölenden Trunkenbold. Die in der Prärie geübte Selbstdisziplin war dahin. Er warf das Geld nur so zum Fenster hinaus, finanzierte Expeditionen, wo keine Aussicht bestand, daß sie je unternommen werden würden, und zahlte seine Schulden mit fetten Zinsen zurück.

Nach zwei Monaten war er pleite. Nüchtern geworden, bat er den Arzt Dr. Guisbert um einen weiteren Vorschuß. Dr. Guisbert hatte seinen Besuch erwartet und zuckte nicht einmal mit der Wimper, als Pasquinel forderte: „Diesmal aber doppelt soviel. Ich habe einen Partner.“

Zusammen mit McKeag paddelte er langsam den Fluß hinauf, mit einer genügenden Anzahl von Tauschgewehren für Häuptling Wildes Wasser, damit dieser die Arapaho und Cheyenne endgültig von der Prärie verjagen konnte. Im Dorf entdeckte McKeag die Skalps der Weißen, und ihm wurde übel, Pasquinel aber sagte zu ihm: „Der Waldläufer endet als Skalp. Vielleicht du und ich auch."

Den Winter 1799 verbrachten sie am Beaver Creek und lernten den Lahmen Biber von den Arapaho kennen. In jenem Winter vollbrachte McKeag das Unmögliche und lernte ein bißchen Arapaho, so daß er später als Dolmetscher für sie fungieren konnte.

Sie waren ein seltsames Paar, der kleine, untersetzte Franzose und der schlanke, rotbärtige Schotte. Beide waren wortkarg, wenn sie sich in der Prärie aufhielten; keiner mischte sich in die Angelegenheiten des anderen. McKeag hatte Pasquinel oft zu anderen sagen hören, seine Frau befinde sich in Montreal, Detroit und New Orleans, und begann allmählich zu argwöhnen, daß es überhaupt keine Frau gab. Ihn jedoch direkt zu fragen: „Pasquinel, bist du verheiratet?", wäre ihm nicht im Traum eingefallen, denn das wäre aufdringlich gewesen.

Als sich McKeag zu einem beachtlichen Schützen entwickelt hatte, weihte ihn Pasquinel in die wichtigste Lebensregel eines Waldläufers ein: „Du mußt dein Pulver trocken halten."

„Und wie macht man das, wenn das Kanu umkippt?"

„Ganz einfach. Du kaufst dir Schießpulver, dann kaufst du dir das Blei für die Kugeln. Aus diesem Blei machst du ein Fäßchen ... mit einem sehr fest sitzenden Deckel ... Wachs drauf ... und in Hirschleder eingesiegelt."

„Und warum soll ich das Faß nicht kaufen?"

„Aha! Das ist ja das Geheimnis! Du machst das Faß aus gerade so viel Blei, daß es genug Kugeln für die Pulvermenge ergibt. Und wenn du das Pulver verbraucht hast, ist auch das Faß verschwunden."

Er lehrte McKeag den Umgang mit der Zweikugelform, in die das geschmolzene Blei zur Herstellung von guten Kugeln gegossen wurde, und lieferte einen weiteren Beweis seiner Erfindungsgabe, als der Schotte den hölzernen Schaft seines Gewehrs zerbrach. Nach McKeags Ansicht war das Gewehr unbrauchbar geworden, weil er es nicht mehr gegen die Schulter stützen und zielen konnte, doch für Pasquinel war das kein Problem.

Er paßte die drei Holzteile zusammen, kochte ein Stück Büffelfell, bis es gelatineartig geworden war, und nähte es dann mit Hilfe einer Knochennadel und einem Stück Elchsehne möglichst fest um das zerbrochene Holz. McKeag probierte, ob es hielt, und sagte: „Wackelt noch immer."

„Attends!" gab Pasquinel zurück. Er legte das Gewehr mit dem schmiegsamen Büffelfellflicken an die Wintersonne, und während die Feuchtigkeit herausgezogen wurde, härtete sich die Haut und wurde sogar härter als Holz, so daß der Kolben schließlich stabiler war als bei einem ganz neuen Gewehr.

Eines sonnigen Maimorgens, als sie auf Gabelbocksuche nördlich der

Rattlesnake Buttes umherstreiften, kam McKeag plötzlich eine ganz neue Erkenntnis: der Gedanke, daß Pasquinel und er die freiesten Menschen auf Gottes Erdboden waren. Nichts hielt sie; sie waren niemandem Treue schuldig; ungebunden konnten sie sich in einem Gebiet bewegen, das größer war als Frankreich oder Schottland; sie schliefen, wo sie Lust hatten, arbeiteten, wann sie wollten, und aßen von allem, was der Reichtum des Landes ihnen bot.

Als er an jenem Tag zum grenzenlosen Horizont blickte, spürte er deutlich, was Freiheit war: kein Hochland-Laird, vor dem er die Mütze ziehen mußte. Und Pasquinel war keinem Bankier von Montreal verpflichtet. Sie waren frei, vollkommen frei.

Er war so bewegt von diesem Gedanken, daß er ihn mit Pasquinel teilen wollte. „Wir sind frei", sagte er. Doch Pasquinel blickte nach Osten und erwiderte: „Die werden uns schon bald auf den Pelz rücken." Das warf einen düsteren Schatten auf McKeags Freiheitsgefühl, und von da an kam er sich nie wieder so vollkommen ungebunden vor.

Im Herbst 1799 rüstete Dr. Guisbert sie für eine Versuchsexpedition an den North Platte aus. Dies war eine besonders schwierige Reise, auf der sie lange Strecken einer wüstenähnlichen Landschaft zurückzulegen hatten. Sie sahen Felsgebilde, die den Gebäuden einer Traumstadt glichen. Sie sahen steinerne Nadeln, schmale Pässe zwischen roten Klippen und endlose Schluchten durch geisterhaft weiße Bergzüge.

„Ein unmögliches Land!" sagte McKeag eines Abends, als sie zwischen merkwürdigen Turmklippen lagerten.

„Hier gibt es viele Biber", erwiderte Pasquinel.

Als sie das Gebiet der steinernen Monumente verließen, betraten sie das Territorium eines Dakota-Stammes, der ihnen Krieger entgegenschickte, um ihnen mitteilen zu lassen, sie dürften ihren Marsch nicht fortsetzen. Pasquinel ließ ihnen durch McKeag antworten: „Wir werden weiterziehen. Biberfelle eintauschen."

Wütend über diese Unverschämtheit, zogen sich die Dakota hinter einen niedrigen Hügel zurück, während Pasquinel seinen Partner warnte: „Heute abend kämpfen wir für unseren Tauschhandel." Und er zeigte dem jungen Schotten, wie man sich auf einen Kampf mit Indianern am besten vorbereitete: „Mach dich gefaßt darauf, zu töten oder getötet zu werden. Und dann sieh zu, daß möglichst keines von beiden geschieht."

Kurz vor Einbruch der Dunkelheit kamen die Dakota herbeigejagt, anscheinend in der festen Absicht, die beiden Eindringlinge zu erledigen. „Nicht schießen!" warnte der Franzose McKeag. Pasquinel selbst dagegen schoß. Er zielte weit vor die ersten Krieger, dann nahm er McKeags Gewehr und schickte die zweite Kugel so weit hinter sie, daß sie keinen Schaden anrichtete. Die Indianer rissen ihre Pferde herum und kamen zurück, doch diesmal drückte auch Pasquinel nicht ab. Ein Dakota berührte McKeag, und schon stürmten sie wieder davon, laute Schreie ausstoßend und ihre Hacken in die Flanken der Pferde rammend.

Am nächsten Tag packte Pasquinel gelassen seine Sachen zusammen, verstaute seine Gewehre und ging voran, den Fluß hinauf. Im Lager der Dakota verhandelte er mit den Häuptlingen, gab ihnen Geschenke und versprach ihnen, auf dem Rückmarsch noch mehr zu bringen. Über den Angriff am vorangegangenen Abend und die beiden Schüsse wurde kein einziges Wort verloren.

Als die beiden Fellhändler das Dakota-Territorium hinter sich hatten, erklärte Pasquinel: „Wenn man einem Indianer eine faire Chance gibt, kann man Blutvergießen vermeiden.“ Er hielt inne. „Später einmal werden diese Krieger am Lagerfeuer sitzen und von der Berührung erzählen, die sie bei den beiden weißen Männern gemacht haben . . . und von den pfeifenden Bleikugeln.“ Er grinste ironisch und fügte hinzu: „Und du wirst in Schottland sitzen und von den Tomahawks und den Pfeilen erzählen.“

So schlugen sie sich bei den verschiedenen Stämmen durch. Auf Schritt und Tritt wurden sie von Indianern beobachtet, die sie mühelos hätten töten können. Hier und da gab es auch ein Scharmützel, doch wenn sie standhaft blieben und nicht davonliefen, ließ man sie unbehelligt nach Westen ziehen.

Die Scharmützel waren Proben, Schachzüge in einem komplizierten Spiel, in dem der weiße Mann vorsichtige Vorstöße unternahm und die Indianer parierten. Wenn das Wort bei den Stämmen weitergegeben wurde: „Pasquinel ist ein Mann, dem man trauen kann“, so war das mehr wert als jeder Passierschein. Unzählige Waldläufer aus Montreal, St. Louis und Oregon sollten in zukünftigen Jahren Indianergebiet durchqueren, und auf jeden, der getötet wurde, kamen sechshundert, die unversehrt an ihrem Ziel ankamen.

Pasquinel und McKeag beschlossen, auf jener hübschen Halbinsel zu überwintern, die sich an der Stelle befand, wo ein dunkler, flinker Fluß von Westen her in den North Platte mündete. In späteren Jahren sollte er nach dem französischen Waldläufer Jacques La Ramée benannt werden, der früher einmal mit Pasquinel zusammen Fallen gestellt hatte: Laramie. Der Laramie, ein wunderschöner Fluß mit tiefem und klarem Wasser, war ein Paradies für Biber. Wilde Truthähne nisteten dort, Hirsche und Rehe kamen zum Äsen. Wildenten suchten hier Zuflucht, Büffel benutzten ihn als Wasserstelle, und braungraue Falken standen auf abgestorbenen Ästen Wache.

In jenem Winter 1800 handelten die beiden sechs Ballen erstklassiger Felle ein und wollten gerade weiter nach Süden, als sie von einer Gruppe Shoshone überfallen wurden. Die Indianer wurden zurückgeschlagen, kamen aber dann noch einmal wieder, um die Weißen zu belagern. Es wurde planlos herumgeschossen, und es wäre sonst nichts weiter geschehen, wäre nicht ein Shoshone ins Lager gestürmt, um bei McKeag eine Berührung zu machen. Als der überraschte Schotte nach seinem Gewehr griff, schlug der Indianer mit seinem Tomahawk zu, und McKeag trug eine tiefe Wunde in der rechten Schulter davon.

Die Wunde schwärte, McKeag begann zu phantasieren, und alle Pläne, die Ballen in diesem Juni noch in den Osten zu bringen, mußten einstweilen aufgegeben werden.

In klaren Augenblicken, wenn McKeag die gefährliche Lage begriff, in die er seinen Partner gebracht hatte, drängte er Pasquinel, weiterzuziehen: „Mach, daß du wegkommst! Ich muß ja doch sterben." Pasquinel antwortete ihm nicht darauf. Grimmig, aber liebevoll pflegte er den kranken Freund.

Der Zustand der Wunde verschlechterte sich. Sie wurde ekelerregend, drohte tödlich zu werden, ihr Gestank verpestete die Hütte. In einem seiner klaren Momente flehte McKeag: „Schneid den Arm ab!" Pasquinel erwiderte: „Wie willst du ohne Arm schießen?"

Mitte Juli sah es so aus, als sei McKeags Schicksal endgültig besiegelt. Wieder bat er Pasquinel, ihm den Arm zu amputieren, und wieder weigerte sich der Franzose. Statt dessen nahm er sein Beil, schlug eine Menge dürres Brennholz und entfachte ein hoch aufloderndes Feuer. Als es richtig prasselte, legte er das Beil hinein, bis es glutrot geworden war. Ohne Vorwarnung klatschte er das glühheiße Metall auf die infizierte Wunde, während er McKeag mit einer Hand auf den Strohsack drückte.

Es stank nach verbranntem Fleisch, McKeag brüllte auf. Pasquinel drückte das Beil auf die Schulter, bis er glaubte, es sei genug. Diese Roßkur stoppte die Infektion, zerstörte aber auch einige Muskeln in McKeags rechtem Arm. Als ihm klar wurde, was Pasquinel getan oder vielmehr nicht getan hatte, tobte er: „Warum hast du ihn nicht ganz abgeschnitten?" Dann fiel er ins Delirium und wäre wahrscheinlich gestorben, wäre nicht die Arapaho-Gruppe des Lahmen Bibers auf der Suche nach Büffelfleisch vorübergekommen.

Als die Frauen McKeags Zustand sahen, schickten sie kleine Mädchen an die Flüsse, um dort Pflanzen zu sammeln, die sie für Wundumschläge brauchten. Schon nach kurzer Zeit ging die Schwellung zurück.

„Große Narbe", sagte Blaues Blatt zu McKeag, während sie ihn versorgte.

„Er wird seinen Arm wieder gebrauchen können", versicherte Pasquinel.

Eines Vormittags, als drei Arapaho-Frauen bei ihm wachten – und glaubten, er schlafe fest –, begannen sie, über die verschiedenen Krieger des Lagers zu sprechen. In der derben Art der Indianerinnen besprachen sie ausführlich die sexuelle Bestückung eines jeden. Dieses Gerede beunruhigte McKeag, der in einem streng presbyterianischen

Haus aufgewachsen war, und noch mehr Unbehagen bereitete es ihm, als der Klatsch immer deutlicher wurde und die Frauen sogar die Fähigkeiten des Lahmen Bibers durchhechelten und für unzureichend befanden.

In diesem Moment kam Blaues Blatt herein, und die Frauen brachen das Gespräch ab; trotzdem konnte sie sich denken, welches Thema auf dem Tapet gewesen war. „Der da versteht unsere Sprache“, mahnte sie. Die drei Frauen traten ans Bett, um nachzusehen, ob McKeag etwa erwacht war, nahmen aber, als sie festgestellt hatten, daß er schlief, das Geplauder gleich wieder auf. Die eine berichtete, sie habe ihn gesehen, als sie ihn gewaschen habe, und er scheine sogar noch unzulänglicher zu sein als ein Arapaho. Blaues Blatt hieß sie schweigen und trieb sie alle zur Hütte hinaus; dann weckte sie McKeag behutsam, um seine Schulter frisch zu verbinden.

Zu den Mädchen, die Heilkräuter für die Umschläge sammelten, gehörte auch Tönerne Schale, die damals elf war und ebenso hübsch zu werden versprach wie ihre Mutter. Während der langen Nachmittage, die sie an McKeags Lager verbrachte, lernte sie ein paar Brocken Englisch. Sie ermahnte ihn, ihren Vater nicht Häuptling zu nennen, da er niemals einer gewesen sei. Sie versuchte ihm auch zu erklären, warum, konnte sich aber nicht verständlich machen. Statt dessen holte sie die Büffelhaut, auf der seine vielen Heldentaten abgebildet waren, und so bekam McKeag die Arapaho-Version des Eindringens des Lahmen Bibers in ihr Tipi zwei Jahre zuvor zu sehen. Beeindruckt von dieser Aufzählung aller Heldentaten, sagte er zu Tönerner Schale: „Dein Vater Häuptling . . . großer Häuptling“, und sie freute sich.

Inzwischen war es für die beiden Händler zu spät geworden, zum Platte River zurückzukehren, also bereiteten sie sich auf das Überwintern am Zusammenfluß der beiden Wasserläufe vor, verstärkten die Wände ihrer Hütte und machten Pemmikan. McKeag war noch zu schwach, um auf die Jagd zu gehen; außerdem wußte man noch immer nicht, ob er je wieder einen Schuß abgeben konnte, denn seine Schulter war nach wie vor eine breit klaffende Wunde. Darum hielt er sich meist in der Hütte auf, verrichtete die Arbeiten, die er verrichten konnte, und unterhielt sich mit Tönerner Schale über die Cheyenne und die Comanchen, und darüber, warum die einen zuverlässige Freunde, die anderen dagegen böse Feinde waren.

Eines Nachmittags kam Pasquinel mit einem erlegten Gabelbock nach Hause. Er war in ziemlich schlechter Stimmung und warf McKeag das tote Tier mit einem Fluch vor die Füße. Dann packte er McKeags Gewehr und deutete auf den Schaft, den er mit Büffelfell repariert hatte.

„Verdammt noch mal! Genau wie deine Schulter!“ Hitzig suchte er nach englischen Worten, fand keine und nahm in seiner hilflosen Wut zu einer Methode direkter Kommunikation Zuflucht, mit der er die kleine Indianerin restlos schockierte. Weit mit dem rechten Arm ausholend, versetzte er McKeag einen so wuchtigen Schlag auf die verwundete Schulter, daß es den anderen zu Boden warf. Bevor McKeag sich wieder aufrappeln konnte, schlug er noch zweimal auf ihn ein, stieß ihm das Gewehr vor die Nase und schrie ihn an: „Da! Nimm! Gebrauch das Gewehr! Verdammt noch mal, gebrauch es doch!“ Damit schob er McKeag zur Hütte hinaus.

Von Tönerner Schale dicht gefolgt, ging McKeag ans Flußufer hinab und setzte den Gewehrschaft unter beträchtlichen Schmerzen an seine Schulter, brachte dann aber nicht mehr die Kraft auf, um seine Hand auch an den Abzug zu heben. Schweißtropfen traten ihm auf die Stirn, Tränen stiegen ihm in die Augen – sehr gegen seinen Willen, denn er wollte nicht, daß ein Indianerkind ihn weinen sah. „Es ist zuviel!“ stöhnte er leise.

Er wollte aufgeben, doch Tönerne Schale hatte inzwischen begriffen, was Pasquinel bezweckte: McKeag mußte entweder lernen, seinen Arm wieder zu gebrauchen, oder er würde den Winter nicht überstehen. Also zwang sie ihn, das Gewehr noch einmal anzulegen. Dann ergriff sie seine Rechte, hob ganz langsam, das dünne Narbengewebe dabei zerreißend, seinen Arm, bis seine Hand den Abzug berührte. McKeag biß sich auf die Unterlippe und ließ seine Hand sekundenlang oben ruhen, dann wieder herunterfallen.

Immer wieder hob Tönerne Schale seine Hand an den Abzug, und damit war die erste Lektion beendet. McKeag weigerte sich, mit Pasquinel zu sprechen, doch dieser ignorierte ihn ohnehin.

Am dritten Tag konnte Tönerne Schale McKeags Hand fast mühelos heben, und als sie sich überzeugt hatte, daß McKeag dies auch allein gelang, nahm sie ihm das Gewehr ab, reinigte es, schüttete Pulver hinein und fügte eine Kugel hinzu – alles, wie sie es gelernt hatte. Nachdem sie die Ladung festgerammt hatte, drückte sie ihm das Gewehr wieder in die Hand und sagte: „Los!“

„Ich kann nicht!“ McKeag weigerte sich, das Gewehr entgegenzunehmen.

„Los!“ rief Tönerne Schale noch einmal.

Sie drängte so lange, bis er das Gewehr doch in die Hand nahm und anlegte. Langsam hob sie seine rechte Hand an den Kolben und legte seinen Zeigefinger an den Abzug. „Los!“ wiederholte sie ganz leise.

Aus Angst vor den Schmerzen konnte McKeag nicht abdrücken. Mitleidig sah Tönerne Schale ihn an. Sie mußte an ihren Vater denken, der einen ganzen Tag lang an seinen Brustmuskeln gehangen hatte. Als sie einsah, daß McKeag allein nicht abdrücken würde, hob sie sich auf die Zehenspitzen, legte ihren Zeigefinger über den seinen und riß ihn mit einem kräftigen Ruck nach hinten.

Mit einem ohrenbetäubenden Knall ging das Gewehr los. Tönerne Schale hatte genug Pulver aufgeschüttet, um eine Kanone abzuschießen, und Pasquinel, der aus der Hütte gerannt kam, sah eine dicke, schwarze Rauchwolke sowie McKeag, der auf dem Erdboden lag.

Seine Wunde war durch den Rückstoß zwar wieder aufgerissen, Tönerne Schale aber stillte das Blut mit feuchten Blättern. Eine Woche darauf, als sich gerade wieder ein Narbengewebe zu bilden begann, nahm Tönerne Schale McKeag noch einmal mit ans Gewehr. „Diesmal lade ich aber selbst", erklärte er, doch als er den Kolben an die Schulter gehoben hatte, waren die Schmerzen noch immer zu groß. Also legte die Kleine wieder ihren Finger über den seinen und drückte ab. Als er freiwillig noch einmal lud und diesmal allein abdrückte, war sie so stolz auf seine Tapferkeit, daß sie ihm scheu die Lippen auf den roten Bart drückte.

Inzwischen wurde es für die Arapaho Zeit weiterzuziehen, sich wieder eine Herde zu suchen, von deren Fleisch sie den Winter hindurch leben konnten. Der Lahme Biber kam, um Lebewohl zu sagen, und Blaues Blatt, schlank und gerade wie eine Fichte, versicherte McKeag, seine Schulter sei nun gesund. Tönerne Schale, sehr hübsch aussehend mit ihren leuchtendbunten Perlen, berührte zart ihrer beider Wangen und sagte auf englisch zu ihnen: „Ich weiß, daß ihr wiederkommt."

Schneefälle kamen, Winde fegten von Norden herab. Der Fluß fror zu, und sogar das Hochwild fand kaum Wasser. Vom Himmel herab inspizierten Adler das Lager, während die beiden Männer wartend in ihrer Hütte saßen.

Es gab natürlich Tage, da es ganz windstill war und die Sonne so warm schien wie im Sommer. Dann arbeiteten die beiden Partner mit nacktem Oberkörper im Freien. Die Biber in ihren Burgen wurden so unruhig, als sei schon Frühling, und auf den Wiesen grasten die Hirsche.

Nach solchen Atempausen kamen jedoch wieder Schneestürme und Temperaturen von mehr als dreißig Grad unter dem Gefrierpunkt. Wochenlang waren die beiden Männer eingeschneit. Die Schneewehen türmten sich höher als das Hüttendach, so daß sie sich wie die Tiere durch sie hindurchwühlen mußten. Das machte ihnen nichts aus; sie hatten reichlich Vorrat an Fleisch und Holz. Und wenn sie Wasser brauchten, konnten sie Schnee schmelzen – davon war weiß Gott genügend vorhanden.

Bücher hatten sie natürlich nicht; was nicht schmerzlich war, denn sie konnten nicht lesen. Sie hatten keine Arbeit, kein Ziel und keine Sorge, außer der zu überleben. Und so hockten sie tief unter dem Schnee begraben und warteten. In einem Umkreis von fünfhundert Meilen gab es keine Weißen, es sei denn den einen oder anderen eigensinnigen Trapper aus Detroit, der sich in einem nördlicher liegenden Tal verkrochen hatte und nun, genau wie sie, den Frühling erwartete.

Gelegentlich unterhielten sie sich, zumeist aber saßen sie schweigend da. Sie hatten inzwischen schon sechs Ballen Felle, die mindestens 3600 Dollar wert waren, und Aussicht, während der kommenden Saison sechs weitere einzuhandeln. Sie waren reich – wenn es ihnen gelang, die Felle sicher durch das gefährliche Indianergebiet nach St. Louis zurückzubringen.

Bei den seltenen Gelegenheiten, da sie sich unterhielten, benutzten sie eine sonderbare Sprachmischung: Französisch-Pawnee-Englisch. McKeags Muttersprache war Gälisch, eine weiche, poetische Sprache. Er sprach langsam und fast stockend, Pasquinel hingegen rasch und fließend. Trotzdem vergingen ganze Tage, ohne daß zwischen den beiden ein einziges Wort fiel.

Dann endlich nahm der Schneefall ab, und die Schneewehen begannen zu schmelzen. Die Bergbäche schwollen an, der Fluß verwandelte sich in einen reißenden Strom. Die Biber in ihren Burgen regten sich, die Hirsche warfen das vorjährige Geweih ab. Die Büffel scharrten aufgeregt die Erde, die wilden Truthähne kamen aus ihren Winterquartieren. Während der Wärmeperioden tauchten aus den tiefen Felsspalten Klapperschlangen auf. Und eines Tages, als sie von der ganzen Pracht des Frühling umgeben waren, erklärte Pasquinel: „Noch sechs Wochen handeln wir, dann geht's nach Hause."

Als sie sich den Missouri hinab der Heimat näherten und jenes endlose Stück entlangpaddelten, auf dem der Fluß vor seiner Vereinigung mit dem Mississippi von Westen nach Osten verläuft, wurden ihre rhythmischen Paddelschläge durch das Auftauchen eines einzelnen Mannes in einem Kanu unterbrochen, der ihnen stromaufwärts entgegenkam und laut ihre beiden Namen rief: „Pasquinel! McKeag! Große Neuigkeiten für euch!"

Schwitzend vor Aufregung legte er sein Kanu neben das ihre und stellte sich vor: „Joseph Bean, Kentucky." Dann richtete sich seine Aufmerksamkeit sofort auf die Fellballen, und er fuhr fort: „Ich bringe euch freudige Nachrichten! Ich komme als Agent für Hermann Bockweiß." Hier hielt er inne, als lasse diese verblüffende Information an Deutlichkeit nichts zu wünschen übrig.

„Wer ist das?" erkundigte sich Pasquinel.

„Ein Silberschmied aus Deutschland. Macht herrlichen Flitterkram für den Tauschhandel mit Indianern." Als Pasquinel nur schweigend die Achseln zuckte, fuhr Bean eifrig fort: „Er ist im vergangenen Januar nach Saint Louis gekommen und hat gehört, daß Ihr der beste Händler des ganzen Flusses seid. Er will euch Geld für Eure Reisen vorschießen."

„Nicht nötig", antwortete ihm Pasquinel barsch. „Ich arbeite mit Dr. Guisbert."

„Aha!" rief der Amerikaner unverdrossen. „Das ist es ja gerade!

Dr. Guisbert. Sein Partner ist gestorben, und er ist nach New Orleans gezogen, um dort ein schönes Leben zu führen.“ Wortreich erklärte er die neue Situation in Saint Louis: Pasquinel sollte Guisberts Felle dem Deutschen übergeben, der würde sie verkaufen und Dr. Guisbert dann den Erlös . . .

Bean, ein aufreizender, ständig schwitzender Mann, überschüttete sie mit einem Wortschwall, wirkte aber so überzeugend, daß die beiden Händler seinen Vorschlag wenigstens in Erwägung ziehen mußten. Als sie schließlich in Saint Louis anlegten, strahlte ihnen vom Ufer her das runde Gesicht des Hermann Bockweiß, Silberschmied, kürzlich aus München zugereist, entgegen.

Er bewohnte das Haus, das ehemals Dr. Guisbert gehört hatte, und übte sein Gewerbe in jenen Räumen aus, die früher medizinischen Zwecken gedient hatten. Aus Deutschland importiertes, von New Orleans den Fluß heraufgebrachtes Silber verarbeitete er nicht nur zu dem Tand, den die Indianer so sehr schätzten, sondern auch zu kostbaren Schmuckstücken, die bei den weißen Frauen bis nach Detroit hinauf begehrt waren.

Seine eigene kindliche Freude am glitzernden Schmuck ließ ihn erraten, welche Silberstücke den Indianern besonders gut gefallen würden; er war es, der die Ohrenräder für die Squaws erfand – zierliche Gehänge mit winzigen Rädern darin, die sich ununterbrochen drehten – und für die Krieger den mit Silber eingelegten Tomahawk. Für die Frauen verfertigte er einen Satz von fünf halbmondförmigen Anstecknadeln, und für den Oberarm der Männer drei breite Reifen. Zu seinen Spezialitäten gehörten auch die Fischaugenbroschen, gewöhnliche, flache Nadeln, die er mit zwanzig kleinen, glänzenden Silberhalbkugeln besetzte, und sein eindrucksvollstes Werkstück war die silberne, ziselierte, mit bunten Perlschnüren verzierte Friedenspfeife.

Doch dieser schlaue Deutsche wußte, daß nicht der Handel mit den Indianern, sondern mit den reichen Weißen den großen Profit brachte, und für sie entwarf er Schmuckstücke, bei denen er den höchsten Ansprüchen französischer Eleganz Rechnung trug.

Sein Verhältnis zu Pasquinel war eigenartig. Da Saint Louis immer noch weniger als tausend Einwohner hatte, gab es kein Hotel, so daß die Waldläufer aus dem Westen sich Privatunterkünfte suchen mußten. Die meisten Familien weigerten sich, die schmutzigen, ungehobelten Männer aufzunehmen, Bockweiß jedoch bestand darauf, daß Pasquinel wie auch McKeag seine Gastfreundschaft akzeptierten. Bockweiß hatte zwei Töchter, Lise, die charakterstarke, Grete, die kokette, und nährte in sich die Überzeugung, daß die Waldläufer eines Tages seine Schwiegersöhne werden würden. Normalerweise hätte in Saint Louis jeder Vater wohl einen soliden Schwiegersohn, einen Geschäftsinhaber etwa, vorgezogen; Hermann Bockweiß dagegen hatte die lange Reise von München nach Saint Louis nicht gemacht, weil er ein vorsichtiger Mann, sondern weil er ein Romantiker war. Er begeisterte sich an der Idee, unbesiedelte Prärien zu durchstreifen, und Pasquinel und McKeag entsprachen seinen Vorstellungen von diesem neuen Land. Also bezogen die Waldläufer zwei Räume über der Werkstatt, und Bockweiß merkte voller Genugtuung, daß Lise sich für Pasquinel interessierte, während Grete ihm anvertraute, daß sie McKeag recht angenehm fände.

Die beiden hatten natürlich Konkurrenz. Die ortsansässigen jungen Mädchen sahen, wie Pasquinel mit seinem Geld um sich warf und für jeden, der mit dem Pelzhandel zu tun hatte, Geschenke kaufte, und fanden, daß er einen guten Ehemann abgeben müßte. Er war großzügig. Er war unterhaltsam. Seine äußere Erscheinung . . . nun ja, er war zwar klein, lächerlich aber war er keineswegs. Und vor allem: er schien Glück zu haben.

Mehrere bekundeten ihr Interesse, Pasquinel entzog sich ihnen jedoch, wie immer, mit der Ausrede, er habe bereits eine Frau in Quebec. Er war bereit, ihnen Geld zu geben, sie zu Drinks und, wenn es die Gelegenheit ergab, auch in sein Bett einzuladen, an Heirat war er jedoch nicht interessiert.

Lise Bockweiß allerdings war nicht so leicht abzuwimmeln. Sie war ein handfestes, offenherziges Mädchen mit allen hausfraulichen Qualitäten, die ein Ehemann wünschen konnte. Außerdem besaß sie eine kräftige Portion Humor, und es amüsierte sie, wie die Französinnen aus New Orleans sich diesen so schwer faßbaren Fellhändler zu schnappen versuchten. Sie war zwar größer als Pasquinel, doch verstand sie es so einzurichten, daß ihm dieser Umstand nie unangenehm bewußt wurde. Von Zeit zu Zeit kam sogar Pasquinel der flüchtige Gedanke, so eine würde eine passable Ehefrau abgeben.

Die vier nahmen häufig gemeinsam die Mahlzeiten ein, aber Grete und McKeag kamen einander dabei nicht näher. Der Schotte war Frauen gegenüber schüchtern und wurde fast so rot wie sein eigener Bart, wenn Grete, die hübsche, ihn dann und wann neckte: „Ich wette, Sie haben eine Squaw oben am Fluß.“ So konnte es nicht sehr lange dauern, bis Grete sah, daß ein Flirt mit McKeag wenig Zukunft hatte, und ihre Aufmerksamkeit einem Ladenbesitzer zuwandte.

Pasquinel wurde Lise nicht so leicht los. Denn erstens nahm ihr Vater ein etwas tolpatschiges Interesse an dieser Werbung, weil er gemerkt hatte, daß Lise den Waldläufer ernsthaft in Betracht zog und den Franzosen daher auf gar keinen Fall entwischen lassen wollte. Bockweiß mochte an Pasquinels vage Andeutungen über eine Ehefrau nicht recht glauben. Er überredete Pasquinel, mit ihm in seine Werkstatt zu kommen, und fand, während er diesem seine Arbeit erklärte, immer wieder Gelegenheit, von seiner Tochter zu reden: „Die hat einen guten Kopf auf den Schultern. Auf die wäre jeder Ehemann stolz.“

Das Silber bekam er in Form von Barren, die er in einem kleinen, von einem Blasebalg betriebenen Ofen einschmolz. „Das Kochen hat Lise von ihrer Mutter gelernt. Sie kocht ausgezeichnet."

Sobald das Silber flüssig war, goß er es vorsichtig in Schmetterlings-, Rad- oder Armbandformen. „Es ist nicht leicht, mit zwei Töchtern von Deutschland herüberzukommen, aber wenn die beiden solche Engel sind – vor allem Lise –, dann lohnt es sich."

War das Silber abgekühlt, entfernte er überflüssige Teile mit feinen Feilen und fing die Späne für spätere Verwendung auf. Die einzelnen Werkstücke bearbeitete er mit einer fußbetriebenen Poliermaschine und sagte dabei: „Ein Mann mit einem gutgehenden Geschäft sollte heiraten. Ich selbst würde im nächsten Jahr auch gern wieder heiraten, aber es ist nicht leicht, eine gute Frau zu finden."

Nun nahm er sich die Rohlinge einzeln vor und versah sie mit jenen feinen Zieselierungen, die den Bockweiß-Schmuck überall so begehrt machten. Er hatte große, dicke Finger, die für eine so zierliche Arbeit gar nicht geeignet schienen, gebrauchte seine Werkzeuge aber so geschickt, daß ihm beinahe jedes Muster auf Anhieb gelang. „Pasquinel, ich will offen sein. Ein Stück wie dieses verkaufe ich für zehn Dollar. Bald bin ich reich. Ich kann meinen Töchtern gegenüber also großzügig sein. Sie hätten in Saint Louis einen festen Wohnsitz. Und das ist viel wert."

Der Zeitpunkt nahte, da die Händler wieder an ihre Flüsse zurückkehren mußten, und Lise Bockweiß führte die Angelegenheit da fort, wo ihr Vater aufgehört hatte. Sie gab ein Dinner, zu dem Pasquinel eingeladen wurde, und überschüttete ihn mit Aufmerksamkeiten, woraufhin ihr Vater den Franzosen beiseite nahm und zu ihm sagte: „Solange die Welt sich dreht, wollen Frauen Schmuck und Indianer Flitterkram. Kümmern Sie sich um den Handel, ich mache die Silbersachen. So ist es eine gute Partnerschaft."

Und freundlich fügte er noch hinzu: „Ich, als Ihr Partner, Pasquinel, würde mich glücklich schätzen . . . äh . . . wenn Sie eines Tages den Wunsch hätten, in meine Familie aufgenommen zu werden." Er sagte das mit so würdevollem Ernst und offensichtlich so um Lises Wohlergehen besorgt, daß nicht einmal Pasquinel seine Worte mit einem Scherz abtun konnte. Der Mann hatte ihm einen Vorschlag gemacht, einen überaus vorteilhaften dazu, und nun war es seine Pflicht, diesen Vorschlag in Erwägung zu ziehen.

McKeag, der all das aus wohltuender Entfernung beobachtete – wohltuend deshalb, weil Grete ihn ja nicht mehr bedrängte –, erkannte, daß man seinen Partner auf eine Heirat zumanövrierte, und begann sich ernsthaft Gedanken über Pasquinels wiederholte Behauptung zu machen, er habe irgendwo, in Montreal, New Orleans oder Quebec, eine Ehefrau. Er war nicht überrascht, als Bockweiß ihn eines Tages in seine Werkstatt einlud, um mit ihm darüber zu sprechen. Dort fand er

Gretes Ladenbesitzer vor und in dessen Begleitung eine Blondine aus New Orleans.

„Mr. McKeag“, begann Bockweiß rundheraus, „diese junge Dame hier hat uns erzählt, Ihr Partner Pasquinel habe eine Ehefrau in New Orleans. Was sagen Sie dazu?“

McKeag tat einen tiefen Atemzug, sah erst das Mädchen an, dann den Ladenbesitzer und antwortete: „Pasquinel macht immer solche Scherze. Damit man ihn nicht einfängt. Einmal behauptet er, seine Frau wäre in Montreal, ein anderes Mal ist sie in Quebec. New Orleans hat er, glaube ich, auch einige Male erwähnt.“

Bockweiß lachte nervös, man sah ihm aber an, wie erleichtert er war. Die Blondine fühlte sich gekränkt und wollte die Angelegenheit nicht einfach fallenlassen. „Mir hat er überhaupt nichts gesagt. Ich habe es von einer Dame aus New Orleans. Als ich ihr gesagt habe, daß Pasquinel mir gefällt, hat sie geantwortet: ‚Hat keinen Zweck. Der hat eine Frau in New Orleans.‘ “

„Kannte sie denn seine Frau?“ fragte Bockweiß.

„Woher soll ich das wissen?“

„Sie könnten sie fragen.“

„Fragen? Sie ist ja weg!“

Die Unterredung verlief ergebnislos. Bockweiß hatte ein schlechtes Gewissen, weil er auf die Weise über seinen künftigen Schwiegersohn Auskunft eingeholt hatte. Doch er mußte wissen, woran er war, und machte deshalb den Vorschlag, McKeag könne ja seinen Partner fragen, doch diesmal rebellierte der Schotte. Tief errötend stammelte er: „Ich weiß nicht . . . ich kann das nicht . . .“

Darum wurde der Ladenbesitzer zu Pasquinel geschickt, um ihn auszufragen, aber auch dieser Aktion blieb der Erfolg versagt. Der kleine Franzose lachte nur und antwortete: „Diese Stadt ist einfach zuviel für mich. Ich gehe lieber wieder zu den Indianern.“

„Aber haben Sie nun eine Frau in New Orleans?“ fragte der Mann zum zweitenmal.

„Nein.“

Nach dieser Versicherung war die Familie Bockweiß der Ansicht, nun gebe es kein Hindernis mehr, und schmiedete Pläne für die Trauung, obwohl der Bräutigam noch gar nicht endgültig zugesagt hatte. Schließlich fragte ihn Hermann Bockweiß offen: „Kann die Hochzeit nun stattfinden, bevor Sie wieder in die Prärie gehen?“

„Ja.“

Es war ein reizendes Fest. Normalerweise hätten die ortsansässigen Franzosen eine solche Hochzeit ignoriert, doch die Familie Bockweiß kam aus Süddeutschland, einer den Franzosen wohlgesinnten Gegend, und war außerdem katholisch, so daß die Gesellschaft von Saint Louis sie willkommen hieß. Bei der Feier machten Bockweiß und seine Töchter einen sehr guten Eindruck, und Pasquinel benahm sich ausnahmsweise tadellos. Die Neuigkeit machte die Runde: „Pasquinel überläßt seine ganzen Ersparnisse seiner Frau. Bockweiß hat sich vom Gouverneur Land zuweisen lassen, und sie bauen dort ein großes Haus." Als die beiden Waldläufer Saint Louis verließen, versicherte die junge Frau McKeag: „Wir werden immer für Sie ein Zimmer haben." Als das Kanu den Bug nach Westen richtete, dachte der Schotte ein wenig betrübt: Wieder eine Freiheit weniger.

Als sie im Spätsommer 1803 mit sieben Ballen Biberfellen den Platte River von den Rattlesnake Buttes herunterkamen, wurden sie im Pawnee-Dorf mit einer traurigen Nachricht empfangen. Häuptling Wildes Wasser war von Arapaho-Kriegern im Kampf getötet worden. „Lahmer Biber, der große Teufel, hat sich angepfählt. Hat Wildes Wasser erschossen."

„Pasquinel!" rief McKeag laut. „Hast du gehört? Der Arapaho, der uns oben im Norden geholfen hat. Lahmer Biber. Er hat Wildes Wasser umgebracht."

„Und was ist mit dem Lahmen Biber?"

McKeag übersetzte, und die Pawnee erwiderten: „Wir haben ihn getötet."

Traurig schüttelte Pasquinel den Kopf. „Zwei tapfere Männer ... tot. Dommage, dommage."

Dann rückten die Pawnee mit einer zusätzlichen Information heraus: „Lahmer Biber hat Wildes Wasser nur getötet, weil er besondere Kugeln gehabt hat." Sie zeigten Pasquinel die beiden Goldkugeln.

„Das ist ja Gold!" Pasquinel ließ sie schwer in eine Blechtasse fallen.

McKeag horchte die Krieger beinahe eine Stunde lang aus, um festzustellen, wie der Lahme Biber in den Besitz der beiden Kugeln gekommen sein mochte, zum Schluß aber waren sich alle darin einig, daß er eine Ader entdeckt haben mußte. Wo? Das wußte niemand. Wann? Es mußte nach dem Winter gewesen sein, in dem die Arapaho geholfen hatten, McKeags Schulter auszuheilen, denn in jenem Jahr war nirgends etwas von Goldkugeln zu sehen gewesen.

„Wohin ist er in jenem Winter eigentlich gegangen, nachdem er sich von uns verabschiedet hat?" fragte Pasquinel.

„Auf Büffel", antwortete McKeag. „Weißt du nicht mehr? Sie haben gesagt: ‚Wir wollen vor dem Winter noch eine weitere Herde finden.' Genauso haben sie gesagt."

„Gibt es nördlich von jenem Fluß noch Berge?" erkundigte sich Pasquinel.

Die Frage wurde übersetzt, und die Pawnee antworteten: „Nein. Flach. Flach."

Der Lahme Biber und seine Goldkugeln wurden für Pasquinel zur fixen Idee. Irgendwo hatte dieser schlaue Indianer Gold gefunden. Die

Frage war, wo. Hilfe konnte hier nur von Blauem Blatt kommen. Sie mußte wissen, wo ihr Mann seinen Schatz gefunden hatte. Pasquinel und McKeag nahmen sich vor, sie in der kommenden Saison aufzusuchen und das Geheimnis aus ihr herauszuholen. Inzwischen wollten sie die beiden Goldkugeln nach Saint Louis mitnehmen und sie dort für die Pawnee verkaufen.

Nach seiner Heimkehr war Pasquinel immer noch so intensiv mit den Kugeln beschäftigt, daß seine Aufmerksamkeit von der Arbeit abgelenkt wurde, die seine Frau während seiner Abwesenheit geleistet hatte. Mit den Geldmitteln, die er ihr dagelassen hatte, sowie einer Summe, die sie ihrem Vater abgeschwatzt hatte, hatte sie in einem Villenviertel an der Rue des Granges ein Grundstück erworben, das einen weiten Blick über die Stadt gewährte. Hier hatte sie ein festes Steinhaus errichten lassen, mit einer Veranda, die um das ganze Haus herumlief. Innen hatte das Haus alle Annehmlichkeiten eines deutschen Landsitzes, doch von außen wirkte es ganz und gar französisch, da es aus den Materialien bestand, wie sie in der Siedlerstadt erhältlich waren. Wo Backsteine oder anderes Material, das nicht zu beschaffen war, notwendig gewesen wären, hatte sich Lise mit einfallsreichem Ersatz beholfen.

Sie selbst war der schönste Schmuck des Hauses: eine hochgewachsene, tüchtige junge Frau voll Interesse für alles, was in der Welt vorging. Sobald wichtige Persönlichkeiten auf ihrer Reise nach Westen durch Saint Louis kamen, wollte sie sie kennenlernen und sich mit ihnen über ihre Pläne unterhalten. Im Winter 1804 zum Beispiel gab sie häufig Gesellschaften für Hauptmann Meriwether Lewis und seinen Adjutanten, Leutnant William Clark, die eine Expedition zur Erforschung des oberen Missouri und möglicherweise einiger noch weiter entfernter Punkte vorbereiteten. Ihr Lieblingsgast jedoch war Hauptmann Amos Stoddard, den Präsident Jefferson mit einem heiklen Auftrag nach Saint Louis geschickt hatte. Dieser Hauptmann und sein Adjutant, Leutnant Prebble, machten das Haus praktisch zu ihrem Hauptquartier.

Pasquinel paßte gut in diese Gesellschaften. Er war ein rauher, aber herzlicher Gastgeber und glich seinen Mangel an gesellschaftlichen Formen mit fesselnden Erzählungen von seinen Abenteuern aus. Die anwesenden Gäste unterhielten sich gern mit ihm über die Indianer und akzeptierten, soweit sie Franzosen waren, die Ansichten, die er vertrat, weitaus bereitwilliger als Hauptmann Stoddard und sein Adjutant. „Ich kenne nur eine einzige Regel“, erklärte Pasquinel immer wieder. „Kämpfe nie mit einem Indianer, wenn du es vermeiden kannst. Betrüge einen Indianer niemals beim Tauschhandel. Überzeuge ihn durch Ehrlichkeit und Treue.“

Es ist bemerkenswert, daß die Franzosen, die sich in Kanada an diese Devise hielten, dreihundert Jahre lang ein freundschaftliches Verhältnis mit den Indianern aufrechterhalten konnten, während die Amerikaner, die in der Überzeugung lebten, diese Auffassung sei völlig falsch, mit ihren Methoden nur Leid und Kummer schufen. Vielleicht kam es daher, daß die Franzosen nur Handel treiben, die Amerikaner aber Land besitzen wollten.

Leutnant Prebble verlieh der vorherrschenden Meinung Ausdruck: „Wir haben in Kentucky – und anderswo auch – festgestellt, daß es eine einzig vernünftige Möglichkeit gibt, mit den Indianern auszukommen, und die ist, sie umzulegen. Vertrauen? Die wissen ja gar nicht, was das ist. Ich sage immer, Gott sei's gedankt, daß es da draußen eine Wildnis gibt, in der anständige Weiße niemals leben wollen. Ich sage, schicken wir jeden gottverdammten Indianer in die Wüste, und dort soll er bleiben, bis er krepiert ist."

Im Februar teilte Lise ihrem Mann und ihrem Vater nach einem solchen Dinner mit, daß sie schwanger sei, und die drei feierten die große Neuigkeit und holten noch McKeag dazu, der allein in seinem Zimmer saß. Es gab viel Gelächter und Prophezeiungen, was aus dem Jungen werden würde, vorausgesetzt, daß es ein Junge war, was Pasquinel als sicher voraussetzte. Bockweiß schlug vor, er solle Silberschmied werden, damit er sein Geschäft erben könne, und Pasquinel war zu jedermanns Überraschung damit einverstanden. „Behaltet ihn hier in Saint Louis", sagte er energisch. „Laßt nicht zu, daß er an den Flüssen arbeitet."

Er selbst erkundigte sich während des Winters immer wieder bei den Trappern, wo man wohl Gold finden könne, doch keiner konnte ihm diese Frage beantworten. Er wandte sich unter anderem auch an Hauptmann Lewis, der ihm entgegnete: „In Amerika gibt es kein Gold." Leutnant Prebble gab ihm sogar ein Buch über das Thema zu lesen, aber er konnte natürlich nicht lesen.

Am 9. März jenes Jahres sahen Pasquinel und alle übrigen Franzosen von Saint Louis beifällig zu, wie Hauptmann Stoddard eine komische, aber gutgemeinte Komödie inszenierte. Präsident Jefferson hatte ihm befohlen, in dem weitläufigen Louisiana-Territorium, das die Vereinigten Staaten erst kürzlich von Napoleon erworben hatten, die Regierungsgewalt der Vereinigten Staaten zu etablieren. Leider aber gab es eine Komplikation.

Da Spanien die Herrschaft über dieses Gebiet nie offiziell an Frankreich abgetreten hatte, wie es durch einen jener vielen Verträge, durch die in Europa immer wieder ein Krieg beendet wurde, festgelegt worden war, war Saint Louis immer noch spanisch, konnte also auch nicht von den Franzosen an die Amerikaner übergeben werden. Und es war Stoddard, der jenen wahrhaft genialen Kunstgriff erdachte, mit Hilfe dessen alles seine Richtigkeit finden konnte.

„Der höchste spanische Beamte muß das Gebiet formell dem höchsten französischen Beamten übergeben", lautete sein Vorschlag.

„Dann kann der französische Beamte das Gebiet rechtmäßig an die Vereinigten Staaten abtreten.“ Nur wenige Anregungen in der recht kurzen Geschichte des spanischen San Luis de Iluenses waren mit größerer Begeisterung aufgenommen worden, und Pasquinel lief durch die Straßen, um allen Leuten zuzurufen: „Morgen sind wir wieder französisch!“

Allerdings gab es noch eine weitere Schwierigkeit: In ganz Louisiana residierte kein einziger spanischer Beamter, so seltsam das rückblikkend auch erscheinen mag; der einzige war Charles de Hault de Lassus, ein französischer Leutnant, der zufällig die Funktion des spanischen Gouverneurs des oberen Louisiana ausübte, und wenn der bei diesem Transfer Spanien vertrat, woher dann einen französischen Beamten als Vertreter Kaiser Napoleons nehmen? Hauptmann Stoddard war jedoch nicht nur einfallsreich, sondern auch galant und erbot sich auf der Stelle, diese Lücke auszufüllen: „Für diesen einen Tag betrachte ich mich als den Vertreter seiner Majestät, des Kaisers von Frankreich, und werde an seiner erhabenen Statt die Übergabe ausführen.“

Am Vormittag des 9. März versammelte sich eine bunte Menschenmenge vor der Residenz des Gouverneurs, einem niedrigen, von einer Fahnenstange markierten Gebäude an der Rue de l'Eglise. Als erste erschienen die indianischen Abgesandten der vier benachbarten Stämme, die der Feierlichkeit ebenfalls beiwohnen sollten: Delaware, Shawnee, Abnaki, Sac. Der Tag war kalt, deswegen hatten sie ihre Büffelfelle umgehängt und wandten jedesmal, wenn Jubelrufe ausbrachen oder Gewehre abgefeuert wurden, aufgeregt die Köpfe. Als nächste kam die französische Delegation, elf Mann unter Führung von Hauptmann Stoddard, darunter auch Pasquinel im Sonntagsstaat. Dann schlenderten ein paar lässige Amerikaner herbei, ziemlich verdreckt und fehl am Platze. Und schließlich erschien Gouverneur de Lassus, der Franzose, der in dieser liebenswürdigen Posse die Rolle des Spaniers übernahm.

Ernst und würdevoll trat er unter Trommelschlag und Pfeifenklang aus dem Haus auf die Straße. Auf sein Zeichen wurde die spanische Flagge langsam eingeholt, während die Batterie auf dem Hügel elf Salutschüsse hinausdonnerte. Das Fahnentuch wurde zusammengelegt und davongetragen, ohne daß jemand eine Träne vergoß: Es gab sehr wenig Spanier in der Stadt.

Nun aber änderte sich die Situation. Eilfertig wurde die neue französische Flagge, Napoleons Trikolore, entfaltet, an den Flaggenleinen befestigt und in die Höhe gezogen. Zahllose Gewehre wurden abgefeuert, und die Pfeifer intonierten zündende Märsche. Hauptmann Stoddard, loyaler Vertreter Napoleons, akzeptierte die Übergabe und brach mit seiner französischen Delegation in Jubelrufe aus, während Pasquinel glücklich seine rote Mütze hochwarf. Für vierundzwanzig herrliche Stunden war Saint Louis wieder französisch.

Den ganzen Tag und die ganze Nacht hindurch machte Pasquinel eine Rundreise durch seine alten Stammkneipen und erklärte immer wieder: „Ich bin Franzose. Ich werde immer Franzose sein. Nieder mit Amerika!“ Am nächsten Morgen lud er, niedergeschlagen und mit trüben Augen, ein halbes Dutzend ebenso deprimierter Franzosen zum Frühstück in sein Haus ein, um anschließend wieder zur Residenz des Gouverneurs zu marschieren und mit Tränen in den Augen zuzusehen, wie Leutnant de Lassus, jetzt wieder Franzose, das Territorium an Hauptmann Stoddard übergab, der sich in den loyalen Vertreter Präsident Jeffersons zurückverwandelt hatte.

Aus Höflichkeit rief ein Mitglied der Delegation: „Hoch die Vereinigten Staaten!“ Zu seiner unangenehmen Überraschung reagierte jedoch kein Mensch. Dagegen sprach Pasquinel der gesamten Einwohnerschaft aus der Seele, als er sagte: „Am liebsten würde ich mich aufhängen.“

In jenem Herbst fuhr er sofort nach der Geburt seines Sohnes wieder mit McKeag zum Platte, wo er die Goldmine der Arapaho finden wollte. Überall, wo sie hinkamen, erkundigte er sich nach der Familie des Lahmen Bibers, doch erst im Juni 1805 trafen sie auf eine Gruppe Cheyenne-Krieger, die wußten, was geschehen war.

„Blaues Blatt tot. Schnee.“

„Tot?“ fuhr Pasquinel erschrocken aus. „Sie war noch jung!“

„Sie ist tot.“

„Und das Mädchen? Tönerne Schale?“

„Wir wissen nicht.“

Und nun verkündete Pasquinel seinen Entschluß, der McKeag zum erstenmal ahnen ließ, daß es in Saint Louis einmal Ärger geben würde. Der Franzose sagte nämlich: „In diesem Sommer gehe ich nicht zurück. Ich bleibe hier, bis ich das Gold gefunden habe.“ McKeag wandte ein, das sei doch unmenschlich, da Lise gerade erst das Baby bekommen habe, Pasquinel jedoch erwiderte schroff: „Um die wird sich der alte Bockweiß schon kümmern. Der wird sich immer um sie kümmern, der Alte.“

Also versteckte Pasquinel die Felle – seine besessene Suche nach dem Gold hatte ohnehin zur Folge gehabt, daß sie nicht mehr als zwei Ballen eingetauscht hatten – und führte seinen Partner dann durch eine endlose Reihe verlassener Lagerplätze und menschenleerer Flußbekken. Die Arapaho schienen sich heimtückisch versteckt zu halten: Sie waren weder am Beaver Creek noch an den Rattlesnake Buttes oder am Zusammenfluß der beiden Wasserläufe. Als es Winter wurde, lagerten die beiden Fellhändler irgendwo, ohne sich eine feste Unterkunft zu bauen.

Das ganze Jahr 1805 hindurch kehrten sie nicht nach Saint Louis zurück, sondern verschwendeten ihre Zeit mit der Suche nach Gold; im April 1806 jedoch begegneten sie einer Schar Ute-Krieger, die bei den Pawnee Pferde stehlen wollten und die behaupteten, beim Verlassen der Berge Anzeichen dafür entdeckt zu haben, daß eine Gruppe Arapaho ins Blaue Tal hinaufgezogen sei.

„Wo ist das?" fragte Pasquinel mit unverhohlener Erregung.

Ein Ute deutete auf den Berg, an dessen Flanke der Steinbiber emporkletterte, und sagte: „Bach rechts, Bach links."

Pasquinel und McKeag erblickten das Blaue Tal zum erstenmal während eines Aprilgewitters. Von den Bergen troff der Regen, und alles war in dichten Nebel gehüllt; doch als sie weiter vordrangen, kam die Sonne in strahlender Pracht aus den Wolken, und sie sahen die grüne Wiese, in deren Mitte ein kristallklarer Bach floß, die vielen Espen und die dunklen Fichten, die in der Sonne leuchteten.

„Genau der richtige Platz für Gold", sagte Pasquinel, aber McKeag antwortete ihm nicht. Er nahm das schöne Bild in sich auf, die Bäume, den grünen Wiesenboden und die Unzahl von Biberburgen.

„Hier könnten wir jahrelang Felle eintauschen", sagte er, doch Pasquinel hörte nicht zu.

„Hier muß er das Gold gefunden haben", stellte er fest.

Ein schmaler Pfad führte mitten ins Tal, und sie vermuteten, daß hier die Ute-Krieger entlanggekommen sein mußten. Als sie dem Pfad ungefähr eine Meile gefolgt waren, sahen sie weiter oben das Arapaho-Lager. Mit Erleichterung entdeckte Pasquinel, der vorausgeeilt war, um sich zu erkennen zu geben, daß es die Gruppe war, zu der auch der Lahme Biber gehört hatte. Als sie den Häuptling begrüßten, sagten sie beide, wie leid es ihnen tue, daß der Lahme Biber tot sei.

„Er hat sich angepfählt. Er wollte den Tod."

„Und Blaues Blatt?"

„Es war ihre Zeit zu sterben."

Sie erkundigten sich, woher die Arapaho ihre Gewehrkugeln hätten, und der Häuptling zeigte ihnen eine Platte Blei sowie seine Kugelgußform. Pasquinel fragte ganz nebenbei, ob er die Kugeln nicht einmal sehen könne, und der Häuptling ließ eine Squaw rufen, der er befahl, die Kugeln vorzuzeigen, die sie an jenem Tag gemacht hatte. Sie waren aus Blei.

Während Pasquinel sie in der Hand wog, sah McKeag Tönerne Schale das Tal herabkommen. Sie war jetzt sechzehn, hochgewachsen, scheu, aber zutiefst interessiert, als die Kinder ihr zuriefen, die Bleichgesichter seien zurückgekehrt. Als sie die beiden Männer sah, glättete sie ihr Kleid aus Büffelleder und rückte die Stachelschweinborsten an ihrem Hals zurecht. Ihr schwarzes Haar war zu zwei Zöpfen geflochten; sie schien blaß geworden, aber ihre Augen strahlten vor Freude. Ruhig ging sie auf McKeag zu, legte ihm sanft die Hand auf die rechte Schulter und fragte auf englisch: „Gut?"

McKeag schlug sich ebenfalls auf die Schulter und antwortete: „Gut." Dann deutete er auf Pasquinel. „Er gut gemacht." Dann zog er vor den fasziniert zuschauenden Indianern sein Hemd aus und zeigte, wie einfallsreich Pasquinel es „gut" gemacht hatte: mit einer Art Panzer aus Büffelfell, der es ihm schmerzlos ermöglichte, den Gewehrkolben gegen das gehärtete Fell zu stemmen und ohne Angst vor dem Rückstoß zu feuern. Tönerne Schale betastete den Panzer und gab ihrer Zufriedenheit Ausdruck.

Der Mai und Juni jenes Jahres waren die glücklichsten Monate, die Pasquinel, McKeag und Tönerne Schale miteinander verbrachten. Das Tal war paradiesisch schön. Aber es war so warm geworden, daß die vorüberziehenden Indianer keine Felle mehr anzubieten hatten. Also hätte es für die beiden Weißen eigentlich keinen Grund zum Bleiben mehr gegeben, doch Pasquinel hatte immer noch nicht herausgefunden, wo das Gold war, und weigerte sich aufzubrechen, bevor er es erfahren hatte. Tönerne Schale widmete er so viel Aufmerksamkeit, daß die Arapaho-Frauen, aufmerksame Detektive, wenn es um sexuelle Dinge ging, daraus den Schluß zogen, daß Pasquinel sich zwar in sie verliebt, das Mädchen hingegen McKeag zu ihrem Gefährten auserkoren hatte.

Diese Feststellung fand eine Bestätigung, als ein junger Krieger, der bisher angenommen hatte, daß er Tönerne Schale heiraten werde, mit McKeag Streit suchte. Die Auseinandersetzung wurde beigelegt, indem der Schotte dem jungen Mann ein Büffelfell gab. Nach diesem Eröffnungszug hätte McKeag nun die Werbung fortsetzen können, doch er unternahm nichts.

Um die Mitte des Sommers fragte Pasquinel eine der Frauen: „Was wird Tönerne Schale tun?"

„Schwer", antwortete sie. „Armes Mädchen liebt Roten Bart."

„Wird sie . . ."

Die Frau lachte. „Roter Bart wird niemals Frau nehmen. Das wissen alle."

„Was aber dann?" fragte Pasquinel.

Die Frau lachte wieder. „Tönerne Schale wird dich heiraten. Im nächsten Mond."

Und so geschah es. Obwohl das gesamte Arapaho-Volk – zumindest aber jene Gruppe, die im Blauen Tal lagerte – genau wußte, daß Tönerne Schale Roten Bart bevorzugte, heiratete sie Pasquinel, der ihr durch diesen Winkelzug das Geheimnis des Goldes entlocken wollte. Als McKeag endlich merkte, welche Grausamkeit sein Partner da beging, war er entsetzt. Es war nicht die Bigamie, die ihn so bekümmerte, denn viele Fellhändler hatten neben ihrer weißen Ehefrau in Saint Louis noch eine Indianersquaw in der Prärie, sondern der gefühlskalte Mißbrauch, der da mit einem jungen Mädchen getrieben wurde. Mehrmals war er nahe daran zu protestieren, Pasquinel war jedoch nicht in der Stimmung für eine Debatte über moralisches

Verhalten. Er erwähnte seine Bigamie nicht mit einem einzigen Wort, sondern sagte lediglich: „Ich werde das Gold finden."

Eine große Feierlichkeit gab es nicht. Pasquinel mußte ihrem Bruder ein Gewehr, ein paar Perlen und einen Beutel voll Tabak geben, während Tönerne Schale dabei zusah. Sie hatte sich an diesem Tag mit frischen Stachelschweinborsten und blauen Steinen, die man von den im Süden herumziehenden Indianerstämmen kaufen konnte, besonders schön gemacht. Sie gab sich Mühe, nicht zu McKeag hinüberzusehen, und er erleichterte es ihr, indem er sich ein wenig abseits hielt. Ein Medizinmann deutete zum Himmel, dann zum östlichen Horizont, sagte etwas, was McKeag nicht verstand, und als Pasquinel dann am Abend mit seiner jungen Frau allein war, fragte er sie: „Wo ist das Gold, das dein Vater gefunden hat?"

„Gold?" fragte Tönerne Schale erstaunt.

„Ja, Gold."

„Was für Gold?"

Er war wütend über ihre Dummheit oder ihre Falschheit – er wußte nicht, welches von beiden es war. Als er seine Frage wiederholte und die gleiche Antwort bekam, fragte er verzweifelt: „Warum hast du mich geheiratet, wenn es doch Roter Bart ist, den du liebst?"

Ihre Erklärung, die sie auf englisch gab, verblüffte ihn. „In jener ersten Nacht, vor vielen Jahren, als mein Vater in euer Lager am Beaver Creek kroch . . . da hättest du ihn töten können, und er hätte dich töten können. Er hat dich damals beobachtet und liebte dich sehr, weil du sehr tapfer warst. Darum sagte er zu mir, bevor er sich vor dem Pawnee-Lager anpfählte: ‚Der dunkle Mann wird wiederkommen. Heirate ihn.' Daher wußte ich, daß es so kommen würde."

Pasquinel schwieg eine ganze Weile. Dann fragte er sie: „Hat er dir gesagt, wo das Gold ist, bevor er starb?"

„Nein", antwortete sie.

Er wußte, daß sie log, und wandte sich ab. Das bekümmerte sie so, daß er spürte, wie ihre Schultern zuckten, als weine sie. Er ließ sie allein, überquerte den Bach und wanderte zwischen den Espen auf und ab. Nach einer Weile kam Tönerne Schale zu ihm, schob ihre Hand in die seine und sagte: „Ich bin deine Frau. Ich werde immer helfen."

„Wo ist das Gold?" fragte er sie.

„Ich weiß es nicht", lautete ihre Antwort, aber er war überzeugt, daß sie, sobald sie gelernt hatte, ihm zu vertrauen, ihm das Geheimnis verraten werde. Bis dahin – nun ja, sie war ein schönes Mädchen, und er sah nicht ein, weshalb er nicht seine Freude an ihr haben sollte, solange er sich in der Prärie aufhielt. Er führte sie in ihr Hochzeits-Tipi zurück, und als sie den klaren Bach überquerten, traten sie auf die Kieselsteine, unter denen die Goldnuggets verborgen lagen, die er suchte.

Pasquinel und Tönerne Schale sollten drei Kinder bekommen: den berühmten Jacques Pasquinel („Jake"), geboren 1809; seinen Bruder Marcel („Mike"), geboren 1811; und eine Tochter Lucinda, die unter einem anderen Namen bekannt werden sollte, geboren 1827. Es war eine dauerhafte Verbindung.

Nach drei Jahren vergeblicher Bemühungen, das Gold des Lahmen Bibers zu finden, kam Pasquinel endlich zu der Einsicht, daß seine Frau wirklich nicht wußte, wo es war. Aber er hörte niemals auf, fest daran zu glauben, daß irgendwo in den Bergen eine ungeheure Menge Gold versteckt lag, und er wollte und mußte es finden. Und wenn er in seiner Überzeugung wankend wurde, brauchte er sich nur an jene beiden Kugeln zu erinnern, die er einmal in der Hand gehalten hatte. Die waren Wirklichkeit gewesen, und sie waren aus purem Gold.

Als McKeag und Pasquinel im Jahre 1807 nach Saint Louis zurückkehrten, fanden sie mancherlei Veränderungen vor. Das Haus an der Rue des Granges war größer geworden. Da Lise sehr gern Gäste einlud, wollte sie einige weitere Räume haben, und verwendete all das Geld, das Pasquinel ihr im Laufe der Jahre gegeben hatte, auf Zimmermannsarbeiten. Ihr Vater hatte in seinem Geschäft inzwischen zwei Lehrlinge und sandte die überzähligen Werkstücke den Fluß hinunter nach New Orleans. Seine Gewinne legte er in Grundstücken in Saint Louis an.

Nun folgten Jahre, in denen sich Pasquinel immer häufiger in der Prärie aufhielt, so daß er sich manchmal drei Jahre lang nicht in Saint Louis blicken ließ. Kehrten die beiden Partner dann mit ihren Fellen heim, beobachtete McKeag Lise, um festzustellen, wie sie auf dieses seltsame Verhalten reagierte; doch falls sie sich darüber grämte, so zeigte sie es nicht. Und Pasquinel erwies sich, wann immer er anwesend war, als wahrer Mustergatte und fügte sich in Lises Lebensstil, als wäre er nur ein paar Tage fort gewesen. Er liebte seinen Sohn Cyprian und erzählte ihm voll Begeisterung von seinen Abenteuern im Westen. Des Sonntags führte er seine Frau in die katholische Kirche, deren Pfarrer er mit Geldspenden unterstützte.

Es machte ihm Spaß, sich mit den amerikanischen Offizieren zu streiten, die er bei den Gesellschaften seiner Frau kennenlernte. Er mokierte sich über ihre angeblichen Kenntnisse: „Ist es nicht sonderbar, daß eine Handvoll französischer Waldläufer, die den Westen lieben, mehr darüber wissen sollten als eure ganze kluge Regierung?" Einmal unternahm ein aufgeblasener Oberst mit einer Leibwache von sechs Scharfschützen eine Bootsfahrt nur einhundertfünfzig Meilen weit den Missouri hinauf, also nicht einmal bis in die Nähe der Platte-Mündung. Doch als er wieder in Saint Louis war, gebärdete er sich wie ein großer Held und als Experte für indianische Angelegenheiten. Pasquinel hörte höflich zu, während der Oberst seine Ansichten über die Behandlung der Indianer erläuterte, doch als der Offizier dann von dem großen Mut zu sprechen begann, den er bei seinem Ausflug ins Territorium der Wilden bewiesen habe, konnte Pasquinel sich nicht mehr beherrschen. Er lachte hämisch und sagte: „Oberst, wenn wir auf der Heimfahrt aus richtigem Indianergebiet dorthin kommen, wo Sie gewesen sind, ziehen wir die Wachen ein, dort gibt es sowieso nur Weiber und Kinder.“ Lise, keineswegs empört über diesen Ausfall gegen einen geehrten Gast, zwinkerte ihrem Mann zu, während der Oberst sich kurz darauf verabschiedete.

Im Laufe der Zeit bereiteten ihr die immer länger werdenden Zeiträume, in denen Pasquinel abwesend war, zunehmend Kummer. Zunächst vermutete sie, daß sie etwas falsch mache, daß sie es an irgend etwas vermissen lasse, und einmal, als er drei Jahre lang fortblieb, dachte sie sogar ernsthaft an Scheidung. Der Klatsch, der sich in der Stadt um ihren Ehemann rankte, tat ihr weh, aber sie ließ sich niemals etwas anmerken. McKeag konnte nie herausbekommen, wieviel sie wußte, aber selbst ihm fiel es auf, daß die Ehe langsam in die Brüche ging.

Es schien, als hätte sie einen grundlegenden Entschluß gefaßt: nämlich den, mit oder auch ohne Pasquinel ein angenehmes Leben zu führen und ihren Sohn zu einem ebenso glücklichen und charakterfesten Menschen zu erziehen, wie sie es war. Pasquinel sollte ihnen immer willkommen sein, immer einen Ehrenplatz in ihrem Heim haben, sie aber würden sich nicht von seinem unverantwortlichen Verhalten stören lassen.

Gingen seine Besuche in Saint Louis dem Ende zu, borgte sich Pasquinel, pleite, wie immer, von seinem Schwiegervater Geld, belud sein Kanu und fuhr zum Platte, wo er an einem vorher verabredeten Platz von Tönerner Schale und seinen zwei Söhnen erwartet wurde. Ihr Wiedersehen verlief jedesmal zärtlich und sogar leidenschaftlich. Tönerne Schale hielt stets ein Tipi bereit, das mit allem ausgerüstet war, was Pasquinel schätzte: mit einem Bett aus Weidengerten, versehen mit Rückenlehnen, mit Büffelfellen auf dem Fußboden und einer gut funktionierenden Klappe für den Rauchabzug.

Er liebte seine indianischen Söhne und verwöhnte sie mit Geschenken aus New Orleans und kleinen Gewehren zur Vogeljagd. Besonders nachsichtig war er mit Jacques, der schon mit sechs Jahren auf seinem Schecken dahingaloppierte. Der Junge war sehr eigenwillig. McKeag hatte schon oft versucht, ihn zu erziehen, hatte ihm verboten, mit seinem Pony durch die Lagerstellen zu jagen, wo Indianerfamilien ihre Mahlzeiten kochten; doch Jacques nahm sich seine Ermahnungen nicht zu Herzen, und jedes weitere Eingreifen McKeags erzürnte nur Pasquinel, der aus seinem Sohn einen erstklassigen Reiter machen wollte. Marcel dagegen war ganz anders, ein pausbäckiger kleiner Bursche, der Menschen gern hatte und bald Meister im Ersinnen von

Tricks wurde, mit Hilfe derer er von ihnen alles bekam, was er sich wünschte.

McKeag ahnte, daß die Jungen zwischen der Welt der Weißen und der Welt der Indianer standen, ohne zu wissen, für welche sie sich entscheiden sollten. Pasquinel schenkte ihnen Spielsachen der weißen Kinder, erzog sie aber in der Indianertradition. Beide liebten sie ihren Vater, hielten sich aber meist bei ihrer Mutter auf. Ihre Hauptsprache war Arapaho, genau so gut verstanden sie aber auch jene Mischung von Französisch und Englisch, die gesprochen wurde, wenn die beiden Männer anwesend waren.

McKeag machte sich besonders wegen der Tatsache Sorgen, daß man solche Kinder im ganzen Westen als „Brut" bezeichnete und mit Verachtung behandelte. Er war sicher, daß früher oder später dieses Schimpfwort dem jungen Jacques ins Gesicht geschleudert würde. Und dann würde es Ärger geben.

Die erste Konfrontation dieser Art ereignete sich im Nachkriegsjahr 1816. Pasquinel hatte so große Freude an seinen indianischen Söhnen, daß er sich vornahm, sie und ihre Mutter mit nach Saint Louis zu nehmen, weil er den Jungen die Stadt zeigen wollte. Dabei schien er überhaupt kein Verständnis für den Skandal zu haben, den er damit auslösen mußte, und nicht zu ahnen, wie weh er mit diesem Vorhaben Bockweiß und Lise tun würde. McKeag versuchte ihn darauf hinzuweisen, und Pasquinels Reaktion überzeugte ihn, daß der Waldläufer keineswegs gefühlskalt war, daß es ihn aber ganz einfach nicht kümmerte.

„Mach dir keine Sorgen", sagte Pasquinel, doch McKeag verbot ihm einfach, mit seiner indianischen Familie nach Saint Louis zu fahren, und versuchte ihm zu erklären, in welch schwierige Situation er damit Tönerne Schale bringen würde.

Also schloß Pasquinel einen Kompromiß, indem er entschied, sie wenigstens den Platte hinab, an den Pawnee-Dörfern vorbei und bis zum Missouri mitzunehmen. Dann wollten sie auf dem Missouri bis zum westlichsten amerikanischen Fort hinunterfahren, das erst vor kurzem errichtet worden war: Fort Osage. Dort konnten Tönerne Schale und die beiden Jungen die Zivilisation kennenlernen, ohne daß in Saint Louis ihr Besuch bekannt wurde.

Die Fahrt begann, wie bei einem vergnüglichen Familienausflug, mit der Platzverteilung in den beiden Kanus, und das löste bereits die ersten Unstimmigkeiten aus. Da Pasquinel mit seinen mächtigen Schultern doppelt so kräftig paddeln konnte wie McKeag, wurde es so eingerichtet, daß Pasquinel mit Marcel und vier Fellballen das erste Boot nehmen, McKeag mit Tönerner Schale, Jacques und nur einem Ballen im zweiten Boot folgen sollte. Da Jacques, inzwischen sieben Jahre alt, bereits sehr gut paddeln konnte, würde die Fahrtgeschwindigkeit der beiden Kanus ungefähr gleich sein. Leider klappte es nicht so, wie es geplant war, weil Jacques sich für McKeag als nicht zu bändigender Partner erwies. Forderte der Schotte: „Seitenwechsel!“, weigerte sich Jacques, ihm zu gehorchen, und machte sich nicht einmal die Mühe, seine Verachtung zu verbergen. Kurz ehe sie das Pawnee-Dorf passierten, begann er darüber zu maulen, daß McKeag Pasquinel mit seinem Kanu weit vorausfahren ließ, und hörte nicht auf, herumzunörgeln, bis Tönerne Schale ihn zurechtwies. Doch Indianermütter hatten ihren Söhnen gegenüber wenig Autorität, und Jacques fing mit seiner Krittelei bald wieder von neuem an. McKeag fand es lächerlich, daß er sich von einem siebenjährigen Jungen so in Erregung bringen ließ, doch sobald sie sich dem Missouri näherten, rief er Pasquinel im vorderen Boot zu, er möge anhalten.

„Nimm du ihn!“ sagte er brüsk.

„Was ist denn los? Wirst du nicht mit ihm fertig?“

„Nein“, antwortete McKeag ohne weitere Erklärung, und die Jungen wechselten die Plätze.

Für Tönerne Schale und ihre Söhne war Fort Osage ein richtiges Wunder, ihre erste Bekanntschaft mit der Macht des weißen Mannes. Das Fort war im Jahre 1808 auf einem Felsen zwanzig Meter hoch über dem Missouri erbaut worden; von jedem seiner fünf Türme hatte man einen weiten Blick über den Fluß. Die Rohre einer ganze Batterie Kanonen waren auf die Wasserstraße gerichtet, um feindliche Boote, die sich die Durchfahrt erzwingen wollten, abzuwehren. Für Pasquinel und seine Gruppe, die sich vom Fluß her näherte, sah es beinahe so aus, als warte jede Kanone nur darauf, sie alle von der Wasserfläche zu fegen.

„Seht euch das an!“ sagte Pasquinel zu seinen Söhnen, und als sie die Kanus festgemacht hatten und die steile Klippe hinaufgeklettert waren, fragte er den Wachtposten: „Wann werden die Kanonen abgeschossen?“ Der Wachtposten antwortete: „Kommen Sie mit den Jungen bei Sonnenuntergang.“

Also nahm Pasquinel seine Frau und seine Söhne bei Sonnenuntergang mit zu der Hauptbatterie, die das Gelände im Westen schützte, und als ein Offizier Befehle brüllte, nahmen sie alle Haltung an. Atemlos sahen die Jungen zu, wie die Kanonen feuerten und der dröhnende Knall tief unten im Flußtal widerhallte. „Amerikanische Kanonen!“ lobte Pasquinel. Von den Amerikanern im allgemeinen war er keineswegs sehr beeindruckt, vor ihren Kanonen aber hatte er Respekt.

Der Indianeragent im Fort war Major George Champlin Sibley. Sein militärischer Rang war ein Ehrentitel; er war hauptsächlich als Leiter der Kommissionsstelle tätig, in der gegen Biberfelle Gewehre und Pulver erhältlich waren. Er kleidete sich so korrekt, als wäre er in Washington, und wurde allgemein respektiert. Seit dem Jahre 1808 tat er im Fort Dienst, und die Indianer waren untröstlich, als er es während des Krieges im Jahre 1814 hatte schließen müssen. Seit er wieder hier war, wurde er noch mehr geliebt.

„Es ist ja nicht sosehr der Major“, sagte ein Osage zu Tönerne Schale, „sondern seine Frau.“

Von Mrs. Sibley hatten sie bereits gehört; sie schien eine bemerkenswerte Frau zu sein. McKeag, dem es nicht einleuchten wollte, daß die Frau eines Agenten so sehr geschätzt wurde, bekam zu hören: „Das ist wegen dem Geräusch, das sie macht.“ Darunter konnte er sich nichts vorstellen, doch auch ein Pawnee, der bei seinen Wanderungen nach Süden bis in das Fort gekommen war, schwärmte ihm vor: „Oh, was für ein wunderbares Geräusch sie macht!“

Die kleine Reisegesellschaft bekam diese ungewöhnliche Frau erst am Spätnachmittag des zweiten Tages, den sie im Fort verbrachten, zu sehen. Um fünf Uhr drängten sich ungefähr dreißig Indianer und Fellhändler in den Privaträumen Major Sibleys, wo McKeag in einer Zimmerecke ein Pianino entdeckte. Das Geräusch, von dem die Indianer so hingerissen waren, kam also von einem Klavier. Er mußte lächeln.

Und dann erschien Mrs. Sibley, eine zauberhafte, zierliche Frau in einem zarten, weißen, unter dem Busen geschnürten Gewand, mit rosa Pantöffelchen an den winzigen Füßen und einem hellblauen Band im Haar. Sie war die Tochter eines der führenden Bürger von Saint Louis – Judge Easton war abwechselnd Postmeister, Richter und Kongreßabgeordneter gewesen –, und man sagte, daß sie mit vierzehn Jahren die Gewohnheit hatte, bei Einbruch der Dunkelheit aus der Villa ihrer Eltern zu schlüpfen, zwanzig Meilen weit auf einem ungesattelten Pferd zu Militärbällen zu reiten, die ganze Nacht Walzer zu tanzen und erst bei Morgengrauen wieder zurückzukehren. Viele Offiziere hatten ihr Heiratsanträge gemacht, und kurz nach ihrem fünfzehnten Geburtstag heiratete sie Major Sibley und versprach, „ihm bis ans Ende der Welt zu folgen“. Aber er hatte sie nur zum Fort Osage gebracht. Zuerst fürchtete er, die Indianer könnten seine junge Frau in Angst versetzen, doch bereits nach der ersten Woche hatten die Indianer sie so ins Herz geschlossen, daß sie bereitwillig Saint Louis belagert hätten, wenn dies ihr Wunsch gewesen wäre.

McKeag lächelte immer noch, während sie sich ans Klavier setzte, die Falten ihres schimmernden Gewandes ordnete, sich umdrehte und sich vor den Indianern verneigte. Erfreut stießen die Indianer Begrüßungslaute aus, und sie begann ein Menuett von Mozart zu spielen, das von New Orleans seinen Weg den Fluß herauf gefunden hatte.

Es war entzückend anzuhören, und Tönerne Schale drückte vor Freude ihre Söhne an sich. Einer der Sac-Häuptlinge wandte sich an Pasquinel und flüsterte ihm leise zu: „Jetzt kommt es gleich!“ McKeag beobachtete, wie die Indianer mit funkelnden Augen gespannt den Oberkörper vorbeugten.

Was dann geschah, konnte McKeag nicht so genau definieren. Mary Sibley ging zu einer weitaus lebhafteren Melodie über, während sie mit dem linken Fuß auf äußerst undamenhafte Art und Weise ein gesondertes Pedal bearbeitete, durch das eine hinter dem Klavier versteckte große Trommel in Aktion gesetzt wurde. Das Ganze entpuppte sich als ein französischer Tanz, bei dem die Trommel die Melodie übertönte. Und als die Indianer laut jubelten, begann die zarte Mrs. Sibley zu allem anderen noch mit ihrem rechten Knie einen Blasebalg zu bearbeiten und dadurch ein verborgenes Blasinstrument in Gang zu setzen, das den „Yankee Doodle Dandy" intonierte und zusammen mit der laut dröhnenden Trommel und dem Klavier, auf dem sie mit allen zehn Fingern so laut und so schnell wie nur möglich herumhämmerte, den Salon mit einer Geräuschexplosion füllte.

Für Tönerne Schale war es das Schönste, was sie jemals erlebt hatte, und auch die Jungen waren begeistert von diesen geheimnisvollen, vielfältigen Geräuschen. Nun kam Major Sibley, der den Häuptlingen süßen Punsch und den fünf weißen Händlern Whisky anbot, während seine Frau bei den Frauen und den Jungen kleine Kekse herumreichte. Eines stand eindeutig fest: Das Konzert hätte die ganze Nacht weitergehen können, ohne daß sich die Zuhörer gelangweilt hätten.

Fort Osage wäre auch ohne eine solche Hausherrin ein sehr farbiger Platz gewesen. Hier machten die meisten Händler auf dem Weg an den oberen Missouri halt, und hier gab es gewöhnlich auch einige Abenteurer, die nicht so recht wußten, wohin sie wollten. Die beiden Jungen begeisterten sich an der vielfältigen Aktivität und beobachteten jeden Tag zahllose Dinge, die sie auf der Prärie niemals zu sehen bekommen hatten: das Beschlagen eines Pferdes, das Anstechen eines Bierfasses, die Reparatur eines Kielbootes, Sibleys Kommissionsladen mit seinen Nägeln, Eimern und Besen. Und sogar Marcel, damals erst fünf, schien beim Verladen von Maultierzügen und beim Entladen von Flußbooten jede Szene mit den Augen verschlingen zu wollen.

Probleme gab es allerdings auch. Fort Osage war ein amerikanischer Militärposten, ganz unfranzösisch und auch ohne die geringsten Anzeichen, die an die ehemalige Besetzung durch die Spanier erinnerten. Der Kommandant stammte aus Delaware, seine Männer aus Kentucky und Tennessee, und alle hatten sie ihre Vorurteile mitgebracht. Den Franzosen mißtrauten sie; die Indianer verachteten sie, und Pasquinel versuchten sie bei den gemeinsamen Mahlzeiten zu verhöhnen, indem sie ihn „Squaw Man" nannten, denn sie wußten, daß dieser Ausdruck meist zu Handgreiflichkeiten führte. Er jedoch akzeptierte ihn mit einem Lachen und fügte dann sogar noch hinzu: „Aber sicher! Großartige Ehefrau."

Etwas ganz anderes jedoch war es, wenn sie – mit Worten oder Taten – Tönerne Schale angriffen und beleidigten. Die Indianerin war eine schöne Frau, deren schwarzes Haar ihr bis weit über die Schultern hinabreichte, und deren Gesichtsausdruck die für ihre Rasse so charakteristische ruhige Gelassenheit ausstrahlte. So war es unvermeidlich, daß sich Zwischenfälle ereigneten, doch jedesmal, wenn solches geschah, war wie der Fangzahn einer Klapperschlange urplötzlich Pasquinels Messer da, und sogar Betrunkene wichen vor ihm zurück.

In jenem Jahr richtete sich in New Orleans wegen des Krieges die Stimmung gegen die Franzosen. Gerüchte machten die Runde, die Franzosen der Region hätten die britischen Angreifer unterstützt, und so war es keineswegs überraschend, daß ein Neuankömmling aus Virginia, der die Verteidigungsanlagen der Vorposten kontrollieren sollte, gegen Pasquinels Anwesenheit am Gemeinschaftstisch etwas einzuwenden hatte. „Ich, als Gentleman, pflege nicht mit Verrätern zu dinieren“, verkündete er überheblich. Schweigend stand Pasquinel auf und verließ den Tisch. In diesem Augenblick erschien Tönerne Schale, die mit ihren beiden Söhnen zum Essen kam.

Der Virginier, ermutigt durch seinen leichten Sieg über den Ehemann, dachte gar nicht daran, eine Squaw an seinem Tisch zu dulden, und sagte streng: „Dies ist nur für Amerikaner. Indianer haben keinen Zutritt.“ Tönerne Schale entfernte sich gehorsam. McKeag, der die Szene von seinem Platz aus beobachtete, ahnte Böses, Pasquinel aber unternahm nichts.

Jacques jedoch hatte nicht die geringste Lust, ohne das Essen zu verschwinden, in dessen Reichweite er doch schon gewesen war, und drängte sich energisch an den Tisch. Der Virginier stieß ihn fort. „Ich dulde keine Brut! Raus mit dir!“

Wie der Blitz war Pasquinels Messer gezückt, und mit einem furchtbaren Auswärtsstreich fügte er dem Virginier eine beinahe tödliche Schnittwunde quer über die Kehle zu. Der Anblick von Blut erregte nun auch die anderen, die sich auf Pasquinel stürzten. Dabei wurde Tönerne Schale umgeworfen. McKeag reagierte automatisch und warf sich, um sie zu schützen, mit seinem Messer ins Getümmel. Irgend jemand aus dem Fort gab einen Pistolenschuß ab, worauf die Soldaten hereingelaufen kamen, um die Kampfhähne zu trennen.

Pasquinel und McKeag begannen einen geordneten Rückzug anzutreten und bildeten gemeinsam einen Schutzwall, hinter dem sich Tönerne Schale und ihre Söhne retteten. Auf diese Weise gelang es ihnen, den Speisesaal zu verlassen.

Pasquinel hatte einen leichten Schnitt quer über die Brust davongetragen. McKeag eine Wunde an der Hand, deren Blutung schnell gestillt war. Tönerne Schale selbst war unverletzt geblieben, stieß aber einen schrillen Schreckensschrei aus, als sie entdeckte, daß Jacques aus einer Schnittwunde auf der rechten Wange blutete, wo ihn ein für seine Mutter gedachter Messerstich getroffen hatte. Zehn Zentimeter tiefer, und seine Kehle wäre durchschnitten worden.

Der Junge gab keinen Laut von sich. Als er seine Verletzung

berührte, sah er das Blut und preßte die Finger auf die Wunde, um es zum Stehen zu bringen. Seine Blicke irrten von einer Seite zur anderen, die Einzelheiten der Szene unauslöschlich in sein empörtes Gedächtnis prägend: die Lichter außerhalb des Raumes, die herumrennenden Soldaten, den Schnitt auf der Brust seines Vaters, vor allem aber die Todesangst seiner Mutter. Er war sieben Jahre alt, aber er würde dies alles niemals vergessen.

Am nächsten Morgen erschien der Agent in Pasquinels Unterkunft und gab ihm den Rat: „Sie sollten möglichst schnell nach Norden aufbrechen."

„Aber die anderen haben angefangen", erwiderte Pasquinel.

„Davon bin ich überzeugt", sagte Major Sibley. „Aber es ist ein zu großes Risiko. Sie länger hierzubehalten, meine ich."

McKeag für seine Hilfe bei diesem Kampf zu danken, hielt Pasquinel nicht für notwendig. Beiden Männern war es eine Selbstverständlichkeit, dem Freund und Partner zu Hilfe zu kommen, und dieses stillschweigende Übereinkommen brauchte nicht immer wieder erneuert zu werden. Bekümmert war McKeag, als Pasquinel beiläufig zu ihm sagte: „Fahr du mit Tönerner Schale und den Kindern zu den Buttes zurück. Ich werde die Felle nach Saint Louis bringen." McKeag gab ihm zu bedenken, daß dies nicht der richtige Zeitpunkt sei, seine Indianerfamilie zu verlassen, da die drei ja bereits durch die Vorfälle im Fort aus dem Gleichgewicht gebracht worden seien, Pasquinel aber schob jeden Einwand kurzweg beiseite: „Ich möchte Lise und meinen Sohn sehen." In diesem Sommer dann, nach mehrjähriger Abwesenheit, zeugte er seine Tochter Lisette.

Während Pasquinel in Saint Louis fröhliche Stunden verlebte, paddelte McKeag also mit Pasquinels zweiter Familie in einem von Hader belasteten Kanu westwärts. Tönerne Schale genoß dieses Zusammensein mit McKeag und begann diesen stillen, ruhigen Mann wieder zu lieben. Er aber hatte Angst vor ihr, die als Ehefrau seines Partners endgültig tabu für ihn war. Der kleine Jacques benahm sich widerwärtig, weil er jeden Augenblick dieser Fahrt ohne seinen Vater haßte. Er spürte die Spannung, die zwischen seiner Mutter und McKeag herrschte, und argwöhnte, daß zwischen McKeag und seinem Vater etwas nicht stimmte. Er fühlte sich verloren in einer Welt der Unsicherheit und des Hasses und versuchte, seine Wut an seinem kleinen Bruder auszulassen. Doch der pausbäckige Marcel lachte nur über seine Quälereien.

Als die kleine Gruppe auf der Heimreise das Pawnee-Dorf verließ, war zwischen McKeag und Jacques eine Art Waffenstillstand geschlossen worden, und so hätten die Reisenden den Beaver Creek vermutlich ohne Zwischenfall erreicht, wäre nicht eine Schar Kiowa aus einem abgelegenen Gebiet im Süden, wo es noch nicht viele Schußwaffen gab, heraufgekommen, um bei den Pawnee Gewehre einzutauschen. Im

Dorf befand sich zum selben Zeitpunkt der Agent einer englischen Pelzfirma, der in den Kiowa sogleich ein Werkzeug sah, mit Hilfe dessen er sich von einer drückenden Konkurrenz befreien konnte. Also bot er den Kriegern zwei ziemlich abgenutzte Gewehre sowie eine Flasche billigen Whisky an, wenn sie dafür McKeags wehrlose Gruppe verfolgen und aus dem Weg schaffen würden. Die Kiowa, die wieder eine Chance witterten, zwei Kinder für ihr Dorf zu entführen, machten sich sofort auf den Weg.

An einer seichten Stelle des Flußes holten sie das Kanu ein. McKeag und Tönerne Schale hatten bereits Schwierigkeiten, weil das Wasser bereits zu seicht zum Paddeln war, und ahnten Schlimmes, als sie die Fremden herankommen sahen. McKeag holte vorsichtshalber sein Arsenal heraus, ordnete seine Waffen, wie er es von Pasquinel gelernt hatte, zog das Kanu an eine Uferböschung und erklärte Tönerne Schale noch einmal, wie man die beiden Gewehre lud.

Die Kiowa hielten in einiger Entfernung an und schickten einen Pfeilhagel herüber, der aber keinerlei Schaden anrichtete. McKeag wartete ab, bis sie näher heran waren, und sah, daß es sich um sechs Krieger handelte. Sein erster Schuß würde entscheidend sein. Sorgfältig zielend, hielt er den Atem an, während die Indianer näherkamen, und drückte ab. Blutüberströmt brach der Anführer tot zusammen. Als sich die anderen daraufhin zurückzogen, nahm McKeag Tönerne Schale das zweite Gewehr aus der Hand und tötete ein Pferd. Der Reiter fiel, verhedderte sich in den Zügeln, und da die erste Flinte bereits wieder geladen war, hätte McKeag ihn unschwer erschießen können, begnügte sich klugerweise aber damit, ihm einen Schuß ins Bein zu verpassen. Nunmehr entstand lärmendes Durcheinander, dann jedoch machten sich die Kiowa aus dem Staub. Sie hatten die Perlen, sie hatten den Whisky. Sie hatten versucht, den Händler zu töten, aber das konnten sie auch ein anderes Mal erledigen. Also halfen sie dem Verwundeten auf das Pferd des Toten und ritten nach Süden.

Erst als die Indianer ganz aus dem Blickfeld verschwunden waren, entdeckten sie bei Jacques die einzige Blessur, die ihnen zugefügt worden war. Ein ziellos abgeschossener Kiowa-Pfeil hatte ihn an der Hand getroffen und ihm die Kuppe des kleinen Fingers abgeschnitten. Tönerne Schale suchte die Pfeilspitze, die schärfer als ein Messer war, und McKeag bohrte ein kleines Loch durch den Schaft, damit Jacques sie an einem Riemen um den Hals tragen konnte.

Ein richtiges Kind war er noch – und war doch schon zweimal verwundet worden: einmal durch das Messer eines Weißen und einmal durch den Pfeil eines Indianers.

Pasquinel fühlte sich so wohl in Saint Louis, daß er seinen Aufenthalt verlängerte. Lise hatte ihn mit der Nachricht überrascht, daß sie das

Steinhaus an der Rue des Granges verkauft habe, um statt dessen ein großes Backsteinhaus oben am Berg zu bauen, und als Pasquinel protestierte, kein Mensch werde so hoch hinaufklettern, nur um der Familie einen Besuch abzustatten, beruhigte sie ihn: „Bald werden alle wichtigen Familien hier oben wohnen. Die Presbyterianer bauen sogar ihre Kirche hier.“

Das Leben mit Lise war weitaus schöner, als er es sich in der Erinnerung vorgestellt hatte, und manchmal fragte er sich, wieso er eigentlich ein so angenehmes Heim aufgegeben und sich mit den Entbehrungen in der Prärie begnügt hatte. Hermann Bockweiß machte mit seinem Silber gute Geschäfte, Pasquinel bemerkte jedoch, daß der vorsichtige Deutsche mit seinen Gewinnen immer noch Grundstücke erwarb, deren Wert steigen würde, sobald sich die Stadt ausdehnte. Diese Möglichkeit hatte Bockweiß auch ins Auge gefaßt, als er seinen Schwiegersohn beiseite nahm und zu ihm sagte: „Warum bleibst du nicht endgültig hier? Du wirst langsam älter. Dein Sohn braucht dich.“

Pasquinel antwortete, es sei sein Beruf, in die Berge zu gehen und Felle einzuhandeln. „Nein“, widersprach Bockweiß. „Dafür hast du einen Partner. Überlaß ihm den Tauschhandel.“

Pasquinel erwog diesen Gedanken sorgfältig, denn es steckte tatsächlich Logik darin. McKeag mit seinen Sprachkenntnissen war jetzt der Handelsexperte von ihnen beiden, und bald würde auch Jacques alt genug sein, um ihm zu helfen. Tönerne Schale? Die spielte keine große Rolle. Eine Indianersquaw, die gelernt hatte, mit einem weißen Fellhändler zu leben, brauchte niemals lange zu warten, bis der nächste kam, und außerdem brauchte McKeag früher oder später auch eine Frau.

Es sprach also alles dafür, daß er in Saint Louis blieb. Zuletzt entschied er sich aber trotzdem dagegen. Im Dezember saß er wieder in seinem Kanu und fuhr gegen Westen, und als er die Rattlesnake Buttes erreichte, gab es das übliche freudige Wiedersehen, und sogar der kleine Jacques war wieder glücklich.

McKeag staunte über die Mühelosigkeit, mit der Pasquinel von einer Familie zur anderen überwechselte, ebenso aber über die Bedenkenlosigkeit, mit der er das bewerkstelligte. Wenn er Pasquinel allerdings mit anderen Händlern verglich, die ebenfalls indianische Ehefrauen hatten, dann mußte er zugeben, daß Pasquinel dieses Problem mit weitaus größerem Anstand bewältigte als diese. Die anderen vernachlässigten unweigerlich eine ihrer beiden Familien. Nicht so Pasquinel: er behandelte beide vollkommen gleich. Er liebte Lise und war stolz, mit welchem Geschick sie seinen Haushalt regierte, während er Tönerne Schale nach seiner ersten Enttäuschung mit dem Gold als die Persönlichkeit akzeptierte, die sie war. Er gab sich Mühe, ein guter Vater zu sein, und bewies seinen Halbblutkindern in gleichem Maße Zuneigung wie seinen weißen Sprößlingen.

Während eines seiner Besuche bei seiner Familie in Saint Louis, im Herbst 1817, faßte er einen folgenschweren Entschluß. Da er sah, daß Bockweiß in New Orleans und den kleineren Ansiedlungen am Mississippi einen großen und lukrativen Markt für seine größeren Silberarbeiten gefunden hatte, sagte er zu seinem Schwiegervater: „Es ist nur Zeitverschwendung, wenn du weiterhin Flitter für die Indianer machst."

„Stimmt", antwortete der Deutsche. „Aber woher willst du das Zeug sonst nehmen?"

„Ich brauche es nicht mehr. Ich höre auf mit dem Tauschhandel. Von nun an werde ich selbst Fallen stellen."

Bockweiß runzelte unwillig die Stirn, denn oft genug waren ihm Geschichten über Waldläufer zu Ohren gekommen, die versucht hatten, die Indianer zu übergehen und selbst Biber zu fangen. Sie alle waren mit einem Pfeil im Herzen gestorben. „Die Indianer werden gegen dich kämpfen", warnte er Pasquinel.

Der zuckte die Achseln. „Auch Fellhändler werden umgebracht", antwortete er in Erinnerung an seine eigenen Erlebnisse.

Bockweiß wollte widersprechen, als er jedoch erkannte, daß Pasquinels Entschluß feststand, gab er auf. „Wie viele Fallen wirst du brauchen?" erkundigte er sich.

„Für den täglichen Gebrauch in den Flüssen vierzehn. Als Reserve sechs."

„Ich werde sie dir besorgen", versicherte Bockweiß. Und so kam es, daß Pasquinel mit Biberfallen an Stelle der Tauschwaren auf ein Abenteuer auszog, das ihn mit seiner indianischen Familie bis hoch in die Rocky Mountains hinauf führen sollte. Als er McKeag und Tönerne Schale traf, sagte er sofort zu ihnen: „Keine Tauschwaren mehr. Kein Tauschhandel mehr. Wir werden jetzt selbst Fallen stellen."

„Und was werden die Indianer tun?" erkundigte sich McKeag.

„Die werden uns natürlich bekämpfen", antwortete Pasquinel. „Und uns wahrscheinlich töten. Aber ebensogut können wir auch als reiche Männer sterben."

„Weißt du denn, wie man Fallen stellt?" fragte McKeag.

„Ich weiß das hier." Und er zeigte McKeag und seinen Söhnen eine kleine Flasche Castoreum. Am nächsten Morgen demonstrierte er ihnen das Fallenstellen:

„Man stellt die Falle ungefähr zehn Zentimeter unter dem Wasserspiegel auf. Ein Ende der Kette befestigt man an der Falle, das andere an einem Stück Holz. Das Holz muß abgestorben sein, sonst macht der Biber dort halt und frißt. Dann steckt man einen zweiten trockenen Ast so in die Uferböschung, daß das Ende oberhalb der versteckten Falle herausragt. Und an das Ende dieses Stockes schmiert man das Castoreum. So etwa. Jetzt wird kein Biber diesen Bach herunterkommen, ohne dem Geruch nachzugehen und festzustellen, was los ist. Um das Holz mit dem Castoreum zu erreichen, muß er sich direkt auf die Falle stellen. Rrrummms! Er taucht ins Tiefe, und das Gewicht der Kette läßt ihn ertrinken. Wenn man am folgenden Tag kommt, hat man einen Biber."

Im Januar, Februar und März, den Monaten, in denen man keine Fallen aufstellen konnte, studierte Pasquinel die Dämme und kalkulierte, wo die Tiere bei Einsetzen des Tauwetters wohl aus der Überwinterung auftauchen würden. McKeag übernahm inzwischen die Verantwortung für das Herbeischaffen von Nahrung, wobei er in seiner Sparsamkeit einen jeden Tag als verloren ansah, an dem er Kugeln verschossen hatte, ohne ein Stück Wild heimzubringen. Truthahn, Gabelbock, Büffelkälber, junges Hochwild – alles war hervorragend eßbar. Zu seinen Aufgaben gehörte aber auch noch das Trocknen der Felle; so machte er zum Beispiel zwei erstklassige Büffelfelldecken für ihre Betten. Und um rechtzeitig vorbereitet zu sein, wenn Pasquinel die ersten Biber brachte, suchte er im Verlauf des Winters nach Espenschößlingen, die er schnitt, zu Reifen mit einem Durchmesser von ungefähr vier Fuß zusammenbog und die Enden mit Hirschsehnen befestigte. Auf diese Weise erhielt er schöne, kräftige Rahmen.

McKeag wurde Experte im Häuten von Bibern: ein rascher Schnitt vom Hals bis zum After, vier schnelle Schnitte rings um die Beine, und die Haut war ab. Mit Hilfe einer langen Knochennadel, in die er Hirschsehnen gefädelt hatte, nähte er die feuchte Haut mit großen Achterstichen auf den Rahmen. Zuweilen hingen dreißig Biberfelle gleichzeitig zum Trocknen im Lager.

McKeag war es auch, der eine Presse baute, ein überaus wichtiges Instrument, da ein Transport von zweihundert Biberfellen in loser Form praktisch unmöglich war. Die Felle mußten also gepreßt werden. Aus kräftigen Baumstämmen konstruierte er einen rechteckigen Kasten mit vertikalen Schlitzen an jeder Seite. In diesen Kasten kamen die von der Sonne gegerbten Biberfelle, und wenn der Stapel ein wenig wuchs, wurde ein langer, schwerer Pfahl in die Schlitze gelegt, so daß er direkt auf den Fellen ruhte. Nunmehr befestigte McKeag das dicke Ende des Pfahles an in den Boden getriebenen Pflöcken, und dann schwangen sich er und Pasquinel unter lauten Zurufen und heftigem Keuchen auf das hochstehende freie Ende, um es mit ihrem Gewicht langsam hinunterzudrücken. Dadurch wurden die Felle zu einem festen, handlichen Paket gepreßt. Diese Vorrichtung war aber nicht nur praktisch, sondern außerdem ein Riesenspaß. McKeag fand es herrlich, mit seinem Partner hoch in der Luft zu schweben, sich gemeinsam mit ihm anzustrengen und ihn rufen zu hören: „Verdammt noch mal, du Klappergestell! Häng dich drauf!" Und dann schwitzten, schrien und kämpften sie, bis das freie Pfahlende den Boden berührte. Es war das Schönste am ganzen Fallenstellen.

Ungefähr achtzig Felle faßte die Presse, und wenn sie sauber zu einem Ballen zusammengedrückt waren, packte McKeag sie in feuchtes Hirschleder, während Pasquinel die Nähte schloß. Ein solcher Ballen war über sechshundert Dollar wert, wog ungefähr einhundert Pfund, war hart wie Stein und wasserdicht.

Die beiden waren gute Trapper und brachten unter Assistenz der Jungen im ersten Jahr sechs Ballen zusammen. Mit den Sioux hatten sie keine Schwierigkeiten; das einzige Problem bildeten die Arapaho, aber nicht etwa, weil sie ihnen feindlich gesinnt waren, sondern weil sie sich zu freundlich zeigten.

Den Winter 1818 beschloß Pasquinel am Beaver Creek zu verbringen und errichtete aus den Baumstämmen, die er am Platte fand, eine gemütliche Grassodenhütte mit Holzpfosten an jeder Ecke und einem Türrahmen aus Holz. Da er zu Recht vermutete, daß dieser Winter sehr kalt werden würde, wies er seine Söhne an, möglichst viele Zweige zu sammeln, mit denen er eine ganze Seite der Hütte auspolsterte. So sah alles recht gut aus – bis die Arapaho kamen.

An einem kalten Januartag erschien Häuptling Große Gans an der Hüttentür. „Kalt. Kalt“, stöhnte er. „Ich bleibe hier.“

„He, Augenblick!“ protestierte McKeag, der ihm den Eingang zu verwehren suchte.

„Warm. Ich bleibe hier.“

„Das kannst du nicht!“ schimpfte McKeag. Dann schickte er Marcel, um die Mutter zu holen.

„Ich bleibe.“ Große Gans verschaffte sich mit Gewalt Einlaß. „Ich bin ihr Onkel.“ McKeag konnte machen, was er wollte, es gelang ihm nicht, den kräftigen Arapaho von der Stelle zu bewegen. Die Hütte gehörte Tönerner Schale, und da er ihr Onkel war, gehörte sie auch ihm.

Als die anderen Arapaho sahen, wie bequem Große Gans die Hütte seiner Nichte fand, beschloß ein weiterer Onkel, sich ihnen anzuschließen: „Ich Roter Büffel. Ich Onkel.“ Damit breitete er seine Felle auf dem Fußboden vor Marcels Bett aus.

McKeag war außer sich. Eine Weile zankte er sich mit den beiden Häuptlingen herum, dann sagte er zu Pasquinel: „Zum Teufel, das sind gar nicht ihre Onkel! Das sind ja nicht einmal ihre Vettern!“ Vergebens bemühte er sich, sie hinauszubefördern; sie wiesen lediglich darauf hin, daß dieser Winter bald vorüber sei, sie würden also höchstens zwei bis drei Monate bleiben. Und dann überredeten sie einen weiteren Onkel, zu ihnen in die Hütte zu kommen, so daß es drinnen immer wärmer wurde.

Die drei Häuptlinge zeigten den Jungen, wie die Indianer Tipis errichteten und Büffel jagten, und beeindruckten sie mit Erzählungen über die Tapferkeit ihres Großvaters Lahmer Biber und seine zahlreichen, berühmten Berührungen. Jacques war in jenem Winter neun, Marcel sieben, und in diesen Monaten machten die drei Häuptlinge sie endgültig und unwiderruflich zu überzeugten Indianern. Nun waren sie keine Mischlinge mehr, sie waren eindeutig Arapaho.

Pasquinel selbst erkannte, wie wertvoll es war, daß seine Söhne von den drei Onkeln unterrichtet wurden, sah aber auch, daß diese gefräßigen, ungeladenen Gäste einen Großteil seiner Vorräte verbrauchten. Sobald sie einen Behälter mit Essen entdeckten, eigneten sie ihn sich kurzerhand an. Bleikugeln waren ebenfalls eine Versuchung, und bei Tabak konnten sie einfach nicht widerstehen. Wenn sie einen Freund hatten, dessen Büffelfell abgetragen war, stibitzten sie eines von McKeag.

„Ich kann doch nicht den ganzen Arapaho-Stamm kleiden und ernähren!“ rief Pasquinel eines Morgens verzweifelt, als Roter Büffel mit einer seiner Decken davonzog.

„Es sind meine Onkel“, erklärte Tönerne Schale.

Es kam so weit, daß sich McKeag und Pasquinel in jedem Herbst zunächst in den Pawnee-Dörfern, durch die sie kamen, erkundigten, wo denn die Arapaho wären. Antworteten die Pawnee: „Am South Platte“, erwiderte Pasquinel: „Na schön, dann gehen wir zum North Platte.“ Und dort, am Zusammenfluß von Laramie und Platte, ereigneten sich die unseligen Vorfälle des Jahres 1823.

Die Biberjagd in jenem Jahr war nicht sehr erfolgreich gewesen. Die von der englischen Fur Company ausgesandten Trapper hatten das ganze Gebiet praktisch ausgeplündert und bezahlten sogar die Assiniboin, Pasquinels Lager immer wieder heimzusuchen. Es kam zu Scharmützeln, bei denen Pasquinel sich gezwungen sah, zwei Indianer zu verletzen. Der Winter war nicht leicht.

Was aber alles noch schlimmer machte: Jacques Pasquinel war inzwischen vierzehn geworden, und sein Vater wollte ihn natürlich in die Geheimnisse des Fallenstellens einweihen, so daß McKeag sich, wenn sie zusammen arbeiteten, überflüssig vorkam. Als dann das Fallenstellen nur wenig Erfolg hatte, wurde McKeag reizbar, folgerte, der junge Jacques sei nicht tüchtig genug, und machte hin und wieder entsprechende Bemerkungen.

Jacques war ein hitzköpfiger Kerl, der sich von einem Mann, den er verachtete, keine Kritik gefallen lassen wollte. Deswegen wollte er mit ihm kämpfen, sofort, auf der Stelle, sein Vater aber redete es ihm aus. „McKeag ist unser bester Freund“, sagte er.

„Auf so einen Freund verzichte ich!“ fuhr Jacques auf, und als Ende März eine ganze Serie von Fallen nicht einen einzigen Biber lieferte, wartete er nur darauf, daß McKeag etwas darüber sagte.

„Die Fallen waren zu hoch gesetzt“, beschwerte sich tatsächlich der Schotte.

Jacques wollte sich auf ihn stürzen, doch Pasquinel hielt ihn zurück. Das wiederum legte McKeag als Parteinahme aus und fügte hinzu: „Von jetzt an werde ich die Fallen aufstellen.“

Jacques riß sich von seinem Vater los und packte McKeag voll Wut bei der Kehle. „Ich habe die Fallen richtig gesetzt!“ sagte er grimmig. „Und morgen werde ich sie auch wieder richtig setzen.“ Er stieß McKeag von sich, und der Schotte hätte sein Messer gezogen, wäre Tönerne Schale nicht dazwischengetreten. Ihrem Sohn beruhigend zuredend, drängte sie McKeag sanft beiseite.

Aber der Kampf war lediglich aufgeschoben. Als sich McKeag am folgenden Tag anschickte, die Fallen aufzustellen, bestritt ihm Jacques das Recht dazu. McKeag stieß den Jungen schweigend beiseite, und Jacques riß sein Messer aus dem Gürtel. McKeag hatte so etwas erwartet und war darauf vorbereitet.

Während sie kämpften, konnte McKeag einmal flüchtig die Augen des Jungen sehen und zwar gerade, als dieser zustieß. Er war entsetzt über das, was er darin sah: den abgrundtiefen Haß, den leidenschaftlichen Zorn eines völlig fremden Menschen. Er hatte dem Jungen nur eine Lektion erteilen wollen, der Junge dagegen wollte ihn töten.

Jacques machte geschickt eine Finte nach links, brachte McKeag aus dem Gleichgewicht, stieß zu und traf ihn voll unter der linken Achsel. Bevor der unerfahrene Junge sein Messer wieder herausziehen konnte – „Niemals das Messer bis zum Heft hineinstoßen“, warnten die Kampferfahrenen immer wieder, „weil es sich nur schwer wieder herausziehen läßt“ –, packte McKeag plötzlich seinen Arm, warf ihn herum und legte ihn auf den Rücken. Mit einem wilden Sprung landete der Schotte auf dem Jungen und setzte ihm das Messer an die Kehle. Er hätte Jacques töten können, und vielleicht hätte er es wirklich tun sollen.

Statt dessen erhob er sich, half Jacques auf die Beine und ging in die Hütte. Obwohl er stark blutete, packte er seine Sachen und machte sich abmarschbereit.

Er befand sich neunhundert Meilen von Saint Louis und hatte nicht genug Vorräte, nichts aber konnte ihn zum Bleiben bewegen. Laut rufend kam Pasquinel hinter ihm her. „McKeag, bist du wahnsinnig?“ schrie er ihn an. McKeag aber ging weiter nach Süden.

Tönerne Schale kam ebenfalls. Sie bat ihn, sich wenigstens von ihr verbinden zu lassen. Doch während sie ihn am Ärmel zog, während Pasquinel auf ihn einredete, blieb er unvermittelt noch einmal stehen und rief schroff: „Dieser Junge bringt euch noch alle um!“ Damit verschwand er in der Prärie.

Im ganzen Westen kursierte bald die Neuigkeit: „McKeag hat sich von Pasquinel getrennt und arbeitet jetzt selbständig.“ Zuerst fand die Nachricht keinen Glauben, im Juni jenes Jahres jedoch kam Pasquinel mit drei Ballen Biberfellen nach Saint Louis, während von dem Schotten weit und breit nichts zu sehen war. McKeag kam erst einige Zeit später den Fluß herab – mager, reizbar und mit nur einem einzigen Ballen. Als er die Felle in Bockweiß' Büro auf den Fußboden warf, richtete ihm der Vorarbeiter aus: „Mr. Bockweiß möchte Sie sprechen.“ Da er den Deutschen vorläufig nicht sehen wollte, scherte er sich nicht darum und ging. Bockweiß jedoch spürte ihn in seiner elenden Hütte am Flußufer auf.

„Könnte ich Sie bitte sprechen, McKeag?“ Der Schotte knurrte nur. „Von Mann zu Mann?“ Wieder ein Knurren.

Bockweiß setzte sich auf eine Kiste, räusperte sich und begann mit einem Thema, das ganz eindeutig nicht der Grund für sein Kommen war: „Haben meine Leute Ihnen das Geld für die Felle ausgezahlt? Gut. Brauchen Sie Vorschuß?“

„Ich habe selber Geld – auf der Bank.“

„Ich spreche jetzt zu Ihnen als Vater.“ Bockweiß senkte seine Stimme. „McKeag, hat Pasquinel in New Orleans eine Frau?“

„Fragen Sie ihn doch selbst.“

„Ich frage Sie. Ich bitte Sie, mir zu helfen! Als Vater!“

„Ich bin nie in New Orleans gewesen“, antwortete McKeag.

„Hat er Ihnen jemals etwas erzählt . . .? Sie kennen ihn doch besser als jeder andere.“

Mit ruhigem, emotionslosem Ton antwortete McKeag: „Ich habe ihn mehrmals sagen hören . . . verschiedentlich . . . eine Frau in Montreal, in Detroit, in New Orleans. Quebec auch, glaube ich. Das war natürlich alles Scherz.“

Bockweiß stand auf, die Hand an seine Stirn gepreßt. Dann setzte er sich wieder und sagte: „Sie waren 1816 in Fort Osage, als er mit dem Messer auf diesen Mann losgegangen ist.“ Da diese Nachricht bis nach Saint Louis gelangt sein mußte, nickte McKeag.

„Hatte er eine Indianerfrau bei sich? Zwei Söhne?“

McKeag dachte eine Weile nach und kam dann zu dem Schluß, er sei nicht verpflichtet, über die indianische Familie seines Partners Auskunft zu geben. Wortlos erhob er sich und wollte hinaus, Bockweiß aber packte ihn am Arm. „Bitte, ich bin ein Vater, der seine Tochter schützen möchte.“ McKeag machte sich los, aber Bockweiß verstellte ihm den Weg. „Ich bin nach New Orleans gefahren“, erklärte er gebrochen. „Ich habe die Frau kennengelernt. Sie waren wirklich verheiratet . . . Sie hatte Papiere . . . Kinder . . .“

Mit ungewohnter Brutalität stieß McKeag den Deutschen zur Seite. Er konnte es nicht ertragen, schmutzige Geschichten über Pasquinel zu hören – weder darüber, was dieser in New Orleans getan hatte, noch darüber, was in Fort Osage geschehen war. Der Franzose hatte ihn in mancher Hinsicht schlecht behandelt, und sein Verhalten Tönerner Schale und Lise gegenüber war erbärmlich. Doch Pasquinel war der einzige echte Freund, den McKeag jemals gehabt hatte, deswegen dachte er nicht daran, sich Klatschgeschichten über ihn anzuhören, auch jetzt nicht, da ihre Partnerschaft nicht mehr bestand. Mit langen Schritten eilte er zum Flußufer, kletterte in sein Kanu und verschwand.

Er wurde ein sehr einsamer Mann, der ruhelos durch die Prärie streifte. Er baute sich seine Kanus selbst und sorgte dafür, daß seine Fallen stets gut geölt waren. Wo andere nicht einen einzigen Ballen Felle zusammenbrachten, war er erfolgreich, so daß man schließlich von ihm sagte: „Er riecht Castoreum früher als jeder Biber."

Aber er war allein, abgeschnitten von den wenigen Menschen, die ihm etwas bedeuteten. In manchen Jahren machte er sich nicht einmal die Mühe, nach Saint Louis zu fahren. Er sammelte möglichst viele Felle, baute sich eine eigene Presse, betätigte sie allein mit seinem eigenen Gewicht, und wenn zufällig ein Trapper vorbeikam, verkaufte er ihm seine Ballen zu einem Bagatellpreis und überließ es dem Fremden, sie zu einem enormen Profit in Saint Louis loszuschlagen.

Mehrmals versuchte die englische Fur Company, ihm das Handwerk zu legen, aber die Indianer vertrauten ihm und gaben sich nicht dazu her, ihm gegen Geld Schaden zuzufügen. Kein Trapper war zu jener Zeit bei den Pawnee, den Ute, den Arapaho und den Cheyenne besser gelitten als der rotbärtige Schotte. Er gab ihnen gute Ratschläge und half ihnen bei ihrem Handelsverkehr mit den Amerikanern. Im Jahre 1825 tauchte er als Dolmetsch der Ute in Santa Fe auf, meistens aber blieb er in dem Gebiet zwischen den beiden Plattes, wo er entweder am Laramie oder an den Rattlesnake Buttes überwinterte.

Während des schweren Winters 1827, als der Schnee fünf Meter hoch in den Pässen lag, verbrachte er drei ganze Wochen in seiner Hütte tief unter einer Riesenschneewehe, ohne ein einziges Mal den Himmel zu sehen. Zu jener Zeit dachte er zum erstenmal in seinem Leben ernsthaft an den Tod. In den vergangenen sieben Monaten hatte er keinen Menschen zu Gesicht bekommen, und nun, in der Dunkelheit, wagte er es nicht einmal, Selbstgespräche zu halten. Als könne der Klang einer menschlichen Stimme seine Welt zum Einsturz bringen.

Ich kann noch viele Jahre lang Fallen stellen, dachte er. Ich suche keinen Streit mit den Indianern. Ich glaube kaum, daß sie mich umbringen werden, auch wenn sie es könnten. In einem Winter fällt aber vielleicht besonders viel Schnee. Wie allerdings noch mehr Schnee fallen konnte als in jenem Winter, war schwer vorstellbar. Ein Mann, der diesen Winter überstand, konnte praktisch alles überstehen.

Der Schnee wird immer weiter fallen und die ganze Welt bedecken, dachte er. Es wird weder Wasser noch Nahrung noch Luft geben. Wieviel Wasser es doch in Schottland gegeben hatte! Diesem Gedanken hing er nach. Dann jedoch drängte sich seine größte Sorge wieder in den Vordergrund: keine Luft.

Er fühlte sich plötzlich eingeschlossen, bildete sich ein, die Luft sei bereits verbraucht und er müsse ersticken. Er sah sich tief unter einer riesigen Schneewehe, sah den gegrabenen Tunnel zugeschneit und wurde von einer Angst geschüttelt, die stärker war als alles, was er bisher erlebt hatte. Wie im Wahnsinn stürzte er sich in den Tunnel und begann, hektisch mit beiden Händen zu wühlen, den Schnee hinter sich werfend wie ein Hund, der sich ein Loch im Erdboden scharrt. Mit übermenschlicher Anstrengung, keuchend, wie ein Erstickender nach Luft ringend, brach er aus seinem winterlichen Gefängnis hervor und stellte fest, daß sich der Schneesturm inzwischen gelegt hatte und er keine Angst mehr zu haben brauchte.

Allein, wie nur wenige Menschen jemals allein gewesen waren, stand er am Eingang seines Tunnels und betrachtete seine Welt. Die Sonne ließ die Schneekristalle glitzern. Am Himmel war weder eine Wolke noch auch nur ein einziger Vogel zu sehen. Keine Bäume, keine Tierspuren, kein Laut. Nur Schnee und Luft, kalte, klare, frische Luft, von einem Horizont zum anderen.

Augenblick mal! Weit im Westen, in großer Ferne, erhob sich der schattenhafte Umriß des großen Berges, und an seiner Flanke klomm mit nie erlahmender Geduld der kleine Steinbiber empor.

„Ahhhh!" McKeag stieß einen unartikulierten, beinahe unmenschlichen, langgezogenen Schrei aus. „Kleiner Biber!"

Er hatte in seinem Leben so viele Biber erschlagen, hatte so viele Felle nach Saint Louis geschleppt, und doch kletterte dort oben sein einziger Freund auf der ganzen Welt. Weder die Sonne noch die Sterne, noch die Flüsse, noch die Bäume waren seine Freunde – nur dieses kleine Steintier da oben.

Den ganzen Winternachmittag lang beobachtete er den Biber, und als das Tageslicht schwand und die Berge lange, bunte Strahlenfinger ausschickten, hätte er den Einbruch der Dunkelheit am liebsten verhindert. Aber die Sterne kamen hervor, das Licht erlosch, und der Berg verschwand. Während die Sterne immer heller strahlten, blieb er noch eine Weile in der Abendstille stehen.

Es war eine Nacht von überwältigender Schönheit, so still, daß man das Fallen einer einzigen Schneeflocke gehört hätte. Wenn er jetzt schlafen wollte, mußte er durch den Tunnel zurückkriechen, das wußte er, denn alles andere hätte den Tod bedeutet. Trotzdem zögerte er. Die majestätische Kuppel der Nacht senkte sich auf die Erde, die Stille wurde immer tiefer.

Sie endete mit einem Schlag. Ein Schrei ertönte, ein Schrei aus allertiefster Seele: „O Gott! Ich bin so furchtbar allein!" Es war die Stimme Alexander McKeags, neunundvierzig Jahre alt, auf ewig aus seiner Heimat Schottland verbannt, freiwilliger Einsiedler der Prärie.

Er hörte seine eigene Stimme, als wäre es die eines Fremden. Er lauschte, weigerte sich, die Bedeutung des Schreis zu erkennen, und stieg nach einer Weile gehorsam in den Tunnel und seine dunkle Höhle zurück.

In jenem Frühling sagte der Trapper, der bei ihm die Felle abholte, zu ihm: „Du solltest auch zu unserem großen Treffen kommen."

„An Saint Louis liegt mir nichts."

„Nein! Bear Lake, drüben beim Snake River."

Im Frühsommer kam eine weitere Gruppe Trapper vorbei, die ihre Felle statt nach Saint Louis westwärts brachten. „Wohin wollt ihr mit euren Fellen?" fragte McKeag.

„Zum Treffen", antworteten die Männer. „Da sind immer britische Käufer aus Oregon." Und sie wanderten weiter, dem Westen zu.

Mehrere Wochen lang dachte McKeag über diese sonderbare Neuigkeit nach: ein großes Treffen, Männer aus Oregon, Schotten vielleicht. Er überlegte, ob er sich dem Treck anschließen sollte, um seine Neugier zu befriedigen. Aber die Entscheidung wurde ihm abgenommen.

Als er von einer erfolglosen Gabelbockjagd nach Hause stapfte, sah er von Osten her eine noch nie dagewesene Anzahl von Männern kommen. Sie waren beritten und wirbelten so viel Staub auf, daß er ihre Zahl nicht genau schätzen konnte. Es mußten mindestens zwei Dutzend sein, und bestimmt keine Indianer. Als sie näher kamen, erkannte er, daß es noch sehr viel mehr sein mußten, als er geschätzt hatte. „Mindestens fünfzig!" rief er in den Wind. „Aber was schleppen die da?"

Tatsächlich handelte es sich um dreiundsechzig Weiße, allesamt aus Saint Louis, die auf dem Weg zum großen Treffen waren. Sie führten siebenunddreißig mit Tauschwaren beladene Pferde mit, und das merkwürdige Ding, das er gesehen hatte, war eine schwere Bronzekanone, mit der man vier Pfund schwere Eisenkugeln abschießen konnte. Sie ruhte auf einem stabilen zweirädrigen Karren und wurde von zwei häßlichen Mulis gezogen.

„Was habt ihr mit der Kanone vor?" fragte er.

„Komm mit zum Treffpunkt, dann wirst du's sehen", lautete die Antwort. Dann stimmten sie ein Soldatenlied an, marschierten in einer riesigen Staubwolke dem Sonnenuntergang zu und nahmen einen Teil seiner Phantasie mit fort.

„Ich gehe auch!" sagte er noch am selben Abend. Bei Morgengrauen war er marschbereit.

Er wanderte nordwärts bis zum North Platte, dessen Südufer entlang er weiter nach Westen zog, um dann in weitem Bogen südwärts einer Paßstraße zu folgen. So gelangte er auf den westlichen Hang der kontinentalen Wasserscheide und befand sich nunmehr in einem Gebiet, das zum größten Teil unter der Herrschaft des englischen Hauptquartiers in Oregon, zum anderen Teil unter von Kalifornien aus betriebener mexikanischer Kontrolle stand. Es war ein wunderschönes Land, offen, häufig von Winden heimgesucht, mit noch ausgedehnteren Prärien als östlich der Rockies. Alle Flüsse waren reißende Ströme:

Sweetwater, Green, Snake, Yellowstone. Die Berglandschaft jedoch erstreckte sich in sanften Wellen und war bei weitem nicht so rauh wie die Rocky Mountains. Es war beinahe eine liebliche Landschaft, und McKeag fühlte sich unendlich leicht, als er sie durchquerte.

Da er allein reiste, kam er schnell vorwärts und holte bald eine Gruppe von vier Bergtrappern ein, die am Westabhang der Rockies nördlich von Santa Fe gearbeitet hatten. Sie waren laute, hitzköpfige Männer, dem Alkohol zugetan und überheblich, was ihre Bergerfahrungen betraf. „Wie lange bist du jetzt schon hier, Jake?“ wandte sich einer an den anderen. „Drei Jahre“, antwortete der Mann. „Und du?“ fragten sie alle vier McKeag.

Seine Miene wurde ausdruckslos. Seit wie vielen Jahren lebte er in der Prärie? Dreißig. Oder waren es einunddreißig? Sehr lange jedenfalls, sehr, sehr lange. Aber er wollte diese vergnügten Männer nicht beschämen, also antwortete er lieber nicht.

„Ich habe dich was gefragt, Rotbart. Oder bist du etwa ein Greenhorn?“

„In den Bergen?“ fragte McKeag.

„Wo sonst? Natürlich in den Bergen.“

„In den Bergen bin ich noch nie gewesen“, erklärte er. Aber er wirkte so erfahren und seine Kleidung so indianisch, daß sie das einfach nicht glauben wollten. Einer von den jüngeren, ziemlich betrunken vom Sommerwhisky, packte ihn wütend vorn beim Hemd und drohte ihm: „Mach dich nur ja nicht über uns lustig, Scotty. Sonst brechen wir dir das Genick. Wie lange lebst du schon in den Bergen?“

„Ich bin noch nie zuvor hier gewesen.“

„Wie lange dann in der Prärie?“ schrie der Mann aufgebracht. „Wie lange jagst du Biber?“

„Seit dreißig Jahren“, antwortete McKeag.

„Seit dreißig Jahren!“ rief einer von ihnen voller Bewunderung. „Dann mußt du ja Pasquinel gekannt haben!“

McKeag hielt erschrocken den Atem an. Irgend etwas an der Art, wie sich der Mann ausgedrückt hatte, schien darauf hinzudeuten, daß Pasquinel tot war, und in diesem schmerzlichen Augenblick mußte McKeag sich eingestehen, daß es für seine Reise zu diesem Treffen nur einen einzigen Grund gab: Er wollte Pasquinel wiedersehen. „Geht es ihm gut?“ fragte er beinahe flüsternd.

„Gut?“ Einer der Männer schob seinen linken Ärmel hoch und zeigte ihm eine lange Messerwunde, die zwar verheilt, unter dem Narbengewebe jedoch immer noch dunkelrot war.

McKeag befingerte die Narbe, lachte ein wenig dünn und sagte dann: „Ja, er war immer schon gut mit dem Messer.“

Gemeinsam wanderten sie einige Tage weiter, bis sie den Greeen River erreichten. Abends, am Lagerfeuer, berichteten sie McKeag von ihrem Marsch den Arkansas entlang, von Santa Fe und den westlichen

Berghängen, vom Hochplateau. Sie schienen praktisch mit allen gekämpft zu haben: Comanchen, Apachen, Mexikanern, Ute. „Von allen Indianern, die wir getroffen haben“, sagte der eine, „beherrschen die Ute im Kampf ihre Pferde am besten.“ Sie hielten sehr viel von diesem Stamm und fragten McKeag, welchen er vorziehe. „Arapaho“, antwortete er, ohne einen Grund dafür zu nennen.

Als sie sich dann nach Norden und dem Bear Lake zuwandten, wo das Treffen stattfinden sollte – die Nachricht hatte sich im gesamten Westen, von Oregon nach Saint Louis, von Kanada nach Chihuahua, verbreitet –, stießen sie auf sechs verschiedene Indianerstämme, die sich ebenfalls auf dem Weg zu dieser einen ganzen Monat dauernden Festivität befanden: Ute, Shoshone, Gros Ventre, Snake, Nez Percé und Flathead. Die Neuankömmlinge prahlten sogleich mit ihrer Kenntnis der Zeichensprache, dabei mit einigen wenigen Symbolen höchst dürftige Ideen ausdrückend, während McKeag von einem Ute aus dem Gebiet am Ostabhang begrüßt wurde und sich mit diesem in ein Gespräch vertiefte. Ein Gros Ventre gesellte sich dazu, mit dem sich McKeag auf Arapaho unterhielt. Die Bergtrapper waren zutiefst beeindruckt.

„Squaw Man?“ fragten sie ihn neugierig.

„Trapper“, antwortete McKeag.

Nachdem sie eine kleine Anhöhe hinaufgestiegen waren, sahen sie unten den schimmernden See und die weiten Wiesen liegen, auf denen das Treffen abgehalten wurde. Schon ungefähr zweitausend Indianer lagerten dort, und immer noch kamen von Norden und Westen mehr. „Im letzten Jahr hatten wir nicht genug Gras für die Pferde“, sagte einer der Trapper.

„Bist du denn schon mal hiergewesen“, fragte McKeag.

„Zum dritten Mal jetzt. Hier ist es besser als in Saint Louis“, sagte der Mann begeistert und vom Anblick der ersehnten Stätte erregt. „Scotty, ich sage dir, hier wirst du was erleben . . . Und ich schwöre, wenn dieser kleine Teufel Pasquinel wieder versucht, mich mit dem Messer anzugreifen . . .“

„Kommt er denn?“ erkundigte sich McKeag.

„Der? Für den haben die das doch erfunden! Der wird in zehn Tagen nicht zehn Minuten lang nüchtern sein.“

Ein anderer Trapper mischte sich ein. „Im ersten Jahr ist er allein gekommen. Ununterbrochen stockbetrunken. Im letzten Jahr hat er seine Squaw mitgebracht. Labe wollte was mit ihr anfangen. Deswegen die Wunde am Arm. Mit acht Männern mußte Pasquinel während des Treffens kämpfen.“

Als sie sich an den Abstieg machten, wurden die vier aus Santa Fe immer wieder von Bergtrappern aus den verschiedensten Regionen des Westens erkannt, die ihnen Grüße von fernen Freunden brachten. McKeag hielt sich abseits, beobachtete den See und staunte darüber, daß so viele weiße Männer in den Bergen lebten, daß so viele kriegerische Stämme in Frieden hier zusammenkommen konnten. Gerade wollte er sich wieder zu seiner Gruppe gesellen, da wurde die Luft von einem ungeheuren Knall erschüttert, so stark, daß einigen Trappern die Mütze vom Kopf geblasen wurde.

McKeag sah sich um, weil er feststellen wollte, woher der Knall kam. Die Männer mit der Kanone hatten zur Begrüßung der Abteilung aus Santa Fe einen Leerschuß abgegeben, und einer der Bergtrapper fragte jetzt: „Was wollen die mit der Kanone?“

„Die Indianer einschüchtern. Sieh mal, da drüben!“ Die Männer hatten auf einem gegenüberliegenden Hügel ein Tipi errichtet und darum herum zahllose Baumstämme aufgetürmt, auf denen ein Trapper stand und eine rote, an einem Stock befestigte Fahne schwenkte. Die Weißen starrten gebannt auf das Tipi, und überall gingen Scouts durch die Reihen der Indianer und sorgten dafür, daß sie ebenfalls zusahen.

Minutenlang schwenkte der Mann seine Flagge. Dann wurde ein Pistolenschuß abgefeuert, der Mann ließ die Flagge fallen und lief so schnell wie möglich in Deckung. Ein Artillerist bei der Kanone setzte die Zündschnur in Brand und sprang zurück. Ein lauter Knall, und eine Eisenkugel flog über das Gelände, schlug einmal auf, daß der Staub hochwirbelte, traf die Baumstämme und fegte das Tipi hinweg.

Ein Kanadier aus dem Norden, begeistert von dem Knall und dem Treffer, stieß einen Schrei aus, sprang in die Luft und schwenkte laut jubelnd seine Arme. „Alllleeezzz!“ rief er dann. „Übernimmt jemand die Schürze?“

Er zog eine gelbe Schürze aus seiner Indianerbluse. Sie war dort, wo die Bänder befestigt waren, ungefähr vierzig Zentimeter breit, fünfzig von oben bis unten, sehr gelb. Die Schürze an einem Band schwingend, wedelte er damit vor McKeags Nase herum. Der Schotte hatte keine Ahnung, was das bedeuten sollte, einer der Männer aus Sante Fe aber wußte Bescheid, packte das lose fliegende Band, riß dem Kanadier die Schürze aus der Hand und band sie sich mit geschicktem Griff um die Taille. Alle Männer, die in der Nähe waren, jubelten ihm zu, und einer stimmte sofort ein Lied an: „Old Joe with a wart on his nose.“ Kurz darauf hatten alle angefangen zu singen und in die Hände zu klatschen, während der Mann mit der gelben Schürze ein paar zierliche Tanzschritte hinlegte und sich drehte wie ein Mädchen.

Das begeisterte den Kanadier, der sich auf den Tänzer stürzte, ihn an beiden Händen nahm und mit ihm eine Gigue tanzte. Dann legte er dem Mann einen Arm um die Hüfte und schob ihn mit langen, tolpatschigen Schritten vor und zurück. Als er seinen Tanz beendet hatte, stieß der Mann mit der gelben Schürze den Partner fort, tanzte graziös im Kreis herum und deutete auf einen anderen Mann.

Dieses Paar tanzte recht anmutig, der Mann mit der Schürze immer noch als Dame, und versuchte sich nach ein paar Minuten sogar an einem schwierigen Walzer, den es so gekonnt wirbelte, daß die Zuschauer bravo riefen. Der „Herr“ verbeugte sich und trat zurück, während der Mann mit der Schürze auf McKeag zutrippelte und ihn zum nächsten Tanz aufforderte. Der Schotte lief rot an.

„Ich kann nicht tanzen“, protestierte er, und der Schürzenmann glitt geschmeidig weiter zum nächsten in der Reihe, der mit seinen Gigue-Schritten eine ausgezeichnete Figur machte, die „Dame“ hoch in die Luft und im Kreis herumschwang, einmal hinauf, dann wieder bis fast ganz auf den Boden, und damit großen Erfolg erzielte. Es war ein sehr schöner Tanz, den die Indianer ebenso staunend bewunderten wie McKeag.

Das Händeklatschen hatte jedoch ein sehr viel weniger angenehmes Geräusch überdeckt, den Lärm eines Kampfes, der in geringer Entfernung stattfand. Als bekannt wurde, daß eine handfeste Auseinandersetzung im Gang war, schoben sich die Neugierigen dort hinüber, und McKeag, der wider Willen mitgezogen wurde, entdeckte mit einer Mischung aus Freude und Schrecken, daß sich Jacques Pasquinel, inzwischen ein stämmiger achtzehnjähriger Bursche, mit einem viel älteren und schwereren Mann prügelte. Die beiden keuchten vor Anstrengung und schenkten keiner dem anderen etwas, nach einer Schlagfolge jedoch, die in ihrer Wirkung einigermaßen ausgeglichen schien, landete der Ältere einen Treffer, der ihn in Vorteil brachte, und dem er unbedingt andere folgen lassen wollte.

Weit mit dem rechten, angewinkelten Arm ausholend, machte er Miene, den jungen Pasquinel restlos zu erledigen, als einer der Zuschauer plötzlich rief: „Paß auf, Emil – das Messer!“

Jacques, der gemerkt hatte, daß er unterlag, hatte ein langes Messer aus dem Gürtel gezogen und wollte zustoßen, aber ein Freund des anderen hatte das vorausgesehen und seine Pistole herausgerissen, mit der er jetzt auf den Kopf des Jungen zielte. „Messer weg, Pasquinel!“ rief er dazu.

Jacques drehte sich um, weil er sehen wollte, wer seinen Namen gerufen hatte, sah die auf ihn gerichtete Pistole, ließ ohne eine Sekunde zu zögern das Messer fallen und lächelte gewinnend. Lachend stieß er das Messer mit der Fußspitze fort. „War ja nur Spaß!“ sagte er.

„Ich weiß“, antwortete der Mann mit der Pistole.

Es wären vielleicht noch mehr Worte gefallen, hätte sich nun nicht ein wildes Geschrei erhoben. Eine Gruppe Arapaho-Reiter donnerte heran. Die Krieger jagten durch das Lager, schleuderten Staub auf alle Lagerfeuer, wendeten und kamen zurück. Zu seinem Schrecken sah McKeag, daß sie von den beiden Häuptlingen Große Gans und Roter Büffel angeführt wurden, die einst seine Vorräte aufgegessen hatten. Er schwor sich, daß sie diesmal nicht das geringste von seiner Ausrüstung bekommen sollten – nichts! Doch er ahnte schon, daß dieser Schwur leichter getan als gehalten war, denn Große Gans hatte ihn entdeckt und zügelte entzückt sein Pferd.

„Roter Bart!“ schrie er laut, kam auf den lang entbehrten Freund zugelaufen und schloß ihn freudig in die Arme. „Hast du Tabak?“

„Ich habe keinen Tabak“, antwortete McKeag fest.

„Ja, ja! Wo ist dein Tipi?“

„Ich habe kein Tipi“, protestierte McKeag.

„Du schläfst in meinem Tipi“, entschied Große Gans unter abermaligen Umarmungen.

„Hast du getrunken?“ fragte McKeag.

„Ja, ja! Alle getrunken!“ Er deutete nach Osten, wo einer der Santa-Fe-Trapper Flaschen mit Taos Lightning verkaufte. Dieses brutalste Alkoholgebräu der Welt wurde aus Karamel, ein paar Kampferkugeln, reichlich Wasser, Pfeffer und einem zerpflückten Tabakpriem zusammengemixt. Für zwanzig Cent konnte man eine Gallone davon herstellen und sie für Felle im Wert von einhundert Dollar losschlagen. Die Indianer, die dieses Zeug tranken, starben zwar nicht daran, wünschten sich aber zumeist, tot zu sein.

Die Hudson's Bay Company, eine im Pelzhandel lang erfahrene kanadische Firma, gestattete ihren Vertretern nicht, den Indianern Alkohol zu verkaufen, aber es gab keine Regel, die den Kanadiern verbot, die Indianer auf andere Art und Weise übers Ohr zu hauen. Die Firma förderte einen Brauch, nach welchem ein Indianer, der ein Gewehr erwerben wollte, mit einem Stapel Biberfelle dafür bezahlen mußte, der so hoch war wie der Gewehrlauf lang; also produzierten die Kanadier eine Waffe, deren Lauf um dreißig Zentimeter länger war als normal, und verbreiteten dann das Gerücht, diese Sonderlänge mache das Gewehr um so tödlicher.

Ein Kanadier mit dem schottischen Namen McClintock hatte an der Südspitze des Bear Lake ein Zelt errichtet, in dem er den Indianern ihre Biberfelle so schnell abkaufte, wie diese sie nur heranschaffen konnten, und McKeag schlenderte hinüber, weil er glaubte, Neuigkeiten aus Schottland hören zu können. Nachdem er eine Zeitlang darauf gewartet hatte, daß sich die Menge der Indianer rings um das Zelt ein wenig lichtete, drängte er sich zu einem großen, bärtigen Mann in schmutziger Indianerkleidung und verfilzten Haaren durch, der sich fließend in einer nördlichen Indianersprache unterhielt. Als der Kanadier McKeag entdeckte, hielt er in seiner Tirade inne, schob die Indianer einfach beiseite und kam herüber.

„McClintock mein Name. Wollen Sie Biber verkaufen?“

„McKeag. Ich verkaufe in Saint Louis.“

„Bei mir würden Sie besser fahren. Woher sind Sie?“

„Wester Ross.“ McKeag nannte mit Absicht diesen abgelegenen, wenig bekannten schottischen Landesteil. McClintock hatte noch nie davon gehört. „Sind Sie aus Schottland?“ fragte McKeag.

„Nie gesehen. Mein Großvater vielleicht. Lebte in Nova Scotia."

McKeag wollte wieder gehen, als ihn der Kanadier am Arm packte. „McKeag sagten Sie? Sind Sie der ehemalige Partner von Pasquinel?" McKeag nickte bestätigend.

„Pasquinel!" brüllte der Kanadier, und aus dem Innenraum des Zeltes tauchte die vertraute, untersetzte Gestalt des Franzosen auf. Er war inzwischen siebenundfünfzig, sein Körper war schwerer, das Haar war ergraut, und mehrere Vorderzähne fehlten ihm. Sein Kinn zierte eine frische Narbe. Seine Kleidung war noch immer die gleiche: ein Indianeranzug, den Tönerne Schale für ihn gemacht hatte, nur weitaus reicher verziert als früher, und auf dem Kopf die rote Wollmütze. Die eine Zeltklappe in der linken Hand, kam er ins Sonnenlicht und starrte den Mann an, der vor ihm stand.

Zuerst erkannte er McKeag nicht, denn er war ziemlich stark betrunken. Den Schotten bekümmerte das. Aus einer natürlichen Scheu heraus wollte er sich schon zurückziehen, als McClintock lauthals rief: „Pasquinel! Das ist McKeag, dein alter Partner!"

Der Schleier der Trunkenheit hob sich von Pasquinels Augen. Sein Blick wurde klarer. Vor ihm, im Raum verschwimmend, stand sein Partner aus alten Zeiten. „McKeag", flüsterte er leise, „du kommst zu einem fremden Zelt, um mich zu finden." Beide Hände weit ausgestreckt, machte er einen unsicheren Schritt vorwärts. Er stolperte, aber McKeag hielt ihn fest. „Merci", sagte der Franzose ernst. „Il y a longtemps."

Bevor McKeag auf diese aus tiefstem Herzen kommende Begrüßung reagieren konnte, entstand Unruhe in der Nähe, und zwei Gestalten kamen auf das Zelt zugerannt. „Vater!" rief die erste Gestalt. Es war Marcel Pasquinel, inzwischen sechzehn, auf dem Fuße gefolgt von Jacques. Sie liefen auf ihren Vater zu und hatten ihm, ehe er protestieren konnte, die beiden Messer abgenommen, von denen nun jeder von ihnen eins in seinen Gürtel schob.

„Es ist Emil Borcher!" rief Marcel über die Schulter zurück. „Wenn er noch einmal anfängt, bringen wir den Kerl um!" In einer Staubwolke verschwanden die beiden, waren aber innerhalb von Sekunden schon wieder da, und Marcel ergriff McKeags Arm, um ihn jubelnd in die Runde zu schwenken.

„Es ist McKeag!" schrie er aufrichtig erfreut. Beide Arme um den Schotten gelegt, begrüßte er ihn voll Herzlichkeit und reichte ihn dann an Jacques weiter, der ihn mit weitaus weniger Enthusiasmus begrüßte.

„Das letztemal haben wir miteinander gekämpft", sagte Jacques.

„Du bist gewachsen", sagte McKeag ein wenig steif, suchte nach einem passenden Wort und fragte: „Ist deine Mutter hier?"

Die Brüder lachten, und Jacques antwortete: „Im letzten Jahr war sie hier. Zu viele Kämpfe."

„Jetzt geht es auch zu einem Kampf", sagte Marcel. „Emil Borcher.

Er hat angefangen ... Einer von seinen Freunden hat Jacques mit der Waffe bedroht.“ McKeag hielt es für besser, nicht zu berichtigen, daß Jacques Emil mit dem Messer angegriffen hatte. Sie liefen eilig davon, ihrem neuen Kampf entgegen. Am Abend jedoch, als die Brüder nicht ahnen konnten, daß McKeag in Hörweite war, hörte der Schotte, wie Jacques einer Gruppe junger Rowdies erzählte: „McKeag – ach ja. War mit meinem Vater zusammen. Ich mußte ihn aus dem Lager jagen ... Hab’ ihn ganz schön mit dem Messer gezeichnet ... Weil ich ihn mit meiner Mutter im Bett erwischt habe.“

McKeag fühlte sich so beschmutzt, so gedemütigt, daß er sich wünschte, der Erdboden möge ihn verschlingen. Ich hätte ihn schon vor Jahren umbringen sollen, dachte er. Und ging den Brüdern während der restlichen Zeit des Treffens aus dem Weg, was auch ihren Wünschen entgegenkam.

Für Pasquinel war diese turbulente Zusammenkunft ein Geschenk des Himmels. Er war fast ununterbrochen betrunken, kaufte den Kanadiern, die an Weiße Alkohol abgeben durften, ungeheure Mengen Whisky ab, tanzte, kämpfte, war hinter Indianerinnen her und suchte die Gesellschaft anderer Franzosen, um mit ihnen das Lied der Trapper zu singen: „A la claire fontaine.“

Pasquinel lud alle Sänger zum Trinken ein. Er war sehr großzügig und wegen seiner Fähigkeit, sich überall durchzuschlagen, allseits hoch geachtet. Man wußte, wie oft er Angreifern allein gegenübergestanden hatte. Aber er war auch ein schwieriger Mensch, denn er schien Unannehmlichkeiten anzuziehen wie ein Magnet. Er prügelte sich ebenso häufig wie der primitivste Rohling im Lager, und als ihm McClintock, sein alter, bewährter Freund, das Verhalten seiner beiden Söhne vorwarf und behauptete, Jacques habe die Tochter eines Arapaho-Häuptlings vergewaltigt, ohne dafür Schadenersatz zu leisten, wurde er wütend.

„Das ist gelogen! Ein Pasquinel bezahlt immer!“

„Du ja“, versicherte ihm McClintock. „Aber dein Sohn nicht.“

Pasquinel holte mit dem rechten Arm aus und wollte mit aller Kraft zuschlagen, McClintock aber parierte den Schlag. Den untersetzten Franzosen fest im Griff, sagte er ihm energisch die Meinung: „Ich warne dich! Sag deinem Jacques, er soll die Finger von meinen Kugeln und meinem Pulver lassen. Er ist ein Dieb.“

„Bei Gott!“ brüllte Pasquinel und wollte wieder auf seinen Freund einschlagen.

„Sag du’s ihm, McKeag.“ Damit versetzte er dem streitsüchtigen Franzosen einen Stoß.

„Wie geht’s mit dem Fallenstellen?“ erkundigte sich Pasquinel, plötzlich wieder sanft geworden, bei seinem alten Partner. Den Streit mit McClintock hatte er anscheinend ebenso schnell vergessen, wie er ihn vom Zaun gebrochen hatte.

„Die Biber verschwinden aus den Flüssen."

„Niemals!" brüllte Pasquinel. „Du mußt nur höher in die Berge hinauf."

Daraus entwickelte sich eine lange Diskussion, an der sich mehrere Bergtrapper beteiligten. Diejenigen, die ihre Fallen hoch oben in den Rockies aufstellten, waren derselben Meinung wie Pasquinel: die Zahl der Biber könne sich niemals verringern. „Den ganzen Winter lang sitzen die da in ihren Burgen und machen Kinder."

Die Trapper aus Oregon jedoch, die schon länger an den Flüssen arbeiteten, wußten, daß McKeag recht hatte. Die Biber wurden weniger. „Immer weiter müssen wir die Flüsse hinauf", berichtete ein Engländer aus Astoria. „Bald schaffen wir nicht mal mehr einen Ballen pro Jahr."

„Ach was!" widersprach Pasquinel. „Im letzten Winter . . . im Blue Valley . . . habe ich sechs Ballen gemacht . . . mühelos."

„Das Blue Valley kenne ich nicht", antwortete der Engländer, „aber vermutlich liegt es ziemlich hoch."

„Man muß steigen . . .", gab Pasquinel zu.

„Das meine ich ja", sagte der Engländer. „Ich möchte wetten, daß es noch höher oben keine Bäche mehr gibt."

„Na ja . . .", begann Pasquinel. Dann hielt er inne, und seine Miene wurde, für alle Anwesenden deutlich sichtbar, zutiefst betroffen: das Eingeständnis, daß es oberhalb des Blue Valley tatsächlich keine Wasserläufe mehr gab. Es entstand eine peinliche Stille, die er gleich darauf mit einem herzhaften Ausruf unterbrach. „Ach was! Solange die Männer Biberhüte tragen, solange wird es auch Biber geben!"

Am sechsten Tag nach McKeags Ankunft entstand eine große Aufregung. Ein Pferdetreiber aus Saint Louis war eingetroffen. Er war per Schiff den Missouri heraufgekommen, an der Plattemündung an Land gegangen und hatte seine Lasttiere über den Paß bis zum Bear Lake getrieben. Es war eine erstaunliche Fracht, umfangreich und vielfältig, für die Weißen ebenso verlockend wie für die Indianer.

Da gab es Federmesser, eingemachte Pfirsiche, neue Pistolen, bessere Messer, Tuche und Perlen in jeder Menge, Schuhe, getrocknetes und geräuchertes Rindfleisch, gepökeltes Schweinefleisch, französischen Wein, englischen Brandy und Kentucky-Whisky. Es gab kleine Fäßchen mit Süßigkeiten, nach denen die Männer mit der Gier kleiner Kinder griffen, harte, aber süße Kekse, Gabeln, Hämmer, Schraubenzieher und getrocknete Hühner.

Der Mann in Saint Louis, der die Ladung dieser zweiundzwanzig Pferde zusammengestellt hatte, mußte ein geniales Einfühlungsvermögen haben, denn als die Waren abgeladen wurden, war für jeden etwas dabei. Die Sachen waren in Saint Louis für viertausend Dollar eingekauft worden; beim Treffen würden sie sich für fünfzigtausend verkaufen lassen.

McKeag kaufte nichts, erwog nicht einmal die Möglichkeit eines Kaufes, denn für sein einfaches Leben hatte er alles, was er brauchte. Blei und Pulver erwarb er in regelmäßigen Abständen von Männern, die an seinem einsamen Lagerplatz vorbeikamen. Sich einen Luxus wie eingemachte Pfirsiche zu erlauben, überstieg seine Vorstellungskraft. Und dennoch lernte er bei diesem Treffen eine ganz neue Art von Vergnügen kennen, die so verführerisch war, daß er ihr augenblicklich und für immer verfiel.

An einem Spätnachmittag stand er müßig vor dem Zelt eines Kaufmanns aus Oregon, eines Engländers namens Haversham, dem einzigen, der bei dem Treffen europäisch gekleidet war, und dieser Haversham fragte ihn: „Möchten Sie eine Tasse Tee?" Es war sehr lange her, daß McKeag richtigen Tee getrunken hatte, deswegen antwortete er: „Vielen Dank, gerne."

Der Engländer hatte zwei Porzellantassen und eine kleine Porzellankanne. Er spülte die Tassen mit heißem Wasser aus, holte eine quadratische braune Blechbüchse hervor, öffnete sie vorsichtig und tat eine kleine Menge Blätter in die Kanne. In McKeags Augen unterschieden sie sich nicht von den Teeblättern, die seine Mutter verwendet hatte, als Haversham ihm jedoch eingeschenkt hatte und er den ersten Schluck trank, stieg ihm ein Duft in die Nase, wie er ihn noch niemals zuvor erlebt hatte. Der Tee schmeckte besser als alles, was er bisher probiert hatte, besser sogar als jeder Whisky. Er schmeckte nach Teer, auch ein wenig nach Salz; es war ein Tee für Männer, stark und schwer.

„Was ist das?" fragte er. Haversham zeigte auf einen braunen Kanister, McKeag aber sagte: „Ich kann nicht lesen."

Haversham deutete auf die Schrift und auf die Szene mit den Teepflückern in Indien. „Lapsang souchong", erklärte er. „Der beste Tee in der ganzen Welt."

Impulsiv fragte McKeag: „Verkaufen Sie den auch?"

„Natürlich. Wir sind Großhändler." Dieser Tee, erklärte ihm Haversham, werde in Indien hauptsächlich für Seeleute gemischt. Die Trockenmethode, die dabei angewendet werde, sei das Geheimnis der Hersteller. Normalerweise komme er von Indien nach London, die englischen Händler in Oregon importierten den ihren jedoch aus China.

„Wie lange hält so eine Büchse?" fragte McKeag, nun wieder vorsichtig.

„Praktisch ewig . . . Natürlich nur mit dem Deckel drauf."

„Ich meine, wie viele Tassen."

„Ich gehe sehr sparsam damit um. Bei mir hält sie ungefähr ein Jahr."

„Ich nehme zwei", entschied McKeag, ohne sich nach dem Preis zu erkundigen. Der Tee war teuer, und während er den kleinen, ihm verbliebenen Vorrat an Münzen wieder in den Gürtel steckte, erklärte ihm Haversham: „Das Geheimnis beim Aufbrühen eines guten Lapsang souchong liegt darin, daß man die Tasse zuerst anwärmen muß. Gut anwärmen. Dann intensiviert sich das Aroma.“ McKeag verstaute die beiden Kanister tief unter seinen anderen Besitztümern, denn er wußte, daß sie eine Kostbarkeit waren.

In den letzten Tagen des großen Treffens ereignete sich dann etwas, was eine nachhaltige Wirkung auf McKeag ausüben sollte. Eines Nachmittags trug einer der Männer aus Santa Fe die gelbe Schürze, und zahlreiche Trapper hatten bereits mit ihm getanzt, ihn in improvisierten Quadrillen herumgeschwenkt, die sie aus Kentucky kannten. Nach einer Weile war der Mann müde geworden, hatte die Hände gehoben und gesagt, er habe genug, also wurde die gelbe Schürze an einen Engländer aus Oregon weitergereicht, der für seine Tanzschritte im englischen Stil lebhaften Applaus erhielt. Ein halbes Dutzend Amerikaner wollte mit ihm tanzen, und er stellte sich sehr geschickt an, als es darum ging, sich ihren eckigen Bewegungen anzupassen. Einstimmig lautete das Urteil, daß er ein hervorragender Tänzer sei, mit der Zeit aber ermüdete auch er und gab die Schürze an den ersten Mann weiter, der ihm im Weg stand.

Das war nun zufällig McKeag. Er war verlegen. Vom Tanzen verstand er nur sehr wenig, schon gar nichts von den Damenschritten. Er fingerte an der Schürze herum, ließ sie fallen, hob sie wieder auf und versuchte sie einem anderen aufzudrängen.

„Tanzen! Tanzen!“ schrien die Trapper. Irgend jemand band ihm die Schürze um. Hände schoben ihn auf den Tanzplatz, wo er mit törichtem Gesicht unentschlossen stehenblieb. Ein Kanadier mit einer Fiedel, der wußte, daß McKeag Schotte war, stimmte ein Hochlandlied an, und plötzlich kehrten ferne Erinnerungen an seine Knabenzeit im schottischen Hochland zurück, Erinnerungen an einen primitiven Tanz.

Ungeschickt tat er die ersten Schritte. Dann nahmen seine Füße den Rhythmus auf, versuchten ihn zögernd wiederzugeben. Er wiegte sich hin und her. Den Kopf kokett zur Seite gelegt, erinnerte er sich nach und nach wieder der Schritte. Langsam, mit einem fast hörbaren Knirschen der eingerosteten Gelenke, begann er zu tanzen. Die furchtbare Einsamkeit der letzten Jahre fiel von ihm ab, und durch den Tanz wurde seine Seele wieder gesund.

Während er sich noch auf die Schritte konzentrierte, spürte er, daß sich ein neuer Zuschauer zu den anderen gesellt hatte. Er fürchtete, mit einem Partner zusammen eine lächerliche Figur abzugeben. Dann blickte er auf: Es war Pasquinel, betrunken und schon wieder zu einem dummen Streich aufgelegt. Als sich ihre Blicke trafen, erkannte Pasquinel, daß sein Freund Angst hatte, und sofort vergaß er die Dummheiten, die er im Sinn hatte. Langsam begannen sich seine Füße im Rhythmus zu bewegen. Was daraus entstand, konnte man kaum als Tanz bezeichnen, denn es besaß wenig Grazie und noch weniger Rhythmus, aber die Zuschauer sahen respektvoll den beiden Männern zu.

Der Tanz erreichte seinen Höhepunkt. Pasquinel keuchte und ließ seine linke Schulter auffallend hängen. McKeag schloß beide Augen, um sich völlig der Musik hinzugeben, und war zum erstenmal seit vielen Jahren von Herzen glücklich. „Ich war so einsam", murmelte er vor sich hin. Doch kaum hatte er dies ausgesprochen, da hörte er die Trapper rufen: „Macht Platz! Er braucht Luft!" Und als er die Augen öffnete, sah er, daß sein Partner ohnmächtig geworden war.

Als sie Pasquinel lang ausgestreckt hatten und McKeag, immer noch in der gelben Schürze, an seiner Seite saß, öffnete er auf einmal die Augen und flüsterte: „Der Pfeil . . ."

Sie baten ein paar Arapaho-Frauen, sich um ihn zu kümmern; McKeag führte die Aufsicht, als sie ihn in ein Tipi trugen, wo sie ihn mit dem Gesicht nach unten auf ein paar Büffelfelle legten. Sanft massierten ihm die Frauen den Rücken, tasteten nach dem eingewachsenen Pfeil und manövrierten ihn behutsam in eine Position, wo er weniger Schmerzen verursachte.

Im Laufe der Nacht hörte Haversham von diesem Zwischenfall und sagte hochtrabend: „Ist doch ganz einfach. Der Pfeil muß raus." Er gehörte zu jenem übereifrigen Typ Engländer, für den das Wort „unmöglich" nicht existierte. „Ich hab' in meinem Leben schon manche Kugel rausgeschnitten", erklärte er voll Energie. „Laßt mich mal sehen."

Also begab er sich ins Arapaho-Tipi und bat eine Squaw, eine Laterne über Pasquinels Rücken zu halten, damit er die uralte Wunde untersuchen könne. „Den würde ich keinen Tag länger drin lassen, alter Freund", erklärte er sachverständig. „Ich werde ihn rausschneiden, sobald es hell wird." Damit kehrte er zu seinem Zeltladen zurück, schliff ein Schlachtermesser, bis es so scharf war wie eine Rasierklinge, trank eine ganze Flasche Whisky und versank in trunkenen Schlaf.

Um vier Uhr morgens war er auf und machte ein kleines Feuer, in dem er das Messer sterilisierte. Dann stellte er einen Stuhl in die Sonne und rief laut: „Bringt ihn hierher!"

McKeag, die beiden Pasquinel-Söhne und drei Arapaho-Frauen trugen den Kranken zum Operationsstuhl und setzten ihn so hin, daß seine Arme über die Rückenlehne herabhingen. „Festbinden!" befahl Haversham, also wurden ihm die Arme mit Riemen an den Stuhl gefesselt. „Beine auch", verlangte Haversham. Als Pasquinel fest angeschnürt war, nahm der Chirurg sein Messer zur Hand, schlitzte den Hemdrücken von oben bis unten auf und legte die alte Narbe frei.

Das Hemd hätte er ihm auch ausziehen können, bevor er ihn anbinden ließ, dachte McKeag.

Aber der Chirurg beschäftigte sich bereits mit anderen Problemen. Nachdem er das Messer in Whisky gereinigt hatte, schwenkte er es zum Trocknen durch die Luft. Dann gab er Pasquinel einen kräftigen Schluck Whisky, trank selber auch einen, tätschelte dem Angebundenen den Kopf und versicherte ihm tröstend: „Ich mache so was nicht zum erstenmal." Dann baute er sich hinter Pasquinel auf, musterte eingehend dessen Muskeln und öffnete ihm mit tiefen, sicheren Schnitten den Rücken.

Pasquinel gab keinen Laut von sich. „Gebt ihm eine Pistole zum Draufbeißen", befahl Haversham – etwas spät, doch es erwies sich als überflüssig. Pasquinel hatte alle Kräfte gesammelt, ein Schmerz mußte um vieles heftiger werden, bevor er reagierte.

Der Rücken war also aufgeschnitten, die Pfeilspitze lag frei. Mit der Spitze des Schlachtmessers versuchte Haversham sie herauszuholen, aber es hatten sich Knorpel um sie herum gebildet, die sie fest an das Rückgrat und die Rippen preßten. „Whisky!" rief Haversham und befahl, ihm etwas davon über die Finger der rechten Hand zu gießen.

Ohne zu zögern, stieß er dann seine Finger rücksichtslos in die blutige Wunde, packte die Pfeilspitze an einer Seite, drehte sie dreimal hin und her. „Achtung!" rief er, und Pasquinel, dem der Schweiß übers Gesicht strömte, heftete den Blick stoisch auf den Horizont.

Mit einer kraftvollen Drehung stieß Haversham die Pfeilspitze tiefer ins Fleisch, zerbrach das Knorpelgewebe und riß den Fremdkörper aus seinem alten Gefängnis heraus. Er hielt ihn Pasquinel vor die Nase, der nun, beim Anblick der blutüberströmten Hände des Chirurgen, beinahe in Ohnmacht fiel.

Es war halb sechs Uhr morgens. Haversham blieb den ganzen Tag lang betrunken und wollte keinen Menschen sehen. Pasquinel dagegen, gestärkt durch einige Gläser Taos Lightning, hatte sich überraschend schnell erholt und stolperte gegen Abend schon wieder im Lager herum. Den Arapaho-Frauen war er für ihre Hilfe so dankbar, daß er eine Party arrangierte und eine Menge Geld für Drinks und Geschenke ausgab, doch Haversham, der Held des Geschehens, nahm nicht an diesem Vergnügen teil. Statt dessen blieb er in seinem Zelt – von Entsetzen überwältigt, weil ihm klargeworden war, was er getan hatte. Er hatte zum erstenmal einen Menschen aufgeschnitten. Da war so viel mehr Blut gewesen, als er es erwartet hatte . . . der Pfeil hatte so furchtbar fest gesessen! Und zum Schluß hatte er die Finger direkt unter das Rückgrat des Mannes geschoben. Den Knochen konnte er jetzt noch spüren. Ihm war übel.

Als die Party ausgelassener wurde, kam einer der Männer von der Hudson's Bay zu McKeag, ein Trapper aus Montreal, der ihn mit ernstem Gesicht auf die Seite zog. „Pasquinel ist doch dein Partner, nicht wahr?" erkundigte er sich. Die zutreffende Antwort auf diese Frage hätte lauten müssen: „Ja und nein." Also versuchte McKeag sich davor zu drücken und sagte gar nichts, und der Kanadier fragte weiter: „Stimmt es, daß er in Saint Louis eine Frau hat?“

„Das weiß ich nicht.“

„Ich meine nicht seine Indianerfrau. Jeder vernünftige Mann hat eine Indianerfrau – mindestens eine.“ Ein wenig nervös lachte er über den eigenen Witz. „Was ich damit sagen will“, fuhr er zögernd fort, „in Montreal hat er nämlich eine richtige Frau.“

„Das glaube ich nicht“, antwortete McKeag gelassen.

Der Kanadier stellte sich so hin, daß er ihm direkt in die Augen sah. „Sie ist meine Cousine“, sagte er.

McKeag wollte derartige Dinge nicht hören und wäre am liebsten fortgegangen, aber der Kanadier hielt ihn fest. „Er hat sie mit zwei Kindern sitzenlassen. Und wir müssen nun dafür bezahlen.“

McKeag starrte über den Kopf des Mannes hinweg, der Kanadier aber redete weiter. „Du warst doch in Saint Louis mit ihm. Das weiß ich genau. Hat er dort eine Ehefrau?“

„Ich weiß überhaupt nichts von Ehefrauen“, erklärte McKeag eigensinnig. Dann ließ er den Mann kurzerhand stehen. Und so endete für ihn das große Treffen.

Während des folgenden Jahres, 1828, ereigneten sich eine Reihe anscheinend unzusammenhängender Dinge, die sich auf das Leben in der Prärie folgenschwer auswirken sollten. Die Bibertrapper arbeiteten an den Flüssen, aber ihr Handwerk war bereits zum Aussterben verurteilt. Noch über ein Jahrzehnt hindurch sollte jedes Jahr das große, lärmend-fröhliche Treffen stattfinden, aber sein Schicksal war bereits besiegelt. Sogar der hinsichtlich der Biber so vorausschauende Alexander McKeag sollte von diesen Veränderungen betroffen werden, ohne daß er etwas von ihnen ahnte.

Es begann im Winter am Beaver Creek. Seit einigen Jahren schon hatten es die Biber an diesem Bach sehr schwer gehabt. Es gab keine Espen, von denen sie sich ernähren konnten, und die wenigen Pappeln, die noch existierten, waren schlecht. Gute Bäume waren nirgends mehr zu finden, denn die Menschen hatten sie zum Bau von Winterhütten verwendet, und sogar schwächliche Bäume gab es kaum noch, weil diese von den Menschen als Feuerholz geschlagen wurden.

Einst hatte es Hunderte von Biberburgen in diesem Bach gegeben, jeder mit einem eigenen Damm, jeder mit einer alljährlich wachsenden Zahl von Jungen und Zweijährigen. Nun aber waren die Burgen leer. Jahr um Jahr hatten die gierigen Trapper die Dämme attackiert, die Bibereltern ersäuft, die Zweijährigen mit Knüppeln erschlagen und die Jungen ohne Nahrung und Schutz sich selbst überlassen. Der schier unerschöpfliche Vorrat war endlich erschöpft.

Das zweite Ereignis, das die Entwicklung in der Prärie beeinflussen sollte, begab sich in London, wo an einem Frühlingsmorgen der junge, elegante David Earl Venneford of Wye feststellen mußte, daß sein geliebter Biberhut völlig verschmutzt war, weil er ihm am Abend zuvor, als er, der Earl, das linke Bein der Marchioness of Bradbury tätschelte, aus dem Landauer gefallen war. Der Earl suchte seinen Hutmacher auf, um sich zu erkundigen, ob der Schaden repariert werden konnte, denn diesen Hut liebte er besonders.

„Ich könnte ihn natürlich gründlich ausbürsten und den Sand entfernen", erklärte der Hutmacher. „Aber an dieser Stelle, Mylord, ist er schon ziemlich abgewetzt, und wenn ich ihn reparieren wollte, würde er Ihnen nicht mehr gefallen. Ich fürchte daher, Mylord, man kann nichts mehr machen. Leider."

„Sie können die abgetragene Stelle also nicht ausbessern? Mit einem neuen Fell etwa?"

„Das wäre möglich – wenn Sie den Hut nur noch zur Jagd tragen würden. Doch für London wäre er auf keinen Fall mehr geeignet."

„Und was schlagen Sie vor? Einen neuen Biberhut?"

„Hm . . . Wir haben da einen Hut, Mylord . . . Wir haben mit Messrs. Wickham zusammen experimentiert. Der Hut wird ganz sicher bald in Mode kommen." Damit reichte er dem jungen Venneford einen schönen, tiefblauen Hut aus einem ganz neuen Material.

„Aber das ist ja gar kein Biber!" protestierte der Earl. „Nein, so etwas will ich nicht!"

„Es ist ein ganz neuer Stil, Mylord. Ich kann Ihnen versichern – im nächsten Jahr wird ganz London diese Hüte tragen."

„Was ist das für ein Material?"

„Seide, Mylord. Französische Seide. Steifer als Biber und leichter zu pflegen."

Venneford ließ den Hut auf seinem rechten Zeigefinger kreisen. Die schimmernden Lichtreflexe gefielen ihm. Und als er mit dem linken Daumen dagegen klopfte, gefiel ihm auch die Festigkeit. „Eigentlich sehr hübsch", sagte er. „Ich könnte mir vorstellen, daß ich mich an so einen Hut gewöhne."

Beim Lunch führte er seinen Hut den Damen vor. „Das ist Seide. Französische Seide. Sehr . . . Wie soll ich mich ausdrücken?"

„Elegant", half ihm die Marchioness of Bradbury. „Er ist sehr elegant, David, und von einem geradezu himmlischen Blau."

Als sich in London herumsprach, daß David Venneford einen der neuen Seidenhüte aus Paris trug – wohlgemerkt, nur die Seide stammte aus Paris, die Verarbeitung besorgten Messrs. Wickham –, geriet die Modewelt in Aufregung. Und als sich Venneford später in einem dieser Seidenhüte, diesmal von einem glänzenden Silbergrau, trauen ließ, lancierte er damit einen neuen Stil und besiegelte das Schicksal des eintönig braunen Biberhutes. Damit war eine ganze Lebensform in den fernen Prärien Amerikas zum Aussterben verurteilt.

Durch einen der vielen Zufälle der Weltgeschichte waren die Biber in den Bergen gerade zu dem Zeitpunkt praktisch ausgerottet worden, als ihre Pelze in den Städten nicht mehr gefragt waren.

„Gar nicht so leicht, heutzutage noch Felle zu finden", sagte McKeag zu Bockweiß. Er war für einige Wochen nach Saint Louis gekommen und staunte über die Veränderungen, die es als amerikanische Stadt durchgemacht hatte. Die Grande Rue war zur Main Street, die Rue de l'Eglise und die Rue des Granges zur Second und Third Street geworden. Und überall, wo er nur hinkam, hörte er, daß Bockweiß dieses gekauft, jenes verkauft hatte.

Lise Pasquinel, die bald erfuhr, daß ihr alter Freund wieder in der Stadt war, lud ihn zum Abendessen in ihr großes Backsteinhaus an der Fourth Street ein, und als er zu ihr die Stufen hinaufgeklettert war, entdeckte er, was für einen herrlichen Blick man von dort oben hatte. „Der Mississippi fließt hier oben nur für dich", sagte er, wurde aber sofort wieder wortkarg, als er feststellte, daß Grete und ihr wohlhabender Gatte ebenfalls eingeladen worden waren. „Ich dachte, daß es dich freuen würde, alte Freunde wiederzusehen", erklärte ihm Lise, und die beiden Schwestern waren so reizend, daß er seine Schüchternheit bald völlig vergaß.

Zu jener Zeit wurde entlang der Grenze, wie die westlichsten Siedlungsgebiete nunmehr genannt wurden, sehr viel von amerikanischen Militäraktionen geredet. Nach dem Abendessen kam Hermann Bockweiß, der auch die beiden Pasquinel-Kinder mitbrachte. Cyprian, ein hochgewachsener junger Mann von vierundzwanzig Jahren, präsentierte sich in Pariser Kleidung: enge Hose, reich gestickte Weste, Jacke, gerüschtes Hemd, Halsbinde, spitze Schuhe und dazu einer von den neuen Seidenhüten. Er war sehr höflich und berichtete, er helfe seinem Großvater bei dessen Grundstückskäufen. Lisette, nunmehr dreizehn, war ein lebhaftes Kind, hübsch, aber mit dem energischen Kinn ihrer deutschen Mutter. Sie trug ein Kleid im Prinzeßstil, mit hochsitzender Taille und weich fallendem Rock. Unwillkürlich verglich McKeag die beiden Kinder mit ihren Halbbrüdern in der Prärie: Diese hier sprachen Englisch, Französisch und Deutsch gleichermaßen gut. Sie waren noch nicht diplomatisch genug, so zu tun, als seien sie an einem Gespräch mit McKeag interessiert. Sie wußten kaum, wer er eigentlich war, und hatten es eilig, zu verschwinden.

„Nette Kinder!" sagte McKeag impulsiv, als sie fort waren. „Pasquinel ist bestimmt stolz auf sie."

Diese unangebrachte Bemerkung hatte ein eisiges Schweigen zur Folge, dann beugte sich Lise ohne spürbare Verlegenheit vor und fragte ihn: „Wie geht's Pasquinel?"

„Ist er denn nicht hier gewesen?"

„Wir haben ihn seit sieben Jahren nicht gesehen", antwortete sie gelassen.

McKeag starrte sie sprachlos an. Wie schade, dachte er. Kein heftiger Streit, nicht einmal eine Meinungsverschiedenheit. Nur ein Pelztrapper, der die Stadt satt hatte und eines Tages auf und davon ging. Er hatte tiefes Mitleid mit Lise, fand aber keine Möglichkeit, seinen Gefühlen Ausdruck zu verleihen. Ihr Schwager unterbrach das entstandene Schweigen und fragte ihn: „Was macht er denn jetzt?"

McKeag überlegte. Was machte Pasquinel? Und von den zahllosen Antworten, die ihm zur Wahl standen, entschied er sich für eine sehr ausgefallene: „Sie haben ihm die Pfeilspitze aus dem Rücken geschnitten."

„Wirklich?" rief Lise.

„Wie denn?" fragte Grete. Und McKeag erging sich in so vielen Einzelheiten über das große Treffen, über den Engländer Haversham, der ihm Lapsang souchong verkauft hatte, und andere Dinge, daß sich die bei der Erwähnung Pasquinels entstandene Spannung legte. Später jedoch machte er dann wieder eine höchst unglückliche Bemerkung: „Ich glaube, es war, nachdem sie ihm die Pfeilspitze 'rausgeschnitten hatten . . . Pasquinel war betrunken, aber er stand stocksteif da und ließ sich von seinem Sohn – das heißt, von beiden Söhnen – eine Whiskyflasche vom Kopf schießen."

Wieder entstand betretene Stille, die keiner der Zuhörenden zu brechen wagte. Dann fragte Gretes Ehemann ruhig: „Seine Söhne?"

„Bockweiß weiß von seinen Söhnen", antwortete McKeag. Sobald er diese Worte ausgesprochen hatte, wurde ihm klar, daß der alte Deutsche Lise nichts von der Indianerfamilie erzählt hatte, um sie nicht zu kränken. Nun, da er das Geheimnis verraten hatte, fand McKeag, daß er die Information vervollständigen sollte. „Sie sind beide jünger als Cyprian", berichtete er. „Marcel ist nicht unbegabt, Jacques dagegen, der ältere, ist ein Ungeheuer. Gott weiß, was aus ihm werden soll."

Lise hörte ihm ruhig zu und gab keinen Kommentar.

Als McKeag sich verabschieden wollte, fiel ihm von neuem der Luxus auf, mit dem das Haus ausgestattet war, die vielen kostbaren, aus dem Osten stammenden Gegenstände. „Meine Kinder werden bald heiraten", erklärte Lise. „Ich hoffe, daß sie zunächst noch hier leben werden, und daß eines von ihnen dann später das Haus übernimmt und mir erlaubt, hier wohnen zu bleiben." Sie war eine beherrschte, freundliche Frau, die vornehmste Dame, der McKeag jemals begegnet war.

„Vielen Dank für das Essen", sagte er, sagte es so formell, daß sie seine beiden Hände ergriff, ihn an sich zog und auf die Wange küßte.

„Alexander! Wir sind alte Freunde!" Und dann führte sie ihn in einen anderen Teil des Hauses, wo sie ihm das Zimmer zeigte, das sie für ihn eingerichtet hatte. „Das hier ist dein Zimmer, Alexander." Sie preßte die Finger auf die Augen, um ihre Tränen zurückzuhalten.

„Solange du lebst, wirst du hier wohnen, wenn du in Saint Louis bist. Hier bei uns. Von dieser Hütte unten am Fluß will ich nichts mehr hören!“

Sie bestand darauf, daß er sofort einzog, und schickte Diener zum Hafen hinunter, um seine Sachen zu holen, weil sie befürchtete, er werde sonst nicht wieder zurückkommen. Und als seine wenigen Habseligkeiten verstaut waren, setzte sie sich auf sein Bett, strich ihren Rock glatt und verlangte: „Erzähl mir alles von Pasquinel!“

Im Herbst jenes Jahres 1828 schlugen Pasquinel, Tönerne Schale, die beiden Jungen und ihre kleine Schwester ihr Tipi zwischen den roten Steinmonumenten auf, die den North Platte östlich der Einmündung des Laramie River säumten. Dieses Gebiet war im Besitz der Oglala-Sioux, eines kriegerischen Stammes, der Pasquinel gefiel; und während seine Söhne mit den jungen Kriegern herumtobten, führte er lange Gespräche mit den Häuptlingen, um festzustellen, ob sie etwas von dem Gold des Lahmen Bibers wußten. Sie wußten nichts.

Er war gereizt. Ungeduldig begann er wieder Tönerne Schale auszufragen, wie er es während ihrer zweiunddreißigjährigen Ehe in Abständen immer wieder getan hatte, und eines Tages, als sie wieder einmal ihre Erinnerungen an das Leben ihres Vaters vor ihm ausbreitete, fiel ihm plötzlich etwas Wichtiges ein.

„Kann es sein, daß ich im Tipi deines Vaters eine Büffelhaut mit Bildern gesehen habe? Bildern von seinen Heldentaten?“

„Ja. Meine Mutter hat sie angefertigt.“

„Wo ist sie?“

Achselzuckend erklärte sie ihm wieder, daß es bei ihrem Stamm üblich sei, daß sich die Stammesmitglieder die Besitztümer eines Mannes bei seinem Tod aneignen.

„Das weiß ich!“ fuhr er sie an. „Aber wer hat die Büffelhaut genommen?“

„Niemand.“

Diese Antwort akzeptierte er nicht. Wütend begann er sie zu schütteln. „Was soll das heißen – niemand?“ schrie er, und sie erklärte ihm, daß die Büffelhaut nach dem Tod ihres Vaters spurlos verschwunden sei.

Nach einer Weile hatte er sich damit abgefunden. Dann kam ihm jedoch eine gute Idee. Er wollte sich von Tönerne Schale alle Taten ihres Vaters, die auf der Büffelhaut abgebildet waren, aufzählen lassen, damit er daraus Schlüsse auf den Schauplatz dieser Abenteuer ziehen könnte. Tönerne Schale machte es Freude, sich die schönen Malerein ihrer Mutter vorzustellen. Eifrig begann sie, eine Szene nach der anderen zu beschreiben.

Da war der Überfall auf die Comanchen, aber in jener Gegend gab es kein Gold. Dann kam der Sieg über Niemals-tot, aber die Gegend war Pasquinel bekannt.

Eine nach der anderen zählte sie die Heldentaten auf, brachte es aber nur auf sieben, während selbst Pasquinel wußte, daß es insgesamt acht gewesen waren. Immer wieder drang er in sie, beschuldigte sie, die wichtigste Information zurückzuhalten, weil sie nicht wollte, daß er das Gold finde, weil sie es für die Arapaho bewahren wollte, damit diese es bekämen, wenn er tot sei.

Sie zermarterte sich das Gehirn, versuchte immer wieder, das Leben ihres Vaters zu rekonstruieren, und plötzlich, als sie gerade Pemmikan machte, erinnerte sie sich an eine ganz kleine Abbildung in einer Ecke, die Abbildung ihres Vaters, wie er Tipi-Stangen schnitt und mit den Ute-Kriegern kämpfte. „Ich hab's!“ rief sie erleichtert, und Pasquinel kam herbeigerannt.

„Das war, als Lahmer Biber in die Berge zog, um Tipi-Stangen zu schneiden. Da mußte er mit ein paar Ute-Kriegern kämpfen und hat, glaube ich, ihre Taschen an sich genommen. In denen sind wahrscheinlich die Kugeln gewesen.“

„Tipi-Stangen? Wo?“

„Im Blauen Tal.“

„Aber da sind wir ja gewesen!“ schrie Pasquinel aufgebracht. „Verdammt noch mal, da hatten wir unser Lager!“

„Aber dort war es. Ich erinnere mich jetzt genau.“

Es war viel zu spät im Jahr, um noch zum Blauen Tal zu übersiedeln, doch während des ganzen Winteraufenthaltes inmitten der kahlen Steinmonumente am Platte stellte sich Pasquinel das Blaue Tal vor, den Bach, der sich durch die Wiesen schlängelte, und die Stellen, an denen das Gold liegen könnte. Das Gold zu finden war ein Gedanke, der zu einer viel stärkeren Besessenheit wurde als damals, als er die beiden Goldkugeln in der Hand gehalten hatte.

Sein Leben war nicht sehr erfolgreich gewesen. Wäre er bei einer seiner weißen Frauen geblieben, hätte er verhältnismäßig glücklich werden können. Seine Kinder waren liebenswert, und es ging ihnen vermutlich gut. Aber er hatte ein unstetes Leben vorgezogen, das Leben eines Waldläufers. Er hatte viele Biber gefangen und mit den Fellen viel Geld verdient, von dem aber nichts mehr übrig war. Was er jetzt brauchte, war das Gold, mit dem er seine Fehlschläge krönen, seine erfolglosen Jahre wettmachen und so viel Reichtum erwerben konnte, daß man von Montreal bis New Orleans mit Hochachtung sagen würde: „Das ist Pasquinel, der die Goldmine gefunden hat.“

Seine indianischen Söhne würde er bei den Oglala-Sioux lassen; dort würden die beiden sich wohl fühlen, denn sie waren Indianer geworden, und die Sioux würden froh sein, zwei tapfere Krieger zu bekommen. Er selbst würde mit Tönerner Schale und der kleinen Tochter, sobald das Eis brach, südwärts zum Blauen Tal ziehen. Die Biber? Nun, die konnten warten. Es wurde ohnehin immer mühsamer, sie aufzutreiben, und wenn er das Gold fand, brauchte er keine Biber mehr.

McKeag, der immer noch allein arbeitete, fing auch nicht viele Biber, jedenfalls nicht genug, um eine Reise nach Saint Louis zu rechtfertigen. Im Herbst 1829 mußte er sich entscheiden, wo er während des kommenden Winters Fallen aufstellen wollte. Am liebsten war es ihm immer gewesen, wenn er sich während der kalten Monate bei den Rattlesnake Buttes eingraben und dann bei Tauwetter an den Nebenflüssen des Platte arbeiten konnte, doch schon eine oberflächliche Untersuchung jener Wasserläufe ergab, daß die Biber dort verschwunden waren. Im Beaver Creek, wo es zu Anfang seiner Trapperzeit von Bibern nur so gewimmelt hatte, gab es überhaupt keine mehr, und in den westlichen Bächen war die Lage nur wenig besser.

Also blieb ihm keine Wahl: Er mußte dieses schöne Land verlassen und zu den Vorbergen der Rockies ziehen. Mit Bedauern schied er von dieser Gegend, in der es ihm so gut gegangen war, daß er sich ein bescheidenes Vermögen hatte erwerben können, das auf einer Bank in Saint Louis deponiert war.

Zu Fuß machte er sich auf die Reise nach Nordwesten, zu den Kalkklippen, die ihm vor einigen Jahren aufgefallen waren: sie gewährten Schutz vor Stürmen und lagen in der Nähe aussichtsreicher Bachläufe. Dort fand er auch genügend Holz, um sich eine Hütte zu bauen, und genug Baumäste, um ein kleines Feuer in Gang zu halten.

Es war ein harter Winter, und schon binnen kurzem war er tief eingeschneit. Schneewehen bedeckten seine Hütte. Er lebte wie in einer Höhle. Doch da er schon öfter in einer Gruft gehaust hatte, machte es ihm nicht mehr viel aus, und überdies gab es diesmal eine Veränderung, die ihm ein gewisses Maß an Freude brachte. Jeden Tag nach Sonnenuntergang, wenn er in seinen Tunnel zurückgekrochen war, braute er sich eine kleine Tasse Lapsang souchong, und wenn das rauchige Aroma die Höhle füllte, fühlte er sich beinah nach Schottland zurückversetzt: Er sah seine Mutter am Torffeuer stehen und seinen Vater, der die Schafe versorgt hatte, zur Tür hereinkommen. Und gleich darauf, sosehr er seine Gedanken auch in eine andere Richtung zu zwingen versuchte, sah er sich selbst in einer gelben Schürze beim großen Treffen tanzen und Pasquinel vortreten, um mit ihm zu tanzen. Er konnte nicht länger leugnen, wie sehr er diesen schwierigen Mann liebte.

Sie hatten Seite an Seite gekämpft, und jeder hatte dem anderen das Leben gerettet. In langen Wintermonaten hatten sie gemeinsam an spärlichen Feuern gesessen, hatten tagelang kaum miteinander gesprochen. Sie waren von derselben Frau, von dieser unvergleichlichen Arapaho, geliebt worden. Und vor allem hatten sie zusammen einen unerforschten Kontinent durchstreift. Sie waren enger verbunden als zwei Brüder. Sie waren Söhne des Büffels, Erben der großen Prärie.

Durch Pasquinel hatte McKeag gelernt, was es bedeutete, frei zu sein, ein Mensch inmitten der endlosen Prärie, begrenzt nur noch von einem Horizont, der ebenfalls endlos weit zurückwich, wenn man sich ihm näherte. Wie jämmerlich eng war doch der Horizont in Schottland gewesen: ein schmales Hochlandtal, beherrscht von einem reichen Mann, vor dessen Macht alle Bewohner zitterten. Hier, westlich des Missouri, gab es keine reichen Männer, sondern nur Männer, die mutig und tüchtig waren. Ein Mann, dem es an einer dieser Eigenschaften mangelte, fand unweigerlich einen schnellen Tod.

Und doch: wenn McKeag jetzt, zweiunddreißig Jahre später, an Pasquinel dachte, fragte er sich, ob der Franzose die Bedeutung dieser Freiheit jemals richtig begriffen hatte. Stets hatte er die Gesellschaft von Frauen gesucht, war ihnen aber beim ersten Anzeichen von Anteilnahme entflohen. Seine Kinder hatte er geliebt, die Sorge um sie aber ihren Müttern überlassen. Er war immer vor irgend etwas davongelaufen – tapfer, wenn es um physische Auseinandersetzungen ging, ein Feigling in moralischen Dingen. Er hatte es als Freiheit bezeichnet, in Wirklichkeit aber war es Flucht.

McKeag, der Zurückhaltende, empfand Mitleid mit Pasquinel, dem selbstsicheren Organisator ihrer Abenteuer. Er bedauerte, daß ein so tapferer Mann so armselig enden mußte, gleichzeitig aber war ihm klar, daß sie noch immer durch die unauflöslichen Bande gemeinsam überstandener Gefahren und gemeinsam geleisteter Arbeit aneinandergekettet waren. Und plötzlich wollte er nicht länger allein leben, wollte mit Pasquinel und Tönerner Schale ein Tipi auf der weiten Prärie teilen und mit dem Freund auf Biberjagd gehen.

Eine Woche lang überlegte er, welche Schritte zur Ausführung dieses Entschlusses notwendig waren: Beim nächsten Treffen werde ich mich wieder mit ihm zusammentun! Von diesem Vorsatz neu belebt, begann er sich auf den Sommer zu freuen, und das Eingeschlossensein in dieser Höhle fiel ihm nicht mehr so schwer.

Und dann, an einem strahlend schönen, sonnigen Tag im März, als er hinauskroch, um nachzusehen, ob der Frühling schon zu den Bächen kam, in denen er seine Fallen aufstellen wollte, fühlte er sich plötzlich von einer Macht gepackt, die stärker war, als er es je erlebt hatte. Es war, als zöge ihn eine Riesenhand davon, und dann hörte er sich selbst aufschreien: „Pasquinel braucht mich!“ In unerklärlicher Hast und Aufregung packte er zusammen, was er tragen konnte, schnallte sich ein Paar Schneeschuhe an die Füße und machte sich auf den beschwerlichen Weg zum Blauen Tal.

Die Schneewehen waren hoch, die Sonne blendete. In diesem Wetter den Marsch in die Berge zu wagen, war absurd, aber er war überzeugt, daß Pasquinel dort sein mußte, und er stapfte unermüdlich weiter.

Als die Nacht hereinbrach, kauerte er sich in den Windschatten eines Felsens und bedeckte sich, um nicht zu erfrieren, mit losem Schnee. Vor Morgengrauen nahm er seine Wanderung wieder auf und arbeitete sich den ganzen Tag lang durch hohe Schneewehen.

Endlich stieß er auf den Bach, der vom Blauen Tal herunterkam, und konnte sich nun nach dem kleinen Biber richten, der die Bergflanke emporkletterte.

Während er sich dem Plateau näherte, auf dem das Tal lag, kam ihm jedoch ein schrecklicher Gedanke: Wenn nun Pasquinel gar nicht dort oben ist? Nein, unmöglich! An so etwas wollte er gar nicht denken.

Mit neu gewonnener Energie erklomm er auch die letzten Felsen und blickte in das Tal hinab. Mit ungeheurer Erleichterung sah er die Hütte unten liegen und um sie her Anzeichen von Leben, die jedem Uneingeweihten entgangen wären: einen abgebrochenen Zweig, zertretenen Schnee, wo ein Gabelbock erlegt worden war.

Er lief, so schnell es seine Schneeschuhe erlaubten, und rief noch im Laufen: „Pasquinel! Ich bin's!"

Kein Mensch rührte sich, bis er die Hütte fast erreicht hatte. Da erst sah er, daß die Tür aus den Angeln gerissen war und Tönerne Schale, ein Kind auf dem Arm, auf der Schwelle stand. Ihr Gesicht war blutverschmiert.

„Pasquinel!" schrie McKeag in das Schweigen.

Hastig streifte er die Schneeschuhe ab und lief ins Haus. Dort auf dem Boden, Gesicht nach unten, lag Pasquinel, von Pfeilen durchbohrt, skalpiert. McKeag starrte den Toten verstört an. Dann kniete er neben ihm nieder und drehte ihn um, als erwarte er, noch einen Funken Leben zu finden.

„Wer war das?"

„Shoshone."

„Und die Jungen? Haben sie nicht geholfen?"

„Pasquinel hat sie bei den Sioux gelassen."

Er kappte die Pfeile, die aus dem Körper des Toten ragten, und machte ihn für die Beerdigung fertig. Er wusch ihm das Blut ab und holte Holz, damit das Feuer nicht erlosch. Vor Sonnenuntergang hatte er eine Stelle vom Schnee freigeschaufelt und ein flaches Grab in den gefrorenen Erdboden gehackt. Darin beerdigten sie Pasquinel, den Mann mit den vielen Wunden, den Mann mit den vielen Siegen.

In jener Nacht erinnerte sich McKeag daran, daß sein Partner oft prophezeit hatte, er werde eines Tages von den Indianern getötet werden. Nun war es tatsächlich so gekommen. Sie hatten ihn überfallen, als er sich niederkniete und das Bachbett untersuchte, einen Kieselstein nach dem anderen umdrehte, um nachzusehen, ob dies vielleicht die Stelle war, wo Lahmer Biber sein Gold gefunden hatte. Als sie seinen Körper mit Pfeilen durchbohrten, hatte er gerade nach einem glänzenden Gegenstand gegriffen. Schwer verwundet war er zur

LEVI ZENDT'S TRECK NACH DEM WESTEN
1844
0 100 300 500 Meilen
OREGON TRAIL
Südpaß
Independence Rock
N. Platte R.
Fort John
Scotts Bluff
Chimney Rock
Court House Rock
Ash Hollow
Kreide klippe
Rattlesnake Buttes
S. Platte R.
Zendt's Farm
Platte River
OREGON TRAIL
Little Blue R.
Big Blue River
Missouri River
Presbyterianische M
St. Joseph
Independence
Old Fort Osage
Yellowstone River
IOWA TERRITORIUM
Great Salt Lake
Colorado River
KONTINENTALE WASSERSCHEIDE
Arkansas River
MISSOU
ARKANS
Rio Grande
REPUBLIK TEXAS

LAKE SUPERIOR
LAKE HURON
LAKE MICHIGAN
LAKE ONTARIO
LAKE ERIE
WISCONSIN TERRITORIUM
MICHIGAN
VERMONT
N.H.
NEW YORK
MASS.
CONN.
PENNSYLVANIA
Pittsburgh
Columbia
Lancaster
Lampeter
NEW JERSEY
Youghiogheny R.
M.D.
DEL.
OHIO
Keokuk
Hannibal
ILLINOIS
INDIANA
Cincinnati
VIRGINIA
St. Louis
Ohio River
KENTUCKY
Cairo
NORTH CAROLINA
TENNESSEE
Mississippi River
SOUTH CAROLINA
GEORGIA
ALABAMA
MISSISSIPPI
ATLANTISCHER OZEAN
LOUISIANA
FLORIDA TERRITORIUM
GOLF VON MEXICO

Hütte zurückgewankt, um seine Frau und seine Tochter zu beschützen, wie er in einem Kampf ja immer die Schwachen beschützt hatte. Sie aber waren Holz suchen gegangen, und so hatte er allein sterben müssen, wie er es immer geahnt hatte. Im Tode hatte er zwei Dollar und achtzig Cent in seinen Taschen, schuldete dagegen viertausend; das glänzende Nugget, das er entdeckt hatte, war bald darauf wieder mit Flußsand bedeckt.

Zwei beklommene Tage lang blieb McKeag im Blue Valley, dann zog ihn sein Pflichtgefühl zu seinen eigenen Fallen, zu seinem Tunnel unter dem Schnee zurück.

„Stell deine Fallen hier auf", sagte Tönerne Schale leise.

„Deine Söhne werden für dich sorgen", entgegnete er.

„Sie sind fort", sagte sie. Dann herrschte Schweigen, bis sie flüsterte: „Ich bin allein."

Diese Worte trafen McKeag, denn es waren seine eigenen, so oft ausgesprochen, die ihm jetzt entgegengehalten wurden. Verwirrt versuchte er seine Gedanken zu ordnen, aber die Ordnung wollte sich nicht einstellen. Alles, woran er denken konnte, war, daß er nicht mehr allein sein wollte. Er war einen schneebedeckten Berg hinaufgeklettert, um die brüderliche Gemeinschaft von damals wiederzufinden, und hatte dann feststellen müssen, daß das nicht mehr möglich war.

Kann es sein, fragte er sich, daß der geheimnisvolle Ruf, der an ihn ergangen war, nicht Pasquinel, sondern Tönerner Schale galt? Aber er hatte Angst. Er hatte eine tiefe Angst davor, daß es ihm nicht bestimmt war, sein Leben mit einer Frau zu verbringen. Besonders fürchtete er sich davor, daß sie ihn auslachen würde, genauso auslachen wie die Indianerinnen, die er über ihre Männer hatte lachen hören.

Drei Tage lang kämpfte er mit diesem Problem und hatte sich fast eingeredet, daß es sein Schicksal war, allein zu bleiben. Als er jedoch zu dem hohen Berg emporblickte und den Steinbiber sah, der auf ewig an ihm hinaufkletterte, wurde ihm klar, daß Menschen genau wie Tiere Hindernisse, die sich ihnen in den Weg stellten, überwinden mußten.

Mit neuem Mut kehrte er zur Hütte zurück. „Heute brechen wir auf, den Bach hinunter", erklärte er.

„In diesem Schnee?" fragte sie.

„Dort unten sind meine Fallen."

„Und die Kleine?"

„Sie soll meine Tochter sein." Liebevoll nahm er das Kind in seine Arme. „Sie soll Lucinda heißen."

Als sie sich jedoch auf den Weg machen wollten und ihm auf einmal klarwurde, daß er die lebenslange Verantwortung für diese beiden Menschen übernommen hatte, kehrten seine Zweifel wieder. Er setzte das Kind ab und ergriff die Hände der Indianerin. „Du wirst mich nicht auslachen?" fragte er sie.

„Ich werde nicht lachen", versicherte sie.

Der Treck

Wenn ein Expertenteam um 1844 den Auftrag bekommen hätte, die besten Landwirtschaftsgebiete der Welt zu benennen, wäre unter den Gebieten ihrer Wahl bestimmt jenes fruchtbare Ackerland gewesen, das sich am Fuß der östlichen Ausläufer der Appalachen rings um die kleine Stadt Lancaster erstreckte.

Das Land war sanft hügelig, so daß sich der Regen in den Niederungen nicht sammeln und dadurch die Erde sauer machen konnte. Die oberste Erdschicht war nicht sonderlich dick, auch nicht leicht zu bestellen, und wenn ein Farmer gute Ernten erzielen wollte, mußte er gehörig dafür arbeiten. Allerdings gab es genau den richtigen Niederschlag – pro Jahr ungefähr hundert Zentimeter. Der Wechsel der Jahreszeiten war ausgeprägt. In den frostigen Herbsten erntete man Walnüsse, in den schneereichen Wintern ruhte sich das Land aus.

Der Farmer aus Lancaster übertrieb nicht, wenn er prahlte: „Auf diesem Boden kann ein guter Bauer alles anbauen, außer Muskatnüssen.“ Und alle Produkte waren profitreich zu verkaufen, da Philadelphia und Baltimore mit ihren Märkten in erreichbarer Nähe lagen. Getreide, Heu, Gemüse, Tabak und sogar Blumen konnte man auf den Markt bringen. Doch am besten gedieh das Vieh, vor allem Rinder und Schweine. Rind- und Schweinefleisch aus Lancaster waren ein Qualitätsbegriff, an dem die Produkte aus weniger begünstigten Gebieten gemessen wurden.

In der himmlischen Lotterie, die Menschen und Land zusammenwürfelt – jenem Glücksspiel, das häufig fähigen Männern Felder voller Steine zuteilt und guten Boden an Unfähige verschwendet, die sich dann damit zufriedengeben, das zu ernten, was der Wind gesät hat –, war dies Land hier ein Glückstreffer. Zu Beginn des 18. Jahrhunderts kam eine Gruppe tüchtiger Bauern nach Lancaster, die vor Hungersnot und Unterdrückung aus Deutschland geflohen waren. Sie kamen zum großen Teil aus dem Süden Deutschlands und bekannten sich zu strengem Luthertum, und zwar in seinen extremen Spielarten der Sekten der Mennoniten und der Amish.

Es waren die Amish, die in Lancaster der Lebensart ihren Stempel aufdrückten. Sie waren nüchterne Menschen, die jeglichen Schmuck, ja sogar Knöpfe oder helle Kleider ablehnten. Sie waren gegen jede Neuerung, die ihr alttestamentarisch strenges Leben angenehmer gestaltet hätte. Ihren Kindern gaben sie Namen aus der Bibel. Mit zehn war jeder Amish auf Gedeih und Verderb mit dem Boden vermählt, ihm weihte er den Rest seines Lebens, stand um vier Uhr auf, arbeitete bis sieben, verschlang ein gewaltiges Frühstück, arbeitete weiter bis zwölf Uhr und verschlang eine noch gewaltigere Mahlzeit. Er schuftete weiter bis sieben Uhr abends, aß ein leichtes Abendessen, das im Gedenken an Unseren Herrn „Abendmahl“ genannt wurde, und ging zu Bett. Er huldigte Gott an jedem Sonntag und mit all seinen Taten. Wenn er alt genug war, um einen schwarzen Wagen und eine braune Stute zu besitzen und damit von Blue Ball nach Intercourse zu kutschieren, hielt er manchmal inne und dankte dem Schicksal, das ihn nach Lancaster verschlagen hatte, einem Land, das ihn für seine Arbeit belohnte.

Fast überall auf der Welt hätte man die Mennoniten für unerträglich steif gehalten, doch verglichen mit den Amish waren sie geradezu frivol, da sie sich kleinere weltliche Vergnügungen gönnten, gute Geschäftsleute waren und ihren Kindern erlaubten, auch etwas anderes als Farmer zu werden. Einige der Mennonitenkinder besuchten sogar eine Schule. Als Farmer waren sie ungemein tüchtig und holten aus dem Boden das Äußerste heraus. Ihre Fähigkeit, die Produkte mit dem größtmöglichen Profit zu verkaufen, war geradezu unheimlich. Besonders die Mennonitenfrauen zeigten große Begabung für den Handel. Sie wußten mit schlafwandlerischer Sicherheit, wieviel sie von einem Kunden verlangen konnten, allerdings boten sie dem Käufer so gute Ware, daß er gerne wiederkam. In ihren strengen schwarzen Kleidern, weißen Schürzen und weißen Tüllhauben konnten sie jeden in Grund und Boden reden, um den Preis zu bekommen, den sie gefordert hatten, und schlug einmal ein Geschäft fehl, waren sie darob tief bekümmert.

Im Januar 1844 war das Dorf Lampeter einer der interessantesten Orte von ganz Lancaster. Seinen Namen hatte es nach einem gottlosen, ausschweifenden Fuhrmann namens Lame Peter, der hier seine Farmprodukte einlagerte, bevor er sie nach Philadelphia verfrachtete. Mit der Zeit gewöhnten sich immer mehr Fuhrleute an, einen kurzen Aufenthalt in Lampeter einzulegen, und da sie ein zügelloser Haufen waren, bekam die Hauptdurchzugsstraße den Namen „Hell Street“. An jedem Baum war ein Conestoga angebunden, einer jener großen Planwagen mit riesigen Hinterrädern, auf denen eine Familie mitsamt ihrem Hausrat mühelos Platz fand.

„Treffen wir uns in der Hell Street“, schrien sich die Fuhrleute zu, wenn sie Philadelphia verließen und sich auf den Heimweg machten. Und wenn dann die langen Planwagen, von sechs Schecken gezogen, klingelnd in die Hell Street einfuhren – die beiden Leitpferde trugen je fünf Glöckchen am Zaumzeug, das zweite Paar je vier, das dritte Paar je drei –, widerhallte die Straße von Fröhlichkeit. Viele Mädchen, die auf den Farmen der Umgebung ein eintöniges Leben führten, strömten in die Gasthöfe der Hell Street, angelockt vom lustigen Gebimmel der ankommenden Wagen.

Am Nachmittag des 4. Januar – es war ein Donnerstag – lenkte ein wütender Fuhrmann seinen Wagen in völliger Stille durch die Hell Street. Die Pferde trugen nicht die vierundzwanzig Messingglöckchen, wie es sich für ein echtes Conestoga-Gespann gehörte, und die Leute traten aus den Gasthöfen auf die Straße, um sich diese lautlose Ankunft anzusehen. „Er hat die Glocken verloren!" rief ein Mädchen, und in kürzester Zeit hatten alle Gäste die Schankräume verlassen und standen um den unglückseligen Mann herum.

„Wo hast du denn deine Glocken gelassen, Amos?" rief einer.

„Das verdammte linke Hinterrad ist schuld", erwiderte Amos, der das Leitpferd an einen Baum anband. „Es hat sich kurz vor Coatesville gelockert. Mußte aus'm Schneeloch 'rausgezogen werden."

Unter den Conestoga-Fuhrleuten galten strenge Regeln. Wenn ein Fuhrmann in eine so mißliche Lage kam, daß er die Hilfe eines anderen brauchte, war er verpflichtet, dem Retter seine Glocken zu überlassen. Es war die schlimmste Demütigung, die einem Fuhrmann widerfahren konnte.

„Holst du dir einen neuen Satz Glocken?" fragte ein Gastwirt, als Amos das Gespann verließ.

„Denk' gar nicht daran", brummte Amos. Er war ein hochgewachsener, knochiger Mann mit groben Gesichtszügen.

„Hörst du etwa auf?"

„Genau das", antwortete er. Dann stürmte er zu dem Wagen zurück und begann, dem linken Hinterrad Tritte zu versetzen. Dabei stieß er so gotteslästerliche Flüche aus, wie sie selbst in Lampeter selten zu hören waren. Sein Gesicht nahm eine purpurrote Farbe an, und die Wörter, die er laut herausbrüllte, wurden immer obszöner, bis man fürchten mußte, die Plane würde davon versengt. Er versetzte dem Rad einen letzten heftigen Tritt, dann verschränkte er die Arme, warf dem Planwagen wilde Blicke zu und stieß einen summarischen Fluch aus, der zwar keine Obszönität enthielt, dafür aber ungefähr eine Minute dauerte. Nachdem dies vollbracht war, breitete er seine Arme aus und blickte in die Menge: „Jeder von euch kann diesen beschissenen Wagen haben. Ich will ihn nicht mehr sehen." Damit ging er mit langen Schritten in den „Weißen Schwan".

Vom Rand der Menge hatte ein junger Mennonit in schwarzem Anzug und flachem Hut diesen bemerkenswerten Auftritt beobachtet. Er war vierundzwanzig Jahre alt, untersetzt und trug einen rötlichen Bartkranz, der an den Ohren begann und in säuberlich dünner Linie um die Kinnspitze lief. Sein kantiges Gesicht sah aus, als ob es gerahmt wäre.

Unauffällig begutachtete der junge Mann den verlassenen Conestoga, der offensichtlich schon reichlich alt war. „Vermutlich hat er vierzig Jahre gedient", murmelte ein Farmer, der daneben stand. „Vom Anstrich ist ja kaum noch was übrig." Die ehemals dunkelblaue Farbe des Wagenkastens war zu einem faden Hellblau verblichen, das leuchtende Rot von Rädern und Deichsel war nur noch ein trübes Grau-Orange. „Dieses Hinterrad tut's nicht mehr lang", sagte der Farmer und stieß ein paarmal mit dem Fuß dagegen. „Klappert ja furchtbar."

Wie sie den alten Wagen betrachteten, bog ein Spätankömmling aus Philadelphia in die Hell Street ein. Mit einem Blick hatte er erfaßt, was seinem Gefährten passiert war. „Guter Gott! Amos Boemer hat die Glocken nicht mehr!" rief er, und eine Menge Leute kamen aus dem „Weißen Schwan", um ihn zu begrüßen.

„Jakob Dietz mußte ihn aus einem Schneeloch 'rausziehen", erklärte einer der Männer. „Östlich von Coatesville."

Der Neuankömmling ging um den alten Conestoga herum und versetzte nun seinerseits dem Rad einen Tritt. „Hab' Amos schon letzten Monat gesagt, daß er ein neues Rad braucht."

„Er will ihn verkaufen. Hast du Interesse?"

„Was, ich? Für einen ausgeleierten Conestoga?" Er lachte und folgte den anderen in den „Weißen Schwan".

Der junge Mann mit dem viereckigen Bart blieb allein im Schnee stehen. Langsam ging er um den Wagen herum und prüfte dessen Zustand, dann machte er sich auf den Heimweg. Seiner Familie gehörte eine der schönsten Farmen des ganzen Bezirks, kurz vor der Zollgrenze. Eine Zufahrtsallee mit prächtigen, jetzt entlaubten Bäumen ging südlich von der Hauptstraße ab.

Schon von weitem war das große Stallgebäude mit seinen rotgelben Schutzzeichen, die das Böse abwenden sollten, zu sehen, und im klaren Mondlicht konnte man den stolzen Namen lesen.

Jacob Zendt
1713
Metzger

Wie bei jeder Lancaster-Farm, die etwas auf sich hielt, war der Stall sechsmal so groß wie das Wohnhaus, denn die Amish und die Mennoniten wußten sehr wohl Prioritäten zu setzen.

Während der junge Mann über den knirschenden Schnee ging, schaute er sich aufmerksam die Bäume an. Da Hickorybäume und Eichen für sein Geschäft wichtig waren, merkte er sich auch das kleinste Bäumchen schon vor und überlegte, wann es reif zum Fällen sein würde.

Auf der Zendt-Farm gab es viel Holz: den seit jeher vorhandenen Wald, den Melchior Zendt 1701 hier vorfand, als er aus Deutschland eingewandert war, dann die Allee, die sein Sohn Jacob 1714 gepflanzt hatte, und – das Beste von allem – das kleine Wäldchen, 1767 von Lukas Zendt gepflanzt, das das eine Ende des Teiches umrahmte. Es bestand aus Ahorn, Eschen, Ulmen, Eichen und Hickorybäumen. Für jeden der Bäume war sorgfältig der für ihn günstigste Platz ausgesucht worden, und sie gediehen alle prächtig.

Der junge Mann blickte kurz auf die riesige Scheune, dann auf das kleine rote Gebäude, in dem er selbst arbeitete, auf ein noch kleineres, das vom vielen Rauch geschwärzt war, einige schneebedeckte Schweineställe, Hühnergehege und Kornspeicher. Zwischen den größeren Gebäuden eingezwängt stand das schmale, schindelgedeckte Wohnhaus. Das Küchenfenster war erleuchtet, und als er die Tür aufstieß, sah er, daß seine Mutter eben das Abendessen bereitete, während sein ältester Bruder Mahlon in der Bibel las.

„Amos Boemer hat seine Glocken verloren“, sagte er, als er den Hut an einen Haken hängte. „Er hat fürchterlich geflucht.“ Seine Mutter arbeitete stumm weiter, und Mahlon fuhr fort, in der Bibel zu lesen.

„So ein Gefluche hab’ ich noch nie zuvor gehört“, sagte der junge Mann.

„Gott wird es ihm nicht vergessen“, sagte Mahlon mit seiner tiefen Stimme, ohne von der Bibel aufzublicken.

„Er ist in eine Schneewehe östlich von Coatesville geraten“, erklärte der junge Mann. Als er darauf keine Antwort erhielt, ging er zur Waschschüssel, um sich für das Abendessen zu reinigen.

Während er sein Gesicht wusch, sagte Mahlon: „Amos Boemer ist ein gottloser Mensch. Kein Wunder, daß der Herr ihn gestraft hat.“

„Es war das linke Hinterrad.“

„Es war der Wille Gottes“, meinte Mahlon.

Nun hob die Mutter eine schwere Glocke und läutete eine halbe Minute lang, bis es schien, als würde der Ton die ganze Farm erfüllen. Aus dem großen Stall kam Christian, dessen Aufgabe es war, Schweine und Rinder von den umliegenden Farmern zu kaufen; von seiner Begabung, günstig zum richtigen Zeitpunkt einzukaufen, hing der finanzielle Erfolg der Familie ab. Aus den Schweineställen kam Jacob, dem die Schweinezucht oblag. Aus dem sauber getünchten weißen Gebäude kam Caspar, der das Schlachten besorgte. Levi, der Jüngste, der die Ankunft des Conestoga in der Hell Street beobachtet hatte, verarbeitete das Fleisch in dem kleinen roten und dem rußgeschwärzten Gebäude zu Würsten und Eingepökeltem. Er machte das so gut, daß die Zendtschen Wurstwaren den höchsten Preis in ganz Lancaster erzielten. Die Familie überlegte sogar, nach Philadelphia zu liefern, doch zuerst mußte die Eisenbahnlinie bis Lancaster fertiggestellt sein.

Die vier jüngeren Brüder, alle geprägt vom mennonitischen Glaubenseifer, setzten sich an die Längsseiten des Tisches. Ihre etwa sechzigjährige Mutter saß an der Schmalseite in der Nähe des Herdes, damit sie während des Essens hin und wieder in einem Topf umrühren konnte. Ihr gegenüber saß Mahlon, der Älteste. Er war ein düsterer Mann um die Dreißig, auf dem seit dem Tod des Vaters die Verantwortung für die Familie lastete.

Nachdem sich die sechs Familienmitglieder gesetzt hatten, neigten sie die Köpfe, während sich Mahlon über die Sündhaftigkeit der Welt erging und Gott um Vergebung für die Verfehlungen erbat, die seine vier jüngeren Brüder seit dem Mittagmahl begangen hatten. „Wir sind dessen eingedenk, daß Bruder Levi den Nachmittag in Hell Street verbracht hat, in Gasthöfen verkehrte und dem Bösen begegnet ist. Hilf ihm, dieses unehrenhafte Verhalten aufzugeben, und leite ihn wieder auf den richtigen Weg, o Herr!“ Levi errötete und fühlte die verstohlenen Blicke seiner Brüder auf sich ruhen.

Mahlon nannte nun nacheinander all die Dinge, von denen er wünschte, Gott möge sich ihrer annehmen. Zum Abschluß sprach er die Gebetsformel, die für seine Familie die letzten hundertfünfzig Jahre bestimmend gewesen war: „Laß Dein göttliches Licht über uns leuchten, damit unser Name in all unseren Handlungen ehrenhaft bleibe.“ Der Rest der Familie stimmte mit einem inbrünstigen „Amen“ ein.

Es war erstaunlich, daß bei diesem Mahl nur eine Frau anwesend war. Jeder der fünf Zendts war im heiratsfähigen Alter und galt als sehr gute Partie. Viele Farmerstöchter hatten die Zendts im Sinn, besonders die vier älteren Brüder; der Jüngste galt als etwas sprunghaft.

Aber die Zendts hatten immer erst spät geheiratet, in einem Alter, in dem die leidenschaftlichen Stürme der Jugend abgeflaut waren und die Familie in Ruhe die angrenzenden Felder geprüft und die besten ausgesucht hatte, die als Mitgift in Frage kamen. 1701 hatte die Zendt-Farm sechzig Morgen umfaßt, jetzt gehörten über dreihundert Morgen zu ihr. Solchen Zuwachs schaffte man nicht, wenn man das erstbeste Mädchen heiratete, dem man mit zwanzig begegnete. Man schaffte es durch allmähliches, geduldiges Erwerben, und wenn das Schicksal es so wollte, und man heiratete ein Mädchen aus dem weiteren Umkreis, dann verkaufte man ihre Morgengabe und erwarb dafür Land, das an die Zendt-Farm angrenzte. 1844 gab es in ganz Lancaster keine bessere Farm als die der Zendts, und sie würde durch die fünf heiratsfähigen Söhne sicher noch größer werden.

Der dreiunddreißigjährige Mahlon hatte mit der Zeit ein bestimmtes Mädchen ins Auge gefaßt, das ziemlich sicher ein beträchtliches Stück Land erben würde, wenn ihr Vater starb. Mahlon hatte seine Entscheidung noch niemandem mitgeteilt, am allerwenigsten dem Mädchen selbst, denn ein Mann überstürzte solche Dinge nicht, behielt sie aber im Auge.

Der nächste Tag war ein Freitag, der dritte unter den wichtigen Tagen, um die die mennonitische Woche kreiste: Sonntag diente der Gottesverehrung, Dienstag und Freitag den Geschäften auf dem Markt. Als das Essen beendet war, schob Levi den Stuhl zurück und sagte abrupt: „Ich muß mal nach der Sülze sehen.“ Als er das Zimmer verlassen hatte, sagte Mahlon zu den Brüdern: „Wir müssen auf Levi aufpassen. Er wird sprunghaft.“ Die anderen drei nickten zustimmend. In früheren Jahren waren auch sie hin und wieder sprunghaft gewesen, wollten Tabak rauchen, ein Bier in einem Gasthof in der Hell Street trinken oder Mädchen beäugen, aber jeder von ihnen hatte solche Wünsche unterdrückt und sich an die Metzgerei gehalten. Jetzt mußten sie Levi helfen, diese gefährliche Phase zu überwinden.

Levi zündete im Hof eine Laterne an und ging über den knirschenden Schnee zu dem kleinen rotgestrichenen Haus. Er stieß die Tür auf und warf einen prüfenden Blick über sein Königreich. Alles war in Ordnung. Die Wurstmaschine war blitzblank geputzt. Sechs Körbe mit Weißwurstkränzen standen in einer Reihe. Die zwanzig flachen Schüsseln für Hackfleisch waren säuberlich gestapelt, jede fast bis zum Rand gefüllt mit einer grauen Masse, die von einer satten gelben Fettschicht bedeckt war. Fertig. Aber um die Sülze auf dem Herd mußte er sich kümmern. Es tat ihm jetzt leid, daß er den Nachmittag in der Hell Street verbracht hatte, statt die Sülze fertig zu machen.

Levi mochte von allen Wurstwaren, die er herstellte, die Sülze am liebsten. Ihrer Zubereitung schenkte er besondere Aufmerksamkeit. In ganz Lancaster hieß es: „Wenn Sie Sülze wollen, gehen Sie zu Levi Zendt.“

Er stand jetzt beim Herd und fuhr mit einer langstieligen Schöpfkelle in den leise brodelnden Topf. Die sechsunddreißig Schweinsfüße schienen gar zu sein. Er nahm von der Schöpfkelle einen Schweinsfuß hoch. Das weiße Fleisch löste sich mühelos vom Knochen.

„Gut“, murmelte er.

Er nahm den Kessel vom Herd, fischte mit großer Geschicklichkeit die weißen Schweinsknochen heraus und achtete sorgsam darauf, daß die Knorpel im Topf blieben, denn sie machten die Zendtsche Sülze so wohlschmeckend. Dann setzte er den Kessel mit Schweinefleisch wieder aufs Feuer und fügte sechs Pfund mageres, fein gehacktes Schweinefleisch und sechs ebenfalls gehackte Schweinezungen hinzu. Er warf zwei Holzklötze ins Feuer und ließ die Mischung aufkochen, während er die Brühe vorbereitete, die der Sülze die Würze gab.

Er schöpfte etwas Brühe aus dem siedenden Kessel in einen irdenen Topf, dazu kamen zwölf Tassen des sauersten Apfelessigs, den es in der Gegend gab. „Das wird ihnen den Mund zusammenziehen“, sagte er. Es folgten zwölf Teelöffel Salz für die Schärfe, drei Teelöffel Pfeffer für die Würze, und eine Handvoll Gewürznelken und Zimtrinde für die Süße. Er kostete zweimal, verzog die Lippen wegen des etwas beißenden Nachgeschmacks und zerkrümelte noch zwei weitere Gewürznelken, um die Schärfe etwas abzumildern.

Er stellte zwölf Schüsseln zurecht und legte in jede in Scheiben geschnittene, saure Lancaster-Gurken, dazwischen hie und da kleine Scheiben eingemachter Mohrrüben. Nun formte er daraus wie ein Künstler verschiedene Muster, um dem Ganzen ein gefälliges Aussehen zu geben.

Nach einigen Minuten nahm er den Kessel mit dem kochenden Fleisch vom Feuer und fing an, mit einer Zange größere Stücke des Schweinefleisches herauszufischen. Er legte sie auf die Gurken und Mohrrüben. Die Zendtsche Sülze unterschied sich auch schon äußerlich von anderen, denn sie hatte zweierlei Farbe: Weiß von den fettigen Stücken der Schweinsfüße, Rot vom mageren Fleisch. Von beidem kam etwa gleich viel hinein. Er arbeitete rasch, holte immer kleinere Stücke aus dem Kessel und verteilte sie gleichmäßig auf die zwölf Schüsseln.

Als schließlich nur noch wenig Fleisch übrig war, kippte er den Inhalt des irdenen Tiegels mit der Brühe in ein Sieb, damit Gewürznelken und Zimtrinde nicht in die Schüsseln gerieten.

„Gut“, brummte er wieder.

Sorgfältig löffelte er die Brühe in die Schüsseln. Er hatte ganz genau kalkuliert: die Brühe reichte gerade aus. Noch bevor er mit dem Aufräumen fertig war, hatte sich die Gelatine aus den Schweinsfüßen verdickt. Am Morgen würde die Sülze hart sein – zartes Schweinefleisch und gaumige Knorpel, mit würzigem, leicht säuerlichem Geschmack.

Wurstkränze, Töpfe voller Hackfleisch, Schüsseln mit Sülze, das war es, was die Leute von Lancaster von den fünf Zendts erwarteten, und das war es, was sie bekamen.

Als Levi das rote Häuschen verließ, leuchtete er mit der Laterne noch in das rußgeschwärzte Nebengebäude, aus dem ihm beißender Rauch entgegendrang. Er hielt sich die Nase zu und schaute zu den Dachbalken hinauf, wo lange Wurstketten hingen, vom durchdringenden Rauch des Hickoryfeuers dunkelbraun geworden. Sie sahen aus, als seien sie gerade richtig, doch um sicherzugehen, drückte Levi zur Probe das Ende einer Wurst an. Sie war schön fest, nur ganz wenig Fett rann aus. Er roch an ihr. Das starke Aroma nach brennendem Hickoryholz, der verlockendste Geruch auf der Welt, beruhigte ihn vollends.

„Alles fertig“, verkündete er den Brüdern, als er wieder in die Küche kam.

„Wir haben es nicht anders erwartet“, sagte Mahlon. Die Bibel lag aufgeschlagen vor ihm, und nun forderte er die Mutter und die vier Brüder auf, sich zum Abendgebet zu versammeln. Da es Donnerstagabend war, betete er: „Hilf uns, o Herr, daß wir uns morgen als rechtschaffene Männer erweisen, gib uns ein gerechtes Maß und hilf uns, so zu handeln, wie Du es von uns erwünschst. Keiner, der mit uns Geschäfte macht, soll sich betrogen, ausgeplündert oder auf irgendeine Weise beleidigt fühlen.“ Dieses Gebet hatte schon ihr Vater gesprochen, als die vier noch Kinder gewesen waren, und vor ihm schon der Großvater.

Ehrfürchtig schloß Mahlon die Bibel und sagte: „Frühstück um drei Uhr, Mutter.“ Und die fünf Zendts gingen zu Bett.

Der Freitag war für Levi ein Freudentag. Er bedeutete das Ende der Arbeitswoche, und die Leute, die auf den Markt kamen, waren meist guter Laune. Und die Stoltzfuß-Bäckerei . . . Levi lag im Bett und dachte voller Vorfreude an den großen Verkaufsstand des Bäckers Stoltzfuß.

Um drei Uhr läutete die schwere Glocke, und die fünf Männer setzten sich zu dem herzhaften Frühstück, mit dessen Vorbereitung die Mutter schon gegen zwei Uhr angefangen hatte. Hackfleisch und Wurst, etwas geräucherter Speck, Schweineleber, gebratene Hühnchen, achtzehn Setzeier mit Schinken, würziges deutsches Brot und zwei Sorten Obstkuchen, Dörräpfel, eingemachte Kirschen, frische Milch . . . So sah das Frühstück der Zendts an einem Markttag aus.

Nach dem Morgengebet verdrückten sie alle ungeheure Portionen, denn die Arbeit war hart und machte großen Appetit. Als sie vom Tisch aufgestanden waren, sagte Mahlon: „Ich sehe, daß Levis Schlitten noch nicht beladen ist.“

„Ich muß noch warten, bis die Sülze ganz fest geworden ist“, erwiderte Levi.

„Wenn du rechtzeitig damit angefangen hättest, wäre es längst fertig“, sagte Mahlon mürrisch.

„Ich schaffe es schon noch rechtzeitig“, sagte Levi kurz. Er würde nicht zulassen, daß Mahlon ihm seinen Freitag verdarb.

Er spannte die beiden Grauen vor den Schlitten, fuhr damit zum roten Häuschen, dann holte er vorsichtig die verschiedenen Töpfe, Körbe und Schüsseln heraus und stapelte sie in den Schlitten. Danach rannte er zur Räucherkammer, holte die langen Wurstketten herunter und dazu noch vier Dutzend zart geräucherter Schweinekoteletts. Nachdem alles auf dem Schlitten verstaut war, rief er: „Christian! Caspar! Wir fahren los!“

Die drei kräftigen Brüder lenkten den Schlitten hinter den von Mahlon und Jacob. Dann ging es die Zufahrtsstraße hinab, zwischen den prächtigen Bäumen, die Großvater Lukas gepflanzt hatte, hindurch auf die Mautstraße, die nach Lampeter und weiter nach Lancaster führte. Aus dem Mauthaus kam ein brummiger alter Mann, um die zwei Pennies zu kassieren, dann begann die Fahrt zum Markt.

Unterwegs auf der stillen verschneiten Straße überholten sie andere Schlitten, die auch zum Markt wollten. Da waren die Gebrüder Zuber, die für ihr gutes Gemüse bekannt waren, und deren Frauen schöne Häkelarbeiten herstellten. Westlich von Lampeter stieß die Familie Musser zu ihnen, die drei Frauen in schwarzen Kleidern und duftigen weißen Tüllhauben. Sie verkauften vorzügliches Eingemachtes. Die Schertz', die Dinkelochers und die Eshelmans reihten sich in den Zug ein; die Karawane, die da auf der verschneiten Straße nach Lampeter zog, war ebenso reich an Waren wie jene Karawanen, die die Sandwüsten Persiens durchquerten, denn nur das Beste, was es in Lancaster gab, wurde auf den Markt gebracht, und das war sicherlich das Beste, was es auf der Welt gab.

Noch herrschte Dunkelheit. Die Schlitten würden noch mehr als zwei Stunden brauchen, bis sie Lancaster erreicht hatten, und die besonnenen Farmer trieben die Pferde nicht zu größerer Eile an, sonst würde durch zu starkes Gerüttel noch die Ware verderben.

Bei Anbruch des Tages kamen die Schlitten in der Stadt an und fuhren durch Straßen, die bald von Käufern wimmeln würden. Doch jetzt waren sie noch menschenleer, und die Geschäfte von Melchior Fordney, dem Büchsenmacher, Caspar Metzgar, dem Schneider, Philip Schaum, dem Blechschmied, und George Doersch, der Lederarbeiten herstellte, waren noch geschlossen. In Lancaster setzte man die Leute mit der Arbeit gleich, die sie verrichteten. Auch die beiden Herren, die bis spät in den Vormittag hinein schliefen, hatten Schilder vor der Tür: Thaddeus Stevens, Rechtsanwalt; James Buchanan, Jurist.

Die Karawane begann, sich zu zerstreuen. Die kleineren Farmer, wie die Mussers und die Eshelmans, die mit Geflügel handelten, hielten noch vor dem Stadtzentrum an. Entlang der Straße würden sie mit vielen anderen den ganzen Tag in der Kälte stehen und ihre Waren verkaufen.

Bedeutendere Geschäftsleute wie die Zendts oder Stoltzfuß, der Bäcker, fuhren am Straßenmarkt vorbei zu einem wabenartigen Gebäude, wo sie ihre Waren ausstellen würden. Nur die erfolgreichsten Farmer konnten sich die Miete für einen Stand im Inneren leisten; dazu gehörten noch die alteingesessenen Farmer von Rohrerstown, Landisville und Fertility.

Die Zendts kutschierten die zwei Schlitten an die Rückseite des Marktgebäudes, wo die jüngeren Brüder mit dem Ausladen begannen, während Mahlon und Christian ins Innere eilten, um den Verkaufsstand so sauber herzurichten, wie es die Familie schon seit Generationen gemacht hatte. Die Brüder wuschen sich die Hände, legten weiße Kittel an und zogen Ärmelschoner aus Raffiabast über. Mit langerprobter Geschicklichkeit legten sie das Fleisch zurecht – die saftigen Steaks, große und kleine Portionen Schweinefleisch und Rinderschnitten, in eine Glasvitrine das würzige Hackfleisch mit der schönen gelben

Fettschicht, daneben die geräucherten Würste und die Schüsseln voll mit fettig glänzender Sülze.

Während Levi die Schüsseln hereintrug, wanderte sein Blick immer wieder zu dem geräumigen Stand gegenüber, der fast so lange etabliert war wie der der Zendts. Er gehörte Peter Stoltzfuß, dem Bäcker. Drei Generationen hatten den Ruf der Stoltzfuß' begründet und gefestigt, daß es nirgends bessere Obstkuchen, Stollen, Lebkuchen, Plätzchen oder knusprigeres Brot gab als bei ihnen. Stoltzfuß, der gerade große Tabletts voller Ingwerplätzchen und Zuckerkringel kunstvoll arrangierte, winkte Levi zu.

„Jetzt wird's bald Frühling", rief er.

„Guten Morgen, Mr. Stoltzfuß", erwiderte Levi. Der Bäcker interessierte ihn nicht, aber er hielt es für nützlich, mit ihm auf gutem Fuß zu stehen.

Inzwischen hatte sich auch in den anderen Familienständen fieberhafte Tätigkeit entwickelt. Alle Dinge, die verkauft werden sollten, wurden ausgelegt: große braune Eier, zwölf Cent das Dutzend; goldgelbe Butter, in viereckige Stücke aufgeteilt und mit Blumenmustern verziert, das Pfund zu neunzehn Cent; Äpfel, die in kühlen Kellern gelagert worden waren, der Viertelscheffel zu achtzehn Cent; gerupfte Hähnchen, die nach Mitternacht geschlachtet worden waren, das Stück zu vierundzwanzig Cent; die besten Sorten Kartoffeln zu fünfzehn Cent; große lebende Truthähne zu fünfundachtzig Cent, die kleineren zu vierzig Cent; schöne, gehäkelte Bettüberwürfe zu einem Dollar; ein Kübel mit Blumen, die im Haus gezüchtet worden waren, zu zwanzig Cent.

Die Preise bei Stoltzfuß waren etwas höher als die anderer Bäcker, weil er den besten Ruf hatte. Eine große Hackfleischpastete kostete achtzehn Cent, dunkles deutsches Brot mit dicker Kruste acht Cent, Ingwerplätzchen drei zu einem Penny, gaumige Walnußkekse zehn zu zwölf Cent, eine Schichttorte mit Zitronenglasur fünfundzwanzig Cent. Zu jedem Kauf bekam man gratis ein freundliches Lächeln und ein mehrfaches „Dankeschön".

Auch die Zendts hatten recht stattliche Preise. Sie verkauften das Rindfleisch zu fünf Cent das Pfund, während die gleiche Menge in billigeren Geschäften schon für vier oder sogar drei Cent zu haben war. Schweinefleisch war noch etwas teurer: sechs Cent für ein Pfund frisches Fleisch, sieben Cent für geräuchertes. Bei anderen Ständen bekam man es schon für vier Cent. Die drei Hausspezialitäten, die Levi fabrizierte, waren bei den Hausfrauen hochbegehrt: Hackfleisch zu fünf Cent das Pfund, Würste zu sechs Cent und eine anständige Menge Sülze zu vier Cent. Durch diese Preise wurden die sparsamen Farmer von Lancaster County reich.

Es war jetzt drei Minuten vor sieben, und bald würde der Markt von emsigen Hausfrauen übergehen. Levi, der gerade ein Fäßchen mit eingepökelten Schweinsfüßen in den Verkaufsstand rollte, schaute wieder zur Bäckerei hinüber, doch zu seiner Enttäuschung stand nur Peter Stoltzfuß hinter der blankpolierten Theke. Dann wurde der Vorhang an der Rückseite des Standes zurückgeschlagen – und sie erschien.

Rebekka Stoltzfuß war ein achtzehnjähriges, hübsches, dunkelhaariges Mädchen. Ihre Haut war makellos rein, das lackschwarze Haar trug sie in der Mitte gescheitelt und in zwei schwere Zöpfe geflochten, die lang auf ihre Schultern herabfielen. Die Augen lagen in tiefen Höhlen, das Kinn war fein modelliert. Sie trug eine dunkelbraune Bluse, die an den Hüften eng über dem weiten schwarzen Rock anlag, und schwarze Schnürschuhe. Wie die meisten mennonitischen Frauen trug sie eine weiße Schürze und eine weiße Spitzenhaube, von der zwei Bänder rechts und links vom Gesicht herunterbaumelten; waren die Bänder weiß, so wußte man, daß das Mädchen noch unverheiratet war. Sie hatte einen herzförmigen Mund, der alle Männer bezauberte. Ihr Vater wußte es zu würdigen, daß Rebekka für seinen Laden Goldes wert war, und er tat alles, um sie ins rechte Licht zu rücken.

Levis Mund wurde trocken, während er das Faß mit den Schweinsfüßen an seinen Platz stellte. Während der vergangenen Woche hatte er ununterbrochen an Rebekka denken müssen, und als er sie jetzt sah, erschien sie ihm noch begehrenswerter als in seinen Träumen. Er wollte ihr zunicken, doch sie war damit beschäftigt, die Auslage für den Ansturm der Käufer zu rüsten.

Die Bürger von Lancaster strömten auf den Markt, als ob Essen ihre Hauptbeschäftigung wäre, was in gewisser Weise auch stimmte, denn nirgends wurde so gut gegessen wie bei den Deutschen dieser Gegend.

Levi Zendt half seinen Brüdern mit dem Nachschub, während Mahlon und Christian das Verkaufen besorgten. Eine Hausfrau aus Fertility hielt Levi am Ärmel fest und sagte mit stark deutschem Akzent: „Ich habe immer ein gutes Gefühl, wenn ich bei deinem Bruder Mahlon einkaufe. Er verwendet keine Luftpumpe, damit das Fleisch besser aussieht, als es ist. Er verkauft es gerade so, wie Gott es hat werden lassen.“ Sie machte mit dem Kopf eine wegwerfende Geste zu dem Stand eines anderen Händlers hin. Er hatte den Trick, Luft in nicht mehr ganz frisches Fleisch zu pumpen, damit es ein frischeres Aussehen bekäme. Das Loch, durch das er die Luft hineingepumpt hatte, versiegelte er zum Schluß mit Talg.

„Mahlon würde so etwas nie tun“, versicherte ihr Levi.

„Das weiß ich!“ sagte sie freundlich. Sie umfaßte Levis Hand und sagte: „Gott wird es euch rechtschaffenen Männern vergelten!“ Levi dankte ihr und fuhr mit der Arbeit fort.

Die Zendts waren ehrliche Leute. Mahlon würde sich eher das Geschäft ruinieren, als Luft in Fleisch zu pumpen oder altes Hackfleisch als frisches zu verkaufen. Er überprüfte die Waage so sorgfältig, wie es angeblich St. Petrus tat, wenn er Seelen wog, und wenn er auch keine Zuwaage gab, wie manche andere Metzger, so wog er auch nicht schlecht.

Während der Arbeit behielt Levi den Bäckerstand im Auge, und die geschmeidige Art, mit der Rebekka sich bewegte, das freundliche Lächeln, das sie den Kunden schenkte, hielten seine Begeisterung wach. Er konnte es kaum erwarten, bis die Mittagsglocke läutete.

Seit er auf dem Markt arbeitete, hatte er die Angewohnheit, mittags ein einfaches Essen zu sich zu nehmen. Die Mutter packte ihm stets zwei dicke Scheiben dunkles Brot und eine gehörige Portion Weichkäse ein. Dazu nahm er sich etwas von der Sülze, holte sich für drei Cent Pudding vom Stand der Yoders und für zwei Cent Plätzchen von Stoltzfuß, und das war dann die Gelegenheit, mit Rebekka einige Worte zu wechseln.

In den letzten drei Wochen hatte er sich zu einem kühnen Entschluß durchgerungen. Er wollte sie bitten, ihm beim Essen Gesellschaft zu leisten, und als es nun auf zwölf ging, bereitete er alles zur Durchführung seines Plans vor. Bei Yoders studierte er nachdenklich das verlockende Angebot an verschiedenen Puddings. Es gab da sahnigen Reispudding mit Rosinen, schmackhaften Brotpudding, Kirschpudding mit Streusel und einen köstlichen Apfelpudding mit reichlich Zimt.

„Was darf's denn heute sein?" fragte Mrs. Yoder.

„Kirsch", antwortete Levi. Sie löffelte ihm eine großzügige Portion in eine Glasschüssel. Löffel und Schüssel konnte er später zurückbringen.

Dann ging er weiter zum Bäckerstand. Er war enttäuscht, daß Peter Stoltzfuß ihn nach seinen Wünschen fragte. Nach einer Schrecksekunde sagte er: „Ich wollte mit Rebekka reden."

„Becky!" rief Stoltzfuß so laut, daß jeder auf dem Markt es hören konnte. „Levi Zendt will mit dir reden."

Mit einer fließenden Bewegung, die sein Herz zum Schmelzen brachte, kam sie vom anderen Ende der Theke zu ihm, die Bänder der Haube umflatterten das schöne Gesicht. „Ingwerplätzchen, Levi!" Als er nickte, begann sie abzuzählen.

Er schob ihr die Pennies über die polierte Theke hinüber und brachte mühsam hervor: „Hättest du Lust, mit mir heute zu essen, Rebekka?"

Sie schaute auf und zeigte ein strahlendes Lächeln, als hätte sie diese Einladung schon erwartet. „Aber gern! Warte, bis ich meinen Mantel geholt habe."

Sie verschwand für einen Moment, dann rief sie nach ihm. Er wäre am liebsten mit ihr durch den Hinterausgang geschlüpft, doch sie manövrierte ihn geschickt direkt am Zendtschen Verkaufsstand vorbei. Mahlon schaute finster hinter seinem jüngeren Bruder her. Levi merkte es nicht, da er blindlings hinter Rebekka herstolperte, vergeblich bemüht, den vielen neugierigen Blicken zu entgehen.

Die beiden suchten sich eine Bank in der Nähe des Gerichtsgebäudes aus. So weit man blicken konnte, waren die Straßen Lancasters voller Schlitten, die an den Randsteinen abgestellt waren. Rebekka sagte: „Wir haben Glück, daß unsere Stände im Warmen sind, nicht wahr?" Er nickte.

Ihr fiel die eigenartige Kombination von Sülze und Käse auf, und sie wollte gerade etwas dazu bemerken, als er fragte: „Hast du schon mal den Weichkäse, den meine Mutter macht, probiert? Der beste in ganz Lancaster."

Er nahm eine Ecke des dunklen Brotes und bestrich es mit der klebrigen, gelblichen Substanz, die man aufs erste gar nicht als Käse erkennen konnte; sie glich mehr einem dicken Sirup und roch furchtbar. Rebekka mochte diese Art von Käse nicht, er schien vor allem Männern zu schmecken.

„Mein Papa mag Weichkäse", sagte sie mit nichtssagendem Gesichtsausdruck.

„Und du nicht?"

„Er riecht mir zu sehr."

„Das ist doch das Beste daran." Levi hob das Stück Brot an die Nase und sog tief den Geruch ein. Es gab nur wenige Sachen auf der Welt, die er lieber mochte als diesen Geruch. Vor ziemlich langer Zeit hatten die deutschen Farmer aus Lancaster County mehr durch Zufall einen Käse hergestellt, der noch stärker roch als der Limburger und auch besser schmeckte. Levi aß heißhungrig alles auf und leckte zum Schluß sogar noch den Käsebehälter aus. Als er zu dem Kirschpudding kam, bot er Rebekka davon an, und sie nahm sich ein Stück.

„Amos Boemer mußte gestern seine Glocken hergeben", sagte er, als sie mit dem Essen fertig waren.

„Wirklich?"

„Er hat so geflucht, wie ich es noch nie gehört habe."

„Vielleicht hat er sie deswegen verloren."

„Nein. Er geriet östlich von Coatesville in eine Schneewehe."

Rebekka langweilte sich offensichtlich, und nachdem sie sich mühsam noch etwas unterhalten hatten, sagte sie: „Ich muß meinem Papa wieder helfen." Sie tätschelte ihm den Arm, worauf ihn Schauer überrieselten, und tänzelte davon. Als sie am Zendtschen Stand vorbeiging, lächelte sie Mahlon strahlend zu.

Als Levi zurückkam, war Mahlon dunkelrot vor Zorn und ließ nicht einmal zu, daß Levi die Kunden bediente, während er sein Mittagessen einnahm. Levi fühlte sich keiner Schuld bewußt. Achselzuckend ging er hinaus zu den Schlitten und unterhielt sich mit den Brüdern, die dort arbeiteten.

Am Tagesende legten Mahlon und Christian nach einem alten Brauch, den die Zendts seit langem in Ehren gehalten hatten, für das Waisenhaus Fleischstücke in Körbe. Gegen fünf Uhr, wenn der Markt zu Ende war, wurden diese Körbe in Levis Schlitten verstaut, und es war seine Aufgabe, sie im Waisenhaus abzuliefern, während seine Brüder schon nach Hause fuhren.

An diesem Abend kam Rebekka Stoltzfuß plötzlich aus dem Stand ihres Vaters herausgelaufen und hüpfte in Levis Schlitten. „Ich helfe dir beim Abliefern", rief sie, und Levi, ganz benommen vor Glück, fuhr an den verblüfften Brüdern vorbei.

Das Waisenhaus, das von Schwestern der St.-James-Episkopalkirche geleitet wurde, stand am Stadtrand. Die Vorsteherin wartete schon in Begleitung von Elly Zahm, die in der Anstalt Hilfsdienste aller Art verrichtete und die Körbe in die Küche schaffen sollte.

„Ich helfe ihr", bot Levi an, doch die Vorsteherin lehnte ab.

„Sie haben schon genug getan, indem Sie das Fleisch zu uns gebracht haben. Elly kann es gut allein schaffen."

Als der Schlitten das Waisenhaus verließ und in die dunkle Straße zur Stadt einbog, geschah etwas, was Levi bis ans Ende seines Lebens nicht begreifen würde. Die Nähe des anmutigen, schönen Mädchens, das freiwillig in seinen Schlitten gestiegen war, überwältigte ihn, und er versuchte, sie auf ungeschickte und rauhe Art zu umarmen und zu küssen. Als sie ihn spröde zurückstieß, begann er an ihrem Kleid zu zerren und zerriß es. Es war eine entsetzliche Szene, Rebekka begann hysterisch zu kreischen und sprang vom Schlitten. Durch das Geschrei kamen einige Mädchen neugierig aus dem Waisenhaus gestürzt, um zu sehen, was passiert war.

Rebekka fiel Elly Zahm weinend in die Arme. „Er ist furchtbar", wimmerte sie und brachte es fertig, ohnmächtig zu werden.

Am Samstag morgen war der Zwischenfall das Tagesgespräch von ganz Lancaster, und schließlich erreichte die unangenehme Nachricht auch die Zendtsche Farm. Als Mahlon davon erfuhr, mußte er sich setzen. Er konnte es kaum glauben, daß einer seiner Brüder . . . Ihm war übel. Dann steigerte er sich in einen gewaltigen Zorn hinein, lief zur Tür und brüllte: „Levi! Herkommen!"

Den ganzen Morgen über hatte Levi vor diesem Moment gebangt. Er hatte sich in die Räucherkammer geflüchtet und sich dort der schmutzigsten Arbeit auf der ganzen Farm, dem Reinigen des Rauchfangs, gewidmet, in der Hoffnung, auf diese Weise der Aufmerksamkeit zu entgehen. Er tat so, als hätte er nichts gehört, und arbeitete verbissen weiter, aber bald wurde die Tür aufgerissen, und Mahlons wütende Stimme ertönte: „Komm 'raus, du Teufelsbraten!"

Halbtot vor Scham kletterte Levi langsam an den zum Räuchern aufgehängten Schinken und Würsten vorbei aus dem Rauchfang herunter. Als Mahlon ihn schwarz wie Satan aus der Hölle auftauchen sah, machte er eine Bewegung, als wollte er ihn schlagen, doch Levi ergriff eine schwere Stange, die zum Herunterholen der Schinken diente, und schwang sie drohend.

„Er ist wahnsinnig geworden", rief Mahlon. „Er fällt über mich her!"

„Das stimmt nicht", erwiderte Levi schwerfällig. „Du fällst über mich her." Aber er behielt die Stange weiter in Händen.

Die drei Brüder kamen herbeigelaufen und entwaffneten Levi. Dann zerrten sie ihn in die Küche und zwangen ihn auf einen Stuhl. Sie standen um ihn herum mit ihren würdevollen Bärten wie eine Versammlung alttestamentarischer Richter und warteten schweigend darauf, daß Mahlon zu reden anfing.

„Du Schwein!" brüllte er Levi ins Gesicht. „Du Satansbrut!"

Levi hielt sich weder für ein Schwein noch für ein Kind des Teufels. Er war lediglich ein junger Mann in der Phase der Sprunghaftigkeit, und obwohl er sehr verwirrt war, wußte er, daß Rebekka Stoltzfuß durchaus freiwillig in seinen Schlitten geklettert war. In diesem Augenblick störrischer Verlegenheit entschloß sich der vierundzwanzigjährige Levi Zendt, sich von seinen Brüdern nicht einschüchtern zu lassen.

„Ich hab' nichts Böses getan", protestierte er.

Daß er es auch noch wagte zu widersprechen, nachdem er offensichtlich etwas sehr Böses getan hatte, machte die Brüder nur noch wütender, und sie rückten ihm so bedrohlich nahe, daß ihre Mutter zu protestieren begann: „Hört mal! Wenn Levi sagt, daß er . . ."

„Du hältst dich hier 'raus, Mutter", sagte Mahlon warnend und gab Jacob einen Wink, die alte Dame aus der Küche zu führen.

Als Jacob zurückkam, begannen die vier Brüder gleichzeitig auf Levi einzubrüllen, er sei wohl verrückt geworden, er hätte ihnen Schande gemacht und den Familiennamen in den Dreck gezogen.

„Alle in Lancaster reden darüber", schloß Jacob bitter.

Einem unbestimmten Impuls folgend, sagte Levi: „Du warst gar nicht in Lancaster. Du hast gearbeitet . . ."

Dieses logische Argument trieb die Wut der Brüder auf den Siedepunkt, und der stämmige Caspar kam drohend näher, doch da rief Mahlon mit gequälter Stimme: „Wußtest du denn nicht, daß ich selbst um das Stoltzfuß-Mädchen werben wollte?"

Levi blickte hinauf in das Gesicht seines Bruders, das verzerrt war vor Scham, Zorn und Haß, und der Jüngste fing langsam an zu begreifen, was geschehen war. Der dreiunddreißigjährige Mahlon hatte sich endlich ein Mädchen erwählt, das aus guter Familie stammte und beträchtliches Land als Mitgift bekommen würde, da er jedoch ein vorsichtiger Mann war, wollte er nichts überstürzen. Folglich hatte er dem Mädchen bloß vage seine Pläne angedeutet und sich dann wieder zurückgezogen, um alle Gesichtspunkte noch einmal gründlich zu überlegen. Und das Mädchen war ungeduldig geworden und hatte Levi dazu benutzt, um Mahlon Dampf zu machen. Wie gut ihr das doch gelungen war!

„Mahlon wollte um das Stoltzfuß-Mädchen anhalten", erklärte

Christian für den Fall, daß dem Angeklagten diese Erkenntnis entgangen war, und die nächste halbe Stunde wiederholten alle vier Brüder immer wieder, was für ein großes Unrecht er Mahlon, dem Haupt der Familie, angetan hätte. Keiner von ihnen nannte Rebekka beim Namen. Sie war das Stoltzfuß-Mädchen, Besitztum des Bäckers Stoltzfuß und Erbin seiner Äcker.

Schließlich fällte Mahlon das Urteil. „Du darfst nicht mehr auf dem Markt arbeiten, so viel ist klar. Du bleibst zu Hause und erledigst deine Arbeit, und am Abend kommst du dann zum Markt und räumst unseren Stand auf."

„Wie komme ich hin?" fragte der praktisch veranlagte Levi.

„Zu Fuß", entgegnete Mahlon. „Wir lassen dir einen Schlitten am Markt."

„Du bist ein Schandfleck der Familie", sagte Christian.

Mahlon fuhr fort zu reden. „Und am Dienstag fährst du mit mir zum Markt und entschuldigst dich bei Peter Stoltzfuß . . . und bei dem Mädchen. Öffentlich, damit es jeder sieht."

Nun vergrub Levi das Gesicht in den Händen und murmelte: „Ich will dort nicht mehr hin."

„Das glaub' ich dir gern", rief Mahlon, der in seinem Stolz verletzt war. „Aber es ist die einzige Möglichkeit, daß unsere Familie ihre Ehre wiedererlangen kann. Deine Entschuldigung vor dem ganzen Markt."

Dieser Samstag war die pure Hölle. Levi ging in die Räucherkammer zurück, in deren düsteren Tiefen er Zuflucht und Trost fand. Mit großer Sorgfalt wählte er die besten Hickoryholzscheite aus, legte sie einzeln auf das glimmende Feuer und ließ den Rauch über sich hinstreifen, als könne er sich damit von dem Makel reinigen, der an ihm haftete.

Er brachte es nicht über sich, den Brüdern beim Mittagessen gegenüberzusitzen. Allein wanderte er unter den entlaubten Bäumen herum und sprach vor sich hin. Dann malte er sich aus, wie er sich bei Peter Stoltzfuß entschuldigte, während Rebekka dabeistand, und er schämte sich so, daß er das Gefühl hatte, selbst die Bäume müßten sich von ihm abwenden.

Am Nachmittag, als er gerade an der Wurstmaschine arbeitete, kam die Mutter zu ihm und brachte ihm Käse und Brot. „Mahlon ist schwer gekränkt" sagte sie. „Du mußt ihm verzeihen."

Ohne Appetit aß er langsam den Käse, leckte sich gewohnheitsmäßig die Finger ab und hörte seiner Mutter zu. „Mir macht es nichts aus, was mit dem Stoltzfuß-Mädchen passiert ist. Schon das erste Mal, als ich sie sah, wußte ich, daß sie ein leichtsinniges Geschöpf ist, und Peter Stoltzfuß verwöhnt sie einfach zu sehr. Hoffentlich heiratet Mahlon sie nicht. Vielleicht hast du uns allen im Grunde einen großen Dienst erwiesen, Levi."

Der Sonntag war noch schlimmer. Die Brüder bestanden darauf, daß er mit zur Kirche ging, damit die Kirchengemeinde seine Schande sehen konnte, und er mußte im Betstuhl der Familie sitzen und die vielen Blicke ertragen. Er wußte, daß alle versammelten Mennoniten von dem Vorfall gehört hatten, der als tätlicher Angriff auf die Ehre des Stoltzfuß-Mädchens angesehen wurde.

„Vergewaltigung", flüsterte in der Reihe hinter ihm ein Vater seinen Töchtern zu. „Der Teufel selbst ist hier in Lampeter am Werk."

Nach dem Gottesdienst traf Levi ein Hagel verdammender Blicke, als Mahlon und Christian mit lauter Stimme erklärten, daß die ganze Familie voller Scham über das Vorgefallene sei – tief gedemütigt, wie Mahlon es nannte –, und daß Levi sich am Dienstag bei dem Stoltzfuß-Mädchen und seinem Vater öffentlich entschuldigen würde.

Das Ärgste kam jedoch beim Mittagessen, als Reverend Fenstermacher und seine säuerliche Frau Bertha zu ihrem üblichen freien Essen in der Zendtschen Küche auftauchten. Der Geistliche sagte taktvoll zu Mahlon: „Ihr erwartet uns zwar zum Essen, aber unter den tragischen Umständen, die über eure Familie hereingebrochen sind, wollt ihr vielleicht doch . . ." Dabei aus ganzem Herzen hoffend, Mahlon würde die Einladung nicht rückgängig machen.

Und Mahlon sagte: „Aber nein. Natürlich bleiben Sie. Vielleicht können Sie seine schwarze Seele etwas erleuchten." Die Fenstermachers waren ganz einverstanden, denn sie schätzten die ausgezeichnete Küche von Mrs. Zendt.

Die Zendts waren in Lancaster bekannt dafür, als typische Händlersfamilie das Beste auf den Markt zu bringen und nur den Ausschuß für die häusliche Küche zu verwenden. In gewissem Sinn stimmte das auch. Mahlon würde seiner Mutter nie die ausgewähltesten Stücke vom Rind oder die besten Äpfel aus dem Obstgarten geben; die waren ausschließlich für die Familien von James Buchanan und Thaddeus Stevens bestimmt. Mrs. Zendt bekam nur die zweite oder dritte Wahl, war jedoch eine so gute Köchin, daß sie daraus schmackhafteres Essen bereitete als andere aus den besten Zutaten. Und wenn der Geistliche kam, übertraf sie sich selbst.

Es war eine reichhaltige Tafel, die sie an diesem Tag bereitet hatte. Sowohl der Eßtisch als auch die Tische an der Wand waren voller köstlicher deutscher Gerichte. Mrs. Zendt hatte zwar nie die alte Hausregel befolgt, wonach eine Tafel sieben süße und sieben pikante Gerichte enthalten mußte, aber sie sorgte für großzügige Vielfalt. An Fleischgerichten gab es eingelegten Rinderbraten, geschmorte Soße aus Dörrfleisch, Schweinelenden und Überbleibsel des letzten Schinkens, an Geflügel eine zarte, knusprig gebratene Henne und einen gedünsteten Gockel, dazu Knödel. Das Gemüse bestand aus sämigem Kartoffelbrei, kandierten Yamswurzeln, Tomaten, Erbsen, selbstgezüchteten Zwiebeln und grünem Salat mit geröstetem Speck. Dazu kamen fünf verschiedene saure Beilagen: Zwiebeln, Rote Beete, Pfefferkohl,

Mixed Pickles in Senfsoße und grüne Gurken. Den Abschluß bildeten vier Kompotte: Apfelkompott, eingelegte Birnen und Pfirsiche und eine große Schüssel mit eingemachten Kirschen, und vier Obstkuchen: Apfel, Kirschen, Zitronenbaiser und ein Obstkuchen mit Zimtbrotkrümeln, eine Spezialität von Mrs. Zendt. Zu Beginn hatte es Frittatensuppe mit drei Sorten Brot gegeben.

Reverend Fenstermacher, der die ganze Pracht mit geübtem Blick betrachtete, stellte fest, daß es diesmal keinen Pfannkuchen gab.

Als sich die acht Personen gesetzt hatten, blickte Mahlon den Geistlichen auffordernd an. Reverend Fenstermacher war bereit. Er hatte den ganzen Tag darüber gegrübelt, was zu sagen wäre, wenn er mit den Zendts zu Tisch saß. Er blickte über die geneigten Köpfe hin und rief: „O Herr, heute haben wir in unserer Mitte einen argen Sünder, der sich wie ein Tier, wenn nicht noch schlimmer, benommen hat."

Dies waren die einleitenden Worte. Danach sprach er über Levi Zendts fromme Erziehung, den lauteren Charakter seines Vaters und seiner Mutter, die, gelobt sei der Herr, noch unter den Lebenden weile, und besonders über Großvater Zendt, der angesichts der Schande, die sein Enkel über die Familie gebracht habe, unendliche Qualen im Himmel leide.

Mitten in der Ansprache Reverend Fenstermachers fiel der provokante Satz „Ein solcher Mann soll zu den Wilden gehen und unter ihnen leben". Das Gebet endete mit dem hoffnungsvollen Ausblick auf Errettung, falls Levi die nächsten vierzig Jahre seines Lebens in bußfertiger Reue verbringen würde, woran er, Fenstermacher, nicht zweifle.

Das einzige, was Levi von der ganzen Rede behielt, war das mit dem Weggehen und unter den Wilden leben, und während die anderen gierig aßen, hielt er das kantige, störrische Gesicht gesenkt, lehnte die Speisen ab und dachte an einen Namen, den er kürzlich gehört hatte: Oregon. Auf dem Markt hatte er einmal Männern aus Massachusetts zugehört, die den weiten Weg nach Lancaster gekommen waren, um zwei Wagen zu kaufen. „Wir ziehen nach Oregon", hatten sie gesagt. „Es ist die neue Welt. Riesige Gebiete, in denen nur Wilde wohnen."

Er hatte nicht gewußt, wo Oregon lag, doch als dann eine andere Gruppe von Männern und Frauen in Lancaster auftauchte, um Wagen und Gewehre von Melchior Fordney zu kaufen, und beim Stand der Zendts geräuchertes Fleisch erstehen wollte, hatte er sie gefragt: „Wo liegt Oregon?"

„Zweihundertfünfzig Tage westwärts von hier. Aber es ist ein herrliches Land. Malachi, der Leiter unserer Gruppe, war schon mal mit dem Boot da."

Oregon, das Land der Wilden. Oregon, das freie Land, das neue Leben!

Dienstag elf Uhr, der Markt überfüllt von den üblichen Käufern und von Sensationslüsternen, die gehört hatten, daß sich Levi Zendt öffentlich entschuldigen würde. Unnachgiebig führte der düster blikkende Mahlon seinen jüngsten Bruder durch die Menge zum Stand von Peter Stoltzfuß. Mit lauter Stimme rief er: „Bruder Stoltzfuß, hier ist ein Mann, der mit Euch sprechen will."

Peter Stoltzfuß, in die übliche weiße Schürze gekleidet, lehnte sich über die Theke und schaute finster den Mann an, der versucht hatte, seine Tochter zu vergewaltigen. „Becky, komm her!" rief er, und aus dem Hintergrund des Standes trat Rebekka Stoltzfuß hervor. In dem sorgfältig gebügelten Kleid und der blütenweißen Haube mit den baumelnden Bändern sah sie so frisch und so unschuldig aus, daß die Zuschauer bei dem Gedanken, ein zur Bestie gewordener Mensch habe versucht, dieses reine Wesen zu besudeln, tiefe Seufzer hören ließen. Einige Frauen dachten daran, daß auch sie einmal so jung und schön gewesen waren, und sie fingen vor Rührung zu schluchzen an.

Ein unbeholfenes Schweigen entstand, worauf Mahlon Levi in den Rücken stieß und der mit so leiser Stimme zu sprechen begann, daß niemand etwas verstehen konnte. „Lauter!" schrien einige Männer.

„Es tut mir leid, Bäcker Stoltzfuß", sagte Levi. Mehr brachte er einfach nicht heraus, und Mahlon verkrampfte sich vor Zorn angesichts dieser neuen Demütigung.

Der tote Punkt wurde von Peter Stoltzfuß überwunden, der sich vorbeugte und Levi einen Schlag auf die Nase versetzte. Levi taumelte rückwärts, stolperte über Mahlons Füße und fiel der Länge nach flach auf den Boden hin. Die Menge rief Beifall, und eine dunkle Männerstimme schrie: „Gib ihm noch eine, Peter."

Damit war die Entschuldigungszeremonie vorbei. Mahlon wendete sich angeekelt von seinem Bruder ab und ging mit den drei anderen zu ihrem Verkaufsstand, wobei sie Peter Stoltzfuß und seiner Tochter beipflichtend zunickten. Rebekka nahm an der Theke die Mitleidsbezeigungen der Frauen entgegen. Levi Zendt blieb noch einen Augenblick lang auf dem Boden liegen, weil er zu gedemütigt war, um sich zu erheben. Doch dann nahm er sich zusammen, rieb sich die schmerzende Nase, stand auf und verließ den Markt.

Am Abend um fünf Uhr belud er den Schlitten mit den übriggebliebenen Fleischwaren und fuhr zum Waisenhaus, wo ihn die Vorsteherin ein Tier schimpfte und ihm befahl, die Sachen abzuladen und dann zu verschwinden. Während er den Schlitten ablud, kam Elly Zahm und half ihm. Sie war ein mageres Kind, sechzehn Jahre alt, eine Waise, die man in keinem Privathaushalt unterbringen hatte können. Sie war tüchtig und arbeitsam, und man hätte sie als Hausmädchen genommen, aber sie sah so unansehnlich aus mit ihren strähnigen Haaren und ihrem schmalen Gesicht, daß niemand sie haben wollte.

Sie hob einen Korb hoch, der auch für einen Mann eine schwere Last gewesen wäre, und Levi sagte: „Den trage ich“, doch sie hatte ihn schon abgeladen.

„Ich habe gehört, was man über dich und das Stoltzfuß-Mädchen erzählt“, sagte sie. „Ich glaube es nicht.“

Sogar hier! Er errötete tief, seine Hände begannen zu zittern. Sollte es den Rest seines Lebens so weitergehen? „Wie war das eigentlich mit dir und dem Stoltzfuß-Mädchen?“ Er ließ die Körbe stehen, sprang in den Schlitten und jagte die Pferde durch das Hoftor.

Der Mittwoch und der Donnerstag waren nicht besser. Die Mennoniten von Lancaster County waren alles andere als prüde; sie führten eine mehr als offenherzige Sprache, die einen Baptisten oder Presbyterianer vor Scham hätte erröten lassen. Besonders gern würzten sie ihre Unterhaltung mit Ausdrücken aus dem Bereich des Stoffwechsels und der Kopulation. Kein Wunder, daß es in den Saloons von Lancaster County bisweilen hoch herging. Nicht Prüderie war es, was sie veranlaßte, Levi Zendt in Acht und Bann zu legen, sondern weil er gegen die Tradition verstoßen hatte, wonach man Sexualität zwar im Wort, nicht aber in der Tat ausdrücken durfte. Dieser Zendt, der die Fesseln sprengte, in die seine vier Brüder sich gefügt hatten, war ein Ärgernis und eine Gefahr für die ganze Gemeinde.

Daher beschlossen die Mennoniten in stillschweigender Übereinkunft, Levi zu schneiden. Von diesem Augenblick an wurde er zu einem Ausgestoßenen. Er durfte nicht zum Gottesdienst, noch konnte er mit einem gottesfürchtigen Mitbürger sprechen. Er konnte weder kaufen noch verkaufen, weder geben noch nehmen. Er konnte mit keinem Mann eine Unterhaltung führen, und die Vorstellung der Freundschaft mit einer Frau lag im Bereich des Unmöglichen.

„Sie schneiden Levi Zendt.“

„War höchste Zeit. Dieses Tier.“

Freitags, wenn er von der Farm nach Lancaster ging, bot ihm keiner der Vorbeifahrenden an, ihn mitzunehmen. Die schwarzen Schlitten glitten an ihm vorbei, als ob er eine ansteckende Krankheit hätte. Und auf dem Markt richtete keiner der Händler das Wort an ihn. Bei Anbruch der Dunkelheit belud er den Schlitten und fuhr zum Stadtende hinaus; die Vorsteherin des Waisenhauses weigerte sich, mit ihm zu reden, doch Elly Zahm kam wie immer, um ihm beim Entladen zu helfen.

„Ich habe gehört, daß man dich schneidet“, sagte sie. Er war zu bekümmert, um Antwort zu geben, und sie fügte noch etwas Seltsames hinzu: „Ich bin mein ganzes Leben lang geschnitten worden.“

Bei diesen Worten schaute er auf. Zum ersten Mal sah er dieses dünne, unhübsche Mädchen an, dessen Hände von der schweren Arbeit rot und rissig waren, und dessen Augen uralt wirkten. Er erwiderte nichts, sondern brach so überstürzt auf wie beim letzten Mal.

Doch als er durch die zunehmende Dämmerung nach Lampeter fuhr, hielt er in der Hell Street an und ging beherzt in den „Weißen Schwan" hinein. „Ist Amos Boemer da?"

Der Mann hinter der Theke deutete mit dem Kopf in die Ecke, wo der hochgewachsene Fuhrmann stumpfsinnig in ein Glas stierte. Levi ging zu ihm hinüber, rüttelte ihn und fragte: „Amos, willst du den Conestoga verkaufen?"

Amos schüttelte den Kopf, um klarer zu sehen, und murmelte: „Ich will mit dem Scheißding nichts mehr zu tun haben."

„Wieviel?"

Nun stieg Vernunft in Amos' benebeltes Hirn. „Der Wagen ist von Samuel Mummert gebaut worden. Paradise, 1818. Er hat zweihundert Dollar gekostet. Ein guter Wagen." Er versuchte aufzustehen, schaffte es jedoch nicht. „Jeder wär' verrückt, einen so guten Wagen zu verkaufen."

„Wieviel?" fragte Levi.

„Zwanzig Dollar, und du kannst das Scheißding bis Philadelphia schieben."

„Hier sind die zwanzig Dollar", sagte Levi und hielt ihm das Geld hin, das er sich von seinem Lohn zusammengespart hatte.

„Aber Glocken hat er keine."

„Ich brauche keine Glocken."

Auf diese Weise wurde Levi Zendt Besitzer eines Conestoga, der ein Vierteljahrhundert alt war. Er war von einem der besten Wagenmacher der Gegend gebaut und auf der Frachtroute nach Philadelphia immer gut in Schuß gehalten worden. Er hatte keine geborstenen Bretter, der Werkzeugkasten und der Wagenheber waren noch zu gebrauchen. Die vierundzwanzig Schellen waren zwar weg, aber da, wo Levi hinwollte, konnte er Glocken sowieso nicht gebrauchen.

Für so einen schweren Wagen brauchte man sechs Pferde. Levi hatte jedoch nur zwei kräftige Grauschimmel. In der folgenden Woche kaufte er von einem Farmer in Hollinger ein weiteres Paar Grauschimmel. Der Farmer sollte sie so lange versorgen, bis Levi sie abholen würde.

Nun hatte Levi vier Pferde und wußte genau, von wo er auch noch das letzte Paar herkriegen würde. Er würde sie von seinem Bruder Mahlon leihweise nehmen.

Für die Reise in den Westen oder sonstwohin fehlte ihm noch etwas Lebenswichtiges: ein Gewehr. Für einen Lancaster-Farmer war es schon undenkbar, ohne Gewehr über sein eigenes Land zu fahren. Die sogenannte Kentucky-Büchse war in Wirklichkeit eine Büchse aus Lancaster, von den Büchsenmachern dieser Stadt hergestellt und mit den Jahren vervollkommnet. Die Büchsenmacher in Lancaster stellten seit jeher die vorzüglichsten Jagdgewehre Amerikas her, und ihre besten Exemplare konnten mit denen aus Europa sehr wohl konkurrieren.

Levi hatte nie ein eigenes Gewehr besessen. Er war ein guter Schütze, hatte jedoch immer nur die Gewehre seiner Brüder benutzt. Nun stand er vor einem Dilemma. Er hatte genügend Geld, um ein Gewehr zu kaufen. Aber konnte er, der Ausgestoßene, es wagen, einfach in das Geschäft von Büchsenmacher Gumpf oder zu den Gebrüdern Dreppard zu gehen und mit diesen frommen Kirchgängern einen Handel abzuschließen? Er überlegte sich die verschiedensten Kriegslisten, von denen jedoch keine durchführbar zu sein schien. Er war wirklich ein Ausgestoßener.

Dann fiel ihm Melchior Fordney ein, der einen sehr guten Ruf als Büchsenmacher hatte, sich jedoch das Wohlwollen der anständigen Bürger Lancasters verscherzt hatte, weil er sich bis zum heutigen Tag geweigert hatte, seine Haushälterin, Mrs. Tripple, zu heiraten. Allgemein wurde angenommen, daß die beiden in fleischlicher Sünde miteinander lebten, obwohl der Segen der Kirche fehlte. Fordney war ein eigenwilliger Mann, und wenn es irgend jemanden in Lancaster gab, der Levi ein Gewehr verkaufen würde, so er.

Eine Glocke klingelte, als er die Tür öffnete, und eine gutaussehende Frau in schwarzem Kleid und weißer Schürze, doch ohne weiße Haube, erschien: „Mr. Fordney? Er arbeitet hinten. Ich bin Mrs. Tripple."

„Ich möchte ein Gewehr kaufen", sagte Levi in herausforderndem Ton.

Mrs. Tripple war an die rauhe Art der jungen Farmburschen gewöhnt und sagte leichthin: „Warten Sie einen Moment, dann hole ich den Meister."

Kurz darauf erschien ein muskulöser Mann mit breiten Schultern und kantigem Gesicht. „Was gibt's?"

„Ich möchte ein gutes Gewehr."

„Wieviel wollen Sie zahlen?"

„Ich kann bis zwölf Dollar gehen . . ., aber es muß gut sein."

„Für den Preis kriegen Sie was Anständiges." Er schob zwei Gewehre beiseite, die auf der Werkbank lagen, und sagte: „Die beiden hier kosten je fünf Dollar, aber die werden Ihnen nicht gefallen."

Levi wog eins der beiden in der Hand. Es war nicht gut ausbalanciert, zu schwer am Schaft. „Das hier gefällt mir nicht."

„Sie haben es gemerkt?" Fordney lachte. „Zu schweres Holz. Da drüben liegt ein gutes Gewehr, allerdings kommt es auf achtzehn."

„Zu viel", sagte Levi. Im Gewehrständer entdeckte er eine ältere Büchse mit schön gemasertem Ahornschaft, glänzenden Messingbeschlägen, einem achtkantigen, bläulich schimmernden Lauf und einem Ladestock aus abgegriffenem Hickoryholz. Es war eine schöne Waffe, sozusagen der Inbegriff der Lancaster-Büchse. Sie hatte jedoch noch den alten Steinschloßmechanismus.

„Kann ich das Gewehr mal sehen?"

„Das ist eine ganz spezielle Waffe", sagte Fordney.

„Die kostet wohl sehr viel?“

„Nein, ich würde sie Ihnen für zwölf Dollar geben. Aber sie hat noch das alte Steinschloß. Diese Büchse hab' ich vor neunzehn Jahren für jemanden angefertigt.“ Er holte sie herunter und zeigte Levi die Inschrift, die oben am Lauf eingeätzt war: „M. Fordney, 1825“. Levi nahm die Waffe, legte sie an und sagte bewundernd: „Hab' nie eine bessere in der Hand gehabt.“

Fordney schaute zu, wie Levi mit der Büchse umging, und es gefiel ihm, was er sah. „Sind Sie nicht der jüngste Zendt?“ Levi wurde rot. „Der Bursche, den alle schneiden?“ Er rief Mrs. Tripple und erklärte ihr: „Das hier ist einer der Zendt-Brüder. Der Grünschnabel, der sich an das Stoltzfuß-Mädchen 'rangemacht hat.“

„Die hat jemanden gebraucht, der sich einmal 'ranmacht“, erwiderte Mrs. Tripple und ging in die Küche zurück.

„Also, für zwölf Dollar gehört die Büchse Ihnen, junger Mann.“

„Ich weiß nicht, wie man mit einem Steinschloßgewehr umgeht.“

„Ich werde die Waffe zu einem Perkussionsgewehr umbauen.“

„Wirklich?“ rief Levi überglücklich bei der Aussicht, solch ein Gewehr zu bekommen. Er legte die Waffe noch einmal an. „Ist sie tatsächlich so gut, wie sie in der Hand liegt?“

„Eines der besten Gewehre, die ich je gemacht habe. Der Mann hat damit sechs Jahre lang geschossen, dann hat er es bei mir gegen ein neues Perkussionsgewehr umgetauscht. Blöder Kerl. Ich hab' ihm gesagt, ich würde es umbauen, aber er sagte: ‚Ich nehme nie etwas, was umgeändert worden ist.‘ So bekommen Sie jetzt billig ein gutes Gewehr.“

Er schlug Levi vor, eine Stunde später wiederzukommen, doch der junge Mann erwiderte: „Ich habe nichts Besonderes vor“, und Fordney, der begriff, daß Levi niemanden hatte, zu dem er hätte gehen können, sagte: „Sie können zuschauen.“ Er kramte im Werkzeugkasten nach dem Zubehör, das er benötigte, um das alte Steinschloß in eine neuartige Perkussionsmechanik umzubauen. Er legte jedes Zubehörteilchen vor sich auf die Arbeitsbank, nahm die schöne Waffe zur Hand, die er vor so langer Zeit angefertigt hatte, und begann, sie auseinanderzunehmen.

Er schraubte die Schlagfeder ab und nahm dann den ganzen Hahn ab. Außerdem schraubte er die Zündpfanne und den Hammer mit dem Feuerstein heraus, dann dichtete er mit hartem schwarzem Gummi, unter den Metallfeilstaub gemischt war, die Schraubenlöcher ab und rieb sie mit Sandpapier glatt. Mit einer Feile vergrößerte er ganz vorsichtig das Zündloch, schob den Gewindeschneider hinein und erhielt so das nötige Gewinde. In dieses Loch schraubte er die Trommel ein und regulierte das Piston, so daß der Hammer richtig treffen würde.

Nachdem er den neuen Mechanismus mehrmals überprüft hatte, um zu sehen, ob die einzelnen Teile auch richtig funktionierten, packte er eine Handvoll Zündhütchen – kleine Gebilde voll Schießpulver, die wie winzige Zylinder aussahen – und forderte Levi auf, mit ihm ins Freie zu kommen. Sie gingen auf ein Feld, Fordney wischte den bläulichen Lauf ab, schüttete die richtige Menge Pulver hinein, formte aus der mit Öl getränkten Schießbaumwolle einen Ring, steckte ihn zusammen mit der Kugel hinein und legte das Zündhütchen auf den Piston. Dann reichte er Levi das Gewehr und sagte: „Versuchen Sie, die Bäume dort drüben zu treffen.“ Levi legte das Gewehr an, fühlte die kühlen Messingbeschläge und visierte am Lauf entlang. Er drückte sanft den Abzug und hörte, wie der Hammer auf das Zündhütchen schlug, sah einen kurzen Blitzstrahl und fühlte, wie das Schießpulver im Lauf explodierte und die rotierende Kugel geradewegs zu dem Ast trieb, den er anvisiert hatte.

Fordney sagte: „Der Sohn des Predigers Fenstermacher behauptete, daß er ein Gewehr wie dieses hier in zwei Minuten dreimal laden und abfeuern könne. Ich wollte es ihm nicht glauben, aber er hat's mir tatsächlich bewiesen.“

Levi gab noch zwei weitere Schüsse ab. Dann probierte auch Fordney die Waffe aus. Es war wirklich ein gutes, sorgsam ausbalanciertes Gewehr mit schöner Gravierung. Und es war jetzt sogar noch besser als damals, als Fordney es zum ersten Mal verkauft hatte; denn der gemaserte Ahornschaft war gut abgelagert, und der Lauf wies auch jetzt noch keinerlei Risse auf.

Fordney überreichte Levi feierlich die Waffe und sagte: „Eine bessere Waffe gibt es nicht. Natürlich habe ich auch Waffen für 20 oder 25 Dollar; die sind aber nur deswegen so teuer, weil die Beschläge aus Deutschland stammen. Diese dagegen ist eine reine Lancaster-Büchse.“

Auf dem Rückweg zu seinem Haus sagte Fordney: „Ich würde dich gern als Gehilfen bei mir haben, da du gut mit Waffen umgehen kannst. Aber ich nehme an, daß du in den Westen willst . . .“ Levi hielt es für klüger, nichts darauf zu erwidern. Fordney fügte nachdenklich hinzu: „Auch ich hätte schon vor Jahren nach Westen gehen sollen.“

Levi schaffte die Waffe heimlich nach Hause und versteckte sie hinter der Wurstmaschine. Nun hatte er eigentlich alles Nötige beisammen: einen guten Conestoga, vier ausgezeichnete Grauschimmel und zwei weitere, die er sich „leihen“ würde, eine erstklassige Büchse . . . Er hatte den unbestimmten Plan, sich der nächsten Gruppe anzuschließen, die nach Westen wollte. Levi konnte Lampeter und Lancaster einfach nicht mehr ertragen. Auch wenn die Mißachtung ihm gegenüber mit der Zeit aufhören würde, hatte er keine Lust mehr, weiter in dieser Schande zu leben.

Er ging seiner Arbeit so gewissenhaft nach wie eh und je. Jeden Dienstag und Freitag machte er den weiten Weg nach Lancaster, um den Marktstand aufzuräumen und die Überreste zum Waisenhaus hinauszuschaffen. In der vierten Woche nach dem Vorfall, der sein Leben so verändert hatte, fragte Levi Elly Zahm: „Warum halten die Leute sich eigentlich von dir fern?“

„Ich habe keine Eltern. Sie nennen mich einen Bankert.“

„Das ist doch nicht deine Schuld.“

„Sie tun aber alle so, als ob ich schuld wäre.“

„Wie bist du hierhergekommen?“

„Jemand hat mich auf den Kirchenstufen abgelegt.“

An jenem Tag sagte er nichts weiter. Am Sonntag, als seine Familie beim Gottesdienst war, ging er zum Mischwäldchen hinüber und blieb dort eine geraume Zeit völlig unbeweglich auf einem Baumstumpf sitzen. Geistesabwesend strich er über die Borke einer gefällten Eiche und schaute sich genau die ansehnliche Farm an, die sich seine Familie nach und nach erarbeitet hatte. Ein Gebäude nach dem anderen, einen Acker nach dem anderen . . . Mit unendlicher Geduld! Es gab in ganz Lancaster keine bessere Farm. Das wußte er. Aber für ihn lag jetzt zu viel Bitternis darin. Viel zuviel Bitternis.

Er barg das eckige, bartumrandete Gesicht in den Händen und seufzte tief auf. Dann murmelte er vor sich hin: „Mehr kann ich einfach nicht ertragen! Am Dienstag gehe ich weg.“

Beim Sonntagsmahl aß er so viel, als hätte er wochenlang gehungert. Er nahm sich von allen Gerichten ungeheure Mengen und verzehrte zum Abschluß noch zwei verschiedene Kuchen: „Shoo-fly-Pie“ und Kirschkuchen, den er am allerliebsten mochte. Er war zu allen ausnehmend freundlich. Am Montag bot er sich freiwillig an, seiner Mutter bei der Herstellung von „Cup Cheese“ zu helfen. Er wollte nämlich sein Lieblingsgericht auch in Oregon nicht missen.

Levi merkte sich genau, daß seine Mutter zwei Gallonen Dickmilch und Sahne nahm und sie zum Erhitzen auf den Herd stellte. „Die Milch darf auf keinen Fall kochen.“

Er war enttäuscht, als sie nur noch das überschüssige Wasser abgoß und die Dickmilch in einen Beutel schöpfte. „Was machst du jetzt noch damit?“ fragte er.

„Du kannst mir ja morgen wieder helfen, Levi. Eine bestimmte Menge Soda wird in die Dickmilch gerührt. Danach kommt das Ganze in einen Tonkrug. Nach einiger Zeit stockt die Mischung und fängt an zu riechen. Der Tonkrug kommt in heißes Wasser, bis der Käse warm wird. Zum Schluß kommt noch Salz und Essigwasser dazu. Dann ist er fertig.“ Levis Mutter hängte den tropfenden Beutel an einen Haken über dem Ausguß und sagte abschließend: „Morgen machen wir zusammen weiter.“

Morgen würde er nicht mehr da sein.

Dienstag gegen drei Uhr früh half er, die Wagen für den Markt zu beladen. Das letzte Mal. Er sah den vier Brüdern nach, wie sie in Richtung Stadt fuhren. Als sie außer Sichtweite waren, ging er in die

Küche und gab seiner Mutter einen Abschiedskuß. Seit dem Vortag schon befürchtete sie, daß er auf und davon gehen würde. Sein Interesse für die Käseherstellung war so ungewöhnlich gewesen, daß sie sich Gedanken darüber gemacht hatte. Also fragte sie nur: „Wohin fährst du?“ Statt einer Antwort gab er ihr noch einen Kuß, nahm das Gewehr und führte seine beiden Grauschimmel aus dem Stall. Auch Mahlons Pferde und das nötige Zaumzeug holte er sich.

Er ritt zum „Weißen Schwan“. Dort spannte er die vier Pferde vor den Conestoga und fuhr noch bei Dunkelheit hinüber zu Hollinger, um die zwei Grauschimmel zu holen, die er gekauft hatte. „Sieht so aus, als wären sie passend zueinander ausgesucht worden.“ Als Levi mit dem Anspannen fertig war, fragte Hollinger noch: „Bist du nicht der Zendt-Junge? Der, den sie alle schneiden, oder?“

„Das ist vorbei“, erwiderte Levi ruhig.

Auf Nebenstraßen fuhr er an Lancaster vorbei zum Waisenhaus. Er hielt vor dem Hoftor, band das Leitpferd an und ging auf das Haus zu. Doch mitten auf dem Weg fiel ihm ein, daß das kostbare Gewehr unbewacht im Wagen lag. Er holte es, betrat das Haus und schrie: „Elly! Elly Zahm! Komm herunter.“

Die Dämmerung war noch nicht einmal angebrochen, und dennoch war das Mädchen schon bei der Arbeit. Sie kam mit nassen Händen, erhitztem Gesicht und strähnigem, zerzaustem Haar. Sobald sie Levi sah, wußte sie, daß etwas Großes bevorstand, und sie war nicht im geringsten überrascht, als er sagte: „Pack deine Sachen. Wir gehen nach dem Westen.“

Elly brauchte nicht länger als drei Sekunden, um zu erkennen, daß es ihre Bestimmung war, mit diesem Mann zu gehen, mit ihm, seinem Gewehr, dem Wagen und den Pferden. Sie hatte keine Vorstellung davon, was sie erwartete. Aber sie wußte, daß es für sie keine annehmbare Alternative gab. Sie lief auf ihr Zimmer und packte die wenigen Habseligkeiten.

Ein Mädchen kreischte: „Er holt Elly Zahm . . . mit einem Gewehr!“

Die Vorsteherin eilte im Morgenmantel zur Eingangstür und sah mit einem Blick, was los war. „Elly, komm sofort zurück!“ Ihre Stimme klang gebieterisch.

„Ich komme nie wieder“, rief Elly störrisch.

„Dieser Mann ist ein Untier!“

„Ihr könnt mich nicht zurückhalten“, erwiderte Elly, klemmte sich ihr Sonntagskleid unter den Arm und lief zum Conestoga.

„Soll ich die Polizei holen?“ fragte eines der Mädchen.

„Nein“, fuhr die Vorsteherin sie an. „Er würde uns alle umbringen. Soll sie doch mit ihm gehen! Sie ist ja nur eine Hure, genau wie ihre Mutter.“

Und dies wären die einzigen Segenswünsche gewesen, die Elly beim Verlassen des Waisenhauses begleitet hätten, wenn sich nicht plötzlich ein hochgewachsenes hübsches Mädchen aus der Gruppe der Gaffer gelöst hätte und zu Elly gelaufen wäre. Sie drückte ihr einen kleinen Beutel in die Hand, in dem sich mühsam gesparte Münzen befanden.

Die Vorsteherin stieß einen Schrei aus. „Laura Lou Baker, komm sofort her! Du bist ja nicht besser als sie!"

Das blonde Mädchen beachtete die Vorsteherin nicht, umarmte Elly und flüsterte ihr zu: „Du machst das, was wir alle gern täten." Als Elly ihr das Geld zurückgeben wollte, küßte Laura Lou sie auf die Wange und sagte: „Erinnere dich an unsere Gespräche! Eine Ehefrau sollte immer etwas eigenes Geld haben."

Elly Zahm ging mit festen Schritten durch das Tor des Waisenhauses und stieg in den Conestoga. Levi ließ die Peitsche knallen und fuhr zum letzten Mal aus Lancaster hinaus.

Bis Columbia waren es nur zwölf Meilen. Dort würden sie auf der berühmten Brücke den mächtigen Susquehanna überqueren. Da die sechs Grauschimmel jedoch weder an den Wagen noch aneinander gewöhnt waren, kam Levi nur langsam voran. Erst bei Einbruch der Nacht erreichten sie den Fluß. Doch der Schlagbaum war schon unten. Sie mußten also notgedrungen auf dem östlichen Ufer übernachten. Als die Sterne am Himmel auftauchten, stand Elly vor der ersten Schwierigkeit auf ihrem langen Weg gen Westen.

„Wir können so lange nicht zusammen im Wagen schlafen, als wir nicht verheiratet sind", sagte sie in entschiedenem Ton. „Ich werde mich unter den Baum da drüben legen." Sie nahm eine Decke und machte Anstalten zu gehen.

Levi wollte das nicht zulassen, weil er fand, daß er als Gentleman ihr den Wagen überlassen mußte. Elly hatte jedoch ein vernünftiges Gegenargument. „Du mußt auf den Wagen aufpassen. All unsere Habe ist darin." Also schlief sie unter einem Baum neben dem Susquehanna.

Am Morgen sagte Levi: „Was hältst du davon, wenn wir uns auf der anderen Seite des Flusses einen Pfarrer suchen?"

„Sehr viel. Ich will schließlich keine Bastarde in die Welt setzen."

Levi spannte die Pferde an und ordnete sich in die wartende Schlange vor dem Schlagbaum ein. Der Mann im Wagen vor ihnen war ein Deutscher, der nach Illinois wollte. Während sie warteten, kamen sie ins Gespräch. „In unseren Schulbüchern gab es Bilder von dieser Brücke", sagte der Fremde und deutete auf das technische Meisterwerk. „In ihrer Art ist sie die längste Brücke der Welt."

Der Brückenzoll für einen Wagen mit sechs Pferden betrug einen Dollar. Elly fand das sehr teuer, doch der Deutsche rief über die Schulter zurück: „Sogar zwei Dollar wären nicht zuviel." Endlich schwenkten sie auf die überdachte Brücke mit den beiden getrennten Wagenspuren und einer dritten für die Männer, die die Pferde führten.

Als der schwere Wagen am westlichen Ende der Brücke ankam, sagte Elly: „Der Pfarrer in der Kirche da drüben müßte eigentlich schon wach sein.“ Gegen halb acht Uhr standen sie vor Reverend Aspinwall, einem baptistischen Geistlichen, der ihnen erklärte: „Ich kann euch doch unmöglich trauen, ohne zu wissen, wer Ihr seid. Ihr müßtet mir eine Heiratsgenehmigung Eurer Kirche zeigen. Außerdem braucht Ihr eine Lizenz vom Gericht in York.“

„Wie weit ist es bis York?“ fragte Levi. Als Reverend Aspinwall die Strecke auf zwölf Meilen schätzte, erwiderte Levi: „Dafür bräuchten wir ja den ganzen Tag.“ Elly begann zu weinen. Aspinwall fragte sie verwundert nach dem Grund ihrer Trauer. „Immer hat man mich einen Bastard geschimpft“, schluchzte sie. „Ich weiß zwar nicht, ob es stimmt, weil ich überhaupt nicht weiß, wer meine Eltern waren. Aber ich will jedenfalls nicht, daß man meine Kinder auch so nennt.“

„Das wird auch nicht geschehen“, beruhigte sie Aspinwall. „Könnt Ihr nicht allein nach York reiten?“ fragte er Levi.

„Nein“, sagte Levi entschlossen.

„Ich verstehe“, sagte der Geistliche, der im Grunde nichts verstand. Dann putzte er sich die Nase und überlegte lange hin und her. Schließlich meinte er: „Es gibt da so eine Art Zivilheirat. Dabei teilt Ihr offiziell mit, daß Ihr als Mann und Frau leben wollt. Allerdings braucht Ihr zwei Zeugen . . .“

„Und woher sollen wir die nehmen?“ fragte Elly ratlos.

Reverend Aspinwall, der ihr wenig anziehendes Gesicht betrachtete, bezweifelte, daß sie je wieder einen Mann finden würde, der sie heiraten wollte. Da war es schon am besten, es geschah gleich. Also bot er an: „Meine Frau und ich werden Eure Zeugen sein.“

Er rief: „Mabel, diese beiden jungen Menschen haben keine Lizenzen, wie es sich eigentlich gehört. Aber sie müssen jetzt heiraten.“

Mrs. Aspinwall schaute Ellys Taille an, konnte jedoch keine Anzeichen dafür entdecken, daß eine Heirat unbedingt nötig wäre.

„Also habe ich mir überlegt, daß wir beide für sie die Zeugen machen könnten“, fuhr der Reverend fort.

„Aber gern“, stimmte sie zu.

Der Geistliche stellte sich vor dem Schreibtisch in Positur und begann: „Im Angesicht der Welt und vor Dir, o Herr, wollen diese beiden jungen Leute . . .“ Er brach ab und fragte Levi: „Wie ist Euer Name, mein Sohn?“

„Levi Zendt.“

Reverend Aspinwall verschluckte sich fast. „Seid Ihr nicht der junge Mann, der versucht hat . . .?“ Er konnte das schändliche Wort nicht über die Lippen bringen.

„Ihr habt es sicher ganz falsch erfahren“, fuhr Elly dazwischen. „Ich habe gehört, daß es um das Stoltzfuß-Mädchen ging. Und ich kenne Peter Stoltzfuß.“

„Es ist nicht so gewesen, wie es herumerzählt wird“, sagte Elly unerschütterlich.

„Woher wollt Ihr wissen, ob es geschehen ist oder nicht?“ fragte Reverend Aspinwall geradeheraus. „Hat er Euch auch vergewaltigt? Müßt Ihr deswegen . . .?“

„Ich weiß, daß es ganz anders war, weil ich dem Schlitten gefolgt bin“, rief Elly.

„Dem Schlitten gefolgt? Bei Nacht?“ fragte der Geistliche verwundert. „Warum tatet Ihr das?“

„Weil ich ihn liebe, immer schon geliebt habe. Er ist der einzige Mann auf der Welt, der je nett zu mir gewesen ist.“

Mrs. Aspinwall versuchte, das schluchzende Mädchen an ihren Busen zu drücken, aber Elly machte sich frei und schaute dem Geistlichen offen ins Gesicht. „Ich habe die Szene mitverfolgt. Sie hat furchtbar mit Levi geflirtet und sich über ihn lustig gemacht, weil er nie eine Freundin hatte. Sie allein ist schuld. Sie hat ihn herausgefordert.“

Einen Augenblick lang herrschte verlegenes Schweigen. Der Geistliche schnaubte umständlich in sein Schnupftuch. Seine Frau versuchte inzwischen, Elly zu beruhigen. Nach widerholtem Räuspern fuhr der Pfarrer in seinem Sermon fort. „Vor Deinem Angesicht, o Herr, kündigen diese jungen Leute, Levi Zendt und – Euer Name, mein Kind? – Elly Zahm im Beisein zweier Zeugen ihre Absicht an, miteinander als Mann und Frau zu leben.“ Er hüstelte wieder. Dann wurde der Tonfall noch psalmodierender: „O Herr, sei diesen Deinen Kindern gnädig und schenke ihnen Deine göttliche Liebe und Gnade. Hilf ihnen, denn sie ziehen weit weg in ein fremdes Land.“

Damit war für ihn die Zeremonie zu Ende. Elly fragte: „Bekommen wir ein Zertifikat?“

„Von mir nicht“, erwiderte er. „Wie Ihr wißt, ist dies ja keine ganz formelle Heirat. Schließlich wurde Levi Zendt aus seiner Kirche ausgestoßen. Ich kann nicht den Anschein erwecken, als ob . . .“

„Aber ich kann es“, unterbrach ihn seine Frau entschlossen.

Sie ging zum Schreibtisch ihres Gatten und nahm einen Bogen Papier, auf dem sein Name und die Adresse seiner Kirche gedruckt standen. Dann schrieb sie in festen Lettern:

„Am heutigen Tag erschienen Levi Zendt und Elly Zahm vor meinem Mann und mir und gelobten vor Gott dem Allmächtigen, als Mann und Frau zusammenzuleben.

Bezeugt

Mabel Aspinwall
14. Februar 1844

Sie reichte dem Reverend das Dokument und deutete auf die Stelle, wo er unterschreiben sollte. Mit sichtlichem Zögern tat er es schließlich.

„Wieviel kostet das?“ fragte Elly.

„Nichts, gar nichts“, protestierte Aspinwall.

Sie drückte ihm einen Dollar von Laura Lou in die Hand und sagte: „Hier, damit das Ganze seine Ordnung hat.“ Dann faltete sie das kostbare Dokument zusammen und steckte es in ihr Kleid. Die Reise gen Westen konnte beginnen.

Die Fahrt nach York gab ihnen Gelegenheit, sich an die Pferde zu gewöhnen. Die beiden Leitpferde reagierten gut auf Levis Kommandos, und die beiden Grauen direkt vor dem Wagen hatte er auch einigermaßen im Griff, weil er sie oft mit Mahlon zusammen kutschiert hatte. Aber die zwei mittleren Pferde bereiteten ihm einige Probleme, weil sie sich nicht gern den Leitpferden fügten. Sie zeigten dies an jeder Kurve durch ein kräftiges Zerren in die entgegengesetzte Richtung.

Levi verlor jedoch nicht die Geduld, und zu guter Letzt ging es dann mit dem Sechsergespann doch noch recht gut. „Um die Pferde wird mich noch so mancher beneiden“, sagte Levi zu seiner Frau, die voll Stolz auf die prächtigen Grauschimmel blickte, die ohne sichtbare Anstrengung den schweren Wagen zogen.

Etwa auf halbem Weg nach York gerieten sie in ein Schlagloch. Ein Fuhrmann, der nach Osten wollte, hielt an, um die Pferde zu bewundern. Dann sagte er mit Überzeugung: „Mister, wenn Ihr vorhaben solltet, über die Berge zu fahren, dann würde ich an Eurer Stelle den Conestoga gegen einen kleineren Wagen eintauschen.“ Als Levi widersprach, sagte der Fremde: „Zum Teufel, Mann, Ihr nutzt doch nicht mal den halben Wagen aus! Die Pferde müssen also nur unnützes Gewicht ziehen, und das ist nicht gut für sie.“

Dieser Vorwurf traf Levi, denn er hatte immer viel Wert darauf gelegt, seine Pferde ordentlich zu behandeln. Er besprach die Sache mit Elly, und zu seinem Erstaunen war sie auf der Seite des Fremden. „Der Wagen ist doch wirklich halb leer“, war auch ihr Argument.

„Der Tag kommt schon noch, an dem wir den Platz brauchen!“

„Ihr werdet Eure Pferde zu Tode plagen“, rief der Fremde noch, bevor er die Peitsche knallen ließ und weiterfuhr. Als er außer Sichtweite war, sagte Levi: „Hast du dir seine Pferde angesehen, Elly? Die bräuchten eine lange Rast und müßten tüchtig gestriegelt werden. Aber er nimmt sich lieber die Zeit, um mich zu belehren!“

Früher hätten ihn solche Ratschläge Fremder völlig kalt gelassen. Doch durch die Ereignisse war Levi empfindlich geworden. Außerdem war er auch wegen Elly etwas nervös. In dieser Nacht würden er und sie irgendwo westlich von York zum ersten Mal ihr Lager teilen. Er wußte eine ganze Menge von Pferden – die beiden schönen Leitpferde waren von ihm persönlich aufgezogen worden, nachdem er eine der Stuten von der Zendtschen Farm von dem großen grauen Hengst eines Nachbarfarmers hatte decken lassen –, aber er wußte fast nichts von Frauen. Die fünf Brüder hatten nie über dieses Thema gesprochen.

Und ihre Mutter wäre lieber gestorben, als daß sie ein Wort über Ehemänner oder Ehefrauen gesagt hätte. Für die Söhne war sie eigentlich nur eine Art Maschine, deren Aufgabe es war, das Essen auf den Tisch zu bringen. Daß sie je einem Mann gehört hatte, konnten sie sich einfach nicht vorstellen.

Von den üblichen rauhen Späßen im Stall und auf dem Markt abgesehen, die bloß erregten, aber die Neugier nicht stillten, wußte Levi eigentlich nichts. Nur, daß heute sein Hochzeitstag war, und daß wilde und verwirrende Dinge stattfinden würden, wenn die Nacht hereinbrach. Der Tag kam ihm außergewöhnlich heiß vor, und er begann zu schwitzen.

Elly verfügte ihrerseits über verschiedene Kenntnisse über die Ehe. Das lag jedoch wahrhaftig nicht an der guten Aufklärung durch das Waisenhaus, sondern daran, daß sie mit Laura Lou Baker so gut befreundet gewesen war.

Wenn ein Waisenmädchen das Alter von 13 Jahren und 9 Monaten erreicht hatte, wurden ihr von einer strengblickenden Angehörigen der Kirchengemeinde unter vier Augen zwei Tatsachen mitgeteilt. Sie sei jetzt alt genug, um ein Kind bekommen zu können, und Gott würde sie für immer aus seinem Herzen verdammen, wenn sie sich mit Jungens einlassen würde. Die Verbindung, die zwischen diesen beiden Fakten bestand, wurde nicht näher erklärt.

Zufälligerweise bekamen Elly und Laura diese Informationen am selben Tag vorgebetet. Beide lauschten respektvoll im verdunkelten Zimmer den gleichfalls dunklen Worten. Als die „hilfreiche“ Dame gegangen war, sagte Laura Lou mitleidig: „Viel hat sie ja nicht gerade gesagt. Vermutlich weiß sie selbst nicht mehr.“ Instinktiv war es Laura Lou völlig klar, daß ihr Körper für bestimmte Zwecke so konstruiert worden war, und sie kündigte Elly an, daß sie schon herauskriegen würde, was das für Zwecke seien. Sie ging das Problem nach Art mathematischer Aufgaben an, die sie meist gut zu lösen verstand. Was sie aus den ihr zugänglichen mageren Informationen nicht schließen konnte, besorgte ihre Phantasie. Ihre Schlüsse waren natürlich nicht immer richtig, vor allem hatte sie ein ziemlich falsches Bild von der Rolle des Mannes. Eines Nachts jedoch versicherte sie Elly mit Überzeugung: „Männer können gar nicht so verschieden von Pferden sein.“

Das Beste an Laura Lou war ihr nie ermüdender Enthusiasmus, ihre Begierde, Neues kennenzulernen. Sie studierte insgeheim die verschiedenen Männer, die das Waisenhaus besuchten. In langen nächtlichen Unterhaltungen verriet sie Elly, was sie von ihnen hielt. „Es müßte himmlisch sein, den jungen Geistlichen zu heiraten. Er ist angenehm und hört gut zu, seine Tischmanieren sind ausgezeichnet, und lachen kann er auch.“ Über den Zimmermann sagte sie: „Dünne Männer mag ich nicht, weil sie meistens so nervös sind. Dieser Jack möchte uns an sich gern ansehen, traut sich aber nicht. Den würde ich nicht gern zum Mann haben.“ Sie hatte als erste die Vorzüge des Metzgers Levi Zendt erkannt. „Er ist sehr gut gebaut, Elly. Wie ein starker Hengst. Man kann sich bestimmt auf ihn verlassen. Und er ist nicht verklemmt, bloß scheu.“

Eines Nachts sagte sie ganz überraschend: „Elly, du hast dich in Levi Zendt verliebt. Ich habe es heute deutlich gemerkt.“

Sie unterhielten sich häufig darüber, was ein Waisenmädchen ohne Mitgift und mit nicht einmal mittelmäßigem Aussehen tun könnte, um einen reichen Mann wie Levi Zendt zu kriegen. Laura Lou hatte eine Idee. „Ich glaube, daß Männer es gern haben, wenn man sie liebt. Man muß ihnen nur immer wieder sagen, daß sie einem mehr als alles andere auf der Welt bedeuten.“

„Woher willst du das wissen?“ fragte Elly erstaunt.

„Ich habe das sichere Gefühl“, erwiderte Laura Lou überzeugt.

In der Dämmerung fuhren die frisch Vermählten durch York, eine saubere deutsche Stadt, in der jedes Haus entlang der Hauptstraße so aussah, als gehörte es einem Bankier. Schließlich gelangten sie zu einem Stück Weideland, das von hohen Bäumen umgeben war. Levi spannte die Pferde aus und brauchte sehr viel Zeit, um sie zum Wasser zu führen. Danach hantierte er noch unnötig mit dem Zaumzeug herum. Elly wußte genau, warum.

Sie schenkte ihm keine weitere Aufmerksamkeit, sondern ging ihrer eigenen Arbeit nach, ordnete ihre Habseligkeiten im Wagen und richtete auf dem leicht abgeschrägten Boden des Conestoga ihr erstes gemeinsames Lager. Dann holte sie einen Topf, um das letzte Eingepökelte zu kochen, das Levi mitgenommen hatte. Plötzlich bemerkte sie, daß er kein Holz für das Feuer hackte. „Was ist mit dem Holz, Levi?“ rief sie. Als er antwortete: „Ich bin nicht hungrig“, packte sie schweigend das Kochgerät wieder ein und gab das Fleisch in das feuchte Tuch zurück. Levi mußte nach dem langen Tag eigentlich halbtot vor Hunger sein. Doch sie glaubte auch zu wissen, warum er nichts essen wollte. Ruhig nahm sie sich eine Näharbeit vor.

„Du wirst dir die Augen ruinieren“, sagte Levi, als er zum Wagen trat. In seiner Stimme lag so grenzenlose Einsamkeit, daß sie beinahe in Tränen ausbrach.

„O Levi, ich wünschte mir wirklich, ich wäre hübsch“, sagte sie leise. Er nahm sie in die Arme und küßte sie zum erstenmal. „Für mich bist du hübsch genug“, flüsterte er zärtlich. Mit viel Unbeholfenheit, Verwirrung und falsch angewandter Kraft nahm Levi Zendt Elly Zahm zu seiner Frau. So manche der Vermutungen, die sie und Laura Lou in ihren nächtlichen Diskussionen angestellt hatten, erwies sich als richtig. Am nächsten Morgen rief Levi: „Elly, ich bin wirklich am Verhungern. Mach uns das Eingepökelte.“ Und er aß die eineinhalb Pfund völlig auf.

Die Landstraße, auf der sie von York nach Gettysburg fuhren, war eine der belebtesten und zugleich bequemsten im ganzen Land. Zwölf Meter breit, die Mitte mit solidem „Macadam"-Belag, wie man die jüngste Errungenschaft aus Schottland nannte. Auf einer solchen Straße konnte man mühelos 30 Meilen am Tag schaffen.

Es war ratsam, während des Winters nach Westen zu ziehen, bevor die Schneeschmelze einsetzte und die Straßen aufzuweichen begannen. Ein Fuhrmann, den sie in einem Vorort von Gettysburg trafen, meinte: „Von Vorteil ist, wenn man in Pittsburgh ankommt, solange die Straßen gefroren sind. Dann hat man keine Schwierigkeiten und ist rechtzeitig da, wenn das Eis des Ohio aufbricht." Er lachte. „Auf der starken Strömung könnt Ihr Euch dann wie auf einem fliegenden Teppich bis nach Cairo treiben lassen." Nach einem prüfenden Blick auf den Planwagen kam er noch einen Schritt näher. „Kann ich Euch mal einen guten Rat geben?"

„Sprecht ruhig."

„An Eurer Stelle würde ich den Conestoga verkaufen und mir einen leichteren Wagen nehmen."

„Uns ist der gerade recht", erwiderte Levi.

„Der Haken bei der Sache ist nämlich der: Wenn Ihr nach Pittsburgh kommt, braucht Ihr mit diesem schweren Wagen ein größeres Flachboot. Und das kostet einen Haufen Geld."

„Wir werden's schon schaffen."

„Eure Pferde sind wirklich prachtvolle Burschen."

„Ja, ich mag sie auch." Levi nahm die Zügel auf.

Gettysburg war ganz nach dem Geschmack der Zendts. Eine ruhige Stadt, in der nicht viel passierte. Einige wenige Geschäfte dienten den Bedürfnissen der vielen Durchreisenden, und die Gasthöfe schenkten gutes Bier aus. Niedrige Steinmauern waren kreuz und quer durch das fruchtbare Land gezogen, auf den Wiesen grasten Pferde und wohlgenährte Rinder.

„Wenn man seine Farm schon nicht in Lancaster haben kann, dann hätte ich sie ganz gern hier", sagte Levi nachdenklich. Diese Nacht schliefen sie am westlichen Rand von Gettysburg in einem Wäldchen aus rauhrindigen Hickorybäumen und hohen Kastanien. Dazwischen stand ab und zu ein ausladender Walnußbaum, der im Frühling am spätesten die Blätter bekommt und sie im Herbst als erster verliert.

„Solches Holz werden wir im Westen nicht haben", murmelte Levi. Elly sah ihn undeutlich im Zwielicht, wie er kleine Borkenstückchen abriß. „Diese Hickorybäume wären in Lancaster ein Vermögen wert. Man könnte damit Unmengen von Schinken räuchern." Levis Stimme klang wehmütig. Elly war sich im klaren darüber, daß er unter der Trennung von zu Hause viel mehr litt als sie. Sein früheres Leben war reich und erfüllt gewesen. Sie dagegen hatte nichts zurückgelassen außer der Freundschaft mit Laura Lou Baker. Ihre Liebe zu Levi wurde nur noch stärker dadurch, und sie war fest entschlossen, ihm eine gute Frau zu sein und ihm nach Kräften zu helfen.

„Zeit fürs Bett“, rief sie ihm zu. Er folgte gern ihrer Aufforderung, denn mit jeder Nacht wurde es schöner.

Von Gettysburg nach Pittsburgh waren es nur 180 Meilen. Da die Straße jedoch über einige steile Hügelketten führte, war das Vorwärtskommen erschwert.

Kurz vor Chambersburg machte das Rad Schwierigkeiten, das Amos Boemer seine Glocken gekostet hatte. Levi ging normalerweise links vom Wagen. Doch heute saß er, die Zügel fest in der Hand, auf dem „Lazy-board“. Das war ein starkes Eichenbrett, das man aus der linken Seite des Wagenkastens herausziehen konnte. Wenn Levi dort saß, konnte er die Bremse bedienen und zugleich die Zügel halten. Elly nähte im Wageninneren. Plötzlich vernahm Levi ein leises Quietschen hinter sich. Zuerst glaubte er, die Bremse wäre etwas angezogen. Doch dann begutachtete er das linke Hinterrad und sah, daß sich der Eisenreifen gelockert hatte. Damit stand er vor einem ernsten Problem: Entweder hatte sich das Hickoryholz des Rades verzogen, oder der eiserne Reifen hatte sich durch die Reibungshitze ausgedehnt.

Im nächsten Dorf teilte ihnen ein Stellmacher wenig Erfreuliches mit. „Dieses Rad taugt nichts mehr“, brummte er. „Macht Ihnen bloß noch Schwierigkeiten.“

„Was soll ich tun?“ fragte Levi.

„Sie brauchen ein neues Rad“, erwiderte der Handwerker.

„Könnte man es nicht mit einem Keil versehen, um den Reifen festzumachen?“

Der Mann lachte schallend auf. „Mein Junge, Sie wollen dreitausend Meilen weit fahren, oder? Was glauben Sie wohl, wie lang so ein Keil halten würde?“ Er führte Levi zu den übrigen drei Rädern und demonstrierte ihm, wie solide gebaut sie waren. „Bessere Räder gibt es nicht, aber dieses hier taugt einfach nichts.“

„Warum?“

„Warum wirft eine Sau acht Ferkel, die sich zu kräftigen Schweinen entwickeln, und eines, das ein lächerlicher Zwerg bleibt?“ Der Stellmacher mußte über seinen Vergleich lachen.

Levi unterbrach ihn. „Wieviel?“ fragte er kurz.

„Zwei Dollar. Morgen mittag ist das Rad fertig.“

Levi wußte, daß der Mann ihn gut beriet. Auch der Preis war nicht zu hoch. Schließlich mußte der Reifen erhitzt, auf dem Amboß gehämmert und auf die neue Felge gezogen werden, solange er noch glühte. Wenn der Reifen dann abkühlte, würde er sich eng an das Holz schmiegen.

„Wird das Rad dreitausend Meilen weit halten?“ fragte Levi.

„So ein verfluchtes Rad besteht aus vielen verschiedenen Teilen, von denen jedes die Ursache für ein späteres Versagen sein kann. Auf jeden Fall sollten Sie das Rad befeuchten, so oft Sie können. Behalten

Sie es gut im Auge. Und wenn Sie bei einem Schmied vorbeikommen, lassen Sie alle Räder überprüfen." Er schaute sich den Conestoga von oben bis unten an und sagte anerkennend: „Dem Burschen, der diesen Wagen gebaut hat, kann man kein X für ein U vormachen, der weiß genau Bescheid, wie man so etwas baut."

Zwei Tage hinter McConnellsburg kam die erste große Zerreißprobe: die Überquerung des Juniata. Es war natürlich nicht der Hauptstrom – dafür wäre eine Brücke unbedingt erforderlich gewesen –, sondern ein Nebenarm, der jedoch jetzt, gegen Ende des Winters, reichlich Wasser führte. Als Elly den Fluß sah, rief sie erschrocken: „Du willst doch nicht etwa da hindurch?"

„Hast du etwa einen besseren Vorschlag?" fragte Levi zurück.

Er watete zum anderen Ufer und wieder zurück durch das eisige Wasser. Es reichte ihm an keiner Stelle bis über die Schenkel. „Die Pferde schaffen es schon", meinte er zuversichtlich. „Du bleibst im Wagen, Elly."

Doch sie protestierte. Um Mann und Besitz zu schützen, wollte sie dort sein, wo sie ihm beistehen konnte, falls die Pferde scheuten oder der Wagen umzukippen drohte. Die Röcke würden naß werden, aber das war ihr gleichgültig.

Levi ging an der linken Seite des Wagens, die Zügel fest in der Hand. Elly führte die beiden Leitpferde. Die Uferböschung war so steil und schlüpfrig, daß Elly ausrutschte und ins eisige Wasser fiel. Prustend kam sie hoch und erschreckte damit die Pferde. Doch gerade als sie sich aufbäumen wollten, hatte Elly wieder Boden unter den Füßen und packte mit fester Hand das Leitpferd am Zaum.

„Ho! Ho!" rief sie, spuckte immer wieder Wasser aus und zerrte die Pferde schließlich bis zum gegenüberliegenden Ufer, wo der Boden ebenfalls glitschig war. Wieder glitt sie aus und fiel ins Wasser.

„Du bist vielleicht ein herrlicher Anblick!" lachte Levi.

„Puh, ist das Wasser kalt!" sagte Elly zähneklappernd. Mühsam zogen die Pferde den schweren Wagen auf das schlammige Ufer. In Bächen floß das Wasser von den Flanken der Pferde und von den Rädern. Sie ging auf Levi zu und sagte: „Bis Oregon müssen wir noch über viele Flüsse. Wir werden es schon noch lernen."

„Ich war heilfroh, daß du da warst, als die Pferde scheuten", sagte er. Elly kletterte in den Wagen, um die Kleider zu wechseln. Sie hatte das Gefühl, daß ihre Ehe anfing, eine richtige Partnerschaft zu werden.

Hinter Bedford mußten sie entscheiden, ob sie nach Norden auf der alten Forbes Road über die Alleghenie-Berge nach Pittsburgh fahren, oder ob sie die neuere Glades Road, die nach Süden durch Somerset führte, benutzen wollten. „Die Forbes Road ist um zwanzig Meilen kürzer", erklärte ihnen der Schmied, der die zwei neu gekauften Grauschimmel beschlug. „Die Glade Road ist länger und kostet auch mehr Wegezoll, aber auf ihr kommt ihr leichter über die Berge."

„Sind die Berge so schlimm?“

„Berge sind nie ein Kinderspiel. Und keine Straße ist ideal. Aber wenn Ihr mich fragt . . .“ Er brach ab, da er keinen unerbetenen Rat geben wollte.

„Was würden Sie tun?“

„Ich würde die Glade Road fahren und meinem Schöpfer danken, daß ich nicht die Forbes Road nehmen mußte.“ Er tauchte ein rotglühendes Hufeisen ins Wasser. Als das Zischen aufhörte, redete er weiter: „Sie sind gut dran, mein Sohn, daß Sie überhaupt die Wahl haben. Vor gar nicht langer Zeit gab es nur die Forbes Road, die im Winter ein reiner Greuel war.“

„Also gut, wir nehmen die Glade Road“, beschloß Levi. „Je mehr Berge wir vermeiden, desto besser ist es.“ Doch auch auf dieser Straße kamen sie noch vor Somerset an derartig steile Stellen, daß ihnen angst und bang wurde, und sie fürchteten, die Pferde könnten den schweren Wagen nicht hinaufziehen. Diese Furcht kam nicht von ungefähr, denn innerhalb von zwei Tagen kamen sie an vier zusammengebrochenen Wagen und drei toten Pferden vorbei.

Als sie die Paßhöhe erreicht hatten, blickten sie schweigend nach Westen. Levi sah in der Ferne immer mehr Berge aufragen und sagte verzweifelt: „Mein Gott! Das, was wir gerade mit großer Mühe geschafft haben, waren bloß die tausend Meter hohen Alleghenies. Weißt du, wie hoch die Rockies sind?“

„Viertausend Meter“, erwiderte sie beklommen, und beide schauten wieder schweigend gen Westen.

Sollten sie weiterziehen? Sie sprachen nicht darüber, wußten aber, daß der Augenblick der Entscheidung gekommen war. Noch konnten sie sich gegen die entbehrungsreiche Fahrt nach Oregon entscheiden, noch konnten sie umkehren. Das Überqueren des Juniata war vergleichsweise eine leichte Prüfung gewesen, und diese Berge hier waren nur ein Kinderspiel im Vergleich zu den Rockies.

Während die Pferde nach der Anstrengung ausruhten, fragten sich die beiden jungen Leute, ob sie wohl genügend Mut hätten. Leider hatten sie über das, was ihnen bevorstand, keine genauen Informationen, was ihnen die Entscheidung erleichtert hätte. Zunächst: Die Höhe eines Berges muß in Relation zur Ebene gesehen werden, aus der sich der Berg erhebt. Die niedrigen Alleghenies, die steil von Meereshöhe aufragten, waren genauso hoch wie ein Viertausender auf einer Hochebene von 3000 Meter Höhe. Außerdem hatten Trapper eine sehr gute Passage über die Rockies entdeckt, die an keiner Stelle über 2600 Meter hinaus führte.

Die Zendts verfügten zwar nicht über dieses beruhigende Wissen, hatten aber den erforderlichen Mut. Elly ergriff die Hand ihres Mannes. „Laß uns das Tal noch vor Anbruch der Dunkelheit erreichen!“

Trotz der Berge, die sie besser bewältigten als die meisten anderen, war die Gegend, durch die sie fuhren, keineswegs eine Wildnis. Über die ganze Strecke von Lancaster nach Pittsburgh gab es fast nach jeder Meile eine Art von Gasthof. Oft waren diese Herbergen primitiv und schmutzig, aber es gab Hafer für die Pferde und eine heiße Suppe für die Reisenden. Die meisten Familien vermieden es wegen der Wanzen, im Gasthof zu schlafen, und machten sich lieber das Lager im Planwagen. Aber als plötzlich starker Schneefall westlich von Somerset die Bergstraße blockierte, hielten die Zendts schließlich bei der „Slack's Tavern" an, stellten die Pferde ein und begaben sich in ein Quartier, das nur wenig wärmer und wesentlich schmutziger war als ein Stall.

Den Raum, den man ihnen zuteilte, bewohnten noch vier andere Reisende, an deren Reinlichkeitsbedürfnis man zweifeln konnte. Da das Bett, in dem sie eigentlich schlafen sollten, schon von zwei Gentlemen belegt war, mußten die Neuvermählten auf dem Boden schlafen. Doch Flöhe und Wanzen ließen ihnen keine Ruhe. Es war die erste unbehagliche Nacht seit der Hochzeit.

Beide waren erleichtert, als sie wieder in ihrem Wagen auf der gefrorenen Bergstraße dahinfuhren. Am 15. März – also fast schon zu Frühlingsanfang – kamen sie zu der Stelle östlich von Pittsburgh, wo Youghiogheny und Monongahela zusammenfließen und einen gewaltigen Strom bilden.

Bald erreichten sie auf dem rechten Ufer des Monongahela ein Plateau, auf dem vor ihnen schon unzählige Reisende angehalten hatten, um die überwältigende Aussicht zu genießen. Der dunkle, reißende Monongahela aus dem Süden traf sich mit dem ruhigeren Allegheny aus dem Norden. Bei Pittsburgh dann hatten sie sich zum mächtigen Ohio vereint.

Der Anblick von Pittsburgh ließ sie den Atem anhalten. Die dunklen Hochöfen entlang des Flusses stießen aus hohen Schornsteinen rußige Wolken in die Luft, Boote fuhren flußauf- und flußabwärts, Züge keuchten schwerbeladen in Tunnels. Hier war alles pulsierendes Leben und pulsierende Kraft. Hier standen mehr Häuser, als Levi oder Elly sich je hatten vorstellen können. Über der ganzen Stadt hing eine Rauchwolke, die Häuser und Fluß mitunter fast gänzlich dem Blick entzog.

Dann fuhren sie hinunter. Als Levi den großen Conestoga durch Pittsburgh zum Fluß lenkte, blieben immer wieder Männer stehen, um ihre Söhne auf den alten Wagen mit den hohen Hinterrädern hinzuweisen. Levi war stolz, Besitzer einer solchen Sehenswürdigkeit zu sein. Aber als er an der Stelle ankam, wo die Flüsse sich vereinten, und die prächtigen, aber zerbrechlichen Boote sah, die von hier nach St. Louis und New Orleans abfuhren, verstand er, warum der erste Kapitän, an den er sich wandte, ihn auslachte. „So einen Wagen können wir nicht an Bord nehmen, junger Mann. Dies ist ein Schiff für Gentlemen und ihr Frachtgut."

Das zweite Flußboot, zu dem sie fuhren, die „Queen of Sheba", war noch eleganter als das erste. Es erinnerte Levi an die vielschichtigen Hochzeitstorten, die der Bäcker Stoltzfuß gemacht hatte. Die Oberdecks wurden von schlanken weißen Säulen getragen und durch grüngestreifte Markisen vor der Sonne geschützt. Herren in grauen Anzügen und Damen mit zierlichen Sonnenschirmen promenierten an Deck. Müßig betrachteten sie die Vorgänge auf dem Pier. Plötzlich rief einer der Herren: „Schaut mal, ein echter Conestoga!" Alle drängten sich an die Reling und sahen neugierig zu, wie Levi die Pferde anhielt.

„Ein feines Gespann habt Ihr da", rief einer der Herren Levi zu. „Aber der Wagen ist zu schwer für die Pferde."

„Wohin wollen Sie denn, Miss?" fragte eine Dame. Elly rief zurück: „Nach Oregon, Ma'am."

Das verursachte eine derartige Aufregung, daß der eine Herr die breite Mahagonitreppe herunterrannte. Mit jener Großzügigkeit, die im Westen gang und gäbe war, bestand er darauf, daß die Zendts für eine Erfrischung an Bord kämen.

Levi protestierte: „Und was ist mit den Pferden?" Daraufhin rief der Herr einen kleinen Neger herbei, gab ihm fünf Cent und sagte: „Paß auf die Pferde auf." Die Zendts wurden die hochherrschaftliche Treppe bis zum Oberdeck hinaufgeleitet und waren im Nu von neugierigen und anteilnehmenden Fremden umringt.

„Oregon!" sagte eine Dame fassungslos und befühlte Ellys Kleid. „Das ist genau der richtige Stoff für eine solche Reise. Sind Sie seine Tochter, mein Kind?"

„Seine Frau." Großes Staunen bei allen, und eine andere Dame fragte: „Wie alt sind Sie denn, wenn ich fragen darf?" Levi sah Ellys Zögern und vermutete, daß sie verschweigen wollte, wie jung sie noch war. Daher sagte er geradeheraus: „Sie ist sechzehn." Die Umstehenden waren verblüfft. Eine besonders neugierige Dame entlockte Elly, daß sie aus dem Waisenhaus weggelaufen war. Daraufhin sammelte sie bei den Passagieren mehr als sieben Dollar und überreichte sie Elly als Hochzeitsgeschenk. „Das ist für Sie, meine Liebe", betonte sie. „Nicht für ihn."

Die Herren bestellten Champagner, um auf das abenteuerliche Unternehmen der beiden jungen Leute anzustoßen. Keiner der Passagiere war auf seinen verschiedenen Reisen je weiter als bis Cincinnati gekommen.

Man unterhielt sich weiter, und die Herren fragten Levi, warum er zum Ohio gekommen sei. Auf seine Antwort, daß er vorgehabt habe, mit Pferden und Wagen auf einem Boot wie diesem nach St. Louis zu fahren, lachten die Männer und deuteten auf die unteren Decks des schwimmenden Palastes, wo gerade Ballen und Koffer säuberlich gestapelt wurden. „Wenn Sie da unten ein freies Plätzchen für den Conestoga finden, dann ist's ja gut", scherzte einer der Herren.

„Wo soll ich es denn versuchen?"

„Es gibt da einen Burschen namens Finnerty. Der kann Ihnen ein Flachboot bauen. Ein sehr guter Mann, wie ich gehört habe. Er steuert es selbst für Sie stromabwärts und verkauft es dann in Cairo."

„In Cairo will ich aber nicht Station machen", protestierte Levi, der vor dieser Rowdystadt gewarnt worden war.

„Müssen Sie aber! Ab Cairo ist das Flachboot nutzlos. Um nach St. Louis zu gelangen, müssen Sie gegen die Strömung den Mississippi hinauffahren." Der Herr ging an die Reling, warf dem Negerjungen, der auf die Pferde aufpaßte, einen zweiten Nickel zu und sagte: „Wenn dieser junge Mann von Bord geht, führst du ihn zu Finnerty."

Gerade da kam der Kapitän an Deck und sagte: „Ich habe gehört, daß ein Pennsylvanier hier ist, der seinen Conestoga bei uns verladen wollte." Nachdem Levi ihm vorgestellt worden war, fuhr er fort: „Viele Frachtschiffer werden sich erbieten, Sie nach Cairo mitzunehmen. Aber das sind traurige Kästen, die oft nach einigen Meilen schon in Brüche gehen. Lassen Sie ein Boot bauen, aber hüten Sie sich um Gottes willen vor den Gaunern, die das Boot steuern." Auch er fand, daß Finnerty noch der Vertrauenswürdigste von dem ganzen Gesindel war. Dann verbeugte sich der Kapitän leicht und sagte: „Ich würde mich freuen, wenn die Neuvermählten mit uns den Lunch nehmen würden."

Elly wollte gern zusagen, denn Luxus dieser Art hatte sie nie zuvor gesehen. Außerdem war sie wie immer sehr hungrig. Levi wollte sich jedoch unbedingt um die Pferde kümmern. Daher stiegen sie die Treppe hinunter. Als sie am Speisesaal vorübergingen, hielt eine der Damen Elly auf der Türschwelle an, um ihr den schön gedeckten Tisch zu zeigen. Weißes Leinen, glänzendes Besteck, drei Gläser zu jedem Gedeck und, das Beste von allem, die Speisekarte. Sie war aufklappbar und mit blauen Schnörkeln, rosa Cupidos und gelben Blumen verziert. Darauf war die atemberaubende Anzahl von dreihundert verschiedenen Gerichten verzeichnet.

„All diese Sachen gibt es an Bord?" frage Elly ungläubig. Die Dame antwortete: „Sie brauchen nur zuzugreifen."

„Levi, können wir nicht doch bleiben?" rief Elly flehend. Er wollte sie gerade an ihre Pflichten erinnern, als sie ihm ins Ohr flüsterte: „Ich habe doch heute Geburtstag."

Eine der umstehenden Damen hatte dem Gespräch gelauscht, und in kürzester Zeit redeten alle auf einmal: „Ihr Geburtstag! Wir müssen eine Party arrangieren." Und bevor Levi noch so recht begriff, was geschah, hatte man die beiden in den festlichen Salon geführt, wo einige Stewards bereits dabei waren, eine Geburtstagstafel zu arrangieren. Als sich dann der Chefsteward, ein hochgewachsener Schwarzer mit weißem Haar, über Ellys Schulter beugte, um sie nach ihren Wünschen zu fragen, war sie angesichts der reichen Auswahl total hilflos und schaute ihn fragend an.

Er zögerte ein wenig, um nicht unhöflich zu wirken. Dann sagte er freundlich: „Wenn ich Ihnen etwas empfehlen darf . . . die Ente ist eine Spezialität unseres Chefkochs."

„Oh, ich esse wahnsinnig gern Ente", rief Elly entzückt. Dann ließ sie sich das Gemüse und die anderen Beilagen reichen.

Als allen vorgelegt war, fragte ein Bankier aus Baltimore, ob er das Tischgebet sprechen solle. Da kein Geistlicher anwesend war, nahmen die übrigen sein Angebot dankend an. Er erhob sich. „Als ich letzte Woche mein Heim verließ, war ich überzeugt, eine lange Reise läge vor mir. Immerhin wollte ich nach Cincinnati. Und nun will dieses Kind von sechzehn Jahren bis nach Oregon ziehen. Gott, beschütze diese Kinder; Menschen wie sie wird unsere Nation immer brauchen."

Elly öffnete die Augen und sah die ganze Herrlichkeit vor sich: die Ente in der Kasserolle, Limabohnen, kandierte Süßigkeiten, eingemachte Äpfel, verschiedene Brotsorten, einige Sülzen und als Höhepunkt des Festmahls die cremeweiße Geburtstagstorte, die mit silbernen Ornamenten und 17 flackernden Kerzen geschmückt war. Nach dem Mahl flüsterte der Bankier, der das Tischgebet gesprochen hatte, seinem Nachbarn zu: „Können Sie sich das vorstellen? Dieses dünne Persönchen hat die ganze Ente aufgegessen!" Sein Freund erwiderte: „Nicht nur das, auch fast den ganzen Kuchen hat sie verputzt."

Bootsbauer Finnerty, den sie am Nachmittag aufsuchten, stellte nur eine Frage: „Könnt Ihr vierzig Dollar auftreiben?" Als Levi nickte, steckte er einen Priem Kautabak in den Mund voll Zahnlücken und sagte: „Ich verwende nur gutes, abgelagertes Holz. Ihr bekommt bei mir das beste Flachboot weit und breit. Wir treiben stromabwärts nach Cairo und verkaufen dort das Boot für dreißig Dollar. Nettobetrag für Sie zehn Dollar."

„Wann ist das Boot fertig?"

„In zwei Wochen. Länger darf ich nicht brauchen, weil wir die Schneeschmelze erwischen müssen."

„Und ist auch genug Platz für den Conestoga und sechs Pferde?"

„Es haben sogar drei weitere Wagen Platz, 's wär gut, wenn noch ein paar Leute mitfahren würden, weil wir dann zusätzlich etwas Geld verdienen können. Die Hälfte für euch."

Also einigte man sich. Sobald Finnerty das Geld in Händen hatte, machte er sich mit einem Tempo an die Arbeit, daß Levi nur so staunte. Finnerty hatte einen Weißen und zwei Schwarze als Gehilfen. Sie schleppten große Balken heran und liehen sich den Conestoga, um damit eine Ladung frisch gesägten Bauholzes herbeizuschaffen. Noch vor dem angegebenen Zeitpunkt nahm ein acht Meter langes und vier Meter breites Boot Gestalt an.

„Ich habe schon viele Leute arbeiten gesehen", sagte Levi zu seiner Frau. „Aber die hier schlagen alles."

Die Zendts verließen ihre schmutzige Herberge, um bei den drei abschließenden Arbeiten an ihrem Boot dabeizusein. Finnerty und seine Männer bauten am Rand des Flachbootes eine zwanzig Zentimeter hohe Reling. Sie war nicht gerade stabil, und bei einem Sturm würde sie nicht verhindern, daß Dinge über Bord gingen. Aber sie ließ das große Gefährt mehr einem Boot ähneln. Als sie damit fertig waren, bauten sie etwa über die Hälfte der Bootslänge eine primitive Hütte, auf deren flachem Dach der Conestoga sicher festgezurrt werden würde. Und schließlich wurden an den Enden des Boots lange Stangen auf einer Dreieckskonstruktion montiert. Die vordere sollte dazu dienen, Treibholz abzuhalten, die hintere war das Steuerruder.

„Fertig zur Abfahrt", rief Finnerty. Als Levi den Planwagen geholt hatte, sah er, daß das Dach schon von zwei kleineren Wagen besetzt war, die bis nach Cairo mitfahren wollten.

Als Levi dagegen protestierte, sagte Finnerty halblaut zu ihm: „Levi, die bezahlen uns doch für die Fahrt. Also haben sie natürlich die erste Wahl."

Levi gab nach, und der Conestoga wurde quer zu den anderen vor der Hütte festgemacht. Elly stellte in der primitiven Kabine fest, daß die anderen Reisenden auch schon die guten Schlafplätze belegt hatten. Jetzt riß ihr die Geduld. Levi hatte sich überreden lassen, die fremden Wagen dazulassen, wo sie nun einmal waren. Aber ein guter Schlafplatz stand ihnen zu! Da konnte Finnerty sagen, was er wollte!

Kampflustig baute sie sich vor Männern und Frauen auf, die mindestens dreimal so alt waren wie sie. „Mr. Zendt und ich werden unser Bett hier aufschlagen. Danach können Sie Ihre Betten so anordnen, wie Sie wollen." Und damit krachte ihr Bettenbündel geradewegs in die Mitte der Kabine.

Finnerty konnte nicht nur ein gutes Boot bauen, sondern es auch fachmännisch handhaben. Früh am Morgen des 1. April stieß er vom Ufer ab und steuerte das Boot zur Flußmitte. Dort war die Strömung am stärksten. Nun konnte die elfhundert Meilen lange Fahrt zum Mississippi beginnen. Finnerty stand achtern beim Steuerruder und lenkte das Gefährt an den vor Anker liegenden Frachtern vorbei aus der Stadt.

Dies war der angenehmste Teil der Reise nach Oregon: das sanfte, beschauliche Gleiten auf den Wassern des Ohio durch ständig wechselnde Landschaft. Links vom Strom lag Virginia, rechts Ohio. Links ein undurchdringlicher Wald, der bis dicht ans Ufer reichte, mit wenigen schmalen Pfaden, die abenteuerlustige Kolonialisten geschlagen haben mochten. Ohio dagegen zeigte sich als grünes Wiesenland mit hübschen Häusern da und dort.

„Ich habe mal in einem Buch gelesen, daß Virginia ein reiches Land ist“, sagte Elly, während sie die Wildnis links vom Fluß betrachtete. Finnerty erklärte ihr dazu: „Das ist es auch, aber nur im Osten. Was die Gegend hier betrifft, so gebe ich zehn Virginias für ein Ohio.“

Es war üblich, daß Flachboote für einige Tage in Cincinnati anlegten, damit sich die Passagiere etwas in der deutschen Stadt umsehen konnten, in der täglich Hunderte von Schweinen und Rindern geschlachtet wurden, um den Westen mit Fleisch zu versorgen. Hier wurde Levi zum ersten Mal der Zeitplan bewußt, von dessen Einhaltung so viel abhing, als er nämlich auf einer Anzeigetafel den folgenden gedruckten Anschlag las:

Einziges Dampfschiff nach St. Joseph und den Wasserfällen
„Robert Q. Fell“
unter
Kapitän Frake
Abfahrt am 1. Mai 1844, 12 Uhr
Passagiere nach Oregon werden aufgenommen

Levi holte Finnerty und zeigte ihm den Anschlag. „Schaffen wir es bis zum 1. Mai nach St. Louis?“

„Wir?“ erwiderte Finnerty. „Ihr schafft es leicht, aber ich fahre sofort nach Pittsburgh zurück, wenn wir Cairo erreicht haben.“

„Werden denn in Cairo Frachtschiffe liegen, die uns mitnehmen?“ fragte Levi ängstlich.

„Nun, sehen wir mal. Heute ist der 10. April. Wir werden um den 23. April in Cairo ankommen.“ Er studierte die Anzeigen genau und fand heraus, daß das Frachtschiff „Ozark Maid“ mit Kapitän Shaw am 26. April in Cairo nach St. Louis ablegte. Die Ankunft in St. Louis war für den frühen Morgen des 1. Mai vorgesehen. „Genau das richtige für euch“, konstatierte Finnerty.

Cairo bot einen tristen Anblick, alles war schmutzig und voller Schlamm. Hier mündete der Ohio in den Mississippi, und irgendwann einmal hatte jemand gemeint, hier wäre der ideale Platz für einen Flußhafen. Das stimmte im Prinzip sogar. Nur wurde Cairo regelmäßig im Frühjahr vom Hochwasser der beiden Flüsse beinahe weggespült. Nur etwa einmal in sieben Jahren blieb die kleine Stadt verschont. Dieses Jahr war der Mississippi schon jetzt bedrohlich angeschwollen.

Die Bewohner Cairos waren ununterbrochen damit beschäftigt, Deiche gegen die Fluten zu bauen. Folglich glich die Stadt einem Fort, das sich hinter Mauern versteckte und Reisenden wenig Beachtung schenkte. Es war fast unmöglich, herauszufinden, wo die „Ozark Maid“ des Kapitän Shaw Ladung für die Fahrt nach St. Louis aufnahm. Mitten im größten Durcheinander kam Elly zu Levi gerannt, um ihm mitzuteilen, daß die zwei Familien, die mit ihnen auf dem Flachboot gefahren waren, ohne zu zahlen auf und davon seien.

„Na ja, immerhin können wir ja noch das Boot verkaufen und bekommen auf diese Weise etwas Geld zurück", sagte Levi mit stoischer Ruhe. Als er das jedoch in die Tat umsetzen wollte, zeigten ihm die Holzarbeiter von Cairo eine ganze Flotte von Flachbooten, die auf dem schmutzigen Wasser schaukelten.

„Wir haben schon mehr, als wir in einem Jahr brauchen können", erklärten sie Levi mürrisch. Sie boten ihm lediglich zehn Dollar. Er wollte auf dieses Angebot nicht eingehen, worüber die Holzarbeiter kein Bedauern zeigten. „Wir tun Euch einen Gefallen, wenn wir es nehmen", sagte einer der Männer. „Natürlich könnt Ihr für weitere dreißig Dollar einen Kiel dranbauen lassen und zehn starke Männer anheuern, die Euch nach St. Louis flußaufwärts staken. Kostet Euch schätzungsweise drei Monate."

Levi lachte. „Okay, es gehört Euch für zehn Dollar." Als der Handel abgeschlossen war, sagte ihm einer der Männer im Vertrauen, daß Finnerty es immer so mache. „Er weiß ganz genau, daß wir höchstens zehn Dollar zahlen." Levi schüttelte entgeistert den Kopf. „Und ich wette", fuhr der Mann fort, „daß Eure Mitpassagiere ohne zu bezahlen abgehauen sind." Als Levi nickte, sagte der Mann: „Auch das gehört zu Finnertys Tricks."

Levi schaute vergeblich nach Finnerty aus. Der saß schon auf einem Frachtschiff, das zurück nach Pittsburgh fuhr. „Trotzdem: Wie man ein gutes Boot baut, das weiß er", brummte Levi, als sie die Pferde zur „Ozark Maid" führten. „Und wie man damit umgeht, weiß er offensichtlich auch."

Am 1. Mai gegen acht Uhr morgens warf ein Schwarzer, der im Bug der „Ozark Maid" stand, einem anderen Neger am Pier ein Tau zu, der es an einem großen Eisenring befestigte. Sie waren in St. Louis. Levi sprang von seinem Schiff auf ein davor liegendes, von diesem auf ein Dampfschiff und von da endlich an Land. Das Ausladen des Conestoga und der Pferde überließ er Elly, während er sich sofort auf die Suche nach der „Robert Q. Fell" machte.

Am anderen Ende der meilenlangen Reihe von Dampfbooten, lange nach den schnittigen Postschiffen, die reguläre Fahrten nach Keokuk und Hannibal machten, lag ein plumper, schmutziger Raddampfer mit zwei Decks und sehr geringem Tiefgang. Zwei Jahrzehnte ständiger Fahrten auf dem reißenden und schlammigen Missouri hatten das Schiff reichlich mitgenommen.

Kaum jemand hätte sich freiwillig auf einem so unsicheren Boot eingeschifft, aber es war das einzige, das die lange Fahrt in den Norden machte. Folglich liefen auch andere Passagiere zu dem häßlichen Kahn, um eine Passage zu buchen. Im Heck stand ein kleiner, dünner Mann – es war Kapitän Frake –, der durch ein Megaphon schrie: „Wenn Ihr mit uns den Missouri 'rauf wollt, müßt Ihr Eure Sachen bis zwölf Uhr an Bord haben. Da legen wir ab, das ist so sicher wie die Hölle."

„Ich habe einen Planwagen und sechs Pferde", rief Levi über das schmutzige Wasser.

„Wir legen eine Viertelstunde vor zwölf Laufplanken hinüber", erwiderte Frake. „Aber ich rate Euch, schafft den Wagen rasch an Bord. Punkt zwölf Uhr legen wir ab, ob alle da sind oder nicht."

„Was kostet es?"

„Bis wohin?" schrie Frake.

„Blacksnake Hills!"

„Noch jemand außer Euch?"

„Meine Frau."

Kapitän Frake überlegte im stillen, wieviel dieser Bursche wohl zahlen konnte. Dann rief er durchs Megaphon: „Zweiunddreißig Dollar für den Wagen und das Gespann. Zwei Passagiere – einundzwanzig Dollar. Günstiger kriegt Ihr's nirgends."

„Einverstanden", rief Zendt. Daraufhin befahl Frake einem Schwarzen, die Laufplanke an den Pier zu legen. Levi kletterte an Bord und gab dem Kapitän die 53 Dollar. „Krieg' ich eine Quittung?" Der mürrische kleine Mann streckte eine Hand aus und schnarrte: „Ihr habt mein Wort drauf. Das genügt. Schafft Eure Sachen an Bord."

Levi blieben drei Stunden, um den Conestoga ans Ufer zu schaffen und auf die „Robert Q. Fell" zu transportieren. Außer Atem kam er bei der „Ozark Maid" an und stellte zu seinem Entsetzen fest, daß zwar das Dampfboot fest vertäut war, die Schleppboote jedoch viel zu weit vom Pier entfernt lagen, um entladen werden zu können. Erst später am Tag würden sie voneinander losgemacht und am Pier vertäut werden.

„Wir müssen den Wagen um elf Uhr an Land haben!" schrie Levi.

„Ich kann nichts tun", rief Elly zurück. Solange die Männer die Schleppboote nicht an den Pier zogen, war sie machtlos.

„He, ihr da!" rief Levi den Männern auf der „Ozark Maid" zu. „Wie krieg' ich den Wagen 'runter?"

„Wenn wir ihn an Land bringen", sagte ein Mann gleichmütig.

Levi rannte hierhin und dorthin, um die Schiffer zu veranlassen, schneller zu arbeiten, als sie es gewohnt waren. Um 10 Uhr war noch nichts geschehen. Dann war es 11 Uhr, und das Schleppboot lag immer noch weit vom Pier entfernt. Levi lief voller Verzweiflung die lange Strecke bis hin zur „Robert Q. Fell". Kapitän Frake brüllte durchs Megaphon: „Was geht das mich an? Dieses Schiff hier legt Punkt zwölf Uhr ab."

„Und was ist mit meinem Geld?"

„Euer Geld habt Ihr bezahlt, und ich biete Euch dafür meine Dienste an. Wir sind da, aber Ihr solltet Euch sputen."

Levi rannte zurück und rief: „Tu etwas, Elly!"

„Was kann ich schon tun?“ schrie sie verzweifelt.

Eine kostbare Stunde verstrich – sie war für die Zendts immerhin 53 Dollar wert –, und das Schleppboot lag immer noch an derselben Stelle. So schnell er nur konnte, lief Levi wieder zur „Robert Q. Fell“ und flehte: „Kapitän Frake, bitte warten Sie noch ein paar Minuten! Wir sind schon unterwegs.“

Der Kapitän schaute den Pier entlang, dann ins Innere seines Schiffes. „Gut, wir bleiben noch ein paar Minuten vor Anker.“ Levi lief mit dem Gefühl unsäglicher Erleichterung wieder zum Schleppboot und sah mit Freude, daß jenes, auf dem sein Wagen stand, in Bewegung gesetzt worden war. „Ich habe ihnen zwei Dollar angeboten“, rief Elly zu ihm herüber.

„Gute Idee!“ Levi war voller Anerkennung. Er hatte sie gebeten, etwas zu tun, und sie hatte es geschafft. „Wann sind Pferde und Wagen an Land?“ schrie er hinüber. Elly fragte die Männer. „In ungefähr einer Stunde.“

„O mein Gott“, stöhnte Levi und setzte sich erneut in Trab. Als er bei dem Schiff angekommen war, schrie er außer Atem: „Es dauert doch noch weitere fünfzig Minuten.“

„Mehr als eine halbe Stunde kann ich nicht mehr warten“, erwiderte Kapitän Frake. Also zurück zum Schleppboot. Die Männer, die das Gefährt an den Pier stakten, hatten keine Veranlassung, extra schnell zu arbeiten. Aber sie hatten auch nichts dagegen, daß Levi und seine Frau die Laufplanken legten, sie am Pier befestigten, vier der Pferde an Land führten, die restlichen zwei vor den Wagen spannten und sie vorsichtig über die Planken dirigierten.

Sobald die Eisenreifen das Kopfsteinpflaster berührten, hielt Elly die anderen vier Pferde zum Anspannen bereit. Dann ließ Levi die Peitsche knallen, und das prächtige Gespann setzte sich in Bewegung.

„Schöne Pferde haben Sie da“, rief ein Mann. „Wollen Sie sie verkaufen?“ Levi nahm sich nicht einmal die Zeit zu antworten. Seine Augen blickten gebannt auf die Schornsteine der „Robert Q. Fell“. Er war so nervös, daß er die sechs Grauschimmel erbarmungslos mit der Peitsche antrieb. Doch sie kamen nicht weit. Ein Mann in Begleitung eines Polizisten trat ihnen in den Weg.

„Mein Name ist Curtis Wainwright“, stellte sich der Fremde vor. „Ich bin äußerst interessiert an diesem Sechsergespann.“

„Die Pferde sind nicht zu verkaufen“, rief Levi erregt.

„Sie wollen nach Oregon?“

„Ja, aber machen Sie jetzt bitte den Weg frei!“

„Immer mit der Ruhe“, sagte der Polizist. „Mr. Wainwright möchte sich mit Ihnen unterhalten.“

„Ich muß zu meinem Schiff. Sonst fährt es ohne uns ab.“

„Wie heißt das Schiff?“ fragte der Polizist.

„Robert Q. Fell.“

Die beiden Männer lachten, und Wainwright sagte: „Ich kann Ihnen versichern, daß Kapitän Frake nicht ohne Sie abfährt.“

Levi sah ein, daß ihm nichts anderes übrigblieb, als mit den beiden höflich zu sein. Also wandte er sich zu Elly und sagte: „Lauf schon voraus und sag dem Kapitän, daß wir kommen.“ Der Polizist versuchte, sie noch mit gutgemeintem Spott davon abzuhalten, doch sie riß sich los und rannte den Pier entlang. Als Levi sah, daß sie die Laufplanke hinauflief und mit dem Kapitän redete, war er etwas erleichtert.

„Sie sollten wirklich kein so feines Gespann in die Prärie mitnehmen“, erklärte Mr. Wainwright. „Für Oregon braucht man keine Pferde, sondern Ochsen. Ich biete zweihundert Dollar für jeden der Grauschimmel und verkaufe Ihnen sechs Ochsen für insgesamt sechzig Dollar. Und Sie kommen in Oregon als reicher Mann an.“

„Das sind meine Pferde, und ich behalte sie“, erwiderte Levi eigensinnig und kutschierte einfach davon. Kapitän Frakes Leute hatten Laufplanken gelegt, über die der Wagen an Bord holperte.

„Es kann losgehen, Kapitän“, rief Levi laut. Doch nichts geschah. Es wurde zwei Uhr, drei Uhr und sogar vier Uhr, ohne daß Anstalten zum Ablegen getroffen wurden. Gegen fünf Uhr kam ein zweirädriger Wagen vorgefahren, aus dem ein Offizier in blauer Uniform mit vielen blankpolierten Knöpfen stieg. Er war um die Dreißig, sah gut aus und bewegte sich sehr selbstsicher.

„Hallo, Kapitän Frake!“

Einer der Matrosen holte den Kapitän. Der hob das unvermeidliche Megaphon an die Lippen und rief: „Wie geht's, Hauptmann Mercy?“

„Ausgezeichnet. Übrigens, heute abend ist ein Ball. Sie legen doch nicht etwa schon heute ab?“

„Morgen, Punkt zwölf Uhr.“

„Wir erwarten Sie heute abend“, rief der Fremde, kletterte in den Wagen und fuhr davon.

Levi geriet in quälende Unruhe, als er sah, daß die Abfahrt auf den nächsten Tag verschoben worden war. „Warum hat er uns bloß so zur Eile angetrieben?“ fragte er verdrießlich. Elly meinte, daß der Kapitän sicher pünktlich hatte ablegen wollen, ihm jedoch irgend etwas Unvorhergesehenes dazwischengekommen war. „Das glaube ich nicht. Wahrscheinlich wollte er bloß die dreiundfünfzig Dollar so schnell wie möglich haben, damit wir unseren Entschluß nicht mehr ändern konnten.“ Doch sie waren so müde, daß sie ohne weiteres Nachgrübeln und ohne Abendessen sofort in tiefen Schlaf sanken.

Am nächsten Morgen verzehrten sie ein gewaltiges Frühstück und kletterten dann an Land, um noch Sachen zu kaufen, wofür sie am vorhergehenden Tag keine Zeit gefunden hatten: Seile, Eimer voll Schmiermittel für den Wagen, Ersatzstücke für das Zaumzeug, Fäßchen mit Mehl, große Schinken – kurz, all die Dinge, die man für die weite Reise benötigte. Händler, die das Ziel der Reise erfuhren, empfahlen ihnen, noch ein zweites Gewehr zu kaufen. Zuerst sträubte sich Levi und erklärte, er habe ohnedies das beste Gewehr der Welt. Doch schließlich überzeugte ihn ein Büchsenmacher, daß eine schöne gebrauchte „Hawken" die geeignetste Waffe für die Prärie sei. Levi kaufte sie für 11 Dollar.

Gegen halb 12 Uhr kamen er und Elly vollbepackt wieder an Bord. Hinter ihnen trottete noch ein Neger, der das Gewehr und die Eimer mit Wagenschmiere trug. Um 12 Uhr lief ein Steward die Decks entlang, schlug einen Gong und rief: „Zu Tisch!"

Elly war natürlich wie immer hungrig. Levi wollte lieber an Deck bleiben und zusehen, wie das Schiff ablegte. Ein Mitpassagier, der das gehört hatte, lachte schallend. „Heute fahren wir noch nicht ab."

„Was?"

„Erst in einigen Tagen, junger Mann."

Levi glaubte, seinen Ohren nicht zu trauen. Gerade in diesem Augenblick hielt der zweirädrige Wagen, den er schon kannte, unten am Pier, und heraus stieg derselbe gutaussehende junge Offizier. „Kapitän Frake! Heute nach dem Gottesdienst wird ein großes Essen gegeben, sind Sie dabei?"

„Wir fahren morgen Punkt zwölf Uhr los", war die Antwort, und der Wagen holperte über das Kopfsteinpflaster davon.

Folglich hatten die Zendts am Nachmittag Zeit, die Stadt zu erkunden. Sie hielten sich an die drei ältesten Straßen in der Nähe des Flusses. Mit einem bangen Gefühl gingen sie an der großen katholischen Kirche vorbei, die ihnen bedrohlich erschien. Noch nie hatten sie bewußt mit einem Katholiken geredet, doch verschiedene mennonitische Geistliche hatten sie in ihren Predigten erwähnt. Und das hatte sie gelehrt, mit Angehörigen dieses Glaubens vorsichtig zu sein.

Beim Abendessen sagte ein Passagier zu ihnen: „Um sieben Uhr gehe ich in den Gottesdienst der presbyterianischen Kirche. Kommen Sie auch mit?"

Elly stimmte begeistert zu. „Wir sollten Gott danken, daß er uns bis hierher so sicher geleitet hat." Also gingen die beiden in der Dämmerung zur Vierten Straße hinauf, in der eine hübsche alte Kirche mit weißem Glockenturm stand.

Von der Vorhalle aus konnten sie auf den ruhigen Fluß und die sanften Hügel von Illinois hinunterschauen. In dieser Richtung lag ihre Heimat, und doch war sie ihnen so fern, so unerreichbar gewesen.

Nach der Predigt wandte sich der Geistliche nach rechts, wo in einem besonderen Kirchenstuhl, der für wohlhabende Bürger reserviert war, jener junge Hauptmann saß, den Levi am Pier gesehen hatte. „Ein Sohn unseres Vaterlandes geht in Kürze im Dienst unserer Regierung nach dem Westen", begann der Geistliche. „Unsere besten Wünsche gelten ihm und seiner tapferen Familie." Levi sah neben dem Hauptmann zwei gutaussehende Damen sitzen. Die jüngere war wohl seine

Frau, die ältere, grauhaarige konnte seine Mutter oder Schwiegermutter sein. Mit ernster Miene nickten die beiden zu den Worten des Pfarrers, während der Hauptmann bescheiden zu Boden blickte. Dabei umklammerte er mit der rechten Hand so fest den Griff seines Säbels, daß die Knöchel weiß hervortraten.

Dann wandte sich der Geistliche einer anderen Gruppe von Leuten zu. Es waren hauptsächlich Paare, die ähnlich schlicht wie die Zendts gekleidet waren. „Diese Fremden aus Vermont gehen in eine großartige Zukunft. Sie wollen die Zivilisation und das Wort Gottes in das ferne Oregon bringen. Möge Gott sie sicher auf ihrem Weg geleiten, so daß weder Stürme noch Hungersnot, noch die wilden Indianer ihnen etwas anhaben können. Zu euch Männern sage ich: Seid stark, und zu euch Frauen: Seid gewissenhaft.“ Levi ergriff Ellys Hand. Einige der Frauen in der Gruppe aus Vermont schluchzten, doch Elly schaute unerschrocken geradeaus und drückte seine Hand so fest wie ein Mann.

Als der Gottesdienst zu Ende war, trat der junge Hauptmann zu den Emigranten aus Vermont und wünschte ihnen alles Gute. Er versicherte ihnen, daß er und sein Unteroffizier sie durch den schlimmsten Teil des „Indianerlandes“ begleiten würden. Levi Zendt, der die Ohren spitzte, um diese ermutigenden Worte zu hören, fühlte plötzlich, wie jemand seinen Arm ergriff. Er drehte sich um und erkannte Curtis Wainwright, der am Vortag versucht hatte, ihm die Pferde abzukaufen.

„Guten Abend“, sagte Wainwright freundlich. „Wie schön, daß auch Sie Kirchgänger sind.“

„Die Fahrt ist lang. Wir haben den kirchlichen Segen nötig.“

„Ich war gestern wirklich zu aufdringlich“, entschuldigte sich Wainwright. „Ich würde Sie jetzt gern mit unserem Geistlichen bekannt machen.“ Damit führte er die beiden zur Kirchentür, wo der Geistliche seine Pfarrkinder verabschiedete. „Reverend Oster, bitte, versichern Sie diesen Fremden, daß ich ein Mann von lauterem Charakter bin. Ich habe die Ärmsten nämlich gestern ziemlich verschreckt.“

Reverend Oster drehte sich um und lächelte. Er ergriff die Hände von Elly und Levi, machte eine leichte Verbeugung und sagte: „In Curtis Wainwright haben Sie einen respektablen Bürger dieser Stadt und einen gläubigen Christen vor sich. Sie können ihm vollkommen trauen . . . es sei denn, er versucht, Ihre Pferde zu kaufen.“

Elly lachte herzlich über Wainwrights dummen Gesichtsausdruck. Doch dann zuckte er die Achseln und sagte: „Leider ganz die falschen Worte, Reverend. Ich habe diesen jungen Mann nämlich zu überzeugen versucht, daß er sein wundervolles Pferdegespann nicht nach Oregon mitnehmen solle.“

„Damit hat er ganz recht“, stimmte der Reverend zu. „Wir haben die Erfahrung gemacht, daß man Ochsen nehmen muß. Keine Maultiere und erst recht keine Pferde.“

„Was war das gerade mit den Maultieren?“ mischte sich jemand ins Gespräch. Hauptmann Mercy war zu ihnen getreten.

„Hauptmann Maxwell Mercy“, stellte ihn der Geistliche vor. „Ihre Namen sind mir noch nicht bekannt . . .“

„Levi und Elly Zendt aus Lancaster, Pennsylvanien.“

„Gehört Ihnen der Conestoga?“ fragte der Hauptmann.

„Ja.“

„Dann fahren wir auf demselben Schiff in den Westen.“

„Wann?“

Der Offizier lachte herzlich. „Bei dem guten Kapitän Frake weiß man das nie. Er hatte vor, am Dienstag abzulegen. Vielleicht schafft er es am Montag.“

„Warum hat er mich dann bloß so zur Eile angetrieben?“

„Er hat es gern, wenn er die Fracht schon an Bord hat . . . und die Passage bezahlt ist“, lachte der Hauptmann.

„Aber wir kosten ihn doch drei Mahlzeiten pro Tag.“

„Es ist für ihn billiger, Sie zu füttern, als Sie zu verlieren.“ Der Hauptmann verbeugte sich höflich vor Elly und riet: „Kaufen Sie morgen unbedingt genug Stoff für Kleidung und drei Paar Schuhe, die bequem sitzen. Und was die Pferde betrifft, so sind sie wirklich nicht gut geeignet für diese Reise. Wenn jemand Ihnen einen guten Preis macht, sollten Sie es sich überlegen.“

„Ich liebe diese Pferde“, sagte Levi störrisch. Die Männer wußten, daß weitere Überredungsversuche sinnlos sein würden; auch sie liebten ihre Pferde und hatten Verständnis für Levis Weigerung.

„Er wird Schwierigkeiten bekommen“, meinte Hauptmann Mercy, als die Zendts gegangen waren. „Schon mit meinen Maultieren von der Armee werde ich genug Scherereien kriegen.“

Wenn Kapitän Frake schon am Freitag morgen abgefahren wäre, hätten Levi und Elly wahrscheinlich Oregon erreicht, ohne je von der Existenz der Rattlesnake Buttes in Colorado zu erfahren. Doch das Schiff fuhr nicht ab; Levi und Elly schlenderten in den Straßen von St. Louis herum und kauften Tuch und neue Schuhe. In der Rue de l'Eglise kamen sie an einem Gebäude vorbei, wie sie es noch nie zuvor gesehen hatten. Es sah auf den ersten Blick wie ein Warenhaus aus, schien dann jedoch bei näherem Besehen ein Theater zu sein. Die Vorderseite war mit Plakaten vollgeklebt, die sensationelle Dinge ankündigten: Meister Haskell, Zauberer, Magier und Wunderheiler; Mr. L. Reed, der berühmteste Bauchredner Amerikas; Madame Zelinah-Kah-Nourinha, die Blume des Orients; außerdem die einmalige und letzte Möglichkeit, den riesigen Elefanten zu besichtigen, der in dieser Gegend von Dr. Albert C. Koch entdeckt worden war.

Levi schaute Elly fragend an. Würde es ihr Spaß machen, diese erstaunlichen Vorführungen zu sehen? Sie zuckte unentschlossen die Achseln, und die beiden waren schon dabei, weiterzugehen, als der

Besitzer des Theaters auf die Straße trat und auf sie einzureden begann: „Diese Attraktionen können Sie sich nicht mal in Ihren kühnsten Träumen ausmalen, meine Herrschaften. Und der Riesenelefant ist bald nicht mehr zu besichtigen, weil wir ihn im nächsten Monat nach Europa schicken müssen.“

Da Levi und Elly, außer in Büchern, noch nie einen Elefanten gesehen hatten, ließen sie sich überreden, kauften Eintrittskarten und betraten das Gebäude. Erwartungsvoll setzten sich die beiden in den Zuschauerraum. Zuerst erschien ein geschickter Jongleur, dem zwei hübsche Mädchen assistierten. Danach trat Mr. Reed auf. Er allein war schon das Eintrittsgeld wert; denn er konnte tatsächlich ohne technische Hilfsmittel fast jedes Geräusch nachahmen, das man hören wollte: das furchterregende Gebrüll eines Alligators, einen entgleisenden Zug, eine Trompetenarie von Donizetti, den donnernden Ausbruch eines Vulkans.

Die Zendts waren gefangen von Mr. Reed. Allerdings war Elly überzeugt davon, daß er kleine Pfeifen im Mund versteckt hatte. Levi argumentierte dagegen, daß das technisch völlig unmöglich wäre, weil er dafür ein Riesenmaul haben müßte. Sie wollten eben wieder gehen, doch der Direktor erinnerte sie daran, daß sie den Elefanten ja noch nicht gesehen hätten. Sie traten hinter einen Vorhang und erwarteten, ein lebendes Tier zu sehen. Statt dessen stand vor ihnen das gigantische Skelett eines Mastodons, das vor Tausenden von Jahren im Flußgebiet gelebt hatte. Es war ein Anblick, den sie nie im Leben vergessen würden! Völlig versunken darin, lauschten sie nur mit halbem Ohr dem Vortrag des Direktors . . . eine Tonne Heu pro Tag . . . jeder der Stoßzähne sieben Meter lang . . . die Elefantenmutter trug ihre Jungen vier Jahre, sieben Monate und neunzehn Tage aus . . . die junge Dame solle sich mal neben das Skelett auf den Boden legen . . . nun könne wohl jeder sehen, daß das Mastodon mit einem einzigen Tritt ihren Körper hätte zerschmettern können . . .

Die anderen Besucher waren längst gegangen, doch die Zendts blieben noch lange vor dem Skelett stehen. „Wie konnte solch ein riesiges Biest bloß genug zum Fressen finden?“ fragte Levi.

„Wenn sein Rüssel so gewaltig war, dann konnte es einfach ruhig an einem Fleck stehen und im Umkreis alles Gras abrupfen“, überlegte Elly.

Als sie auf die Straße hinaustraten, regnete es in Strömen. Levi überlegte, wie er Elly einigermaßen trocken an Bord bringen würde. Doch sie sagte fröhlich: „Das bißchen Regen macht mir nichts aus!“ Gerade wollten sie sich in Trab setzen, als jemand rief: „He, ihr beiden aus Pennsylvania! Wollt ihr nicht einsteigen? Oder wollt ihr lieber schwimmen?“ Es war Hauptmann Mercy, der wie jeden Abend zur „Robert Q. Fell“ fuhr.

Als sie in die Kutsche gestiegen waren, erzählte er ihnen, daß er im

Auftrag der Armee in den Westen müsse. „Wir suchen einen guten Platz für ein neues Fort. Wir, das sind Unteroffizier Lykes, acht Maultiere und meine Wenigkeit.“

Auf dem Schiff kündigte Kapitän Frake mit unerschütterlicher Miene an: „Wir legen morgen Punkt zwölf Uhr ab. Schafft lieber schon alle Sachen an Bord. Ich habe nicht vor, auch nur eine Minute länger zu warten.“

Die Zendts blieben noch einige Zeit auf dem Oberdeck an die Reling gelehnt stehen und blickten auf die Lichter der Stadt, die ihnen so gastfreundlich entgegengekommen war. Elly sah immer wieder auf den dunklen Fluß, der durch die Regenfälle stark gestiegen war. Levi grübelte dagegen immer noch über den Elefanten nach, der ihm mit seinem gigantischen Körper den Himmel zu verdunkeln schien.

Am 4. Mai – es war ein Samstag – gab Kapitän Frake zu jedermanns Erstaunen tatsächlich der Mannschaft den Befehl, die Heizkessel zu feuern und die Laufplanken einzuholen. Punkt zwölf Uhr – wie er angekündigt hatte – legte das vollbeladene Schiff ab. Kapitän Frake steuerte in die Mitte des Mississippi, und die Fahrt flußaufwärts begann.

Es wurde ein Tag, der an die Steuerkünste Kapitän Frakes die höchsten Anforderungen stellte. Solange sie auf dem langsamen Mississippi waren, hielt sich das Dampfboot recht wacker. Doch an der Einmündung des Missouri blieb die „Robert Q. Fell“ wegen der starken Strömung einige Stunden lang fast auf dem Fleck. Kapitän Frakes Miene wurde immer sorgenvoller. Schließlich ließ er sich ein Stück zurücktreiben und fuhr dann auf die Küste von Illinois zu. Von dort versuchte er es noch einmal mit voller Fahrt voraus. Die Maschine schaffte jedoch nur sechs Knoten bei einer Gegenströmung von vier Knoten.

Kapitän Frake machte sich mit saftigen Flüchen auf den Missouri Luft, während er noch näher an das nördliche Ufer des schlammigen Flusses heranging. Glücklicherweise gelangte er dort in eine Gegenströmung, die ihm half, in die Fahrtrinne zu kommen. Die Heizkessel platzten fast bei der letzten großen Kraftanstrengung, doch dann waren sie in ruhigerem Wasser. Alle atmeten auf. Gerade als es anfing, dunkel zu werden, steuerte der Kapitän frohgemut flußaufwärts . . . und fuhr mit voller Wucht auf eine Sandbank.

Sie saßen die ganze Nacht fest. Am Morgen wurden alle Männer an Land gerudert und mit kräftigen Seilen versehen. Mit fast übermenschlicher Anstrengung und viel Geschrei brachten sie es tatsächlich fertig, das Schiff flottzubekommen. Als alle wieder an Bord waren, sagte Elly bewundernd: „So viel Kraft hätte ich euch gar nicht zugetraut.“ Lykes, der auch die Maultiere der Armee eingesetzt hatte, sagte grinsend: „Wirklich, Ma’am, man hat auch ordentlich die Muskeln krachen hören.“

Die Fahrt den Missouri flußaufwärts glich wahrlich einem Abenteuer. Ständig lief man Gefahr, auf Sandbänke aufzulaufen, oder gefährliche Baumstümpfe drohten den Boden des Schiffes aufzuschlitzen. In vielen Windungen hatte der Fluß sich zwischen hohen Klippen Bahn verschafft. Was für ein Gegensatz zum ruhigen Ohio! Der Missouri war ein wilder, ungezähmter Fluß, der unzählige Gefahren barg.

Am neunten Tag der Fahrt – es war Sonntag, der 12. Mai – kamen sie unter der Klippe vorbei, auf der Fort Osage beherrschend die Wasser überschaute. Noch immer waren – inzwischen allerdings harmlose – Kanonen auf den Fluß gerichtet, den sie über viele Jahre hinweg beschützt hatten. Am Nachmittag erreichten sie Independence, das den Ruf hatte, die gewalttätigste Stadt des Westens zu sein. Die Passagiere bekamen auch gleich ein Beispiel für diese Behauptung geliefert. Ein Pawnee-Indianer, dem von Pelzhändlern zuviel Schnaps spendiert worden war, versuchte immer wieder tolpatschig, einem Flußschiffer die Pistole wegzunehmen. Darauf schoß der Schiffer ihn kurzerhand über den Haufen. Man warf die Leiche an den Straßenrand, und keiner der Aufsichtsbeamten machte Anstalten, den Mann wegen Tötung festzunehmen oder wenigstens den Vorfall zu untersuchen. Nach drei Stunden lag der Tote immer noch am Fluß.

Kapitän Frake entschloß sich, einige Tage in Independence zu bleiben, weil er mexikanische Waren für die Reise in den Westen einkaufen wollte. Also hatte Levi Gelegenheit, den Pferden wieder etwas Bewegung zu verschaffen. Als er die sechs Grauschimmel an Land führte, erregten sie großes Interesse. Levi wurden ständig gute Angebote zugerufen; denn die Leute dieser Gegend hatten stets Bedarf an erstklassigen Pferden.

„Dreihundert Dollar pro Pferd!“ rief ein wohlhabender Händler. Levi antwortete ihm kurz und entschieden, daß die Tiere zu keinem Preis zu haben seien.

Kurz danach trat ein gutaussehender junger Mann auf Levi zu und sagte mit einem etwas seltsamen Akzent: „Ich komme gerade aus Santa Fe und gebe Ihnen einen guten Rat. Sie sind ein Idiot, wenn Sie diese wertvollen Tiere mit in die Prärie nehmen. Sie werden Ihnen unter den Händen wegsterben!“

„Ich will sie aber nicht verkaufen!“ fuhr Levi ihn an.

„Sehe ich vielleicht wie ein Pferdehändler aus? Ich spreche als Freund.“

„Wer sind Sie?“

„Oliver Seccombe, Santa Fe, Boston, London, Oxford.“

Diese Auskunft trug nicht dazu bei, Levis Mißtrauen zu zerstreuen. „Und was machen Sie hier?“

„Ich will mich noch etwas umsehen, bevor ich mich endgültig irgendwo niederlasse. Wollen Sie vielleicht zufällig nach Missouri?“

„Genau das.“

„Zum Fort?“

„Nein, weiter. Nach Oregon.“

„Das trifft sich ja ausgezeichnet“, rief der junge Mann. „Auch ich will nach Oregon. Sind Sie etwa auch bemitleidenswerte Passagiere auf diesem scheußlichen Kasten?“ Und er deutete auf die „Robert Q. Fell“.

„Ja.“

„Dann sind wir Leidensgenossen! Und dies ist wohl Ihre reizende kleine Frau?“

„Ja, das ist Elly.“

„Das müssen wir unbedingt feiern!“ Er zerrte die Zendts, ehe sie überhaupt zustimmen konnten, in einen schäbigen, dunklen Saloon, in dem man alles kaufen konnte. Dort klopfte er mit dem Pistolenknauf herrisch auf die schmutzige Theke und rief: „Heda, hier sind drei durstige Kehlen.“

Ein dünner Mann mit traurigen Augen, die schon viele hoffnungsfrohe Abenteurer gesehen hatten, erhob sich unwillig und trat zu dem Engländer. „Was soll's sein?“

„Was haben Sie?“ äffte Seccombe den Barkeeper nach.

Der musterte Seccombe verächtlich von oben bis unten und sagte: „Für Sie Pferdepisse und für die Dame, falls sie eine ist, Limonade.“

„Ausgezeichnet!“ rief Seccombe. „Gebt in meinen Drink etwas Ingwer hinein. Und was soll der Gatte der Dame trinken?“

„Der?“ Der Alte musterte Levi. „Sarsaparilla.“

Mit einer schnellen Bewegung hielt Seccombe dem Barkeeper die Pistole unter die Nase. „Nun kommt mein Vorschlag, guter Mann. Drei Whiskys! Aber schnell.“

Verdrossen vor sich hinbrummend, brachte der Mann das Gewünschte, knallte die Gläser auf die Theke und sagte: „Ihr fliegt gleich raus hier. Von hinten sehe ich euch lieber als von vorn.“

Seccombe packte ihn unsanft beim Arm. „Darüber würde ich an deiner Stelle noch gründlich nachdenken.“ Er ließ den Alten los. „Sonst sitzt du nämlich plötzlich recht unsanft auf deinem Allerwertesten.“ Als der Barkeeper gegangen war, erklärte Seccombe dem Ehepaar Zendt: „Als Engländer wird man im Westen leicht unterschätzt. Daher muß man sich schnell Respekt verschaffen, sonst . . .“

„Ich mag keinen Whisky“, unterbrach ihn Elly.

„Guter Mann!“ rief Seccombe laut. Als der Mann vor ihm stand, lächelte er ihn entwaffnend an und sagte: „Sie hatten doch recht, die Dame möchte lieber Limonade haben.“

Während sie den Getränken zusprachen, erzählte er ihnen von seiner Fahrt nach Santa Fe, vom ewigen Staub, den Comanchen, dem herrlichen Gefühl, das einem der Ritt durch die Prärie vermittelte, und dem Haufen Geld, das man mit dem Handel nach dem Westen machen konnte. „Aber ich will lieber nach Oregon“, schloß er vergnügt. „Dann besteige ich ein Schiff nach Hause und schreibe ein Buch mit dem Titel ‚Reisen im Wilden Westen‘, in dem auf jeder Seite ein Gemetzel stattfindet. Wie schreibt man eigentlich Ihre Namen?“

Seccombe war für die beiden reichlich anstrengend. Er war nur zwei Jahre älter als Levi, aber um ein gut Teil gewitzter. Als er die Dinge inspizierte, die Levi für die Fahrt nach dem Westen eingekauft hatte, war er entsetzt. „Sie haben das Wichtigste vergessen!“

„Ein zweites Gewehr?“

„Ach was! Davon hat jeder zu viele. Nein, Hüte!“

Er erklärte den beiden, daß sie unbedingt breitkrempige Hüte brauchten, um die Lippen vor der Sonne zu schützen. „Ihr fahrt fünf Monate lang durch die Prärie, und jeden Tag brennt die Sonne unbarmherzig auf euch nieder, und eure Lippen werden wund und platzen auf. Madame, Sie müssen sich einfach zwei Sonnenhüte besorgen; denn wenn Sie einen verlieren sollten und der Sonne damit erlauben, Ihre schönen Lippen zu versengen . . .“

Levi fand sein Gerede ärgerlich, denn er wußte genau, daß Elly keinen sonderlich schönen Mund hatte. Im Grunde gab es überhaupt nicht viel an seiner Frau, was jemand, der ganz bei Sinnen war, schön finden konnte. Daher fühlte er sich angesichts dieser offensichtlichen Unaufrichtigkeit unbehaglich.

Immerhin, der Mann konnte Pferde richtig beurteilen und fand die Grauschimmel erstklassig. „Warten Sie ruhig noch ab, Zendt“, riet er. „Man wird Ihnen hier noch vierhundert Dollar pro Pferd bieten. Ich an Ihrer Stelle würde jedoch den Conestoga beim ersten guten Angebot verkaufen. Er ist zu schwer.“

Seccombe war von Melchior Fordneys Gewehr hell begeistert und arrangierte ein Wettschießen mit Hauptmann Mercy und Sergeant Lykes. Die Männer stellten Zielobjekte auf und probierten jeweils das Gewehr des anderen aus. Mercy besaß eine teure Waffe aus Boston, Lykes eine Standardausführung vom Harpers Ferry Arsenal und Seccombe ein gutes englisches Gewehr. Doch alle waren sich darin einig, daß Levis Lancaster-Büchse von allen am besten zu handhaben war. „Sollten Sie sie je verkaufen wollen, denken Sie an mich“, sagte Seccombe und strich bewundernd über die schöne Waffe.

„Die behalte ich“, lachte Levi.

„In der Prärie werden Sie Ihre Hawken besser schätzen lernen“, sagte Hauptmann Mercy. „Ich habe davon zwei mit.“

„Er hat recht“, stimmte Seccombe zu. „Auf der Reise nach Santa Fe habe ich mit meiner englischen Waffe auf Gabelböcke geschossen, und die Hawken half mir aus einigen ernsten Schwierigkeiten. Ihnen wird es genauso gehen.“

Von seinem ersten Aufenthalt in Independence her kannte sich Oliver Seccombe gut in der Stadt aus und half den Zendts, alle noch nötigen Dinge einzukaufen. Backpulver, ferner Blei für Gewehrkugeln, Dörrfleisch. „Euch wird der Schinken verdammt schnell zum Hals heraushängen", prophezeite er. Als alle Vorbereitungen getroffen waren, nahm er die beiden beiseite. „Ihr seid in Ordnung, so viel hab' ich gemerkt. Warum bilden wir nicht einen Treck?"

„Wir brauchen noch mehr", erwiderte Levi. Also gingen sie zu Hauptmann Mercy.

„Wir würden uns gern Ihnen und Lykes anschließen", begann Seccombe.

„Es wäre mir eine Freude. Aber ich reise nicht bis Oregon."

„Aber wir bilden die Grundmannschaft," entgegnete Seccombe. „Und in Blacksnake Hills können wir uns weitere Weggefährten suchen."

„Ich fahre ungern mit den Leuten aus Vermont", sagte Levi. „Sie sind mir zu frömmlerisch."

„Auch ich mache lieber einen weiten Bogen um diese Psalmensinger", stimmte Mercy zu.

Während der fünftägigen Schiffsreise nach Blacksnake Hills bildeten nun fünf Menschen eine feste Gruppe: ein Offizier mit einem wichtigen Auftrag, sein kenntnisreicher Adjutant, Oliver Seccombe, der schon zweimal die Prärie durchquert hatte, und die geduldigen, beflissenen Zendts.

Das Schiff legte in Fort Leavenworth an, wo einige Offiziere an Bord kamen, um Hauptmann Mercy letzte Instruktionen zu geben. „Die Arapaho und die Cheyenne sind friedlich, aber Vorsicht vor den Oglala Sioux!" Ein junger Offizier fügte noch erläuternd hinzu „Die Brüder Pasquinel sind mit ihnen zusammen, und die machen ja immer Schwierigkeiten."

Zendt hatte diese Namen noch nie gehört, aber bemerkte, daß Hauptmann Mercy die Lippen kräuselte, als der Name Pasquinel fiel. „Wir werden Vorsorge treffen", sagte er kurz.

„Wer sind die Pasquinels?" fragte Levi, nachdem die Soldaten wieder von Bord gegangen waren.

„Rauhe Burschen", schaltete sich Seccombe ein. „Mischlinge, die die Indianer bei ihren Kriegszügen anführen. Im letzten August haben sie die Santa-Fe-Eisenbahnlinie drei Tage lang blockiert, indem sie einige Waggons in Brand steckten."

Als das Boot seine mühselige Fahrt nach Blacksnake Hills fortsetzte, hörte Levi noch einmal von den Pasquinels. Ein Händler, der in Independence an Bord gekommen war, erzählte Elly: „Die Weißen in der Prärie benehmen sich oft wie Tiere, die Indianer können einem einen gehörigen Schrecken einjagen, aber ein Halbblut ist das Schlimmste. Wenn diese Kerle die Stämme aufhetzen, dann ist der Teufel los."

„Wer sind sie denn?" fragte Elly.

„Das weiß man nicht genau. Ein französischer Trapper namens Pasquinel – das ist allerdings nur eine Vermutung – nahm sich eine Squaw, und jetzt haben wir diese Bastarde am Hals.“

„Haben Sie die beiden schon einmal gesehen?“ fragte Levi.

„Klar. Ich kam im Jahr 1839 mit drei Ballen Büffelfellen flußabwärts, und sie führten einen Haufen Cheyenne an, die mir alles weggenommen haben.“

„Warum hat man Sie nicht umgebracht?“ fragte Elly.

„Manchmal lassen sie einen eben am Leben. Aber bei unserer nächsten Begegnung werd’ ich den Kerlen nicht die Wahl lassen.“ Die übrigen Trapper, die sich zu ihnen gesellt hatten, stimmten zu: „Beim nächsten Zusammentreffen schießen wir zuerst, und dann gibt es zwei Ärgernisse weniger auf der Welt.“

Als sie Blacksnake Hills erreichten, stellten die Reisenden fest, daß der bekannte Laden, den der französische Trapper Joseph Robidoux geführt hatte, nicht mehr existierte. Der Besitzer war flußabwärts gezogen, wo er Grundstücke für eine neue Siedlung verkaufte, die nach ihm St. Joseph heißen sollte. Der Platz war gut gewählt: eine breite Landzunge, die auf der einen Seite vom Fluß, auf der anderen von einem Wäldchen geschützt wurde.

„Dies wird die größte Stadt am Fluß“, sagte Robidoux. „Warum wollt ihr eigentlich noch weiter in den Westen? Bleibt hier und helft mit, eine Stadt aufzubauen.“

Als er die Grauschimmel sah, sagte er: „Ihr könnt doch diese prachtvollen Tiere nicht mit in die Prärie nehmen. Die halten keinen Monat durch.“ Er bot für jeden der Grauschimmel 400 Dollar und war bereit, den Zendts sechs Ochsen zu je 20 Dollar zu verkaufen. Levi lehnte ab. An diesem Abend brachte Oliver Seccombe einen grauhaarigen alten Mann mit, mit dessen Auftauchen die Dinge sich radikal änderten.

„Dies ist Sam Purchas“, stellte der Engländer den welken Neunundvierzigjährigen vor, der wie neunundsiebzig aussah. Er war wie ein Indianer gekleidet, mit Ausnahme des großen Schlapphutes, der sein Gesicht fast völlig verdeckte. Dieses Gesicht war in der Tat eine Zierde der Menschheit, mit dem tabakverfärbten Barét, den schwärzlichen Zahnstummeln und einer Nase, deren Spitze entweder einem Messer oder einem kaputten Flaschenhals zum Opfer gefallen war.

„Er nennt sich den König der Trapper, und ich habe ihn engagiert, damit er uns nach Oregon bringt.“

„Ist er schon mal dort gewesen?“ fragte Hauptmann Mercy.

„Dort gewesen“, höhnte der Führer mit schnarrender Stimme, die Elly zum Lachen reizte. „Söhnchen, ich bin mit allen berühmten Leuten schon durch die Prärie gezogen, mit Sublette, Kit Carson, Fitzpatrick, den Bents, kurz, mir kann keiner was vormachen.“

„Aber waren Sie auch in Oregon?“ wiederholte Mercy seine Frage.

„Und eins hab' ich bei denen gelernt. Man soll bloß nicht versuchen, nach Oregon mit einem Wagen zu kommen, den Pferde ziehen." Er drehte sich zu Seccombe um und fragte: „Welcher von denen ist Zendt?" Als Seccombe auf Levi deutete, ging er zu ihm und schnarrte: „Söhnchen, mit den Pferden schaffst du's nicht. Verkauf die Gäule und nimm dir Ochsen!"

Sam Purchas gab keine Ratschläge, sondern Befehle.

„Hat jemand 'ne Pulle Whisky da?" fragte er gleich darauf.

Nachdem er einige kräftige Schlucke genommen hatte, erklärte er seine Pläne für die Fahrt nach Oregon.

„Der ganze Trick bei der Sache ist die Zeiteinteilung. Wir hauen aus St. Joe ab, sobald der Regen aufhört und die Flüße abschwellen. Aber auf keinen Fall, bevor nicht genügend Gras für die Ochsen da ist. Bricht man zu früh auf, verhungern die Ochsen in Kansas und wir mit ihnen. Ist es zu spät, dann friert man sich im Schnee von Oregon die Nase ab." Während seiner Erläuterungen konnte Elly nicht aufhören, seine Nase zu betrachten. Sie hätte ihn am liebsten gefragt, was damit passiert war, aber das wäre doch zu unhöflich gewesen. Inzwischen schnarrte er weiter Befehle.

„Jeder von euch Männern muß zwei Gewehre haben, zwei Pistolen, eine Axt, zwei Messer, ein Taschenmesser, einen Tomahawk und zwanzig Pfund Blei."

Hauptmann Mercy protestierte. „Diese Bewaffnung würde ja ausreichen, um sich den Weg Schritt für Schritt freizukämpfen." Purchas sah ihn nur verächtlich an und meinte: „Genau das müssen wir vielleicht tun, Herr Soldat."

Mercy ließ sich nicht so leicht einschüchtern. „Die Soldaten in Fort Leavenworth haben mir versichert, daß die Arapaho und die Cheyenne in diesem Jahr friedlich sind."

Purchas spuckte aus. „'S wär mir nur recht, wenn sie uns die gleiche Zusicherung auch für die Oglala Sioux, die Crow, die Blackfeet und die Gros Ventre geben könnten. Das sind genau die, mit denen wir es zu tun kriegen werden."

Hauptmann Mercy beharrte darauf, daß die Bewaffnung übertrieben sei. Schließlich verlor Purchas die Geduld.

„Sohn, ich war mit allen schon unterwegs. Kit Carson, Sublette . . ." Er leierte die ganzen Namen wieder herunter, fügte noch ein paar neue wie Bridger und Jackson hinzu und schloß: „Und eins hab ich bei denen gelernt: Man muß viele Gewehre mitnehmen. Ich zum Beispiel habe vier Gewehre, zwei Pistolen und diese kleine Schönheit."

Er zeigte einen jener neumodischen Revolver. „Ohne neu laden zu müssen, kann ich damit sechs Indianer abknallen."

Später erzählte er ihnen, daß er in Fauquie County geboren war, auf einer Farm, die General Washington gehörte.

„Klar hab' ich ihn oft gesehen. Schließlich haben wir ihm ja die Pacht bezahlt, oder?“ Dann war Purchas nach Ohio ausgewandert und hatte Rotwild geschossen, um die überlebenden Soldaten von Oberst William S. Hamilton mit Fleisch zu versorgen. „War ein feiner Mann“ brummte er. Von da war er dann nach Indiana gezogen, wo General William Henry Harrison Repräsentant im Kongreß war. „Anscheinend hat er damals schon vorgehabt, in die Politik zu gehen, weil er alle mit kostenlosen Büchern aus Washington eindeckte. Da bin ich auch auf den Bericht von Lewis und Clark über ihre Fahrt nach Oregon gestoßen. Das war mein Schicksal.“

Schon früh am nächsten Morgen tauchte Purchas mit einem Farmer auf, und als Elly erwachte, hörte sie, wie Sam ihre Grauschimmel anpries. Sie rüttelte Levi wach.

Levi stürzte hinaus und sah, wie Purchas einem Mann die sechs Pferde vorführte, der sie offensichtlich kaufen wollte.

„Der Kauf ist abgeschlossen“, sagte Purchas kurz. „Er nimmt die Pferde für 500 Dollar pro Tier. Er will sie für Zuchtzwecke. Und Ihr könnt von ihm acht starke Ochsen für 15 Dollar das Stück kriegen. Ich bekomme 50 Dollar für die Vermittlung.“

Der Farmer hatte das Geld bei sich. Es war mehr, als Levi je zuvor auf einmal gesehen hatte. Auch die acht Ochsen hatte er mitgebracht. Große, schwerfällige Ungetüme ohne auch nur einen Hauch von Schönheit. Sechs sollten den Conestoga ziehen, zwei waren als Reserve vorgesehen. Purchas wußte instinktiv, daß Levi nicht dabeisein wollte, wie seine Grauschimmel weggeführt wurden. Also nahm er ihn beim Arm und versuchte, ihn beiseite zu ziehen. Doch als Levi hörte, wie der Fremde mit den Pferden redete und sie dann wegführen wollte, riß er sich los und rannte ihnen nach. Er klopfte jedem von ihnen auf den Hals und hielt krampfhaft die Tränen zurück, als der Farmer sie wegtrieb.

In einer Art von Betäubung kam er zu Elly zurück. „Ich mußte sie verkaufen.“ Sie stürmte an ihm vorbei auf die Straße und sah gerade noch, wie die prächtigen Tiere hinter einem Hügel verschwanden. Da stand sie nun, der Wind blies ihr das Haar ins Gesicht, und Levi trat zu ihr und flüsterte ihr ins Ohr: „Nun sind wir wirklich allein. Wir können nie mehr zurück.“ In diesem Moment wurde den Zendts zum ersten Mal richtig bewußt, was es bedeutete, westwärts zu ziehen: unendliche Einsamkeit, fremde, reißende Gewässer, Indianer, die irgendwo lauerten, endlos lange Wegstrecken, keine feste Unterkunft, kein Licht, wenn es Nacht wurde. Dabei standen sie erst am Anfang ihrer Reise, noch mehr als der halbe Kontinent lag vor ihnen . . .

Vielleicht hätte sie der Mut verlassen, doch Hauptmann Mercy, der ihren Kummer bemerkte und wußte, daß er nur durch neue Aufgaben vergessen gemacht werden konnte, warnte sie: „Ihr werdet euch mit den Ochsen sehr viel abgeben müssen. Es ist nicht einfach, mit ihnen fertig zu werden.“

Als es Zeit zum Beladen war, sagte Levi mit einer Art störrischer Genugtuung zu Elly: „Alle haben gesagt, daß wir den Conestoga loswerden sollen, und jetzt bitten uns die Leute, noch dies und das von ihnen einzupacken. Unser Wagen sieht jetzt fast so aus, als wollten wir einen Laden aufmachen."

Hauptmann Mercy, Oliver Seccombe und Sam Purchas brachten Dinge, die im Conestoga verstaut werden sollten, um „aus dem Weg zu sein", wie sie es nannten. Das ging so weiter, bis jeder Mann, der über keine solche Engelsgeduld verfügte wie Levi, sie alle miteinander zum Teufel geschickt hätte. Doch Levi zuckte nur die Achseln und sagte: „Solange noch Platz ist . . ."

Am Freitag nachmittag erschien Sam Purchas mit zwei schweren Planwagen im Gefolge. Sie gehörten den beiden mürrischsten Familien, die Missouri vermutlich je hervorgebracht hatte. Sam Purchas sagte anstelle einer Vorstellung: „Die Fishers und die Fraziers wollen sich uns anschließen." Vier hagere Leute traten auf die Zendts zu und streckten ihnen die Hand entgegen. Dann zogen sie sie jedoch so schnell wieder zurück, als ob sie Angst hätten, ein Finger könnte ihnen abhanden kommen. Mrs. Frazier setzte ein für allemal den Ton der Unterhaltung fest, als sie mit einer schroffen Kopfbewegung zu Elly hin Sam Purchas fragte: „Die Junge da . . . ist sie verheiratet?"

„Sie behauptet es jedenfalls", erwiderte der Trapper.

„Ich habe da so meine Zweifel", erwiderte Mrs. Frazier säuerlich und ging zu ihren Leuten, um ihnen den schrecklichen Verdacht mitzuteilen.

„Mit denen wird es sicherlich unerträglich werden", prophezeite Seccombe düster, aber Purchas wies ihn darauf hin, daß sie mindestens drei Planwagen brauchten.

„Zur Verteidigung, und außerdem müssen wir genug Leute haben, um bei den Nachtwachen abwechseln zu können." Also akzeptierte man die Fishers und die Fraziers.

An einem Samstag morgen – es war der 25. Mai 1844 – spuckte Sam Purchas eine Ladung Kautabak auf die Straße und bellte den Befehl: „Wir fahren los!"

Als die drei Planwagen sich zur Reihe formierten, sah Levi mit Wehmut, daß Purchas, Mercy und Lykes zu Pferd saßen und sogar jeder noch zwei weitere mit sich führte. „Ihr habt mich dazu gebracht, meine Pferde zu verkaufen und habt eure behalten", beschwerte er sich.

„Wir müssen auch keinen Karren ziehen", erwiderte Purchas brummig.

Langsam setzte sich der Zug entlang des Flußufers in Bewegung, bis sie schließlich zu einer erbärmlichen Fähre gelangten. Jeweils nur ein Wagen hatte darauf Platz, und dann begann die gefährliche Überquerung des Missouri.

Gegen Mittag war die Gesellschaft drüben in Kansas wieder vereint und schaffte am Nachmittag die ersten sechs Meilen in Richtung Westen. Die Ochsen waren so langsam, daß Levi seine Ungeduld nicht verbergen konnte, aber Purchas versicherte ihm, daß sie zwar langsam seien, dafür aber durch nichts aufzuhalten.

Schon der nächste Morgen brachte die erste Krise. Es war ein Sonntag. Die Zendts hatten ihren Wagen schon früh für die Weiterfahrt bereit gemacht. Lykes' Maultiere standen in einer Reihe, und auch Hauptmann Mercy war bereit. Doch die zwei Planwagen aus Missouri zeigten keinerlei Anzeichen von Leben. „Wecken Sie mal die Fishers und die Fraziers auf, die sollen sich gefälligst beeilen", sagte Hauptmann Mercy zu seinem Unteroffizier. Als Lykes zu einem der Wagen hinüberging und daran rüttelte, ertönte eine mürrische Stimme: „Heute ist Sonntag."

Nach einer geraumen Weile kletterten Mr. Fisher und Mr. Frazier heraus und erklärten, daß sie am Sabbat unter keinen Umständen weiterfahren würden. Gott habe diesen Tag als einen Ruhetag gedacht, und es würde daher ein Vergehen ihm gegenüber und auch gegenüber ihren Zugtieren sein, wenn sie am Sabbat irgend etwas arbeiteten. Hauptmann Mercy erwiderte: „Aber wir haben nur eine bestimmte Zeit zur Verfügung, um nach Oregon zu gelangen, und wir brauchen die Sonntage." Fisher und Frazier argumentierten dagegen, daß ein Ruhetag die Tiere stärken werde, so daß sie besser vorankämen, als wenn sie Gottes Gebote mißachteten. Hauptmann Mercy wurde wütend. „Wir haben schon sechs Monate ausgeruht! Jetzt geht es weiter."

Levi und Elly Zendt stimmten Mercy und Lykes bei, aber zu jedermanns Erstaunen schlug sich Sam Purchas auf die Seite der Leute aus Missouri. „Ein Rasttag alle sieben Tage kann nichts schaden", erklärte er. „Ich habe schon sehr viele gesehen, die die erste Hälfte des Weges galoppiert sind und deren Knochen dann irgendwo auf der zweiten Weghälfte ausbleichten."

Also kam man überein, daß Hauptmann Mercys Gruppe sechs Tage ziehen und am siebenten rasten würde. Doch schon am Nachmittag braute sich neues Unheil zusammen, als Mrs. Fisher und Mrs. Frazier, die sich vor der Reise gen Westen fürchteten, aufgeregt zu Hauptmann Mercy kamen, um einen formellen Protest anzumelden. „Mrs. Zendt respektiert den Sabbat nicht." Hauptmann Mercy schaute zum Conestoga hinüber und konnte keinerlei unpassende Beschäftigung Ellys feststellen. Sie saß völlig ruhig mit dem Rücken zu ihnen gekehrt in ihrem Wagen.

„Sie schreibt irgend etwas", sagte Mrs. Fisher giftig, und Mrs. Frazier nickte eifrig. Als Mercy nun genauer hinsah, bemerkte er, daß sie einen Schreibblock auf ihren Knien liegen hatte und schrieb. „Gott sieht es nicht gern, wenn man am heiligen Sonntag schreibt", zeterte Mrs.

Fisher weiter, „und das Zaumzeug flicken ist genauso wenig am Platz.“ Damit deutete sie auf Levi.

„Wir müssen sie den Sabbat heiligen lassen, wie sie es für richtig halten“, entgegnete Mercy, aber die beiden Frauen waren damit gar nicht zufrieden.

„Sie müssen ihnen befehlen, damit aufzuhören“, sagten die beiden Quälgeister. „Sonst werden sie noch Gottes Zorn auf unsere Reise herabbeschwören.“

„Vielleicht schreibt Mrs. Zendt ihre sonntäglichen Gebete nieder“, meinte Hauptmann Mercy und schaffte es damit tatsächlich, die beiden zu besänftigen.

In Wahrheit schrieb Elly den ersten ihrer vielen Briefe an ihre Freundin Laura Lou Baker. Oft hatte Elly im Waisenhaus nur mit Hilfe von Laura Lous unerschöpflichem Optimismus den Mut nicht verloren. Nun wollte sie ihr diese Freundlichkeit damit vergelten, daß sie ihr genau berichtete, was auf der Reise nach Oregon passierte. Laura Lou hob diese Briefe auf, die viele Jahre später gedruckt und von vielen Menschen gelesen wurden.

„Sonntag, den 26. Mai . . . Das lustigste an unserer Gruppe ist Sergeant Lykes mit seinen Maultieren. Er hält sich für einen großen Fachmann, der sie richtig zu behandeln weiß, aber ich habe so das Gefühl, als ob sie ihn kommandieren. Es sind acht Maultiere, von denen eins störrischer ist als das andere, wie er selbst behauptet. Er schafft es, daß sie ihm gehorchen, nicht etwa durch Zureden, was sie einfach ignorieren, noch durch Schläge, was sie nur noch unfolgsamer macht, sondern durch einen ganz bestimmten Trick, den er seinen Maultierüberzeuger-Trick nennt. Es ist ein kräftiger Holzstecken mit einer Schlinge aus einem dicken Lederriemen. Diese Schlinge zieht er dem Maultier über die Nüstern und dreht dann mit dem Stock die Schlinge so fest zu, daß man glauben könnte, die Nase des Maultiers fiele gleich ab. Und das ist der Moment – so behauptet jedenfalls Lykes –, in dem das Maultier kapiert, daß ein Befehl kommt. Wenn der Kopf des Tieres bis zu einem ungeheuerlichen Winkel verdreht ist, tätschelt Sergeant Lykes dem Tier sanft die Flanke und sagt: ‚So, wir gehen jetzt brav in diese Richtung‘, und das Maultier gibt nach. Sergeant Lykes hat eingestanden, daß es vielleicht eine einfachere Methode geben könnte, Maultiere zu behandeln, daß er sie jedoch noch nicht herausgefunden habe.“

Die folgenden Tage brachten für Levi Zendt schmerzliche Erlebnisse. Immer wieder überholten Reisende mit Pferdewagen ihre Kolonne, schleuderten ihnen Staub ins Gesicht und verschwanden rasch hinter Anhöhen, während seine schwerfälligen Ochsen langsam dahinstampften, von einer Seite zur anderen schwankend wie Schiffe auf hoher See. Jedesmal, wenn er ihre häßlichen Hinterteile ansah, mußte er an seine Grauschimmel denken und stöhnte vor sich hin.

Dann hielt Sam Purchas sein Pferd an, bis Levi auf gleicher Höhe war, und versicherte ihm: „Sohn, in zwei Wochen werden wir an diesen Dummköpfen vorüberziehen, als ob sie am Boden festgenagelt wären."

Drei Tage, nachdem sie St. Joseph verlassen hatten, kamen sie durch das letzte „zivilisierte" Gemeinwesen, die presbyterianische Mission für die Sac- und Fox-Indianer. Und hier begann Oliver Seccombes große Enttäuschung. Nach dem Studium in Oxford hatte er England mit einem einzigen Ziel verlassen: Er wollte mit eigenen Augen den edlen Indianer sehen, so wie er gewesen war, bevor er durch den weißen Mann verdorben wurde. Durch die Lektüre Rousseaus und der Philosophen der Romantik hatte er die Überzeugung gewonnen, daß dieser edle Indianer existierte, und er wollte ihn unbedingt für die europäischen Leser beschreiben, bevor er vollends vernichtet wurde. Seccombe hatte die erste Reise nach Santa Fe mit höchsten Erwartungen begonnen, aber seine Erlebnisse waren reichlich verwirrend gewesen. Zuerst war er auf die Comanchen gestoßen. Als er auf sie zureiten wollte, um sie zu begrüßen, umschwirrte ihn ein Pfeilhagel, unter dem das Pferd des Reiters neben ihm zusammenbrach. Er selbst war nur wie durch ein Wunder dem Tod entgangen. Er entschuldigte dieses Verhalten bei sich durch bedauerliche Übergriffe der weißen Amerikaner, die kein Verständnis für die Comanchen aufbrachten. Als er mit seiner Gruppe jedoch auf die Apachen traf, die sogar noch mordlustiger waren, entschied er, daß der edle Wilde seiner Träume nicht im Süden, sondern im freieren, kälteren Norden leben mußte.

In dieser Überzeugung wurde er durch eine kleine Exkursion bestärkt, die er von Santa Fe aus zu den sinnreichen, kunstvoll erbauten Pueblos machte, in denen er seine ursprünglichen, gütigen Wilden zu finden hoffte. Statt dessen fand er lediglich einen Haufen erbärmlicher Hütten vor und mußte auf dem Rücktritt nach Santa Fe feststellen, daß er mit Läusen übersät war. Er mußte sich den Kopf scheren lassen und roch einige Tage lang abscheulich nach Büffelfett. Seine Rückreise durch das Land der Apachen und Comanchen, wo jeden Tag ein Scharmützel stattfand, gab seinem ursprünglichen Enthusiasmus natürlich keine weitere Nahrung. Er verlor dann sogar fast jede Hoffnung, als der Zug auf einen Trupp der Kiowa stieß, die auf dem Kriegspfad waren und zwei der Reisenden töteten. Der gerechte und weise Indianer, wie Rousseau ihn beschrieben hatte, mußte in den nordwestlichen Gebieten leben. Als Seccombe nach Oregon aufbrach, tat er seine bisherigen Zusammentreffen als eine bloße Vorbereitung auf das große Abenteuer ab, das ihm nun bevorstand, da er endlich den unverdorbenen Indianer treffen würde.

Am 29. Mai lernten sie die Sac und die Fox kennen. Sie kamen zu elft aus dem Missionshaus geschritten, gut gekleidet, gut genährt, sprachen englisch und boten den Reisenden eine Auswahl von Decken, Tomahawks und Mokkassins aus Wildleder an, die mit Perlen bestickt waren.

Der Preis jedes einzelnen Stücks war in „Bits“ angegeben – spanische Silberdollar, die in acht Teile gesägt worden waren, so daß 25 Cent zwei Bits entsprachen –, und sie würden sich nicht herunterhandeln lassen.

„Mokkassins . . . beste Qualität . . . ein Dollar zwei Bits“, sagte der Anführer und wollte sich mit weniger nicht zufriedengeben. Während der Handel in vollem Gang war, erschienen sechs andere Indianer, die um Fleisch bettelten. Als sie nichts bekamen, stahlen sie Lykes ein Maultier. Als der Diebstahl bemerkt wurde, setzte zuerst großes Ratschlagen ein, was zu tun sei, bis Sam Purchas seine Hawken in die Luft abfeuerte und den Anführer der handelnden Gruppe warnte: „Du bringst uns das Maultier zurück, oder der nächste Schuß geht geradewegs durch deinen Kopf!“ Der Indianer glaubte Sam Purchas aufs Wort, denn Sam war wohlbekannt als grausamer Mann . . . und das Maultier wurde zurückgebracht.

Als der Treck sich wieder in Bewegung setzte, erklärte Seccombe, daß die Sac und die Fox wunderbare Beweise für seine Behauptung seien: „Sie sind durch die Religion des weißen Mannes verdorben worden. Ihr ganzer angeborener Adel ist durch das Presbyterianertum, auf das sie nicht vorbereitet gewesen sind, vernichtet worden.“ Seiner Meinung nach würde er keine echten, guten Indianer treffen, solange er nicht die Pawnee gesehen habe, über die er viel Gutes gehört hatte.

„Pawnee!“ Sam Purchas explodierte förmlich. „Die würden den Montag stehlen, wenn dadurch der Dienstag für sie günstiger würde.“

Die Fahrt nach Westen war reich an Überraschungen, Momente der Langeweile gab es kaum. Die ersten Hügel tauchten auf, und die Reisenden merkten langsam, daß das Vorwärtskommen immer schwieriger werden würde. Doch noch wuchs um sie herum saftiges Gras, und sie fanden immer gutes Wasser. Unter den Hickorybäumen, den Eichen und den vielen Walnußbäumen und Birken fühlten sich diese Bauern aus dem Osten fast wie zu Hause. Doch vom Kamm eines Hügels aus schauten sie nun plötzlich auf eine endlose, weite Landschaft mit nur vereinzelten Bäumen und struppigem Gras, und sie hielten den Atem an vor der Fremdartigkeit des Landes, in das sie vordringen wollten.

Gegen Ende der ersten Woche begann es zu regnen, und zwar nicht so, wie man es in Lancaster gewohnt gewesen war, sondern in wahren Sturzbächen. Der Regen hatte eine solche Kraft, daß das Wasser in hohen Fontänen vom Boden aufspritzte. Elly Zahm schrieb:

„Sonntag, den 2. Juni . . . Ich schreibe diesen Brief zusammengekauert im Conestoga beim Licht einer flackernden Kerze. Es regnet, aber nicht so wie in unserer Heimat. Es gießt wie aus Kübeln und durchdringt alles. Manchmal wird der Wagen derartig hin und her gerüttelt, daß ich den Federhalter nicht unter Kontrolle habe, und der Wind heult so durchdringend, daß ich kaum einen vernünftigen

Gedanken fassen kann. Levi hat über unseren Wagen eine Gummiplane gehängt, und trotzdem dringt Regen durch. Ich kann mir vorstellen, wie es Noah zumute gewesen sein muß . . .“

Der Regen hörte nicht auf, bis sie zum ersten großen Hindernis auf ihrem Weg kamen, dem Big Blue River, der vom Süden aus Nebraska kam und mit dem Kansas River zusammenfloß. Sam Purchas hatte sie schon schonend auf die Überquerung vorbereitet. „Nur über ihn gelangt man in den Westen, und er ist ein echter Killer. Im Oktober geht es ja noch, aber im Mai und Juni schwemmt er einen glatt weg.“

Als sie an das steile Ufer kamen, war der Fluß durch die Regenfälle zu einem reißenden Strom angeschwollen, auf dem sogar entwurzelte Bäume trieben.

„Was machen wir jetzt?“ wollten die Fishers und die Fraziers wissen.

„Warten“, entgegnete Purchas.

„Können wir nicht ein Floß bauen?“

„Wenn man's mit einem Floß versucht, ist man schneller wieder in Independence als am anderen Ufer.“

Also wartete man. Sechzehn nicht enden wollende Tage. Inzwischen waren auch später aufgebrochene Gruppen aus St. Joseph eingetroffen. Levis einziger Trost war der, daß alle jene, die ihn mit ihren Pferden überholt hatten, nun genauso untätig herumsitzen und warten mußten. Jeden Morgen gingen die Männer zum Ufer und inspizierten den Big Blue, und jeden Nachmittag studierten sie den Himmel, in der Hoffnung, daß ein Wetterumschlag sich ankündigen werde. „Zum Teufel“, schimpfte Sam Purchas, „als ich im letzten Oktober durch den Strom ritt, mußte ich nicht mal vom Pferd steigen. Ich hätt' sogar drüberspringen können.“

„Wann wird das Wasser zurückgehen?“ fragte einer der Männer.

„Wir sind jetzt fünfzehn Tage hier, und bis jetzt gibt's noch nicht einmal das kleinste Anzeichen dafür.“

„Schaffen wir's denn noch bis Oregon, wenn wir erst so spät über den Fluß kommen?“

„Freut euch jetzt lieber über das warme Wetter“, sagte Purchas, „denn später wird's verdammt kalt werden.“

Dann – es war der Abend der Tagundnachtgleiche im Juni – begann der Fluß rapide zu fallen, und am nächsten Morgen verkündete Purchas die frohe Nachricht: „Heute überqueren wir das verfluchte Wasser.“

Hauptmann Mercy und Unteroffizier Lykes schwammen als erste mit den Maultieren hinüber. Dann wurden die Planwagen der Fishers und Fraziers vorsichtig zum Wasser gezogen, wo man schwere Balken an ihren Längsseiten befestigte, so daß sie schwimmen konnten. Die Männer schoben von hinten an, während die Frauen sich hoch oben auf ihrer Habe festklammerten, um nicht naß zu werden. Dann führte man die Ochsen in den Fluß, und langsam verschwand der Wagen immer mehr im Wasser, bis es so aussah, als müßte er untergehen. Doch genau bei der vorhergesehenen Höhe begann er zu schwimmen. Ungefähr zwanzig Zentimeter hoch stand das Wasser im Wagenkasten, so daß die untersten Habseligkeiten völlig durchnäßt wurden.

Dann kam der Augenblick, wo die Ochsen keinen Boden mehr unter den Füßen spürten und in Panik gerieten. Doch die Männer, die neben ihnen schwammen, sprachen beruhigend auf sie ein, und nach kurzem schwammen sie tapfer weiter. Für die Zuschauer war es ein beängstigender Anblick, als die Wagen beinahe in den schäumenden Fluten verschwanden, doch dann rief Elly nach einem Moment höchster Spannung: „Sie sind am Ufer!" Mit viel Geschnaube und hilflosem Herumtasten fanden die Ochsen endlich wieder festen Fuß und arbeiteten sich den schlammigen Abhang hinauf, mühsam den nassen Wagen hinter sich herziehend. Seccombe stieß einen Jubelschrei aus.

Nun machte sich Sam Purchas mit seinen drei Pferden an die Überquerung. Sie stellten sich sehr gut an, weil sie schon häufig Flüsse durchschwommen hatten. Dann wurde der Conestoga von Oliver Seccombe und Levi Zendt zum Wasser hinuntergeleitet und dort mit extra schweren Balken versehen. Levi watete in den Strom und versuchte, die Ochsen hinter sich herzuzerren, die ihm jedoch nicht folgen wollten. Schließlich schaffte er es, sie zu beruhigen, und die großen Tiere fanden Halt und gingen bis zu der Stelle, wo sie schwimmen mußten.

Und da ging irgend etwas schief. Entweder gerieten die Ochsen in Panik, oder Levi hatte sie schlecht geführt, jedenfalls entstand große Verwirrung, und der Conestoga bekam Schlagseite, so daß Elly in ihren langen und hinderlichen Röcken kopfüber ins Wasser stürzte. In dieser Nacht schrieb sie:

„Samstag, den 22. Juni . . . Ich hätte es nie für möglich gehalten, daß zwei Männer von solchem Ansehen wie Hauptmann Mercy und Oliver Seccombe in reißende Strudel springen würden, um ein Mädchen zu retten, für das sie nicht einmal verantwortlich sind. Als der Wagen sich neigte und ich in den Fluß fiel, glaubte ich schon, daß es mit mir aus sei, da Levi ja vor mir schwamm und meinen Sturz daher gar nicht sehen konnte. Ich schlug mit den Armen um mich, schrie und schluckte schlammiges Wasser. Als diese beiden Gentlemen ihre eigene Sicherheit außer acht ließen, um mich zu retten, war ich schon halb ertrunken. Ich komme mir direkt wichtig vor, als würde Gott mich für eine bedeutende Pflicht auserkoren haben und daher nicht wünschen, daß ich so jung sterbe. Der schreckliche Regen hat endlich aufgehört, und der Himmel ist klar . . . vielleicht ist dies die schönste Nacht meines Lebens."

Wenn es tatsächlich Gott war, der Elly gerettet hatte, dann war er aber auch für den furchtbaren Streit verantwortlich, der am nächsten Morgen stattfand. Obwohl es Sonntag war, fanden Hauptmann Mercy und Unteroffizier Lykes, daß die Gruppe weiter westwärts ziehen sollte, um nach Möglichkeit einige der Tage aufzuholen, die man am Big Blue verloren hatte. Dies stand jedoch in Widerspruch zu der Vereinbarung, die von den Fishers und Fraziers erzwungen worden war, nämlich am Sabbat nichts zu tun. Sie hatten auch nicht vor, diese Regel an diesem speziellen Sonntag zu brechen, ganz besonders, da Gott sie heil und gesund über den gefährlichen Fluß geleitet hatte.

„Wir müssen weiter!“ sagte Mercy bestimmt.

„Wir werden diesen Tag nicht entheiligen“, erwiderte Mrs. Fisher.

Sie gingen zu Sam Purchas, der nicht einmal eine Minute lang zuhörte und dann seine Entscheidung fällte: „Wer nach der langen Verzögerung nicht so schnell wie möglich weiterzieht, der hat sein Hirn nicht im Kopf, sondern im Arsch.“

Mrs. Fisher verlangte von ihrem Mann, daß er Purchas eins mit der Peitsche überziehen solle. Doch Purchas sagte zu ihr: „Wenn du deinen Alten dazu bringst, auch nur eine falsche Bewegung zu machen, dann hat er bald noch was anderes im Hintern als nur sein Hirn. Macht eure Wagen fertig!“

Also brach die Gruppe mit Purchas an der Spitze auf, gefolgt von Lykes mit den Maultieren, Hauptmann Mercy hoch zu Roß und dem Conestoga. Elly hielt die Zügel, während Levi neben dem linken Vorderrad ging. Es war völlig klar, daß nach diesem „Schiedsspruch“ keine Stockung geduldet werden würde, also spannten Fisher und Frazier nach einer halben Stunde Gezank die Pferde vor die Wagen und machten sich verspätet auf den Weg. An diesem Sonntag wurden 14 Meilen zurückgelegt, aber die Fishers und Fraziers sprachen mit keiner Menschenseele ein Wort.

Purchas führte seine Gruppe einige Meilen westwärts, bis sie zum Little Blue kamen, an dessen linkem Ufer sie in nordwestlicher Richtung fast zwei Wochen lang ziehen würden, bis zum Platte River, wo der eigentliche Trail in Richtung Westen beginnen konnte. Am 2. Juli sahen sie zum ersten Mal Biber, ein hübsches kleines Muttertier mit ihren Jungen, die am Ufer spielten. Den 4. Juli feierten sie durch Abfeuern der Gewehre und eine schöne Rede von Mr. Frazier auf die Großartigkeit Amerikas, der huldvolle Worte Oliver Seccombes folgten, in denen er darlegte, daß England zwar eine Kolonie verloren, jedoch einen Freund gewonnen hätte. Noch mehr Gewehrsalven krachten, und Elly buk einen Kuchen und belegte ihn mit getrockneten Apfelringen. Sam Purchas betrank sich furchtbar und schoß den Revolver so lange ab, bis er Ladehemmung hatte.

Die Tage waren für alle recht angenehm, außer für Levi, der darunter litt, daß sie wieder von Reisenden mit Pferden überholt wurden, während die Ochsen so quälend langsam dahintrotteten. „Laß sie nur“, schrie Purchas. „Deine Stunde kommt schon noch.“

Am 5. Juli sahen sie das erste Büffelgras und am Tag darauf das erste

Grammagras. Sie untersuchten beides genau, bogen die kurzen Stengel auseinander und kamen zu der Überzeugung, daß man damit nicht viel anfangen konnte.

Als sie am 7. Juli über den Kamm eines kleinen Sandhügels kamen, hielten sie einen Moment an, um auf den Platte hinunterzusehen, den eigenartigen, unberechenbaren Fluß, dem sie Hunderte von Meilen weit folgen würden.

Endlich waren sie auf der richtigen, ebenen Straße, auf der die Planwagen mit größerer Geschwindigkeit und Sicherheit dahinrollen konnten als sogar auf den Straßen von St. Louis oder Philadelphia. An manchen Tagen schafften die Ochsen 18 Meilen. Levi sagte: „Dies muß die beste Straße Amerikas sein", und Purchas erwiderte trocken: „Freu dich dran, solang es geht."

Nun kam Levi Zendts große Stunde; denn mit unzureichendem Futter und dem harten Boden wurde es für die Pferde zuviel. Sie begannen zu lahmen und sogar zu sterben, während die Ochsenkarren sie überholten und weit hinter sich zurückließen. Levi konnte sich jedoch an seinem Triumph wenig freuen, denn am liebsten hätte er jedesmal angehalten, wenn er ein verletztes Pferd sah, um ihm zu helfen. Doch Purchas war unerbittlich: „Die haben eben wirklich aufs falsche Pferd gesetzt und müssen jetzt dafür büßen."

„Was passiert mit ihnen?"

„Zuerst krepieren die Pferde, und dann sind vermutlich sie selbst an der Reihe", erwiderte Purchas und fügte hinzu: „Wenn du darauf bestanden hättest, die Grauschimmel mitzunehmen, dann wären sie jetzt auch schon am Sterben, und in zwei Wochen wär's mit dir aus."

Als sie an einer Gruppe von drei Wagen vorbeikamen, die nicht weiterkonnten, weil die Pferde gestorben waren, erlaubte Purchas seinen Leuten nicht, ihnen zu helfen.

„Die haben schließlich selbst ihre Wahl getroffen", brummte er. Doch Elly ließ sich nicht abhalten und brachte ihnen etwas zu essen. Sie waren in so bemitleidenswertem Zustand, weil sie den Big Blue überquert hatten, bevor es Gras für die Pferde gab.

„Pech für sie", sagte Purchas ungerührt. „Hätten besser auf die Leute gehört, die Bescheid wissen." Er drängte seine Gruppe zum Aufbruch.

Am 9. Juli fuhren sie über Wiesen, die mit gelben und blauen Blumen übersät waren, so weit das Auge reichte. Purchas behauptete, daß hier einen Monat zuvor noch die reine Wüste gewesen wäre. „Etwas Regen, und über Nacht blüht alles."

Am 10. Juli geriet alles in höchste Erregung, da sie Büffelspuren entdeckten, eine solche Menge von Hufabdrücken, daß die Wagen tüchtig durchgerüttelt wurden, als die Räder in die Löcher rumpelten. Und am nächsten Tag sahen sie, worauf sie so lange gewartet hatten – Büffel! Elly schrieb:

„Donnerstag, den 11. Juli . . . Mrs. Frazier entdeckte sie als erste. Ihr Wagen fuhr voran, und wir hörten ihr Geschrei: ‚Da sind sie! Da sind sie!' Wir hasteten auf einen kleinen Hügel, hinter dem wir eine so riesige Büffelherde sahen, daß es unmöglich war, die Landschaft dahinter zu erkennen. Man müßte sie zu Tausenden und nicht zu Hunderten zählen, diese großen schwarzen Tiere, die alle die Köpfe gesenkt hielten und ruhig grasten. Sie bewegten sich so langsam gegen Süden über unseren Weg – höchstens eine halbe Meile pro Stunde –, daß es mehrere Stunden, wenn nicht den ganzen Tag dauern konnte, bis sie vorüber waren. Dieses Problem wurde durch Sam Purchas und Hauptmann Mercy dadurch gelöst, daß sie zum Rand der Herde ritten und einige der jungen Kühe schossen, deren Fleisch sehr zart ist. Außerdem gab es nicht allzu viele Bullen . . . Nach einer Weile änderte die Herde die Richtung, und wir rasteten ein wenig, um die getöteten Büffel abzuhäuten und zu zerteilen . . ."

Wo auch immer Trailer hinkamen, verrieten sie ihre Anwesenheit durch ständiges Feuern auf alles, was sich bewegte: Gabelböcke, Rotwild, Büffel, Präriehunde, Wachteln, Adler, Habichte und Biber. Jede Gruppe, die gegen Westen zog, war ein wanderndes Waffenarsenal, das nach allen Seiten hin verderblich wirkte. Tausend Wagen konnten den Weg bis in den Westen hinter sich bringen, ohne daß auch nur ein einziger kriegerischer Indianer in Sicht gekommen wäre, doch wenige schafften die Reise, ohne so traurige Eintragungen wie die folgenden machen zu müssen:

„Heute mußten wir Jakob Dryer aus Framingham begraben. Er zog das Gewehr aus dem Wagen, ohne daran zu denken, daß es geladen war, und ein Schuß riß ihm die Brust auf. Er lebte noch sechs Minuten." – „Baby Helen Dover verstarb zur großen Trauer ihrer Eltern. Ein Mann im Nachbarwagen kutschierte mit dem Gewehr über den Knien. Durch eine Unebenheit im Boden ging ein Schuß los und riß dem armen Baby den halben Kopf weg." – „Bill Acroyd hat sich den rechten Fuß abgeschossen, der Stumpf wurde brandig, und wir mußten ihn begraben."

Auf jeden weißen Mann, der von einem Indianer getötet wurde – und es waren nur sehr wenige –, kamen fünfzig oder sechzig, die sich entweder selbst oder gegenseitig durch ihre große Unvorsichtigkeit umbrachten.

Am 12. Juli fuhren die drei Wagen in loser Formation, als zwei Pawnee-Krieger auf dem nördlichen Ufer des Platte herangeritten kamen. Sobald sie in Schußweite waren, legte Purchas die Hawken an, zielte und schoß dem einen jungen Indianer eine Kugel durch den Kopf. Das Pferd bäumte sich auf, die Hände sanken schlaff herab, Blut schoß ihm aus der Stirn, und er stürzte aus dem Sattel. Darauf wollte Purchas rasch eine zweite Waffe ergreifen, um auch noch den anderen Krieger niederzuschießen, wurde jedoch durch Hauptmann Mercy daran gehindert, der ihm den Lauf herunterschlug und damit dem Pawnee die Möglichkeit gab, davonzugaloppieren.

„Jetzt ist er auf und davon“, brüllte Purchas wütend.

„Du Schwein“, schrie Mercy und wand ihm die Waffe aus der Hand.

„Niemand darf mich ungestraft ein Schwein nennen“, zischte Purchas und griff nach seinem Messer.

„Tut mir leid“, sagte Mercy schnell.

„Euer Glück.“ Dann wandte sich Purchas an Levi. „Indianer sind keine Menschen, sie sind nicht wie du oder ich.“ Er blickte auf Seccombe, der ihm mit seiner englischen Art etwas gouvernantenhaft vorkam, und brummte: „Oder nicht mal wie der da.“

„Du hast einen Mann umgebracht, der dir nichts getan hat“, protestierte Seccombe.

„Er war ein Indianer.“ Purchas rollte den linken Hemdsärmel hoch und zeigte ihnen die Narben am Unterarm. „Ich habe mein Leben lang die Indianer bekämpft . . . und sie taugen keinen Penny. Der Bursche, den der Hauptmann laufenließ, wird zurückkommen und uns Ärger machen.“ Purchas spuckte in hohem Bogen einen Priem aus und ging weg. Mercy sagte nachdenklich: „Ich kann kaum glauben, daß er ein erfahrener Trapper ist. Die haben mehr Vernunft in den Knochen.“

Wie durch ein Wunder griff der überlebende Indianer nicht an. Doch am nächsten Tag tötete sein Stamm ein wehrloses Ehepaar. Als Purchas’ Gruppe zu der Stelle kam, fanden sie einen sechsjährigen Jungen und ein vierjähriges Mädchen neben einem ausgebrannten Wagen sitzen. Ein paar Meter weiter lagen ihre skalpierten Eltern im Staub.

„Kinder können wir nicht gebrauchen“, sagte Purchas warnend.

„Und was denkst du, was wir mit ihnen machen sollen?“ wütete Lykes los.

„Hierlassen! Irgend jemand wird sie schon mitnehmen.“

„Ich werde die Kinder behalten“, sagte Elly ruhig und ging zwischen den beiden Männern hindurch.

„In meiner Gruppe wird es keine aufgelesenen Kinder geben“, brüllte Purchas. Er nahm den Revolver und sagte: „Ich bin der Boss hier und lasse es nicht zu, daß wir von Bälgern aufgehalten werden.“

Bevor er noch ein weiteres Wort äußern konnte, kam eine rauhe Hand von hinten, packte den Arm, der den Revolver hielt, und entwand ihm die Waffe. Als Purchas nach dem Messer greifen wollte, sprang Levi ihn an, entriß es ihm und versetzte ihm einen wuchtigen Schlag mit der rechten Faust. „Wir behalten die Kinder“, war alles, was er sagte. Gerade da kam Hauptmann Mercy, der vorausgeritten war, zurück. Er konnte nur ahnen, was passiert war.

„Mr. Purchas, was geht hier vor?“

„Diese Idioten wollen zwei Kinder in ihrem Wagen mitnehmen.“

„Was für Kinder?“

„Die Pawnee haben ihre Eltern skalpiert, Sir“, erklärte Lykes.

Mercy schaute zu den zwei Leichen hinüber und sagte dann ruhig: „Mr. Zendt und Mr. Frazier, bitte begraben Sie die Toten. Mr. Seccombe, suchen Sie einige Steine zusammen, damit wir die Gräber markieren können.“ Als die Leichen hineingelegt worden waren, sagte er zu den beiden Kindern, daß sie sich neben ihm aufstellen sollten, während er eine Stelle aus der Bibel vorlas. Dann nahm er eine Schaufel zur Hand, reichte sie dem kleinen Jungen und sagte: „Mein Sohn, begrabe deinen Vater, der ein guter Kämpfer war und für die Sünden anderer sterben mußte. Begrabe deine Mutter, die dich geliebt hat und die dich unserem Schutz anvertraute. Behalte diese Hügel im Gedächtnis, denn hier fängt für dich ein neues Leben an.“ Er half den beiden Kindern, Erde ins Grab zu streuen, und befahl dann den Männern, die Gräber zuzuschaufeln. Dann sagte er zu den Kindern: „Jetzt sind wir eure Eltern. Gott hat uns geschickt, um euch zu retten.“ Er führte sie zu Elly, die sie in den Conestoga nahm, damit sie die Gräber nicht mehr sehen mußten. In dieser Nacht schrieb sie:

„Samstag, den 13. Juli . . . wir haben die Kinder in unseren Wagen gebracht und wollen sie von nun an wie unsere Kinder behandeln. Wenn sie dann in Oregon aufwachsen und der Junge vielleicht Arzt, die Kleine die Frau eines Geistlichen wird, dann können sie die lange Geschichte von ihrer Reise erzählen, wie sie in der Wüste verlassen wurden, dem Tod nahe waren und nur durch Gottes unendliche Güte gerettet wurden. Dies ist keine alltägliche Reise, denn es geschehen große Dinge . . .“

Jeder der Reisenden unterlag in der Beurteilung des Landes Irrtümern, die fortdauern und großen Schaden anrichten sollten. So teilte zum Beispiel Hauptmann Mercy Ellys Ansicht, daß sie durch eine Wüste zogen; er konnte nicht den geringsten Nutzen für die Weißen sehen. In seinen Berichten nach Washington schrieb er:

„Das Land hinter dem Missouri ist kahl, öde, ohne Schutz für Mensch oder Tier und ohne jeglichen Nutzen für die Zukunft. Es ist eine Wüstenei, die Menschen nicht ernähren kann.“

Sam Purchas und Oliver Seccombe vertraten die erstaunlichsten Theorien über die Indianer, und zwar ganz gegensätzlich. Sam war davon überzeugt, daß die Indianer ursprünglich aus Ägypten kamen, wo sie dem Pharao gedient und Moses verfolgt hatten. „Sie sind uns hier als Strafe geschickt worden“, erklärte er Oliver, „und es ist unsere Pflicht, sie wiederum zu züchtigen . . . wann immer wir die Chance bekommen. Gott will es so.“

Er schwor, daß er so lange Indianer töten würde, als er Kugeln im Lauf seiner Büchse stecken hatte. „Dieses Land kann von Weißen erst dann bewohnt werden, wenn diese Wilden alle tot sind.“

Seccombe glaubte, wie viele Gebildete seiner Zeit, daß die Indianer in Wirklichkeit die „Creme“ der einstigen walisischen Bevölkerung gewesen wären, die in frühhistorischer Zeit nach Amerika ausgewandert seien, um bessere Existenzmöglichkeiten zu suchen, und er war überzeugt davon, daß er irgendwo doch noch auf den edlen Waliser-Indianer stoßen würde, den er so sehr suchte.

Levi Zendt trug sein ganz persönliches Mißverständnis mit nach dem Westen – das eigenartigste von allen –, das er an jenem regnerischen Nachmittag in St. Louis zu entwickeln begonnen hatte, als er zum erstenmal jenen monströsen Elefanten aus dem Westen sah. Viele Nächte wurde er von diesem Bild verfolgt. Nachdem er Elly dabei geholfen hatte, die beiden verwaisten Kinder zu Bett zu bringen, hatte er sich erboten, die erste Nachtwache zu übernehmen. Während er die nachtdunkle Prärie betrachtete, sah er plötzlich am Himmel etwas aus den Wolken Gestalt annehmen, und er wurde von jener uralten Schreckensvision erfaßt.

„Lykes, was ist das?“ schrie er.

„Bloß der Elefant, der mit dem Schwanz schlägt.“

Sobald Levi diese Worte gehört hatte, sah er das riesige Tier den Himmel verschlingen, und wie aus großer Entfernung konnte er die geisterhafte Stimme Lykes' hören, der davon erzählte, wie das Ungeheuer durch die Prärie tobte und die Herzen aller Trailer mit Entsetzen füllte. „Das sind nicht etwa Elefanten, wie man sie im Zirkus sieht, o nein! Er ist riesig, größer als die meisten Bäume, und hat Stoßzähne, die wie türkische Säbel gebogen sind. Sein Rüssel fegt durch die Luft wie ein Orkan, und mit dem Schwanz kann er einen Wagen umwerfen. Sein Charakter ist gemein – geradezu heimtückisch, sag' ich euch –, und wenn ihr ihn seht, dann lauft um Gottes willen, so schnell ihr könnt: denn er hat nur eins im Sinn: euch plattzuwalzen.“

Seccombe, der die Unterhaltung im Dunkeln mit anhörte, kam zu ihnen. Als er merkte, um was es ging, gab auch er seinen Senf dazu. „Es gibt noch ungefähr vierzig von den wirklich ganz großen in dem Gebiet bis zu den Bergen. Am Big Blue hatte sich einer versteckt und bedrohte uns, als wir den Fluß überqueren wollten. Und nördlich vom Pawnee-Dorf lebt ein richtiges Ungetüm. Doch sie treffen sich erst weiter westlich, noch hinter dem Fort John.“ Er ließ die Stimme geheimnisvoll sinken, um dem Ganzen mehr Nachdruck zu verleihen.

Die Ausgrabung der Knochen eines Mastodons, wie zum Beispiel des Skeletts, das Dr. Koch in St. Louis ausstellte, hatte die Sage von den riesenhaften Elefanten, die durch die Ebene stampften, ins Leben gerufen.

Als Levi nach seiner Wache zum Feuer zurückkam, versuchte Purchas den Zwist, den sie wegen der Kinder gehabt hatten, zu beseitigen. Er schenkte Levi eine Tasse Kaffee ein und fragte versöhnlich: „Hast du schon mal den Elefanten gesehen, Deutscher?“

„Hm.“

„Wo?“

Levi zögerte, weil er eigentlich mit Purchas kein Geheimnis teilen wollte, doch schließlich sagte er langsam: „Ich hab' ihn gesehen."

„Wo denn? Na, schon raus mit der Sprache!"

„Ja, also . . ."

Purchas kratzte sich den Kopf und versuchte zu erraten, was Levi wohl sagen wollte. Irgend etwas in der Art des Deutschen verriet ihm, daß er wohl an den Big Blue dachte. „Oh, du meinst . . ." Er hielt die Hand gegen die Flammen und deutete einen Wagen an, der im Fluß umstürzte. Dann murmelte er: „Ja, bei Gott, du hast ihn wirklich erlebt . . ."

Und wieder überkam Levi das gleiche Entsetzen wie damals, als er bei der Überquerung des Big Blue gefürchtet hatte, daß Elly fortgeschwemmt werden würde und er hilflos zusehen mußte. Er hatte geschrien: „Sie ist tot!" Und in dem Augenblick genau gewußt, wie sehr er sie liebte. Andere Männer, tapferere als er, hätten sich in die Fluten gestürzt, sie zu retten versucht; am dunklen Himmel hatte er den drohenden Elefanten aufragen sehen, der den Männern jeden Mut raubte.

Er ging zum Conestoga und schaute hinein. Elly schlief friedlich, die Arme um die Kinder geschlungen. Sie schien ihm der Inbegriff all dessen zu sein, was Männer auf Erden lieben, und er beugte sich zu ihr und küßte sie. Doch sie war zu erschöpft von den Ereignissen des Tages und wachte nicht auf.

Am 14. Juli erreichten die Auswanderer jenen Ort, an dem sich der South Platte mit dem North Platte vereinigt. Genau ließ sich der Mündungsort nicht feststellen, da der Wasserlauf von kleineren Inseln und Sandbänken so übersät war, daß man die beiden Flüsse praktisch nicht unterscheiden konnte. Man konnte lediglich sagen: irgendwo in der Gegend fließen zwei beachtliche Ströme zusammen. Das gab es in Amerika nur einmal: über eine Strecke von fast vierzig Meilen liefen die Flüsse nebeneinander her, dazwischen lagen nur wenige Meter Land.

Die Auswanderer waren von diesem Naturschauspiel hingerissen und bewunderten es gebührend. Doch wenig später stellten sie fest, daß sie sich in südwestlicher Richtung bewegen würden, wenn sie dem South Platte folgten, sich also von Oregon entfernten.

„Wir sind nicht auf dem richtigen Weg", stellte Lykes fest.

„Das ist der South Platte", stimmte ihm Purchas bei. „Er fließt südwärts, den Bergen zu."

„Überqueren wir ihn doch", schlug Lykes vor, „und folgen wir dem North Platte."

„Okay, sucht nach einer geeigneten Stelle", riet Purchas. Doch wo immer sie sich umsahen, sie fanden nur steile Ufer und Treibsand.

„Was nun?“ fragte Mercy.

„Wir müssen wohl oder übel einige Tage lang von unserer Route abweichen“, sagte Purchas. „Beten wir zu Gott, daß er uns eine Furt finden läßt.“

Ständig behielten die Männer den Platte im Auge. Der Fluß schien aber nicht geneigt, ihnen helfen zu wollen. Sie fanden keine Furt und kamen immer weiter von ihrer Richtung ab.

Am 15. Juli trafen sie Fremde, die den „Elefanten“ gesehen hatten. Oregon könne ihnen gestohlen bleiben, sagten sie. Es waren „Umkehrer“, Leute, die so weit vorgedrungen waren, wie ihr Mut reichte, die aber vom Schwanz des Elefanten eins drüberbekommen hatten und nun zurück nach St. Joseph in die Zivilisation wollten – mit lediglich neun überlebenden Ochsen als Zugtiere für sechs Ochsenkarren.

Levi, der als einziger von Hauptmann Mercys Leuten das Entsetzen dieser Auswanderer nachempfinden konnte, warf einen Blick auf die verängstigten Frauen und sagte: „Ich gebe euch meine zwei überzähligen Ochsen.“

„Das wirst du nicht tun, zum Teufel“, schrie Purchas und schaute Hauptmann Mercy um Zustimmung heischend an. „Wir brauchen die Ochsen selbst, bald vielleicht auch ihr Fleisch.“

„Die Leute werden sonst umkommen“, argumentierte Levi. Die kleine Gruppe lauschte stumm der Debatte, die über Leben und Tod entscheiden konnte.

„Dann sollen sie eben verrecken“, erwiderte Purchas kalt. „Sie sind verrückt, wenn sie sich ohne die notwendige Ausrüstung in die Prärie wagen.“

„Ich schenke ihnen die zwei Ochsen“, sagte Levi. In seiner Stimme lag so große Autorität, daß Purchas nachgab; und er machte zugleich einen vernünftigen Vorschlag: „Wenn sie zurückwollen, sollen sie wenigstens die beiden Kinder mitnehmen.“

Alle außer Elly stimmten zu; die Übergabe der Kinder wurde in die Wege geleitet. Elly schluchzte, protestierte, wollte kein Argument gelten lassen.

Die Entscheidung traf schließlich Hauptmann Mercy: „Für die Kinder ist es am besten, in eine zivilisierte Gegend zurückzukommen“, sagte er und tröstete Elly, während Levi die Kleinen zu den „Umkehrern“ brachte.

Er übergab sie dem Anführer der Gruppe, dann holte er fünfzig Dollar aus der Tasche, drückte das Geld dem hageren, ausgemergelten Mann in die Hand und sagte: „Das ist für die Kinder, sobald sie in St. Joseph sind. Wenn ihr sie im Stich laßt, möge Gott euch verdammen.“

„Es wird nur für die Kinder verwendet“, versicherte der Mann, und die armselige Gruppe zog ostwärts, ohne Levi für die Ochsen auch nur zu danken.

Als Levi zum Conestoga zurückkam, fragte Purchas: „Hast du diesen

Gaunern vielleicht auch noch Geld in den Rachen geworfen?" Als Levi nickte, schnaubte er: „Sie werden die Kinder umbringen und mit dem Geld abhauen."

„Traust du denn keinem?" fragte Levi.

„Keinem. Und schon gar nicht einem, der aufgegeben hat. Leute ohne Charakter. Die Kinder werden bei Anbruch der Nacht tot sein." Elly hörte diese Worte, und nachts schrieb sie:

„Montag, den 15. Juli . . . Ich habe das Gefühl, als ob man mir die eigenen Kinder gestohlen hätte. Solange es ging, folgten meine Blicke der traurigen Kolonne, die mühselig mit meinem Sohn und meiner Tochter ostwärts schwankte. Als sie schließlich hinter einem Hügel verschwunden waren, schaute ich mich um und sah nur den Horizont, keinen Baum, keinen Felsen, nur die Straße, die sich westwärts wand. Ich fühlte mich so, als hätte Gott mich verlassen, ohne Freunde, ohne Hoffnung. Vermutlich ahnte Levi, wie schwer mich der Verlust der Kinder traf – und war vielleicht auch etwas schuldbewußt –, denn er kam, um mich zu trösten, doch ich stieß ihn von mir. Als es Nacht wurde, schämte ich mich, weil ich mich daran erinnerte, daß er den armen Leuten aus reiner Herzensgüte zwei Ochsen und Geld gegeben hatte, und ich versuchte, ihn zu finden, aber er wanderte irgendwo allein umher. Nun sitze ich hier, um Dir von meinem Kummer zu schreiben; die Flecken auf dem Papier kommen von meinen Tränen."

Am Morgen des 16. Juli ritten Hauptmann Mercy und Sam Purchas voraus, fest entschlossen, endlich eine geeignete Stelle zu finden, an der man den South Platte überqueren konnte. Es war höchste Zeit, da die Gruppe die gesetzten Termine schon weit überschritten hatte. Laut Plan hätten sie heute die Wasserscheide hinter sich bringen müssen, aber sie trotteten immer noch hilflos den Platte entlang, dreizehn Tage noch bis Fort John, und neunzehn bis zur Wasserscheide. Panikstimmung machte sich breit, und Sam Purchas, der schon Menschen im Schnee hatte umkommen sehen, bestand darauf, den Fluß sofort zu überqueren.

„Wie wäre es hier?" fragte Mercy.

„Sehen wir mal nach", erwiderte Purchas vorsichtig. Sie zogen Schuhe und Strümpfe aus und wateten hoffnungsvoll in das Flußbett. Doch überall, wo sie es auch versuchten, gab der Boden nach, das Wasser unterspülte ihre Füße und riß den Kies mit sich. Innerhalb weniger Augenblicke stand es ihnen bereits bis zur Brust.

„Der ganze verfluchte Fluß ist in Bewegung", schimpfte Purchas. Sie versuchten es an zwei weiteren Stellen – erfolglos.

„Ziehen wir lieber noch einen Tag an diesem Ufer entlang", schlug Mercy vor, doch Purchas wollte davon nichts wissen. „Wir müssen heute 'rüber. Alles andere wäre Zeitverschwendung."

Schließlich entschieden sie sich für eine Stelle. Sie war zwar nicht ideal – der Fluß war hier viel zu breit, mindestens eine halbe Meile –, aber der Boden schien einigermaßen fest zu sein. „Die Planwagen werden ziemlich tief einsinken", gab Purchas zu bedenken, „aber wenn wir sie ständig in Bewegung halten, ist es zu schaffen."

„Zufrieden?" fragte Mercy kurz.

„Nicht ganz, aber . . ."

Das genügte dem Hauptmann anscheinend nicht. Er verließ Purchas abrupt und trieb sein Pferd westwärts, am Ufer entlang. Welch ein Glück: Er kam zu einer Furt, die schon früher benutzt worden war, und an der sich sieben Wagen gesammelt hatten. Die Männer sprachen einander Mut zu und ließen eine Flasche kreisen. Mercy feuerte einen Schuß aus seiner Pistole, und Purchas kam angaloppiert.

„Schön, daß wir euch treffen", rief Purchas den wartenden Männern mit für ihn ungewöhnlicher Wärme zu. „Schwierigkeiten?"

Als sie ihm erklärten, daß sie schon einmal versucht hatten, den Fluß zu überqueren, jedoch feststellen hatten müssen, daß der Boden nachgab, war er überraschend hilfsbereit. „Wartet auf uns. Wir sind mit unseren Planwagen vor Anbruch der Nacht hier. Gemeinsam schaffen wir es leicht."

Als er mit Mercy zurückritt, erklärte er: „Wir brauchen diese Leute viel mehr als sie uns."

Bei der Planung des Unternehmens war Purchas von unschätzbarem Wert: nur er kannte das einzig richtige System des Übersetzens.

„Zehn Männer müssen ans andere Ufer schwimmen. Nehmt starke Seile mit. Zwei von euch stellen sich ins Wasser, ungefähr sechs Meter vom Ufer entfernt. Wenn der Wagen bei euch ist, befestigt die Seile; ihr dort – ihr zieht auf Teufel komm raus, bis die Räder das andere Ufer erreicht haben. Spannt 16 Ochsen vor den ersten Wagen. Ihr zwei Burschen da, könnt ihr schwimmen? Gut. Dann schwimmt neben den Leitochsen her und treibt sie ständig vorwärts. Der Rest bleibt bei mir. Also los! Rein ins Wasser! Und merkt euch: was auch immer geschieht, haltet den verdammten Wagen in Bewegung."

Erschreckend schnell versanken die Räder bis zu den Naben im Wasser, doch Sam ließ sich nicht beirren. Er zog den Ochsen eins über und schrie den schwimmenden Männern zu: „Treibt sie an, los!" Dann beauftragte er einige stämmige Jungen, die Speichen der Räder zu packen. „Dreht sie, aber kräftig!" brüllt er, und mit größter Kraftanstrengung von Mensch und Tier kam der Wagen aus dem Sog des Kieses frei und bewegte sich langsam auf das andere Ufer zu.

Ochsen brüllten, Männer fluchten, eine Frau in einem der Planwagen kreischte, als ihr das Wasser bis über die Füße stieg. Doch Sam Purchas hielt den Wagen in Bewegung, bis ihn die Männer mit den Seilen das steile, schlammige Ufer hinaufgezerrt hatten. Die ersten Auswanderer waren am anderen Ufer.

Purchas gönnte keinem auch nur eine Sekunde Ruhe; er wußte, daß man die Ochsen schuften lassen mußte, so lange ihre Kräfte reichten.

Tiere und Männer schwammen zum anderen Ufer zurück; die gleichen Schwierigkeiten ergaben sich auch bei der nächsten Überquerung. Sechsmal schafften sie es, dann waren die fremden Auswanderer in Sicherheit.

„Jetzt kommen unsere Wagen dran“, sagte Purchas. Alle Männer versuchten, die Ochsen vor das Gefährt der Fishers zu spannen. Doch die Tiere hatten genug. Ohne die Geduld zu verlieren, sagte Purchas zu einem der Jungen von den Auswanderern: „Laßt sie hier auf diesem Ufer grasen. Wir heben sie für den Conestoga auf.“ Dann winkte er Lykes zu sich: „Wir müssen es mit den Maultieren versuchen.“

„Das wird verdammt schwierig werden“, entgegnete dieser.

„Bearbeite mal die Nase von dem schwarzen da“, schlug Purchas vor und deutete auf eines der Maultiere. Als Lykes ihm den Kopf mit seiner „Aderpresse“ fast abgedreht hatte, ließ es sich widerwillig ins Wasser führen, und die anderen folgten mit dem Fisher-Wagen hinterher.

„Geht es nochmals?“ fragte Purchas.

„Nicht mit demselben Maultier“, erwiderte Lykes, „aber vielleicht mit dem großen Biest da.“

Dieses machte bei weitem mehr Schwierigkeiten. Die Männer hatten über eine Stunde lang zu tun, bevor sie die Maultiere vor den Frazier-Wagen gespannt hatten. Eines, dessen Oberlippe fast abgedreht worden war, gebärdete sich besonders störrisch. Purchas fragte, der Verzweiflung nahe: „Soll ich das verdammte Scheusal erschießen?“

„Es ist doch nur ein Maultier,“ besänftigte ihn Lykes.

Zu guter Letzt schafften sie den Wagen doch noch hinüber und kehrten dann, Männer wie Tiere, total erschöpft, abermals zurück, um es mit dem Conestoga zu versuchen. Purchas sagte: „Ich glaube, wir können aus den Ochsen noch eine Überquerung herausschinden.“ Hauptmann Mercy, verschwitzt und dreckig, fragte Elly: „Möchten Sie lieber zu Pferd über den Fluß?“ Aber sie antwortete: „Nein! Ich gehöre in diesen Wagen.“

Die großen, geduldigen Ochsen standen ermattet für die letzte gewaltige Anstrengung bereit. Seccombe und einer der Fremden schwammen vom jenseitigen Ufer mit zusätzlichen Seilen herüber, dann wieder zurück. Auch sie waren völlig erschöpft. Unverdrossen organisierten sie jedoch drüben die Gruppe, die an den Seilen ziehen sollte, ja sie stellten sich selbst in vorderster Reihe auf.

Langsam wurde der mächtige Wagen zum Ufer hinuntergezogen; seine schweren Räder sanken sofort tief im Kies ein. „Los!“ schrie Purchas. Und jeder einzelne arbeitete mit äußerster Kraftanstrengung, während Levi die Ochsen antrieb. Einen bangen Augenblick lang sah es so aus, als ob der Wagen unweigerlich festsäße, doch die vereinte Kraft der Ziehenden und Schiebenden setzte ihn langsam wieder in Bewegung. Gerade als die Sonne unterging, wurde der Conestoga ans nördliche Ufer gezogen.

Über diesen Tag schrieb Elly:

„Dienstag, den 16. Juli ... Es dämmerte schon, als wir endlich am Ufer ankamen; die Männer, völlig durchnäßt und verdreckt, gingen zu ihren Wagen und brachen erschöpft nieder. Einige schliefen dort, wo sie sich hingeworfen hatten, weil sie zu erschöpft waren, um sich noch in den Wagen zu schleppen. Einer der Fremden, der den Fluß mit den Seilen immer wieder überquert hatte, mußte sich über eine halbe Stunde lang erbrechen, obwohl er nichts im Magen hatte, und verlor dann das Bewußtsein. Levi, der mit den Ochsen sechzehnmal über den Fluß geschwommen war, mit den Maultieren viermal, konnte weder sprechen noch etwas essen; aber gegen Mitternacht tat er etwas Seltsames. Er forderte mich auf, ein altes Kleid anzulegen und meine Schuhe auszuziehen. Dann führte er mich zum Fluß, hieß mich untertauchen. Und ich konnte den Fluß hören, konnte wahrnehmen, wie er Sand und Kies und mitunter sogar größere Gesteinsbrocken mitführte, Levi sagte: ‚Er lebt, und seiner Kraft wären wir fast unterlegen.'"

Noch gab es keine ausgiebige Rast für die Reisenden. Am nächsten Tag hatten sie das Landstück zwischen den beiden Flüssen zu durchqueren und mit den Wagen vorsichtig den steilen Abhang bei Ash Hollow hinunterzufahren. Als sie den Hügel erblickten, verließ sie zunächst der Mut; aber dann schafften sie es.

Auch diesmal machten die Wagen der Fremden den Anfang, dann kamen die Wagen von Fisher und Frazier dran, endlich auch der Conestoga. Doch als sie diesen hinunterließen, rissen die Seile. Der Wagen raste mit hohem Tempo davon, und das linke Hinterrad brach. Einen Tag lang mußten die zehn Wagen warten, während alle Männer versuchten, ein Ersatzrad herzustellen. Schließlich war der Conestoga wenigstens so weit wiederhergestellt, daß er mühsam vorwärtsrumpeln konnte.

Man schrieb den 18. Juli. Die Gruppe des Hauptmanns Mercy lag zweieinhalb Wochen hinter dem vorgesehenen Zeitplan. Doch vor ihnen verlief über 150 Meilen eine glatte Straße, die eben, gut befestigt und ohne schwierige Hindernisse durch eine der schönsten Landschaften Nordamerikas führte. Die Reisenden genossen den Hochsommer; die Tage waren heiß und die Nächte frisch. An manchen Tagen kamen die erschöpften Auswanderer zwanzig Meilen voran und ließen voll Erstaunen ihre Blicke in die Runde gehen, wo sich immer neue Wunder vor ihnen ausbreiteten. Es gab Unmengen von Büffeln; ihre Rippensteaks waren viel schmackhafter als Rindfleisch, die gebratenen Zungen sogar eine Delikatesse, der sich vor allem die weiblichen Reisenden widmeten. Levi Zendt, sparsamer Metzger, der er war, hielt es für schändlich, einen zweitausend Pfund schweren Büffel zu töten und dann nur sechs Pfund davon zu essen, während man den Rest als unbrauchbar zurückließ. Doch Sam Purchas sagte: „Zum Teufel, man könnte fünftausend von diesen Viechern abschießen, und sie würden keine Lücke hinterlassen. Sie sind nicht wie Rindvieh, sondern eher wie Ameisen, und wer macht sich schon etwas daraus, die zu zertreten?"

Am 23. Juli erblickte die Gruppe das erste große Felsmonument während des Trails, einen weißen Felspfeiler.

Dann tauchte Chimney Rock auf, eine in den Himmel ragende Felsnadel, „Scott's Bluff", ein Schandmal des Westens. Angeblich hatten hier Trapper einen kranken Freund namens Scott verlassen, der dann umkam. Dann kamen sie in das weite, offene Land der Indianer.

Eines Abends erspähte Sam Purchas im Norden eine Indianergruppe auf dem Kriegspfad, und er bedeutete Hauptmann Mercy, daß sie sich nun sehr vorsichtig bewegen müßten. Bald verschwanden die Indianer jedoch aus Sichtweite. Dennoch bestand Purchas in dieser Nacht darauf, daß die Wagen eng zusammengeschoben wurden, und stellte Wachen auf. Levi Zendt hatte die Wache von zwei Uhr früh bis zur Dämmerung. Während er in völliger Dunkelheit dasaß – nicht einmal die Sterne waren zu sehen –, hielt er sich damit wach, daß er versuchte, die nächtlichen Geräusche zu identifizieren. Von ferne drangen zwei heisere, tiefe Koyotenschreie herüber, dann ein heller; links krächzte eine Eule, aus dem Norden ein Nachtvogel. Dazu das leise Scharren irgendeines Tieres. Plötzlich war alles so still, daß Levi seinen eigenen Pulsschlag zu hören glaubte.

Gegen Morgen nahm er das Schreien dreier Vögel wahr. Die Laute näherten sich dem Wagen, und Levi erkannte plötzlich, daß es Indianerzeichen waren. Er feuerte das Gewehr in die Luft ab und schrie: „Indianer." Er hatte recht. Eine Rotte von ungefähr zwanzig Oglala-Sioux-Reitern kam herangeprescht. Einer schwenkte eine in der blassen Dämmerung kaum sichtbare weiße Fahne.

„Möchte wissen, ob sie die weiße Fahne auch gezeigt hätten, wenn ich nicht geschossen hätte", sagte Levi zu sich selbst, als die Indianer mit einem Ruck anhielten. Ein Staubschleier breitete sich über die Wagen, aus denen verschlafene Männer mit geladenem Gewehr stiegen.

„Hallo!" schrie der Anführer der Indianer. „Speck?"

„Jesus", flüsterte Purchas. „Das ist Jake Pasquinel. Schaut euch die Narbe an seiner rechten Backe an."

Als Hauptmann Mercy den Namen hörte, hielt er den Atem an, trat einen Schritt vor und rief mit lauter Stimme: „Jake Pasquinel! Komm her! Wir haben Speck."

Die Sioux waren überrascht, daß der Weiße ihren Anführer erkannt hatte, und redeten aufgeregt durcheinander. Doch bevor sie sich noch entschieden hatten, was zu tun wäre, schrie Mercy: „Du auch, Mike Pasquinel. Komm her!"

Diese weitere Identifizierung brachte die Indianer zum Lachen. Einige stießen andere vorwärts; die Pferde tänzelten, bevor die zwei etwa dreißigjährigen Männer abstiegen und zögernd auf die Wagen zuschritten. Sie sahen gut aus, wirkten zäh und waren auf indianische Art gekleidet. Ihre Haltung war lässig, doch die Hand hatten sie nah am Messer, falls es Ärger geben sollte.

Mercy übergab Oliver Seccombe – für die Indianer sichtbar – sein Gewehr und trat vor, um die beiden Männer zu begrüßen. Die blieben stehen, schauten einander unsicher an und gingen dann weiter, bis sie vor dem Hauptmann standen. Mercy streckte die Hand aus. „Jake Pasquinel, ich habe viel von dir gehört."

Der Indianer nahm die Hand nicht, sondern fragte vorsichtig: „Woher weißt du meinen Namen?" Mercy packte mit einem schnellen Griff die rechte Hand des Indianers und hob sie in Augenhöhe. „Daran hab' ich dich erkannt", erwiderte er und deutete auf einen verstümmelten Finger. Dann zeichnete er mit dem Finger die Narbe auf des Mannes rechter Backe nach und fuhr fort: „Und an dieser Schramme." Er lachte freundlich und sagte: „Wie geht's dir, Jake!"

„Wer bist du?"

„Hauptmann Mercy von der amerikanischen Armee."

„Du kommst, um zu kämpfen?"

„Nein, ich will ein Fort bauen. Ein ständiges Fort."

„Wo?" fragte Jake mißtrauisch.

„Hol deine Krieger. Wir werden rauchen."

Also begann mitten in der offenen Prärie eine Versammlung – mit Hauptmann Mercy, Oliver Seccombe und Sam Purchas auf der einen Seite, den Pasquinel-Brüdern und zwei Oglala-Häuptlingen auf der anderen. In einer langen und sorgfältig formulierten Ansprache umriß Mercy seine Mission und versicherte den Indianern, daß die Regierung der Vereinigten Staaten lediglich die Garantie für eine freie Durchreise von Auswanderern nach Oregon wünsche.

„Ihr nehmt uns unser Land?" fragte Jake.

„Niemals!" versicherte ihm Mercy ausdrücklich. „Dieses Land wird euer Land bleiben, solange das Gras wächst und der Adler fliegt. Wir wollen nur eine Straße nach dem Westen."

An dieser Stelle fing einer der Oglala wild gestikulierend zu reden an; alle duldeten es schweigend. Dann dolmetschte Jake Pasquinel: „Wildes Pferd sagt, daß diesem da, Gespaltene Nase", Jake deutete auf Purchas, „nicht getraut werden kann. Ein böser Mann. Er tötet Indianer."

Purchas lauschte teilnahmslos, während auch der zweite Häuptling eine Hetzrede gegen ihn hielt. Nachdem wieder übersetzt worden war, sagte Purchas: „Erzählt ruhig den Häuptlingen, daß ihr Pasquinels viel mehr weiße Männer getötet habt als ich Indianer. Sagt es ihnen." Da Jake stumm blieb, versuchte sich Purchas mit Hilfe von Zeichensprache und indianischen Satzbrocken verständlich zu machen. Die Häuptlinge verstanden ihn anscheinend.

Dieses Hin und Her dauerte einige Stunden; es wurde Pfeife geraucht und gesalzener Speck gegessen. Endlich fragte Jake Pasquinel: „Also, welches Land wollt ihr für das Fort?“

„Das wissen wir noch nicht“, erwiderte Mercy. „Deswegen bin ich auch hergeschickt worden.“ Es entstand langes Schweigen, das Mercy schließlich brach: „Ich wollte euch bitten, Jake und Mike, während der nächsten drei Monate meine Führer zu sein.“

Mike Pasquinel übersetzte dies den sitzenden Häuptlingen, dann jenen, die standen. Das Angebot verwirrte sie. Als Zeichen seiner Aufrichtigkeit reichte Mercy Jake die Friedenspfeife. Jake überlegte Mercys Angebot ein paar Minuten. Dann erwiderte er ganz staatsmännisch: „Ich bin ein Halbblut. Wenn ich für dich den Führer mache, werden die Indianer sagen, daß Pasquinel ein Verräter ist. Also arbeite ich nicht für dich. Aber Rote Feder“, er nahm die Hand eines der anwesenden Krieger, „versteht etwas Englisch und wird euch führen.“ Rote Feder, ein großer junger Mann, setzte sich zu ihnen.

Purchas gefiel das gar nicht. „Das läßt dir genug Zeit, um weiter morden zu können, was, Pasquinel?“

„Der Tag wird kommen“, sagte Jake ohne Erregung, „an dem das Töten aufhören wird. Wenn du aufhörst, höre auch ich auf.“

„Ich würde dir nicht einmal glauben, wenn du behauptest, daß du keine Karnickel mehr umbringst“, schnarrte Purchas.

Jake schaute den Trapper durchdringend an und machte dann mit dem rechten Daumen eine Bewegung quer über seine Kehle. „Wir werden dich bald töten, Squaw-Killer.“

Der Spottname Gespaltene Nase hatte Purchas völlig kalt gelassen. Doch als der Indianer diesen zwar verdienten, zugleich verhaßten Namen ausgesprochen hatte, sprang er auf, Mercy zog den Widerstrebenden wieder zu Boden. „Wir werden Rote Feder mitnehmen“, sagte er. „Und wenn wir einen geeigneten Platz für das Fort gefunden haben, werden wir bestimmt nichts unternehmen, bis wir uns mit dir, deinem Bruder Mike und den Oglala-Häuptlingen geeinigt haben.“

Jake nickte zurückhaltend, und Mercy schlug vor: „Dann solltet ihr auch die Cheyenne und die Arapaho mitbringen.“ Jake sagte, daß er nicht im Namen dieser Stämme sprechen könne, worauf Mercy erwiderte: „Aber du bist doch ein Arapaho.“ Jake Pasquinel schien verlegen zu sein. „Woher weißt du, daß ich ein Arapaho bin?“

Kapitän Mercy deutete noch einmal auf den Fingerstumpf und dann auf die Narbe. „Den Finger hast du in einer Kiowa-Schlacht verloren, die Narbe bekamst du bei Fort Osage. In St. Louis kennt dich jeder, Jake. Man glaubt dort, daß du der Mann sein könntest, der der Prärie den Frieden bringt.“ Er befahl Purchas zu übersetzen, damit alle Oglala verstanden, was er sagte. Und wieder fühlte sich Jake Pasquinel anscheinend gar nicht wohl in seiner Haut.

Dann fragte Mercy: „Als ihr heute morgen angeschlichen kamt, hättet ihr uns erschossen, wenn unser Wachtposten euch nicht gehört hätte?"

Jake saß unbeweglich da; sein breites Gesicht verriet nichts. Er schaute kurz Levi an und meinte: „Ihr habt gute Wächter." Und Mercy erwiderte: „Wir werden sie auch weiter aufstellen."

Die Oglala Sioux stiegen auf ihre Pferde und ritten davon. Doch schon nach etwa hundert Metern hörten sie hinter sich ein wildes „Nein! Nein!", dem ein Schuß folgte. Als sie sich in den Sätteln umwandten, sahen sie, daß Mercy das Gewehr Purchas aus der Hand schlug, mit dem dieser auf Jake Pasquinels Rücken gezielt hatte. Nur um den Bruchteil einer Sekunde hatte er es verhindern können. Mercy holte aus und schlug Purchas zu Boden.

„Du Schweinekerl", schrie er. „Wir bemühen uns so, und . . ."

Er wurde von Jake Pasquinel unterbrochen, der zur Gruppe der Auswanderer zurückgeritten kam. Er schaute vom Pferd auf Purchas hinunter und spuckte ihm ins Gesicht. „Squaw-Killer, der Hauptmann hätte dich ruhig schießen lassen sollen! Wenn du auf einen Mann schießt, verfehlst du ja sowieso, weil deine Hände vor Angst zittern!"

„Niemand spuckt mir ungestraft ins Gesicht", zischte der Mann am Boden und wollte mit einer schnellen Bewegung ein Messer ziehen. Doch bevor er es gepackt hatte, war Jake Pasquinel in gehöriger Entfernung, lachte ihn schallend aus und rief ihm noch einmal den verhaßten Namen zu: „Squaw-Killer."

Am 29. Juli kam die Gruppe an jene Stelle, an der Laramie und Platte friedlich zusammenfließen. In einiger Entfernung jenseits des Flusses sahen sie Fort John, den Mittelpunkt der Zivilisation zwischen dem Missouri und dem Pacific, ein Handelsposten mit drei Wehrtürmen, mit Zinnen versehenen Schutzwällen und Mauern aus gebrannten Lehmziegeln. Es gab einen Sattler und einen Hufschmied, vor den Wällen eine Anzahl Tipis, und über allem lag ein Hauch von Heimat.

Als man im Fort die Ankunft der von Hauptmann Mercy und Lykes geführten Gruppe bemerkte, schoß von einem der Türme eine dort aufgestellte Kanone Salut, und die Indianer vor dem Fort flüsterten: „Schreckliche Stimme ist aufgewacht." Sie mochten die Kanone nicht, hatten sie doch die Zerstörungen erlebt, die sie anrichten konnte. Besser, wenn sie „schlief".

Die Zendts hatten es gerade noch geschafft. Nun brauchten sie dringend die Dienste eines Schmieds, nicht nur, weil sie das lädierte Rad reparieren lassen mußten, sondern auch, um die Eisenreifen der anderen drei Räder, die sich gelockert hatten, zu befestigen. Außerdem wollten sie möglichst viel Dörrfleisch einkaufen, um nicht immer Speck essen zu müssen; auch Mehl brauchten sie dringend. Nachdem sie den Conestoga in den von Palisaden umzäunten Hof gefahren und dem

Schmied übergeben hatten, gingen sie zum Warenlager. Ein hochgewachsener, dünner Mann Ende der Sechzig überwachte dort die Verkäufe, eine attraktive Indianerin assistierte ihm.

„Levi Zendt aus Lancaster. Ich brauche einen Haufen Sachen."

„Alexander McKeag aus Schottland. Die Ware steht bereit."

„Dies ist meine Frau Elly. Sie kann kaufen, was sie für nötig hält."

„Dies ist meine Frau Tönerne Schale. Sie wird die Sachen herbeiholen."

Sie unterhielten sich auf diese Weise, wobei keiner der beiden ein überflüssiges Wort sprach. Zendt erzählte von der schwierigen Überquerung des South Platte, und McKeag erwiderte: „Der ist immer schlimm!" Levi erzählte, wie Purchas einen Pawnee erschossen und der überlebende Pawnee ein Emigrantenehepaar skalpiert hatte, das zwei Kinder hinterließ. „Meistens nehmen sie die Kleinen mit", bemerkte McKeag dazu.

Dann stellte Levi aus einer seltsamen Regung heraus, die er nicht hätte begründen können – er war an sich gar kein neugieriger Mann –, eine persönliche Frage: „Wie kamt ihr dazu, euch hier niederzulassen?" Und McKeag antwortete: „Das hätte ich sicher nicht getan, hätte es weiter südlich eine Handelsniederlassung gegeben." Er berichtete von dem guten Land, das er bei Buttes und den Kalkklippen entdeckt hatte.

„Es soll eine Menge Biber dort geben", sagte Levi.

„Sind jetzt alle weg."

„Wozu taugt's dann noch?"

„Vermutlich Landwirtschaft. Gutes Wasser, guter Boden."

„Hauptmann Mercy sagt, daß es Wüste ist."

„In dem Glauben soll man ihn ruhig bestärken. Das hält die schlechten Leute ab."

„Warum habt Ihr nicht dort einen Laden?"

„Kommt niemand vorbei. Was ja eigentlich das Schöne dran ist."

Nachdem Elly ihre Einkäufe getätigt hatte, tauchte ein kleiner Schwarzer auf und meinte: „Mein Herr will euch zum Essen bei sich haben." Er führte sie und Levi ins Hauptquartier, wo sich einige Offiziere, das Whiskyglas vor sich, erhoben und formell verbeugten, als Elly das Zimmer betrat. Ein hochgewachsener Mann mit dichtem Bart begrüßte sie: „Madame Zendt, Sie erweisen uns eine große Ehre." Nachdem sie einander eine Weile ihre Erlebnisse berichtet hatten, sagte der Bärtige: „Ich würde dieses Schwein Purchas nie in meiner Umgebung dulden, geschweige denn an meinem Tisch. Er ist bei Gott ein Squaw-Killer, mehr stellt er nicht auf die Beine."

„Ohne ihn hätten wir die Flußüberquerung nicht geschafft", wandte Mercy ein. „Er versteht sein Handwerk."

„Ich bin entsetzt, daß ihn die Armee als Scout engagiert hat."

„Stimmt nicht ganz. Es war Seccombes Idee."

Schließlich wurde das Essen aufgetragen, und Elly sagte: „Ich bin ganz erstaunt darüber, wie viele gute Nahrungsmittel es hier zu kaufen gibt.“ Levi fügte hinzu: „Mich haben die Preise überrascht. Aber Mr. McKeag war uns sehr behilflich.“

„Wer?“ fragte Mercy.

„Alexander McKeag“, wiederholte Levi.

Daraufhin legte Mercy das Messer nieder, schaute einige Sekunden lang gedankenlos auf seinen Teller, erhob sich schließlich und entschuldigte sich. Er verließ das Gebäude und fragte den kleinen Schwarzen: „Wo ist das Warenlager von McKeag?“

„Da drüben“, sagte der Junge und zeigte ihm die Richtung. Mit langsamen, fast mühsamen Schritten ging der Hauptmann zu dem Geschäft. Beim Eintreten sah er, daß der Schotte und seine indianische Frau eben den Laden schließen wollten.

„Alexander McKeag?“ sagte Mercy. Der dünne Mann nickte, worauf sich Mercy dessen Frau zuwandte. „Tönerne Schale?“ Sie schaute ihn verwirrt an, als er ihre Hände ergriff und sie küßte.

„Wer seid Ihr?“ fragte sie.

„Maxwell Mercy aus New Hampshire!“

„Und warum küßt Ihr meine Hand?“ fragte sie ernst.

„Ich bin mit Pasquinels Tochter aus St. Louis, Lisette Bockweiß, verheiratet.“

Alle schwiegen. Dann ging McKeag zur Tür und sperrte zu. Er schob den Fensterladen vor und setzte sich auf ein Bündel Biberfelle. „Wie geht es Lise Bockweiß?“ fragte er.

„Sie ist eine der einflußreichsten Frauen in St. Louis“, sagte Mercy mit Wärme und berichtete dann weiter über alles, was sich in der Stadt zugetragen hatte: Cyprian Pasquinel war jetzt Senator, der alte Hermann Bockweiß war gestorben und hatte umfangreiche Besitztümer hinterlassen, seine Tochter Grete und ihr Mann hatten viele Geschäfte in New Orleans, Lise Bockweiß-Pasquinel gab noch häufig große Gesellschaften im roten Backsteinhaus an der Vierten Straße.

„Ist Lisette eine hübsche Frau geworden?“ fragte McKeag.

„Hinreißend!“ sagte Mercy emphatisch und zog aus der Tasche eine Miniatur seiner Frau, auf der sie das gleiche französische Prinzeßkleid trug wie an jenem Abend, an dem McKeag sie kennengelernt hatte.

Tönerne Schale fragte: „Hast du zufällig meine Söhne in der Prärie getroffen?“

„Ja“, entgegnete Mercy ruhig. „Jake und Mike.“

„Sind sie wieder in Schwierigkeiten?“

„Ich fürchte, ja.“ Als er das gesagt hatte, seufzte sie, und Mercy merkte zum erstenmal, was für eine gutaussehende Frau sie war, trotz ihrer etwa fünfundfünfzig Jahre war sie noch schlank, das schwarze Haar mit grauen Strähnen durchzogen und das Gesicht besonders apart durch die hohen Backenknochen, die sie von ihrem Vater Lahmer

Biber geerbt hatte. Sie strahlte große Würde aus und war auf ihre Art genauso bemerkenswert wie Lise Bockweiß-Pasquinel. Hauptmann Mercy faßte sie an den Händen und sagte: „Dieser Pasquinel hat mit seinen Ehefrauen schon einen hervorragenden Geschmack bewiesen." Tönerne Schale lächelte nicht, denn sie dachte an ihre beiden Söhne. Doch welche Gedanken sie auch immer bewegten, sie wurden durch scharfes Klopfen an der Tür und ungeduldiges Rufen unterbrochen: „He, ihr da drinnen, macht schon auf!"

Als McKeag die Tür öffnete, kam ein siebzehnjähriges Mädchen in den Laden, gekleidet in Hirschleder, an den Füßen Wildledermokassins. Sie war schlank und groß, hatte pechschwarzes Haar und Gesichtszüge, die auf ihre indianische Herkunft schließen ließen, obwohl die Haut fast weiß war. Sie stellte sich selbst als Lucinda McKeag vor und erzählte eifrig, daß drüben einige Musikanten zum Tanz aufspielten.

An den nächsten Abenden gab Mercy Abschiedsfeste für die Auswanderer, die westwärts weiterziehen wollten. Oliver Seccombe tanzte ausschließlich mit Lucinda, so daß Mrs. Fisher am letzten Abend zu Mrs. Frazier sagte: „Ich bin überzeugt davon, daß sich hier eine Romanze anspinnt." Wenn dem so war, so wurde sie durch Hauptmann Mercy im Keim zerstört, als er zu McKeag sagte: „Ich hätte es nicht allzu gern, wenn Oliver Seccombe meiner Tochter den Hof machte." Als McKeag ihn nach dem Grund dafür fragte, erwiderte er: „Man kann sich nicht vollkommen auf ihn verlassen." Der Schotte wollte Mercy gerade fragen, wieso er denn mit einem Mann gereist wäre, dem er nicht traute, als sie von Lykes unterbrochen wurden, der an sein Glas klopfte und um Aufmerksamkeit bat. „Sam Purchas darf dieses Fort nicht verlassen, bevor er uns erzählt hat, wie und wo er seine Nasenspitze eingebüßt hat." Alle stimmten lachend zu.

„Ich habe mit der Frau eines Flußschiffers geschlafen, der leider unerwartet nach Hause kam und seinen Platz belegt fand . . . Ohne mich zu wecken, beugte er sich zu mir herunter und biß mir die Nasenspitze ab."

„Der Mann war wirklich gräßlich!" sagte Mrs. Fisher, und Purchas nickte ihr zu: „Die meisten Leute in Natchez-under-the-Hill sind so. Wißt ihr, was mit meinem Flußschiffer dann passiert ist? Er versuchte das gleiche Spielchen mit einem kreolischen Gentleman aus New Orleans und bekam eine Kugel in den Bauch."

Mit solchen Geschichten und Erinnerungen verging die Nacht sehr heiter; doch am nächsten Morgen kam ein banger Augenblick, als von den Wachttürmen gerufen wurde: „Die Pasquinel-Brüder führen einen kriegerischen Trupp Indianer an: Arapaho und Cheyenne."

Alle kletterten auf die Wachttürme und beobachteten von dort die Ankunft der Indianer. Die älteren Häuptlinge hatten den zeremoniellen Kopfschmuck angelegt, die Sonne – der Trupp kam von Osten –

ließ die Adlerfedern aufglänzen. Da es Sommer war, trugen die jüngeren Krieger lediglich Lendenschurze; die bronzefarbenen Körper schimmerten sanft im Morgenlicht.

Sie saßen zu Pferd, als wären sie damit geboren worden, als wären die Schecken ein Teil von ihnen. Mitunter scheute ein Roß, tänzelte aus der Reihe und scharrte mit den Hufen im Staub. Der Reiter korrigierte das Pferd nicht, er konnte sich darauf verlassen, daß es von selbst wieder seinen Platz in der Gruppe einnehmen würde.

Wie stolz sahen die Indianer an diesem Morgen aus, wie zuversichtlich und selbstsicher. Es war das Jahr, in dem zwischen den beiden Rassen eine Art Gleichgewicht bestand. Noch besaßen die Indianer das Land und kontrollierten es, es gab genügend Büffelherden, und die Weißen hatten noch nicht mit ihrem Vernichtungsfeldzug begonnen – Frieden lag im Bereich des Möglichen.

In leichtem Galopp kamen die Häuptlinge bis an die Tore des Forts. Elly flüsterte Levi zu: „Sie sind viel größer als die Pawnee und die Sioux", worauf Levi erwiderte: „Und sie sehen bedeutend besser aus als die Sac und die Fox, die uns Mokassins verkaufen wollten."

Oliver Seccombe war begeistert. „Das sind endlich die Indianer, die ich gesucht habe", rief er und kletterte die Leiter hinunter, um sie zu begrüßen.

Der erste Krieger, zu dem er trat, schaute verwundert von seinem Pferd auf ihn herunter. Was hatte dieser seltsame Weiße vor? Der Indianer hieß Verirrter Adler. Er war der Enkel des Lahmen Bibers. Die Stirn des vierunddreißigjährigen Kriegers war breit, seine Augen lagen tief in den Höhlen, die Backenknochen sehr hoch. Seine Haut war etwas dunkler als die eines durchschnittlichen Arapaho.

Er ritt an Seccombe vorbei und erkannte zu seinem Vergnügen, daß seine Tante, Tönerne Schale, im Fort war. Er sprang vom Pferd und bewegte sich würdevoll zu ihr, streckte die Hände zur Begrüßung aus und sagte zu ihrem Mann auf Arapaho: „McKeag, wir sind gekommen, um Friedensverhandlungen zu führen, aber wir wissen noch nicht, was die Armee will."

Mercy, der sich an alle Häuptlinge wandte, sagte schlicht: „Ich bringe euch viele Geschenke vom Großen Vater in Washington."

„Warum hat man uns zu einem Treffen gerufen?" fragte Verirrter Adler – Jake Pasquinel übersetzte –, und Mercy erwiderte: „Der Große Vater in Washington braucht hier im Westen ein Fort."

„Hier ist euer Fort", rief Verirrter Adler und deutete auf die Wälle, die sie umgaben.

„Aber dieses Fort gehört nicht dem Großen Vater, sondern Mr. Bordeaux, und die Armee braucht ein eigenes."

„Warum die Armee?" fragte Verirrter Adler. Als Pasquinel übersetzt hatte, sagte Mercy ernst: „Nicht um zu schießen oder um zu töten. Nur um zu beschützen."

„Auch wir wollen beschützen“, versicherte Verirrter Adler. „Wir wollen nicht, daß unsere Squaws getötet und die Büffel aus unseren Gebieten vertrieben werden.“ Er machte eine Pause und sagte dann bedeutungsvoll: „Wir wollen auch nicht, daß man unseren Männern wie Jake Pasquinel in den Rücken schießt.“

„Ich habe Jake das Leben gerettet“, erwiderte Mercy ernst.

„Das wissen wir. Warum tatest du das?“

„Weil er mein Bruder ist.“

Die Häuptlinge akzeptierten dies als eine treffende Ausdrucksweise und nickten zustimmend. „Wir sind alle Brüder“, sagte Verirrter Adler.

Hauptmann Mercy ging zu Jake Pasquinel hinüber und ergriff dessen Hand. „Er ist sogar mein wirklicher Bruder; ich bin mit seiner Schwester verheiratet.“ Diese Neuigkeit entfachte eine hitzige Diskussion sowohl unter den Indianern als auch unter den Weißen, worauf sich schließlich Jacques und Marcel Pasquinel von ihren Gefährten trennten, zu Mercy traten und fragten, ob es wahr sei, was er gerade gesagt hatte. Er antwortete: „Ja, ich bin mit Lisette Pasquinel verheiratet“, und holte die Miniatur aus der Tasche, die dann unter den Arapaho- und den Cheyenne-Häuptlingen herumgereicht wurde. Und alle waren entzückt über ihre Schönheit.

An diesem Abend versammelten sich die verschiedenen Pasquinels: Jake, Mike, ihre Schwester Lucinda McKeag, Tönerne Schale und Hauptmann Mercy von der St.-Louis-Sippe. Es wurde gesprochen und gelacht, und Jake räumte ein, daß die Häuptlinge Hauptmann Mercy und dem Großen Vater in Washington einen Teil des Arapaho-Landes für ein Fort abtreten sollten. Dann tauchte Oliver Seccombe auf und bat vergeblich, Lucinda zum Tanzen abholen zu dürfen.

Als jedoch der Zeitpunkt gekommen war, zu dem festgelegt werden sollte, welches Land abgetreten werden sollte, stellten Hauptmann Mercy und Sergeant Lykes fest, daß sie nicht mit Verirrter Adler unterhandeln sollten, der ja im Prinzip mit ihnen einig war, sondern mit Krummdaumen, einem jungen Häuptling der Cheyenne, der voller Haß auf die Weißen war. „Sie erschießen unsere Büffel und essen sie nicht auf. Sie fällen unsere Bäume, bringen aber keine Geschenke.“ Sein Ton war kriegerisch. Mit jeder Erwiderung Mercys nahm seine Wut noch zu. In seinem Bericht nach Fort Leavenworth schrieb Mercy: „Einen Cheyenne-Krieger müssen wir gut im Auge behalten. Er heißt Krummdaumen, weil seine rechte Hand vor vielen Jahren vom Wagen eines Pelzhändlers zerquetscht wurde.“

Es war für die Auswanderer nach Oregon nun an der Zeit, weiterzuziehen, und gerührt nahmen sie von Hauptmann Mercy und Sergeant Lykes Abschied.

Nun fing der „Elefant“ an, mit dem Schwanz zu peitschen und mit dem Rüssel zu drohen. Zur Bestürzung aller machte das reparierte

Hinterrad des Conestoga schon bald wieder Schwierigkeiten und brach am vierten Tag, westlich von Fort John, völlig zusammen. Sam Purchas und Mr. Frazier untersuchten es gründlich und konstatierten dann: „Hoffnungslos! Die einzige Möglichkeit ist, einen Baumstamm zu finden und es zu einem Travois umzubauen."

Wo aber sollte man einen Baum hernehmen? Sie hatten den Platte hinter sich gelassen und befanden sich mitten in einer endlosen Ebene; weit und breit war kein Baum in Sicht. Also machten sich Levi und Elly, mit Äxten bewaffnet, in südlicher Richtung zum Fluß auf den Weg. Sie mußten elf Meilen laufen, bis sie eine Pappel fanden. Levi fällte sie und ruhte sich aus, während Elly die Zweige abhackte. Dann schlangen sie um das dickere Ende des Stammes ein Seil und begannen, den Baum zurück zu den Wagen zu schleifen. Diese Expedition dauerte zwei Tage, und Elly fragte einmal auf dem mühseligen Weg: „Und was ist, wenn sie ohne uns weitergefahren sind?" Levi fuhr sie an: „Wie kannst du nur so etwas glauben!" Elly erwiderte ungerührt: „Sam Purchas traue ich alles zu."

Schon in der nächsten Nacht sollte es sich als richtig erweisen, daß Sam Purchas alles zuzutrauen war. Da es in der Gegend keinerlei Feuerholz gab, hatten die Frauen die Aufgabe, runde, platte Büffelfladen einzusammeln, die leicht und stetig brannten. Die Frauen verteilten sich vor den Wagen fächerartig in die Gegend und führten zum Spaß Wettbewerbe durch: gewonnen hatte, wer die meisten Fladen fand. Manchmal kamen zwei aus entgegengesetzten Richtungen gerannt und riefen: „Ich hab's zuerst gesehen."

An diesem Tag hatte keine gute Stimmung geherrscht. Die Männer hatten den Baumstamm so zugeschnitten, daß er als eine Art Ersatzrad dienen konnte. Das Vorwärtskommen war dadurch sehr viel beschwerlicher geworden; die Fishers wollten sogar – zusammen mit den Fraziers – zügiger vorausfahren. Doch Purchas hatte ihnen diesen Plan ausgeredet.

Elly Zendt, die eben allein hinter einem Hügel Büffeldung suchte, hörte, daß ihr jemand nachgekommen war. Es war Sam Purchas, der sie packte und zu Boden warf. Sie wehrte sich, zerkratzte seine verstümmelte Nase, worauf er ein Messer zog und grunzte: „Ein Laut, und ich bring' dich um."

Er hielt ihr das Messer an die Kehle und zerriß ihre Kleider, bis sie fast nackt war. Doch als er sich auf sie werfen wollte, stieß sie einen schrillen Schrei aus und trat ihn mit aller Kraft von sich. Ein wilder Kampf begann, bis Levi, der den Schrei gehört hatte, herbeigestürzt kam und Purchas bei der Kehle packte.

Noch vor Sonnenuntergang hatten es die Fishers und die Fraziers durchgesetzt, allein weiterzuziehen. „Wir wollen mit dieser üblen Sache nichts mehr zu tun haben", war ihr Argument, und ihre Wagen fuhren die ganze Nacht hindurch.

Nur dem fröhlichen Naturell von Oliver Seccombe war es zu verdanken, daß die übrigen vier miteinander auskamen. „Wir müssen einfach alles vergessen, was geschehen ist“, sagte er leichthin. „Ich versichere euch, daß so etwas nie mehr geschehen wird, weil ich persönlich beim nächsten Versuch Mr. Purchas zwischen die Augen schießen werde. Hast du mich verstanden, Sam?“

„'n Haufen junger Männer hat das schon versucht, Sonny“, brummte Purchas.

Eine ungute Spannung lag nun ständig über der kleinen Gruppe, aber am nächsten Morgen, als das rechte Hinterrad zusammenbrach, mußten sie gemeinsam versuchen, mit diesem neuen Problem fertig zu werden. Elly war überzeugt, daß Purchas sich daran zu schaffen gemacht hatte, aber sie konnte es nicht beweisen. Außerdem war die Strecke so uneben gewesen, daß auch die normale Abnützung hätte daran schuld sein können.

Was war zu tun? Nachdem man alle Möglichkeiten hin und her überlegt hatte, sagte Seccombe, daß man den Conestoga entzweisägen, das meiste Gepäck wegwerfen und die Fahrt mit einem zweirädrigen Karren fortsetzen müsse. Levi war der Verzweiflung nahe. Zuerst hatte er die prächtigen Pferde verkaufen müssen, und nun sollte er noch seinen geliebten Conestoga verstümmeln! Er brachte es nicht über sich, mit Hand anzulegen, als Seccombe und Purchas die hintere Hälfte absägten.

Nun kam das Schwierigste. Elly und Levi mußten sich entscheiden, was wegzuwerfen und was zu behalten war. Der Extraschinken – weg! Die Töpfe, die Elly mit dem Geld, das sie zur Hochzeit erhielt, in Cincinnati gekauft hatte – weg! Die Extraballen Tuch – weg! Gewehre und Kugeln – mußten bleiben. Das Mehl – mußte bleiben. Werkzeug und der Eisenreif – weg! Mit großer Pein sahen die Zendts zu, wie ihre Schätze ausgeladen wurden. Was für eine Ironie des Schicksals war es doch, all diese schweren Sachen quer durch einen Kontinent geschleppt zu haben und sie im letzten Drittel der Strecke wegwerfen zu müssen!

Der zweirädrige Wagen ermöglichte eine schnellere Weiterfahrt, so daß sie am ersten Tag 22 Meilen schafften. Als sie am 8. August schon nahe der Kontinental-Wasserscheide waren und nun die leichtere Fahrt bergabwärts vor ihnen lag, starb einer der Ochsen. Dieses geduldige Tier hatte sich bei der Platte-Überquerung völlig überanstrengt und war nur durch die ungeheure Zähigkeit am Leben geblieben, die diese Tierrasse auszeichnet. Elly Zendt weinte, als sie ihm das Zaumzeug abnahm. Sie hatte diese störrischen Kreaturen, die so treue Diener waren, lieben gelernt.

Am nächsten Tag starb ein weiterer Ochse. „Jetzt tut es dir sicher verdammt leid, daß du zwei Ochsen so leichtsinnig hergeschenkt hast“, feixte Purchas.

„Du Bastard!“ brüllte Levi, schämte sich jedoch gleich über sich und ging einige Schritte beiseite. Er war am Ende seiner Nervenkraft und ließ sich nicht einmal von Elly trösten. In der Nacht kam Oliver Seccombe zu dem zweirädrigen Wagen und sagte eindringlich: „Levi, der Mann ist wirklich ein Bastard. Aber laß nicht zu, daß er dich reizt." Levi tat es gut, zu wissen, daß Seccombe mit ihm einer Meinung war.

Am nächsten Tag kam ein triumphaler Augenblick, als die kleine Gruppe über die Kontinentalwasserscheide fuhr und Purchas rief: „Von hier an geht's nur noch abwärts." Elly gab die Empfindung vieler Auswanderer wieder, als sie schrieb:

„Freitag, den 9. August . . . Ich kann es nicht glauben. Meine Vernunft sträubt sich dagegen, aber es scheint doch wahr zu sein: Von Pittsburgh an, das wohl etwa auf Meereshöhe liegt, mußten wir, soweit ich mich erinnere, über keinen Hügel, geschweige denn einen Berg. Die Strecke war absolut eben; dennoch haben wir die Rockies überquert und sind auf einer Anhöhe, von der es fast dreitausend Meter abwärts geht. Ich frage mich, ob es im Leben nicht ähnlich ist. Man wandert gedankenlos dahin und steigt dabei die ganze Zeit den sehr steilen Berg der Einsicht und des Verstehens hinauf. Erinnerst du dich noch daran, wie wir uns über Männer und die Ehe unterhalten haben? Es ist alles so viel einfacher, als wir geglaubt haben . . ."

Und dann, als ob Elly Zendt voll frevelhaftem Übermut gewesen wäre, passierte etwas . . . In der Nacht des 10. August – die Straße nach Oregon lag gerade und frei vor ihnen – wollte Levi nach den Ochsen sehen, und aus der Dunkelheit wuchs der Elefant. Er war riesenhaft, zehn oder fünfzehn Meter hoch, mit gefährlich geschwungenen Stoßzähnen und tückisch glimmenden Augen. Er schien für Levi die Verkörperung all des Schreckens, den sie schon erlebt hatten und der auf dem Weg nach Oregon noch auf sie lauerte. Die Bedrohung durch diese Gestalt war zuviel, und Levi wußte, daß er umkehren mußte.

Er lief zum Wagen, weckte Elly und sagte: „Ich habe den Elefanten gesehen."

„Wo?"

„Dort draußen. Wir kehren um."

Sie unternahm keinen Versuch, ihn umzustimmen. Er weckte noch vor Tagesanbruch die beiden anderen und sagte ihnen, daß er und Elly umkehrten.

„Warum denn?" fragte Seccombe.

„Ich habe den Elefanten gesehen." Das war genug. Wenn ein Mann auf diesem Weg den Elefanten sah, klar und überwältigend, wie er mit seinen flammenden Augen aus der Dunkelheit auftauchte, dann mußte der Mann die Warnung beachten.

„Also bist auch du nur ein Umkehrer", sagte Purchas verächtlich.

„Ich habe den Elefanten gesehen", entgegnete Levi, „und er zeigte mir dich – mit nach einer Seite baumelndem Kopf, weil man in Oregon solche wie dich todsicher hängt."

Einige Minuten lang, während er sich von Seccombe verabschiedete, hatte Levi Purchas nicht im Auge. Trotz der langen, gefahrvollen Partnerschaft bei einem grandiosen Abenteuer, zeigte der Engländer kein Bedauern über die Trennung. „Wir werden uns schon wieder irgendwo treffen“ sagte er nonchalant. Und als ob es für diesen jungen Mann kein Problem auf der Welt gäbe, pfiff er fröhlich vor sich hin, als er und Sam Purchas westwärts, nach Oregon, weiterritten. Sie brachen ungewöhnlich schnell auf, und Levi entdeckte einige Stunden später auch, warum es Purchas so eilig hatte.

„Dieses Schwein hat mein Gewehr gestohlen“, sagte er wütend. Elly durchsuchte den ganzen Wagen, doch das Gewehr mit dem wundervoll gemaserten Ahornschaft blieb verschwunden. Ebenso Ellys gestrickter Geldbeutel und die scharfe Schere. Eigentlich hätte es Flüche auf den alten Trapper hageln müssen, aber die Bitternis dieser letzten Unwürdigkeit war so groß, daß sie, anstatt ihn zu verfluchen, in Gelächter über sein lächerlich prahlerisches Benehmen ausbrachen – das ständig lose sitzende Messer, der tabakverfleckte Bart, die abgebissene Nase, seine ganze Erbärmlichkeit. Sie lachten noch, als sie schon weit weg waren. In der Nacht schrieb Elly einen langen Brief:

„Sonntag, den 11. August . . . Es gibt viele Bezeichnungen für unsere Umkehr, aber den wahren Namen haben wir noch nicht ausgesprochen. Er lautet: Niederlage, die Durchkreuzung all unserer Hoffnungen. Die geliebten Pferde sind verkauft, die braven Ochsen, die uns so gut gedient haben, sterben einer nach dem anderen, und die noch lebenden brechen mir mit ihrem treuen Dahinstampfen fast das Herz, weil auch ihre Tage gezählt sind. Wir haben die meisten Sachen, die wir in Oregon für unser neues Leben gebraucht hätten, weggeworfen, und selbst unser Conestoga ist nur noch ein armseliges halbiertes Gefährt mit zwei Rädern, die sich sicherlich auch nicht mehr lange drehen werden. Wir haben nichts, und nun haben wir auch noch die Hoffnung aufgegeben . . .“

Am 19. August kamen sie wieder in Fort John an, diesmal aus dem Westen, unendlich erleichtert, es endlich zu erreichen; denn in dem halben Wagen hatten sie nicht genügend Vorräte mitnehmen können und bereits gedarbt. Sie fuhren direkt zu McKeags Laden. „Gerade dich hätte ich niemals für einen Umkehrer gehalten“, sagte der Schotte. Levi erwiderte: „Ich habe den Elefanten gesehen.“ Sie redeten geraume Zeit miteinander, und schließlich fragte Levi: „Dieser Platz da im Süden . . . du hast ihn die Rattlesnake Buttes genannt. Hast du je überlegt, dort hinzugehen?“

„Jeden Tag meines Lebens“, erwiderte McKeag. „Aber ich habe nie einen Partner gefunden.“

„Warum versuchen wir es nicht miteinander?“

„Ja, warum eigentlich nicht?“ stimmte McKeag zu und rief nach seiner Frau. Als Tönerne Schale hereinkam, sagte er: „Zendt möchte eine Niederlassung für den Handel mit Indianern am Beaver Creek aufmachen", und sie antwortete: „Dieses Fort hier ist auch nicht der geeignete Platz für unsere Tochter." Sie holten Lucinda, und alle fünf brauchten nicht länger als eine Viertelstunde, um sich zu entschließen, den Versuch zu wagen. Sobald McKeag sein Geschäft einem anderen übergeben hatte, wollten sie nach Süden ziehen.

Sie waren drei Tage unterwegs, als McKeag die Zendts mit folgender Feststellung erstaunte: „Ich habe auf der Bank in St. Louis 23.000 Dollar. Also lassen wir uns drei Wagenladungen mit Waren schicken."

„Wie hast du 23.000 Dollar zusammenbekommen?"

„Gespart . . . während Pasquinel sein Geld 'rausgeschmissen hat. Wenn es sich bei den Indianern herumspricht, daß wir mit Waren handeln, werden sie bald kommen, und ich spreche die meisten Indianerdialekte."

„Ich kann zweitausend Dollar dazulegen", sagte Levi.

„Woher hast du zweitausend Dollar?"

„Hab' meine Pferde verkauft . . . in St. Joe."

Auf diese Weise begann eine solide Partnerschaft, die zweite in McKeags Leben, und er stellte sich in dieser als ebenso verläßlich heraus wie in der ersten. Elly schrieb darüber:

„Sonntag, den 25. August . . . An einem Tag wie heute muß ich mir einfach überlegen, ob wir auf unserer Fahrt so viel Unglück hatten, weil wir am Sabbat weitergefahren sind. Vielleicht hatten die Fishers und die Fraziers doch recht, und wir hätten einen Tag rasten sollen, wie Gott es befiehlt. Und doch . . . wenn ich mir die drei Menschen ansehe, die jetzt mit uns reisen, finde ich, sie sind bessere Christen als die, mit denen wir vorher zusammen waren. Aber McKeag hat keinerlei Verhältnis zu Gott, und Tönerne Schale und Lucinda kennen nicht einmal seinen Namen. Außerdem kann keiner der drei lesen, auch die Bibel nicht. Und doch scheint Gott ihnen gnädig zu sein, während er alles, was Levi und ich tun, ungnädig betrachtet . . ."

Als sie diese Zeilen geschrieben hatte, kam Lucinda zum Wagen und fragte: „Ist es schwer . . . schreiben zu lernen?" Elly erwiderte: „Nein, aber ich glaube, man muß in jungen Jahren damit anfangen", worauf Lucinda, sie war ebenso alt wie Elly, ängstlich fragte: „Bin ich schon zu alt?" – „Nein, ich glaube, daß du es lernen kannst", versicherte ihr Elly und versprach, es ihr beizubringen.

Der Sommer neigte sich dem Ende zu. McKeag sagte, es wäre wohl zu spät, die ersten drei Wagenladungen aus St. Louis noch rechtzeitig vor dem Winter zu erhalten. Also würden sie die Zeit dazu benützen, am Beaver Creek ein solides Haus zu errichten, in dem sie vor etwaigem Hochwasser des Platte sicher wären. Von da an verbrachten sie jeden Abend damit zu planen, wie sie das Haus errichten sollten.

Tönerne Schale hatte eine spürbare Veränderung bei Elly festgestellt und nahm an, daß sie Levi noch nichts erzählt hatte. Während die

Männer eines Nachts diskutierten, woher sie genügend gerade Baumstämme kriegen könnten, nahm Tönerne Schale Elly beiseite und sagte: „Wir müssen noch einen weiteren Raum einplanen, weil euer Kind sein eigenes Zimmer haben will, wenn es heranwächst.“

„Woran hast du es gemerkt?“

„Indianerinnen haben dafür einen scharfen Blick.“

„Ich glaube, daß es im Winter auf die Welt kommen wird. Ist es dann schwieriger?“

„Wenn das Haus warm ist, nicht.“ Sie machte eine Pause und sagte beruhigend: „Und McKeag baut uns ein warmes, trockenes Haus.“

„Ich hab's Levi noch gar nicht erzählt . . . er hatte so viele Sorgen in letzter Zeit.“

„Aber ein Kind ist doch keine Sorge, Elly. Vielleicht hilft es ihm sogar sehr.“

Als Elly sich dazu entschloß, es ihrem Mann zu erzählen, kam heraus, daß er es fast von Anfang an gewußt hatte. „Ich habe dich immer beobachtet“, sagte er, „und stellte gewisse Kleinigkeiten fest. Und seit dem Tag, an dem du in den Big Blue gefallen bist, wußte ich es ganz genau.“

„Was konntest du da schon sehen? Du hast doch nach vorn geschaut.“

„Nein, im letzten Augenblick drehte ich mich um und sah, wie du deinen Bauch mit den Händen schütztest. Deshalb wollte ich auch, als Purchas dich überfallen hat . . .“ Seine Stimme wurde leiser. „Ich hätte ihn umgebracht.“

„Warum hast du's mir nicht gesagt?“ fragte sie, fast enttäuscht darüber, daß er hinter ihr Geheimnis gekommen war.

Er antwortete nicht direkt. „Du wirst so schön, Elly. Tönerne Schale hat es nicht daran gemerkt, daß du dicker geworden bist. Sie hat es deinem Gesicht angesehen.“ Es stimmte. Durch die Schwangerschaft hatte Elly eine heitere Ausstrahlung bekommen, die ihr vorher gefehlt hatte, und das schmale Gesicht war tatsächlich schön geworden. Sie war jetzt eine voll entwickelte, hübsche Frau von siebzehn – als ob die Prärie ein Wunder bewirkt hätte.

„Es lag auch nicht nur am Elefanten, warum ich umgekehrt bin“, gestand ihr Levi. „Ich wollte vor allem dich und das Kind schützen.“

An diesem Abend, während Levi Büffelfladen einsammelte, damit Elly sich ausruhen konnte, schrieb sie wieder an Laura Lou. Dieser Brief ist ein Dokument der Hoffnung und zeigt uns anschaulich, was die tapferen Frauen empfanden, die in Pionierzeiten einen Kontinent überquerten:

„Dienstag, den 27. August . . . Schwanger zu sein nimmt einem den Stachel der Niederlage; denn wir werden dort, wo die Flüsse sich vereinen, nicht nur eine Niederlassung gründen, sondern auch eine neue Familie. Das Land, durch das wir ziehen, beglückt mich sehr;

denn es ist auf eine Weise schön, wie wir es uns in Lancaster nie erträumt hätten. An diesem Nachmittag kamen wir über einen Hügel und sahen greifbar nahe vor uns die zwei roten Spitzkuppen, die seit Fort John unser Wegweiser gewesen sind. Sie sahen wie Signaltürme oder Wachttürme eines Schlosses aus und vermittelten uns ein so starkes Gefühl von Heimat, daß wir alle schweigend stehenblieben, um diese schöne Landschaft zu bewundern, in die uns Gott geführt hat. Ich glaubte, Tränen in den Augen von Tönerner Schale zu sehen, denn hier hatte sie als Kind gelebt, und ihr Vater, der ein mächtiger Mann gewesen sein muß, schlug häufig sein Zelt zwischen den beiden Spitzkuppen auf. Als sie nun davorstand, dachte sie an ihre Familie, denn sie sagte zu mir: ‚Meine Mutter hieß Blaues Blatt, nach einem sehr schönen Baum, der in den Bergen wächst.' Mr. McKeag hat oft allein bei den Spitzkuppen kampiert und erzählte uns davon, wie er einmal im Winter drei oder vier Monate lang allein gelebt hat. Lucinda, die dabei ist, das Alphabet zu lernen, lauschte aufmerksam, denn sie hatte diese Geschichten nie zuvor gehört. Levi und ich betrachteten über die Spitzkuppen hinweg die Berge im Westen und dachten beide, daß wir so wie diese majestätischen Höhenrücken werden würden, wenn wir ein Leben lang in ihrem Schatten lebten. Es wurde langsam dunkel, die Sonne verschwand im Westen, und bläulicher Dunst legte sich über die Prärie, die wir inzwischen so lieben. Dann ging es in Purpur über; schließlich kamen die ersten schwarzen Nachtschatten, und wir waren fünf einsame Reisende auf der Anhöhe eines Hügels. Ich bin überzeugt davon, daß jede Familie, die in einer solch herrlichen Umgebung aufwächst, stark und eigenständig sein wird, und ich danke Gott, daß ich schwanger bin und also dieses Heranwachsen verfolgen kann."

Am nächsten Morgen stand Elly früh auf, um Frühstück zu machen. Als sie sich heiter den Büffelfladen näherte, die Levi für sie gesammelt hatte, überhörte sie das warnende Zischen; als sie sich bückte und den obersten Fladen hochnehmen wollte, schoß eine riesige Klapperschlange – sie war dicker als Ellys Arm – mit furchtbarer Geschwindigkeit hervor und schlug ihre Fangzähne tief in Ellys Kehle. Innerhalb von drei Minuten war sie tot.

„Es ist eine Gnade Gottes", sagte McKeag, als Levi Zendt herbeigeeilt kam, zu spät selbst für einen letzten Kuß. „Es ist eine Gnade Gottes", wiederholte der rotbärtige Schotte und packte Levi an den Schultern. „Ich habe viele Menschen langsam und qualvoll sterben sehen, völlig aufgeschwollen. Glaub mir, Levi, es ist wirklich besser so."

Der stämmige Deutsche war untröstlich. Er hatte Elly geliebt, wie nur wenige Männer ihre Frauen lieben, denn sie hatte in jeder Hinsicht seine Erwartungen übertroffen. Das Leben mit ihr war eine ständige Verheißung von guten Jahren gewesen. Sie jetzt zu verlieren, wo sie am Beginn eines neuen Lebens standen, war einfach unerträglich.

Den ganzen Vormittag über wanderte er um die Spitzkuppen herum, kehrte immer wieder zu ihrem leblosen Körper zurück, berührte sie und betrachtete die tödlichen Male an ihrem Hals. Am Nachmittag sagte McKeag: „Levi, wir müssen sie beerdigen." Zendt wollte davon nichts wissen, doch der Schotte drückte ihm eine Schaufel in die Hand. Im Windschatten der westlichen Spitzkuppe hoben sie ein schmales Grab aus und betteten sie hinein. Elly Zahm, die geduldige, verständnis- und liebevolle Betreuerin elternloser Kinder. Freiwillig war sie zu diesem großen Abenteuer aufgebrochen, bei dem sie die Zuneigung aller gewonnen hatte, denen sie begegnet war, und ruhte nun im Schatten eines Hügels. Levi begrub mit ihr auch die Heiratsurkunde.

Auf dem Weg zum Fluß starb ein weiterer Ochse, und am nächsten Tag brach der ganze Wagen zusammen. Beide Räder waren unbrauchbar. Levi war zu betäubt, um irgend etwas zu unternehmen, aber McKeag und Tönerne Schale zurrten seine Sachen auf den Rücken der drei überlebenden Ochsen fest und zerhackten den Wagen zu Brennholz.

So kam Levi Zendt fast ohne Habe am westlichen Ufer des Beaver Creek an, wo sie die Handelsniederlassung errichten wollten. Sein Kummer war so gewaltig, daß er lange Zeit überhaupt nichts sprach. Im Laufe der Monate jedoch fand er etwas Trost darin, McKeag beim Bau zweier stabiler Häuser zu helfen. Ringsum errichteten sie einen Palisadenzaun mit einer Brustwehr an der nordwestlichen Ecke, wo eventuell Angriffe erfolgen könnten. Im November war alles soweit fertig, und an einem kalten, windigen Tag ging McKeag zum Platte und hackte Grenzpfähle zurecht. Dann steckte er mit Levi und den Frauen Parzellen ab, jede etwa eine Quadratmeile groß, drei am westlichen Ufer des Flusses, zwei am östlichen. Er markierte die Ecken und erklärte den anderen: „Wir erheben Anspruch auf fünf Stück Land: je eins für mich, für Levi, für Tönerne Schale, für Lucinda und eins für die tote Elly. Wir werden unser Eigentum gegen Übergriffe schützen."

Doch Levi brachte auch der Landbesitz keinen Trost, er wurde immer depressiver, je weiter der Winter fortschritt. Tönerne Schale tat alles, um ihm das Leben angenehm zu machen, doch als sie hörte, wie Levi McKeag fragte: „Wo sind die Kalkklippen, von denen du mir erzählt hast?", redete sie Levi sogar noch zu, dorthin zu gehen und eine Zeitlang allein zu bleiben. Sie hoffte, daß ihm die Einsamkeit helfen würde, seinen Kummer zu überwinden.

Einen Tag später lud Levi alles Nötige auf den Rücken und wanderte zwei Tage lang in nordwestlicher Richtung, bis er die Felsen erblickte, an deren Fuß McKeag einst seinen Unterstand gehabt hatte. Einige der Balken waren noch da, weitere konnten zurechtgeschnitten werden; also baute er sich eine primitive Hütte an einer Stelle, die seit zwölftausend Jahren immer wieder von Männern aufgesucht worden war.

Er nahm die typischen Eigenarten eines Eremiten an, sprach mit den Wildenten, die auf dem kleinen Fluß schwammen, und betrachtete die Gabelböcke als seine Freunde. Er machte sich schwere Vorwürfe, Elly in dieses trostlose Land gebracht zu haben und dann, als er den drohenden Elefanten sah, umgekehrt zu sein. Er redete sich ein, daß sie noch am Leben wäre, wenn sie weiter Richtung Oregon gezogen wären. Ihr Sohn würde nun schon bald auf der Welt sein . . . Er wurde halb verrückt bei diesen Gedanken.

Der Schnee kam viel früher als gewöhnlich. Levi war den größten Teil des Dezembers völlig eingeschneit. Der Februar war ein besonders böser Monat, und Levi wurde zum Tier; er urinierte in einer Ecke der Hütte und ließ zu, daß seine Exkremente zu einem Haufen anwuchsen. Nie ging er vor die Tür, keine Sekunde lang hörte er auf, sich wegen Ellys Tod zu kasteien. Wenn der März Wirbelstürme mit sich brächte, wie es häufig vorkam, würde er bald sterben.

Inzwischen beobachtete Tönerne Schale das Wetter und überlegte, wie hoch der Schnee wohl an den Kalkklippen liegen würde. Sie konnte sich vorstellen, wie es um den eingeschlossenen Deutschen stand. Als gegen Ende Februar Tauwetter einsetzte, sagte sie zu Lucinda: „Nimm zwei Pferde und reite zu den Kalkklippen."

„Warum soll gerade sie reiten?"

„Er wird jetzt bereit sein zurückzukommen."

„Dann hole ich ihn", erbot sich McKeag.

„Dich braucht er nicht", erwiderte sie. „Nur Lucinda kann ihn retten." Ihre Worte verrieten große Weisheit; denn obgleich die indianische Tradition es verlangt, daß ein Mädchen als Jungfrau in die Ehe geht, war es Tönerner Schale klar, daß hier ein Menschenleben auf dem Spiel stand, und sie war bereit, ihre Tochter zu einem Mann zu schicken, der seit Monaten keine Menschenseele gesehen hatte. In Wahrheit ging es sogar noch um ein anderes Leben. Sie hatte in Fort John zu ihrem Kummer bemerkt, daß Lucinda ihre Aufmerksamkeit von einem unnützen Trapper auf den nächsten verschwendet hatte. Sie hatte damals befürchtet, daß es nur noch eine Frage der Zeit wäre, bis ihre Tochter mit irgendeinem alten Nichtsnutz wie Sam Purchas auf und davon ginge, und das konnte sie einfach nicht zulassen.

„Geh zu ihm", sagte sie, und Lucinda sattelte zwei Schecken und ritt westwärts.

Als sie zu den Felsen kam, brauchte sie einige Zeit, bis sie Zendts Schlupfloch fand. Endlich entdeckte sie die Hütte am nördlichen Ende der Felsen. Sie stellte sich vor den Eingang und rief: „Zendt! Zendt!"

Erst nach ziemlich langer Zeit bekam sie Antwort. Ein bärtiger, triefäugiger Mann tauchte auf, der gegen die Sonne blinzelte. „Oh, bist du schmutzig!" rief sie und ging, obwohl er sie schwächlich davon abzuhalten versuchte, ins Innere, um den entsetzlichen Zustand der Hütte zu inspizieren.

„Zendt! Wie hast du das nur ausgehalten!“ Sie begann, die Hütte wieder menschlich zu machen, und merkte während der Arbeit, daß er viel zu schwach zum Helfen oder auch zum Heimreiten war. Also bereitete sie ihm ein neues Lager aus frisch geschnittenen Weidenzweigen, die der Biber nicht mehr für seine Bauten brauchte. Dann entfachte sie ein Feuer und bereitete etwas Warmes zu essen, das er gierig verschlang. Sie lud die mitgebrachten Dinge von den Schecken und machte sich zu seinem Fußende ein Bett aus zwei Büffeldecken. Er schlief schon tief, bevor sie sich hinlegte.

Am Morgen, als er die geschwächten Augen aufschlug und sah, daß sie bei ihm geblieben war, fragte er mit stockender Stimme: „Warum tust du das?“ Sie antwortete: „Meine Mutter hat mich geschickt. Wir haben dich lieb, Zendt, und wollen nicht, daß du stirbst.“ Die Verzweiflung der letzten Monate überwältigte ihn, und er verbarg sein Gesicht und weinte.

Sie brachte ihn wieder zu Kräften und sagte ihm an einem Tag Mitte März, daß er ein Stückchen reiten solle. Sie merkten beide, daß er bald kräftig genug für den Heimritt sein würde. Es war ein wunderschöner Tag, und sie ritten ein Stück weit über die Ebene. Sie zeigte ihm den kleinen Steinbiber, der die Felsen hinaufkletterte. In dieser Nacht legte sie sich zu ihm aufs Lager. Einen Augenblick lang war er verwirrt, und die Erinnerung an Elly Zahm stand zwischen ihnen, aber er war erst vierundzwanzig, und ihre Leidenschaft überwältigte ihn. Während sich der Frühling immer mehr ankündigte, erlebten sie eine atemberaubend schöne Woche, und Levi gewann neue Kraft.

Die Zeit für den Rücktritt war gekommen. Sie sattelten die Pferde, beluden sie mit ihren Sachen und begannen den langen Heimritt. Da dieser Winter viel Schnee gebracht hatte, war der Boden sehr feucht. Hunderttausende von Blumen brachen hervor, gelbe, blaue, weiße und rote. Die Prärie war ein einziger Blütenteppich, ein schönerer Anblick, als sich Levi je zuvor geboten hatte; schöner als seine Wäldchen in Lancaster, in denen die Bäume schier ewig standen, während die Blumen hier nur ein paar Tage lang blühten und verwelkten, wenn die heiße Sonne sie traf.

Manchmal saß nur Lucinda zu Pferde, und Levi führte sie über die Blumen dahin, zu anderen Zeiten ließen sie die Pferde laufen. wohin sie wollten, und die Tiere rochen den Platte und wandten sich südwärts. Dann folgten sie dem Fluß, bis sie zu ihrem Heim kamen.

„Gut, daß ihr zurück seid“, sagte McKeag und zeigte Zendt die Verbesserungen, die er während des Winters vollbracht hatte.

„Du bist mager“, sagte Tönerne Schale. Weitere Kommentare wurden nicht geäußert. Doch Levi Zendt bat die Familie McKeag, sich mit ihm in die Sonne vors Haus zu setzen. Dann sagte er: „Alexander, ich möchte deine Tochter heiraten.“

„Wird auch höchste Zeit“, erwiderte der Schotte.

„Aber ich kann sie erst heiraten, wenn sie eine Christin ist."

„Gut, dann ist sie eben eine Christin."

„Sie muß erst konfirmiert werden . . . und außerdem soll sie die Bibel lesen können."

„Ich kann's ihr nicht beibringen, und Tönerne Schale auch nicht. Sieht so aus, als ob's bei dir hängenbleibt."

„Ich bin kein Lehrer, Alexander." Darauf folgte eine nachdenkliche Pause, die Levi mit einem bemerkenswerten Vorschlag brach: „Ich hab' mir überlegt: du könntest Lucinda mitnehmen, wenn du in St. Louis für uns Waren kaufst, und sie dort in eine Schule stecken."

Alle sahen die Vorteile dieses Vorschlags ein. Tönerne Schale wollte, daß ihre Tochter lesen lernte, Lucinda hatte immer schon St. Louis kennenlernen wollen, und Alexander McKeag war es klar, daß ein so wertvolles Leben wie das seiner Tochter nicht vergeudet werden durfte. Daher machte er noch einen zusätzlichen Vorschlag. „Ich habe ein Zimmer in St. Louis . . . bei Pasquinels dortiger Frau. Tönerne Schale wird mit dem Mädchen dort wohnen, bis sie die Bibel lesen kann."

Schon nach zwei Tagen hatten sie alles gepackt und waren bereit für die lange Fahrt nach St. Louis. McKeag freute sich darauf, seiner Tochter die Stadt zeigen zu können, die eine so wichtige Rolle in Pasquinels Leben gespielt hatte. „Und wenn ich schon mal dort bin, werde ich unsere Ansprüche auf das Land hier beurkunden lassen."

„Wo?" fragte Levi.

„Das weiß ich nicht. Aber glaub' mir, es ist wichtig, daß es irgendwo schwarz auf weiß steht . . . mit Stempeln und Siegeln drauf."

Diese Vorstellung gefiel auch Levi, und er sagte: „Bevor du gehst, möchte ich noch ein Stück Land an den Kalkklippen abstecken."

„Was willst du denn mit diesem gottverlassenen Fleck?"

„Er war sehr wichtig für mich", erwiderte Levi ruhig. Er und Lucinda sattelten die besten Schecken und galoppierten westwärts den Felsen zu, wo sie Schößlinge schnitten und damit vor dem Kliff ein Viereck absteckten. Als Levi den Platz wiedersah, wurde ihm plötzlich klar, was ihn mit Lucinda verband: Es war Liebe in ihrer immerwährenden Bedeutung, ganz anders als das, was er mit Elly erlebt hatte. Und er flüsterte: „Du mußt wieder aus St. Louis zurückkommen. Ich brauche dich."

„Und ich brauche dich", sagte sie. In diesem Augenblick liebte sie ihn sogar mehr als er sie; sie wußte, daß sie nur um Haaresbreite dem Schicksal entgangen war, das Besitztum irgendeines tabakverfleckten Dummkopfs zu werden, der den Biber suchte, den es schon lang nicht mehr gab, oder nach Gold grub, das ihm verborgenbleiben würde.

Die Meldung, daß Tönerne Schale ihre Tochter Lucinda McKeag mit dem Flußboot nach St. Louis brachte, ging in die Chronik der Stadt ein. Sie stiegen den Hügel hinauf zur Vierten Straße und klopften um sieben Uhr früh mit dem Messingklopfer an Lise Bockweiß-Pasquinels

Backsteinhaus. „Ich bin wegen meines Zimmers gekommen", kündigte McKeag an, als Lise sich etwas von der Überraschung erholt hatte. „Nicht für mich, sondern für Tönerne Schale und meine Tochter Lucinda."

An jenem Morgen gab es sicher nur wenige Menschen auf der Welt, die weniger willkommen gewesen wären; denn Lise Pasquinel steckte mitten in der vorsommerlichen Gesellschaftssaison und war mit zahlreichen Parties beschäftigt, auf denen ihr hochangesehener Sohn und ihre schöne Tochter eine wichtige Rolle spielten. Diese plötzliche Ankunft von Menschen aus einer fernen Vergangenheit war sicherlich nicht nach ihrem Geschmack. Doch als sie sah, wie schön Lucinda und wie stattlich Tönerne Schale waren, öffnete sie ihnen ihr Herz und rief: „Was für eine prächtige Familie hast du da, McKeag." Er erwiderte ohne Verlegenheit: „Sie gehörten zu Pasquinel, aber ich passe jetzt auf sie auf."

„Dein Zimmer ist bereit", sagte sie mit einladender Gebärde, umarmte Lucinda und machte ihr ein Kompliment: „Du bist ja eine kleine Schönheit. St. Louis wird dich mit offenen Armen aufnehmen." Sie führte das Trio in eine Vierzimmersuite, doch McKeag erklärte, daß er, während er seine Waren einkaufte, am Fluß wohnen würde. Davon wollte Lise nichts wissen: „Du hast viel von dem Geld verdient, mit dem dieses Haus erbaut wurde. Du bleibst hier."

Am Nachmittag stellte sie die beiden Frauen als „Mrs. Alexander McKeag, die Gattin des Partners meines verstorbenen Mannes, und ihre liebliche Tochter Lucinda" vor. Sie wiederholte dies durch den ganzen Frühling und Sommer, bis die Gesellschaft von St. Louis die beiden Indianerinnen akzeptiert hatte.

Sie wußte, welche Gerüchte in der Stadt umgingen: „Die Ältere ist in Wirklichkeit Pasquinels indianische Frau, was Lucinda zur Halbschwester von Hauptmann Mercys Frau macht! Es muß für ihn ja eigentlich ein ulkiges Gefühl sein, wenn er sich auf den Krieg in Mexiko vorbereitet und dabei weiß, daß seine Schwägerin Indianerin ist!" Lise Pasquinel heuchelte nicht, wenn sie sagte: „Es ist eine Auszeichnung, solch ein wunderschönes Mädchen bei uns zu haben."

„Ich betrachte sie als meine Tochter", erklärte sie allen, und: „Sie geht hier aufs Kloster, um Lesen und Schreiben zu lernen."

Wenn der eine oder andere erstaunt die Augenbrauen hochzog, weil eine junge Frau noch Analphabetin war, sagte Lise mit entwaffnender Offenheit: „Sie wurde als Wilde aufgezogen."

Wenn sie mit Tönerner Schale allein war, sprach sie gern über ihr Leben mit Pasquinel und lauschte mit Interesse den Berichten, wie der alte Trapper in der Prärie gehaust hatte. Spaßhaft meinte sie, daß sie und Tönerne Schale „Halbehefrauen" seien, genauso wie Lucinda und Lisette Halbschwestern. „Für unseren Verwandschaftsgrad müßte es einen Namen geben."

Eines Tages rief sie während einer Unterhaltung impulsiv: „Aber mit diesem kleinen Mistkerl gab es doch ständig etwas zu lachen, nicht wahr?“

„Er war ein guter Ehemann“, erwiderte Tönerne Schale. „Mein Vater hatte es mir schon vorausgesagt.“

„Dein Vater muß ein wundervoller Mann gewesen sein“, sagte Lise nachdenklich. „Meiner übrigens auch. Es war nicht leicht für ihn, München mit zwei Töchtern zu verlassen ... und in eine Stadt wie St. Louis zu kommen.“ Sie hing noch einen Augenblick ihren Erinnerungen nach: „Ich habe ihn sehr gemocht.“

„Ich habe Lahmen Biber auf die gleiche Art geliebt,“ stimmte Tönerne Schale zu, und ohne daß sie darüber sprechen mußten, waren sich die beiden Frauen darin einig, daß man die ganze Welt leichter lieben könne, wenn man mit einem Menschen in Liebe verbunden ist.

„Ich weiß, daß mich die Leute hier in St. Louis mitleidig betrachten“, gestand Lise. „Ich kann sie direkt flüstern hören ... ‚Arme Lise, sie hat einen nichtsnutzigen französischen Trapper geheiratet, der sie verlassen hat.‘ Aber aus dieser Ehe habe ich zwei wunderbare Kinder bekommen. Cyprian ist mit einem reizenden Mädchen verheiratet, das ihm bei seiner politischen Karriere behilflich ist, und Hauptmann Mercy hast du ja im Fort John getroffen.“

„Die Indianer vertrauen ihm“, sagte Tönerne Schale.

Lise runzelte leicht die Stirn und fuhr zögernd fort: „Deine Söhne ... von ihnen hört man nichts Gutes.“ Doch bevor Tönerne Schale antworten konnte, sagte sie noch: „Ich bin leider davon überzeugt, daß sie unseren Namen in Verruf bringen werden, und ich bin genauso überzeugt, daß du und ich nichts daran ändern können.“

„Es ist nicht leicht, halb indianisch, halb weiß zu sein.“

Diese Unterhaltung wurde von einem kleinen Schwarzen unterbrochen, der hereingerannt kam und berichtete, daß Hauptmann Mercy auf einem Dampfboot aus Fort Leavenworth zurückgekommen sei. Als der kleine Neger verschwand, fühlte sich Lise verpflichtet, zu erklären: „Wir halten natürlich keine Sklaven. Mein Vater hätte das nie erlaubt. Aber wir engagieren den Negerboy von nebenan. Er ist Sklave, und wir bezahlen seinen Besitzern einen gewissen Lohn.“

Für Tönerne Schale war eine solche Erklärung unnötig. Indianer hatten immer Sklaven gehabt, am häufigsten gefangene Krieger anderer Stämme, manchmal auch Frauen. Zur Zeit tauschten viele Stämme schwarze Sklaven ein, die sich als gute Arbeitskräfte herausgestellt hatten.

Die Ankunft Hauptmann Mercys brachte neue Probleme mit sich. Seine Frau Lisette war entzückt gewesen, ihre indianischen Verwandten kennenzulernen, denn er hatte ihr nach seiner Rückkehr vom Fort John im vergangenen Jahr erzählt, was für prächtige Frauen sie waren. Schwierigkeiten machte Mercy. Er war so darauf erpicht, Lucinda eine schöne Zeit zu bereiten, daß er sie jedem unverheirateten Offizier vorstellte, unter denen kaum einer war, der sich nicht in sie verliebte. Unter Lises Obhut war sie noch attraktiver geworden. Es gab Tanzveranstaltungen und Ausflüge nach Cahokia, Picknicks auf den geheimnisvollen indianischen Erdwällen außerhalb der Stadt, und das schönste von allem, Exkursionen auf den Flußdampfbooten. Sie wurde mit den vielen Tricks vertraut, die die Männer anwendeten, um ihr in einer Ecke einen Kuß zu rauben, und es gab mindestens drei junge Offiziere, die sich ernsthaft um sie bemühten. Es wurde ein gängiger Spruch unter den jungen Männern: „Wenn das Mädchen erst lesen gelernt hat, wird es meine Frau."

Doch Lucinda wurde von den Aufmerksamkeiten nicht überwältigt. Sie nahm sie mit Freude entgegen und empfand großes Vergnügen daran, mit den jungen Männern zu beschwingter Musik auf dem Flußschiff zu tanzen, doch sie erinnerte sich sehr wohl an die Wochen mit dem breitgesichtigen Deutschen am Fuß der Kalkklippen und an die viel intensivere Art von Liebe, die er für sie repräsentierte. Doch dann stieß Leutnant John McIntosh aus New Hampshire auf dem Weg nach Mexiko zum Hauptquartier, und ihre Einstellung änderte sich.

Mittlerweile hatte Levi seine Probleme. Als er nach der Abreise der McKeags allein geblieben war, beschäftigte er sich damit, einen Corral zu errichten, damit die Indianer dort die Pferde einstellen konnten, wenn sie Waren eintauschen wollten. Eines Tages sah er voller Freude die ersten Besucher: Eine Gruppe von zehn Männern, die gemütlich am Ufer des Platte entlanggeritten kamen. Augenscheinlich kein Trupp auf Kriegspfad.

Sie stiegen gemächlich ab und ließen ihre Pferde herumstreifen. Dann überraschten sie Levi, indem sie ihn auf englisch anredeten: „Wir Pawnee", erklärten sie ihm, und er war nun völlig beruhigt, denn zu jener Zeit trauten die Weißen den Pawnee am meisten; sie dienten der Armee als Scouts und halfen, die Cheyenne, die Arapaho und die Sioux unter Kontrolle zu bringen.

„McKeag, alter Freund, uns schickt, helfen den Platz zu bewachen", erklärten sie. „Er kommt Sommer." Sie errichteten ihre Tipis am Ufer des Platte, teilten mit Levi ihre Jagdbeute und bekamen von ihm Tabak. Ihr Zusammenleben verlief reibungslos.

Als Levi an einem Julimorgen in einem der Türme arbeitete, sah er im Norden eine Staubwolke, die sich äußerst schnell der Umzäunung näherte, und er wußte binnen kurzem, daß es eine große kriegerische Gruppe war, die auf ihren Ponys herangaloppiert kam. Die Pawnee wurden bei dem Anblick ängstlich, doch es ging alles so schnell, daß an eine Flucht nicht zu denken war.

Jake und Mike Pasquinel führten eine Gruppe von Cheyenne an; sie schrien, ohne auch nur abzusteigen, auf englisch: „Pawnee! Verschwindet aus diesem Land, zum Teufel! Es gehört uns."

Dann sprangen die Eindringlinge aus den Sätteln, und einen Augenblick lang sah es aus, als ob es einen Kampf geben würde; doch Zendt trat zwischen die beiden feindlichen Gruppen und erklärte, daß die Pawnee Freunde von McKeag und Tönerner Schale wären. Das beruhigte Jake Pasquinel keineswegs. Er schrie auf die Pawnee auf Arapaho ein, doch sie verstanden ihn nicht. Daraufhin versuchte er es in gebrochenem Englisch und befahl ihnen noch einmal zu verschwinden.

Da die Cheyenne in der Überzahl waren, blieb den Pawnee nichts anderes übrig, als sich zurückzuziehen. Also packten sie ihre Siebensachen, rollten die Tipis zusammen und befestigten sie als Travois an den Ponys. Auf ein Zeichen ihres Anführers hin wandten sie sich ostwärts, unter dem Hohngeschrei der Cheyenne, die dies als einen Sieg über ihren uralten Feind empfanden. Alles wäre glimpflich verlaufen, wenn nicht ein Pawnee wegen seines störrischen Schecken hinter den übrigen zurückgeblieben wäre, und je weiter er zurückfiel, desto mehr schimpfte er, bis er sich sogar auf seinem Pferd umdrehte und den Cheyenne irgend etwas Schmähliches zurief, worauf Jake Pasquinel und zwei Cheyennekrieger ihre Pferde antrieben, den langsamen Pawnee einholten und ihn töteten. Einer der Cheyenne sprang vom Pferd, kniete sich neben die Leiche und skalpierte sie. Als sie zurückgaloppiert kamen, schwenkte er die blutige Trophäe in der Luft.

„Du wirst es nicht zulassen, daß die Pawnee unser Land erobern“, warnte Jake Levi.

„Dieses Land gehört McKeag“, erwiderte Levi.

„Das Land gehört Tönerner Schale“, schrie Jake, während Mike dazu nur nickte. „Und wenn sie stirbt, gehört es uns, ihm und mir.“ Wieder nickte Mike.

„Und ein Teil davon gehört mir“, sagte Levi störrisch.

Mit schlangenhafter Beweglichkeit packte Jake Pasquinel Levi am Hemd und zog ihn zu sich heran. Jake war elf Jahre älter als Levi, aber bei weitem behender. „Dieses Land gehört uns“, schnarrte er, „und in dem Augenblick, in dem wir dir sagen, daß du verschwinden sollst, wirst du es auch tun. Genauso wie die Pawnee. Du hast ja gesehen, was passiert, wenn man uns nicht gehorcht.“ Er ließ Levi los und berührte mit dem rechten Zeigefinger den blutigen Skalp.

Diese Berührung schien ihn in Raserei zu bringen, denn er zog zu Levis Kummer ein Messer heraus und stach auf die Zaunlatten ein, als ob er die toten Gegenstände umbringen wollte. Dabei schrie er wild: „Das kommt alles weg!“ Dann stellte er sich mit blitzenden Augen in der Mitte des umzäunten Hofes auf, schwenkte die rechte Hand mit dem Messer und versicherte den Cheyennekriegern, daß dieses Land ihnen und den Arapaho gehörte, jetzt und für alle Zeiten.

Er war völlig außer sich geraten, sprang auf Levi zu, setzte die scharfe Messerklinge an dessen Kehle und schrie auf englisch: „Wir werden euch alle töten!“ Doch unmittelbar nachdem er dies gesagt hatte, verließ ihn die Raserei, er steckte das Messer weg und versicherte Levi: „Du kannst das Lager hier behalten . . . dir wird nichts geschehen . . . bis unsere Mutter zurückkommt.“

Danach schwang er sich in den Sattel und ritt mit den Kriegern gegen Norden. Mike Pasquinel jedoch, der seine Mutter wiedersehen wollte, blieb und half Levi beim Bauen. Außerdem brachte er ihm die Zeichensprache und Bruchstücke verschiedener indianischer Dialekte bei.

Mike blieb bis August im Lager; dann kam McKeag mit drei Wagenladungen zurück. Als Levi erklärte, wie sehr ihm Mike geholfen hatte, wollte sich McKeag bei dem Halbblut bedanken. Doch Mike, darüber enttäuscht, daß Tönerne Schale nicht mitgekommen war, lehnte es ab, mit seinem Stiefvater zu sprechen. Er ritt davon, ohne sich von Levi zu verabschieden.

„Die beiden haben mich immer gehaßt“, sagte McKeag traurig.

„Warum?“

„Stiefsöhne sind oft so.“

„Lucinda mag dich aber. Für sie bist du ihr Vater.“

„Jungens sind komplizierter. Sie mögen es nicht, wenn ein anderer Mann Vaterstelle einnimmt.“

„Haben Jake und Mike ihren Vater so sehr geliebt?“

„Nein, sie haben nie jemanden wirklich gemocht.“

Der Tauschhandel florierte aus einem seltsamen Grund. In der ganzen Gegend wurde die Niederlassung unter dem Namen „Zendt's Farm“ bekannt. Während des ersten Sommers, als es noch viele Büffel gab und wenig Arbeit, nahm Levi wieder seinen alten Beruf auf. Mit Hilfe von McKeag stellte er gepreßtes Dörrfleisch her. McKeag tötete eine Büffelkuh, zog ihr mit Hilfe von Ponys das Fell ab, gerbte es und brachte so viel Fleisch zurück, wie er schleppen konnte, dazu noch alle Gedärme. Diese wurden von Levi gesäubert und an einem Ende abgebunden. Dann füllte er gehacktes Büffelfleisch hinein, gemischt mit Salz, Pfeffer, Würgkirschen, Beifuß, Beeren und einem Kräutchen, das leicht nach Zwiebel schmeckte. Um das ganze leichter verdaulich zu machen, mengte er gern auch noch Fleisch von Rehen darunter, falls sie welche erlegt hatten; das Ergebnis war so wohlschmeckend, daß es unter den Trappern und Führern hieß: „Versäumt Zendt's Farm nicht und holt euch was von dem guten Dörrfleisch.“

Die Farm verfügte über ein ständig wachsendes Angebot verschiedener Waren, die miteinander Tausende Dollars wert waren. Diese Waren wurden von vielen Stämmen mit Büffeldecken bezahlt, die sich inzwischen überall in Amerika und auch in England großer Beliebtheit erfreuten. Levi schickte lose Stapel dieser Decken nach St. Louis und bekam dafür mit den neuen Waren oft auch Briefe und Zeitungen aus der Stadt zurück. In der Prärie sprachen die Männer vom Land östlich des Missouri als „drüben in den Vereinigten Staaten“, und die Überquerung des Flusses nannten sie „die Vereinigten Staaten verlassen“. Die Prärie war für sie ein fremdartiges Land, namenlos, ein Exil, wo die Männer eine Zeitlang arbeiteten, bevor sie „in die Vereinigten Staaten zurückkehrten“. Daß sie eines Tages ein Teil der Vereinigten Staaten werden könnte, erschien ihnen undenkbar.

Im Winter 1846 trafen zwei Botschaften aus den Staaten in Zendt's Farm ein, die große Verwirrung stifteten. Zuerst kam ein Brief von Lucinda, einer eifrigen Anhängerin der phonetischen Rechtschreibung:

Liber Levi,
dis isd erste Brif ich schraibe. Ich weis wer Gott isd und Jungfrau Maria. Ich libe dich.

Lusinda

Die Freude, die dieser Brief erweckte, wurde durch einen Artikel aus dem *St. Louis Republican* sofort wieder zunichte gemacht, den irgendein wohlmeinender Angestellter in ein Bündel für McKeag gelegt hatte. Da der Schotte nicht lesen konnte, übergab er den Ausschnitt seinem Partner, der ihn mit Bestürzung vorlas:

Es ist Stadtgespräch, daß die liebliche Erbin Miss Lucinda McKeag unsere Gemeinde nun doch nicht wieder verlassen wird. Es scheint, daß ein verliebter Leutnant – er stammt aus New Hampshire – einen guten Teil seiner Zeit nicht im Hauptquartier verbracht hat, während sich seine Truppe auf eine Strafexpedition nach Mexiko vorbereitete, und wir haben aus erster Quelle erfahren, daß jeden Augenblick eine Bekanntmachung erfolgen kann, die für die Gesellschaft von St. Louis von großem Interesse sein dürfte.

Diese Neuigkeit betrübte Levi, aber sie überraschte ihn nicht sehr. Schließlich war das zu befürchten gewesen, wenn ein so schönes Mädchen wie Lucinda in einer Stadt auftauchte, in der viel mehr Männer als Frauen lebten. Er war tief gekränkt, gab Lucinda jedoch keine Schuld; denn er erinnerte sich an Hauptmann Mercy und wußte daher, wie attraktiv junge Offiziere sein konnten.

„Was soll ich nur tun, wenn sie nicht zurückkommt?“

„Eine andere heiraten“, erwiderte McKeag ungerührt.

Diese Zeit war auch für Lucinda nicht leicht. Es herrschte große Aufregung in St. Louis. Armeetruppen schifften sich zum Krieg in Mexiko auf dem Fluß ein. Einige der Verabschiedungen waren sehr schmerzvoll. Die jungen Offiziere waren reizend zu Lucinda gewesen, drei hatten sich ihr sogar offiziell erklärt – bereit, dem Grimm ihrer

Verwandten zu Hause zu begegnen, für die jeder Indianer ein Wilder war –, und Lucinda weinte bei dem Gedanken, daß diese Männer im Krieg getötet werden könnten.

Doch das eigentliche Problem war Leutnant McIntosh, ein ausgezeichneter junger Mann, der an der Yale-Universität studiert hatte und mit trockenem Humor gesegnet war, mit einem intuitiven Mißtrauen allen Indianern gegenüber und einer großen Liebe für diese eine Ausnahme. Er war zweiundzwanzig Jahre, sie neunzehn, und die beiden bildeten ein schönes Paar, wenn sie im Hauptquartier miteinander tanzten oder bei Lise Pasquinel speisten. Es war eine harmonische Zeit, und mit jedem Tag mochten sie einander mehr. Der junge McIntosh war ein durchaus ernstzunehmender Mann, und Lucinda wußte, daß sie mit ihm glücklich werden konnte. Doch die Erinnerung an Levi Zendt und die Prärie, die tänzelnden Schecken, die Ritte durch das Blumenmeer ließen sich nicht verdrängen, und sie wurde immer unsicherer.

Als es auch für Leutnant McIntosh Zeit zum Aufbruch wurde, drängte er immer mehr darauf, die Verlobung offiziell bekanntzugeben, und bat sie um eine eindeutige Antwort. Zu diesem Zeitpunkt suchte sie Rat bei den beiden Frauen ihres Vaters, bei Lise Pasquinel und Tönerner Schale. Eines Nachmittags saßen die beiden älteren Frauen mit ihr in einem Erkerfenster, das auf den Mississippi hinausging, und diskutierten ihr Problem.

Lise Pasquinel sagte: „Der junge McIntosh erinnerte mich an Maxwell Mercy, als er das erste Mal hier in dieses Zimmer trat. Ich mochte ihn gleich gern . . . wußte instinktiv, daß er ein guter Ehemann für Lisette sein würde.“

Tönerne Schale meinte: „Eigentlich seltsam, daß ein Halbindianermädchen so viele gute Chancen hat. Drei deiner Verehrer mag ich gern . . . Levi Zendt, McIntosh und den jungen Mann aus Illinois.“

Lucinda fragte: „Warum hast du Levi zuerst genannt?“ Worauf ihre Mutter antwortete: „Ihn habe ich ja auch als ersten getroffen.“

Lise Pasquinel sagte nachdenklich: „Du mußt eines sorgfältig abwägen, Lucinda. Ich bin davon überzeugt, daß unsere Armee früher oder später gegen die Indianer ins Feld ziehen wird. Ja, das wird leider kommen. Und wenn Leutnant McIntosh dann in der Stellung wäre, ein Kommando anzuführen, dann könnte man ihm dieses Kommando entziehen, weil seine Frau Indianerin ist.“

Lucinda überlegte einen Augenblick und wandte dann ein: „Aber mit deinem Sohn ist es doch das gleiche. Seine Halbbrüder sind Indianer.“ Lise erwiderte nur: „Daran denke ich ja auch immer.“

„Was sollen wir dir raten, mein Kind?“ sagte Lise Pasquinel. „Es gibt Entscheidungen, die zur Zufriedenheit führen, und solche, die es nicht tun. Ich weiß, daß mich alle meine Freunde bedauern, und in gewissem Sinn haben sie sogar recht. Schon als junge Frau verlassen zu werden

. . . und niemals wieder zu heiraten. Und wißt ihr, warum? Ich habe mich nicht mehr verheiratet, weil ich Pasquinel geliebt habe. Er war ein unordentlicher, nicht vertrauenswürdiger Mann, und doch habe ich ihn geliebt . . . er gab mir viele Stunden wahren Glücks . . . und natürlich zwei prächtige Kinder. Und dann schaue ich die Frauen an, die mich bemitleiden, und denke mir, daß sie weder das eine noch das andere je hatten."

„Ich hatte wirklich Glück", sagte Tönerne Schale. „Ich habe zwei gute Männer kennengelernt und sie beide geliebt."

Als sich im Juli eine weit auseinandergezogene Karawane entlang dem Platte langsam der Zendt-Farm näherte – über den Wagen lastete eine Staubwolke –, beschlich Levis Herz plötzlich ein Gefühl der Furcht. „Kannst du schon sehen, wer es ist?" rief er McKeag zu, der auf dem Turm Ausschau hielt. Doch dann konnte er es nicht länger aushalten. Er stieg aufs Pferd und galoppierte los, und als er im ersten Planwagen nur zwei Trapper erkannte, hatte er eine böse Vorahnung; doch als er zum zweiten weiterritt, sah er Lucinda, die ihm zuwinkte und rief: „Levi! Ich bin zurück!" Und er zog die Zügel an und schaute stumm hinüber, ungläubig, daß eine so schöne Frau zu ihm zurückkommen sollte.

Nun erhob sich das Problem, wie man eine Ehe schließen konnte, da der nächste Geistliche erst in Fort Leavenworth war. Weder McKeag noch Tönerne Schale wußten da Rat. „Ab jetzt seid ihr eben verheiratet", sagte der Schotte, und Lucinda war es auch so recht. Doch Levi wollte, daß alles seine Ordnung hatte, und er dachte an jenen Morgen an der Columbia-Fähre zurück und sagte: „Wenn wir vor zwei Zeugen ankündigen, daß wir als Mann und Frau leben wollen, ist es genauso gesetzlich, wie wenn es ein Geistlicher täte. Und dann", fügte er hinzu, „würde Lucinda auch ein Dokument haben."

Also schrieb er einen Heiratskontrakt aus, aus dem mennonitische Gottesanschauung sprach. Als er damit fertig war, sagte Tönerne Schale: „Ich hätte Jake und Mike gern als Zeugen." McKeag sattelte sein Pferd und ritt zum Fort John, wo man ihm erzählte, daß die Brüder bei den Arapaho lebten. Nach einer Woche kehrte er mit ihnen und sechs Arapaho-Kriegern zurück.

Jacques, der jetzt siebenunddreißig war und so dünn wie ein Stock, war sehr stolz auf seine schöne Schwester; es war ein hübscher Augenblick, als er ihre Hand zu den Lippen führte. In der Arapaho-Sprache flüsterte er ihr zu: „Der Mann deiner Wahl ist tapfer. Wir haben ihn geprüft."

Marcel Pasquinel war in diesem Sommer fünfunddreißig geworden, ein untersetzter Mann mit großer Sprachbegabung, der befriedigt darüber war, daß seine Schwester einen richtigen Mann heiratete und nicht irgendeinen Gimpel aus Fort John. Er schenkte ihr eine besonders große Decke aus Biberfellen und sagte: „Groß genug, um euch beide damit zuzudecken."

„Seid ihr auch verheiratet?" fragte sie ihre Brüder. Sie antworteten ausweichend. Doch Lucinda war glücklich, daß die beiden gekommen waren. Sie schienen genauso hart und wagemutig zu sein wie die jungen Offiziere, die sie in St. Louis getroffen hatte, und sie hoffte, daß Indianer wie sie und Weiße wie Mercy und McIntosh einen dauerhaften Frieden auf der Prärie zustande bringen würden, da sie gleichwertig waren. Doch als die Brüder als Zeugen unterschreiben sollten, mußte sie eine traurige Entdeckung machen: Keiner von ihnen konnte schreiben. Sie signierten mit einem Kreuzchen, und sie merkte deutlich, daß die beiden Brüder Kummer darüber empfanden, sich dadurch von Männern mit Bildung zu unterscheiden.

Zendt überraschte die Gruppe dadurch, daß er nicht in seinen Sachen aus Lancaster erschien, sondern in Lederkleidung, die Tönerne Schale ihm angefertigt hatte. Ab jetzt wollte er nichts anderes mehr tragen. Doch was die Frauen zu Freudenschreien brachte, war sein glattes Gesicht. Der eckige Bart war abrasiert; Levi sah jünger und entschlossener aus. Seine Schwäger gratulierten ihm dazu und sagten zu ihre Schwester: „Jetzt ist er ein richtiger Indianer." Und sie gaben ihm den Namen Klares Gesicht, was ausdrücken sollte: Mann ohne Arg.

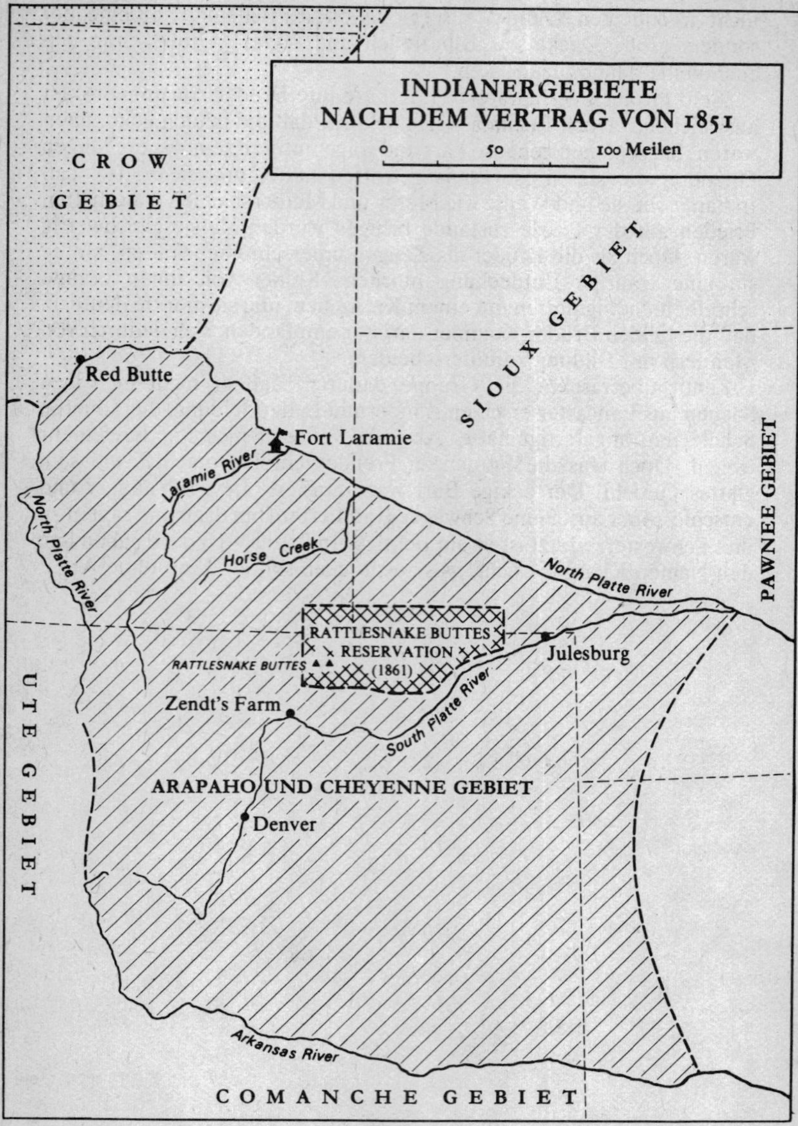

INDIANERGEBIETE
NACH DEM VERTRAG VON 1851

Das Massaker

Im Frühling des Jahres 1851 lief ein Gerücht durch die Prärien des Westens, das allgemeine Aufregung verursachte. Die Männer verglichen die einlaufenden Nachrichten miteinander und kamen bald zu der Überzeugung, daß bedeutende Dinge bevorstanden.

Das Gerücht entstand in Washington und breitete sich schnell bis St. Louis aus, wo es weiter aufgebläht wurde. In St. Joseph hatte es schon die Ausmaße eines Präriefeuers, und je weiter westlich es drang, um so mehr erregte es die Gemüter.

„Yessir", bestätigte ein Bergbewohner im Dorf der Pawnee, „die US-Regierung will endlich den Stier bei den Hörnern packen."

„Und was werden sie tun?" fragte ein mißtrauischer Trapper aus Minnesota.

„Eine große Zusammenkunft wird veranstaltet . . . alle Stämme der großen Ebenen . . . und dann wird ein für allemal geregelt, wem was gehört."

Ein Pawnee-Häuptling, der ihnen zugehört hatte, fragte: „Großer Weißer Vater, er kommt? Macht Frieden?"

„Selber kommen wird er nicht", erklärte der Mann aus den Bergen, „er wird Beamte schicken. Wir werden Frieden haben."

Die Neuigkeit verbreitete sich in der Gegend des Platte mit der Geschwindigkeit eines Reiters. Nirgends war die Aufregung darüber so groß wie in Fort Laramie, wo eine kleine Besatzung von einhundertundsechzig Soldaten unter dem Kommando des hageren, steifen Hauptmann William Ketchum die Sicherheit für ein riesiges Gebiet zu gewährleisten hatte. Ein Händler, mit sechs Wagenladungen für Mr. Tutt, der der Marketenderei vorstand, berichtete: „Ich habe gehört, daß es schon ganz sicher ist. Vielleicht zweihundert, vielleicht dreihundert Indianer sollen zu diesem Fort kommen, gerade hierher, zu einem großen Palaver."

„Wir können doch nicht mit dreihundert Indianern fertig werden", protestierte Ketchum. „Schau dir das an!" Und er deutete auf eine der merkwürdigsten militärischen Einrichtungen Amerikas: In einer Schleife des Flusses Laramie stand ein altes, aus luftgetrockneten

Ziegeln gebautes Fort, das seit vielen Jahren von Pelzhändlern und Einwanderern benutzt worden war. Da dieses alte Fort offensichtlich nicht ausreichte, auch kaum verteidigt werden konnte, war man eben dabei, an den Seiten eines geräumigen Exerzierplatzes neue Gebäude zu errichten, aber zur Zeit waren erst zwei davon fertig – die Marketenderei, am entfernten Ende des Platzes, und ein zweistöckiges Gebäude im Kolonialstil, das besser nach Virginia gepaßt hätte als in den Westen. Es bestanden Pläne, wonach das ganze Gebiet des Forts mit Palisaden eingezäunt werden sollte, aber jetzt war davon jedenfalls noch nichts zu sehen, was Hauptmann Ketchum schmerzlich bewußt war. Mit einer Geste auf den offenen, ungeschützten Raum deutend, klagte er: „Wir könnten uns nicht verteidigen. Daraus würde ein Massaker."

„Ja", sagte der Händler begeistert, „hier kommen sie jedenfalls zusammen. Dreihundert Mann. Alle Gebietsforderungen sollen geklärt werden. Washington möchte Frieden, für alle Zeiten." Mit diesen Worten führte er seine Wagen zur Marketenderei, wo die lang erwarteten Waren ausgeladen wurden.

Hauptmann Ketchum war besorgt. Er ließ seine Ordonnanz Joe Strunk holen, der seit vielen Jahren hier in den Bergen als Dolmetsch und Führer gedient hatte, und sagte: „Ich höre aus St. Louis, daß dreihundert Indianer hier zusammenkommen sollen . . . wegen irgendeines Friedensvertrages." Man konnte ihm förmlich ansehen, daß er von dieser Idee nicht begeistert war.

„Die werden über uns herfallen", sagte Strunk. Als er zum ersten Mal davon gehört hatte, daß die US-Regierung in Laramie ein Fort errichten wollte, war er damit einverstanden gewesen. Auf diese Art ließen sich die verschiedenen Trails, die immer zahlreicher den Westen durchzogen, besser überwachen. Aber wenn die Regierung in diesem offenen, weiten Land ein gutes Fort haben wollte, das im Umkreis von sechshundert Meilen allein bestehen konnte, dann mußte das ein befestigtes Fort sein, kein freier, ungeschützter Platz.

„Wenn die Rothäute in Fahrt kommen, gibt das ein Massaker", sagte er verdrossen.

„Meine Worte", pflichtete ihm Ketchum bei.

„Von Frieden reden sie schon seit zehn Jahren", fuhr Strunk fort, „aber jetzt geht es in der Prärie ärger zu als je zuvor."

Das stimmte nicht. Um die Mitte des 19. Jahrhunderts zogen mehr als 350.000 Einwanderer vom Missouri den Platte entlang zum Pazifik, der weitaus größte Teil davon durch indianisches Gebiet, ohne daß die Indianer ihnen Schwierigkeiten bereitet hätten. Weniger als ein Zehntel eines Prozents war von Indianern erschlagen worden, weniger als dreihundert im ganzen, während ein Vielfaches davon ihren eigenen Büchsen zum Opfer fiel oder von Verbrechern erschossen wurde, die sich dem Treck angeschlossen hatten.

Wenige Massenbewegungen in der Geschichte waren so friedlich verlaufen, niemals zuvor waren Mitglieder einer Rasse durch das Gebiet einer anderen Rasse gezogen und auf geringeren Widerstand gestoßen.

„Wir leben hier mitten in einem Kleinkrieg", sagte Strunk. „Crow gegen Sioux. Shoshone gegen Cheyenne."

„Krummdaumen nicht zu vergessen", sagte Ketchum ärgerlich und deutete auf einen großen, muskulösen Cheyenne Mitte Dreißig, der vor den Toren des alten Forts herumlungerte. „Krummdaumen!" rief er. „Komm her zu uns!"

Langsam löste sich der Häuptling von den Indianern, mit denen er gerade geredet hatte, und legte betont langsam die beträchtliche Entfernung vom alten Ziegelfort bis zu dem neuen weißen Gebäude zurück. Er ging wie zu einem Kampf, das dunkle, breite Gesicht finster verzogen, ein Gewehr in den Arm geschmiegt. Sein Einfluß unter den Stämmen war kein versöhnlicher, denn er litt unter dem Wissen, was seinem Volk in dieser Zeit der Veränderung wirklich bevorstand.

Als er nahe genug an Strunk und Ketchum herangekommen war, daß diese die verkrümmte rechte Hand, die ihm seinen Namen gegeben hatte, deutlich sahen, sagte er in der Sprache der Cheyenne: „Was ist?"

„Großer Weißer Vater sagt, er will Frieden", antwortete Strunk in der gleichen Sprache. „Wollt ihr Frieden?"

Krummdaumen starrte den Mann aus den Bergen an, dann den Hauptmann, dann fuhr er mit der rechten Hand, die ihm zerquetscht worden war, als er von einem Wagen der Einwanderer Nahrung stehlen wollte und dabei unter die Räder geriet, durch die Luft. „Was nennt ihr schon Frieden?" fragte er. „Ihr gebt uns Feuerwasser zum Trinken, und wir werden ein Stamm von Narren." Er tanzte ein paar Schritte, einen betrunkenen Indianer nachahmend. „Und wenn wir betrunken sind, holt ihr unsere Frauen und treibt unsere Büffel davon. Früher einmal waren die Büffel zahlreicher als unsere Pferde, hier im Gebiet zwischen den beiden Flüssen, . . . wohin sind sie gegangen?"

„Vor zwei Jahren habt ihr dreizehntausend Felle gebracht", erinnerte ihn Strunk, „und Mr. Tutt gab euch dafür schöne Sachen – scharlachrotes Tuch, Perlen, Brillen, die Büchse, die du hier hast", und er griff danach, um auf das Zeichen im Schaft zu deuten.

Krummdaumen riß ihm die Büchse aus der Hand und fuhr ihn an: „Und heuer, wo sind die Felle? Wo haben sich die Büffel versteckt? Auch sie vertragen nicht die Lebensweise des weißen Mannes, wie wir, sie haben die alten Gründe verlassen."

Nachdem Strunk ihm das übersetzt hatte, sagte Ketchum: „Sie werden zurückkommen. An diesem Fluß habe ich schon hunderttausend Büffel grasen gesehen, und wir werden sie wieder hier sehen."

„Wenn Frieden sein kann", fragte Strunk, „wollt ihr ihn denn?"

Einen Augenblick lang entspannte sich das breite, dunkle Gesicht, und er sah die beiden mit dem Ausdruck eines Mannes an, der bereit ist, über schwierige Fragen zu verhandeln. „Wir können Frieden haben“, sagte er ruhig, „wenn die Kommissare wie Männer zu uns kommen und die vier großen Fragen besprechen ...“ Die Bereitwilligkeit verschwand aus seinem Gesicht, und er knurrte: „Aber die Kommissare kommen nie. Nur die Soldaten. Immer nur Kampf.“

„Frag ihn ... angenommen, die Kommissare der Regierung kommen wirklich? Was sind die vier Fragen?“

Krummdaumen überlegte einen Augenblick und kam dann zu der Überzeugung, daß man ihm eine Falle stellte. Seit Jahren begehrten die Indianer ein Treffen mit dem Großen Weißen Vater, bei dem sie die Friedenspfeife rauchen und über die Prärien und die Büffel und die Straßen, die ihr Land durchschnitten, reden konnten. Jetzt hatten sie keine Hoffnung mehr, daß dieses Treffen jemals zustande käme. Jäh wandte sich Krummdaumen von ihnen ab. „Genug geredet“, sagte er auf englisch, verließ das Fort, stieg auf sein Pferd und ritt gemächlich über den Fluß zum Lager seines Stammes.

Im Frühsommer dann dröhnte es vom Missouri bis zu den Rocky Mountains: „Yessir, eine riesige Versammlung von Häuptlingen bei Fort Laramie. Ende August. Alle Fragen werden geregelt.“

Trapper, angestellt bei Pierre Chouteau & Company in St. Louis, hagere, hartgesottene Männer, die sich wie Indianer kleideten und, wenn notwendig, auch mit ihnen kämpften, drangen bis zu den Pawnee vor, den Arapaho, den Cheyenne, den Comanchen und den Kiowa und brachten die gute Nachricht: „Der Große Weiße Vater läßt grüßen. Ihr kommt zum Palaver, er bringt viele Geschenke.“

Zu den nördlichen Stämmen am Missouri, den Mandan, den Hidatsa, den Arikara, wurde ein ganz besonderer Botschafter geschickt, einer der tapfersten Männer der Prärien, Pierre Jean De Smet, ein belgischer Jesuit, dessen Wort bei allen Stämmen viel galt. „Eine wichtige Versammlung wird stattfinden“, sagte er ihnen in den vielen Sprachen, die er beherrschte. „Der Große Vater sendet reiche Geschenke, und wenn ihr nach Fort Laramie kommt, wird dort über alles geredet werden, was euch bedrückt.“ Seiner Überzeugungskraft war es vor allem zu danken, wenn die nördlichen Stämme nun das Unwahrscheinliche, daß nämlich Frieden werden sollte, ins Auge zu fassen begannen.

Nach Fort Laramie schließlich kam der lebende Beweis aller dieser Nachrichten und Gerüchte, ein Major der Armee der Vereinigten Staaten, eingesetzt als Indianeragent, mit besonderen Vollmachten für die Durchführung dieses wichtigen Unternehmens. Eines Morgens im Juli kam er an, begleitet von sieben Mann Kavallerie und einer charmanten Dame um die Dreißig. Sie hatten einen scharfen Ritt von St. Joseph hinter sich.

„Wichtige Neuigkeiten!“ rief der Major, ohne abzusteigen, am Eingang des Forts. „Ein Vertrag wird geschlossen!“ Als er vom Pferd stieg, bemerkten die Soldaten des Forts, daß er auf dem linken Fuß stark hinkte.

Hauptmann Ketchum kam heraus, um die Ankömmlinge zu begrüßen, aber bevor noch der Austausch von Höflichkeiten zu Ende war, rief der Major: „Es ist soweit, Käpt'n! Die Verträge sollen hier unterzeichnet werden."

„Wieso denn überhaupt Verträge?"

„Das Oberste Bundesgericht sagt, daß die indianischen Stämme Nationen sind. Mit Nationen schließt man Verträge."

Ketchum zog ein Gesicht und fragte: „Wie viele zusätzliche Soldaten wird man mir schicken?"

„Kopf hoch! Es wird von einem guten Tausend geredet. Und von siebenundzwanzig Wagen mit Geschenken für die Stämme. Zwei Regierungskommissare und Gott allein weiß wie viele Dolmetscher."

„Mit wie vielen Indianern müssen wir rechnen?"

„Hängt davon ab, wieviel Glück Vater De Smet hat. Könnten bis zu sechshundert werden."

„Da brauchen wir mehr als nur tausend Soldaten", begann Ketchum. Dann bemerkte er auf einmal, was er für einen gesellschaftlichen Schnitzer begangen hatte, und sagte: „Ich habe diese reizende Dame noch nicht in unserem Fort willkommen geheißen."

„Meine Frau, Lisette Mercy."

Bevor der Hauptmann antworten konnte, war Lisette vom Pferd gestiegen und hatte seine Hand ergriffen. „Macht nichts, daß sie mich übersehen haben", lachte sie, „Maxwell macht es ebenso." Anmutig ging sie zum Eingang des neuen Gebäudes. „Werden wir hier wohnen?" fragte sie.

„Ja – a", stammelte der Hauptmann, „wir werden . . ."

„Gut." Und damit kehrte sie zu ihrem Pferd zurück und fing an, ihre Sachen abzuladen.

„Geht der Dame zur Hand", rief Ketchum, aber bevor einer der Männer ihr helfen konnte, hatte sie schon ihren kleinen Reisesack abgeschnallt und auf den Boden gestellt.

„Hier gefällt es mir großartig", rief sie begeistert, „ich sehe schon die Indianer vor mir, wie sie zu Hunderten auf diesen Hügeln lagern."

Die anderen konnten ihre Begeisterung über dieses Bild nicht teilen, Hauptmann Ketchum wand sich geradezu vor Sorgen. Mit nur zwei Kompanien Dragoner und einer Kompanie Infanterie das Fort zu verteidigen, die ankommenden Trecks zu schützen und den Komissaren zu helfen, wenn daneben der Besuch von sechshundert indianischen Kriegern zu erwarten war, das erschien ihm als eine aussichtslose Aufgabe. Sobald er und Mercy allein in seinem Quartier saßen, sagte er: „Mercy, ich brauche feste Zusagen. Kann ich mit wenigstens tausend Mann Verstärkung rechnen?"

„Ohne jede Frage!" antwortete Mercy.

„Und es werden tatsächlich siebenundzwanzig Wagen mit Geschenken kommen? Wir haben hier fast nichts mehr übrig, und die Indianer werden niemals einen Vertrag anerkennen, der nicht mit Geschenken untermauert wird."

„Ich habe die Wagen in Kansas City selber gesehen. Messer, Gewehre, Nahrung, alles mögliche." Er brach in Gelächter aus. „Und für die Häuptlinge eine besondere Überraschung. Jedesmal, wenn ich mir sage, daß in Washington lauter Esel sitzen, dann kommt plötzlich einer mit einer großartigen Idee."

„Was ist es?" fragte Ketchum mißtrauisch.

„Sie werden Augen machen", antwortete Mercy. Dann wandte er sich ernsteren Fragen zu. „Wir haben alle Stämme zwischen Kanada und Texas eingeladen. Wir wollen einen Vertrag schließen, in dem alles geklärt wird."

„Werden alle diese Stämme Vertreter schicken?" fragte Ketchum.

„Das muß ich erst herausfinden. Wo kampieren die Arapaho und die Cheyenne?"

Hauptmann Ketchum ließ Strunk holen und fragte: „Wo halten sich die Stämme zur Zeit auf?"

„Das letzte war, daß die Sioux westlich der Gabelung sind, die Shoshone weit im Westen von Laramie Park, die Cheyenne unten am Horse Creek, die Arapaho am Scott's Bluffs . . ." Er wollte noch sechs oder sieben Lageangaben machen, aber Mercy hatte genug gehört.

„Wäre es möglich, daß Strunk und ich zu den Cheyenne reiten, und zwar jetzt sofort?"

„Selbstverständlich", antwortete Ketchum. Und sie stellten einen Trupp von neun Mann auf.

„Zeigen Sie Lisette inzwischen, wo sie unsere Sachen unterbringen kann", sagte Mercy, während er seinen Sattel einem frischen Pferd auflud.

„Seit wann hinken Sie?" fragte Ketchum.

„Chapultepec", antwortete Mercy sachlich. „Mit General Scott."

„War es sehr arg . . da unten?"

„Oft passierte tagelang überhaupt nichts, kein Mexikaner weit und breit, dann plötzlich gruben sie sich irgendwo ein, und die Hölle ging los."

„Kämpfen sie gut?"

„Auf dem eigenen Boden kämpft jeder gut."

„Können die Ärzte nichts für das Bein tun?"

„Die Hüfte ist es. Nein. Ich werde bis an mein Lebensende Major bleiben. Ein Krüppel, der sich glücklich schätzen kann, daß er überhaupt noch am Leben ist." Damit sprang er so gewandt in den Sattel, als wäre seine Hüfte noch ganz, und machte sich auf zum Horse Creek.

Dreißig Meilen lang ritt die Gruppe den Platte entlang, bis dorthin, wo der Horse Creek in den größeren Fluß mündete. Einige Meilen weiter im Süden fanden sie die hohen, schmucken Tipis der Cheyenne, wie immer kreisförmig aufgestellt. Die Seitenklappen der Tipis waren emporgeschlagen, damit Luft in die Zelte kam. Das Dorf machte einen angenehmen, geordneten Eindruck, ein Zeichen für die innere und äußere Festigkeit dieses Stammes.

„Wo ist Krummdaumen?“ fragte Strunk in der Cheyenne-Sprache.

„In diesem Tipi dort“, antwortete ihnen ein Junge, und die Männer ritten hin.

Nur Strunk und Mercy stiegen ab, die sieben Soldaten hielten zu Pferd Wache, die Gewehre schußbereit quer über die Sättel gelegt.

Major Mercy bückte sich und betrat das Tipi. Seine Augen konnten sich nicht gleich an die Dunkelheit im Innern gewöhnen, aber nach einigen Augenblicken erkannte er fünf Indianer vor sich. Sie waren ohne besonderes Zeremoniell gekleidet. Die Männer, die hier im Dunkel beisammensaßen, würden die Geschicke ihres Volkes in den nächsten vierzehn Jahren bestimmen.

In der Mitte der Indianer saß ein Mann, den Mercy gut kannte. Er hatte eine dunkle Schramme über der rechten Wange, und dem kleinen Finger seiner linken Hand fehlte die Spitze. Dieser Mann war Jake Pasquinel, sein Schwager, zweiundvierzig Jahre alt und voll von der Verbitterung, die einen Mann dieses Alters erfüllt, wenn er plötzlich erkennen muß, daß er alles falsch gemacht hat. Statt bei den Arapaho zu bleiben, bei denen er es zu einem ihrer Führer hätte bringen können, war er von Stamm zu Stamm gewandert und hatte viele Sprachen recht und schlecht erlernt. Und jetzt war er zu nichts anderem gut, als Männern, die er an Verstand und Begabung weit überragte, als Dolmetsch zu dienen. Wie alle Mischlinge stand er mit einem Fuß in der Welt der Indianer, mit dem anderen in der der Weißen und fühlte sich nirgends zu Hause. Keiner traute ihm, und das Mißtrauen, das ihn überall umgab, hatte ihn so weit gebracht, daß er sich selbst nicht mehr traute.

Zu seiner Linken auf einem erhöhten Platz saß Häuptling Krummdaumen und drehte die Enden seiner Zöpfe zwischen Daumen und Zeigefinger, mit einem Ausdruck, als wollte er jetzt sofort dem weißen Mann die lange Reihe seiner Klagen vortragen. Sogar noch im Sitzen war er eine eindrucksvolle Erscheinung, der hochgewachsene Krieger, der in vielen Kämpfen seinen Mut bewiesen hatte. Mercy, der ihn zum ersten Mal sah, dachte: „Er ist wie einer dieser mexikanischen Vulkane, du siehst das Eis in seinen Augen und weißt, daß darunter das Feuer brodelt.“

Der Mann zur Rechten von Pasquinel sah anders aus – kleiner, weitaus friedfertiger, offenbar mehr nach innen gewandt. Sein Gesicht war schön, eher mager und falkenhaft, mit großer Nase, kräftigen Backenknochen und einer tiefen senkrechten Falte in jeder Wange.

Die dunklen Augen lagen tief in ihren Höhlen. Seine ganze Erscheinung wirkte jedoch leicht grotesk durch den Hut, den der Häuptling trug, einen sehr hohen Hut mit schmaler Krempe, wie die Weißen ihn hatten. Es sah aus, als wären sowohl Kopf wie Hut zu groß für den Leib, auf dem sie saßen. Sein Haar war nicht wie bei den anderen in Zöpfe geflochten, sondern fiel ihm ungleichmäßig lang auf die Schultern herab. Der Mann war um die Mitte der Vierzig. Er griff erst später in die Unterhaltung ein, und dann nicht in der Sprache der Cheyenne.

Krummdaumen bereitete jetzt eine Friedenspfeife vor, sie auf den Knien haltend, während er Tabak und Kinnikinnick im vorgeschriebenen Verhältnis miteinander mischte. Als die Pfeife gefüllt und angezündet war, hielt er sie mit ausgestrecktem Arm in die vier Himmelsrichtungen, legte dann die geöffnete Handfläche der rechten Hand an den Pfeifenkopf und glitt mit den Fingern langsam über den drei Fuß langen Stiel und weiter bis an seine Kehle. Dann fuhr er mit der Handfläche parallel zur Erde an seiner Kehle vorbei, um damit anzudeuten, daß alles, was er jetzt sagen würde, wahr und geheiligt sei. Das war der Schwur der Indianer, das feierliche Versprechen der Pfeife.

Als die Friedenspfeife im Kreis gegangen war, forderte Krummdaumen mit einer Handbewegung Mercy zum Sprechen auf, und der Major fragte: „Sind die Boten vom Großen Weißen Vater zu euch gekommen?“

„Sie sind gekommen“, antwortete Krummdaumen zurückhaltend und zerrte an seinen Zöpfen.

„Und haben sie euch gesagt, daß wir Frieden haben werden . . . auf ewig?“

„Sie haben es uns gesagt.“

„Und werdet ihr Häuptlinge zu unserer Versammlung entsenden?“

Das war die wichtige Frage, von der so viel abhing. Die drei anderen Häuptlinge saßen schweigend da und warteten, daß Krummdaumen für sie antwortete. Dieser griff nach der Friedenspfeife, paffte langsam einige Züge und legte beide Hände, die die Pfeife umfaßten, in den Schoß. Dann gab er langsam, aber mit ständig steigender Leidenschaft die Antwort der Indianer auf die Einladung der Weißen. Es war eine lange Rede, die zuerst Strunk ins Englische übersetzte, danach Pasquinel in eine andere indianische Sprache, für den schweigenden Häuptling zu seiner Rechten.

„Der Weiße Vater will Frieden, damit seine Händler sicher durch unser Land ziehen können, natürlich will er Frieden, damit Tausende von Wagen Wege durch unser Land furchen können. Er will Frieden, damit sein Volk den Büffel töten und den Biber fangen kann. Aber will er den Frieden wirklich aus vollem Herzen, will er aufrichtig mit uns über die Fragen verhandeln, die uns trennen?“

Hier unterbrach ihn Major Mercy, in der Absicht, ihn zu fragen, worüber er Klage zu führen habe. Krummdaumen gebot ihm Schweigen, fuhr mit noch größerer Heftigkeit fort, all das Leid und die Sorgen der Roten zu schildern: „Vor langer Zeit waren die weißen Männer, die durch unser Land zogen, gute Männer. Sie wollten hier Häuser bauen. Sie brachten ihre Kinder mit sich. Manchmal wurde gekämpft, aber nicht oft, denn zwischen uns war Achtung. Aber in den letzten zwei Jahren ist es eine neue Art Männer. Ketchum sagt, neunzigtausend kommen, und alles, was sie wollen, ist Gold. Gierige, hungrige Männer, ohne Frauen, ohne Kinder. Sie erschießen unsere Leute ohne Grund, wie sie Antilopen erlegen. Sie brennen unsere Dörfer nieder, ohne Grund, so wie man Hornissennester verbrennt. Sie sind häßliche Männer, die nur Krieg in ihren Herzen haben, und wir werden ihnen Krieg geben."

Er faßte seine Rede noch einmal für die anderen Häuptlinge zusammen, und zwei von ihnen schlossen sich begeistert seiner Meinung an und riefen: „Krieg! Krieg!" Mercy bemerkte, daß der Häuptling mit dem Hut ruhig und grübelnd im Schatten blieb.

„Als der Große Weiße Vater einen Krieg mit Mexiko begann", fuhr Krummdaumen fort, „sandte er Soldaten durch unser Land, und als diese am südlichen Fluß keine Mexikaner fanden, fingen sie mit uns zu kämpfen an und töteten viele. Nicht wir haben den Krieg angefangen, Mercy, ihr wart es. Wir wissen, daß du bei den Soldaten warst, denn unsere Krieger haben dich gesehen. Und jetzt kommst du her und redest uns von Frieden. Wir reden von Krieg!"

Wieder schlossen sich die beiden Cheyenne-Häuptlinge trotzig seiner Rede an, und Mercy saß schweigend da und blickte demütig zu Boden, denn was Krummdaumen sagte, war die Wahrheit. Er war mit seinen Soldaten von Independence herunter den Arkansas entlang nach Texas und Mexiko marschiert, und die Männer hatten aus Langeweile tatsächlich angefangen, Indianer abzuknallen wie Truthähne; Dörfer waren niedergebrannt und Squaws vergewaltigt worden, und nur dem eisernen Widerstand von Männern wie Mercy war es zu danken gewesen, daß das Ganze nicht in ein Massaker ausartete. Er konnte nur hoffen, daß den Indianern auch das nicht entgangen war.

„Und ihr müßt aufhören, unseren Leuten Whisky zu verkaufen", fuhr Krummdaumen fort. „Mercy, was ihr tut, ist verächtlich." In diesem Satz gebrauchte Krummdaumen ein Wort, das Strunk nicht kannte, es folgte daher eine längere Unterhaltung über die richtige Übersetzung. Mercy war es, der *verächtlich* vorschlug, und als Strunk das ins Indianische als *ehrlos* zurückübersetzte, waren die Häuptlinge damit einverstanden. „Neulich habe ich in Fort Laramie eine Flasche echten Whisky gestohlen, wie ihr ihn trinkt, und dieser schmeckte gut. Die Häuptlinge haben ihn gekostet." Und zu Mercys Überraschung zog er eine halbvolle Flasche mit schottischem Whisky hervor und bot Mercy und Strunk einen Schluck davon an, und er war tatsächlich ausgezeichnet. „Aber uns verkauft ihr dieses Zeug!" Und er zog eine andere Flasche mit Taos Lightning hervor und bot den weißen Männern eine Kostprobe an. Diese kannten den Fusel und lehnten ab, aber Krummdaumen brüllte sie auf englisch an: „Ihr trinkt! Ihr trinkt, zum Teufel!" Mercy nahm einen kleinen Schluck, und er hätte es auch zum Speien eklig gefunden, wenn er nicht gewußt hätte, woraus das Zeug gemacht war.

„Verächtlich", sagte Krummdaumen voll Bitterkeit. „Für einen kleinen Schluck davon", sagte er empört, „verlangt ihr zwei Büffelhäute. Mit diesem Zeug raubt ihr uns unsere Squaws und bringt unseren Kindern das Hungern bei. Mercy, bist du stolz darauf, daß eure Soldaten, wenn sie uns nicht mit ihren Gewehren besiegen können, diesen Trank unter uns bringen, um uns damit zu vernichten?"

Er stellte die Flaschen weg, nicht ohne den Scotch sorgfältig zu verkorken, und kam zu seinem letzten Punkt. „Mercy, ihr müßt etwas gegen die Krankheit tun, die ihr Cholera nennt. Sie hat fürchterlich unter uns gewütet. Im Dorf Mandan lebten voriges Jahr zwölfhundert Menschen, heuer sind es weniger als vierzig. Weiße Antilope hier hat sechs Mitglieder seiner Familie verloren. Hoher Berg vier. Meine Frau und zwei Kinder sind tot. Ihr habt uns eine furchtbare Krankheit gebracht, Mercy, wir brauchen eure Hilfe."

„Auch unter uns hat die Krankheit gewütet", sagte Mercy gelassen und bat Strunk, den Häuptlingen zu beschreiben, wie das Unglück auch die Weißen in den letzten Jahren nicht verschont habe, wie ganze Familien von Einwanderern an einem Nachmittag dahingerafft worden seien. Es kam vor, daß ein Mann, der hinter seinen Ochsen herging, plötzlich Übelkeit verspürte, „Das Fieber!" schrie und in vier Stunden starb, in der Gewißheit, daß weitere vier Stunden später seine Frau und seine Kinder ihm folgen würden. Als Strunk den Bericht beendet hatte, sagte Mercy: „Ich bin diesen Sommer vom Missouri nach Fort Laramie geritten, und Gräber säumten meinen Weg. Die Cholera hat uns nicht weniger hart getroffen als euch."

„Woher habt ihr die Krankheit gebracht, ihr Weißen?"

„Von dort drüben", sagte Mercy und deutete nach Osten, „von jenseits des Großen Wassers."

„Wird sie immer wieder und wieder kommen?"

„Sie wird fortgehen", versicherte Mercy ihnen. Es mußte aufhören, so konnte es nicht weitergehen, sonst würde die Menschheit ausgelöscht. „Die Krankheit wird aufhören", wiederholte er, „bei euch und bei uns."

„Werdet ihr Medizin schicken?"

„In den Forts wird es Ärzte geben."

„Forts?" fuhr Jake Pasquinel dazwischen.

„Ja, wenn wir den Vertrag haben, wird der Große Vater fünf oder sechs Forts brauchen . . . da oder dort, versteht ihr . . ."

„Wir verstehen", sagte Krummdaumen kalt, „ihr werdet viele Forts brauchen, und diese wieder viele Soldaten, und die Soldaten brauchen viele Frauen, und es wird viele Flaschen Whisky geben, und während wir betrunken in unseren Tipis liegen, geht ihr den Büffel töten." Hier fiel er in eine Art Trance. Als er weiterredete, hatten die Zuhörer das Gefühl, als sähe er in einer quälenden Vision die Zukunft: „Wenn die Büffel fort sind, werden wir hungern, und wenn wir hungern, werdet ihr uns unser Land nehmen, die Tipis werden in Flammen stehen, und die Büchsen werden feuern, und wir werden dahin sein. Das weite Land, durch das wir gezogen sind, werden unsere Augen nicht mehr sehen."

„Nie mehr", wiederholte Weiße Antilope, und diese Worte schienen den Redner noch mehr zu erregen.

„Nein!" schrie er. „Wir wollen kein Palaver, keinen Frieden, keine Unterwerfung. Krieg wird sein, Mercy! Ich habe zu den heiligen Pfeilen gebetet, und ich weiß, daß das wahr ist. Ich werde dich töten, und du wirst mich töten."

Er verfiel in Raserei, stürzte von einer Ecke in die andere, schwenkte seine verstümmelte Hand vor Mercys Gesicht, riß mit einer wilden Geste die Pfeile an sich und zerschmetterte sie an einer Zeltstange. „Krieg, Krieg!" rief er, das breite Gesicht finster verzogen, die Zöpfe fuhren hin und her wie Schlangen.

Jetzt fing der Häuptling mit dem Hut zu reden an. Aus dem Schatten streckte er eine Hand heraus, zog Krummdaumen neben sich nieder und redete in der Arapaho-Sprache beruhigend auf ihn ein. „Nein, es wird nicht Krieg sein. Wenn der Große Vater wirklich mit uns reden will, und wenn er einen Boten wie Mercy schickt, um uns zu zeigen, daß er es diesmal ernst meint, dann werden wir zu ihm kommen. Wir werden nach Fort Laramie kommen, wir werden ihm zuhören und versuchen, herauszufinden, was in seinem Herzen steht. Wie mein Freund Krummdaumen weiß auch ich, daß der Vertrag zuerst geschlossen und dann gebrochen werden wird. Ich habe keine Hoffnung, daß der weiße Mann jemals ein Versprechen gibt, das er auch einhält, denn wir haben es ja nie mit demselben weißen Mann zu tun. Der eine macht den Vertrag, dann geht er. Ein neuer kommt, aber er hat nie von dem Vertrag gehört. Bei uns ist das anders. Wenn die Friedenspfeife im Kreis geht, dann ist jeder Arapaho, ob lebend oder noch ungeboren, daran gebunden."

Als diese Rede übersetzt worden war, pflichteten die anderen Häuptlinge ihr bei, und der Redner fuhr fort: „Trotzdem müssen wir es versuchen. Also sage ich zu dir, Krummdaumen: Die Cheyenne werden nach Fort Laramie kommen. Und zu dir, Mercy: Sag dem Großen Vater, daß auch unser Volk noch dieses eine Mal mit ihm sprechen will. weil wir aufrichtig nach Frieden verlangen."

Der gesprochen hatte, war der Verirrte Adler, Häuptling der Arapaho, die in diesem Sommer weiter östlich ihr Lager aufgeschlagen hatten. Er war zu den Cheyenne gekommen, um die Botschaft aus

St. Louis mit ihnen zu besprechen, und hatte zwei Tage lang mit ihnen verhandelt, mit Pasquinel als Dolmetsch. Zwei Tage lang hatte er ihnen seine Meinung vorgetragen, daß nämlich die einzige Hoffnung der Indianer darin bestünde, mit dem weißen Mann einen dauernden Vertrag abzuschließen, der den Weißen das Recht gäbe, indianisches Land zu durchqueren und Forts hier aufzurichten, während andererseits den Indianern bestätigt würde, daß das Land ihnen gehörte. Der Verirrte Adler war ein Mann, der seine Ansichten überzeugend vorzutragen verstand, und seine Vorstellung von der Zukunft wich von der Krummdaumens ganz erheblich ab. Seine Worte verhallten nicht ungehört, denn er war allgemein als ein Mann bekannt, dem das Wohl seines Volks sehr am Herzen lag. Er war ein Enkel des Lahmen Bibers, dessen zahlreiche Bravourstücke die Chronik seines Volkes füllten.

Nun wandte er sich wieder an Krummdaumen und sagte: „Freund, wir stehen beide, du und ich, am Rand eines Abgrunds, wie unsere Väter, wenn sie die Büffel darüberjagten. Aber wir wollen uns nicht in eine Stampede treiben lassen. Die schlechte Medizin des weißen Mannes hat uns hart getroffen. Die Büffel sind nicht mehr leicht zu finden. Fremde haben Forts und Farmen auf unserem Land gebaut, und wir müssen viele Entscheidungen treffen. Du bist der tapferste Mann, den ich kenne, Krummdaumen, und oft bin ich dir in den Krieg gegen Pawnee und Comanchen gefolgt."

Hier verbeugte er sich ernst vor dem Cheyenne-Krieger, so daß ihm der hohe Hut ins Gesicht rutschte. „Aber mit unseren paar Büchsen können wir nicht gegen die Kanone des weißen Mannes kämpfen. Wenn er hundert Mann verliert, dann sendet er nach Osten um Verstärkung, aber wenn ihr Cheyenne hundert Mann verliert, wo nehmt ihr Verstärkung her? Ihr habt die vielen Tausend gesehen, die über unsere Prärie ziehen, und jedes Jahr kommen mehr."

Er machte eine Pause, damit seine Argumente auf sie einwirken konnten, bat um eine neue Pfeife und schwor dann mit dieser einen neuen Eid, um zu zeigen, daß das, was er jetzt sagen wollte, wahr sei: „Wenn der weiße Mann durch unser Land ziehen will, dann wird er es tun, ob wir es ihm erlauben oder nicht. Wenn seine Söhne auf unserem Land Farmen errichten wollen, dann werden sie es tun, wenn nicht mit unserer Erlaubnis, dann mit Hilfe ihrer Gewehre. Ich sage, laßt uns mit Mercy gehen, der unser Freund ist, und laßt uns hören, was er uns zu sagen hat."

Als Verirrter Adler diese versöhnlichen Worte sprach, bemerkte Mercy, daß sein Dolmetsch Jake Pasquinel keineswegs damit einverstanden war. Mercy hatte das Gefühl, daß Jake jeden Augenblick zu toben anfangen würde, aber bevor er noch zu Wort kommen konnte, sagte Weiße Antilope von den Cheyenne feierlich: „Verirrter Adler, du hast uns noch niemals schlechten Rat gegeben. Wann wird das Treffen sein?"

Bevor Mercy antworten konnte, war Pasquinel von seinem Sitz aufgesprungen, warf die Arme in die Luft und brüllte: „Hör nicht auf dieses alte Weib!“ Dann stürzte er zu Krummdaumen hin, nahm seinen rechten Arm und flehte: „Der Verirrte Adler ist ein Narr. Jeder echte Arapaho will Krieg . . . wie jeder echte Cheyenne!“

„Was sagt er?“ fragte Mercy und erhielt von Strunk die Antwort: „Die Cheyenne sollen nicht auf den Verirrten Adler hören. Er redet ihnen zum Krieg zu.“

„Jake!“ rief Mercy. „Du bist verrückt geworden!“

Der Mischling fuhr herum, starrte Mercy ins Gesicht und rief wieder in der Sprache der Cheyenne: „Er bettelt euch an, zu diesem Treffen zu kommen. Geht nicht! Die Oglala gehen nicht, auch die Pawnee gehen nicht.“

„Warum willst du nicht, daß sie kommen?“ fragte Mercy zornig.

„Weil ihr weißen Männer das Treffen dazu benutzen werdet, uns nur noch mehr wegzunehmen . . . mehr Rechte . . mehr Land.“

„Das ist nicht wahr, Jake. Ich verspreche dir, daß bei diesem Treffen alles ehrlich zugehen wird. Wir beide werden völlig gleichberechtigt sein, du und ich. Wir werden zuhören . . .“

Pasquinel brachte sein Gesicht nahe an Mercy heran und sagte: „Gleichberechtigt? Vor der Mündung eurer Kanone?“

„Jake“, sagte Mercy leise, „beruhige dich doch. Du weißt, daß dieses Treffen stattfinden wird. Verirrter Adler hat es gesagt.“

„Der!“ fuhr Jake auf. „Für wen spricht er denn schon!“

Jetzt erhob sich der Verirrte Adler und stellte sich neben Mercy, den drei Cheyenne-Häuptlingen gegenüber. Dieses ernste, unbewegte Gesicht mit dem hohen Hut darüber sollte in den nächsten Jahrzehnten von vier weißen Malern gemalt und von vielen Fotografen festgehalten werden. Jedem im Land würde dieses Gesicht mit den tiefen, senkrechten Falten in den Wangen bekannt sein.

Strunk um eine Übersetzung bittend, sagte er: „Wir werden nach Fort Laramie kommen, auch die Cheyenne werden kommen, auch Jake wird kommen . . . um uns zu helfen. Und wenn das Papier fertig ist, werden Krummdaumen und ich es Seite an Seite unterzeichnen.“ Dann fügte er traurig hinzu: „Wir werden es tun, weil uns nichts anderes übrig bleibt.“

„Traust du dem weißen Mann?“ schrie Jake ihn an.

„Nein, aber wir haben keine andere Wahl. Wir müssen uns auf ihn verlassen und hoffen, daß dieses Mal . . .“ Die Stimme versagte ihm. Dann nahm er Mercys Hand und fuhr fort: „Sag dem Großen Vater, daß wir dort sein werden.“

Verwirrt ritten Mercy und Strunk zum Fort zurück.

„Was halten Sie davon?“ fragte Strunk.

„Wenn Verirrter Adler wirklich der Enkel des Lahmen Bibers ist, wie er sagt, dann werden die Arapaho kommen“, sagte Mercy.

Im Fort warteten schlechte Nachrichten auf sie. Boten der Comanchen, des großen Stammes im Süden, hatten die Botschaft gebracht: „Weißer Mann hält keine Versprechen. Warum sollen wir unsere Pferde auf einer gefährlichen Reise ermüden? Warum sollen wir unsere Pferde zu großen Dieben bringen, den Shoshone und den Crow? Wir werden nicht kommen.“ Am Nachmittag kamen Boten von den Pawnee zu Hauptmann Ketchum und sagten: „Wir haben schon Frieden mit dem weißen Mann. Wir werden unsere Pferde nicht unter die Sioux bringen.“

Aber die Kommissare aus St. Louis waren bereits auf dem Weg, ebenso die siebenundzwanzig mit Geschenken beladenen Wagen aus Kansas City. Ketchum war verzweifelt. Einerseits war er von der Vorstellung, sein wackliges Fort von fünf- oder sechshundert indianischen Kriegern umringt zu sehen, keineswegs begeistert, aber andererseits würde es sich in seiner Dienstbeschreibung gar nicht gut ausnehmen, wenn das geplante Treffen platzte, noch bevor es begonnen hatte. Er war schließlich Kommandant dieses Gebiets. Er ließ daher Major Mercy, Joe Strunk und die Leutnants zu einer Besprechung in die neuen Offiziersquartiere rufen und war etwas verblüfft darüber, auch Mrs. Mercy unter den Zuhörern zu finden.

Lisette Bockweiß-Mercy war sechsunddreißig und äußerst anziehend, wie einst ihre Mutter. Die große, temperamentvolle Dame nahm die Unannehmlichkeiten des Lebens im Grenzland gern auf sich; während ihr Mann mit Krummdaumen verhandelte, hatte sie Fort Laramie im Sturm erobert. Mr. Tutt von der Marketenderei, den sie sofort zum Freund gewonnen hatte, erklärte ihr, was die Leute an diesem Posten auszusetzen hatten: „Im Winter frieren, im Sommer schwitzen, das ganze Jahr lang vor Langeweile ersticken. Wenn ich noch zwei Jahre hierbleiben muß, werde ich wahnsinnig.“

„Unsinn“, antwortete sie, „mein Vater hat sein Camp hier aufgeschlagen, genau da, wo Sie jetzt stehen, und hat es ein Jahr lang hier ausgehalten, mit nur einem Gefährten.“

„Ihr Vater?“ sagte Mr. Tutt ungläubig. „Ich dachte, Sie wären in Boston aufgewachsen.“

„Geben Sie mir ein Pferd und eine Büchse“, antwortete sie lächelnd, „und ich bringe Ihnen einen Büffel ins Fort.“

Jetzt, bei der Besprechung, gab sie vernünftige Ratschläge: „Warum schickt ihr nicht einen Boten nach Zendt's Farm hinunter, holt diesen großartigen alten Indianerkenner, Alexander McKeag, und sendet ihn hinaus zu den Stämmen? Er spricht ihre Sprachen, und er wäre der Mann, sie alle zu überreden.“

„McKeag muß schon in den Siebzigern sein“, wandte Strunk ein, den die Vermutung kränkte, daß ein anderer mehr Erfolg haben könnte.

„Wenn schon“, antwortete Lisette, „er könnte uns trotzdem sehr viel nützen.“

Man einigte sich also, daß Major Mercy zum South Platte River reiten und mit McKeag sprechen sollte, gegebenenfalls auch mit jenen Stämmen, die er auf dem Rückweg bequem erreichen konnte. „Mir liegt besonders viel daran, die Shoshone herzubekommen", sagte Ketchum, „die sind mit allen im Kriegszustand."

Aber noch vor Mercys Abreise trafen gute Nachrichten ein. „Hier kommen die Oglala-Häuptlinge", rief der Wachtposten, und alle beobachteten aufgeregt, wie die Truppe zuerst den Platte überquerte, dann den Laramie. Schweigend ritten sie auf ihren mit Schabracken geschmückten Pferden an das Fort heran, verneigten sich dann feierlich und sagten: „Die Oglala werden kommen."

„Ich danke euch", sagte Hauptmann Ketchum darauf, lud sie ein abzusteigen und führte sie in sein Quartier im neuen Gebäude. „Es wird viele Geschenke geben", versprach er. „Und ihr werdet in Frieden heimziehen – in Frieden mit allen Stämmen und mit dem weißen Mann."

Diese Ankündigung verstörte die Oglala. „Wir werden nicht kommen, wenn die Shoshone kommen", sagten sie feierlich.

„Aber die Shoshone müssen kommen", antwortete Ketchum kurz. „Übersetze ihnen das und erkläre ihnen auch, warum."

Strunk tat sein Bestes, betonte die ewige Brüderschaft unter den indianischen Stämmen, am Ende lief ihm der Schweiß übers Gesicht, und die Oglala sagten: „Wenn die Shoshone kommen, werden wir sie töten, alle."

„Teufel noch mal!" ächzte Ketchum. „Mercy, reisen Sie ab und holen Sie . . . wie heißt er noch? McKeag? Fragen Sie ihn, ob er glaubt, daß man die Shoshone und die Sioux zusammenbringen kann."

Maxwell Mercy machte sich also, begleitet von vier Leuten, auf den Weg zu Zendt's Farm. Dort empfing ihn Trauer. Vor drei Wochen hatte die Cholera Alexander McKeag und seine indianische Frau, Tönerne Schale, dahingerafft.

„Am Morgen war McKeag noch so gesund wie ich", sagte Levi Zendt, offensichtlich schwer getroffen. „Dann Frösteln, Übelkeit und ein gräßlicher Tod. Am nächsten Morgen fing Tönerne Schale zu zittern an. Wir haben sie beide unten am Fluß begraben."

Mercy war tief betrübt. Er ging zum Fluß hinunter und kniete neben den Steinringen nieder, die die beiden Gräber bezeichneten. Dann sagte er für den stillen Schotten, der so viel zum Aufbau des Westens beigetragen hatte, ein kurzes Gebet, und wandte sich, ohne aufzustehen, dem Hügel zu, unter dem die Indianerin lag, die Lisettes Vater geheiratet hatte. Sie war zwei voneinander sehr verschiedenen Männern, die sie beide sehr geliebt hatten, ein gutes Weib gewesen.

„Ich hoffe, daß der Vertrag, an dem wir arbeiten, dazu beitragen wird, für Frauen wie dich das Leben schöner zu machen", sagte Mercy laut und legte auf ihr Grab ein Büschel Salbei, die einzige Blume, die im Hochsommer hier wuchs, wenn man das überhaupt Blume nennen wollte.

Lucinda, jetzt vierundzwanzig Jahre alt und auf dem Gipfel ihrer Schönheit, schlug vor, Levi sollte als Dolmetsch mit nach Norden reiten. Mit der Farm würde sie schon allein fertig. „Mit den Kindern wird mir nicht langweilig, und wir haben auch drei Pawnee, die bei uns bleiben, solange wir ihnen zu essen geben."

Auf dem Weg nach Westen unterhielten sich die beiden Männer, die einander eigentlich Schwager nennen konnten, und Levi sagte: „Meine Frau ist ein Mischling, und ich bemühe mich, die Vorgänge hier zu verstehen, aber manchmal kenne ich mich einfach nicht mehr aus. Ununterbrochen höre ich die Weißen über die unverläßlichen, faulen Indianer jammern. Seien nicht imstande, sich selbst zu ernähren, verdienten es nicht, Land zu besitzen, heißt es. Und dann sehe ich mir das Land an, wie es nach dem Durchzug der Weißen aussieht. Was sie nicht mehr brauchen, schmeißen sie einfach neben den Trail. Die toten Tiere lassen sie verfaulen, bis der Gestank die ganze Prärie durchzieht. Und ich muß sagen, daß in vielen und wichtigen Dingen der Indianer schon verdammt besser ist als der Weiße."

Mercy war geneigt, dem zuzustimmen, und wollte das auch schon laut sagen, aber Zendt fuhr fort: „Ich durchschaue dich nicht, Mercy. Du könntest es dir im Osten gutgehen lassen, dabei sitzt du hier und regst dich über diesen Vertrag auf, als wärst du ein Indianer."

Mercy ritt eine Weile schweigend neben ihm her und blickte über die Prärie, die sich im Norden bis zum Horizont hin dehnte, dann auf das Gebirge im Westen, und sagte endlich: „Der Grund ist einfach. Ich liebe dieses Land, seit ich es zum ersten Mal gesehen habe – mit dir und Elly." Der Name rief schmerzliche Erinnerungen in ihm hervor, und er fügte hinzu: „Sie war die Seele des Westens."

Levi sagte nichts darauf, und nach einer Weile schnippte Mercy mit den Fingern und sagte lebhaft: „Was du über die Siedler sagtest, ist wahr, Levi. Ein schmieriger Haufen. Aber sie sind es, die dieses Land für uns gewinnen, nicht die Goldgräber. Diese Farmer können nicht damit einverstanden sein, daß indianische Krieger über ihre Felder galoppieren und Büffelherden die Zäune niedertrampeln. Die Siedler kommen . . . nichts kann sie aufhalten. Der Feind der Tipis ist nicht die Büchse, sondern der Pflug."

„Können Farmer und Indianer in friedlichem Nebeneinander das gleiche Land bewohnen?"

„Ich habe die Hoffnung, daß wir mit diesem Vertrag einen Waffenstillstand erreichen. Land entlang des Platte für den weißen Farmer. Leere Landstriche wie diese hier für den Indianer und seine Büffel."

„Glaubst du, daß Land wie dieses hier jemals bebaut werden kann?"

„Niemals. Das hier ist Wüste. Und ich glaube, wenn es uns jetzt gelingt, einen Vertrag mit den Indianern zu schließen, statt in fünf

Jahren einen Krieg gegen sie zu führen, dann wird das letzten Endes die Regierung bedeutend billiger kommen."

„Du bist nicht an Geld interessiert", entgegnete Zendt.

„Ich will Gerechtigkeit", sagte Mercy. „Wir waren beide bereits dem Tode nahe, da vergißt man leichter auf so nebensächliche Dinge wie Geld oder Beförderung."

Sie ritten jetzt nach Westen ins Gebiet der Shoshone, wo sie mit Häuptling Washakie verhandelten, der erklärte, er würde es nicht wagen, seine Krieger mitten ins Gebiet der Sioux zu führen, denn die Feindschaft zwischen den beiden Stämmen äußere sich dauernd in Kämpfen, in denen viele den Tod gefunden hätten.

„Genau das soll jetzt aufhören", erklärte Levi in gebrochenem Ute, einer Sprache, die der der Shoshone verwandt war, und mit Mercys Hilfe legte er dar, daß Fort Laramie neutrales Gebiet sein würde, ein sicherer Ort für ein Treffen aller indianischen Stämme.

„Die Sioux werden uns töten, wenn wir uns auf ihr Gebiet wagen", widerholte Washakie.

„Dieses Gebiet gehört niemandem", sagte Levi. „Die Cheyenne werden dort sein . . ."

„Die sind noch schlimmer als die anderen", entgegnete Washakie.

Aber Mercy fand überzeugende Gründe. „Bei dem Treffen wird es viel Essen geben", sagte er. „Und viele Geschenke vom Großen Weißen Vater in Washington. Möchtest du dein Volk um diese großzügigen Gaben bringen?"

Als Zendt ihm das übersetzt hatte, verzog sich Washakies Gesicht zu einem breiten Lächeln, und er sagte: „Wenn es Geschenke gibt, werden wir kommen müssen."

Mercy fragte: „Wir? Wie viele?"

„Alle", antwortete Washakie. „Dieser Entschluß geht den ganzen Stamm an . . . alle kommen."

„Wie viele sind das?" fragte Mercy schwach.

„Wir sind vierzehnhundert", antwortete Washakie, und als Mercy und Zendt das Camp verließen, begannen die Shoshone bereits Proviant zu packen und ihre Tipis zusammenzufalten.

Bei ihrer Rückkehr stand Fort Laramie in heller Aufregung. Einer der Kommissare hatte böse Nachrichten mitgebracht.

„Sagen Sie's ihm", sagte Hauptmann Ketchum, und der Beamte aus Washington nahm den Major zur Seite und erzählte ihm eine äußerst peinliche Geschichte, deren Tragweite ihm selber gar nicht bewußt war. „Die Regierung stellte für diesen Vertrag fünfzigtausend Dollar zur Verfügung. Nur für die Indianer. Aber statt die Waren in St. Louis zu bestellen, wie wir das bei allen früheren Verträgen gemacht haben, beschloß der zuständige Mensch, diesmal in New York einzukaufen. Billiger. Und in New York dachte sich ein anderer Angestellter, wenn die sagen, daß die Waren am 1. Juli in St. Louis sein müssen, so wird der 18. Juli auch noch reichen, und dann entdeckte er, daß sich noch etwas einsparen ließe, wenn er eine langsamere Eisenbahn benutzte, so daß die Sachen schließlich erst im September hier ankommen werden."

„O mein Gott!" stöhnte Mercy.

„Ich bin früh von St. Louis abgereist", erklärte der Kommissar. „Habe bei Sac & Fox zu tun gehabt, und als ich endlich nach Kansas City kam, waren die Geschenke bereits da, und ich dachte mir, die werden schon zeitgerecht ankommen, aber ich war sechs Tage in der Stadt, und in dieser Zeit sind die Wagen keinen Schritt weitergekommen."

„Was haben Sie unternommen?"

„Den Leuten die Hölle heiß gemacht. Die Wagen sind daraufhin auch losgefahren."

„Wann werden sie hier sein?"

„Sie haben es für den 15. September versprochen. Wahrscheinlich sind sie dann tatsächlich erst am 15. Oktober hier."

„Schickt einen Boten nach Kansas City. Noch heute abend."

„Schon geschehen", antwortete der Kommissar müde. „Glauben Sie mir, die Lieferanten sind an diesem Kuddelmuddel schuld. Wir Kommissare wissen das besser."

Mercy ging zum Fenster und zeigt auf die Wiesen jenseits des Exerzierplatzes, wo schon die ersten indianischen Tipis standen. „Kommissar", sagte er gleichmütig, „die ersten Indianer sind schon da. Gott allein weiß, wie viele kommen werden, aber wenn sie nichts zu essen haben . . . Überlegen Sie! Wir haben einhundertsechzig Soldaten in der Garnison hier, und wenn noch tausend Mann dazukommen . . ."

Der Kommissar hüstelte. „Major, auch dazu habe ich Ihnen etwas mitzuteilen. Das Kriegsministerium hat seine Pläne geändert. Die versprochenen Soldaten werden anderswo gebraucht." Er machte eine Pause und fuhr dann fort: „Sie werden die tausend Mann nicht bekommen."

„Sondern wieviel?"

„Dreiunddreißig Dragoner, als Eskorte der Hauptdelegierten."

Major Mercy verließ das Fenster und setzte sich nieder. „Wollen Sie damit sagen, daß hier Tausende von Indianern sich versammeln werden, die meisten davon Krieger, die nur auf eine Gelegenheit zum Losschlagen warten, und wir müssen mit einhundertsechzig Soldaten plus einer Handvoll Dragoner auskommen?"

„Richtig."

„Jesus!" Er stürmte aus seinem Quartier und lief über den Exerzierplatz zum Ziegelfort hinüber, wo Hauptmann Ketchum mit seinem Stab und einigen Bewohnern aus den Bergen beisammensaß.

Bevor Mercy seiner Wut Luft machen konnte, fragte Ketchum geschäftsmäßig: „Wie viele Shoshone kommen?"

„Eintausendvierhundert."

Ketchum addierte mehrere Zahlen und gab dann bekannt: „Zur Zeit können wir also sicher mit siebentausend rechnen, aber wir haben noch nichts von den Crow, den Assiniboin oder den Hidatsa gehört."

„Wollen Sie damit sagen, daß zehntausend Indianer zu diesem Fort kommen werden?" fragte Mercy.

„Mindestens. Wahrscheinlich eher elf- bis zwölftausend."

„Und wir haben einhundertsechzig Soldaten?"

„Zuzüglich der Kommissare ... der hier Ansässigen ... und der Dragoner."

„Bitte, erklären Sie mir", sagte der Kommissar, der Mercy nachgegangen war, „wie es dazu kommen konnte, daß wir uns derart verrechnet haben."

„Sag du's ihm, Zendt", sagte Ketchum, und Levi bat einen Oglala-Häuptling zu ihnen. Der Häuptling sagte in gebrochenem Englisch: „Weißer Mann immer sagen: ‚Häuptling, tu das' oder ‚Häuptling, dein Stamm soll das tun', wie Großer Weißer Vater. Aber Indianerhäuptling ist niemand. Das mein Onkel, das mein Vetter. Keiner sagt: ‚Häuptling, du jetzt großer Mann. Du befiehlst Stamm.' Er führt Stamm, wenn er tut, was wir wollen. Mein Onkel, er Häuptling, er manchmal klug, manchmal nicht klug. Er spricht, wir hören, wir tun. Er guter Mann, aber er niemand."

„Wählt ihr denn einen Häuptling nicht auf Lebenszeit?" fragte der Kommissar.

Der junge Oglala lachte. „Häuptling verliert Zähne, kann Büffel nicht mehr beißen, Häuptling erledigt."

„Und was hat das mit den zehntausend Indianern zu tun?" fragte der Kommissar.

Zendt erklärte: „Hören Sie zu: Sie können nicht zu den Oglalas gehen und sagen: ‚Schickt uns eure Häuptlinge', denn wenn die Häuptlinge über etwas verhandeln, was den ganzen Stamm angeht, dann kommt eben der ganze Stamm mit. Ein Häuptling ist kein Senator. Wie der Mann hier sagt, ein Häuptling ist nur so gut wie seine Zähne. Oder so gut wie seine Ideen."

„Was sollen wir tun?" fragte der Kommissar den Hauptmann.

„Ich weiß es nicht", sagte Ketchum. „Eine Handvoll Männer gegen zehntausend Indianer ... kein Essen ... keine Geschenke. Aber ich kann Ihnen sagen, was ich tun werde."

„Was?"

„Beten." Und er blickte aus dem Fenster und sah die Stämme des Nordens sich dem Fort nähern. Und kein Häuptling kam allein, sondern alle wurden sie vom ganzen Stamm begleitet, einschließlich der Kinder, Hunde und vor allem der Pferde, Tausender Pferde.

Ein Indianertreffen wie das, das in diesem Sommer in Fort Laramie stattfand, hatte es in der amerikanischen Geschichte noch nie gegeben. In diesem August des Jahres 1851 standen die Indianer zahlenmäßig auf dem Gipfel ihrer Macht, und wie sie aus allen Richtungen hier zusammenkamen, boten sie einen majestätischen Anblick. In den folgenden Jahrzehnten wurden sie in alle Windrichtungen zerstreut. hatten nicht mehr genug Pferde, Tipis und Adlerfedern für ihren Kriegsschmuck. Diese Versammlung blieb einzig in ihrer Art.

Als erste kamen die mächtigen Sioux aus dem Norden, alle mit Federschmuck und bunter Bemalung. Sie hatten kleine Pferde und kamen mit ihnen leidlich zurecht. Ihre Stärke lag in der unbeirrbaren Leidenschaft, mit der sie ein Ziel verfolgten, sei es nun friedlicher oder kriegerischer Natur. Unter den Indianern bildeten sie die mächtigste Gruppe. Sie konnten es mit acht feindlichen Stämmen gleichzeitig aufnehmen. Die Anmaßung, mit der sie im Lager auftraten, schien ihnen angeboren. Jeder der Sioux-Stämme hatte seine besonderen Eigenschaften, die Brulé, die Oglala, die Minniconjou, die Hunkpapa – aber alle waren sie Mitglieder derselben kriegerischen Gemeinschaft. In ihrer Mitte ritten die obersten Häuptlinge, eine amerikanische Flagge schwenkend, die ihnen bei einem früheren Vertrag überreicht worden war.

Aus dem Nordwesten kamen die Assiniboin, schlanke Männer, wie verwachsen mit ihren Pferden. Sie ritten wie Kentauren, als ob Mann und Pferd ein Leib wären, sich anmutig nach einem Willen bewegend. Als sie sich über die offene Prärie näherten, war zuerst nichts zu sehen als Bewegung, Staub und schwankendes Gras. Sie trugen keinen Kopfschmuck; das Würdevolle an ihnen kam von ihrem ernsten Gehaben, das sie sich in fernen Canyons, weitab vom weißen Mann, anerzogen hatten.

Den Platte herauf zogen die Cheyenne, die von allen Stämmen den höchsten Wuchs und die vornehmste Art hatten. Sie waren hervorragende Reiter, saßen zu Pferd wie Götzenbilder, die rechte Hand an die Hüfte gelegt, und beeindruckten die Versammlung mit der Schönheit ihres Kopfschmucks und der Pracht ihrer Gewänder. Sie waren die Aristokraten der Ebenen, selbstsicher und arrogant. Zweihundert Jahre lang hatten sie sich gegen jedes Bündnis gewehrt, und jetzt kamen sie angeritten, als gehörte die Prärie ihnen. Im Kampf waren sie von unvergleichlicher Tapferkeit; kein anderer Stamm in der Platte-Region hatte so viel getan, um die Ebenen vor völliger Verwüstung zu bewahren. Ihre sechs obersten Häuptlinge, Krummdaumen, Bärenfeder, Weiße Antilope, Kleiner Häuptling, Reitet-auf-Wolke und Hagerer Bär, erschienen gleichsam als eine Verkörperung der Würde ihres Volkes, groß, schlank, im prächtigsten Kopfschmuck aus Adlerfedern auf Goldgewebe, mit Federkielen verziert. Es war ein eindrucksvolles Bild, als diese sechs im schräg einfallenden Abendlicht, das die bronzefarbenen Gesichter abwechselnd in Licht und Schatten tauchte, angeritten kamen. Hinter ihnen folgten die jüngeren Häuptlinge, in strenger militärischer Formation, einige fast nackt, andere wieder in Gewändern, die denen der Ältesten an Prunk kaum nachstanden; dahinter dann die Frauen mit den Kindern und den Tipis.

Aus dem Norden kamen die Fremden, die Mandan, die Hidatsa und die Arikara, und sie kamen nur deshalb, weil Vater De Smet sie aufgefordert und ihnen Zusagen gemacht hatte. So weit im Süden fühlten sie sich etwas verloren, aber sie erhofften sich Schutz vor den Siedlern, die jetzt auch ihre Gebiete durchzogen. Sie waren in mancher Hinsicht erfahrener im Umgang mit Weißen, denn sie kannten sie schon seit den Tagen von Lewis und Clark.

Aus dem Westen kam die merkwürdigste aller dieser Gruppen, einhundertdreiundachtzig dunkelhäutige Shoshone, vorsichtig näherkommend, jeder mit einer geladenen Flinte quer über dem Sattel. Ihre Ankunft rief einen Sturm der Erregung hervor, und Joe Strunk rief den Soldaten zu: „Paßt auf, jetzt könnte es Ärger geben!“

Nachdem die Shoshone ihr Lager im westlichen Wyoming abgebrochen hatten, hatten sich alle vierzehnhundert auf den Weg gemacht. Ihr Dolmetsch war Jim Bridger, einer der tapfersten Siedler aus den Bergen, zugleich einer der schlauesten. Ihr Häuptling war Washakie. Unter der Führung dieser beiden Männer hatten sie sich so sicher gefühlt, daß sie sich für eine Weile einem von Weißen geführten Ameetrain angeschlossen hatten, aber nachdem sie sich von diesem getrennt und nach Osten gewandt hatten, kam von Norden her eine Gruppe von Kriegern der Cheyenne über sie und tötete einen Shoshone-Häuptling und seinen Sohn.

Bridger war empört über diesen Bruch des vereinbarten Waffenstillstands, und Häuptling Washakie verkündete, er würde keinen Schritt weiter nach Osten tun, wenn die Cheyenne nicht bereit seien, den alten Zwist zwischen den beiden Stämmen zu begraben. Man einigte sich auf einen Kompromiß: Washakie sandte die Frauen und Kinder des Stammes wieder zum Lager zurück, während die Krieger, von Soldaten begleitet, nach Fort Laramie ritten.

Hauptmann Ketchum, verzweifelt um die Erhaltung des Friedens bemüht, sandte Strunk und Mercy zu den Cheyenne, um diesen das feierliche Versprechen abzunehmen, die Shoshone nicht weiter zu belästigen, und Weiße Antilope und Krummdaumen waren damit einverstanden. „Kein Krieg von uns“, sagte Krummdaumen ein paarmal hintereinander, und zum Beweis dafür, daß es ihm ernst war, sagte er zu Strunk: „Wenn die Shoshone zur Versammlung kommen, werden wir ihnen ein Fest geben . . . und ihnen Geschenke geben, die sie erfreuen.“ Mercy schüttelte dem Cheyenne-Häuptling die Hand und berichtete Ketchum: „Mit den Cheyenne wird es schon klappen. Krummdaumen hat es gesagt, und er hält, was er verspricht.“

„Reiten Sie zu den Shoshone und beruhigen Sie sie", forderte Ketchum ihn auf, und Mercy ritt ihnen mit Strunk entgegen. Auf einem Paß im Westen fanden sie die ängstlichen und mißtrauischen Krieger. „Diese Versammlung wird Frieden halten", versicherte Mercy Bridger, und als Bridger Washakie das übersetzt hatte, sagte der Häuptling widerwillig: „Wir bemühen uns."

Also ritten die Shoshone, geführt von Washakie auf einem weißen Pferd und neben ihm Mercy, Strunk und Bridger, vorsichtig auf das ausgedehnte Lager zu, die Pferde sprungbereit, die Büchsen geladen, falls es zum Kampf kommen sollte. Aber als sie die große Menge erblickten, wo die Sioux neben den Assiniboin lagerten, wich die Angst von ihnen, und am Ende stellten sie ihre Zelte sogar neben denen ihrer Todfeinde, den Cheyenne, auf.

Als die anderen schon alle beisammen waren, kamen aus dem Südwesten die Poeten der Prärien, die großen, in sich gekehrten, vorsichtigen Arapaho, nicht so hochmütig wie die Cheyenne, nicht so eindrucksvoll wie die Sioux. Sie waren schöne Männer, von ernster Haltung und würdigem Auftreten. Sie waren die Philosophen, die Künstler, diejenigen, die zuhörten, wenn die anderen sprachen. Aber sie hatten einen eisernen Willen, waren bereit, ihre Zukunft und die Zukunft ihrer Kinder und Kindeskinder aufs Spiel zu setzen, wenn es notwendig sein sollte. Mit dem Stamm der Arapaho ließ sich nicht spaßen, denn diese Männer und Frauen hatten eine innere Würde, die bisher noch niemand anzutasten gewagt hatte. Ihre Häuptlinge, Adlerhaupt, Verirrter Adler, Weiße Krähe, Gespaltene Nase, Kleine Eule, waren Männer, die gekommen waren, um mit dem Weißen Vater zu sprechen, ihm ihre Probleme vorzutragen und gemeinsam nach einer Lösung zu suchen.

Als alle Stämme da waren und sich häuslich eingerichtet hatten, sollten die Verhandlungen beginnen. Da ertönte aus Nordwesten der Ruf eines Spähers: „Hier kommen sie! Mein Gott, seht sie euch an!" Aus dem Westen, die Gesichter von der Morgensonne beleuchtet, kam eine riesige Abordnung von dreitausend Crow, die viele für die besten Krieger hielten. Sie waren hellhäutiger als die meisten anderen; die Crow waren ein launisches Volk, zwischen tiefem Ernst und überschäumender Fröhlichkeit schwankend, und Händler, die mit ihnen zu tun gehabt hatten, berichteten von ihrer überdurchschnittlichen Intelligenz. Die Crow waren ein mächtiger Stamm, der durch die nördlichen Rocky Mountains streifte und zäh an den Tälern festhielt, die von alters her ihm gehörten.

„Die können mit Pferden umgehen!" riefen die Berufssoldaten bewundernd, denn obwohl die Crow achthundert Meilen geritten waren, spornten sie jetzt ihre Pferde zu einem leichten Galopp und ritten über die Prärie heran, und es sah aus wie Wellen, die sich am Gestade brachen. Ihnen voran die vier Häuptlinge in herrlichen

Gewändern, wie die Zuschauer sie noch nie gesehen hatten: jeder mit neun Kauriketten um den Hals, mit langen Schnüren mit Elchknochen, die von den Schläfen baumelten, Brustplatten mit Dutzenden Hermelinschwänzen, die Haare zu einem riesigen Pompadour in die Höhe gekämmt, dem Kiefernharz festen Halt gab.

Die vier Häuptlinge blickten schweigend geradeaus, aber die Krieger hinter ihnen blickten mißtrauisch um sich, denn sie befanden sich hier in fremdem Gebiet, wo sie jederzeit angegriffen werden konnten. In der Mitte der Schar ritten die Frauen, in schönen Gewändern, und an den Seiten, auf kleinen, schwarz-weißen Pferden, die neun- und zehnjährigen Jungen, bereit, jedem Feind die Stirn zu bieten.

Auf ein Zeichen eines der Häuptlinge brach eine Reitergruppe von hinten aus und donnerte nach vorn, zweihundert fast nackte Männer, die ihre Pferde mit wildem Ungestüm ritten. Dann schwangen sie sich plötzlich, zum größten Erstaunen der Menge, an der rechten Flanke der galoppierenden Pferde weit nach unten, ein Bein um den Sattelbaum geschlungen, schmiegten sich an den Hals ihrer Tiere und feuerten aus alten Steinschloßgewehren Salutschüsse ab.

Bevor die Menge darauf reagieren konnte, zügelten sie ihre Pferde zum langsamen Trott. Die Sonne machte ihre erschöpften, staubbedeckten Gesichter deutlich sichtbar. Jetzt brachen sie in ihr Stammeslied aus, einen ergreifenden Gesang, der von den weiten Bergen erzählte.

Der erste Entschluß, den Ketchum und die Kommissare faßten, war durchaus vernünftig. Sie besprachen sich mit Mercy, Zendt, Strunk und Bridger und fragten:

„Wie viele Indianer haben wir jetzt beisammen?“

„Ungefähr vierzehntausend, würde ich sagen“, antwortete Mercy.

„Und wie viele Pferde?“

„Vielleicht dreißigtausend“, schätzte Zendt.

„Unmöglich“, knurrte Ketchum.

„Jedenfalls nicht weniger als siebenundzwanzigtausend“, sagte Bridger.

„Wo nehmen wir das Futter für sie her?“ ächzte Ketchum. „Was sollen wir tun?“

Mercy sagte zu den Kommissaren: „Als ich vor einem Monat die Cheyenne besuchte, lagerten sie im Süden des Horse Creek. Etwa fünfunddreißig Meilen den Platte flußabwärts. Riesige Weiden, bestes Gras.“

Die Kommissare fragten Bridger, was er von dieser Gegend hielt, aber er kannte sie nicht. Strunk sagte: „Dort gibt es genügend Weideland für sechzigtausend.“ Ketchum blieb skeptisch.

Jedenfalls wurde der Beschluß verkündet, daß alle Indianer sowie das Verhandlungsteam entlang des Platte nach Südosten ziehen sollten, auf besseres Weideland, und die Indianer, die damit einverstanden waren, bereiteten den Aufbruch vor. Einhundertsiebzig Soldaten zogen mit ihnen, nur eine Handvoll blieb zurück, um in dieser Nacht das Fort zu bewachen. Aber bevor sie noch abzogen, geschah etwas, dem man eine glückliche Vorbedeutung beimessen durfte. Die Häuptlinge Krummdaumen und Weiße Antilope gingen zu Fuß zum Camp der Mißtrauischen Shoshone, wo der erstere sagte: „Brüder, wir haben einander schon allzu lange bekriegt. Unsere Krieger taten unrecht, als sie vor einem Mond eure Leute töteten, und wir bieten euch unsere Freundschaft an."

Häuptling Washakie nahm die zur Versöhnung ausgestreckte Hand an und umarmte die beiden Besucher, worauf Weiße Antilope fortfuhr: „Wir sind gekommen, um euch zu einem Fest einzuladen – ihr alle seid unsere geehrten Gäste", und er führte die dreiundachtzig Shoshone über den Exerzierplatz mitten ins Camp der Cheyenne, wo ein ausgiebiges Festmahl mit Wild bereitet war, und das Gerücht ging durch das ganze Lager, daß die Cheyenne und die Shoshone brüderlich miteinander tafelten, und Weiße und Indianerhäuptlinge strömten herbei, um sich persönlich von diesem Wunder zu überzeugen, und sie kamen gerade zurecht, um zusehen, wie Häuptling Krummdaumen seiner Squaw bedeutete, sich von ihrem Platz zu erheben, Häuptling Washakie zu begrüßen und ihm die Skalps der beiden von den Cheyenne getöteten Shoshone zu überreichen. Als sie die Skalps übergab, sagte Krummdaumen: „Wir haben diese Trophäen als Andenken an einen guten Kampf in Ehren gehalten. Jetzt geben wir sie an euch zurück, als Beweis für unsere ewige Freundschaft." Und durch das ganze Lager lief ein Gemurmel der Zustimmung.

Am nächsten Morgen setzte sich der mächtige Zug in Bewegung, diese größte Ansammlung von Indianern, die die Welt je gesehen hatte. Sie ritten hinaus in die aufgehende Sonne, manchmal im Gänsemarsch, manchmal in Reihen von sechs oder acht Reitern – Crow und Brulé, Arikara und Oglala Seite an Seite, in gutem Einvernehmen, wie es nie zuvor bestanden hatte. Der Zug, hin und wieder von kleinen Abteilungen amerikanischer Soldaten durchbrochen, erstreckte sich über eine Länge von fünfzehn Meilen. Hauptmann Ketchum sah ihnen nach und flüsterte einem der Kommissare ins Ohr: „Wenn die Indianer es sich einfallen ließen, könnten sie uns alle in zehn Minuten auslöschen."

Glücklicherweise aber hatten die Indianer anderes im Kopf, denn als der Zug sich seinem Ziel näherte, sah Mercy, der mit den Shoshone ritt, wie Haufen von Sioux- und Cheyennefrauen auf ein kleines Plateau zustürzten, das den Zusammenfluß der beiden Wasserläufe überschaute. Ohne die anwesenden Weißen zu fragen, fingen sie dort wie wild zu arbeiten an, trieben Zeltstangen in die Erde und breiteten Büffelfelle auseinander.

„Was zum Teufel machen sie da?“ fragte Strunk, und Mercy blickte sich um, bis seine Augen auf Jake Pasquinel fielen.

„Unser Beitrag“, antwortete dieser, und die Männer sahen bewundernd zu, wie die Frauen zuerst ein Verhandlungszelt aufstellten und mit Blumen schmückten und dann eine Art Amphitheater anlegten, wo die offiziellen Besprechungen stattfinden sollten. Die Anlage, die schön und geschmackvoll aussah, war ganz nach indianischen Vorstellungen errichtet und für den Zweck bestens geeignet. Wie viele indianische Anlagen war auch diese hier nach Osten geöffnet, damit die bösen Geister, die die Verhandlungen stören wollten, entwischen konnten; die guten Geister dagegen würden dableiben und die Verhandlungen günstig beeinflussen.

Zwei Soldaten, die beobachteten, wie die Frauen die Stangen aufstellten, um die Büffelhäute daran aufzuhängen, konnten sich nicht genug wundern, wie flink sie arbeiteten. „Die schlagen alles, was ich in Boston je gesehen habe“, sagte der eine.

Der Geist, in dem die Verhandlungen geführt wurden, war ein nicht weniger glücklicher als das Haus, in dem sie stattfanden. Wahrscheinlich hatte in der Geschichte der Vereinigten Staaten keine einzige Vollversammlung jemals mit so viel gutem Willen auf beiden Seiten getagt. Die Weißen wollten aufrichtig einen Vertrag schließen, der gerecht und dauerhaft sein würde. Die Indianer waren mit offenem Herzen darum bemüht, Land und Rechte so zu verteilen, daß alle in Ehren miteinander leben könnten. Die Besprechungen einiger Nebenfragen und auch manche großen Reden hätten so manchen europäischen Diplomaten zur Ehre gereicht.

Ein Crow-Häuptling, Tapferer Arm, war es, der den Ton der indianischen Beiträge festlegte: „Großer Führer, wir sind viele Tage weit geritten, um deine Rede zu hören. Unsere Ohren waren nicht verschlossen, unsere Ohren sind weit geöffnet, und was sie hören, macht uns Freude im Herzen. Wir sind hungrig, aber wir wissen, daß du uns Nahrung gibst. Wie die Sonne auf uns niederblickt, wie der Große Geist mich betrachtet, so sind wir willig, zu tun, was du uns befiehlst. Ich weiß, daß du uns das Rechte sagst, und was du befiehlst, wird gut sein für mein Volk. Es ist für uns ein großer Medizintag, wenn unsere Friedenspfeifen einig und wir alle in Frieden miteinander sind.“

Major Mercy sagte darauf im Namen der Regierung der Vereinigten Staaten: „Der Große Weiße Vater in Washington hat mich aufgefordert, von jedem eurer Stämme einen Häuptling einzuladen, der in sein Haus kommen und mit ihm sprechen soll. Er möchte, daß ihr auf euren Pferden zum Missouri hinunterreitet, wo ein Schiff auf euch wartet. Von dort geht ihr nach St. Louis, wo ihr die schönste Stadt des Westens sehen werdet. Dann steigt ihr in einen Zug und reist quer durch unser weites Land nach Washington, wo der Große Weiße Vater mit euch reden und euch feierlich versprechen wird, daß dieser Frieden ewig dauern soll, daß das Land, das euch jetzt zugesprochen wird, euer ist, so lang das Wasser fließt und das Gras wächst. Wenn wir in diesen nächsten Tagen miteinander verhandeln, dann soll jeder Stamm überlegen: ‚Welcher unserer Häuptlinge soll nach Washington fahren und mit dem Großen Vater reden?‘, und am letzten Tag sollt ihr mir sagen, wen ihr gewählt habt, und wir werden alle miteinander nach Washington fahren.“

Verirrter Adler war es, der die Meinung der Indianer zusammenfaßte, mit voller Unterstützung der Sioux und der Crow, denn er war auch unter ihnen als verständiger Mann bekannt: „Wir können nicht selber dem Großen Weißen Vater sagen, wie wir seine Worte aufgenommen haben. Ihr Männer der Armee, die ihr mit uns gesprochen habt, ihr Kommissare, die ihr die Pfeife mit uns geraucht habt, ihr müßt ihm sagen, was ihr von unserem Tun denkt. Waren wir gerecht in den Verhandlungen? Hörten wir euch zu, wenn ihr uns sagtet, daß ihr bestimmte Trails haben müßt? Haben wir euch Orte vorgeschlagen, wo ihr eure Forts bauen könnt? Redet ihm von uns, wie ihr uns in diesen Tagen gesehen habt. Und wenn ihr davon geredet habt, dann redet ihm auch von drei Dingen, die Bestand haben müssen, solange die Sonne scheint. Wir brauchen den Büffel, denn ohne Nahrung wird unser Leib verderben. Wir müssen durch die offene Prärie reiten können, ohne daß die Trails des Weißen Mannes uns von unseren alten Gründen abschneiden, denn ohne Freiheit wird unsere Seele verderben. Und wir brauchen Frieden. Die Crow sind bereit, neben den Sioux zu sitzen, die Cheyenne sprechen mit den Shoshone. Und alle sitzen mit dem Weißen Mann zusammen wie mit ihrem Bruder. Wir werden Frieden haben.“

Während die Häuptlinge auf diese Weise verhandelten, ergingen sich ihre Stammesbrüder in Festen und Lustbarkeiten. Alte Stammesfehden wurden begraben, und eine Gruppe nach der anderen veranstaltete Festmähler und Tänze. In einer komplizierten Zeichensprache tauschten die verschiedenen Stämme Geschichten von Tapferkeit und Heldentum in den Prärien aus. Der Klang der Tom-toms drang durch den Tag bis lang in die Nacht hinein, es gab bis zu vierzig oder fünfzig Feiern gleichzeitig. Zu normalen Zeiten hätten diese Klänge den weißen Zuhörern eine Gänsehaut über den Rücken gejagt, aber hier mischten die Weißen sich unter die Tänzer und schlugen manchmal sogar die Trommeln, die ihnen angeboten wurden.

Der einzige Mißklang in dieser gehobenen Stimmung war der Mangel an Nahrung. Die Wagen befanden sich noch immer im Schneckentempo auf der Anfahrt von Kansas City, und Fleisch wurde so knapp, daß die nördlichen Sioux eine Abordnung von jungen Männern in die fernen Schwarzen Berge schickten, um zu jagen. Sie brachten wohl etwas Büffelfleisch zurück, aber nicht genug, um die hungrige Menge zu sättigen. Also suchten die Indianer beim Hundefestmahl ihre Zuflucht.

Nachdem ein Köter den Tod – durch den Strang – gefunden hatte, wurde er übers Feuer gehalten und abgesengt. Wenn die Haut sauber abgeschabt war, wurde der Kadaver dressiert und in Stücke geschnitten, die in einem großen Kupferkessel so lange kochten, bis die Knochen sich leicht herauslösen ließen. Mit Präriekräutern und getrockneten Pflaumen abgeschmeckt, wurde daraus ein üppiges Gericht, das bei den Stämmen der Ebenen als Delikatesse galt. Nachdem er eine Reihe solcher Festmähler beobachtet hatte, schrieb Vater De Smet in sein Tagebuch: „Keine Epoche der indianischen Annalen sah jemals ein größeres Massaker an der Rasse der Hunde."

Die Knappheit der Lebensmittel beunruhigte Hauptmann Ketchum, und er warnte die Kommissare: „Wenn diese verfluchten Wagen nicht bald hier eintreffen, werden die Indianer zu hungern beginnen. Und wenn ich dann den vierzehntausend betrogenen Indianern auch noch mitteilen muß, daß es keine Geschenke gibt, dann . . ." Er hüstelte. „Meine Herren, ich rate Ihnen, am Abend dieses Tages Ihren Gemahlinnen noch einen recht zärtlichen Brief zu schreiben."

Er sandte Joe Strunk nach Osten, um nach den Wagen Ausschau zu halten, aber nach zwei Tagen brachte dieser die düstere Nachricht: „Kein Wagen in Sicht!", und Ketchum empfahl den Kommissaren: „Haltet längere Reden."

Eines Tages zog Krummdaumen die Aufmerksamkeit der Hungrigen auf sich, als er hundert der besten Reiter unter den Cheyenne zu sich rief und ihnen sagte: „Wir werden den Weißen Mann daran erinnern, daß wir zwar von Frieden reden, aber immer zum Kampf bereit sind. Wenn er uns wieder eine Falle stellt, dann soll er sehen, was ihn erwartet."

In vollem Kriegsstaat bestiegen die hundert Krieger ihre Pferde und brausten donnernd über den offenen Platz vor dem Amphitheater, wo die Unterhändler miteinander redeten. Dort fingen sie an, eine Reihe von verwickelten und wilden Kunststücken vorzuführen. Alle waren bewaffnet, einige mit Lanzen, einige mit Büchsen, der Rest hatte Pfeil und Bogen. Auf Hüften und Schultern jedes Pferdes waren Andenken an die Kämpfe gemalt, die sein Reiter gewonnen hatte: ein Skalp wurde durch eine rote Hand versinnbildlicht, während ein Pferd, das in einem Scharmützel erbeutet worden war, durch einen schwarzen Pferdehuf angezeigt wurde.

Unter Krummdaumens Führung begannen die Cheyenne ein Manöver vorzuführen, auf das sie besonders stolz waren. Zuerst verwickelten sie sich in einem scheinbar hoffnungslosen Durcheinander von Pferden und Reitern, feuerten sinnlos in die Luft und schossen Pfeile nach allen Richtungen ab, bis Krummdaumen ein lautes Kriegsgeheul ausstieß, worauf aus der Mitte eine Gruppe von Reitern hervorbrach und einen schützenden Ring um den Haufen bildete. Dann tauschten unter markerschütterndem Geheul die Reiter ihre Plätze, die außen waren, jagten nach innen, die innen waren, brachen nach außen durch, wobei sie auf Zollbreite aneinander vorbeischossen, in kunstvollen, endlos dahinströmenden Figuren.

Eine besondere Zierde dieses Treffens war Lisette Mercy. Die indianischen Frauen freuten sich, daß auch eine Weiße geruht hatte, daran teilzunehmen, und kamen jeden Tag zu ihr, um sie zu betrachten. Lisette war eine schöne Frau, von deren hellem Haar und zahlreichen Unterröcken die Squaws fasziniert waren. An manchen Tagen strichen an die hundert Squaws ihr mit den Fingern übers Gesicht, um zu sehen, ob die Farbe von ihren sanft geröteten Wangen abging. Sie lugten in ihre Unterröcke wie Dachse, die einen Bau erforschten. Beinahe hätten sie sie schon am ersten Tag kahlgerupft, denn ein paar Squaws hatten ihr ein Haar ausgezogen, und darauf meinten alle, daß sie nun das gleiche tun dürften.

Lisette benahm sich in diesem Camp wie eine echte Pasquinel. Da Essen knapp war, ritt sie zum Fort und sammelte dort an Zucker, Tabak und Mehl ein, was sie finden konnte; außerdem nahm sie den gesamten Bestand an Zinnfarbe aus Mr. Tutts Marketenderei mit. Als sie zurückkehrte, unterhielt sie die Kinder damit, daß sie ihnen rote Kreise auf die Wangen malte. An den Abenden sang sie alte französische Lieder, redete mit den Häuptlingen und beglückwünschte sie zum guten Fortgang der Verhandlungen.

Weil sie die Tochter von Pasquinel war, achteten die Indianer sie als ihre besondere Freundin, und man rief sie oft herbei, damit sie ihren Bruder Jake beruhige, wenn er sich über die Vertragsbestimmungen aufregte. Wenn er mit ihr allein war, fiel das kriegerische Pathos von ihm ab, und an seine Stelle trat eine Verzweiflung, die noch viel ärger war.

„Von Verhandlungen konnte hier keine Rede sein, Lisette. Das war einfach ein Geschenk an den weißen Mann. Er nimmt sich, was er will, und gibt uns dafür etwas, was uns ohnehin schon längst gehört. Wenn wir Zweifel äußern, besticht er die alten Häuptlinge mit Kram und Plunder. Paß nur auf, was dabei herauskommt. Wieder wird er alles haben und wir nichts."

Jake litt dabei selber am meisten: „Du und Mike und ich haben denselben Vater. Mit dir und auch mit Max kann ich in Frieden leben. mit den anderen Weißen nie. Diese Narbe verdanke ich ihnen. Und laß dich von Mike nicht täuschen. Er spielt den Narren und tut gern so, als wüßte er einen Ausweg, aber wenn wir uns in den Nächten unterhalten, weiß er so gut wie ich, daß uns nichts bleibt als die Vernichtung."

In den letzten Tagen des Treffens war niemand geschäftiger als Vater De Smet. Tag und Nacht eilte er von einem Stamm zum anderen und taufte die Kinder, mit einer seit den Tagen von Galiläa nicht wieder erreichten Geschwindigkeit: Indianer, Mischlinge, Weiße, die lang in den Bergen gelebt hatten – alle taufte er sie. Er ließ alle zu sich kommen, Menschen jeden Alters und jeder Rasse, und versprach jedem den gleichen Anteil an Gottes Güte.

Kurz nachdem er die Arapaho-Kinder getauft hatte, wurden diese krank, und der Stamm schloß, daß seine Religion falsch sei. Aber bei den Sioux hatte er großen Erfolg. Ihnen gefiel seine Beschreibung des Himmels, wohin die Guten, und der Hölle, wohin die Bösen kämen. Einer der Häuptlinge erklärte: „Im Himmel wird es schön sein, wir brauchen uns nicht mehr über die weißen Männer zu ärgern, denn sie kommen alle in die Hölle.“

Jake Pasquinels Zweifeln zum Trotz waren die Bedingungen des Vertrags so gerecht, wie sie nur sein konnten, und dieses eine Mal wurden die Indianer tatsächlich wie Gleichberechtigte behandelt. Dieser Vertrag hätte die Grundlage für einen dauernden Frieden sein können, er bezog sich nicht nur auf die Beziehungen zwischen Indianern und Weißen, sondern auch auf die der Indianer untereinander. Die Regierung hatte erreicht, was sie immer erreichen wollte: das Recht, Forts zu bauen, Straßen anzulegen und den Frieden zu erhalten. Dafür verpflichtete sie sich, die Indianer gegen Ausbeutung durch Weiße zu schützen, während die Indianer ihrerseits dazu angehalten waren, den Weißen zugefügten Schaden wieder gutzumachen.

Die Regierung versprach außerdem, den Indianern als Gesamtheit über die Zeit von fünfzig Jahren die Summe von fünfzigtausend Dollar jährlich zu zahlen, als angemessene Entschädigung für ihre bisher erlittenen Verluste. Bemerkenswert an dem Vertrag war auch der Plan, die Prärie in einzelne große Gebiete aufzuteilen, die dann den einzelnen Stämmen zugewiesen würden, wobei diese Stammesgrenzen auf der Büffeljagd jederzeit überschritten werden könnten. Die Grenzen für die nördlichen Stämme wurden von Vater De Smet gezogen, den alle schätzten. Die Grenzen im Süden für Arapaho und Cheyenne legten Major Mercy und Levi Zendt außerordentlich großzügig fest: 6400 Indianer besaßen demzufolge auf ewige Zeiten an die neunzigtausend Quadratmeilen. Jeder Indianer erhielt also vierzehn Quadratmeilen.

Nur zwei Männer ließen sich von der allgemeinen Woge der Begeisterung in diesen letzten Tagen des Treffens nicht mitreißen. Der eine war Häuptling Krummdaumen, der begriff, daß kein weißer Mann einen Vertrag einzuhalten vermochte, der ihm den Verzicht auf so weiträumige Gebiete auferlegte. „Geht heim in Frieden“, sagte er gleichmütig zu seinen jungen Kriegern, „aber bereitet euch auf den Krieg vor. Bald wird der Vertrag gebrochen, bald werden Soldaten aus den Forts marschieren, die wir ihnen zugestanden haben.“ Mit Jake Pasquinel als Dolmetsch redete er in diesem Sinn auf den Verirrten Adler ein: „Geh nach Washington, kleiner Bruder, und demütige dich vor dem Großen Weißen Vater, aber vergiß nicht, daß dann, wenn die Zeit kommt, das versprochene Geld abzuholen, ein anderer Vater da sein wird, und wenn du ihn nach der Jahresrente fragst, wird er rufen: ‚Wer ist dieser Narr, Verirrter Adler? Ich habe ihn noch nie gesehen.' Dann wird es keinen Büffel mehr geben, kein Geld und keinen Frieden, und an diesem Tag wirst du mir in den Krieg folgen. So wie dieses Lager jetzt zum Himmel stinkt von den Gerüchen der vielen, die hier lagern, so wird auch dieser Vertrag bald zum Himmel stinken."

Der zweite war Jake Pasquinel. Als Krummdaumen geendet hatte, fügte er aus eigenem hinzu: „Verirrter Adler, du bist ein großer Narr. Als wir hierherkamen, versprach uns Hauptmann Ketchum zwei Dinge: Essen und Geschenke. Wo sind sie? Du verwirrter Mann, dein Vertrag ist gebrochen, bevor er noch in Kraft trat."

Verirrter Adler wußte nicht, was er darauf erwidern sollte. Mehr als jeder andere Cheyenne oder Arapaho hatte er sich für die neue Ordnung eingesetzt, aber bevor noch die Friedenspfeife erloschen war, schienen schon die ersten Versprechen gebrochen. Dennoch gab er die Hoffnung nicht auf, sondern sagte: „Wenn ein Major Mercy sein Wort bricht, dann gibt es auf dieser Welt kein Vertrauen mehr. Wir werden unsere Geschenke bekommen."

Und er ging von Stamm zu Stamm und riet allen, noch ein paar Tage länger in Fort Laramie zu bleiben. „Die Geschenke werden kommen. Major Mercy hat es gesagt." Und er ging zum Major und sagte: „Krummdaumen und die anderen werden sehr ungeduldig, sie sind hungrig." Mercy versprach ihm: „Das Essen wird kommen."

Und dann, nach weiteren drei Tagen verzweifelten Wartens, kam ein Scout von Osten her ins Lager geritten und brachte die großartige Nachricht: „Siebenundzwanzig Wagen! Eine halbe Tagesreise im Osten!"

Zweitausend Indianer schwärmten in die Prärie aus, und als sie die vollbeladenen Wagen erblickten, stieg Hoffnung in ihren Herzen auf, denn das war ein günstiges Omen.

Die Häuptlinge brauchten drei Tage, um die Wagen zu entladen und die Geschenke zu verteilen: Tabak, den begehrten Kaffee, Zucker, warme Decken aus Baltimore, Messer vom Grünen Fluß, auf Karton aufgenähte Perlen aus Paris, getrocknetes Rindfleisch, Mehl, Marmelade und Eingemachtes. Festessen wurden veranstaltet, wo Vater De Smet Gebete sagte und die Männer aßen, bis sie sich übergeben mußten.

Aber die wirklichen Geschenke kamen erst am letzten Tag! Da rief Hauptmann Ketchum die Häuptlinge zusammen und sagte zu ihnen: „Der Große Weiße Vater in Washington liebt seine Kinder, und wenn sie gut mit ihm gearbeitet haben, dann gibt er ihnen Geschenke, durch die sie zu Mitgliedern seiner Familie werden. Jedem Häuptling, der den Vertrag unterzeichnet hat, sendet er eine Uniform . . . eine vollständige Armeeuniform . . . ihr seid jetzt alle Offiziere seiner Armee."

Und Mr. Tutt holte von seinen Ballen die herrlichsten Uniformen heraus, mit Schuhwerk, Mütze, Schärpe und Säbel. „Schöner als meine“, sagte Ketchum, ehe er Hauptmannsuniformen an die Unterhäuptlinge verteilte. Für die großen Häuptlinge gab es sogar die mit Sternen geschmückten Uniformen der Brigadegeneräle. Washakie von den Shoshone, Verrirrter Adler von den Arapaho und noch drei weitere bekamen die mit goldschimmernden Epauletten versehene Uniform eines Generalmajors.

Hauptmann Ketchum bat die Häuptlinge, die Uniformen anzuziehen, und wenn auch einige nicht ganz genau paßten, boten die neuen Offiziere doch einen prächtigen Anblick. Aber bevor sie sich in Reih und Glied aufstellen konnten, erschien ein Oglala-Sioux von einem Erkundungsritt nach Süden und rief: „Büffel am südlichen Platte!“ Und die soeben ernannten Offiziere stürzten davon in Richtung Rattlesnake Buttes.

Levi Zendt folgte ihnen etwas langsamer nach Süden. Er mutmaßte, daß sie nach der Jagd die Büffelhäute nach Zendt's Farm bringen würden, um andere Dinge dafür einzutauschen. Und er hatte sich nicht getäuscht. Aber der Gewinn, den Levi dabei machte, bereitete ihm keine Freude, denn ein Brief aus dem Osten zog seine Aufmerksamkeit völlig auf sich.

Bruder Levi, Lampeter, Penna.

Ich habe Deinen Brief mit den 12 Dollar, um Dir eine Fordney-Büchse zu kaufen, da Dir Deine gestohlen wurde, erhalten, aber ich kann Dir leider nicht helfen, da es inzwischen Gott gefallen hat, Lancaster heimzusuchen und den Gotteslästerer, den es nach dem Bösen gelüstete, niederzuschlagen.
Viermal hat unsere Kirche dem Melchior Fordney befohlen, das Weib, mit dem er in Sünde lebte, zu ehelichen, und viermal hat er den Ältesten ins Gesicht gelacht. Viermal zu oft für Gottes Langmut.
Also nahm John Haggerty im Namen Gottes eine Axt, ging hin zum Sünder Fordney und hieb ihn nieder, indem er ihm den Kopf abschlug, dann ging er hin zu der Sünderin Mrs. Trippet und hieb auch die nieder, und zwar am Ort ihrer Sünde. So straft Gott die Ungläubigen.
Mit Scham muß ich berichten, daß das Gericht in Lancaster es wagte, den guten Mann Haggerty zu verurteilen für das, was er getan hatte, und ihn im Gefängnis von Lancaster aufhängen ließ. Viele gute Christen sind darüber außer sich, aber das Gericht von Lancaster vollbringt des öfteren die Werke des Teufels.
Da Fordney nun tot ist, rechne ich Deine 12 Dollar gegen den Wert der beiden Pferde auf, die Du mir gestohlen hast. Deine Schuld beträgt zur Zeit 88 Dollar.

Dein Dich liebender Bruder in Gott
Mahlon Zendt

Als Levi das gelesen hatte, sagte er zu Lucinda: „Michael Fordney war einer der besten Menschen, die ich in Lancaster gekannt habe.“ Und als er den Büchsenmacher mit seinen Brüdern verglich, wurde er zornig. „Zum Teufel“, schimpfte er, „ich habe vier Brüder dort im Osten, und man würde doch glauben, Mahlon könnte mir schreiben, ob sie verheiratet sind oder Kinder haben oder was.“

„Du hast ihm aber auch nichts über dich geschrieben“, sagte Lucinda.

„Aber ich bin derjenige, der in der Fremde lebt. Er schreibt nicht einmal, ob meine Mutter noch lebt.“ Und er dachte an die Farm und die Bäume und die kleinen Nebengebäude, wo er Fleisch gepökelt und Schinken geräuchert hatte, und das Heimweh überfiel ihn.

Dann mußte er über sich selber lachen, stand auf, ging um den Tisch herum und küßte Lucinda. „Was ich wirklich wissen wollte, ehrlich gesagt, war eigentlich nur, ob er das Stolzfuß-Mädchen geheiratet hat. Das habgierige Schwein, nicht einmal das hat er mir geschrieben!“

Plötzlich schienen die Angelegenheiten von Lancaster wieder sehr weit entfernt zu sein. Hier im Westen entschied sich die Zukunft eines riesigen Teils der Nation, aber seine engstirnigen Brüder hatten nicht die geringste Ahnung davon. „Was nützt es schon, wenn wir einen guten Vertrag machen“, brummte er, den Brief zerknüllend. „Wenn James Buchanan und Thaddeus Stevens, diese Rechtsanwälte aus Lancaster, das Papier durch den Kongreß ziehen, dann bleibt nichts davon übrig.“ Verträge wurden von ideenreichen Männern wie Major Mercy geschlossen, aber von kleinlichen Geizhälsen wie Mahlon Zendt zur Durchführung gebracht, und Levi hatte wenig Hoffnung, daß der Vertrag mit den Indianern die Hoffnungen erfüllen würde, die alle in ihn setzten.

Die Entwicklung gab ihm recht. Als der Vertrag den Senat der Vereinigten Staaten erreichte, setzte dieser die Zahlungen an die Indianer auf eigene Faust von fünfzig auf zehn Jahre herab, ohne die Indianer vorher zu befragen, weigerte sich darauf überhaupt, den Vertrag zu ratifizieren, so daß der Vertrag verworfen wurde, noch ehe er überhaupt Gültigkeit erlangte, und die Indianer blieben ohne sicheren Rechtsanspruch auf ihr eigenes Land.

Im Jahr 1857 trieb sich ein mittelgroßer, dünner Mensch am Flußufer in St. Louis herum und verdingte sich gelegentlich für Aushilfsdienste an den Anlegeplätzen der Schiffe. Manchmal sammelte er auf den Ausflugsschiffen die Fahrkarten ein, öfter hielt er Leuten, die die Schiffe besichtigten, die Pferde oder half den Sklaven die aus Pittsburgh kommenden Schiffe entladen.

Seine Gewohnheit, immer einen Bergarbeiterspaten mit kurzem Stiel bei sich zu führen, hatte ihm den Spitznamen „Spaten-Larkin“

eingetragen. Es hieß, er hätte schon zweimal den Kontinent durchquert, das erste Mal, als er ohne jede Ausrüstung zu den kalifornischen Goldfeldern zog, das zweite Mal, als er von dort zurückkehrte, mit keinem anderen Besitz als dem Spaten, den er in Sacramento gekauft hatte. Er war dem Goldrausch verfallen, denn er hatte mit eigenen Augen gesehen, wie Männer, die keineswegs besser ausgerüstet waren als er, auf Goldadern stießen und dadurch in ganz Kalifornien berühmt wurden. Er war fest entschlossen, es ihnen gleichzutun, sobald das nächste Feld entdeckt würde.

Er erklärte: „Ich hab' es selber gesehen, es ist immer das gleiche. Wer zuerst kommt, mahlt zuerst." Er hatte nicht die Absicht, jemals wieder auf seine Farm im südlichen Ohio zurückzukehren, wo er aufgewachsen war. „Es gibt nur zwei Orte, wo ein Mann anständig leben kann: St. Louis oder San Francisco", sagte er. Und er zog St. Louis bei weitem vor.

„Der Tag wird kommen, und ihr werdet es alle erleben, daß ich von einem Missouridampfer steige und dem Kutscher zurufe: ‚Zur Larkin-Ranch', und da werde ich Geld haben wie Heu . . . es liegt ja alles auf der Erde und wartet nur darauf, daß man es aufhebt . . . wenn man den richtigen Platz kennt.

Zugegeben, in Kalifornien habe ich keinen Stich gemacht, heimgebracht habe ich fünfzig Cents und eine Schaufel – und außerdem eine Idee. Mit Waschen und Graben kenne ich mich jetzt aus. Den Spaten lasse ich nicht aus der Hand, wenn das nächste Mal die Nachricht kommt, bin ich fort wie nichts. Hier habe ich einen Zeitungsausschnitt, auf dem steht genau, wo es nächstes Mal losgehen wird."

Hier zog er den Beutel aus Ölhaut, in dem er seinen Tabak aufbewahrte, aus der Tasche und entnahm ihm einen zweiten Beutel, und diesem wieder ein Stück Karton, auf dem ein Ausschnitt aus dem „Missouri Republican" von 1845 geklebt war:

„Mit ihren dunklen, blitzenden Augen ist Miß Lucinda nicht nur ungewöhnlich attraktiv, sie ist auch im ganzen Westen bekannt und berühmt, als Enkelin und einzige Erbin des Häuptlings Lahmer Biber, des Helden der Arapaho, der in den Rockies eine Goldmine entdeckt hat."

Als 1858 die aufregende Neuigkeit den Mississippi entlang eilte: „Gold entdeckt in Nebraska bei Pikes Peak!", da war Spaten-Larkin von allen am wenigsten überrascht. Noch am selben Abend verließ er St. Louis, bewaffnet mit seinem Spaten und dem festen Entschluß, diesmal als erster am Platz zu sein.

Er nahm ein Dampfschiff bis St. Joseph, eine aufstrebende Stadt, wo die Eisenbahnen täglich Hunderte von Goldsuchern aus dem Osten entluden. Manche hatten genügend Geld, um sich Wagen leisten zu können, andere heuerten sogar Führer für ihre Packpferde an, die mit Ausrüstung für ein volles Jahr beladen waren.

Larkin und sieben weitere Kollegen seines Standes wollten die Entfernung bis zu den Rockies zu Fuß bewältigen. Mit der Fähre ließen sie sich bei St. Joe über den Missouri setzen, fragten sich bis zum Platte durch und marschierten dann 600 Meilen weit bis zu den neuen Goldfeldern. Sie boten einen erbärmlichen Anblick, wie sie da durch den Staub stapften, den die unzähligen Reiter aufwirbelten, die nach Westen ritten. Wo sie konnten, erbettelten sie sich etwas zum Essen, sie hackten Holz für andere Reisende und halfen die Wagen über den Big Blue bringen, der noch immer ein mächtiges Hindernis bildete.

Als sie endlich den Platte erreicht hatten, lungerten sie ein paar Tage lang wie Bettler bei Fort Kearny herum, stürzten sich auf Gegenstände, die andere Reisende weggeworfen hatten, weil sie nicht so viel tragen konnten, und bereiteten sich auf den langen Marsch nach Westen vor. Sie hatten noch Glück, daß sie nicht den South Platte River überqueren mußten. Wenn sie nur immer am südlichen Ufer blieben, würden sie direkt auf die Rockies stoßen.

Auf ihrem Weg war es unvermeidlich, daß sie durch Zendt's Farm kamen, wo Steine über den Platte gelegt waren, so daß die Reisenden über den Fluß kommen und in Zendts Geschäft ihre Vorräte für den Aufstieg in die Berge auffüllen konnten. Hier stieß Spaten-Larkin, der keine 130 Pfund mehr wog, weil er auf dem Weg hierher fast nichts zu essen bekommen hatte, auf das große Glück.

Mit fünf anderen Fußwanderern, die bis hierher durchgehalten hatten, humpelte er in die Einpfählung, in der sich die Menschen drängten, und erkannte mit einem Blick, daß dieses Geschäft eine Goldgrube sein mußte. Sofort besprach er mit zwei Gefährten, wie man das Geschäft ausrauben könnte, aber angesichts der vielen bewaffneten Indianer, die in der Nähe kampierten, und der vielen Goldsucher innerhalb der Einpfählung ließen sie die Idee wieder fallen. Die anderen fünf kauften, was sie für die Fortsetzung ihrer Reise unbedingt brauchten, Spaten-Larkin aber blieb zurück, wie gefesselt von diesem Geschäft und seinem ungeheuren Umsatz.

„Willst du uns hier etwas zur Hand gehen?“ fragte Levi den Vagabunden.

„Kann schon sein“, antwortete dieser. „Eigentlich will ich ja Gold graben gehen, aber ein paar Bissen könnte ich vorher noch ganz gut vertragen.“ Also half er jenen Reisenden, die nicht imstande waren, den Platte zu überqueren, Waren aus Levis Geschäft über den Fluß zu bringen. Als er eines Tages die Sachen gerade verpackte, um sie über den Fluß zu schaffen, hörte er Levi von seiner Frau als „Lucinda“ reden, und er begriff sofort, daß diese Frau das Mädchen aus seinem Zeitungsausschnitt sein mußte! Er ließ alles liegen und stehen und ging zum Klosett, das unten am Flußufer stand. Dort schloß er sich ein, zog den Beutel aus der Tasche und breitete den Zeitungsausschnitt vor sich aus. Da standen die unwiderleglichen Einzelheiten: „Miss Lucinda . . .

Enkelin und einzige Erbin des Häuptlings Lahmer Biber . . . Goldmine in den Rockies . . ."

Er ging wieder an seine Arbeit und erwog verschiedene Möglichkeiten, wie er ihr das Geheimnis der Goldader entreißen könnte. Unterdessen arbeitete er gleichmütig weiter, als wäre nichts geschehen.

An einem Wintermorgen des Jahres 1860 kehrte er mit vier Büffelzungen, die er erlegten Büffelkühen abgeschnitten hatte, in die Einpfählung zurück, warf sie auf Zendts Küchentisch und fragte dabei ganz beiläufig:

„Hast du jemals von einem Alten namens McKeag gehört?"

„Er war mein Partner. Wir haben sieben Jahre lang hier miteinander gearbeitet."

„Ist es wahr, daß du seine Tochter geheiratet hast?"

„Ja."

„Ist es wahr, daß sie die Enkelin eines Arapaho-Häuptlings ist?"

„Ja."

„Wo ist sie aufgewachsen?"

„Frag sie selber."

Larkin rückte zu Lucinda, die gerade Socken stopfte, und fragte: „Ist es wahr, daß du die Enkelin des Häuptlings Lahmer Biber bist?"

„Nein", antwortete sie, und Larkin saß wie begossen da. Dann lachte sie und fügte hinzu: „Weil er nämlich gar kein Häuptling war."

„Aha – aber du bist seine Enkelin?"

„Er war ein großer Mann", sagte sie ernst.

„Wo bist du aufgewachsen?"

„Wir sind viel herumgezogen. In St. Louis war ich längere Zeit."

„Ich meine, solange dein Großvater noch lebte?"

„Der war schon lang tot, als ich auf die Welt kam."

„Wo hat er gelebt?"

„Mehr oder weniger überall, zwischen Kanada und dem Arkansas. Weiter südlich ging er nie, wegen der Comanchen. Vergiß nicht, daß ich eine Arapaho bin."

„Ich weiß." Er zögerte, dann bohrte er weiter. „Hat er jemals in den Bergen gelebt?"

„Natürlich, wir alle lebten in den Bergen, nicht oben in den Rockies, aber in den Vorbergen. Im Blue Valley, so nannten wir es."

„Was habt ihr dort oben getan?"

Lucinda blickte von ihrer Näharbeit auf und dem Goldsucher ins Gesicht. „Was soll diese Ausfragerei, Mr. Larkin?" fragte sie.

„In der Zeitung steht, daß du die Enkelin des Lahmen Bibers bist."

„Ach nein! Levi, Levi!" Als ihr Mann aus der Küche kam, lachte sie verschmitzt und sagte: „Da ist schon wieder einer, der von Großvaters Goldmine gehört hat. Erzähl ihm die Geschichte, ich muß das Abendessen machen."

Also erzählte Levi Spaten-Larkin alles, was er über die letzten Tage des Lahmen Bibers wußte, über die zwei goldenen Kugeln, über Pasquinels fixe Idee, und wie McKeag ihn tot im Blue Valley aufgefunden hatte. „Wo ist dieses Tal?“ fragte Larkin, und Levi erklärte ihm, was er vor ihm schon einem Dutzend anderer erklärt hatte: „Du folgst dem Platte flußaufwärts bis zur Gabelung. Halte dich rechts, nimm die erste Abzweigung nach links und steig recht weit hinauf, immer rechts vom Steinernen Biber bleibend. Und dann bist du schon da: links stehen blaue Kiefern, rechts gelbe Espen, in der Mitte fließt ein kleiner Bach.“

„Ein Bach?“ fragte Larkin.

„Ja, ein schöner Bach.“

In der folgenden Nacht ließ Larkin so viel aus dem Geschäft mitgehen, als er gerade noch schleppen konnte, griff nach seinem Spaten und machte sich auf den einsamen Marsch in die Berge. Von Zeit zu Zeit tauchte er in Berichten von Reisenden auf, die erzählten, wie er die Lager durchstöberte, die andere vor ihm angelegt hatten, und sich einen Platz an Flüssen suchte, an denen sich bereits eine riesige Menge drängte. Er zog bis California Gulch nach Süden, kam aber immer wieder zu dem Bach zurück, den schon viele ohne Erfolg abgesucht hatten: Zum Clear Creek im Blue Valley. Endlich stellte er sein Lager einen ganzen Winter lang hier auf, ein Wahnsinnsakt, denn jeder wußte, daß dieser Bach kein Gold führte.

Als im Jahr 1861 der Frühling einzog, wußte Larkin nicht einmal, daß ein Krieg bevorstand, der die Nation in zwei Hälften spalten würde. Seit über sechs Monaten hatte er keinen Menschen mehr gesehen. Das einzige, was ihn noch interessierte, war der Zeitungsausschnitt, der in seinem Tabaksbeutel langsam zerfiel. Unter den blauen Kiefern vor der Tür seiner Hütte sitzend, holte er den Ausschnitt wieder heraus und sagte sich die magischen Sätze wieder und wieder vor.

„Es muß hier sein!“ sagte Larkin. „Hier hat der Lahme Biber die Kugeln gefunden.“ Und mit einer Art stumpfer Wut tauchte er wieder ins kalte Wasser, scharrte den Kies auseinander und fand endlich einen Haufen Nuggets.

„O Gott!“ rief er und fiel mitten im Wasser auf die Knie. „Ich habe gewußt, daß es hier sein muß.“

Sechs Wochen lang unterwarf er sich jetzt eiserner Disziplin. Er hatte einen der ergiebigsten Placer in der Geschichte Colorados gefunden, aber er behielt dieses Wissen für sich, wusch den Sand aus und schaffte die Nuggets zur Seite, denn in Kalifornien hatte er gelernt, daß der Mann, der einen Placer gefunden hatte, so schnell wie möglich die Ader finden mußte, die die Nuggets auswarf, denn die Nuggets zerrannen einem wie Geld, die Ader aber versiegte nie.

Eines Tages im Juni bemerkte er zu seinem Entsetzen, daß ein anderer Goldsucher dem Lauf des Baches gefolgt war und nun ins Blue Valley stieg. Einen Augenblick lang überlegte er, ob er den Mann erschießen sollte, um das goldene Geheimnis für sich zu bewahren, aber dann fiel ihm ein, daß der Mann wahrscheinlich einen Partner hatte, und bevor er sich zu einer Handlung aufraffen konnte, war der Mann, ein alter Hase, der sich nicht leicht für dumm verkaufen ließ, schon bei ihm und erkannte, daß Larkin Gold gefunden hatte. Sofort schnitt er vier Schößlinge ab, postierte sie in zehn Fuß Entfernung voneinander – das war das Stück Flußbett, das jedem Goldgräber zustand –, und begann seine Siebe aufzustellen.

„Mein Name ist Johnson“, sagte er, „sehe, Sie haben Gold gefunden.“

„Nichts hab' ich gefunden“, knurrte Larkin.

„Wo sind Ihre Stangen?“ fragte Johnson.

„Hier, hier“, sagte Larkin hastig und maß die Stelle gerade unterhalb der ursprünglichen Fundstelle aus.

Zwei Tage lang arbeiteten die beiden Männer Seite an Seite, in mißmutiger Stimmung, denn Larkin wollte ungehindert nach der Ader suchen, und am dritten Tag stieß Johnson auf ein reichhaltiges Nuggetlager und geriet sofort in Raserei.

„Da ist es, da ist es!“ brüllte er, wie besessen herumhüpfend, und bevor Larkin ihn zurückhalten oder ihm einen Handel vorschlagen konnte, stürzte er schon hinunter ins Tal, um in ganz Denver auszuposaunen, was er im Blue Valley für einen großartigen Fund gemacht hatte.

Innerhalb weniger Wochen war das Tal voller Claims. Dreimal mußte Larkin Claimjumpers verscheuchen, und einer sagte: „Die Prärie ist schwarz von Leuten, die herauf wollen.“ Aus ganz Amerika und sogar aus Europa eilten verbissene Männer herbei, die bei früheren Bonanzas zu kurz gekommen waren und hier noch einmal ihr Glück versuchen wollten. Jeder Kiesel im Bach wurde wenigstens ein Dutzend Mal umgedreht, und manche Leute, darunter Johnson, brachten einen beachtlichen Reichtum mit nach Hause.

In diesem Tal blieb kein Stein auf dem andern. Zuerst wurden die Espen abgeholzt, weil man das Holz zum Bau von Kanälen brauchte, und die blauen Kiefern folgten den Espen bald nach. Alle Biber wurden getötet, das Rotwild wagte sich nicht mehr ins Tal herunter. Zu beiden Seiten des Baches schossen elende Hütten aus dem Boden, ein Laib Brot kostete bald zwei Dollar. Larkin saß mit zusammengebissenen Zähnen an seiner Fundstelle und sah zu, wie Woche für Woche weniger zu holen war, bis schließlich überhaupt keine Nuggets mehr kamen, so daß er sich gezwungen sah, die Berge zu verlassen, zu Levi Zendt zu gehen und sich bei diesem Waren zu holen, die er dann im Camp verhökern wollte.

In seiner Abwesenheit entdeckte ein Mann namens Foster aus Illinois, ein Veteran von den kalifornischen Goldfeldern, der keinen einzigen Cent besaß, die Hauptader, und zwar an einer Stelle, an die

Larkin nicht einmal gedacht hatte. Der Ertrag aus dieser Ader betrug 19 Millionen. Larkin, der weiterhin im Tal als fliegender Händler seine Waren verkaufte, sah davon keinen Heller.

Große Anlagen wurden jetzt errichtet, um die Minen auszubeuten, eine Eisenbahn wurde ins Tal geführt, um Essen heraufzubringen und das Gold hinunterzutransportieren. Drei Jahre lang strömte das Gold aus dem Blue Valley, dann versiegte die Quelle des Reichtums. Die Männer verließen den Bach, die schäbigen Hütten standen leer. Die Kipper und die Holzgerüste verfaulten in der Sonne, kein Zug fuhr mehr hinauf ins Tal. Das Blue Valley wurde eine Geisterstadt, eine der häßlichsten der Welt, und Spaten-Larkin war gezwungen, dem Tal mit seiner ganzen, von ihm entdeckten Großartigkeit den Rücken zu kehren, sich durch die Straßen Denvers zu treiben und den Neuen zu erzählen, daß er, Yessir, er selber es gewesen sei, der das Blue Valley entdeckt habe, und wer ihm ein Bier spendierte, dem erklärte er auch noch, wie ein kleiner Zeitungsausschnitt aus einer in St. Louis erschienenen Zeitung ihm das Geheimnis enthüllt hatte, dem vor ihm keiner auf die Spur gekommen war, dem Geheimnis der verlorenen Goldmine des Lahmen Bibers. Er ging den Leuten bald überall auf die Nerven.

Die Nachricht, daß Spaten-Larkin im Blue Valley einen der reichsten Placer gefunden hatte, schlug in Omaha, St. Louis, Pittsburgh und Boston wie eine Bombe ein, und in einer endlosen Prozession strömten Goldgräber nach Westen, um hier endlich zu erreichen, wozu sie in Kalifornien zu spät gekommen waren. Die meisten folgten dem South Platte, so daß sie an Zendt's Farm vorüber mußten, wo sie ihr letztes Geld für Essen und sonstige Ausrüstung ausgaben. Jeder brauchte eine Schachtel Abführpillen, ein Quart Rizinusöl, zwei Quart Rum und eine Flasche Pfefferminzgeist, denn nur damit konnte man dem „Goldgräberleiden" beikommen. Für Levi Zendt waren das gute Jahre, und wie schon sein Schwiegervater vor ihm trug er seine Ersparnisse in die Bank nach St. Louis.

Für die Indianer waren diese Jahre nicht so gut. Ein paar Goldgräber, aus denen mit der Zeit ein ganzer Haufen wurde, studierten ihre Karten und sahen, daß sie nicht unbedingt den Windungen des Platte folgen mußten, um ihr Ziel zu erreichen. Wenn sie von Kansas City geradeaus nach Westen gingen, konnten sie dabei zweihundert Meilen sparen.

Diese Route war auf alle Fälle besser, sie hatte nur einen Nachteil: hier gab es kein Wasser. Tiere gingen zugrunde, weil sie weder Wasser noch Weide fanden. Die Männer verhungerten, weil sich das Wild weiter im Norden in der Nähe des Platte aufhielt, und dieser gerade Weg war bald gesäumt von Gräbern. Eine Gruppe verfiel sogar dem

Kannibalismus; der letzte Überlebende wurde in der wasserlosen Wüste von Arapaho aufgelesen und gesundgepflegt.

Aus dieser neuen Route ergaben sich zwei Dinge: zum ersten wanderten jetzt Tausende von Einwanderern durch Gegenden, die früher von jedermann für wertlos gehalten worden waren. Aber jetzt beanspruchten nicht nur die Goldgräber Land in den Bergen, auch die Gemüsezüchter und die kleinen Farmer wollten Gebiete in den Ebenen haben, um mit ihren Produkten die Goldgräber zu ernähren. Wem aber gehörte das Land, das sie brauchten? Einer Handvoll Indianer, die weder den Wert des Goldes begriffen noch von Ackerbau etwas verstanden. Bronzegesichtige Männer, wie Verirrter Adler, tauchten immer wieder in den neuen Siedlungen auf und beschwerten sich über Übergriffe und Plünderungen. Dieses Gejammer ließ sich auf die Dauer nicht ertragen.

Zum zweiten versetzte diese neue Route dem Büffel den Todesstoß, denn damit wurden die einstmals grenzenlosen Weideländer zwischen Platte und Arkansas in kleinere Gebiete zerschnitten. Die riesigen Herden konnten sich nicht mehr ungehindert von Norden nach Süden bewegen, wie sie das anscheinend tun mußten, um zu wachsen und zu gedeihen. In kürzester Zeit waren die riesigen Büffelherden für immer aus diesem Gebiet verschwunden.

Offensichtlich mußte etwas geschehen, um zu verhindern, daß Goldgräber und Indianer aneinander gerieten. Aber der Ruf nach einer Entscheidung hätte zu keiner ungünstigeren Zeit kommen können. In Washington und in Fort Leavenworth war die ganze Aufmerksamkeit auf den Bürgerkrieg gerichtet, und man konnte erfahrene Offiziere, die einen neuen Vertrag mit den Indianern abschließen sollten, gerade jetzt am allerwenigsten entbehren. Also wurden Männer, die vom Westen keine Ahnung hatten, mit der Aufgabe betraut, die Indianerfrage zu lösen, und keiner scherte sich darum, wie sie sich ihrer Aufgabe entledigten.

Ohne die Lage mit den Indianern auch nur zu besprechen, kamen diese Männer zu einem unglaublichen Entschluß: Man würde den Indianern mitteilen, daß der Vertrag von Fort Laramie nichts als ein Irrtum gewesen war, und ihnen einen neuen Vertrag anbieten, in dem ihnen kleine Gebiete wertlosen Landes ohne jedes Wasservorkommen angeboten wurden, ohne Bäume und ohne Büffel, Gebiete, deren einziger Vorteil darin zu bestehen schien, daß kein Weißer jemals sich dafür interessieren würde. Und auch dieser Vertrag schloß mit der feierlichen Versicherung, daß der Große Weiße Vater zu seinem Wort stehen und die Indianer wirklich das Land besitzen sollten, „so lange das Wasser fließt und das Gras wächst".

Die äußerst undankbare Aufgabe, die Indianer von dieser einseitigen Revision des Vertrags zu überzeugen, übertrug man Major Mercy, der jetzt bei der Armee in Denver stationiert war, und dem Indianeragenten Albert G. Boone, dem Enkel des berühmten Daniel Boone, der mit den Indianern seine eigenen Erfahrungen gemacht hatte.

„Ich kann doch nicht zu Häuptling Verirrter Adler gehen", sagte Mercy zu seiner Frau, „und ihm einfach sagen, daß der erste Vertrag abgelaufen ist. Nur deshalb, weil wir das so sagen." Es verstörte ihn zutiefst, daß seine eigene Regierung ohne jede vorangehende Verhandlung einen formellen Vertrag brach, den er selber mit ausgehandelt hatte, und ihm dann auch noch auftrug, die Sache den Opfern schmackhaft zu machen.

„Ich kann es nicht tun!" sagte er in ihrem Haus in Denver zu Lisette, und Lisette bestärkte ihn in seiner Ablehnung.

„Es ist eine Schande, Max", sagte sie, „und ich möchte nicht, daß du dich mit so etwas abgibst."

Gemeinsam entwarfen sie einen Brief an die Behörden in Fort Leavenworth und warnten vor den Konsequenzen eines solchen Schrittes.

Die Antwort war kurz und bündig: „Tun Sie, was Ihnen befohlen wurde."

In seiner Verzweiflung wollte sich Mercy an den einzigen Mann wenden, von dem er wußte, daß er seine Auffassung teilte. Er sattelte sein Pferd, ritt den Platte hinauf zu Zendt's Farm und berichtete Levi von dem unmoralischen Plan. „Das bedeutet Krieg!" sagte Levi. Als Lucinda hörte, worum es ging, sagte sie besorgt: „Damit spielt ihr Jake und Krummdaumen in die Hände!" Levi packte das Problem beim Schopf: „Wie sollen wir es Häuptling Verirrter Adler erklären? Und den anderen Häuptlingen, deren Ansehen bei ihren eigenen Stämmen auf dem Spiel steht, wenn der weiße Mann, auf dessen Anständigkeit sie gebaut haben, sie jetzt derart im Stich läßt?"

Major Mercy war zu erregt, als daß er im Augenblick eine bestimmte Taktik für die Unterredung mit Verirrter Adler ausdenken konnte, daher ritt Lucinda zum Camp der Arapaho, um die Häuptlinge auf die Farm einzuladen.

Sobald alle beisammen waren, fing Mercy mit seinen Erklärungen an, aber den Häuptlingen konnte nicht entgehen, wie verwirrt und verlegen er dabei war. Endlich setzte Mercy sich nieder und gab die unangenehme Aufgabe an Zendt weiter, der seine Empörung nicht verbergen wollte: „Der Große Weiße Vater in Washington hat das gesagt, aber nicht der, den du gesprochen hast, Verirrter Adler, sondern einer, der ohnehin nicht mehr lange dort sein wird. Er heißt Buchanan und kommt aus der Stadt, aus der auch ich stamme, aber er ist kein starker Mann, und ihr könnt euch nicht auf ihn verlassen."

Die Häuptlinge sahen einander verwirrt an und waren erleichtert, als Lucinda die Sache in die Hand nahm.

„Sie wollen den Vertrag schon wieder abändern", erklärte sie, „ihr sollt ihnen jetzt das ganze Land am Platte überlassen, das ganze Land am Arkansas, und nur den kleinen Flecken rund um Rattlesnake Buttes behalten."

Diese überraschende Eröffnung wurde schweigend aufgenommen. Der Vorschlag war schon an sich roh und unmenschlich genug, aber ihn ausgerechnet aus dem Munde jener Menschen zu hören, denen sie immer vertraut hatten, das war besonders schmerzlich. Häuptling Blanker Schädel stand auf und ging aus dem Zimmer.

Endlich sagte Verirrter Adler mit schwacher Stimme: „Kommt diese Botschaft von Major Mercy?"

„Ja", bestätigte Mercy mißmutig.

„Was kann der Große Vater denn für einen Grund haben . . ."

Die Frage fand keine Antwort, denn in diesem Augenblick entstand Unruhe an der Tür, und die Brüder Pasquinel stürzten herein, gefolgt von Blanker Schädel, der den beiden erzählt hatte, was hier drinnen geschah.

„Warum?" brüllte Jake Mercy ins Gesicht. Ohne auf eine Antwort zu warten, wandte er sich dem Verirrten Adler zu und fing an, ihn wüst zu beschimpfen.

„Verräter! Alter Narr, der alles schluckt, was man ihm aufbindet! So etwas will ein Mann sein!" Rasend vor Zorn über diese Folgen der Politik des Verirrten Adlers, spuckte er ihn an, fuhr herum, zog sein Messer heraus und stach sich damit selber in den linken Arm.

Dann warf er den Arm durch die Luft, alle in seiner Nähe mit Blut bespritzend, sogar seine Schwester Lucinda, und brüllte in unbeherrschter Wut: „Krieg! Tod! Der furchtbare Tag, dem wir nicht entgehen können, ist gekommen!" Damit stürzte er aus dem Zimmer, rannte aus der Einpfählung hinaus und sprang auf sein Pferd, um die empörende Nachricht den Cheyenne mitzuteilen.

Bei der nächsten Besprechung auf der Farm wurde der beschämende Versuch unternommen, zu erklären, warum der alte Vertrag gebrochen und ein neuer geschlossen werden müsse. Mit honigsüßen Worten beschrieb der Indianeragent Boone die Verlegenheit, in der sich die Regierung befand. Mit den zweifelhaften Methoden der Überredungskunst, die schon sein Großvater angewendet hatte, wies er darauf hin, daß eben viele weiße Siedler in dieses Gebiet drängten, daß auch sie Land brauchten, daß das Abkommen von Fort Laramie allzu großzügig gewesen sei, weil die, die es geschlossen hatten, den Wert des Landes gar nicht begriffen hätten – hier machte er eine Pause und starrte Mercy an, ihn damit zum Narren stempelnd –, und es sei daher nur recht und billig, daß der Große Weiße Vater in Washington die Cheyenne und die Arapaho jetzt ersuche, die Prärie mit dem weißen Mann zu teilen.

„Alles will er haben!" protestierte der Blanke Schädel.

Agent Boone überging diese ungerechte Anschuldigung und fuhr fort, in seiner besänftigenden und schmeichelnden Art zu reden. Der

Große Weiße Vater wäre sich seiner Verantwortung gegenüber den roten Brüdern bewußt – durchaus, durchaus –, und zum Dank dafür, daß sie ihm weitere Gebiete abtreten müßten, biete er ihnen viele herrliche Geschenke an: Geld, vierzig Morgen Land für jeden von ihnen, dazu Wasser, Holz und Farmgeräte, so daß sie nicht länger vom Büffel abhängig wären. In priesterlichem Tonfall schloß er: „Das Land gehört nicht euch, sondern Gott. Er gibt euch das Land nur so lange, wie ihr es bebaut. Es ist nicht nach seinem Willen, daß ihr acht- und sorglos durch das Land zieht. Gott will, daß ihr seßhaft werdet und das Land bebaut, jeder sein eigenes Feld."

„Wieviel sind vierzig Morgen?" fragte Krummdaumen, und die ganze Gesellschaft trat ins Freie, aber als man ihnen draußen zeigte, wieviel vierzig Morgen waren, fingen die Indianer zu lachen an. „Vierzig Morgen auf Rattlesnake Buttes!" rief Krummdaumen. „Davon würde ein einziges Büffelkalb nicht satt!"

Agent Boone kehrte zu seinem priesterlichen Tonfall zurück und versicherte den Indianern, daß in Staaten wie Ohio und Illinois, im Osten, viele amerikanische Farmer mit vierzig Morgen Landes durchaus zu Wohlstand kämen.

„Haben sie auch Wasser?" fragte Krummdaumen. „Bäume? Guten Boden?"

„Ein ehrlicher Farmer kann es überall zu etwas bringen", antwortete Boone.

„Wo sollen wir Wasser finden?" fragte Krummdaumen.

Boone erwiderte, daß die Indianer selbstverständlich ihren Anteil an jedem Bach, an jedem Wald erhalten würden, worauf Krummdaumen wahrheitsgemäß erwiderte: „Aber Sie und ich wissen, daß es dort weder Bäche noch Wälder gibt", und Boone antwortete: „Aber wenn es welche gäbe, würdet ihr euren Anteil erhalten."

Häuptling Blanker Schädel fragte: „Wird unser Land an dem großen Fluß Platte liegen?" Und Boone antwortete: „Der Große Weiße Vater hält es für das beste, wenn eure Gebiete nicht an den Fluß herankommen, denn die weißen Männer haben ihre Trails am Platte, und daraus würde nur Unruhe entstehen."

„Wo sollen wir dann unser Wasser herbekommen?" fragte ein dritter Häuptling, und Boone antwortete: „Ich bin sicher, daß man irgendwo Wasser finden kann."

Es war ein jämmerliches Treffen, eine der schändlichsten Verhandlungen, in die sich die Vereinigten Staaten jemals einließen. Als Entschuldigung könnte man höchstens anführen, daß die Aufmerksamkeit der Nation von dem Bruderkrieg gefangen war, in den sie sich gestürzt hatte; aber die Tatsache bleibt bestehen, daß dieses erbärmliche Papier zwei Indianerstämmen aufgezwungen wurde, die zu den besten, tapfersten und vornehmsten des Westens gehörten.

Angenommen wurde der Vertrag nur deshalb, weil Verirrter Adler seinem Volk lange zuredete, es doch noch einmal im guten mit dem Weißen Mann zu versuchen, und er redete so überzeugend, daß Agent Boone ihm dankbar eine Bronzemedaille mit einem Relief von Präsident Buchanan aushändigte, während gerissene Soldaten den anderen Indianern Knöpfe gaben, die von der Wahlkampagne des Jahres 1856 übriggeblieben waren, jeder Knopf mit einem grimmigen Porträt des Großen Weißen Vaters, James Buchanan. In späteren Jahren tauschten die Krieger zwei Pferde gegen einen dieser Buchanans.

Krummdaumen und die Brüder Pasquinel hetzten mindestens die Hälfte aller Arapaho und Cheyenne dazu auf, den Vertrag abzulehnen, daher erhielten sie keine Knöpfe und blickten mit Verachtung auf alle jene herab, die die Knöpfe angenommen hatten.

Nun kamen die schlechten Jahre. Die Anhänger des Verirrten Adlers wurden in eine Reservation gesperrt, deren Fläche ein Sechzehntel des Umfangs jenes Gebietes betrug, das sie früher bewohnt hatten, und es gab hier weder Holz noch Wasser. „Aber", so pflegten Regierungsbeamte gern zu sagen, „in vergangenen Zeiten hat euer Volk ja auch schon die Gegend rund um Rattlesnake Buttes bewohnt." Darauf antwortete der Lahme Biber: „Richtig, aber damals haben immer nur wenige auf einmal ihr Lager hier aufgeschlagen, und die Büffelherden waren so zahlreich, daß man sie nicht zählen konnte."

Jetzt gab es nur mehr wenige Büffel. Es gab Zeiten, da kamen überhaupt keine Büffel in die Reservation, und die Indianer litten Hunger. Sie konnten es einfach nicht begreifen, daß weiße Männer, die Bäuche voll mit Essen, das sie aus St. Louis brachten, die wenigen übriggebliebenen Büffel nur wegen der Haut und wegen des Talgs abschlachteten und das Fleisch in der Sonne verfaulen ließen. Die Indianer aber brauchten das Fleisch, bekamen sie keines, gingen sie zugrunde.

Im Jahre 1863 herrschte eine echte Hungersnot. Die Indianer nannten es rückblickend das „Jahr des Hungers"; die Büffel blieben aus, so weit nach Norden sie auch ritten, die Herde war unauffindbar. Die Ketten mit Pemmikan waren schon Anfang Februar zu Ende, was an spärlicher Nahrung noch da war, mußte streng rationiert werden. In den Straßen von Denver lungerten halbverhungerte Arapaho-Kinder um die Mietstallungen herum und rauften um die Getreidekörner, die den Pferden aus dem Maul fielen.

Die landwirtschaftlichen Geräte, die den Indianern in dem Vertrag zugesagt worden waren, erschienen nie. Betrügerische Agenten schafften sie beiseite, verkauften sie an ihre Freunde und sagten den Indianern dann, wo sie sie kaufen könnten – mit dem Regierungsgeld, das sie ebenfalls nie zu sehen bekamen. Munition für die Jagd wurde ihnen nicht ausgehändigt, mit der logischen Begründung, daß die Indianer, sollte der Hunger noch ärger werden, auf der Suche nach

Nahrung damit schließlich weiße Siedler überfallen könnten. Die einst so stolzen Arapaho waren gezwungen, jeden Weißen, der ihnen unterkam, um Essen anzubetteln. Oft erschienen sie auch plötzlich neben einem Güterzug, zum Entsetzen der Mitreisenden, die nichts anderes erwarteten, als jeden Augenblick skalpiert zu werden. Das aber war nicht die Absicht der Indianer, die in diesem furchtbaren Jahr einfach alles aßen, was sie irgendwo auftreiben konnten. Die Unterernährung ließ sie für alle möglichen Krankheiten anfällig werden, viele Kinder starben an Darmstörungen oder an Keuchhusten. Glücklicherwiese starben viele ältere Arapaho, besonders unter denen, die älter als fünfzig waren, vor Hunger – glücklicherweise, denn dadurch blieb wenigstens den jungen Kriegern noch etwas zu essen übrig.

Ein Aufstand lag in der Luft, denn Krummdaumen, jetzt ein reifer Mann von siebenundvierzig Jahren, wurde über den Mangel an Nahrung immer empörter. Von Zweifeln gequält, wanderte er von einer Gruppe zur anderen und versuchte zu einem Entschluß zu gelangen, was die Indianer jetzt tun müßten. Und überall, wo er hinkam, bereiteten sich die Jungen auf einen Krieg vor.

„Wir werden nicht schweigend zugrunde gehen“, sagten sie ihm, und er antwortete: „Wenn es im nächsten Sommer nicht besser wird, müssen wir kämpfen.“ Bei einem Treffen sagte er: „Unser erster Schlag wird sein, daß wir die gesamte Besatzung von Fort Laramie töten und die Geschäfte plündern.“ Ein junger Krieger warnte: „Nicht Fort Laramie, das ist zu stark für uns.“ Aber Krummdaumen rief Jake Pasquinel herbei, damit er ihnen die Lage entlang des Platte beschriebe, und Jake sagte: „Alle Soldaten werden jetzt nach Osten versetzt, um in dem anderen Krieg zu kämpfen. Im Fort sind fast keine Soldaten mehr.“ Ein anderer junger Krieger fragte: „Sollten wir nicht auch Zendt's Farm nehmen? Dort gibt es Essen“, aber davon wollte Jake nichts hören. „Sie sind gut zu uns gewesen, ihnen tun wir nichts.“

Man kam immer wieder auf den Überfall auf Fort Laramie zurück, und Jake fand, daß die jungen Krieger die Kanone nicht mehr für einen Dämon hielten, der zu brüllen anfing, wenn er geweckt wurde. Sie wußten jetzt, daß das Vier-Zoll-Rohr mit drei Beuteln schwarzem Pulver geladen wurde, das hineingestopft werden mußte; damit konnte das Geschütz eine ganze Gruppe von Indianern auslöschen. Aber es gab eine Hungersnot, da mußte man die Kanone eben in Kauf nehmen. Jake versicherte ihnen: „Man kann die Kanone auch unschädlich machen.“

In seinem Büro für Indianische Angelegenheiten in Denver verfolgte Mercy die ständig wachsende Unruhe mit größter Besorgnis. Umsonst bemühte er sich, seinen Vorgesetzten in Fort Leavenworth klarzumachen, wie explosiv die Lage war. Für nebensächliche Dinge, wie einen kleinen Aufstand der Indianer, hatten diese Herren einfach keine Zeit. Was sie beschäftigte, war die Frage, wie sie noch mehr Truppen an die

Richmond-Front in den Osten schicken könnten, wo die Armeen des Nordens eine Niederlage nach der anderen einsteckten und dabei enorme Verluste erlitten.

Die Spannung nahm ständig zu. Immer mehr Weiße strömten nach Colorado und verlangten immer mehr Land. Wenn ein Farmer sich irgendwo niedergelassen hatte, achtete er nachdrücklich darauf, daß weder Büffel noch Indianer sich auf seinem Land herumtrieben. Die Indianer wurden immer weiter zurückgedrängt, ohne Essen, manchmal sogar ohne Wasser, Ausbrüche wurden unvermeidlich.

Am 19. Dezember 1863 machten sich zwei hoffnungsvolle Goldgräber auf nach Westen, und zwar über die öde mittlere Route, von Kansas City direkt nach Denver. Bald gingen ihnen Essen und Wasser aus, und sie waren nahe am Verhungern. Noch zwei Tage, und sie wären erledigt. Sie stammten beide aus der Gegend am Mississippi, aus Missouri, und hatten von Kindheit an die Indianer gehaßt und gefürchtet. Als sie jetzt, in der Stunde höchster Not, fünf Indianer vorüberreiten sahen, die offensichtlich gut genährt waren, hatten sie keine Hemmungen, zwei von ihnen niederzuknallen und einen dritten auf der Flucht zu verwunden. Ihre Taktik erwies sich als Erfolg, denn einer der beiden Toten hatte noch etwas Pemmikan bei sich, und die Goldgräber blieben am Leben.

Am 26. März 1864 überfiel eine Bande Indianer von jenem Stamm. dem die beiden Ermordeten angehört hatten, eine alleinstehende Farm am südlichen Platte, tötete zwei weiße Männer, skalpierte sie und schleppte die Frauen mit sich fort. Seit langem schon hatten die Siedler am Platte mit einem solchen Vorfall gerechnet. Was jetzt geschehen war, bestürzte die Weißen von Denver bis Omaha, und die Männer redeten davon, eine Miliz zu bilden, um die Wilden in Schach zu halten.

Am 3. April 1864 vermißte ein anderer Farmer am Platte River eines seiner guten Pferde, und verschiedene Anzeichen deuteten darauf hin, daß Indianer in der Nähe gewesen waren. Andere Farmer meinten zwar, das Pferd am nördlichen Ufer des Platte grasen gesehen zu haben, aber Leutnant Tanner inspizierte mit vierzig Mann Kavallerie aus Denver den Ort und schloß, es müßten Indianer gewesen sein. Sie organisierten daher eine Strafexpedition, eine beliebte Methode der Abschreckung, wobei „Strafexpedition“ bedeutete: „Wir haben keine Ahnung, wer schuld ist, aber wir werden jeden Indianer umlegen, der uns über den Weg läuft.“ Als Tanner und seine Mannen auf ein Lager der Arapaho stießen, die ihre Zelte wenige Meilen außerhalb der Reservation aufgeschlagen hatten, umzingelten sie es und ermordeten dreiundvierzig Männer, Frauen und Kinder. Als das letzte Tipi niedergebrannt war, teilten die Soldaten die Pferde und die restliche Beute unter sich auf.

Am 18. Juni 1864 zog eine Bande von Indianern marodierend die Straße am South Platte entlang, tötete vier Männer, skalpierte sie und stahl die Lebensmittel aus den Wagen, die sie gehabt hatten. Sechs Wochen lang blieb die Straße für den Verkehr gesperrt, Denver erhielt keine Nachrichten aus dem Osten mehr. Da die Indianer den Handel blockierten, kletterten in ganz Colorado die Preise in die Höhe. Mehl stieg innerhalb von drei Wochen von neun Dollar auf sechzehn und schließlich auf vierundzwanzig Dollar. Als Vorbote künftigen Unglücks senkte sich ein Heuschreckenschwarm auf die Felder am Platte, und dann stieg auch noch der Fluß und überflutete einen großen Teil von Denver.

Angstvolle Stille legte sich über die Gegend. Die weißen Siedler wagten sich kaum mehr aus ihren Häusern, die Straßen der Stadt wurden aus Angst vor möglichen Angriffen verbarrikadiert. Als Gerüchte über einen bevorstehenden Überfall der Indianer durch die Stadt liefen, brachen die Bürger in ein Waffenarsenal der Armee ein, holten sich Büchsen und patrouillierten bewaffnet durch die Straßen. Das war nicht kindische Aufregung, sondern eine ganz verständliche Unruhe, denn in ganz Colorado lagen nicht mehr als hundert Soldaten, und wenn die Indianer beabsichtigten, alleinstehende Farmen zu überfallen, dann würde sie nichts und niemand daran hindern können.

Am 26. Juli 1864 sah ein Farmer, der im Osten von Zendt's Farm lebte, wie Indianer zwei von seinen Kühen wegführten und sie vier Meilen von seinem Haus entfernt töteten. Dieses Mal gab es keinen Zweifel daran, wer die Schuldigen waren, daher jagten Leutnant Tanner und seine Mannen wieder durch die Prärie. Und wieder fanden sie einige Tipis an einer Stelle, wo sie nicht hätten stehen dürfen. Daß die Rinderdiebe dort wohnten, war nicht wahrscheinlich, aber Tanner umzingelte dennoch das Lager und ließ mit einer Haubitze siebenundvierzig Indianer niedermachen.

Am 13. August 1864 überfielen Indianer eine friedliche Farm wenige Meilen östlich von Denver und ermordeten eine der beliebtesten Familien dieser Gegend, Clifford und Belle Barley und ihre beiden Kinder. Alle vier wurden brutal ermordet, ihre Körper verstümmelt und skalpiert. Die Leichen wurden nach Denver gebracht und in den Straßen ausgestellt, über ihnen hing ein Stück Pappe mit der Aufschrift: „Dieses Schicksal erwartet uns alle, wenn wir nichts dagegen tun."

Beim Anblick der grausam verstümmelten Leichen der Kinder brachen Männer und Frauen in Tränen aus, Familien aus abgelegenen Gegenden wurden nach Denver in Sicherheit gebracht, wo sie die öffentliche Meinung mit neuen Gerüchten über indianische Greueltaten anheizten. Die Angst, die seit Monaten die Stadt heimsuchte, verwandelte sich jetzt in echten Terror, und die Männer fingen an, flüsternd den einzigen Ausweg zu besprechen, den sie vor sich sahen: „Wir werden die Indianer ausrotten müssen . . . sie einfach samt und sonders vertilgen."

Dieses Geflüster drang bis zu Lisette Mercy, die darüber äußerst bestürzt war, denn sie hatte in der letzten Zeit regelmäßig die Arapaho eine Meile östlich von Denver besucht und ihnen Essen und Kleidung gebracht. Seit Generationen hatten die Indianer an dieser Stelle ihre Lager aufgeschlagen, nicht weit von dem Ort, wo der Cherry Creek in den South Platte mündete, und sie sahen keinen Grund, jetzt von diesem Brauch abzugehen. Der Verirrte Adler stellte mit ein paar Hunderten seines Stammes seine Tipis dort auf, und Geschäftsleute aus Denver besuchten sie und besprachen mit ihnen die Zukunft dieses Gebietes. Schließlich hatte er nach dem Vertrag von Fort Laramie Präsident Fillmore besucht, und mit Präsident Lincoln hatte er nach dem Vertrag von 1861 gesprochen. Mit jedem Präsidenten war er fotografiert worden. Das Foto mit Präsident Lincoln zeigte zwei von tiefer Sorge gezeichnete Männer, und es war schwer zu entscheiden, wer von ihnen beiden die größere Last trug: Lincoln, dessen Land sich eben in einen Bürgerkrieg stürzte, oder der Verirrte Adler, dessen Volk von der Ausrottung bedroht war.

Lisette Mercy schätzte den Verirrten Adler, sie hielt ihn für einen mitfühlenden, warmherzigen Menschen, der sich bemühte, das Richtige zu tun, dabei aber immer wieder in die Irre ging. Er war nun vierundfünfzig Jahre alt, und sein Einfluß unter den Indianern war sehr zurückgegangen. Man hörte jetzt viel mehr auf Krummdaumen und die jungen Hitzköpfe. Die Situation hatte sich derart zugespitzt, daß zwischen den Anhängern der beiden Führer manchmal sogar kleinere Scharmützel stattfanden.

Nach dem Mord an der Familie Barley wollte der Verirrte Adler nach Denver eilen, um zu erklären, daß auch die Indianer diesen Vorfall mit Abscheu betrachteten und verurteilten, aber er wurde am Stadtrand von bewaffneter Miliz aufgehalten und erhielt die Warnung: „Wir wollen keine Indianer hier haben, auch dich nicht“, und man ließ ihn nicht hinein in die Stadt, deren Gebiet er einmal besessen hatte.

„Mein Mann tut alles, was in seinen Kräften steht, um den Leuten die Lage klarzumachen“, sagte Lisette dem alten Häuptling, „aber wir haben keine Führer, daher geschieht nichts.“ Beide waren sie der Verzweiflung nahe, der Verirrte Adler, weil sein Volk sich nicht länger von ihm auf den Pfad der Versöhnung führen lassen wollte, und Lisette Mercy, weil sie erkannte, wie sinnlos die Versuche ihres Mannes waren, in einer Zeit des politischen Vakuums nach Leuten zu suchen, die die Sache energisch in die Hand genommen hätten.

Weder in der Natur noch in der Politik läßt sich ein Vakuum auf die Dauer ertragen. Zwei Männer waren bereits auf dem Weg nach Denver, die dieses Vakuum auf überraschende und bestürzende Weise füllen würden. Der erste war ein einarmiger General aus Vermont, fünfundfünfzigjährig, von eher sanfter Wesensart, Laban Asher, der seine Freiwilligen in den schlimmsten Schlachten des Bürgerkriegs mit Umsicht und Tapferkeit geführt hatte. Voriges Jahr hatte er in Vicksburg seinen rechten Arm verloren. Seine Kollegen behaupteten, die Kugel hätte ihn nicht erwischt, wäre er mit größerer Entschlossenheit beim Sturm auf eine Anhöhe vorgegangen. Doch in seiner vorsichtigen Art brachte er seine Männer gerade noch zur rechten Zeit auf den Hügelkamm, während sein rechter Arm bereits herunterbaumelte und Blut unter dem Tourniquet hervorsprudelte. Aber er hatte richtig entschieden, denn dabei gingen viel weniger Männer verloren als bei einem wirklich draufgängerischen Angriff.

Seine Aufgabe war es, im Territorium Colorado die Ordnung aufrechtzuerhalten und die Bewohner vor Überfällen von Konföderierten, die marodierend den Westen durchzogen, zu schützen. Zwei Wochen nach seiner Ankunft in Denver erreichte ihn die Nachricht, daß der Desperado Jim Reynolds, ein Deserteur der konföderierten Armee, durch das Tal des Arkansas zog, die Verkehrsverbindungen bedrohte und Truppen für einen Sturm auf Denver anwarb.

„Damit hier keine Mißverständnisse entstehen", sagte General Asher mit Festigkeit, „möchte ich festhalten, daß meine wichtigste Aufgabe darin besteht, dieses Territorium fest in den Händen der Union zu erhalten." Ohne zu zögern sandte er seine wenigen Soldaten in den Süden, wo sie Reynolds und vier seiner Männer ergriffen und hinrichteten.

Endlich konnte General Asher seine Aufmerksamkeit dem indianischen Problem zuwenden. Die Zeitungen und die führenden Geschäftsleute unterstützten Leutnant Tanner und riefen gleich ihm nach Krieg, und nur Major Mercy riet zu einer vorsichtigeren Vorgangsweise.

Rein gefühlsmäßig stand Asher auf der Seite Mercys. Mercy gefiel ihm, weil dieser ebenso wie er selbst im Dienst am Vaterland verwundet worden war, so daß ihrer beider Vaterlandsliebe von niemandem in Zweifel gezogen werden konnte. Vielleicht schätzte Asher auch Mercys ruhige Art. Die beiden Männer harmonierten gut miteinander. Gemeinsam arbeiteten sie an einem Plan, wie man die Indianer von den größeren Trails entfernen und ihnen Gebiete zuweisen könnte, wo sie auch Zugang zu Wasser hatten. „Wir werden sie auch ernähren müssen", sagte Asher eines Tages, „nicht nur heute, sondern noch auf Jahre hinaus. Über Nacht werden keine Farmer aus ihnen. Es wird mindestens zwei Jahrzehnte dauern, bis sie begriffen haben, und wenn man ihnen die Landwirtschaft wirklich beibringen will, muß man ihnen besseres Land geben. Daher müssen also vorläufig wir für ihre Ernährung sorgen."

Als dieser Plan bekannt wurde, überschlugen sich die Zeitungen Colorados vor Empörung, allen voran der „Clarion" mit einem wahren Hetzartikel:

„Wir sagen General Laban Asher: Gehen Sie zurück nach Vermont! Überlassen Sie die Behandlung der Indianer jenen Männern, die wirklich etwas davon verstehen, Männern wie Leutnant Abel Tanner, der weiß, daß man so lange auf sie schießen muß, bis sie wissen, wie man sich benimmt. Wir sagen: Geben Sie Tanner hundert gute Männer auf guten Pferden, und in zwei Wochen hat er Ihnen das indianische Problem gelöst. Und zwar nicht, indem er die Indianer auf Staatskosten füttert."

„Was soll ich gegen solche Taktiken machen?" fragte Asher ratlos. Er war ein Gentleman aus New England, der sich nicht mit öffentlichem Gezänk beschmutzen wollte, ein Offizier der Armee, der der Tatsache, daß die Zeitungen für die Beförderung eines unverschämten Untergebenen wie Tanner eintraten, ratlos gegenüberstand.

„Weg mit ihm", riet Mercy. „Schicken Sie Tanner in den Osten . . . noch heute abend. Dort werden doch Kämpfer gebraucht. Lassen Sie ihn kämpfen."

„Das geht nicht", antwortete Asher vorsichtig, „wenn ich das tue, werde ich von den Zeitungen gekreuzigt." Er schritt auf und ab, und zum erstenmal glaubte Mercy zu bemerken, daß Asher durch sein Gebrechen unsicher und schwach geworden war. Mercy fuhr daher fort: „General Asher, Sie sind ganz auf dem richtigen Weg. Sie müssen sich nur energisch durchsetzen."

Aber Asher zog zurück. „Mein Instinkt sagt mir, daß es jetzt besser ist, auf Zeit zu spielen. Einige Indianer haben schon um landwirtschaftliche Geräte gebeten. Es wird nicht mehr lange dauern, und die öffentliche Aufregung hat sich gelegt. Dann können wir handeln."

Aber es blieb ihnen keine Zeit. Im Januar 1864 war ein Mann auf dem Weg nach Denver, der eine klare Vorstellung von der Zukunft des Westens besaß, und dem es auch nicht an Entschlossenheit mangelte, diese Vorstellung in die Realität umzusetzen.

Er war groß, achtundvierzig Jahre alt, mit breiten Schultern und stechenden Augen. Er war glattrasiert und hielt sich so gerade, daß er noch größer wirkte, als er wirklich war. Man sah ihm an, daß er reichliches Essen schätzte, und seine Stimme hatte einen durchdringenden Klang, so daß man ihn mit Leichtigkeit hörte, auch wenn hundert andere gleichzeitig redeten. Er war äußerst wortkarg, aber was er sagte, wurde mit jupitergleicher Endgültigkeit vorgetragen, als hätte er alle anderen Möglichkeiten lange geprüft und schließlich verworfen.

Dieser Mann war Frank Skimmerhorn. Er kam aus Minnesota. In den Jahren 1861 und 1862 hatte er das Indianerproblem dort aus erster Hand kennengelernt, denn die Sioux, empört über irgendeine nebensächliche Nichteinhaltung der Abmachungen, waren plötzlich wild geworden und hatten seine Eltern, seine Frau und seine Tochter getötet. Die Farm, die zwanzigtausend Dollar wert gewesen war, verfiel, er war von einer Stadt in Minnesota zur anderen gezogen und hatte überall grauenhafte Geschichten von den Untaten der Sioux gehört: mehrere hundert Ranches niedergebrannt, zweihundert Menschen skalpiert, ein Teil der Vereinigten Staaten in Aufruhr und Verwirrung, und alles nur wegen ein paar aufsässiger Indianer.

Er verließ mit seinem Sohn Minnesota und wollte nie mehr dahin zurückkehren. Die Rechte an seinem Farmland hatte er für fünfzehnhundert Dollar verkauft, und mit diesem Geld war er an den Ort seiner Kindheit gezogen, nach Nauvoo, Illinois, wo er sich bemühte, eine Erklärung für das zu finden, was er während des indianischen Aufstands gesehen hatte. Eines Abends kam plötzlich die Erleuchtung.

Ein Farmer, der sein Leben in Nauvoo verbracht hatte, sagte: „Für die Mormonen habe ich nie viel übrig gehabt. Nicht gerade, daß ich richtig auf sie losgegangen wäre wie manche von meinen Nachbarn, ich habe auch ihre Scheunen nie angezündet. Aber als Volk gefallen sie mir nicht, und ebensowenig ihre Idee, daß ein Mann dreiundfünfzig Frauen haben kann, und die Männer handeln auch danach, ja, und ..." Er verlor den Faden und lehnte sich an seinen Wagen. „Was wollte ich sagen, Skimmerhorn?"

„Daß du dich mit den Mormonen nicht vertragen hast."

„Ja. Wie ich eben sagte, ich war nicht ihr spezieller Freund, aber eine Idee haben sie gehabt, die war wirklich nicht unvernünftig." Hier machte er wieder eine Pause, um den Zuhörer auf die Folter zu spannen, und Skimmerhorn fragte pflichtschuldig: „Und was war das für eine Idee?"

„Sie hatten sich gründlich mit den Indianern beschäftigt. Was sie über die Indianer sagten, klang recht ähnlich wie das, was du über sie sagst. Sie fragten sich immer wieder, wer die Indianer seien und warum sie sich auf diese unchristliche Weise aufführten. Und dann geschah da so eine Art Prophezeiung, Gott sandte ihnen eine Botschaft, in der es hieß, daß die Indianer eigentlich Lamaniten sind, die Verlorenen Stämme von Israel. Yessir, das war im Jahr 722 vor Christus, als Sargon, der König der Assyrer, sie gefangennahm ... zehn Stämme ... sind nie wieder nach Israel zurückgekommen ..., sondern immer weiter durch die Welt gewandert."

„Das ist sehr interessant", sagte Skimmerhorn.

„Was heißt interessant, es ist wahr", sagte der Farmer aufgeregt. „Nimm zum Beispiel das indianische Medizinhaus und was da alles an Undurchschaubarem passiert. Und was ist es wirklich? Das Tabernakel der Verlorenen Stämme. Und in der Bibel wird von Sack und Asche geredet. Na, und was machen die Indianer, wenn sie in Trauer sind? Sie schneiden sich die Haare ab und stechen sich in die Arme. Mir ist es völlig klar, daß die Indianer Juden sind."

„Das würde erklären, warum sie derart bösartig sind", sagte Skimmerhorn und packte seinen Gewährsmann am Arm. „Du sagst, sie sind Lamaniten? Was bedeutet das eigentlich genau?"

„Ich bin selber nicht Mormone, aber ich hatte schon mit Indianern zu tun, deshalb habe ich zugehört, und soviel ich verstand, hat Gott diese Verlorenen Stämme eben Lamaniten genannt, und weil sie Gott gesehen hatten, ihm aber den Rücken kehrten, belegte er sie mit einem mächtigen Fluch, machte ihre Gesichter dunkel und stellte sie in einen Gegensatz zu allen anderen Menschen. Skimmerhorn, wenn sie Gott gesehen und ihn verworfen haben, dann ist es unsere verdammte Pflicht und Schuldigkeit, sie alle zuhauf zu treiben und zu töten."

Mehrere Tage lang brütete Frank Skimmerhorn über dieser Geschichte mit den Lamaniten, und er fragte in ganz Nauvoo herum, ob die Leute sich nicht erinnern konnten, was die Mormonen während ihres unglücklichen Aufenthalts in dieser Stadt auf ihrem Weg nach Salt Lake City sonst noch alles gesagt hätten. Was er dabei erfuhr, verschaffte ihm völlige Gewißheit. Die Indianer waren wirklich die zehn Verlorenen Stämme. Der Prophet Levi hatte sie nach Amerika geführt, und ihre Gesichter waren dunkel wegen ihrer Sünde, daß sie Gott den Rücken gekehrt hatten. Sie auszurotten war nicht nur eine Pflicht, sondern darüber hinaus eine Gott wohlgefällige Tat. Die Indianer waren ehrlichen Männern ein Greuel, und je eher sie von der Erde verschwanden, desto besser.

In einem Traum – kein Wunder, daß er nach endlosem Brüten über dieser Frage auch schon davon träumte – sah Frank Skimmerhorn, daß es ihm bestimmt war, nach Colorado zu gehen, wo die Indianer die Goldsucher belästigten, und dem Spuk ein Ende zu machen. Das war keine Einladung mehr, das war ein Befehl. Im „Clarion" schrieb er:

„Überall in unseren großen Vereinigten Staaten haben geduldige Männer sich darüber den Kopf zerbrochen, wie man mit den Indianern fertig werden könnte, und jetzt steht die Antwort so klar vor uns, daß auch die Einäugigen sie sehen müssen. Der Indianer muß ausgerottet werden. Er hat kein Recht, sich das Land anzueignen, das Gott uns gegeben hat, um es fruchtbar zu machen. Er hat kein Recht, den Büffel über Felder zu jagen, die wir zu pflügen wünschen, und die einzige vernünftige Antwort darauf ist die Ausrottung. Er und seine häßlichen Squaws und seine verbrecherische Brut müssen ausgerottet werden, und je eher dieses Territorium sich dazu aufrafft, desto besser. Heutzutage ruft jeder: ‚Colorado soll ein Staat werden!' Aber erst wenn wir die roten Teufel losgeworden sind, können wir in Ehren neben den anderen Staaten bestehen. Ausrottung sei unser Schlachtruf."

Überall auf den Goldfeldern von Colorado wurde dieser Brief nachgedruckt, und Männer der verschiedensten politischen Überzeugung sagten zueinander: „Dieser Mensch aus Minnesota, Skimmerhorn, der versteht was", und als weitere Briefe folgten, in denen Skimmerhorn genau beschrieb, wie eine zu allem entschlossene Miliz die Arapaho und die Cheyenne am besten umbringen könnte, da schlossen sich bald viele Menschen im ganzen Territorium seinem Verlangen nach Ausrottung der Indianer an.

Nur drei Männer in öffentlicher Stellung wagten es, gegen diesen unmenschlichen Vorschlag aufzutreten. Ein Pfarrer der Episkopalkirche in Denver nannte so etwas Mord und geriet damit in Schwierigkeiten mit den Gläubigen seiner Gemeinde, die die skalpierten Leichen der Familie Barley gesehen hatte. General Asher wies darauf hin, daß es nicht üblich sei, daß die Armee der Vereinigten Staaten den Massenmord propagiere, und er wurde als Feigling hingestellt, der den Tatsachen nicht ins Auge sehen wolle. Und Major Mercy warnte eindringlich vor einer derart brutalen Vorgangsweise, wie es die völlige Vernichtung eines ganzen Volkes, von dessen Angehörigen nur einige wenige Verbrechen begangen hätten, während an ihnen allen eine Unzahl von Verbrechen verübt worden war, darstellte. Skimmerhorn war damit natürlich nicht einverstanden und ließ eine ganze Reihe von hitzigen Briefen gegen ihn erscheinen:

„Wer ist dieser Major Mercy? Ein humpelnder Feigling, der sich vor Chapultepec selber in die Hüfte schoß, damit er nicht in diesem unseren Krieg gegen die Rebellen kämpfen muß. Wer sind seine Freunde? Alle Indianerfreunde im Westen und alle hasenherzigen Feiglinge, die es nicht wagen, im Auftrag Gottes dieses Land vor den Wilden zu schützen. Und wer, bitte, sind seine Verwandten? Die Brüder Pasquinel! Er hat ihre Schwester geheiratet und ist selber mehr Arapaho als diese beiden. Ich sage: Colorado muß diesen feigen Verräter loswerden. Und ich warne ihn hiermit, daß er nur mit seiner Verteidigung der Indianer fortzufahren braucht, wenn er will, daß ihn ein aufrechter Patriot in den Straßen von Denver niederknallt."

Mercy war empört über diese Beschimpfungen, drang aber dennoch in seine Frau, sich in der Öffentlichkeit nicht weiter dazu zu äußern, um weitere Auseinandersetzungen zu vermeiden, Aber Lisette war ihrer Mutter zu ähnlich, als daß sie derartige Frechheiten so einfach hingenommen hätte. Sie folgte Skimmerhorns Spuren von einem Gasthaus zum anderen, stellte ihn schließlich in einem Hotel in der Larimer Street und sagte ihm vor aller Augen und Ohren ihre Meinung.

Ihre Attacke kam Skimmerhorn wie gewünscht, denn damit hatte er ein neues Ziel für seine Ausfälle gewonnen. Er verfaßte einen flammenden Artikel gegen sie, in dem er neuerlich seine Überzeugung darlegte, daß jeder Indianer umgebracht werden müßte.

Diese Hetzartikel brachten die Gemüter derart in Wallung, daß man jetzt bereits allgemein nach militärischem Einschreiten verlangte. Unglücklicherweise lagen im Westen keine Bundestruppen, so daß eine Miliz einberufen werden mußte, an deren Spitze Oberst Frank Skimmerhorn gestellt wurde. Sofort verkündete er das Kriegsrecht und erließ die folgenden Verordnung:

„Alle Indianer, die nicht mit uns im Kriegszustand leben wollen, haben sich innerhalb von zwanzig Tagen an einem der angegebenen Orte zu melden und ihre Gewehre abzuliefern.
Nach Ablauf dieser Frist wird jeder Indianer, der auf freier Wildbahn angetroffen wird, ohne Anruf erschossen.
Der Besitz eines getöteten Indianers geht an den, der ihm zu diesem gerechten Ende verholfen hat.

Frank Skimmerhorn
Oberst der Miliz“

Am nächsten Tag sammelte der alte Häuptling Hagerer Bär eine Gruppe von sieben Arapaho um sich, alles alte Frauen und Männer, die wußten, daß es für sie keinen Sinn hatte weiterzukämpfen. Mit einer weißen Fahne marschierten sie zu einem der Auffanglager in Denver, wo Leutnant Tanner den Alten mit einem Schuß ins Herz tötete. Die anderen liefen schreiend davon.

Als General Asher dieses Verbrechen zu Ohren kam, ließ er Colonel Skimmerhorn rufen, in der Absicht, ihn gründlich abzukanzeln, aber während er redete, bemerkte er, daß der Colonel nicht ordnungsgemäß Haltung annahm, ja daß er sogar frech grinste. „Skimmerhorn!“ rief er so laut, als seine guten Manieren es ihm gestatteten. „Stillgestanden!“

Der Oberst der Miliz ignorierte das Kommando und erwiderte verächtlich: „General, Ihre Tage hier sind gezählt.“

„Colonel!“

„Ich habe Freunde in Leavenworth. Und einflußreiche Leute aus dem Territorium haben ihnen berichtet, daß Sie nicht der Mann sind, mit den Indianern fertig zu werden.“

„Skimmerhorn!“ brüllte der General.

„Wenn Sie vernünftig sind, Asher, packen Sie Ihre Sachen, hauen ab nach Leavenworth und überlassen den Krieg mit den Indianern mir.“

„Sie werden nichts unternehmen, was Ihnen nicht von mir angeordnet wird“, sagte Asher langsam mit zitternder Stimme.

„Sie sind der Kommandierende General“, sagte Skimmerhorn unverschämt. „Wenigstens vorläufig.“

Der General war es nicht gewohnt, mit Männern zu arbeiten, die wenig Respekt vor militärischer Disziplin zeigten. Er sah ein, daß auf einen Menschen wie Skimmerhorn seine persönliche Autorität keinen Eindruck machte, also versuchte er ihn mit Argumenten zu überzeugen. „Wir wissen alle“, sagte er mitfühlend, „daß Sie in Minnesota von den Indianern Schweres erdulden mußten. Aber dennoch, Skimmerhorn, Sie dürfen nicht zulassen, daß Ihnen der Tod Ihrer Eltern . . .“

„Meiner Eltern?“ schrie Skimmerhorn auf, und es war eindeutig, daß der Mann nicht mehr völlig bei Verstand war. „Jawohl, ich habe zugesehen, wie die Sioux meinen Vater erschossen. Ich lief von der Scheune weg, als sie meine Mutter mit einem Tomahawk töteten. Und was ist mit meiner Frau? Sie schossen zwanzig Kugeln in sie hinein . . . dreißig . . . sie skalpierten sie. Und meine Tochter! Neun Jahre alt . . . mit lockigem Haar . . . haben Sie jemals gesehen, wie ein neunjähriges Mädchen skalpiert wird?“ Er stand da, von Haß erstarrt, das Gesicht verzerrt, die Hände steif. „Überlassen Sie die Lamaniten nur mir“, brüllte er, „ich werde Gottes Auftrag ausführen!“

Als Skimmerhorn das Büro verließ, sank Asher in seinem Stuhl zusammen und barg die Stirn in der Hand. Er mußte einsehen, daß er jetzt, mitten im Bürgerkrieg, keine Möglichkeit hatte, gegen Skimmerhorn ein Disziplinarverfahren einzuleiten, und bei Kriegsende würde er ein Held sein, dem man erst recht nicht an den Kragen konnte. Seine einzige Hoffnung war jetzt, daß Skimmerhorns Freunde in Fort Leavenworth ihn tatsächlich rasch zurückberufen würden, denn hier in Denver stand er nun auf verlorenem Posten. Er war von einem Widersacher geschlagen worden, den er nicht begreifen konnte.

Die Arapaho und die Cheyenne wurden durch Gesetz verpflichtet, sich auf einem genau vorgeschriebenen Lagergebiet im Norden von Rattlesnake Buttes einzufinden, und dort sammelten sich die traurigen Überreste der ehemals mächtigen Stämme. Als eine Geste des guten Willens übergaben sie die drei weißen Frauen, die sie von einer Farm entführt hatten, den Soldaten.

Sie waren bereit, sich unter den Schutz der Armee zu stellen, denn dem Verirrten Adler war es wieder einmal gelungen, sie zu überzeugen: „Alle Männer würden gern draußen bleiben mit Krummdaumen und einen Präriekrieg gegen unsere Feinde führen, wie wir das immer getan haben, aber ich sage euch, diese Zeiten sind vorbei. General Asher ist unser Freund, Major Mercy ist unser Freund, und er versichert mir, daß es bald besser werden wird.“

Als der Major nach Norden ritt, um das improvisierte Lager zu inspizieren, stieg er kurz in Zendt's Farm ab, denn er wollte die Meinung des Volkes erkunden. Er ritt die Hauptstraße hinunter, hielt vor der Einpfählung und rief: „Levi! Ich muß mit dir reden.“

Zendt und Lucinda traten aus dem Blockhaus, und Mercy rief: „Wohin wird uns dieser Wahnsinn noch führen?“ Aber bevor Levi antworten konnte, ertönte ein Hornsignal, und im nächsten Augenblick kam Oberst Skimmerhorn herangeritten, gefolgt von sechzehn Mann Miliz, die vor dem Tor militärisch Aufstellung nahmen.

„Dieses Fort steht unter Arrest“, verkündete Skimmerhorn mit lauter Stimme. „Zendt, Sie haben mit dem Feind fraternisiert. Jeder bleibt im Haus, bis ich das Gegenteil befehle.“ Seinem tänzelnden Pferd die Sporen gebend, rief er: „Unteroffizier, Sie erschießen jeden, der zu fliehen versucht. Das ist ein Befehl.“

Dann drehte er sich zu Mercy um und schrie: „Ich habe gewußt, daß ich Sie hier finden würde. Unteroffizier, halten Sie fest, daß Major Mercy mit Verrätern Umgang hat.“

Als Levi diese äußerst befremdlichen Befehle aus Skimmerhorns Mund hörte, wollte er mit ihm reden, aber Skimmerhorn brüllte ihn vom Pferd herunter verächtlich an: „Mit fickenden Squawmännern rede ich nicht.“

Zendt wollte sich auf ihn stürzen, aber Skimmerhorn wich zurück und verwundete ihn mit seinem Säbel. Während Major Mercy den blutenden Deutschen wegführte, rief der Oberst: „Unteroffizier, halten Sie fest, daß der Squawmann Zendt mich in der Absicht, mich zu töten, anfiel, und daß ich ihn mit meinem Säbel abwehren konnte.“ Unter Zurücklassung einer Abteilung, die Zendts Haus bewachen sollte, ritt Skimmerhorn nach Denver zurück und brütete weiter über seinen Plänen, wie er Colorado auf immer von Indianern befreien könne.

Sobald Skimmerhorn außer Sichtweite war, traf Major Mercy eine verhängnisvolle Entscheidung. Sich durchaus dessen bewußt, daß ihn das, was er jetzt beabsichtigte, vor ein Kriegsgericht bringen konnte, sagte er zu Levi: „Ich bin überzeugt, daß dieser Trottel überhaupt nicht das Recht hat, mich unter Hausarrest zu stellen. Ich werde diesen Befehl daher ignorieren.“ Er nahm Lucindas Hand und fuhr fort: „Dieser Wahnsinnige hat es sich in den Kopf gesetzt, die ganze indianische Rasse auszulöschen. Wahrscheinlich fängt er mit dem Lager an. Wir müssen General Asher warnen.“

Zendt wollte ihn beruhigen. „Die Indianer im Lager haben keine Waffen, es gibt überhaupt keinen Grund, sie anzugreifen.“

„Skimmerhorn ist zu allem imstande“, warnte Mercy. „Er ist überzeugt, im Namen Gottes zu handeln.“

„Wahrscheinlich wird er eher denen nachjagen, die sich nicht ergeben haben – Krummdaumen und seinen jungen Kriegern.“

Mercy war nicht davon überzeugt, daher beschloß er, den Bewachern zu entkommen. Er schickte Zendt ans vordere Tor und entschlüpfte über die Mauer im Nordosten. Schon auf dem Weg nach Süden, um General Asher zu warnen, änderte er plötzlich seine Absicht und trieb sein Pferd nach Nordosten, zum Camp der Indianer bei Rattlesnake Buttes.

Er erreichte die Hügel in der Dämmerung, von Süden kommend, und als er auf die Hochfläche zwischen den Hügelkuppen ritt, erblickte er in einer Senke im Norden einen wirren Haufen von Tipis, ohne jede Ordnung in einem Gebiet aufgestellt, in dem früher ein wunderbar geordnetes indianisches Lager gestanden hatte, und er dachte, wie schwierig es für die Häuptlinge sein mußte, jetzt ihr Volk zu führen, das an grenzenlose Prärie gewöhnt war und nun auf engstem Raum gedrängt lebte, wo Kalkhügel jede Aussicht verstellten.

Er pfiff ein Signal für die Wachen, die irgendwo in den Felsen versteckt sein mußten, aber niemand erschien, und Mercy erkannte, daß die Leute hier schon zu elend waren, um sich noch um Fragen der Organisation oder um Wachen zu kümmern.

Als er schon fast beim Lager unten angelangt war, kamen ihm zwei Arapaho zu Fuß entgegen, um ihn zu inspizieren, und er fragte: „Wo sind eure Pferde?“, und sie antworteten: „Wir haben keine mehr.“

Sie erkannten ihn als Freund ihres Stammes und brachten ihn zu der Hütte, wo die Häuptlinge saßen und müde nach Möglichkeiten suchten, ihr hungerndes Volk zu ernähren. Mercy verbrachte die Nacht im Lager und riet den Indianern, Oberst Skimmerhorn ja keinen Grund zu liefern, sie anzugreifen.

„Wir haben keine Gewehre“, sagte Verirrter Adler.

„Ich rede nicht von Waffen“, erwiderte Mercy. „Skimmerhorn ist ein Irrsinniger, er würde jeden Vorwand benutzen.“

„Wir haben alles getan, was uns General Asher gesagt hat“, sagte der Verirrter Adler in klagendem Ton.

„Stehlt keine Kühe“, erklärte Mercy. „Wenn ein weißer Mann in euer Lager kommt, laßt ihn in Frieden ziehen, gleichgültig, wie er sich aufführt.“

„Ohne Waffen“, sagte der Verirrte Adler, „können wir keinen Schaden anrichten, auch wenn wir wollten.“

Das Gespräch wendete sich drängenderen Fragen zu. „Wann werden wir Essen bekommen?“ fragte Häuptling Schwarzes Knie von den Cheyenne.

„Es wird darüber verhandelt“, sagte Mercy verlegen.

„Ihr verhandelt! Wir verhungern, Mercy. Unsere Schande ist so groß wie die Erde.“

Jedes Versprechen von General Asher war von Oberst Skimmerhorn zunichte gemacht worden. Jedesmal, wenn Mercy die Lieferung von Nahrung angeordnet hatte, hatte Skimmerhorn die Weisung wieder rückgängig gemacht. Zwei Stämme, die ihre Verträge mit den Vereinigten Staaten stets getreulich erfüllt hatten, wurden hier systematisch ausgehungert, nachdem man ihnen zuerst ihr Land genommen hatte, dann ihre Büffel und endlich ihre Waffen. Jetzt wurden sie von einem wahnsinnigen Zivilisten gehetzt, der Soldat spielte, und keiner der Zuständigen war bereit oder mutig genug, dem Treiben ein Ende zu machen. Das war Mercys schwärzeste Stunde, ärger noch als damals bei Chapultepec, als seine Kameraden ihn blutüberströmt liegenließen, weil sie glaubten, er sei tot.

Zum ersten Mal in seinem Leben war er nicht stolz darauf, ein amerikanischer Soldat zu sein. Die betrügerischen Winkelzüge, mit Hilfe derer aus dem großzügigen Vertrag von 1851 das schäbige Abkommen von 1861 gemacht worden war, konnte man noch einsehen. Anpassungen waren vielleicht wirklich notwendig. Er beschuldigte Kommissar Boone nicht länger, die Indianer hineingelegt zu haben; die Weißen brauchten eben Land, sie wollten unbedingt die Flüsse in ihrer Gewalt haben, in denen Gold gefunden wurde. Dagegen war einfach nichts zu machen.

Aber wie die amerikanische Regierung sich jetzt benahm, das war verabscheuungswürdig, und sobald er wieder in Denver sein würde, würde er mit seiner Meinung nicht hinter dem Berg halten. Über eintausendvierhundert Indianer auf eine von Felsen umgebene Wiese zu pferchen, ohne Wasser, sogar ohne Essen, das war zuviel, das durfte man nicht zulassen. Er war überzeugt, daß die wirkliche, die echte Armee in Fort Leavenworth oder Washington sofort etwas dagegen tun würde, wenn sie nur davon wüßte. Er mußte sie unbedingt informieren.

Er sagte zu dem Verirrten Adler: „Verlaß dich nur das eine Mal noch auf mich. Unternehmt nichts, bis ich zurückkomme."

„Wir werden tun, was du sagst, Mercy", sagte der alte Häuptling. Die Falten in seinen Wangen hatten sich noch tiefer eingegraben, die Augen waren noch weiter in die Höhlen gesunken, aber das felsengleiche Gesicht strahlte noch immer unnahbare Würde aus. In den letzten Wochen hatte er vieles von den jungen Kriegern einstecken müssen, die sich nicht mehr aushungern lassen wollten, aber der Stern, der ihn führte, war sein Vertrauen in den weißen Mann. Männer wie Major Mercy und General Asher würden schließlich doch Essen beschaffen und selbst mit Oberst Skimmerhorn fertig werden.

„Bis das neue Jahr anbricht, vertrauen wir dir", sagte er.

„Wo sind Jake Pasquinel und Krummdaumen?" fragte Mercy im Aufbrechen.

„Östlich, gegen Julesburg", sagte Häuptling Schwarzes Knie und gab Mercy zwei Scouts mit, die ihn zum Versteck der Abtrünnigen führen sollten.

Das Platte-Tal war an diesem Tag wunderschön. Schnee bedeckte die Ufer, das Wasser blitzte schwarz dazwischen hervor. Noch hatte sich kein Eis gebildet, der Trail von Julesburg nach Denver war noch passierbar. So gefiel ihm der Platte am besten, wenn der Schnee die sandigen Flächen der unzähligen Inseln unter sich begraben hatte.

Es müßte doch möglich sein, einen solchen Fluß mit den Indianern zu teilen, sagte er sich, während die Führer ihn weiter nach Osten brachten, aber als er das primitive Lager erreichte, wo Krummdaumen und seine Krieger hausten, und ihren erbärmlichen Zustand sah, wurde ihm klar, daß es nicht leicht sein würde, ein vernünftiges Gespräch mit ihnen zu führen.

Er stieg ab, humpelte über den gefrorenen Boden und fragte eine Frau nach Krummdaumen. Nachlässig zeigte sie auf ein graubraunes Tipi, dem die beiden Stangen für die Regulierung des Rauchs fehlten. Aber da es ohnehin kein Holz zum Feuermachen gab, war das gleichgültig.

Mercy schob die Zeltklappe beiseite und sagte: „Krummdaumen, ich bin gekommen, um dich zu ersuchen, keinen Krieg gegen die Wagen zu führen."

„Wir hungern", erwiderte Krummdaumen. „In den Wagen ist Essen."

„Die nächsten beiden Monate sind sehr gefährlich", flehte Mercy.

„Ohne Essen werden wir die nächsten zwei Monate nicht überleben."

„Wo ist Jake Pasquinel?"

„Fort, auf der Suche nach Essen."

„O Gott!" stöhnte Mercy. Er sah es förmlich vor sich, wie Jake irgend etwas Verrücktes tat und damit Skimmerhorns Wut auf sie alle zog. Jake brachte vielleicht Fleisch von einer Kuh zurück, die er getötet hatte, oder Bohnen, die er einem Rancher gestohlen hatte, und der setzte vielleicht eben jetzt eine Beschwerde nach Denver auf.

„Warum sagst du, wir sollen keinen Krieg führen? Skimmerhorn führt Krieg gegen uns, jeden Tag."

„General Asher wird schon mit Skimmerhorn fertig werden. Ich verspreche es."

Daraufhin brach der Cheyenne-Krieger, der etwas von Soldaten verstand, in haltloses Gelächter aus, sprang auf die Beine, tat so, als hätte er nur einen Arm, trippelte mit kleinen Schritten durch das Tipi und gab einander widersprechende Befehle, und das Ganze war eine durchaus überzeugende Nachahmung des verwirrten Generals. „Der rührt keinen Finger", sagte Krummdaumen.

„Ich werde mich darum kümmern", versprach Mercy.

Bevor Krummdaumen antworten konnte, kam Jake Pasquinel hereingestürzt, und als er Mercy erblickte, eilte er auf ihn zu und umarmte ihn, was bei diesem abgebrühten Kämpfer recht ungewöhnlich aussah.

„Mercy, um Gottes willen tu etwas, damit da wieder eine Ordnung hineinkommt", sagte er mit qualvoller Miene. „Unsere Leute sind am Verhungern."

„Ich weiß es, Jake."

„Sie sind . . ." Seine Stimme versagte ihm, und zum ersten Mal erlebte Mercy, wie einer der beiden Pasquinel-Brüder nicht sprechen konnte, weil ein Schmerz ihn überwältigte, den er nicht zu verbergen suchte.

„Mercy, du wirst es sehen", sagte Jake, „wenn das hier nicht anders wird", und er zeigte auf das elende Lager, „dann wird das ganze Territorium explodieren."

„Genau das wolltest du früher einmal erreichen", sagte Mercy bekümmert.

„Ich bin älter geworden", sagte sein Schwager, „unsere Frauen und Kinder wird der Sturm als erste treffen."

Jetzt trat Mike Pasquinel ins Zelt. Er hörte eine Weile zu, dann sagte er: „Max, wir werden alle umkommen, du und Lucinda und Zendt, alle, wenn diese Hetze gegen uns nicht aufhört." Und plötzlich erkannte Mercy, daß sein Schwager ein Mann war, den man ernst nehmen mußte, eine Art heiliger Narr, der sein ganzes Leben nur beobachtet und über alles gelacht hatte und jetzt am Ende doch die Wahrheit erkannte. Sein rundes, gemütliches Gesicht zeigte nicht jene Haßgefühle, die Jakes Gesicht zerrissen; er sprach wie in tiefer Trauer, was noch größeren Eindruck machte als die Wut seines Bruders.

„Max", fuhr er eindringlich fort, „ihr laßt uns keine andere Wahl, als im Kampf zu sterben, und wir werden kämpfen bis zum letzten Mann." Mit seinem rechten Arm machte er eine kreisförmige Bewegung, und Krummdaumen und seine Männer im Tipi sagten einer nach dem anderen feierlich: „Wir werden sterben."

Zutiefst erschüttert verließ Mercy das Lager der Rebellen und machte sich auf den langen Weg zurück nach Denver, und seine Schwäger gaben ihm das Geleit. Sie redeten von alten Zeiten, wie glücklich Lucinda mit ihrem Mann war, von Tönerner Schale und ihrem aufregenden Leben und davon, wie seltsam es war, daß ausgerechnet auf dem Platz, den ihr Vater erfolglos abgesucht hatte, ein solcher Haufen Gold gefunden worden war.

„Möchtest du, daß er das Gold gefunden hätte . . . für euch?" fragte Mercy.

„Nein", antwortete Jake. „Indianer brauchen kein Gold. Sie brauchen die offene Prärie . . . und den Büffel."

Als Jake sich verabschiedete, sagte er: „Es wird Krieg sein", wandte sein Pferd und ritt nach Osten davon.

Mike zögerte noch etwas, wollte offenbar noch vieles sagen, aber es war alles zu grauenhaft und zu verworren, als daß man hätte darüber reden können. Also streckte er über sein Pferd hinüber die Arme aus und umarmte Mercy. „Du bist mein Bruder", sagte er in der Arapaho-Sprache, und fort war er.

Als Mercy sich im Hauptquartier bei General Asher – in zwei schäbigen, hofseitigen Räumen eines Hotels – zurückmeldete, erkannte er bald, daß er in der Patsche saß. Der General schien zwar intensiv mit dem Ordnen von Papieren beschäftigt, aber er nahm sich immerhin Zeit, zu sagen: „Mercy, Oberst Skimmerhorn hat schwere Anschuldigungen gegen Sie vorgebracht."

„Dieser Hausarrest", erwiderte Mercy verächtlich. „Sie wissen, daß das unzulässig war."

„Hören Sie sich die Beschuldigungen an: Fraternisieren mit dem Feind im Kriegszustand; Mißachtung des direkten Befehls eines vorgesetzten Offiziers; im Besitz von Staatsgeheimnissen zum Feind geflohen."

Mercy überging diese aufgeblähten Anschuldigungen: „General Asher, eine Katastrophe schwebt über unseren Köpfen. Ich weiß, was ich sage, ich war gerade bei beiden Gruppen der Indianer, den Folgsamen, die im Camp sind, wo sie hingehören, und den Rebellen, die sich draußen verstecken."

„Sie hätten nicht hingehen sollen", sagte Asher fest. „Oberst Skimmerhorn hat Ihnen doch nachdrücklich aufgetragen . . ."

„General!" brüllte Mercy. „Morgen kann hier ein Aufstand ausbrechen. Zum Teufel mit Skimmerhorn. Wie kann er es wagen, Ihnen, einem General der Armee der . . ."

„Max", sagte der Mann aus Vermont müde, „sehen Sie sich das hier an." Und er hielt ihm eine Depesche von Fort Leavenworth entgegen:

General Laban Asher
Hauptkommando, Denver
Erscheinen Sie unverzüglich und auf dem schnellsten Wege hier im Hauptquartier zwecks ausführlichen Berichts über Maßnahmen zum Schutz des Platte-Tals vor marodierenden Indianern.

S. J. Comly, Adjutant
Fort Leavenworth
29. Oktober 1864

Mercy war sprachlos. Nachdem Asher mehr als ein dutzendmal um zusätzliche Soldaten ersucht hatte, um das Gebiet des Platte kontrollieren zu können, hatte sich Leavenworth endlich zu einer Antwort aufgerafft – und die bestand darin, daß der einzige Mann, der jetzt noch imstande war, das Territorium in Ordnung zu halten, abberufen wurde.

General Asher nahm diese bar jeder Vernunft getroffene Entscheidung gleichmütig hin. Wenn das die Art und Weise war, auf die das Hauptquartier einen Krieg mit den Indianern führen wollte, dann sollten sie ihren Willen haben. Er griff nach der Depesche, klopfte mit den Fingern darauf und sagte säuerlich: „Ich reite mit sechs Mann . . . heute abend!"

„Noch heute abend!" schrie Mercy. „Und wer hat das Kommando?"

„Oberst Skimmerhorn."

„General, er wird hier alles zugrunde richten!"

„Und Sie stelle ich unter Hausarrest, Mercy. Sie werden bis zu meiner Rückkehr Denver nicht verlassen."

Mercy blieb der Verstand stehen. Über einen Hausarrest, den ein General der Armee über ihn verhängte, konnte er sich nicht hinwegsetzen, aber wenn man Skimmerhorn freie Hand ließ, war das Ärgste zu befürchten. „General Asher", sagte er beherrscht, „wenn Sie Ihre Soldaten Skimmerhorn übergeben, wird etwas ganz Furchtbares passieren, was Ihren Ruf für immer ruinieren wird. Die hervorragende Leistung, die Sie in Vicksburg mit Ihren Vermontern . . ."

„Sie sind unter Hausarrest", schnitt Asher ihm das Wort ab, und noch am selben Abend ritt er mit seiner Eskorte nach Osten.

Die Dinge hätten sich für Oberst Skimmerhorn gar nicht günstiger entwickeln können. Er hatte damit gerechnet, daß Major Mercy entwischen würde, um die Indianer zu warnen. Und jetzt war er ihn für immer los. Er hatte auch damit gerechnet, mit dem Kommando über alle Truppen in diesem Gebiet betraut zu werden. Und auch das war eingetroffen. Nicht vorausgesehen hatte er Ashers Wankelmut. Der General nahm einmal für ihn, dann wieder für Mercy Partei, je nachdem, mit wem er zuletzt gesprochen hatte. Daß Asher jetzt abberufen und ganz woanders hin versetzt worden war, konnte nur ein Zeichen dafür sein, daß Gott seinen Plan mit Wohlgefallen betrachtete.

Jetzt hatte er, Skimmerhorn, das Kommando, und er hatte nicht die Absicht, die Hände in den Schoß zu legen.

An einem kalten Novembermorgen versammelte er seine Truppen, dreiundsechzig reguläre Soldaten unter Leutnant Abel Tanner, den er an Ort und Stelle zum Hauptmann beförderte, und elfhundertsechzehn Mann von der Miliz. Von seinem Pferd herab richtete er einige wenige Worte an seine Soldaten:

„Männer! Heute ziehen wir in den Kampf gegen die Ungläubigen. Auf uns wartet eine hohe Aufgabe. Gott sieht wohlgefällig auf uns herab, wie wir ausziehen, um dieses Territorium auf ewig von der indianischen Bedrohung zu befreien. Vorwärts!"

Jene Stadtbewohner, die begriffen hatten, worum es ging, sammelten sich am Stadtrand und feuerten die vorüberziehenden Helden mit begeisterten Rufen an. Nachdem Skimmerhorn die Zurufe seiner Anhänger dankend angenommen hatte, sandte er kleine Abteilungen voraus, die alle Farmer in dem Gebiet, durch das sie marschieren würden, unter Hausarrest zu setzen hatte, so daß sie mit niemand sprechen konnten.

In dieser Nacht kampierten sie in Zendt's Farm. Am nächsten Tag, während ein Schneesturm tobte, vollbrachte Skimmerhorn ein militärisches Wunder, das einem Absolventen von West Point alle Ehre gemacht hätte: er führte seine sämtlichen Truppen, dazu fünf Kanonen, ein Dutzend Wagen mit Vorräten und vierzig Maultiere mit Munition durch die offene Prärie an die Rattlesnake Buttes heran und brachte sie in Stellung, ohne daß auch nur eine Menschenseele etwas davon merkte.

Vielleicht hatten die Indianer bereits so wenig zu essen, daß ihre Männer nicht mehr kräftig genug waren, um Wache zu stehen; jedenfalls ließ Skimmerhorn seine Kanonen im Schutz der Dunkelheit unter dem Kamm zwischen den beiden Hügeln aufstellen und gab den Kanonieren Anweisung, wie sie zielen sollten, um die Zelte der Schlafenden unter ihnen zu treffen. Die Männer luden ihre Starr-Karabiner, damit sie während des Angriffs nicht aufgehalten würden, und vertrieben sich die Zeit mit Gedanken an die Beute.

Skimmerhorn teilte seine Männer in strategisch geschickter Weise in drei Gruppen auf. Die Mitte unter seiner Führung würde warten, bis die Kanonen drei Salven auf die Tipis abgefeuert hatten, dann eine Säbelattacke machen und die Indianer, die ihnen in der allgemeinen Verwirrung entgegenliefen, niedermachen. Die rechte Flanke unter Hauptmann Tanner, dem er vertrauen konnte, da er ja schon früher gegen Indianer gekämpft hatte, würde mit Gebrüll von Osten her in das Lager reiten und jeden abknallen, der versuchen sollte, in diese Richtung zu entkommen. Der linken Flanke war Skimmerhorn sich nicht völlig sicher, denn Hauptmann Reed, ein Offizier der regulären Armee, führte dort das Kommando, und man wußte nicht, wieweit man sich auf ihn verlassen konnte.

„Hauptmann Reed", sagte Skimmerhorn zu ihm im Flüsterton, „ich möchte Sie daran erinnern, daß es Ihre Aufgabe sein wird, die linke Flanke zu decken. Kein einziger Indianer soll durch die Linien entkommen."

„Ich verstehe, Sir. Werden sie schwer bewaffnet sein?"

„Bewaffnet? Es handelt sich um Indianer. Schießt sie nieder!"

„Was ich fragen wollte, Sir, war, ob sie in unserer Richtung angreifen werden?"

„Hauptmann Reed! Sobald die Kanonen losfeuern, wird es eine große Verwirrung geben. Ich werde von der Mitte her kräftig nachhelfen. In dieser Verwirrung wird es unvermeidlich sein, daß viele Indianer in ihre Richtung stürzen. Ihre Aufgabe ist es, sie abzuknallen – alle. Ist das klar?"

„Jawohl, Sir."

Um vier Uhr morgens berief Oberst Skimmerhorn seine Offiziere zu dem Kamm, hinter dem die Kanonen warteten. In feierlichem Tonfall redete er sie an: „Meine Herren, wir stehen vor einer großen Entscheidung. Viel steht auf dem Spiel. Wenn heute der Sieg unser ist, dann wird unsere glorreiche Nation auf Generationen hinaus in Sicherheit leben können. Meine Herren, Gott reitet mit uns. Auf in den Kampf!"

In dem bunt zusammengewürfelten Camp unter ihnen schliefen zu dieser Stunde 1483 Arapaho und Cheyenne, die sich wie folgt aufteilten: 14 Häuptlinge, 389 kampffähige Männer, 427 Frauen über sechzehn, 653 Kinder. Eigentlich hätten sie keine Gewehre mehr haben sollen, aber ein paar Büchsen waren doch in den Zelten versteckt. Außerdem hatten sie etwa 400 Bogen, viele von ihnen nicht gespannt, weil Rehsehnen knapp geworden waren, und fast 2000 Pfeile, die aber keineswegs alle griffbereit lagen.

Das Lager stellte in dieser Nacht keine Wachen auf, denn hier brauchte man keine. Die Indianer waren auf den ausdrücklichen Wunsch der amerikanischen Regierung in diese Sackgasse gezogen, und die Regierung würde sie nähren und sie beschützen. Endlich hatten sie Frieden gefunden.

Um halb fünf trat ein junger Krieger aus dem Zelt, um Wasser zu lassen. Er sah sich, wie üblich, nach allen vier Himmelsrichtungen um, bemerkte jedoch nichts. Um fünf Uhr wälzte sich Häuptling Schwarzes Knie auf seiner abgewetzten Büffelhaut herum und glaubte, von den Hügeln her ein Geräusch zu hören, schlief aber gleich wieder ein.

Sechs Minuten nach sechs, im Osten wurde es langsam hell, kam vom Kamm zwischen den beiden Hügeln plötzlich eine ohrenbetäubende Explosion, und fünf Kanonenkugeln schlugen im Lager ein, töteten vier schlafende Indianer und verwundeten sieben.

Der Verirrte Adler war es, der von allen Indianern angesichts dieses Überraschungsangriffes die größte Selbstbeherrschung bewahrte. Er war sicher, daß hier ein grauenhaftes Mißverständnis vorlag – irgendein Durcheinander von Befehlen –, und an ihm war es, die Lage zu klären. Kein amerikanischer Soldat würde jemals in ein völlig unverteidigtes Lager . . .

Bummmmm! Die zweite Salve bohrte sich in die Tipis. Mit zitternden Händen durchstöberte der Verirrte Adler seine Satteltasche, bis er seine blaue Offiziersuniform fand. Hastig zog er sie an und legte sich auch noch den bronzenen Buchanan um den Hals. Von dem Ehrenplatz über seinem Bett holte er die amerikanische Flagge, die Präsident Lincoln ihm gegeben hatte. Dann setzte er seinen spitzen Hut auf und trat aus seinem Tipi, gerade als die dritte Salve die Luft zerriß.

Rund um ihn wankten verwundete Männer und Frauen aus den Zelten, darunter ein Mädchen, dem eine Kanonenkugel die Hüftpartie wegrasiert hatte. Die Tipis von zwei Häuptlingen waren fast zu Staub geworden, die Männer lagen mit ihren Frauen tot darunter begraben.

Mit großer Entschlossenheit ging er unter seinen Leuten herum und rief ihnen zu: „Wartet! Ich werde herausfinden, was da los ist." Junge Männer kamen zu ihm gelaufen und berichteten, daß sie hinter dem Kamm viele Soldaten gesehen hätten, und diese Nachricht beruhigte ihn beinahe, denn Major Mercy mußte unter ihnen sein, und der würde wissen, wie dieser furchtbare Irrtum aufzuklären war.

In diesem Augenblick strömte die Hauptmasse der Miliz unter Oberst Skimmerhorn von den Hügeln herunter und ritt mitten in die Zelte hinein. Säbel schwirrten, Pistolen knallten. Pferde ritten über Kinder hinweg, Soldaten mit lodernden Fackeln steckten die Tipis in Brand.

Mitten in dem Schrecken stand der Verirrte Adler vor seinem Tipi, schwenkte die amerikanische Flagge und rief auf englisch: „Hört auf! Das ist ein Mißverständnis!"

Und wie er so dastand, fiel Oberst Skimmerhorns Blick auf ihn, und sofort glaubte er, in ihm den Kern der Rebellion zu erkennen. Er spornte sein Pferd und galoppierte auf den alten Mann zu, mit seinem Säbel nach ihm schlagend, aber die Klinge verwickelte sich in der Fahne und zerschnitt sie, der Feind jedoch blieb unverletzt.

In einem weiten Bogen wendete der Oberst sein Pferd und ritt wieder auf den alten Mann zu, der immer wieder rief: „Oberst! Warten Sie!" Der Oberst konnte jedoch mit seinem Säbel keineswegs besonders gut umgehen, diesmal erwischte er nur den spitzen Hut des alten Häuptlings. Wütend zog er seinen Revolver und wollte eben ganz dicht an die Gestalt in der blauen Uniform heranreiten, um sein Ziel ja nicht noch einmal zu verfehlen, da stieg plötzlich von der rechten Flanke ein Schrei auf, und eine Ordonnanz rief: „Oberst! Dort kommt Tanner!"

Vom Osten her kam jetzt Abel Tanner in das Camp geprescht, gefolgt von seiner kampferprobten Truppe, die schon so manchen Strauß mit den Indianern ausgefochten hatte. Mit den Säbeln wild um sich schlagend, sprengten sie durch den Haufen. Junge Mädchen, Mütter mit Säuglingen an der Brust, alte Frauen, die zu schwach waren, um davonzulaufen, tapfere Krieger, die sich verteidigten – Tanners Männer hieben alles nieder.

Oberst Skimmerhorn war mit dem bisher Erreichten zufrieden. Er war sicher, daß dieser Sieg einmal zu den größten Denkwürdigkeiten des Westens gezählt werden würde. Da erkannte er mit Entsetzen, daß ein Rädchen seines großartigen Plans nicht funktionierte. „Wo ist Hauptmann Reed?" brüllte er, und seine Ordonanzen gaben den Schrei weiter: „Wo ist Hauptmann Reed?"

Hauptmann Reed stammte aus Richmond in Virginia, wohin seine Eltern aus dem Norden gekommen waren, weil sein Vater hier für die Telegraphengesellschaft arbeitete. Er hatte West Point besucht und glaubte, vom Kriegshandwerk etwas zu verstehen, denn er hatte unter General Pope während dessen langem und fruchtlosem Kampf gegen General Stonewall Jackson gedient. Das waren Kämpfer, die nicht aufgaben, bevor nicht der letzte Schuß abgefeuert war, aber keiner von ihnen hätte sich an einem solchen Massaker beteiligt.

Reeds Truppe war in Stellung gegangen. Er war bereit, jederzeit auf ein Zeichen hin in den Kampf einzugreifen, er selber wollte seine Soldaten bei ihrem Angriff auf die Krieger führen, die die linke Flanke bedrohten. Aber als er sah, daß der Feind überhaupt keine Waffen hatte, nicht einmal Pfeil und Bogen, daß man von ihm erwartete, kleine Mädchen und alte Frauen niederzumachen, lehnte er sich auf, keinen anderen Rat suchend als den seines eigenen Gewissens.

„Das Signal zum Angriff!" rief eine Ordonnanz.

„Nicht angreifen!"

„Hauptmann, das war die dritte Salve. Oberst Skimmerhorn ist schon zum Angriff übergegangen."

„Wir greifen nicht an!"

Er hielt sein Pferd fest am Zügel. Tränen der Wut standen in seinen Augen. Er wußte, daß er sich einer unverzeihlichen Handlung schuldig machte – Befehlsverweigerung vor dem Feind –, aber er konnte seine Männer nicht an diesem Massaker teilnehmen lassen.

„Teufel noch mal, Hauptmann! Sehen Sie sie an! Sie entkommen uns!“

„Lassen Sie sie“, sagte er.

„Sehen Sie sie an!“ brüllte der Unteroffizier. „Das sind doch die, die wir aufhalten sollen.“

„Sehen Sie sie an!“ sagte Hauptmann Reed. „Sehen Sie sie nur an!“

Und sie sahen genau hin, und es gab Männer unter ihnen, die von da an ihr ganzes Leben lang Gott dankten, daß sie an diesem Tag unter dem Befehl von Hauptmann Reed standen und nicht unter dem von Hauptmann Tanner, denn die Indianer, die an ihnen vorbei in die Hügel flüchteten, waren sehr alt oder sehr jung, oder verkrüppelt, oder wehrfähige junge Männer, denen eine Kanonenkugel einen Arm weggerissen hatte – und kein einziger hatte eine Büchse, kein einziger einen Bogen.

Es ist nicht angenehm, zu berichten, was Tanners Männer an diesem Tag taten, aber es ist notwendig. Der Kampf dauerte eine Weile an, denn diejenigen Krieger, die Waffen hatten, leisteten tapferen Widerstand. Es kam oft vor, daß ein einziger indianischer Krieger eine weiße Kompanie angriff, fest entschlossen, so viele Weiße als möglich zu töten, bevor die Pistolenschüsse ihn völlig zersiebten. Gegen Ende bestand der Kampf jedoch nur mehr hauptsächlich darin, daß Skimmerhorns Mannen einzelne Indianer, die aus dem Lager entkommen waren, über die Prärie verfolgten, mit ihren Säbeln niederschlugen und dann skalpierten.

387 Indianer wurden an diesem Tag ermordet: 7 Häuptlinge, 108 Krieger, 123 Frauen und 149 Kinder; bis auf 16 wurden alle skalpiert, auch die Kinder, denn die Männer brauchten Trophäen zum Beweis ihres Sieges. Der Befehl, keine Gefangenen zu machen, wurde von allen mit Begeisterung befolgt. Ein Milizsoldat namens Gropper wühlte sich durch Haufen von Leichen und verübte grauenhafte Schändungen, dabei immer wieder rufend: „Das wird sie lehren, weiße Frauen zu töten!“ Auch andere Milizmänner holten ihre Messer heraus und hieben auf die Leichen ein, bis die regulären Soldaten ihnen Einhalt geboten.

Alte Männer und Frauen, die sich aus den brennenden Tipis retten wollten, wurden zurückgetrieben; vier, die sich ergeben wollten, wurden durch Stiche in den Hals umgebracht. Die Frau des Verirrten Adlers überlebte elf Schüsse, die auf sie abgegeben wurden; sie lag bewegungslos unter einem Berg von Leichen und gab nicht einmal einen Laut von sich, als einer von Tanners Männern sie skalpierte. Das Blut, das ihr übers Gesicht strömte, machte sie blind, aber sie blieb liegen und stellte sich tot, und in der Nacht machte sie sich auf den Weg nach Norden, nicht nur am Kopf, sondern auch aus elf Wunden blutend.

Der Verirrte Adler, seine Frau tot glaubend, schwenkte weiter die zerfetzte Fahne. Kugeln pfiffen ihm um den Kopf, Säbelklingen zischten durch die Luft, aber er rief mit unverminderter Kraft: „Wartet! Wartet! Das ist ein Mißverständnis!“ In dem Durcheinander geriet er in den von Hauptmann Reed befehligten Abschnitt, und als die Soldaten dort die jammervolle Gestalt in der amerikanischen Uniform erblickten – den alten Mann mit dem lächerlichen Hut, tiefe Falten im Gesicht, die Augen, die nicht begriffen, was sie sahen, glasig, ließen sie ihn gehen.

Die ärgsten Greuel begingen Hauptmann Tanners Männer an den indianischen Kindern. In den ersten Minuten des Kampfes waren viele von ihnen plötzlich ohne Erwachsene dagestanden, und wie sie aufgescheucht durch das Lager rannten, wurden sie von den Lanzen der Soldaten durchbohrt. Nicht alle waren sofort tot; aber wenn eines versuchte, sich kriechend in Sicherheit zu bringen, wurde es erschossen. Einigen gelang die Flucht in die Prärie hinaus, aber die berittenen Soldaten hatten sie bald eingeholt und skalpiert, bevor sie den letzten Atemzug taten.

Zwei Kinder, ein Junge und ein Mädchen, entgingen wie durch ein Wunder dem Tod. Sie wurden lebend nach Denver gebracht und in Varietés ausgestellt, zusammen mit den Skalps ihrer Eltern. Zwei andere, von Tanners Männern gefangen, hätten das Massaker vielleicht ebenfalls überlebt, aber während die Soldaten sie noch festhielten, ritt Oberst Skimmerhorn heran und fragte: „Was macht ihr mit ihnen?“ Worauf die Männer sagten, sie würden sie mitnehmen. Skimmerhorn sagte bissig: „Aus Nissen werden Läuse!“ Da töteten sie sie.

Auf seiner triumphalen Heimkehr von der Schlacht legte Oberst Skimmerhorn in Zendt's Farm eine Pause ein, um dort jenes Kommuniqué zu verfassen, das durch ganz Amerika eilen und ihn zum Helden machen sollte – zu einer Zeit, da die Union in ihren anderen Feldzügen wenig Glück hatte:

„Rattlesnake Buttes, Territorium von Colorado, 30. 11. 1864.

Gestern um 6 Uhr 5 Minuten am Morgen griff eine Truppe unter meinem Kommando bei schwerem Schneetreiben eine starke Konzentration von indianischen Kriegern an, die sich zu einem großen Krieg gegen den weißen Mann zusammengefunden hatten. Wir überrumpelten die indianische Armee, Abteilungen meiner Truppe drangen von drei Seiten her auf den Feind ein und errangen einen großartigen Sieg über die Wilden. Wir töteten an die vierhundert indianische Krieger, während wir selber nur sieben Mann zu beklagen hatten. Alle Mann bewiesen größte Tapferkeit, bis auf eine unrühmliche Ausnahme, auf die ich in einem gesonderten Rapport noch eingehen werde. Allen voran bewährte sich Hauptmann Abel Tanner als Mann von außergewöhnlichem Mut, der im schweren Feuer der Wilden angriff und hiermit lobend erwähnt wird.

Akte der Tapferkeit waren zu zahlreich, um einzeln erwähnt zu werden. Empfehlungen werden zu gegebener Zeit ausgesprochen werden. Durch diesen hervorragenden Sieg über einen räuberischen Feind ist wieder Frieden in dieses Territorium eingezogen. Der Angriff war doppelt gerechtfertigt durch unsere Entdeckung von neunzehn Skalps von weißen Männern, die sich im Besitz der Wilden befanden.

Frank Skimmerhorn
Kommandierender Oberst
Colorado Miliz"

In seinem Kommuniqué übersah der Held von Rattlesnake Buttes geflissentlich den Umstand, daß die wahren indianischen Feinde – Häuptling Krummdaumen, die Brüder Pasquinel und ihre Anhänger – sich noch auf freiem Fuß befanden. Skimmerhorn hatte die Frauen und Kinder ermordet; die Krieger würden später in gräßlicher Weise von sich hören lassen.

Die Nachricht von diesem Sieg traf einen Tag später in Denver ein, und als Skimmerhorn in die Stadt einmarschierte, umjubelte ihn die Menge, voll der Dankbarkeit dafür, daß er Colorado vor den roten Teufeln gerettet hatte.

In den wenigen Jahren seit Ausbruch des Goldfiebers war Denver zu einer respektablen Stadt von 3500 Einwohnern angewachsen, mit Ärzten, Häusermaklern, die einander bereits das Land für Bürogebäude abzujagen versuchten, Fleischern und Bäckern. Die Bürger waren sehr erleichtert, daß sie jetzt nichts mehr von den Indianern zu fürchten hatten. Die Damen der guten Gesellschaft luden Skimmerhorn in ihre Häuser ein, drei Geschäfte in Blake Street machten sich in der Öffentlichkeit dadurch beliebt, daß sie dem Helden einen Kredit einräumten, von dem er großzügigen Gebrauch machte.

Zusammenkünfte wurden veranstaltet, dankbare Bürger behängten ihn mit Medaillen. In der Pfarre von St. John fand ein besonderer Dankgottesdienst statt, bei dem viel gebetet wurde, und wo der Oberst mit geziemender Demut eine Ansprache hielt. Er erzählte, wie schwierig das Gefecht gewesen sei, und welch außerordentlichen Mut Hauptmann Tanner und seine Männer an der rechten Flanke bewiesen hätten.

Bezüglich der linken Flanke jedoch tauchten auf einmal häßliche Gerüchte auf, des Inhalts, daß Hauptmann Reed nicht ganz so heldenhaft gehandelt hätte wie die anderen, ja manche sagten sogar, er hätte sich wie ein Feigling benommen. Hauptmann Tanner sagte zu einem Mann von der Zeitung: „Nichts liegt mir ferner, als den Mut eines Offiziers in Zweifel zu ziehen. Aber als die Kugeln zu pfeifen anfingen, da ist er einfach getürmt."

Die Gerüchte wurden immer lautstärker, jetzt sagten auch schon einige von seinen eigenen Leuten, daß er beim Klang des Kanonenfeuers zusammenfahren sei und ihm die Tränen in die Augen getreten seien. Der offene Kampf brach aus, als Oberst Skimmerhorn eine Klage gegen seinen Untergebenen beim Kriegsgericht einbrachte: „Gehorsamsverweigerung gegenüber einem rechtmäßigen Befehl; Feigheit vor dem Feind; Betragen, das eines Offiziers unwürdig ist.“ Als General Asher von Fort Leavenworth zurückkehrte und plötzlich selber als eine Art Held dastand, weil er es gewesen war, der Oberst Skimmerhorn einen Kommandoposten übertragen hatte, der es ihm ermöglichte, die Indianerfrage „auf ewig“ zu lösen, dachte er zuerst daran, ein öffentliches Kriegsgericht einzuberufen, denn das würde bei den Leuten im Territorium, die Skimmerhorn vergötterten, sehr gut ankommen. Später entschied er jedoch, daß es jetzt, mitten im Bürgerkrieg, passender wäre, Hauptmann Reed stillschweigend seinen Abschied nehmen und ihn selbst mit seiner Schande fertig werden zu lassen. Und dahin ging denn auch sein Befehl.

„Was soll ich tun?“ fragte Reed Major Mercy und seine Frau.

„Kämpfen bis zum letzten Atemzug“, riet Lisette.

„Wir wissen, daß Skimmerhorn verrückt ist“, sagte Mercy. „Aber als Widersacher ist er nicht zu unterschätzen, und die Leute unterstützen ihn alle.“

„Kämpfen mußt du!“ flehte Lisette. Als Reed zögerte, sagte sie: „Wenn du zuläßt, Vincent, daß sie dich aus der Armee entlassen, dann stehst du ein für alle Male als Verräter da, dann bist du erledigt.“

Lisette setzte nun jene Kampagne in Gang, die in den Vereinigten Staaten die ersten Zweifel über den Wahrheitsgehalt der Berichte über die Begebenheiten in Rattlesnake Buttes aufkommen ließ. Dabei ließ sie sich mit einem gewaltigen Gegner ein, denn in den Monaten Dezember und Januar zog Oberst Skimmerhorn durch Colorado als Triumphator, überall Vorträge haltend über die richtige Behandlung der Indianer, in den Kirchen lange Gebete zum besten gebend, in denen davon die Rede war, wie Gott jene züchtigte, die Ihm den Rücken gekehrt hatten. In seinen Vorträgen behandelte er Hauptmann Reed mit Großmut, beschrieb ihn als einen jungen Mann, der seinem Vaterland als Schreibstubenoffizier unter General Pope gedient hatte, beim ersten Donner eines wirklichen Geschützes jedoch den Mut verlor. Aber gerade diese herablassende Art hätte er sich besser sparen sollen, denn Lisette Mercy hatte bei einem der Dinners ihrer Mutter in St. Louis General Pope kennengelernt. Diesem schrieb sie jetzt einen Brief, in dem sie berichtete, wie einer seiner Offiziere hier in höchst ungerechter Weise der Feigheit bezichtigt werde. Und langsam fingen die Mühlen Washingtons zu mahlen an.

Der wichtigste Gegenschlag kam jedoch von ihrem Mann. Im Februar sagte er einem Zeitungsredakteur, daß ernste Zweifel über die Vorfälle bei Rattlesnake Buttes bestünden – daß Häuptling Verirrter Adler sich habe ergeben wollen, daß in dem ganzen Lager überhaupt keine Waffen gefunden worden seien, und daß die Männer unter Hauptmann Tanner verwerfliche Greueltaten vollbracht hätten.

Der daraufhin erscheinende Artikel spaltete Colorado in zwei Lager. Zwei Mitglieder von Skimmerhorns Miliz peitschten den Redakteur aus, und führende Persönlichkeiten traten überall im Territorium zu Skimmerhorns Verteidigung an. Seine Beliebtheit stieg noch weiter an, und die Unterstützung aller Rechtgläubigen war ihm sicher, als er sich anbot, eine Miliz zu bilden, mit der er Utah von Indianern säubern würde.

Doch immer mehr peinliche Einzelheiten kamen in Umlauf, und im März 1865 erschien General Harvey Wade, ein kleiner Mann, der nicht mit sich spaßen ließ, in Denver, begleitet von fünf Assistenten, um die ernsten Beschuldigungen, die hier gegen das Vorgehen amerikanischer Soldaten erhoben wurden, auf ihren Wahrheitsgehalt zu prüfen.

Mit geschickten Verhören ging er daran, in seinem Hotel in Denver den Nebel rund um diese unangenehme Geschichte zu lüften. Innerhalb von zwei Tagen hatte er sich selber sowie der Kommission klar bewiesen, daß General Asher sowohl auf militärischem wie auf moralischem Gebiet ein Versager war. Der Vermonter verließ den Verhandlungssaal als ein gebrochener Mann.

Hierauf nahm der General sich die Zendts vor. „Sie sind zur Hälfte indianischer Abstammung?“ fragte er Lucinda, und als sie das bejahte, wies er das Gericht an, diesen Umstand bei der Beurteilung ihrer Aussage zu beachten. Die Zendts beschrieben, wie Oberst Skimmerhorn sie unter Arrest gestellt habe, damit sie die Indianer nicht warnen könnten.

„Um seine Motive habe ich Sie nicht gefragt“, schrie General Wade.

Zendt zeigte die Narbe von dem Säbelhieb vor, den Skimmerhorn ihm zugefügt hatte, und Wade fragte brüsk: „Sie geben aber zu, daß Sie auf ihn losgegangen sind?“ Als Levi nickte, knurrte Wade: „Dann hätte ich Sie auch angegriffen.“ Aber als Levi das Schimpfwort wiederholte, das Skimmerhorn ihm gegenüber gebracht hatte, gab Wade keine Antwort.

Sodann lud er Maxwell Mercy vor und hörte aufmerksam zu, wie der Major Skimmerhorns Wahnsinnsakte einen nach dem anderen beschrieb, aber als er fertig war, stellte Wade ihm drei Fragen: „Sie sind ein Schwager der Brüder Pasquinel? Haben Sie sich vor der Schlacht mit ihnen verständigt? Haben Sie zu diesem Zweck Ihren Hausarrest gebrochen?“ Mercys wahrheitsgemäße Antworten beeinträchtigten in den Augen der Kommission seine Glaubwürdigkeit, und er wußte es.

Dann begann Wade mit der Behandlung der eigentlichen Schlacht, und hier erwies sich Hauptmann Tanner als unschätzbar. Er sagte, er hätte unter vielen Kommandeuren gedient, aber keiner sei besser gewesen als Oberst Skimmerhorn. Er beschrieb den Schlachtverlauf sowie die heldenhaften Taten des Obersten bis ins kleinste Detail. Sechzehn seiner Männer seien jederzeit bereit, seine Aussage zu bestätigen. Und einer der Angeführten nach dem anderen betrat den Zeugenstand und berichtete von Skimmerhorns Tapferkeit vor dem Feind.

Als nächste Zeugen trat eine Reihe von Bürgern aus Denver auf und versicherte, daß für irgendwelche Konfusionen im Kommando General Asher verantwortlich zu machen sei, niemals aber Oberst Skimmerhorn, und darauf traten zwei Pfarrer auf, die aus eigenem bezeugten, Oberst Skimmerhorn sei ein gottesfürchtiger Mann, der öfter in ihren Kirchen gepredigt hätte, ein Mann von unanzweifelbarer Integrität.

Die ganze Stadt stand hinter Skimmerhorn, sogar Farmer von der Platte-Region eilten herbei, um Skimmerhorn ihre Unterstützung anzubieten, falls er deren bedürfe. Mitglieder der Miliz, die sich ebenso unter Anklage stehend fühlten wie ihr Oberst, scharten sich um ihn, und man hatte allgemein das Gefühl, daß die Stadt in die Luft gehen würde, sollten General Wade und seine Kommission es wagen, Skimmerhorn zu verurteilen.

Zendt wollte wissen, warum man General Wade nicht bitten konnte, Hauptmann Reed in den Zeugenstand zu holen, damit er die Wahrheit sagen könne, aber Mercy erklärte ihm, daß Wade das niemals zulassen würde, weil ja Reed selber unter der Anklage der Feigheit vor dem Feind stand, die ärgste Beschuldigung, die gegen einen Offizier erhoben werden konnte. Nur Lisette Mercy war weiterhin davon überzeugt, daß es auf irgendeine Weise möglich sein müsse, diese lügenhafte Fassade zu durchbrechen.

Einmal stand sie in einem Geschäft und wollte Stoff kaufen, da hörte sie eine der jungen Verkäuferinnen zu einer Freundin sagen: „Wenn sie die Wahrheit wissen wollen, dann sollten sie nur Jimmy fragen. Er sagt, es war entsetzlich.“

Mit größter Selbstbeherrschung nahm Lisette davon Abstand, Fragen zu stellen, die verraten würden, wie groß ihr Interesse war, sondern hastete nach Hause, um ihrem Mann zu sagen, was sie gehört hatte. „Wir müssen herausfinden, wer Jimmy ist“, sagte Mercy, und Lisette ging zum Geschäft zurück und fing mit dem Mädchen eine Unterhaltung an. Dabei erfuhr sie, daß Jimmy ihr Bruder war, ein junger Milizsoldat. Als er seiner Schwester von Rattlesnake Buttes erzählt hatte, war er nahe daran gewesen, sich zu übergeben.

Sie fanden Jimmy Clark in einer der Baracken. Nachdem sie sich fünf Minuten lang mit ihm unterhalten hatten, wußten sie, daß er ein junger Mann war, der ein Gewissen hatte, und der bei der Erinnerung an das, was er in Rattlesnake Buttes gesehen hatte, beinahe den Verstand verlor. Unverzüglich wurde General Wade von Jimmys Existenz ins Bild gesetzt.

Jimmy Clarks Aussagen erschütterten sowohl das Gericht als auch die gesamte Nation. Ruhig und mit bemerkenswerter Geduld führte General Wade das Verhör, führte ihn Schritt für Schritt weiter und unterbrach die Befragung sofort, wenn Jimmy sich die Augen wischte, oder wenn ihm die Stimme zu versagen drohte.

„Sie haben gesehen, wie Männer aus Ihrer Abteilung mit ihren Säbeln gegen kleine Mädchen vorgingen, die flüchten wollten?"

„Yessir, sie haben sie mitten entzweigehauen."

„Sie haben gesehen, wie Männer, deren Namen Ihnen bekannt sind, ihre Revolver in die Gesichter kleiner Knaben abfeuerten?"

„Yessir, vier Mal."

„Sie hatten uns nur von zwei Fällen berichtet."

„Die anderen beiden Male waren, als diese Männer zwei Kinder hielten und Oberst Skimmerhorn zu ihnen ritt und sagte: ‚Aus Nissen werden Läuse', und dann erschossen sie auch diese beiden."

„Nun, die nächste Frage ist sehr wichtig, Gemeiner Clark, und ich möchte Sie daran erinnern, daß Sie unter Eid stehen."

„Yessir."

„Haben Sie gesehen, daß Männer aus Ihrer Abteilung mit Messern in den Händen unter den Leichen gewütet haben?"

„Jawohl, Sir."

„Was haben sie gemacht?"

„Den Frauen die Brüste abgeschnitten."

General Wade holte tief Atem und fragte ernst: „Sie haben selber gesehen, wie Soldaten toten Frauen die Brüste abgeschnitten haben?"

„Eine von ihnen war noch gar nicht tot, Sir."

Hier fing Clark zu würgen an, aber alles, was herauskam, war ein tiefes Stöhnen. General Wade wies einen Korporal an, Clark Wasser zu bringen.

„Haben Sie mit Ihren eigenen Augen gesehen, wie Männer Ihres Kommandos Indianer skalpierten?"

„Yessir, sie brachten die Skalps nach Denver und stellten sie öffentlich aus, und die zwei Kinder auch." Da er sah, wie verwirrt General Wade diese Eröffnung aufnahm, fügte er erklärend hinzu: „Im Theater."

„Im Theater!" brüllte Wade. „Unteroffizier Kennedy, wurden indianische Gefangene in einem öffentlich zugänglichen Theater ausgestellt?"

„Yessir", sagte eine Ordonnanz. „Im Apollo-Theater. Eintritt fünfzehn Cents."

„O mein Gott", stöhnte der General. Und damit war die Einvernahme der Zeugen für diesen Tag beendet.

Als Jimmy Clark am nächsten Morgen wieder im Zeugenstand erschien, war er bis zur Unkenntlichkeit verändert. Es war offensichtlich, daß er brutal niedergeschlagen worden war. Seine Lippen waren aufgebrochen, ein Auge dunkel verschwollen. Ein Arm hing ihm schlaff herunter. Als er in den Zeugenstand trat, fragte General Wade: „Gemeiner Clark, möchten Sie dem Untersuchungsgericht mitteilen, was mit Ihnen geschah, seit wir Sie zum letztenmal hier sahen?“

„Ich bin hingefallen, Sir.“

„Sie sind hingefallen?“

„Yessir.“

„Ist das alles, was Sie uns sagen möchten?“

„Yessir.“

„Stenograph, halten Sie bitte fest, daß Gemeiner Clark heute morgen mit aufgeplatzten Lippen, zwei blaugeschlagenen Augen, einer großen Schmarre über dem Kinn und einem schlaffen Arm vor Gericht erschien. Er ist hingefallen.“

Der Verhandlungssaal lag in tiefer Stille da, die nur vom Kratzen der Feder unterbrochen wurde. Dann fuhr General Wade fort: „Heute möchte ich nur wenige Fragen an Sie richten. Haben Sie im Laufe des Kampfes Gelegenheit gehabt, den indianischen Häuptling, der als Verirrter Adler bekannt ist, zu sehen?“

„Jawohl, Sir.“

„Beschreiben Sie uns die näheren Umstände.“

„Es war gegen Ende der Schlacht, Sir, der alte Mann stolperte auf mich zu, und zuerst dachte ich, er wäre einer von uns, denn er hatte eine Armeeuniform an, aber sie war recht altmodisch, und dann erkannte ich, daß es ein Indianer war. Er schwenkte eine zerrissene Fahne, und um den Hals trug er eine Messingmedaille, die ungefähr so groß war.“

„Wieso bemerkten Sie, daß es eine Medaille war?“

„Als er mich sah, glaubte er anscheinend, daß ich ihn erschießen wollte, und er streckte seine Hände aus, so, mit der zerrissenen Fahne in einer Hand, und sagte: ‚Das ist ein Mißverständnis.‘ “

„Haben Sie auch den Cheyenne-Häuptling Weiße Antilope gesehen?“

„Jawohl, Sir.“

„Beschreiben Sie, unter welchen Umständen.“

„Ich und Ben Willard – er ist ein Scout, ein Mischling – gingen in die Tipis hinein, und da sahen wir diesen alten Mann, der ungefähr siebzig war. Sie würden es nicht glauben, er stand einfach mit gekreuzten Armen da, während die Soldaten auf ihn schossen, und sang.“

„Er sang?“

„Yessir, sehr laut und kräftig. Ich fragte Ben Willard, was das war, was er da sang, und Ben lauschte und sagte dann: ‚Sein Sterbelied‘, und der alte Mann sang: ‚Nur die Erde und die Berge, nichts lebt außer der Erde und den Bergen.‘ Dann schossen drei Soldaten gleichzeitig auf ihn, und einer riß ihm die Hosen herunter und schnitt ihm die Eier ab, und Ben Willard schrie: ‚Was zum Teufel machst du da?‘, und der Mann antwortete: ‚Tabaksbeutel‘.“

Nach dieser Aussage senkte sich wieder tiefes Schweigen über den Saal, dann hustete General Wade, als käme jetzt der wichtigste Teil der Befragung. „Soviel mir bekannt ist, haben Sie gehört, was Hauptmann Reed an diesem Tag für Befehle gegeben hat."

„Yessir, dreimal. Ich war bei Hauptmann Tanners Gruppe, und als Reed nicht angriff, wurde Tanner wütend. ‚Reite hinüber und sag ihm, er soll angreifen', sagte Hauptmann Tanner zu mir, und als ich zu Reeds Kommando kam, sagte ich zu ihm: ‚Sie sollen jetzt angreifen', aber er antwortete: ‚Diese Indianer haben keine Gewehre oder sonstige Waffen.' "

„Und was sagte er dann?"

„Nicht angreifen!"

„Das ist alles?"

„Yessir, und wir blieben in Stellung."

„Was geschah beim zweiten Mal?"

„Ungefähr in der Mitte des Kampfes bemerkte Hauptmann Tanner. daß indianische Frauen durch einen Durchlaß in den Felsen flüchteten. und er packte meinen Arm und brüllte: ‚Sag diesem verdammten Feigling Reed, daß er sie aufhalten soll', und ich rannte quer über den Kampfplatz und sagte zu Reed: ‚Hauptmann Tanner sagt, Sie sollen sie aufhalten.' Und Reed sagte darauf: ‚Laßt sie durch.' "

„Und das taten Sie?"

„Yessir. Ich wollte auch nicht mehr zu Hauptmann Tanner zurück, ich blieb bei Reed, und am Ende der Schlacht, als wir sahen, was die anderen Soldaten mit den Leichen aufführten, fragte er mich: ‚Was ist los mit Ihnen, Clark?' Und ich sagte: ‚Mir ist schlecht', und darauf sagte er: ‚Uns allen sollte heute schlecht sein.' "

General Wade hustete wieder und sagte mit lauter Stimme: „Nun, Gemeiner Clark, sagen Sie dem Gericht genau, warum Ihnen schlecht geworden ist."

Der junge Milizmann blickte hilflos zur Bank der Offiziere hinüber und murmelte: „Ja, wie ich schon sagte . . ."

„Nein, Sie haben noch nichts gesagt."

Clark sah wieder den General an. „Ich weiß nicht, wie man da sagt, ich kenne die richtigen Ausdrücke nicht."

Wade stand von seinem Stuhl auf und flüsterte ein paar Minuten lang mit Clark, dann ging er zu seinem Platz zurück und erklärte den anderen Mitgliedern des Gerichts: „Ich habe ihm die richtigen Ausdrücke gesagt." Und zu Clark sagte er: „Sagen Sie uns jetzt, warum Ihnen schlecht geworden ist."

„Nun, Sir, da war dieser eine Mann, der hatte ein sehr scharfes Messer, und der suchte sich die toten Indianerinnen heraus und schnitt ihnen die Geschlechtsteile ab."

Mitten in die lähmende Stille hinein fragte General Wade leise: „Und was hat er damit gemacht?"

„Er klatschte sie auf seine Sattelnase, Sir."

„Wie oft?"

„Er ging zu sechs Frauen."

„Und das haben Sie mit Ihren eigenen Augen gesehen?"

„Yessir."

Diese Aussage erschien so unglaublich, daß die Mitglieder des Gerichts davon wie betäubt waren. Endlich fragte ein junger Oberst: „Gemeiner Clark, ist Ihnen die Bedeutung des Eides klar, den Sie zu Anfang Ihrer Zeugenaussage abgelegt haben?"

„Jawohl, Sir. Ich bin ein gläubiger Mann."

„General Wade, ich würde diesen Mann gern noch einmal schwören lassen."

„Er hat schon einmal geschworen."

„Mir wäre leichter, angesichts dieser Aussage."

Also legte Jimmy Clark noch einmal einen Eid ab, und der junge Oberst fragte: „Haben Sie, Sie selber, mit eigenen Augen gesehen, wie Oberst Skimmerhorn zu den Soldaten ritt, die einen indianischen Knaben und ein indianisches Mädchen hielten, und den Befehl gab, sie zu töten?"

„Nein, Sir, er gab keinen Befehl."

„In Ihrer vorhergehenden Aussage haben Sie das aber behauptet."

„Nein, Sir, wenn Sie entschuldigen, Sir, was ich sagte, war, daß er zu den Männern ritt und sagte: ‚Aus Nissen werden Läuse', und daraufhin wurden die beiden von den Männern getötet."

Jimmy Clarks Aussage verursachte einen Aufruhr in Denver, aber sein Zeugnis war durch nichts erhärtet, also lud General Wade jeden einzelnen Mann vor, der an diesem Tag unter Hauptmann Reeds Befehl gestanden hatte. Die ersten dreißig Milizmänner verweigerten die Aussage, aber dann kam eine Handvoll regulärer Soldaten, und diese bestätigten, von Ekel geschüttelt, nicht nur alles, was Clark gesagt hatte, sie fügten neue gräßliche Einzelheiten hinzu. Als einer von ihnen in Tränen ausbrach, fragte General Wade väterlich: „Mein Sohn, warum sind Sie nicht schon früher aufgestanden, wie der Gemeine Clark, und haben Ihre Aussage gemacht? Warum haben Sie sich hierherzerren lassen wie ein Verbrecher?"

Der Mann sah den General verständnislos an, zuckte die Achseln in offensichtlich schmerzlicher Verwirrung und sagte: „Ich dachte, das alles sei ein furchtbares Mißverständnis gewesen."

Damit war die Untersuchung abgeschlossen. Hauptmann Reed wurde nach Osten geschickt, in einen sauberen Krieg, mit einem Empfehlungsbrief, in dem stand, daß er sich gemäß den höchsten ethischen Anforderungen seines Standes verhalten habe.

General Wade und das Gericht hatten nicht die Macht, Skimmerhorn, der nicht der regulären Armee angehörte, zu bestrafen, aber sie erteilten diesem Helden von eigenen Gnaden einen scharfen Verweis.

Aber am Tag nach Wades Abreise lauerte einer von Skimmerhorns Anhängern dem jungen Jimmy Clark auf und erschoß ihn, am hellichten Tag mitten auf einer belebten Straße.

Dieser traurige Vorfall ging jedoch völlig unter, weil nun ein Hurrikan über die Prärie fegte. Nach dem Massaker von Rattlesnake Buttes übernahm Häuptling Krummdaumen das Kommando über die beiden Stämme, mit Jake Pasquinel als seinem Stellvertreter, und der Geist der Rache, der sie antrieb, machte eine Katastrophe unvermeidlich.

Major Mercy wurde von Denver abkommandiert, um den Stämmen weitgehende Zugeständnisse zu machen, wenn sie nur jetzt ihre Waffen niederlegen und dauernden Frieden annehmen würden, den ihnen Washington garantierte, und an einem Wintertag traf er nördlich des Platte zum letzten Mal mit den drei wichtigsten Anführern zusammen. Wie bei ihrer ersten Zusammenkunft saß Jake Pasquinel in der Mitte, das Gesicht alt, von Narben gezeichnet, und ohne einen Schimmer von Hoffnung. Links von ihm Krummdaumen, von bitterem Haß verzehrt. Rechts von ihm der Verirrte Adler, kleiner geworden, immer noch den spitzen Hut auf dem Kopf. Wie bejammernswert diese Männer jetzt erschienen, versprengte Überbleibsel von Stämmen, die einst ein Reich ihr eigen genannt hatten, wie verloren, wie sehr abgeschnitten von jeder Hoffnung.

„Du bist mutig, daß du dich zu uns gewagt hast“, sagte Jake bitter.

„Ich komme mit einem letzten Angebot . . . ich biete euch diesmal wirklich und wahrhaft den Frieden an.“

Krummdaumen und Jake lachten ihm ins Gesicht, und Krummdaumen knurrte: „Hinaus.“

„Ich schäme mich“, fing Mercy an.

„Du schämst dich?“ brüllte Jake. „Hunderte sind tot, alte Männer, alte Frauen, Kinder – und du schämst dich! Mercy, geh, bevor wir dich umbringen.“

„Hinaus!“ wiederholte Krummdaumen.

„Verirrter Adler!“ sagte Mercy leise. „Können wir nicht . . .“

„Er hat hier nichts zu reden!“ rief Pasquinel. „Er hat uns verraten. Alles, was er gesagt hat, war eine Lüge.“

Mercy schob Jake zur Seite und ging auf den alten Häuptling zu, aber der Verirrte Adler hatte nur Tränen in den Augen – die Zeit für Worte war vorbei.

„Können wir nicht vernünftig miteinander reden?“ flehte Mercy, aber Krummdaumen hielt ihn keiner Antwort mehr für würdig.

Jake war es, der jetzt im Namen der Indianer sprach.

„Zwischen uns wird Krieg sein . . . Mord und Totschlag . . . Sengen und Brennen . . . den ganzen Platte entlang.“

„O Gott!“ rief Mercy, den Tränen nahe. „So soll es nicht enden.“

„Hinaus!“ sagte Krummdaumen und rief ein paar Krieger, die den Major fortbringen sollten. Aber Mercy machte sich los, ging zu Jake und faßte ihn bei den Händen: „So hätte es nicht enden sollen.“ Aber Jake starrte ihm unbewegt ins Gesicht und sagte: „Von Anfang war uns dieser Weg vorgezeichnet.“ Und die Krieger führten Mercy hinweg.

Die beiden Stämme begannen zu rauben, zu plündern und zu brennen, sich im nachhinein den Titel „die Wilden “ ehrlich verdienend. Von Krummdaumen oder Jake angeführt, überfielen sie schutzlose Farmen und schlachteten alles ab, sogar die Hühner.

Endlich nahm das Morden und Plündern solche Ausmaße an, daß von Omaha eine Armeeabteilung gesandt wurde, um die Verbrecher aufzuspüren. Die Stämme teilten sich in zwei Gruppen auf; die eine unter der Führung des Verirrten Adlers ergab sich bei Fort Kearny der Armee. Die andere, unter der Führung von Krummdaumen und den Brüdern Pasquinel, sandte eine Botschaft nach Omaha, daß sie bis zum letzten Atemzug kämpfen würde.

In offener Feldschlacht kreisten die Soldaten Krummdaumen ein, und obwohl er den Platte entlang hätte entkommen können, beschloß er, hier zu sterben, auf dem Land, für das er so lange gekämpft hatte. Mit sieben anderen starrköpfigen Kriegern kämpfte er, bis die Kugeln um sie pfiffen, dann stimmte er mit erhobenen Armen sein Sterbelied an: „Nur die Berge stehen ewig, nur der Fluß fließt immer weiter.“ Denen, die rund um ihn zu Boden sanken, riß er die Gewehre aus der Hand und feuerte so lange, bis neun Kugeln ihm die Brust zerrissen.

Die Brüder Pasquinel waren noch einmal entkommen, und das ganze Land, von den Sorgen des Bürgerkriegs befreit, vereinigte sich in dem Schlachtruf: „Die Ungeheuer müssen sterben.“ Oberst Skimmerhorn bot sich freiwillig an, aus seinen früheren Anhängern eine Miliz zusammenzustellen. „Wir werden diese Schurken finden, und wenn wir sie bis in die Hölle hinein verfolgen müßten!“ rief er, und aus allen Teilen des Territoriums strömten die Männer unter seine Fahne. Ganz Denver spendete Beifall, als er verkündete: „Morgen wird unsere Strafexpedition von Zendt's Farm abmaschieren!“

Skimmerhorn fackelte nicht lange. Er stellte mehrere Gruppen über eine Strecke von dreihundert Meilen den Platte entlang auf, wartete auf trockenes, windiges Wetter und ließ dann die Prärie in Brand setzen. Das Feuer, das dabei entstand, war so mächtig, daß zwischen Platte und Arkansas das gesamte Weideland völlig zerstört wurde. Eine riesige Rauchwolke hing über der Ebene, auf Tausenden von Quadratmeilen war das Leben der Tiere bedroht. Dieses Feuer war eine der größten Katastrophen, die jemals den Westen heimgesucht hatten, und Skimmerhorn erreichte damit überhaupt nichts.

Die besiegten Indianer waren schon in der Reservation, die Pasquinels und ihre Anhänger verstanden es, den Flammen zu entwischen, und noch während Skimmerhorn die Prärie in Brand setzte, zogen sie mordend und plündernd den Platte entlang, brannten Farmen nieder und skalpierten ihre Bewohner.

Endlich zog Skimmerhorn die Schlinge enger, ließ den Pasquinels einen immer kleiner werdenden Spielraum, und eines kalten Morgens überraschte eine Abteilung der Miliz etwa zwanzig Meilen westlich von Zendt's Farm Jake Pasquinel und fesselte ihn, bevor er sich erschießen konnte. Boten brachten dem Oberst die aufregende Nachricht: „Jake Pasquinel ist geschnappt."

Skimmerhorn traf gegen zwei Uhr nachmittags an Ort und Stelle ein und rief ein Standgericht zusammen. „Schuldig", sagten die Männer nach zehn Minuten, und kein Urteil war jemals gerechter gewesen. Zwei Männer warfen ein Seil über den Ast einer Pappel, machten die Schlinge um Jake Pasquinels Hals fest und zogen ihn in die Höhe. Aber die Schlinge war nicht fest genug geknüpft worden, und Jake schlug unglaublich lange mit den Beinen aus und wand und drehte sich, bis er sich unter dem begeisterten Gebrüll der Miliz endlich zu Tode würgte.

Am Abend erreichte die Nachricht von seinem Tod Zendt's Farm, und Levi holte eine Schaufel, sattelte sein Pferd, küßte Lucinda zum Abschied und ritt nach Osten, um den Leichnam abzuschneiden und zu begraben. Als sich das in der Gegend herumsprach, wurden die Skimmerhorn-Leute, die ihren Triumph dadurch beeinträchtigt sahen, so zornig, daß sie das Geschäft stürmten und in Brand steckten.

Unbewegt sah Zendt zu, wie sein Haus in Flammen aufging. Danach mußte er die bittere Erfahrung machen, daß vier verschiedene Nachbarn ihn abwiesen, bevor sich einer fand, der ihn und seine Frau für die Nacht aufnahm.

Jetzt war nur noch Mike Pasquinel am Leben, ein fetter Mischling von fünfundfünfzig Jahren, der wußte, daß es für ihn keine Hoffnung mehr gab. Sich durch das Gebüsch am Platte-Fluß entlangschleichend, gelangte er bis zu dem Haus, in dem seine Schwester gelebt hatte, und als er die Asche sah, glaubte er, sie und ihre Familie wären in dem Feuer umgekommen. Aber er hielt sich weiter verborgen und sah endlich Levi Zendt und Lucinda herankommen, die in den Ruinen nach Gegenständen suchten, die vielleicht noch brauchbar waren.

Vorsichtig gab er sich ihnen zu erkennen, und mit größter Vorsicht sprachen sie mit ihm. „Hier finden sie dich auf jeden Fall", versuchten sie ihm klarzumachen, „es ist besser, du ergibst dich."

„Nein!" knurrte Mike. „Bringt mir zwei Gewehre. Ich kämpfe bis zum Ende."

„Mike", flehte ihn seine Schwester an, „laß es mit dem Morden genug sein."

Einen kurzen Augenblick lang schien Mike zu schwanken. „Werden sie mich hängen?" fragte er.

Lucinda wagte keine Vermutung auszusprechen. Sie wandte sich an Levi, und der sagte: „Wahrscheinlich."

„Nein!“ rief Lucinda. „Sie haben die drei, die sich in Nebraska ergeben haben, nicht gehängt.“

„Das waren keine Pasquinels!“ sagte Mike, und die alte Bitterkeit kam wieder über ihn. „Ich stelle mich hinter dieser Mauer auf. Ich schieße zehn nieder, bevor sie mich kriegen.“

Levi entschied: „Du bekommst keine Gewehre, Mike. Du wirst dich jetzt sofort ergeben. Hier leben anständige Männer, und die werden schon darauf sehen, daß man dir einen anständigen Prozeß macht.“

Also machten sie aus Lucindas Unterrock drei weiße Fahnen, banden sie an Stöcken fest und marschierten durch die einzige Straße des Dorfes, während Levi und Lucinda riefen: „Er ergibt sich! Er ergibt sich! Wir bringen Mike Pasquinel.“

Als sie am Büro des „Clarion“ vorbeikamen, ertönte ein Schuß, und Pasquinel stürzte zu Boden. Oberst Skimmerhorn, der von einem Fenster des „Clarion“ aus zugesehen hatte, hatte ihn hinterrücks erschossen.

Jetzt, da von Krummdaumen und den Pasquinels keine Gefahr mehr drohte, bemühten sich Beamte der Regierung um einen echten Frieden. Verspätet erkannten sie, daß sie in Major Mercy einen Mann hatten, der die Indianer verstand, und der vielleicht imstande war, das Chaos, das in den letzten Monaten geherrscht hatte, wieder in Ordnung zu bringen. Sie sandten ihn daher nach Norden, um mit dem Verirrten Adler und jenen wenigen zu verhandeln, die wieder einmal an dem schicksalhaften Ort in der Nähe der Buttes campierten.

Als Mercy den alten Mann sah – gebeugt, von seinem Volk verlassen, aber immer noch willens, mit dem weißen Mann irgendeine Art von Frieden zu schließen –, mußte er sich sehr beherrschen, um nicht zu weinen, denn der Verirrte Adler erschien mit einem Überrest jener Fahne, die Abraham Lincoln ihm gegeben hatte, und der Buchanan baumelte an seinem Hals.

„Ist Mr. Lincoln wirklich erschossen worden?“ fragte der alte Mann.

„Er ist tot“, sagte Mercy.

„Es tut mir leid um alle guten Männer, die ermordet wurden“, sagte Verirrter Adler. In diesem Augenblick kam seine Frau dazu, die sich wie durch ein Wunder von ihren vielen Wunden erholt hatte. Anders als ihr Mann war sie guten Mutes. „An jenem Tag hat der Mann – Oben mich beschützt“, sagte sie, und beide besprachen sie mit Mercy, wie die überlebenden Cheyenne und Arapaho Nahrung und Decken bekommen könnten.

Zwei Tage darauf, nachdem Mercy nach Denver zurückgekehrt war, lauerten ihm Rowdys von Skimmerhorns aufgelassener Miliz auf, schlugen ihn zusammen, nannten ihn „Indianerfreund“ und setzten ihm so übel zu, daß er mehrere Stunden lang auf der Straße liegenblieb, bevor er die Kraft hatte, sich nach Hause zu schleppen.

Die Arbeit an diesem Roman gehört zu den schönsten Erinnerungen meines Lebens. Zwei Jahre lang verbrachte ich damit, Fachleute und Gelehrte aller Wissensbereiche zu den Problemen meines Stoffes zu befragen. Vor allem bin ich den folgenden Fachleuten für ihren Rat und ihre Hilfe zu Dank verpflichtet:

Geologie: Roger Cuffey und Lauren Wright, Pennsylvania State University; Gerald Richmond. Ogden Tweto und William Mallory, „U. S. Geological Survey“; Jack Murphy. Denver Museum of Natural History, und Robert Egbert, Phillips Petroleum.

Paläontologie: G. Edward Lewis, „U. S. Geological Survey“; Don Lindsay, Denver Museum of Natural History; Bertrand Schultz und Mylan Stout, University of Nebraska; G. E. Untermann, Vernal, Utah; Tobe Wilkins, Dinosaur National Monument; Kay McElroy, Greeley.

Anthropologie: Frank Frazier, Denver; George Frison, University of Wyoming; H. M. Wormington, Denver.

Feuersteinbearbeitung: Don Crabtree, Kimberley, Idaho; H. M. Wormington, Denver; Bruce Bradley, Cambridge, England.

Indianisches Leben: Virgina Trenholm, Cheyenne; Evelyn Nickeson, Kinnear; Nellie Scott, Fort Washakie; Pater Lewis O'Neill, SJ., Stephens; Reverend David Duncombe, Ethete.

Geschichte von St. Louis: John Francis McDermott, University of Southern Illinois; Mrs. Odile Trufanow, Denver; George Brooks, Frances Stader, Missouri Historical Society: Ernest Kirschten, St. Louis.

Geschichte von Lancaster: Laura Lundgren, S. E. Dyke, John Ward, Wilson Loose, Lancaster County Historical Society.

Oregon Trail: Merrill J. Mattes, National Park Service; Gregory M. Franzwa, St. Louis.

Fort Laramie: Charles Sharp, Lewis Eaton, Bill Henry, Fort Laramie; Roger Kent Heape, Belleville, Illinois.

Rinder-Trails: C. Boone McClure, Panhandle-Plains Historical Museum, Canyon, Texas; Dean Krakel, Cowboy Hall of Fame, Oklahoma City; Mrs. Laura Peacock. Jacksboro, Texas; Jessie Newton Yarborough, Robert Lee, Texas.

Rinderfarmen: Farrington Carpenter, Hayden, Colorado; Allen Fordyce, Big Horn: Burrell Nickeson, Kinnear; J. J. Gibson, Guthrie, Texas; Herman Werner, Van Irvine. Casper; Robert u. Martha Gibbs, Arvada; Ronald und Virginia Wolff, Wheatland. Wyoming.

Zuckerrübenanbau: Lyman Andrews, William M. White, Denver, Colorado.

Ornithologie: Gustav Swanson, Colorado State University.

Viehmarkt in Denver: Willard Simms, Denver; C. W. Ferguson, Miami.

Probleme der Chicanos (mexikanische Landarbeiter): Corky Gonzales, Bernard Valdez. Jim Kent, Minoru Yasui, Denver; Diputado Abelardo Perez Campos, Francisco Almada. Chihuahua, Mexico; Susan Sellers, Mexico City.

Trockenfarmen: Isabel Blair, James Reed, Dora Good, Sterling, Colorado.

Viehzucht: Larry Yarrington, Sterling, Colorado; Tom Risinger, Jack Winninger, Cody, Wyoming; Russell Staats, Chugwater, Wyoming; Joe Gloyd, Frank Robertson, Wheatland, Wyoming; Gene Gressley, University of Wyoming; Bill Wadlow, Cheyenne.

Waffen: Dabney Otis Collins, Ross Miller, Frank M. Sellers, Denver; Vernon Gunnion, Lancaster.

Eisenbahnwesen: Ed Haley, Denver; Bob Richardson, Colorado Railroad Museum, Golden, Colorado.

Bewässerung: Felix Sparks, Denver; John W. Nelson, Loveland, Colorado; John E. Moore, „U. S. Geological Survey"; Glen G. Saunders, Denver, Colorado; E. V. Richardson, Harvey Johnson, Fort Collins, Colorado.

Appaloosa-Region: Ed Roberts, Denver; George B. Hatley, Moscow, Idaho.

Mein Dank gilt außerdem: Katherine Halverson, Bill Williams und John Cornelius, Wyoming State Museum and Archives; Randolph Wagner, Wyoming Travel Commission; Tony Bevinetto, Charles McCurdy, Grand Teton National Park; Harold McCrakken, Whitney Gallery of Western Art, Cody; sodann den folgenden Institutionen: Western Pennsylvania Historical Society; Nebraska State Historical Society; Union Pacific Railroad Museum; sowie Tom TenEyck, Denver.

Weiters halfen mir Alys Freeze und sämtliche Mitarbeiter der Denver Public Library.

Für das Lesen von Teilen des Manuskripts danke ich: Lauren Wright, Roger Cuffey, Ogden Tweto, Schumm, Bertrand Schultz, G. Edwards Lewis, Mylan Stout, H. M. Wormington, Don Crabtree, Bruce Bradley, Virgina Trenholm, Merrill J. Mattes, Gregory M. Franzwa, John Francis McDermott, Roger Kent Heape, C. Boone McClure, Frank M. Sellers, Lyman Andrews, John E. Moore.

Während meiner Recherchen bekam ich auch noch wertvolle Hilfe von Leslie Laird und John Kings, die beide Mitarbeiter von „Reader's Digest" sind, sowie von Tessa Dalton.